U0920249

责任编辑：周　洁　余　芳
责任校对：敬铃凌　段悟吾
封面设计：墨创文化
责任印制：王　炜

图书在版编目(CIP)数据

岷江流域方音字汇：20世纪四川方音大系之一 / 周及徐等著. —成都：四川大学出版社，2018.12
ISBN 978-7-5690-2699-3

Ⅰ.①岷… Ⅱ.①周… Ⅲ.①西南官话－方言字－汇编－四川 Ⅳ.①H172.3

中国版本图书馆CIP数据核字（2019）第003793号

书名　**岷江流域方音字汇——20世纪四川方音大系之一**
Minjiang Liuyu Fangyin Zihui—20 Shiji Sichuan Fangyin Daxi zhi Yi

著　　者　周及徐　等
出　　版　四川大学出版社
地　　址　成都市一环路南一段24号（610065）
发　　行　四川大学出版社
书　　号　ISBN 978-7-5690-2699-3
印　　刷　成都国图广告印务有限公司
成品尺寸　185 mm×260 mm
插　　页　8
印　　张　58
字　　数　1415千字
版　　次　2019年2月第1版
印　　次　2019年2月第1次印刷
定　　价　480.00元

◆读者邮购本书，请与本社发行科联系。
电话：(028)85408408/(028)85401670/
(028)85408023　邮政编码：610065
◆本社图书如有印装质量问题，请
寄回出版社调换。
◆网址：http://press.scu.edu.cn

国家社科基金后期资助项目
出版说明

后期资助项目是国家社科基金设立的一类重要项目，旨在鼓励广大社科研究者潜心治学，支持基础研究多出优秀成果。它是经过严格评审，从接近完成的科研成果中遴选立项的。为扩大后期资助项目的影响，更好地推动学术发展，促进成果转化，全国哲学社会科学工作办公室按照“统一设计、统一标识、统一版式、形成系列”的总体要求，组织出版国家社科基金后期资助项目成果。

全国哲学社会科学工作办公室

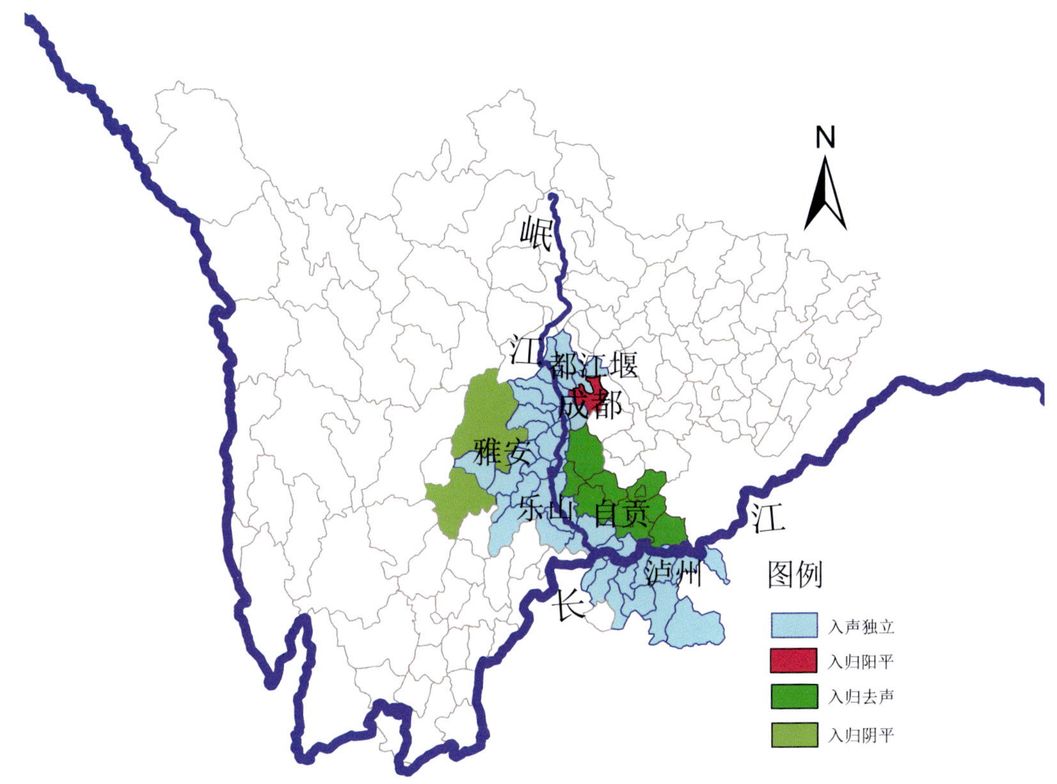

图 1　岷江流域方言分布图

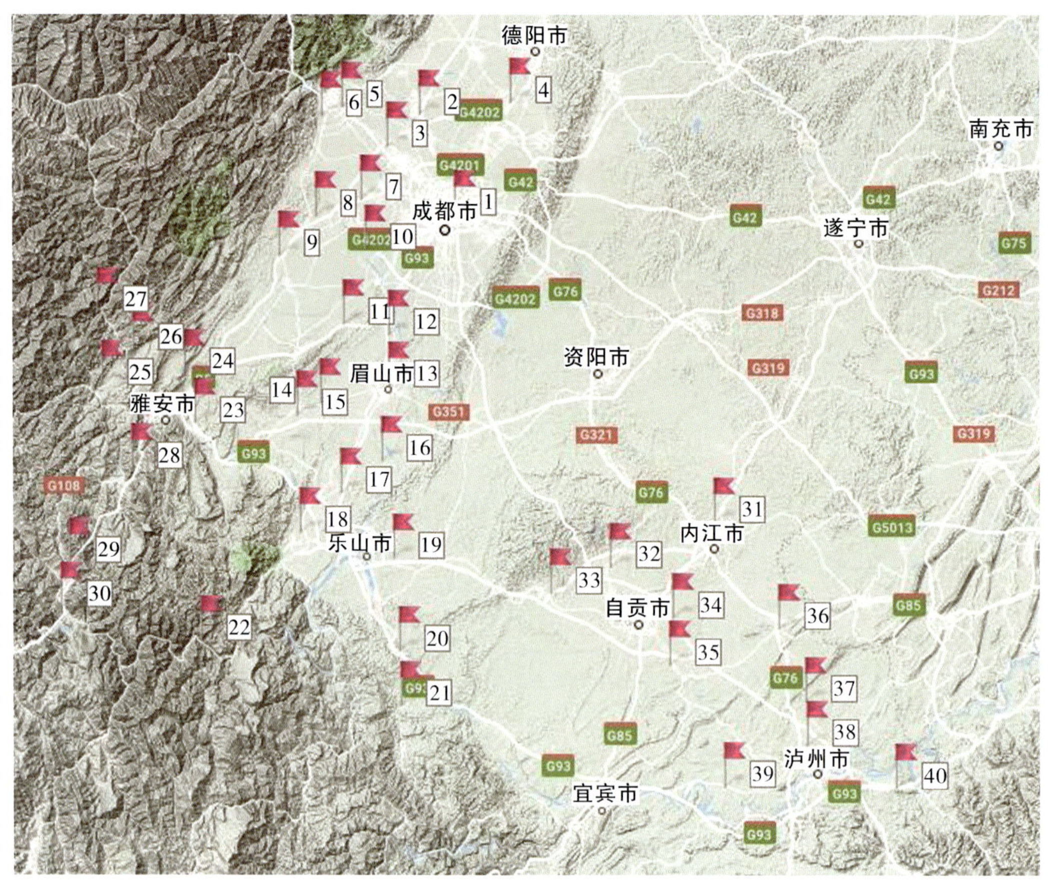

图 2　岷江流域方言点地形图

1. 成都；2. 彭州；3. 郫县①；4. 广汉；5. 都江堰河东；6. 都江堰河西；7. 崇州；8. 大邑；9. 邛崃；10. 新津；11. 蒲江；12. 彭山；13. 眉山；14. 丹棱；15. 洪雅；16. 青神；17. 夹江；18. 峨眉山；19. 乐山；20. 犍为；21. 沐川；22. 峨边；23. 雅安；24. 名山；25. 天全；26. 芦山；27. 宝兴；28. 荥经；29. 汉源；30. 石棉；31. 内江；32. 威远；33. 荣县；34. 自贡；35. 富顺；36. 隆昌；37. 泸县；38. 泸州；39. 南溪；40. 合江

① 郫县今更名为（成都市）郫都区。

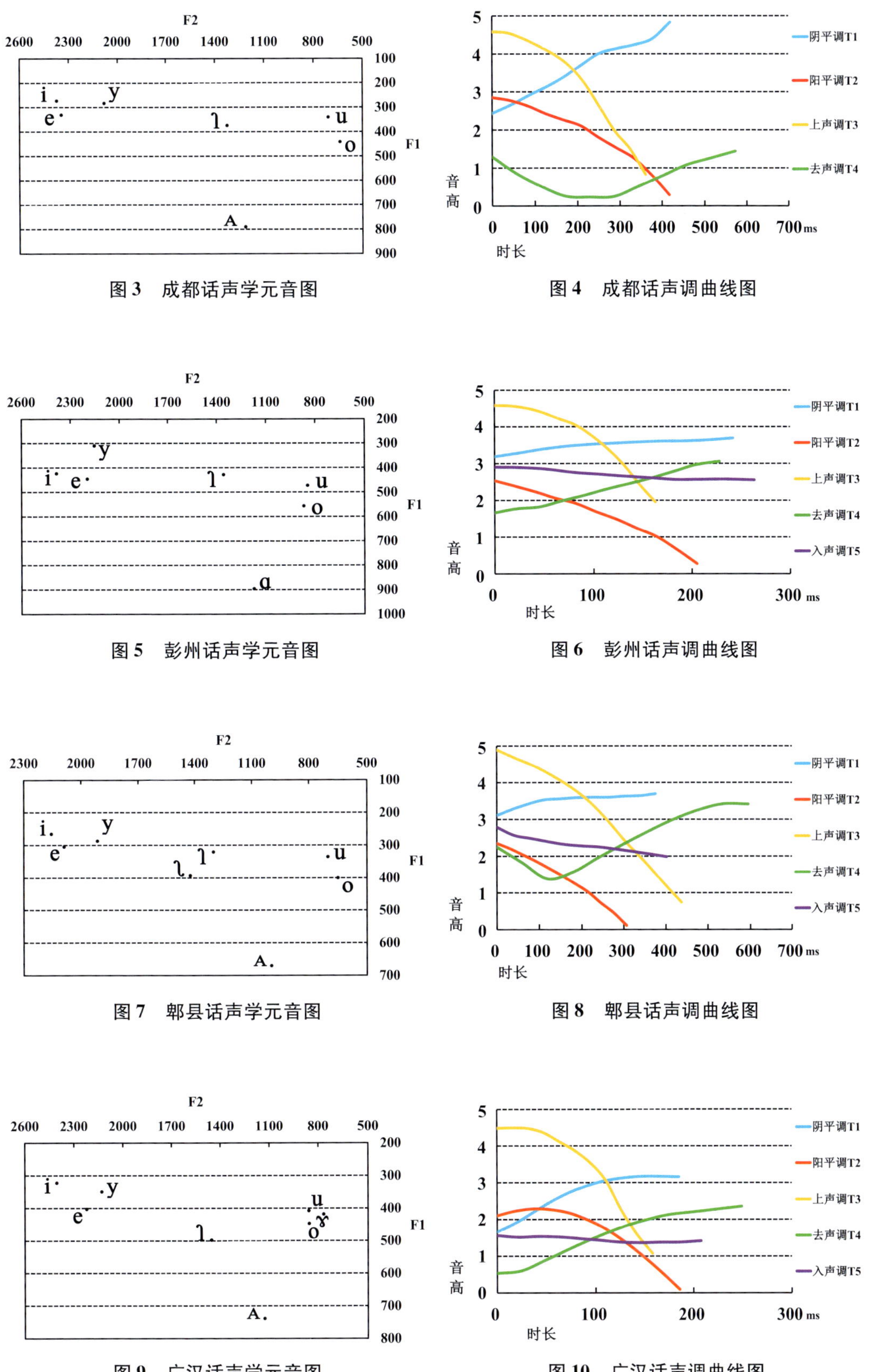

图 3　成都话声学元音图

图 4　成都话声调曲线图

图 5　彭州话声学元音图

图 6　彭州话声调曲线图

图 7　郫县话声学元音图

图 8　郫县话声调曲线图

图 9　广汉话声学元音图

图 10　广汉话声调曲线图

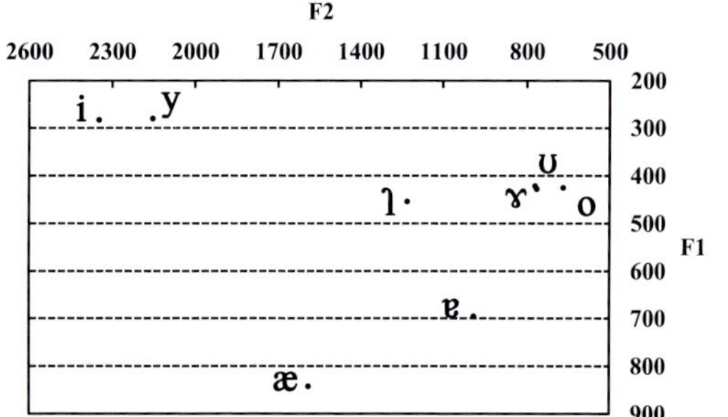

图 11　都江堰河东话声学元音图

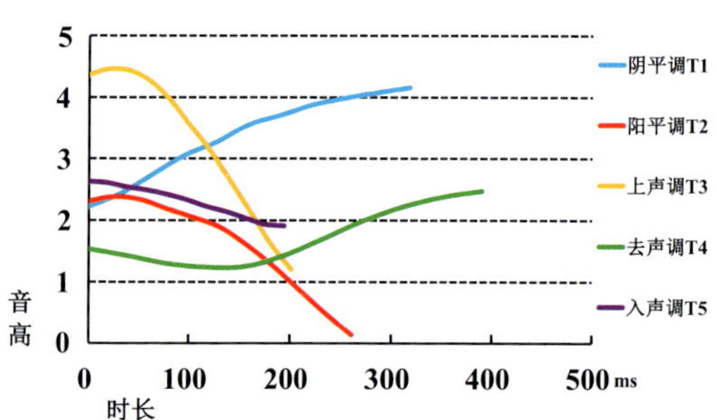

图 12　都江堰河东话声调曲线图

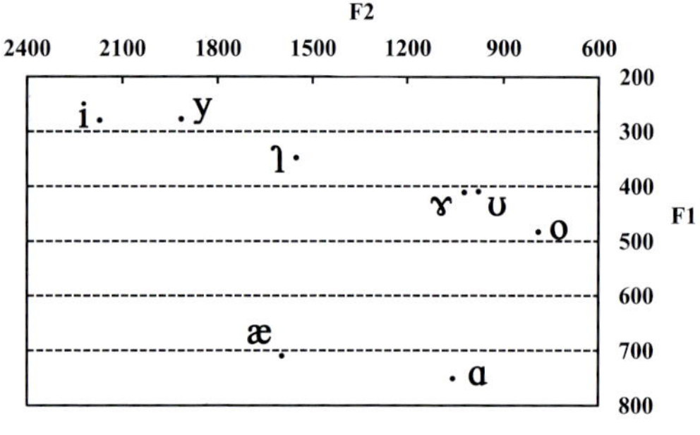

图 13　都江堰河西话声学元音图

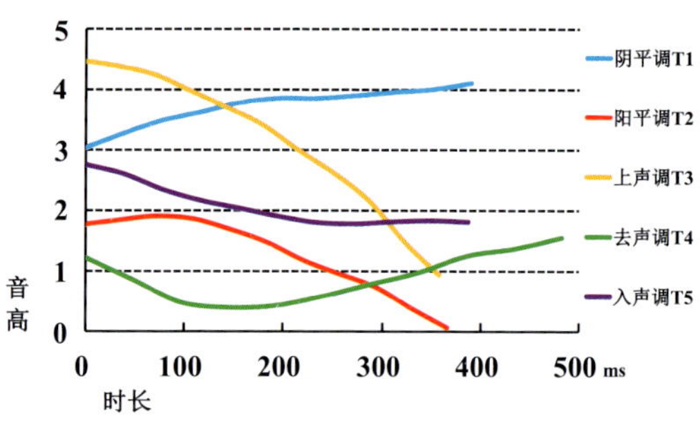

图 14　都江堰河西话声调曲线图

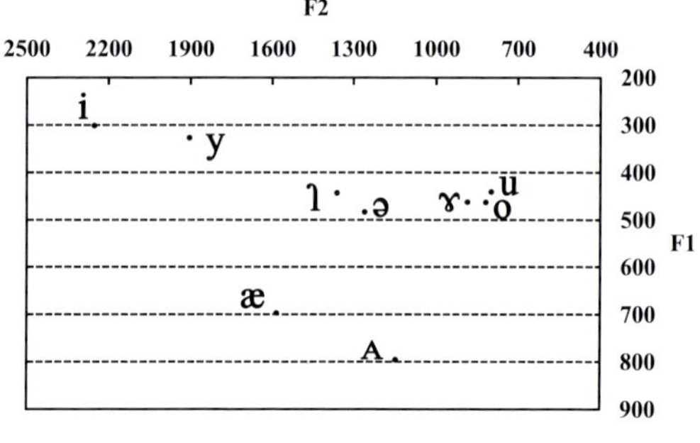

图 15　崇州话声学元音图

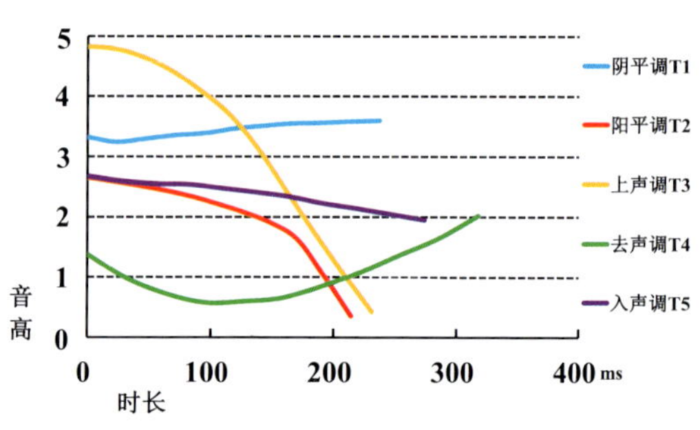

图 16　崇州话声调曲线图

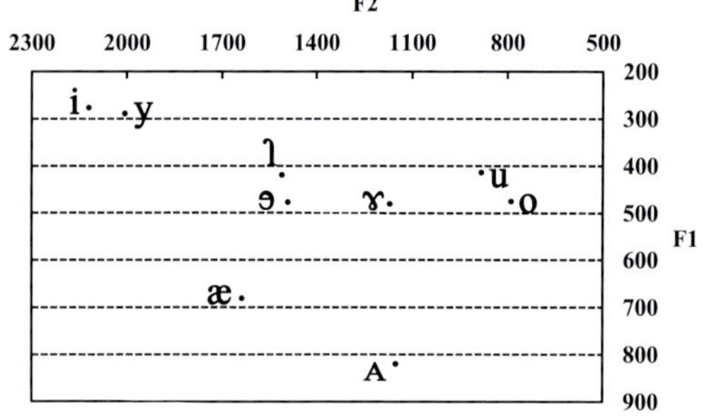

图 17　大邑话声学元音图

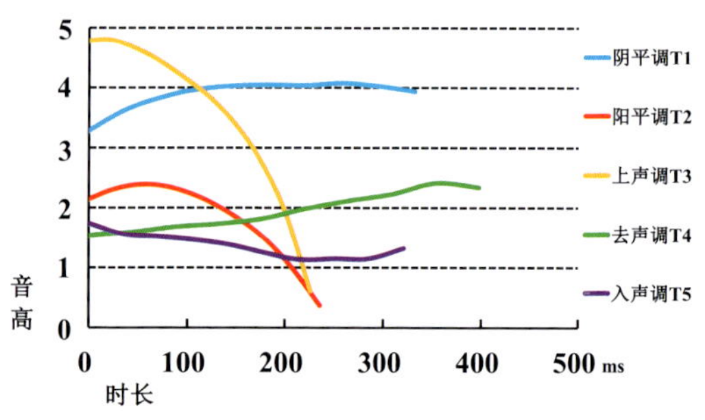

图 18　大邑话声调曲线图

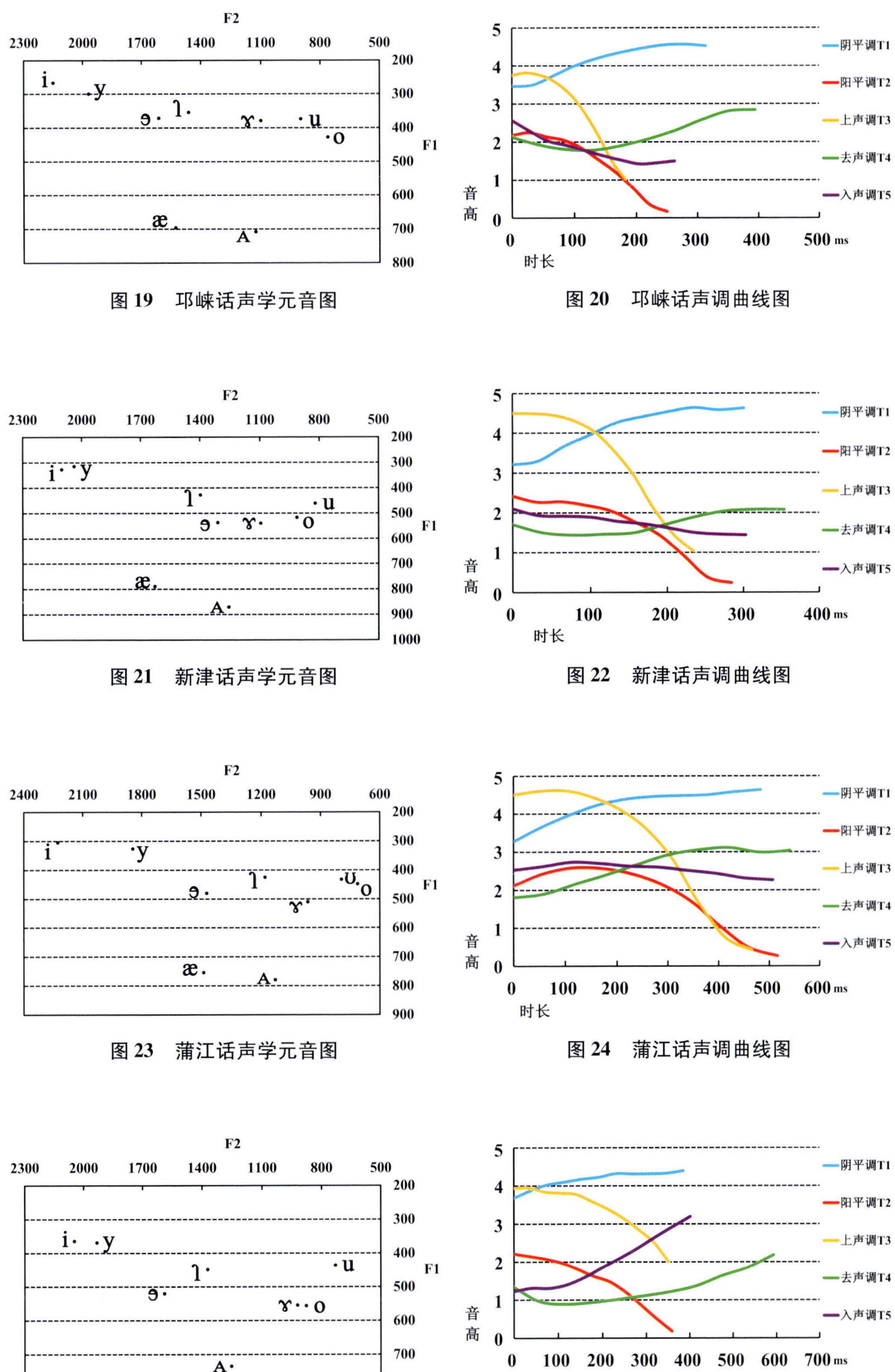

图 19　邛崃话声学元音图

图 20　邛崃话声调曲线图

图 21　新津话声学元音图

图 22　新津话声调曲线图

图 23　蒲江话声学元音图

图 24　蒲江话声调曲线图

图 25　彭山话声学元音图

图 26　彭山话声调曲线图

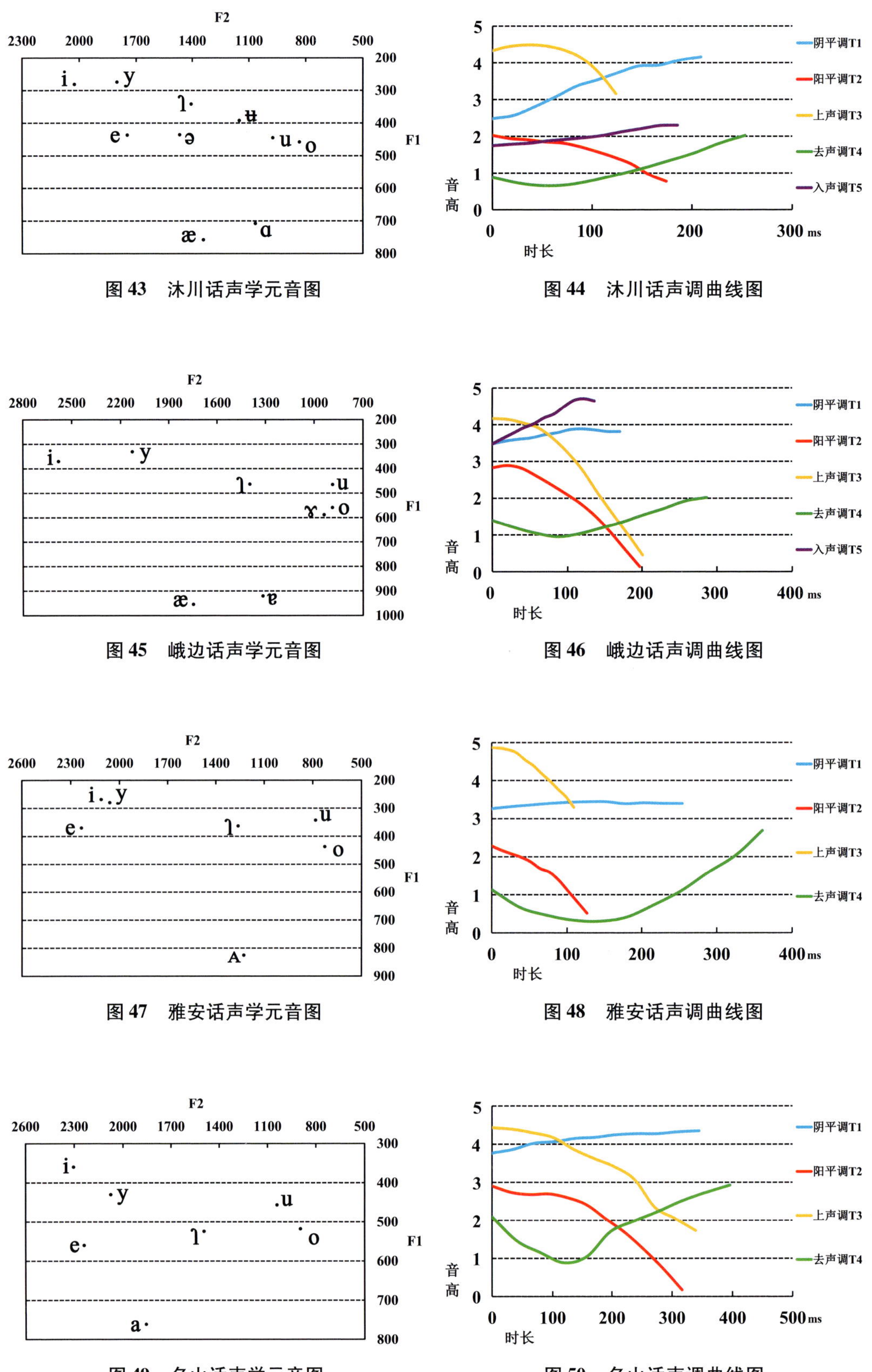

图 43　沐川话声学元音图

图 44　沐川话声调曲线图

图 45　峨边话声学元音图

图 46　峨边话声调曲线图

图 47　雅安话声学元音图

图 48　雅安话声调曲线图

图 49　名山话声学元音图

图 50　名山话声调曲线图

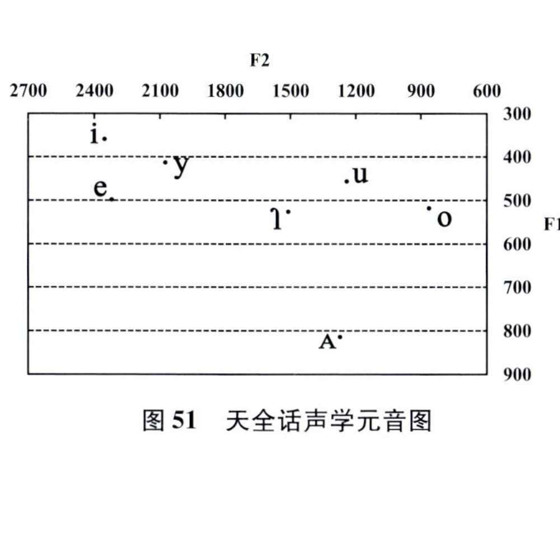

图 51　天全话声学元音图

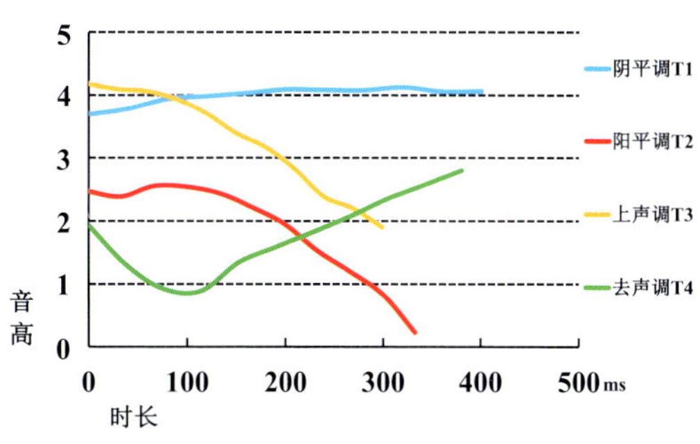

图 52　天全话声调曲线图

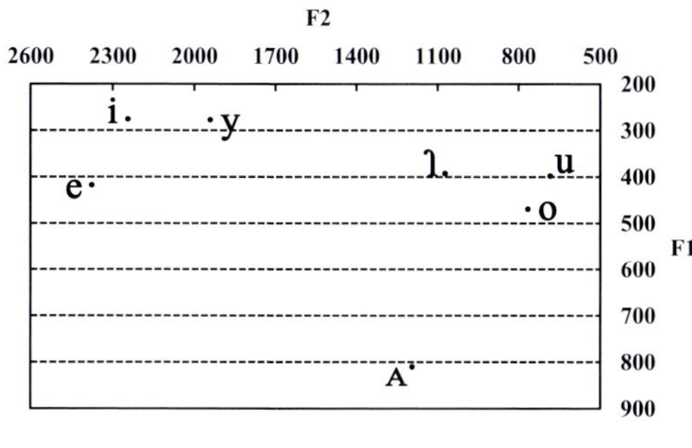

图 53　芦山话声学元音图

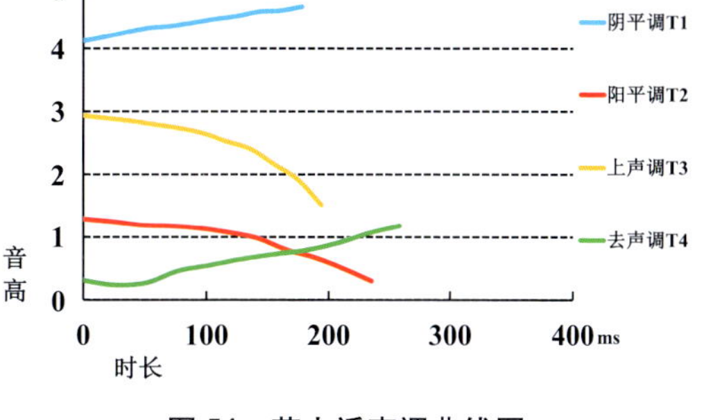

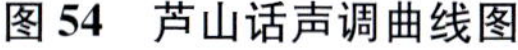

图 54　芦山话声调曲线图

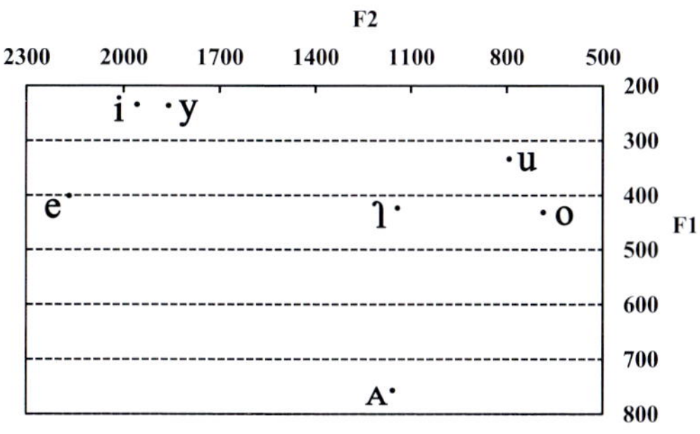

图 55　宝兴话声学元音图

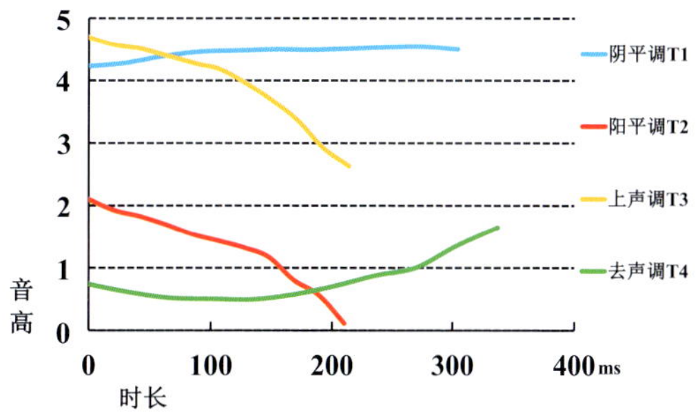

图 56　宝兴话声调曲线图

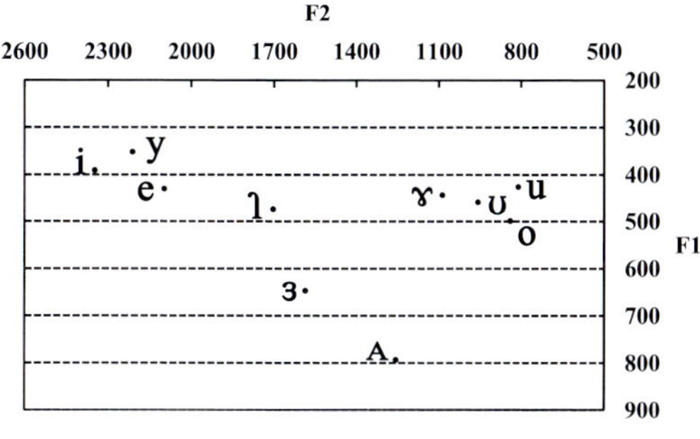

图 57　荥经话声学元音图

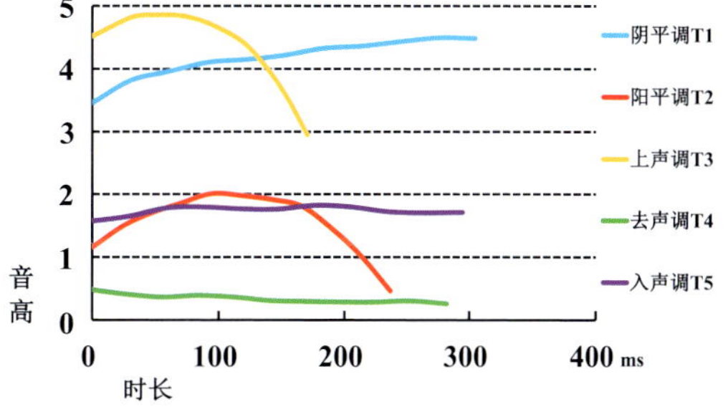

图 58　荥经话声调曲线图

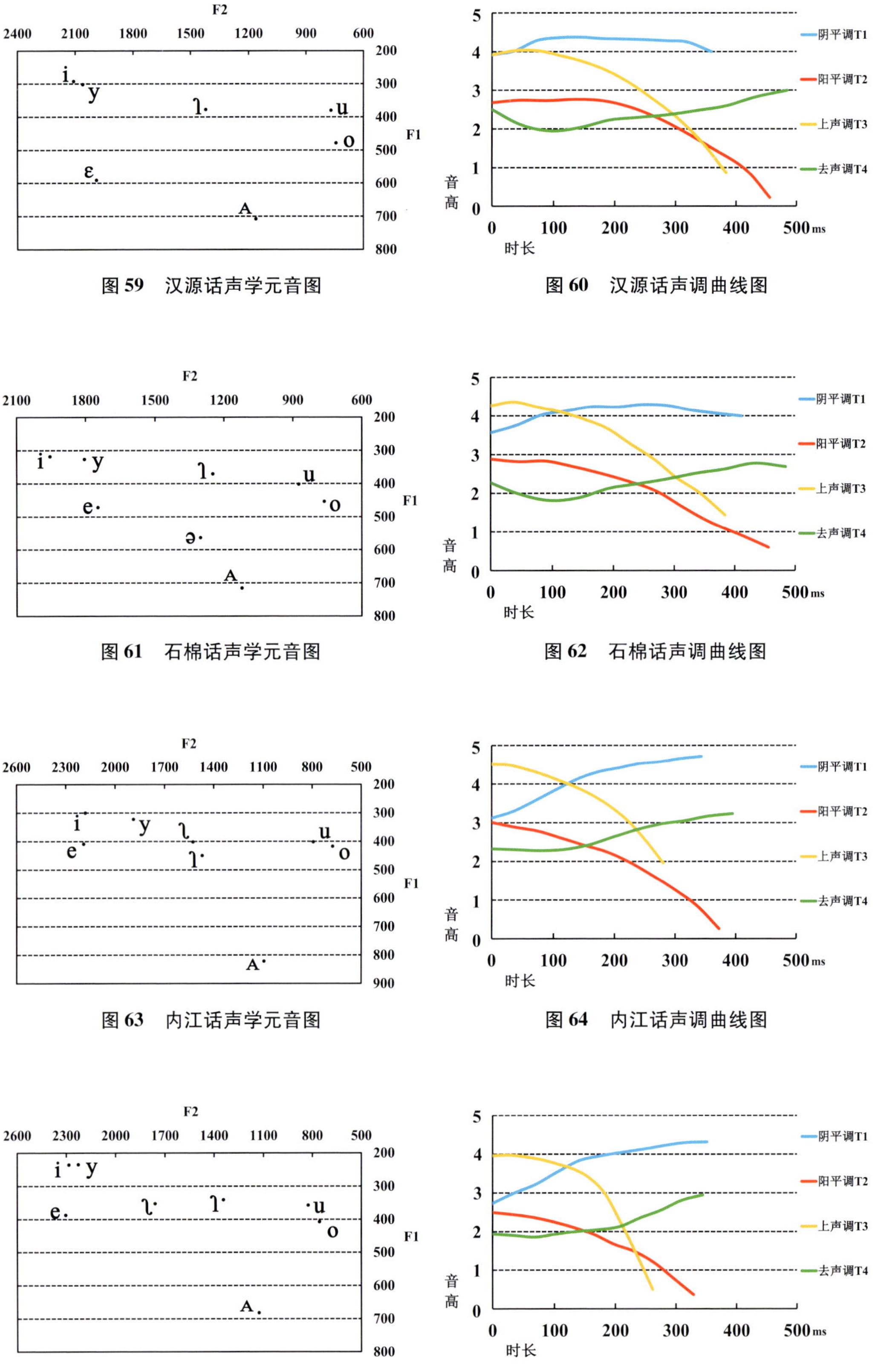

图 59　汉源话声学元音图

图 60　汉源话声调曲线图

图 61　石棉话声学元音图

图 62　石棉话声调曲线图

图 63　内江话声学元音图

图 64　内江话声调曲线图

图 65　威远话声学元音图

图 66　威远话声调曲线图

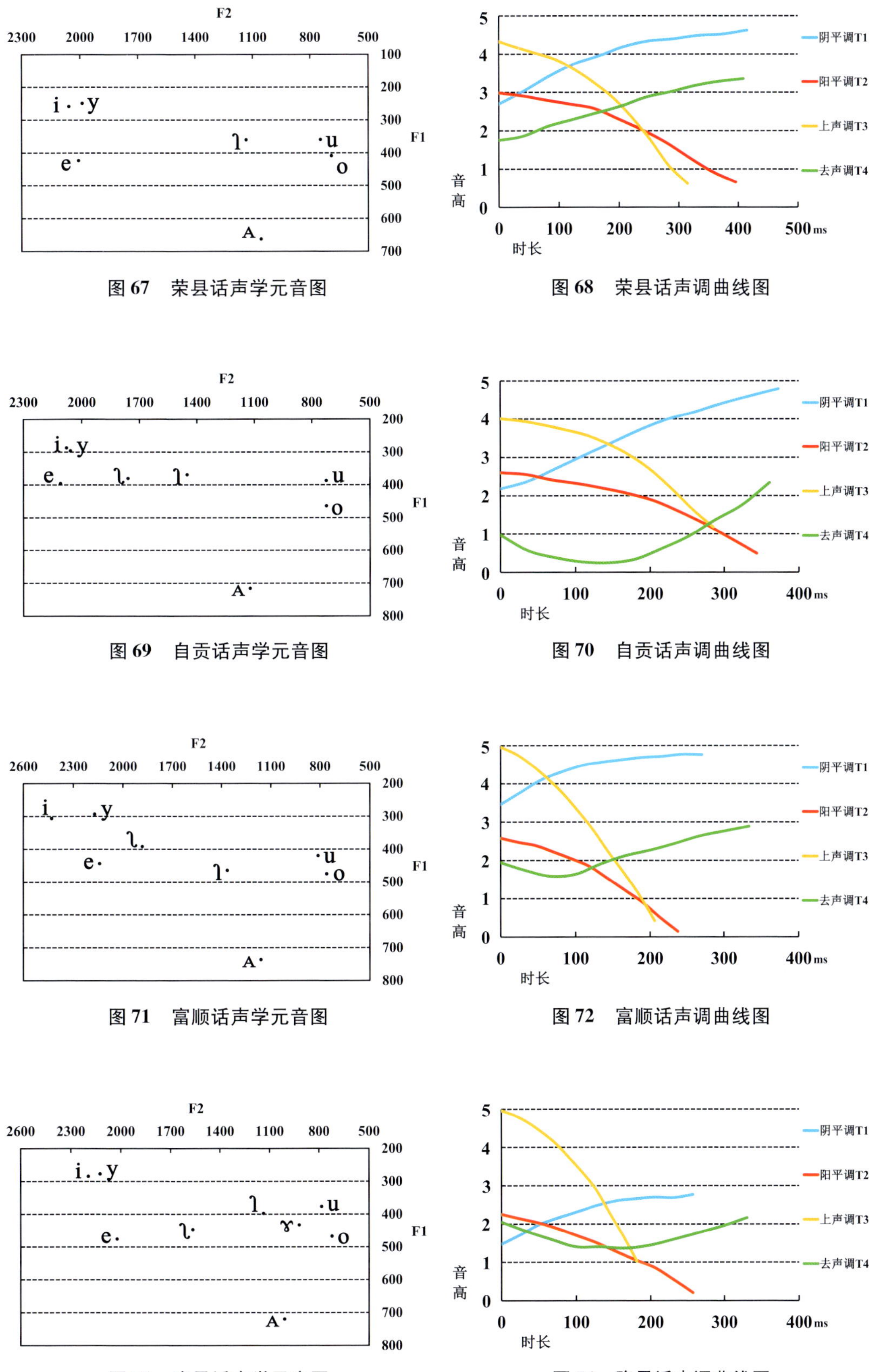

图 67　荣县话声学元音图

图 68　荣县话声调曲线图

图 69　自贡话声学元音图

图 70　自贡话声调曲线图

图 71　富顺话声学元音图

图 72　富顺话声调曲线图

图 73　隆昌话声学元音图

图 74　隆昌话声调曲线图

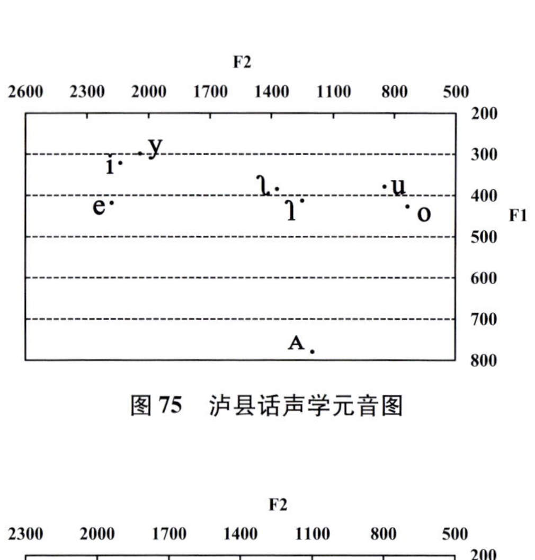

图 75　泸县话声学元音图

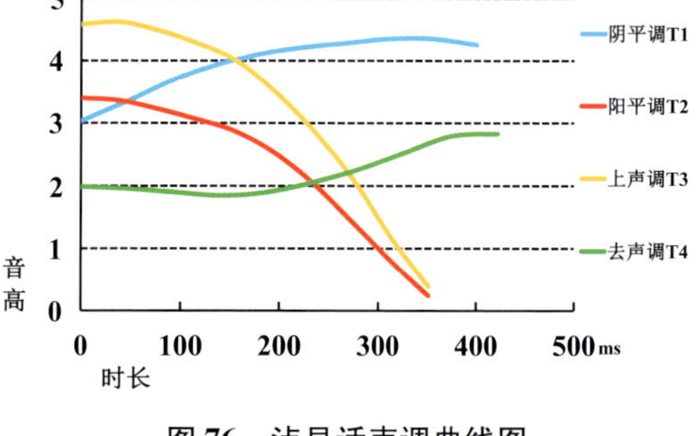

图 76　泸县话声调曲线图

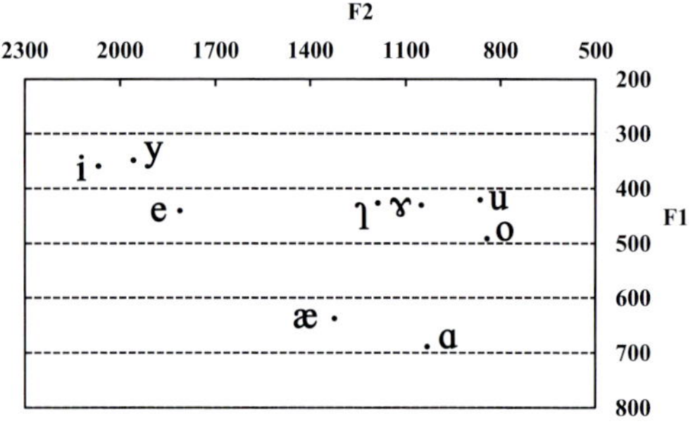

图 77　泸州话声学元音图

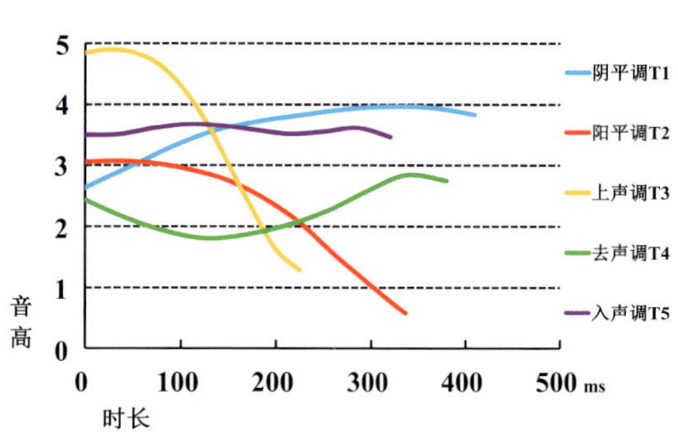

图 78　泸州话声调曲线图

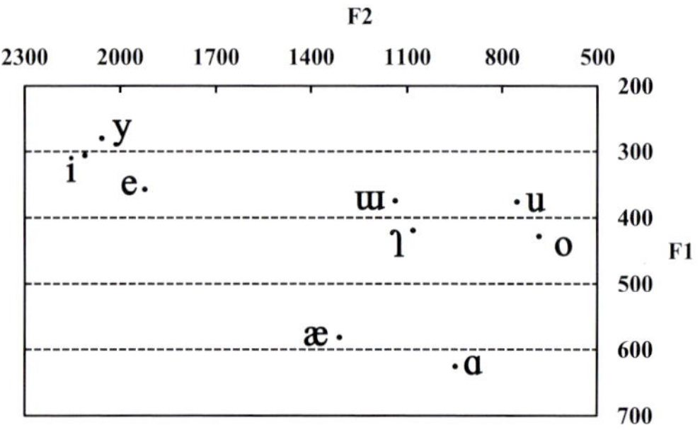

图 79　南溪话声学元音图

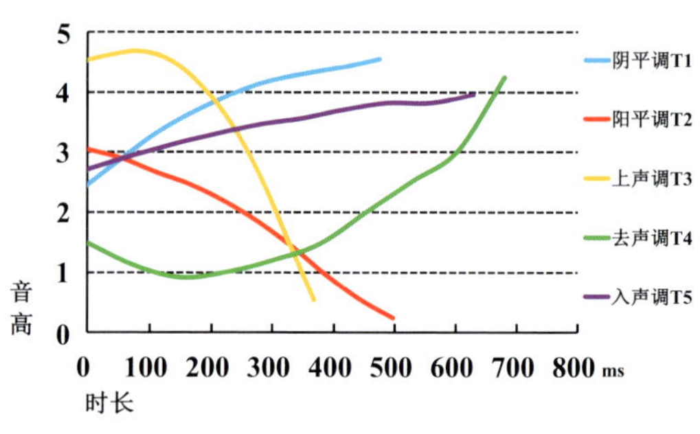

图 80　南溪话声调曲线图

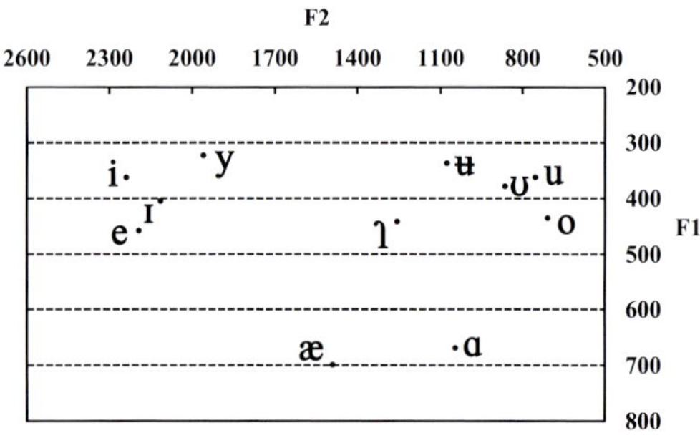

图 81　合江话声学元音图

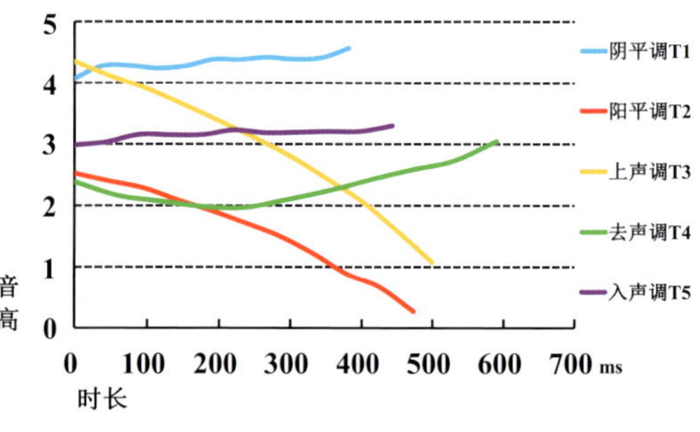

图 82　合江话声调曲线图

内容提要

本书收入当代四川省岷江流域各市县区有代表性的汉语方言点（40 个）的音系和字音，根据近十年来方言田野调查的材料整理。本书方言点大致属于今成都市、眉山市、乐山市、雅安市、内江市、自贡市和泸州市等地。每方言点收录常用字词 3 058 个，字目根据中国社会科学院语言研究所编《方言调查字表》（修订本）而有所调整，按普通话音序排列，标注对应的中古音反切和构拟音，汉语方言音用国际音标记写，书前有音系归纳和说明，书后有《中古音音序索引》。本书记录了当代岷江流域汉语方言语音的详细情况，是汉语语音研究的重要参考资料。

Abstract

According to the material got from the dialect field work in the past ten years, this book includes the sound system (including the sound of single Chinese character) of 40 representative counties along the Minjiang River in Sichuan Province. These counties roughly belong to the cities of Chengdu, Meishan, Leshan, Ya'an, Neijiang, Zigong, Luzhou, etc. Each dialect point includes 3,058 commonly used words in total. The words mainly follow *Questionnaire of Characters for Dialect Surveys* (revised edition), which is edited by Institute of Linguistics, CASS (Chinese Academy of Social Sciences) and has been slightly adjusted. The order is according to the mandarin sequence arrangement, and every character is noted by the corresponding *Fanqie* (反切) in Middle Chinese (MC) and its reconstructed form of MC. The dialect sound is noted by IPA. This book also includes the phonetic systems and phonetic instructions in front, as well as MC sequence index of Chinese characters in the end. Accordingly, this book records the phonetic details of the contemporary dialects along the Minjiang River basin, and is an important reference in Chinese phonetics study.

目　录

Contents

前　言

一

此前，现代语言学意义上的比较全面的四川方言研究有两次。第一次是在抗日战争时期，当时的中央研究院历史语言研究所南迁至四川宜宾李庄（1941 年），对四川方言进行了现代语言学意义上的第一次音系调查（杨时逢《四川方言调查报告》，1812 页，1984 年中国台北出版）。这次调查距现在已有 77 年。第二次是在 20 世纪 50 年代末，当时四川的三所高校（四川大学、四川师范学院和西南师范学院）联合调查了四川地区的方言，其成果是四川大学中文系编写组发表的《四川方言音系》（《四川大学学报》，约 150 页，1960 年第 3 期）。受历史条件的限制，《四川方言音系》对方言的记录明显不足。尤其是与《四川方言调查报告》比较起来，篇幅不足它的 1/10。所以，迄今关于四川方音最详细的资料是《四川方言调查报告》。“现代四川方言研究最详尽的资料仍然是几十年前的?”我多年前在台湾参加学术会议时，曾面对这样的质询。

北京大学中国语言文学系语言学教研室编的《汉语方音字汇》（第 2 版，语文出版社，2003），记录了中国 20 个主要城市的 3 000 字的语音。此书出版之后，多次再版重印，受到学界好评。但此书只收入全国 20 个主要城市方言点，这对于方言众多的现代汉语来说是远远不够的。好像有主干而无枝叶的大树，只可观其大体，难以见诸细节。如果我们参照此书的体例，而取材于四川地区诸方言点，经过整理，可以茂密枝叶、丰满血肉，比较完整地反映当代四川方音。

鉴于以上原因，编写一部详细记录当代四川方音的专书，既有语言学研究上的重要意义，也有重要的历史意义。我们计划的“20 世纪四川方音大系”包括姊妹篇《岷江流域方音字汇——20 世纪四川方音大系之一》《嘉陵江流域方音字汇——20 世纪四川方音大系之二》《金沙江流域方音字汇——20 世纪四川方音大系之三》，三册合起来，可以全面展现现代四川方言的语音状况。本书就是其中的第一部分。

我在四川师范大学从事语言学教研工作，是本地人，熟悉乡音，四川丰富的语言资源于我而言是“近水楼台”。为了不负这些天赐的优厚，从 2007 年起，我开始在四川进行方言语音调查，有计划地记录四川方音，以期在此基础上探索四川方言发展的历史。在语言教学中，我的研究生们也需要在田野调查中把课堂上学到的语言学理论和方法用于实践。于是，我就订出计划和方案，指导研究生一起进行调查。坚持下去，不觉就过了十多年。此书就是十年来积累的资料的一部分。

二

本书的意义和价值从目前仅有的上述两本同类著作的比较中可以看到：一是《四川方言调查报告》，二是《四川方言音系》。

本书有两个主要特点。

（一）用一致的系统完整地记录岷江流域方音

《四川方言调查报告》是抗日战争时期中央研究院历史语言研究所的调查（1940—1945 年）成果，后来在中国台北出版。此书为我们保存了 20 世纪 40 年代四川方言语音的较为系统的资料，半个世纪以来它一直是研究四川方言的重要资料。但是，它还存在不足和缺陷，主要有三个方面。

1. 收录语音资料的量

在收字的数量上，该书的语音资料是每个方言点的同音字表，有约 1 500 字，字（词）量不足，同时多音字（词）一般只记一个读音。以此来研究方言语音，常常会发现一些字音失载。在调查的范围上，由于今四川省西部的甘孜、阿坝、凉山和雅安地区划属当时的西康省而没有调查，造成这些地区的语音资料在《四川方言调查报告》中的阙如。为了弥补这些不足，本书在增加收字量（每点 3 058 字）的同时，还记录了多音字（词）的不同读法。

2. 语音调查的准确性

由于当时正值抗日战争时期，交通困难，经费有限，所以语音调查地主要在城市（如成都四川大学校园、峨眉四川大学分校），很少到实地去调查。发音人是离开本乡多年的 20 岁左右的青年学生，发音受大城市语音或外地音的影响，时有偏离纯正方音的情况。又由于调查人多不是四川本地人，对当地方言不熟悉，对一些非本地的发音不能准确分辨，误当作本地音记录。例如：《四川方言调查报告（下）》（杨时逢，1984：929）“73 崇庆”（今崇州）音系，1942 年在成都调查，发音人 24 岁，学生，在成都和峨眉读高中，四川大学上大学共五年（记音地点未列）。果摄见系字读-o，如“我”ŋo42、“哥”ko55，发音与现在崇州语音“我”ŋu42、“哥”kɤ55 不符。果摄一等字读-u 或-ɤ/-ə，是典型的川西“南路话”的语音特点，而读-o 是成都话的特点。又如：《四川方言调查报告》崇庆点咸山宕摄见系一等入声字读-o（如“鸽割各”ko33），这个读音也见于此书 72 灌县、74 温江、78 大邑、79 蒲江（同大邑）、80 邛崃（同温江）。这些发音也与现在当地语音不符，川西“南路话”的语音特点是咸山宕摄一等见系入声字读-ɤ/-ə，而以成都话为代表的“湖广话”的语音特点才是果摄和咸山宕摄一等见系入声字皆读-o。这种情况应是青年学生发音人模仿成都话的读音，没有准确地反映当地话音系特征（参见本书“崇州话”“都江堰河西话”“蒲江话”等方言点的语音）。又例如成都附近的广汉方言点，调查记为古入声字归阳平调，我们的调查却发现独立的入声调在当地很普遍，入归阳平的读法应是广汉城区人受成都话影响的结果。本书的所有方言点都是在当地采集，发音合作人都是一直在当地生活的老年人。

3．有声的录音资料

有声资料是语言调查的实物证据，可以据此校对记音的准确性，还能提供书面记音之外更详细的语音细节。中央研究院历史语言研究所当时的调查有半数方言点灌制了音档，但是因铝片“年久受湿生锈，都无法应用了”（杨时逢，1984：5-10）。也就是说，《四川方言调查报告》是凭当时的纸笔记录在约四十年以后在台湾整理的，并没有用调查的录音资料校对。而用录音资料校正记音和用当地语音核实记音，是现在方言调查必用的方法，本书也是这样做的。

四川方言调查此前的第二个成果是《四川方言音系》。它总结了 1956 年至 1960 年的方言调查，在此基础上写成。这次调查的优点在于在和平环境中，调查能从容进行。选择发音人也比较审慎，没有选择在校学生，而是选择了来自当地的操纯正口音的成年发音人。调查人由比较熟悉四川方言的四川高校教师充任，能够辨别当地方言间的区别。调查的资料由四川大学的甄尚灵等几位老师统一整理，音系清晰简明，条理井然，被中国社会科学院语言研究所李荣先生誉为此次全国方言调查的样板。但遗憾的是，由于历史条件的限制，调查的资料没能全部整理发表，剩余的资料在后来的动乱中损失无存。调查的规模和发表的结果相比，可谓头大尾小。《四川方言音系》对方言点语音调查的记录不详尽，所调查的 150 个点中，只有 25 个点整理发表了字音表，占调查点的 1/6，而且每点字音表只有 400 余字，其余的方言点则只有声韵调表。此外，这次调查没有音档保存。调查时纸笔记录的大量原始记音材料今已丢失不可查找，这是一个难以弥补的缺失。反映此次方言调查成果的《四川方言音系》只有约 150 页，而抗战时期的《四川方言调查报告》有 1 800 余页，收录资料的量差距明显。

（二）用迄今最大量的数据如实地记录四川方言

本书每方言点 3 058 字音，是《四川方言调查报告》（约 1 500 字）的两倍多，更超过了《四川方言音系》（每点余 400 字）的收字量。对岷江流域方言内部的语言记录，也有许多新的发现，对过去的记录有所补充和纠正。例如：有人说西南官话是“内部高度的一致”，现在看来这是不符合事实的。仅就四川方言来说，也有很多差别。我们在田野调查中常常遇到“四川人听不懂四川话”的情况。在本书所收的 40 个方言点中就包括了古入声字归调不同的四种方言类型：入声字归阳平的成都方言点，入声独立的都江堰、崇州、邛崃等方言点，入声归阴平的雅安、天全、宝兴等方言点，入声归去声的自贡、富顺、泸县等方言点（参见书前彩页中《岷江流域方言分布图》）。有不分平翘舌声母的点，也有分平翘舌声母的点；有不分尖团音的点，也有分尖团音的点；有古泥来母洪混细分的点，也有古泥来母洪细全混的点。事实说明，四川方言内部有许多不同的语音特点，反映了不同的历史层次。只有弄清楚这些特点，详细记录这些语音差别，才能真实地反映方言的情况。目前，在普通话迅速普及的大背景下，方言正在迅速失去自己的语音特征，甚至走向消亡，方言调查是亟待我们去做的重要工作。

基于上述原因，编写全面详细的“20 世纪四川方音大系”是很有必要的。前辈为四川方言研究开辟了宽阔的道路，我们应该努力完成前贤未竟的事业。

三

本书共收入四川省 40 个方言点的字音，每点 3 058 字，都是我们进行田野调查得来的第一手资料。在十多年（2007 年至今）的时间中，我们相继得到国家级、省级和校级相关课题的支持，使方言调查和研究得以持续进行。所有录音都是在当地采集，与当地发音人合作，实地调查录制的。调查采用笔记本电脑录音。我们利用计算机软件（例如潘悟云、韩夏等人开发的“斐风”语言调查系统）来提高记音和音系归纳的准确性，并建立了语音资料数据库。本书的编写者每人负责数个方言点的语音校听和音系归纳，最后由我审核检查各点的记音。经过反复多次的讨论，核对当地语音，参考相关资料，整理出现的问题，最终修改完成。

当代成都话作为区域共同语对四川各地方言有较大的影响，普通话的影响在其次，再次则是重庆市区话对四川东部地区的影响。这种情况导致市县一级的城区话向大都市话靠拢，而比较偏僻的农村地区则相对稳定，比较多地保持了 20 世纪 50 年代的语音原貌。我们根据具体情况，有的点选在乡镇采集语音。选择语音纯正的当地发音合作人是方言调查成败的关键因素。我们的目的是调查 20 世纪上半叶的四川方言语音，所以我们尽量选取老年发音人。我们选择调查发音合作人的标准是：年龄在 60 岁左右（只要条件许可，尽可能大于 60 岁），当地出生的男性，长期在当地生活，平时讲当地话。保证调查质量的另一个办法是，选择熟悉本地方言的人参加调查，通常是熟悉当地方言的语言学专业研究生。这样做避免了因不熟悉当地语音而不能分辨外来语音的情况。调查人员是语言学教师和二年级以上的语言学专业研究生，这是因为研究生经过一年多的学习，具备了语音学和汉语音韵学知识，掌握了方言调查知识和技术。此外，调查人员还必须事先了解所调查方言点的情况，熟悉调查字表中的 3 058 个字的发音和常见的可能的异读。由于经验不足，我们在方言调查中也有教训，如发音人选择不当、字表读音错误多、记录的许多字只有文读音、录音质量不好等，凡是这些情况我们都进行了重新调查。

各方言点音节表最后由 2016 级博士研究生陈鹏从数据库中导出，形成字音表。教师周岷绘制了《岷江流域方言分布图》，2018 级博士研究生周亚欧统一修订了各方言点的声学元音图和声调曲线图，陈鹏做了《中古音音序索引》，2017 级硕士研究生李勤和王欣璐校对了中古音构拟，王欣璐修订了《字目简体字、繁体字、异体字对照表》。

从 2007 年到 2010 年，四川师范大学汉语言文字学专业的部分研究生参加了本书所列 40 个方言点的调查，他们现在在不同的地方工作，虽然他们中的大多数人没有直接参加本书的编写，但是他们调查积累的四川方言资料是本书的基础材料，功不可没。他们是：何婉（2005 级），周艳波、王晓先、李兵宜（2006 级），李书、吴红英、易杰（2007 级），刘燕、唐毅、马菊、蒲锐志（2008 级），张强、毕圆、刘瓅鸿（2009 级），朱垠颖（2010 级），周岷（2014 级博士研究生，四川大学），万霞、周亚欧（2015 级），陈鹏（2016 级博士研究生）。

对他们为四川方言语音资料采集付出的辛劳，我们表示由衷的感谢。

本书所列40个方言点的主要的发音合作人如下①：

成都（锦江区）：周及徐（男，59）；彭州（万年乡）：欧阳硕（男，78）；郫县（团结镇）：马笃新（男，66）；广汉（城关镇）：郭斌（男，61）；都江堰河东话（天马镇）：曾述兴（男，63）；都江堰河西话（安龙镇）：王杰宣（男，68）；崇州（集贤乡）：赵治金（男，63）；大邑（晋原镇）：周齐耕（男，60）；邛崃（临邛镇）：程鑫林（男，57）；新津（五津镇）：李文全（男，60）；蒲江（天华镇）：吴永庆（男，62）；彭山（义和乡）：周国清（男，60）；眉山（修文镇）：张福银（男，52）；丹棱（丹棱镇）：徐元树（男，63）；洪雅（城关镇）：李世宗（男，82）；青神（白果乡）：刘顺连（男，67）；夹江：江文远（男，61）；峨眉山市：冯志远（男，66）；乐山（沙湾区）：曹炳德（男，64）；犍为：赖金普（男，55）；沐川：罗明增（男，51）；峨边（沙坪镇）：廖安华（男，69）；雅安（雨城区）：徐向铭（男，71）；名山（城关镇）：杨炳贵（男，54）；天全：胡锡彭（男，73）；芦山（城关镇）：赵德明（男，70）；宝兴（灵关镇）：周树明（男，65）；荥经（安靖乡）：魏洪发（男，57）；汉源（原城关镇②）：郭光夏（男，57）；石棉（城关镇）：刘长斌（男，76）；内江（东兴区）：蒋盛全（男，72）；威远（年陵镇）：曾先语（男，72）；荣县（旭阳镇）：郝志民（男，77）；自贡（自流井区）：谢崇礼（男，55）；富顺（富世镇）：李宗美（男，61）；隆昌（金鹅镇）：黄泽方（男，71）；泸县（加明镇）：曾超祥（男，62）；泸州（江阳区通滩镇）：王启林（男，62）；南溪（长宁镇）：张肇东（男，61）；合江（合江镇）：陈以均（男，66）、杨清林（男，63）。

对他们为保存四川方音做出的贡献，我们表示敬意和感谢！

周及徐

2018年5月5日

于都江堰市青城山镇

① 括号内的地名是录音地点，数字是调查时发音合作人的年龄。

② 因修筑大渡河水电站，汉源县旧城已于2008年搬迁，调查时的原城关镇已淹没。

凡 例

一、方言点

“20 世纪四川方音大系”计划收入当代四川省内各市、县、区约 120 个具有代表性的方言点的字音和音系，根据近十年来我们方言田野调查的积累，分三部分整理出版，分别为《岷江流域方音字汇——20 世纪四川方音大系之一》《嘉陵江流域方音字汇——20 世纪四川方音大系之二》《金沙江流域方音字汇——20 世纪四川方音大系之三》。

本书收入四川省岷江中下游流域的 40 个汉语方言点。每市县（区）一般选 1 点，本地方言差别明显的增加选点。所收方言范围根据地理位置邻近和方言关系密切程度，主要为岷江流域地区。本书所收入的方言点今大致属于成都市、眉山市、乐山市、雅安市、内江市、自贡市和泸州市等地，主要使用现代汉语北方方言区的方言。

本书所收 40 个方言点如下：

1 成都	2 彭州	3 郫县	4 广汉	5 都江堰河东
6 都江堰河西	7 崇州	8 大邑	9 邛崃	10 新津
11 蒲江	12 彭山	13 眉山	14 丹棱	15 洪雅
16 青神	17 夹江	18 峨眉山	19 乐山	20 犍为
21 沐川	22 峨边	23 雅安	24 名山	25 天全
26 芦山	27 宝兴	28 荥经	29 汉源	30 石棉
31 内江	32 威远	33 荣县	34 自贡	35 富顺
36 隆昌	37 泸县	38 泸州	39 南溪	40 合江

（以上方言点地理位置，参见本书所附《岷江流域方言点地形图》和本书《前言》中的发音合作人所在地信息。）

二、所收字（词）及排列

每个方言点收录常用字（词）3 058 个，字目根据《方言调查字表》（修订本）和《汉语方音字汇》有所调整。

字（词）排列按普通话音序，与《汉语方音字汇》一致。先按韵母排列，韵母相同的再按声母排列，声韵相同的字再按声调的顺序排列。

韵母的顺序为：a、ia、ua，ɤ、o、uo，ie、ye，ɿ、ʅ、ɚ，i、u、y，ai、uai，ei、uei，au、iau，ou、iou，an、iɛn、uan、yan，ən、in、uən、yn，aŋ、iaŋ、uaŋ，əŋ、iŋ、 uŋ、uəŋ、iuŋ。

声母的顺序为：p、ph、m、f，t、th、n、l，ts、tsh、s，ʈʂ、ʈʂh、ʂ、ʐ，tɕ、tɕh、ɕ，k、kh、x、∅。

声调的顺序为：阴平、阳平、上声、去声。

字头及其他文字用简体字，少数简体字形相混的词加小字注释或用繁体字加以区分。

字（词）所对应的中古音韵来自《广韵》，少量来自《集韵》（左上角加“*”号）。如果某字（词）在《广韵》中有几个音，但意义相同，就只列一个字（词），如“虹”有“户公切”（匣母东韵），又有“古巷切”（见母绛韵），只立一字（词）目，但注明不同的音韵来源。

某字（词）在《广韵》（或《集韵》）中有几个音义，且在今方言中音义对应，分列几个字（词），如“抹”有“莫拨切”（明母末韵），涂抹、*杀灭；又有（*擵）“*莫八切”（明母黠韵），拭也。今音义分为“抹［mo3］杀”“抹［ma1］布”，分立二字（词）目。

某字（词）在《广韵》（或《集韵》）中只有一个音义，而在今方言中音义有分化，也列在同一格中。如“撒，*桑曷切”，今成都话有二音，意义略别：sa3 用于“撒种”义，sa2 意为“失落”，有贬义。二音放在同一格中。

《广韵》的一个字（词）在今方言中有多个对应的，列在同一格中，常用音在前，有异读、文白读、新读、旧读、口语、俗读之分。例如：成都话“角”tɕio2 文、ko2 白，成都话“觉睡觉”tɕiau4、kau4 口。见后说明。

方言字（词）在《广韵》中不明对应的常用字（词），酌情选列。

儿化韵和语流音变读音不收录。

三、标音

用国际音标记写现代汉语方言字（词）的声母和韵母，方言声调的调类分别用数字1（阴平）、2（阳平）、3（上声）、4（去声）、5（入声）表示，数字在音节末，不上标。各方言点调类对应的调值在本书的《岷江流域方言音系及说明》中标出。

方言的记音，除了归纳方言的音位系统，还有描写方言语音特点的作用。本书记音使用国际音标，宽严适中，力求达到这一目的。方言音原则上按音位记写，有的地方也记写了没有对立关系的音位变体。一般情况下，同一音位的若干变体，记为同一音，只在“音系说明”中加注。例如：成都等地区的龈鼻音声母 n-常有龈边音 l 或鼻化边音 l̃ 的变体，在洪音前和一部分细音前都如此，当地人不区别，按照音位原则记为同一音，如“林连 n-”记为 n-，“老脑 l-”也记为 n-。而声母 ȵ-则只出现于古泥母和疑母字细音前，当地人区别，n-与 ȵ-是两个音位。同一音位而因语音条件有明显语音差别的，记写出语音差别。例如：崇州话零声母在 u 韵前带浊擦音，例如“吴无”vu2，零声母在 o 韵前则不带浊擦音，如“屋勿”o5。这种情况下记写出 u 韵前的 v-能更准确地反映该方言语音系统上的特点。有的是该方言语音习惯上的差别，也记写出语音区别。例如：单元音/a/的不同变体 a、ᴀ、ɑ，这也反映在声学元音图上（见本书前彩页）。在

《岷江流域方言音系及说明》中声韵调三个表后列“音系说明”，详细描写方言语音特点。

四、四川方言音

各方言的发音合作人是当地老年男性，录音时年龄多在60岁以上，均在当地录音。发音合作人的语音为当地老方言的代表。由于近年来各方言城区话受普通话和省城话（成都话）影响渐多，故发音合作人有的选自语音更守旧的当地乡镇。从以上因素折合的年代来看，本书所记是20世纪中期，即1950年前后的当地方言语音。

方言中一个字（词）的几个读音处理如下：

（1）异读。无文白之分，比较常用的排在前。有的意义相同，例如：成都“咬”ŋao3、ȵiao3（意义相同）。有的意义或用法有区别，表中未分列为二词，也排在一栏。例如，成都“撑”tshen1、tshen3、tshen4（意义略有区别，第一音为“支撑”义，第二音有“按压”义，第三音有“抵触”义），“坊”faŋ2、faŋ1（第一音用于“作坊”，第二音用于“牌坊”）。

（2）文白异读。指有语音对应规律和使用场合区别的异读。文读音用于书面语或正式场合，后注“文”，白读音用于口语，后注“白”。白读与口语的区别在于：白读使用范围广，口语词使用范围窄［见下（4）］。例如：成都“角”tɕio2 文、ko2 白，“解解开”tɕiai3 文、kai3 白。此外，有的文读音来自书面语，口语没有相应的白读或要换一个词表示。例如：成都话中“剂”“几几乎”在口语中基本不用，“馅”在四川大多数方言的口语中不用。这种情况则只标“文”，没有“白”，如：“馅”ɕiɛn4 文、“剂”tɕi4 文、“几几乎”tɕi1 文，相当于书面语。

（3）新读、旧读。新读和旧读指在方言中使用，而在使用频率上不占主要地位的又音。新旧读大致以1980年为界。旧读指1980年前还在使用的读音，放在第二音，注“旧”。例如，成都“铅”tɕhiɛn1、yɛn2 旧，“肉”zəu4、zu2 旧。新读指1980年后出现的读音，放在第二音，注“新”。例如，成都“足”tɕio2、tsu2 新，“曲”tɕio2、tɕhy2 新，“衔”xan2、ɕian2 新，“絮”suei4、ɕy4 新。由于新读多同于普通话声韵，且多是青年人读音，不代表老方言音，只酌情收入常见的字。

（4）口语音。有的字（词）常用的一读在所有场合通用，而另一读用于口语，范围小，只限于该字的部分用法，则标“口”，为口语音。口语音往往是一些音变，有的有意义上的区别。例如，成都“沿”yɛn2、iɛn2 口，后一音仅用于“阶沿 kai1 iɛn2”等词。成都“住”tsu4、tso4 口，后一音为音变滞后，用于“在哪儿住 tso4？”。又例如，崇州“喘”tshuan3、tshuai3 口，后一音为异化音变；成都“下动词”ɕia4、xa4 口，后一音常用于动量词。崇州“光”kuan1、kuan4 口，后一音用于贬义，如“光头”；成都“团”thuan2、thuan3 口，后一音用于贬义，意为“巴结、讨好”。

（5）俗读。指方言中不符合语音对应规律的字（词）。这些词可能由误读（例如邛崃“渗”tshan1 俗，华姓 xua2 俗，凭声符或同音字读音）、借词（例如成都“大”thai3 俗，借自客家话）、训读（例如成都“铸”tau4 俗，“倒”的训读；合江“闩”phie2 俗，本字为“别”）、避讳（例如成都“陈姓”iɛn1 俗，“沉”的避讳）或其他原因形成，本书一概作为俗读，注“俗”，并在能考定本字的情况下加注释。

五、中古音

字头下面列出《广韵》的反切和音韵地位，音韵地位包括摄、呼、等、声、韵、调 6 项，韵目举平声以赅上去。《广韵》未收的字（词）依据《集韵》，并在字和反切的左上角加“*”号表示。《广韵》和《集韵》都未收的字（词）也列出音韵地位和中古音构拟，系根据现代音反推得出，供参考。

本书参照中国社会科学院语言研究所《方言调查字表》的体系来处理字音的音韵地位。例如，将幽（黝幼）韵字列入三等，清（静劲昔）韵列入三等，假二等、假四等字列入三等，余母四等字列入三等。重纽字列入三等，重纽第一类（B 类、重纽三等字）标为“三 B”，重纽第二类（A 类、重纽四等字）标为“三 A”。

字头在中古韵书中有几个反切时，选择与方言音义相对应的音切。例如，成都“率率领”suai4，所类切，止合三生脂去；成都“率效率”nu2，《集韵》*劣戌切，臻三合来术入；郫县“率效率”so5，所律切，臻合三生术入。又例如：成都“著显著”tsu4，陟虑切，遇合三知御去。成都“着（著）~雨了/~凉了”tsau2（ <tso2），张略切/直略切，宕开三知/澄药入。成都“站着（著）”tau3 < to3，丁吕切，遇合三知语上。成都“睡着（著）”tsho2，直鱼切，遇合三澄鱼平（主元音音变滞后，音变与成都“住”读 tso4 同）。

字头下第四栏列出每个字的中古音。所采用中古音系统依据郑张尚芳先生所构拟《切韵》音系（早期音）。参见郑张尚芳《上古音系》（第 2 版，上海教育出版社，2013）第 244 –252 页。另用“:”表示上声，用“-”表示去声，平声和入声不另加符号。郑张先生于 2018 年 5 月仙逝，我们采用他构拟的《切韵》音系标注本书 3 058 字的中古音，以此来纪念这位杰出的音韵学大师。

六、注释

本书注释的内容如下（注释在本页脚注，用①、②、③等，格式所限，力求简短）：

（1）同一字头下的方言字音，第三个和第三个以后的读音放入注释，因字表格中只能容纳两个字音。

（2）字（词）在韵书中的不同音切，在注释中仅补列出与言读音相关的反切和音韵地位。如：“堤”，《广韵》都奚切，蟹开四端齐平，与北京话 ti1 合。四川方言音 thi2，阳平送气，合于《广韵》杜奚切，蟹开四定齐平。因此列出后一反切和音韵地位。其他的反切与四川方言音无关则不列。

（3）训读音的本字注释。注明训读音的本字，并注明《广韵》反切。例如：成都“油炸”tsa2 俗，注：“为‘煠’的训读，士洽切，咸开二崇洽入。”

（4）不明本字的方言字（词），列同音字（词）为字目，记音加“俗”，视为“俗读”并说明词义以备考。例如：成都“瓜”kua1，注释：“此音又有‘傻’义，如‘瓜娃子’。”成都“哈”xa1，注释：“用手抓或刨，如‘鸡~豆腐’。”

七、方言音系及其说明

本书列有每个方言点的“某某话音系”，总体说明该方言的音系特点。下列声母表、韵母表、声调表和音系说明四项。例字选用本方言的常用字的常用读音，如果方言中少数字（词）的新读音（外来音）超出了该方言音系范围，则不选作例字，但在后面的字音表中列出这些读音。音系说明除描述各方言点的语音特点外，兼及本方言内部老年人和青年人或城区与乡村的常见语音差别。

八、声学元音图和声调曲线图

每个方言点有声学元音图和声调曲线图（绝对时长图），根据各方言点的发音合作人的录音材料，选代表字制作。声学元音图根据发音合作人的 8 ~ 10 个相同单元音韵母的语音样本的频谱图，用 Praat 语音分析软件取第一共振峰（F1）和第二共振峰（F2）的均值绘制。元音的音位标音用常用的音标符号，与其在声学元音图中的实际位置略有出入，如峨边的-ɐ 偏后，南溪的-ɯ 偏央，青神的-ɑ 偏高，等等。详见声学元音图。声调曲线图根据发音合作人的 10 个同声调的音节的语音样本，取基频均值归一化的对数值为纵轴，韵母发音时长为横轴，得出声调曲线。纵轴调整为 5 等分，以与 5 度标调法相应。作图方法参考朱晓农《语音学》（商务印书馆，2010）。读者可以通过查看声学元音图和声调曲线图，更确切地了解各方言点语音信息。

九、附录

书首附《岷江流域方言地形图》，标明岷江中下游沿岸方言点的地理位置。其编号与《岷江流域方言音系及说明》和《岷江流域方音字表》顺序相同。又附《岷江流域方言分布图》，示意该地区方言分布区域，尤其是方言声调类型的分布。成都话的声调类型在本地区看起来很孤立，但是在四川省的其他地区，成都话的声调类型就不孤立了。这在本书的姊妹篇《嘉陵江流域方音字汇——20 世纪四川方音大系之二》中就可以看到。

为方便检索，本书的《岷江流域方音字表》页码以“1”起。书后列《中古音音序索引》（按中国社会科学院语言研究所《方言调查字表》音韵顺序）和《字目简体字、繁体字、异体字对照表》（依据《汉语大字典》第 2 版，崇文书局、四川辞书出版社，2010）。后一个表中，也包含一部分通假字和古今字，例如：“页—葉”“垫—填”“搞—搅”。

岷江流域方言音系及说明

一、成都话音系

（一）声母（21）

p 巴步白	ph 普婆仆	m 米明目	f 飞伐户	v 无误乌屋
t 多稻毒	th 他同突	n 奴路连		
ts 子张装芝昨	tsh 此痴锄称		s 思虱书舌熟	z 日挠锐
tɕ 酒就旧局	tɕh 凄齐丘期	ȵ 女牛	ɕ 新囚虚行	
k 锅敢共	kh 课库葵	ŋ 我安	x 火旱活	
∅ 味儿艺衣域易				

（二）韵母（36）

ɿ 制之执日职赤	i 齐里粒笔极逆①	u 猪母突绿	y 女雨虽绿
ɚ 儿二而			
ᴀ 那爸塔伐	ia 家涯夹瞎	ua 瓜画挖刮	
e 蛇折得客	ie 爷结特逆	ue 括郭国获	ye 靴决削
o 多鸽出落	io 屈掠学欲		
ai 街解蟹岩	iɛi 介解延	uai 怪喘帅	
ei 悲梅肥沸		uei 絮堆奎吹	
au 刀敲校照	iau 敲校标挑		
əu 偷州肉	iəu 流久六		
an 男站旦班	iɛn 监甜颜建	uan 团关软院	yɛn 权园院犬
en 审奔寸等生	in 禁民冰名	uən 滚春闻孕	yn 旬军倾永
aŋ 党房虹项	iaŋ 向阳讲项	uaŋ 光框窗	
oŋ 茂鹏空农捧	ioŋ 永穷勇		

---

① 例字下加单线表示白读音，加双线表示文读音。下同。

（三）声调（4）

阴平	1	35	巴当师关衣
阳平	2	31	田年国夺立
上声	3	52	点显辅两敏
去声	4	212	父杜派旧利

（四）音系说明

（1）声母 ts-、tsh-、s-发音部位偏后，舌尖抵上齿龈，介于北京话的舌尖前音和舌尖后音之间。声母 z-摩擦明显，同标准 z。

（2）声母 n-有 l 或 l̃ 的变体，很多时候为 l，统一记作 n-。声母 ȵ-后带有同部位浊擦音，实为 ȵʑ-。

（3）声母 ŋ-只出现在开口呼前，软腭阻塞明显，鼻音气流弱。

（4）齐齿呼零声母音节开头带有摩擦音ʝ-，韵母为 i 时最明显，记音未标出。零声母的 u 韵母音节开头带有明显的唇齿浊擦音 v-，与其他合口呼零声母韵的音节有明显的不同，其中有的音节没有除阻，成为自成音节的 v̩。撮口呼零声母音节以 y 开头，无摩擦。

（5）成都话单元音位置，见图 3《成都话声学元音图》。

（6）-io、-ioŋ 在音系配合上当为撮口呼-yo、-yoŋ，实际发音已失去圆唇势，成为齐齿韵。

（7）元音 a 作单韵母时偏央为 ʌ，在-an 中偏高为 æ，在-ian、-yan、-iai 中偏高记为-iɛn、-yɛn、-iɛi，在-au 和-aŋ 前偏后为 ɑ。

（8）元音 e 作单韵母，在-ue 中时舌位较低近 ɛ，在-ie、-ye、-en、-ei 中舌位较高，在-uen 中舌位偏央记为-uən。

（9）元音 o 较标准元音低而开，在-ou、-iou 中，元音展唇而偏央，记为-əu、-iəu。

（10）-an、-iɛn、-uan、-yɛn 的鼻音韵尾弱而短，舌尖未抵上齿龈，实际为-a^{n}、-iɛ^{n}、-ua^{n}、-yɛ^{n}。

（11）-en、-in、-uən、-yn 的鼻音韵尾完整、稳固。

（12）-aŋ、-iaŋ、-uaŋ 的鼻音韵尾完整。

（13）-ai、-iai、-uai 的韵尾实际为-e，例如：“街” kai1 = kae1。-au、-əu 的韵尾实际为-ɤ，例如：“高” kau1 = kaɤ1、“楼” ləu2 = ləɤ2。

（14）成都话声调调型及调值的详细情况，见图 4《成都话声调曲线图》。去声 212 在语流中往往失去下凹，成为 12 或 13 调。

（15）成都城区话在人群中存在一些差异。年轻女性将-an 发作-ɛ^{n}，元音高而韵尾弱，例如：“饭” fɛ^{n}4，而老年男性则是“饭” fan4，元音低而韵尾完整。而另一些变化则主要是近十多年来受普通话影响的结果。例如，青年人将古入声字按普通话声调发音，“赤宿”读作去声，“蜀曲”作上声，而老年人则将古入声字都读作阳平。一些青年人将成都话的 ŋ-声母字按普通话发作零声母，例如：“欧” əu1、“恶” o2、“岸” an4。

（周亚欧调查，周及徐整理）

二、彭州话音系

（一）声母（25）

p 疤罢别　ph 浦疲朋　m 磨马灭　f 飞丰烦互　v 舞五乌
t 多弟读　th 天淘　n 男来列
ts 组在知住昨　tsh 次词丑浊充　s 司寺杀舍时　z 热
tʂ 直汁植　tʂh 赤吃　ʂ 失食十　ʐ 日
tɕ 接就家局　tɕh 七钱确其　ȵ 捏牛　ɕ 西邪瞎挟
k 瓜柜　kh 括狂　ŋ 按藕　x 花回或
∅ 尾儿牙约雨愉

（二）韵母（36）

ɿ 池自诗制直　i 些敝彼比你　u 布母述　y 鱼句剧
ɚ 儿置湿失食石
ɑ 他巴法八　ia 家佳甲瞎　ua 耍卦刷
e 蛇涉哲舌核得责　ie 姐鼻帖立列笔力笛　ue 括扩或获　ye 靴雪橘
o 哥暮合渴各桌木　io 略学疫菊
ai 待带拜街　iɛi 介解　uai 帅块外怪枴
ei 贝批杯肺非美　uei 对最卫桂嘴泪鬼
au 毛包照　iau 表彪嚼
əu 斗周肉　iəu 牛幼
an 贪站陕弹山反　iɛn 监渐嫌艰便典　uan 短幻环川　yɛn 全掀弦
en 沉根村门登冷　in 品民冰兵丁　uən 棍准问绳　yn 君均泳
aŋ 忙方胖盲　iaŋ 两腔　uaŋ 荒霜双
oŋ 某朋孟风冬龙　ioŋ 兄雄容

（三）声调（5）

阴平	1	44	疤拖珠家挖
阳平	2	31	陪麻和芽羊
上声	3	53	表鬼许秒瓦
去声	4	24	布断象厚父
入声	5	33	百滴沃独学

（四）音系说明

（1）声母 tʂ-、tʂh-、ʂ-、ʐ-发音与普通话相比，卷舌明显。只与卷舌韵母-ɚ 构成音节。ʐ-只见于“日”ʐɚ5。

（2）声母 n-有 l 的变体，没有音位的对立，统一记作 n-。声母 ȵ-后带有同部位浊擦音，实为 ȵʑ-。

（3）声母 ŋ-舌面后阻塞明显，鼻气流比较弱。

（4）齐齿呼零声母音节开头带有摩擦音 ʝ-，记音未标出。合口呼零声母 u 韵母音节带有唇齿浊擦音声母 v-，记音中标出，以区别不带 v-的其他零声母音节。

（5）彭州话单元音位置，见图 5《彭州话声学元音图》。

（6）ɚ 为舌尖后卷舌元音，只作单元音韵母，发音接近标准元音。与 tʂ-、tʂh-、ʂ-、ʐ-相配时，只在入声字中出现，发音时开口较小，舌位较高，接近舌尖后元音 ʅ。

（7）-an、-iɛn、-uan、-yɛn 的鼻音韵尾弱而短，舌尖未抵上齿龈，实际为-a^{n}、-iɛ^{n}、-ua^{n}、-yɛ^{n}，如：“暗盐弯袁”。

（8）彭州话声调调型及调值的详细情况，见图 6《彭州话声调曲线图》。阴平调有 34 变体。

（9）彭州话青年人和老年人之间的发音有一些差异，青年人发音多同于成都话或普通话，老年人发音保持旧读法。例如（青年人/老年人）：“踢”thi5/thie5、“滴”ti5/tie5；又如（青年人/老年人）：“窗”tshuaŋ1/tshaŋ1、“棱”nin2/nen2。彭州话部分古入声字（深臻曾梗摄三四等字）读卷舌音韵母-ɚ，在老年人中保持完整。

（毕圆、刘璨鸿调查，何婉整理）

三、郫县话音系

（一）声母（25）

p 半辨薄	ph 坡脾	m 迷觅母	f 夫伐呼	v 无吴乌
t 戴贷稻	th 铁同	l 努卢吕		
ts 栽珍扎之昨	tsh 雌瓷迟		s 司寺尸神	z 然锐挠
tʂ 汁质	tʂh 吃赤		ʂ 十失	ʐ 日
tɕ 酒集见局	tɕh 趋齐丘祁	ȵ 女艺	ɕ 心囚虚行	
k 锅敢共	kh 课库葵	ŋ 我安	x 火旱活	
∅ 儿衣艺味域易				

（二）韵母（37）

ʅ 之执日职	i 里齐逆	u 乌妇突绿	y 女雨虽绿

ʅ 汁十日吃			
ɚ 儿二而			
ᴀ 那爸塔伐	ia 家涯夹瞎	ua 瓜画刮	
e 蛇折得客	ie 爷结特	ue 括获国	ye 靴决削
o 多鸽出落	io 掠学		
ai 街解鞋蟹	iai 介解蟹	uai 怪帅外	
ei 悲肥梅		uei 吹归堆奎	
au 刀高敲校	iau 标挑敲校		
əu 偷狗肉	iəu 流久六		
an 男站旦班	iɛn 坚天兼甜	uan 团暖关	yɛn 权鲜圆
ən 奔村生曾杏	in 侵民名京	uən 滚春闻问	yn 寻军倾永
aŋ 帮党虹项	iaŋ 向阳降项	uaŋ 框窗王	
oŋ 茂猛冬逢	ioŋ 兄穷凶		

（三）声调（5）

阴平	1	44	巴登升宽弯
阳平	2	31	爬茶何麻芽
上声	3	51	典险讲冷悯
去声	4	324	拜肚吏妇舅
入声	5	33	日麦力寂目

（四）音系说明

（1）声母分舌尖前 ts-、tsh-、s-和舌尖后 ʈʂ-、ʈʂh-、ʂ-两组，舌尖后音发音部位略靠前，介于北京话的舌尖前音和舌尖后音之间。声母 z-摩擦明显，ʐ-只见于“日” ʐʅ5。

（2）声母 l-有 n 或 l̃ 的变体，为 l 的时候多，统一记作 l-。声母 ȵ-后带有同部位浊擦音，实为 ȵʑ-。

（3）声母 ŋ-只出现在开口呼前，软腭阻塞明显，鼻音气流弱。

（4）齐齿呼零声母音节开头带有比较明显的摩擦音 ʝ-，记音中未标出。合口呼零声母 u 韵母的音节开头带有明显的唇齿浊擦音 v-，与其他合口呼零声母韵不同，在记音中标出。撮口呼零声母音节以 y 开头，无摩擦。

（5）-io、-ioŋ 在音系配合上当为撮口呼-yo、-yoŋ，实际发音已失去圆唇势，成为齐齿韵。

（6）郫县话单元音位置，见图 7《郫县话声学元音图》。

（7）元音 ʅ 比普通话偏后。

（8）元音 a 作单韵母时为 ᴀ，在-an 中偏高为 æ，在-iɛn、-yɛn 中偏高，在-au 和-aŋ

前偏后为 ɑ。

（9）元音 e 作单韵母或在-ue 中时，舌位较低为 ɛ，在-ie、-ye、-ei 中舌位较高，在-ən、-uən 中舌位偏央。

（10）元音 o 较标准元音低而开，在-əu、-iəu 中，元音展唇而偏央，实际为 ɘ。

（11）i 作韵尾时偏低，为 e，例如：“拜” pai4 = pae4。u 作韵尾时偏低，为 ɔ，例如：“包” pau1 = paɔ1。

（12）-an、-iɛn、-uan、-yɛn 的鼻音韵尾弱而短，舌尖未抵上齿龈，实际为-a^{n}、-iɛ^{n}、-ua^{n}、-yɛ^{n}。

（13）-ən、-in、-uən、-yn 的鼻音韵尾完整、稳固。-aŋ、-iaŋ、-uaŋ 的鼻音韵尾完整。

（14）-oŋ、-ioŋ 的鼻音韵尾不完整。

（15）郫县话声调调型和调值的详细情况，见图 8《郫县话声调曲线图》。郫县话入声调值记为 33 调，在声调曲线图上显示略有下降。

（16）郫县话在青年人和老年人之间存在一些差异。部分青年人受成都话影响，将入声字读同成都话音类，老年人则保持旧有的读法，例如：“绿” lo5（旧）> lu2（新）。有部分青年人将郫县话 ŋ-声母字按普通话发音作零声母，例如：“安” ŋan1（旧）> an1（新）。老年人中比较多地保持了部分古入声字（深臻曾梗摄三四等知系字）读舌尖后音声母。

（易杰调查，周岷整理）

四、广汉话音系

（一）声母（21）

p 把币勃　ph 帕皮　m 迷蔓　f 废凡胡　v 武伍乌
t 带队达　th 拖驼　l 男蓝离
ts 租追找愁昨　tsh 搓瓷耻除抄处　s 三山陕神甚　z 任酿
tɕ 将匠京技局　tɕh 妻齐起渠　ȵ 尿严　ɕ 些斜希效
k 勾跪　kh 亏狂　ŋ 硬挨　x 灰回黑
0 亡而原于为摇

（二）韵母（37）

ɿ 资执日职尺　i 闭眉急必力益　u 补浮服　y 吕拘局遂
ɚ 儿二耳
ᴀ 大拿纳辣　ia 价涯甲辖　ua 耍挂滑
e 遮摄设克核核对　ie 爹猎立鳖密疾戚　ue 阔廓或获　ye 靴绝削

o 歌泼骨出剥缩烛	io 虐岳疫续		
ɤ 歌鸽割各壳			
ai 袋斋筛	iɛi 界蟹	uai 乖衰	
ei 杯悲妃		uei 内累积累	
au 褒茅赵	iau 交表尧跃		
əu 兜周肉	iəu 牛谬		
an 蓝染丹班烦	iɛn 减艳眼舔	uan 端幻专	yɛn 员源渊
en 针本层寸耕	in 品敏凝景	uen 棍唇闻	yn 均韵
aŋ 帮场窗	iaŋ 将腔	uaŋ 广状双	
oŋ 茂鹏蒙宗虫	ioŋ 轰烘用		

（三）声调（5）

阴平	1	24	波多猪居威
阳平	2	31	婆茶霞尼厘
上声	3	52	把采鬼马乃
去声	4	13	桂柜饿舵祸
入声	5	22	八夹择袜额

（四）音系说明

（1）声母 ts-、tsh-、s-发音部位偏后，舌尖抵上齿龈，介于北京话的舌尖前音和舌尖后音之间。声母 z-摩擦明显，同标准 z。

（2）声母 l-有 n 或 l̃ 的变体，很多时候为 l，统一记作 l-。声母 ȵ-后带有同部位浊擦音，实为 ȵʑ-。

（3）声母 ŋ-只出现在开口呼前，软腭阻塞明显，鼻音气流弱。

（4）齐齿呼零声母音节开头带有摩擦音 ʝ-，记音中未标出。合口呼零声母的 u 韵母的音节开头带有明显的唇齿浊擦音 v-，与其他合口呼零声母韵有明显的不同，记音标出。撮口呼零声母音节以 y 开头，无摩擦。

（5）广汉话单元音位置，见图 9《广汉话声学元音图》。

（6）-io、-ioŋ 在音系配合上当为撮口呼-yo、-yoŋ，实际发音已失去圆唇势，成为齐齿韵。

（7）元音 a 单元音时偏央为 ᴀ，在-an 中偏高为 æ，在-iɛn、-yɛn、-iɛi 中偏高为 ɛ，在-au 和-aŋ 前偏后为 ɑ。

（8）元音 e 作单韵母时为 e，在-ue 中时舌位较低，接近 ɛ，在-ie、-ye、-en、-ei 中舌位较高为 e，在-uen 中舌位偏央。

（9）元音 o 较标准元音低，入声韵中偏央。在-əu、-iəu 中，元音展唇而偏央，实际为 ə。

（10）i 作韵尾时偏低，实际为 e，例如：“开” khai1 = khae1。u 作韵尾时偏低，为 ɔ，例如：“高” kau1 = kaɔ1。

（11）-an、-iɛn、-uan、-yɛn 的鼻音韵尾弱而短，舌尖未抵上齿龈，实际为-a^{n}、-iɛ^{n}、-ua^{n}、-yɛ^{n}。

（12）-en、-in、-uen、-yn 的鼻音韵尾完整、稳固。

（13）-aŋ、-iaŋ、-uaŋ 的鼻音韵尾完整。

（14）广汉话声调调型及调值的详细情况，见图 10《广汉话声调曲线图》。去声调在语流中多失去下凹。

（15）广汉话在青年人与老年人之间存在差异。一些青年人将入声字按成都话声调读作阳平调，而老年人则读作入声，如“却拔铡涩折”等字。在广汉乡村和城区部分老年人中，古入声字读入声调，保持比较完整。此外，一些青年人将广汉话的 ŋ-声母字按普通话发音作零声母，而老年人则保持旧有的读法，例如：“欧” ŋəu1（旧）> əu1（新）、“岸” ŋan4（旧）> an4（新）。

（吴红英调查，周岷整理）

五、都江堰河东话音系

（一）声母（24）

p 边抱白	ph 坡平	m 麻马木	f 分妇佛	v 雾午恶可恶
t 单杜夺	th 拖态同	n 脑蓝联		
ts 资字罩阻州逐	tsh 层丑创肠		s 斯寺沙式	z 如挠
tʂ 汁质直	tʂh 尺吃		ʂ 失十舌	
tɕ 津京臼疾	tɕh 千愁去其	ȵ 拈腻艺	ɕ 小序兴狭	
k 古共	kh 枯葵	ŋ 我案	x 悔孩活	
∅ 未儿牙弯雨与				

（二）韵母（37）

ɿ 世是资诗	i 夜堤李机	ʊ 吴负述褥	y 居区虽
ɚ 儿耳拾舌日职尺			
ɐ 那马法发	ia 家涯甲瞎	ua 瓦话刷	
æ 塔涉辣德客		uæ 阔滑郭或	
	ie 爷接集结疾积		ye 屑削
o 锅活突出捉木	io 决略岳疫曲		
ɤ 歌合渴各			
ai 者代排解	iɛi 皆解	uai 坏帅喘	

ei 车杯卑飞		uei 队类	
au 陶吵招	iau 狡苗挑		
əu 透守肉	iəu 酒幽		
an 甘咸旦战	iɛn 舰点篇天	uan 暖幻穿喘	yɛn 宣玄远
en 森振村凳成	in 音新应映	uən 昆顺文	yn 均云永
aŋ 旁方杠	iaŋ 乡降	uaŋ 汪亡双	
oŋ 贸孟童统终	ioŋ 兄雄容		

（三）声调（5）

阴平	1	35	班天梳安拉
阳平	2	31	平田兰红云
上声	3	52	板草敢晚涌
去声	4	223	饭兔弟利舅
入声	5	32	塔毒肋节狱

（四）音系说明

（1）声母 ts-、tsh-、s-发音部位偏后，舌尖抵上齿龈，比北京话的舌尖前音位置偏前。

（2）ʈʂ-、ʈʂh-、ʂ-发音部位偏后，舌尖抵硬腭，比北京话稍后，只与卷舌音韵母配合，见于入声韵。

（3）声母 n-有 l 的变体，没有音位的对立，统一记作 n-。声母 ȵ-与后面的高元音 i、y 之间，带有同部位浊擦音，实际上为 ȵʑ-。

（4）声母 ŋ-舌面后阻塞明显，鼻气流比较弱。

（5）齐齿呼零声母音节开头带有摩擦音 ʝ-，记音未标出。合口呼零声母 u 韵母的音节，带有唇齿浊擦音声母 v-，记音中标出，以区别于不带 v-的其他零声母音节。

（6）都江堰河东话单元音位置，见图 11《都江堰河东话声学元音图》。

（7）韵母-ɿ 和-i，在发单字音或句末停顿时，常收尾放开，成为-ɿːe 或-iːe，在连续的语流中为 ɿ 和 i。

（8）元音 a 偏央为 ᴀ，韵母-a、-ia、-ua 的主元音接近 ᴀ。

（9）韵母-æ、-uæ 为入声韵。韵母-iæ 在一些人（例如本音系发音人）已经混同-ia，在老年人中仍然保持入声韵的-iæ。

（10）韵母-o 近于标准 o。

（11）韵母-ɤ位置近于 ʊ，在入声字中接近 ə。

（12）韵母-an、-iɛn、-uan、-yɛn，其鼻韵尾比较弱，实际为-a^{n}、-$iɛ^{n}$、-ua^{n}、-$yɛ^{n}$。

（13）韵母-en 的主元音前而高，记为-en。其合口韵为-uən。

（14）所有的入声韵无塞音尾，声调略短促。

（15）都江堰河东话声调调型和调值的详细情况，见图 12《都江堰河东话声调曲线图》。阴平调有 45 的变体。去声调在语流中多读为 12 调或 11 调。

（16）都江堰河东话由于靠近成都，受成都话的影响比较大，一部分入声字在新读音中已读为阳平调，韵母也变为与成都话相同。这些字正在经历下述的读音变化，例如："峡侠匣" ɕiæ5（旧）> ɕia5 > ɕia2（新），又例如："袜刷刮" uæ5（旧）> ua5 > ua2（新）。新读音与成都话相同，这种情况多出现在青年人中。都江堰河东话部分古入声字（深臻曾梗摄三四等知系）读卷舌音韵母-ɚ，在老年人中保持完整。

（张强、周及徐调查，周岷整理）

六、都江堰河西话音系

（一）声母（21）

p 包暴白　ph 普瓢　m 马绵莫　f 匪伐胡　v 武五乌

t 刀道达　th 吞唐　n 怒卢联

ts 租珍阻周杂　tsh 苍策唱　s 索使输十　z 任挠

tɕ 尖就揭舅及　tɕh 秋钱丘奇　ȵ 念宜　ɕ 西袖休限

k 哥柜　kh 科狂　ŋ 岸恩　x 海河合

∅ 问二牙屋于移

（二）韵母（37）

ɿ 世思只式　i 爷鸡里逸翼　ʊ 锅乌妇术　y 靴居拘遂

ɚ 儿二耳

ɑ 他大疤罢拉八　ia 下佳　ua 瓜画挖

æ 答哲肋格　iæ 甲瞎　uæ 括扩或获

ie 接集结笔力席

o 波突落桌六　io 月药角菊

ɤ 哥鸽执割日各职尺

ai 者戴街解鞋　iɛi 介解延　uai 外怪衰

ei 梅蛇悲飞　uei 堆奎为归

au 道敲超　iau 敲消尿

əu 钩舟肉　iəu 久六

an 男斩旦善　iɛn 监甜奸田　uan 团关专　yɛn 泉袁悬

en 针珍村灯生　in 侵民应京　uən 滚春婚横　yn 旬军永倾

aŋ 帮方项　iaŋ 相腔项　uaŋ 黄状双

oŋ 谋棚同宗风　　　　ioŋ 永兄熊容

（三）声调（5）

阴平	1	35	波低书弯乌
阳平	2	21	爬甜从连于
上声	3	52	簸短管免卵
去声	4	212	播地乱丈动
入声	5	32	白答力接月

（四）音系说明

（1）声母 ts-、tsh-、s-发音部位偏后，舌尖抵上齿龈，比北京话的舌尖前音位置偏后。

（2）声母 n-有 l 的变体，无区别意义作用，统一记作 n-。声母 ȵ-后带有同部位浊擦音，实为 ȵʑ-。

（3）声母 ŋ-只出现在开口呼和合口呼前。

（4）齐齿呼零声母音节开头带有明显的摩擦音 ʝ-，记音未标出。合口呼零声母 u 韵母的音节，有唇齿浊擦音声母 v-，记音标出。

（5）都江堰河西话单元音位置，见图 13《都江堰河西话声学元音图》。

（6）韵母-a、-ia、-ua 的主元音接近 ᴀ。

（7）元音 æ 的音值有时近于 ɛ。韵母-æ、-iæ、-uæ 为入声韵，无塞音尾。

（8）韵母-ɤ在入声字时偏央，接近 ə。

（9）韵母-o 严式标音分为二：非入声调时略低于标准 o；入声调时唇略展、舌位偏央，近于 ɵ。-io 是入声韵母，其主元音略展、舌位偏央，实际为-iɵ。

（10）韵母-en 主元音为前半高元音，合口韵在-u-介音影响下变为-uən，撮口呼韵母-yn 严式可标为-yin。

（11）韵母-aŋ 韵鼻韵尾比较弱，有鼻化倾向。少数唇音声母字变为-ɑu，如“帮邦”；一些字韵尾弱化为-ɑᵘ，如“棒”。

（12）都江堰河西话声调调型及调值的详细情况，见图 14《都江堰河西话声调曲线图》。去声 212 调在语流中多读为 21 调或 11 调。

（13）都江堰河西话在地区通语成都话和普通话影响下，在老年人和青年人中有差异，青年人的读音更接近成都话。例如：“端对顿”，老年人读 tan1、tei4、ten4，没有-u-介音；青年人多读 tuan1、tuei4、tuen4，有-u-介音。当地话本来是入声独立，入声字的韵母也不同于成都话，而青年人把一部分入声字读为与成都话同韵、同调，例如：“国” kuæ5（旧）>kue2（新）、“鸭” iæ5（旧）>ia2（新）。

（王晓先调查，周岷整理）

七、崇州话音系

（一）声母（21）

p 波罢薄	ph 怕蒲	m 绵母木	f 非法户	v 巫吴乌
t 都盗达	th 梯堂	n 奴路里		
ts 左侄榨扎支杂	tsh 粗才痴崇唱		s 思洒实书	z 如挠
tɕ 煎集奸旧及	tɕh 七前起	ȵ 年碾严	ɕ 先席兴夏	
k 古共	kh 看逵	ŋ 我安	x 欢何狭	
∅ 闻耳雅委王容				

（二）韵母（38）

ɿ 此私慈	i 茄爷弟理	u 波锅乌妇	y 靴居拘遂
ɚ 尔二耳			
ᴀ 他茶罢拉	ia 家涯	ua 华画话	
æ 彻肋客革	iæ 夹辖	uæ 阔郭国获	
ə 鸽执割日各职尺	ie 接集结笔即席		
o 故夺落捉绿	io 越橘脚学局		
ɤ 哥个课			
ai 蔗戴埋鞋	iai 阶懈	uai 快帅	
ei 车杯对美		uei 堆岁奎归	
au 高包超	iau 交桥条跃		
əu 头周	iəu 九幽		
an 蓝减安团山	iɛn 脸尖钱电	uan 官弯转	yɛn 全劝渊
en 沉真寸登省	in 金敏英陵静	uən 困顺闻	yn 询君泳琼
aŋ 旁壮巷	iaŋ 香江	uaŋ 皇庄撞	
oŋ 茂朋童统终	ioŋ 兄穷拥		

三、声调（5）

阴平	1	44	巴都朱山呼
阳平	2	31	盘谈成绵牙
上声	3	51	板赌款满脸
去声	4	213	变洞住伴弟
入声	5	32	得革集腊约

（四）音系说明

（1）声母 ts-、tsh-、s-发音部位偏后，舌尖抵上齿龈，比北京话的舌尖前音位置偏后。

（2）声母 n-有 l 的变体，统一记作 n-。声母 ȵ-出现在古泥母字的细音前，后带有同部位浊擦音，实为 ȵʑ-。

（3）声母 ŋ-舌面后阻塞明显，鼻气流弱，出现在开口呼和合口呼前。

（4）齐齿呼零声母音节开头带有明显的摩擦音 j-，记音未标出。一部分合口呼零声母-u 韵母的音节，有唇齿浊擦音声母 v-，记为 vu。

（5）崇州话单元音位置，见图 15《崇州话声学元音图》。

（6）ɤ比北京话元音偏后高，唇更展开，近于 ɯ，如“哥个课”等字；-ə 为入声韵。

（7）韵母-iai、-ai 主元音较高，韵尾较开，实际近于-iɛe、-ɛe，例如：“界”tɕiai = tɕiɛe4、“街” kai1 = kɛe1。

（8）韵母-æ、-iæ、-uæ 为入声韵。

（9）元音 o 严式标音可分为二：非入声韵时近于标准 o，如果摄字的新读音；入声韵时唇略展，舌位偏央，近于 ɵ。统一记作-o、-io。

（10）韵母-en 主元音为前半高元音，合口韵在-u-介音影响下变为-uən，撮口呼韵母-yn 严式标音可为-yən。

（11）韵母-an、-iɛn、-uan、-yɛn 鼻韵尾弱，实际是-a^{n}、-iɛ^{n}、-ua^{n}、-yɛ^{n}。韵母-aŋ、-iaŋ、-uaŋ 鼻韵尾稳定。

（12）崇州话声调调型和调值的详细情况，见图 16《崇州话声调曲线图》。阴平调 44 有时较高，接近 55 调。去声调 213 调在语流中多读为 21 调或 11 的低调，失去上升调尾。入声调 32 略下降。

（13）崇州话是川西南路话的典型代表①，不仅保持独立的入声调，而且比较多地保存了入声字的入声韵与舒声韵的区别。例如：入声字的韵母-æ、-iæ、-uæ 不与舒声的韵母-a、-ia、-ua 相混，入声字的韵母-ie 不与舒声的韵母-i 相混。受成都话和普通话影响，崇州话内部读音有一些差别，青年人的新发音趋同于成都话和普通话，老年人则保持旧音。老年人读音果摄字韵母为-u 和-ɤ（变体 ɯ），例如：“波” pu1、“坡” phu1、“哥” kɤ1、“科” khɤ1；青年人新读音韵母变为 o，例如：“波” po1、“坡” pho1、“哥” ko1、“科” kho1；老年人读音模韵字部分读 o，例如：“徒” tho2、“图” tho2、“肚”（肚腹）to4、“股” ko3、“故” ko4；青年人读 u，例如：“徒” thu2、“图” thu2、“肚”（肚腹）tu4、“股” ku3、“故” ku4。新读音变为与成都话相同。

（刘琛鸿、毕圆调查，周及徐整理）

① 参见周及徐：《南路话和湖广话的语音特点——兼论四川两大方言的历史关系》，《语言研究》2012 年第 3 期。

八、大邑话音系

（一）声母（21）

p 爸罢白	ph 坡爬	m 梅木	f 发乏护	v 无梧乌
t 刀掉笛	th 他途	n 拿拉流		
ts 祖罩庄真镯	tsh 秋痴吵川才		s 司史述谁	z 日锐
tɕ 蕉集季轿疾	tɕh 鹊前汽裙	ȵ 年牛	ɕ 心席休学	
k 瓜柜	kh 科葵	ŋ 我欧	x 好禾滑	
∅ 味儿艺衣域易				

（二）韵母（39）

ɿ 世此资之	i 姐计眉忆僻	u 布富	y 巨句虽
ɚ 儿二而			
ᴀ 那拿	ia 家涯	ua 寡画滑	
æ 答涩辣得择	iæ 狭辖	uæ 括国获	
ə 汁失吃石	ie 贴集灭必笛		ye 绝血橘
o 多夺昨朴腹	io 雀岳屈疫俗		
ɤ 哥鸽割阁壳额酷			
ai 蔗爱阶矮	iai 疥蟹	uai 乖衰	
ei 蛇每堆臂妃		uei 溃追絮	
au 茂敲少	iau 敲表雕跃		
əu 斗皱肉	iəu 右六		
an 站丹端版反	ian 监贬店奸电	uan 团惯软	yan 员元先
en 深陈盾升坑	in 吟薪菱京	uən 滚春闻	yn 均训顷
aŋ 杭方胖	iaŋ 向江	uaŋ 光庄双	
oŋ 谋孟蒙统风冲	ioŋ 永雄用		

（三）声调（5）

阴平	1	45	疤他生加衣
阳平	2	31	婆徒徐划麻
上声	3	51	比打腐惹理
去声	4	23	拜自未笨稻
入声	5	22	八达鹤疾密

（四）音系说明

（1）声母 ts-、tsh-、s-较普通话发音部位偏后，舌尖抵上齿龈，介于普通话的舌尖前音和舌尖后音之间。

（2）声母 n-有 l 的变体，部分字读为 l，没有对立，统一记为 n-。声母 ȵ-后带有同部位浊擦音，实为 ȵʑ-。

（3）声母 ŋ-只出现在开口呼前，软腭阻塞明显，鼻音气流弱。

（4）齐齿呼零声母音节开头带有摩擦音 ʝ-，记音未标出。合口呼零声母 u 韵母的音节开头带有明显的唇齿浊擦音 v-，记音标出。撮口呼零声母音节以 y 开头，略有摩擦。

（5）大邑话单元音位置，见图 17《大邑话声学元音图》。

（6）-io、-ioŋ 在音系配合上当为撮口呼-yo、-yoŋ，实际发音已失去圆唇势，成为齐齿韵。

（7）元音 a 作单韵母时实际音值偏央为 ᴀ，在-an、-iai、-ian、-yan 中实际音值为 æ，在-au、-aŋ、-iaŋ、-uaŋ 中实际音值为 ɑ。

（8）元音 o 实际音值较标准单元音 o 低而开。入声韵母的 o 实际为 ɵ，o 作入声韵时，有部分字为 uɵ，如“勿物屋忽霍握沃活”等。在-ou、-iou 中，实际音值展唇而偏央，记为 ə。

（9）元音ɤ较普通话靠后，只与舌面后辅音组合。

（10）元音 i 作韵尾时偏低，实际音值为 e，例如：“耐” nai4 = nae4。元音 u 作韵尾时偏低，实际音值为 ɔ，例如：“老” nau3 = naɔ3。

（11）韵母-an、-ian、-uan、-yan 的鼻音韵尾弱而短，舌尖未抵上齿龈，实际为-a^{n}、-ia^{n}、-ua^{n}、-ya^{n}。

（12）韵母-en、-in、-uən、-yn 鼻韵尾完整、稳固。

（13）韵母-aŋ、-iaŋ、-uaŋ、-oŋ、-ioŋ 的鼻音韵尾完整。

（14）大邑话声调调型和调值的详细情况，见图 18《大邑话声调曲线图》。阴平调值有 44 的变体。

（15）大邑话内部存在一些差异。大邑话属川西南路话。老年人读果摄端系字多作-u 韵，中青年人受成都话影响，读作-o 韵，例如：“波” pu1（旧）> po1（新）、“多” tu1（旧）> to1（新）。又如青年人受普通话影响，将部分 ŋ-、ȵ-声母字读作零声母，例如：“岸” ŋan4（旧）> an4（新）、“挨” ŋai2（旧）> ai2（新）、“验” ȵian4（旧）> ian4（新），“研” ȵian2（旧）> ian2（新）。在乡下人中，“堆腿端乱”等字一般读开口，而城里人受普通话影响一般读合口。入声韵-æ、-iæ、-uæ 乡下人保留比较完整，城里人有的已读同-a、-ia、-ua 韵，只保留入声调，例如：“八” pæ5 >（旧）pᴀ5（新）。大邑话有部分去声调字不规则地读作阳平调，如“窍似寺误”等。

（毕圆、刘瓅鸿调查，万霞整理）

九、邛崃话音系

（一）声母（21）

p 波部白	ph 铺爬	m 迷暮墨	f 法符胡	v 武午乌
t 低度读	th 拖屠	n 奴卢练		
ts 自知庄主昨	tsh 粗磁耻柴出		s 斯色失食蜀	z 如酿
tɕ 借疾家及	tɕh 切前企求	ȵ 泥牛	ɕ 西席休匣	
k 姑跪	kh 可葵	ŋ 蛾哀	x 花和或	
∅ 文二鱼沃羽以				

（二）韵母（39）

ɿ 势之式	i 姐闭比忆易	u 补妇	y 女剧玉虽
ɚ 儿二而			
ᴀ 大拿	ia 家佳压	ua 花卦挖	
æ 搭拔特革	iæ 夹瞎	uæ 滑郭国获	
ɘ 汁失直尺	ie 街蝶急灭匹勒狄		ye 月悦
o 科磕末出洛桌毒			yo 绝橘却学局
ɤ 歌鸽割搁格			
ai 者街	iai 介解	uai 乖帅	
ei 遮批披美非		uei 累归	
au 抱跑超	iau 巧表聊		
əu 斗舟肉	iəu 牛幼六		
an 耽咸染般山然	iɛn 舰尖店雁奸燕	uan 酸幻川	yɛn 倦劝犬弦
en 森村仍冷	in 阴民应并	uən 昆春文	yn 巡裙营
aŋ 岗上项	iaŋ 藏娘项	uaŋ 光忘撞	
oŋ 皱朋孟蒙冬逢			yoŋ 兄熊凶

（三）声调（5）

阴平	1	45	巴耽渣家衣
阳平	2	31	凡团肠尼鱼
上声	3	42	把斩敢免里
去声	4	323	闭代暮坐户
入声	5	32	伯答国伐辣

（四）音系说明

（1）声母 ts-、tsh-、s-发音部位偏后，舌尖抵上齿龈，比普通话舌尖前音偏后。声母 z-摩擦明显，同标准 z。

（2）声母 n-有 l 的变体，统一记作 n-。声母 ȵ-后带有同部位浊擦音，实为 ȵʑ-。

（3）声母 ŋ-只出现在开口呼前，软腭阻塞明显，鼻音气流弱。

（4）齐齿呼零声母音节开头带有摩擦音 ʝ-，记音未标出。合口呼零声母 u 韵母的音节，开头带有明显的唇齿浊擦音 v-，与其他合口呼零声母韵有明显的不同，记音标出。

（5）邛崃话单元音位置，见图 19《邛崃话声学元音图》。

（6）y 作韵头时在-yo、-yoŋ 中摩擦明显。

（7）元音 ᴀ 作单韵母时偏央记为 ᴀ；在-an 中为 a；在-ian、-yan 中偏高记为-iɛn、-yɛn；在-au、-aŋ、-iaŋ、-uaŋ 中偏后实际为 ɑ。

（8）元音ɤ较普通话偏低靠后，只与舌根音组合，例如："胳" kɤ5、"讹" ŋɤ2。

（9）-ɘ、-æ、-iæ、-uæ 为入声韵，只出现在入声字中。ɘ 较标准 ɘ 前而高。

（10）i 作韵尾时偏低，为 e，例如："介" tɕiai4 = tɕiae4。u 作韵尾时偏低，为 ɔ，"毛" mau2 = maɔ2。

（11）-an、-iɛn、-uan、-yɛn 的鼻音韵尾弱而短，舌尖未抵上齿龈，实际为-a^{n}、-$iɛ^{n}$、-ua^{n}、-$yɛ^{n}$。

（12）-en、-in、-uən、-yn 鼻韵尾完整、稳固。

（13）-aŋ、-iaŋ、-uaŋ 的鼻音韵尾完整。

（14）邛崃话声调调型及调值的详细情况，见图 20《邛崃话声调曲线图》。上声 42，有 41 变体。去声调 323 有 223 变体，且在语流中往往失去下凹，成为 23 调。

（15）邛崃话内部存在一些差异。邛崃话属川西南路话。老年人读果摄帮端系字多作 u 韵，中青年人受成都话影响，读 o 韵，例如："波" pu1（旧）＞po1（新）、"多" tu1（旧）＞to1（新）。青年人受成都话影响将部分入声字读作与成都话相同的韵母和声调，例如："罚" fæ5（旧）＞fᴀ2（新）、"塌" thæ5（旧）＞thᴀ2（新）。青年人受普通话影响，将部分字读作普通话音类，例如："粥" tso5（旧）＞tsəu1（新）、"肉" zo5（旧）＞zəu4（新）。邛崃话本无韵母 e，受成都话影响，"刻蜘（口）"二字韵母读作-e。

（毕圆调查，万霞整理）

十、新津话音系

（一）声母（20）

p 巴罢薄	ph 普爬	m 明蔓	f 夫凡湖	
t 低但毒	th 他塔豆	n 那萝立		
ts 棕智札志直	tsh 此尘测川		s 孙生舍示市	z 柔挠
tɕ 焦疾肌局	tɕh 妻捷企其	ȵ 念宜	ɕ 写夕欣县	
k 哥跪	kh 康葵	ŋ 我咬	x 花魂盒	
∅ 尾儿瓦丫越也				

（二）韵母（38）

ʅ 制此姿滋	i 姐洗衣亿僻	u 左步负	y 语雨穗
ɚ 儿二而			
ᴀ 他怕	ia 夏崖	ua 花卦挖	
æ 法涩舌瑟阁色白	iæ 夹瞎	uæ 刷郭啄国获	
ɘ 盒汁割室各食尺	ie 叶及列必力劈		
o 和模活物昨屋六	io 决橘雀学速		
ɤ 歌课			
ai 者贷拜街解解开	iɛi 介延	uai 帅快	
ei 遮每队眉非		uei 屡恢遂	
au 保泡少	iau 交小叫		
əu 走受肉	iəu 流六		
an 甘栈占汉段反	iɛn 陷店眼鲜	uan 酸患传	yɛn 鲜原犬
en 深根存赠杏	in 饮欣陵营	uən 困春文	yn 循云营
aŋ 刚方项	iaŋ 匠项	uaŋ 光床双	
oŋ 茂孟工冬丰	ioŋ 永穷用		

（三）声调（5）

阴平	1	45	疤他渣安衣
阳平	2	31	爬隋茶麻螺
上声	3	52	把斗可辅马
去声	4	223	坝饭漫罢丈
入声	5	32	八塔达甲腊

（四）音系说明

（1）声母 ts-、tsh-、s-较普通话发音部位偏后，舌尖抵上齿龈，介于普通话的舌尖前音和舌尖后音之间。

（2）声母 n-有 l 的变体，没有对立，统一记为 n-。声母 ȵ-后带有同部位浊擦音，实为 ȵʑ-。

（3）声母 ŋ-只出现在开口呼前，软腭阻塞明显，鼻音气流弱。

（4）齐齿呼零声母音节开头带有摩擦音 ʝ-，记音未标出。合口呼零声母 u 韵母的音节，开头无明显的唇齿浊擦音 v-。撮口呼零声母音节略有摩擦，记音未标出。

（5）新津话单元音位置，见图 21《新津话声学元音图》。

（6）-io、-ioŋ 在音系配合上当为撮口呼-yo、-yoŋ，实际发音已失去圆唇势，成为齐齿韵。

（7）元音 a 在单元音韵母 a 中实际音值为 ᴀ，在-an、-uan 中实际音值为 æ，在-ian、-yan、-iai 中实际音值为 ɛ，在-au、-aŋ、-iaŋ 中实际音值为 ɑ。

（8）元音 æ 出现在入声韵中，较标准 æ 偏低。

（9）元音 e 在-ie 中主元音偏低为 ɛ。韵母-en 在合口韵中，主元音 e 实际音值偏央记为-uən。

（10）元音 ɘ 较标准元音 ɘ 靠前，是入声韵。

（11）元音 o 在非入声字中近于标准元音 o，在入声字中近于 ɵ，例如：“骨” ko5 = kɵ5，部分-o 韵字带韵头，实际读 uo，例如：“沃屋”。

（12）元音ɤ较普通话低而开，只与舌根音相拼，例如：“可” khɤ3、“个” kɤ4。

（13）元音 i 作韵尾时偏低，实际音值近 e，例如：“皆” tɕiɛi = tɕiɛe1。元音 u 作韵尾时偏低，实际音值为 ɔ，例如：“宝” pau3 = paɔ3。

（14）-an、-iɛn、-uan、-yɛn 的鼻音韵尾弱而短，舌尖未抵上齿龈，实际为-a^{n}、-iɛ^{n}、-ua^{n}、-yɛ^{n}。

（15）-en、-in、-uən、-yn 的鼻音韵尾完整、稳固。

（16）-aŋ、-iaŋ、-uaŋ、-oŋ、-ioŋ 的鼻音韵尾完整。

（17）新津话声调调型及调值的详细情况，见图 22《新津话声调曲线图》。上声调 52 有 51 的变体，去声调 223 在语流中往往会失去凹调，成为 23 调。

（18）新津话在青年人和老年人中存在一些差异。老新津话属川西南路话。一些青年人将部分古入声字读如普通话音类，例如：“屈” tɕhio5（旧）>tɕhy1（新）、“曲” tɕhio5（旧）>tɕhy3（新）。一些青年人将新津话中带有 ŋ-声母的字读作零声母，同普通话，例如：“崖” ŋai2（旧）>ia2（新）。新津话本无韵母-e，受成都话影响，“刻蝴（口）”二字读作 e。

（王晓先调查，万霞整理）

十一、蒲江话音系

（一）声母（21）

p 坝罢拔　ph 偏爬　m 秘妈蔓　f 夫佛狐　v 舞梧乌
t 丹地笛　th 拖唐　l 耐洛李
ts 棕竹阻枝直　tsh 草慈沉柴厂　s 四师沈乘受　z 惹
tɕ 津家近集　tɕh 千钱汽权　ȵ 泥业　ɕ 星序瞎贤
k 个柜　kh 康昆狂　ŋ 艾安　x 火皇盒
∅ 微儿言英于伟唯

（二）韵母（38）

ʅ 制池迟史　i 茄借计衣坒忆僻　ʊ 菠扶母　y 锯取絮
ɚ 儿二耳
ᴀ 他巴　ia 嫁佳　ua 卦花挖
æ 塔舌核测拍　iæ 夹瞎　uæ 滑获收获啄或
ɘ 十失植尺　ie 例帖吸烈疾力夕
o 肚妇泼忽作桌读　io 决屈约学局
ɤ 个盒渴鹤壳
ai 者贷埋佳　iɛi 界蟹　uai 衰槐
ei 社杯非　uei 絮罪桂危
au 堡饱绍贸　iau 郊表条
əu 斗谋肉　iəu 酒六
an 甘衫看乱蝉　iɛn 监检奸建肩　uan 官关船　yɛn 泉轩玄
en 沈本寸仍冷　in 音民冰平　uən 轮准文　yn 循裙营
aŋ 忙房港　iaŋ 藏央腔　uaŋ 荒王双
oŋ 贸崩碰蓬农风　ioŋ 兄穷胸

（三）声调（5）

阴平	1	45	巴资支公妖
阳平	2	31	婆才枚南鱼
上声	3	51	表等齿免耳
去声	4	24	派但外辨受
入声	5	33	北笛昨墨力

（四）音系说明

（1）声母 ts-、tsh-、s-发音部位偏后，舌尖抵上齿龈，比北京话的舌尖前音位置偏后。声母 z-摩擦明显。

（2）声母 l-有 n 的变体，没有音位的对立，统一记作 l-。声母 ȵ-后带有同部位浊擦音，实际上为 ȵʑ-。

（3）声母 ŋ-舌面后阻塞明显，鼻气流比较弱。

（4）齐齿呼零声母音节开头带有摩擦音 ʝ-，记音未标出。合口呼零声母 ʊ 韵母的音节，带有唇齿浊擦音声母 v-，记音中标出，以区别于不带 v-的其他零声母音节。

（5）蒲江话单元音位置，见图 23《蒲江话声学元音图》。

（6）-io、-ioŋ 在音系组合上当为撮口呼-yo、-yoŋ，实际发音已失去圆唇势，成为齐齿韵。

（7）元音 ʅ 较普通话位置稍微靠后。

（8）元音 a 作单元音时偏央为 ᴀ，在-iau 中偏后为 ɐ，在-an 中偏高为 æ，在-ian、-yan、-iai 中偏高为 ɛ，在-aŋ、-uaŋ 前偏后为 ɑ。

（9）韵母-æ、-iæ、-uæ 只出现在入声韵中。

（10）元音 ɘ 较标准 ɘ 偏高靠前，只出现在入声韵中。

（11）元音 o 较标准元音稍高，入声字中实际为偏低靠前的 ɵ。在-ou、-iou 中，实际音值展唇而偏央，记为 ə。

（12）元音 i 作韵尾时偏低，实际音值为 e，例如："害" xai4 = xae4。元音 u 作韵尾时偏低，实际音值为 ɔ，例如："毛" nau2 = maɔ2。

（13）韵母-an、-ian、-uan、-yan 的鼻音韵尾弱而短，舌尖未抵上齿龈，实际为-a^{n}、-ia^{n}、-ua^{n}、-ya^{n}。

（14）韵母-en、-in、-uən、-yn 鼻韵尾完整、稳固。其中-en 与舌根音组合时，主元音前而高，实际音值为-ɛn，记作 en。

（15）韵母-aŋ、-iaŋ、-uaŋ、-oŋ、-ioŋ 鼻音韵尾完整、稳固。

（16）蒲江话声调调型及调值的详细情况，见图 24《蒲江话声调曲线图》。

（17）蒲江话在青年人和老年人之间存在一些差异。蒲江话属川西南路话。老年人模韵字韵母读-o，青年人受成都话影响读-u，例如："故" ko4（旧）>ku4（新）、"图" tho2（旧）>thu2（新）。青年人受普通话影响，部分字音读如普通话音类，主要是古入声字，例如："屈" tɕhio5（旧）>tɕhy1（新）。又将带 ŋ-声母字读作零声母，例如："安" ŋan1（旧）>an1（新）、"案" ŋan4（旧）>an4（新）。

（朱垠颖调查，万霞整理）

十二、彭山话音系

（一）声母（20）

p 颁鼻白	ph 攀盆	m 弥幔末	f 奋妨妇虎壶	
t 单地狄	th 摊塘	n 恼懒恋		
ts 鬃驻斋闸执	tsh 餐词驰馋齿		s 鳃驶鼠顺涉	z 软日
tɕ 际集惊竭	tɕh 鹊齐驱骑	ȵ 碾业	ɕ 须谢香贤	
k 龟鸽汞	kh 靠阔葵	ŋ 额鞍	x 轰忽项	
∅ 舞二银邀邮钥				

（二）韵母（36）

ɿ 誓知四止	i 蟹底遗	u 果悟牡述	y 据驹遂橘玉
ɚ 儿二而			
ᴀ 大茶蜡八	ia 架佳狭辖	ua 蛙话刷	
ə 拾室织石	ie 芥捷洁立栗极历		ye 薛屑决
o 若啄束	io 郁药旭		
ɤ 哥合渴搁覆			
ai 胎崖摄彻勒宅		uai 歪衰阔廓国	
ei 赊辈退悲泪		uei 碎炊	
au 抱稍绍	iau 郊窑箫		
əu 欧邹	iəu 硫谬		
an 陷泛罕扳段	iɛn 脸嵌艰练	uan 蒜惯万	yɛn 辕悬
ən 森忍顿曾耿	in 临悯冰婴	uən 坤蠢蚊	yn 循晕倾
aŋ 茫涨胖	iaŋ 桨讲	uaŋ 光汪桩	
əŋ 亩盟枫奉			
oŋ 贸朋篷丛	ioŋ 咏雄熔		

（三）声调（5）

阴平	1	45	疤丹尖粘依
阳平	2	31	爬集钳瓤盐
上声	3	42	耻止鲤忍已
去声	4	213	怕厌渐艳范
入声	5	24	碧摘获脉越

（四）音系说明

（1）声母 ts-、tsh-、s-发音部位偏后，舌尖抵上齿龈。声母 z-摩擦明显，同标准 z。

（2）声母 n-有 l 的变体，统一记作 n-。声母 ȵ-后带有同部位浊擦音，实为 ȵʑ-。

（3）声母 ŋ-只出现在开口呼前，软腭阻塞明显，鼻音气流弱。

（4）声母 x-在单韵母-u 前变读作 f-，例如：“狐” fu2，入声字除外，例如：“忽” xo5。

（5）齐齿呼零声母音节开头带有摩擦音 ʝ-，记音未标出。合口呼零声母音节以 u 起头，无摩擦。撮口呼零声母音节以 y 开头，无摩擦。

（6）彭山话单元音位置，见图 25《彭山话声学元音图》。

（7）-io、-ioŋ 在音系配合上当为撮口呼-yo、-yoŋ，实际发音已失去圆唇势，成为齐齿韵。

（8）卷舌音 ɚ 卷舌程度不高。

（9）元音 i 作韵尾时，在-ai、-uai 中较开，舌位偏低，实际音值为 e，例如：“带” tai4 = tae4、“怪” kuai4 = kuae4；在-ei、-uei 中较标准元音 i 略低。

（10）元音 e 作单韵母或在-ie、-ye 中为标准前元音 e；在-ei、-uei 中舌位近似于央元音 ə，记为 e；在-ən、-uən 中为 ə。

（11）元音 a 作单韵母或在-ia、-ua 中时舌位靠后，实际音值为央元音 ᴀ；在-an、-uan中舌位靠前，实际音值为 æ，记为 a；在-iɛn、-yɛn 中舌位较高，近似于前元音 e，记为 ɛ；在-au 和-aŋ 前偏后为 ɑ，记为 a。

（12）元音 o 较标准元音低而开，作单韵母时有-uə 的变体，例如：“勿” uə4；在-ou、-iou 中，元音展唇而偏央为 ə，记为 ə。

（13）元音ɤ为标准后半高元音。

（14）元音 u 作韵尾时较标准元音低，在-au、-iau、-əu、-iəu 中实际音值为 ʊ，例如：“高” kau1 = kaʊ1、“乔” tɕhiau2 = tɕhiaʊ2、“走” tsəu3 = tsəʊ3、“就” tɕiəu4 = tɕiəʊ4。

（15）-an、-iɛn、-uan、-yɛn 的鼻音韵尾不完整、不稳固，鼻音韵尾弱而短，舌尖未抵上齿龈，实际为-a^{n}、-iɛ^{n}、-ua^{n}、-yɛ^{n}。

（16）-ən、-in、-uən、-yn 的鼻音韵尾完整、稳固。

（17）-aŋ、-iaŋ、-uaŋ、-əŋ、-oŋ、-ioŋ 的鼻音韵尾完整。

（18）彭山话声调调型及调值的详细情况，见图 26《彭山话声调曲线图》。213 在语流中往往失去下凹，成为 13 调。

（19）彭山话在城乡、青年人和老年人之间存在一些差异，早些年主要是受成都话的影响，近年来受到普通话的影响比较多。城区话有部分古入声字变为读阳平调，郊区则比较完整地保存了入声调，例如：“匣” ɕia5 > ɕia2。又，青年人受普通话影响改变了一些字的读音，如原读-ən 韵的字改读了-uən，例如：“损” sən3 > suən3，又例如：“绝” tɕio5（乡下）/ tɕye5（城区）、“缺” tɕhio5（乡下）/ tɕhye5（城区）。

（周艳波调查，周亚欧整理）

十三、眉山话音系

（一）声母（20）

p 冰并白　ph 品匹朋　m 埋卯木　f 傅副凡虎
t 丹殿夺　th 偷塔屠　n 糯拿粒
ts 再桌债铡制　tsh 凑拆初虫充　s 司寺史势十　z 仁日
tɕ 俊集京剧　tɕh 千前巧其　ȵ 尼严　ɕ 修邪休匣
k 供柜　kh 空葵　ŋ 硬欧　x 花画
0 尾耳丫伍位允

（二）韵母（36）

ɿ 制刺汁实职赤　i 写弊譬　u 波布出复　y 徐橘菊
ɚ 儿而二
ᴀ 那疤纳辣　ia 贾夹瞎　ua 寡画挖
ie 阶帖急铁七极激　ye 绝屑恤
o 和拨博桌缩　io 越虐觉育
ɤ 可磕割腭
ai 贷阶涉舌特择　uai 怀衰阔郭国
ei 者贝退美　uei 雷桂龟
au 宝巢昭　iau 胶耀尧
əu 抖搜　iəu 沟扭丢
an 胆帆罕短蔓荡　iɛn 监贬建边　uan 锻铲婉　yɛn 愿玄
iɐn 凉降
ən 森笨顿层更　in 林贫陵精　uən 棍春纹　yn 尹群顷
aŋ 旁亡邦　iaŋ 详进　uaŋ 荒王双
əŋ 否朋棚蓬
oŋ 亩董宋浓　ioŋ 永雄用

（三）声调（5）

阴平	1	45	奔他叉京丫
阳平	2	31	驼茶霞魔牙
上声	3	42	绑打洒惹雅
去声	4	212	坝帕大骂堕
入声	5	23	粥角轴目六

（四）音系说明

（1）声母 ts-、tsh-、s-发音部位偏后，舌尖抵上齿龈，介于北京话的舌尖前音和舌尖后音之间。声母 z-摩擦明显。

（2）声母 n-有 l 的变体，统一记作 n-。声母 ȵ-后带有同部位浊擦音，实为 ȵʑ-。

（3）声母 ŋ-只出现在开口呼前，软腭阻塞明显，鼻音气流弱。

（4）声母 x-在单韵母-u 前变读作 f-，如：“户互” fu4。入声字除外，如：“忽核果核” xu5。

（5）齐齿呼零声母音节开头带有比较明显的摩擦音 ʝ-，记音未标出。合口呼零声母音节以 u 起头，无摩擦。撮口呼零声母音节以 y 开头，无摩擦。

（6）眉山话单元音位置，见图 27《眉山话声学元音图》。

（7）-io、-ioŋ 在音系配合上当为撮口呼-yo、-yoŋ，实际发音已失去圆唇势，成为齐齿韵。

（8）卷舌音 ɚ 卷舌程度不高。

（9）元音 i 作韵尾时，在-ai、-uai 中较松，舌位偏低，实际音值为 e，记为 i，例如：“凯” khai3 = khae3、“淮” xuai2 = xuae2。在-ei、-uei 中为标准前元音 i。

（10）元音 a 作单韵母或在-ia、-ua 中时，近于央低元音，记为 ᴀ；在-an、-uan 中舌位靠前，实际音值为 æ，记为 a；在-iɛn、-yɛn 中舌位较高，近于前元音 e，记为 ɛ；在-au 和-aŋ 前偏后实际音值为 ɑ，记为 a。

（11）元音 e 作单韵母或在-ie、-ye 中为标准前元音 e；在-ei、-uei 中舌位偏央，近似于 ə，记为 e；在-en、-uen 中舌位偏低，近于央元音，记为 ə；在-eŋ 中为标准前元音 e。

（12）元音 o 较标准元音低而开，记为 o；在-ou、-iou 中，元音展唇而偏央，记为 ə。

（13）元音ɤ为标准后半高元音。

（14）元音 u 作韵尾时较松，舌位偏低，在-au、-iau 中实际音值为 ɔ，记为 u，例如：“好” xau3 = xaɔ3、“要” iau4 = iaɔ4。在-əu、-iəu 中为实际音值应为 ʊ，记为 u，例如：“厚” xəu4 = xəʊ4。

（15）-an、-iɛn、-uan、-yɛn 的鼻音韵尾不完整、不稳固，鼻音韵尾弱而短，舌尖未抵上齿龈，实际为-æⁿ、-ieⁿ、-uæⁿ、-yeⁿ。

（16）-ən、-in、-uən、-yn 的鼻音韵尾完整、稳固。

（17）-aŋ、-iaŋ、-uaŋ、-əŋ、-oŋ、-ioŋ 的鼻音韵尾完整。

（18）眉山话声调调型及调值的详细情况，见图 28《眉山话声调曲线图》。212 在语流中往往失去下凹，成为 12 调。

（19）眉山话内部存在一些差异，城区人和青年人受普通话、成都话影响较大，乡下人和老年人则比较多地保持旧读音。眉山话原本入声独立，眉山城区话部分古入声字归入阳平，例如：“匣” ɕia5 > ɕia2。又例如蟹、山、臻摄合口端系部分字，乡下保持旧音，一般读开口，城区人和青年人则改读合口。例如：“对” tei4（旧）> tuei4

（新）、“端” tan1（旧）＞tuan1（新）、“顿” tən4（旧）＞tuən4（新）；又例如宕江摄开口细音字，乡下人一般读-iɐn，城里人和乡下青年人近年来开始读-iaŋ，如“江讲详仰”等字。又例如“雪决”等入声字，乡下人读 ɕio5、tɕio5，城区青年人则读 ɕye5、tɕye5，改变了韵母读法。

（周艳波调查，周亚欧整理）

十四、丹棱话音系

（一）声母（20）

p 巴步白	ph 偏劈婆	m 名勉墨	f 付敷乏呼湖	
t 丁舵敌	th 他剔亭	n 南来利		
ts 作杂中装主	tsh 促辞宠崇串		s 三傻世实上	z 人入
tɕ 井集交拒	tɕh 且潜却期	ȵ 年逆	ɕ 些协享下	
k 乖刮共	kh 开克狂	ŋ 偶爱	x 好忽侯	
∅ 微二五一于也				

（二）韵母（36）

ʅ 世池湿日直石	i 借际记立吉极脊	u 颗醋浮术蜀	y 絮愉郁育
ɚ 儿耳二			
ᴀ 大把法札	ia 家涯夹瞎	ua 挂华滑	
	ie 碟洁		ye 薛决却
o 贺模合拨博	io 粤脚确		
ɤ 鸽割阁壳格			
ai 社挨摄彻德册		uai 阔廓国	
ei 蛇妹对碑		uei 絮桂类	
au 熬爪超	iau 教表貂		
əu 抖愁	iəu 钩纠幼		
an 喊凡安团反当	iɛn 介陷点辨	uan 暖顽穿	yɛn 轩犬
	iɐn 姜江		
ən 任分笋崩撑	in 金筋陵兵	uən 敦春文	yn 均君倾
aŋ 榜坊项	iaŋ 羌江	uaŋ 广王撞	
əŋ 某鹏萌蒙封			
oŋ 茂轰聪充	ioŋ 兄雄容		

（三）声调（5）

阴平	1	45	宾灯追欺烟
阳平	2	31	持团成而疑
上声	3	51	比体谎耳以
去声	4	23	记愤忌吏士
入声	5	25	法搭集侄烈

（四）音系说明

（1）声母 ts-、tsh-、s-发音部位偏后，舌尖抵上齿龈。声母 z-摩擦明显，同标准 z。

（2）声母 n-有 l 等变体，统一记作 n-。声母 ȵ-后带有同部位浊擦音，实为 ȵʑ-。

（3）声母 ŋ-只出现在开口呼前，软腭阻塞明显，鼻音气流弱。

（4）声母 x-在单韵母-u 前变读作 f-，例如："户" fu4，入声字除外，例如："核果核" xu5。

（5）齐齿呼零声母音节开头带有比较明显的摩擦音 ʝ-，记音未标出。合口呼零声母音节以 u 开头，无摩擦。撮口呼零声母音节以 y 开头，无摩擦。

（6）丹棱话单元音位置，见图 29《丹棱话声学元音图》。

（7）-io、-ioŋ 在音系配合上当为撮口呼-yo、-yoŋ，实际发音已失去圆唇势，成为齐齿韵。

（8）卷舌音 ɚ 舌尖位置比普通话前。

（9）元音 i 作韵尾时，在-ai、-uai 中较松，舌位偏低，实际音值为 e，例如："街" kai1 = kae1。在-ei、-uei 中为标准前元音 i。

（10）元音 e 作单韵母或在-ie、-ye 中为标准前元音 e；在-ei、-uei 中舌位近似于央元音 ə，记为 e；在-ən、-uən 中为 ə。

（11）元音 a 作单韵母或在-ia、-ua 中时，舌位靠后，实际音值为央元音 ᴀ；在-an、-uan 中舌位靠前，实际音值为 æ，记为 a；在-iɛn、-yɛn 中舌位较高，近似于前元音 e，记为 ɛ；在-au 前偏后为 ɑ，记为 a。

（12）元音 o 较标准元音低而开，作单韵母时有-uo 的变体，例如："过" kuo4，也有 oə 的变体，例如："磨" moə2；在-ou、-iou 中，元音展唇而偏央记为 ə。

（13）元音ɤ为标准后元音。

（14）元音 u 作单韵母时，为标准的 u，单字音时有变体-ʊə，例如："故" kʊə4；在-au、-iau 中作韵尾时实际音值偏低为 ɔ，例如："考" khau3 = khaɔ3、"燎" niau2 = niaɔ2。在-əu、-iəu 中作韵尾时实际音值偏低，为展唇的ɤ，仍记为 u，例如："头" thəu2 = thəɤ 2、"秋" tɕhiəu1 = tɕhiəɤ 1。

（15）-an、-iɛn、-uan、-yɛn、-iɐn 的鼻音韵尾不太完整、不稳固，鼻音韵尾弱而短，舌尖未抵上齿龈，实际为-æ^{n}、-ie^{n}、-uæ^{n}、-ye^{n}、-iɐ^{n}。

（16）-ən、-in、-uən、-yn 的鼻音韵尾完整、稳固。

（17）-aŋ、-iaŋ、-uaŋ、-əŋ、-oŋ、-ioŋ 的鼻音韵尾完整。

（18）丹棱话声调调型及调值的详细情况，见图30《丹棱话声调曲线图》。去声23在语流中，有22的变体。

（19）丹棱话内部存在差异，有一些是普通话和成都话的影响造成的。城区人中一些入声字韵母受成都话影响而改变。例如，本来读-uai 韵的入声字改读了-o 韵，“廓”khuai5（乡下）>ko5（城区）。又例如：“悦月”io5（乡下）>ye5（城区）。城区人、青年人受成都话影响，将丹棱话本来读-i 韵的麻韵三等精组见系字变为读-ie 韵，例如：“谢”ɕi4（旧）>ɕie4（新）。此外，原读-iɐn 韵的宕江摄细音字，一些青年人变读-iaŋ 韵，例如：“羌”tɕhiɐn1 > tɕhiaŋ1（城区）、“江”tɕiɐn1 > tɕiaŋ1（城区）。

（唐毅调查，周亚欧整理）

十五、洪雅话音系

（一）声母（21）

p 波部白	ph 坡怕婆	m 磨免蜜	f 夫敷符虎互	v 武吴乌
t 多堕跌	th 他榻抬	n 那罗联		
ts 左扎渣镯浙	tsh 撮樵潮楚扯		s 索寺沙赊蛇涉	z 让惹
tɕ 姐聚橘拒	tɕh 窃齐曲茄	ȵ 捏艺	ɕ 些夕血下	
k 各跪	kh 渴葵	ŋ 鄂哀	x 花忽盒	
∅ 无儿蛾阿云余				

（二）韵母（35）

ɿ 滞紫汁侄植只	i 借迷比泣惜即踢	u 谱母突朴木	y 缕虽律菊
ɚ 儿而耳二			
ɑ 他巴法獭	ia 嫁佳甲瞎	ua 耍卦袜	
	ie 皆聂撇		ye 雪决
o 堕所盒活鹤朔或沃	io 悦削学		yu 卒旭
ɤ 歌阁			
ai 戴折哲掠测策		uai 乖衰阔廓国	
ei 遮废卑		uei 絮蜕垒	
au 保包昭	iau 交标刁		
əu 兜抽	iəu 留幽		
an 耽站扇反	iɛn 减廉编眠	uan 端幻转	yɛn 全犬
ən 甚仁顿登城	in 今悯陵庭	uən 坤春纹	yn 均君永
aŋ 方酿巷	iaŋ 良江项	uaŋ 装光	

oŋ 朋迸篷共　　　　　ioŋ 兄戎拥

（三）声调（5）

阴平	1	55	波坡秋诗医
阳平	2	31	婆房潭磨无
上声	3	42	簸普府马老
去声	4	23	播步骂弟部
入声	5	35	八仆哲白热

（四）音系说明

（1）声母 ts-、tsh-、s-发音部位偏后，舌尖抵上齿龈，介于北京话的舌尖前音和舌尖后音之间。

（2）声母 n-有 l 的变体，统一记作 n-。声母 ȵ-后带有同部位浊擦音，实为 ȵʑ-。

（3）声母 ŋ-只出现在开口呼前，软腭阻塞明显，鼻音气流弱。

（4）声母 x-在单韵母-u 前变读作 f-，例如："互" fu4、"狐" fu2，入声字不变，例如："忽" xu5。

（5）齐齿呼零声母音节开头带有比较明显的摩擦音 ʝ-，记音未标出。合口呼零声母 u 韵母的音节开头带有明显的唇齿浊擦音 v-，与其他合口呼零声母韵有明显的不同，记音标出。撮口呼零声母音节以 y 开头，略有摩擦。

（6）洪雅话单元音位置，见图 31《洪雅话声学元音图》。

（7）-io、-ioŋ 在音系配合上当为撮口呼-yo、-yoŋ，实际发音已失去圆唇势，成为齐齿韵。

（8）卷舌音 ɚ 舌尖位置比普通话前。

（9）元音 i 作韵尾时，在-ai、-uai 中较开，舌位偏低，实际音值为-ae、-uae，例如："开" khai1 = khae1、"快" khuai4 = khuae4。在-ei、-uei 中较标准元音 i 略低。

（10）元音 a 作单韵母时和在-ia、-ua 中舌位靠后，实际音值为 ɑ；在-an、-uan 中舌位略低于标准 æ，记为 a；在-iɛn、-yɛn 中舌位较高，近似于前元音 e，记为 ɛ；在-au 和-aŋ 前偏后为 ɑ，记为 a。

（11）元音 e 作单韵母或在-ie、-ye 中为标准前元音 e；在-ei、-uei 中舌位近似于央元音 ə，记为 e；在-ən、-uən 中为 ə。

（12）元音 o 较标准元音低而开，在-ou、-iou 中，元音展唇而偏央记为 ə。

（13）元音 u 作单韵母时，舌位偏央，记为 u。作韵尾时较紧，为标准后元音 u。

（14）-an、-uan 的鼻音韵尾不太完整、不稳固，鼻音韵尾弱而短，舌尖未抵上齿龈，实际为-a^{n}、-ua^{n}；-iɛn、-yɛn 有-iɛ^{n}、-yɛ^{n} 的变体。

（15）-ən、-in、-uən、-yn 的鼻音韵尾完整、稳固。

（16）-aŋ、-iaŋ、-uaŋ、-oŋ、-ioŋ 的鼻音韵尾完整。

（17）洪雅话声调调型及调值的详细情况，见图 32《洪雅话声调曲线图》。去声 23

在语流中，有 22 的变体。

（18）洪雅话内部，城区人和青年人受普通话、成都话影响，正发生一些变化。洪雅话入声独立，但是城区话古入声字归入其他声调的现象比乡下多，例如：“匣” ɕia5 > ɕia2、“挖” ua5 > ua1。原读-i 韵的麻韵三等细音字，变为读-ie 韵，例如：借 tɕi4（旧） > tɕie4（新）。一些入声韵改变了韵母，例如：“雪决”，乡下保持旧读 ɕio5、tɕio5，城区人和青年人则变为读 ɕye5、tɕye5。

（唐毅调查，周亚欧整理）

十六、青神话音系

（一）声母（20）

p 保辮白　　ph 批劈平　　m 媒孟密　　f 匪妃服虎湖　　v 无梧恶
t 冬兑读　　th 剃塌同　　l 努劳利年
ts 嘴蜘逐壮执　　tsh 存词呈察尺　　s 伞渗柿赏辰　　z 忍热
tɕ 借集佳件　　tɕh 且前圈侨　　ɕ 削囚勋协
k 公港汞　　kh 坑壳葵　　ŋ 岩爱　　x 忽后
∅ 纹而鹅鹰韵盐

（二）韵母（39）

ɿ 势赐次丝　　i 邪弊疲　　u 捕富述　　y 滤屡遂局
ɚ 儿二而耳
ɑ 他查撒打　　ia 稼亚　　ua 跨画
æ 踏达得白　　iæ 鸭瞎　　uæ 刮啄
e 合割或革　　ie 介叶立穴笔极昔
ɘ 汁实直释
o 物勺木福　　io 怯掘鹊确曲
ɯ 多哥菠
ai 袋解　　uai 拐衰阔扩国
ei 扯贝臂飞　　uei 絮雷嘴
au 堡敲兆　　iau 孝飘条
əu 走奏舟售　　iəu 柳幼
an 蘸犯斑曼　　iɛn 檐嫌辨砚　　uan 缓关晚　　yɛn 卷玄
en 针粉准生程　　in 阴敏菱柄　　uən 坤准闻　　yn 训均营
aŋ 莽樟庞巷　　iaŋ 梁墙江　　uaŋ 荒网双
əŋ 猛蒙梦逢
oŋ 茂栋统风　　ioŋ 勋永熔

（三）声调（5）

阴平	1	45	翻滋司真湾
阳平	2	41	填前葵年怜
上声	3	52	子掌起你狸
去声	4	32	蔽志字异士
入声	5	22	八札拔滑抹

（四）音系说明

（1）青神话声母 ts-、tsh-、s-发音部位偏后，舌尖抵上齿龈，介于北京话的舌尖前音和舌尖后音之间。声母 z-摩擦明显，同标准 z。

（2）声母 l-亦有 n 的变体，统一记作 l-。

（3）声母 ŋ-只出现在开口呼前，软腭阻塞明显，鼻音气流弱。

（4）声母 x-在非入声的单韵母-u 前变读作 f-，例如：“虎”fu3。

（5）齐齿呼零声母音节开头带有摩擦音 ʝ-，记音未标出。合口呼零声母 u 韵母的音节开头带有明显的唇齿浊擦音 v-，与其他合口呼零声母韵有明显的不同，记音标出。撮口呼零声母音节以 y 开头，无摩擦。

（6）青神话单元音位置，见图 33《青神话声学元音图》。

（7）-io、-ioŋ 在音系配合上当为撮口呼-yo、-yoŋ，实际发音已失去圆唇势，成为齐齿韵。

（8）卷舌音 ɚ 舌尖位置比普通话前。

（9）元音 i 作单韵母时为标准的 i。作韵尾时，在-ai、-uai 中较开，舌位偏低，实际音值为 e，例如：“戴”tai4 = tae4、“淮”xuai2 = xuae2；在-ei、-uei 中较标准元音为标准的 i。

（10）元音 e 作单韵母或在-ie、-ei、-uei、-en 中为标准前元音 e；在-uən 中舌位偏低，近似于央元音，记为 ə。

（11）元音 a 作单韵母或在-ia、-ua 中时舌位靠后，大约在央元音 ʌ 和后元音 ɑ 之间，记为 ɑ；在-au 和-aŋ 前偏后实际音值为 ɑ，记为 a。

（12）元音 o 较标准元音低而开，在-ou、-iou 中，元音展唇而偏央记为 ə。

（13）元音 u 在作单韵母时为标准的 u。作韵尾时偏低，实际音值为 ʊ，记为 u，例如：“号”xau3 = xaʊ3、“晓”ɕiau4 = ɕiaʊ4、“后”xəu3 = xəʊ3、“休”ɕiəu1 = ɕiəʊ1。

（14）-an、-iɛn、-uan、-yɛn 的鼻音韵尾不完整、不稳固，舌尖未抵上齿龈，实际为-a[n]、-iɛ[n]、-ua[n]、-yɛ[n]。

（15）-en、-in、-uən、-yn 的鼻音韵尾完整、稳固。

（16）-aŋ、-iaŋ、-uaŋ、-oŋ、-ioŋ 的鼻音韵尾也比较完整。

（17）青神话声调调型及调值的详细情况，见图 34《青神话声调曲线图》。阴平 45 在语流中有 55 的变体。

（18）青神话内部，城区人、青年人受普通话、成都话影响，语音有一些差别。青年人中，一些入声字改变了韵母读音。本读-o 韵的臻、通摄入声字受普通话影响，改读-y 韵，例如：“律” no5 > ny5、“率” no5 > ny5、“绿” no5 > ny5。本读-o 韵的通摄入声字改读-əu 或-iəu 韵，例如：“粥” tso5 > tsəu5、“六” no5 > niəu4。青神城区话中入声字归入其他声调的现象比郊区多。

（周艳波调查，周亚欧整理）

十七、夹江话音系

（一）声母（20）

p 巴部白	ph 魄盆	m 麻蔓	f 法浮湖	v 舞五乌
t 刀掉夺	th 汤抬	n 拿鲁离牛		
ts 再治助正直	tsh 猜材彻吵唱持		s 四舒射十	z 如
tɕ 绩就架技掘	tɕh 取前器其		ɕ 息巡向现	
k 歌共	kh 可葵	ŋ 岸哀	x 灰话合	
0 亡二月乙雨育				

（二）韵母（36）

ɿ 制子十失识吃	i 也西你蝶立结笔抑碧	u 步妇突烛	y 女橘局
ɚ 儿二而			
ɑ 他巴罢塔八	ia 加崖狭瞎	ua 瓜卦抓袜	
e 扯给	ie 姐械贴铁液		ye 靴雪雀岳
o 波所夺勃若桌国陌	io 越约学		
ɤ鸽割各壳或			
	iu 屈域续		
ai 太折涩设克格		uai 外怪歪快帅	
ei 陪贝对肺批悲费		uei 堆绘卫惠规水鬼	
au 毛包招矛	iau 交表雕		
əu 陡周粥	iəu 刘幽		
an 蓝占犯难端版展	iɛn 减尖念眼片	uan 赚段铲转晚	yɛn 鲜原玄
en 森根钝粉灯成	in 品津陵定	uən 村准闻	yn 均裙营
aŋ 榜上棒	iaŋ 良降	uaŋ 闯筐撞	
oŋ 茂萌统风从			yoŋ 兄穷容

（三）声调（5）

阴平	1	34	巴天关殊英八
阳平	2	31	盘驼和词鱼茅
上声	3	41	草点管惹我有
去声	4	213	半自卸利坐父
入声	5	55	仆答哭达腊若

（四）音系说明

（1）声母 ts-、tsh-、s-发音部位偏后，舌尖抵上齿龈，比北京话的舌尖前音位置偏后。

（2）声母 n-有 l 的变体，没有音位的对立，统一记作 n-。

（3）声母 ŋ-舌面后阻塞明显，鼻气流比较弱。

（4）齐齿呼零声母音节开头带有摩擦音 ʝ-，记音未标出。合口呼零声母 u 韵母的音节，带有唇齿浊擦音声母 v-，记音中标出以区别于不带 v-的其他零声母音节。

（5）夹江话单元音位置，见图 35《夹江话声学元音图》。

（6）韵母-au、-iau 韵尾低而开，接近于-aɔ、-iaɔ。

（7）韵母-io、-iu、-ye 出现在入声字中。

（8）韵母-an、-iɛn、-uan、-yɛn 的鼻韵尾比较弱，实际为-a^{n}、-iɛ^{n}、-ua^{n}、-yɛ^{n}。

（9）元音 e，在韵母-en 中前而高，记为-en；在-uen 中偏央，记为-uən。

（10）夹江话声调调型及调值的详细情况，见图 36《夹江话声调曲线图》。入声调时长短促。去声 213 调在语流中多读为 12 调或 11 调。

（11）夹江话内部在城乡之间、老年人与青年人之间存在差异。老年人的发音接近乡下人，更为守旧，青年人和城区人则受成都话和普通话的影响。青年人把原读-i 韵的麻韵三等细音字变为读-ie 韵，例如："爷" i2（旧）>ie2（新）、"些" ɕi1（旧）>ɕie1（新）、"写" ɕi3（旧）>ɕie3（新）。此外，城区人和乡下青年人中一些原来的入声字改变了声母、韵母或声调，例如："业" ni5（旧）>ie5（新）、"速" ɕiu5（旧）>su5（新）、"批" phei1（旧）>phi1（新）、"村" tshen1（旧）>tshuən1（新）。

（李书调查，杨波整理）

十八、峨眉山话音系

（一）声母（20）

p 巴鼻薄	ph 片朋	m 迷妈木	f 法芳胡	v 武五乌勿
t 多大毒	th 他题	n 拿鲁年力		

ts 左竹爪者杂　tsh 此才丑差尺柴　s 司沙书示石　z 热
tɕ 借疾介局　tɕh 秋钱却旗　ɕ 昔斜瞎穴
k 哥共　kh 棵狂　ŋ 额恩　x 呼何霍
∅ 文二牙鸭有也

（二）韵母（35）

ɿ 世子十实植适	i 低己立一即笛	u 夫母幕	y 靴吕屈域欲
ɚ 儿二而			
ᴀ 他麻拉伐	ia 加涯甲瞎	ua 瓜挂抓	
æ 踏涩杀虱色核		uæ 括国扩啄	
	ie 也解陷节		ye 雪决雀
o 哥鸽豁博握或获沃	io 月脚学		
ai 代蔡拜奶败		uai 外乖歪快衰	
ei 贝腿蛇类		uei 对桂吹水	
au 抱茅赵	iau 教标掉		
əu 偶舟肉	iəu 又幼		
an 淡染泛竿端班番	iɛn 监贬点鞭言扁	uan 赚官幻关晚专	yɛn 泉园玄
en 森本钝能争	in 品宾兴星	uən 困春文	yn 迅永
aŋ 忙胖双	iaŋ 强降	uaŋ 光状窗	
oŋ 茂朋宏动统共	ioŋ 兄融凶		

（三）声调（5）

阴平	1	44	巴他瓜遮决勃
阳平	2	31	爬团葵尼匣膜
上声	3	41	板早打闪免软
去声	4	323	变卦慧令伴赵
入声	5	45	剥出谷治达历

（四）音系说明

（1）声母 ts-、tsh-、s-发音部位偏后，舌尖抵上齿龈，比北京话的舌尖前音位置偏后。

（2）声母 n-有 l 的变体，没有音位的对立，统一记作 n-。

（3）声母 ŋ-舌面后阻塞明显，鼻气流比较弱。

（4）齐齿呼零声母音节开头带有摩擦音 ʝ-，记音未标出。合口呼零声母 u 韵母的音节，带有唇齿浊擦音声母 v-，记音中标出以区别于不带 v-的其他零声母音节。

（5）峨眉山话单元音位置，见图37《峨眉山话声学元音图》。

（6）在韵母-iau、-iaŋ 中的 a 近似 ɐ。

（7）韵母-o 较标准元音略开，在入声调中当声母是舌根音时有变体ɤ。

（8）韵母-au、-iau 韵尾低而开，接近于-aɔ、-iaɔ。

（9）韵母-an、-iɛn、-uan、-yɛn 的鼻韵尾比较弱，实际为-a^{n}、-iɛ^{n}、-ua^{n}、-yɛ^{n}。一部分-an 韵母字，在舌根音声母后为-ɨan，如“雁竿庵感甘”等，有介音-ɨ-。

（10）韵母-en 的主元音前而高，记为-en。

（11）峨眉山话声调调型及调值的详细情况，见图38《峨眉山话声调曲线图》。峨眉山处于古入声归阴平的过渡地区中，阴平调值略低于入声，听音能分辨。峨眉山话的声调归字，受自贡（入归去声）和雅安（入归阴平）的影响，阴平、去声和入声有一部分字混淆。例如：入声读如阴平“夹掐瞎勒”，去声读如入声“滞志世试”。对于这些字，我们都如实记录，以保持语言资料的原样。

（12）峨眉山话内部在城乡之间、老年人与青年人之间存在差异。老年人的发音更守旧，青年人则受成都话和普通话的影响。乡下人和城区老年人的发音更接近。青年人受普通话的影响较多，例如：“鞋”xai2（旧）＞ɕie2（新）、“蟹”xai4（旧）＞ɕie4（新）、“业”nie5（旧）＞ie5（新）、“被被子”pi4（旧）＞pei4（新）、“批”phei1（旧）＞phi1（新）、“遵”tsen1（旧）＞tsuən1（新）、“危”uei2（旧）＞uei1（新），等等。

（李书调查，杨波整理）

十九、乐山话音系

（一）声母（20）

p 波便鼻	ph 谱蒲	m 麻膜蔓	f 付妃狐	v 武五乌勿
t 东贷毒	th 梯堂	l 纳辣年你立		
ts 走坐竹柱阻朱杂	tsh 猜材词撤称窗锄		s 素色设时	z 入
tɕ 姐就结局	tɕh 七全却其		ɕ 雪习血下	
k 瓜跪	kh 可狂	ŋ 艾安	x 彗好划	
∅ 未二月衣夜于				

（二）韵母（38）

ɿ 制枝资字	i 茄爹米皮地李衣	u 肚府富	y 靴女虽
ɚ 儿二而			
ɑ 他巴大	ia 假涯	ua 花卦抓	
ɛ 答辣色责	iɛ 夹瞎	uɛ 括扩啄	

e 鸽给割各壳克革	ie 劫立烈七力踢		
ɘ 十失直石			
o 火所母			
ʊ 脱出弱捉毒			yʊ 雪橘略学域曲
ai 待蔡拜奶败		uai 外乖歪快帅	
ei 扯飞沛配		uei 会卫吹	
au 毛跑招矛	iau 交表调		
əu 口州	iəu 牛幼		
an 谈耽衫般端办展	iᴇ 介监盐免片	uan 赚团铲篡专晚	yᴇ 鲜原渊
en 森吞寸真曾省	in 心巾兴兵幸名丁	uən 棍顺闻	yn 允君荣
aŋ 旁盲棒	iaŋ 羊讲	uaŋ 光状双	
oŋ 茂朋孟萌统封	ioŋ 兄融凶		

（三）声调（5）

阴平	1	45	巴他关沙加
阳平	2	31	爬徒葵霞麻
上声	3	41	把朵惹可我
去声	4	24	霸兔过坐夏
入声	5	33	发郭达活腊

（四）音系说明

（1）声母 ts-、tsh-、s-发音部位偏后，舌尖抵上齿龈，比北京话的舌尖前音位置偏后。

（2）声母 l-有 n 的变体，没有音位的对立，统一记作 l-。

（3）声母 ŋ-舌面后阻塞明显，鼻气流比较弱。

（4）齐齿呼零声母音节开头带有摩擦音 ʝ-，记音未标出。合口呼零声母 u 韵母的音节，带有唇齿浊擦音声母 v-，记音中标出以区别于不带 v-的其他零声母音节。

（5）乐山（沙湾）话单元音位置，见图 39《乐山话声学元音图》。

（6）韵母-au、-iau 韵尾低而开，接近于-aɔ、-iaɔ。

（7）韵母-ɘ 、-e、-ie、-ɛ、-iɛ 、-uɛ 只在入声字中出现，其中-ɘ 只出现在擦音或塞擦音后。

（8）韵母-o 近于标准 o。

（9）-ʊ、-yʊ 只在入声字中出现，ʊ 比 u 更前更低；-yʊ 唇较开，近-iʊ。

（10）韵母-an、-uan 的鼻韵尾比较弱，实际为-a^{n}、-ua^{n}；韵母-iᴇ、-yᴇ 为-ian、-yan 鼻韵尾丢失所致，韵母-iᴇ 与-ie、-iɛ 是对立的不同的韵母。

（11）韵母-en 的主元音前而高，记为-en，其合口韵为-uən。

（12）韵母-ioŋ 略圆唇，近于-yoŋ。

（13）乐山（沙湾）话声调调型及调值的详细情况，见图 40《乐山话声调曲线图》。

（14）乐山（沙湾）话内部在城乡之间、老年人与青年人之间存在差异。老年人的发音更守旧，青年人则受成都话和普通话的影响。乡下人和城区老年人的发音更接近。例如：原读-i 韵的麻韵三等细音字城区青年人变为读-iᴇ 韵，例如：“爷”i2（旧）>iᴇ2（新）、“姐”tɕi3（旧）>tɕiᴇ3（新）、“谢”ɕi4（旧）>ɕiᴇ4（新）、“借”tɕi4（旧）>tɕiᴇ4（新）。受普通话影响，青年人中一些字改变了声母、韵母或声调，例如：“鞋”xai2（旧）>ɕiᴇ2（新）、“解解开”kai3（旧）>tɕiᴇ3（新）、“孙”sen1（旧）>suən1（新）、“批”phei1（旧）>phi1（新）、“危”uei2（旧）>uei1（新），等等。

（李书调查，杨波整理）

二十、犍为话音系

（一）声母（20）

p 巴步白	ph 坡皮	m 马蔓	f 飞峰肥互	v 武五乌
t 刀大读	th 土吞淘	l 列你男研		
ts 足坐展治直	tsh 词臣择川丑		s 司寺色舍时	z 惹
tɕ 家局即就	tɕh 七前期其		ɕ 斜瞎西学熊	
k 瓜共汞	kh 括狂	ŋ 我安	x 彗恍和	
∅ 涯二尾约雨与				

（二）韵母（37）

ɿ 枝资字制	i 且李敝弟	u 母夫	y 女拘靴
ɚ 儿耳二			
ʌ 大怕罢拉撒	ia 加涯	ua 瓜卦话	
æ 答辣瑟鹤则革	iæ 夹甲瞎	uæ 括滑刷袜	
ɘ 十失直石	ie 界接立灭必力踢		
o 哥所剖诺			
ʊ 活佛弱桌国毒			yʊ 决屈雀学域菊
ai 代带街败		uai 外怪歪快衰	
ei 车背贝对废批美飞		uei 雷岁桂吹追鬼	
au 保包招	iau 交表掉彪		
əu 斗舟肉	iəu 牛幽		
an 男斩粘半端扮展	iɛn 尖监念奸间建片	uan 段幻弯专晚	yɛn 全原玄

en 森钝寸粉能称正　in 林敏近凌兵钉　uən 棍准文绳　yn 俊军永营
aŋ 榜芳港　iaŋ 良腔　uaŋ 慌爽双
oŋ 茂否朋孟宗风封　ioŋ 兄融凶

（三）声调（5）

阴平	1	35	巴他瓜支阿
阳平	2	231	爬题河牙容
上声	3	53	把妥假马雅
去声	4	213	霸待四坐项
入声	5	43	八答极狭鸭热

（四）音系说明

（1）声母 ts-、tsh-、s-发音部位偏后，舌尖抵上齿龈，比北京话的舌尖前音位置偏后。

（2）声母 l-有 n 的变体，没有音位的对立，统一记作 l-。

（3）声母 ŋ-舌面后阻塞明显，鼻气流比较弱。

（4）齐齿呼零声母音节开头带有摩擦音 ʝ-，记音未标出。合口呼零声母-u 韵母的音节，带有唇齿浊擦音声母 v-，记音中标出以区别于不带 v-的其他合口呼零声母音节。

（5）犍为话单元音位置，见图 41《犍为话声学元音图》。

（6）韵母-ɘ 只在入声字中出现。

（7）韵母-æ、-iæ、-uæ 只在入声字中出现。

（8）韵母-ʊ、-yʊ 只在入声字中出现，ʊ 比 u 略前低。

（9）韵母-au、-iau 韵尾低而开，接近于-aɔ、-iaɔ。

（10）韵母-an、-iɛn、-uan、-yɛn 的鼻韵尾比较弱，实际为-a^{n}、-iɛ^{n}、-ua^{n}、-yɛ^{n}。韵母-en 的主元音前而高，记为-en，其合口韵为-uən。

（11）犍为话声调调型及调值的详细情况，见图 42《犍为话声调曲线图》。去声调 213 调在语流中多读为 12 调或 11 调。

（12）犍为话内部在城乡之间、老年人和青年人之间存在差异。老年人的发音更守旧，青年人则受成都话和普通话的影响。乡下人和城区老年人的发音更接近。例如：原读-i 韵的麻韵三等细音字青年人变为读-ie 韵，如“爷”i2（旧）>ie2（新）、“姐”tɕi3（旧）>tɕie3（新）、“谢”ɕi4（旧）>ɕie4（新）、“借”tɕi4（旧）>tɕie4（新）。受普通话影响，青年人中一些字的读音改变了声母、韵母或声调，如“便便宜”piɛn4（旧）>phiɛn2（新）、“存”tshen2（旧）>tshuən2（新）、“做”tsu4（旧）>tso4（新）、“危”uei2（旧）>uei1（新），等等。

（周及徐调查，杨波整理）

二十一、沐川话音系

（一）声母（21）

p 疤扁薄	ph 聘皮	m 麻摩墨	f 法赴帆狐	v 武梧乌屋
t 斗稻毒	th 兔逃	l 南拉猎		
ts 租自站郑主值	tsh 辞抽宅出成		s 死似缩世石	z 忍
tɕ 迹尽佳剧极	tɕh 七钱泣求	ȵ 尼牛	ɕ 洗谢休协	
k 挂跪	kh 搁葵	ŋ 爱矮	x 灰禾活	
∅ 尾耳月压盂榆				

（二）韵母（39）

ɿ 誓子十室直尺	i 茄姐闭皮蝶竭必抑笛	u 布妇	y 靴女句学
ɚ 儿二耳			
ɑ 他爸答八	ia 虾涯鸭瞎	ua 花画刷	
æ 踏察北白		uæ 阔扩	
e 蛇涉哲给色客	ie 界接列七力历		ye 月橘削
ə 鸽日石吃			
o 何模	io 越药岳菊		
ʉ 活夺突物弱国酷			
ai 袋太排街败	iɛi 解阶	uai 坏快帅	
ei 杯贝肺批卑追非		uei 雷最卫惠吹泪鬼	
au 照包保	iau 巧表掉彪		
əu 豆丑肉	iəu 流幼		
an 南帆绊瓣帮房当	iɛn 陷监尖念艰奸便电	uan 短幻穿万	yɛn 泉冤渊
en 沈很尊等生	in 禁勤冰明	uən 婚顺文	yn 均君泳倾
aŋ 忙仓长	iaŋ 将江	uaŋ 慌霜双	
oŋ 某朋碰冬孔从	ioŋ 兄穷勇		

（三）声调（5）

阴平	1	35	巴他肢基丫
阳平	2	21	脾眠何鹅容
上声	3	54	补股险母五
去声	4	112	闭贯谢舅互

入声	5	23	泼答独学舌

（四）音系说明

（1）声母 ts-、tsh-、s-舌位较普通话发音稍后。声母 z-摩擦明显，同标准 z。

（2）声母 l-有 n 的变体，没有音位的对立，统一记作 l-。声母 ȵ-后带有同部位浊擦音，实为 ȵʑ-。

（3）声母 ŋ-舌面后阻塞明显，鼻气流比较弱。

（4）齐齿呼零声母音节开头带有摩擦音 ʝ-，记音未标出。合口呼零声母 u 韵母音节，带有唇齿浊擦音声母 v-，记音中标出以区别不带 v-的其他合口呼零声母音节。

（5）沐川话单元音位置，见图 43《沐川话声学元音图》。

（6）元音 a 作单韵母时为 ɑ，在-an 中偏高为 æ，在-iɛn、-yɛn、-iɛi 中偏高，在-au 和-aŋ 前偏后为 ɑ，单元音记为 ɑ，其余都作 a。

（7）元音 e 作单韵母或在 uɛ 中时，舌位较低为 ɛ，在-ie、-ye、-en、-ei 中舌位较高为 e，在-uən 中舌位偏央。

（8）沐川话中 æ、ə 均为入声字韵母，仅出现在入声字中。

（9）沐川话中的-iɛn、-yɛn，鼻韵尾弱化，实际读音接近-iɛ^{n}、-yɛ^{n}。

（10）-oŋ、-ioŋ 发音时鼻韵尾短而弱。

（11）部分宕江摄的-aŋ 韵字读为-an，例如："帮" pan1、"胖" phan4、"党" tan3。

（12）沐川话声调调型和调值的详细情况，见图 44《沐川话声调曲线图》。阴平有 45 变体，去声调 112 调在语流中有变体 21 调或 22 调。

（13）沐川话内部青年人和老年人之间一些发音有差别。老年人的发音更守旧，青年人则受成都话和普通话的影响较多。例如（青年人/老年人）："茂" mau4/moŋ4、"导" tau4/thau4，又例如（青年人/老年人）："刃" zen4/zen3、"碎" suei4/tshuei4。

（周及徐调查，何婉整理）

二十二、峨边话音系

（一）声母（20）

p 播敝白	ph 玻盘	m 妈蔓	f 分房胡	v 无梧乌屋
t 多堕敌	th 汤藤	l 那老梨年		
ts 钻张装支轴	tsh 餐慈超疮处		s 腮瘦闪神甚	z 人酿
tɕ 祭就监仪	tɕh 凄潜牵权		ɕ 宣谢欣行	
k 古柜	kh 魁葵	ŋ 藕袄	x 喊黄盒	
∅ 尾耳蚁委邮盐				

（二）韵母（36）

ɿ 姿私寺汁侄识石	i 爷币疲粒密力历	u 堵富出读	y 女屡菊遂
ɚ 儿二而			
ɐ 阿爸乏达	ia 家佳掐辖	ua 瓜画袜	
æ 摄摄涩撤克白		uæ 阔郭国	
	iɛ 劫别籍		yɛ 雪削
o 河盒末博桌缩	io 月屈脚学育		
ɤ 歌喝割各壳			
ai 灾拜街		uai 拐帅	
ei 蛇背霉肥		uei 堆雷嘴类	
au 宝包照	iau 教苗钓		
əu 抖抽肉	iəu 勾刘		
an 担站帆盘颁曼	iɛn 借介监检叶限跌铁	uan 短顽川	yɛn 铅援弦
en 森奔村灯贞	in 临民凭兵	uən 昆准文	yn 俊云荣
aŋ 当章项	iaŋ 央江	uaŋ 旷床桩	
oŋ 贸朋萌篷农终	ioŋ 兄融勇		

（三）声调（5）

阴平	1	44	杯低追归腰
阳平	2	31	耙麻驼泥宜
上声	3	51	打左可椅也
去声	4	213	刺稚艺部父
入声	5	45	督足物杂局

（四）音系说明

（1）声母 ts-、tsh-、s-发音部位偏后，舌尖抵上齿龈，介于北京话的舌尖前音和舌尖后音之间。声母 z-摩擦明显，同标准 z。

（2）声母 l-有 n 的变体，很多时候为 l，统一记作 l-。

（3）齐齿呼零声母音节开头带有摩擦音 ʝ-，记音未标出。合口呼零声母的-u 韵母的音节开头带有明显的唇齿浊擦音 v-，与其他合口呼零声母韵有明显的不同，记音标出。撮口呼音节以 y 开头，无摩擦。

（4）-io、-ioŋ 在音系配合上当为撮口呼-yo、-yoŋ，实际发音已失去圆唇势，成为齐齿韵。

（5）峨边话单元音位置，见图 45《峨边话声学元音图》。

（6）元音 a 为单元音时偏央为 ɐ，在-iɛn、-yɛn 中偏高为 ɛ，在-au 和-aŋ 前偏后

为 ɑ。

（7）元音 o 较标准元音低而开，在-əu、-iəu 中，元音展唇而偏央，实际为 ə。

（8）i 作韵尾时偏低，实际为 e，例如：“开” khai1 = khae1。u 作韵尾时偏低，为 ɔ，例如：“高” kau1 = kɑɔ1。

（9）-an、-iɛn、-uan、-yɛn 的鼻音韵尾弱而短，舌尖未抵上齿龈，实际为-a^{n}、-iɛ^{n}、-ua^{n}、-yɛ^{n}。

（10）-en、-in、-uən、-yn 的鼻音韵尾完整、稳固。

（11）-aŋ、-iaŋ、-uaŋ 的鼻音韵尾完整。

（12）峨边话声调调型和调值的详细情况，见图 46《峨边话声调曲线图》。去声调 213 在语流中失去下凹，成为 13 调。入声调 45，短促而调值最高。

（13）峨边话在老年人和青年人中有一些差异。受普通话和成都话影响，青年人发音有一些变化。青年人将一些入声字韵母改变读音，如“雪削绝决”读作-yɛ5，而老年人则保持旧音读作-io5；又如“发头发发出发塔踏”，青年人读音韵母作-ɐ5，而老年人则读作-æ5。青年人将一些 ŋ-声母字按普通话发音作零声母，例如：“矮” ai3、“奥” au4。

（刘瓅鸿、毕圆调查，周岷整理）

二十三、雅安话音系

（一）声母（21）

p 八败白　　ph 铺爬仆　　m 麻明木　　f 非罚户　　v 武五乌屋

t 都道读　　th 他唐　　n 乃路怜

ts 左知者镯　　tsh 千惭耻持凿　　s 私书舌蜀　　z 入锐挠

tɕ 借静家局　　tɕh 妻齐溪其　　ȵ 你牛　　ɕ 心徐许下

k 歌共　　kh 可葵　　ŋ 我哀　　x 货河滑

∅ 味二牙一雨夜

（二）韵母（36）

ɿ 制枝资字汁失职石　　i 西李及吉力　　u 杜梳牡卒绿　　y 鱼羽疫局

ɚ 儿二耳

ᴀ 大麻法八　　ia 假佳甲瞎　　ua 花话刮

e 舍涉舌色白　　ie 邪介业列液　　uɛ 括扩或获　　ye 靴缺削

o 哥所盒活各桌沃　　io 略岳

ai 代带街败　　iɛi 解　　uai 外怪快衰

ei 配肺批悲飞　　uei 雷脆吹谁归

au 毛包兆矛雹　　iau 交飘雕彪
əu 投舟肉　　iəu 留幼
an 南咸占潘板反　　iɛn 监尖念奸仙片　　uan 赚短幻环川　　yɛn 全元犬
en 深本登牲　　in 今巾凝屏　　uən 魂纯文　　yn 循君倾
aŋ 忙方巷　　iaŋ 象江　　uaŋ 荒庄双矿
oŋ 茂朋孟孔冬封　　ioŋ 兄雄容

（三）声调（4）

阴平	1	44	波端知公衣国夺立
阳平	2	31	田年爸牙容
上声	3	54	典虎果李米
去声	4	213	怕度料奉舅

（四）音系说明

（1）声母 ts-、tsh-、s-发音部位偏后，舌尖抵上齿龈，介于北京话的舌尖前音和舌尖后音之间。声母 z-摩擦较轻，浊音气流较弱。

（2）声母 m-鼻腔中的气流较弱。声母 n-有 l 或 l̃ 的变体，统一记作 n-。声母 ȵ-后带有同部位浊擦音，实为 ȵʑ-。

（3）声母 ŋ-只出现在开口呼前，软腭阻塞明显，鼻音气流短而弱。

（4）齐齿呼零声母音节，开头带有摩擦音 ʝ-，韵母为 i 时最明显，记音未标出。合口呼零声母 u 韵母的音节，开头带有明显的唇齿浊擦音 v-，与其他合口呼零声母韵有明显的不同，记音已标出。其中有的音节没有除阻，成为自成音节的 v̩。撮口呼零声母音节以 y 开头，无摩擦。y 单独成音节说明见下。

（5）雅安话单元音位置，见图 47《雅安话声学元音图》。

（6）-io、-ioŋ 在音系配合上当为撮口呼-yo、-yoŋ，而实际发音多已失去圆唇势，成为齐齿韵。

（7）元音 ᴀ，在-an 中偏高为 æ，在-ian、-yan、-iai 中偏高记为-iɛn、-yɛn、-iɛi，在-au 和-aŋ 中偏后为 ɑ。

（8）元音 e 作单韵母，在-ue 中舌位较低，记为-uɛ，在-ie、-ye、-en、-ei 中舌位较高为 e，在-uen 中舌位偏央，记为-uən。

（9）元音 o 较标准元音低而开，在-ou、-iou 中，展唇且偏央，记为-əu、-iəu。

（10）元音 y 单独成音节时，略带摩擦，实为 ʝy。

（11）i 作韵尾时偏低，为 e，例如："代" tai4 = tae4。u 作韵尾时偏低，为 ɔ，例如："毛" mau2 = mɑɔ2。

（12）-an、-iɛn、-uan、-yɛn 的鼻音韵尾弱而短，舌尖未抵上齿龈，实际为-a^{n}、-iɛ^{n}、-ua^{n}、-yɛ^{n}。

（13）-en、-in、-uən、-yn 的鼻音韵尾完整、稳固。

（14）-aŋ、-iaŋ、-uaŋ 的鼻音韵尾完整。-oŋ、-ioŋ 的鼻音韵尾不完整。

（15）雅安（雨城区）话声调调型及调值的详细情况，见图 48《雅安话声调曲线图》。上声 54 有 53 变体；去声 213 在语流中往往失去下凹，成为 113 或 13 调。

（16）雅安（雨城区）话青年人和老年人之间一些发音存在差别。部分青年人将入声字按成都话或普通话声调发音，如“腊”作阳平，“亦”作去声，而老年人则都读作阴平；部分青年人将雅安话的 ŋ-声母字按普通话读作零声母，例如：“爱”ai4、“安”an1 等。

（周及徐调查，陈鹏整理）

二十四、名山话音系

（一）声母（20）

p 巴败别	ph 坡爬	m 米马目	f 非蜂父互	v 武午乌屋
t 肚道独	th 太徒	l 男路怜娘牛		
ts 资猪阻主昨	tsh 仓才痴初厂		s 四色深石	z 日
tɕ 酒救久及	tɕh 妻齐起求		ɕ 西旋血学	
k 古柜	kh 苦葵	ŋ 我暗	x 火何或	
∅ 尾二牙医为也				

（二）韵母（36）

ɿ 制知次滋	i 夜迷你碟立七息敌	u 妇书骨俗	y 鱼虽橘疫欲
ɚ 儿二而			
a 那马乏杀	ia 加涯恰瞎	ua 华画爪刷	
e 车涉热色白	ie 茄姐业灭液	ue 括或国获	ye 靴雪削
o 歌错盒脱落桌	io 觉约学郁		
ai 蔗台带街迈	iɛi 解介	uai 外坏歪快衰	
ei 妹卑美肥		uei 雷脆吹追鬼	
au 刀泡少	iau 交表料彪嚼		
əu 头州肉	iəu 酒丢		
an 男站凡半产扇	iɛn 监店雁建	uan 短船弯幻	yɛn 选远犬
en 深本钝人等正	in 心尽冰并	uen 春准蚊	yn 俊群永营
aŋ 旁刚邦盲	iaŋ 枪腔	uaŋ 黄床撞	
oŋ 茂崩孟同松封	ioŋ 兄融容		

（三）声调（4）

阴平	1	45	巴多狮家月白
阳平	2	31	逢男题河迎容
上声	3	52	保打好九李母
去声	4	213	屁土旧丽妇道

（四）音系说明

（1）声母 ts-、tsh-、s-发音部位偏后，舌尖抵上齿龈，介于普通话的舌尖前音和舌尖后音之间。声母 z-摩擦较轻，浊音气流较弱。

（2）声母 l-有 n 的自由变体，大多时候为 l，统一记作 l-。

（3）声母 ŋ-只出现在开口呼前，软腭阻塞明显，鼻音气流短而弱。

（4）齐齿呼零声母音节开头带有比较明显的摩擦音 ʝ-，记音未标出。合口呼零声母 u 韵母的音节开头带有明显的唇齿浊擦音 v-，与其他零声母的合口呼韵有明显的不同，记音标出。零声母的撮口呼音节以 y 开头，无摩擦。

（5）名山话单元音位置，见图 49《名山话声学元音图》。

（6）元音 a 作单韵母时为 a，在-an 中偏高为 æ，在-au 和-aŋ 前偏后为 ɑ。

（7）元音 e 作单韵母或在-ue 中时，舌位较低为 ɛ，在-ie、-ye、-en、-ei 中舌位较高，为 e，在-uen 中舌位偏央为 ə。

（8）元音 o 较标准元音低而开，在-əu、-iəu 中，元音展唇而偏央，实际为 ə，记为-əu、-iəu。

（9）i 作韵尾时偏低，为 e，例如：“台” thai2 = thae2。u 作韵尾时偏低，为 ɔ，例如：“到” tau4 = tɑɔ4。

（10）-an、-iɛn、-uan、-yɛn 的鼻音韵尾弱而短，舌尖未抵上齿龈，实际为-a^{n}、-iɛ^{n}、-ua^{n}、-yɛ^{n}。

（11）-en、-in、-uen、-yn 的鼻音韵尾完整、稳固。-en 受鼻音韵尾影响，主元音鼻音化很明显，有的近于-ẽ。

（12）-aŋ、-iaŋ、-uaŋ 的鼻音韵尾完整。-oŋ、-ioŋ 的鼻音韵尾不完整。

（13）-io、-ioŋ 在音系配合上当为撮口呼-yo、-yoŋ，实际发音已失去圆唇势，成为齐齿韵。

（14）名山话声调调型及调值的详细情况，见图 50《名山话声调曲线图》。阴平 45 有时为平声 44 或 55 调。去声 213 在语流中往往失去下凹，近于阳平。

（15）名山话内部在青年人和老年人之间存在差异，受成都话影响，部分青年人改变当地话入声读作阴平的规则，将入声字按成都话调类发音，如将“月”读作阳平，而老年人则入声字都读作阴平。受普通话影响，部分青年人将名山话的 ŋ-声母字按普通话发作零声母，例如：“岸” ŋan4 > an4、“爱” ŋai4 > ai4。

（周及徐调查，赵雯整理）

二十五、天全话音系

（一）声母（20）

p 杯部白　ph 配蒲　m 米蔓目　f 飞锋斧胡
t 多稻毒　th 土图　l 乃罗
ts 左猪阻遮昨　tsh 此才痴础倡　s 思蜀收术石　z 日
tɕ 酒救久舅点　tɕh 且齐丘求天　ȵ 泥牛吕　ɕ 心夕向匣
k 锅共　kh 苦葵　ŋ 我欧　x 毁何或
∅ 味儿谚衣域夜

（二）韵母（36）

ɿ 制知自之　i 野米你立七力疫　u 舒妇骨勿足　y 女宇曲域
ɚ 儿二耳
ᴀ 那马法杀　ia 家佳鸭瞎　ua 耍画刮
e 蛇涉热德客　ie 茄爷解贴灭液　ue 括扩或获　ye 靴雪略
o 哥错盒末落　io 约学狱
ai 蔗来带鞋败　iɛi 介　uai 外怀歪快衰
ei 妹碑美飞　uei 推脆桂毁追鬼
au 刀貌少雹　iau 肴苗条彪嚼
əu 头柔粥　iəu 酒丢
an 南站旦慢产　iɛn 监念颜眼言面　uan 专幻关软晚　yɛn 全愿渊
en 沉顿人等正　in 今因冰明　uen 混纯问　yn 迅群永营
aŋ 仓方帮盲　iaŋ 良腔　uaŋ 广爽撞
oŋ 茂朋孟通松龙　ioŋ 兄雄勇

（三）声调（4）

阴平　1　45　巴刀哥逼麦白
阳平　2　31　爸途其男迎熊
上声　3　52　保岛吼久里某
去声　4　213　炮旧累犯杜社

（四）音系说明

（1）声母 t-、th-，不与细音相拼，如“钉题天”等字的声母腭化为 tɕ-、tɕh-。

（2）声母 ts-、tsh-、s-发音部位偏后，舌尖抵上齿龈，介于北京话的舌尖前音和舌尖后音之间。声母 z-摩擦较轻，浊音气流较弱。

（3）声母 tɕ-和 tɕh-的发音部位接近舌叶位置，摩擦较强。

（4）声母 l-有 n 的变体，大多时候为 l，统一记作 l-。声母 ȵ-后带有同部位浊擦音，实为 ȵʑ-。

（5）声母 ŋ-只出现在开口呼前，软腭阻塞明显，鼻音气流弱。

（6）齐齿呼零声母音节开头带有比较明显的摩擦音 ʝ-，记音未标出。零声母的合口呼 u 韵母的音节开头不带唇齿浊擦音 v-，无摩擦。撮口呼零声母音节以 y 开头，无摩擦。

（7）天全话单元音位置，见图 51《天全话声学元音图》。

（8）元音 a 作单韵母时为 ᴀ，在-au 和-aŋ 前偏后为 ɑ。

（9）元音 e 作单韵母或在-ue 中时，舌位较低为 ɛ，在-ie、-ye、-en、-ei 中舌位较高为 e，在-uen 中舌位偏央为 ə。

（10）元音 o 较标准元音低而开，在-əu、-iəu 中，元音展唇而偏央，实际为 ə。

（11）i 作韵尾时偏低，为 e，例如："街" kai1 = kae1。u 作韵尾时偏低，为 ɔ，例如："套" thau4 = thɑɔ4。

（12）-an、-iɛn、-uan、-yɛn 的鼻音韵尾弱而短，舌尖未抵上齿龈，实际为-a^{n}、-iɛ^{n}、-ua^{n}、-yɛ^{n}。

（13）-en、-in、-uen、-yn 的鼻音韵尾完整、稳固。-aŋ、-iaŋ、-uaŋ 的鼻音韵尾完整。

（14）-io、-ioŋ 在音系配合上当为撮口呼-yo、-yoŋ，实际发音已失去圆唇势，成为齐齿韵。-oŋ、-ioŋ 的鼻音韵尾不完整。

（15）天全话声调调型及调值的详细情况，见图 52《天全话声调曲线图》。阴平 45 调有时实际音值为 44 调或 55 调。去声 213 在语流中往往失去下凹，近于阳平。

（16）天全话内部在青年人和老年人之间存在差异。受成都话影响，部分青年人将"定、天"等字的声母读作 t-、th-，而老年人以及大部分中年人则读作 tɕ-、tɕh-。此外，受成都话或普通话影响，部分青年人改变当地话入声读作阴平的规则，将入声字按成都话或普通话的调类发音，如"月"读作阳平（与成都话同调），"灭"读作去声（与普通话同调），而老年人则统一读作阴平。

（周及徐调查，赵雯整理）

二十六、芦山话音系

（一）声母（21）

p 八步白　　ph 普爬仆　　m 米明木　　f 飞伐互　　v 无五乌屋
t 多道毒　　th 他同　　n 奴路怜

ts 自知壮周直	tsh 仓惭痴除凿		s 私书舌熟	z 日锐挠
tɕ 酒净见局钉	tɕh 七墙丘虔题	ȵ 泥牛吕	ɕ 心邪许匣	
k 敢共	kh 库葵	ŋ 我安	x 货旱活	
∅ 味儿牙衣域夜				

（二）韵母（35）

ɿ 知资之执日职石	i 齐李笔力觅	u 猪牡突绿	y 女雨屈疫局
ɚ 儿二而			
ᴀ 大爸法伐	ia 加涯夹瞎	ua 瓜画挖	
e 蛇摄折得客	ie 爷结劫逆	uɛ 括扩国获	ye 靴决削
o 多所鸽割落桌	io 脚学狱		
ai 台带鞋败		uai 快帅	
ei 枚废悲肥		uei 屡内奎吹	
au 毛饱照矛雹	iau 交标挑		
əu 偷州肉	iəu 留幽		
an 男咸旦班善	iɛn 监甜奸建	uan 赚团关软	yɛn 全园犬
en 审奔等生	in 金民冰明	uən 滚春纹	yn 循君永
aŋ 党房项盲	iaŋ 向讲	uaŋ 光框窗矿	
oŋ 茂鹏孟空农风	ioŋ 允兄穷凶		

（三）声调（4）

阴平	1	55	巴当师关衣国夺立
阳平	2	21	田年寒迎容畅肾后
上声	3	32	点显广两敏
去声	4	112	派杜利父蝉萌尤

（四）音系说明

（1）声母 t-、th-，不与细音相拼，如“钉题天”等字的声母为 tɕ-、tɕh-。

（2）声母 ts-、tsh-、s-发音部位偏后，舌尖抵上齿龈，介于北京话的舌尖前音和舌尖后音之间。声母 z-摩擦较轻，浊音气流较弱。

（3）声母 n-有 l 或 l̃ 的变体，统一记作 n-。声母 ȵ-后带有同部位浊擦音，实为 ȵʑ-。

（4）声母 ŋ-只出现在开口呼前，软腭阻塞明显，鼻音气流弱。

（5）齐齿呼零声母音节开头带有比较明显的摩擦音 ʝ-，韵母为 i 时最明显，记音未标出。合口呼零声母 u 韵母的音节开头带有明显的唇齿浊擦音 v-，与其他合口呼零声母韵有明显的不同，记音已标出。其中有的音节没有除阻，成为自成音节的 ʏ。撮口呼零声母音节以 y 开头，无摩擦。y 单独成音节说明见第（11）条。

（6）芦山话单元音位置，见图 53《芦山话声学元音图》。

（7）-io、-ioŋ 在音系配合上当为撮口呼-yo、-yoŋ，实际发音已失去圆唇势，成为齐齿韵。

（8）元音 ᴀ，在-an 中偏高为 æ，在-ian、-yan 中偏高记为-iɛn、-yɛn，在-au 和-aŋ 中偏后为 ɑ。

（9）元音 e 作单韵母，在-ue 中舌位较低，记为-uɛ，在-ie、-ye、-en、-ei 中舌位较高为 e，在-uen 中舌位偏央，记为-uən。

（10）元音 o 较标准元音低而开，在-ou、-iou 中，展唇且偏央，记为-əu、-iəu。

（11）元音 y 单独成音节时，略带摩擦，实为 ʝy。

（12）i 作韵尾时偏低，为 e，例如：“带” tai4 = tae4。u 作韵尾时偏低，为 ɔ，例如：“饱” pau3 = pɑɔ3。

（13）-an、-iɛn、-uan、-yɛn 的鼻音韵尾弱而短，舌尖未抵上齿龈，实际为-a^{n}、-iɛ^{n}、-ua^{n}、-yɛ^{n}。

（14）-en、-in、-uən、-yn 的鼻音韵尾完整、稳固。

（15）-aŋ、-iaŋ、-uaŋ 的鼻音韵尾完整。-oŋ、-ioŋ 的鼻音韵尾短而弱。

（16）芦山话声调调型及调值的详细情况，见图 54《芦山话声调曲线图》。上声 32 有 42 变体；去声 112 略有下凹，单字音听感上亦有下凹，语流中下凹不明显。

（17）芦山城区话老年人与青年人之间存在一些差异。部分青年人受成都话影响，将“钉题天”等字的声母读作 t-、th-，而老年人以及大部分中年人则统一读作 tɕ-、tɕh-。又有部分青年人将入声字按成都话或普通话声调发音，如“得”作阳平（与成都话同调），“赤”作去声（与普通话同调），而老年人则将入声字统一读作阴平。此外，芦山话阳平调与去声调之间常有混淆，阳平字读去声，去声字读阳平，见声调表例字，可能是因调值相近而混。

（周及徐调查，陈鹏整理）

二十七、宝兴话音系

（一）声母（21）

p 悲败白　ph 判皮仆　m 母名木　f 分乏胡　v 武五乌物

t 刀道独　th 胎童　n 男露刘

ts 字知阻之杂　tsh 雌存丑池　s 司舒食涉　z 如孕挠

tɕ 精自见杰滴地　tɕh 清齐欺其天田　ȵ 泥业吕　ɕ 西夕向匣

k 歌共　kh 开葵　ŋ 岸爱　x 海汗获

∅ 忘耳鱼丫越叶

（二）韵母（36）

ɿ 制芝十失植石	i 米理立必力笛	u 朱妇骨哭	y 居羽屈
ɚ 儿二耳			
ᴀ 他坝罢法八	ia 牙佳鸭瞎	ua 耍卦滑	
e 车摄哲虱德客	ie 且皆帖铁吉逆	uɛ 阔郭国获	ye 靴雪削
o 多所合脱弱桌缩	io 脚岳疫育		
ai 开鞋蟹	iɛi 介	uai 怪衰	
ei 每肺臂悲非		uei 屡对奎炊	
au 毛敲赵矛雹	iau 敲表跳		
əu 透周肉	iəu 留幽		
an 三咸凡丹山扇	iɛn 监盐添眼健先	uan 赚端患晚	yɛn 泉元犬
en 深臣肯耕	in 今敏凝命	uən 魂顺文	yn 均云荣
aŋ 唐长巷肓	iaŋ 享江	uaŋ 荒王双矿	
oŋ 贸朋孟孔冬龙	ioŋ 兄熊用		

（三）声调（4）

阴平	1	55	般丁知甘医国夺立
阳平	2	31	盘甜男芽熊
上声	3	53	短果虎里免
去声	4	112	布段料弟跪

（四）音系说明

（1）声母 t-、th-，不与细音相拼，如“滴地田天”等字的声母为 tɕ-、tɕh-。

（2）声母 ts-、tsh-、s-发音部位偏后，舌尖抵上齿龈，介于北京话的舌尖前音和舌尖后音之间。声母 z-摩擦较轻，浊音气流较弱。

（3）声母 n-有 l 或 l̃ 的变体，统一记作 n-。声母 ȵ-后带有同部位浊擦音，实为 ȵʑ-。

（4）声母 ŋ-只出现在开口呼前，软腭阻塞明显，鼻音气流弱。

（5）齐齿呼零声母音节开头带有比较明显的摩擦音 j-，韵母为 i 时最明显，记音未标出。合口呼零声母 u 韵母的音节开头带有明显的唇齿浊擦音 v-，与其他合口呼零声母韵有明显的不同，记音已标出。其中有的音节没有除阻，成为自成音节的 v̩。撮口呼零声母音节以 y 开头，无摩擦。

（6）宝兴（灵关镇）话单元音位置，见图 55《宝兴话声学元音图》。

（7）-io、-ioŋ 在音系配合上当为撮口呼-yo、-yoŋ，实际发音已失去圆唇势，成为齐齿韵。

（8）元音 ᴀ，在-an 中偏高为 æ，在-ian、-yan、-iai 中偏高，记为-iɛn、-yɛn、-iɛi，在-au 和-aŋ 中偏后为 ɑ。

（9）元音 e 作单韵母，在-ue 中舌位较低，记为-uɛ，在-ie、-ye、-en、-ei 中舌位较高为 e，在-uen 中舌位偏央，记为-uən。

（10）元音 o 较标准元音低而开，在-ou、-iou 中，展唇且偏央，记为-əu、-iəu。

（11）i 作韵尾时偏低，为 e，例如："开" khai1 = khae1。u 作韵尾时偏低，为 ɔ，例如："赵" tsau4 = tsɑɔ4。

（12）-an、-iɛn、-uan、-yɛn 的鼻音韵尾弱而短，舌尖未抵上齿龈，实际为-a^{n}、-iɛ^{n}、-ua^{n}、-yɛ^{n}。

（13）-en、-in、-uən、-yn 的鼻音韵尾完整、稳固。

（14）-aŋ、-iaŋ、-uaŋ 的鼻音韵尾完整。-oŋ、-ioŋ 的鼻音韵尾短而弱。

（15）宝兴（灵关镇）话声调调型及调值的详细情况，见图 56《宝兴话声调曲线图》。去声 112 略有下凹，语流中下凹不明显，近于阳平。

（16）宝兴（灵关镇）话老年人和青年人之间存在一些语音差异。部分青年人学习成都话，将"滴地田天"等字的声母读作 t-、th-，而老年人以及大部分中年人则统一读作 tɕ-、tɕh-。又部分青年人将入声字按成都话声调发音，如"得赤"作阳平，而老年人则将入声字统一读作阴平。

（周及徐调查，陈鹏整理）

二十八、荥经话音系

（一）声母（21）

p 疤步白　ph 品疲　m 妈摸目　f 富凡户　v 无午乌屋
t 朵道独　th 土桃　l 男来列
ts 最坐帐阻主逐　tsh 苍才词丑择垂　s 丝寺色鼠蜀　z 饶
tɕ 酒就结局　tɕh 琴前缺漆　ȵ 你年　ɕ 细斜血学
k 歌共　kh 可狂　ŋ 我欧　x 好慧获
∅ 味二雅鸭纬愉

（二）韵母（39）

ɿ 誓紫自字　i 茄些迷皮　u 虎母　y 靴女拘
ɚ 儿二耳
ᴀ 大爬踏八　ia 假涯鸭瞎　ua 花话挖
e 涉十舌日色吃　ie 鼻帖列七力笛　ue 括郭国　yɛ 决橘

ɜ 德客			
o 哥错	iɵ 月却确俗	ʊ 不合末突托桌服	
ɤ 鸽渴各			
ai 赛排鞋败	iɛi 介皆	uai 外怪歪帅	
ei 车贝废美飞		uei 对最脆惠嘴水围	
au 保包少	iau 郊蕉叫彪		
əu 豆洲肉	iəu 秀幼		
an 男站帆伴瓣善	iɛn 歼监拈奸艰眠	uan 团湾砖晚	yɛn 员元玄
en 深本寸等正	in 今民行冰兵	uən 昆准蚊	yn 匀云永营
aŋ 帮方巷	iaŋ 详腔	uaŋ 皇庄双	
oŋ 贸朋同松缝	ioŋ 兄雄勇		

（三）声调（5）

阴平	1	45	巴天枝孤衣
阳平	2	231	皮棉河鱼赢
上声	3	53	比匪古好马语
去声	4	11	霸带笑害杜坐
入声	5	22	必得弱笛一匣

（四）音系说明

（1）声母 ts-、tsh-、s-发音部位偏后，舌尖抵上齿龈，比北京话的舌尖前音位置偏后。声母 z-摩擦明显，同标准 z。

（2）声母 l-有 n 的变体，没有音位的对立，统一记作 l-。声母 ȵ-后带有同部位浊擦音，实为 ȵʑ-。

（3）声母 ŋ-舌面后阻塞明显，鼻气流比较弱。

（4）齐齿呼零声母音节开头带有摩擦音 ʝ-，记音未标出。合口呼零声母 u 韵母音节，带有唇齿浊擦音声母 v-，记音中标出以区别不带 v-的其他零声母音节。

（5）荥经话单元音位置，见图 57《荥经话声学元音图》。

（6）韵母-e，-ɤ，-ɜ，-ʊ，只在入声字中出现。

（7）韵母-ie，-ue，-yɛ，-iɵ，只在入声字中出现。

（8）元音 a 作单韵母时为 ᴀ，在-an 中接近 æ，在-iɛn、-yɛn、-iɛi 中偏高，在-au 和-aŋ前偏后为 ɑ。

（9）韵母-oŋ、-ioŋ 发音时舌位略高、略展，记为-oŋ、-ioŋ。

（10）韵母-en 的主元音前而高，记为-en，合口韵记为-uən。

（11）荥经话声调调型和调值的详细情况，见图 58《荥经话声调曲线图》。去声调连读时为 112 调或 11 调。入声为 22，不短促。

（12）荥经话内部老年人和青年人之间一些字发音有差别。青年人受成都话影响，老年人多保持旧有读音。例如（青年人/老年人）：勃 pʊ5/phʊ5、“模” mo2/mu2。又如：“特” thɜ5/thie5、“喝” xo2/xɤ5。荥经话是一个南路话方言岛，在成都话影响下，青年人把一些入声字读作阳平，老年人则基本上保留了入声调，例如（青年人/老年人）：“劫” tɕie2/tɕie5、“辟” phi2/phie5 。

（周及徐调查，何婉整理）

二十九、汉源话音系

（一）声母（20）

p 波步白	ph 普爬	m 母蔓木	f 夫峰辅胡	v 武五乌屋
t 多道独	th 土同	n 那路连你艺		
ts 租猪阻主昨	tsh 此才痴初昌		s 思色诗舌十	z 入
tɕ 酒就久舅	tɕh 妻齐丘其		ɕ 宣夕血县	
k 哥共	kh 库奎	ŋ 岸欧	x 毁何活	
Ø 味儿谚衣雨爷				

（二）韵母（35）

ʅ 制支死芝	i 夜迷里及必力笛	u 布母出俗	y 女虽玉
ɚ 儿二耳			
ᴀ 大巴法八	ia 家佳恰瞎	ua 花娲话刮	
ɛ 街岩隔	iɛ 爷介劫列液	uɛ 括郭国	yɛ 靴缺削
o 哥错盒活各	io 屈脚岳育		
ai 蛇鞋涉折掠特责		uai 外怪歪快衰	
ei 背对卑美飞		uei 雷岁桂垂龟归	
au 刀包超雹	iau 交票条彪嚼		
əu 投舟肉	iəu 留幼		
an 南站但班	iɛn 监点宴言	uan 短弯川晚	yɛn 泉原渊
en 森笨钝灯生	in 金因冰丁	uen 魂准文	yn 旬军永营
aŋ 忙胖盲	iaŋ 良讲	uaŋ 荒爽撞	
oŋ 茂朋孟宗	ioŋ 兄熊用		

（三）声调（4）

阴平	1	55	巴多山加衣麦

阳平	2	31	彭童寒年牙容
上声	3	41	扁点減虎里母
去声	4	323	怕旧例父弟旱

（四）音系说明

（1）声母 ts-、tsh-、s-发音部位偏后，舌尖抵上齿龈，介于普通话的舌尖前音和舌尖后音之间。声母 z-摩擦明显，同标准 z。

（2）声母 n-有 l 的变体，很多时候为 n，统一记作 n-。

（3）声母 ŋ-声只出现在开口呼前，软腭阻塞明显，鼻音气流弱。

（4）齐齿呼零声母开头带有比较明显的摩擦音 ʝ-，韵母为 i 时最明显，记音未标出。合口呼零声母的 u 韵母的音节开头带有明显的唇齿浊擦音 v-，与其他合口呼零声母韵有明显的不同，记音标出。

（5）汉源话单元音位置，见图 59《汉源话声学元音图》。

（6）元音 a 作单韵母时为 ᴀ，在-ai 中偏前接近 e，在-an 中偏高为 æ，在-au 和-aŋ前偏后为 ɑ。

（7）元音 ɛ 作单韵母时较低而开，在-iɛ、-uɛ、-yɛ、-iɛn、-yɛn 中为 ɛ，在-ei、-uei中舌位较高为 e，在-uen 中舌位偏央为 ə。

（8）元音 o 较标准元音低而开，自成音节时（如“饿鹅蛾”）带有较明显的近音w-，在-ou、-iou 中元音展唇而偏央，记为-əu、-iəu。

（9）元音 y 单独成音节时，略带摩擦。

（10）i 作韵尾时偏低，为 e，例如：“太” thai4 = thae4。u 作韵尾时偏低，为 ɔ，例如：“高” kau1 = kɑɔ1。

（11）-an、-iɛn、-uan、-yɛn 的鼻音韵尾弱而短，舌尖未抵上齿龈，实际为-a^{n}、-iɛ^{n}、-ua^{n}、-yɛ^{n}。

（12）-en、-in、-uen、-yn 的鼻音韵尾完整、稳固。-aŋ、-iaŋ、-uaŋ 的鼻音韵尾完整。

（13）-oŋ、-ioŋ 的鼻音韵尾不完全，短而弱。

（14）-io、-ioŋ 在音系配合上当为撮口呼-yo、-yoŋ，实际发音已失去圆唇势，成为齐齿韵。

（15）汉源话声调调型及调值的详细情况，见图 60《汉源话声调曲线图》。阴平 55 调有时实际音值为 44 调或略有上扬的 45 调。去声 323 在语流中往往失去下凹，成为 23 调。

（16）汉源话在原汉源县老城（富林镇）调查，2008 年旧城已全部搬迁。汉源话内部在城乡之间存在差异。受成都话影响，部分城区人改变当地话入声读作阴平的规则，将入声字按成都话调类发音，如“腊”作阳平，“亦”作去声，而乡村人统一读作阴平。大多数汉源人将咸深山臻曾梗摄中的一部分知系入声字读作-ai，例如：“舌”sai1、“黑” xai1 等，但部分城区人会按成都话发音，例如：“舌” se1/se2、“黑” xe1。

（周及徐调查，赵雯整理）

三十、石棉话音系

（一）声母（21）

p 巴败别	ph 普爬	m 米蔓目	f 分峰腐胡	v 武误乌屋
t 堵稻读	th 他徒	l 南路连		
ts 左知阻主杂	tsh 仓残痴楚唱		s 司山舒述熟	z 日
tɕ 酒结旧集	tɕh 妻齐丘求	ȵ 泥义	ɕ 心邪喜学	
k 孤共	kh 苦葵	ŋ 我安	x 灰旱活	
∅ 味耳谚衣雨也				

（二）韵母（36）

ɿ 制支资兹	i 夜米离协立逼液	u 书母骨物足	y 女宇曲浴
ɚ 儿二耳			
A 那麻踏八	ia 牙佳恰辖	ua 花画刮	
e 者摄舌核得格	ie 茄姐解页切液	ue 阔郭或	ye 靴缺削
ə 哥合各			
o 歌模盒活弱捉沃	io 约学欲		
ai 蛇代鞋败折虱得策		uai 外怪歪快帅	
ei 妹贝废批碑美飞		uei 推脆桂毁追归	
au 保包少	iau 交小条彪嚼		
əu 头舟肉	iəu 求丢		
an 贪站丹山反	iɛn 尖严点艰仙面	uan 段幻弯川晚	yɛn 泉元玄
en 枕门顿能正	in 侵尽凝命	uen 准滚春闻	yn 旬君荣倾
aŋ 党胖盲	iaŋ 向讲	uaŋ 光庄双	
oŋ 某朋猛工宗	ioŋ 兄融勇		

（三）声调（4）

阴平	1	45	巴都梳衣革夺
阳平	2	31	爬童河年芽容
上声	3	52	板胆晓九礼米
去声	4	323	配旧路范弟厚

（四）音系说明

（1）声母 ts-、tsh-、s-发音部位偏后，舌尖抵上齿龈，介于普通话的舌尖前音和舌尖后音之间。声母 z-摩擦成分较轻，浊音气流较弱。

（2）声母 l-有 n 的变体，大多时候为 l，统一记作 l-。声母 ȵ-后带有同部位浊擦音，实为 ȵʑ-。

（3）声母 ŋ-声只出现在开口呼前，软腭阻塞明显，鼻音气流弱。

（4）齐齿呼零声母音节开头带有比较明显的摩擦音 ʝ-，记音未标出。合口呼零声母 u 韵母的音节开头带有明显的唇齿浊擦音 v-，与其他合口呼零声母韵有明显的不同，记音标出。撮口呼零声母音节以 y 开头，无摩擦。单独成音节的 y 略带摩擦，相当于 ʝy。

（5）石棉话单元音位置，见图 61《石棉话声学元音图》。

（6）在舌面后塞音后，一些成都话为 o 韵母字读-ə，如“搁哥各合鹤腭”等；另一些字读-o，如“歌个割”等。

（7）元音 a 作单韵母时为 ᴀ，在-au、-au、-iau 中偏发音位置靠后为 ɑ。

（8）元音 e 作单韵母或在-ue、-ie、-ye、-ei 中舌位较高为 e，在-iɛn、-yɛn 中舌位偏低为 ɛ，在-en、-uen 中舌位偏央为 ə。

（9）韵母-ai，实际读音接近-ɛe。

（10）元音 o 较标准元音低而开，在-əu、-iəu 中，元音展唇而偏央，实际为 ə，记为-əu、-iəu。

（11）i 作韵尾时偏低，为 e，例如：“鞋”xai2 ＝ xae2。u 作韵尾时偏低，为 ɔ，例如：“刀”tau1 ＝ tɑɔ1。

（12）-an、-iɛn、-uan、-yɛn 的鼻音韵尾弱而短，舌尖未抵上齿龈，实际为-a^{n}、-$iɛ^{n}$、-ua^{n}、-$yɛ^{n}$。

（13）-en、-in、-uen、-yn 的鼻音韵尾完整、稳固。-aŋ、-iaŋ、-uaŋ 韵的鼻音韵尾完整。

（14）-io、-ioŋ 音在音系配合上当为撮口呼-yo、-yoŋ 配，实际发音已失去圆唇势，成为齐齿韵。

（15）石棉话声调调型及调值的详细情况，见图 62《石棉话声调曲线图》。阴平略有上扬，调值多为 45，有时亦为 44 或 55。去声 323 在语流中，往往失去下凹，成为 23 调。

（16）石棉话内部在青年人和老年人之间存在差异。受成都话影响，部分青年人改变当地话入声读作阴平的规则，将入声字按成都话调类发音，如“格”作阳平，“穴”作去声，而老年人则统一读作阴平。青年人保留鼻音声母 ŋ-和 ȵ-的字比老年减少许多，例如（青年人/老年人）：“爱”ai4 / ŋai4、“疑”i2 / ȵi2，青年人读作与普通话一样的零声母。

（唐毅调查，赵雯整理）

三十一、内江话音系

（一）声母（23）

p 奔埠雹　　ph 批凭　　m 明暮灭　　f 肤妃父呼湖
t 担舵敌　　th 天驼　　n 暖朗黎
ts 走杂郑睁浙　　tsh 撮拆豺　　s 笋生声剩社
tʂ 稚直壮志　　tʂh 痴池初春　　ʂ 宋颂煞释顺纯　　ʐ 瓤日
tɕ 将寂季局　　tɕh 戚情欺拳　　ȵ 年牛　　ɕ 西袭许贤
k 歌共　　kh 苦葵　　ŋ 碍袄　　x 慌惠或
Ø 武耳卧乌辕釉

（二）韵母（37）

ɿ 紫自思　　i 济记袭漆熄析　　u 都妇突缚木　　y 距句橘育
ʅ 制知汁失直石
ɚ 儿二耳
ᴀ 他霸杂辣　　ia 虾佳押瞎　　ua 花卦刮
e 涉涩设瑟得责　　ie 野帖穴液　　ue 阔廓国　　ye 茄雪削
o 棵合活各浊　　io 略岳狱
ai 代泰埋买迈　　iɛi 皆蟹　　uai 淮帅
ei 者枚肥　　uei 桂类唯
au 淘罩扰　　iau 淆消浇
əu 豆洲肉　　iəu 琉幼六
an 探咸犯山蝉半　　ian 衔俭拈眼煎燕　　uan 缎湾椽　　yan 圈园弦
ən 深门吞升衡　　in 襟殷菱请　　uən 棍润荤　　yn 迅云倾
aŋ 蟒港　　iaŋ 疆腔　　uaŋ 恍床撞
oŋ 牡朋孟同宗隆　　ioŋ 兄熊

（三）声调（4）

阴平	1	45	飘都焦株骄
阳平	2	31	盘提秦茸芽
上声	3	53	绑胆陕母染
去声	4	34	播店冒社八穴力

（四）音系说明

（1）声母 n-有 l 的变体，没有音位对立，统一记作 n-。ȵ-后带有同部位浊擦音，实为 ȵʑ-。

（2）声母 ŋ-只出现在开口呼前，软腭阻塞明显，鼻音气流弱。

（3）齐齿呼零声母音节开头带有比较明显的摩擦音 ʝ-，记音未标出。合口呼零声母音节以 u 开头或以 u 为韵母，无摩擦。撮口呼零声母音节以 y 开头，无摩擦。

（4）内江话单元音位置，见图 63《内江话声学元音图》。

（5）-io、-ioŋ 在音系配合上当为撮口呼-yo、-yoŋ，实际发音已失去圆唇势，成为齐齿韵。

（6）元音 e 作单韵母或在-ie、-ue、-ye 中为标准前元音 e；在-ei、-uei 中舌位较低，近似于 ə；在-en、-uen 中舌位偏央，记为 ə。

（7）元音 a 在-ia、-ua 中舌位靠后，实际音值为 ᴀ；在-an、-ian、-uan、-yan 中舌位靠前，是标准的前元音 a；在-iɛi 中偏高，实际音值为 ɛ；在-au 和-aŋ 中偏后为 ɑ。

（8）元音 o 较标准元音低而开，在-ou、-iou 中，元音展唇而偏央，记为-əu、-iəu。

（9）元音 u 作单韵母时比标准元音略低，作韵尾时实际音值为 ʊ，记为 u，例如："狗" kəu3 = kəʊ3。

（10）元音 i 作韵尾时，在-ai、-uai 中较松，舌位偏低，实际音值为 e，例如："爱" ŋai4 = ŋae4、"外" uai4 = uae4；在-ei、-uei 中为标准前元音 i。

（11）-an、-ian、-uan、-yan 的鼻音韵尾完整、稳固。

（12）-ən、-in、-uən、-yn 的鼻音韵尾完整、稳固。

（13）-aŋ、-iaŋ、-uaŋ、-oŋ、-ioŋ 的鼻音韵尾完整。

（14）内江话声调调型及调值的详细情况，见图 64《内江话声调曲线图》。阴平 45 在语流中有 55 的变体。

（15）内江市地处成渝片方言与灌赤片、仁富小片方言的交界区，有声母分平翘舌和不分平翘舌两种不同的音系，这里采录的是前一种。除此特点之外，两种音系在其他方面没有不同。内江话在城乡、老年人和青年人中有部分差异。受成都话影响，城区人和青年人部分 ȵ-声母丢失，变为零声母，例如（青年人/老年人）："宜" i2/ȵi2，乡下人和老年人一般都保留了 ȵ-声母。内江话古入声字归去声，青年人受成都话影响，有的字归入了阳平，老年人则保留了古入声字读去声。例如（青年人/老年人）："察" tshᴀ2/tshᴀ4 旧、"狭" ɕia2/ɕia4 旧。

（刘燕调查，周亚欧整理）

三十二、威远话音系

（一）声母（24）

p 彪拌白　　ph 胚萍　　m 描某目　f 贩芳负呼胡　　v 武误乌物

t 捣惰叠　th 添抬　n 男拉琉
ts 左昨阻　tsh 撮才初愁　s 速祀梳
tʂ 竹直诈织　tʂh 抽稠叉尺　ʂ 梢水赎树　ʐ 让锐
tɕ 浆剂激及　tɕh 浅樵钦桥　ȵ 年艺　ɕ 相祥瞎淆
k 庚柜　kh 夸葵　ŋ 昂暗　x 徽汇活
∅ 闻二狱燕为营

（二）韵母（37）

ɿ 斯姿词　i 帝椅急疾息席　u 怖负突秃　y 御愉屈玉
ʅ 滞池十实直尺
ɚ 儿二而
ᴀ 他榨榻伐　ia 亚佳甲辖　ua 化画刷
e 蛇涉彻测择　ie 写猎铁籍　ue 括扩国　ye 靴薛削
o 何盒说绰握沃　io 钥学
ai 代太埋鞋　iɛi 界解　uai 槐衰
ei 蛇杯卑美非　uei 推桂吹垒鬼
au 槽挠赵　iau 搅娇幺
əu 购搜粥　iəu 灸幽
an 男咸帆半蛮反　ian 监炎念限绵天　uan 锻篡转　yan 鲜楦犬
ən 斟闷墩秤城　in 音巾凌敬　uən 孙遵文　yn 巡裙倾
aŋ 莽方港　iaŋ 两降　uaŋ 光霜双
oŋ 皱朋孟弄冬垄　ioŋ 兄雄熔

（三）声调（4）

阴平	1	35	巴天歼龟生
阳平	2	31	彭途其盟泥
上声	3	41	比赌境每苇
去声	4	223	变地杜士职十猎

（四）音系说明

（1）声母 tʂ-、tʂh-、ʂ-、ʐ-发音部位比普通话略前。

（2）声母 ts-、tsh-、s-发音部位偏后，舌尖抵上齿龈，介于北京话的舌尖前音和舌尖后音之间。

（3）声母 n-有 l 的变体，统一记作 n-。声母 ȵ-后带有同部位浊擦音，实为 ȵʑ-。

（4）声母 ŋ-只出现在开口呼前，软腭阻塞明显，鼻音气流弱。

（5）声母 f-实际发音近于 ɸ-，摩擦较弱。

（6）齐齿呼零声母音节开头带有比较明显的摩擦音 ʝ-，记音未标出。合口呼零声母 u 韵母的音节开头带有明显的唇齿浊擦音 v-，与其他合口呼零声母韵有明显的不同，记音标出。撮口呼零声母音节以 y 开头，无摩擦。

（7）威远话单元音位置，见图 65《威远话声学元音图》。

（8）-io、-ioŋ 在音系配合上当为撮口呼-yo、-yoŋ，实际发音已失去圆唇势，成为齐齿韵。

（9）元音 e 作单韵母或在-ie、-ue、-ye 中为标准前元音 e；在-ei、-uei 中舌位较高，记为 e，在-en、-uen 中舌位偏央，记为-ən、-uən。

（10）元音 a 作单韵母或在-ia、-ua 中舌位靠后，实际音值为 ʌ；在-an、-ian、-uan、-yan 中舌位靠前，是标准的前元音 a；在-iai 中偏高，实际音值为 ɛ；在-au 和-aŋ 前偏后为 ɑ。

（11）元音 o 较标准元音低而开，在-ou、-iou 中，元音展唇而偏央，记为-əu、-iəu。

（12）元音 u 作单韵母时略前而低，唇略展；在-əu、-iəu 中较松，舌位偏低，实际音值为 ʊ，记为 u，例如："透" thəu4 = thəʊ4、"幽" iəu1 = iəʊ1；在-au、-iau 中为 ɔ，例如："泡" phau4 = phaɔ4、"苗" miau2 = miaɔ2。

（13）元音 i 作韵尾时，在-ai、-uai 中较松，舌位偏低，实际音值为 e，记为 i，例如："苔" thai2 = thae2、"槐" xuai2 = xuae2；在-ei、-uei 中为标准前元音 i。

（14）-an、-ian、-uan、-yan 的鼻音韵尾完整、稳固。

（15）-ən、-in、-uən、-yn 的鼻音韵尾完整、稳固。

（16）-aŋ、-iaŋ、-uaŋ、-oŋ、-ioŋ 的鼻音韵尾完整。

（17）威远话声调调型及调值的详细情况，见图 66《威远话声调曲线图》。语流中，去声 223 往往失去下凹，变为 23 或 22。

（18）威远话在成都话和普通话影响下，在城乡、老年人和青年人中有一些差异。青年人有些字 ŋ-声母丢失读零声母，例如（青年人/老年人）："哀" ai1/ŋai1。威远话入声归去，青年人受成都话影响，有的字归入了阳平，例如（青年人/老年人）：入 ʐu2/ʐu4。

（刘燕调查，周亚欧整理）

三十三、荣县话音系

（一）声母（21）

p 编箆白	ph 潘牌	m 帽梦觅	f 粉扶胡	v 舞梧乌屋
t 当邓独	th 听筒	n 男拉溜		
ts 子桩榨樟杂	tsh 擦彻抄扯柴		s 私涩身甚	z 如日

tɕ 挤寂救拒	tɕh 抢脐掐旗	ȵ 捏宜	ɕ 西夕血型
k 根共	kh 靠葵	ŋ 昂案	x 婚回或
0 晚二御隐谓阳			

（二）韵母（33）

ɿ 世此十失食尺	i 凄岂袭悉力惕	u 杜富术覆	y 虑区橘旭
ɚ 儿二耳			
ᴀ 他帕踏达	ia 鸦佳狭瞎	ua 花卦刮	
e 社涉撤墨泽	ie 夜蝶烈	ue 括扩国	ye 茄缺削
o 河合渴各壳沃	io 药确		
ai 耐太挨稗	iɛi 介械	uai 怪帅	
ei 坯披悲飞		uei 堆奎吹类微	
au 捣闹潮	iau 搅笑窍		
əu 寇帚轴	iəu 悠幽		
an 泛战旁港盲	iɛn 减验拈烟	uan 短幻川光亡桩	
ən 审本孙等生	in 添金篇尽冰兵	uən 棍闰纹	yn 旋玄均熏顷
	iaŋ 谅降		
oŋ 亩朋孟董冬龙	ioŋ 兄穷凶		

（三）声调（4）

阴平	1	35	冰颠尖沾依
阳平	2	31	爬持其厘而
上声	3	51	把底齿你耳
去声	4	24	坝帝具二混法达脉

（四）音系说明

（1）声母 ts-、tsh-、s-发音部位偏后，舌尖抵上齿龈，介于北京话的舌尖前音和舌尖后音之间。声母 z-摩擦明显，同标准 z。

（2）声母 n-有 l 的变体，统一记作 n-。声母 ȵ-后带有同部位浊擦音，实为 ȵʑ-。

（3）声母 ŋ-只出现在开口呼前，软腭阻塞明显，鼻音气流弱。

（4）齐齿呼零声母音节开头带有比较明显的摩擦音 ʝ-，记音未标出。合口呼零声母 u 韵母的音节开头带有明显的唇齿浊擦音 v-，与其他合口呼零声母韵有明显的不同，记音标出。撮口呼零声母音节以 y 开头，无摩擦。

（5）荣县话单元音位置，见图 67《荣县话声学元音图》。

（6）-io、-ioŋ 在音系配合上当为撮口呼-yo、-yoŋ，实际发音已失去圆唇势，成为齐齿韵。

（7）元音 e 作单韵母或在-ie、-ue、-ye 中为标准前元音 e；在-ei、-uei 中近似于 ə。

（8）元音 a 作单韵母或在-ia、-ua 中舌位靠后，介于 ᴀ 和 ɑ 之间，接近 ᴀ；在-ian、-yan中舌位较高且靠前，记为-iɛn、-yɛn；在-iai 中较高，记为-iɛi；在-au 和-aŋ 前偏后为 ɑ。

（9）元音 o 较标准元音低而开，在-ou、-iou 中，元音展唇而偏央，记为 ə。

（10）元音 u 作韵尾时较松，舌位偏低，在-au、-iau 中实际为 ɔ，例如：“宝” pau3 = paɔ3、“娇” tɕiau1 = tɕiaɔ1。在-əu、-iəu 中实际为 ʊ，例如：“斗” təu4 = təʊ4、“柳” liəu3 = liəʊ3。

（11）元音 i 作韵尾时，在-ai、-uai 中较松，舌位偏低，实际音值为 e，仍记为 i，例如：“摆” pai3 = pae3、“块” khuai3 = khuae3。在-ei、-uei 中为标准前元音 i。

（12）-an、-uan 的鼻音韵尾弱而短，舌尖未抵上齿龈，实际为-a^{n}、-ua^{n}。

（13）-ən、-in、-uən、-yn 的鼻音韵尾完整、稳固。

（14）-aŋ、-iaŋ、-uaŋ、-oŋ、-ioŋ 的鼻音韵尾完整。

（15）荣县话声调调型及调值的详细情况，见图 68《荣县话声调曲线图》。阳平 31 有 41 变体。

（16）荣县话在成都话影响下，城乡、老年人和青年人中有部分差异。荣县话普遍是入声归去，城里人和青年人受成都话影响，有的字归入了阳平，例如：“匣” ɕia4 > ɕia2，乡下人和老年人则保留去声调读法。青年人受成都话影响，将荣县话本来读-an、-uan 韵的一些字（古宕江摄一二等字），变读了-aŋ、-uaŋ 韵，例如：“窗” tshan1 > tshaŋ1、“旷” khuan4 > khuaŋ4。荣县话咸山摄细音字本读-in、-yn 韵，当地音系中没有-iɛn、-yɛn 韵，同样是受成都话影响，青年人将其中一部分字读了新读音，例如：“天” thin1 > thiɛn1、“宣” ɕyn1 > ɕyɛn1。

（刘燕调查，周亚欧整理）

三十四、自贡话音系

（一）声母（24）

p 疱部白	ph 破朋	m 麻盟目	f 夫服虎户	v 舞悟乌勿
t 都定笛	th 天徒	l 乃朗梨		
ts 子摘阻罪	tsh 雌祠泽策材		s 三寺生士	
tʂ 知壮者直	tʂh 超抄昌臣		ʂ 储山书熟神	ʐ 然挠
tɕ 蕉集舅杰	tɕh 七全溪虔	ȵ 泥娘业	ɕ 西旬喜匣	
k 哥敢共	kh 概可葵	ŋ 熬爱恩	x 灰后或汇	
∅ 望耳雅委域以				

（二）韵母（37）

ɿ 刺狮事	i 丽里级逸熄昔	u 蛀副出哭	y 虑驹屈剧局
ʅ 滞稚拾实植吃			
ɚ 儿二而			
ᴀ 那渣发八	ia 加佳甲瞎	ua 花画滑啄	
e 社摄彻得柏	ie 也界蝶铁	uɛ 扩国	ye 茄缺削
o 裹所鸽葛各壳	io 掠觉		
ai 鳃态街	iai 芥械蟹	uai 块帅	
ei 贝梅废悲妃		uei 絮腿魁垂类	
au 灶稍兆	iau 酵庙吊		
əu 楼舟	iəu 留幼		
an 柑嵌帆鞍版燃	iɛn 舰险店颜勉填	uan 暖患椽	yɛn 眷玄
ən 甚恩顿惩呈	in 林隐菱平	uən 婚润纹	yn 匀运倾永
aŋ 棠爽项窗	iaŋ 箱样江讲	uaŋ 霜簧狂双	
oŋ 茂动终统奉	ioŋ 兄穷拥		

（三）声调（4）

阴平	1	35	宾端狮官音
阳平	2	31	婆堂才林人
上声	3	42	板等广悯朗
去声	4	213	拜兔另杜后毕跌猎

（四）音系说明

（1）声母 ts-、tsh-、s-发音部位偏后，舌尖抵上齿龈，介于普通话的舌尖前音和舌尖后音之间。

（2）声母 tʂ-、tʂh-、ʂ-发音部位比普通话略前。声母 ʐ-摩擦明显而短暂，气流较弱。

（3）声母 l-有 n 的变体，没有音位对立，统一记作 l-。声母 ȵ-后带有同部位浊擦音，实为 ȵʑ-。

（4）声母 ŋ-只出现在开口呼前，软腭阻塞明显，鼻音气流弱。

（5）齐齿呼零声母音节，开头带有比较明显的摩擦音 ʝ-，韵母为 i 时最明显，记音未标出。合口呼零声母 u 韵母的音节开头带有明显的唇齿浊擦音 v-，与其他合口呼零声母韵有明显的不同，记音已标出。其中有的音节没有除阻，成为自成音节的 ʏ。撮口呼零声母音节以 y 开头，无摩擦。

（6）自贡话单元音位置，见图 69《自贡话声学元音图》。

（7）-io、-ioŋ 在音系配合上当为撮口呼-yo、-yoŋ，实际发音已失去圆唇势，成为齐齿韵。

（8）元音 ɿ 的舌尖位置比普通话偏后，ʅ 的舌尖位置比普通话偏前。

（9）元音 a 作单韵母时偏央为 ᴀ，在-an 中偏高为 æ，在-ian、-yan 中偏高，记为-iɛn、-yɛn，在-au 和-aŋ 中偏后为 ɑ，在-iau、-iaŋ 中受介音 i 影响偏高为 ɐ。

（10）元音 e 作单韵母，在-ue 中舌位较低，记为-uɛ，在-ie、-ye、-ei 中舌位较高为 e，在-en、-uen 中舌位偏央，记为-ən、-uən。

（11）元音 o 较标准元音低而开，在-ou、-iou 中，元音展唇而偏央，记为-əu、-iəu。

（12）i 作韵尾时偏低，为 e，例如：“街” kai1 = kae1。u 作韵尾时偏低，为 ɔ，例如：“包” pau1 = pɑɔ1。

（13）-an、-iɛn、-uan、-yɛn 的鼻音韵尾弱而短，舌尖未抵上齿龈，实际为-a^{n}、-iɛ^{n}、-ua^{n}、-yɛ^{n}。

（14）-ən、-in、-uən、-yn 的鼻音韵尾完整、稳固。

（15）-aŋ、-iaŋ、-uaŋ 的鼻音韵尾完整。-oŋ、-ioŋ 的鼻音韵尾不完整。

（16）自贡话声调调型及调值的详细情况，见图 70《自贡话声调曲线图》。去声 213 在语流中往往失去下凹，成为 113 或 13 调。

（17）自贡话是仁富小片方言的典型代表，比较完整地保存了声母分平翘舌和古入声字归去声两个语音特点。自贡城区话青年人和老年人之间存在一些差异。部分青年人将入声字按成都话或普通话调类发音，如“杀剥”等字读作阳平，而老年人统一读作去声。部分青年人将自贡话的 ŋ-声母字按普通话作零声母，例如：“爱” ai4、“淹” iɛn1。

（刘燕调查，陈鹏整理）

三十五、富顺话音系

（一）声母（24）

p 爸部白	ph 攀袍	m 麻名木	f 飞麸防互	v 武五乌物
t 低豆独	th 胎徒	l 那拉烈		
ts 左摘阻杂	tsh 粗才词策		s 私寺色事	
tʂ 知直找镯之植	tʂh 超池炒柴尺仇		ʂ 沙书室十舌	ʐ 仁挠
tɕ 精集家及	tɕh 妻捷巧其	ȵ 泥宜	ɕ 心夕欣匣	
k 瓜跪	kh 科狂	ŋ 艾暗	x 海忽弘滑	
∅ 尾耳月一羽余				

（二）韵母（37）

ɿ 斯自士	i 礼李集一息昔	u 富初出哭	y 鱼羽疫
ʅ 制知十日直石			
ɚ 儿二而			
ᴀ 那麻法八	ia 假佳甲瞎	ua 瓦卦刷啄	
e 射涉哲德百	ie 野帖烈	uɛ 扩国	ye 靴雪削
o 果所合括各桌	io 略却确岳		
ai 太阶解癌	iai 介械蟹	uai 快衰	
ei 贝枚肺卑妃		uei 屡退内炊泪	
au 早搞朝	iau 巧苗料		
əu 都透舟丑	iəu 柳究幽		
an 甘咸凡安板然	iɛn 嵌炎店眼免田	uan 乱幻穿	yɛn 卷原玄
ən 深恩顿乘成	in 林寅凌平	uən 昏闰文	yn 允云倾永
aŋ 堂巷	iaŋ 羊江	uaŋ 闯况双	
oŋ 贸孟东中冬奉	ioŋ 兄雄用		

（三）声调（4）

阴平	1	45	波端山瓜音
阳平	2	31	朋同才林人
上声	3	51	板典九敏朗
去声	4	223	判度利杜是国夺力

（四）音系说明

（1）声母 ts-、tsh-、s-发音部位偏后，舌尖抵上齿龈，介于普通话的舌尖前音和舌尖后音之间。

（2）声母 ʈʂ-、ʈʂh-、ʂ-发音部位比普通话略前。声母 ʐ-摩擦明显而短暂，气流较弱。

（3）声母 l-有 n 的变体，很多时候为 l，统一记作 l-。声母 ȵ-后带有同部位浊擦音，实为 ȵʑ-。

（4）声母 ŋ-只出现在开口呼前，软腭阻塞明显，鼻音气流弱。

（5）齐齿呼零声母音节开头带有比较明显的摩擦音 ʝ-，记音未标出。合口呼零声母 u 韵母音节开头带有明显的唇齿浊擦音 v-，与其他合口呼零声母韵有明显的不同，记音标出。撮口呼零声母音节以 y 开头，无摩擦。

（6）富顺话单元音位置，见图 71《富顺话声学元音图》。

（7）-io、-ioŋ 在音系配合上当为撮口呼-yo、-yoŋ，实际发音已失去圆唇势，成为齐齿韵。

（8）元音 ɿ 的舌尖位置比普通话偏后，ʅ 的舌尖位置比普通话偏前。

（9）元音 a 作单韵母时偏央为 ᴀ，在-an 中偏高为 æ，在-ian、-yan 中偏高，记为-iɛn、-yɛn，在-au 和-aŋ 中偏后为 ɑ。在-iau、-iaŋ 中受介音 i 影响偏高为 ɐ。

（10）元音 e 作单韵母，在-ue 中舌位较低，记为 uɛ，在-ie、-ye、-ei 中舌位较高为 e，在-en、-uen 中舌位偏央，记为-ən、-uən。

（11）元音 o 较标准元音低而开，在-ou、-iou 中，元音展唇而偏央，记为-əu、-iəu。

（12）i 作韵尾时偏低，为 e，例如："台" thai1 = thae1。u 作韵尾时偏低，为 ɔ，例如："倒" tau3 = tɑɔ3。

（13）-an、-iɛn、-uan、-yɛn 的鼻音韵尾弱而短，舌尖未抵上齿龈，实际为-aⁿ、-iɛⁿ、-uaⁿ、-yɛⁿ。

（14）-ən、-in、-uən、-yn 的鼻音韵尾完整、稳固。

（15）-aŋ、-iaŋ、-uaŋ 的鼻音韵尾完整。

（16）富顺话声调调型及调值的详细情况，见图 72《富顺话声调曲线图》。去声 223 单字调中间略有下凹，在语流中，往往成为 22/33 调。

（17）富顺城区话青年人和老年人之间存在一些差异。部分青年人将入声字按成都话或普通话调类发音，如"鸽客"等作阳平，而老年人统一读作去声。部分青年人将富顺话的 ŋ-声母字按普通话作零声母，例如："矮" ai3、"雁" iɛn4。

（刘燕调查，陈鹏整理）

三十六、隆昌话音系

（一）声母（24）

p 布鼻白	ph 批朋赴	m 牡明木	f 喷分服呼互	v 武午乌物
t 典动独	th 抖他同	l 努落劣		
ts 最展找者昨	tsh 草祠初昌		s 思俗色舍承	
tʂ 智直装之镯	tʂh 痴池衬尺成		ʂ 储史书食十	ʐ 日挠
tɕ 酱匠荆及	tɕh 浅前怯其	ȵ 泥宜	ɕ 选续香形	
k 跟跪	kh 刻狂	ŋ 昂袄	x 海黑红滑	
∅ 尾而月一雨余				

（二）韵母（39）

ɿ 士斯自	i 愚帝私立笔力夕玉	u 墓流入述目	y 女于婿悉役曲
ʅ 世知汁室直赤			

ɚ 儿二而			
ᴀ 他爸答罚	ia 假佳甲瞎	ua 瓦卦刷刮	
e 舍碍折虱得客	ie 姐帖决泣列液	ue 括国或	ye 茄怯雪削
o 禾所鸽活各啄沃	io 雀掠学狱	uə 阔扩	
ɤ 敷符缚复伏			
ai 街解蟹岩还	iai 介解皆	uai 乖帅喘	
ei 背肺眉妃		uei 屡雷睡	
au 刀豹照矛雹	iau 交表叫彪		
əu 豆首粥	iəu 流久幽		
an 三站凡蛋版反	iɛn 陷淹念眼便天元	uan 段幻院	yɛn 泉冤犬
ən 深本村承正	in 音巾军冰明	uən 魂准文孕	yn 允君倾荣
aŋ 唐方项盲	iaŋ 向阳讲江	uaŋ 闯光往窗	
oŋ 茂朋孟虹孔	ioŋ 兄穷用		

（三）声调（4）

阴平	1	23	波端山瓜音
阳平	2	31	平同才林人
上声	3	52	普点九朗敏
去声	4	323	判董利妇社伐榻热

（四）音系说明

（1）声母 ts-、tsh-、s-发音部位偏后，舌尖抵上齿龈，介于普通话的舌尖前音和舌尖后音之间。

（2）声母 ʈʂ-、ʈʂh-、ʂ-发音部位比普通话略前。声母 ʐ-摩擦明显而短暂，气流较弱。

（3）声母 l-有 n 的变体，很多时候为 l，统一记作 l-。声母 ȵ-后带有同部位浊擦音，实为 ȵʑ-。

（4）声母 ŋ-只出现在开口呼前，软腭阻塞明显，鼻音气流弱。

（5）齐齿呼零声母音节开头带有比较明显的摩擦音 ʝ-，记音未标出。合口呼零声母 u 韵母音节开头带有明显的唇齿浊擦音 v-，与其他合口呼零声母韵有明显的不同，记音标出。撮口呼零声母音节以 y 开头，无摩擦。

（6）隆昌话单元音位置，见图 73《隆昌话声学元音图》。

（7）-io、-ioŋ 在音系配合上当为撮口呼-yo、-yoŋ，实际发音已失去圆唇势，成为齐齿韵。

（8）元音 ɿ 的舌尖位置比普通话偏后，ʅ 的舌尖位置比普通话偏前。

（9）元音ɤ，发音比标准元音ɤ略高，大致位于 ɯ 与ɤ的中间位置。且只与 f-声母组合，例如："符" fɤ2、"复" fɤ4。

（10）元音 a 作单韵母时偏央为 ᴀ，在-an 中偏高为 æ，在-ian、-yan 中偏高，记为-iɛn、-yɛn，在-au 和-aŋ 中偏后为 ɑ。在-iau、-iaŋ 中受介音 i 影响偏高为 ɐ。

（11）元音 e 作单韵母时近于 ᴇ，在-en、-uen 中舌位偏央，记为-ən、-uən；在-e、-ie、-ue、-ye 中舌位较高为 e。

（12）元音 o 较标准元音低而开，在-ou、-iou 中，元音展唇而偏央，记为-əu、-iəu。

（13）i 作韵尾时偏低，为 e，例如："开" khai1 = khae1。u 作韵尾时偏低，为 ɔ，例如："保" pau3 = pɑɔ3。

（14）-an、-iɛn、-uan、-yɛn 的鼻音韵尾弱而短，舌尖未抵上齿龈，实际为-a^{n}、-iɛ^{n}、-ua^{n}、-yɛ^{n}。

（15）韵母-ən、-in、-uən、-yn 的鼻音韵尾完整、稳固。

（16）韵母-aŋ、-iaŋ、-uaŋ 的鼻音韵尾完整。-oŋ、-ioŋ 的鼻音韵尾不完全。

（17）隆昌话声调调型及调值的详细情况，见图 74《隆昌话声调曲线图》。去声调 323 在语流中往往失去下凹，成为 33 或 22 调。

（18）隆昌城区话在青年人和老年人之间存在一些差异。部分青年人将入声字按成都话或普通话调类发音，如"啬色"等作阳平，而老年人则按旧有的读法读作去声。部分青年人将隆昌话原来的 ŋ-声母字按普通话作零声母，例如："矮" ai3、"恩" ən1。

（刘燕调查，陈鹏整理）

三十七、泸县话音系

（一）声母（25）

p 波罢白　ph 胚皮　m 麻孟米　f 夫敷浮　v 无误乌勿
t 低待读　th 拖塔驼　l 那罗梨
ts 左珍债遮杂　tsh 搓族叉扯茶　s 思洒赊受　z 如润
tʂ 知汁直　tʂh 痴尺迟　ʂ 史湿食石　ʐ 日
tɕ 积集家杰　tɕh 千齐溪其　ȵ 尼业宜　ɕ 些邪休下
k 古共　kh 哭葵　ŋ 岸安　x 花华
∅ 微儿月烟羽唯

（二）韵母（37）

ɿ 此资止　i 闭彼立必力壁　u 蒲富骨粥六　y 旅菊絮
ʅ 世枝时汁实直尺
ɚ 儿二耳

A 他拿塔辣	ia 家崖夹瞎	ua 瓦话刷	
e 扯涉舌北柏	ie 斜协泄一液	ue 阔扩国	ye 靴血
o 哥鸽割阁壳沃	io 略学		
ai 代排崖	iɛi 皆牌	uai 乖帅	
ei 妹废肥		uei 絮催隋	
au 暴泡找	iau 郊焦浇		
əu 豆搜粥	iəu 九幽六		
an 南斩凡散展	iɛn 监歉店限编	uan 关软酸	yɛn 铅渊冤
en 森芬寸僧烹睁	in 林民凭明	uən 温润文	yn 均裙顷
aŋ 帮方蚌	iaŋ 详降	uaŋ 荒双况	
oŋ 谋烹孔宋中冲	ioŋ 融勇		

（三）声调（4）

阴平	1	45	疤他沙央拉
阳平	2	41	陪驼成罗爷
上声	3	51	把左假雅瓦
去声	4	223	坝过练杜是谷达辣

（四）音系说明

（1）声母 ts-、tsh-、s-发音部位偏后，舌尖抵上齿龈，比普通话的舌尖前音位置偏后。

（2）声母 tʂ-、tʂh-、ʂ-舌尖抵齿龈后，比普通话的卷舌音靠前，部分字接近舌叶音，如：迟 tʃ-、始 ʃ-。

（3）声母 l-有 n 的变体，没有音位对立，统一记作 l-。声母 ȵ-与后面的高元音i/y之间，带有同部位浊擦音，实际上为 ȵʑ-。

（4）声母 ŋ-舌面后阻塞明显，鼻气流比较弱。

（5）齐齿呼零声母音节开头带有摩擦音 ʝ-，记音未标出。合口呼零声母 u 韵母的音节，带有唇齿浊擦音声母 v-，记音中标出，以区别于不带 v-的其他零声母音节。

（6）泸县话单元音位置，见图 75《泸县话声学元音图》。

（7）-io、-ioŋ 在音系配合上当为撮口呼-yo、-yoŋ，实际发音已失去圆唇势，成为齐齿韵。

（8）元音 ɿ 发音部位较普通话偏后，元音 ʅ 发音部位靠前，较普通话位置靠前。

（9）元音 a 作单韵母以及在-ia、-ua 中为 A。在-iau 中偏后为 ɐ，在-ian、-yan、-iai 中偏高为-ɛ，在-au 和-aŋ 前偏后为 ɑ，都记作 a。

（10）元音 e 作单韵母时近 E，记为 e，在-ie、-ue、-ye 中偏高为-e。韵母-en 的主元音前而高，记为-en。其合口韵为-uən。

（11）元音 o 较标准元音低而开，在-ou、-iou 中舌位偏央，记为-əu、-iəu。

（12）i 作韵尾时偏低，为 e，例如："埋" mai2 = mae2。u 作韵尾时偏低，为 ʊ，例如："抄" tshau1 = tshaʊ1、"手" səu3 = səʊ3。

（13）-an、-ian、-uan、-yan 的鼻音韵尾弱而短，舌尖未抵上齿龈，实际为-a^{n}、-iɛ^{n}、-ua^{n}、-yɛ^{n}。

（14）-en、-in、-uən、-yn 鼻韵尾完整、稳固。

（15）-aŋ、-iaŋ、-uaŋ 的鼻音韵尾完整。

（16）泸县话声调调型及调值的详细情况，见图 76《泸县话声调曲线图》。去声 223 在语流中往往失去下凹，成为 23 调。

（17）泸县话在青年人和老年人之间存在一些差异。青年人受普通话影响，将泸县话 ŋ-声母字读作零声母，例如："岸" ŋan4 > an4、"樱" ŋen1 > en1。青年人将部分当地话原为零声母的字按照普通话发音，例如："戎" ioŋ 2 > zoŋ2、"荣" yn2 > zoŋ2。城区部分青年人将部分原读 ȵ-声母的字读作 l-，例如："女" ȵy3 > ly3。一些青年人将部分入声字调类读去声，而将声韵按普通话的音类发音，例如："肉" zu4（旧）> zəu4（新）、"足" tɕio4（旧）> tsu4（新）。本方言点泸县话调查点在九曲河以北，与自贡话同属古入声归去声的方言。在九曲河以南的泸县话则是入声调独立，与泸州话相似（见"三十八、泸州话音系"）。

（马菊调查，万霞整理）

三十八、泸州话音系

（一）声母（21）

p 波部白	ph 品疲	m 麻漫蔓	f 非浮胡	v 无午乌勿
t 打弟读	th 他驼	l 那罗立		
ts 左涨阻止杂	tsh 此趁楚敞丛		s 死傻舍社	z 柔挠
tɕ 剪匠加件竭	tɕh 妻钱欠勤	ȵ 宜疑	ɕ 须徐虚限	
k 乖共	kh 哭葵况	ŋ 岸欧	x 灰何鹤	
∅ 文而元映云移				

（二）韵母（41）

ɿ 制资汁失直石	i 爷弊比及密息碧	u 如妇骨粥	y 语羽虽
ɚ 儿而耳			
ɑ 大纱纳察	ia 牙崖压	ua 花画挖	
æ 杂罚达泽	iæ 甲瞎	uæ 刷啄	
e 遮涉瑟浙北核	ie 及帖急烈疾息夕	ue 括扩国	ye 雪血削

o 哥盒末郭桌缩	io 虐学浴		
ɤ 个磕劣各壳格酷			
	iu 橘局		
ai 苔皆崖	iɛi 介蟹	uai 帅槐	
ei 社肺陪非		uei 絮推吹	
au 槽抛潮贸	iau 交轿缴跃		
əu 侯愁粥	iəu 油幼六		
an 三盏粘善	iɛn 械监兼件遍	uan 观关船	yɛn 全劝玄
en 森纷村升牲	in 林民兴秉	uən 昏春文	yn 循君营
aŋ 忙方胖	iaŋ 两腔	uaŋ 光装撞	
oŋ 贸盟蒙冬凤重	ioŋ 兄雄熔		

（三）声调（5）

阴平	1	34	波多遮锅衣
阳平	2	31	婆同骑拿池
上声	3	52	比朵主马也
去声	4	323	霸大亚堕技
入声	5	44	发答夹读勒

（四）音系说明

（1）声母 ts-、tsh-、s-发音部位偏后，舌尖抵上齿龈，比普通话的舌尖前音位置偏后。

（2）声母 l-有 n 的变体，没有音位对立，统一记作 l-。声母 ȵ-后带有同部位浊擦音，实际上为 ȵʑ-。

（3）声母 ŋ-舌面后阻塞明显，鼻气流比较弱。

（4）齐齿呼零声母音节开头略带摩擦音 ʝ-，记音未标出。合口呼零声母 u 韵母的音节，带有唇齿浊擦音声母 v-，记音中标出以区别于不带 v-的其他零声母音节。撮口呼零声母音节以 y 开头，略带摩擦。

（5）泸州话单元音位置，见图 77《泸州话声学元音图》。

（6）-io、-ioŋ 在音系配合上当为撮口呼-yo、-yoŋ，实际发音已失去圆唇势，成为齐齿韵。

（7）韵母-ɿ 比普通话稍靠后，在入声字中更靠后。

（8）元音 a 作单元音时偏后为 ɑ，在-ian、-yan、-iai 中偏高为 ɛ ，在-au、-iau、-aŋ、-iaŋ、-uaŋ 中偏后为 ɑ。

（9）元音 æ 较标准 æ 靠后，-æ、-iæ、-uæ 为入声韵，只出现于入声字中。

（10）元音 e 作单韵母时近 ᴇ，在韵母-ue 中偏低为 ɛ，在-ie、-ye、-en、-ei 中偏高为 e，在-uən 中偏央为 ə。

（11）元音 o 在非入声字中较标准 o 偏低，入声字中近 ɵ，其撮口呼 yo 圆唇已经成为展唇，记为-io。在-əu、-iəu 中，主元音实际为 ə。

（12）元音 u 在非入声字较标准 u 略高，与唇音相拼时唇齿略带摩擦，入声字中近 ʊ。

（13）i 作韵尾时偏低为 e，例如："排" phai2 = phae2。u 作韵尾时偏低为 ɔ，例如："茅" mau2 = maɔ2。

（14）-an、-iɛn、-uan、-yɛn 的鼻音韵尾弱而短，舌尖未抵上齿龈，实际为-a^{n}、-iɛ^{n}、-ua^{n}、-yɛ^{n}。

（15）-en、-in、-uən、-yn 的鼻音韵尾完整、稳固。

（16）-aŋ、-iaŋ、-uaŋ 的鼻音韵尾完整。

（17）泸州话声调调型及调值，见图 78《泸州话声调曲线图》。语流中去声 323 调往往失去下凹，成为 32，有时与阳平调相混。

（18）泸州话是川南南路话的典型代表，与川西南路话（参见"七、崇州话音系"）有许多相似处，又带有一些成渝片方言的特点，例如部分入声韵母变为与舒声韵母同韵，"西息"同韵-i，"如骨"同韵-u。泸州话在青年人和老年人之间存在一些差异。青年人将部分泸州话入声字声韵读同普通话音类，而保留原来的入声调类，例如："肃" ɕiu5（旧）>su5（新）。青年人往往模仿普通话将泸州话 ŋ-声母字读作零声母，例如："安" ŋan1（旧）>an1（新）。城区部分青年人受重庆话影响，将部分原读 ȵ-声母字读作 l-，例如："女" ȵy3 > ly。

（马菊调查，万霞整理）

三十九、南溪话音系

（一）声母（21）

p 菠罢白　ph 铺爬　m 梦蔓　f 夫浮湖　v 无午乌物
t 东大达　th 抖台贴　l 拿蓝联
ts 栽自知盏芝逐　tsh 造丛超镯锄吹　s 私生升乘　z 如尧
tɕ 将疾桌值职经及　tɕh 千泉彻厕触器球　ȵ 泥牛　ɕ 鲜旋湿食十欣玄
k 锅柜　kh 开葵　ŋ 崖爱　x 悔很盒
0 微儿瓦押域以

（二）韵母（38）

ɿ 世雌资子　i 姐闭拾失膝直熄适昔　u 父浮物肉　y 举句遂
ɚ 儿二耳
ɑ 他麻　ia 家佳　ua 瓜卦挖

æ 法杀	iæ 恰辖	uæ 刷扩啄	
e 涉各设色格	ie 帖涉习灭撤膝熄昔		ye 决削
o 歌泼昨捉沃			yʉ 越橘约确疫浊蜀
ɯ 盒括郭国谷			
ai 猜阶摆		uai 衰怀	
ei 遮每碑飞		uei 屡堆奎嘴尾	
au 茂包昭	iau 教轿窍		
əu 兜周肉	iəu 柳幽六		
an 耽衫店旦栈善	iɛn 介监念艰谚田	uan 端篡川喘	yɛn 权远渊
en 森本村症衡	in 品频陵另	uən 昆顺蚊	yn 俊熏
aŋ 榜芳邦	iaŋ 阳讲	uaŋ 广创双	
oŋ 茂孟动冬讽龙	ioŋ 永融容		

（三）声调（5）

阴平	1	35	疤他叉加妖
阳平	2	31	婆驼萝儿余
上声	3	51	表典井美且
去声	4	215	坝自丽罢舵
入声	5	34	八搭闸竭鸭

（四）音系说明

（1）声母 ts-、tsh-、s-发音部位偏后，舌尖抵上齿龈，比北京话的舌尖前音位置偏后。声母 z-摩擦明显，同标准 z。

（2）声母 l-有 n 的变体，没有音位对立，统一记作 l-。声母 ȵ-与后面的高元音 i/y 之间，带有同部位浊擦音，实际上为 ȵʑ-。

（3）声母 ŋ-舌面后阻塞明显，鼻气流比较弱。

（4）齐齿呼零声母单音节-i 带有明显摩擦音 j-，记音未标出。合口呼零声母 u 韵母的音节，带有唇齿浊擦音声母 v-，记音中标出以区别于不带 v-的其他零声母音节。

（5）南溪话单元音位置，见图 79《南溪话声学元音图》。

（6）-yu 发音唇圆，记作-yʉ。-ioŋ 在音系配合上当为撮口呼-yoŋ，实际发音已失去圆唇势，成为齐齿韵。

（7）元音 a 作单韵母时偏后为 ɑ，a 在韵母-ian、-yan 中偏高为 ɛ，在-au、-au、-aŋ、-iaŋ、-uaŋ 中偏后为 ɑ。

（8）元音 æ 较标准 æ 低而后，韵母-æ、-iæ、-uæ 只出现在入声字中。

（9）元音 e 作单韵母时近 ɛ，在-ie、-ye 中主元音偏高为 e，韵母-en 的主元音前而高，在其合口-uen 中偏央为 ə。

（10）元音 ɯ 作单韵母，偏央，只出现在入声字中。

（11）元音 o 在非入声字中发音部位偏后，入声字中近 ɵ。

（12）元音 u 在非入声字中，发音部位略低，入声字中近 ʉ。

（13）i 作韵尾时偏低为 e，例如："摆" pai3 = pae3。u 作韵尾时偏低为 ɔ，例如："好" xau3 = xaɔ3。

（14）-an、-iɛn、-uan、-yɛn 的鼻音韵尾弱而短，舌尖未抵上齿龈，实际为-a^{n}、-$iɛ^{n}$、-ua^{n}、-$yɛ^{n}$。

（15）-en、-in、-uən、-yn 的鼻音韵尾完整、稳固。

（16）-aŋ、-iaŋ、-uaŋ 的鼻音韵尾完整。

（17）南溪话声调调型及调值详细情况，见图 80《南溪话声调曲线图》。去声调 215 在语流中往往会失去下凹，成为 25 调。

（18）南溪话属川南南路话，其音系特征之一是，深臻曾梗摄的三四等知系入声字声母发生了腭化，例如："拾失赤" 老年人读 ɕi、tɕhi。南溪话在青年人和老年人之间存在一些差异。一些青年人受普通话影响，青年人将部分入声字的声韵及调类读如普通话，例如："曲" tɕhyu5（旧）＞tɕhy3（新），老年人则保持原读音。另外，一些青年人将南溪话 ŋ-声母改读作零声母，例如："我" ŋo3（旧）＞o3（新），老年人则保持原读音。

（马菊调查，万霞整理）

四十、合江话音系

（一）声母（24）

p 巴怖白废　ph 坡匹　m 马米　f 非胡发　v 武误乌屋

t 刀道独　th 他跳陶　l 难罗裂

ts 姿皂智治阻主值　tsh 祠超泽车诚　s 思岁始十色　z 软孕热

tʃ 籍疾集　tʃh 歼鹊前　ʃ 消西须箱徐

tɕ 即匠加竭极　tɕh 期曲　ȵ 你牛　ɕ 宣斜歇学雄

k 孤介共件械　kh 搁枯葵溃　ŋ 我安　x 害火或

∅ 未而芽一伟羽与

（二）韵母（41）

ɿ 紫自子世石　i 姐谜比立夜必力笛　u 步富　y 靴巨橘剧局

ɪ 十日食尺

ɚ 儿二耳

ɑ 他把　ia 稼涯　ua 瓜话抓瓦

æ 答八	iæ 鸭瞎	uæ 滑括国	
e 涩哲涉核得革	ie 茄也帖列		ye 薛切雪削
o 歌所摸	io 觉越雀确		
ʊ 鸽活各桌			
ʉ 毒佛木缩	iʉ 域役速育俗		
ai 袋太街迈	iɛi 皆	uai 外歪快帅	
ei 车背贝废飞悲		uei 内脆惠炊锤鬼	
au 保跑昭	iau 巧漂调彪		
əu 抖州肉	iəu 纽幼		
an 男犯班展唐仗	iɛn 监欠店简典两江	uan 短铲弯川	yɛn 泉原渊
en 沈吞村能正	in 锦新蝇令		yn 迅训泳倾
aŋ 帮妨盲		uaŋ 皇创双	
əŋ 分朋碰风			
oŋ 某纯弘孟孔冬钟	ioŋ 熏兄穷用		

（三）声调（5）

阴平	1	55	疤推周佳鸦
阳平	2	31	牌民荷牙融
上声	3	52	保改谎每我
去声	4	324	半店利妇下
入声	5	44	八得盒日屋

（四）音系说明

（1）声母 ts-、tsh-、s-舌位较普通话发音稍后。声母 z-摩擦明显，同标准 z。

（2）l-有 n 的变体，没有音位对立，统一记作 l-。声母 ȵ-后带有同部位浊擦音，实为 ȵʑ-。

（3）声母 ŋ-舌面后阻塞明显，鼻气流比较弱。

（4）齐齿呼零声母音节开头带有摩擦音 ʝ-，记音未标出。合口呼零声母 u 韵母音节，带有唇齿浊擦音声母 v-，记音中标出以区别不带 v-的其他零声母音节。

（5）合江话单元音位置，见图 81《合江话声学元音图》。

（6）合江话韵母中，舒声读标准元音 u，入声读为 ʉ。

（7）合江话韵母中，舒声读标准元音 o，入声读为 ʊ。

（8）合江话韵母中，-en 的鼻韵尾弱化，实际读音是-e^{n}，例如：“敦顿遁”。

（9）鼻音韵尾-n 弱而短，舌尖未抵上齿龈，实际为-a^{n}、-iɛ^{n}、-ua^{n}、-yɛ^{n}，例如：“安言万元”。

（10）合江话-aŋ 韵母只有唇音字，其余的-aŋ、- iaŋ 韵字与-an、-iɛn 韵字合并 。

（11）合江话中-ɪ、-æ、-ʉ、-ʊ 均为入声字韵母，仅出现在入声字中。

（12）合江话声调调型及调值的详细情况，见图 82《合江话声调曲线图》。

（13）阴平调为 55 或者略有升高的 45 调。去声调程最长，调值为 324，曲折程度不明显，语流中常读为 224 或 24。

（14）合江话受普通话和重庆话、成都话的影响，在城乡之间、青年人和老年人之间存在一些差别。老合江话有尖团音，多数相混，少数能分辨，舌尖音和舌面后音形成的细音不同，舌面后音腭化后成为舌面前音，舌尖音腭化后近于舌叶音 tʃ-、tʃh-、ʃ-，青年人发音则都为舌面前音。例如（青年人/老年人）：“疾” tɕi5/tʃie5、“七” tɕhi1/tʃhi1、“西” ɕi1/ ʃi1。现在的合江话，包括多数 60 岁左右的人，已经不分尖团了。又，合江老年人发音中，一部分非组字发音近于 p-，如“匪废肺费”等字。城区话和青年人发音模仿普通话和省会城市，乡下话和老年人则保持旧的发音。例如（城区/乡下）：“悦” ye5/io5、“解” tɕiɛi3/kai3。又如（青年人/老年人）：“院” yɛn4/uan4、“虽” suei1/ɕy1。合江话属于川南南路话。合江话也有相似于南溪话的特征，深臻曾梗摄三四等知系入声字声母发生腭化，例如：“赤水” tɕhi5 suei3。这种只存在于部分老年人中的语音特点趋于消失，未能系统地采入本记录。

（马菊、陈鹏、周岷调查，何婉整理）

岷江流域方音字表

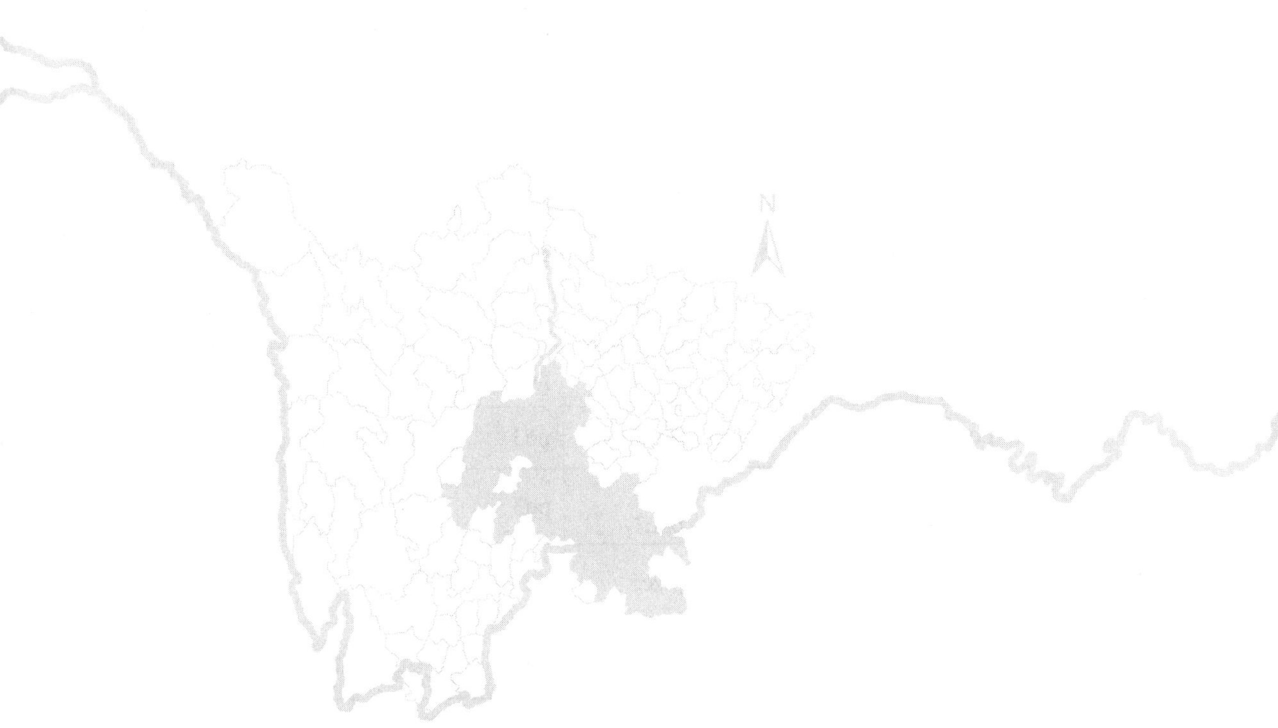

字目	巴	*疤	八	拔	把把握	爸[①]	*坝堤坝	坝平川
反切	伯加	*帮加	博拔	蒲八	博下	*必驾	*必驾	必驾
声韵调	假开二 帮麻平	假开二 帮麻平	山开二 帮黠入	山开二 並黠入	假开二 帮麻上	假开二 帮麻去	假开二 帮麻去	假开二 帮麻去
中古音	pɣa	pɣa	pɣɛt	bɣɛt	pɣa:	pɣa-	pɣa-	pɣa-
成都	pᴀ1	pᴀ1	pᴀ2	phᴀ2	pᴀ3	pᴀ2	pᴀ4	pᴀ4
彭州	pɑ1	pɑ1	pɑ5	phɑ5	pɑ3	pɑ2	pɑ4	pɑ4
郫县	pᴀ1	pᴀ1	pᴀ5	pᴀ5	pᴀ3	pᴀ2	pᴀ4	pᴀ4
广汉	pᴀ1	pᴀ1	pᴀ5	phᴀ2	pᴀ3	pᴀ2	pᴀ4	pᴀ4
都江堰河东	pɐ1	pɐ1	pɐ5	phæ5	pɐ3	pɐ2	pɐ4	pɐ4
都江堰河西	pɑ1	pɑ1	pɑ5	phæ5	pɑ3	pɑ4	pɑ4	pɑ4
崇州	pᴀ1	pᴀ1	pᴀ5	phæ5 phᴀ2	pᴀ3	pᴀ2	pᴀ4	pᴀ4
大邑	pᴀ1	pᴀ1	pᴀ5 pæ5 旧	phᴀ5 phæ5 旧	pᴀ3	pᴀ2	pᴀ4	pᴀ4
邛崃	pᴀ1	pᴀ1	pæ5	phæ5	pᴀ3	pᴀ4	pᴀ4	pᴀ4
新津	pᴀ1	pᴀ1	pæ5	phæ5	pᴀ3	pᴀ2	pᴀ4	pᴀ4
蒲江	pᴀ1	pᴀ1	pæ5	pæ5	pᴀ3	pᴀ4	pᴀ4	pᴀ4
彭山	pᴀ1	pᴀ1	pᴀ5	phᴀ5	pᴀ3	pᴀ4	pᴀ4	pᴀ4
眉山	pᴀ1	pᴀ1	pᴀ5	phᴀ5	pᴀ3	pᴀ4	pᴀ4	pᴀ4
丹棱	pᴀ1	pᴀ1	pᴀ5	phᴀ5	pᴀ3	pᴀ2	pᴀ4	pᴀ4
洪雅	pɑ1	pɑ1	pɑ5	phɑ5	pɑ3	pɑ1	pɑ4	pɑ4
青神	pɑ1	pɑ1	pæ5	phæ5	pɑ3	pɑ2	pɑ4	pɑ4
夹江	pɑ1	pɑ1	pɑ1	pɑ1 phɑ1	pɑ3	pɑ4 pɑ2	pɑ4	pɑ4
峨眉山	pᴀ1	pᴀ1	pæ5 pᴀ1	phæ5	pᴀ3	pᴀ4 pᴀ2	pᴀ4	pᴀ4
乐山	pɑ1	pɑ1	pɛ5 pɑ1	phɛ5	pɑ3	pɑ4 pɑ2	pɑ4	pɑ4
犍为	pʌ1	pʌ1	pæ5	phæ5	pʌ3	pʌ4 pʌ2	pʌ4	pʌ4

① 又捕可切，果合一並戈上。

字目	巴	*疤	八	拔	把把握	爸[①]	*坝堤坝	坝平川
反切	伯加	*帮加	博拔	蒲八	博下	*必驾	*必驾	必驾
声韵调	假开二 帮麻平	假开二 帮麻平	山开二 帮黠入	山开二 並黠入	假开二 帮麻上	假开二 帮麻去	假开二 帮麻去	假开二 帮麻去
中古音	pɣa	pɣa	pɣɛt	bɣɛt	pɣa:	pɣa-	pɣa-	pɣa-
沐川	pɑ1	pɑ1	pɑ4	pæ5	pɑ3	pɑ2	pɑ4	pɑ4
峨边	pɐ1	pɐ1	pɐ5	phɐ5	pɐ3	pɐ2	pɐ4	pɐ4
雅安	pᴀ1	pᴀ1	pᴀ1	phᴀ1 pᴀ1	pᴀ3	pᴀ2	pᴀ4	pᴀ4
名山	pa1	pa1	pa1	pa1	pa1	pa2	pa4	pa4
天全	pᴀ1	pᴀ1	pᴀ1	pᴀ1	pᴀ1	pᴀ2	pᴀ4	pᴀ4
芦山	pᴀ1	pᴀ1	pᴀ1	phᴀ1	pᴀ3	pᴀ2	pᴀ2	pᴀ4
宝兴	pᴀ1	pᴀ1	pᴀ1	phᴀ1	pᴀ3	pᴀ2	pᴀ4	pᴀ4
荥经	pᴀ1	pᴀ1	pᴀ5	phᴀ5	pᴀ3	pᴀ2	pᴀ4	pᴀ4
汉源	pᴀ1	pᴀ1	pᴀ1	pᴀ1	pᴀ1	pᴀ2	pᴀ4	pᴀ4
石棉	pᴀ1	pᴀ1	pᴀ1	pᴀ1	pᴀ1	pᴀ2	pᴀ4	pᴀ4
内江	pᴀ1	pᴀ1	pᴀ4	phᴀ2 phᴀ4 旧	pᴀ3	pᴀ2	pᴀ4	pᴀ4
威远	pᴀ1	pᴀ1	pᴀ4	phᴀ4	pᴀ3	pᴀ2	pᴀ4	pᴀ4
荣县	pᴀ1	pᴀ1	pᴀ4	phᴀ4	pᴀ3	pᴀ1	pᴀ4	pᴀ4
自贡	pᴀ1	pᴀ1	pᴀ4	phᴀ2 phᴀ4 旧	pᴀ3	pᴀ2	pᴀ4	pᴀ4
富顺	pᴀ1	pᴀ1	pᴀ4	phᴀ4	pᴀ3	pᴀ2	pᴀ4	pᴀ4
隆昌	pᴀ1	pᴀ1	pᴀ4	phᴀ4	pᴀ3	pᴀ2	pᴀ4	pᴀ4
泸县	pᴀ1	pᴀ1	pᴀ4	phᴀ4	pᴀ3	pᴀ2	pᴀ4	pᴀ4
泸州	pɑ1	pɑ1	pæ5	phæ5	pɑ3	pɑ2	pɑ4	pɑ4
南溪	pɑ1	pɑ1	pæ5	phæ5	pɑ3	pɑ2	pɑ4	pɑ4
合江	pɑ1	pɑ1	pæ5	pæ5	pɑ3	pɑ2	pɑ4	pɑ4

① 又捕可切，果合一並戈上。

字目	把刀把	霸	罢[①]	爬	耙[②]钉耙	怕	帕手帕	耙耙地
反切	必驾	必驾	薄蟹	蒲巴	蒲巴	普驾	普驾	白驾
声韵调	假开二 帮麻去	假开二 帮麻去	蟹开二 並佳上	假开二 並麻平	假开二 並麻平	假开二 滂麻去	假开二 滂麻去	假开二 並麻去
中古音	pɣa-	pɣa-	bɣɛ:	bɣa	bɣa	phɣa-	phɣa-	bɣa-
成都	pᴀ4	pᴀ4	pᴀ4	phᴀ2 pᴀ1 口	phᴀ2	phᴀ4	phᴀ4	pᴀ4
彭州	pɑ4	pɑ4	pɑ4	phɑ2 pɑ1 口	phɑ2	phɑ4	phɑ4	phɑ4
郫县	pᴀ4	pᴀ4	pᴀ4	phᴀ2 pᴀ1 口	phᴀ2	phᴀ4	phᴀ4	pᴀ4
广汉	pᴀ2	pᴀ4	pᴀ4	phᴀ2 pᴀ1 口	phᴀ2	phᴀ4	phᴀ2	pᴀ4
都江堰河东	pɐ4	pɐ4	pɐ4	phɐ2 pɐ1 口	phɐ2	phɐ4	phɐ4	pɐ4
都江堰河西	pɑ4	pɑ4	pɑ4	phɑ2 pɑ1 口	phɑ2	phɑ4	phɑ4	pɑ4
崇州	pᴀ4	pᴀ4	pᴀ4	phᴀ2 pᴀ1 口	phᴀ2	phᴀ4	phᴀ4	pᴀ4
大邑	pᴀ4	pᴀ4	pᴀ4	phᴀ2 pᴀ1 口	phᴀ2	phᴀ4	phᴀ4	pᴀ4
邛崃	pᴀ4	pᴀ4	pᴀ4	phᴀ2 pᴀ1 口	phᴀ2	phᴀ4	phᴀ4	pᴀ4
新津	pᴀ4	pᴀ4	pᴀ4	phᴀ2 pᴀ1 口	pᴀ2	phᴀ4	phᴀ4	pᴀ4
蒲江	pᴀ4	pᴀ4	pᴀ4	phᴀ2 pᴀ1 口	phᴀ2	phᴀ4	phᴀ4	pᴀ4
彭山	pᴀ4	pᴀ4	pᴀ4	phᴀ2 pᴀ1 口	phᴀ2	phᴀ4	phᴀ4	pᴀ4
眉山	pᴀ4	pᴀ4	pᴀ4	phᴀ2 pᴀ1 口	phᴀ2	phᴀ4	phᴀ4	pᴀ4
丹棱	pᴀ4	pᴀ4	pᴀ4	phᴀ2 pᴀ1 口	phᴀ2	phᴀ4	phᴀ4	pᴀ4
洪雅	pɑ4	pɑ4	pɑ4	phɑ2 pɑ1 口	phɑ2	phɑ4	phɑ4	pɑ4
青神	pɑ4	pɑ4	pɑ4	phɑ2 pɑ1 口	phɑ2	phɑ4	phɑ4	pɑ4
夹江	pɑ4	pɑ4	pɑ4	phɑ2 pɑ1 口	phɑ2	phɑ4	phɑ4	pɑ4
峨眉山	pᴀ4	pᴀ4	pᴀ4	phᴀ2 pᴀ1 口	phᴀ2	phᴀ4	phᴀ4	pᴀ4
乐山	pɑ4	pɑ4	pɑ4	phɑ2 pɑ1 口	phɑ2	phɑ4	phɑ4	pɑ4
犍为	pʌ4	pʌ4	pʌ4	phʌ2 pʌ1 口	phʌ2	phʌ4	phʌ4	pʌ4

① 又*部下切，假开二並麻上。 ② 《说文》本字“杷”。

字目	把刀把	霸	罢①	爬	耙②钉耙	怕	帕手帕	耙耙地
反切	必驾	必驾	薄蟹	蒲巴	蒲巴	普驾	普驾	白驾
声韵调	假开二 帮麻去	假开二 帮麻去	蟹开二 並佳上	假开二 並麻平	假开二 並麻平	假开二 滂麻去	假开二 滂麻去	假开二 並麻去
中古音	pɣa-	pɣa-	bɣɛ:	bɣa	bɣa	phɣa-	phɣa-	bɣa-
沐川	pɑ4	pɑ4	pɑ4	phɑ2 pɑ1 口	phɑ2	phɑ4	phɑ4	pɑ4
峨边	pɐ4	pɐ4	pɐ4	phɐ2 pɐ1 口	phɐ2	phɐ4	phɐ4	pɐ4
雅安	pᴀ4	pᴀ4	pᴀ4	phᴀ2	phᴀ2	phᴀ4	phᴀ4	pᴀ4
名山	pa4	pa4	pa4	pha2 pa1 口	pha2	pha4	pha4	pa4
天全	pᴀ4	pᴀ4	pᴀ4	phᴀ2 pᴀ1 口	phᴀ2	phᴀ4	phᴀ4	pᴀ4
芦山	pᴀ4	pᴀ4	pᴀ4	phᴀ2	phᴀ2	phᴀ4	phᴀ4	pᴀ4
宝兴	pᴀ4	pᴀ4	pᴀ4	phᴀ2	phᴀ2	phᴀ4	phᴀ4	pᴀ4
荥经	pᴀ4	pᴀ4	pᴀ4	phᴀ2 pᴀ1 口	phᴀ2	phᴀ4	phᴀ4	pᴀ4
汉源	pᴀ4	pᴀ4	pᴀ4	phᴀ2 pᴀ1 口	phᴀ2	phᴀ4	phᴀ4	pᴀ4
石棉	pᴀ4	pᴀ4	pᴀ4	phᴀ2 pᴀ1 口	phᴀ2	phᴀ4	phᴀ4	pᴀ4
内江	pᴀ4	pᴀ4	pᴀ4	phᴀ2 pᴀ1 口	phᴀ2	phᴀ4	phᴀ4	pᴀ4
威远	pᴀ4	pᴀ4	pᴀ4	phᴀ2 pᴀ1 口	phᴀ2	phᴀ4	phᴀ4	pᴀ4
荣县	pᴀ4	pᴀ4	pᴀ4	phᴀ2 pᴀ1 口	phᴀ2	phᴀ4	phᴀ4	pᴀ4
自贡	pᴀ4	pᴀ4	pᴀ4	phᴀ2 pᴀ1 口	phᴀ2	phᴀ4	phᴀ4	pᴀ4
富顺	pᴀ4	pᴀ4	pᴀ4	phᴀ2 pᴀ1 口	phᴀ2	phᴀ4	phᴀ4	pᴀ4
隆昌	pᴀ4	pᴀ4	pᴀ4	phᴀ2 pᴀ1 口	phᴀ2	phᴀ4	phᴀ4	pᴀ4
泸县	pᴀ4	pᴀ4	pᴀ4	phᴀ2 pᴀ1 口	phᴀ2	phᴀ4	phᴀ4	pᴀ4
泸州	pɑ4	pɑ4	pɑ4	phɑ2 pɑ1 口	phɑ2	phɑ4	phɑ4	pɑ4
南溪	pɑ4	pɑ4	pɑ4	phɑ2 pɑ1 口	phɑ2	phɑ4	phɑ4	pɑ4
合江	pɑ4	pɑ4	pɑ4	phɑ2 pɑ1 口	phɑ2	phɑ4	phɑ4	pɑ4

① 又*部下切，假开二並麻上。 ② 《说文》本字“杷”。

字目	妈[①]	抹抹布	麻麻子	麻麻布	麻麻木	马	骂	发出发
反切		*莫八	莫霞	莫霞	莫霞	莫下	莫驾	方伐
声韵调	假开二 明麻平	山开二 明黠入	假开二 明麻平	假开二 明麻平	假开二 明麻平	假开二 明麻上	假开二 明麻去	山合三 非月入
中古音	mɣa	mɣɛt	mɣa	mɣa	mɣa	mɣa:	mɣa-	pɥɐt
成都	mA1	mA2	mA2	mA2	mA2	mA3	mA4	fA2
彭州	mɑ1	mɑ5	mɑ2	mɑ2	mɑ2	mɑ3	mɑ4	fɑ5
郫县	mA1	mA2	mA2	mA2	mA2	mA3	mA4	fA5
广汉	mA1	mA5	mA2	mA2	mA2	mA3	mA4	fA5
都江堰河东	mɐ1	mæ5	mɐ2	mɐ2	mɐ2	mɐ3	mɐ4	fɐ5
都江堰河西	mɑ1	mæ5	mɑ2	mɑ2	mɑ2	mɑ3	mɑ4	fæ5
崇州	mA1	mæ5	mA2	mA2	mA2	mA3	mA4	fæ5
大邑	mA1	mæ5	mA2	mA2	mA2	mA3	mA4	fA5 fæ5 旧
邛崃	mA1	mæ5	mA2	mA2	mA2	mA3	mA4	fæ5
新津	mA1	mæ5	mA2	mA2	mA2	mA3	mA4	fæ5
蒲江	mA1	mæ5	mA2	mA2	mA2	mA3	mA4	fæ5
彭山	mA1	mA5	mA2	mA2	mA2	mA3	mA4	fA5
眉山	mA1	mA5	mA2	mA2	mA2	mA3	mA4	fA5
丹棱	mA1	mA5	mA2	mA2	mA2	mA3	mA4	fA5
洪雅	mɑ1	mɑ5	mɑ2	mɑ2	mɑ2	mɑ3	mɑ4	fɑ5
青神	mɑ1	mæ5	mɑ2	mɑ2	mɑ2	mɑ3	mɑ4	fæ5
夹江	mɑ1	mɑ1	mɑ2	mɑ2	mɑ2	mɑ3	mɑ4	fɑ1
峨眉山	mA1	mæ5	mA2	mA2	mA2	mA3	mA4	fA5
乐山	mɑ1	mɛ5	mɑ2	mɑ2	mɑ2	mɑ3	mɑ4	fɛ5
犍为	mʌ1	mæ5	mʌ2	mʌ2	mʌ2	mʌ3	mʌ4	fæ5

① 又莫补切，遇合一明模上。

字目	妈[①]	抹抹布	麻麻子	麻麻布	麻麻木	马	骂	发出发
反切		*莫八	莫霞	莫霞	莫霞	莫下	莫驾	方伐
声韵调	假开二 明麻平	山开二 明黠入	假开二 明麻平	假开二 明麻平	假开二 明麻平	假开二 明麻上	假开二 明麻去	山合三 非月入
中古音	mɣa	mɣɛt	mɣa	mɣa	mɣa	mɣa:	mɣa-	pɐɐt
沐川	mɑ1	mæ5	mɑ2	mɑ2	mɑ2	mɑ3	mɑ4	fæ5
峨边	mɐ1	mɐ5	mɐ2	mɐ2	mɐ2	mɐ3	mɐ4	fɐ5 fæ5
雅安	mᴀ1	mᴀ1	mᴀ2	mᴀ2	mᴀ2	mᴀ3	mᴀ4	fᴀ1
名山	ma1	ma1	ma2	ma2	ma2	ma3	ma4	fa1
天全	mᴀ1	mᴀ1	mᴀ2	mᴀ2	mᴀ2	mᴀ3	mᴀ4	fᴀ1
芦山	mᴀ1	mᴀ1	mᴀ2	mᴀ2	mᴀ2	mᴀ3	mᴀ4	fᴀ1
宝兴	mᴀ1	mᴀ1	mᴀ2	mᴀ2	mᴀ2	mᴀ3	mᴀ4	fᴀ1
荥经	mᴀ1	mᴀ5	mᴀ2	mᴀ2	mᴀ2	mᴀ3	mᴀ4	fᴀ5
汉源	mᴀ1	mᴀ1	mᴀ2	mᴀ2	mᴀ2	mᴀ3	mᴀ4	fᴀ1
石棉	mᴀ1	mᴀ1	mᴀ2	mᴀ2	mᴀ2	mᴀ3	mᴀ4	fᴀ1
内江	mᴀ1	mᴀ4	mᴀ2	mᴀ2	mᴀ2	mᴀ3	mᴀ4	fᴀ4
威远	mᴀ1	mᴀ4	mᴀ2	mᴀ2	mᴀ2	mᴀ3	mᴀ4	fᴀ4
荣县	mᴀ1	mᴀ4	mᴀ2	mᴀ2	mᴀ2	mᴀ3	mᴀ4	fᴀ4
自贡	mᴀ1	mᴀ4	mᴀ2	mᴀ2	mᴀ2	mᴀ3	mᴀ4	fᴀ4
富顺	mᴀ1	mᴀ4	mᴀ2	mᴀ2	mᴀ2	mᴀ3	mᴀ4	fᴀ4
隆昌	mᴀ1	mᴀ4	mᴀ2	mᴀ2	mᴀ2	mᴀ3	mᴀ4	fᴀ4
泸县	mᴀ1	mᴀ4	mᴀ2	mᴀ2	mᴀ2	mᴀ3	mᴀ4 thau1 口	fᴀ4
泸州	mɑ1	mæ5	mɑ2	mɑ2	mɑ2	mɑ3	mɑ4 thau1 口	fæ5
南溪	mɑ1	mæ5	mɑ2	mɑ2	mɑ2	mɑ3	mɑ4 thau1 口	fæ5
合江	mɑ1	mæ5	mɑ2	mɑ2	mɑ2	mɑ3	mɑ4	fæ5

① 又莫补切，遇合一明模上。

字目	乏	伐	罚	法	发头发	搭	答	达
反切	房法	房越	房越	方乏	方伐	都合	都合	唐割
声韵调	咸合三 奉乏入	山合三 奉月入	山合三 奉月入	咸合三 非乏入	山合三 非月入	咸开一 端合入	咸开一 端合入	山开一 定曷入
中古音	bɐɐp	bɐɐt	bɐɐt	pɐɐp	pɐɐt	tʌp	tʌp	dɑt
成都	fA2	fA2	fA2	fA2	fA2	tA2	tA2	tA2
彭州	fɑ5	fɑ5	fɑ5	fɑ5	fɑ5	tɑ5	tɑ5	tɑ5
郫县	fA2	fA5	fA5	fA5	fA5	tA5	tA5	tA5
广汉	fA5	fA5	fA5	fA5	fA5	tA5	tA5	tA5
都江堰河东	fɐ5	fɐ5	fɐ5	fɐ5	fɐ5	tæ5	tæ5	tæ5
都江堰河西	fæ5	fæ5	fæ5	fæ5	fæ5	tæ5	tæ5	tæ5
崇州	fæ5	fæ5	fæ5	fæ5	fæ5	tæ5	tæ5	tæ5
大邑	fA5 fæ5 旧	fA5 fæ5 旧	fA5 fæ5 旧	fA5 fæ5 旧	fA5 fæ5 旧	tA5 tæ5 旧	tæ5	tA5 tæ5 旧
邛崃	fæ5	fæ5	fA2 fæ5	fæ5	fæ5	tæ5	tæ5	tæ5
新津	fæ5	fæ5	fæ5	fæ5	fæ5	tæ5	tæ5	tæ5
蒲江	fæ5	fæ5	fæ5	fæ5	fæ5	tæ5	tæ5	tæ5
彭山	fA5	fA5	fA5	fA5	fA5	tA5	tA5	tA5
眉山	fA5	fA5	fA5	fA5	fA5	tA5	tA5	tA5
丹棱	fA5	fA5	fA5	fA5	fA5	tA5	tA5	tA5
洪雅	fɑ5	fɑ5	fɑ5	fɑ5	fɑ5	tɑ5	tɑ5	tɑ5
青神	fæ2 fæ5 旧	fæ5	fæ5	fæ5	fæ5	tæ5	tæ5	tæ5
夹江	fɑ1	fɑ1	fɑ1	fɑ1	fɑ1	tɑ5	tɑ5	tɑ5
峨眉山	fA5	fA5	fA5	fA5	fA5	tA5	tA5	tA5
乐山	fɛ5	fɛ5	fɛ5	fɛ5	fɛ5	tɛ5	tɛ5	tɛ5
犍为	fæ5	fæ5	fæ5	fæ5	fæ5	tæ5	tæ5	tæ5

字目	乏	伐	罚	法	发头发	搭	答	达
反切	房法	房越	房越	方乏	方伐	都合	都合	唐割
声韵调	咸合三 奉乏入	山合三 奉月入	山合三 奉月入	咸合三 非乏入	山合三 非月入	咸开一 端合入	咸开一 端合入	山开一 定曷入
中古音	bʉɐp	bʉɐt	bʉɐt	pʉɐp	pʉɐt	tʌp	tʌp	dɑt
沐川	fæ5	fæ5	fæ5	fæ5	fæ5	tæ5	tæ5	tæ5
峨边	fɐ5	fɐ5	fɐ5	fɐ5	fɐ5 fæ5	tɐ5	tɐ5	tɐ5
雅安	fʌ1	fʌ1	fʌ1	fʌ1	fʌ1	tʌ1	tʌ1	tʌ1
名山	fa1	fa1	fa1	fa1	fa1	ta1	ta1	ta1
天全	fʌ1	fʌ1	fʌ1	fʌ1	fʌ1	tʌ1	tʌ1	tʌ1
芦山	fʌ1	fʌ1	fʌ1	fʌ1	fʌ1	tʌ1	tʌ1	tʌ1
宝兴	fʌ1	fʌ1	fʌ1	fʌ1	fʌ1	tʌ1	tʌ1	tʌ1
荥经	fʌ5	fʌ5	fʌ5	fʌ5	fʌ5	tʌ5	tʌ5	tʌ5
汉源	fʌ1	fʌ1	fʌ1	fʌ1	fʌ1	tʌ1	tʌ1	tʌ1
石棉	fʌ1	fʌ1	fʌ1	fʌ1	fʌ1	tʌ1	tʌ1	tʌ1
内江	fʌ4	fʌ4	fʌ4	fʌ4	fʌ4	tʌ4	tʌ4	tʌ4
威远	fʌ4	fʌ4	fʌ4	fʌ4	fʌ4	tʌ4	tʌ4	tʌ4
荣县	fʌ4	fʌ4	fʌ4	fʌ4	fʌ4	tʌ4	tʌ4	tʌ4
自贡	fʌ4	fʌ4	fʌ4	fʌ4	fʌ4	tʌ4	tʌ4	tʌ4
富顺	fʌ4	fʌ4	fʌ4	fʌ4	fʌ4	tʌ4	tʌ4	tʌ4
隆昌	fʌ2 fʌ4 旧	fʌ4	fʌ4	fʌ4	fʌ4	tʌ4	tʌ4	tʌ4
泸县	fʌ4	fʌ4	fʌ4	fʌ4	fʌ4	tʌ4	tʌ4	tʌ4
泸州	fæ5	fæ5	fæ5	fæ5	fæ5	tæ5	tæ5	tæ5
南溪	fan4	fæ5	fæ5	fæ5	fæ5	tæ5	tæ5	tæ5
合江	fæ5	fæ5	fæ5	fæ5	fæ5	thæ5	tæ5	tæ5

字目	打打击	大小	他	塌	塔	獭	踏	榻
反切	德冷	唐佐	托何	托盍	吐盍	他达	他合	吐盍
声韵调	梗开二 端庚上	果开一 定歌去	果开一 透歌平	咸开一 透盍入	咸开一 透盍入	山开一 透曷入	咸开一 透合入	咸开一 透盍入
中古音	tɣæŋ:	dɑ-	thɑ	thɑp	thɑp	thɑt	thʌp	thɑp
成都	tA3	tA4 thai3 俗①	thA1	thA2	thA2	thA2	thA2	thA2
彭州	tɑ3	tɑ4 thai3 俗①	thɑ1	thɑ5	thɑ5	thɑ5	thɑ2	thɑ5
郫县	tA3	tA4 thai3 俗①	thA1	thA5	thA5	thA2	thA5	thA5
广汉	tA3	tA4	thA1	thA5	thA5	thA5	thA5	thA5
都江堰河东	tɐ3	tɐ4	thɐ1	thæ5	thæ5	thæ5	thæ5	thæ5
都江堰河西	tɑ3	tɑ4	thɑ1	thæ5	thæ5	thæ5	thæ5	thæ5
崇州	tA3	tA4② thAi3 俗①	thA1	thæ5	thæ5	thæ5	thæ5	thæ5
大邑	tA3	tA4 thai3 俗①	thA1	thA5 thæ5 旧	thA5 thæ5 旧	thA5 thæ5 旧	thA5 thæ5 旧	thA5 thæ5 旧
邛崃	tA3	tA4 thai3 俗①	thA1	thæ5	thæ5	thæ5	thæ5	thA2 thæ5
新津	tA3	tA4 thai3 俗①	thA1	thæ5	thæ5	thæ5	thæ5	thæ5
蒲江	tA3	tA4 thai3 俗①	thA1	thæ5	thæ5	thæ5	thæ5	thæ5
彭山	tA3	tA4 thai3 俗①	thA1	thA5	thA5	thA5	thA5	thA5
眉山	tA3	tA4 thai3 俗①	thA1	thA5	thA5	thA5	thA5	thA5
丹棱	tA3	tA4 thai3 俗①	thA1	thA5	thA5	thA5	thA5	thA5
洪雅	tɑ3	tɑ4 thai3 俗①	thɑ1	thɑ5	thɑ5	thɑ5	thɑ5	thɑ5
青神	tɑ3	tɑ4 thai3 俗①	thɑ1	thæ5	thæ5	thæ5	thæ5	thæ5
夹江	tɑ3	tɑ4 thai3 俗①	thɑ1	thɑ1	thɑ1	thɑ1	thɑ1	thɑ1
峨眉山	tA3	tA4 thai3 俗①	thA1	thA1	thA3	thA4	thæ5	thæ1
乐山	tɑ3	tɑ4 thai3 俗①	thɑ1	thɛ5	thɛ5	thɛ5	thɛ5	thɛ5
犍为	tA3	tA4 thai3 俗①	thA1	thæ5	thæ5	thæ5	thæ5	thæ5

① 客家话“大”借音。 ② 又音 toŋ3 俗，意为大。本字不明。

字目	打打击	大小	他	塌	塔	獭	踏	榻
反切	德冷	唐佐	托何	托盍	吐盍	他达	他合	吐盍
声韵调	梗开二 端庚上	果开一 定歌去	果开一 透歌平	咸开一 透盍入	咸开一 透盍入	山开一 透曷入	咸开一 透合入	咸开一 透盍入
中古音	tɣæŋ:	dɑ-	thɑ	thɑp	thɑp	thɑt	thʌp	thɑp
沐川	tɑ3	tɑ4 thai3 俗①	thɑ1	thæ5	thæ5	thæ5	thæ5	thæ5
峨边	tɐ3	tɐ4	thɐ1	thæ5	thɐ5 thæ5	thɐ5	thɐ5 thæ5	thɐ5 thæ5
雅安	tʌ3	tʌ4	thʌ1	thʌ1	thʌ1	thʌ1	thʌ1	thʌ1
名山	ta3	ta4 thai3 俗①	tha1	tha1	tha1	tha1	tha1	tha1
天全	tʌ3	tʌ4 thai3 俗①	thʌ1	thʌ1	thʌ1	thʌ1	thʌ1	thʌ1
芦山	tʌ3	tʌ4	thʌ1	thʌ1	thʌ1	thʌ1	thʌ1	thʌ1
宝兴	tʌ3	tʌ4 thai3 俗①	thʌ1	thʌ1	thʌ1	thʌ1	thʌ1	thʌ1
荥经	tʌ3	tʌ4 thai3 俗①	thʌ1	thʌ5	thʌ5	thʌ5	thʌ5	thʌ5
汉源	tʌ3	tʌ4 thai3 俗①	thʌ1	thʌ1	thʌ1	thʌ1	thʌ1	thʌ1
石棉	tʌ3	tʌ4 thai3 俗①	thʌ1	thʌ1	thʌ1	thʌ1	thʌ1	thʌ1
内江	tʌ3	tʌ4 thai3 俗①	thʌ1	thʌ4	thʌ4	thʌ4	thʌ4	thʌ4
威远	tʌ3	tʌ4 thai3 俗①	thʌ1	thʌ4	thʌ4	thʌ4	thʌ4	thʌ4
荣县	tʌ3	tʌ4 thai3 俗①	thʌ1	thʌ4	thʌ4	thʌ4	thʌ4	thʌ4
自贡	tʌ3	tʌ4	thʌ1	thʌ4	thʌ4	thʌ4	thʌ4	thʌ4
富顺	tʌ3	tʌ4	thʌ1	thʌ4	thʌ4	thʌ4	thʌ4	thʌ4
隆昌	tʌ3	tʌ4	thʌ1	thʌ4	thʌ4	thʌ4	thʌ4	thʌ4
泸县	tʌ3	tʌ4 thai3 俗①	thʌ1	thʌ4	thʌ4	thʌ4	thʌ4	thʌ4
泸州	tɑ3	tɑ4 thai3 俗①	thɑ1	thæ5	thæ5	thæ5	thæ5	thæ5
南溪	tɑ3	tɑ4 thai3 俗①	thɑ1	thæ5	thæ5	thæ5	thæ5	thæ5
合江	tɑ3	tɑ4 thai3 俗①	thɑ1	thæ5	thæ5	thæ5	thæ5	thæ5

① 客家话“大”借音。

字目	拿	那	纳	捺	拉	腊腊月	蜡	辣
反切	女加	奴个	奴答	奴曷	卢合	卢盍	卢盍	卢达
声韵调	假开二 泥麻平	果开一 泥歌去	咸开一 泥合入	山开一 泥曷入	咸开一 来合入	咸开一 来盍入	咸开一 来盍入	山开一 来曷入
中古音	nɣa	nɑ-	nʌp	nɑt	lʌp	lɑp	lɑp	lɑt
成都	nA2	nA4 ne4	nA2	nA2	nA1	nA2	nA2	nA2
彭州	nɑ2	nɑ4 ne4 口	nɑ5	nɑ5	nɑ1	nɑ5	nɑ5	nɑ5
郫县	lA2	lA4	lA5	lA5	lA1	lA5	lA5	lA5
广汉	lA2	lA4	lA5	lA5	lA1	lA5	lA5	lA5
都江堰河东	nɐ2	nɐ1 ne1	næ5	næ5	nɐ1	næ5	næ5	næ5
都江堰河西	nɑ2	nɑ1 ne1	næ5	næ5	nɑ1	næ5	næ5	næ5
崇州	nA2	nA1 ne1	næ5	næ5	nA1	næ5	næ5	næ5
大邑	nA2	nA4 ne4 口	næ5	nA5	nA1	næ5	næ5	næ5
邛崃	nA2	nA4	næ5	næ5	nA1	næ5	næ5	næ5
新津	nA2	nA4 ne4 口	næ5	næ5	nA1	næ5	næ5	næ5
蒲江	lA2	lA4 ne4 口	læ5	læ5	lA1	læ5	læ5	læ5
彭山	nA2	nA4	nA5	nA5	nA1	nA5	nA5	nA5
眉山	nA2	nA4	nA5	nA5	nA1	nA5	nA5	nA5
丹棱	nA2	nA4	nA5	nA5	nA1	nA5	nA5	nA5
洪雅	nɑ2	nɑ4	nɑ5	nɑ5	nɑ1	nɑ5	nɑ5	nɑ5
青神	lɑ2	lɑ4	læ5	læ5	lɑ1	læ5	læ5	læ5
夹江	nɑ2	nɑ4 nai1 口	nɑ5	nai5	nɑ1	nɑ5	nɑ5	nɑ5
峨眉山	nA2	nA4 nai1 口	nA1	nA1	nA1	næ1	næ1	næ1
乐山	lɑ2	lɑ4 lai1 口	lɛ5	lɛ5	lɑ1	lɛ5	lɛ5	lɛ5
犍为	lʌ2	lʌ4 lai1 口	læ5	læ5	lʌ1	læ5	læ5	læ5

字目	拿	那	纳	捺	拉	腊腊月	蜡	辣
反切	女加	奴个	奴答	奴曷	卢合	卢盍	卢盍	卢达
声韵调	假开二 泥麻平	果开一 泥歌去	咸开一 泥合入	山开一 泥曷入	咸开一 来合入	咸开一 来盍入	咸开一 来盍入	山开一 来曷入
中古音	nɣa	nɑ-	nʌp	nɑt	lʌp	lɑp	lɑp	lɑt
沐川	lɑ2	lɑ4 le4 口	læ5	læ5	lɑ1	læ5	læ5	læ5
峨边	lɐ2	lɐ4	lɐ5	læ5	lɐ1	lɐ5	lɐ5	lɐ5
雅安	nᴀ2	nᴀ4	nᴀ1	nᴀ1	nᴀ1	nᴀ1	nᴀ1	nᴀ1
名山	la2	la4 le1 口	la1	la1	la1	la1	la1	la1
天全	lᴀ2	lᴀ4 le1 口	lᴀ1	lᴀ1	lᴀ1	lᴀ1	lᴀ1	lᴀ1
芦山	nᴀ2	nᴀ2	nᴀ1	nᴀ1	nᴀ1	nᴀ1	nᴀ1	nᴀ1
宝兴	nᴀ2	nᴀ4	nᴀ1	nᴀ1	nᴀ1	nᴀ1	nᴀ1	nᴀ1
荥经	lᴀ2	lᴀ4 le4 口	lᴀ5	lᴀ5	lᴀ1	lᴀ5	lᴀ5	lᴀ5
汉源	nᴀ2	nᴀ4 nɛ1 口	nᴀ1	nᴀ1	nᴀ1	nᴀ1	nᴀ1	nᴀ1
石棉	lᴀ2	lᴀ4 le1 口	lᴀ1	lᴀ1	lᴀ1	lᴀ1	lᴀ1	lᴀ1
内江	nᴀ2	nᴀ4	nᴀ4	nᴀ4	nᴀ1	nᴀ4	nᴀ4	nᴀ4
威远	nᴀ2	nᴀ4	nᴀ4	nᴀ4	nᴀ1	nᴀ4	nᴀ4	nᴀ4
荣县	nᴀ2	nᴀ4	nᴀ4	nᴀ4	nᴀ1	nᴀ4	nᴀ4	nᴀ4
自贡	lᴀ2	lᴀ4	lᴀ4	lᴀ4	lᴀ1	lᴀ4	lᴀ4	lᴀ4
富顺	lᴀ2	lᴀ4	lᴀ4	lᴀ4	lᴀ1	lᴀ4	lᴀ4	lᴀ4
隆昌	lᴀ2	lᴀ4	lᴀ4	lᴀ4	lᴀ1	lᴀ4	lᴀ4	lᴀ4
泸县	lᴀ2	lᴀ4 lei1 口	lᴀ4	lᴀ4	lᴀ1	lᴀ4	lᴀ4	lᴀ4
泸州	lɑ2	lɑ4① lei1 口	læ5	læ5	lɑ1	læ5	læ5	læ5
南溪	lɑ2	lɑ4 lei1 口	læ5	læ5	lɑ1	læ5	læ5	læ5
合江	lɑ2	lɑ4 le4 口	læ5	læ5	lɑ1	læ5	læ5	læ5

① 又音 lɑ1。

字目	扎包扎	杂	擦	洒[②]	*撒撒种	查山楂	渣药滓	扎扎针
反切	侧八	徂合	七曷	砂下	*桑曷	侧加	侧加	竹洽
声韵调	山开二 庄黠入	咸开一 从合入	山开一 清曷入	假开二 生麻上	山开一 心曷入	假开二 庄麻平	假开二 庄麻平	咸开二 知洽入
中古音	tʃɣɐt	dzʌp	tshɑt	ʃɣa:	sɑt	tʃɣa	tʃɣa	ʈɣɛp
成都	tsA2	tsA2	tshA2	sA3	sA3 sA2 口	tsA1	tsA1	tsA2
彭州	tsɑ5	tsɑ5	tshɑ5	sɑ3	sɑ3 sɑ2 口	tsɑ1	tsɑ1	tsɑ5
郫县	tsA5	tsA5	tshA5	sA3	sA3	tsA1	tsA1	tsA5
广汉	tsA5	tsA5	tshA5	sA3	sA3	tsA1	tsA1	tsA5
都江堰河东	tsæ5	tsæ5	tshæ5	sɐ3	sɐ3	tsɐ1	tsɐ1	tsæ5
都江堰河西	tsæ5	tsæ5	tshæ5	sɑ3	sɑ3	tsɑ1	tsɑ1	tsæ5
崇州	tsæ5	tsæ5	tshæ5	sA3	sA3 sæ5 口	tsA1	tsA1	tsæ5
大邑	tsæ5	tsæ5	tshæ5	sA3	sA3	tsA1	tsA1	tsæ5
邛崃	tsæ5	tsæ5	tshæ5	sA3	sA3 sA2 口	tsA1	tsA1	tsæ5
新津	tsæ5	tsæ5	tshæ5	sA3	sA3	tsA1	tsA1	tsæ5
蒲江	tsæ5	tsæ5	tshæ5	sA3	sA3	tsA1	tsA1	tsæ5
彭山	tsA5	tsA5	tshA5	sA3	sA3	tsA1	tsA1	tsA5
眉山	tsA5	tsA5	tshA5	sA3	sA3	tsA1	tsA1	tsA5
丹棱	tsA5	tsA5	tshA5	sA3	sA3	tsA1	tsA1	tsA5
洪雅	tsɑ5	tsɑ5	tshɑ5	sɑ3	sɑ3	tsɑ1	tsɑ1	tsɑ5
青神	tsæ5	tsæ5	tshæ5	sɑ3	sɑ3	tsɑ1	tsɑ1	tsæ5
夹江	tsɑ5	tsɑ5	tshɑ5 tshɑ2 俗[①]	sɑ3	sɑ3	tsɑ1	tsɑ1	tsɑ5
峨眉山	tsA5	tsA5	tshA5 tshA2 俗[①]	sA3	sA3	tsA1	tsA1	tsæ5
乐山	tsɛ5	tsɛ5	tshɛ5 tshɑ2 俗[①]	sɑ3	sɑ3	tsɑ1	tsɑ1	tsɛ5
犍为	tsæ5	tsæ5	tshæ5 tshʌ2 俗[①]	sʌ3	sʌ3	tsʌ1	tsʌ1	tsæ5

① "搽"的训读。 ② 又所蟹切，蟹开二生佳上；所卖切，蟹开二生佳去。

字目	扎包扎	杂	擦	洒[①]	*撒撒种	查山楂	渣药滓	扎扎针
反切	侧八	徂合	七曷	砂下	*桑曷	侧加	侧加	竹洽
声韵调	山开二 庄黠入	咸开一 从合入	山开一 清曷入	假开二 生麻上	山开一 心曷入	假开二 庄麻平	假开二 庄麻平	咸开二 知洽入
中古音	tʃɣɛt	dzʌp	tshɑt	ʃɣa:	sɑt	tʃɣa	tʃɣa	ʈɣɛp
沐川	tsæ5	tsɑ4	tshæ5	sɑ3	sɑ3 sɑ2 口	tsɑ1	tsɑ1	tsæ5
峨边	tsɐ5	tsæ5	tshɐ5	sɐ3	sɐ3	tsɐ1	tsɐ1	tsɐ5
雅安	tsᴀ1	tsᴀ1	tshᴀ1	sᴀ3	sᴀ3	tsᴀ1	tsᴀ1	tsᴀ1
名山	tsa1	tsa1	tsha1	sa3	sa3	tsa1	tsa1	tsa1
天全	tsᴀ1	tsᴀ1	tshᴀ1	sᴀ3	sᴀ3	tsᴀ1	tsᴀ1	tsᴀ1
芦山	tsᴀ1	tsᴀ1	tshᴀ1	sᴀ3	sᴀ3	tsᴀ1	tsᴀ1	tsᴀ1
宝兴	tsᴀ1	tsᴀ1	tshᴀ1	sᴀ3	sᴀ3	tsᴀ1	tsᴀ1	tsᴀ1
荥经	tsᴀ5	tsᴀ5	tshᴀ5	sᴀ3	sᴀ3 sᴀ2 口	tsᴀ1	tsᴀ1	tsᴀ5
汉源	tsᴀ1	tsᴀ1	tshᴀ1	sᴀ3	sᴀ3	tsᴀ1	tsᴀ1	tsᴀ1
石棉	tsᴀ1	tsᴀ1	tshᴀ1	sᴀ3	sᴀ3	tsᴀ1	tsᴀ1	tsᴀ1
内江	tsᴀ4	tsᴀ4	tshᴀ4	sᴀ3	sᴀ3	tsᴀ1	tsᴀ1	tsᴀ4
威远	tʂᴀ4	tsᴀ4	tshᴀ4	sᴀ3	sᴀ3	tʂᴀ1	tʂᴀ1	tʂᴀ4
荣县	tsᴀ4	tsᴀ4	tshᴀ4	sᴀ3	sᴀ3	tsᴀ1	tsᴀ1	tsᴀ4
自贡	tʂᴀ4	tsᴀ4	tshᴀ4	sᴀ3	sᴀ3	tʂᴀ1	tʂᴀ1	tʂᴀ4
富顺	tʂᴀ4	tsᴀ4	tshᴀ4	sᴀ3	sᴀ3	tʂᴀ1	tʂᴀ1	tʂᴀ4
隆昌	tsᴀ4	tsᴀ4	tshᴀ4	sᴀ3	sᴀ3	tsᴀ1	tsᴀ1	tsᴀ4
泸县	tsᴀ4	tsᴀ4	tshᴀ4	sᴀ3	sᴀ3	tsᴀ1	tsᴀ1	tsᴀ4
泸州	tsæ5	tsæ5	tshæ5	sɑ3	sɑ3	tsɑ1	tsɑ1	tsæ5
南溪	tsæ5	tsæ5	tshæ5	sɑ3	sɑ3	tsɑ1	tsɑ1	tsæ5
合江	tsæ5	tsæ5	tshæ5	sɑ3	sɑ3 sɑ2 口	tsɑ1	tsɑ1	tsæ5

① 又所蟹切，蟹开二生佳上；所卖切，蟹开二生佳去。

字目	闸	炸油炸	札	铡	诈	榨	炸炸弹	叉[3]
反切	士洽	士洽	侧八	查辖	侧驾	侧驾		初牙
声韵调	咸开二 崇洽入	咸开二 崇洽入	山开二 庄黠入	山开二 崇鎋入	假开二 庄麻去	假开二 庄麻去	假开二 庄麻去	假开二 初麻平
中古音	dʒɣɛp	dʒɣɛp	tʃɣɛt	dʒɣat	tʃɣa-	tʃɣa-	tʃɣa-	tʃhɣa
成都	tsᴀ2	tsᴀ2[2]	tsᴀ2	tsᴀ2	tsᴀ4	tsᴀ4	tsᴀ4	tshᴀ1 tshᴀ3 俗[4]
彭州	tsɑ5	tsɑ5	tsɑ5	tsɑ5	tsɑ4	tsɑ4	tsɑ4	tshɑ1 tshɑ3 俗[4]
郫县	tsᴀ5	tsᴀ5[2]	tsᴀ5	tsᴀ5	tsᴀ4	tsᴀ4	tsᴀ4	tshᴀ1 tshᴀ3 俗[4]
广汉	tsᴀ5	tsᴀ4	tsᴀ5	tsᴀ2	tsᴀ4	tsᴀ4	tsᴀ4	tshᴀ1
都江堰河东	tsɐ4[1]	tsɐ5[2]	tsɐ5	tsæ5	tsɐ4	tsɐ4	tsɐ4	tshɐ1 tshɐ3 俗[4]
都江堰河西	tsæ5	tsæ5	tsæ5	tsæ5	tsɑ4	tsɑ4	tsɑ4	tshɑ1
崇州	tsæ5	tsæ5[2]	tsæ5	tsæ5	tsᴀ4	tsᴀ4	tsᴀ4	tshᴀ1 tshᴀ3 俗[4]
大邑	tsᴀ5 tsæ5 旧	tsæ5[2]	tsæ5	tsæ5	tsᴀ4	tsᴀ4	tsᴀ4	tshᴀ1 tshᴀ3 俗[4]
邛崃	tsæ5	tsæ5	tsæ5	tsæ5	tsᴀ4	tsᴀ4	tsᴀ4	tshᴀ1 tshᴀ3 俗[4]
新津	tsæ5	tsæ5[2]	tsæ5	tsæ5	tsᴀ4	tsᴀ4	tsᴀ4	tshᴀ1 tshᴀ3 俗[4]
蒲江	tsæ5	tsæ5[2]	tsæ5	tsæ5	tsᴀ4	tsᴀ4	tsᴀ4	tshᴀ1 tshᴀ3 俗[4]
彭山	tsᴀ5	tsᴀ5[2]	tsᴀ5	tsᴀ5	tsᴀ4	tsᴀ4	tsᴀ4	tshᴀ1 tshᴀ3 俗[4]
眉山	tsᴀ5	tsᴀ5[2]	tsᴀ5	tsᴀ5	tsᴀ4	tsᴀ4	tsᴀ4	tshᴀ1 tshᴀ3 俗[4]
丹棱	tsᴀ5	tsᴀ5[2]	tsᴀ5	tsᴀ5	tsᴀ4	tsᴀ4	tsᴀ4	tshᴀ1 tshᴀ3 俗[4]
洪雅	tsɑ5	tsɑ5[2]	tsɑ5	tsɑ5	tsɑ4	tsɑ4	tsɑ4	tshɑ1 tshɑ3 俗[4]
青神	tsæ5	tsɑ5[2]	tsæ5	tsæ5	tsɑ4	tsɑ4	tsɑ4	tshɑ1 tshɑ3 俗[4]
夹江	tsɑ1	tsɑ5[2]	tsɑ5	tsɑ5	tsɑ4	tsɑ4	tsɑ4	tshɑ1 tshɑ3 俗[4]
峨眉山	tsæ5	tsæ5[2]	tsæ5	tsæ5	tsᴀ4	tsᴀ4	tsᴀ4	tshᴀ1 tshᴀ3 俗[4]
乐山	tsɛ5	tsɛ5[2]	tsɛ5	tsɛ5	tsɑ4	tsɑ4	tsɑ4	tshɑ1 tshɑ3 俗[4]
犍为	tsæ5	tsæ5[2]	tsæ5	tsæ5	tsʌ4	tsʌ4	tsʌ4	tshʌ1 tshʌ3 俗[4]

① “栅”的训读。楚革切，梗开二初麦入。 ② “煠”的训读。士洽切，咸开二崇洽入。
③ 又楚佳切，蟹开二初佳平。 ④ “衩”的训读。楚嫁切，假开二初麻去。

字目	闸	炸油炸	札	铡	诈	榨	炸炸弹	叉②
反切	士洽	士洽	侧八	查辖	侧驾	侧驾		初牙
声韵调	咸开二 崇洽入	咸开二 崇洽入	山开二 庄黠入	山开二 崇鎋入	假开二 庄麻去	假开二 庄麻去	假开二 庄麻去	假开二 初麻平
中古音	dʒɣɛp	dʒɣɛp	tʃɣɛt	dʒɣat	tʃɣa-	tʃɣa-	tʃɣa-	tʃhɣa
沐川	tsæ5	tsɑ4	tsæ5	tsæ5	tsɑ4	tsɑ4	tsɑ4	tshɑ1 tshɑ3 俗③
峨边	tsɐ5	tsɐ5①	tsɐ5	tsɐ5	tsɐ4	tsɐ4	tsɐ4	tshɐ1
雅安	tsᴀ1	tsᴀ1①	tsᴀ1	tsᴀ1	tsᴀ4	tsᴀ4	tsᴀ4	tshᴀ1
名山	tsa1	tsa1	tsa1	tsa1	tsa4	tsa4	tsa4	tsha1 tsha4 俗④
天全	tsᴀ1	tsᴀ1	tsᴀ1	tsᴀ1	tsᴀ4	tsᴀ4	tsᴀ4	tshᴀ1 tshᴀ3 俗③
芦山	tsᴀ1	tsᴀ1①	tsᴀ1	tsᴀ1	tsᴀ4	tsᴀ4	tsᴀ4	tshᴀ1
宝兴	tsᴀ1	tsᴀ1①	tsᴀ1	tsᴀ1	tsᴀ4	tsᴀ4	tsᴀ4	tshᴀ1 tshᴀ3 俗③
荥经	tsᴀ5	tsᴀ5	tsᴀ5	tsᴀ5	tsᴀ4	tsᴀ4	tsᴀ4	tshᴀ1 tshᴀ3 俗③
汉源	tsᴀ1	tsᴀ1	tsᴀ1	tsᴀ1	tsᴀ4	tsᴀ4	tsᴀ4	tshᴀ1 tshᴀ3 俗③
石棉	tsᴀ1	tsᴀ1	tsᴀ1	tsᴀ1	tsᴀ4	tsᴀ4	tsᴀ4	tshᴀ1 tshᴀ3 俗③
内江	tsᴀ4	tsᴀ4①	tsᴀ4	tsᴀ4	tsᴀ4	tsᴀ4	tsᴀ4	tʂhᴀ1 tʂhᴀ3 俗③
威远	tʂᴀ4	tʂᴀ4①	tʂᴀ4	tʂᴀ4	tʂᴀ4	tʂᴀ4	tʂᴀ4	tʂhᴀ1 tʂhᴀ3 俗③
荣县	tsᴀ4	tsᴀ4①	tsᴀ4	tsᴀ4	tsᴀ4	tsᴀ4	tsᴀ4	tshᴀ1 tshᴀ3 俗③
自贡	tʂᴀ4	tʂᴀ4①	tʂᴀ4	tʂᴀ4	tʂᴀ4	tʂᴀ4	tʂᴀ4	tʂhᴀ1 tʂhᴀ3 俗③
富顺	tʂᴀ4	tʂᴀ4①	tʂᴀ4	tʂᴀ4	tʂᴀ4	tʂᴀ4	tʂᴀ4	tʂhᴀ1 tʂhᴀ3 俗③
隆昌	tsᴀ4	tsᴀ4①	tsᴀ4	tsᴀ4	tsᴀ4	tsᴀ4	tsᴀ4	tshᴀ1 tshᴀ3 俗③
泸县	tsᴀ4	tsᴀ4①	tsᴀ4	tsᴀ4	tsᴀ4	tsᴀ4	tsᴀ4	tshᴀ1 tshᴀ3 俗③
泸州	tsæ5	tsæ5①	tsæ5	tsæ5	tsɑ4	tsɑ4	tsɑ4	tshɑ1 tshɑ3 俗③
南溪	tsæ5	tsæ5①	tsæ5	tsæ5	tsɑ4	tsɑ4	tsɑ4	tshɑ1 tshɑ3 俗③
合江	tsæ5	tsæ5	tsæ5	tsan2	tsɑ4	tsɑ4	tsɑ4	tshɑ1 tshɑ3 俗③

① “煠”的训读。士洽切，咸开二崇洽入。② 又楚佳切，蟹开二初佳平。
③ “衩”的训读。楚嫁切，假开二初麻去。④ “岔”的训读。

字目	差差错	插	茶	查调查	察	差①差别	*岔	沙
反切	初牙	楚洽	宅加		初八	初牙	*楚嫁	所加
声韵调	假开二 初麻平	咸开二 初洽入	假开二 澄麻平	假开二 崇麻平	山开二 初黠入	假开二 初麻平	假开二 初麻去	假开二 生麻平
中古音	tʃhɣa	tʃhɣɛp	ɖɣa	dʒɣa	tʃhɣɛt	tʃhɣa	tʃhɣa-	ʃɣa
成都	tshᴀ1	tshᴀ2	tshᴀ2	tshᴀ2	tshᴀ2	tshᴀ1	tshᴀ4 tshᴀ1 俗②	sᴀ1
彭州	tshɑ1	tshɑ5	tshɑ2	tshɑ2	tshɑ5	tshɑ1	tshɑ4 tshɑ1 俗②	sɑ1
郫县	tshᴀ1	tshᴀ5	tshᴀ2	tshᴀ2	tshᴀ5	tshᴀ1	tshᴀ4	sᴀ1
广汉	tshᴀ1	tshᴀ5	tshᴀ2	tshᴀ2	tshᴀ2	tshᴀ1	tshᴀ4	sᴀ1
都江堰河东	tshɐ1	tshæ5	tshɐ2	tshɐ2	tshɐ5	tshɐ1	tshɐ4 tshɐ1 俗②	sɐ1
都江堰河西	tshɑ1	tshæ5	tshɑ2	tshɑ2	tshæ5	tshɑ1	tshɑ4	sɑ1
崇州	tshᴀ1	tshæ5	tshᴀ2	tshᴀ2	tshæ5	tshᴀ1	tshᴀ4 tshᴀ1 俗②	sᴀ1
大邑	tshᴀ1	tshæ5	tshᴀ2	tshᴀ2	tshæ5	tshᴀ1	tshᴀ4 tshᴀ1 俗②	sᴀ1
邛崃	tshᴀ1	tshæ5	tshᴀ2	tshᴀ2	tshæ5	tshᴀ1	tshᴀ4 tshᴀ1 俗②	sᴀ1
新津	tshᴀ1	tshæ5	tshᴀ2	tshᴀ2	tshæ5	tshᴀ1	tshᴀ4 tshᴀ1 俗②	sᴀ1
蒲江	tshᴀ1	tshæ5	tshᴀ2	tshᴀ2	tshæ5	tshᴀ1	tshᴀ4 tshᴀ1 俗②	sᴀ1
彭山	tshᴀ1	tshᴀ5	tshᴀ2	tshᴀ2	tshᴀ5	tshᴀ1	tshᴀ4 tshᴀ1 俗②	sᴀ1
眉山	tshᴀ1	tshᴀ5	tshᴀ2	tshᴀ2	tshᴀ5	tshᴀ1	tshᴀ4 tshᴀ1 俗②	sᴀ1
丹棱	tshᴀ1	tshᴀ5	tshᴀ2	tshᴀ2	tshᴀ5	tshᴀ1	tshᴀ4 tshᴀ1 俗②	sᴀ1
洪雅	tshɑ1	tshɑ5	tshɑ2	tshɑ2	tshɑ5	tshɑ1	tshɑ4 tshɑ1 俗②	sɑ1
青神	tshɑ1	tshæ5	tshɑ2	tshɑ2	tshæ5	tshɑ1	tshɑ4 tshɑ1 俗②	sɑ1
夹江	tshɑ1	tshɑ5	tshɑ2	tshɑ2	tshɑ5	tshɑ1	tshɑ4 tshɑ3 俗②	sɑ1
峨眉山	tshᴀ1	tshæ5	tshᴀ2	tshᴀ2	tshᴀ5	tshᴀ1	tshᴀ4 tshᴀ3 俗②	sᴀ1
乐山	tshɑ1	tshɛ5	tshɑ2	tshɑ2	tshɛ5	tshɑ1	tshɑ4 tshɑ3 俗②	sɑ1
犍为	tshʌ1	tshæ5	tshʌ2	tshʌ2	tshæ5	tshʌ1	tshʌ4 tshʌ3 俗②	sʌ1

① 又*楚嫁切，假开二初麻去。 ② “叉”的训读。楚牙切，假开二初麻平。

字目	差差错	插	茶	查调查	察	差[1]差别	*岔	沙
反切	初牙	楚洽	宅加		初八	初牙	*楚嫁	所加
声韵调	假开二 初麻平	咸开二 初洽入	假开二 澄麻平	假开二 崇麻平	山开二 初黠入	假开二 初麻平	假开二 初麻去	假开二 生麻平
中古音	tʃhɣa	tʃhɣɛp	ɖɣa	dʒɣa	tʃhɣet	tʃhɣa	tʃhɣa-	ʃɣa
沐川	tshɑ1	tshɑ4	tshɑ2	tshɑ2	tshæ5	tshɑ1	tshɑ4 tshɑ1 俗[2]	sɑ1
峨边	tshɐ1	tshɐ5	tshɐ2	tshɐ2	tshɐ5	tshɐ1	tshɐ4	sɐ1
雅安	tshᴀ1	tshᴀ1	tshᴀ2	tshᴀ2	tshᴀ1	tshᴀ1	tshᴀ4	sᴀ1
名山	tsha1	tsha1	tsha2	tsha2	tsha2	tsha1	tsha4 tsha1 俗[2]	sa1
天全	tshᴀ1	tshᴀ1	tshᴀ2	tshᴀ2	tshᴀ1	tshᴀ1	tshᴀ3 tshᴀ1 俗[2]	sᴀ1
芦山	tshᴀ1	tshᴀ1	tshᴀ2	tshᴀ2	tshᴀ1	tshᴀ1	tshᴀ4	sᴀ1
宝兴	tshᴀ1	tshᴀ1	tshᴀ2	tshᴀ2	tshᴀ1	tshᴀ1	tshᴀ4	sᴀ1
荥经	tshᴀ1	tshᴀ5	tshᴀ2	tshᴀ2	tshᴀ5	tshᴀ1	tshᴀ4 tshᴀ1 俗[2]	sᴀ1
汉源	tshᴀ1	tshᴀ1	tshᴀ2	tshᴀ2	tshᴀ1	tshᴀ1	tshᴀ4 tshᴀ1 俗[2]	sᴀ1
石棉	tshᴀ1	tshᴀ1	tshᴀ2	tshᴀ2	tshᴀ1	tshᴀ1	tshᴀ3 tshᴀ1 俗[2]	sᴀ1
内江	tshᴀ1	tshᴀ4	tshᴀ2	tshᴀ2	tshᴀ2 tshᴀ4 旧	tshᴀ1	tshᴀ4 tshᴀ1 俗[2]	sᴀ1
威远	tʂhᴀ1	tʂhᴀ4	tʂhᴀ2	tʂhᴀ2	tshᴀ4	tʂhᴀ1	tʂhᴀ4 tʂhᴀ1 俗[2]	ʂᴀ1
荣县	tshᴀ1	tshᴀ4	tshᴀ2	tshᴀ2	tshᴀ2 tshᴀ4 旧	tshᴀ1	tshᴀ4 tshᴀ1 俗[2]	sᴀ1
自贡	tʂhᴀ1	tʂhᴀ4	tʂhᴀ2	tʂhᴀ2	tʂhᴀ2 tʂhᴀ4 旧	tʂhᴀ1	tʂhᴀ4	ʂᴀ1
富顺	tʂhᴀ1	tʂhᴀ4	tʂhᴀ2	tʂhᴀ2	tʂhᴀ2 tʂhᴀ4 旧	tʂhᴀ1	tʂhᴀ4	ʂᴀ1
隆昌	tshᴀ1	tshᴀ4	tshᴀ2	tshᴀ2	tshᴀ2 tshᴀ4 旧	tshᴀ1	tshᴀ4	sᴀ1
泸县	tshᴀ1	tshᴀ4	tshᴀ2	tshᴀ2	tshᴀ4	tshᴀ1	tshᴀ4 tshᴀ1 俗[2]	sᴀ1
泸州	tshɑ1	tshæ5	tshɑ2	tshɑ2	tshɑ4	tshɑ1	tshɑ4 tshɑ1 俗[2]	sɑ1
南溪	tshɑ1	tshæ5	tshɑ2	tshɑ2	tshæ5	tshɑ1	tshɑ4 tshɑ1 俗[2]	sɑ1
合江	tshɑ1	tshæ5	tshɑ2	tshɑ2	tshæ5	tshɑ1	tshɑ4 tshɑ1 俗[2]	sɑ1

① 又*楚嫁切，假开二初麻去。 ② “叉”的训读。楚牙切，假开二初麻平。

字目	纱	杀	煞	傻	霎	虾虾蟆	哈抓	哈②傻
反切	所加	所八	所八	沙瓦	山洽	胡加		
声韵调	假开二 生麻平	山开二 生黠入	山开二 生黠入	假合二 生麻上	咸开二 生洽入	假开二 匣麻平		
中古音	ʃɣa	ʃɣɛt	ʃɣɛt	ʃɣua:	ʃɣɛp	ɦɣa		
成都	sᴀ1	sᴀ2	sᴀ2	sᴀ3 文	sᴀ2 文	ɕia1 俗	xᴀ1 俗①	xᴀ3 俗③
彭州	sɑ1	sɑ5	sɑ5	sɑ3	sɑ2	ɕia1	xɑ1 俗①	xɑ3 俗③
郫县	sᴀ1	sᴀ5	sᴀ5	sᴀ3	无	ɕia1	xᴀ1 俗①	xᴀ3 俗③
广汉	sᴀ1	sᴀ5	sᴀ5	sᴀ3	无	ɕia1	xᴀ1 俗①	xᴀ3 俗③
都江堰河东	sɐ1	sɐ5	sɐ5	sɐ3 文	无	ɕia1 俗	xɐ1 俗①	xɐ3 俗③
都江堰河西	sɑ1	sæ5	sæ5	sɑ3 文	无	ɕiɑ1 俗	xɑ1 俗①	xɑ3 俗③
崇州	sᴀ1	sæ5	sæ5	sᴀ3 文	无	ɕia1 俗	xᴀ1 俗①	xᴀ3 俗③
大邑	sᴀ1	sæ5	sæ5	sᴀ3	sᴀ4 文	ɕia1 文	xᴀ1 俗①	xᴀ3 俗③
邛崃	sᴀ1	sæ5	sæ5	sᴀ3	sᴀ4 文	ɕia1 文	xᴀ1 俗①	xᴀ3 俗③
新津	sᴀ1	sæ5	sæ5	sᴀ3	sᴀ4 文	ɕia1 文	xᴀ1 俗①	xᴀ3 俗③
蒲江	sᴀ1	sæ5	sæ5	sᴀ3	sᴀ4 文	ɕia1 文	xᴀ1 俗①	xᴀ3 俗③
彭山	sᴀ1	sᴀ5	sᴀ5	sᴀ3 文	sᴀ5 文	ɕia1	xᴀ1 俗①	xᴀ3 俗③
眉山	sᴀ1	sᴀ5	sᴀ5	sᴀ3 文	sᴀ5 文	ɕia1	xᴀ1 俗①	xᴀ3 俗③
丹棱	sᴀ1	sᴀ5	sᴀ5	sᴀ3 文	sᴀ5 文	ɕia1	xᴀ1 俗①	xᴀ3 俗③
洪雅	sɑ1	sɑ5	sɑ5	sɑ3 文	sɑ5 文	ɕia1	xɑ1 俗①	xɑ3 俗③
青神	sɑ1	sæ5	sæ5	sɑ3 文	sæ5 文	ɕia1	xɑ1 俗①	xɑ3 俗③
夹江	sɑ1	sɑ5	sɑ5	sɑ3	无	ɕia1	ɕia1 俗①	xɑ3 俗③
峨眉山	sᴀ1	sæ5	sæ5	sᴀ3	无	ɕia1	ɕia1 俗①	xᴀ3 俗③
乐山	sɑ1	sɛ5	sɛ5	sɑ3	无	ɕia1	ɕia1 俗①	xɑ3 俗③
犍为	sʌ1	sæ5	sæ5	sʌ3	无	ɕia1	ɕia1 俗①	xʌ3 俗③

① 意为“抓”或“刨”，如“鸡~豆腐”。本字待考。 ② 《篇海类编》呼马切。
③ 意为“傻”，如“~宝儿”xᴀ3pər3。本字待考。

字目	纱	杀	煞	傻	霎	虾虾蟆	哈抓	哈[2]傻
反切	所加	所八	所八	沙瓦	山洽	胡加		
声韵调	假开二 生麻平	山开二 生黠入	山开二 生黠入	假合二 生麻上	咸开二 生洽入	假开二 匣麻平		
中古音	ʃɣa	ʃɣɛt	ʃɣɛt	ʃɣua:	ʃɣɛp	ɦɣa		
沐川	sɑ1	sæ5	sæ5	sɑ3	sæ5	ɕia1	xɑ1 俗[1]	xɑ3 俗[3]
峨边	sɐ1	sɐ5	sɐ5	sɐ3	无	ɕia1	xɐ1 俗[1]	xɐ3 俗[3]
雅安	sᴀ1	sᴀ1	sᴀ1	sᴀ3	无	ɕia1 俗	xᴀ1 俗[1]	xᴀ3 俗[3]
名山	sa1	sa1	sa1	sa3	sa1	ɕia1 俗	xa1 俗[1]	xa3 俗[3]
天全	sᴀ1	sᴀ1	sᴀ1	sᴀ3	sᴀ1	ɕia1 俗	xᴀ1 俗[1]	xᴀ3 俗[3]
芦山	sᴀ1	sᴀ1	sᴀ1	sᴀ3	无	ɕia1 俗	xᴀ1 俗[1]	xᴀ3 俗[3]
宝兴	sᴀ1	sᴀ1	sᴀ1	sᴀ3	无	ɕia1 俗	xᴀ1 俗[1]	xᴀ3 俗[3]
荥经	sᴀ1	sᴀ5	sᴀ5	sᴀ3	无	ɕia1	xᴀ1 俗[1]	xᴀ3 俗[3]
汉源	sᴀ1	sᴀ1	sᴀ1	sᴀ3	sᴀ1	ɕia1	xᴀ1 俗[1]	xᴀ3 俗[3]
石棉	sᴀ1	sᴀ1	sᴀ1	sᴀ3	sᴀ1	ɕia1 俗	xᴀ1 俗[1]	xᴀ3 俗[3]
内江	sᴀ1	ʂᴀ4	ʂᴀ4	sᴀ3 文	ʂᴀ4 文	ɕia1 俗	xᴀ1 俗[1]	xᴀ3 俗[3]
威远	ʂᴀ1	ʂᴀ4	ʂᴀ4	ʂᴀ3 文	ʂᴀ4 文	ɕia1 俗	xᴀ1 俗[1]	xᴀ3 俗[3]
荣县	sᴀ1	sᴀ4	sᴀ4	sᴀ3 文	sᴀ4 文	ɕia1 俗	xᴀ1 俗[1]	xᴀ3 俗[3]
自贡	ʂᴀ1	ʂᴀ4	ʂᴀ4	sᴀ3 文	无	ɕia1 俗	xᴀ1 俗[1]	xᴀ3 俗[3]
富顺	ʂᴀ1	ʂᴀ4	ʂᴀ4	sᴀ3 文	无	ɕia1 俗	xᴀ1 俗[1]	xᴀ3 俗[3]
隆昌	sᴀ1	sᴀ4	sᴀ4	sᴀ3 文	无	ɕia1 俗	xᴀ1 俗[1]	xᴀ3 俗[3]
泸县	sᴀ1	sᴀ4	sᴀ4	sᴀ3	sᴀ4 文	ɕia1 xᴀ2	xᴀ1 俗[1]	xᴀ3 俗[3]
泸州	sɑ1	sæ5	sæ5	sɑ3	sɑ4	ɕia1 xɑ2	xɑ1 俗[1]	xɑ3 俗[3]
南溪	sɑ1	sæ5	sæ5	sɑ3	sɑ4	ɕia1 xɑ2	xɑ1 俗[1]	xɑ3 俗[3]
合江	sɑ1	sæ5	sæ5	sɑ3	sɑ5	ɕia1	xɑ1 俗[1]	xɑ3 俗[3]

① 意为“抓”或“刨”，如“鸡~豆腐”。本字待考。 ② 《篇海类编》呼马切。
③ 意为“傻”，如“~宝儿”xᴀ3pər3。本字待考。

字目	阿	家	家家具	加	嘉	佳	夹	夹夹衣
反切	乌何	古牙	古牙	古牙	古牙	古膎	古洽	古洽
声韵调	果开一 影歌平	假开二 见麻平	假开二 见麻平	假开二 见麻平	假开二 见麻平	蟹开二 见佳平	咸开二 见洽入	咸开二 见洽入
中古音	ʔɑ	kɣa	kɣa	kɣa	kɣa	kɣɛ	kɣɛp	kɣɛp
成都	o1 ʌ1 新	tɕia1	tɕia1	tɕia1	tɕia1	tɕia1	tɕia2	tɕia2
彭州	ɑ1 o1 旧	tɕia1	tɕia1	tɕia1	tɕia1	tɕia1	tɕia5	tɕia5
郫县	o1 ʌ1 新	tɕia1	tɕia1	tɕia1	tɕia1	tɕia1	tɕia5	tɕia5
广汉	o1	tɕia1	tɕia1	tɕia1	tɕia1	tɕia1	tɕia5	tɕia5
都江堰河东	o1 ɐ1 新	tɕia1	tɕia1	tɕia1	tɕia1	tɕia1	tɕia5	tɕia5
都江堰河西	o1 ɑ1 新	tɕia1	tɕia1	tɕia1	tɕia1	tɕia1	tɕiæ5	tɕiæ5
崇州	o1 ʌ1 新	tɕia1	tɕia1	tɕia1	tɕia1	tɕia1	tɕiæ5	tɕiæ5
大邑	ʌ1 o1 旧	tɕia1	tɕia1	tɕia1	tɕia1	tɕia1	tɕiæ5	tɕiæ5
邛崃	u1 o1 旧	tɕia1	tɕia1	tɕia1	tɕia1	tɕia1	tɕiæ5	tɕiæ5
新津	ʌ1 o1 旧	tɕia1	tɕia1	tɕia1	tɕia1	tɕia1	tɕiæ5	tɕiæ5
蒲江	ʌ1 o1 旧	tɕia1	tɕia1	tɕia1	tɕia1	tɕia1	tɕiæ5	tɕiæ5
彭山	ʌ1	tɕia1	tɕia1	tɕia1	tɕia1	tɕia1	tɕia5	tɕia5
眉山	ʌ1	tɕia1	tɕia1	tɕia1	tɕia1	tɕia1	tɕia5	tɕia5
丹棱	əu1 ʌ1 新	tɕia1	tɕia1	tɕia1	tɕia1	tɕia1	tɕia5	tɕia5
洪雅	ɑ1	tɕia1	tɕia1	tɕia1	tɕia1	tɕia1	tɕia5	tɕia5
青神	ɑ1	tɕia1	tɕia1	tɕia1	tɕia1	tɕia1	tɕiæ5	tɕiæ5
夹江	ɑ1 o1 旧	tɕia1	tɕia1	tɕia1	tɕia1	tɕia1	tɕia5	tɕia5
峨眉山	ʌ1 o1 旧	tɕia1	tɕia1	tɕia1	tɕia1	tɕia1	tɕia5	tɕia5
乐山	ɑ1 o1 旧	tɕia1	tɕia1	tɕia1	tɕia1	tɕia1	tɕiɛ5	tɕiɛ5
犍为	ʌ1 o1 旧	tɕia1	tɕia1	tɕia1	tɕia1	tɕia1	tɕiæ5	tɕiæ5

字目	阿	家	家家具	加	嘉	佳	夹	夹夹衣
反切	乌何	古牙	古牙	古牙	古牙	古膎	古洽	古洽
声韵调	果开一 影歌平	假开二 见麻平	假开二 见麻平	假开二 见麻平	假开二 见麻平	蟹开二 见佳平	咸开二 见洽入	咸开二 见洽入
中古音	ʔɑ	kɣa	kɣa	kɣa	kɣa	kɣɛ	kɣɛp	kɣɛp
沐川	ɑ1	tɕia1	tɕia1	tɕia1	tɕia1	tɕia1	tɕia5	tɕia5
峨边	ɐ1	tɕia1	tɕia1	tɕia1	tɕia1	tɕia1	tɕia5	tɕia5
雅安	A1 o1 旧	tɕia1	tɕia1	tɕia1	tɕia1	tɕia1	tɕia1	tɕia1
名山	a1	tɕia1	tɕia1	tɕia1	tɕia1	tɕia1	tɕia1	tɕia1
天全	A1	tɕia1	tɕia1	tɕia1	tɕia1	tɕia1	tɕia1	tɕia1
芦山	A1 o1 旧	tɕia1	tɕia1	tɕia1	tɕia1	tɕia1	tɕia1	tɕia1
宝兴	A1 o1 旧	tɕia1	tɕia1	tɕia1	tɕia1	tɕia1	tɕia1	tɕia1
荥经	A1	tɕia1	tɕia1	tɕia1	tɕia1	tɕia1	tɕia5	tɕia5
汉源	A1	tɕia1	tɕia1	tɕia1	tɕia1	tɕia1	tɕia1	tɕia1
石棉	A1	tɕia1	tɕia1	tɕia1	tɕia1	tɕia1	tɕia1	tɕia1
内江	o1 A1 新	tɕia1	tɕia1	tɕia1	tɕia1	tɕia1	tɕia4	tɕia4
威远	o1 A1 新	tɕia1	tɕia1	tɕia1	tɕia1	tɕia1	tɕia4	tɕia4
荣县	o1 A1 新	tɕia1	tɕia1	tɕia1	tɕia1	tɕia1	tɕia4	tɕia4
自贡	o1 A1 新	tɕia1	tɕia1	tɕia1	tɕia1	tɕia1	tɕia4	tɕia4
富顺	o1 A1 新	tɕia1	tɕia1	tɕia1	tɕia1	tɕia1	tɕia4	tɕia4
隆昌	o1 A1 新	tɕia1	tɕia1	tɕia1	tɕia1	tɕia1	tɕia4	tɕia4
泸县	o1 A1 新	tɕia1	tɕia1	tɕia1	tɕia1	tɕia1	tɕia4	tɕia4
泸州	o1 ɑ1 新	tɕia1	tɕia1	tɕia1	tɕia1	tɕia1	tɕiæ5	tɕiæ5
南溪	ɑ1 o1 旧	tɕia1	tɕia1	tɕia1	tɕia1	tɕia1	tɕiæ5	tɕiæ5
合江	ɑ1 o1 旧	tɕia1	tɕia1	tɕia1	tɕia1	tɕia1	kiæ5	kiæ5

字目	假真假	贾姓	甲	假放假	稼	嫁	架	驾
反切	古疋	古疋	古狎	古讶	古讶	古讶	古讶	古讶
声韵调	假开二 见麻上	假开二 见麻上	咸开二 见狎入	假开二 见麻去	假开二 见麻去	假开二 见麻去	假开二 见麻去	假开二 见麻去
中古音	kɣa:	kɣa:	kɣap	kɣa-	kɣa-	kɣa-	kɣa-	kɣa-
成都	tɕia3	tɕia3	tɕia2	tɕia3	tɕia4 tɕia1	tɕia4	tɕia4	tɕia4
彭州	tɕia3	tɕia3	tɕia5	tɕia3	tɕia4 tɕia1 口	tɕia4	tɕia4	tɕia4
郫县	tɕia3	tɕia3	tɕia5	tɕia3	tɕia1	tɕia4	tɕia4	tɕia4
广汉	tɕia3	tɕia3	tɕia5	tɕia3	tɕia1	tɕia4	tɕia4	tɕia4
都江堰河东	tɕia3	tɕia3	tɕia5	tɕia3	tɕia1	tɕia4	tɕia4	tɕia4
都江堰河西	tɕia3	tɕia3	tɕiæ5	tɕia3	tɕia1	tɕia4	tɕia4	tɕia4
崇州	tɕia3	tɕia3	tɕiæ5	tɕia3	tɕia1	tɕia4	tɕia4	tɕia4
大邑	tɕia3	tɕia3	tɕiæ5	tɕia3	tɕia4 tɕia1 口	tɕia4	tɕia4	tɕia4
邛崃	tɕia3	tɕia3	tɕiæ5	tɕia3	tɕia4 tɕia1 口	tɕia4	tɕia4	tɕia4
新津	tɕia3	tɕia3	tɕiæ5	tɕia3	tɕia4 tɕia1 口	tɕia4	tɕia4	tɕia4
蒲江	tɕia3	tɕia3	tɕiæ5	tɕia3	tɕia4 tɕia1 口	tɕia4	tɕia4	tɕia4
彭山	tɕia3	tɕia3	tɕia5	tɕia3	tɕia4 tɕia1 口	tɕia4	tɕia4	tɕia4
眉山	tɕia3	tɕia3	tɕia5	tɕia3	tɕia4 tɕia1 口	tɕia4	tɕia4	tɕia4
丹棱	tɕia3	tɕia3	tɕia5	tɕia3	tɕia4 tɕia1 口	tɕia4	tɕia4	tɕia4
洪雅	tɕia3	tɕia3	tɕia5	tɕia3	tɕia4 tɕia1 口	tɕia4	tɕia4	tɕia4
青神	tɕia3	tɕia3	tɕiæ5	tɕia3	tɕia4 tɕia1 口	tɕia4	tɕia4	tɕia4
夹江	tɕia3	tɕia3	tɕia5	tɕia3	tɕia1	tɕia4	tɕia4	tɕia4
峨眉山	tɕia3	tɕia3	tɕia5	tɕia3	tɕia1	tɕia4	tɕia4	tɕia4
乐山	tɕia3	tɕia3	tɕiɛ5	tɕia3	tɕia1	tɕia4	tɕia4	tɕia4
犍为	tɕia3	tɕia3	tɕiæ5	tɕia3	tɕia1	tɕia4	tɕia4	tɕia4

字目	假真假	贾姓	甲	假放假	稼	嫁	架	驾
反切	古疋	古疋	古狎	古讶	古讶	古讶	古讶	古讶
声韵调	假开二 见麻上	假开二 见麻上	咸开二 见狎入	假开二 见麻去	假开二 见麻去	假开二 见麻去	假开二 见麻去	假开二 见麻去
中古音	kɣa:	kɣa:	kɣap	kɣa-	kɣa-	kɣa-	kɣa-	kɣa-
沐川	tɕia3	tɕia3	tɕia5	tɕia3	tɕia4 tɕia1 口	tɕia4	tɕia4	tɕia4
峨边	tɕia3	tɕia3	tɕia5	tɕia3	tɕia1	tɕia4	tɕia4	tɕia4
雅安	tɕia3	tɕia3	tɕia1	tɕia3	tɕia4 tɕia1 口	tɕia4	tɕia4	tɕia4
名山	tɕia3	tɕia3	tɕia1	tɕia3	tɕia4 tɕia1 口	tɕia4	tɕia4	tɕia4
天全	tɕia3	tɕia3	tɕia1	tɕia3	tɕia4 tɕia1 口	tɕia4	tɕia4	tɕia4
芦山	tɕia3	tɕia3	tɕia1	tɕia3	tɕia4 tɕia1 口	tɕia4	tɕia4	tɕia4
宝兴	tɕia3	tɕia3	tɕia1	tɕia3	tɕia4 tɕia1 口	tɕia4	tɕia4	tɕia4
荥经	tɕia3	tɕia3	tɕia5	tɕia3	tɕia4 tɕia1 口	tɕia4	tɕia4	tɕia4
汉源	tɕia3	tɕia3	tɕia1	tɕia3	tɕia4 tɕia1 口	tɕia4	tɕia4	tɕia4
石棉	tɕia3	tɕia3	tɕia1	tɕia3	tɕia4 tɕia1 口	tɕia4	tɕia4	tɕia4
内江	tɕia3	tɕia3	tɕia4	tɕia3	tɕia4 tɕia1 口	tɕia4	tɕia4	tɕia4
威远	tɕia3	tɕia3	tɕia4	tɕia3	tɕia4 tɕia1 口	tɕia4	tɕia4	tɕia4
荣县	tɕia3	tɕia3	tɕia4	tɕia3	tɕia4 tɕia1 口	tɕia4	tɕia4	tɕia4
自贡	tɕia3	tɕia3	tɕia4	tɕia3	tɕia4 tɕia1 口	tɕia4	tɕia4	tɕia4
富顺	tɕia3	tɕia3	tɕia4	tɕia3	tɕia4 tɕia1 口	tɕia4	tɕia4	tɕia4
隆昌	tɕia3	tɕia3	tɕia4	tɕia3	tɕia4 tɕia1 口	tɕia4	tɕia4	tɕia4
泸县	tɕia3	tɕia3	tɕia4	tɕia3	tɕia1 tɕia4 新	tɕia4	tɕia4	tɕia4
泸州	tɕia3	tɕia3	tɕiæ5	tɕia3	tɕia1 tɕia4 新	tɕia4	tɕia4	tɕia4
南溪	tɕia3	tɕia3	tɕiæ5	tɕia3	tɕia1 tɕia4 新	tɕia4	tɕia4	tɕia4
合江	tɕia3	tɕia3	kiæ5	tɕia3	tɕia4 tɕia1 口	tɕia4	tɕia4	tɕia4

字目	价	掐	卡	恰	*虾	瞎	霞	狭
反切	古讶	苦洽		苦洽	*虚加	许辖	胡加	侯夹
声韵调	假开二 见麻去	咸开二 溪洽入		咸开二 溪洽入	假开二 晓麻平	山开二 晓鎋入	假开二 匣麻平	咸开二 匣洽入
中古音	kɣa-	khɣɛp		khɣɛp	hɣa	hɣat	ɦɣa	ɦɣɛp
成都	tɕia4	tɕhia2	tɕhia3 khʌ3	tɕhia2	ɕia1	ɕia2	ɕia2	ɕia2
彭州	tɕia4	tɕhia5	tɕhia5 khɑ5	tɕhia5	ɕia1	ɕia5	ɕia2	ɕia5
郫县	tɕia4	tɕhia5	tɕhia3 khʌ3	tɕhia5	ɕia1	ɕia5	ɕia2	ɕia5
广汉	tɕia4	tɕhia5	khʌ3	tɕhia5	ɕia1	ɕia5	ɕia2	ɕia2
都江堰河东	tɕia4	tɕhia5	khɐ3	tɕhia5	ɕia1	ɕia5	ɕia2	ɕia5
都江堰河西	tɕia4	tɕhiæ5	khɑ3	tɕhiæ5	ɕia1	ɕiæ5	ɕia2	ɕiæ5
崇州	tɕia4	tɕhiæ5	khʌ3	tɕhiæ5	ɕia1	ɕiæ5	ɕia2	ɕiæ5
大邑	tɕia4	tɕhiæ5	khʌ3 tɕhia3	tɕiæ5	ɕia1	ɕiæ5	ɕia2	ɕiæ5
邛崃	tɕia4	tɕhiæ5	khʌ3 tɕhia3	tɕhiæ5	ɕia1	ɕiæ5	ɕia2	ɕiæ5
新津	tɕia4	tɕhiæ5	khʌ3 tɕhia3	tɕhiæ5	ɕia1	ɕiæ5	ɕia2	ɕiæ5
蒲江	tɕia4	tɕhiæ5	khʌ3 tɕhia3	tɕhiæ5	ɕia1	ɕiæ5	ɕia2	ɕiæ5
彭山	tɕia4	tɕhia5	tɕhia3 khʌ3	tɕhia5	ɕia1	ɕia5	ɕia2	ɕia5
眉山	tɕia4	tɕhia5	tɕhia3 khʌ3	tɕhia5	ɕia1	ɕia5	ɕia2	ɕia5
丹棱	tɕia4	tɕhia5	tɕhia3 khʌ3	tɕhia5	ɕia1	ɕia5	ɕia2	ɕia5
洪雅	tɕia4	tɕhia5	tɕhia3 khɑ3	tɕhia5	ɕia1	ɕia5	ɕia2	ɕia5
青神	tɕia4	tɕhiæ5	tɕhia3 khɑ3	tɕhiæ5	ɕia1	ɕiæ5	ɕia2	ɕiæ5
夹江	tɕia4	tɕhia5	tɕhia3 khɑ3	tɕhia5	ɕia1	ɕia5	ɕia2	ɕia5
峨眉山	tɕia4	tɕhia5	tɕhia3 khʌ3	tɕhia5	ɕia1	ɕia5	ɕia2	ɕia5
乐山	tɕia4	tɕhiɛ5	tɕhia3 khɑ3	tɕhiɛ5	ɕia1	ɕiɛ5	ɕia2	ɕiɛ5
犍为	tɕia4	tɕhiæ5	tɕhia3 khʌ3	tɕhiæ5	ɕia1	ɕiæ5	ɕia2	ɕiæ5

字目	价	掐	卡	恰	*虾	瞎	霞	狭
反切	古讶	苦洽		苦洽	*虚加	许辖	胡加	侯夹
声韵调	假开二 见麻去	咸开二 溪洽入		咸开二 溪洽入	假开二 晓麻平	山开二 晓鎋入	假开二 匣麻平	咸开二 匣洽入
中古音	kɣa-	khɣɛp		khɣɛp	hɣa	hɣat	ɦɣa	ɦɣɛp
沐川	tɕia4	tɕhia5	tɕhia5 khɑ3	tɕhia5	ɕia1	ɕia5	ɕia2	ɕia5
峨边	tɕia4	tɕhia5	khɐ3	tɕhia5	ɕia1	ɕia5	ɕia2	ɕia5
雅安	tɕia4	tɕhia1	tɕhia3 khʌ3	tɕhia1	ɕia1	ɕia1	ɕia2	ɕia1
名山	tɕia4	tɕhia1	tɕhia3 kha3	tɕhia1	ɕia1	ɕia1	ɕia2	ɕia1
天全	tɕia4	tɕhia1	tɕhia3 khʌ3	tɕhia1	ɕia1	ɕia1	ɕia2	ɕia1
芦山	tɕia4	tɕhia1	tɕhia3 khʌ3	tɕhia1	ɕia1	ɕia1	ɕia2	ɕia1
宝兴	tɕia4	tɕhia1	tɕhia3 khʌ3	tɕhia1	ɕia1	ɕia1	ɕia2	ɕia1
荥经	tɕia4	tɕhia5	tɕhia5 khʌ3	tɕhia5	ɕia1	ɕia5	ɕia2	ɕia5
汉源	tɕia4	tɕhia1	tɕhia3 khʌ3	tɕhia1	ɕia1	ɕia1	ɕia2	ɕia1
石棉	tɕia4	tɕhia1	tɕhia3 khʌ3	tɕhia1	ɕia1	ɕia1	ɕia2	ɕia1
内江	tɕia4	tɕhia4	tɕhia3 khʌ3	tɕhia4	ɕia1	ɕia4	ɕia2	ɕia2 ɕia4 旧
威远	tɕia4	tɕhia4	tɕhia3 khʌ3	tɕhia4	ɕia1	ɕia2 ɕia4 旧	ɕia2	ɕia2 ɕia4 旧
荣县	tɕia4	tɕhia4	tɕhia3 khʌ3	tɕhia4	ɕia1	ɕia4	ɕia2	ɕia2 ɕia4 旧
自贡	tɕia4	tɕhia3 tɕhia4 旧	khʌ3	tɕhia4	ɕia1	ɕia4	ɕia2	ɕia4
富顺	tɕia4	tɕhia4	khʌ3	tɕhia4	ɕia1	ɕia4	ɕia2	ɕia4
隆昌	tɕia4	tɕhia4	khʌ3	tɕhia4	ɕia1	ɕia4	ɕia2	ɕia2
泸县	tɕia4	tɕhia4	khʌ3 tɕhia3	tɕhia4	ɕia1	ɕia4	ɕia2	ɕia4
泸州	tɕia4	tɕhiæ5	khɑ3 tɕhia3	tɕhiæ5	ɕia1	ɕiæ5	ɕia2	ɕiæ5
南溪	tɕia4	tɕhiæ5	khɑ3 tɕhia3	tɕhiæ5	ɕia1	ɕiæ5	ɕia2	ɕiæ5
合江	tɕia4	tɕhiæ5	tɕhiæ5 khɑ5	tɕhiæ5	ɕia1	ɕiæ5	ɕia2	ɕiæ5

字目	匣	辖	吓惊吓	下底下	夏姓	下下降	夏春夏	鸦
反切	胡甲	胡瞎	呼讶	胡雅	胡雅	胡驾	胡驾	于加
声韵调	咸开二 匣狎入	山开二 匣鎋入	假开二 晓麻去	假开二 匣麻上	假开二 匣麻上	假开二 匣麻去	假开二 匣麻去	假开二 影麻平
中古音	ɦɣap	ɦɣat	hɣa-	ɦɣa:	ɦɣa:	ɦɣa-	ɦɣa-	ʔɣa
成都	ɕia2	ɕia2	ɕia4 xᴀ4 口	ɕia4	ɕia4	ɕia4 xᴀ4 口	ɕia4	ia1
彭州	ɕia2	ɕia5	ɕia4 xɑ4 口	ɕia4	ɕia4	ɕia4 xɑ4 口	ɕia4	ia1
郫县	ɕia2	ɕia5	ɕia4 xᴀ4 口	ɕia2	ɕia4	ɕia4 xᴀ4 口	ɕia4	ia1
广汉	ɕia2	ɕia2	ɕia4	ɕia4	ɕia4	ɕia4	ɕia4	ia1
都江堰河东	ɕia5 ɕia2	ɕia5	ɕia4	ɕia4	ɕia4	ɕia4	ɕia4	ia1
都江堰河西	ɕia2	ɕiæ5	ɕia4	ɕia4	ɕia4	ɕia4	ɕia4	ia1
崇州	ɕiæ5 ɕia2	ɕiæ5	ɕia4	ɕia4	ɕia4	ɕia4 xᴀ4 口	ɕia4	ia1
大邑	ɕiæ5	ɕiæ5	ɕia4	ɕia4	ɕia4	ɕia4 xᴀ4 口	ɕia4	ia1
邛崃	ɕiæ5	ɕiæ5	ɕia4 xᴀ4 口	ɕia4	ɕia4	ɕia4 xᴀ4 口	ɕia4	ia1
新津	ɕia2	ɕiæ5	ɕia4	ɕia4	ɕia4	ɕia4 xᴀ4 口	ɕia4	ia1
蒲江	ɕiæ5	ɕiæ5	ɕia4	ɕia4	ɕia4	ɕia4 xᴀ4 口	ɕia4	ia1
彭山	ɕia2 ɕia5 旧	ɕia5	ɕia4 xᴀ4 口	ɕia4	ɕia4	ɕia4 xᴀ4 口	ɕia4	ia1
眉山	ɕia2 ɕia5 旧	ɕia5	ɕia4 xᴀ4 口	ɕia4	ɕia4	ɕia4 xᴀ4 口	ɕia4	ia1
丹棱	ɕia5	ɕia5	ɕia4 xᴀ4 口	ɕia4	ɕia4	ɕia4 xᴀ4 口	ɕia4	ia1
洪雅	ɕia2 ɕia5 旧	ɕia5	ɕia4 xɑ4 口	ɕia4	ɕia4	ɕia4 xɑ4 口	ɕia4	ia1
青神	ɕiæ5	ɕiæ5	ɕia4 xɑ4 口	ɕia4	ɕia4	ɕia4 xɑ4 口	ɕia4	ia1
夹江	ɕia5	ɕia5	ɕia4 xɑ4 口	ɕia4	ɕia4	ɕia4 xɑ4 口	ɕia4	ia1
峨眉山	ɕia5	ɕia5	ɕia4 xᴀ4 口	ɕia4	ɕia4	ɕia4 xᴀ4 口	ɕia4	ia1
乐山	ɕiɛ5 xɛ5	ɕiɛ5	ɕia4 xɑ4 口	ɕia4	ɕia4	ɕia4 xɑ4 口	ɕia4	ia1
犍为	ɕiæ5 xæ5	ɕiæ5	ɕia4 xʌ4 口	ɕia4	ɕia4	ɕia4 xʌ4 口	ɕia4	ia1

字目	匣	辖	吓惊吓	下底下	夏姓	下下降	夏春夏	鸦
反切	胡甲	胡瞎	呼讶	胡雅	胡雅	胡驾	胡驾	于加
声韵调	咸开二 匣狎入	山开二 匣鎋入	假开二 晓麻去	假开二 匣麻上	假开二 匣麻上	假开二 匣麻去	假开二 匣麻去	假开二 影麻平
中古音	ɦɣap	ɦɣat	hɣa-	ɦɣa:	ɦɣa:	ɦɣa-	ɦɣa-	ʔɣa
沐川	ɕia5	ɕia5	ɕia4 xɑ4 口	ɕia4	ɕia4	ɕia4 xɑ4 口	ɕia4	ia1
峨边	ɕia5	ɕia5	ɕia4	ɕia4	ɕia4	ɕia4	ɕia4	ia1
雅安	ɕia1	ɕia1	ɕia4 xᴀ4 口	ɕia4	ɕia4	ɕia4	ɕia4	ia1
名山	ɕia2	ɕia1	ɕia4 xa4 口	ɕia4	ɕia4	ɕia4 xa4 口	ɕia4	ia1
天全	ɕia2	ɕia1	ɕia4 xᴀ4 口	ɕia4	ɕia4	ɕia4 xᴀ4 口	ɕia4	ia1
芦山	ɕia2	ɕia1	ɕia4 xᴀ4 口	ɕia4	ɕia4	ɕia4	ɕia4	ia1
宝兴	ɕia2	ɕia1	ɕia4 xᴀ4 口	ɕia4	ɕia4	ɕia4	ɕia4	ia1
荥经	ɕia5	ɕia5	ɕia4 xᴀ4 口	ɕia4	ɕia4	ɕia4 xᴀ4 口	ɕia4	ia1
汉源	ɕia1	ɕia1	ɕia4 xᴀ4 口	ɕia4	ɕia4	ɕia4 xᴀ4 口	ɕia4	ia1
石棉	ɕia2	ɕia1	ɕia4 xᴀ4 口	ɕia4	ɕia4	ɕia4 xᴀ4 口	ɕia4	ia1
内江	ɕia2 ɕia4 旧	ɕia4	ɕia4 xᴀ4 口	ɕia4	ɕia4	ɕia4 xᴀ4 口	ɕia4	ia1
威远	ɕia2 ɕia4 旧	ɕia4	ɕia4 xᴀ4 口	ɕia4	ɕia4	ɕia4 xᴀ4 口	ɕia4	ia1
荣县	ɕia2 ɕia4 旧	ɕia4	ɕia4 xᴀ4 口	ɕia4	ɕia4	ɕia4 xᴀ4 口	ɕia4	ia1
自贡	ɕia2	ɕia2 ɕia4 旧	ɕia4 xᴀ4 口	ɕia4	ɕia4	ɕia4	ɕia4	ia1
富顺	ɕia2	ɕia4	ɕia4 xᴀ4 口	ɕia4	ɕia4	ɕia4	ɕia4	ia1
隆昌	ɕia2	ɕia2 ɕia4 旧	ɕia4 xᴀ4 口	ɕia4	ɕia4	ɕia4	ɕia4	ia1
泸县	tɕia2	ɕia4	ɕia4	ɕia4	ɕia4	ɕia4 xᴀ4 口	ɕia4	ia1 ua1 口
泸州	ɕiæ5	ɕiæ5	ɕia4	ɕia4 ɕia2	ɕia4	ɕia4 xɑ4 口	ɕia4	ia1① ua1 口
南溪	ɕiæ5	ɕiæ5	ɕia4	ɕia4	ɕia4	ɕia4 xɑ4 口	ɕia4	ia1 ua1 口
合江	ɕiæ5	ɕiæ5	ɕia4 xɑ4 口	ɕia2	ɕia4	ɕia4 xɑ4 口	ɕia4	ia1

① 又音 uæ5 口。

字目	丫丫头	鸭	押	压	牙	芽	涯	崖
反切	于加	乌甲	乌甲	乌甲	五加	五加	五佳	五佳
声韵调	假开二 影麻平	咸开二 影狎入	咸开二 影狎入	咸开二 影狎入	假开二 疑麻平	假开二 疑麻平	蟹开二 疑佳平	蟹开二 疑佳平
中古音	ʔɣa	ʔɣap	ʔɣap	ʔɣap	ŋɣa	ŋɣa	ŋɣɛ	ŋɣɛ
成都	ia1	ia2	ia2 ia4	ia4	ia2	ia2	ia2	ŋai2 ia2 新
彭州	ia1	ia5	ia2 ia4	ia4	ia2	ia2	ia2	ia2 ŋai2 口
郫县	ia1	ia5	ia5	ia4	ia2	ia2	ia2	ŋai2 ia2 新
广汉	ia1	ia5	ia5	ia4	ia2	ia2	ia2	ŋai2 ia2 新
都江堰河东	ia1	ia5	ia5	ia4	ia2	ia2	ia2	ia2 文
都江堰河西	ia1	ia2	ia1	ia4	ia2	ia2	ia2	ia2 文
崇州	ia1	iæ5	iæ5 ia4	ia4	ia2	ia2	ia2	ŋai2 ia2 新
大邑	ia1	iæ5	iæ5 ia4	ia4	ia2	ia2	ia2	ia2 ŋai2 口
邛崃	ia1	iæ5	ia4 iæ5	ia4	ia2	ia2	ia2	ia2 ŋai2 口
新津	ia1	iæ5	iæ5 ia4	ia4	ia2	ia2	ia2	ia2 ŋai2 口
蒲江	ia1	iæ5	iæ5 ia4	ia4	ia2	ia2	ia2	ia2 ŋai2 口
彭山	ia1	ia5	ia5	ia4 ia5 旧	ia2	ia2	ia2	ia2 ŋai2 口
眉山	ia1	ia5	ia5	ia4 ia5 旧	ia2	ia2	ia2	ia2 ŋai2 口
丹棱	ia1	ia5	ia5	ia4 ia5 旧	ia2	ia2	ia2	ia2 ŋai2 口
洪雅	ia1	ia5	ia5	ia4 ia5 旧	ia2	ia2	ia2	ia2 ŋai2 口
青神	ia1	iæ5	ia4 iæ5 旧	ia4 iæ5 旧	ia2	ia2	ia2	ia2 ŋai2 口
夹江	ia1	ia1	ia1 ia4	ia1 ia4	ia2	ia2	ia2	ia2 ŋai2 口
峨眉山	ia1	ia5	ia5 ia4	ia5 ia4	ia2	ia2	ia2	ia2 ŋai2 口
乐山	ia1	iɛ5	iɛ5 ia4	ia1 ia4	ia2	ia2	ia2	ia2 ŋai2 口
犍为	ia1	iæ5	iæ5 ia4	ia1 ia4	ia2	ia2	ia2	ia2 ŋai2 口

字目	丫丫头	鸭	押	压	牙	芽	涯	崖
反切	于加	乌甲	乌甲	乌甲	五加	五加	五佳	五佳
声韵调	假开二 影麻平	咸开二 影狎入	咸开二 影狎入	咸开二 影狎入	假开二 疑麻平	假开二 疑麻平	蟹开二 疑佳平	蟹开二 疑佳平
中古音	ʔɣa	ʔɣap	ʔɣap	ʔɣap	ŋɣa	ŋɣa	ŋɣɛ	ŋɣɛ
沐川	ia1	ia5	ia5 ia4	ia5	ia2	ia2	ia2	ia2 ŋai2 口
峨边	ia1	ia5	ia4	ia4	ia2	ia2	ia2	ŋai2
雅安	ia1	ia1	ia1 ia4	ia4	ia2	ia2	ia2	ia2 ŋai2 口
名山	ia1	ia1	ia1 ia4	ia1	ia2	ia2	ia2	ia2 ŋai2 口
天全	ia1	ia1	ia1 ia4	ia1	ia2	ia2	ia2	ia2 ŋai2 口
芦山	ia1	ia1	ia1	ia4	ia2	ia2	ia2	ia2 ŋai2 口
宝兴	ia1	ia1	ia1	ia4	ia2	ia2	ia2	ia2 ŋai2 口
荥经	ia1	ia5	ia5 ia4	ia4	ia2	ia2	ia2	ia2 ŋai2 口
汉源	ia1	ia1	ia1 ia4	ia1	ia2	ia2	ia2	ia2 ŋɛ2 口
石棉	ia1	ia1	ia1 ia4	ia1	ia2	ia2	ia2	ia2 ŋe2 口
内江	ia1	ia4	ia4	ia4	ia2	ia2	ia2	ia2 ŋai2 口
威远	ia1	ia4	ia4	ia4	ia2	ia2	ia2 ŋai2 口	ia2 ŋai2 口
荣县	ia1	ia4	ia4	ia4	ia2	ia2	ia2	ia2 ŋai2 口
自贡	ia1	ia4	ia4	ia4	ia2	ia2	ia2	ia2 ŋai2 口
富顺	ia1	ia4	ia4	ia4	ia2	ia2	ia2	ia2 ŋai2 口
隆昌	ia1	ia4	ia4	ia4	ia2	ia2	ia2	ia2 ŋai2 口
泸县	ia1	ia4	ia4	ia4	ia2	ia2	ia2	ŋai2 ia2 新
泸州	ia1	iæ5	iæ5 ia4	ia4	ia2	ia2	ia2	ŋai2 ia2 新
南溪	ia1	iæ5	iæ5 ia4	ia4	ia2	ia2	ia2	ŋai2 ia2 新
合江	ia1	iæ5	iæ5 ia4	iæ5	ia2	ia2	ia2	ia2 ŋai2 口

字目	雅	哑	亚	抓	刷	耍	瓜[①]	刮
反切	五下	乌下	衣嫁	侧交	数刮		古华	古頒
声韵调	假开二 疑麻上	假开二 影麻上	假开二 影麻去	效开二 庄肴平	山合二 生鎋入	假合二 生麻上	假合二 见麻平	山合二 见鎋入
中古音	ŋɣa:	ʔɣa:	ʔɣa-	tʃɣau	ʃɣuat	ʃɣua:	kɣua	kɣuat
成都	ia3	ia3	ia4	tsua1	sua2	sua3	kua1	kua2
彭州	ia3	ia3	ia4	tsua1	sua5	sua3	kua1	kua2
郫县	ia3	ia3	ia4	tsua1	sua5	sua3	kua1	kua5
广汉	ia3	ia3	ia4	tsua1	sua5	sua3	kua1	kua5
都江堰河东	ia3	ia3	ia4	tsua1	suæ5 sua5	sua3	kua1	kuæ5 khua5
都江堰河西	ia3	ia3	ia4	tsua1	suæ5	sua3	kua1	kuæ5
崇州	ia3	ia3	ia4	tsua1	suæ5	sua3	kua1	kuæ5
大邑	ia3	ia3	ia4	tsua1	sua5	sua3	kua1	kua5
邛崃	ia3	ia3	ia4	tsua1	suæ5	sua3	kua1	kua2
新津	ia3	ia3	ia4	tsua1	suæ5	sua3	kua1	kuæ5
蒲江	ia3	ia3	ia4	tsua1	suæ5	sua3	kua1	kuæ5
彭山	ia3	ia3	ia4	tsua1	sua5	sua3	kua1	kua5
眉山	ia3	ia3	ia4	tsua1	sua5	sua3	kua1	kua5
丹棱	ia3	ia3	ia4	tsua1	sua5	sua3	kua1	kua5
洪雅	ia3	ia3	ia4	tsua1	sua5	sua3	kua1	kua5
青神	ia3	ia3	ia4	tsua1	suæ5	sua3	kua1	kuæ5
夹江	ia3	ia3	ia4	tsua1	sua5	sua3	kua1	kua5
峨眉山	ia3	ia3	ia4	tsua1	suæ5	sua3	kua1	kuæ5
乐山	ia3	ia3	ia4	tsua1	suɛ5	sua3	kua1	kuɛ5
犍为	ia3	ia3	ia4	tsua1	suæ5	sua3	kua1	kuæ5

① 此音又有“傻”义，本字待考。

字目	雅	哑	亚	抓	刷	耍	瓜[1]	刮
反切	五下	乌下	衣嫁	侧交	数刮		古华	古頒
声韵调	假开二 疑麻上	假开二 影麻上	假开二 影麻去	效开二 庄肴平	山合二 生鎋入	假合二 生麻上	假合二 见麻平	山合二 见鎋入
中古音	ŋɣa:	ʔɣa:	ʔɣa-	tʃɣau	ʃɣuat	ʃɣua:	kɣua	kɣuat
沐川	ia3	ia3	ia4	tsua1	sua4	sua3	kua1	kuæ5
峨边	ia3	ia3	ia4	tsua1	sua5	sua3	kua1	kua5
雅安	ia3	ia3	ia4	tsua1	sua1	sua3	kua1	kua1
名山	ia3	ia3	ia4	tsua1	sua1	sua3	kua1	kua1
天全	ia3	ia3	ia4	tsua1	sua1	sua3	kua1	kua1
芦山	ia3	ia3	ia4	tsua1	sua1	sua3	kua1	kua1
宝兴	ia3	ia3	ia4	tsua1	sua1	sua3	kua1	kua1
荥经	ia3	ia3	ia4	tsua1	sua5	sua3	kua1	kua5
汉源	ia3	ia3	ia4	tsua1	sua1	sua3	kua1	kua1
石棉	ia3	ia3	ia4	tsua1	sua1	sua3	kua1	kua1
内江	ia3	ia3	ia4	tʂua1	ʂua4	ʂua3	kua1	kua4
威远	ia3	ia3	ia4	tʂua1	ʂua4	ʂua3	kua1	kua4
荣县	ia3	ia3	ia4	tsua1	sua4	sua3	kua1	kua4
自贡	ia3	ia3	ia4	tʂua1	ʂua4	ʂua3	kua1	kua4
富顺	ia3	ia3	ia4	tʂua1	ʂua4	ʂua3	kua1	kua4
隆昌	ia3	ia3	ia4	tʂua1	ʂua4	ʂua3	kua1	kua4
泸县	ia3	ia3	ia4	tsua1	sua4	sua3	kua1	kua4
泸州	ia3	ia3	ia4	tsua1	suæ5	sua3	kua1	kuæ5
南溪	ia3	ia3	ia4	tsua1	suæ5	sua3	kua1	kuæ5
合江	ia3	ia3	ia4	tsua1	suæ5	sua3	kua1	kuæ5

① 此音又有“傻”义，本字待考。

字目	寡	挂	卦	夸	垮	跨	花	华中华
反切	古瓦	古卖	古卖	苦瓜		苦化	呼瓜	户花
声韵调	假合二 见麻上	蟹合二 见佳去	蟹合二 见佳去	假合二 溪麻平	假合二 溪麻上	假合二 溪麻去	假合二 晓麻平	假合二 匣麻平
中古音	kɣua:	kɣuɛ-	kɣuɛ-	khɣua	khɣua:	khɣua-	hɣua	ɦɣua
成都	kua3	kua4	kua4	khua1	khua3	khua4	xua1	xua2
彭州	kua3	kua4	kua4	khua1	khua3	khua4	xua1	xua2
郫县	kua3	kua4	kua4	khua1	khua3	khua4	xua1	xua2
广汉	kua3	kua4	kua4	khua1	khua3	khua4	xua1	xua2
都江堰河东	kua3	kua4	kua4	khua1	khua3	khua4	xua1	xua2
都江堰河西	kua3	kua4	kua4	khua1	khua3	khua4	xua1	xua2
崇州	kua3	kua4	kua4	khua1	khua3	khua4	xua1	xua2
大邑	kua3	kua4	kua4	khua1	khua3	khua4	xua1	xua2
邛崃	kua3	kua4	kua4	khua1	khua3	khua4	xua1	xua2
新津	kua3	kua4	kua4	khua1	khua3	khua4	xua1	xua2
蒲江	kua3	kua4	kua4	khua1	khua3	khua4	xua1	xua2
彭山	kua3	kua4	kua4	khua1	khua3	khua4	xua1	xua2
眉山	kua3	kua4	kua4	khua1	khua3	khua4	xua1	xua2
丹棱	kua3	kua4	kua4	khua1	khua3	khua4	xua1	xua2
洪雅	kua3	kua4	kua4	khua1	khua3	khua4	xua1	xua2
青神	kua3	kua4	kua4	khua1	khua3	khua4	xua1	xua2
夹江	kua3	kua4	kua4	khua1	khua3	khua4	xua1	xua2
峨眉山	kua3	kua4	kua4	khua1	khua3	khua4	xua1	xua2
乐山	kua3	kua4	kua4	khua1	khua3	khua4	xua1	xua2
犍为	kua3	kua4	kua4	khua1	khua3	khua4	xua1	xua2

字目	寡	挂	卦	夸	垮	跨	花	华中华
反切	古瓦	古卖	古卖	苦瓜		苦化	呼瓜	户花
声韵调	假合二 见麻上	蟹合二 见佳去	蟹合二 见佳去	假合二 溪麻平	假合二 溪麻上	假合二 溪麻去	假合二 晓麻平	假合二 匣麻平
中古音	kɣua:	kɣuɛ-	kɣuɛ-	khɣua	khɣua:	khɣua-	hɣua	ɦɣua
沐川	kua3	kua4	kua4	khua1	khua3	khua4	xua1	xua2
峨边	kua3	kua4	kua4	khua1	khua3	khua4	xua1	xua2
雅安	kua3	kua4	kua4	khua1	khua3	khua4	xua1	xua2
名山	kua3	kua4	kua4	khua1	khua3	khua4	xua1	xua2
天全	kua3	kua4	kua4	khua1	khua3	khua4	xua1	xua2
芦山	kua3	kua4	kua4	khua1	khua3	khua4	xua1	xua2
宝兴	kua3	kua4	kua4	khua1	khua3	khua4	xua1	xua2
荥经	kua3	kua4	kua4	khua1	khua3	khua4	xua1	xua2
汉源	kua3	kua4	kua4	khua1	khua3	khua4	xua1	xua2
石棉	kua3	kua4	kua4	khua1	khua3	khua4	xua1	xua2
内江	kua3	kua4	kua4	khua1	khua3	khua4	xua1	xua2
威远	kua3	kua4	kua4	khua1	khua3	khua4	xua1	xua2
荣县	kua3	kua4	kua4	khua1	khua3	khua4	xua1	xua2
自贡	kua3	kua4	kua4	khua1	khua3	khua4	xua1	xua2
富顺	kua3	kua4	kua4	khua1	khua3	khua4	xua1	xua2
隆昌	kua3	kua4	kua4	khua1	khua3	khua4	xua1	xua2
泸县	kua3	kua4	kua4	khua1	khua3	khua4	xua1	xua2
泸州	kua3	kua4	kua4	khua1	khua3	khua4	xua1	xua2
南溪	kua3	kua4	kua4	khua1	khua3	khua4	xua1	xua2
合江	kua3	kua4	kua4	khua1	khua3	khua4	xua1	xua2

字目	划划船	滑	化①	华姓	画	话②	划③计划	蛙④
反切	户花	户八	呼霸	胡化	胡卦	下快	胡麦	乌瓜
声韵调	假合二 匣麻平	山合二 匣黠入	假合二 晓麻去	假合二 匣麻去	蟹合二 匣佳去	蟹合二 匣夬去	梗合二 匣麦入	假合二 影麻平
中古音	ɦɣua	ɦɣuɛt	hɣua-	ɦɣua-	ɦɣuɛ-	ɦɣuai-	ɦwɣɛk	ʔɣua
成都	xua2	xua2	xua4 xua1	xua4 xua2 俗	xua4	xua4	xua4	ua1
彭州	xua2	xua5	xua4	xua4 xua2 俗	xua4	xua4	xua4	ua1
郫县	xua2	xua5	xua4	xua4 xua2 俗	xua4	xua4	xua4	ua1
广汉	xua2	xua5	xua4	xua4 xua2 俗	xua4	xua4	xua4	ua1
都江堰 河东	xua2	xuæ5	xua4 xua1	xua2	xua4	xua4	xua4	ua1
都江堰 河西	xua2	xuæ5	xua4 xua1	xua4 xua2 俗	xua4	xua4	xua4	ua1
崇州	xua2	xuæ5	xua4 xua1	xua4 xua2 俗	xua4	xua4	xua4	ua1
大邑	xua2	xua5	xua4	xua4 xua2 俗	xua4	xua4	xua4	ua1
邛崃	xua2	xuæ5	xua4	xua4 xua2 俗	xua4	xua4	xua1	ua1
新津	xua2	xuæ5	xua4	xua4 xua2 俗	xua4	xua4	xua4	ua1
蒲江	xua2	xuæ5	xua4	xua4 xua2 俗	xua4	xua4	xua4	ua1
彭山	xua2	xua5	xua4	xua4 xua2 俗	xua4	xua4	xua4	ua1
眉山	xua2	xua5	xua4	xua4 xua2 俗	xua4	xua4	xua4	ua1
丹棱	xua2	xua5	xua4	xua4 xua2 俗	xua4	xua4	xua4	ua1
洪雅	xua2	xua5	xua4	xua4 xua2 俗	xua4	xua4	xua4	ua1
青神	xua2	xuæ5	xua4	xua4 xua2 俗	xua4	xua4	xua4	ua1
夹江	xua2	xua1	xua4	xua4 xua2 俗	xua4	xua4	xua4	ua1
峨眉山	xua2	xua1	xua4	xua4 xua2 俗	xua4	xua4	xua4	ua1
乐山	xua2	xuɛ5	xua4	xua4 xua2 俗	xua4	xua4	xua4	ua1
犍为	xua2	xuæ5	xua4	xua4 xua2 俗	xua4	xua4	xua4	ua1

① 又*呼瓜切，假合二晓麻平。 ② 又*胡化切，假合二匣麻去。 ③ 又呼麦切，梗合二晓麦入。
④ 又乌娲切，蟹合二影佳平。

字目	划划船	滑	化[①]	华姓	画	话[②]	划[③]计划	蛙[④]
反切	户花	户八	呼霸	胡化	胡卦	下快	胡麦	乌瓜
声韵调	假合二 匣麻平	山合二 匣黠入	假合二 晓麻去	假合二 匣麻去	蟹合二 匣佳去	蟹合二 匣夬去	梗合二 匣麦入	假合二 影麻平
中古音	ɦɣua	ɦɣuɛt	hɣua-	ɦɣua-	ɦɣuɛ-	ɦɣuai-	ɦwɣɛk	ʔɣua
沐川	xua2	xuæ5	xua4	xua4 xua2 俗	xua4	xua4	xua4	ua1
峨边	xua2	xua5	xua4	xua2	xua4	xua4	xua4	ua1
雅安	xua2	xua2	xua4	xua2 俗	xua4	xua4	xua1 xua4	ua1
名山	xua2	xua1	xua4	xua4 xua2 俗	xua4	xua4	xua4	ua1
天全	xua2	xua1	xua4	xua4 xua2 俗	xua4	xua4	xua4	ua1
芦山	xua2	xua2	xua4	xua2 俗	xua4	xua4	xua1	ua1
宝兴	xua2	xua2	xua4	xua2 俗	xua4	xua4	xua1	ua1
荥经	xua2	xua5	xua4	xua4 xua2 俗	xua4	xua4	xua4	ua1
汉源	xua2	xua1	xua4	xua4 xua2 俗	xua4	xua4	xua4	ua1
石棉	xua2	xua1	xua4	xua4 xua2 俗	xua4	xua4	xua4	ua1
内江	xua2	xua4	xua4	xua4 xua2 俗	xua4	xua4	xua4	ua1
威远	xua2	xua2 xua4 旧	xua4	xua4 xua2 俗	xua4	xua4	xua4	ua1
荣县	xua2	xua4	xua4	xua4 xua2 俗	xua4	xua4	xua4	ua1
自贡	xua2	xua4	xua4	xua4 xua2 俗	xua4	xua4	xua1	ua1
富顺	xua2	xua4	xua4	xua4 xua2 俗	xua4	xua4	xua4	ua1
隆昌	xua2	xua4	xua4	xua4 xua2 俗	xua4	xua4	xua1	ua1
泸县	xua2	xua4	xua4	xua2 xua4 新	xua4	xua4	xua4	ua1
泸州	xua2	xuæ5	xua4	xua2 xua4 新	xua4	xua4	xua4	ua1
南溪	xua2	xuæ5	xua4	xua2 xua4 新	xua4	xua4	xua4	ua1
合江	xua2	xuæ5	xua4	xua4 xua2 俗	xua4	xua4	xua4	ua1

① 又*呼瓜切，假合二晓麻平。 ② 又*胡化切，假合二匣麻去。 ③ 又呼麦切，梗合二晓麦入。
④ 又乌娲切，蟹合二影佳平。

字目	挖	瓦砖瓦	瓦凹下	袜	得	德	特	乐快乐
反切	乌八	五寡	五化	望发	多则	多则	徒得	卢各
声韵调	山合二 影黠入	假合二 疑麻上	假合二 疑麻去	山合三 微月入	曾开一 端德入	曾开一 端德入	曾开一 定德入	宕开一 来铎入
中古音	ʔɣuɛt	ŋɣua:	ŋɣua-	mɥɐt	tək	tək	dək	lɑk
成都	ua1	ua3	ua4	ua2	te2	te2	the2 thie2 旧	no2
彭州	ua1	ua3	ua4	ua5	te5	te5	the5 thie5 旧	no5
郫县	ua1	ua3	ua4	ua5	te5	te5	thie5 the5 新	lo5
广汉	ua1	ua3	ua4	ua5	te5	te5	the5	lo5
都江堰河东	ua1	ua3	ua4	uæ5 ua5	tæ5	tæ5	thæ5	no5
都江堰河西	ua1	ua3	ua4	ua5	tæ5	tæ5	thæ5	no5
崇州	ua1	ua3	ua4	uæ5	tæ5	tæ5	thæ5	no5
大邑	ua1	ua3	ua4	ua5	tæ5	tæ5	thæ5	no5
邛崃	ua1	ua3	ua4	uæ5	tæ5	tæ5	thæ5	no5
新津	ua1	ua3	ua4	uæ5	tæ5	tæ5	thæ5	no5
蒲江	ua1	ua3	ua4	uæ5	tæ5	tæ5	thæ5	lo5
彭山	ua1	ua3	ua4	ua5	tai5	tai5	thai5	no5
眉山	ua5	ua3	ua4	ua5	tai5	tai5	thai5	no5
丹棱	ua1	ua3	ua4	ua5	tai5	tai5	thai5	no5
洪雅	ua1	ua3	ua4	ua5	tai5	tai5	thai5	no5
青神	ua1	ua3	ua4	uæ5	tæ5	tæ5	thæ5	lo5
夹江	ua1	ua3	无	ua5	tai1	tai1	thai5	no5
峨眉山	uæ5	ua3	无	uæ5	tæ5	tæ5	thæ5	no5
乐山	ua1 uɛ5	ua3	无	uɛ5	tɛ5	tɛ5	thɛ5	lʊ5
犍为	ua1 uæ5	ua3	无	uæ5	tæ5	tæ5	thæ5	lʊ5

字目	挖	瓦砖瓦	瓦凹下	袜	得	德	特	乐快乐
反切	乌八	五寡	五化	望发	多则	多则	徒得	卢各
声韵调	山合二 影黠入	假合二 疑麻上	假合二 疑麻去	山合三 微月入	曾开一 端德入	曾开一 端德入	曾开一 定德入	宕开一 来铎入
中古音	ʔɣuɛt	ŋɣua:	ŋɣua-	mʉɐt	tək	tək	dək	lɑk
沐川	ua1	ua3	ua4	uæ5	te5	te5	the5 thie5 旧	lʉ5
峨边	ua1	ua3	ua4	ua5	tæ5	tæ5	thɐ5	lo5
雅安	ua1	ua3	ua4	ua1	te1	te1	the1	no1
名山	ua1	ua3	ua4	ua1	te1	te1	the1 thie1 旧	lo1
天全	ua1	ua3	ua2	ua1	te1	te1	the1 thie1 旧	lo1
芦山	ua1	ua3	ua4	ua1	te1	te1	the1	no1
宝兴	ua1	ua3	ua4	ua1	te1	te1	the1	no1
荥经	ua1	ua3	ua4	ua5	tɜ5	tɜ5	thɜ5 thie5 旧	lʊ5
汉源	ua1	ua3	ua4	ua1	tai1	tai1	the1 thai1 旧	no1
石棉	ua1	ua3	ua4	ua1	tai1	tai1	the1 thai1 旧	lo1
内江	ua1	ua3	ua4	ua4	te4	te4	the4 thie4 旧	no4
威远	ua1	ua3	ua4	ua4	te4	te4	the4	no4
荣县	ua1	ua3	ua4	ua4	te4	te4	the4	no4
自贡	ua1	ua3	ua4	ua4	te4	te4	thie4 the4 新	lo4
富顺	ua1	ua3	ua4	ua4	te4	te4	thie4 the4 新	lo4
隆昌	ua1	ua3	ua4	ua4	te4	te4	the4	lo4
泸县	ua1	ua3	ua4	ua4	te4	te4	thie4 the4 新	lo4
泸州	ua1	ua3	ua4	uæ5	te5	te5	thie5 the5 新	lo5
南溪	ua1	ua3	ua4	uæ5	te5	te5	the5 thie5 旧	lo5
合江	ua1	ua3	ua4	uæ5	te5	te5	the5 thie5 旧	lʊ5

字目	勒	则	择	泽	责	厕厕所	侧	测
反切	卢则	子德	场伯	场伯	侧革	初吏	阻力	初力
声韵调	曾开一 来德入	曾开一 精德入	梗开二 澄陌入	梗开二 澄陌入	梗开二 庄麦入	止开三 初之去	曾开三 庄职入	曾开三 初职入
中古音	lək	tsək	ɖɣæk	ɖɣæk	tʃɣɛk	tʃhɨ-	tʃɨk	tʃhɨk
成都	nie2 文 ne2 白	tse2	tshe2	tshe2	tse2	tshe2 sɿ1 口①	tshe2 tse2 口	tshe2
彭州	ne5	tse5	tshe5	tshe5	tse5	tshe5	tshe5 tse5 口	tshe5
郫县	le5	tse5	tshe5	tshe5	tse5	tshe5	tshe5 tse5 口	tshe5
广汉	le5	tse5	tshe5	tshe5	tse5	tshe5 sɿ1 口①	tshe5 tse5 口	tshe5
都江堰河东	næ5	tsæ5	tshæ5	tshæ5	tsæ5	tshæ5 sɿ1 口①	tshæ5 tsæ5	tshæ5
都江堰河西	næ5	tsæ5	tshæ5	tshæ5	tsæ5	tshæ5 sɿ1 口①	tshæ5 tsæ5 口	tshæ5
崇州	næ5	tsæ5	tshæ5	tshæ5	tsæ5	tshæ5 sɿ1 口①	tshæ5 tsæ5 口	tshæ5
大邑	næ5	tsæ5	tshæ5	tshæ5	tsæ5	tshæ5 sɿ1 口①	tshæ5 tsæ5 口	tshæ5
邛崃	nie5 næ5	tsæ5	tshæ5	tshæ5	tsæ5	tshæ5 sɿ1 口①	tshæ5 tsæ5 口	tshæ5
新津	næ5	tsæ5	tshæ5	tshæ5	tsæ5	tshæ5 sɿ1 口①	tshæ5 tsæ5 口	tshæ5
蒲江	læ5	tsæ5	tshæ5	tshæ5	tsæ5	tshæ5 sɿ1 口①	tshæ5 tsæ5 口	tshæ5
彭山	nai5	tsai5	tshai5	tshai5	tsai5	tshai5	tshai5 tsai5 口	tshai5
眉山	nai5	tsai5	tshai5	tshai5	tsai5	tshai5	tshai5 tsai5 口	tshai5
丹棱	nai5 nei5	tsai5	tshai5	tshai5	tsai5	tshai5	tshai5 tsai5 口	tshai5
洪雅	nai5	tsai5	tshai5	tshai5	tsai5	tshai5	tshai5 tsai5 口	tshai5
青神	læ5	tsæ5	tshæ5	tshæ5	tsæ5	tshai5	tshæ5 tsæ5 口	tshæ5
夹江	nai5	tsai5	tshai5	tshai5	tsai5	tshai5 sɿ1 口①	tshai5 tsai5 口	tshai5
峨眉山	nʌ1	tsæ5	tshæ5	tshæ5	tsæ5	tshæ5 sɿ1 口①	tshæ5 tsæ5 口	tshæ5
乐山	lɛ5	tshɛ5	tshɛ5	tshɛ5	tsɛ5	tshɛ5 sɿ1 口①	tshɛ5 tsɛ5 口	tshɛ5
犍为	læ5	tsæ5	tshæ5	tshæ5	tsæ5	tshæ5 sɿ1 口①	tshæ5 tsæ5 口	tshæ5

① “（茅）厕”的音变。二字连读，后字变阴平，声母读擦音。

字目	勒	则	择	泽	责	厕厕所	侧	测
反切	卢则	子德	场伯	场伯	侧革	初吏	阻力	初力
声韵调	曾开一 来德入	曾开一 精德入	梗开二 澄陌入	梗开二 澄陌入	梗开二 庄麦入	止开三 初之去	曾开三 庄职入	曾开三 初职入
中古音	lək	tsək	ɖɣæk	ɖɣæk	tʃɣɛk	tʃhɨ-	tʃɨk	tʃhɨk
沐川	le5	tse5	tshe5	tshe5	tse5	tshe4	tshe5 tse5 口	tshe5
峨边	læ5	tsæ5	tshæ5	tshæ5	tsæ5	tshæ5	tshæ5 tsæ5 口	tshæ5
雅安	ne1	tse1	tshe1	tshe1	tse1	tshe1	tshe1	tshe1
名山	le1	tse1	tshe1	tshe1	tse1	tshe1	tshe1 tse2 口	tshe1
天全	le1	tse1	tshe1	tshe1	tse1	tshe1	tshe1 tse2 口	tshe1
芦山	nie1	tse1	tshe1	tshe1	tse1	tshe1	tshe1	tshe1
宝兴	ne1	tse1	tshe1	tshe1	tse1	tshe1	tshe1	tshe1
荥经	lɜ5	tse5	tshe5	tshe5	tse5	tshe5	tshe5 tse5 口	tshe5
汉源	nai1	tsai1	tshai1	tshai1	tsai1	tshai1	tshe1② tse2 口	tshai1
石棉	lai1	tsai1	tshai1	tshai1	tsai1	tshai1	tshe1② tse2 口	tshai1
内江	ne4	tse2 tse4 旧	tshe4	tshe4	tse4	tshe4	tshe4 tse4 口	tshe4
威远	ne4	tse4	tshe4	tshe4	tse4	tshe4	tshe4 tse4 口	tshe4
荣县	ne4	tse4	tse4	tshe4	tse4	tshe4	tshe4 tse4 口	tshe4
自贡	le4	tse4	tshe4	tshe4	tse4	tshe4	tshe4	tshe4
富顺	le4	tse4	tshe4	tshe4	tse4	tshe4	tshe4 tse4 口	tshe4
隆昌	le4	tshe4	tshe4	tshe4	tse4	tshe4	tshe4	tshe4
泸县	le4	tse4	tshe4	tshe4	tse4	tshe4 sɿ1 口①	tshe4 tse4 口	tshe4
泸州	le5	tse5	tshe5	tshe5 tshæ5	tse5	tshe5 sɿ1 口①	tse5 口 tshe5	tshe5
南溪	le5	tse5	tshe5	tshe5	tse5	tɕhie5 sɿ1 口①	tse5 口 tshe5	tɕhie5
合江	le5	tse5	tshe5	tshe5	tse5	tshe5	tshe5 tse5 口	tshe5

① “（茅）厕”的音变。二字连读，后字变阴平，声母读擦音。②又音 tshai1 旧。

字目	策	册	涩	瑟	塞闭塞	啬	色	遮
反切	楚革	楚革	色立	所栉	苏则	所力	所力	正奢
声韵调	梗开二 初麦入	梗开二 初麦入	深开三 生缉入	臻开三 生栉入	曾开一 心德入	曾开三 生职入	曾开三 生职入	假开三 章麻平
中古音	tʃhɣɛk	tʃhɣɛk	ʃiɪp	ʃɪt	sək	ʃɨk	ʃɨk	tɕia
成都	tshe2	tshe2	se2	se2	se2	se2	se2	tse1
彭州	tshe5	tshe5	se5	se5	se5	se5	se5	tse1
郫县	tshe5	tshe5	se5	se5	se5	se5	se5	tse1
广汉	tshe5	tshe5	se2	se5	se5	se5	se5	tse1
都江堰河东	tshæ5	tshæ5	sæ5	sæ5	sæ5	sæ5	sæ5	tsei1
都江堰河西	tshæ5	tshæ5	sæ5	sæ5	sæ5	sæ5	sæ5	tsei1
崇州	tshæ5	tshæ5	sæ5	sæ5	sæ5	sæ5	sæ5	tsei1
大邑	tshæ5	tshæ5	sæ5	sæ5	sæ5	sæ5	sæ5	tsei1
邛崃	tshæ5	tshæ5	sæ5	sæ5	sai1	sæ5	sæ5	tsei1
新津	tshæ5	tshæ5	sæ5	sæ5	sæ5	sæ5	sæ5	tsei1
蒲江	tshæ5	tshæ5	sæ5	sæ5	sæ5	sæ5	sæ5	tsei1
彭山	tshai5	tshai5	sai5	sai5	sai1	sai5	sai5	tsei1
眉山	tshai5	tshai5	sai5	sai5	sai5	sai5	sai5	tsei1
丹棱	tshai5	tshai5	sai5	sai5	sai5	sai5	sai5	tsei1
洪雅	tshai5	tshai5	sai5	sai5	sai5	sai5	sai5	tsei1
青神	tshæ5	tshæ5	sə5	sə5	sæ5	sæ5	sæ5	tsei1
夹江	tshai5	tshai5	sai5	sai5	sai5	sai5	sai5	tɕie1
峨眉山	tshæ5	tshæ5	sæ5	sæ5	sæ5	sæ5	sæ5	tsei1
乐山	tshɛ5	tshɛ5	sɛ5	sɛ5	sɛ5	sɛ5	sɛ5	tsei1
犍为	tshæ5	tshæ5	sæ5	sæ5	sæ5	sæ5	sæ5	tsei1

字目	策	册	涩	瑟	塞闭塞	啬	色	遮
反切	楚革	楚革	色立	所栉	苏则	所力	所力	正奢
声韵调	梗开二 初麦入	梗开二 初麦入	深开三 生缉入	臻开三 生栉入	曾开一 心德入	曾开三 生职入	曾开三 生职入	假开三 章麻平
中古音	tʃhɣɛk	tʃhɣɛk	ʃiɪp	ʃɪt	sək	ʃɨk	ʃɨk	tɕia
沐川	tshe5	tshe5	se5	se5	se5	se5	se4	tse1
峨边	tshæ5	tshæ5	sæ5	sæ5	sæ5	sæ5	sæ5	tsei1
雅安	tshe1	tshe1	se1	se1	se1	se1	se1	tse1
名山	tshe1	tshe1	se1	se1	sai1	sai1	se1	tse1
天全	tshe1	tshe1	se1	se1	sai1	sai1	se1	tse1
芦山	tshe1	tshe1	se1	se1	se1	se1	se1	tse1
宝兴	tshe1	tshe1	se1	se1	se1	se1	se1	tse1
荥经	tshe5	tshe5	se5	se5	se5	se5	se5	tsei1
汉源	tshai1	tshai1	sai1	sai1	sai1	sai1	sai1	tsai1
石棉	tshai1	tshai1	sai1	sai1	sai1	sai1	sai1	tsai1
内江	tshe4	tshe4	se4	ʂe4	se4 sai1 新	se4	se4	tsei1
威远	tshe4	tshe4	se4	se4	se4	se4	se4	tʂe1
荣县	tshe4	tshe4	se4	se4	se4	se4	se4	tse1
自贡	tshe4	tshe4	se4	se4	se4	se4	se4	tʂe1
富顺	tshe4	tshe4	se4	se4	se4	se4	se4	tʂe1
隆昌	tshe4	tshe4	se4	se4	se4	se4	se4	tse1
泸县	tshe4	tshe4	se4	se4	se4	se4	se4	tse1
泸州	tshe5	tshe5	se5	se5	se5	se5	se5	tsei1
南溪	tɕhie5	tɕhie5	se5	se5	se5	se5	se5	tsei1
合江	tshe5	tshe5	se5	se5	se5	se5	se5	tse1

字目	折折叠	哲	折折断	者	蔗	浙	车车辆	扯
反切	之涉	陟列	旨热	章也	之夜	旨热	尺遮	昌者
声韵调	咸开三 章叶入	山开三 知薛入	山开三 章薛入	假开三 章麻上	假开三 章麻去	山开三 章薛入	假开三 昌麻平	假开三 昌麻上
中古音	tɕiɛp	ȶiɛt	tɕiɛt	tɕia:	tɕia-	tɕiɛt	tɕhia	tɕhia:
成都	tse2	tse2	tse2	tse3	tse2	tse2	tshe1	tshe3
彭州	tse5	tse5	tse5	tse3	tsai4	tse5	tshe1	tshe3
郫县	tse5	tse5	tse5	tse3	tse4	tse5	tshe1	tshe3
广汉	tse2	tse5	tse5	tse3	tse1	tse5	tshe1	tshe3
都江堰河东	tsæ5	tsæ5	tsæ5	tsai3	tsai4	tsæ5	tshei1	tshei3
都江堰河西	tsæ5	tsæ5	tsæ5	tsai3	tsai4	tsæ5	tshei1	tshei3
崇州	tsæ5	tsæ5	tsæ5	tsai3	tsai4	tsæ5	tshei1	tshei3
大邑	tsæ5	tsæ5	tsæ5	tsai3	tsai4	tsæ5	tshei1	tshei3
邛崃	tsæ5	tsæ5	tsæ5	tsai3	tsæ5	tsæ5	tshei1	tshei3
新津	tsæ5	tsæ5	tsæ5	tsai3	tsei4	tsæ5	tshei1	tshei3
蒲江	tsæ5	tsæ5	tsæ5	tsai3	tsai4	tsæ5	tshei1	tshei3
彭山	tsai5	tsai5	tsai5	tsai3	tsai4	tsai5	tshei1	tshei3
眉山	tsai5	tsai5	tsai5	tsei3	tsai4	tsai5	tshei1	tshei3
丹棱	tsai5	tsai5	tsai5	tsei3	tsai4	tsai5	tshei1	tshei3
洪雅	tsai5	tsai5	tsai5	tsei3	tsei4	tsai5	tshei1	tshei3
青神	tsæ5	tsæ5	tsæ5	tsei3	tsai4	tsæ5	tshei1	tshei3
夹江	tsai5	tsai5	tsai5	tse3	tsai5	tsai5	tshe1	tshe3
峨眉山	tsæ5	tsæ5	tsæ5	tsei3	tsæ5	tsæ5	tshei1	tshei3
乐山	tsɛ5	tsɛ5	tsɛ5	tsei3	tsen4	tsɛ5	tshei1	tshei3
犍为	tsæ5	tsæ5	tsæ5	tsei3	tsei4	tsæ5	tshei1	tshei3

字目	折折叠	哲	折折断	者	蔗	浙	车车辆	扯
反切	之涉	陟列	旨热	章也	之夜	旨热	尺遮	昌者
声韵调	咸开三 章叶入	山开三 知薛入	山开三 章薛入	假开三 章麻上	假开三 章麻去	山开三 章薛入	假开三 昌麻平	假开三 昌麻上
中古音	tɕiᴇp	ȶiᴇt	tɕiᴇt	tɕia:	tɕia-	tɕiᴇt	tɕhia	tɕhia:
沐川	tse4	tsan4	tse5	tse3	tse1	tse5	tshe1	tshe3
峨边	tsæ5	tsæ5	tsæ5	tsai3	tsei4	tsæ5	tshei1	tshei3
雅安	tse1	tse1	tse1	tse3	tse4	tse1	tshe1	tshe3
名山	tse1	tse1	tse1	tse3	tsai4	tse1	tshe1	tshe3
天全	tse1	tse1	tse1	tse3	tsai4	tse1	tshe1	tshe3
芦山	tse1	tse1	tse1	tse3	tse4	tse1	tshe1	tshe3
宝兴	tse1	tse1	tse1	tse3	tse4	tse1	tshe1	tshe3
荥经	tse5	tse5	tse5	tsai3	tsai4	tse5	tshei1	tshei3
汉源	tsai1	tsai1	tsai1	tsai3	tsai4	tsai1	tshai1	tshai3
石棉	tsai1	tsai1	tsai1	tsai3	tsai4	tsai1	tshai1	tshai3
内江	tse4	tse4	tse4	tsei3	tsei4	tse4	tshei1	tshei3
威远	tʂe4	tʂe4	tʂe4	tʂe3	tʂe4	tʂe4	tʂhe1	tʂhe3
荣县	tse4	tse4	tse4	tse3	tse4	tse4	tshe1	tshe3
自贡	tʂe4	tʂe4	tʂe4	tʂe3	tʂe4	tʂe4	tʂhe1	tʂhe3
富顺	tʂe4	tʂe4	tʂe4	tʂe3	tʂe4	tʂe4	tʂhe1	tʂhe3
隆昌	tse4	tse4	tse4	tse3	tse4	tse4	tshe1	tshe3
泸县	tse4	tse4	tse4 phi3 俗[①]	tse3	tse4	tse4	tshe1	tshe3
泸州	tse5	tse5	tse5 phi3 俗[①]	tsei3	tsei4 tsɑ4	tse5	tshei1	tshei3
南溪	tɕie5	tse5	tɕie5	tse3	tse5 tsɑ4	tɕie5	tshei1	tshei3
合江	tse5	tse5	tse5	tsei3	tsei2	tse5	tshei1	tshei2

① 意为“折断”，训读。本字待考。

字目	彻	撤	赊	蛇	舌	折折本	舍舍弃	赦
反切	丑列	丑列	式车	食遮	食列	常列	书冶	始夜
声韵调	山开三 彻薛入	山开三 彻薛入	假开三 书麻平	假开三 船麻平	山开三 船薛入	山开三 禅薛入	假开三 书麻上	假开三 书麻去
中古音	ʈhiɛt	ʈhiɛt	ɕia	ʑia	ʑiɛt	dʑiɛt	ɕia:	ɕia-
成都	tshe2	tshe2	se1	se2	se2	se2	se3	se4
彭州	tshe5	tshe5	se1	se2	se5	se5	se3	se4
郫县	tshe5	tshe5	se1	se2	se5	se5	se3	se4
广汉	tshe5	tshe5	se1	se2	se5	se2	se4	se4
都江堰河东	tshæ5	tshæ5	sei1	sei2	ʂɚ5	sæ5	sei3	sei4
都江堰河西	tshæ5	tshæ5	sei1	sei2	sæ5	sæ5	sei3	sei4
崇州	tshæ5	tshæ5	sei1	sei2	sæ5	sæ5	sei3	sei4
大邑	tshæ5	tshæ5	sei1	sei2	sæ5	sæ5	sei3	sei4
邛崃	tshæ5	tshæ5	sei1	sei2	sæ5	sæ5	sei3	sæ5
新津	tshæ5	tshæ5	sei1	sei2	sæ5	sæ5	sei3	sei4
蒲江	tshæ5	tshæ5	sei1	sei2	sæ5	sæ5	sei3	sei4
彭山	tshai5	tshai5	sei1	sei2	sai5	sai5	sei3	sei4
眉山	tshai5	tshai5	sei1	sei2	sai5	sai5	sei3	sei4
丹棱	tshai5	tshai5	sei1	sei2	sai5	sai5	sei3	sai4
洪雅	tshai5	tshai5	sei1	sei2	sai5	sai5	sei3	sei4
青神	tshæ5	tshæ5	sei1	sei2	sæ5	sæ5	sei3	sei4
夹江	tshai5	tshai5	se1	se2	sai5	sai5	se3	se4
峨眉山	tshæ5	tshæ5	sei1	sei2	sæ5	sæ5	sei3	sæ5
乐山	tshɛ5	tshɛ5	sei1	sei2	sɛ5	sɛ5	sei3	sei4
犍为	tshæ5	tshæ5	sei1	sei2	sæ5	sæ5	sei3	sei4

字目	彻	撤	赊	蛇	舌	折折本	舍舍弃	赦
反切	丑列	丑列	式车	食遮	食列	常列	书冶	始夜
声韵调	山开三 彻薛入	山开三 彻薛入	假开三 书麻平	假开三 船麻平	山开三 船薛入	山开三 禅薛入	假开三 书麻上	假开三 书麻去
中古音	ʈhiɛt	ʈhiɛt	ɕia	ʑia	ʑiɛt	dʑiɛt	ɕia:	ɕia-
沐川	tshe5	tshe5	se1	se2	se5	se2	se3	se4
峨边	tshɐ5	tshæ5	sei1	sei2	sæ5	sæ5	sei3	sei4
雅安	tshe1	tshe1	se1	se2	se1	se1	se3	se4
名山	tshe1	tshe1	se1	se2	se1	se1	se3	se4
天全	tshe1	tshe1	se1	se4	se1	se1	se3	se4
芦山	tshe1	tshe1	se1	se2	se1	se1 se2	se3	se4
宝兴	tshe1	tshe1	se1	se2	se1	se1	se3	se4
荥经	tshe5	tshe5	sei1	sai2	se5	se5	sei3	se5
汉源	tshai1	tshai1	sai1	sai2	sai1	sai1	sai3	sai4
石棉	tshai1	tshai1	sai1	sai2	sai1	sai1	sai3	sai4
内江	tshe4	tshe4	sei1	ʂei2	ʂe4	se4	sei3	sei4
威远	tshe4 tɕhie4 旧	tshe4	ʂe1	ʂe2	ʂe4	ʂe4	ʂe3	ʂe4
荣县	tshe4	tshe4	se1	se2	se4	se4	se3	se4
自贡	tʂhe4	tʂhe4	ʂe1	ʂe2	ʂe4	ʂe4	ʂe3	ʂe4
富顺	tʂhe4	tʂhe4	ʂe1	ʂe2	ʂe4	ʂe4	ʂe3	ʂe4
隆昌	tshe4	tshe4	se1	se2	se4	se4	se3	se4
泸县	tshe4	tshe4	se1	se2	se4	se4	se3	se4
泸州	tshe5	tshe5	sei1	sei2	se5	se5	sei3	sei4
南溪	tɕhie5	tɕhie5	sei1	sei2	se5	ɕie5	sei3	sei4
合江	tshe5	tshe5	sei1	se2	se5	se5	sei3	sei4

字目	舍宿舍	社	射[①]	摄	涉	设	惹	热
反切	始夜	常者	神夜	书涉	时摄	识列	人者	如列
声韵调	假开三 书麻去	假开三 禅麻上	假开三 船麻去	咸开三 书叶入	咸开三 禅叶入	山开三 书薛入	假开三 日麻上	山开三 日薛入
中古音	ɕia-	dʑia:	ʑia-	ɕiɛp	dʑiɛp	ɕiɛt	ȵʑia:	ȵʑiɛt
成都	se4	se4	se4	se2	se2	se2	ze3	ze2
彭州	se4	se4	se4	se5	se5	se5	ze3	ze5
郫县	se4	se4	se4	se5	se5	se5	ze3	ze5
广汉	se4	se4	se4	se5	se5	se5	ze3	ze5
都江堰河东	sei4	sei4	sei4	sæ5	sæ5	sæ5	zei3	zæ5
都江堰河西	sei4	sei4	sei4	sæ5	sæ5	sæ5	zei3	zæ5
崇州	sei4	sei4 sai4 旧	sei4	sæ5	sæ5	sæ5	zei3	zæ5
大邑	sei4	sei4	sei4	sæ5	sæ5	sæ5	zei3	zæ5
邛崃	sei4	sei4	sei4	sæ5	sæ5	sæ5	zei3	zæ5
新津	sei4	sei4	sei4	sæ5	sæ5	sæ5	zei3	zæ5
蒲江	sei4	sei4	sei4	sæ5	sæ5	sæ5	zei3	zæ5
彭山	sei4	sei4	sei4	sai5	sai5	sai5	zei3	zai5
眉山	sei4	sei4	sei4	sai5	sai5	sai5	zei3	zai5
丹棱	sai4	sai4	sai4	sai5	sei5	sai5	zei3	zai5
洪雅	sei4	sei4	sei4	sai5	sai5	sai5	zei3	zai5
青神	sei4	sei4	sei4	sæ5	sæ5	sæ5	zei3	zæ5
夹江	se4	se4	se4	sai5	sai5	sai5	ze3	zai5
峨眉山	sei4	sei4	sei4	sæ5	sæ5	sæ5	zei3	zæ5
乐山	sei4	sei4	sei4	sɛ5	sɛ5	sɛ5	zei3	zɛ5
犍为	sei4	sei4	sei4	sæ5	sæ5	sæ5	zei3	zæ5

① 又食亦切，梗开三船昔入。

字目	舍宿舍	社	射[①]	摄	涉	设	惹	热
反切	始夜	常者	神夜	书涉	时摄	识列	人者	如列
声韵调	假开三 书麻去	假开三 禅麻上	假开三 船麻去	咸开三 书叶入	咸开三 禅叶入	山开三 书薛入	假开三 日麻上	山开三 日薛入
中古音	ɕia-	dʑia:	ʑia-	ɕiᴇp	dʑiᴇp	ɕiᴇt	ȵʑia:	ȵʑiᴇt
沐川	se4	se4	se4	se5	se4	se5	ze3	ze4
峨边	sei4	sei4	sei4	sæ5	sæ5	sæ5	zei3	zæ5
雅安	se4	se4	se4	se1	se1	se1	ze3	ze1
名山	se4	se4	se4	se1	se1	se1	ze3	ze1
天全	se4	se4	se4	se1	se1	se1	ze3	ze1
芦山	se4	se4	se2	se1	se1	se1	ze3	ze1
宝兴	se4	se4	se4	se1	se1	se1	ze3	ze1
荥经	sai4	sai4	sai4	se5	se5	se5	zei3	ze5
汉源	sai4	sai4	sai4	sai1	sai1	sai1	zai3	zai1
石棉	sai3	sai4	sai4	se1	sai1	sai1	zai3	zai1
内江	sei4	sei4	sei4	se4	se4	se4	ʐei3	ʐe4
威远	ʂe4	ʂe4	ʂe4	ʂe4	ʂe4	ʂe4	ʐei3	ʐe4
荣县	se4	se4	se4	se4	se4	se4	ze3	ze4
自贡	ʂe4	ʂe4	ʂe4	ʂe4	ʂe4	ʂe4	ʐe3	ʐe4
富顺	ʂe4	ʂe4	ʂe4	ʂe4	ʂe4	ʂe4	ʐe3	ʐe4
隆昌	se4	se4	se4	se4	ʂe4	se4	ʐe3	ʐe4
泸县	se4	se4	se4	se4	se4	se4	ze3	ze4
泸州	sei3	sei4	sei4	se5	se5	se5	zei3	ze5
南溪	sei4	sei4	sei4	se5	ɕie5	se5	zei3	ze5
合江	sei4	sei4	sei4	sei2	se5	se5	zei2	ze5

① 又食亦切，梗开三船昔入。

字目	歌	哥	鸽	割	搁	阁	合合升	葛
反切	古俄	古俄	古沓	古达	古落	古落	古沓	古达
声韵调	果开一 见歌平	果开一 见歌平	咸开一 见合入	山开一 见曷入	宕开一 见铎入	宕开一 见铎入	咸开一 见合入	山开一 见曷入
中古音	kɑ	kɑ	kʌp	kɑt	kɑk	kɑk	kʌp	kɑt
成都	ko1	ko1	ko2	ko2 ke4 俗①	kho4 kho1	ko2	ko2	ko2
彭州	ko1	ko1	ko5	ko5 ke4 俗①	kho4 kho1	ko5	ko5	ko5
郫县	ko1	ko1	ko5	ko5	kho1	ko5	ko5	ko5
广汉	ko1 kɤ1	ko1 kɤ1	kɤ5	kɤ5	khɤ4	kɤ5	kɤ5	kɤ5
都江堰河东	kɤ1	kɤ1	kɤ5	kɤ5	kɤ5	kɤ5	kɤ5	kɤ5
都江堰河西	kɤ1	kɤ1	kɤ5	kɤ5	khɤ5	kɤ5	kɤ5	kɤ5
崇州	kɤ1	kɤ1	kə5	kə5	khə5 kə5	kə5	kə5	kə5
大邑	kɤ1	kɤ1	kɤ5	kɤ5	kɤ5 kho1	kɤ5	kɤ5	kɤ5
邛崃	kɤ1	kɤ1	kɤ5	kɤ5	kɤ5 khɤ1	kɤ5	ko5	kɤ5
新津	kɤ1	kɤ1	kə5	kə5	kæ5 kho1	kæ5	kə5	kə5
蒲江	kɤ1	kɤ1	kɤ5	ko5	ko5 kho1	ko5	ko5	ko5
彭山	kɤ1	kɤ1	kɤ5	kɤ5	khɤ5	kɤ5	kɤ5	kɤ5
眉山	kəu1 ku1	ku1	kɤ5	kɤ5	khɤ5	kɤ5	kɤ5	kɤ5
丹棱	kɤ1	kɤ1	kɤ5	kɤ5	kɤ5	kɤ5	kɤ5	kɤ5
洪雅	kɤ1	kɤ1	kɤ5	kɤ5	khɤ5	kɤ5	kɤ5	kɤ5
青神	kɯ1	kɯ1	ke5	ke5	khe5	ke5	ke5	ke5
夹江	kɤ1	kɤ1	kɤ5	kɤ5 ki4 俗②	khɤ5	kɤ5	kɤ5	kɤ5
峨眉山	ko1	ko1	ko5	ko5 ki4 俗②	ko5 kho5	ko5	ko5	ko5
乐山	ko1	ko1	ke5	ke5 ki4 俗②	ke5 kho1	ke5	ke5	ke5
犍为	ko1	ko1	kæ5	kæ5 ki4 俗②	kæ5 kho1	kæ5	kæ5	kæ5

① ke4 为“锯”的训读。居御切，遇合三见鱼去。 ② ki4 为“锯”的训读。居御切，遇合三见鱼去。

字目	歌	哥	鸽	割	搁	阁	合合升	葛
反切	古俄	古俄	古沓	古达	古落	古落	古沓	古达
声韵调	果开一 见歌平	果开一 见歌平	咸开一 见合入	山开一 见曷入	宕开一 见铎入	宕开一 见铎入	咸开一 见合入	山开一 见曷入
中古音	kɑ	kɑ	kʌp	kɑt	kɑk	kɑk	kʌp	kɑt
沐川	ko1	ko1	kə5	kʉ5 ke4 俗①	kho4 khʉ5	khʉ5	ko4	kʉ5
峨边	kɤ1	kɤ1	kɤ5	kɤ5	khɤ5	kɤ5	kɤ5	kɤ5
雅安	ko1	ko1	ko1	ko1 ke4 俗①	kho1 kho4	ko1	ko1	ko1
名山	ko1	ko1	ko1	ko1 ke4 俗①	kho4 kho1	ko1	ko1	ko1
天全	ko1	ko1	ko1	ko1 ke4 俗①	kho4 kho1	ko1	ko1	ko1
芦山	ko1	ko1	ko1	ko1 ke4 俗①	kho1	ko1	ko1	ko1
宝兴	ko1	ko1	ko1	ko1 ke4 俗①	kho1	ko1	ko1	ko1
荥经	ko1	ko1	kɤ5	kɤ5 ke4 俗①	khɤ5	kɤ5	kɤ5	kɤ5
汉源	ko1	ko1	ko1	ko1 kɛ4 俗②	kho1	ko1	ko1	ko1
石棉	ko1	kə1	ko1	ko1 ke4 俗①	kə1	ko1	kə1	ko1
内江	ko1	ko1	ko4	ko4	ko4	ko4	xo4	ko4
威远	ko1	ko1	ko4	ko4	ko4	ko4	xo4	ko4
荣县	ko1	ko1	ko4	ko4	ko4	ko4	xo4	ko4
自贡	ko1	ko1	ko4	ko4 ke4 俗①	kho1	ko4	ko4	ko4
富顺	ko1	ko1	ko4	ko4 ke4 俗①	kho1	ko4	ko4	ko4
隆昌	ko1	ko1	ko4	ko4 ke4 俗①	kho1	ko4	ko4	ko4
泸县	ko1	ko1	ko4	ko4	kho1 ko4	ko4	ko4	ko4
泸州	ko1	ko1	ko5	ko5 kɤ5 旧	kho1 ko5	ko5 kɤ5 旧	ko5	ko5 kɤ5 旧
南溪	ko1	ko1	kɯ5	ke5	kho1 ke5	ke5	kɯ5	kɯ5
合江	ko1	ko1	kʊ5	kʊ5 ke4 俗①	khʊ5 kho1 新	kʊ5	kʊ5	kʊ5

① ke4 为“锯”的训读。居御切，遇合三见鱼去。 ② kɛ4 为“锯”的训读。居御切，遇合三见鱼去。

字目	格	隔	革	个个人	各	科	棵	颗
反切	古伯	古核	古核	古贺	古落	苦禾	苦禾	苦果
声韵调	梗开二 见陌入	梗开二 见麦入	梗开二 见麦入	果开一 见歌去	宕开一 见铎入	果合一 溪戈平	果合一 溪戈平	果合一 溪戈上
中古音	kɣæk	kɣɛk	kɣɛk	kɑ-	kɑk	khuɑ	khuɑ	khuɑ:
成都	ke2	ke2	ke2 ke4 俗[①]	ko4	ko2	kho1	kho1 o1 俗	kho3
彭州	ke5	ke5	ke5 ke4 俗[①]	ko4	ko5	kho1	kho1 o1 俗	kho3
郫县	ke5	ke5	ke5	ko4	ko5	kho1	kho3 o1 俗	kho3
广汉	ke5	ke5	ke5	ko4	kɤ5	kho1 khɤ1	khɤ1 o1 俗	khɤ3
都江堰河东	kæ5	kæ5	kæ5	kɤ4	kɤ5	khɤ1	o1	kho3
都江堰河西	kæ5	kæ5	kæ5	kɤ4	kɤ5	khɤ1	khɤ1	khɤ1
崇州	kæ5	kæ5	kæ5	kɤ4 ko4 新	kə5	khɤ1	khɤ1	khɤ1 khu3
大邑	kæ5	kæ5	kæ5	khɤ4	kɤ5	khɤ1	khɤ1 o1 俗	kho3 khɤ3
邛崃	kɤ5	kæ5	kæ5	kɤ4	ko5	kho1	kho1 o1 俗	khɤ3
新津	kæ5	kæ5	kæ5	kɤ4	kə5	khɤ1	khɤ1 o1 俗	khɤ1
蒲江	kæ5	kæ5	kæ5	kɤ4	ko5	kho1	kho1 o1 俗	kho1
彭山	kai5	kai5	kai5	kɤ4	kɤ5	khɤ1	khɤ1	khɤ1
眉山	kai5	kai5	kai5	kɤ4	kɤ5	khɤ1	khɤ1	khɤ1
丹棱	kɤ5	kai5	kai5	kɤ4	kɤ5	khɤ1	khu3	khu3
洪雅	kai5	kai5	kai5	ko4	kɤ5	kho1	kho3	kho3
青神	ke5	ke5	ke5	kɯ4	kɯ5	khɯ1	khɯ1	khɯ3
夹江	kai5	kai5	kai5	kɤ4	kɤ5	khɤ1	khɤ1 o1 俗	khɤ3
峨眉山	kæ5	kæ5	kæ5	ko4	ko5	kho1	kho1 o1 俗	kho3
乐山	ke5	ke5	ke5	ko4	ke5	kho1	kho1 o1 俗	kho3
犍为	kæ5	kæ5	kæ5	ko4	kæ5	kho1	kho1 o1 俗	kho3

① ke4为“锯”的训读。居御切，遇合三见鱼去。

字目	格	隔	革	个个人	各	科	棵	颗
反切	古伯	古核	古核	古贺	古落	苦禾	苦禾	苦果
声韵调	梗开二 见陌入	梗开二 见麦入	梗开二 见麦入	果开一 见歌去	宕开一 见铎入	果合一 溪戈平	果合一 溪戈平	果合一 溪戈上
中古音	kɣæk	kɣɛk	kɣɛk	kɑ-	kɑk	khuɑ	khuɑ	khuɑ:
沐川	ke5	ke5	ke5 ke4 俗①	ko4	ke5	kho1	kho1 o1 俗	kho3
峨边	kæ5	kæ5	kæ5	kɤ4	kɤ5	khɤ1	kho3	kho3
雅安	ke1	ke1	ke1	ko4	ko1	kho1	kho3 o1 俗	kho3
名山	ke1	ke1	ke1 ke4 俗①	ko4	ko1	kho1	kho3 o1 俗	kho3
天全	ke1	ke1	ke1 ke4 俗①	ko4	ko1	kho1	kho1 o1 俗	kho3
芦山	ko1	ke1	ke1	ko4	ko1	kho1	kho3 o1 俗	kho3
宝兴	ke1	ke1	ke1	ko4	ko1	kho1	kho3 o1 俗	kho3
荥经	kɜ5	kɜ5	kɜ5 ke4 俗①	ko4	kɤ5	kho1	kho1 o1 俗	kho3
汉源	kɛ1	kɛ1	kɛ1 kɛ4 俗②	ko4	ko1	kho1	kho3 o1 俗	kho3
石棉	ke1	ke1	ke1 ke4 俗①	ko4	kə1	kho1	khə3 o1 俗	kho3
内江	ke4	ke4	ke4	ko4	ko4	kho1	kho3	kho3
威远	ko4	ke4	ke4	ko4	ko4	kho1	kho3	kho3
荣县	ke4	ke4	ke4	ko4	ko4	kho1	kho3	kho3
自贡	ke4	ke4	ke4	ko4	ko4	kho1	kho3	kho3
富顺	ke4	ke4	ke4	ko4	ko4	kho1	kho3	kho3
隆昌	ke4	ke4	ke4	ko4	ko4	kho1	kho3	kho3
泸县	ke4	ke4	ke4	ko4	ko4	kho1	kho3 o1 俗	kho3
泸州	kɤ5	ke5	ke5	kɤ4	ko5 kɤ5 旧	kho1	kho3 o1 俗	kho3
南溪	ke5	ke5	ke5	ko4	ke5	kho1	kho3 o1 俗	kho1
合江	ke5	ke5	ke5 ke4 俗①	ko4	kʊ5	kho1	kho2 o2 俗	kho2

① ke4 为“锯”的训读。居御切，遇合三见鱼去。 ② kɛ4 为“锯”的训读。居御切，遇合三见鱼去。

字目	*磕	壳	可	渴	课	克	刻	客
反切	*克盍	苦角	枯我	苦曷	苦卧	苦得	苦得	苦格
声韵调	咸开一 溪盍入	江开二 溪觉入	果开一 溪歌上	山开一 溪曷入	果合一 溪戈去	曾开一 溪德入	曾开一 溪德入	梗开二 溪陌入
中古音	khɑp	khɣʌk	khɑ:	khɑt	khuɑ-	khək	khək	khɣæk
成都	kho2	kho2	kho3	kho2	kho4	khe2	khe2 khe4 口	khe2
彭州	kho5	kho5	kho3	kho5	kho4	khe5	khe5 khe4 口	khe5
郫县	kho5	kho5	kho3	kho5	kho4	khe5	khe5	khe5
广汉	khɤ5	khɤ5	khɤ3	khɤ5	khɤ4	khe5	khe5	khe5
都江堰河东	khɤ5	khɤ5	khɤ3	khɤ5	khɤ4	khæ5	khæ5	khæ5
都江堰河西	khɤ5	khɤ5	khɤ3	khɤ5	khɤ4	khæ5	khæ5	khæ5
崇州	khə5	khə5	khɤ3 khau3 旧	khə5	khɤ4 khau4 旧	khæ5	khæ5	khæ5
大邑	khɤ5	khɤ5	khɤ3	khɤ5	khɤ4	khæ5	khæ5 khe4 口	khæ5
邛崃	kho5	khɤ5	khɤ3	khɤ5	khɤ4	khæ5	khæ5 khe4 口	khæ5
新津	khə5	khə5	khɤ3	khə5	khɤ4	khæ5	khæ5 khe4	khæ5
蒲江	kho5	khɤ5	kho3	khɤ5	kho4	khæ5	khæ5	khæ5
彭山	khɤ5	khɤ5	khɤ3	khɤ5	khɤ4	khai5	khai5	khai5
眉山	khɤ5	khɤ5	khɤ3	khɤ5	khɤ4	khai5	khai5	khai5
丹棱	khɤ5	khɤ5	khɤ3	khɤ5	khɤ4	khai5	khai5	khai5
洪雅	kho5	kho5	kho3	kho5	kho4	khai5	khai5	khai5
青神	khe5	khe5	khɯ3	khe5	khɯ4	khe5	khe5	khe5
夹江	khɤ5	khɤ5	khɤ3	khɤ5	khɤ4	khai5	khai5	khai5
峨眉山	kho5	kho5	kho3	kho5	kho4	khæ5	khæ5	khæ5
乐山	khe5	khe5	kho3	khe5	kho4	khe5	khe5	khe5
犍为	khæ5	khæ5	kho3	khæ5	kho4	khæ5	khæ5	khæ5

字目	*磕	壳	可	渴	课	克	刻	客
反切	*克盍	苦角	枯我	苦曷	苦卧	苦得	苦得	苦格
声韵调	咸开一 溪盍入	江开二 溪觉入	果开一 溪歌上	山开一 溪曷入	果合一 溪戈去	曾开一 溪德入	曾开一 溪德入	梗开二 溪陌入
中古音	khɑp	khɣʌk	khɑ:	khɑt	khuɑ-	khək	khək	khɣæk
沐川	khe5	khʉ5	kho3	khʉ5	kho4	khe5	khe5 khe4 口	khe5
峨边	khɤ5	khɤ5	khɤ3	khɤ5	khɤ4	khæ5	khæ5	khæ5
雅安	kho1	kho1	kho3	kho1	kho4	khe1	khe1	khe1
名山	kho1	kho1	kho3	kho1	kho4	khe1	khe1	khe1
天全	kho1	kho1	kho3	kho1	kho4	khe1	khe1	khe1
芦山	kho1	kho1	kho3	kho1	kho4	khe1	khe1	khe1
宝兴	kho1	kho1	kho3	kho1	kho4	khe1	khe1	khe1
荥经	khɤ5	khɤ5	kho3	khɤ5	kho4	khɜ5	khɜ5	khɜ5
汉源	kho1	kho1	kho3	kho1	kho4	khɛ1	khɛ1	khɛ1
石棉	kho1	kho1	khə3	kho1	kho4	khe1	khe1 khai1 口	khe1
内江	kho4	kho4	kho3	kho4	kho4	khe4	khe4	khe4
威远	kho4	kho4	kho3	kho4	kho4	khe4	khe4	khe4
荣县	kho4	kho4	kho3	kho4	kho4	khe4	khe4	khe4
自贡	kho4	kho4	kho3	kho4	kho4	khe4	khe4	khe4
富顺	kho4	kho4	kho3	kho4	kho4	khe4	khe4	khe4
隆昌	kho4	kho4	kho3	kho4	kho4	khe4	khe4 khe3	khe4
泸县	kho4	kho4	kho3	kho4	kho4	khe4	khe4	khe4
泸州	kho5 khɤ5 旧	kho5 khɤ5 旧	kho3	kho5 khɤ5 旧	kho4	khe5	khe5 khe4 口	khe5
南溪	khe5	kho5	kho3	khɯ5	kho4	khe4	khe5 khe4 口	khe5
合江	khʋ5	khʋ5	kho3	khʋ5	kho4	khe5	khe5 khe4 口	khe5

字目	喝喝水	何	河	荷荷花	禾	和和气	合合作	盒
反切	呼合	胡歌	胡歌	胡歌	户戈	户戈	侯合	侯合
声韵调	咸开一 晓合入	果开一 匣歌平	果开一 匣歌平	果开一 匣歌平	果合一 匣戈平	果合一 匣戈平	咸开一 匣合入	咸开一 匣合入
中古音	hʌp	ɦɑ	ɦɑ	ɦɑ	ɦuɑ	ɦuɑ	ɦʌp	ɦʌp
成都	xo1	xo2	xo2	xo2	xo2	xo2	xo2	xo2
彭州	xo1	xo2	xo2	xo2	xo2	xo2	xo5	xo5
郫县	xo1	xo2	xo2	xo2	xo2	xo2	xo5	xo5
广汉	xɤ5	xo2	xo2	xo2	xo2	xo2	xɤ5	xɤ5
都江堰河东	xɤ5	xo2	xo2	xo2	xo2	xo2	xɤ5	xɤ5
都江堰河西	xɤ1	xo2	xo2	xo2	xo2	xo2	xɤ5	xɤ5
崇州	xɤ1 xo1 新	xu2 xo2 新	xu2 xo2 新	xu2 xo2 新	xu2 xo2 新	xu2 xo2 新	xə5	xə5
大邑	xɤ5 xo1 新	xo2	xo2	xo2	xo2	xo2	xɤ5	xɤ5
邛崃	xɤ5 xo1 新	xo2	xo2	xo2	xo2	xo2	xɤ5	xɤ5
新津	xə5 xo1 新	xo2	xo2	xo2	xo2	xo2	xə5	xə5
蒲江	xo5 xo1 新	xo2	xo2	xo2	xo2	xo2	xo5	xɤ5
彭山	xo5	xu2	xu2	xu2	xu2	xu2	xɤ5	xɤ5
眉山	xɤ5	xu2	xu2	xu2	xɤ2	xo2	xo5	xo5
丹棱	xɤ5	xu2	xu2	xu2	xu2	xu2	xo5	xo5
洪雅	xo5	xo2	xo2	xo2	xo2	xo2	xo5	xo5
青神	xo5	xɯ2	xɯ2	xɯ2	xɯ2	xɯ2	xe5	xe5
夹江	xɤ5	xo2	xo2	xo2	xo2	xo2	xɤ5	xɤ5
峨眉山	xo1	xo2	xo2	xo2	xo2	xo2	xo5	xo5
乐山	xʊ5 xo1	xo2	xo2	xo2	xo2	xo2	xɛ5	xɛ5
犍为	xʊ5 xo1	xo2	xo2	xo2	xo2	xo2	xæ5	xæ5

字目	喝喝水	何	河	荷荷花	禾	和和气	合合作	盒
反切	呼合	胡歌	胡歌	胡歌	户戈	户戈	侯合	侯合
声韵调	咸开一 晓合入	果开一 匣歌平	果开一 匣歌平	果开一 匣歌平	果合一 匣戈平	果合一 匣戈平	咸开一 匣合入	咸开一 匣合入
中古音	hʌp	ɦɑ	ɦɑ	ɦɑ	ɦuɑ	ɦuɑ	ɦʌp	ɦʌp
沐川	xʉ5	xo2	xo2	xo2	xo2	xo2	xo1	xo1
峨边	xɤ5	xo2	xo2	xo2	xo2	xo2	xo5	xo5
雅安	xo1	xo2	xo2	xo2	xo2	xo2	xo1	xo1
名山	xo1	xo2	xo2	xo2	xo2	xo2	xo1	xo1
天全	xo1	xo2	xo2	xo2	xo2	xo2	xo1	xo1
芦山	xo1	xo2	xo2	xo2	xo4	xo2	xo1	xo1
宝兴	xo1	xo2	xo2	xo2	xo2	xo2	xo1	xo1
荥经	xɤ5	xo2	xo2	xo2	xo2	xo2	xʊ5	xʊ5
汉源	xo1	xo2	xo2	xo2	xo2	xo2	xo1	xo2
石棉	xo1	xo2	xo2	xo2	xo2	xo2	xə1	xo2
内江	xo1	xo2	xo2	xo2	xo2	xo2	xo4	xo4
威远	xo1	xo2	xo2	xo2	xo2	xo2	xo4	xo4
荣县	xo1	xo2	xo2	xo2	xo2	xo2	xo4	xo4
自贡	xo1	xo2	xo2	xo2	xo2	xo2	xo4	xo4
富顺	xo1	xo2	xo2	xo2	xo2	xo2	xo4	xo4
隆昌	xo1	xo2	xo2	xo2	xo2	xo2	xo4	xo4
泸县	xo1	xo2	xo2	xo2	xo2	xo2	xo4	xo4
泸州	xo5 xo1	xo2	xo2	xo2	xo2	xo2	xo5	xo5
南溪	xɯ5 xo1	xo2	xo2	xo2	xo2	xo2	xɯ5	xɯ5
合江	xʊ5	xo2	xo2	xo4	xo2	xo2	xʊ5	xʊ5

字目	核核对	核核心	贺	和和面	喝喝采	鹤	吓恐吓	蛾
反切	下革	下革	胡个	胡卧	许葛	下各	呼格	五何
声韵调	梗开二 匣麦入	梗开二 匣麦入	果开一 匣歌去	果合一 匣戈去	山开一 晓曷入	宕开一 匣铎入	梗开二 晓陌入	果开一 疑歌平
中古音	ɦɣɛk	ɦɣɛk	ɦɑ-	ɦuɑ-	hɑt	ɦɑk	hɣæk	ŋɑ
成都	xe2	xe2	xo4	xo4	xo2 xo1 俗	xo2	xe2	o2
彭州	xe5	xe5	xo4	xo4	xo5 xo2 旧	xo5	xe5	ŋo2
郫县	xe5	xe5	xo4	xo4	xo1	xo5	xe5	o2
广汉	xe2	xe2	xo4	xo4	xɤ5	xo2	xe5	o2
都江堰河东	xæ5	xæ5	xo4	xo4	xɤ5	xɤ5	xæ5	ŋɤ2
都江堰河西	xæ5	xæ5	xo4	xo4	xɤ5	xɤ5	xæ5	o2
崇州	xæ5	xæ5	xu4 xo4	xu4 xo4	xɤ1	xə5 xo2 新	xæ5	u2 o2 新
大邑	xæ5	xæ5	xo4	xo4	xɤ5	xɤ5	xæ5	o2
邛崃	xæ5	xæ5	xo4	xo4	xɤ1	xɤ5	xæ5	ŋɤ2
新津	xæ5	xæ5	xo4	xo4	xə5	xə5	xæ5	o2
蒲江	xæ5	xæ5	xo4	xo4	xo5	xɤ5	xæ5	o2
彭山	xai5	xai5	xu4	xo4	xo5	xɤ5	xai5	u2
眉山	xai5	xai5	xo4	xo4	xɤ5	xɤ4	xai5	u2
丹棱	xai5	xai5	xo4	xo4	xo5	xo5	xai5	u2
洪雅	xai5	xai5	xo4	xo4	xo5	xo5	xai5	o2
青神	xe5	xe5	xɯ4	xɯ4	xo5	xe5	xe5	ɯ2
夹江	xu5	xu5	xo4	xo4	xɤ5	xɤ5	xai5	o2
峨眉山	xæ5	xæ5	xo4	xo4	xo5	xo1	xæ5	o2
乐山	xʊ5 xɛ5	xʊ5 xɛ5	xo4	xo4	xʊ5	xɛ5	xɛ5	o2
犍为	xæ5	xæ5	xo4	xo4	xʊ5	xæ5	xæ5	o2

字目	核核对	核核心	贺	和和面	喝喝采	鹤	吓恐吓	蛾
反切	下革	下革	胡个	胡卧	许葛	下各	呼格	五何
声韵调	梗开二 匣麦入	梗开二 匣麦入	果开一 匣歌去	果合一 匣戈去	山开一 晓曷入	宕开一 匣铎入	梗开二 晓陌入	果开一 疑歌平
中古音	ɦɣɛk	ɦɣɛk	ɦɑ-	ɦuɑ-	hɑt	ɦɑk	hɣæk	ŋɑ
沐川	xe5	xe5	xo4	xo2	xʉ5 xo2 旧	xʉ5	xe4	o2
峨边	xæ5	xæ5	xo4	xo2	xɤ5	xo5	xæ5	o2
雅安	xe1	xe1	xo4	xo4	xo1	xo1	xe1	o2
名山	xe1	xe1	xo4	xo4	xo1	xo1	xe1	o2
天全	xe1	xe1	xo4	xo4	xo1	xo1	xe1	o2
芦山	xe1	xe1	xo2	xo4	xo1	xo1	xe1	o4
宝兴	xe1	xe1	xo4	xo4	xo1	xo1	xe1	o2
荥经	xɜ5	xɜ5	xo4	xo4	xɤ5 xo2 旧	xʊ5	xɜ5	o2
汉源	xai1	xai1	xo4	xo4	xo1	xo1	xo1	o2
石棉	xai1	xai1	xo4	xo4	xo1	xə1	xai1	o2
内江	xe4	xe4	xo4	xo4	xo1	xo4	xe4	o2
威远	xe4	xe4	xo4	xo4	xo1	xo4	xe4	o2
荣县	xe4	xe4	xo4	xo4	xo1	xo4	xe4	o2
自贡	xe4	xe4	xo4	xo2 xo4	xo4 xo1	xo4	xe4	o2
富顺	xe4	xe4	xo4	xo4	xo4 xo1	xo4	xe4	o2
隆昌	xe4	xe4	xo4	xo2 xo4	xo4 xo1	xo4	xe4	o2
泸县	xe4	xe4	xo4	xo4	xo4	xo4	xʌ4	o2
泸州	xe5	xe5	xo4	xo4	xɤ5	xo5	xe5	o2
南溪	xe5	xe5	xo4	xo4	xɯ5	xɯ5	ɕiæ5	o2
合江	xe5	xe5	xo4	xo4	xʊ5 xo2 旧	xʊ5	xæ5	o2

字目	鹅	额	腭	鄂	恶善恶	饿	波	*菠
反切	五何	五陌	五各	五各	乌各	五个	博禾	*逋禾
声韵调	果开一 疑歌平	梗开二 疑陌入	宕开一 疑铎入	宕开一 疑铎入	宕开一 影铎入	果开一 疑歌去	果合一 帮戈平	果合一 帮戈平
中古音	ŋɑ	ŋɣæk	ŋɑk	ŋɑk	ʔɑk	ŋɑ-	puɑ	puɑ
成都	o2	ŋe2	ŋo2	ŋo2	ŋo2	o4	po1	po1
彭州	o2	ŋe5	ŋo5	ŋo5	ŋo5	o4	po1	po1
郫县	o2	ŋe5	ŋo2	ŋo2	ŋo5	o4	po1	po1
广汉	o2	ŋe5	ŋɤ2	ŋɤ2	ŋo5	o4	po1	po1
都江堰河东	o2	ŋæ5	ŋɤ5	ŋɤ5	ŋɤ5	o4	po1	po1
都江堰河西	o2	ŋæ5	ŋɤ5	ŋɤ5	ŋɤ5	o4	po1 pʊ1 旧	po1 pʊ1 旧
崇州	u2 o2 新	ŋæ5	ŋə5	ŋə5	ŋə5	u2 o2 新	pu1	pu1
大邑	o2	ŋɤ5	ŋɤ5	ŋɤ5	ŋɤ5	o4	po1	po1
邛崃	ŋɤ2	ŋæ5	ŋo5	ŋo5	ŋo5	o4	po1	po1
新津	o2	ŋæ5	ŋə5	ŋə5	ŋə5	o4	pu1 po1 新	pu1 po1 新
蒲江	o2	ŋæ5	ŋɤ5	ŋo5	ŋɤ5	o4	pʊ1 po1 新	pʊ1 po1 新
彭山	u2	ŋai5	ŋɤ5	ŋɤ5	ŋɤ5	u4	pu1	phu1
眉山	u2	ŋai5	ŋɤ5	ŋɤ5	ŋɤ5	u4	pu1	pu1
丹棱	u2	ŋai5	ŋɤ5	ŋɤ5	ŋɤ5	o4	pu1	pu1
洪雅	o2	ŋai5	ŋɤ5	ŋɤ5	ŋɤ5	o4	po1	pho1
青神	ɯ2	ŋe5	ŋe5	ŋe5	ŋe5	ɯ4	pɯ1	pɯ1
夹江	o2	ŋai5	ŋɤ5	ŋɤ5	ŋɤ5	o4	po1	po1
峨眉山	o2	ŋæ5	ŋo5	ŋo5	ŋo5	o5	po1	po1
乐山	o2	ŋe5	ŋe5	ŋe5	ŋe5	o4	po1	po1
犍为	o2	ŋæ5	ŋæ5	ŋæ5	ŋæ5	o4	po1	po1

字目	鹅	额	腭	鄂	恶善恶	饿	波	*菠
反切	五何	五陌	五各	五各	乌各	五个	博禾	*逋禾
声韵调	果开一 疑歌平	梗开二 疑陌入	宕开一 疑铎入	宕开一 疑铎入	宕开一 影铎入	果开一 疑歌去	果合一 帮戈平	果合一 帮戈平
中古音	ŋɑ	ŋɣæk	ŋɑk	ŋɑk	ʔɑk	ŋɑ-	puɑ	puɑ
沐川	o2	ŋe5	ŋʉ5	ŋʉ5	ŋʉ5	o4	po1	po1
峨边	o2	ŋæ5	ŋɤ5	ŋɤ5	ŋɤ5	o4	po1	po1
雅安	o2	ŋe1	ŋo1	ŋo1	ŋo1	o4	po1	po1
名山	o2	ŋe1	ŋo1	ŋo1	ŋo1	o4	po1	po1
天全	o2	ŋe1	ŋo1	ŋo1	ŋo1	o4	po1	po1
芦山	o4	ŋe1	ŋo1	ŋo1	ŋo1	o4	po1	po1
宝兴	o2	ŋe1	ŋo1	ŋo1	ŋo1	o4	po1	po1
荥经	o2	ŋɤ5	ŋɤ5	ŋɤ5	ŋɤ5	o4	po1	po1
汉源	o2	ŋɛ1	ŋo2	ŋo2	ŋo1	o4	po1	po1
石棉	o2	ŋe1	ŋə1	ŋə1	ŋo1	o4	po1	po1
内江	o2	ŋe4	o4	o4	o4	o4	po1	po1
威远	o2	ŋe4	ŋe4	ŋe4	o4	o4	po1	po1
荣县	o2	ŋe4	ŋo4	ŋo4	o4	ŋo4	po1	po1
自贡	o2	ŋe4	o4	o4	ŋo4	o4	po1	po1
富顺	o2	ŋe4	o4	o4	ŋo4	o4	po1	po1
隆昌	o2	ŋe4	ŋo2	ŋo2	ŋo4	o4	po1	po1
泸县	o2	ŋe4	ŋo2	ŋo4	ŋo4	o4	po1	po1
泸州	o2	ŋɤ5	ŋo5	ŋo5	ŋo5	o4	po1	po1
南溪	o2	ŋe5	ŋɯ5	ŋɯ5	ŋɯ5	o4	po1	po1
合江	o2	ke5	ŋʊ5	ŋʊ5	ŋʊ5	o4	po1	po1

字目	播	玻	拨	剥	勃	博	薄	驳
反切	补过	滂禾	北末	北角	蒲没	补各	傍各	北角
声韵调	果合一 帮戈去	果合一 滂戈平	山合一 帮末入	江开二 帮觉入	臻合一 並没入	宕开一 帮铎入	宕开一 並铎入	江开二 帮觉入
中古音	puɑ-	phuɑ	puɑt	pɣʌk	buət	pɑk	bɑk	pɣʌk
成都	po4	po1	po2	po2	phu2 po2 新	po2	po2	po2
彭州	po4	po1	po5	po5	pho5 po5 新	po5	po5	po5
郫县	po4	po1	po5	po5	pho5	po5	po5	po5
广汉	po4	po1	po5	po5	pho5	po5	po5	po5
都江堰河东	po4	po1	po5	po5	pho5	po5	po5	po5
都江堰河西	po4 pʊ4 旧	po1 pʊ1 旧	po5	po5	pho5	po5	po5	po5
崇州	pu4	pu1	po5	po5	pho5	po5	po5	po5
大邑	po4	po1	po5	po5	pho5 po5 新	po5	po5	po5
邛崃	po4	po1	po5	po5	pho5 po5 新	po5	pho5	pho5
新津	pu4 po4 新	pu1 po1 新	po5	po5	pho5 po5 新	po5	po5	po5
蒲江	pʊ1 po1 新	pʊ1 po1 新	po5	po5	pho5 po5 新	po5	po5	po5
彭山	pu4	pu1	po5	po5	phu5 po5 新	po5	po5	po5
眉山	pu4	pu1	po5	po5	phu5 po5 新	po5	po5	po5
丹棱	po4	pu1	po5	po5	phu5 po5 新	po5	po5	po5
洪雅	po4	po1	po5	po5	phu5 po5 新	po5	po5	po5
青神	pɯ4	pɯ1	po5	po5	pho5 po5 新	po5	po5	po5
夹江	po4	po1	po1	po5	po1	po5	po1	po5
峨眉山	po1	po1	po5	po5	po5	po5	po5	po5
乐山	po4	po1	pʊ5	pʊ5	phʊ5 pʊ5	pʊ5	pʊ5	pʊ5
犍为	po4	po1	pʊ5	pʊ5	pʊ5	pʊ5	pʊ5	pʊ5

字目	播	玻	拨	剥	勃	博	薄	驳
反切	补过	滂禾	北末	北角	蒲没	补各	傍各	北角
声韵调	果合一 帮戈去	果合一 滂戈平	山合一 帮末入	江开二 帮觉入	臻合一 並没入	宕开一 帮铎入	宕开一 並铎入	江开二 帮觉入
中古音	puɑ-	phuɑ	puɑt	pɣʌk	buət	pɑk	bɑk	pɣʌk
沐川	po4	po1	pʉ5	po4	phʉ5 pʉ5 新	pʉ5	pʉ5	po4
峨边	po1	po1	po1	po5	phu5	po5	po5	po5
雅安	po4	po1	po1	po1	phu1	po1	po1	po1
名山	po4	po1	po1	po1	phu1 po1 新	po1	po1	po1
天全	po4	po1	po1	po1	phu1 po1 新	po1	po1	po1
芦山	po4	po1	po1	po1	phu1	po1	po1	po1
宝兴	po4	po1	po1	po1	phu1	po1	po1	po1
荥经	po4	po1	pʊ5	pʊ5	phʊ5 pʊ5 新	pʊ5	pʊ5	pʊ5
汉源	po4	po1	po1	po1	phu1 po1 新	po1	po1	po1
石棉	po4	po1	po1	po1	phu1 po1 新	po1	po1	po1
内江	po4	po1	po4	po4	phu4 po4 新	po4	po4	po4
威远	po4	po1	po4	po4	phu4 po4 新	po4	po4	po4
荣县	po4	po1	po4	po4	phu4 po4 新	po4	po4	po4
自贡	po4	po1	po4	po4	po4	po4	po4	po4
富顺	po4	po1	po4	po4	phu4	po4	po4	po4
隆昌	po4	po1	po4	po4	po4	po4	po4	po4
泸县	po4 po1	po1	po4	po4	pho4	po4	po4	po4
泸州	po5[①] po4	po1	po5	po5	pho5	po5	po5	po5
南溪	po1 po4	po1	po5	po5	po5	po5	po5	po5
合江	po4	po1	pʊ5	pʊ5	phʊ5 phʉ5 新	pʊ5	puə5	pʊ5

① 又音 po1。

字目	伯	簸簸一簸	簸簸箕	薄薄荷	坡	颇[①]	泼	婆
反切	博陌	布火	补过	步卧	滂禾	滂禾	普活	薄波
声韵调	梗开二 帮陌入	果合一 帮戈上	果合一 帮戈去	果合一 並戈去	果合一 滂戈平	果合一 滂戈平	山合一 滂末入	果合一 並戈平
中古音	pɣæk	puɑ:	puɑ-	buɑ-	phuɑ	phuɑ	phuɑt	buɑ
成都	pe2	po3	po3	po4	pho1	pho3	pho2	pho2
彭州	pe5	po3	po3	po4	pho1	pho3	pho5	pho2
郫县	pe5	po3	po3	pu4	pho1	pho3	pho5	pho2
广汉	pe5	po3	po3	po5	pho1	pho3	pho5	pho2
都江堰河东	pæ5	po3	po3	po4	pho1	pho3	pho5	pho2
都江堰河西	pæ5	po3 pʊ3 旧	po3 pʊ3 旧	po4 pʊ4 旧	pho1 phʊ1 旧	pho3 phʊ3 旧	pho5	pho2 phʊ2 旧
崇州	pæ5	pu3	pu3	pu4	phu1	phu3	pho5	phu2
大邑	pæ5	po3	po3	po4	pho1	pho3	pho5	pho2
邛崃	pæ5	po3	po3	po4	pho1	pho3	pho5	pho2
新津	pæ5	pu3 po3 新	pu3 po3 新	pu4 po4 新	phu1 pho1 新	phu3 pho3 新	pho5	phu2 pho2 新
蒲江	pæ5	pʊ3	pʊ3	po4	phʊ1	pho1	pho5	pho2
彭山	pai5	pu3	pu3	po4	phu1	phu3	pho5	phu2
眉山	pai5	pu3	pu3	po4	phu1	phu3	pho5	phu2
丹棱	pai5	pu3	pu3	po4	phu1	phu3	pho5	phu2
洪雅	pai5	po3	po3	po4	pho1	pho3	pho5	pho2
青神	pæ5	pɯ3	pɯ3	pɯ4	phɯ1	phɯ3	pho5	phɯ2
夹江	pai1	po3	po3	po4	pho1	pho1	pho5	pho2
峨眉山	pæ5	po3	po3	po4	pho1	pho1	pho5	pho2
乐山	pɛ5	po3	po3	po4	pho1	pho1	phʊ5	pho2
犍为	pæ5	po3	po3	po4	pho1	pho1	phʊ5	pho2

① 又普火切，果合一滂果上。

字目	伯	簸簸一簸	簸簸箕	薄薄荷	坡	颇[②]	泼	婆
反切	博陌	布火	补过	步卧	滂禾	滂禾	普活	薄波
声韵调	梗开二 帮陌入	果合一 帮戈上	果合一 帮戈去	果合一 並戈去	果合一 滂戈平	果合一 滂戈平	山合一 滂末入	果合一 並戈平
中古音	pɣæk	puɑ:	puɑ-	buɑ-	phuɑ	phuɑ	phuɑt	buɑ
沐川	pæ4	po3	po3	pʉ4	pho1	pho3	phʉ5	pho2
峨边	pæ5	po3	po3	po4	pho1	pho3	pho5	pho2
雅安	pe1	po3	po3	po4	pho1	pho3	pho1	pho2
名山	pe1	po3	po3	po4	pho1	pho1	pho1	pho2
天全	pe1	po3	po3	po4	pho3	pho1	pho1	pho2
芦山	pe1	po3	po3	po4	pho1	pho3	pho1	pho4
宝兴	pe1	po3	po3	po4	pho1	pho3	pho1	pho2
荥经	pɜ5	po3	po3	po4	pho1	pho3	phʊ5	pho2
汉源	pai1	po3	po3	po4	pho1	pho1	pho1	pho2
石棉	pai1	po3	po3	po4	pho1	pho1	pho1	pho2
内江	pe4	po3	po3	po4	pho1	pho3	pho4	pho2
威远	pe4	po3	po3	po4	pho1	pho3	pho4	pho2
荣县	pe4	po3	po3	po4	pho1	pho3	pho4	pho2
自贡	pe4	po3	po3	po4	pho1	pho1	pho4	pho2
富顺	pe4	po3	po4	po4	pho1	pho1	pho4	pho2
隆昌	pe4	po3	po3	po4	pho1	pho1	pho4	pho2
泸县	pe4	po3	po3	po4	pho1	pho3	pho4	pho2
泸州	pe5	po3	po3	po5[①] pau4 口	pho1	pho3	pho5	pho2
南溪	pe5	po3	po3	po5 po4	pho1	pho3	pho5	pho2
合江	pe5	po3	po3	po4	pho1	pho3	phʊ5	pho2

① 又音 po4。 ② 又普火切，果合一滂果上。

字目	破	迫[1]	魄	摸[2]	魔	磨磨刀	摩	模
反切	普过	博陌	普伯	慕各	莫婆	莫婆	莫婆	莫胡
声韵调	果合一 滂戈去	梗开二 帮陌入	梗开二 滂陌入	宕开一 明铎入	果合一 明戈平	果合一 明戈平	果合一 明戈平	遇合一 明模平
中古音	phuɑ-	pɣæk	phɣæk	mɑk	muɑ	muɑ	muɑ	muo
成都	pho4	phe2	phe2	mo1	mo2	mo2	mo1 mo2	mo2 mu2
彭州	pho4	phe5	phe5	mo1	mo2	mo2	mo1 mo2 旧	mo2 mu2 旧
郫县	pho4	phe5	phe5	mo1	mo2	mo2	mo1 mo2 旧	mu2 mo2 新
广汉	pho4	phe5	pei5	mo1	mo2	mo2	mo2 mo1 新	mu2
都江堰河东	pho4	phɐ5	phæ5	mo1	mo2	mo2	mo1 mo2	mʊ2
都江堰河西	pho4 phʊ4 旧	phæ5	phæ5	mo1 mʊ1 旧	mo2 mʊ2 旧	mo2 mʊ2 旧	mo1 mʊ1 旧	mo2 mʊ2 旧
崇州	phu4	phæ5	phæ5	mu1	mu2	mu2	mu1 mo1 新	mu2 mo2 新
大邑	pho4	phæ5	phæ5	mo1	mo2	mo2	mu1 mo1 新	mo2 mu2 旧
邛崃	pho4	phæ5	phæ5	mo1	mo2	mo2	mo1 mo2 旧	mo2 mu2 旧
新津	phu4 pho4 新	phæ5	phæ5	mo1 mu1 旧	mu2 mo2 新	mu2 mo2 新	mu1 mo1 旧	mo2 mu2 旧
蒲江	phʊ4	phæ5	phæ5	mo1	mʊ2	mʊ2	mu1 mo2 旧	mo2 mʊ2 旧
彭山	phu4	phai5	phai5	mo1	mu2	mu2	mo1 mo2	mo2 mu2 旧
眉山	pho4	phai5	phai5	mu1	mu2	mu2	mu1 mu2	mo2 mu2 旧
丹棱	pho4	phai5	pho5	mo1	mu2	mo2	mo1 mo2	mo2 mu2 旧
洪雅	pho4	phai5	phai5	mo1	mo2	mo2	mo1 mo2	mo2 mu2 旧
青神	phɯ4	phæ5	phæ5	mɯ1	mɯ2	mɯ2	mɯ1 mɯ2	mɯ2 mu2 旧
夹江	pho4	phai5	phai5	mo1	mo2	mo2	mo1 mo2 旧	mo2 mu2 旧
峨眉山	pho4	phæ5	phæ5	mo1	mo2	mo2	mo1 mo2 旧	mo2 mu2 旧
乐山	pho4	phɛ5	phɛ5	mo1	mo2	mo2	mo1 mo2 旧	mo2 mu2 旧
犍为	pho4	phæ5	phæ5	mo1	mo2	mo2	mo1 mo2 旧	mo2 mu2 旧

① 又匹陌切，梗开二滂陌入。 ② 又莫胡切，遇合一明模平。

字目	破	迫[①]	魄	摸[②]	魔	磨磨刀	摩	模
反切	普过	博陌	普伯	慕各	莫婆	莫婆	莫婆	莫胡
声韵调	果合一 滂戈去	梗开二 帮陌入	梗开二 滂陌入	宕开一 明铎入	果合一 明戈平	果合一 明戈平	果合一 明戈平	遇合一 明模平
中古音	phuɑ-	pɣæk	phɣæk	mɑk	muɑ	muɑ	muɑ	muo
沐川	pho4	phæ4	phæ4	mo1	mo2	mo2	mo1 mo2 旧	mo2 mu2 旧
峨边	pho4	phæ5	phæ5	mo1	mo2	mo2	mo2	mu2
雅安	pho4	phe1	phe1	mo1	mo2	mo2	mo1	mu2
名山	pho4	phe1	phe1	mo1	mo2	mo2	mo1 mo2 旧	mu1 mu4 旧
天全	pho4	phe1	phe1	mo1	mo2	mo2	mo1 mo2 旧	mu1 mu4 旧
芦山	pho4	phe1	phe1	mo1	mo2	mo2	mo1	mu4
宝兴	pho4	phe1	phe1	mo1	mo2	mo2	mo1	mu2
荥经	pho4	phɜ5	phɜ5	mo1	mo2	mo2	mo1 mo2 旧	mo2 mu2 旧
汉源	pho4	phai1	phai1	mo1	mo2	mo2	mo1 mo2 旧	mo1 mu2 旧
石棉	pho4	phai1	pai1	mo1	mo2	mo2	mo1 mo2 旧	mu1 mu2 旧
内江	pho4	phe4	phe4	mo1	mo2	mo2	mo1 mo2	mo2 mu2 旧
威远	pho4	phe4	phe4	mu2	mo2	mo2	mo1 mo2	mo2 mu2 旧
荣县	pho4	phe4	phe4	mo1	mo2	mo2	mo1 mo2	mo2 mu2 旧
自贡	pho4	phe4	phe4	mo1	mo2	mo2	mo1	mu2
富顺	pho4	phe4	phe4	mo1	mo2	mo2	mo1	mu2
隆昌	pho4	phe4	phe4	mo1	mo2	mo2	mo1	mu2
泸县	pho4	phe4	phe4	mo1	mo2	mo2	mo1 mo2 旧	mu2 mo2 新
泸州	pho4	phe5	phe5	mo1	mo2	mo2	mo1 mo2 旧	mu2 mo2 新
南溪	pho4	phe5	phe5	mo1	mo2	mo2	mo1 mo2 旧	mu2 mo2 新
合江	pho4	phi5	phe5	mo1	mo2	mo2	mo1 mo2 旧	mo2 mu2 旧

① 又匹陌切，梗开二滂陌入。 ② 又莫胡切，遇合一明模平。

字目	膜薄膜	抹抹杀	磨石磨	末	沫	没沉没	莫	墨
反切	慕各	莫拨	模卧	莫拨	莫拨	莫勃	慕各	莫北
声韵调	宕开一 明铎入	山合一 明末入	果合一 明戈去	山合一 明末入	山合一 明末入	臻合一 明没入	宕开一 明铎入	曾开一 明德入
中古音	mɑk	muɑt	muɑ-	muɑt	muɑt	muət	mɑk	mək
成都	mo2	mo3	mo4	mo2	mo2	mo2	mo2	me2
彭州	moŋ2	mo3	mo4	mo5	mo5	mo5	mo5	me5
郫县	mo2	mo3	mo4	mo5	mo5	mo5	mo5	me5
广汉	mo5	mo3	mo4	mo5	mo5	mo5	mo5	me5
都江堰河东	mʊ2	mo3	mo4	mo5	mo5	mo5	mo5	mæ5
都江堰河西	mo2 mʊ2 旧	mo3	mo4 mʊ4 旧	mo5	mo5	mo5	mo5	mæ5
崇州	mu2 mo2 新	mu3	mu4 mo4 新	mo5	mo5	mo5	mo5	mæ5
大邑	mo2	mo3	mo4	mo5	mo5	mo5	mo5	mæ5
邛崃	mo2	mo3	mo4	mo5	mo5	mo5	mo5	mæ5
新津	mo2 mu2 旧	mo3	mu4 mo4 新	mo5	mo5	mo5	mo5	mæ5
蒲江	mo2 mʊ2 旧	mo3	mʊ4	mo5	mo5	mo5	mo5	mæ5
彭山	mo2 mo5 旧	mo3	mu4	mo5	mo5	mo5	mo5	mai5
眉山	mo5	mo3	mu4	mo5	mo5	mo5	mo5	mai5
丹棱	mo2 mo5 旧	mo3	mo4	mo5	mo5	mo5	mo5	mo5
洪雅	mo2 mo5 旧	mo3	mo4	mo5	mo5	mo5	mo5	mai5
青神	mo2 mo5 旧	mo3	mɯ4	mo5	mo5	mo5	mo5	mæ5
夹江	mu2 mo2	mo3	mo4	mo5	mo5	mo1	mo5	mai5
峨眉山	mu2 mo2	mo3	mo4	mo5	mo5	mo5	mo5	mæ5
乐山	mu2[①] mo2	mo3	mo4	mʊ5	mʊ5	mʊ5	mʊ5	mɛ5
犍为	mu2 mo2	mo3	mo4	mʊ5	mʊ5	mʊ5	mʊ5	mæ5

① 又音 moŋ2。

字目	膜薄膜	抹抹杀	磨石磨	末	沫	没沉没	莫	墨
反切	慕各	莫拨	模卧	莫拨	莫拨	莫勃	慕各	莫北
声韵调	宕开一 明铎入	山合一 明末入	果合一 明戈去	山合一 明末入	山合一 明末入	臻合一 明没入	宕开一 明铎入	曾开一 明德入
中古音	mɑk	muɑt	muɑ-	muɑt	muɑt	muət	mɑk	mək
沐川	mo2	mo3	mo4	mʉ5	mʉ5	mʉ5	mo4	mæ5
峨边	mu2	mo3	mo4	mo5	mo5	mo5	mo5	mæ5
雅安	mu4	mo3	mo4	mo1	mo1	mo1	mo1	me1
名山	mo2 mu2 旧	mo3	mo4	mo1	mo1	mo1	mo1	me1
天全	mo2	mo3	mo4	mo1	mo1	mo1	mo1	me1
芦山	mo4	mo3	mo4	mo1	mo1	mo1	mo1	me1
宝兴	mu2	mo3	mo4	mo1	mo1	mo1 me1	mo1	me1
荥经	mu2	mo3	mo4	mʊ5	mʊ5	mʊ5	mʊ5	mɜ5
汉源	mo2	mo3	mo4	mo1	mo1	mo1	mo1	mai1
石棉	mo2	mo3	mo4	mo1	mo1	mo1	mo1	mai1
内江	mo4 mu2	mo3	mo4	mo4	mo4	mu4	mo4	me4
威远	mo4	mo4	mo4	mo4	mo4	mu4	mo4	me4
荣县	mo4 mu2	mo3	mo4	mo4	mo4	mu4	mo4	me4
自贡	mu2	mo3	mo4	mo4	mo4	mu4	mo4	me4
富顺	mu2	mo3	mo4	mo4	mo4	mu4	mo4	me4
隆昌	mu2	mo3	mo4	mo4	mo4	mo4	mo4	me4
泸县	mo2 mu2	mo3	mo4	mo4	mo4	mo4	mo4	me4
泸州	mu2 mo2 旧	mo3	mo4	mo5	mo5	mo5	mo5	me5
南溪	mu2 mo2 旧	mo3	mo4	mo5	mo5	mo5	mo5	me5
合江	mu2	mo3	mo4	mʊ5	mʊ5	mʊ5	mʊ5	me5

字目	默	陌陌生	脉	佛	多	夺	朵	躲
反切	莫北	莫白	莫获	符弗	得何	徒活	丁果	
声韵调	曾开一 明德入	梗开二 明陌入	梗开二 明麦入	臻合三 奉物入	果开一 端歌平	山合一 定末入	果合一 端戈上	果合一 端戈上
中古音	mək	mɣæk	mɣɛk	bɨut	tɑ	duɑt	tuɑ:	tuɑ:
成都	me2	me2① pe2	me2	fu2	to1	to2	to3	to3
彭州	me5	me5① pe5	me5	fo5	to1	to5	to3	to3
郫县	me5	mo5	me5	fo5	to1	to5	to3	to3
广汉	me5	pe5 me5	me5	fu2	to1	to5	to3	to3
都江堰河东	mæ5	pæ5	mæ5	fo5 fʊ2 新	to1	to5	to3	to3
都江堰河西	mæ5	mæ5	mæ5	fo5 fʊ2 新	to1 tʊ1 旧	to5	to3 tʊ3 旧	to3 tʊ3 旧
崇州	mæ5	pæ5	mæ5	fo5 fu2 新	tu1	to5	tu3	tu3
大邑	mæ5	mæ5 pæ5 旧	mæ5	fo5	to1	to5	to3	to3
邛崃	mæ5	mæ5 pæ5	mæ5	fo5	to1	to5	to3	to3
新津	mæ5	mæ5 pæ5 旧	mæ5	fo5	tu1 to1 新	to5	tu3 to3 新	tu3 to3 新
蒲江	mæ5	mæ5 pæ5 旧	mæ5	fo5	to1	to5	to3	to3
彭山	mai5	pai5 mai5 新	mai5	fo5	tu1	to5 tho5	tu3	tu3
眉山	mai5	pai5 mai5 新	mai5	fu5	tu1	to5 tho5	tu3	tu3
丹棱	mai5	pai5 mai5 新	mai5	fu5	tu1	to5 tho5	tu3	tu3
洪雅	mai5	pai5 mo5 新	mai5	fu5	to1	to5 tho5	to3	to3
青神	mæ5	pæ5 mæ5 新	mæ5	fo5	tɯ1	to5 tho5	tɯ3	tɯ3
夹江	mai5	mo5	mai5	fu5	to1	to5	to3	to3
峨眉山	mæ5	mæ5 pæ5	mæ5	fu5	to1	to5	to3	to3
乐山	mɛ5	mɛ5 pɛ5	mɛ5	fʊ5	to1	tʊ5	to3	to3
犍为	mæ5	mæ5 pæ5	mæ5	fʊ5	to1	tʊ5	to3	to3

① 又音 mo2 新。

字目	默	陌陌生	脉	佛	多	夺	朵	躲
反切	莫北	莫白	莫获	符弗	得何	徒活	丁果	
声韵调	曾开一 明德入	梗开二 明陌入	梗开二 明麦入	臻合三 奉物入	果开一 端歌平	山合一 定末入	果合一 端戈上	果合一 端戈上
中古音	mək	mɣæk	mɣɛk	bɨut	tɑ	duɑt	tuɑ:	tuɑ:
沐川	mæ5	pæ5① me5	mæ5	fʉ5	to1	tʉ5	to3	to3
峨边	mæ5	mæ5	mæ5	fu5	to1	to5	to3	to3
雅安	me1	pe1	me1	fu1	to1	to1	to3	to3
名山	me1	pe1 me1	me1	fu1	to1	tho1	to3	to3
天全	me1	pe1 me1	pe1	fu1	to1	to1	to3	to3
芦山	me1	pe1	me1	fu1	to1	to1	to3	to3
宝兴	me1	me1	me1	fu1	to1	to1	to3	to3
荥经	mɜ5	mɜ5① pɜ5	mɜ5	fʊ5	to1	tʊ5	to3	to3
汉源	mai1	mai1	mai1	fu1	to1	to1	to3	to3
石棉	mai1	mai1	mai1	fu1	to1	to1	to3	to3
内江	me4	me4 pe4	me4	fu4	to1	to4	to3	to3
威远	me4	me4 pe4	me4	fu4	to1	to4	to3	to3
荣县	me4	me4 pe4	me4	fu4	to1	to4	to3	to3
自贡	me4	me2 pe2	me4	fu4	to1	to4	to3	to3
富顺	me4	me2 pe2	me4	fu4	to1	to4	to3	to3
隆昌	me4	me2 pe2	me4	fu4	to1	to4	to3	to3
泸县	me4	me4 mo4 新	me4	fu4	to1	to4	to3	to3
泸州	me5	pe5 mo5 新	me5	fu5 fo5	to1	to5	to3	to3
南溪	me5	me5 pe5 旧	me5	fu5	to1	to5	to3	to3
合江	me5	pe5① me5	me5	fʉ5	to1	to2	to3	to3

① 又音 mo2 新。

字目	舵	堕	惰[1]	拖	脱	托委托	托托盘	驼
反切	徒可	徒果	徒果	托何	他括	他各	他各	徒河
声韵调	果开一 定歌上	果合一 定戈上	果合一 定戈上	果开一 透歌平	山合一 透末入	宕开一 透铎入	宕开一 透铎入	果开一 定歌平
中古音	dɑ:	duɑ:	duɑ:	thɑ	thuɑt	thɑk	thɑk	dɑ
成都	to4	to4	to4	tho1	tho2	tho2	tho2	tho2
彭州	to4	to4	to4	tho1	tho5	tho5	tho5	tho2
郫县	to4	to4	to4	tho1	tho5	tho5	tho5	tho2
广汉	to4	to4	to4	tho1	tho5	tho5	tho5	tho2
都江堰河东	to4	to4	to4	tho1	tho5	tho5	tho5	tho2
都江堰河西	to4 tʊ4 旧	to4 tʊ4 旧	to4 tʊ4 旧	tho1 thʊ1 旧	tho5	tho5	tho5	tho2 thʊ2 旧
崇州	tu4	tu4	tu4	thu1	tho5	tho5	tho5	thu2
大邑	to4	to4	to4	tho1	tho5	tho5	tho5	tho2
邛崃	to4	to4	to4	tho1	tho5	tho5	tho5	tho2
新津	tu4 to4 新	tu4 to4 新	tu4 to4 新	thu1 tho1 新	tho5	tho5	tho5	thu2 tho2 新
蒲江	to4	to4	to4	tho1	tho5	tho5	tho5	tho2
彭山	tu4	tu4	tu4	thu1	tho5	tho5	tho5	thu2
眉山	tu4	tu4	tu4	thu1	tho5	tho5	tho5	thu2
丹棱	tu4	tu4	tu4	thu1	tho5	tho5	tho5	thu2
洪雅	to4	to4	to4	tho1	tho5	tho5	tho5	tho2
青神	tɯ4	tɯ4	tɯ4	thɯ1	tho5	tho5	tho5	thɯ2
夹江	to4	to4	to4	tho1	tho5	tho5	tho5	tho2
峨眉山	to5	to5	to5	tho1	tho1	tho5	tho5	tho2
乐山	to4	to4	to4	tho1	thʊ5	thʊ5	thʊ5	tho2
犍为	to4	to4	to4	tho1	thʊ5	thʊ5	thʊ5	tho2

① 又徒卧切，果合一定戈去。

字目	舵	堕	惰[①]	拖	脱	托委托	托托盘	驼
反切	徒可	徒果	徒果	托何	他括	他各	他各	徒河
声韵调	果开一 定歌上	果合一 定戈上	果合一 定戈上	果开一 透歌平	山合一 透末入	宕开一 透铎入	宕开一 透铎入	果开一 定歌平
中古音	dɑ:	duɑ:	duɑ:	thɑ	thuɑt	thɑk	thɑk	dɑ
沐川	tho2	to4	to4	tho1	thʉ5	thʉ5	thʉ5	tho2
峨边	to4	to4	to4	tho1	tho5	tho5	tho5	tho2
雅安	to4	to4	to4	tho1	tho1	tho1	tho1	tho2
名山	to4	to4	to4	tho1	tho1	tho1	tho1	tho2
天全	to4	to4	to4	tho1	tho1	tho1	tho1	tho4
芦山	to4	to4	to4	tho1	tho1	tho1	tho1	tho2
宝兴	to4	to4	to4	tho1	tho1	tho1	tho1	tho2
荥经	to4	to4	to4	tho1	thʊ5	thʊ5	thʊ5	tho2
汉源	to4	to4	to4	tho1	tho1	tho1	tho1	tho2
石棉	to4	to4	to4	tho1	tho1	tho1	tho1	tho2
内江	to4	to4	to4	tho1	tho4	tho4	tho4	tho2
威远	to4	to4	to4	tho1	tho4	tho4	tho4	tho2
荣县	to4	to4	to4	tho1	tho4	tho4	tho4	tho2
自贡	to4	to4	to4	tho1	tho4	tho4	tho4	tho2
富顺	to4	to4	to4	tho1	tho4	tho4	tho4	tho2
隆昌	to4	to4	to4	tho1	tho4	tho4	tho4	tho2
泸县	to4	to4	to4	tho1	tho4	tho4	tho4	tho2
泸州	to4	to4	to4	tho1	tho5	tho5	tho5	tho2
南溪	to4	to4	to4	tho1	tho5	tho5	tho5	tho2
合江	to4	to4	to4	tho1	thʊ5	thʊ5	thʊ5	tho2

① 又徒卧切，果合一定戈去。

字目	驮驮起	妥	糯	诺	罗	锣	箩	萝藤萝
反切	徒河	他果	乃卧	奴各	鲁何	鲁何	鲁何	鲁何
声韵调	果开一 定歌平	果合一 透戈上	果合一 泥戈去	宕开一 泥铎入	果开一 来歌平	果开一 来歌平	果开一 来歌平	果开一 来歌平
中古音	dɑ	thuɑ:	nuɑ-	nɑk	lɑ	lɑ	lɑ	lɑ
成都	tho2	tho3	no4	no4	no2	no2	no2	no2
彭州	tho2	tho3	no4	no4	no2	no2	no2	no2
郫县	tho2	tho3	lo4	lo4	lo2	lo2	lo2	lo2
广汉	tho2	tho3	lo4	lo4	lo2	lo2	lo2	lo2
都江堰河东	tho2	tho3	no4	no5	no2	no2	no2	no2
都江堰河西	tho2 thʊ2 旧	tho3 thʊ3 旧	nʊ4	nʊ4	no2 nʊ2 旧	no2 nʊ2 旧	no2 nʊ2 旧	no2 nʊ2 旧
崇州	thu2	thu3	no4 nu2 旧	no4 nu2 旧	no2 nu2 旧	no2 nu2 旧	no2 nu2 旧	no2 nu2 旧
大邑	tho2	tho3	no4	no4	no2	no2	no2	no2
邛崃	tho2	tho3	no4	no5	no2	no2	no2	no2
新津	thu2 tho2 新	thu3 tho3 新	nu5 no4 新	nu5 no4 新	nu2 no2 新	nu2 no2 新	nu2 no2 新	nu2 no2 新
蒲江	tho2	tho3	lo3	lo5	lʊ2 lo2 新	lʊ2 lo2 新	lʊ2 lo2 新	lʊ2 lo2 新
彭山	thu2	thu3	nu4	no5	nu2	nu2	nu2	nu2
眉山	thu2	thu3	nu4	no5	nu2	nu2	nu2	nu2
丹棱	thu2	thu3	nu4	no5	nu2	nu2	nu2	nu2
洪雅	tho2	tho3	no4	no4 no5 旧	no2	no2	no2	no2
青神	thɯ2	thɯ3	lɯ4	lo5	lɯ2	lɯ2	lɯ2	lɯ2
夹江	tho2	tho3	no4	no5 no4 新	no2	no2	no2	no2
峨眉山	tho2	tho3	no5	no5 no4 新	no2	no2	no2	no2
乐山	tho2	tho3	lo4	lʊ5 lo4 新	lo2	lo2	lo2	lo2
犍为	tho2	tho3	lo4	lʊ5 lo4 新	lo2	lo2	lo2	lo2

字目	驮驮起	妥	糯	诺	罗	锣	箩	萝藤萝
反切	徒河	他果	乃卧	奴各	鲁何	鲁何	鲁何	鲁何
声韵调	果开一定歌平	果合一透戈上	果合一泥戈去	宕开一泥铎入	果开一来歌平	果开一来歌平	果开一来歌平	果开一来歌平
中古音	dɑ	thuɑ:	nuɑ-	nɑk	lɑ	lɑ	lɑ	lɑ
沐川	tho2	tho3	lo4	lo4	lo2	lo2	lo2	lo2
峨边	tho2	tho3	lo4	lo4	lo2	lo2	lo2	lo2
雅安	tho2	tho3	no4	no4	no2	no2	no2	no2
名山	tho2	tho3	lo4	lo4	lo2	lo2	lo2	lo2
天全	tho2	tho3	lo4	lo4	lo2	lo2	lo2	lo2
芦山	tho2	tho3	no4	no4	no2	no2	no2	no2
宝兴	tho2	tho3	no4	no4	no2	no2	no2	no2
荥经	tho2	tho3	lo4	lʊ5	lo2	lo2	lo2	lo2
汉源	tho2	tho3	no4	no4	no2	no2	no2	no2
石棉	tho2	tho3	lo4	lo4	lo2	lo2	lo2	lo2
内江	tho2	tho3	no4	no4	no2	no2	no2	no2
威远	tho2	tho3	no4	no4	no2	no2	no2	no2
荣县	tho2	tho3	no4	no4	no2	no2	no2	no2
自贡	tho2	tho3	lo4	lo4	lo2	lo2	lo2	lo2
富顺	tho2	tho3	lo4	lo4	lo2	lo2	lo2	lo2
隆昌	tho2	tho3	lo4	lo4	lo2	lo2	lo2	lo2
泸县	tho2	tho3	lo4	lo4	lo2	lo2	lo2	lo2
泸州	tho2	tho3	lo4	lo4	lo2	lo2	lo2	lo2
南溪	tho2	tho3	lo4	lo4	lo2	lo2	lo2	lo2
合江	tho2	tho3	lo4	lʊ5	lo2	lo2	lo2	lo2

字目	骡	螺	萝萝卜	洛	落	骆	络	昨
反切	落戈	落戈	落胡	卢各	卢各	卢各	卢各	在各
声韵调	果合一 来戈平	果合一 来戈平	遇合一 来模平	宕开一 来铎入	宕开一 来铎入	宕开一 来铎入	宕开一 来铎入	宕开一 从铎入
中古音	luɑ	luɑ	luo	lɑk	lɑk	lɑk	lɑk	dzɑk
成都	no2	no2	no2	no2	no2	no2 no4	no2 no4	tso2
彭州	no2	no2	no2	no5	no5	no5	no5	tso5
郫县	lo2	lo2	lo2	lo5	lo5	lo5	lo5	tso5
广汉	lo2	lo2	lo2	lo5	lo5	lo5	lo5	tso5
都江堰河东	no2	no2	no2	no5	no5	no5	no5	tso5
都江堰河西	no2 nʊ2 旧	no2 nʊ2 旧	no2 nʊ2 旧	no5	no5	no2 nʊ2 旧	no5	tso5
崇州	no2 nu2 旧	no2 nu2 旧	no2 nu2 旧	no5	no5	no5 nu4	no5 nu4	tso5
大邑	no2	no2	no2	no5	no5	no5	no5	tso5
邛崃	no2	no2	no2	no5	no5	no5	no5	tso5
新津	nu2 no2 新	nu2 no2 新	nu2 no2 新	no5	no5	no5	no5	tso5
蒲江	lʊ2 lo2 新	lʊ2 lo2 新	lʊ2	lo5	lo5	lo5	lo5	tso5
彭山	nu2	nu2	nu2	no5	no5	no5	no5	tso5
眉山	nu2	nu2	nu2	no5	no5	no5	no5	tso5
丹棱	nu2	nu2	nu2	no5	no5	no5	no5	tso5
洪雅	no2	no2	no2	no5	no5	no5	no5	tso5
青神	lɯ2	lɯ2	lɯ2	lo5	lo5	lo5	lo5	tso5
夹江	no2	no2	no2	no5	no5	no5	no5	tso5
峨眉山	no2	no2	no2	no1	no1	no1	no1	tso5
乐山	lo2	lo2	lo2	lʊ5	lʊ5	lʊ5	lʊ5	tsʊ5
犍为	lo2	lo2	lo2	lʊ5	lʊ5	lʊ5	lʊ5	tsʊ5

字目	骡	螺	萝萝卜	洛	落	骆	络	昨
反切	落戈	落戈	落胡	卢各	卢各	卢各	卢各	在各
声韵调	果合一 来戈平	果合一 来戈平	遇合一 来模平	宕开一 来铎入	宕开一 来铎入	宕开一 来铎入	宕开一 来铎入	宕开一 从铎入
中古音	lua	lua	luo	lak	lak	lak	lak	dzak
沐川	lo2	lo2	lo2	lʉ5	lʉ5	lʉ5 lo4	lʉ5 lo4	tso4
峨边	lo2	lo2	lo2	lo5	lo5	lo5	lo5	tso4
雅安	no2	no2	no2	no1	no1	no1 no4	no1 no4	tso4
名山	lo2	lo2	lo2	lo1	lo1	lo1	lo1	tso1
天全	lo2	lo2	lo2	lo1	lo1	lo1	lo1	tso1
芦山	no2	no2	no2	no1	no1	no1 no4	no1 no4	tso1
宝兴	no2	no2	no2	no1	no1	no1 no4	no1 no4	tso1
荥经	lo2	lo2	lo2	lʊ5	lʊ5	lʊ5 lo4	lʊ5 lo4	tsʊ5
汉源	no2	no2	no2	no1	no1	no1	no1	tso1
石棉	lo2	lo2	lo2	lo1	lo1	lo1	lo1	tso1
内江	no2	no2	no2	no4	no4	no4	no4	tso4
威远	no2	no2	no2	no4	no4	no4	no4	tso4
荣县	no2	no2	no2	no4	no4	no4	no4	tso4
自贡	lo2	lo2	lo2	lo4	lo4	lo4	lo4	tso4
富顺	lo2	lo2	lo2	lo4	lo4	lo4	lo4	tso4
隆昌	lo2	lo2	lo2	lo4	lo4	lo4	lo4	tso4
泸县	lo2	lo2	lo2	lo4	lo4	lo4	lo4	tso4
泸州	lo2	lo2	lo2	lo5	lo5	lo5	lo5	tso5
南溪	lo2	lo2	lo2	lo5	lo5	lo5	lo5	tso5
合江	lo2	lo2	lo2	lʊ5	lʊ5	lʊ5 lo2 新	lʊ5 lo2 新	tsʊ5

字目	左[1]	坐	座	做[2]	作	搓	撮[3]	锉
反切	臧可	徂果	徂卧	臧祚	则落	七何	仓括	麤卧
声韵调	果开一 精歌上	果合一 从戈上	果合一 从戈去	遇合一 精模去	宕开一 精铎入	果开一 清歌平	山合一 清末入	果合一 清戈去
中古音	tsɑ:	dzuɑ:	dzuɑ-	tsuo-	tsɑk	tshɑ	tshuɑt	tshuɑ-
成都	tso3	tso4	tso4	tsu4	tso2	tsho1	tsho2	tsho4
彭州	tso3	tso4	tso4	tsu4	tso5	tsho1	tsho5	tsho4
郫县	tso3	tso4	tso4	tsu4	tso5	tsho1	tsho5	tsho4
广汉	tso3	tso4	tso4	tsu4	tso5	tsho1	tsho5	tsho4
都江堰河东	tso3	tso4	tso4	tsʊ4	tso5	tsho1	tsho5	tsho4
都江堰河西	tso3 tsʊ3 旧	tso4 tsʊ4 旧	tso4 tsʊ4 旧	tsʊ4	tso5	tsho1 tshʊ1 旧	tsho5	tsho4 tshʊ4 旧
崇州	tsu3	tsu4	tshu4	tsu4	tso5	tshu1	tsho5 tso5 口	tshu4
大邑	tso3 tsu3 旧	tso4 tsu4 旧	tso4 tsu4 旧	tsu4	tso5	tsho1 tshu1 旧	tsho5	tsho4 tshu4 旧
邛崃	tso3	tso4	tso4	tsu4	tso5	tsho1	tsho5	tsho4
新津	tsu3 tso3 新	tsu4 tso4 新	tsu4 tso4 新	tsu4 tso4 新	tso5	tshu1 tsho1 新	tsho5	tshu4 tsho4 新
蒲江	tsʊ3 tso3 新	tsʊ4 tso4 新	tsʊ4 tso4 新	tsʊ4 tso4 新	tso5	tsho1	tso5	tsho4
彭山	tsu3	tsu4	tsu4	tsu4	tso5	tshu1	tso5	tshu4
眉山	tsu3	tsu4	tsu4	tsu4	tso5	tshu1	tsho5	tsho4
丹棱	tsu3	tsu4	tsu4	tsu4	tso4	tshu1	tsho5	tsho4
洪雅	tso3	tso4	tso4	tsu4	tso5	tsho1	tsho5	tsho4
青神	tsɯ3	tsɯ4	tsɯ4	tsɯ4	tso5	tshɯ1	tsho5	tsho4
夹江	tso3	tso4	tso4	tsu4	tso1	tsho1	tsho5	tsho4
峨眉山	tso3	tso5	tso4	tsu1	tso5	tsho1	tsho5	tsho4
乐山	tso3	tso4	tso4	tsu4	tsʊ5	tsho1	tshʊ5 tsʊ5	tsho4
犍为	tso3	tso4	tso4	tsu4	tsʊ5	tsho1	tshʊ5	tsho4

① 又则个切，果开一精歌去。 ② 又则个切，果开一精歌去。 ③ 又子括切，山合一精末入。

字目	左[①]	坐	座	做[②]	作	搓	撮[③]	锉
反切	臧可	徂果	徂卧	臧祚	则落	七何	仓括	麤卧
声韵调	果开一 精歌上	果合一 从戈上	果合一 从戈去	遇合一 精模去	宕开一 精铎入	果开一 清歌平	山合一 清末入	果合一 清戈去
中古音	tsɑ:	dzuɑ:	dzuɑ-	tsuo-	tsɑk	tshɑ	tshuɑt	tshuɑ-
沐川	tso3	tso4	tso4	tsu4	tsʉ5	tsho1	tsho4	tsho4
峨边	tso3	tso4	tso4	tsu4	tso5	tsho1	tsho5	tsho4
雅安	tso3	tso4	tso4	tsu4	tso1	tsho1	tsho1	tsho4
名山	tso3	tso4	tso4	tso1	tso1	tsho1	tsho1	tsho4
天全	tso3	tso4	tso4	tso1	tso1	tsho1	tsho1	tsho4
芦山	tso3	tso4	tso4	tsu4	tso1	tsho1	tsho1	tsho4
宝兴	tso3	tso4	tso4	tsu4	tso1	tsho1	tsho1	tsho4
荥经	tso3	tso4	tso4	tsu4	tsʊ5	tsho1	tshʊ5	tsho4
汉源	tso3	tso4	tso4	tso1	tso1	tsho1	tsho1	tsho4
石棉	tso3	tso4	tso4	tsu4	tso1	tsho1	tsho1	tsho4
内江	tso3	tso4	tso4	tsu4 tso4 新	tso4	tsho1	tsho4	tsho4
威远	tso3	tso4	tso4	tsu4	tso4	tsho1	tsho4	tsho4
荣县	tso3	tso4	tso4	tsu4	tso4	tsho1	tsho4	tsho4
自贡	tso3	tso4	tso4	tsu4	tso4	tsho1	tsho4	tsho4
富顺	tso3	tso4	tso4	tsu4	tso4	tsho1	tsho4	tsho4
隆昌	tso3	tso4	tso4	tsu4	tso4	tsho1	tsho4	tsho4
泸县	tso3	tso4	tso4	tsu4	tso4	tsho1	tsho4	tsho4
泸州	tso3	tso4	tso4	tsu4	tso5	tsho1	tso5 tsho5	tsho4
南溪	tso3	tso4	tso4	tsu4	tso5	tsho1	tsho5	tsho4
合江	tso3	tso4	tso4	tsu4	tsʊ5	tsho1	tshʊ5	tsho4

① 又则个切，果开一精歌去。② 又则个切，果开一精歌去。③ 又子括切，山合一精末入。

字目	错错误	错交错	蓑	梭	缩	锁	琐	所
反切	仓故	仓各	苏禾	苏禾	所六	苏果	苏果	踈举
声韵调	遇合一 清模去	宕开一 清铎入	果合一 心戈平	果合一 心戈平	通合三 生屋入	果合一 心戈上	果合一 心戈上	遇合三 生鱼上
中古音	tshuo-	tshɑk	suɑ	suɑ	ʃiuk	suɑ:	suɑ:	ʃiʌ:
成都	tsho4	tsho4	so1	so1	so2	so3	so3	so3
彭州	tsho4	tsho4	so1	so1	so5	so3	so3	so3
郫县	tsho4	tsho4	so1	so1	so5	so3	so3	so3
广汉	tsho4	tsho4	so1	so1	so5	so3	so3	so3
都江堰河东	tsho4	tsho4	so1	so1	so5	so3	so3	so3
都江堰河西	tshʊ4	tshʊ4	so1 sʊ1 旧	so1 sʊ1 旧	so5	so3 sʊ3 旧	so3 sʊ3 旧	so3 sʊ3 旧
崇州	tshu4	tshu4	su1	su1	so5	su3	su3	su3
大邑	tsho4 tshu4 旧	tsho4	so1 su1 旧	so1 su1 旧	so5	so3 su3 旧	so3 su3 旧	so3 su3 旧
邛崃	tsho4	tsho4	so1	so1	so5	so3	so3	so3
新津	tshu4 tsho4 新	tsho4	su1 so1 新	su1 so1 新	so5	su3 so3 新	su3 so3 新	su3 so3 新
蒲江	tshʊ4 tsho4 新	tsho4	sʊ1 so1 新	sʊ1 so1 新	so5	sʊ3 so3 新	sʊ3 so3 新	so3
彭山	tshu4	tshu4	su1	su1	so5	su3	su3	su3
眉山	tshu4	tshu4	su1	su1	so5	su3	su3	su3
丹棱	tshu4	tshu4	su1	su1	so5	su3	su3	su3
洪雅	tsho4	tsho4	so1	so1	so5	so3	so3	so3
青神	tshɯ4	tshu4	sɯ1	sɯ1	so5	sɯ3	sɯ3	sɯ3
夹江	tsho4	tsho4	so1	so1	so5	so3	so3	so3
峨眉山	tsho1	tsho1	so1	so1	so5	so3	so3	so3
乐山	tsho4	tsho4	so1	so1	sʊ5	so3	so3	so3
犍为	tsho4	tsho4	so1	so1	sʊ5	so3	so3	so3

字目	错错误	错交错	蓑	梭	缩	锁	琐	所
反切	仓故	仓各	苏禾	苏禾	所六	苏果	苏果	踈举
声韵调	遇合一 清模去	宕开一 清铎入	果合一 心戈平	果合一 心戈平	通合三 生屋入	果合一 心戈上	果合一 心戈上	遇合三 生鱼上
中古音	tshuo-	tshɑk	suɑ	suɑ	ʃɨuk	suɑ:	suɑ:	ʃɨʌ:
沐川	tsho4	tsho4	so1	so1	sʉ5	so3	so3	so3
峨边	tsho4	tsho4	so1	so1	so5	so3	so3	so3
雅安	tsho4	tsho4	so1	so1	so1	so3	so3	so3
名山	tsho4	tsho4	so1	so1	so1	so3	so3	so3
天全	tsho4	tsho4	so1	so1	so1	so3	so3	so3
芦山	tsho4	tsho4	so1	so1	so1	so3	so3	so3
宝兴	tsho4	tsho4	so1	so1	so1	so3	so3	so3
荥经	tsho4	tsho4	so1	so1	sʊ5	so3	so3	so3
汉源	tsho4	tsho4	so1	so1	so1	so3	so3	so3
石棉	tsho4	tsho4	so1	so1	so1	so3	so3	so3
内江	tsho4	tsho4	so1	so1	ʂo4	so3	so3	ʂo3
威远	tsho4	tsho4	so1	so1	so4	so3	so3	so3
荣县	tsho4	tsho4	so1	so1	so4	so3	so3	so3
自贡	tsho4	tsho4	so1	so1	so4	so3	so3	so3
富顺	tsho4	tsho4	so1	so1	so4	so3	so3	so3
隆昌	tsho4	tsho4	so1	so1	so4	so3	so3	so3
泸县	tsho4	tsho4	so1	so1	so4	so3	so3	so3
泸州	tsho4	tsho4	so1	so1	so5	so3	so3	so3
南溪	tsho4	tsho4	so1	so1	so5	so3	so3	so3
合江	tsho4	tsho4	so1	so1	sʉ5	so3	so3	so3

字目	索	桌	捉	着站着	啄[②]	浊	镯	绰
反切	苏各	竹角	侧角	丁吕	竹角	直角	士角	昌约
声韵调	宕开一 心铎入	江开二 知觉入	江开二 庄觉入	遇合三 知鱼上	江开二 知觉入	江开二 澄觉入	江开二 崇觉入	宕开三 昌药入
中古音	sɑk	ʈɣʌk	tʃɣʌk	ʈɨʌ:	ʈɣʌk	ɖɣʌk	dʒɣʌk	tɕhɨɐk
成都	so2	tso2	tso2	tso2 文[①] tau3 白	tsua2	tsho2 tso2 新	tso2	tsho2 tshau2 口[④]
彭州	so5	tso5	tso5	tso5 文 tau3 白	tsua5	tsho5	tso5	tsho5 tshau2 口[④]
郫县	so5	tso5	tso5	tso5 文 tau3 白	tso5 tsua5 口	tso5	tso5	tsho5 tshau2 口[④]
广汉	so5	tso5	tso5	tso5 文 tau3 白	tsua5	tsho5	tso5	tsho4
都江堰河东	so5	tso5	tso5	tso5 文 tau3 白	tsuæ5 tsua5	tsho5	tso5	tsho5
都江堰河西	so5	tso5	tso5	tso5 文 tau3 白	tsuæ5	tsho5	tso5	tsho5 tshau2 口[④]
崇州	so5	tso5	tso5	tso5 文 tau3 白	tsuæ5	tsho5	tso5	tsho5 tshau2 口[④]
大邑	so5	tso5	tso5	tso5 文 tau3 白	tsua5[③] tso5 新	tsho5	tso5	tsho5
邛崃	so5	tso5	tso5	tso5 文 tau3 白	tsuæ5 tso5 新	tso5	tso5	tsho5
新津	so5	tso5	tso5	tso5 文 tau3 白	tsuæ5 tso5 新	tso5	tso5	tso5 tshau2 口[④]
蒲江	so5	tso5	tso5	tso5 文 tau3 白	tsuæ5 tso5 新	tso5	tso5	tsho5
彭山	so5	tso5	tso5	tso5 文 tau3 白	tso5	tso5	tso5 tsu5	tsho5
眉山	so5	tso5	tso5	tso5 文 tau3 白	tso5	tsho5	tso5 tsu5	tsho5
丹棱	so5	tso5	tso5	tso5 文 tau3 白	tsua5	tso5 tsu5	tso5 tsu5	tso5
洪雅	so5	tso5	tso5	tso5 文 tau3 白	tsua5	tsho5	tsu5	tso5
青神	so5	tso5	tso5	tso5 文 tau3 白	tsuæ5	tso5	tso5	tsho5
夹江	so5	tso1	tso5	tso1 文 tau3 白	tso1	tsu5	tsu5	tsho5
峨眉山	so1	tso5	tso5	tso5 文 tau3 白	tsuæ5	tso5	tso5	tsho1
乐山	sʊ5	tsʊ5	tsʊ5	tsʊ5 文 tau3 白	tsuɛ5 tsʊ5	tsʊ5	tsʊ5	tshʊ5
犍为	sʊ5	tsʊ5	tsʊ5	tsʊ5 文 tau3 白	tsuæ5	tsʊ5	tsʊ5	tshʊ5

① 又音 to3 白。 ② 又丁木切，通合一端屋入。 ③ 又音 tsuæ5。 ④ 用在“宽绰”中。

字目	索	桌	捉	着站着	啄[①]	浊	镯	绰
反切	苏各	竹角	侧角	丁吕	竹角	直角	士角	昌约
声韵调	宕开一 心铎入	江开二 知觉入	江开二 庄觉入	遇合三 知鱼上	江开二 知觉入	江开二 澄觉入	江开二 崇觉入	宕开三 昌药入
中古音	sɑk	ʈɣʌk	ʧɣʌk	ʈiʌ:	ʈɣʌk	ɖɣʌk	dʒɣʌk	tɕhɨɐk
沐川	sʉ5	tsʉ5	tsʉ5	tsʉ5 文 tau3 白	tsu4	tsʉ5	tsʉ5	tshʉ5 tshau2 口[②]
峨边	so5	tso5	tso5	tso5	tsua5	tsu5	tsu5	tsho5
雅安	so1	tso1	tso1	tso2 文 tau3 白	tsua1	tsho1	tsu1	tsho1
名山	so1	tso1	tso1	tso1 文 tau3 白	tsua1	tsho1	tso1	tsho1 tshau2 口[②]
天全	so1	tso1	tso1	tso1 文 tau3 白	tsua1	tsho1	tso1	tsho1 tshau2 口[②]
芦山	so1	tso1	tso1	tso2 文 tau3 白	tsua1	tshu1	tso1	tsho1
宝兴	so1	tso1	tso1	tso2 文 tau3 白	tsua1	tsu1	tsu1	tsho1
荥经	sʊ5	tsʊ5	tsʊ5	tsʊ5 文 tau3 白	tsua5	tshʊ5	tsʊ5	tshʊ5 tshau2 口[②]
汉源	so1	tso1	tso1	tso1 文 tau3 白	tso1	tsho1	tsu1	tsho1 tshau2 口[②]
石棉	so1	tso1	tso1	tso1 文 tau3 白	tsua1	tsho1	tsu1	tsho1 tshau2 口[②]
内江	so4	tso4	tso4	tso4 文 tau3 白	tʂua4	tsho4	tsho4	tso4
威远	so4	tʂo4	tʂo4	tʂo4 文 tau3 白	tʂua4	tʂo4	tʂo4	tʂho4
荣县	so4	tso4	tso4	tso4 文 tau3 白	tsua4	tsho4	tshu4 tso4	tso4
自贡	so4	tʂo4	tʂo4	tʂo4 文 tau3 白	tʂua4	tʂho4	tʂo4	tʂho4
富顺	so4	tʂo4	tʂo4	tʂo4 文 tau3 白	tʂua4	tʂho4	tʂo4	tʂho4
隆昌	so4	tʂo4	tʂo4	tʂo4 文 tau3 白	tʂo4	tʂo4	tʂo4	tʂho4
泸县	so4	tso4	tso4	tso4 文 tau3 白	tso4	tso4	tso4	tsho4
泸州	so5	tso5	tso5	tso5 文 tau3 白	tsuæ5	tso5 tsho5	tso5	tsho5
南溪	so5	tɕyʉ5	tɕyʉ5	tɕyʉ5 文 tau3 白	tsuæ5	tɕhyʉ5	tɕhyʉ5	tɕhyʉ5
合江	sʊ5	tsʊ5	tsʊ5	tshʊ5 文 tau3 白	tsua5	tshʊ5	tshʊ5	tshʊ5 tshau2 口[②]

① 又丁木切，通合一端屋入。 ② 用在“宽绰”中。

字目	戳	说	朔	若	弱	锅	过过逾	郭
反切	敕角	失爇	所角	而灼	而灼	古禾	古禾	古博
声韵调	江开二 彻觉入	山合三 书薛入	江开二 生觉入	宕开三 日药入	宕开三 日药入	果合一 见戈平	果合一 见戈平	宕合一 见铎入
中古音	ʈhɣʌk	ɕiuᴇt	ʃɣʌk	ȵʑiɐk	ȵʑiɐk	kuɑ	kuɑ	kwɑk
成都	tsho2 to2 口	so2	so4	zo2	zo2	ko1	ko4	kue2 ko2 新
彭州	tsho5	so5	so5	zo5	zo5	ko1	ko4	kue5 ko5 新
郫县	tsho5	so5	su5	zo5	zo5	ko1	ko4	kue5
广汉	tsho5	so5	so5	zo5	zo5	ko1	ko4	kue5
都江堰河东	tsho5	so5	so5	zo5	zo5	ko1	ko4	kuæ5
都江堰河西	tsho5	so5	so5	zo5	zo5	kʊ1	kʊ4	kuæ5
崇州	tsho5	so5	so5	zo5	zo5	ku1	ku4	kuæ5
大邑	tsho5 to5 口	so5	su4 so5	zo5	zo5	ko1	ko4	kuæ5 ko5 新
邛崃	tsho5 to5 口	so5	so5 su4	zo5	zo5	ko1	ko4	kuæ5 ko5 新
新津	tsho5	so5	su4 so5	zo5	zo5	ko1	ko4	kuæ5 ko5 新
蒲江	tsho5 to5 口	so5	so5 sʊ4	zo5	zo5	ko1	ko4	kuæ5① ko5
彭山	tsho5	so5	so5	zo5	zo5	ku1	ko4 ku4	kuai5
眉山	tsho5	so5	so5	zo5	zo5	ku1	ku4	kuai5
丹棱	tsho5	so5	so4 so5 旧	zo5	zo5	ku1	ko4 ku4	kuai5 ko5 新
洪雅	tsho5	so5	so5	zo5	zo5	ko1	ko4	kuai5
青神	tsho5	so5	su4 so5 旧	zo5	zo5	kɯ1	kɯ4	kuai5 ko5 新
夹江	tsho5	so5	so5	zo5	zo5	ko1	ko1	ko5
峨眉山	tsho5	so5	su5	zo5	zo5	ko1	ko1	ko5
乐山	tshʊ5 tʊ5	sʊ5	sʊ5	zʊ5	zʊ5	ko1	ko1	kʊ5
犍为	tʊ5	sʊ5	sʊ5	zʊ5	zʊ5	ko1	ko1	kʊ5

① 又音 ko1 新。

字目	戳	说	朔	若	弱	锅	过过逾	郭
反切	敕角	失爇	所角	而灼	而灼	古禾	古禾	古博
声韵调	江开二 彻觉入	山合三 书薛入	江开二 生觉入	宕开三 日药入	宕开三 日药入	果合一 见戈平	果合一 见戈平	宕合一 见铎入
中古音	ʈhɣʌk	ɕiuɛt	ʃɣʌk	ȵʑiɐk	ȵʑiɐk	kuɑ	kuɑ	kwɑk
沐川	tshʉ5	su4	su4	zʉ5	zʉ5	ko1	ko4	kuæ5 kʉ5 新
峨边	tsho5	so5	so5	zo5	zo5	ko1	ko4	kuæ5
雅安	tsho1	so1	su4	zo1	zo1	ko1	ko4	kuɛ1
名山	tsho1	so1	so1	zo1	zo1	ko1	ko4	kue1 ko2 新
天全	tsho1	so1	so1	zo1	zo1	ko1	ko4	kue1 ko2 新
芦山	tsho1	so1	so1	zo1	zo1	ko1	ko4	kuɛ1
宝兴	tsho1	so1	su4	zo1	zo1	ko1	ko4	kuɛ1
荥经	tshʊ5	sʊ5	sʊ5	zʊ5	zʊ5	ko1	ko4	kuɛ5 ko2 新
汉源	tsho1	so1	su4	zo1	zo1	ko1	ko4	kuɛ1 ko2 新
石棉	tsho1	so1	so1	zo1	zo1	ko1	ko4	kue1 ko2 新
内江	tsho4	so4	ʂo4	ʐo4	ʐo4	ko1	ko4	ko4
威远	tsho4	so4	so4	ʐo4	ʐo4	ko1	ko4	ko4
荣县	tsho4	so4	su4 so4	zo4	zo4	ko1	ko4	ko4
自贡	tʂho4	ʂo4	su4	ʐo4	ʐo4	ko1	ko4	ko4
富顺	tsho4	ʂo4	su4	ʐo4	ʐo4	ko1	ko4	ko4
隆昌	tsho4	ʂo4	so4	ʐo4	ʐo4	ko1	ko4	ko4
泸县	tsho4	so4	su4	zo4	zo4	ko1	ko4	ko4① kue4
泸州	tsho5	so5	su4	zo5	zo5	ko1	ko4	ko5① kue5
南溪	tɕhyʉ5	ɕyʉ5	su4	zo5	zo5	ko1	ko4	kɯ5
合江	tʊ5	sʊ5	sʊ5	zʊ5	zʊ5	ko1	ko4	kuæ5 ko2 新

① 又音 ko1 新。

字目	国	果	裹	过过失	阔	括	廓	*扩
反切	古或	古火	古火	古卧	苦括	古活	苦郭	*阔镬
声韵调	曾合一 见德入	果合一 见戈上	果合一 见戈上	果合一 见戈去	山合一 溪末入	山合一 见末入	宕合一 溪铎入	宕合一 溪铎入
中古音	kwək	kuɑ:	kuɑ:	kuɑ-	khuɑt	kuɑt	khwɑk	khwɑk
成都	kue2	ko3	ko3	ko4	khue2	khue2	khue2	khue2
彭州	kue5	ko3	ko3	ko4	khue5	khue5	khue5	khue5
郫县	kue5	ko3	ko3	ko4	khue5	khue5	khue5	khue5
广汉	kue5	ko3	ko3	ko4	khue5	khue5	khue5	khue5
都江堰河东	kuæ5	ko3	ko3	ko4	khuæ5	khuæ5	khuæ5	khuæ5
都江堰河西	kuæ5	kʊ3	kʊ3	kʊ4	khuæ5	khuæ5	kuæ5	khuæ5
崇州	kuæ5	ku3	ku3	ku4	khuæ5	khuæ5	khuæ5	khuæ5
大邑	kuæ5	ko3	ko3	ko4	khuæ5	khuæ5	khuæ5	khuæ5
邛崃	kuæ5	ko3	ko3	ko4	khuæ5	khuæ5	khuæ5	khuæ5
新津	kuæ5	ko3	ko3	ko4	khuæ5	khuæ5	khuæ5	khuæ5
蒲江	kuæ5	kʊ3 ko3 新	kʊ3 ko3 新	ko4	khuæ5	khuæ5	khuæ5	khuæ5
彭山	kuai5	ku3	ku3	ku4	khuai5	khuai5	khuai5	khuai5
眉山	kuai5	ku3	ku3	ku4	khuai5	khuai5	khuai5	khuai5
丹棱	kuai5	ku3	ku3	ko4 ku4	khuai5	kho5 khuai5 旧	ko5 khuai5 旧	khuai5
洪雅	kuai5	ko3	ko3	ko4	khuai5	khua5 khuai5 旧	ko5 khuai5	khuai5
青神	kuai5 ko5 新	kɯ3	kɯ3	kɯ4	khuai5	khuæ5	khuai5	khuai5
夹江	ko5	ko3	ko3	ko4	kho5	kho5	kho5	kho5
峨眉山	kuæ5	ko3	ko3	ko4	khuæ5	khuæ5	khuæ5	khuæ5
乐山	kʊ5	ko3	ko3	ko4	khuɛ5 khʊ5	khuɛ5	khuɛ5 khʊ5	khuɛ5
犍为	kʊ5	ko3	ko3	ko4	khuæ5	khuæ5	khʊ5	khæ5

字目	国	果	裹	过过失	阔	括	廓	*扩
反切	古或	古火	古火	古卧	苦括	古活	苦郭	*阔镬
声韵调	曾合一 见德入	果合一 见戈上	果合一 见戈上	果合一 见戈去	山合一 溪末入	山合一 见末入	宕合一 溪铎入	宕合一 溪铎入
中古音	kwək	kuɑ:	kuɑ:	kuɑ-	khuɑt	kuɑt	khwɑk	khwɑk
沐川	kʉ5	ko3	ko3	ko4	khuæ5	khuæ5	khuæ5	khuæ5
峨边	kuæ5	ko3	ko3	ko4	khuæ5	khuæ5	khuæ5	khuæ5
雅安	kuɛ1	ko3	ko3	ko4	khuɛ1	khuɛ1	khuɛ1	khuɛ1
名山	kue1	ko3	ko3	ko4	khue1	khue1	khue1	khue1
天全	kue1	ko3	ko3	ko4	khue1	khue1	khue1	khue1
芦山	kuɛ1	ko3	ko3	ko4	khuɛ1	khuɛ1	khuɛ1	khuɛ1
宝兴	kuɛ1	ko3	ko3	ko4	khuɛ1	khuɛ1	khuɛ1	khuɛ1
荥经	kuɛ5	ko3	ko3	ko4	khuɛ5	khuɛ5	khuɛ5	khuɛ5
汉源	kuɛ1	ko3	ko3	ko4	khuai1	khuai1	khuai1	khuai1
石棉	kue1	ko3	ko3	ko4	khue1	khue1	khue1	khue1
内江	kue4	ko3	ko3	ko4	khue4	khue4	khue4	khue4
威远	kue4	ko3	ko3	ko4	khue4 kho4 新	khue4	khue4 kho4 新	khue4
荣县	kue4	ko3	ko3	ko4	khue4	khue4	khue4 kho4 新	khue4
自贡	kuɛ4	ko3	ko3	ko4	kho4	kho4	kho4	khuɛ4
富顺	kuɛ4	ko3	ko3	ko4	kho4	kho4	kho4	khuɛ4
隆昌	kue4	ko3	ko3	ko4	khuə4	khue4	kho4	khuə4
泸县	kue4	ko3	ko3	ko4	khue4	khue4	khue4	khue4
泸州	kue5	ko3	ko3	ko4	kho5① khɤ5 旧	khue5	khue5	khue5
南溪	kɯ5	ko3	ko3	ko4	khɯ5	khɯ5	khɯ5	khuæ5
合江	kuæ5	ko3	ko3	ko4	khuæ5	khuæ5	khuæ5	khuæ5

① 又音 khue5。

字目	豁豁口	活	火	伙	货	祸	霍	获收获
反切	呼括	户括	呼果	呼果	呼卧	胡果	虚郭	胡郭
声韵调	山合一 晓末入	山合一 匣末入	果合一 晓戈上	果合一 晓戈上	果合一 晓戈去	果合一 匣戈上	宕合一 晓铎入	宕合一 匣铎入
中古音	huat	ɦuat	hua:	hua:	hua-	ɦua:	hwak	ɦwak
成都	xo2 xo1 口	xo2	xo3	xo3	xo4	xo4	xo2	xue2
彭州	xo5 xo1 口	xo5	xo3	xo3	xo4	xo4	xo5	xue5
郫县	xo5 xo1 口	xo5	xo3	xo3	xo4	xo4	xo5	xue5
广汉	xo5 xo1 口	xo5	xo3	xo3	xo4	xo4	xo4	xo5
都江堰河东	xo5 xo1	xo5	xo3	xo3	xo4	xo4	xɤ5 xo2 新	xuæ5
都江堰河西	xo5 xʊ1	xo5	xo3	xo3	xo4	xo4	xɤ5 xo2 新	xuæ5
崇州	xo5 xu1	xo5	xo3 xu3	xo3 xu3	xo4 xu4	xo4 xu4	xə5 xo2 新	xuæ5
大邑	xo5 xo1 口	xo5	xo3	xo3	xo4	xo4	xo5	xuæ5
邛崃	xo5 xo1	xo5	xo3	xo3	xo4	xo4	xɤ5	xuæ5
新津	xo5 xo1 口	xo5	xo3	xo3	xo4	xo4	xə5	xuæ5
蒲江	xo5 xo1 口	xo5	xo3	xo3	xo4	xo4	xɤ5	xuæ5
彭山	xo5 xo1 口	xo5	xu3	xu3	xu4	xu4	xɤ5	xo5
眉山	xo5	xo5	xu3	xu3	xo4 xu4	xo4 xu4	xo4 xo5 旧	xo5
丹棱	xɤ5	xo5	xu3	xu3	xo4 xu4	xo4 xu4	xo4 xo5 旧	xo5
洪雅	xo5	xo5	xo3	xo3	xo4 xu4	xo4 xu4	xo5	xo5
青神	xo5	xo5	xɯ3	xɯ3	xɯ4	xɯ4	xe5	xe5
夹江	xɤ5	xo5	xo3	xo3	xo4	xo4	xɤ5	xɤ5
峨眉山	xo5	xo5	xo3	xo3	xo5	xo5	xo5	xo5
乐山	xʊ5	xʊ5	xo3	xo3	xo4	xo4	xɛ5	xɛ5
犍为	xʊ5	xʊ5	xo3	xo3	xo4	xo4	xæ5	xæ5

字目	豁豁口	活	火	伙	货	祸	霍	获收获
反切	呼括	户括	呼果	呼果	呼卧	胡果	虚郭	胡郭
声韵调	山合一 晓末入	山合一 匣末入	果合一 晓戈上	果合一 晓戈上	果合一 晓戈去	果合一 匣戈上	宕合一 晓铎入	宕合一 匣铎入
中古音	huɑt	ɦuɑt	huɑ:	huɑ:	huɑ-	ɦuɑ:	hwak	ɦwak
沐川	xʉ5 xo1 口	xʉ5	xo3	xo3	xo4	xo4	xo4	xʉ5
峨边	xo5	xo5	xo3	xo3	xo4	xo4	xo5	xo5
雅安	xo1	xo1	xo3	xo3	xo4	xo4	xo1	xuɛ4
名山	xo1	xo1	xo3	xo3	xo4	xo4	xo1	xo1
天全	xo1	xo1	xo3	xo3	xo4	xo4	xo1	xue1
芦山	xo1	xo1	xo3	xo3	xo4	xo4	xo1	xuɛ1
宝兴	xo1	xo1	xo3	xo3	xo4	xo4	xo1	xuɛ1
荥经	xʊ5 xo1 口	xʊ5	xo3	xo3	xo4	xo4	xʊ5	xʊ5
汉源	xo1	xo1	xo3	xo3	xo4	xo4	xo1	xo1
石棉	xo1	xo1	xo3	xo3	xo4	xo4	xə1	xo1
内江	xo4	xo4	xo3	xo3	xo4	xo4	xo4	xo4
威远	xo4 xo1	xo4	xo3	xo3	xo4	xo4	xo4	xo4
荣县	xo4	xo4	xo3	xo3	xo4	xo4	xo4	xo4
自贡	xo4	xo4	xo3	xo3	xo4	xo4	xo4	xo4
富顺	xo4	xo4	xo3	xo3	xo4	xo4	xo4	xo4
隆昌	xo4	xo4	xo3	xo3	xo4	xo4	xo4	xo4
泸县	xo4 xo1 口	xo4	xo3	xo3	xo4	xo4	xo4	xo4
泸州	xo5 xo1 口	xo5	xo3	xo3	xo4	xo4	xo5	xo5
南溪	xɯ5 xo1 口	xɯ5	xo3	xo3	xo4	xo4	xo5	xo5
合江	xo2 xo1 口	xʊ5	xo3	xo3	xo4	xo4	xʊ5	xʊ5

字目	或	获获得	豁豁然	窝	蜗[1]	我	卧	握
反切	胡国	胡麦	呼括	乌禾	古华	五可	吾货	于角
声韵调	曾合一 匣德入	梗合二 匣麦入	山合一 晓末入	果合一 影戈平	假合二 见麻平	果开一 疑歌上	果合一 疑戈去	江开二 影觉入
中古音	ɦwək	ɦwɣɛk	huɑt	ʔuɑ	kɣua	ŋɑ:	ŋuɑ-	ʔɣʌk
成都	xue2	xue2	xo2	o1	o1 kua1 口	ŋo3	o4	o2
彭州	xue5	xue5	xo5	o1	o1 kua1 口	ŋo3	o4	o5
郫县	xue5	xue5	xo5	o1	o1 kua1 口	ŋo3	o4	o5
广汉	xue2	xo5	xo5	o1	o1	ŋo3	o4	o5
都江堰河东	xuæ5	xuæ5	xo5	o1	o1	ŋʊ3	o4	o5
都江堰河西	xuæ5	xuæ5	xɤ5	ʊ1	ʊ1	ŋʊ3	ʊ4	o5
崇州	xuæ5	xuæ5	xə5	u1	u1	ŋu3	o4 u4	o5
大邑	xua5	xuæ5	xo1	o1	o1 kua1 口	ŋo3	o4	o5
邛崃	xuæ5	xuæ5	xo1	o1	o1 kua1 口	ŋɤ3	o4	o5
新津	xuæ5	xuæ5	xo1	o1	o1	ŋo3	o4	o5
蒲江	xuæ5	xuæ5	xo5	o1	o1 kua1 口	ŋo3	o4	o5
彭山	xɤ5	xo5	xo5	u1	u1	ŋu3	u4	o5
眉山	xo5	xo5	xo5	u1	u1	u3	u4	o5
丹棱	xo5	xo5	xɤ5	u1	ku1	ŋɤ3	o4	o5
洪雅	xo5	xo5	xo5	o1	o1 ua1 口	ŋo3	o4	o5
青神	xe5	xe5	xo5	ɯ1	ɯ1	ɯ3	ɯ4	o5
夹江	xɤ5	xɤ5	xɤ5	o1	o1 kua1 口	o3	o4	o1
峨眉山	xo1	xo5	xo5	o1	o1 kua1 口	ŋo3	o5	o5
乐山	xɛ5	xɛ5	xʊ5	o1	o1 kua1 口	ŋo3	o4	ʊ5
犍为	xæ5	xæ5	xʊ5	o1	o1 kua1 口	ŋo3	o4	ʊ5

① 又古蛙切，蟹合二见佳平。

字目	或	获获得	豁豁然	窝	蜗①	我	卧	握
反切	胡国	胡麦	呼括	乌禾	古华	五可	吾货	于角
声韵调	曾合一 匣德入	梗合二 匣麦入	山合一 晓末入	果合一 影戈平	假合二 见麻平	果开一 疑歌上	果合一 疑戈去	江开二 影觉入
中古音	ɦwək	ɦwɣɛk	huɑt	ʔuɑ	kɣua	ŋɑ:	ŋuɑ-	ʔɣʌk
沐川	xʉ5	xʉ5	xʉ5	o1	o1 kua1 口	ŋo3	o4	o4
峨边	xo5	xo5	xo5	o1	o1	ŋo3	o4	o5
雅安	xuɛ1	xuɛ4	xo1	o1	o1	ŋo3	o4	o1
名山	xue1	xo1	xo1	o1	o1	ŋo3 ŋau1 口	o4	o1
天全	xue1	xue1	xo1	o1	o1	ŋo3 ŋau1 口	o4	ŋo1
芦山	xuɛ1	xuɛ1	xo1	o1	o1	ŋo3	o4	o1
宝兴	xuɛ1	xuɛ1	xo1	o1	o1	ŋo3	o4	o1
荥经	xʊ5	xʊ5	xʊ5	o1	o1 kua1 口	ŋo3	o4	ʊ5
汉源	xuai1	xo1	xo1	o1	o1	ŋo3 ŋau1 口	o4	o1
石棉	xue1	xo1	xo1	o1	o1	ŋo3 ŋau1 口	o4	o1
内江	xo4	xo4	xo4	o1	o1 ua1 口	ŋo3	o4	o4
威远	xo4	xo4	xo4	o1	o1	ŋo3	o4	o4
荣县	xo4	xo4	xo4	o1	o1	ŋo3	o4	o4
自贡	xo4	xo4	xo4	o1	o1	ŋo3	o4	o4
富顺	xo4	xo4	xo4	o1	o1	ŋo3	o4	o4
隆昌	xue4	xo4	xo4	o1	o1	ŋo3	o4	o4
泸县	xo4	xo4	xo4	o1	o1	ŋo3	o4	o4
泸州	xo5	xo5	xo5	o1	o1	ŋo3	o4 o5	o5
南溪	xe5	xo5	xo5	o1	o1	ŋo3	o4	o5
合江	xʊ5	xʊ5	xo1	o1	o1 kua1 口	ŋo3	o4	ʊ5

① 又古蛙切，蟹合二见佳平。

字目	沃	鳖	别区别	别离别	撇	灭	爹	跌
反切	乌酷	并列	方别	皮列	普蔑	亡列	陟邪	徒结
声韵调	通合一 影沃入	山开三 A 帮薛入	山开三 B 帮薛入	山开三 B 並薛入	山开四 滂屑入	山开三 A 明薛入	假开三 知麻平	山开四 定屑入
中古音	ʔuok	piɛt	pɣiɛt	bɣiɛt	phet	miɛt	ʈia	det
成都	o4 o2 旧	phie2	pie2 pi2 口	pie2 phie2 口①	phie2	mie2	tie1	tie2
彭州	o5	pie5	pie5 pi2 口	pie5 phie5 口①	phie5	mie5	ti1	tie5
郫县	o5	phie2	pie5	pie5 phie5 口①	phie5	mie5	tie1	tie5
广汉	o4	pie5	pie5	pie5	phie5	mie5	tie1	thie5
都江堰河东	o5	pie5	pie5	pie5 phie5 口①	phie5	mie5	ti1	tie5 文 tæ5 白
都江堰河西	o5	pie5	pie5	pie5 phie5 口①	phie5	mie5	ti1	tie5 文 tæ5 白
崇州	o5	pie5	pie5	pie5 phie2 口①	phie5	mie5	ti1	tie5 文 tæ5 白
大邑	o5	pie5	pie5	pie5 phie5 口①	phie5	mie5	ti1	tie5 tæ5 口
邛崃	o5	pie5	pie5	pie5 phie5 口	phie5	mie5	ti1	tie5 文 tæ5 白
新津	o5	pie5	pie5	pie5 phie5 口①	phie5	mie5	ti1	tie5 文 tæ5 白
蒲江	o5	pie5	pie5	pie5 phie5 口①	phie5	mie5	ti1	tie5 文 tæ5 白
彭山	o5	pie5	pie5	pie5 phie5 口①	phie5	mie5	ti1	thie5
眉山	o5	pie5	pie5	pie5 phie5 口①	phie5	mie5	ti1	tie5
丹棱	o5	pie5	pie5	pie5 phie5 口①	phie5	mie5	ti1	tie5
洪雅	o5	pie5	pie5	pie5 phie5 口①	phie5	mie5	ti1	tie5
青神	o4 o5 旧	pie5	pie5	pie5 phie5 口①	phie5	mie5	ti1	thie5
夹江	o1	pie5	pie5	pie5 phie5 口①	phie5	mie5	tie1	ti5
峨眉山	o5	pie5	pie5	pie5 phie5 口①	phie5	mie5	tie1	tie5
乐山	ʊ5	pie5	pie5	pie5 phie5 口①	pie5	mie5	ti1	tie5
犍为	ʊ5	pie5	pie5	pie5 phie5 口①	phie5	mie5	ti1	tie5

① 用于“门别别”“别针”等。

字目	沃	鳖	别区别	别离别	撇	灭	爹	跌
反切	乌酷	并列	方别	皮列	普蔑	亡列	陟邪	徒结
声韵调	通合一 影沃入	山开三 A 帮薛入	山开三 B 帮薛入	山开三 B 並薛入	山开四 滂屑入	山开三 A 明薛入	假开三 知麻平	山开四 定屑入
中古音	ʔuok	piɛt	pɣiɛt	bɣiɛt	phet	miɛt	ʈia	det
沐川	ŋau3	pi4	pi4 pi2 口	pi4	phie4	mie5	ti1	thie5
峨边	o5	piɛ5	piɛ5	piɛ5	phiɛ5	miɛn5	ti1	tiɛn5
雅安	o1	pie1	pie1	pie1 phie1 口[①]	phie1	mie1	tie1	tie1
名山	o1	pie1	pie1 pi1 口	pie1 phie1 口[①]	phie1	mie1	ti1	tie1
天全	o1	pie1	pie1 pi1 口	pie1 phie1 口[①]	phie1	mie1	tie1	tɕie1
芦山	u1	pie1	pie1	pie1 phie1 口[①]	phie1	mie1	tɕie1	tɕie1
宝兴	o1	pie1	pie1	pie1 phie1 口[①]	phie1	mie1	tɕi1	tɕie1 tie1
荥经	ʊ5	pie5	pie5 pi2 口	pie5 phie5 口[①]	phie5	mie5	ti1	thie5
汉源	o4	piɛ1	piɛ1 pi1 口	piɛ1 phiɛ1 口[①]	phiɛ1	miɛ1	tiɛ1	tiɛ1
石棉	o1	pie1	pie1 pi1 口	pie1 phie1 口[①]	phie1	mie1	ti1	tie1
内江	o4	pie4	pie4	pie4 phie4 口[①]	phie4	mie4	ti1	tie4
威远	o4	pie4	pie4	pie4 phie4 口[①]	phie4	mie4	ti1	tie4
荣县	o4	pie4	pie4	pie4 phie4 口[①]	phie4	mie4	ti1	tie4
自贡	o4	pie4	pie4	pie4 phie4 口[①]	phie4	mie4	ti1	tie4
富顺	o4	pie4	pie4	pie4 phie4 口[①]	phie4	mie4	ti1	tie4
隆昌	o4	pie4	pie4	pie4 phie4 口[①]	phie4	mie4	tie1	tie4
泸县	o4	pie4	pie4	pie4 phie4 口[①]	phie4	mie4	ti1	tie4
泸州	o5	pie5	pie5	pie5 phie5 口[①]	phie5	mie5	ti1	tie5
南溪	o5	pie5	pie5	pie5 phie5 口[①]	phi5	mie5	ti1	tie5
合江	ʊ5	pie5	pie5 pi2 口	pie5 phie5 口[①]	phie5	mie4	ti1	tie5

① 用于“门别别”“别针”等。

字目	碟	叠	蝶	谍	贴	铁	帖	捏
反切	徒协	徒协	徒协	徒协	他协	他结	他协	奴结
声韵调	咸开四 定帖入	咸开四 定帖入	咸开四 定帖入	咸开四 定帖入	咸开四 透帖入	山开四 透屑入	咸开四 透帖入	山开四 泥屑入
中古音	dep	dep	dep	dep	thep	thet	thep	net
成都	tie2	tie2	tie2	tie2	thie2	thie2	thie2	ȵie2 ȵie1 口
彭州	tie5	tie5	tie5	tie5	thie5	thie5	thie5	ȵie5 ȵie1 口
郫县	tie5	tie5	tie5	tie5	thie5	thie5	thie5	ȵie5
广汉	tie5	tie5	tie5	tie5	thie5	thie5	thie5	ȵie1
都江堰河东	tie5	tie2	tie5	tie5	thie5	thie5	thie5	ȵie5
都江堰河西	tie5	tie2	tie5	tie5	thie5	thie5	thie5	ȵie5
崇州	tie5	tie2	tie5	tie5	thie5	thie5	thie5	ȵie5 ȵi1 口
大邑	tie5	tie5	tie5	tie5	thie5	thie5	thie5	ȵie5
邛崃	tie5	tie5	tie5	tie5	thie5	thie5	thie5	ȵie5
新津	tie5	tie5	tie5	tie5	thie5	thie5	thie5	ȵie5
蒲江	tie5	tie5	tie5	tie5	thie5	thie5	thie5	ȵie5
彭山	tie5	tie5	tie5	tie5	thie5	thie5	thie5	ȵie5
眉山	tie5	tie5	tie5	tie5	thie5	thie5	tie5 thie5	ȵie5
丹棱	tie5	tie5	tie5	tie5	thie5	thie5	thie5	ȵie5
洪雅	tie5	tie5	tie5	tie5	thie5	thie5	tie5 thie5	ȵie5
青神	tie5	tie5	tie5	tie5	thie5	thie5	thie5	lie5
夹江	ti5	ti5	ti5	ti5	thie5	thie5	thie5	ni1
峨眉山	tie5	tie5	tie5	tie5	thie5	thie5	thie5	nie5 ni1
乐山	tie5	tie5	tie5	tie5	thie5	thie5	thie5	li1
犍为	tie5	tie5	tie5	tie5	thie5	thie5	thie5	li1

字目	碟	叠	蝶	谍	贴	铁	帖	捏
反切	徒协	徒协	徒协	徒协	他协	他结	他协	奴结
声韵调	咸开四 定帖入	咸开四 定帖入	咸开四 定帖入	咸开四 定帖入	咸开四 透帖入	山开四 透屑入	咸开四 透帖入	山开四 泥屑入
中古音	dep	dep	dep	dep	thep	thet	thep	net
沐川	ti1	ti1	ti1	ti1	thie5	thie5	thie5	lie5 lie1 口
峨边	ti5	tiɛn5	ti5	ti5	thiɛn5	thiɛn5	tiɛn5	liɛn5
雅安	tie1	tie1	tie1	tie1	thie1	thie1	thie1	ȵie1
名山	ti1	ti1	ti1	ti1	thie1	thie1	thie1	lie1
天全	tɕie1	tɕie1	tɕie1	tɕie1	tɕhie1	tɕhie1	tɕhie1	ȵie1
芦山	tɕie1	tɕie1	tɕie1	tɕie1	tɕhie1	tɕhie1	tɕhie1	ȵie1
宝兴	tɕie1	tɕie1	tɕie1 tie1	tɕie1	tɕhie1	tɕhie1	tɕhie1	ȵie1
荥经	tie5	tie5	tie5	tie5	thie5	thie5	thie5	ȵie5 ȵie1 口
汉源	tiɛ1	tiɛ1	tiɛ1	tiɛ1	thiɛ1	thiɛ1	thiɛ1	niɛ1
石棉	tie1	tie1	tie1	tie1	thie1	thie1	thie1	ȵie1
内江	tie4	tie4	tie4	tie4	thie4	thie4	thie4	ȵie4
威远	tie4	tie4	tie4	tie4	thie4	thie4	thie4	ȵie4
荣县	tie4	tie4	tie4	tie4	thie4	thie4	thie4	ȵie4
自贡	tie4	tie4	tie4	tie4	thie4	thie4	thie4	ȵie4
富顺	tie4	tie4	tie4	tie4	thie4	thie4	thie4	ȵie4
隆昌	tie4	tie4	tie4	tie4	thie4	thie4	thie4	ȵie4
泸县	tie4	tie4	tie4	tie4	thie4	thie4	thie4	ȵie4
泸州	tie5	tie5	tie5	tie5	thie5	thie5	thie5	ȵie5
南溪	tie5	tie5	tie5	tie5	thie5	thie5	thie5	ȵie5
合江	tie5	tie5	tie5	tie5	thie5	thie5	thie5	ȵie5 ȵie1 口

字目	聂	孽	猎	列	烈	裂	劣	皆
反切	尼辄	鱼列	良涉	良薛	良薛	良薛	力辍	古谐
声韵调	咸开三 泥叶入	山开三 B 疑薛入	咸开三 来叶入	山开三 来薛入	山开三 来薛入	山开三 来薛入	山合三 来薛入	蟹开二 见皆平
中古音	niɛp	ŋɣiɛt	liɛp	liɛt	liɛt	liɛt	liuɛt	kɣɛi
成都	ȵie2	ȵie2	nie2	nie2	nie2	nie2	nie2	tɕiɛi1
彭州	ȵie5	ȵie5	nie5	nie5	nie5	nie5	ne5	tɕiɛi1
郫县	ȵie5	ȵie5	lie5	lie5	lie5	lie5	lie5	tɕiai1
广汉	ȵie5	ȵie5	lie5	lie5	lie5	lie5	lie5	tɕiɛi1
都江堰河东	ȵie5	ȵie5	nie5	nie5	nie5	nie5	næ5	tɕiɛi1
都江堰河西	ȵie5	ȵie5	nie5	nie5	nie5	nie5	nie5	tɕiɛi1 tɕie1 新
崇州	ȵie5	ȵie5	nie5	nie5	nie5	nie5	nie5	tɕiai1
大邑	ȵie5	ȵie5	nie5	nie5	nie5	nie5	nie5	tɕiai1
邛崃	ȵie5	ȵie5	nie5	nie5	nie5	nie5	nie5	tɕiai1
新津	ȵie5	ȵie5	nie5	nie5	nie5	nie5	nie5	tɕiɛi1
蒲江	ȵie5	ȵie5	lie3	lie5	lie5	lie5	lie5	tɕiɛi1
彭山	ȵie5	ȵie5	nie5	nie5	nie5	nie5	nie5	tɕie1
眉山	ȵie5	ȵie5	nie5	nie5	nie5	nie5	nie5	tɕie1
丹棱	ȵie5	ȵie5	nie5	nie5	nie5	nie5	nie5	tɕie1 kai1 旧
洪雅	ȵie5	ȵie5	nie5	nie5	nie5	nie5	nie5	tɕie1
青神	lie5	lie5	lie5	lie5	lie5	lie5	læ5	tɕie1
夹江	nie5	ni5	nie5	nie5	nie5	nie5	nie5	tɕie1
峨眉山	nie5	nie5	nie5	nie5	nie5	nie5	nie5	tɕie1
乐山	lie5	lie5	lie5	lie5	lie5	lie5	lie5	tɕiɛ1
犍为	lie5	lie5	lie5	lie5	lie5	lie5	lie5 læ5	tɕie1

字目	聂	孽	猎	列	烈	裂	劣	皆
反切	尼辄	鱼列	良涉	良薛	良薛	良薛	力辍	古谐
声韵调	咸开三 泥叶入	山开三B 疑薛入	咸开三 来叶入	山开三 来薛入	山开三 来薛入	山开三 来薛入	山合三 来薛入	蟹开二 见皆平
中古音	niɛp	ŋɣiɛt	liɛp	liɛt	liɛt	liɛt	liuɛt	kɣɛi
沐川	lie5	lie5	lie5	lie5	lie5	lie5	lie5	tɕie1
峨边	liɛn5	liɛ5	liɛn5	liɛn5	liɛn5	liɛn5	læ5	tɕiɛn1
雅安	ȵie1	ȵie1	nie1	nie1	nie1	nie1	nie1	tɕie1
名山	lie1	lie1	lie1	lie1	lie1	lie1	lie1	tɕiɛi1
天全	ȵie1	ȵie1	ȵie1	ȵie1	ȵie1	ȵie1	le1	tɕiɛi1
芦山	ȵie1	ȵie1	nie1	nie1	nie1	nie1	ne1	tɕie1
宝兴	ȵie1	ȵie1	nie1	nie1	nie1	nie1	nie1	tɕie1
荥经	ȵie5	ȵie5	lie5	lie5	lie5	lie5	lie5	tɕiɛi1
汉源	niɛ1	niɛ1	niɛ1	niɛ1	niɛ1	niɛ1	nɛ1	tɕiɛ1
石棉	ȵie1	ȵie1	lie1	lie1	lie1	lie1	lie1	tɕie1
内江	ȵie4	ȵie4	nie4	nie4	nie4	nie4	ne4	tɕiɛi1
威远	ȵie4	ȵie4	nie4	nie4	nie4	nie4	ne4	tɕiɛi1
荣县	ȵie4	ȵie4	nie4	nie4	nie4	nie4	ne4	tɕiɛi1
自贡	ȵie4	ȵie4	lie4	lie4	lie4	lie4	lie4	tɕiai1
富顺	ȵie4	ȵie4	lie4	lie4	lie4	lie4	lie4	kai1
隆昌	ȵie4	ȵie4	lie4	lie4	lie4	lie4	lie4	tɕiai1
泸县	lie4	ȵie4	lie4	lie4	lie4	lie4	lie4	tɕiɛi1
泸州	ȵie5	ȵie5	lie5	lie5	lie5	lie5	lɤ5	kai1 tɕiɛn1 新
南溪	ȵie5	ȵie5	lie5	lie5	lie5	lie5	le5 lie5	kai1 tɕiɛn1 新
合江	ȵie5	ȵie5	lie5	lie5	lie5	lie5	lie5	tɕiɛi1

字目	阶	街[2]	接	揭[3]	结	捷	劫	杰
反切	古谐	古膎	即叶	居竭	古屑	疾叶	居怯	渠列
声韵调	蟹开二 见皆平	蟹开二 见佳平	咸开三 精叶入	山开三 见月入	山开四 见屑入	咸开三 从叶入	咸开三 见业入	山开三 B 群薛入
中古音	kɣɛi	kɣɛ	tsiᴇp	kɨɐt	ket	dziᴇp	kɨɐp	gɣiᴇt
成都	tɕiɛi1 kai1 旧	kai1	tɕie2	tɕie2	tɕie2	tɕhie2	tɕhie2 tɕie2 新	tɕie2
彭州	tɕiɛi1 kai1 旧	kai1	tɕie5	tɕie5	tɕie5	tɕhie5	tɕhie5 tɕie5 新	tɕie5
郫县	tɕiɛi1 kai1 旧	kai1	tɕie5	tɕie5	tɕie5	tɕhie5	tɕhie5 tɕie5 新	tɕie5
广汉	tɕiɛi1 kai1 旧	kai1	tɕie5	tɕie5	tɕie5	tɕhie5	tɕie5 tɕhie5 旧	tɕi2
都江堰河东	tɕiɛi1 kai1 旧	kai1	tɕie5	tɕie5	tɕie5	tɕhie5	tɕhie5	tɕie5
都江堰河西	tɕiɛi1 kai1 旧	kai1	tɕie5	tɕie5	tɕie5	tɕhie5	tɕhie5 tɕie5 新	tɕie5
崇州	tɕiɛi1 kai1 旧	kai1	tɕie5	tɕie5	tɕie5	tɕhie5	tɕhie5	tɕie5
大邑	tɕiɛi1 kai1 旧	kai1 tɕie1 新	tɕie5	tɕie5	tɕie5	tɕie5	tɕie5 tɕhie5 旧	tɕie5
邛崃	tɕiɛi1 kai1 旧	kai1 tɕie1 新	tɕie5	tɕie5	tɕie5	tɕie5	tɕie5 tɕhie5 旧	tɕie5
新津	tɕiɛi1 kai1 旧	kai1 tɕie1 新	tɕie5	tɕie5	tɕie5	tɕhie5	tɕhie5 tɕie5 新	tɕie5
蒲江	tɕiɛi1 kai1 旧	kai1 tɕie1 新	tɕie5	tɕie5	tɕie5	tɕie5	tɕie5 tɕhie5 旧	tɕie5
彭山	tɕie1 kai1 旧	kai1	tɕie5	tɕie5	tɕie5	tɕhie5 tɕie5 新	tɕhie5 tɕie5 新	tɕie5
眉山	tɕie1 kai1 旧	kai1	tɕie5	tɕie5	tɕie5	tɕhie5 tɕie5 新	tɕhie5 tɕie5 新	tɕie5
丹棱	tɕie1 kai1 旧	kai1	tɕie5	tɕie5	tɕie5	tɕhie5 tɕie5 新	tɕhye5 tɕie5 新	tɕie5
洪雅	tɕie1 kai1 旧	kai1	tɕie5	tɕie5	tɕie5	tɕhie5 tɕie5 新	tɕhie5 tɕie5 新	tɕie5
青神	tɕie1 kai1 旧	kai1	tɕie5	tɕie5	tɕie5	tɕhie5 tɕie5 新	tɕhie5 tɕie5 新	tɕie5
夹江	tɕie1 kai1 旧	kai1 tɕie1 新	tɕi1	tɕie5	tɕi5	tɕhi5	tɕhie5 tɕie5 新	tɕi5
峨眉山	tɕie1 kai1 旧	kai1 tɕie1 新	tɕie5	tɕie5	tɕie5	tɕhie1	tɕhie5 tɕie5 新	tɕie5
乐山	tɕiᴇ1[1] kai1 旧	kai1 tɕiᴇ1 新	tɕie5	tɕie5	tɕie5	tɕie5	tɕhie5 tɕie5 新	tɕie5
犍为	tɕie1 kai1 旧	kai1 tɕie1 新	tɕie5	tɕie5	tɕie5	tɕhie5	tɕhie5 tɕie5 新	tɕie5

① 又音 kan1。 ② 又古谐切，蟹开二见皆平。 ③ 又居列切，山开三见薛入。

字目	阶	街[2]	接	揭[3]	结	捷	劫	杰
反切	古谐	古膎	即叶	居竭	古屑	疾叶	居怯	渠列
声韵调	蟹开二 见皆平	蟹开二 见佳平	咸开三 精叶入	山开三 见月入	山开四 见屑入	咸开三 从叶入	咸开三 见业入	山开三 B 群薛入
中古音	kɣɛi	kɣɛ	tsiᴇp	kɨɐt	ket	dziᴇp	kɨɐp	gɣiᴇt
沐川	tɕiɛi1 kai1 旧	kai1	tɕie4	tɕie5	tɕie5	tɕhie5	tɕhie5 tɕie2 新	tɕi5
峨边	tɕiɛn1	kai1	tɕhiɛn5	tɕiɛn5	tɕi5	tɕhiɛ5	tɕhiɛ5	tɕi5
雅安	kai1	kai1	tɕie1	tɕie1	tɕie1	tɕhie1	tɕie1	tɕie1
名山	tɕie1 kai1 旧	kai1	tɕie1	tɕie1	tɕie1	tɕie1	tɕhie1 tɕie1 新	tɕie1
天全	tɕiɛi1 kai1 旧	kai1	tɕie1	tɕie1	tɕie1	tɕhie1	tɕhie1 tɕie1 新	tɕie1
芦山	kai1	kai1	tɕie1	tɕie1	tɕie1	tɕhie1	tɕie1	tɕie1
宝兴	tɕie1 kai1 旧	kai1	tɕie1	tɕie1	tɕie1	tɕhie1	tɕhie1	tɕie1
荥经	tɕiɛi1 kai1 旧	kai1	tɕie5	tɕie5	tɕie5	tɕhie5	tɕhie5 tɕie2 新	tɕie5
汉源	tɕiɛ1 kai1 旧	kɛ1	tɕiɛ1	tɕiɛ1	tɕiɛ1	tɕhiɛ1	tɕhiɛ1 tɕie1 新	tɕiɛ1
石棉	tɕie1 kai1 旧	ke1	tɕie1	tɕie1	tɕie1	tɕhie1	tɕhie1 tɕie1 新	tɕi1
内江	tɕiɛi1 kai1 旧	kai1	tɕie4	tɕie4	tɕie4	tɕhie4 tɕie4 新	tɕhie4 tɕie4 新	tɕie4
威远	tɕiɛi1 kai1 旧	kai1	tɕie4	tɕie4	tɕie4	tɕhie4 tɕie4 新	tɕhie4 tɕie4 新	tɕie4
荣县	tɕiɛi1 kai1 旧	kai1	tɕie4	tɕie4	tɕie4	tɕhie4 tɕie4 新	tɕhie4 tɕie4 新	tɕie4
自贡	kai1	kai1	tɕie4	tɕie4	tɕie4	tɕhie4	tɕhie4	tɕie4
富顺	kai1	kai1	tɕie4	tɕie4	tɕie4	tɕhie4	tɕie4	tɕie4
隆昌	kai1	kai1	tɕie4	tɕie4	tɕie4	tɕie4	tɕie4	tɕie4
泸县	tɕiɛi1[1] kai1 旧	kai1	tɕie4	tɕie4	tɕie4	tɕhie4	tɕhie4 tɕie4 新	tɕie4
泸州	kai1 tɕiɛn1 新	kai1	tɕie5	tɕie5	tɕie5	tɕhie5	tɕhie5 tɕie5 新	tɕie5
南溪	kai1 tɕiɛn1 新	kai1	tɕie5	tɕie5	tɕie5	tɕie5	tɕhie5 tɕie5 新	tɕie5
合江	tɕiɛi1 kai1 旧	kai1	tɕie5	tɕie5	tɕie5	tɕhie5	tɕhie5 tɕie5 新	kie5

① 又音 tɕiɛn1。 ② 又古谐切，蟹开二见皆平。 ③ 又居列切，山开三见薛入。

字目	竭[1]	节	截	洁	姐	解解开	解知晓	借借用
反切	其谒	子结	昨结	古屑	兹野	佳买	胡买	子夜
声韵调	山开三 群月入	山开四 精屑入	山开四 从屑入	山开四 见屑入	假开三 精麻上	蟹开二 见佳上	蟹开二 匣佳上	假开三 精麻去
中古音	giɐt	tset	dzet	ket	tsia:	kyɛ:	ɦyɛ:	tsia-
成都	tɕie2	tɕie2	tɕhie2 tɕie2 新	tɕie2	tɕie3	tɕiɛi3 文 kai3 白	tɕiɛi3 ɕiɛi4 旧	tɕie4
彭州	tɕie5	tɕie5	tɕhie5 tɕie5 新	tɕie5	tɕie3	tɕiɛi3 文 kai3 白	tɕie3 tɕiɛi3 旧	tɕie4
郫县	tɕie5	tɕie5	tɕhie5 tɕie5 新	tɕie5	tɕie3	tɕiai 文 kai3 白	ɕiai4	tɕie4
广汉	tɕie2	tɕie5	tɕie5	tɕie5	tɕie3	tɕiɛi3 文 kai3 白	tɕiɛi3	tɕie4
都江堰河东	tɕie5	tɕie5	tɕhie5	tɕie5	tɕi3	tɕiɛi3 kai3 白	ɕie4 tɕiai3	tɕi4
都江堰河西	tɕie5	tɕie5	tɕhie5 tɕie5 新	tɕie5	tɕi3	tɕiɛi3 文 kai3 白	tɕiɛi3 ɕiɛi4 旧	tɕi4
崇州	tɕie5	tɕhie5	tɕie5	tɕie5	tɕi3	tɕiai3 文 kai3 白	tɕiai3 ɕiai4 旧	tɕi4
大邑	tɕie5	tɕie5	tɕhie5 tɕie5 新	tɕie5	tɕi3	tɕiai3 文 kai3 白	tɕiai3 tɕiai4 旧	tɕi4
邛崃	tɕie5	tɕie5	tɕie5 tɕhie5 旧	tɕie5	tɕi3	tɕiai3 文 kai3 白	tɕiai3	tɕi4
新津	tɕie5	tɕie5	tɕhie5 tɕie5 新	tɕie5	tɕi3	tɕiɛi3 文 kai3 白	tɕiɛi3 tɕiɛi4 旧	tɕi4
蒲江	tɕie5	tɕie5	tɕie5 tɕhie5 旧	tɕie5	tɕi3	tɕiɛi3 kai3 白	tɕiai3 tɕiai4 旧	tɕi4
彭山	tɕie5	tɕie5	tɕhie5 tɕie5 新	tɕie5	tɕi3	tɕie3 文 kai3 白	tɕie3	tɕi4
眉山	tɕie5	tɕie5	tɕhie5 tɕie5 新	tɕie5	tɕi3	tɕie3 文 kai3 白	tɕie3	tɕi4
丹棱	tɕie5	tɕie5	tɕhie5 tɕie5 新	tɕie5	tɕi3	tɕiɛn3 文 kai3 白	tɕiɛn3	tɕie4 tɕi4
洪雅	tɕie5	tɕie5	tɕhie5 tɕie5 新	tɕie5	tɕie3 tɕi3	tɕie3 文 kai3 白	tɕie3	tɕi4
青神	tɕie5	tɕie5	tɕhie5 tɕie5 新	tɕie5	tɕi3	tɕie3 文 kai3 白	tɕie3	tɕi4
夹江	tɕi5	tɕi5	tɕhi5 tɕi5 新	tɕie5	tɕie3	tɕie3 文 kai3 白	tɕie3	tɕie4
峨眉山	tɕie5	tɕie5	tɕhie5 tɕie5 新	tɕie1	tɕie3	tɕie3 文 kai3 白	tɕie3	tɕie1
乐山	tɕie5	tɕie5	tɕhie5 tɕie5 新	tɕie5	tɕi3 tɕiᴇ3 新	tɕiᴇ3 文 kai3 白	tɕiᴇ3	tɕi4 tɕiᴇ4 新
犍为	tɕie5	tɕie5	tɕhie5 tɕie5 新	tɕie5	tɕi3 tɕie3 新	tɕie3 文 kai3 白	tɕie3	tɕi4 tɕie4 新

① 又渠列切，山开三群薛入。

字目	竭①	节	截	洁	姐	解解开	解知晓	借借用
反切	其谒	子结	昨结	古屑	兹野	佳買	胡买	子夜
声韵调	山开三 群月入	山开四 精屑入	山开四 从屑入	山开四 见屑入	假开三 精麻上	蟹开二 见佳上	蟹开二 匣佳上	假开三 精麻去
中古音	gɨɐt	tset	dzet	ket	tsia:	kɣɛ:	ɦɣɛ:	tsia-
沐川	tɕi5	tɕie5	tɕhie5 tɕie2 新	tɕie5	tɕi3	tɕiɛi3 文 kai3 白	tɕie3 tɕiɛi3 旧	tɕi4
峨边	tɕi5	tɕiɛn5	tɕhiɛ5	tɕi5	tɕi3	tɕiɛn3	tɕiɛn3	tɕiɛn4
雅安	tɕie1	tɕie1	tɕhie1 tɕie1 新	tɕie1	tɕie3	tɕie3 文 kai3 白	tɕiɛi3	tɕie4
名山	tɕie1	tɕie1	tɕhie1 tɕie1 新	tɕie1	tɕie3	tɕiɛi3 文 kai3 白	tɕiɛi3	tɕie4
天全	tɕie1	tɕie1	tɕhie1 tɕie1 新	tɕie1	tɕie3	tɕie3 文 kai3 白	tɕie3	tɕie4
芦山	tɕie1	tɕie1	tɕhie1	tɕie1	tɕie3	tɕie3 文 kai3 白	tɕie3	tɕie4
宝兴	tɕie1	tɕie1	tɕhie1	tɕie1	tɕie3	tɕie3 文 kai3 白	tɕie3	tɕie4
荥经	tɕie5	tɕie5	tɕhie5 tɕie2 新	tɕie5	tɕi3	tɕiɛi3 文 kai3 白	tɕie3 tɕiɛi3 旧	tɕi4
汉源	tɕiɛ1	tɕiɛ1	tɕiɛ1 tɕiɛ1 新	tɕiɛ1	tɕiɛ3	tɕie3 文 kɛ3 白	tɕiɛ3	tɕiɛ4
石棉	tɕie1	tɕie1	tɕhie1 tɕie1 新	tɕie1	tɕie3	tɕiɛi3 文 ke3 白	tɕie3	tɕi4
内江	tɕie4	tɕie4	tɕhie4 tɕie4 新	tɕie4	tɕie3	tɕiɛi3 文 kai3 白	tɕiɛi3	tɕie4
威远	tɕie4	tɕie4	tɕhie4 tɕie4 新	tɕie4	tɕie3	tɕiɛi3 文 kai3 白	tɕiɛi3	tɕie4
荣县	tɕie4	tɕie4	tɕhie4 tɕie4 新	tɕie4	tɕie3	tɕiɛi3 文 kai3 白	tɕiɛi3	tɕie4
自贡	tɕie4	tɕie4	tɕie4	tɕie4	tɕie3	kai3	tɕiai3	tɕie4
富顺	tɕie4	tɕie4	tɕhie4	tɕie4	tɕie3	kai3	tɕiai3	tɕie4
隆昌	tɕie4	tɕie4	tɕie4	tɕie4	tɕie3	kai3	tɕiai3	tɕie4
泸县	tɕie4	tɕie4	tɕhie4 tɕie4 新	tɕie4	tɕie3	tɕiɛn3 文 kai3 白	tɕiɛn3	tɕie4
泸州	tɕie5	tɕie5	tɕhie5 tɕie5 新	tɕie5	tɕi3	tɕiɛn3 文 kai3 白	tɕiɛn3	tɕi4
南溪	tɕie5	tɕie5	tɕhie5 tɕie5 新	tɕie5	tɕi3	tɕiɛn3 文 kai3 白	tɕiɛn3	tɕi4
合江	tɕie5	tɕie5	tɕhye5 tɕhie2 新	tɕie5	tɕi3	tɕiɛi3 文 kai3 白	tɕie3 tɕiɛi3 旧	tɕi4

① 又渠列切，山开三群薛入。

字目	借借口	介	界	芥	疥	戒	茄	且
反切	慈夜	古拜	古拜	古拜	古拜	古拜	求迦	七也
声韵调	假开三 从麻去	蟹开二 见皆去	蟹开二 见皆去	蟹开二 见皆去	蟹开二 见皆去	蟹开二 见皆去	果开三 群戈平	假开三 清麻上
中古音	dzia-	kɣɛi-	kɣɛi-	kɣɛi-	kɣɛi-	kɣɛi-	gɨɑ	tshia:
成都	tɕie4	tɕiɛi4	tɕiɛi4	tɕiɛi4	tɕiɛi4	tɕiɛi4	tɕhie2	tɕhie3
彭州	tɕie4	tɕiɛi4	tɕiɛi4	tɕiɛi4	tɕiɛi4	tɕiɛi4	tɕhie2	tɕhie3
郫县	tɕie4	tɕiai4	tɕiai4	tɕiai4	tɕiai4	tɕiai4	tɕhie2	tɕhie3
广汉	tɕie4	tɕiɛi4	tɕiɛi4	tɕiɛi4	tɕiɛi4	tɕiɛi4	tɕhie2	tɕhie3
都江堰河东	tɕi4	tɕie4	tɕie4	tɕie4	tɕie4	tɕie4	tɕhi2	tɕhie3
都江堰河西	tɕi4	tɕiɛi4 tɕie4 新	tɕiɛi4 tɕie4 新	tɕiɛi4 tɕie4 新	tɕiɛi4 tɕie4 新	tɕiɛi4 tɕie4 新	tɕhi2	tɕhi3
崇州	tɕi4	tɕiai4	tɕiai4	tɕiai4	tɕiai4	tɕiai4	tɕhi2	tɕhi3
大邑	tɕi4	tɕiai4	tɕiai4	tɕiai4	tɕiai4	tɕiai4	tɕhi2	tɕhi3
邛崃	tɕi4	tɕiai4	tɕiai4	tɕiai4	tɕiai4	tɕiai4	tɕhi2	tɕhi3
新津	tɕi4	tɕiɛi4	tɕiɛi4	tɕiɛi4	tɕiɛi4	tɕiɛi4	tɕhi2	tɕhi3
蒲江	tɕi4	tɕiɛi4	tɕiɛi4	tɕiɛi4	tɕiɛi4	tɕiɛi4	tɕhi2	tɕhi3
彭山	tɕi4	tɕie4	tɕie4	tɕie4	tɕie4	tɕie4	tɕhi2	tɕhi3
眉山	tɕi4	tɕie4	tɕie4 tɕiɛn4 旧	tɕie4	tɕie4	tɕie4	tɕhi2	tɕhi3
丹棱	tɕie4 tɕi4	tɕiɛn4	tɕiɛn4	tɕiɛn4	tɕiɛn4	tɕiɛn4	tɕhi2	tɕhi3
洪雅	tɕi4	tɕie4	tɕie4	tɕie4	tɕie4	tɕie4	tɕhi2	tɕhi3
青神	tɕi4	tɕie4	tɕie4	tɕie4	tɕie4	tɕie4	tɕhi2	tɕhi3
夹江	tɕie4	tɕie4	tɕie4	tɕie4	tɕie4	tɕie4	tɕhie2	tɕhie3
峨眉山	tɕie1	tɕie4	tɕie4	tɕie4	tɕie4	tɕie4	tɕhi2	tshei3 tɕhie3
乐山	tɕi4 tɕiᴇ4 新	tɕiᴇ4	tɕiᴇ4	tɕiᴇ4	tɕiᴇ4	tɕiᴇ4	tɕhi2	tɕhi3
犍为	tɕi4 tɕie4 新	tɕie4	tɕie4	tɕie4	tɕie4	tɕie4 kai4 旧	tɕhi2	tɕhi3

字目	借借口	介	界	芥	疥	戒	茄	且
反切	慈夜	古拜	古拜	古拜	古拜	古拜	求迦	七也
声韵调	假开三 从麻去	蟹开二 见皆去	蟹开二 见皆去	蟹开二 见皆去	蟹开二 见皆去	蟹开二 见皆去	果开三 群戈平	假开三 清麻上
中古音	dzia-	kɣɛi-	kɣɛi-	kɣɛi-	kɣɛi-	kɣɛi-	gɨɑ	tshia:
沐川	tɕi4	tɕie4	tɕie4	tɕie4	tɕie4	tɕie4	tɕhi2	tɕhi3
峨边	tɕiɛn4	tɕiɛn4	tɕiɛn4	tɕiɛn4	tɕiɛn4	tɕiɛn4	tɕhi2	tɕhi3
雅安	tɕie4	tɕie4	tɕie4	tɕie4	tɕie4	tɕie4	tɕhie2	tɕhie3
名山	tɕie4	tɕiɛi4	tɕiɛi4	tɕiɛi4	tɕiɛi4	tɕiɛi4	tɕhie2	tɕhie3
天全	tɕie4	tɕiɛi4	tɕiɛi4	tɕiɛi4	tɕiɛi4	tɕiɛi4	tɕhie2	tɕhie3
芦山	tɕie4	tɕie4	tɕie4	tɕie4	tɕie4	tɕie4	tɕhie2	tɕhie3
宝兴	tɕie4	tɕiɛi4	tɕie4	tɕie4	tɕie4	tɕie4	tɕhie2	tɕhie3
荥经	tɕi4	tɕiɛi4	tɕiɛi4 tɕie4 新	tɕiɛi4 tɕie4 新	tɕiɛi4 tɕie4 新	tɕiɛi4 tɕie4 新	tɕhi2	tɕhi3
汉源	tɕiɛ4	tɕiɛ4	tɕiɛ4	tɕiɛ4	tɕiɛ4	tɕiɛ4	tɕhiɛ2	tɕhiɛ3
石棉	tɕi4	tɕie4	tɕie4	tɕie4	tɕie4	tɕie4	tɕhi2	tɕhie2
内江	tɕie4	tɕian4	tɕian4	tɕian4 tɕie4 新	tɕian4	tɕian4	tɕhye2	tɕhie3
威远	tɕie4	tɕiɛi4	tɕiɛi4	tɕiɛi4	tɕiɛi4	tɕiɛi4	tɕhye2	tɕhie3
荣县	tɕie4	tɕiɛi4	tɕiɛi4	tɕiɛi4	tɕiɛi4	tɕiɛi4	tɕhye2	tɕhie3
自贡	tɕie4	tɕiai4 tɕie4 新	tɕiai4 tɕie4 新	tɕiai4 tɕie4 新	tɕiai4 tɕie4 新	tɕiai4 tɕie4 新	tɕhye2	tɕhye3
富顺	tɕie4	tɕiai4 tɕie4 新	tɕiai4 tɕie4 新	tɕiai4 tɕie4 新	tɕiai4 tɕie4 新	tɕiai4 tɕie4 新	tɕhye2	tɕhye3
隆昌	tɕie4	tɕiai4 tɕie4 新	tɕiai4 tɕie4 新	tɕiai4 tɕie4 新	tɕiai4 tɕie4 新	tɕiai4 tɕie4 新	tɕhye2	tɕhie3
泸县	tɕie4	tɕiɛi4 tɕiɛn4	tɕiɛi4 tɕiɛn4	tɕiɛi4	tɕiɛi4	tɕiɛi4	tɕhie2	tɕhie3
泸州	tɕi4	tɕiɛi4 tɕiɛn4	tɕiɛi4 tɕiɛn4	tɕiɛn4	tɕiɛn4	tɕiɛn4	tɕhy2	tɕhi3
南溪	tɕi4	tɕiɛn4	tɕiɛn4	tɕiɛn4	tɕiɛn4	tɕiɛn4	tɕhi2	tɕhi3
合江	tɕi4	tɕiɛi4	kiɛi4	ɕiɛi4	tɕiɛi4	tɕiɛi4	tɕhie2	tɕhi3

字目	妾	怯	窃	切	些	歇	邪	斜
反切	七接	去劫	千结	千结	写邪	许竭	似嗟	似嗟
声韵调	咸开三 清叶入	咸开三 溪业入	山开四 清屑入	山开四 清屑入	假开三 心麻平	山开三 晓月入	假开三 邪麻平	假开三 邪麻平
中古音	tshiᴇp	khɨɐp	tshet	tshet	sia	hɨɐt	zia	zia
成都	tɕie2 tɕhie2 新	tɕhie2	tɕhie2	tɕhie2	ɕi1	ɕie2	ɕie2	ɕie2 ɕia2 旧
彭州	tɕie5 tɕhie2 新	tɕhie5	tɕhie5	tɕhie5	ɕi1	ɕie5	ɕie2	ɕie2 ɕia2 旧
郫县	tɕhie5 tɕie5 旧	tɕhie5	tɕhie2	tɕhie5	ɕi5	ɕie5	ɕie2	ɕie2
广汉	tɕie5 tɕhie5 旧	tɕhie5	tɕhie5	tɕie5	ɕi1	ɕie2	ɕie2	ɕie2
都江堰河东	tɕie5	tɕhie5	tɕhie5	tɕhie5	ɕi1	ɕie5	ɕie2	ɕie2 ɕia2 旧
都江堰河西	tɕie5 tɕhie5 新	tɕhie5	tɕhie5	tɕhie5	ɕi1	ɕie5	ɕi2	ɕi2
崇州	tɕie5	tɕhie5	tɕhie5	tɕhie5	ɕi1	ɕie5	ɕi2	ɕi2
大邑	tɕie5 tɕhie5 新	tɕhie5	tɕhie5	tɕhie5	ɕi1	ɕie5	ɕi2 ɕie2 新	ɕi2① ɕia2 旧
邛崃	tɕie5 tɕhie5 新	tɕhie5	tɕhie5	tɕhie5	ɕi1	ɕie5	ɕi2 ɕie2 新	ɕi2 ɕia2 旧
新津	tɕie5 tɕhie5 新	tɕhie5	tɕhie5	tɕhie5	ɕi1	ɕie5	ɕi2 ɕie2 新	ɕi2① ɕia2 旧
蒲江	tɕie5 tɕhie5 新	tɕhie5	tɕhie5	tɕhie5	ɕi1	ɕie5	ɕi2 ɕie2 新	ɕi2① ɕia2 旧
彭山	tɕie5 tɕhie5 新	tɕhie5	tɕhie5	tɕhie5	ɕi1	ɕie5	ɕi2	ɕi2 ɕia2 旧
眉山	tɕie5 tɕhie5 新	tɕhie5	tɕhie5	tɕhie5	ɕi1	ɕie5	ɕi2	ɕi2 ɕia2 旧
丹棱	tɕie5 tɕhie5 新	tɕhie5	tɕhie5	tɕhie5	ɕi1	ɕie5	ɕi2	ɕi2 ɕia2 旧
洪雅	tɕie5 tɕhie5 新	tɕhie5	tɕhie5	tɕhie5	ɕi1	ɕie5	ɕi2	ɕi2 ɕia2 旧
青神	tɕie5 tɕhie5 新	tɕhio5	tɕhie5	tɕhie5	ɕi1	ɕie5	ɕi2	ɕi2 ɕia2 旧
夹江	tɕhi5	tɕhie5	tɕhi5	tɕhi5	ɕi1 ɕie1	ɕie5	ɕie2	ɕie2 ɕi2 口
峨眉山	tɕhie5	tɕhie5	tɕhie5	tɕhie5	ɕie1	ɕie5	ɕie2	ɕia2 ɕi2 口
乐山	tɕhie5	tɕhie5	tɕhie5	tɕhie5	ɕi1 ɕie5	ɕie5	ɕi2	ɕiᴇ2 ɕi2 口
犍为	tɕhie5	tɕhie5	tɕhie5	tɕhie5	ɕi1 ɕie5	ɕie5	ɕi2	ɕia2 ɕi2 口

① 又音 ɕie2。

字目	妾	怯	窃	切	些	歇	邪	斜
反切	七接	去劫	千结	千结	写邪	许竭	似嗟	似嗟
声韵调	咸开三 清叶入	咸开三 溪业入	山开四 清屑入	山开四 清屑入	假开三 心麻平	山开三 晓月入	假开三 邪麻平	假开三 邪麻平
中古音	tshiɛp	khɨɐp	tshet	tshet	sia	hɨɐt	zia	zia
沐川	tɕie5 tɕhie2 新	tɕhie5	tɕhie5	tɕhie5	ɕi1	ɕie5	ɕi2	ɕi2 ɕia2 旧
峨边	tɕhi5	tɕhiɛ5	tɕhiɛ5	tɕhiɛn5	ɕi1	ɕiɛ5	ɕi2	ɕia2
雅安	tɕie1	tɕhie1	tɕhie1	tɕhie1	sie1	ɕie1	ɕie2	ɕie2 ɕia2 旧
名山	tɕhie1	tɕhie1	tɕhie1	tɕhie1	ɕie1	ɕie1	ɕie2	ɕie2
天全	tɕhie1	tɕhio1	tɕhie1	tɕhie1	ɕie1	ɕie1	ɕie2	ɕie2
芦山	tɕhie1	tɕhie1	tɕhie1	tɕhie1	sie1	ɕie1	ɕie2	ɕie2 ɕia2 旧
宝兴	tɕhie1	tɕhie1	tɕhie1	tɕhie1	ɕie1	ɕie1	ɕie2	ɕie2 ɕia2 旧
荥经	tɕhie5 tɕhie2 新	tɕhie5	tɕhie5	tɕhie5	ɕi1	ɕie5	ɕi2	ɕi2 ɕia2 旧
汉源	tɕhiɛ1	tɕhio1	tɕhiɛ1	tɕhiɛ1	ɕiɛ1	ɕiɛ1	ɕiɛ2	ɕiɛ2
石棉	tɕhie1	tɕhio1	tɕhie1	tɕhie1	ɕi1	ɕie1	ɕie2	ɕie2
内江	tɕhie4	tɕhie4	tɕhie4	tɕhie4	ɕi1	ɕie4	ɕie2	ɕie2 ɕia2 旧
威远	tɕhie4	tɕhie4	tɕhie4	tɕhie4	ɕi1	ɕie4	ɕie2	ɕie2 ɕia2 旧
荣县	tɕhie4	tɕhio4	tɕhie4	tɕhie4	ɕi1	ɕie4	ɕie2	ɕie2 ɕia2 旧
自贡	tɕhie4	tɕhie4	tɕhie4	tɕhie4	ɕi1	ɕie4	ɕie2	ɕie2 ɕia2 旧
富顺	tɕhie4	tɕhie4	tɕhie4	tɕhie4	ɕi1	ɕie4	ɕia2	ɕia2 ɕie2 新
隆昌	tɕhie4	tɕhye4	tɕhie4	tɕhie4	ɕi1	ɕie4	ɕie2	ɕie2 ɕia2 旧
泸县	tɕhie4 tɕie4 旧	tɕhy4	tɕhie4	tɕhie4	ɕi1	ɕie4	ɕie2	ɕie2① ɕia2 旧
泸州	tɕie5 tɕhie5 新	tɕhio5	tɕhie5	tɕhie5	ɕi1	ɕie5	ɕi2	ɕi2 ɕia2 旧
南溪	tɕhie5 tɕie5 旧	tɕhie5	tɕhie5	tɕhie5	ɕi1	ɕie5	ɕi2	ɕi2② ɕia2 旧
合江	tɕie5 tɕhie2 新	tɕhie5	tɕhye5	tɕhye5	ɕi1	ɕie5	ɕi2	ɕi2 ɕia2 旧

① 又音 ɕi2。 ② 又音 ɕie2。

字目	鞋[1]	胁	协	写	血	泻	卸	谢
反切	户佳	虚业	胡频	悉姐	呼决	司夜	司夜	辞夜
声韵调	蟹开二 匣佳平	咸开三 晓业入	咸开四 匣帖入	假开三 心麻上	山合四 晓屑入	假开三 心麻去	假开三 心麻去	假开三 邪麻去
中古音	ɦiɣɛ	hɨɐp	ɦep	sia:	hwet	sia-	sia-	zia-
成都	xai2	ɕie2	ɕie2	ɕie3	ɕye2	ɕie4	ɕie4	ɕie4
彭州	xai2	ɕie5	ɕie5	ɕie3	ɕie5	ɕie4	ɕie4	ɕie4
郫县	xai2	ɕie5	ɕie5	ɕie3	ɕye5	ɕie4	ɕie4	ɕie4
广汉	xai2	ɕi2	ɕi2	ɕie3	ɕye5	ɕie4	ɕie4	ɕie4
都江堰河东	xai2	ɕie5	ɕie5	ɕi3	ɕie5	ɕi4	ɕie4	ɕie4
都江堰河西	xai2	ɕie5	ɕie5	ɕi3	ɕie5	ɕi4	ɕi4	ɕi4
崇州	xai2	ɕie5	ɕie5	ɕi3	ɕie5	ɕi4	ɕi4	ɕi4
大邑	xai2 ɕiai2 新	ɕie5	ɕie5	ɕi3	ɕye5	ɕi4	ɕi4	ɕi4
邛崃	xai2	ɕie5	ɕie5	ɕi3	ɕie5	ɕi4	ɕi4	ɕi4
新津	xai2 ɕiɛi2 新	ɕie5	ɕie5	ɕi3	ɕie5	ɕi4	ɕi4	ɕi4
蒲江	xai2	ɕie5	ɕie5	ɕi3	ɕye5	ɕi4	ɕi4	ɕi4
彭山	xai2	ɕie5	ɕie5	ɕi3	ɕie5	ɕi4	ɕi4	ɕi4
眉山	xai2	ɕie5	ɕie5	ɕi3	ɕie5	ɕi4	ɕi4	ɕi4
丹棱	xai2	ɕie5	ɕie5	ɕi3	ɕye5	ɕi4	ɕie4 ɕi4	ɕie4 ɕi4
洪雅	xai2	ɕie5	ɕie5	ɕi3	ɕie5	ɕi4	ɕi4	ɕi4
青神	xai2	ɕie5	ɕie5	ɕi3	ɕie5	ɕi4	ɕi4	ɕi4
夹江	ɕie2 文 xai2 白	ɕi5	ɕi5	ɕi3 ɕie3 新	ɕi5	ɕie4	ɕie4	ɕie4
峨眉山	ɕie2 文 xai2 白	ɕie5	ɕie5	ɕie3	ɕie5	ɕie4	ɕie5	ɕie5
乐山	ɕiᴇ2 文 xai2 白	ɕie5	ɕie5	ɕi3 ɕiᴇ3 新	ɕie5	ɕi4	ɕi4	ɕi4 ɕiᴇ4 新
犍为	ɕie2 文 xai2 白	ɕie5	ɕie5	ɕi3 ɕie3 新	ɕie5	ɕi4	ɕi4	ɕi4 ɕie4 新

① 又户皆切，蟹开二匣皆平。

字目	鞋[1]	胁	协	写	血	泻	卸	谢
反切	户佳	虚业	胡颊	悉姐	呼决	司夜	司夜	辝夜
声韵调	蟹开二 匣佳平	咸开三 晓业入	咸开四 匣帖入	假开三 心麻上	山合四 晓屑入	假开三 心麻去	假开三 心麻去	假开三 邪麻去
中古音	ɦɣɛ	hɨɐp	ɦep	sia:	hwet	sia-	sia-	zia-
沐川	xai2	ɕie5	ɕie5	ɕi3	ɕie5	ɕi4	ɕi4	ɕie4
峨边	xai2	ɕiɛ5	ɕiɛn5	ɕi3	ɕiɛ5	ɕi3	ɕi4	ɕi4
雅安	xai2	ɕie1	ɕie1	ɕie3	ɕie1	ɕie4	ɕie4	ɕie4
名山	xai2	ɕie1	ɕi1	ɕie3	ɕie1	ɕie4	ɕie4	ɕie4
天全	xai2	ɕie1	ɕie1	ɕie3	ɕie1	ɕie4	ɕie4	ɕie4
芦山	xai2	ɕie1	ɕie1	ɕie3	ɕie1	ɕie4	ɕie4	ɕie4
宝兴	xai2	ɕie1	ɕie1	ɕie3	ɕye1	ɕie4	ɕie4	ɕie4
荥经	xai2	ɕie5	ɕie5	ɕi3	ɕie5	ɕi4	ɕi4	ɕi4
汉源	xai2	ɕiɛ1	ɕiɛ1	ɕiɛ3	ɕiɛ1	ɕiɛ4	ɕiɛ4	ɕiɛ4
石棉	xai2	ɕi1	ɕi1	ɕi3	ɕie1 ɕye1	ɕi4	ɕie4	ɕie4
内江	xai2	ɕie4	ɕie4	ɕie3	ɕye4	ɕie4	ɕie4	ɕie4
威远	xai2	ɕie4	ɕie4	ɕie3	ɕye4	ɕie4	ɕie4	ɕie4
荣县	xai2	ɕie4	ɕie4	ɕie3	ɕye4	ɕie4	ɕie4	ɕie4
自贡	xai2	ɕie4	ɕie4	ɕie3	ɕye4	ɕie4	ɕie4	ɕie4
富顺	xai2	ɕie4	ɕie4	ɕie3	ɕye4	ɕie4	ɕie4	ɕie4
隆昌	xai2	ɕie4	ɕie4	ɕie3	ɕye4	ɕie4	ɕie4	ɕie4
泸县	xai2	ɕie4	ɕie4	ɕie3	ɕye4	ɕie4	ɕie4	ɕie4
泸州	xai2	ɕie5	ɕie5	ɕi3	ɕye5 ɕio5 旧	ɕi4	ɕi5	ɕi4
南溪	xai2	ɕie5	ɕie5	ɕi3	ɕie5	ɕi4	ɕi4	ɕi4
合江	xai2	ɕie5	ɕie5	ɕi3	ɕye5	ɕi4	ɕi4	ɕi4

① 又户皆切，蟹开二匣皆平。

字目	械	解姓	蟹[①]	泄	屑	噎	爷[④]	也
反切	胡介	胡买	胡买	私列	先结	乌结		羊者
声韵调	蟹开二 匣皆去	蟹开二 匣佳上	蟹开二 匣佳上	山开三 心薛入	山开四 心屑入	山开四 影屑入	假开三 以麻平	假开三 以麻上
中古音	ɦɣɛi-	ɦɣɛ:	ɦɣɛ:	siᴇt	set	ʔet	jia	jia:
成都	tɕiɛi4	ɕiɛi4	ɕiɛi2 文 xai3 白	ɕie4 ɕie2 旧	ɕye2	ie1 文	ie2	ie3
彭州	tɕiɛi4	ɕiɛi4	ɕiɛi2 文 xai3 白	ɕie4 ɕi4 俗[③]	ɕio5	ie5	ie2	ie3
郫县	tɕiai4	ɕiai4	ɕiai2 文 xai3 白	ɕie4	ɕye2	ie5	ie2	ie3
广汉	tɕiɛi4	tɕiɛi3	ɕiɛi4 文 xai3 白	ɕie4	ɕie5	ie1	ie2	ie3
都江堰河东	tɕie4	ɕie4	ɕiɛi2 文 xai3 白	ɕie5	ɕye5	ie5	ie2	ie3
都江堰河西	tɕiɛi4 tɕie4	ɕiɛi4	ɕiɛi2 文 xai3 白	ɕi4 俗[③]	ɕio5	ie5	i2	i3 iɛi3 旧
崇州	tɕiai4	ɕiai4	ɕiai2 文 xai3 白	ɕie5 ɕi4 俗[③]	ɕio5	ie5	i2	i3
大邑	tɕiai4	ɕiai4	ɕiai2 文 xai3 白	ɕie5	ɕio5	ie5 文	i2	ie3
邛崃	tɕiai4	ɕi4	ɕiai2 文 xai3 白	ɕie5	ɕyo5	ie5 文	i2	i3
新津	tɕiɛi4	ɕiɛi4	ɕiɛi2 文 xai3 白	ɕi4[③]	ɕio5	ie5 文	i2	i3
蒲江	tɕie4	ɕie3	ɕiɛi2 文 xai3 白	ɕi4	ɕye5	ie5 文 ken3 俗	i2	iɛi3
彭山	tɕie4	ɕie4	xai4	ɕie5	ɕye5	ie1 文	i2	i3
眉山	tɕie4	ɕie4	xai4	ɕie5	ɕye5	ie5 文	i2	i3
丹棱	tɕiɛn4	ɕiɛn4	ɕiɛn4	ɕie5	ɕye5	ie1 文	i2	i3
洪雅	tɕie4	ɕie4	ɕie3	ɕie5	ɕio5	i5 文	i2 ie2 新	i3 ie3 新
青神	tɕie4	ɕie4	xai4	ɕie5	ɕio5	ie5 文	i2	i3
夹江	tɕie4	ɕie4	ɕie4 文 xai4 白	ɕie4	ɕio5	i5	i2 ie2 新	i3 ie3 新
峨眉山	tɕie4	ɕie4	ɕie4 文 xai4 白	ɕie5	ɕye5	ie5	ie2	ie3
乐山	tɕiᴇ4 ɕiᴇ4	ɕiᴇ4	ɕiᴇ4 文[②] xai4 白	ɕie5	ɕyʊ5	ie5	i2 iᴇ2 新	i3 iᴇ3 新
犍为	ɕie4	ɕie4	ɕie4 文 xai4 白	ɕie5	ɕie5	ie5	i2 ie2 新	i3 ie3 新

① 又曹宪《博雅音》呼买切，蟹开二晓蟹上。 ② 又音 xai3。 ③ “泻”的训读。司夜切，假开三心麻去。
④ 《玉篇》以遮切。

字目	械	解姓	蟹[①]	泄	屑	噎	爷[③]	也
反切	胡介	胡买	胡买	私列	先结	乌结		羊者
声韵调	蟹开二 匣皆去	蟹开二 匣佳上	蟹开二 匣佳上	山开三 心薛入	山开四 心屑入	山开四 影屑入	假开三 以麻平	假开三 以麻上
中古音	ɦɣɛi-	ɦɣɛ:	ɦɣɛ:	siᴇt	set	ʔet	jia	jia:
沐川	tɕie4	tɕie3	ɕiɛi2 文 xai3 白	ɕie5 ɕi4 俗[②]	ɕye5	i4	i2	i3
峨边	tɕiɛn4	tɕiɛn3	xai3	ɕi5	ɕyɛ5	无	i2	i3
雅安	tɕie4	无	xai3	ɕie4	ɕye1	i1	ie2	ie3
名山	tɕiɛi4	ɕie4	ɕie4 文 xai3 白	ɕie4	ɕye1	ie1	ie2	ie3
天全	tɕie4	ɕie4	ɕie4 文 xai3 白	ɕie1	ɕye1	i1	ie2	ie3
芦山	tɕie4	无	xai3	ɕie4	ɕye1	i1	ie2	ie3
宝兴	tɕie4	无	xai3	ɕie4	ɕye1	i1	ie2	ie3
荥经	tɕiɛi4	ɕiɛi4	ɕiɛi2 文 xai3 白	ɕie5 ɕi4 俗[②]	ɕyɛ5	ie5	i2	i3
汉源	tɕiɛ4	ɕiɛ4	ɕie4 文 xai3 白	ɕiɛ1	ɕyɛ1	i1	iɛ2	iɛ3
石棉	tɕie4	ɕie4	ɕie4 文 xai3 白	ɕie4 ɕi1 俗[②]	ɕye1	i1	i2	ie3
内江	tɕian4	ɕiɛi4	ɕiɛi2	ɕie4	ɕie4	ie4 文	ie2	ie3
威远	tɕiɛi4	ɕiɛi4	ɕiɛi4	ɕie4	ɕye4	ie1 文	ie2	ie3
荣县	tɕiɛi4	ɕiɛi4	ɕiɛi4	ɕie4	ɕye4	ie1 文	ie2	ie3
自贡	tɕiai4 tɕie4 新	ɕie4	ɕiai2	ɕie4	ɕie4	ie1	ie2	ie3
富顺	tɕiai4 tɕie4 新	ɕiai4	ɕiai4	ɕie4	ɕye4	ie4	ie2	ie3
隆昌	tɕiai4 tɕie4 新	ɕiai4	xai3	ɕye4	ɕye4	ie4	ie2	ie3
泸县	tɕiɛi4	ɕiɛi4	ɕiɛi2 文 xai3 白	ɕie4 ɕi4 俗[②]	ɕye2	ie4	ie2	ie3
泸州	tɕiɛn4	ɕie4	ɕiɛi4 文 xai3 白	ɕie5	ɕye5 ɕio5 旧	ie5	i2	i3
南溪	tɕiɛn4	ɕiɛn4	ɕiɛn4 文 xai3 白	ɕie5 ɕi4 俗[②]	ɕyʉ5	ie5	i2	i3
合江	kiɛi4	kai4	ɕiɛi2 文 xai3 白	ɕye5 ɕi4 俗[②]	ɕye5	ie5	i2	ie3

① 又曹宪《博雅音》呼买切，蟹开二晓蟹上。 ② "泻"的训读。司夜切，假开三心麻去。
③ 《玉篇》以遮切。

字目	野	夜	叶树叶	页	业	液	虐	疟
反切	羊者	羊谢	与涉	与涉	鱼怯	羊益	鱼约	鱼约
声韵调	假开三 以麻上	假开三 以麻去	咸开三 以叶入	咸开三 以叶入	咸开三 疑业入	梗开三 以昔入	宕开三 疑药入	宕开三 疑药入
中古音	jia:	jia-	jiɛp	jiɛp	ŋɨɐp	jiɛk	ŋɨɐk	ŋɨɐk
成都	ie3	ie4	ie2	ie2	ȵie2	ie4	io2	io2
彭州	ie3	ie4	ie5	ie5	ȵie5	ie4	io5	io5
郫县	ie3	ie4	ie5	ie5	ȵie5	ie4	lio5	io5
广汉	ie3	ie4	ie5	ie5	ȵie5	ie4	io5	io5
都江堰河东	ie3	i4	ie5	ie5	ȵie5	i4	io5	io5
都江堰河西	i3	i4	ie5	ie5	ȵie5	i4	io5	io5
崇州	i3	i4	ie5	ie5	ȵie5	i4	io5	io5
大邑	i3	i4	ie5	ie5	ȵie5	i4	io5	io5
邛崃	i3	i4	ie5	ie5	ȵie5	i4	io5	yo5
新津	i3	i4	ie5	ie5	ȵie5	i4	io5	io5
蒲江	i3	i4	ie5	ie5	ȵie5	i4	io5	io5
彭山	i3	i4	ie5	ie5	ȵie5	i4 i5	io5	io5
眉山	i3	i4	ie5	ie5	ȵie5	i5	io5	nye5
丹棱	i3	i4 ie4 新	ie5	ie5	ȵie5	ie4 i5	io5	io5
洪雅	ie3 i3	i4	ie5	ie5	ȵie5	i4 i5	io5	io5
青神	i3	i4	ie5	ie5	lie5	i4 i5	io5	io5
夹江	i3 ie3 新	i4 ie4 新	ie5	ie5	ni5 ie5 新	ie4	nye5	nye5
峨眉山	ie3	ie4	ie5	ie5	nie5 ie5 新	ie4	io5	io5
乐山	i3 iɛ3 新	i4 iɛ4 新	ie5	ie5	lie5 ie5 新	i4	yʊ5 lyʊ5	yʊ5
犍为	i3 ie3 新	i4 ie4 新	ie5	ie5	lie5 ie5 新	i4	yʊ5 lyʊ5	yʊ5

字目	野	夜	叶树叶	页	业	液	虐	疟
反切	羊者	羊谢	与涉	与涉	鱼怯	羊益	鱼约	鱼约
声韵调	假开三 以麻上	假开三 以麻去	咸开三 以叶入	咸开三 以叶入	咸开三 疑业入	梗开三 以昔入	宕开三 疑药入	宕开三 疑药入
中古音	jia:	jia-	jiɛp	jiɛp	ŋɨɐp	jiɛk	ŋɨɐk	ŋɨɐk
沐川	i3	i4	ie4	ie4	ȵie5	ie4	io5	io5
峨边	i3	i4	iɛn5	iɛn5	liɛn5	i4	lio5	lio5
雅安	ie3	ie4	ie1	ie1	ȵie1	ie4	io1	io1
名山	ie3	ie4	ie1	ie1	lie1	ie4	io1	io1
天全	ie3	ie4	ie1	ie1	ȵie1	ie4	io1	io1
芦山	ie3	ie4	ie1	ie1	ȵie1	ie4	ye1	ye1
宝兴	ie3	ie4	ie1	ie1	ȵie1	ie4	io1 nio1	io1
荥经	i3	i4	ie5	ie5	ȵie5	i4	iɵ5	iɵ5
汉源	iɛ3	iɛ4	iɛ1	iɛ1	niɛ1	iɛ4	io1	io1
石棉	ie3	i4	ie1	ie1	ȵie1	i4	io1	io1
内江	ie3	ie4	ie4	ie4	ȵie4	ie4	nio4	nio4
威远	ie3	ie4	ie4	ie4	ȵie4	ie4	io4	io4
荣县	ie3	ie4	ie4	ie4	ȵie4	ie4	io4	io4
自贡	ie3	ie4	ie4	ie4	ȵie4	ie4	io4	io4
富顺	ie3	ie4	ie4	ie4	ȵie4	ie4	ȵio4	io4
隆昌	ie3	ie4	ie4	ie4	ȵie4	ie4	ȵio4	ȵio4
泸县	ie3	ie4	ie4	ie4	ȵie4	ie4	io4	io4
泸州	i3	i4	ie5	ie5	ȵie5	i4	ȵio5 io5	ȵio5 io5
南溪	i3	i4	ie5	ie5	ȵie5	i5	ye5 yʉ5 旧	ye5 yʉ5 旧
合江	ie3	i5	ie5	ie5	ȵie5	i4	io5	io5

字目	略	掠	绝	掘①	决	嚼	觉感觉	缺
反切	离灼	离灼	情雪	其月	古穴	在爵	古岳	苦穴
声韵调	宕开三 来药入	宕开三 来药入	山合三 从薛入	山合三 群月入	山合四 见屑入	宕开三 从药入	江开二 见觉入	山合四 溪屑入
中古音	liɐk	liɐk	dziuɛt	gʉɐt	kwet	dziɐk	kɣʌk	khwet
成都	nio2	nio2	tɕye2	tɕhio2 tɕye2 新	tɕye2	tɕiau2	tɕio2	tɕhye2
彭州	nio5	nio5	tɕye5	tɕhio2 tɕye5 新	tɕye5	tɕiau4	tɕio5	tɕhye5
郫县	lio5	lio5	tɕye5	tɕhio5	tɕye5	tɕiau2	tɕio5	tɕhye5
广汉	io5	io5	tɕye5	tɕye5	tɕye5	tɕiau4	tɕio5	tɕhye5
都江堰河东	nio5	nio5	tɕio5	tɕhio5	tɕio5	tɕiau4	tɕio5	tɕhio5
都江堰河西	nio5	nio5	tɕio5	tɕio5 tɕye5 新	tɕio5	tɕiau4	tɕio5	tɕhio5
崇州	nio5	nio5	tɕio5	tɕhio5	tɕio5	tɕiau2	tɕio5	tɕhio5
大邑	nio5	nio5	tɕio5 tɕye5 新	tɕhio5 tɕye5 新	tɕhio5 tɕye5 新	tɕiau4	tɕio5	tɕhio5
邛崃	no5	no5	tɕyo5	tɕyo5 tɕye5 新	tɕyo5	tɕiau4	tɕyo5	tɕhyo5
新津	nio5	nio5	tɕio5	tɕhio5 tɕye5 新	tɕio5	tɕio5 tɕiau4 新	tɕio5	tɕhio5
蒲江	lio5	lio5 io5	tɕio5	tɕio5 tɕye5 新	tɕio5	tɕiau3	tɕio5	tɕhio5
彭山	nio5	nio5	tɕio5	tɕio5	tɕye5 tɕio5 旧	tɕiau5	tɕio5	tɕhio5
眉山	nye5 nio5 旧	nye5 nio5 旧	tɕye5 tɕio5 旧	tɕhy5	tɕye5 tɕio5 旧	tɕiau5	tɕio5	tɕhye5 tɕhio5 旧
丹棱	nio5	nio5 nai5 口	tɕye5 tɕio5 旧	tɕhy5 tɕye5 新	tɕye5 tɕio5 旧	tɕiau5	tɕio5	tɕhye5 tɕhio5 旧
洪雅	nio5	nio5 nai5 口	tɕio5	tɕhyu5 tɕye5 新	tɕye5 tɕio5 旧	tɕiau5	tɕio5	tɕhio5
青神	io5	lio5	tɕio5	tɕhio5	tɕio5	tɕiau5	tɕio5	tɕhio5
夹江	nye5	nye5	tɕye5	tɕye5	tɕye5	tɕio5 tɕiau2 新	tɕio5	tɕhye5
峨眉山	ye1	nie5	tɕye5	tɕye5	tɕye5	tɕio5 tɕiau2 新	tɕio5	tɕhio5
乐山	yʊ5 lyʊ5	yʊ5 lyʊ5	tɕyʊ5	tɕyʊ5	tɕyʊ5	tɕyʊ5 tɕiau2 新	tɕyʊ5	tɕhyʊ5
犍为	yʊ5 lyʊ5	yʊ5 lyʊ5	tɕyʊ5	tɕyʊ5	tɕyʊ5	tɕyʊ5 tɕiau2 新	tɕyʊ5	tɕhyʊ5

① 又衢物切，臻合三群物入。

字目	略	掠	绝	掘①	决	嚼	觉感觉	缺
反切	离灼	离灼	情雪	其月	古穴	在爵	古岳	苦穴
声韵调	宕开三 来药入	宕开三 来药入	山合三 从薛入	山合三 群月入	山合四 见屑入	宕开三 从药入	江开二 见觉入	山合四 溪屑入
中古音	lɨɐk	lɨɐk	dziuᴇt	gʉɐt	kwet	dzɨɐk	kɣʌk	khwet
沐川	lio5	lio5	tɕye5	tɕhio5 tɕye5 新	tɕye5	tɕio5	tɕio5	tɕhio5
峨边	lio5	lio5	tɕio5 tɕyɛ5 新	tɕhio5	tɕio5 tɕyɛ5 新	tɕiau4	tɕio5	tɕhio5
雅安	nio1	nio1	tɕye1	tɕye1	tɕye1	tɕiau2	tɕio1	tɕhye1
名山	lio1	le1	tɕye1	tɕy1 tɕye1 新	tɕye1	tɕiau2	tɕio1	tɕhye1
天全	lye1	lye1	tɕye1	tɕy1 tɕye1 新	tɕye1	tɕiau4	tɕio1	tɕhye1
芦山	nye1	nye1	tɕye1	tɕye1	tɕye1	tɕye1	tɕio1	tɕhye1
宝兴	nio1	nye1	tɕye1	tɕye1	tɕye1	tɕiau4	tɕio1	tɕhye1
荥经	iɵ5	liɵ5	tɕyɛ5	tɕhiɵ5 tɕyɛ5 新	tɕyɛ5	tɕiau4	tɕiɵ5	tɕhyɛ5
汉源	nio1 nai1	nio1 nai1	tɕyɛ1	tɕio1 tɕyɛ1 新	tɕyɛ1	tɕiau2	tɕio1	tɕhyɛ1
石棉	le1	le1	tɕye1	tɕio1 tɕye1 新	tɕye1	tɕiau2	tɕio1	tɕhye1
内江	nio4	nio4	tɕye4	tɕye4	tɕye4	tɕiau4	tɕio4	tɕhye4
威远	io4	io4	tɕye4	tɕye4	tɕye4	tɕiau4	tɕio4	tɕhye4
荣县	nio4	nio4	tɕye4	tɕhy4	tɕye4	tɕiau4	tɕio4	tɕhye4
自贡	lio4	lio4	tɕye4	tɕye4	tɕye4	tɕiau4	tɕio4	tɕhye4
富顺	lio4	lio4	tɕye4	tɕye4	tɕye4	tɕiau4	tɕio4	tɕhye4
隆昌	lio4	lio4	tɕye4	tɕye4	tɕie4	tɕiau4	tɕio4	tɕhie4
泸县	io4	lio4	tɕye4	tɕye4	tɕye4	tɕiau4	tɕio4	tɕhye4
泸州	lio5 io5	le5 io5	tɕye5 tɕio5 旧	tɕhio5 tɕye5 新	tɕye5 tɕio5 旧	tɕiau4	tɕio5	tɕhye5 tɕhio5 旧
南溪	yʉ5	yʉ5	tɕye5 tɕyʉ5 旧	tɕhyʉ5 tɕye5 新	tɕye5 tɕyʉ5 旧	tɕiau4	tɕyʉ5	tɕhyʉ5
合江	lio5	lio5	tɕye5	tɕhio5 tɕye5 新	tɕye5	tɕiau4	tɕio5	tɕhye5

① 又衢物切，臻合三群物入。

字目	雀	鹊	却	确	靴	薛	削	学
反切	即略	七雀	去约	苦角	许肥	私列	息约	胡觉
声韵调	宕开三 精药入	宕开三 清药入	宕开三 溪药入	江开二 溪觉入	果合三 晓戈平	山开三 心薛入	宕开三 心药入	江开二 匣觉入
中古音	tsiɐk	tshiɐk	khiɐk	khɣʌk	hiuɑ	siɛt	siɐk	ɦɣʌk
成都	tɕhio2	tɕhio2	tɕhio2	tɕhio2	ɕye1	ɕye1	ɕye2	ɕio2
彭州	tɕhio5	tɕhio5	tɕhio5	tɕhio5	ɕye1	ɕye5	ɕye5	ɕio5
郫县	tɕhio5	tɕhio5	tɕhio5	tɕhio5	ɕye1	ɕye5	ɕye5	ɕio5
广汉	tɕhio5	tɕhio5	tɕhio5 tɕhye2 新	tɕhio5 tɕhye2 新	ɕye1	ɕye5	ɕye5 ɕio5 旧	ɕio5
都江堰河东	tɕhio5	tɕhio5	tɕhio5	tɕhio5	ɕy1	ɕio5	ɕye5	ɕio5
都江堰河西	tɕhio5	tɕhio5	tɕhio5	tɕhio5	ɕy1	ɕio5	ɕio5	ɕio5
崇州	tɕhio5	tɕhio5	tɕhio5	tɕhio5	ɕy1	ɕio5	ɕio5	ɕio5
大邑	tɕhio5	tɕhio5	tɕhio5	tɕhio5	ɕy1	ɕio5 ɕye5 新	ɕio5	ɕio5
邛崃	tɕhyo5	tɕhyo5	tɕhyo5	tɕhyo5	ɕy1	ɕyo5	ɕyo5	ɕyo5
新津	tɕhio5	tɕhio5	tɕhio5	tɕhio5	ɕy1	ɕio5	ɕio5	ɕio5
蒲江	tɕhio5	tɕhio5	tɕhio5	tɕhio5	ɕy1	ɕye5 io5 旧	ɕio5	ɕio5
彭山	tɕhio5	tɕhio5	tɕhio5	tɕhio5	ɕy1	ɕye5 ɕio5 旧	ɕio5	ɕio5
眉山	tɕhio5	tɕhye5 tɕhio5 旧	tɕhye5 tɕhio5 旧	tɕhio5	ɕy1	ɕye5 ɕio5 旧	ɕye5 ɕio5 旧	ɕio5
丹棱	tɕhio5	tɕhio5	tɕhye5 tɕhio5 旧	tɕhio5	ɕy1	ɕye5 ɕio5 旧	ɕye5 ɕio5 旧	ɕio5
洪雅	tɕhio5	tɕhio5	tɕhio5	tɕhio5	ɕy1	ɕye5 ɕio5 旧	ɕio5	ɕio5
青神	tɕhio5	tɕhio5	tɕhio5	tɕhio5	ɕy1	ɕio5	ɕio5	ɕio5
夹江	tɕhye5	tɕhye5	tɕhio5 tɕhye5	tɕhio5 tɕhye5	ɕye1	ɕye1	ɕye1	ɕio1
峨眉山	tɕhye5	tɕhye5	tɕhye5	tɕhye5	ɕy1	ɕye1	ɕye5	ɕio5
乐山	tɕhyʊ5	tɕhyʊ5	tɕhyʊ5	tɕhyʊ5	ɕy1	ɕyʊ5	ɕyʊ5	ɕyʊ5
犍为	tɕhyʊ5	tɕhyʊ5	tɕhyʊ5	tɕhyʊ5	ɕy1	ɕyʊ5	ɕyʊ5	ɕyʊ5

字目	雀	鹊	却	确	靴	薛	削	学
反切	即略	七雀	去约	苦角	许肥	私列	息约	胡觉
声韵调	宕开三 精药入	宕开三 清药入	宕开三 溪药入	江开二 溪觉入	果合三 晓戈平	山开三 心薛入	宕开三 心药入	江开二 匣觉入
中古音	tsiɐk	tshiɐk	khiɐk	khɣʌk	hiuɑ	siɛt	siɐk	ɦɣʌk
沐川	tɕhio5	tɕhio5	tɕhio5	tɕhio5	ɕy1	ɕye5	ɕye5	ɕio5
峨边	tɕhio5	tɕhio5	tɕhio5	tɕhio5	ɕy1	ɕio5 ɕyɛ5 新	ɕio5 ɕyɛ5 新	ɕio5
雅安	tɕhio1	tɕhio1	tɕhye1	tɕhye1	ɕye1	ɕye1	ɕye1	ɕio1
名山	tɕhio1	tɕhio1	tɕhy1	tɕhio1	ɕye1	ɕye1	ɕye1	ɕio1
天全	tɕhio1	tɕho1	tɕhio1	tɕhio1	ɕye1	ɕye1	ɕye1	ɕio1
芦山	tɕhio1	tɕhio1	tɕhye1	tɕhio1	ɕye1	ɕye1	ɕye1	ɕio1
宝兴	tɕhio1	tɕhio1	tɕhio1	tɕhio1	ɕye1	ɕye1	ɕye1	ɕio1
荥经	tɕhiɵ5	tɕhiɵ5	tɕhiɵ5	tɕhiɵ5	ɕy1	ɕiɵ5 ɕyɛ5 新	ɕiɵ5 ɕyɛ5 新	ɕiɵ5
汉源	tɕhio1	tɕhio1	tɕhio1	tɕhio1	ɕyɛ1	ɕyɛ1	ɕyɛ1	ɕio1
石棉	tɕhio1	tɕhio1	tɕhio1	tɕhio1	ɕye1	ɕye1	ɕye1	ɕio1
内江	tɕhio4	tɕhio4	tɕhio4	tɕhio4	ɕye1	ɕye4	ɕye4	ɕio4
威远	tɕhio4	tɕhio4	tɕhye4	tɕhio4	ɕye1	ɕye4	ɕye4	ɕio4
荣县	tɕhio4	tɕhio4	tɕhio4	tɕhio4	ɕye1	ɕye4	ɕye4	ɕio4
自贡	tɕhio4	tɕhio4	tɕhio4	tɕhio4	ɕye1	ɕye4	ɕye4	ɕio4
富顺	tɕhio4	tɕhio4	tɕhio4	tɕhio4	ɕye1	ɕye4	ɕye4	ɕio4
隆昌	tɕhio4	tɕhio4	tɕhio4	tɕhio4	ɕie1	ɕie4	ɕye4	ɕio4
泸县	tɕhio4	tɕhio4	tɕhio4	tɕhio4	ɕye1	ɕye4	ɕye4	ɕio4
泸州	tɕhio5 tɕhye5 新	tɕhio5	tɕhio5	tɕhio5	ɕy1	ɕye5 ɕio5 旧	ɕye5 ɕio5 旧	ɕio5
南溪	tɕhyʉ5	tɕhyʉ5	tɕhyʉ5	tɕhyʉ5	ɕy1	ɕye5 ɕyʉ5 旧	ɕye5 ɕyʉ5 旧	ɕyʉ5
合江	tɕhio5	tʃhio5	tɕhio5	tɕhio5	ɕy1	ɕye5	ɕye5	ɕio5

字目	雪	穴	约	悦	阅	月	越	粤
反切	相绝	胡决	于略	弋雪	弋雪	鱼厥	王伐	王伐
声韵调	山合三 心薛入	山合四 匣屑入	宕开三 影药入	山合三 以薛入	山合三 以薛入	山合三 疑月入	山合三 云月入	山合三 云月入
中古音	siuɛt	ɦwet	ʔɨɐk	jiuɛt	jiuɛt	ŋʉɐt	ɦʉɐt	ɦʉɐt
成都	ɕye2	ɕie2 ɕye2	io2	ye2 io2 旧	ye2 io2 旧	ye2	ye2	ye2
彭州	ɕye5	ɕie5	io5	ye5 io5 旧	ye5 io5 旧	ye5	ye5	ye5
郫县	ɕye5	ɕie5	io5	ye5	ye5	ye5	ye5	ye2
广汉	ɕye5	ɕi5	io5	ye5	ye5	ye5	ye5	ye5
都江堰河东	ɕye5	ɕie5	io5	io5	io5	ye5	ye5	io5
都江堰河西	ɕio5	ɕio5	io5	io5	io5	io5 ye5 新	io5	io5
崇州	ɕio5	ɕie5	io5	io5	io5	io5	io5	io5
大邑	ɕio5 ɕye5 新	ɕie5	io5	io5 ye5 新	io5 ye5 新	ye5 io5 旧	ye5 io5 旧	io5
邛崃	ɕyo5	ɕy5	yo5	yo5 ye5 新	yo5 ye5 新	ye2	yo5	yo5
新津	ɕio5	ɕio5	io5	io5	io5 ye5 新	io5 ye5 新	io5	io5
蒲江	ɕye5 io5 旧	ɕio5	io5	ye5 io5 旧	ye5 io5 旧	ye5 io5 旧	ye5 io5 旧	ye5 io5 旧
彭山	ɕye5 ɕio5 旧	ɕie5	io5	io5	io5	io5	io5	io5
眉山	ɕye5 ɕio5 旧	ɕie5	io5	io5	io5	io5	io5	io5
丹棱	ɕye5 ɕio5 旧	ɕie5	io5	ye5 io5 旧	io5	ye5 io5 旧	io5	io5
洪雅	ɕye5 ɕio5 旧	ɕie5	io5	io5	io5	io5	io5	io5
青神	ɕio5	ɕie5	io5	io5	io5	io5	io5	io5
夹江	ɕye5	ɕi5	io5	io5	io5	ye5	io5	ye5
峨眉山	ɕye5	ɕi1	io5	io5	io5	io5	io5	io5
乐山	ɕyʊ5	ɕyʊ5 ɕie5	yʊ5	yʊ5	yʊ5	yʊ5	yʊ5	yʊ5
犍为	ɕyʊ5	ɕie5	yʊ5	yʊ5	yʊ5	yʊ5	yʊ5	yʊ5

字目	雪	穴	约	悦	阅	月	越	粤
反切	相绝	胡决	于略	弋雪	弋雪	鱼厥	王伐	王伐
声韵调	山合三 心薛入	山合四 匣屑入	宕开三 影药入	山合三 以薛入	山合三 以薛入	山合三 疑月入	山合三 云月入	山合三 云月入
中古音	siuɛt	ɦwet	ʔiɐk	jiuɛt	jiuɛt	ŋɐt	ɦɐt	ɦɐt
沐川	ɕye5	ɕie5	io5	ye5 io5 旧	ye5 io5 旧	ye5	io5	io5
峨边	ɕio5 ɕyɛ5 新	ɕiɛ5	io5	io5	io5	io5	io5	io5
雅安	ɕye1	ɕie1	io1	ye1	ye1	ye1	ye1	io1
名山	ɕye1	ɕie1	io1	ye1 io1 旧	ye1	ye1	io1	ye1
天全	ɕye1	ɕie1	io1	ye1	ye1	ye1	ye1	ye1
芦山	ɕye1	ɕie1	io1	ye1	ye1	ye1	ye1	ye1
宝兴	ɕye1	ɕie1	io1	ye1	ye1	ye1	ye1	ye1
荥经	ɕiɵ5 ɕyɛ5 新	ɕie5	iɵ5	yɛ5 iɵ5 旧	yɛ5 iɵ5 旧	yɛ5 iɵ5 旧	yɛ5 iɵ5 旧	yɛ5 iɵ5 旧
汉源	ɕyɛ1	ɕiɛ1	io1	yɛ1	yɛ1	yɛ1	yɛ1	yɛ1
石棉	ɕye1	ɕye1	io1	ye1	ye1	ye1	ye1	ye1
内江	ɕye4	ɕie4	io4	ye4	ie4	ye4	ye4	ye4
威远	ɕye4	ɕye4	io4	ye4	ye4	ye4	ye4	ye4
荣县	ɕye4	ɕie4	io4	ye4	ye4	ye4	ye4	ye4
自贡	ɕye4	ɕie4	io4	ye4	ye4	ye4	ye4	ye4
富顺	ɕye4	ɕie4	io4	ye4	ye4	ye4	ye4	ye4
隆昌	ɕye4	ɕie4	io4	ye4	ie4	ie4	ye4	ye4
泸县	ɕye4	ɕye4	io4	ye4 io4 旧	ye4 io4 旧	ye4	ye4	ye4
泸州	ɕye5 ɕio5 旧	ɕie5 ɕye5	io5	ye5 io5 旧	io5 ye5 新	ye5 io5 旧	ye5 io5 旧	ye5 io5 旧
南溪	ɕye5 ɕyʉ5 旧	ɕi5	yʉ5	ye5 yʉ5 旧	ye5 yʉ5 旧	ye5 yʉ5 旧	yʉ5	yʉ5
合江	ɕye5	ɕie5	io5	ye5 io5 旧	ye5 io5 旧	ye5	io5	io5

字目	跃	岳山岳	岳姓	乐音乐	资	姿	滋	紫
反切	以灼	五角	五角	五角	即夷	即夷	子之	将此
声韵调	宕开三 以药入	江开二 疑觉入	江开二 疑觉入	江开二 疑觉入	止开三 精脂平	止开三 精脂平	止开三 精之平	止开三 精支上
中古音	jiɐk	ŋɣʌk	ŋɣʌk	ŋɣʌk	tsiɪ	tsiɪ	tsɨ	tsiɛ:
成都	iau4 ye2 新	io2	io2	io2	tsɿ1	tsɿ1	tsɿ1	tsɿ3
彭州	iau4	io5	io5	io5	tsɿ1	tsɿ1	tsɿ1	tsɿ3
郫县	iau4	io5	io5	io5	tsɿ1	tsɿ1	tsɿ1	tsɿ3
广汉	iau4	io5	io5	io5	tsɿ1	tsɿ1	tsɿ1	tsɿ3
都江堰河东	iau4	io5	io5	io5	tsɿ1	tsɿ1	tsɿ1	tsɿ3
都江堰河西	iau4	io5	io5	io5	tsɿ1	tsɿ1	tsɿ1	tsɿ3
崇州	iau4	io5	io5	io5	tsɿ1	tsɿ1	tsɿ1	tsɿ3
大邑	iau4	io5	io5	io5	tsɿ1	tsɿ1	tsɿ1	tsɿ3
邛崃	iau4	yo5	yo5	yo5	tsɿ1	tsɿ1	tsɿ1	tsɿ3
新津	iau4	io5	io5	io5	tsɿ1	tsɿ1	tsɿ1	tsɿ3
蒲江	io5	io5	io5	io5	tsɿ1	tsɿ1	tsɿ1	tsɿ3
彭山	iau5	io5	io5	io5	tsɿ1	tsɿ1	tsɿ1	tsɿ3
眉山	iau5	io5	io5	io5	tsɿ1	tsɿ1	tsɿ1	tsɿ3
丹棱	iau5	io5	io5	io5	tsɿ1	tsɿ1	tsɿ1	tsɿ3
洪雅	io5	io5	io5	io5	tsɿ1	tsɿ1	tsɿ1	tsɿ3
青神	iau5	io5	io5	io5	tsɿ1	tsɿ1	tsɿ1	tsɿ3
夹江	iau4 io5	ye5	ye5	io5	tsɿ1	tsɿ1	tsɿ1	tsɿ3
峨眉山	iau4 io5	io5	io5	io5	tsɿ1	tsɿ1	tsɿ1	tsɿ3
乐山	iau4 yʊ5	yʊ5	yʊ5	yʊ5	tsɿ1	tsɿ1	tsɿ1	tsɿ3
犍为	iau4 yʊ5	yʊ5	yʊ5	yʊ5	tsɿ1	tsɿ1	tsɿ1	tsɿ3

字目	跃	岳山岳	岳姓	乐音乐	资	姿	滋	紫
反切	以灼	五角	五角	五角	即夷	即夷	子之	将此
声韵调	宕开三 以药入	江开二 疑觉入	江开二 疑觉入	江开二 疑觉入	止开三 精脂平	止开三 精脂平	止开三 精之平	止开三 精支上
中古音	jiɐk	ŋɣʌk	ŋɣʌk	ŋɣʌk	tsiɪ	tsiɪ	tsɨ	tsiɛ:
沐川	ye5	io5	io5	io5	tsɿ1	tsɿ1	tsɿ1	tsɿ3
峨边	iau4	io5	io5	io5	tsɿ1	tsɿ1	tsɿ1	tsɿ3
雅安	iau4	io1	io1	io1	tsɿ1	tsɿ1	tsɿ1	tsɿ3
名山	iau4	io1	io1	io1	tsɿ1	tsɿ1	tsɿ1	tsɿ3
天全	iau4	io1	io1	io1	tsɿ1	tsɿ1	tsɿ1	tsɿ3
芦山	iau4	io1	io1	io1	tsɿ1	tsɿ1	tsɿ1	tsɿ3
宝兴	iau2	io1	io1	io1	tsɿ1	tsɿ1	tsɿ1	tsɿ3
荥经	iau4	iɵ5	iɵ5	iɵ5	tsɿ1	tsɿ1	tsɿ1	tsɿ3
汉源	iau4	io1	io1	io1	tsɿ1	tsɿ1	tsɿ1	tsɿ3
石棉	iau4	io1	io1	io1	tsɿ1	tsɿ1	tsɿ1	tsɿ3
内江	iau4	io4	io4	io4	tsɿ1	tsɿ1	tsɿ1	tsɿ3
威远	iau4	io4	io4	no4	tsɿ1	tsɿ1	tsɿ1	tsɿ3
荣县	iau4	io4	io4	io4	tsɿ1	tsɿ1	tsɿ1	tsɿ3
自贡	ye4	io4	io4	io4	tsɿ1	tsɿ1	tsɿ1	tsɿ3
富顺	iau4	io4	io4	io4	tsɿ1	tsɿ1	tsɿ1	tsɿ3
隆昌	iau4	io4	io4	io4	tsɿ1	tsɿ1	tsɿ1	tsɿ3
泸县	iau4	io4	io4	io4	tsɿ1	tsɿ1	tsɿ1	tsɿ3
泸州	iau4	io5	io5	io5	tsɿ1	tsɿ1	tsɿ1	tsɿ3
南溪	iau4	ye5 yʉ5 旧	ye5 yʉ5 旧	ye5 yʉ5 旧	tsɿ1	tsɿ1	tsɿ1	tsɿ3
合江	iau4	io5	io5	io5	tsɿ1	tsɿ1	tsɿ1	tsɿ3

字目	姊	子	自	字	雌	差参差	瓷	慈
反切	将几	即里	疾二	疾置	此移	楚宜	疾资	疾之
声韵调	止开三 精脂上	止开三 精之上	止开三 从脂去	止开三 从之去	止开三 清支平	止开三 初支平	止开三 从脂平	止开三 从之平
中古音	tsiɪ:	tsɨ:	dziɪ-	dzɨ-	tshiᴇ	tʃhiᴇ	dziɪ	dzɨ
成都	tsɿ3	tsɿ3	tsɿ4	tsɿ4	tshɿ2	tshɿ1	tshɿ2	tshɿ2
彭州	tsɿ3	tsɿ3	tsɿ4	tsɿ4	tshɿ2	tshɿ1	tshɿ2	tshɿ2
郫县	tsɿ3	tsɿ3	tsɿ4	tsɿ4	tshɿ2	tshɿ1	tshɿ2	tshɿ2
广汉	tsɿ3	tsɿ3	tsɿ4	tsɿ4	tshɿ2	tshɿ1	tshɿ2	tshɿ2
都江堰河东	tsɿ3	tsɿ3	tsɿ4	tsɿ4	tshɿ2	tshɿ1	tshɿ2	tshɿ2
都江堰河西	tsɿ3	tsɿ3	tsɿ4	tsɿ4	tshɿ2	tshɿ1	tshɿ2	tshɿ2
崇州	tsɿ3	tsɿ3	tsɿ4	tsɿ4	tshɿ2	tshɿ1	tshɿ2	tshɿ2
大邑	tsɿ3	tsɿ3	tsɿ4	tsɿ4	tshɿ2	tshɿ1	tshɿ2	tshɿ2
邛崃	tsɿ3	tsɿ3	tsɿ4	tsɿ4	tshɿ1	tshɿ1	tshɿ2	tshɿ2
新津	tsɿ3	tsɿ3	tsɿ4	tsɿ4	tshɿ2	tshɿ1	tshɿ2	tshɿ2
蒲江	tsɿ3	tsɿ3	tsɿ4	tsɿ4	tshɿ2	tshɿ1	tshɿ2	tshɿ2
彭山	tsɿ3	tsɿ3	tsɿ4	tsɿ4	tshɿ2	tshɿ1	tshɿ2	tshɿ2
眉山	tsɿ3	tsɿ3	tsɿ4	tsɿ4	tshɿ2	tshɿ1	tshɿ2	tshɿ2
丹棱	tsɿ3	tsɿ3	tsɿ4	tsɿ4	tshɿ2	tshɿ1	tshɿ2	tshɿ2
洪雅	tsɿ3	tsɿ3	tsɿ4	tsɿ4	tshɿ2	tshɿ1	tshɿ2	tshɿ2
青神	tsɿ3	tsɿ3	tsɿ4	tsɿ4	tshɿ2	tshɿ1	tshɿ2	tshɿ2
夹江	tsɿ3	tsɿ3	tsɿ4	tsɿ4	tshɿ2	tshɿ1	tshɿ2	tshɿ2
峨眉山	tsɿ3	tsɿ3	tsɿ5	tsɿ5	tshɿ2	tshɿ1	tshɿ2	tshɿ2
乐山	tsɿ3	tsɿ3	tsɿ4	tsɿ4	tshɿ2	tshɿ1	tshɿ2	tshɿ2
犍为	tsɿ3	tsɿ3	tsɿ4	tsɿ4	tshɿ2	tshɿ1	tshɿ2	tshɿ2

字目	姊	子	自	字	雌	差参差	瓷	慈
反切	将几	即里	疾二	疾置	此移	楚宜	疾资	疾之
声韵调	止开三 精脂上	止开三 精之上	止开三 从脂去	止开三 从之去	止开三 清支平	止开三 初支平	止开三 从脂平	止开三 从之平
中古音	tsiɪ:	tsɨ:	dziɪ-	dzɨ-	tshiᴇ	tʃhiᴇ	dziɪ	dzɨ
沐川	tsɿ3	tsɿ3	tsɿ4	tsɿ4	tshɿ2	tshɿ1	tshɿ2	tshɿ2
峨边	tsɿ3	tsɿ3	tsɿ4	tsɿ4	tshɿ2	tshɿ1	tshɿ2	tshɿ2
雅安	tsɿ3	tsɿ3	tsɿ4	tsɿ4	tshɿ2	tshɿ1	tshɿ2	tshɿ2
名山	tsɿ3	tsɿ3	tsɿ4	tsɿ4	tshɿ2	tshɿ1	tshɿ2	tshɿ2
天全	tsɿ3	tsɿ3	tsɿ4	tsɿ4	tshɿ2	tshɿ1	tshɿ2	tshɿ2
芦山	tsɿ3	tsɿ3	tsɿ4	tsɿ4	tshɿ2	tshɿ1	tshɿ2	tshɿ2
宝兴	tsɿ3	tsɿ3	tsɿ4	tsɿ4	tshɿ2	tshɿ1	tshɿ2	tshɿ2
荥经	tsɿ3	tsɿ3	tsɿ4	tsɿ4	tshɿ2	tshɿ1	tshɿ2	tshɿ2
汉源	tsi3	tsɿ3	tsɿ4	tsɿ4	tshɿ2	tshɿ1	tshɿ2	tshɿ2
石棉	tsɿ3	tsɿ3	tsɿ4	tsɿ4	tshɿ2	tshɿ1	tshɿ2	tshɿ2
内江	tsɿ3	tsɿ3	tsɿ4	tsɿ4	tshɿ2	tshɿ1	tshɿ2	tshɿ2
威远	tsɿ3	tsɿ3	tsɿ4	tsɿ4	tshɿ2	tshɿ1	tshɿ2	tshɿ2
荣县	tsɿ3	tsɿ3	tsɿ4	tsɿ4	tshɿ2	tshɿ1	tshɿ2	tshɿ2
自贡	tsɿ3	tsɿ3	tsɿ4	tsɿ4	tshɿ2	tshɿ1	tshɿ2	tshɿ2
富顺	tsɿ3	tsɿ3	tsɿ4	tsɿ4	tshɿ2	tshɿ1	tshɿ2	tshɿ2
隆昌	tsɿ3	tsɿ3	tsɿ4	tsɿ4	tshɿ2	tshɿ1	tshɿ2	tshɿ2
泸县	tsɿ3	tsɿ3	tsɿ4	tsɿ4	tshɿ2	tshɿ1	tshɿ2	tshɿ2
泸州	tsɿ3	tsɿ3	tsɿ4	tsɿ4	tshɿ2	tshɿ1	tshɿ2	tshɿ2
南溪	tsɿ3	tsɿ3	tsɿ4	tsɿ4	tshɿ2	tshɿ1	tshɿ2	tshɿ2
合江	tsɿ3	tsɿ3	tsɿ4	tsɿ4	tshɿ2	tshɿ1	tshɿ2	tshɿ2

字目	磁	词	祠	辞	此	刺[1]	赐	次
反切	疾之	似兹	似兹	似兹	雌氏	七赐	斯义	七四
声韵调	止开三 从之平	止开三 邪之平	止开三 邪之平	止开三 邪之平	止开三 清支上	止开三 清支去	止开三 心支去	止开三 清脂去
中古音	dzɨ	zɨ	zɨ	zɨ	tshiᴇ:	tshiᴇ-	siᴇ-	tshiɪ-
成都	tshɿ2	tshɿ2	tshɿ2 sɿ4 口	tshɿ2	tshɿ3	tshɿ4 tsɿ4 口	tshɿ2 tshɿ4 新	tshɿ4
彭州	tshɿ2	tshɿ2	tshɿ2	tshɿ2	tshɿ3	tshɿ4	tshɿ4	tshɿ4
郫县	tshɿ2	tshɿ2	sɿ4	tshɿ2	tshɿ3	tshɿ4	tshɿ4	tshɿ4
广汉	tshɿ2	tshɿ2	sɿ4	tshɿ2	tshɿ3	tshɿ4	tshɿ2	tshɿ4
都江堰河东	tshɿ2	tshɿ2	tshɿ2	tshɿ2	tshɿ3	tsɿ4	tshɿ2	tshɿ4
都江堰河西	tshɿ2	tshɿ2	tshɿ2	tshɿ2	tshɿ3	tshɿ4	tshɿ2	tshɿ4
崇州	tshɿ2	tshɿ2	tshɿ2	tshɿ2	tshɿ3	tshɿ4 tsɿ4 口	tshɿ2	tshɿ4
大邑	tshɿ2	tshɿ2	tshɿ2	tshɿ2	tshɿ3	tsɿ4	tshɿ2	tshɿ4
邛崃	tshɿ2	tshɿ2	tshɿ2	tshɿ2	tshɿ3	tshɿ2	tshɿ2	tshɿ2
新津	tshɿ2	tshɿ2	tshɿ2	tshɿ2	tshɿ3	tshɿ4	tshɿ4	tshɿ4
蒲江	tshɿ2	tshɿ2	tshɿ2	tshɿ2	tshɿ3	tshɿ4	tshɿ4	tshɿ4
彭山	tshɿ2	tshɿ2	tshɿ2	tshɿ2	tshɿ3	tshɿ4	tshɿ4	tshɿ4
眉山	tshɿ2	tshɿ2	tshɿ2	tshɿ2	tshɿ3	tshɿ4	tshɿ4	tshɿ4
丹棱	tshɿ2	tshɿ2	tshɿ2	tshɿ2	tshɿ3	tshɿ4 tsɿ4 口	tshɿ4	tshɿ4
洪雅	tshɿ2	tshɿ2	tshɿ2	tshɿ2	tshɿ3	tshɿ4	tshɿ4	tshɿ4
青神	tshɿ2	tshɿ2	tshɿ2	tshɿ2	tshɿ3	tshɿ4 tsɿ4 口	tshɿ4	tshɿ4
夹江	tshɿ2	tshɿ2	tshɿ2	tshɿ2	tshɿ3	tshɿ4 tsɿ4 口	tshɿ4	tshɿ4
峨眉山	tshɿ2	tshɿ2	tshɿ2	tshɿ2	tshɿ3	tshɿ5 tsɿ5 口	tshɿ5	tshɿ5
乐山	tshɿ2	tshɿ2	tshɿ2	tshɿ2	tshɿ3	tshɿ4 tsɿ4 口	tshɿ4	tshɿ4
犍为	tshɿ2	tshɿ2	tshɿ2	tshɿ2	tshɿ3	tshɿ4 tsɿ4 口	tshɿ4	tshɿ4

① 又七迹切，梗开三清昔入。

字目	磁	词	祠	辞	此	刺[①]	赐	次
反切	疾之	似兹	似兹	似兹	雌氏	七赐	斯义	七四
声韵调	止开三 从之平	止开三 邪之平	止开三 邪之平	止开三 邪之平	止开三 清支上	止开三 清支去	止开三 心支去	止开三 清脂去
中古音	dzɨ	zɨ	zɨ	zɨ	tshiE:	tshiE-	siE-	tshiɪ-
沐川	tshɿ2	tshɿ2	tshɿ2	tshɿ2	tshɿ3	tshɿ4	tshɿ4	tshɿ4
峨边	tshɿ2	tshɿ2	tshɿ2	tshɿ2	tshɿ3	tshɿ4	tshɿ4	tshɿ4
雅安	tshɿ2	tshɿ2	tshɿ2	tshɿ2	tshɿ3	tshɿ4	tshɿ2	tshɿ2
名山	tshɿ2	tshɿ2	tshɿ2	tshɿ2	tshɿ3	tshɿ2	tshɿ4	tshɿ2
天全	tshɿ2	tshɿ2	tshɿ2	tshɿ2	tshɿ3	tshɿ2	tshɿ2	tshɿ4
芦山	tshɿ2	tshɿ2	tshɿ2	tshɿ2	tshɿ3	tshɿ2	tshɿ2	tshɿ2
宝兴	tshɿ2	tshɿ2	tshɿ2	tshɿ2	tshɿ3	tshɿ4	tshɿ2	tshɿ2
荥经	tshɿ2	tshɿ2	tshɿ2	tshɿ2	tshɿ3	tshɿ4	tshɿ2	tshɿ4
汉源	tshɿ2	tshɿ2	tshɿ2	tshɿ2	tshɿ3	tshɿ4	tshɿ4	tshɿ4
石棉	tshɿ2	tshɿ2	tshɿ2	tshɿ2	tshɿ3	tshɿ2	tshɿ2	tshɿ4
内江	tshɿ2	tshɿ2	tshɿ2	tshɿ2	tshɿ3	tshɿ4 tsɿ4 口	tshɿ4	tshɿ4
威远	tshɿ2	tshɿ2	tshɿ2	tshɿ2	tshɿ3	tshɿ4 tsɿ4 口	tshɿ4	tshɿ4
荣县	tshɿ2	tshɿ2	tshɿ2	tshɿ2	tshɿ3	tshɿ4 tsɿ4 口	tshɿ4	tshɿ4
自贡	tshɿ2	tshɿ2	tshɿ2	tshɿ2	tshɿ3	tshɿ4	tshɿ4	tshɿ4
富顺	tshɿ2	tshɿ2	tshɿ2	tshɿ2	tshɿ3	tshɿ4	tshɿ4	tshɿ4
隆昌	tshɿ2	tshɿ2	tshɿ2	tshɿ2	tshɿ3	tshɿ4	tshɿ4	tshɿ4
泸县	tshɿ2	tshɿ2	tshɿ2	tshɿ2	tshɿ3	tshɿ4	tshɿ4	tshɿ4
泸州	tshɿ2	tshɿ2	tshɿ2	tshɿ2	tshɿ3	tshɿ4 tsɿ4 口	tshɿ4	tshɿ4
南溪	tshɿ2	tshɿ2	tshɿ2	tshɿ2	tshɿ3	tshɿ4	tshɿ4	tshɿ4
合江	tshɿ2	tshɿ2	tshɿ2	tshɿ2	tshɿ3	tshɿ4	tshɿ4	tshɿ4

① 又七迹切，梗开三清昔入。

字目	斯	*撕[①]	私	司	丝	思[②]	死	四
反切	息移	*相支	息夷	息兹	息兹	息兹	息姊	息利
声韵调	止开三 心支平	止开三 心支平	止开三 心脂平	止开三 心之平	止开三 心之平	止开三 心之平	止开三 心脂上	止开三 心脂去
中古音	siᴇ	siᴇ	siɪ	sɨ	sɨ	sɨ	siɪ:	siɪ-
成都	sɿ1	sɿ1	sɿ1	sɿ1	sɿ1	sɿ1	sɿ3	sɿ4
彭州	sɿ1	sɿ1	sɿ1	sɿ1	sɿ1	sɿ1	sɿ3	sɿ4
郫县	sɿ1	sɿ1	sɿ1	sɿ1	sɿ1	sɿ1	sɿ3	sɿ4
广汉	sɿ1	sɿ1	sɿ1	sɿ1	sɿ1	sɿ1	sɿ3	sɿ4
都江堰河东	sɿ1	sɿ1	sɿ1	sɿ1	sɿ1	sɿ1	sɿ3	sɿ4
都江堰河西	sɿ1	sɿ1	sɿ1	sɿ1	sɿ1	sɿ1	sɿ3	sɿ4
崇州	sɿ1	sɿ1	sɿ1	sɿ1	sɿ1	sɿ1	sɿ3	sɿ4
大邑	sɿ1	sɿ1	sɿ1	sɿ1	sɿ1	sɿ1	sɿ3	sɿ4
邛崃	sɿ1	sɿ1	sɿ1	sɿ1	sɿ1	sɿ1	sɿ3	sɿ4
新津	sɿ1	sɿ1	sɿ1	sɿ1	sɿ1	sɿ1	sɿ3	sɿ4
蒲江	sɿ1	sɿ1	sɿ1	sɿ1	sɿ1	sɿ1	sɿ3	sɿ4
彭山	sɿ1	sɿ1	sɿ1	sɿ1	sɿ1	sɿ1	sɿ3	sɿ4
眉山	sɿ1	sɿ1	sɿ1	sɿ1	sɿ1	sɿ1	sɿ3	sɿ4
丹棱	sɿ1	sɿ1	sɿ1	sɿ1	sɿ1	sɿ1	sɿ3	sɿ4
洪雅	sɿ1	sɿ1	sɿ1	sɿ1	sɿ1	sɿ1	sɿ3	sɿ4
青神	sɿ1	sɿ1	sɿ1	sɿ1	sɿ1	sɿ1	sɿ3	sɿ4
夹江	sɿ1	sɿ1	sɿ1	sɿ1	sɿ1	sɿ1	sɿ3	sɿ4
峨眉山	sɿ1	sɿ1	sɿ1	sɿ1	sɿ1	sɿ1	sɿ3	sɿ4
乐山	sɿ1	sɿ1	sɿ1	sɿ1	sɿ1	sɿ1	sɿ3	sɿ4
犍为	sɿ1	sɿ1	sɿ1	sɿ1	sɿ1	sɿ1	sɿ3	sɿ4

① 又《类篇》山宜切，止开三生支平。 ② 又相吏切，止开三心之去。

字目	斯	*撕[①]	私	司	丝	思[②]	死	四
反切	息移	*相支	息夷	息兹	息兹	息兹	息姊	息利
声韵调	止开三心支平	止开三心支平	止开三心脂平	止开三心之平	止开三心之平	止开三心之平	止开三心脂上	止开三心脂去
中古音	siᴇ	siᴇ	siɪ	sɨ	sɨ	sɨ	siɪ:	siɪ-
沐川	sʅ1	sʅ1	sʅ1	sʅ1	sʅ1	sʅ1	sʅ3	sʅ4
峨边	sʅ1	sʅ1	sʅ1	sʅ1	sʅ1	sʅ1	sʅ3	sʅ4
雅安	sʅ1	sʅ1	sʅ1	sʅ1	sʅ1	sʅ1	sʅ3	sʅ4
名山	sʅ1	sʅ1	sʅ1	sʅ1	sʅ1	sʅ1	sʅ3	sʅ4
天全	sʅ1	sʅ1	sʅ1	sʅ1	sʅ1	sʅ1	sʅ3	sʅ4
芦山	sʅ1	sʅ1	sʅ1	sʅ1	sʅ1	sʅ1	sʅ3	sʅ4
宝兴	sʅ1	sʅ1	sʅ1	sʅ1	sʅ1	sʅ1	sʅ3	sʅ4
荥经	sʅ1	sʅ1	sʅ1	sʅ1	sʅ1	sʅ1	sʅ3	sʅ4
汉源	sʅ1	sʅ1	sʅ1	sʅ1	sʅ1	sʅ1	sʅ3	sʅ4
石棉	sʅ1	sʅ1	sʅ1	sʅ1	sʅ1	sʅ1	sʅ3	sʅ4
内江	sʅ1	sʅ1	sʅ1	sʅ1	sʅ1	sʅ1	sʅ3	sʅ4
威远	sʅ1	sʅ1	sʅ1	sʅ1	sʅ1	sʅ1	sʅ3	sʅ4
荣县	sʅ1	sʅ1	sʅ1	sʅ1	sʅ1	sʅ1	sʅ3	sʅ4
自贡	sʅ1	sʅ1	sʅ1	sʅ1	sʅ1	sʅ1	sʅ3	sʅ4
富顺	sʅ1	sʅ1	sʅ1	sʅ1	sʅ1	sʅ1	sʅ3	sʅ4
隆昌	sʅ1	sʅ1	sʅ1	sʅ1	sʅ1	sʅ1	sʅ3	sʅ4
泸县	sʅ1	sʅ1	sʅ1	sʅ1	sʅ1	sʅ1	sʅ3	sʅ4
泸州	sʅ1	sʅ1	sʅ1	sʅ1	sʅ1	sʅ1	sʅ3	sʅ4
南溪	sʅ1	sʅ1	sʅ1	sʅ1	sʅ1	sʅ1	sʅ3	sʅ4
合江	sʅ1	sʅ1	sʅ1	sʅ1	sʅ1	sʅ1	sʅ3	sʅ4

① 又《类篇》山宜切，止开三生支平。 ② 又相吏切，止开三心之去。

字目	肆放肆	似	祀	寺	饲	知知道	蜘	支
反切	息利	详里	详里	祥吏	祥吏	陟离	陟离	章移
声韵调	止开三 心脂去	止开三 邪之上	止开三 邪之上	止开三 邪之去	止开三 邪之去	止开三 知支平	止开三 知支平	止开三 章支平
中古音	siɪ-	zɨ:	zɨ:	zɨ-	zɨ-	ȶiᴇ	ȶiᴇ	tɕiᴇ
成都	sɿ4	sɿ4	sɿ4	sɿ4	sɿ4	tsɿ1	tsɿ1 tse2 口	tsɿ1
彭州	sɿ4	sɿ4	sɿ4	sɿ4	sɿ4	tsɿ1	tsɿ1 tse2 口	tsɿ1
郫县	sɿ4	sɿ4	sɿ4	sɿ4	sɿ4	tsɿ1	tsɿ1	tsɿ1
广汉	sɿ4	sɿ4	sɿ4	sɿ4	sɿ4	tsɿ1	tsɿ1	tsɿ1
都江堰 河东	sɿ4	sɿ4	tshɿ4	sɿ4	sɿ4	tsɿ1	tsɿ1	tsɿ1
都江堰 河西	sɿ4	sɿ4	sɿ4	sɿ4	sɿ4	tsɿ1	tsɿ1	tsɿ1
崇州	sɿ4	sɿ4	sɿ4	sɿ4	sɿ4	tsɿ1	tsɿ1 tsei2 口	tsɿ1
大邑	sɿ4	sɿ4	sɿ4	sɿ4	sɿ4	tsɿ1	tsɿ1 tse2 口	tsɿ1
邛崃	sɿ4	sɿ4	sɿ4	sɿ4	sɿ4	tsɿ1	tsɿ1 tse2 口	tsɿ1
新津	sɿ4	sɿ4	sɿ4	sɿ4	sɿ4	tsɿ1	tsɿ1 tse2 口	tsɿ1
蒲江	sɿ4	sɿ4	sɿ4	sɿ4	sɿ4	tsɿ1	tsɿ1	tsɿ1
彭山	sɿ4	sɿ4	sɿ4	sɿ4	sɿ4	tsɿ1	tsɿ1	tsɿ1
眉山	sɿ4	sɿ4	sɿ4	sɿ4	sɿ4	tsɿ1	tsɿ1	tsɿ1
丹棱	sɿ4	sɿ4	sɿ4	sɿ4	sɿ4	tsɿ1	tsɿ1	tsɿ1
洪雅	sɿ4	sɿ4	sɿ4	sɿ4	sɿ4	tsɿ1	tsɿ1	tsɿ1
青神	sɿ4	sɿ4	sɿ4	sɿ4	sɿ4	tsɿ1	tsɿ1	tsɿ1
夹江	sɿ4	sɿ4	sɿ4	sɿ4	sɿ4 tshɿ4	tsɿ1	tsɿ1 tsuei2 口	tsɿ1
峨眉山	sɿ1	sɿ5	sɿ5	sɿ5	sɿ5 tshɿ5	tsɿ1	tsɿ1 tsuei2 口	tsɿ1
乐山	sɿ4	sɿ4	sɿ4	sɿ4	sɿ4 tshɿ4	tsɿ1	tsɿ1 tsuei2 口	tsɿ1
犍为	sɿ4	sɿ4	sɿ4	sɿ4	sɿ4 tshɿ4	tsɿ1	tsɿ1 tsuei2 口	tsɿ1

字目	肆放肆	似	祀	寺	饲	知知道	蜘	支
反切	息利	详里	详里	祥吏	祥吏	陟离	陟离	章移
声韵调	止开三 心脂去	止开三 邪之上	止开三 邪之上	止开三 邪之去	止开三 邪之去	止开三 知支平	止开三 知支平	止开三 章支平
中古音	siɪ-	zɨ:	zɨ:	zɨ-	zɨ-	ʈiᴇ	ʈiᴇ	tɕiᴇ
沐川	sɿ4	sɿ4	tsɿ4	sɿ4	sɿ4	tsɿ1	tsɿ1 tse2 口	tsɿ1
峨边	sɿ4	sɿ4	sɿ4	sɿ4	sɿ4	tsɿ1	tsɿ1	tsɿ1
雅安	sɿ4	sɿ4	sɿ4	sɿ4	sɿ4	tsɿ1	tsɿ1	tsɿ1
名山	sɿ4	sɿ4	sɿ4	sɿ4	sɿ4	tsɿ1	tsɿ1	tsɿ1
天全	sɿ4	sɿ4	sɿ4	sɿ4	sɿ4	tsɿ1	tsɿ1	tsɿ1
芦山	sɿ4	sɿ4	sɿ4	sɿ4	sɿ2	tsɿ1	tsɿ1	tsɿ1
宝兴	sɿ4	sɿ4	sɿ4	sɿ4	sɿ4	tsɿ1	tsɿ1	tsɿ1
荥经	sɿ4	sɿ4	sɿ4	sɿ4	sɿ4	tsɿ1	tsɿ1 tsɛ2 口	tsɿ1
汉源	sɿ4	sɿ4	sɿ4	sɿ4	sɿ4	tsɿ1	tsɿ1	tsɿ1
石棉	sɿ4	sɿ4	sɿ4	sɿ4	sɿ4	tsɿ1	tsɿ1	tsɿ1
内江	sɿ4	sɿ4	sɿ4	sɿ4	sɿ4	tʂʅ1	tʂʅ1	tʂʅ1
威远	sɿ4	sɿ4	sɿ4	sɿ4	sɿ4	tʂʅ1	tʂʅ1	tʂʅ1
荣县	sɿ4	sɿ4	sɿ4	sɿ4	sɿ4	tsɿ1	tsɿ1	tsɿ1
自贡	sɿ4	sɿ4	sɿ4	sɿ4	sɿ4	tʂʅ1	tʂʅ1	tʂʅ1
富顺	sɿ4	sɿ4	sɿ4	sɿ4	sɿ4	tʂʅ1	tʂʅ1	tʂʅ1
隆昌	sɿ4	sɿ4	tsɿ4	sɿ4	sɿ4	tʂʅ1	tʂʅ1	tʂʅ1
泸县	sɿ4	sɿ4	sɿ4	sɿ4	sɿ4	tʂʅ1	tsɿ1	tʂʅ1
泸州	sɿ4	sɿ4	sɿ4	sɿ4	sɿ4	tsɿ1	tsɿ1 tsuæ5 口	tsɿ1
南溪	sɿ4	sɿ4	sɿ4	sɿ4	sɿ4	tsɿ1	tsɿ1	tsɿ1
合江	sɿ4	sɿ4	sɿ4	sɿ4	sɿ4	tsɿ1	tsɿ1 tse2 口	tsɿ1

字目	枝	肢	脂	之	芝	汁	织	只一只
反切	章移	章移	旨夷	止而	止而	之入	之翼	之石
声韵调	止开三 章支平	止开三 章支平	止开三 章脂平	止开三 章之平	止开三 章之平	深开三 章缉入	曾开三 章职入	梗开三 章昔入
中古音	tɕiᴇ	tɕiᴇ	tɕiɪ	tɕɨ	tɕɨ	tɕiɪp	tɕɨk	tɕiᴇk
成都	tsɿ1	tsɿ1	tsɿ1	tsɿ1	tsɿ1	tsɿ2	tsɿ2	tsɿ1
彭州	tsɿ1	tsɿ1	tsɿ1	tsɿ1	tsɿ1	tʂ̻ɚ5	tʂ̻ɚ5	tsɿ1
郫县	tsɿ1	tsɿ1	tsɿ1	tsɿ1	tsɿ1	tʂ̻ʅ5	tʂ̻ʅ5	tsɿ1
广汉	tsɿ1	tsɿ1	tsɿ1	tsɿ1	tsɿ1	tsɿ5	tsɿ5	tsɿ1
都江堰河东	tsɿ1	tsɿ1	tsɿ1	tsɿ1	tsɿ1	tʂ̻ɚ5	tʂ̻ɚ5	tsɿ1
都江堰河西	tsɿ1	tsɿ1	tsɿ1	tsɿ1	tsɿ1	tsɤ5	tsɤ5	tsɿ1
崇州	tsɿ1	tsɿ1	tsɿ1	tsɿ1	tsɿ1	tsə5	tsə5	tsɿ1
大邑	tsɿ1	tsɿ1	tsɿ1	tsɿ1	tsɿ1	tsə5	tsə5	tsɿ1
邛崃	tsɿ1	tsɿ1	tsɿ1	tsɿ1	tsɿ1	tsə5	tsə5	tsɿ1
新津	tsɿ1	tsɿ1	tsɿ1	tsɿ1	tsɿ1	tsə5	tsə5	tsɿ1
蒲江	tsɿ1	tsɿ1	tsɿ1	tsɿ1	tsɿ1	tsə5	tsə5	tsɿ1
彭山	tsɿ1	tsɿ1	tsɿ1	tsɿ1	tsɿ1	tsə5	tsə5	tsɿ1
眉山	tsɿ1	tsɿ1	tsɿ1 tsɿ3	tsɿ1	tsɿ1	tsɿ1	tsɿ5	tsɿ1
丹棱	tsɿ1	tsɿ1	tsɿ1	tsɿ1	tsɿ1	tsɿ5	tsɿ5	tsɿ1
洪雅	tsɿ1	tsɿ1	tsɿ1	tsɿ1	tsɿ1	tsɿ5	tsɿ5	tsɿ1
青神	tsɿ1	tsɿ1	tsɿ1	tsɿ1	tsɿ1	tsə5	tsə5	tsɿ1
夹江	tsɿ1	tsɿ1	tsɿ1	tsɿ1	tsɿ1	tsɿ5	tsɿ5	tsɿ5
峨眉山	tsɿ1	tsɿ1	tsɿ1	tsɿ1	tsɿ1	tsɿ5	tsɿ5	tsɿ5
乐山	tsɿ1	tsɿ1	tsɿ1	tsɿ1	tsɿ1	tsə5	tsə5	tsə5
犍为	tsɿ1	tsɿ1	tsɿ1	tsɿ1	tsɿ1	tsə5	tsə5	tsə5

字目	枝	肢	脂	之	芝	汁	织	只一只
反切	章移	章移	旨夷	止而	止而	之入	之翼	之石
声韵调	止开三 章支平	止开三 章支平	止开三 章脂平	止开三 章之平	止开三 章之平	深开三 章缉入	曾开三 章职入	梗开三 章昔入
中古音	tɕiᴇ	tɕiᴇ	tɕiɪ	tɕɨ	tɕɨ	tɕiɪp	tɕɨk	tɕiᴇk
沐川	tsɿ1	tsɿ1	tsɿ1	tsɿ1	tsɿ1	tsɿ5	tsɿ5	tsɿ1
峨边	tsɿ1	tsɿ1	tsɿ1	tsɿ1	tsɿ1	tsɿ5	tsɿ5	tsɿ1
雅安	tsɿ1	tsɿ1	tsɿ1	tsɿ1	tsɿ1	tsɿ1	tsɿ1	tsɿ1
名山	tsɿ1	tsɿ1	tsɿ3	tsɿ1	tsɿ1	tsɿ1	tsɿ1	tsɿ1
天全	tsɿ1	tsɿ1	tsɿ3	tsɿ1	tsɿ1	tsɿ1	tsɿ1	tsɿ1
芦山	tsɿ1	tsɿ1	tsɿ1	tsɿ1	tsɿ1	tsɿ1	tsɿ1	tsɿ1
宝兴	tsɿ1	tsɿ1	tsɿ1	tsɿ1	tsɿ1	tsɿ1	tsɿ1	tsɿ1
荥经	tsɿ1	tsɿ1	tsɿ3	tsɿ1	tsɿ1	tse5	tse5	tsɿ1
汉源	tsɿ1	tsɿ1	tsɿ3	tsɿ1	tsɿ1	tsɿ1	tsɿ1	tsɿ1
石棉	tsɿ1	tsɿ1	tsɿ3	tsɿ1	tsɿ1	tsɿ1	tsɿ1	tsɿ1
内江	tʂʅ1	tʂʅ1	tʂʅ1	tʂʅ1	tʂʅ1	tʂʅ4	tʂʅ4	tʂʅ1
威远	tʂʅ1	tʂʅ1	tʂʅ1	tʂʅ1	tʂʅ1	tʂʅ1	tʂʅ4	tʂʅ1
荣县	tsɿ1	tsɿ1	tsɿ1 tsɿ3	tsɿ1	tsɿ1	tsɿ4 tɕi4	tsɿ4	tsɿ1
自贡	tʂʅ1	tʂʅ1	tʂʅ1	tʂʅ1	tʂʅ1	tʂʅ1	tʂʅ4	tʂʅ1 tʂʅ4 旧
富顺	tʂʅ1	tʂʅ1	tʂʅ1	tʂʅ1	tʂʅ1	tʂʅ4	tʂʅ4	tʂʅ4
隆昌	tsʅ1	tʂʅ1	tʂʅ3	tʂʅ1	tʂʅ1	tʂʅ1	tʂʅ4	tʂʅ1 tʂʅ4 旧
泸县	tʂʅ1	tʂʅ1	tʂʅ1	tʂʅ1	tʂʅ1	tʂʅ1	tʂʅ4	tsɿ1
泸州	tsɿ1	tsɿ1	tsɿ1	tsɿ1	tsɿ1	tsɿ5	tsɿ5	tsɿ1
南溪	tsɿ1	tsɿ1	tsɿ1	tsɿ1	tsɿ1	tɕi5	tɕi5	tɕi5
合江	tsɿ1	tsɿ1	tsɿ1	tsɿ1	tsɿ1	tsɪ5	tsɪ5	tsɿ1

字目	执	侄	直	*值①	职	植	纸	只②只有
反切	之入	直一	除力	*逐力	之翼	常职	诸氏	诸氏
声韵调	深开三 章缉入	臻开三 澄质入	曾开三 澄职入	曾开三 澄职入	曾开三 章职入	曾开三 禅职入	止开三 章支上	止开三 章支上
中古音	tɕiɪp	ȡiɪt	ȡik	ȡik	tɕik	dʑik	tɕiE:	tɕiE:
成都	tsʅ2	tsʅ2	tsʅ2	tsʅ2	tsʅ2	tsʅ2	tsʅ3	tsʅ3
彭州	tʂɚ5	tʂɚ5	tʂɚ5	tʂɚ5	tʂɚ5	tʂɚ5	tsʅ3	tsʅ3
郫县	tʂʅ5	tʂʅ5	tʂʅ5	tʂʅ5	tʂʅ5	tʂʅ5	tsʅ3	tsʅ3
广汉	tsʅ5	tsʅ2	tsʅ5	tsʅ5	tsʅ5	tsʅ5	tsʅ3	tsʅ3
都江堰河东	tʂɚ5	tʂɚ5	tʂɚ5	tʂɚ5	tʂɚ5	tʂɚ5	tsʅ3	tsʅ3
都江堰河西	tsɤ5	tsɤ5	tsɤ5	tsɤ5	tsɤ5	tsɤ5	tsʅ3	tsʅ3
崇州	tsə5	tsə5	tsə5	tsə5	tsə5	tsə5	tsʅ3	tsʅ3
大邑	tsə5	tsə5	tsə5	tsə5	tsə5	tsə5	tsʅ3	tsʅ3 tshʅ3
邛崃	tsə5	tsə5	tsə5	tsə5	tsə5	tsə5	tsʅ3	tsʅ3 tshʅ3
新津	tsə5	tsə5	tsə5	tsə5	tsə5	tsə5	tsʅ3	tsʅ3 tshʅ3
蒲江	tsə5	tsə5	tsə5	tsə5	tsə5	tsə5	tsʅ3	tsʅ3 tshʅ3
彭山	tsə5	tsə5	tsə5	tsə5	tsə5	tsə5	tsʅ3	tsʅ3
眉山	tsʅ5	tsʅ5	tsʅ5	tsʅ5	tsʅ5	tsʅ5	tsʅ3	tsʅ3
丹棱	tsʅ5	tsʅ5	tsʅ5	tsʅ5	tsʅ5	tsʅ5	tsʅ3	tsʅ3
洪雅	tsʅ5	tsʅ5	tsʅ5	tsʅ5	tsʅ5	tsʅ5	tsʅ3	tsʅ3
青神	tsə5	tsə5	tsə5	tsə5	tsə5	tsə5	tsʅ3	tsʅ3
夹江	tsʅ5	tsʅ5	tsʅ5	tsʅ5	tsʅ5	tsʅ5	tsʅ3	tsʅ3
峨眉山	tsʅ5	tsʅ5	tsʅ5	tsʅ5	tsʅ5	tsʅ5	tsʅ3	tsʅ3
乐山	tsə5	tsə5	tsə5	tsə5	tsə5	tsə5	tsʅ3	tsʅ3
犍为	tsə5	tsə5	tsə5	tsə5	tsə5	tsə5	tsʅ3	tsʅ3

① 又直吏切，止开三澄之去。 ② 又章移切，止开三章支平。

字目	执	侄	直	*值①	职	植	纸	只②只有
反切	之入	直一	除力	*逐力	之翼	常职	诸氏	诸氏
声韵调	深开三 章缉入	臻开三 澄质入	曾开三 澄职入	曾开三 澄职入	曾开三 章职入	曾开三 禅职入	止开三 章支上	止开三 章支上
中古音	tɕiɪp	ɖiɪt	ɖɨk	ɖɨk	tɕɨk	dʑɨk	tɕiᴇ:	tɕiᴇ:
沐川	tsɿ5	tsɿ4	tsɿ4	tsɿ4	tsɿ5	tsɿ5	tsɿ3	tsɿ3
峨边	tsɿ5	tsɿ5	tsɿ5	tsɿ5	tsɿ5	tsɿ5	tsɿ3	tsɿ3
雅安	tsɿ1	tsɿ1	tsɿ1	tsɿ1	tsɿ1	tsɿ1	tsɿ3	tsɿ3
名山	tsɿ1	tsɿ1	tsɿ1	tsɿ1	tsɿ1	tsɿ1	tsɿ3	tsɿ3
天全	tsɿ1	tsɿ1	tsɿ1	tsɿ1	tsɿ1	tsɿ1	tsɿ3	tsɿ3
芦山	tsɿ1	tsɿ1	tsɿ1	tsɿ1	tsɿ1	tsɿ1	tsɿ3	tsɿ3
宝兴	tsɿ1	tsɿ1	tsɿ1	tsɿ1	tsɿ1	tsɿ1	tsɿ3	tsɿ3
荥经	tse5	tse5	tse5	tse5	tse5	tse5	tsɿ3	tsɿ3
汉源	tsɿ1	tsɿ1	tsɿ1	tsɿ1	tsɿ1	tsɿ1	tsɿ3	tsɿ3
石棉	tsɿ1	tsɿ1	tsɿ1	tsɿ1	tsɿ1	tsɿ1	tsɿ3	tsɿ3
内江	tʂʅ4	tʂʅ4	tʂʅ4	tʂʅ4	tʂʅ4	tʂʅ4	tʂʅ3	tʂʅ3
威远	tʂʅ4	tʂʅ4	tʂʅ4	tʂʅ4	tʂʅ4	tʂʅ4	tʂʅ3	tʂʅ3
荣县	tsɿ4	tsɿ4	tsɿ4	tsɿ4	tsɿ4	tsɿ4	tsɿ3	tsɿ3
自贡	tʂʅ4	tʂʅ4	tʂʅ4	tʂʅ4	tʂʅ4	tʂʅ4	tʂʅ3	tʂʅ3
富顺	tʂʅ4	tʂʅ4	tʂʅ4	tʂʅ4	tʂʅ4	tʂʅ4	tʂʅ3	tʂʅ3
隆昌	tʂʅ4	tʂʅ4	tʂʅ4	tʂʅ4	tʂʅ4	tʂʅ4	tʂʅ3	tʂʅ3
泸县	tʂʅ4	tʂʅ4	tʂʅ4	tʂʅ4	tʂʅ4	tʂʅ4	tʂʅ3	tsɿ3 tshɿ3
泸州	tsɿ5	tsɿ4	tsɿ5	tsɿ5	tsɿ5	tsɿ5	tsɿ3	tsɿ3 tshɿ3
南溪	tɕi5	tɕi5	tɕi5	tɕi5	tɕi5	tɕi5	tsɿ3	tsɿ3
合江	tsɪ5	tsɪ5	tsɪ5	tsɪ5	tsɪ5	tsɪ5	tsɿ3	tsɿ3

① 又直吏切，止开三澄之去。 ② 又章移切，止开三章支平。

字目	旨	指	止	址	滞	制制度	制制造	智
反切	职雉	职雉	诸市	诸市	直例	征例	征例	知义
声韵调	止开三 章脂上	止开三 章脂上	止开三 章之上	止开三 章之上	蟹开三 澄祭去	蟹开三 章祭去	蟹开三 章祭去	止开三 知支去
中古音	tɕiɪ:	tɕiɪ:	tɕɨ:	tɕɨ:	ȡiᴇi-	tɕiᴇi-	tɕiᴇi-	ʈiᴇ-
成都	tsɿ3	tsɿ3	tsɿ3	tsɿ3	tshɿ4	tsɿ4	tsɿ4	tsɿ4
彭州	tsɿ3	tsɿ3	tsɿ3	tshɿ3	tshɿ4	tsɿ4	tsɿ4	tsɿ4
郫县	tsɿ3	tsɿ3	tsɿ3	tsɿ3	tshɿ2	tsɿ4	tsɿ4	tsɿ4
广汉	tsɿ3	tsɿ3	tsɿ3	tsɿ3	tshɿ2	tsɿ4	tsɿ4	tsɿ4
都江堰河东	tsɿ3	tsɿ3	tsɿ3	tshɿ3	tshɿ2	tsɿ4	tsɿ4	tsɿ4
都江堰河西	tsɿ3	tsɿ3	tsɿ3	tsɿ3	tshɿ4	tsɿ4	tsɿ4	tsɿ4
崇州	tsɿ3	tsɿ3	tsɿ3	tsɿ3	tshɿ2	tsɿ4	tsɿ4	tsɿ4
大邑	tsɿ3	tsɿ3	tsɿ3	tshɿ3	tshɿ2	tsɿ4	tsɿ4	tsɿ4
邛崃	tsɿ3	tsɿ3	tsɿ3	tsɿ3	tshɿ4	tsɿ4	tsɿ4	tsɿ4
新津	tsɿ3	tsɿ3	tsɿ3	tsɿ3	tshɿ2	tsɿ4	tsɿ4	tsɿ4
蒲江	tsɿ3	tsɿ3	tsɿ3	tsɿ3	tshɿ4	tsɿ4	tsɿ4	tsɿ4
彭山	tsɿ3	tsɿ3	tsɿ3	tsɿ3	tshɿ2 tshɿ4	tsɿ4	tsɿ4	tsɿ4
眉山	tsɿ3	tsɿ3	tsɿ3	tshɿ3 tsɿ3 新	tshɿ2 tshɿ4	tsɿ4	tsɿ4	tsɿ4
丹棱	tsɿ3	tsɿ3	tsɿ3	tshɿ3 tsɿ3 新	tshɿ4	tsɿ4	tsɿ4	tsɿ4
洪雅	tsɿ3	tsɿ3	tsɿ3	tsɿ3	tshɿ4	tsɿ4	tsɿ4	tsɿ4
青神	tsɿ3	tsɿ3	tsɿ3	tsɿ3	tshɿ2 tshɿ4	tsɿ4	tsɿ4	tsɿ4
夹江	tsɿ3	tsɿ3	tsɿ3	tsɿ3	tsɿ4	tsɿ4	tsɿ4	tsɿ4
峨眉山	tsɿ3	tsɿ3	tsɿ3	tsɿ3	tsɿ5	tsɿ5	tsɿ5	tsɿ5
乐山	tsɿ3	tsɿ3	tsɿ3	tsɿ3	tsɿ4	tsɿ4	tsɿ4	tsɿ4
犍为	tsɿ3	tsɿ3	tsɿ3	tsɿ3	tsɿ4	tsɿ4	tsɿ4	tsɿ4

字目	旨	指	止	址	滞	制制度	制制造	智
反切	职雉	职雉	诸市	诸市	直例	征例	征例	知义
声韵调	止开三 章脂上	止开三 章脂上	止开三 章之上	止开三 章之上	蟹开三 澄祭去	蟹开三 章祭去	蟹开三 章祭去	止开三 知支去
中古音	tɕiɪ:	tɕiɪ:	tɕɨ:	tɕɨ:	ɖiɛi-	tɕiɛi-	tɕiɛi-	ʈiɛ-
沐川	tsɿ3	tsɿ3	tsɿ3	tsɿ3	tshɿ2	tsɿ4	tsɿ4	tsɿ4
峨边	tsɿ3	tsɿ3	tsɿ3	tsɿ3	tshɿ2	tsɿ4	tsɿ4	tsɿ4
雅安	tsɿ3	tsɿ3	tsɿ3	tsɿ3	tsɿ4	tsɿ4	tsɿ4	tsɿ4
名山	tsɿ3	tsɿ3	tsɿ3	tsɿ3	tshɿ2	tsɿ4	tsɿ4	tsɿ4
天全	tsɿ3	tsɿ3	tsɿ3	tsɿ3	tshɿ2	tsɿ4	tsɿ4	tsɿ4
芦山	tsɿ3	tsɿ3	tsɿ3	tsɿ3	tshɿ2	tsɿ4	tsɿ4	tsɿ4
宝兴	tsɿ3	tsɿ3	tsɿ3	tsɿ3	tsɿ4	tsɿ4	tsɿ4	tsɿ4
荥经	tsɿ3	tsɿ3	tsɿ3	tsɿ3	tsɿ4	tsɿ4	tsɿ4	tsɿ4
汉源	tsɿ3	tsɿ3	tsɿ3	tsɿ3	tsɿ4	tsɿ4	tsɿ4	tsɿ4
石棉	tsɿ3	tsɿ3	tsɿ3	tsɿ3	tsɿ4	tsɿ4	tsɿ4	tsɿ4
内江	tʂʅ3	tʂʅ3	tʂʅ3	tʂʅ3	tʂʅ4	tʂʅ4	tʂʅ4	tʂʅ4
威远	tʂʅ3	tʂʅ3	tʂʅ3	tʂʅ3	tʂʅ4	tʂʅ4	tʂʅ4	tʂʅ4
荣县	tsɿ3	tsɿ3	tsɿ3	tsɿ3	tsɿ4	tsɿ4	tsɿ4	tsɿ4
自贡	tʂʅ3	tʂʅ3	tʂʅ3	tʂʅ3	tʂʅ4	tʂʅ4	tʂʅ4	tʂʅ4
富顺	tʂʅ3	tʂʅ3	tʂʅ3	tʂʅ3	tʂʅ4	tʂʅ4	tʂʅ4	tʂʅ4
隆昌	tʂʅ3	tʂʅ3	tʂʅ3	tʂʅ3	tʂhʅ4	tʂʅ4	tʂʅ4	tʂʅ4
泸县	tʂʅ3	tʂʅ3	tʂʅ3	tsɿ3	tʂhʅ4	tʂʅ4	tʂʅ4	tʂʅ4
泸州	tsɿ3	tsɿ3	tsɿ3	tsɿ3	tsɿ4	tsɿ4	tsɿ4	tsɿ4
南溪	tsɿ3	tsɿ3	tsɿ3	tsɿ3	tsɿ4	tsɿ4	tsɿ4	tsɿ4
合江	tsɿ3	tsɿ3	tsɿ3	tsɿ3	tshɿ4	tsɿ4	tsɿ4	tsɿ4

字目	致	质人质	稚	至	置	治	志志向	志杂志
反切	陟利	陟利	直利	脂利	陟吏	直吏	职吏	职吏
声韵调	止开三知脂去	止开三知脂去	止开三澄脂去	止开三章脂去	止开三知之去	止开三澄之去	止开三章之去	止开三章之去
中古音	ʈiɪ-	ʈiɪ-	ɖiɪ-	tɕiɪ-	ʈɨ-	ɖɨ-	tɕɨ-	tɕɨ-
成都	tsɿ4	tsɿ2	tsɿ4	tsɿ4	tsɿ2	tsɿ4	tsɿ4	tsɿ4
彭州	tsɿ4	tʂə˞5	tsɿ4	tsɿ4	tʂə˞5	tsɿ4	tsɿ4	tsɿ4
郫县	tsɿ4	tsɿ2	tsɿ4	tsɿ4	tsɿ2	tsɿ4	tsɿ4	tsɿ4
广汉	tsɿ4	tsɿ5	tsɿ4	tsɿ4	tsɿ5	tsɿ4	tsɿ4	tsɿ4
都江堰河东	tsɿ4	tʂə˞5	tsɿ4	tsɿ4	tsɿ4	tsɿ4	tsɿ4	tsɿ4
都江堰河西	tsɿ4	tsɤ5	tsɿ4	tsɿ4	tsɿ4	tsɿ4	tsɿ4	tsɿ4
崇州	tsɿ4	tsə5	tsɿ4	tsɿ4	tsɿ4	tsɿ4	tsɿ4	tsɿ4
大邑	tsɿ4	tsə5	tsɿ4	tsɿ4	tsɿ4	tsɿ4	tsɿ4	tsɿ4
邛崃	tsɿ4	tsə5	tsɿ4	tsɿ4	tsɿ4	tsɿ4	tsɿ4	tsɿ4
新津	tsɿ4	tsə5	tsɿ4	tsɿ4	tsə5	tsɿ4	tsɿ4	tsɿ4
蒲江	tsɿ4	tsə5	tsɿ4	tsɿ4	tsɿ4	tsɿ4	tsɿ4	tsɿ4
彭山	tsɿ4	tsə5	tsɿ4	tsɿ4	tsɿ4	tsɿ4	tsɿ4	tsɿ4
眉山	tsɿ4	tsɿ5	tsɿ4	tsɿ4	tsɿ4	tsɿ4	tsɿ4	tsɿ4
丹棱	tsɿ4	tsɿ5	tsɿ4	tsɿ4	tsɿ4	tsɿ4	tsɿ4	tsɿ4
洪雅	tsɿ4	tsɿ5	tshɿ4 tsɿ4 新	tsɿ4	tsɿ4	tsɿ4	tsɿ4	tsɿ4
青神	tsɿ4	tsə5	tsɿ4	tsɿ4	tsə5	tsɿ4	tsɿ4	tsɿ4
夹江	tsɿ4	tsɿ5	tsɿ4	tsɿ4	tsɿ4	tsɿ4	tsɿ4	tsɿ4
峨眉山	tsɿ5	tsɿ5	tsɿ5	tsɿ5	tsɿ5	tsɿ5	tsɿ5	tsɿ5
乐山	tsɿ4	tsə5	tsɿ4	tsɿ4	tsɿ4	tsɿ4	tsɿ4	tsɿ4
犍为	tsɿ4	tsə5	tsɿ4	tsɿ4	tsə5	tsɿ4	tsɿ4	tsɿ4

字目	致	质人质	稚	至	置	治	志志向	志杂志
反切	陟利	陟利	直利	脂利	陟吏	直吏	职吏	职吏
声韵调	止开三 知脂去	止开三 知脂去	止开三 澄脂去	止开三 章脂去	止开三 知之去	止开三 澄之去	止开三 章之去	止开三 章之去
中古音	ʈiɪ-	ʈiɪ-	ɖiɪ-	tɕiɪ-	ʈɨ-	ɖɨ-	tɕɨ-	tɕɨ-
沐川	tsɿ4	tsɿ5	tsɿ4	tsɿ4	tsɿ4	tsɿ4	tsɿ4	tsɿ4
峨边	tsɿ4	tsɿ5	tsɿ4	tsɿ4	tsɿ4	tsɿ4	tsɿ4	tsɿ4
雅安	tsɿ4	tsɿ1	tsɿ4	tsɿ4	tsɿ4	tsɿ4	tsɿ4	tsɿ4
名山	tsɿ4	tsɿ1	tsɿ4	tsɿ4	tsɿ4	tsɿ4	tsɿ4	tsɿ4
天全	tsɿ4	tsɿ1	tsɿ4	tsɿ4	tsɿ4	tsɿ4	tsɿ4	tsɿ4
芦山	tsɿ4	tsɿ1	tsɿ4	tsɿ4	tsɿ4	tsɿ4	tsɿ4	tsɿ4
宝兴	tsɿ4	tsɿ1	tsɿ4	tsɿ4	tsɿ4	tsɿ4	tsɿ4	tsɿ4
荥经	tsɿ4	tse5	tsɿ4	tsɿ4	tse5	tsɿ4	tsɿ4	tsɿ4
汉源	tsɿ4	tsɿ1	tsɿ4	tsɿ4	tsɿ4	tsɿ4	tsɿ4	tsɿ4
石棉	tsɿ4	tsɿ1	tsɿ4	tsɿ4	tsɿ4	tsɿ4	tsɿ4	tsɿ4
内江	tʂʅ4	tʂʅ4	tʂʅ4	tʂʅ4	tʂʅ4	tʂʅ4	tʂʅ4	tʂʅ4
威远	tʂʅ4	tʂʅ4	tʂʅ4	tʂʅ4	tʂʅ4	tʂʅ4	tʂʅ4	tʂʅ4
荣县	tsɿ4	tsɿ4	tsɿ4	tsɿ4	tsɿ4	tsɿ4	tsɿ4	tsɿ4
自贡	tʂʅ4	tʂʅ4	tʂʅ4	tʂʅ4	tʂʅ4	tʂʅ4	tʂʅ4	tʂʅ4
富顺	tʂʅ4	tʂʅ4	tʂʅ4	tʂʅ4	tʂʅ4	tʂʅ4	tʂʅ4	tʂʅ4
隆昌	tʂʅ4	tʂʅ4	tʂʅ4	tʂʅ4	tʂʅ4	tʂʅ4	tʂʅ4	tʂʅ4
泸县	tʂʅ4	tʂʅ4	tʂʅ4	tʂʅ4	tʂʅ4	tsɿ4	tʂʅ4	tʂʅ4
泸州	tsɿ4	tsɿ5	tsɿ4	tsɿ4	tsɿ4	tsɿ4	tsɿ4	tsɿ4
南溪	tsɿ4	tɕi5	tsɿ4	tsɿ4	tɕi5	tsɿ4	tsɿ4	tsɿ4
合江	tsɿ4	tsɪ5	tsɿ4	tsɿ4	tsɿ4	tsɿ4	tsɿ4	tsɿ4

字目	痣	质质量	痴	吃吃饭	池	驰	匙	迟
反切	职吏	之日	丑之	苦击	直离	直离	是支	直尼
声韵调	止开三 章之去	臻开三 章质入	止开三 彻之平	梗开四 溪锡入	止开三 澄支平	止开三 澄支平	止开三 禅支平	止开三 澄脂平
中古音	tɕɨ-	tɕiɪt	ʈhɨ	khek	ɖiᴇ	ɖiᴇ	dʑiᴇ	ɖiɪ
成都	tsɿ4	tsɿ2	tshɿ1	tshɿ2	tshɿ2	tshɿ2	sɿ1	tshɿ2
彭州	tsɿ4	tʂə˞5	tshɿ1	tʂhə˞5	tshɿ2	tshɿ2	sɿ2	tshɿ2
郫县	tsɿ4	tʂʅ5	tshɿ1	tʂhʅ5	tshɿ2	tshɿ2	sɿ4	tshɿ2
广汉	tsɿ4	tsɿ5	tshɿ1	tshɿ5	tshɿ2	tshɿ2	sɿ4	tshɿ2
都江堰河东	tsɿ4	tʂə˞5	tshɿ1	tʂhə˞5	tshɿ2	tshɿ2	sɿ4	tshɿ2
都江堰河西	tsɿ4	tsɤ5	tshɿ1	tshɤ5	tshɿ2	tshɿ2	sɿ4	tshɿ2
崇州	tsɿ4	tsə5	tshɿ1	tshə5	tshɿ2	tshɿ2	sɿ4	tshɿ2
大邑	tsɿ4	tsɘ5	tshɿ1	tshɘ5	tshɿ2	tshɿ2	sɿ4	tshɿ2
邛崃	tsɿ4	tsɘ5	tshɿ1	tshɘ5	tshɿ2	tshɿ2	sɿ4	tshɿ2
新津	tsɿ4	tsɘ5	tshɿ1	tshɘ5	tshɿ2	tshɿ2	sɿ4	tshɿ2
蒲江	tsɿ4	tsɘ5	tshɿ1	tshɘ5	tshɿ2	tshɿ2	sɿ4	tshɿ2
彭山	tsɿ4	tsɘ5	tshɿ1	tshɘ5	tshɿ2	tshɿ2	sɿ2 sɿ4	tshɿ2
眉山	tsɿ4	tsɿ5	tshɿ1	tshɿ5	tshɿ2	tshɿ2	sɿ2	tshɿ2
丹棱	tsɿ4	tsɿ5	tshɿ1	tshɿ5	tshɿ2	tshɿ2	sɿ2	tshɿ2
洪雅	tsɿ4	tsɿ5	tshɿ1	tɕhi1	tshɿ2	tshɿ2	sɿ2	tshɿ2
青神	tsɿ4	tsɘ5	tshɿ1	tshɘ5	tshɿ2	tshɿ2	sɿ2 sɿ4	tshɿ2
夹江	tsɿ4	tsɿ5	tshɿ1	tshɿ5	tshɿ2	tshɿ2	sɿ4	tshɿ2
峨眉山	tsɿ5	tsɿ5	tshɿ1	tshɿ5	tshɿ2	tshɿ2	sɿ4	tshɿ2
乐山	tsɿ4	tsɘ5	tshɿ1	tshɘ5	tshɿ2	tshɿ2	sɿ4	tshɿ2
犍为	tsɿ4	tsɘ5	tshɿ1	tshɘ5	tshɿ2	tshɿ2	sɿ4	tshɿ2

字目	痣	质质量	痴	吃吃饭	池	驰	匙	迟
反切	职吏	之日	丑之	苦击	直离	直离	是支	直尼
声韵调	止开三 章之去	臻开三 章质入	止开三 彻之平	梗开四 溪锡入	止开三 澄支平	止开三 澄支平	止开三 禅支平	止开三 澄脂平
中古音	tɕɨ-	tɕiɪt	ʈhɨ	khek	ɖiᴇ	ɖiᴇ	dʑiᴇ	ɖiɪ
沐川	tsɿ4	tsɿ5	tshɿ1	tshə5	tshɿ2	tshɿ2	sɿ4	tshɿ2
峨边	tsɿ4	tsɿ5	tshɿ1	tshɿ5	tshɿ2	tshɿ2	sɿ2	tshɿ2
雅安	tsɿ4	tsɿ1	tshɿ1	tshɿ1	tshɿ2	tshɿ2	sɿ2	tshɿ2
名山	tsɿ4	tsɿ1	tshɿ1	tshɿ1	tshɿ2	tshɿ2	sɿ1	tshɿ2
天全	tsɿ4	tsɿ1	tshɿ1	tshɿ1	tshɿ2	tshɿ2	sɿ4	tshɿ2
芦山	tsɿ4	tsɿ1	tshɿ1	tshɿ1	tshɿ2	tshɿ2	sɿ4	tshɿ2
宝兴	tsɿ4	tsɿ1	tshɿ1	tshɿ1	tshɿ2	tshɿ2	sɿ4	tshɿ2
荥经	tsɿ4	tse5	tshɿ1	tshe5	tshɿ2	tshɿ2	sɿ5	tshɿ2
汉源	tsɿ4	tsɿ1	tshɿ1	tshɿ1	tshɿ2	tshɿ2	sɿ4	tshɿ2
石棉	tsɿ4	tsɿ1	tshɿ1	tshɿ1	tshɿ2	tshɿ2	sɿ4	tshɿ2
内江	tʂʅ4	tʂʅ4	tʂhʅ1	tʂhʅ4	tʂhʅ2	tʂhʅ2	ʂʅ2	tʂhʅ2
威远	tʂʅ4	tʂʅ4	tʂhʅ1	tʂhʅ4	tʂhʅ2	tʂhʅ2	ʂʅ2	tʂhʅ2
荣县	tsɿ4	tsɿ4	tshɿ1	tɕhi4	tshɿ2	tshɿ2	sɿ2	tshɿ2
自贡	tʂʅ4	tʂʅ4	tʂhʅ1	tʂhʅ4	tʂhʅ2	tʂhʅ2	ʂʅ2	tʂhʅ2
富顺	tʂʅ4	tʂʅ4	tʂhʅ1	tɕhi1	tʂhʅ2	tʂhʅ2	ʂʅ2	tʂhʅ2
隆昌	tʂʅ4	tʂʅ4	tʂhʅ1	tɕhi1	tʂhʅ2	tʂhʅ2	ʂʅ2	tʂhʅ2
泸县	tʂʅ4	tʂʅ4	tʂhʅ1	tɕhi1	tʂhʅ2	tʂhʅ2	ʂʅ2	tʂhʅ2
泸州	tsɿ4	tsɿ5	tshɿ1	tɕhi1 tshɿ5	tshɿ2	tshɿ2	sɿ4	tshɿ2
南溪	tsɿ4	tɕi5	tshɿ1	tɕhi1	tshɿ2	tshɿ2	sɿ4	tshɿ2
合江	tsɿ4	tsɪ5	tshɿ1	tshɿ2	tshɿ2	tshɿ2	sɿ4	tshɿ2

字目	持	耻	齿	尺	翅[①]	赤	施	师
反切	直之	敕里	昌里	昌石	施智	昌石	式支	疏夷
声韵调	止开三 澄之平	止开三 彻之上	止开三 昌之上	梗开三 昌昔入	止开三 书支去	梗开三 昌昔入	止开三 书支平	止开三 生脂平
中古音	ȡɨ	ȶhɨ:	tɕhɨ:	tɕhiᴇk	ɕiᴇ-	tɕhiᴇk	ɕiᴇ	ʃiɪ
成都	tshɿ2	tshɿ3	tshɿ3	tshɿ2	tsɿ4	tshɿ2	sɿ1	sɿ1
彭州	tshɿ2	tshɿ3	tshɿ3	tʂhɚ5	tsɿ4	tʂhɚ5	sɿ1	sɿ1
郫县	tshɿ2	tshɿ3	tshɿ3	tʂhʅ5	tsɿ4	tʂhʅ5	sɿ1	sɿ1
广汉	tshɿ2	tshɿ3	tshɿ3	tshɿ2	tsɿ4	tshɿ2	sɿ1	sɿ1
都江堰河东	tshɿ2	tshɿ3	tshɿ3	tʂhɚ5	tsɿ4	tʂhɚ5	sɿ1	sɿ1
都江堰河西	tshɿ2	tshɿ3	tshɿ3	tshɤ5	tsɿ4	tshɤ5	sɿ1	sɿ1
崇州	tshɿ2	tshɿ3	tshɿ3 tsɿ3 口	tshə5	tsɿ4	tshə5	sɿ1	sɿ1
大邑	tshɿ2	tshɿ3	tshɿ3	tshə5	tsɿ4	tshə5	sɿ1	sɿ1
邛崃	tshɿ2	tshɿ3	tshɿ3	tshə5	tsɿ4	tshə5	sɿ1	sɿ1
新津	tshɿ2	tshɿ3	tshɿ3	tshə5	tsɿ4	tshə5	sɿ1	sɿ1
蒲江	tshɿ2	tshɿ3	tshɿ3	tshə5	tsɿ4 tshɿ4 新	tshə5	sɿ1	sɿ1
彭山	tshɿ2	tshɿ3	tshɿ3	tshə5	tsɿ4 tshɿ4 新	tshə5	sɿ1	sɿ1
眉山	tshɿ2	tshɿ3	tshɿ3	tshɿ5	tsɿ4 tshɿ4 新	tshɿ5	sɿ1	sɿ1
丹棱	tshɿ2	tshɿ3	tshɿ3	tshɿ5	tsɿ4 tshɿ4 新	tshɿ5	sɿ1	sɿ1
洪雅	tshɿ2	tshɿ3	tshɿ3	tshɿ5	tsɿ4 tshɿ4 新	tshɿ5	sɿ1	sɿ1
青神	tshɿ2	tshɿ3	tshɿ3	tshə5	tsɿ4 tshɿ4 新	tshə5	sɿ1	sɿ1
夹江	tshɿ2	tshɿ3	tshɿ3	tshɿ5	tsɿ4	tshɿ5	sɿ1	sɿ1
峨眉山	tshɿ2	tshɿ3	tshɿ3	tshɿ5	tsɿ5	tshɿ1	sɿ1	sɿ1
乐山	tshɿ2	tshɿ3	tsɿ3	tshə5	tsɿ4	tshə5	sɿ1	sɿ1
犍为	tshɿ2	tshɿ3	tsɿ3	tshə5	tsɿ4	tshə5	sɿ1	sɿ1

① 《字汇》："翅，丑智切，痴去声，翼也。"

字目	持	耻	齿	尺	翅[①]	赤	施	师
反切	直之	敕里	昌里	昌石	施智	昌石	式支	疏夷
声韵调	止开三 澄之平	止开三 彻之上	止开三 昌之上	梗开三 昌昔入	止开三 书支去	梗开三 昌昔入	止开三 书支平	止开三 生脂平
中古音	ȡɨ	ȶhɨ:	tɕhɨ:	tɕhiᴇk	ɕiᴇ-	tɕhiᴇk	ɕiᴇ	ʃiɪ
沐川	tshɿ2	tshɿ3	tshɿ3	tshɿ5	tsɿ4	tshɿ5	sɿ1	sɿ1
峨边	tshɿ2	tshɿ3	tshɿ3	tshɿ5	tsɿ4	tshɿ5	sɿ1	sɿ1
雅安	tshɿ2	tshɿ3	tshɿ3	tshɿ1	tsɿ4	tshɿ1	sɿ1	sɿ1
名山	tshɿ2	tshɿ3	tshɿ3	tshɿ1	tsɿ4	tshɿ1	sɿ1	sɿ1
天全	tshɿ2	tshɿ3	tshɿ3	tshɿ1	tsɿ4	tshɿ1	sɿ1	sɿ1
芦山	tshɿ2	tshɿ3	tshɿ3	tshɿ1	tsɿ4	tshɿ1	sɿ1	sɿ1
宝兴	tshɿ2	tshɿ3	tshɿ3	tshɿ1	tsɿ4	tshɿ1	sɿ1	sɿ1
荥经	tshɿ2	tshɿ3	tshɿ3	tshe5	tsɿ2	tshe5	sɿ1	sɿ1
汉源	tshɿ2	tshɿ3	tshɿ3	tshɿ1	tsɿ4	tshɿ1	sɿ1	sɿ1
石棉	tshɿ2	tshɿ3	tshɿ3	tshɿ1	tsɿ4	tshɿ1	sɿ1	sɿ1
内江	tʂhʅ2	tʂhʅ3	tʂhʅ3	tʂhʅ4	tʂʅ4 tʂhʅ4 新	tʂhʅ4	ʂʅ1	sɿ1
威远	tʂhʅ2	tʂhʅ3	tʂhʅ3	tʂhʅ4	tʂʅ4 tʂhʅ4 新	tʂhʅ4	ʂʅ1	sɿ1
荣县	tshɿ2	tshɿ3	tshɿ3	tshɿ4	tsɿ4 tshɿ4 新	tshɿ4	sɿ1	sɿ1
自贡	tʂhʅ2	tʂhʅ3	tʂhʅ3	tʂhʅ4	tʂʅ4	tʂhʅ4	ʂʅ1	sɿ1
富顺	tʂhʅ2	tʂhʅ3	tʂhʅ3	tʂhʅ4	tʂʅ4	tʂhʅ4	ʂʅ1	sɿ1
隆昌	tʂhʅ2	tʂhʅ3	tʂhʅ3	tʂhʅ4	tʂʅ4	tʂhʅ2 tʂhʅ4 旧	ʂʅ1	sɿ1
泸县	tʂhʅ2	tʂhʅ3	tʂhʅ3	tʂhʅ4	tʂʅ4	tʂhʅ4	ʂʅ1	sɿ1
泸州	tshɿ2	tshɿ3	tshɿ3 tsɿ3	tshɿ5	tshɿ4	tshɿ5	sɿ1	sɿ1
南溪	tshɿ2	tshɿ3	tshɿ3	tɕhi5	tsɿ4	tɕhi5	sɿ1	sɿ1
合江	tshɿ2	tshɿ3	tshɿ3	tshɪ5	tsɿ4	tshɪ5	sɿ1	sɿ1

① 《字汇》："翅，丑智切，痴去声，翼也。"

字目	狮	尸尸体	诗	湿	虱	失	时	十
反切	疏夷	式脂	书之	失入	所栉	式质	市之	是执
声韵调	止开三 生脂平	止开三 书脂平	止开三 书之平	深开三 书缉入	臻开三 生栉入	臻开三 书质入	止开三 禅之平	深开三 禅缉入
中古音	ʃiɪ	ɕiɪ	ɕɨ	ɕiɪp	ʃɪt	ɕiɪt	dʑɨ	dʑiɪp
成都	sɿ1	sɿ1	sɿ1	sɿ2	se2	sɿ2	sɿ2	sɿ2
彭州	sɿ1	sɿ1	sɿ1	ʂɚ5	se5	ʂɚ5	sɿ2	ʂɚ5
郫县	sɿ1	sɿ1	sɿ1	ʂʅ5	se5	ʂʅ5	sɿ2	ʂʅ5
广汉	sɿ1	sɿ1	sɿ1	sɿ5	se5	sɿ5	sɿ2	sɿ5
都江堰河东	sɿ1	sɿ1	sɿ1	ʂɚ5	sæ5	ʂɚ5	sɿ2	ʂɚ5
都江堰河西	sɿ1	sɿ1	sɿ1	sɤ5	sæ5	sɤ5	sɿ2	sɤ5
崇州	sɿ1	sɿ1	sɿ1	sə5	sæ5	sə5	sɿ2	sə5
大邑	sɿ1	sɿ1	sɿ1	sə5	sæ5	sə5	sɿ2	sə5
邛崃	sɿ1	sɿ1	sɿ1	sə5	sæ5	sə5	sɿ2	sə5
新津	sɿ1	sɿ1	sɿ1	sə5	sæ5	sə5	sɿ2	sə5
蒲江	sɿ1	sɿ1	sɿ1	sə5	sæ5	sə5	sɿ2	sə5
彭山	sɿ1	sɿ1	sɿ1	sə5	sai5	sə5	sɿ2	sə5
眉山	sɿ1	sɿ1	sɿ1	sɿ5	sai5	sɿ5	sɿ2	sɿ5
丹棱	sɿ1	sɿ1	sɿ1	sɿ5	sei5	sɿ5	sɿ2	sɿ5
洪雅	sɿ1	sɿ1	sɿ1	sɿ5	sai5	sɿ5	sɿ2	sɿ5
青神	sɿ1	sɿ1	sɿ1	sə5	sæ5	sə5	sɿ2	sə5
夹江	sɿ1	sɿ1	sɿ1	sɿ5	sai5	sɿ5	sɿ2	sɿ5
峨眉山	sɿ1	sɿ1	sɿ1	sɿ5	sæ5	sɿ5	sɿ2	sɿ5
乐山	sɿ1	sɿ1	sɿ1	sə5	sə5 sɛ5	sə5	sɿ2	sə5
犍为	sɿ1	sɿ1	sɿ1	sə5	sæ5	sə5	sɿ2	sə5

字目	狮	尸尸体	诗	湿	虱	失	时	十
反切	疏夷	式脂	书之	失入	所栉	式质	市之	是执
声韵调	止开三 生脂平	止开三 书脂平	止开三 书之平	深开三 书缉入	臻开三 生栉入	臻开三 书质入	止开三 禅之平	深开三 禅缉入
中古音	ʃiɪ	ɕiɪ	ɕɨ	ɕiɪp	ʃɪt	ɕiɪt	dʑɨ	dʑiɪp
沐川	sɿ1	sɿ1	sɿ1	sɿ5	se4	sɿ5	sɿ2	sɿ4
峨边	sɿ1	sɿ1	sɿ1	sɿ5	sɿ5	sɿ5	sɿ2	sɿ5
雅安	sɿ1	sɿ1	sɿ1	sɿ1	se1	sɿ1	sɿ2	sɿ1
名山	sɿ1	sɿ1	sɿ1	sɿ1	se1	sɿ1	sɿ2	sɿ1
天全	sɿ1	sɿ1	sɿ1	sɿ1	se1	sɿ1	sɿ2	sɿ1
芦山	sɿ1	sɿ1	sɿ1	sɿ1	se1	sɿ1	sɿ2	sɿ1
宝兴	sɿ1	sɿ1	sɿ1	sɿ1	se1	sɿ1	sɿ2	sɿ1
荥经	sɿ1	sɿ1	sɿ1	se5	se5	se5	sɿ2	se5
汉源	sɿ1	sɿ1	sɿ1	sɿ1	sɿ1	sɿ1	sɿ2	sɿ1
石棉	sɿ1	sɿ1	sɿ1	sɿ1	sai1	sɿ1	sɿ2	sɿ1
内江	sɿ1	ʂʅ1	ʂʅ1	ʂʅ4	se4	ʂʅ4	ʂʅ2	ʂʅ4
威远	sɿ1	ʂʅ1	ʂʅ1	ʂʅ4	se4	ʂʅ4	ʂʅ2	ʂʅ4
荣县	sɿ1	sɿ1	sɿ1	sɿ4	se4	sɿ4	sɿ2	sɿ4
自贡	sɿ1	ʂʅ1	ʂʅ1	ʂʅ4	se4	ʂʅ4	ʂʅ2	ʂʅ4
富顺	sɿ1	ʂʅ1	ʂʅ1	ʂʅ4	se4	ʂʅ4	ʂʅ2	ʂʅ4
隆昌	sɿ1	ʂʅ1	ʂʅ1	ʂʅ4	se4	ʂʅ4	ʂʅ2	ʂʅ4
泸县	sɿ1	ʂʅ1	ʂʅ1	sɿ4	se4	ʂʅ4	ʂʅ2	ʂʅ4
泸州	sɿ1	sɿ1	sɿ1	sɿ5	se5	sɿ5	sɿ2	sɿ5
南溪	sɿ1	sɿ1	sɿ1	ɕi5	se5	ɕi5	sɿ2	ɕi5
合江	sɿ1	sɿ1	sɿ1	sɪ5	se5	sɪ5	sɿ2	sɪ5

字目	拾拾取	实	食	蚀	识	石	史	使使用
反切	是执	神质	乘力	乘力	赏职	常只	踈士	踈士
声韵调	深开三 禅缉入	臻开三 船质入	曾开三 船职入	曾开三 船职入	曾开三 书职入	梗开三 禅昔入	止开三 生之上	止开三 生之上
中古音	dʑiɪp	ʑiɪt	ʑɨk	ʑɨk	ɕɨk	dʑiᴇk	ʃɨ:	ʃɨ:
成都	sɿ2	sɿ2	sɿ2	sɿ2	sɿ2	sɿ2	sɿ3	sɿ3
彭州	ʂɚ5	ʂɚ5	ʂɚ5	ʂɚ5	ʂɚ5	ʂɚ5	sɿ3	sɿ3
郫县	ʂʅ5	ʂʅ5	ʂʅ5	ʂʅ5	ʂʅ5	ʂʅ5	sɿ3	sɿ3
广汉	sɿ5	sɿ2	sɿ5	sɿ5	sɿ5	sɿ5	sɿ3	sɿ3
都江堰河东	ʂɚ5	ʂɚ5	ʂɚ5	ʂɚ5	ʂɚ5	ʂɚ5	sɿ3	sɿ3
都江堰河西	sɤ5	sɤ5	sɤ5	sɤ5	sɤ5	sɤ5	sɿ3	sɿ3
崇州	sə5	sə5	sə5	sə5	sə5	sə5	sɿ3	sɿ3
大邑	sə5	sə5	sə5	sə5	sə5	sə5	sɿ3	sɿ3
邛崃	sə5	sə5	sə5	sə5	sə5	sə5	sɿ3	sɿ3
新津	sə5	sə5	sə5	sə5	sə5	sə5	sɿ3	sɿ3
蒲江	sə5	sə5	sə5	sə5	sə5	sə5	sɿ3	sɿ3
彭山	sə5	sə5	sə5	sə5	sə5	sə5	sɿ3	sɿ3
眉山	sɿ5	sɿ5	sɿ5	sɿ5	sɿ5	sɿ5	sɿ3	sɿ3
丹棱	sɿ5	sɿ5	sɿ5	sɿ5	sɿ5	sɿ5	sɿ3	sɿ3
洪雅	sɿ5	sɿ5	sɿ5	sɿ5	sɿ5	sɿ5	sɿ3	sɿ3
青神	sə5	sə5	sə5	sə5	sə5	sə5	sɿ3	sɿ3
夹江	sɿ5	sɿ5	sɿ5	sɿ5	sɿ5	sɿ5	sɿ3	sɿ3
峨眉山	sɿ5	sɿ5	sɿ5	sɿ5	sɿ5	sɿ5	sɿ3	sɿ3
乐山	sə5	sə5	sə5	sə5	sə5	sə5	sɿ3	sɿ3
犍为	sə5	sə5	sə5	sə5	sə5	sə5	sɿ3	sɿ3

字目	拾拾取	实	食	蚀	识	石	史	使使用
反切	是执	神质	乘力	乘力	赏职	常只	踈士	踈士
声韵调	深开三 禅缉入	臻开三 船质入	曾开三 船职入	曾开三 船职入	曾开三 书职入	梗开三 禅昔入	止开三 生之上	止开三 生之上
中古音	dʑiɪp	ʑiɪt	ʑik	ʑik	ɕik	dʑiᴇk	ʃɨ:	ʃɨ:
沐川	sɿ4	sɿ4	sɿ5	sɿ5	sɿ4	sə5	sɿ3	sɿ3
峨边	sɿ5	sɿ5	sɿ5	sɿ5	sɿ5	sɿ5	sɿ3	sɿ3
雅安	sɿ1	sɿ1	sɿ1	sɿ1	sɿ1	sɿ1	sɿ3	sɿ3
名山	sɿ1	sɿ1	sɿ1	sɿ1	sɿ1	sɿ1	sɿ3	sɿ3
天全	sɿ1	sɿ1	sɿ1	sɿ1	sɿ1	sɿ1	sɿ3	sɿ3
芦山	sɿ1	sɿ1	sɿ1	sɿ1	sɿ1	sɿ1	sɿ3	sɿ3
宝兴	sɿ1	sɿ1	sɿ1	sɿ1	sɿ1	sɿ1	sɿ3	sɿ3
荥经	se5	se5	se5	se5	se5	se5	sɿ3	sɿ3
汉源	sɿ1	sɿ1	sɿ1	sɿ1	sɿ1	sɿ1	sɿ3	sɿ3
石棉	sɿ1	sɿ1	sɿ1	sɿ1	sɿ1	sɿ1	sɿ3	sɿ3
内江	ʂʅ4	ʂʅ4	ʂʅ4	ʂʅ4	ʂʅ4	ʂʅ4	sɿ3	sɿ3
威远	ʂʅ4	ʂʅ4	ʂʅ4	ʂʅ4	ʂʅ4	ʂʅ4	ʂʅ3	ʂʅ3
荣县	sɿ4	sɿ4	sɿ4	sɿ4	sɿ4	sɿ4	sɿ3	sɿ3
自贡	ʂʅ4	ʂʅ4	ʂʅ4	ʂʅ4	ʂʅ4	ʂʅ4	ʂʅ3	ʂʅ3
富顺	ʂʅ4	ʂʅ4	ʂʅ4	ʂʅ4	ʂʅ4	ʂʅ4	ʂʅ3	ʂʅ3
隆昌	ʂʅ4	ʂʅ4	ʂʅ4	ʂʅ4	ʂʅ4	ʂʅ4	ʂʅ3	ʂʅ3
泸县	ʂʅ4	ʂʅ4	ʂʅ4	ʂʅ4	sɿ4	ʂʅ4	ʂʅ3	ʂʅ3
泸州	sɿ5	sɿ5	sɿ5	sɿ5	sɿ5	sɿ5	sɿ3	sɿ3
南溪	ɕi5	ɕi5	ɕi5	ɕi5	ɕi5	ɕi5	sɿ3	sɿ3
合江	sɪ5	sɪ5	sɪ5	se5	sɪ5	sɪ5	sɿ3	sɿ3

字目	驶	使大使	始	世	势	誓	是	示
反切	踈士	踈吏	诗止	舒制	舒制	时制	承纸	神至
声韵调	止开三 生之上	止开三 生之去	止开三 书之上	蟹开三 书祭去	蟹开三 书祭去	蟹开三 禅祭去	止开三 禅支上	止开三 船脂去
中古音	ʃɨ:	ʃɨ-	ɕɨ:	ɕiᴇi-	ɕiᴇi-	dʑiᴇi-	dʑiᴇ:	ʑiɪ-
成都	sɿ3	sɿ3	sɿ3	sɿ4	sɿ4	sɿ4	sɿ4	sɿ4
彭州	sɿ3	sɿ3	sɿ3	sɿ4	sɿ4	sɿ4	sɿ4	sɿ4
郫县	sɿ3	sɿ3	sɿ3	sɿ4	sɿ4	sɿ4	sɿ4	sɿ4
广汉	sɿ3	sɿ3	sɿ3	sɿ4	sɿ4	sɿ4	sɿ4	sɿ4
都江堰河东	sɿ4	sɿ3	sɿ3	sɿ4	sɿ4	sɿ4	sɿ4	sɿ4
都江堰河西	sɿ3	sɿ3	sɿ3	sɿ4	sɿ4	sɿ4	sɿ4	sɿ4
崇州	sɿ3	sɿ3	sɿ3	sɿ4	sɿ4	sɿ4	sɿ4	sɿ4
大邑	sɿ3	sɿ3	sɿ3	sɿ4	sɿ4	sɿ4	sɿ4	sɿ4
邛崃	sɿ3	sɿ3	sɿ3	sɿ4	sɿ4	sɿ4	sɿ4	sɿ4
新津	sɿ3	sɿ3	sɿ3	sɿ4	sɿ4	sɿ4	sɿ4	sɿ4
蒲江	sɿ3	sɿ3	sɿ3	sɿ4	sɿ4	sɿ4	sɿ4	sɿ4
彭山	sɿ3	sɿ3	sɿ3	sɿ4	sɿ4	sɿ4	sɿ4	sɿ4
眉山	sɿ3	sɿ3	sɿ3	sɿ4	sɿ4	sɿ4	sɿ4	sɿ4
丹棱	sɿ3	sɿ3	sɿ3	sɿ4	sɿ4	sɿ4	sɿ4	sɿ4
洪雅	sɿ3	sɿ3	sɿ3	sɿ4	sɿ4	sɿ4	sɿ4	sɿ4
青神	sɿ3	sɿ3	sɿ3	sɿ4	sɿ4	sɿ4	sɿ4	sɿ4
夹江	sɿ3	sɿ3	sɿ3	sɿ4	sɿ4	sɿ4	sɿ4	sɿ4
峨眉山	sɿ3	sɿ3	sɿ3	sɿ5	sɿ5	sɿ5	sɿ1	sɿ5
乐山	sɿ3	sɿ3	sɿ3	sɿ4	sɿ4	sɿ4	sɿ4	sɿ4
犍为	sɿ3	sɿ3	sɿ3	sɿ4	sɿ4	sɿ4	sɿ4	sɿ4

字目	驶	使大使	始	世	势	誓	是	示
反切	踈士	踈吏	诗止	舒制	舒制	时制	承纸	神至
声韵调	止开三 生之上	止开三 生之去	止开三 书之上	蟹开三 书祭去	蟹开三 书祭去	蟹开三 禅祭去	止开三 禅支上	止开三 船脂去
中古音	ʃɨ:	ʃɨ-	ɕɨ:	ɕiᴇi-	ɕiᴇi-	dʑiᴇi-	dʑiᴇ:	ʑiɪ-
沐川	sɿ3	sɿ3	sɿ3	sɿ4	sɿ4	sɿ4	sɿ4	tshɿ4
峨边	sɿ3	sɿ3	sɿ3	sɿ4	sɿ4	sɿ4	sɿ4	sɿ4
雅安	sɿ3	sɿ3	sɿ3	sɿ4	sɿ4	sɿ4	sɿ4	sɿ4
名山	sɿ3	sɿ3	sɿ3	sɿ4	sɿ4	sɿ4	sɿ4	sɿ4
天全	sɿ3	sɿ3	sɿ3	sɿ4	sɿ4	sɿ4	sɿ4	sɿ4
芦山	sɿ3	sɿ3	sɿ3	sɿ4	sɿ4	sɿ4	sɿ4	sɿ4
宝兴	sɿ3	sɿ3	sɿ3	sɿ4	sɿ4	sɿ4	sɿ4	sɿ4
荥经	sɿ3	sɿ3	sɿ3	sɿ4	sɿ4	sɿ4	sɿ4	sɿ4
汉源	sɿ3	sɿ3	sɿ3	sɿ4	sɿ4	sɿ4	sɿ4	sɿ4
石棉	sɿ3	sɿ3	sɿ3	sɿ4	sɿ4	sɿ4	sɿ4	sɿ4
内江	sɿ3	sɿ3	sɿ3	ʂʅ4	ʂʅ4	ʂʅ4	ʂʅ4	ʂʅ4
威远	ʂʅ3	ʂʅ3	ʂʅ3	ʂʅ4	ʂʅ4	ʂʅ4	ʂʅ4	ʂʅ4
荣县	sɿ3	sɿ3	sɿ3	sɿ4	sɿ4	sɿ4	sɿ4	sɿ4
自贡	ʂʅ3	ʂʅ3	ʂʅ3	ʂʅ4	ʂʅ4	ʂʅ4	ʂʅ4	ʂʅ4
富顺	ʂʅ3	ʂʅ3	ʂʅ3	ʂʅ4	ʂʅ4	ʂʅ4	ʂʅ4	ʂʅ4
隆昌	ʂʅ3	ʂʅ3	ʂʅ3	ʂʅ4	ʂʅ4	ʂʅ4	ʂʅ4	ʂʅ4
泸县	ʂʅ3	ʂʅ3	ʂʅ3	ʂʅ4	ʂʅ4	ʂʅ4	ʂʅ4	ʂʅ4
泸州	sɿ3	sɿ3	sɿ3	sɿ4	sɿ4	sɿ4	sɿ4	sɿ4
南溪	sɿ3	sɿ3	sɿ3	sɿ4	sɿ4	sɿ4	sɿ4	sɿ4
合江	sɿ3	sɿ3	sɿ3	sɿ4	sɿ4	sɿ4	sɿ4	sɿ4

字目	视	士	柿	事	试	市	室	饰
反切	常利	鉏里	鉏里	鉏吏	式吏	时止	式质	赏职
声韵调	止开三 禅脂去	止开三 崇之上	止开三 崇之上	止开三 崇之去	止开三 书之去	止开三 禅之上	臻开三 书质入	曾开三 书职入
中古音	dʑiɪ-	dʒɨ:	dʒɨ:	dʒɨ-	ɕɨ-	dʑɨ:	ɕiɪt	ɕɨk
成都	sɿ4	sɿ4	sɿ4	sɿ4	sɿ4	sɿ4	sɿ2	sɿ4
彭州	sɿ4	sɿ4	sɿ4	sɿ4	sɿ4	sɿ4	ʂɚ5	sɿ4
郫县	sɿ4	sɿ4	sɿ4	sɿ4	sɿ4	sɿ4	ʂʅ5	sɿ4
广汉	sɿ4	sɿ4	sɿ4	sɿ4	sɿ4	sɿ4	sɿ5	sɿ4
都江堰河东	sɿ4	sɿ4	sɿ4	sɿ4	sɿ4	sɿ4	ʂɚ5	sɿ4
都江堰河西	sɿ4	sɿ4	sɿ4	sɿ4	sɿ4	sɿ4	sɤ5	sɿ4
崇州	sɿ4	sɿ4	sɿ4	sɿ4	sɿ4	sɿ4	sə5	sɿ4
大邑	sɿ4	sɿ4	sɿ4	sɿ4	sɿ4	sɿ4	sə5	sɿ4
邛崃	sɿ4	sɿ4	sɿ4	sɿ4	sɿ4	sɿ4	sə5	sɿ4
新津	sɿ4	sɿ4	sɿ4	sɿ4	sɿ4	sɿ4	sə5	sɿ4
蒲江	sɿ4	sɿ4	sɿ4	sɿ4	sɿ4	sɿ4	sə5	sɿ4
彭山	sɿ4	sɿ4	sɿ4	sɿ4	sɿ4	sɿ4	sə5	sɿ4
眉山	sɿ4	sɿ4	sɿ4	sɿ4	sɿ4	sɿ4	sɿ5	sɿ4
丹棱	sɿ4	sɿ4	sɿ4	sɿ4	sɿ4	sɿ4	sɿ5	sɿ4
洪雅	sɿ4	sɿ4	sɿ4	sɿ4	sɿ4	sɿ4	sɿ5	sɿ4
青神	sɿ4	sɿ4	sɿ4	sɿ4	sɿ4	sɿ4	sə5	sɿ4
夹江	sɿ4	sɿ4	sɿ4	sɿ4	sɿ4	sɿ4	sɿ5	sɿ4
峨眉山	sɿ5	sɿ5	sɿ5	sɿ5	sɿ5	sɿ5	sɿ5	sɿ5
乐山	sɿ4	sɿ4	sɿ4	sɿ4	sɿ4	sɿ4	sə5	sɿ4
犍为	sɿ4	sɿ4	sɿ4	sɿ4	sɿ4	sɿ4	sə5	sɿ4

字目	视	士	柿	事	试	市	室	饰
反切	常利	鉏里	鉏里	鉏吏	式吏	时止	式质	赏职
声韵调	止开三 禅脂去	止开三 崇之上	止开三 崇之上	止开三 崇之去	止开三 书之去	止开三 禅之上	臻开三 书质入	曾开三 书职入
中古音	dʑiɪ-	dʒɨ:	dʒɨ:	dʒɨ-	ɕɨ-	dʑɨ:	ɕiɪt	ɕɨk
沐川	sɿ4	sɿ4	sɿ4	sɿ4	sɿ4	sɿ4	sɿ5	sɿ5
峨边	sɿ4	sɿ4	sɿ4	sɿ4	sɿ4	sɿ4	sɿ5	sɿ4
雅安	sɿ4	sɿ4	sɿ4	sɿ4	sɿ4	sɿ4	sɿ1	sɿ4
名山	sɿ4	sɿ4	sɿ4	sɿ4	sɿ4	sɿ4	sɿ1	sɿ4
天全	sɿ4	sɿ4	sɿ4	sɿ4	sɿ4	sɿ4	sɿ1	sɿ4
芦山	sɿ4	sɿ4	sɿ4	sɿ4	sɿ4	sɿ4	sɿ1	sɿ4
宝兴	sɿ4	sɿ4	sɿ4	sɿ4	sɿ4	sɿ4	sɿ1	sɿ4
荥经	sɿ4	sɿ4	sɿ4	sɿ4	sɿ4	sɿ4	se5	sɿ4
汉源	sɿ4	sɿ4	sɿ4	sɿ4	sɿ4	sɿ4	sɿ1	sɿ4
石棉	sɿ4	sɿ4	sɿ4	sɿ4	sɿ4	sɿ4	sɿ1	sɿ4
内江	ʂʅ4	sɿ4	ʂʅ4	sɿ4	ʂʅ4	ʂʅ4	ʂʅ4	ʂʅ4
威远	ʂʅ4	sɿ4	ʂʅ4	sɿ4	ʂʅ4	ʂʅ4	ʂʅ4	ʂʅ4
荣县	sɿ4	sɿ4	sɿ4	sɿ4	sɿ4	sɿ4	sɿ4	sɿ4
自贡	ʂʅ4	sɿ4	ʂʅ4	sɿ4	ʂʅ4	ʂʅ4	ʂʅ4	ʂʅ4
富顺	ʂʅ4	sɿ4	ʂʅ4	sɿ4	ʂʅ4	ʂʅ4	ʂʅ4	ʂʅ4
隆昌	ʂʅ4	sɿ4	ʂʅ4	sɿ4	ʂʅ4	ʂʅ4	ʂʅ4	ʂʅ4
泸县	ʂʅ4	sɿ4	sɿ4	sɿ4	sɿ4	ʂʅ4	sɿ4	sɿ4
泸州	sɿ4	sɿ4	sɿ4	sɿ4	sɿ4	sɿ4	sɿ5	sɿ4
南溪	sɿ4	sɿ4	sɿ4	sɿ4	sɿ4	sɿ4	ɕi5	sɿ4
合江	sɿ4	sɿ4	sɿ4	sɿ4	sɿ4	sɿ4	sɪ5	sɿ4

字目	式	适	释	日	儿	而	耳	二
反切	赏职	施只	施只	人质	汝移	如之	而止	而至
声韵调	曾开三 书职入	梗开三 书昔入	梗开三 书昔入	臻开三 日质入	止开三 日支平	止开三 日之平	止开三 日之上	止开三 日脂去
中古音	ɕɨk	ɕiᴇk	ɕiᴇk	ȵʑiɪt	ȵʑiᴇ	ȵʑɨ	ȵʑɨ:	ȵʑiɪ-
成都	sɿ4	sɿ2 sɿ4 俗①	sɿ2	zɿ2	ɚ2	ɚ2	ɚ3	ɚ4
彭州	sɿ4	ʂɚ5 sɿ4 俗①	ʂɚ5	ʐɚ5	ɚ2	ɚ2	ɚ3	ɚ4
郫县	sɿ4	ʂʅ5	ʂʅ5	ʐʅ5	ɚ2	ɚ2	ɚ3	ɚ4
广汉	sɿ4	sɿ5	sɿ5	zɿ5	ɚ2	ɚ2	ɚ3	ɚ4
都江堰河东	sɿ4	ʂɚ5	ʂɚ5	zɚ5	ɚ2	ɚ2	ɚ3	ɚ4
都江堰河西	sɿ4	sɤ5	sɤ5	zɤ5	ɚ2	ɚ2	ɚ3	ɚ4
崇州	sɿ4	sə5 sɿ4 俗①	sə5	zə5	ɚ2	ɚ2	ɚ3	ɚ4
大邑	sɿ4	sə5	sə5	zə5	ɚ2	ɚ2	ɚ3	ɚ4
邛崃	sɿ4	sə5	sə5	zə5	ɚ2	ɚ2	ɚ3	ɚ4
新津	sɿ4	sə5	sə5	zə5	ɚ2	ɚ2	ɚ3	ɚ4
蒲江	sɿ4	sə5	sə5	zə5	ɚ2	ɚ2	ɚ3	ɚ4
彭山	sɿ4	sə5	sə5	zɤ5	ɚ2	ɚ2	ɚ3	ɚ4
眉山	sɿ4	sɿ5	sɿ5	zɿ5	ɚ2	ɚ2	ɚ3	ɚ4
丹棱	sɿ4	sɿ5	sɿ5	zɿ5	ɚ2	ɚ2	ɚ3	ɚ4
洪雅	sɿ4	sɿ5	sɿ5	zɿ5	ɚ2	ɚ2	ɚ3	ɚ4
青神	sɿ4	sə5	sə5	zə5	ɚ2	ɚ2	ɚ3	ɚ4
夹江	sɿ4	sɿ5 sɿ4 俗①	sɿ5	zɿ5	ɚ2	ɚ2	ɚ3	ɚ4
峨眉山	sɿ5	sɿ5 sɿ4 俗①	sɿ5	zɿ5	ɚ2	ɚ2	ɚ3	ɚ4
乐山	sɿ4	sə5 sɿ4 俗①	sə5	zə5	ɚ2	ɚ2	ɚ3	ɚ4
犍为	sɿ4	sə5 sɿ4 俗①	sə5	zə5	ɚ2	ɚ2	ɚ3	ɚ4

① “式”（合式）的训读。赏职切，曾开三书职入。通常读去声。

字目	式	适	释	日	儿	而	耳	二
反切	赏职	施只	施只	人质	汝移	如之	而止	而至
声韵调	曾开三 书职入	梗开三 书昔入	梗开三 书昔入	臻开三 日质入	止开三 日支平	止开三 日之平	止开三 日之上	止开三 日脂去
中古音	ɕɨk	ɕiᴇk	ɕiᴇk	ȵʑiɪt	ȵʑiᴇ	ȵʑɨ	ȵʑɨ:	ȵʑiɪ-
沐川	sɿ4	sɿ4	se5	zə5	ɚ2	ɚ2	ɚ3	ɚ4
峨边	sɿ4	sɿ5	sɿ5	zɿ5	ɚ2	ɚ2	ɚ3	ɚ4
雅安	sɿ4	sɿ1	sɿ1	zɿ1	ɚ2	ɚ2	ɚ3	ɚ4
名山	sɿ4	sɿ1 sɿ4 俗①	sɿ1	zɿ1	ɚ2	ɚ2	ɚ3	ɚ4
天全	sɿ4	sɿ1 sɿ4 俗①	sɿ1	zɿ1	ɚ2	ɚ2	ɚ3	ɚ4
芦山	sɿ4	sɿ1	sɿ1	zɿ1	ɚ2	ɚ4	ɚ3	ɚ4
宝兴	sɿ4	sɿ1	sɿ1	zɿ1	ɚ2	ɚ2	ɚ3	ɚ4
荥经	sɿ4	se5 sɿ4 俗①	se5	ze5	ɚ2	ɚ2	ɚ3	ɚ4
汉源	sɿ4	sɿ1 sɿ4 俗①	sɿ1	zɿ1	ɚ2	ɚ2	ɚ3	ɚ4
石棉	sɿ4	sɿ1 sɿ4 俗①	sɿ1	zɿ1	ɚ2	ɚ2	ɚ3	ɚ4
内江	ʂʅ4	ʂʅ4	ʂʅ4	ʐʅ4	ɚ2	ɚ2	ɚ3	ɚ4
威远	ʂʅ4	ʂʅ4	ʂʅ4	ʐʅ4	ɚ2	ɚ2	ɚ3	ɚ4
荣县	sɿ4	sɿ4	sɿ4	zɿ4	ɚ2	ɚ2	ɚ3	ɚ4
自贡	ʂʅ4	ʂʅ4	ʂʅ4	ʐʅ4	ɚ2	ɚ2	ɚ3	ɚ4
富顺	ʂʅ4	ʂʅ4	ʂʅ4	ʐʅ4	ɚ2	ɚ2	ɚ3	ɚ4
隆昌	ʂʅ4	ʂʅ4	ʂʅ4	ʐʅ4	ɚ2	ɚ2	ɚ3	ɚ4
泸县	sɿ4	ʂʅ4	ʂʅ4	ʐʅ4	ɚ2	ɚ2	ɚ3	ɚ4
泸州	sɿ4	sɿ5	sɿ5	zɿ5	ɚ2	ɚ2	ɚ3	ɚ4
南溪	sɿ4	ɕi5	ɕi5	zi5	ɚ2	ɚ2	ɚ3	ɚ4
合江	sɿ4	sɪ5 sɿ4 俗①	se5	zɪ5	ɚ2	ɚ2	ɚ3	ɚ4

① “式”（合式）的训读。赏职切，曾开三书职入。通常读去声。

字目	逼	鼻	彼	鄙	比	笔	蔽	敝
反切	彼侧	毗至	甫委	方美	卑履	鄙密	必袂	毗祭
声韵调	曾开三 帮职入	止开三 A 並脂去	止开三 B 帮支上	止开三 B 帮脂上	止开三 A 帮脂上	臻开三 B 帮质入	蟹开三 A 帮祭去	蟹开三 A 並祭去
中古音	pɨk	biɪ-	pɣiᴇ:	pɣiɪ:	piɪ:	pɣiɪt	piᴇi-	biᴇi-
成都	pi2 pie1 口	pi2	pi3	phi3	pi3	pi2	pi4	pi4
彭州	pi5 pie5 口	pie5	pi3	phi3	pi3	pie5	pi4	pi4
郫县	pie5 pi5 新	pie5	pi3	phi3	pi3	pie5	pi4	pi4
广汉	pi5	pi5	pi3	phi3	pi3	pi5	pi5	pi5
都江堰河东	pie5	pi2	pi3	phi3	pi3	pie5	pi4	pi4
都江堰河西	pie5	pie5	pi3	phi3	pi3	pie5	pi4	pi4
崇州	pie5	pie5	pi3	phi3	pi3	pie5	pi4	pi4
大邑	pie5 pi1	pie5	pi3	pi3	pi3	pie5	pi4	pi4
邛崃	pie5 pi1	pie5	pi3	phi3	pi3	pie5	pi4	pi4
新津	pie5 pi1	pie5	pi3	pi3	pi3	pie5	pi4	pi4
蒲江	pie5 pi1	pie5	pi3	pi3	pi3	pie5 pi5 新	pi4	pi4
彭山	pi1 pie5 旧	pie5	pi3	pi3 phi3	pi3	pie5	pi4	pi4
眉山	pi1 pie5 旧	pi5	pi3	phi3 pi3	pi3	pi5 pie5 旧	pi4	pi4
丹棱	pi1 pi5 旧	pi5	pi3	phi3 pi3	pi3	pi5	pi4	pi4
洪雅	pi1 pi5 旧	pi5	pi3	phi3 pi3	pi3	pi5	pi4	pi4
青神	pie5	pie5	pi3	phi3 pi3	pi3	pie5	pi4	pi4
夹江	pi5	pi5	pi3	phi3	pi3	pi5	pi4	pi4
峨眉山	pi5	pi1	pi3	phi3	pi3	pi5	pi5	pi5
乐山	pie5 pi1	pie5	pi3	phi3 pi3	pi3	pie5	pi4	pi4
犍为	pi1	pie5	pi3	phi3	pi3	pie5	pi4	pi4

字目	逼	鼻	彼	鄙	比	笔	蔽	敝
反切	彼侧	毗至	甫委	方美	卑履	鄙密	必袂	毗祭
声韵调	曾开三 帮职入	止开三 A 並脂去	止开三 B 帮支上	止开三 B 帮脂上	止开三 A 帮脂上	臻开三 B 帮质入	蟹开三 A 帮祭去	蟹开三 A 並祭去
中古音	pɨk	biɪ-	pɣiᴇ:	pɣiɪ:	piɪ:	pɣiɪt	piᴇi-	biᴇi-
沐川	pi5 pie5 口	pi4	phi3	phi3	pi3	pi4	pi4	pi4
峨边	pi5	pi5	pi3	phi3	pi3	pi5	pi4	pi4
雅安	pi1	pi1	pi3	phi3	pi3	pi1	pi4	pi4
名山	pi1	pi1	pi3	phi3	pi3	pi1	pi4	pi4
天全	pi1	pi1	pi3	phi3	pi3	pi1	pi4	pi4
芦山	pi1	pi1	pi3	phi3	pi3	pi1	pi4	pi4
宝兴	pi1	pi1	pi3	phi3	pi3	pi1	pi4	pi4
荥经	pi5 pie5 口	pie5	pi3	pi3	pi3	pie5	pi4	pi4
汉源	pi1	pi1	pi3	pi3	pi3	pi1	pi4	pi4
石棉	pi1 pie1 口	pi1	pi3	phi3	pi3	pi1	pi4	pi4
内江	pi4	pi4	pi3	phi3 pi3	pi3	pi4	pi4	pi4
威远	pi4	pi4	pi3	phi3 pi3	pi3	pi4	pi4	pi4
荣县	pi4	pi4	pi3	phi3 pi3	pi3	pi4	pi4	pi4
自贡	pi4 pie1 口	pi4	pi3	phi3	pi3	pi4	pi4	pi4
富顺	pi4 pie1 口	pi4	pi3	phi3	pi3	pi4	pi4	pi4
隆昌	pi4 pie1 口	pi4	pi3	pi3	pi3	pi4	pi4	pi4
泸县	pi1 pie4 口	pie4	pi3	phi3	pi3	pie4	pi4	pi4
泸州	pi1 pie5 口	pi5	pi3	phi3	pi3	pi5	pi4	pi4 phi3
南溪	pi1 pie5 口	pi5	pi3	phi3	pi3	pi5	pi4	phi3
合江	pi5 pie5 口	pi5	pei3	phi3	pi3	pi5	pi4	pi4

字目	币	弊	毙	闭	臂	避	篦	毕
反切	毗祭	毗祭	毗祭	博计	卑义	毗义	毗至	卑吉
声韵调	蟹开三A 並祭去	蟹开三A 並祭去	蟹开三A 並祭去	蟹开四 帮齐去	止开三A 帮支去	止开三A 並支去	止开三A 並脂去	臻开三A 帮质入
中古音	biɛi-	biɛi-	biɛi-	pei-	piᴇ-	biᴇ-	biɪ-	piɪt
成都	pi4	pi4	pi4	pi4	pei4 pi4 新	pi4	pi4	pi2
彭州	pi4	pi4	pie4	pi4	pei4 pi4 新	pi4	pi4	pie5
郫县	pi4	pi4	pie4	pi4	pei4 pi4 新	pi4	pi4	pie5
广汉	pi4	pi4	pi4	pi4	pi4 pei4 新	pi4	pi4	pie5
都江堰河东	pi4	pi4	pi4	pi4	pei4 pi4 新	pi4	pi4	pie5
都江堰河西	pi4	pi4	pi4	pi4	pei4 pi4 新	pi4	pi4	pie5
崇州	pi4	pi4	pi4	pi4	pei4 pi4 新	pi4	pi4	pie5
大邑	pi4	pi4	pi4	pi4	pi4 pei4 旧	pi4	pi4	pie5
邛崃	pi4	pi4	pi4	pi4	pi4 pei4 旧	pi4	pi4	pie5
新津	pi4	pi4	pi4	pi4	pi4 pei4 旧	pi4	pi4	pie5
蒲江	pi4	pi4	pi4	pi4	pi4 pei4 旧	pi4	pi4	pi4 pie5 旧
彭山	pi4	pi4	pi4	pi4	pei4 pi4 新	pi4	pi4	pi5 pie5 旧
眉山	pi4	pi4	pi4	pi4	pei4 pi4 新	phi4 pi4	pi4	pi2 pie5 旧
丹棱	pi4	pi4	pi4	pi4	pei4 pi4 新	pi4	pi4	pi5
洪雅	pi4	pi4	pi4	pi4	pei4 pi4 新	pi4	pi4	pi5
青神	pi4	pi4	pi4	pi4	pei4 pi4 新	pi4	pi4	pie5
夹江	pi4	pi4	pi4	pi4	pei4 pi4 新	pi4	pi4	pi5
峨眉山	pi1	pi1	pi1	pi5	pei4 pi4 新	phi1	pi5	pi5
乐山	pi4	pi4	pi4	pi4	pei4 pi4 新	pi4	pi4	pie5
犍为	pi4	pi4	pi4	pi4	pei4 pi4 新	pi4	pi4	pie5

字目	币	弊	毙	闭	臂	避	篦	毕
反切	毗祭	毗祭	毗祭	博计	卑义	毗义	毗至	卑吉
声韵调	蟹开三 A 並祭去	蟹开三 A 並祭去	蟹开三 A 並祭去	蟹开四 帮齐去	止开三 A 帮支去	止开三 A 並支去	止开三 A 並脂去	臻开三 A 帮质入
中古音	biɛi-	biɛi-	biɛi-	pei-	piᴇ-	biᴇ-	biɪ-	piɪt
沐川	pi4	pi4	pi4	pi4	pei4 pi4 新	pi4	pi4	pi4
峨边	pi4	pi4	pi4	pi4	pei4	phi4	pi4	pi5
雅安	pi4	pi4	pi4	pi4	pei4	pi4	pi4	pi1
名山	pi4	pi4	pi4	pi4	pei4 pi4 新	pi4	pi4	pi1
天全	pi4	pi4	pi4	pi4	pei4 pi4 新	pi4	pi1	pi1
芦山	pi4	pi4	pi4	pi4	pei4 pi4 新	pi4	pi4	pi1
宝兴	pi4	pi4	pi4	pi4	pei4	pi4	pi4	pi1
荥经	pi4	pi4	pi4	pi4	pei4 pi4 新	pi4	pi4	pie5
汉源	pi4	pi4	pi4	pi4	pei4 pi4 新	pi4	pi4	pi1
石棉	pi4	pi4	pi4	pi4	pei4 pi4 新	pi4	pi4	pi1
内江	pi4	pi4	pi4	pi4	pei4 pi4 新	phi4 pi4	pi4	pi4
威远	pi4	pi4	pi4	pi4	pei4 pi4 新	phi4 pi4	pi4	pi4
荣县	pi4	pi4	pi4	pi4	pei4 pi4 新	phi4 pi4	pi4	pi4
自贡	pi4	pi4	pi4	pi4	pei4	phi4	pi4	pi4
富顺	pi4	pi4	pi4	pi4	pei4 pi4 新	pi4	pi4	pi4
隆昌	pi4	pi4	pi4	pi4	pei4	phi4	pi4	pi4
泸县	pi4	pi4	pi4	pi4	pei4 pi4 新	pi4	pi4	pi4
泸州	pi4	pi4	pi4	pi4	pei4 pi4 新	phi4	pi4	pi5
南溪	pi4	pi4	pi4	pi4	pei4 pi4 新	phi5	pi4	pi5
合江	pi4	pi4	pi4	pi4	pei4 pi4 新	pi4	pi4	pi5

字目	必	碧	璧	壁	批	坯	披	劈
反切	卑吉	逋逆	必益	北激	匹迷	芳杯	敷羁	普击
声韵调	臻开三 A 帮质入	梗开三 帮陌入	梗开三 帮昔入	梗开四 帮锡入	蟹开四 滂齐平	蟹合一 滂灰平	止开三 B 滂支平	梗开四 滂锡入
中古音	piɪt	pɣiæk	piᴇk	pek	phei	phuʌi	phɣiᴇ	phek
成都	pi2	pi2	pi2	pi2	phei1	phei1	phei1	phi2 phie2 旧
彭州	pie5	pie5	pie5	pie5	phei1	phei1	phei1	phie5 phi5 新
郫县	pie5	pie5	pie5	pie5	phei1	phei1	phei1	phie5
广汉	pie5 pi5 新	pie5 pi5 新	pie5	pie5	phei1	phei1	phei1	phie5
都江堰河东	pie5	pie5	pie5	pie5	phei1	phei1	phei1	phie5
都江堰河西	pie5	pie5	pie5	pie5	phei1	phei1	phei1	phie5
崇州	pie5	pie5	pie5	pie5	phei1	phei1	phei1	phie5
大邑	pie5	pie5	pie5	pie5	phei1	phei1	phei1	phie5 phi1 新
邛崃	pie5	pie5	pie5	pie5	phei1	phei1	phei1	phie5 phi1 新
新津	pie5	pie5	pie5	pie5	phei1	phei1	phei1	phie5 phi1 新
蒲江	pi4 pie5 旧	pie5 pi5 新	pie5 pi5 新	pie5 pi5 新	phei1 phi1 新	phei1	phei1 phi1 新	phie5 phi1 新
彭山	pie5	pie5	pie5	pie5	phei1	phei1	phei1	phie5
眉山	pi2 pie5 旧	pi5 pie5 旧	pi5 pie5 旧	pi5 pie5 旧	phei1	phei1	phei1	phi5
丹棱	pi5	pi5	pi5	pi5	phei1	phei1	phei1	phi5
洪雅	pi5	pi5	pi5	pi5	phei1	phei1	phei1	phi5
青神	pie5	pie5	pie5	pie5	phei1	phei1	phei1	phie5
夹江	pi5	pi5	pi5	pi5	phei1	phei3 phei1	phei1	phi5
峨眉山	pi5	pi5	pi5	pi5	phei1	phi1	phei1	phi5
乐山	pie5	pie5	pie5	pie5	phei1	phei1	phei1	phie5
犍为	pie5	pie5	pie5	pie5	phei1	phei3 phei1	phei1	phie5

字目	必	碧	璧	壁	批	坯	披	劈
反切	卑吉	逋逆	必益	北激	匹迷	芳杯	敷羁	普击
声韵调	臻开三 A 帮质入	梗开三 帮陌入	梗开三 帮昔入	梗开四 帮锡入	蟹开四 滂齐平	蟹合一 滂灰平	止开三 B 滂支平	梗开四 滂锡入
中古音	piɪt	pɣiæk	piɛk	pek	phei	phuʌi	phɣiɛ	phek
沐川	pi4	pi4	pi4	pi4	phei1	phei1	phei1	phi4 phie2 旧
峨边	pi5	pi5	pi5	pi5	phei1	phei1	phei1	phi5 phiɛ5 旧
雅安	pi1	pi1	pi1	pi1	phei1	phei1	phei1	phi1 phie1 旧
名山	pi1	pi1	pi1	pi1	phei1	phei1	phei1	phi1
天全	pi1	pi1	pi1	pi1	phei1	phei1	phei1	phi1
芦山	pi1	pi1	pi1	pi1	phei1	phei1	phei1	phie1 phi1 新
宝兴	pi1	pi1	pi1	pi1	phei1	phei1	phei1	phie1 phi1 新
荥经	pie5	pie5	pie5	pie5	phei1	phei1	phei1	phie5 phi5 新
汉源	pi1	pi1	pi1	pi1	phi1	phei1	phi1	phi1
石棉	pi1	pi1	pi1	pi1	phei1	phei1	phei1	phi1 phie1 旧
内江	pi4	pi4	pi4	pi4	phei1	phei1	phei1	phi4
威远	pi4	pi4	pi4	pi4	phei1	phei1	phei1	phi4
荣县	pi4	pi4	pi4	pi4	phei1	phei1	phei1	phi4
自贡	pi4	pi4	pi4	pi4	phei1	phei1	phei1	phi4
富顺	pi4	pi4	pi4	pi4	phei1	phei1	phei1	phi4
隆昌	pi4	pi4	pi4	pi4	phei1	phei1	phei1 phi1 旧	phi1
泸县	pi4	pi4	pi4	pi4	phei1	phei1	phei1	phi4
泸州	pi5	pi5	pi5	pi5	phei1	phei1	phei1	phi5 phie5 旧
南溪	pi5	pi5	pi5	pi5	phei1	phei1	phei1	phi5 phie5 旧
合江	pi5	pi5	pi5	pi5	phei1	phei1	phei1	phi5 phie5 旧

字目	皮	疲	脾	匹	譬	屁	僻	辟①
反切	符羁	符羁	符支	譬吉	匹赐	匹寐	芳辟	房益
声韵调	止开三B 並支平	止开三B 並支平	止开三A 並支平	臻开三A 滂质入	止开三A 滂支去	止开三A 滂脂去	梗开三 滂昔入	梗开三 並昔入
中古音	bɣiᴇ	bɣiᴇ	biᴇ	phiɪt	phiᴇ-	phiɪ-	phiᴇk	biᴇk
成都	phi2	phi2	phi2	phi2	phei4	phi4	phi2 phie2 旧	phi2 phie2 旧
彭州	phi2	phi2	phi2	phi2	phei4	phi4	phie5 phi5 新	phie5 phi2 新
郫县	phi2	phi2	phi2	phi2	phei4	phi4	phie5	phie5
广汉	phi2	phi2	phi2	phi2	phei4	phi4	phie5	phie5
都江堰河东	phi2	phi2	phi2	phi2	phei1	phi4	phie5	phie5
都江堰河西	phi2	phi2	phi2	phie5	phei4	phi4	phie5	phie5
崇州	phi2	phi2	phi2	phi2	phei4	phi4	phie5	phie5
大邑	phi2	phi2	phi2	phi2	phei4	phi4	phie5 phi4 新	phie5
邛崃	phi2	phi2	phi2	phie5	phei4	phi4	phie5 phi4 新	phie5
新津	phi2	phi2	phi2	phi2	phei4	phi4	phie5 phi4 新	phie5
蒲江	phi2	phi2	phi2	phie2	phei4	phi4	phie5 phi4 新	phie5
彭山	phi2	phi2	phi2	phi2 phie5 旧	phei4	phi4	phi2 phie5 旧	phi2 phie5 旧
眉山	phi2	phi2	phi2	phi5 phie5 旧	phei4	phi4	phi5 phie5 旧	phi5 phie5 旧
丹棱	phi2	phi2	phi2	phi2 phi5 旧	phei4	phi4	phi5	phi5
洪雅	phi2	phi2	phi2	phi5	phei4	phi4	phi5	phi5
青神	phi2	phi2	phi2	phie5	phei4	phi4	phi2 phie5 旧	phi2 phie5 旧
夹江	phi2	phi2	phi2	phi5	phei4	phi4	phie5	phi5
峨眉山	phi2	phi2	phi2	phi5	phei4	phi5	phi5	phi5
乐山	phi2	phi2	phi2	phie5	phei4	phi4	phie5	phie5
犍为	phi2	phi2	phi2	phie5	phei4	phi4	phie5	phie5

① 又*匹辟切，梗开三滂昔入。

字目	皮	疲	脾	匹	譬	屁	僻	辟[1]
反切	符羁	符羁	符支	譬吉	匹赐	匹寐	芳辟	房益
声韵调	止开三 B 並支平	止开三 B 並支平	止开三 A 並支平	臻开三 A 滂质入	止开三 A 滂支去	止开三 A 滂脂去	梗开三 滂昔入	梗开三 並昔入
中古音	bɣiᴇ	bɣiᴇ	biᴇ	phiɪt	phiᴇ-	phiɪ-	phiᴇk	biᴇk
沐川	phi2	phi2	phi2	phi5	phei4	phi4	phie2 phi4 新	phie5 phi2 新
峨边	phi2	phi2	phi2	phi5	phei4	phi5	phi5 phiɛ5 旧	phi5 phiɛ5 旧
雅安	phi2	phi2	phi2	phi2	phei4	phi4	phi1 phie1 旧	phi1 phie1 旧
名山	phi2	phi2	phi2	phi2	phei4	phi4	phi1	phi1
天全	phi2	phi2	phi2	phi3	phei4	phi4	phi1	phi1
芦山	phi2	phi2	phi2	phi3	phei4	phi4	phi1 phie1 旧	phi1 phie1 旧
宝兴	phi2	phi2	phi2	phi2	phei4	phi4	phie1 phi1 新	phie1 phi1 新
荥经	phi2	phi2	phi2	phi2	phei4	phi4	phie5 phi2 新	phie5 phi2 新
汉源	phi2	phi2	phi2	phi1	phei4	phi4	phi1	phi1
石棉	phi2	phi2	phi2	phi2	phei4	phi4	phi1 phie1 旧	phi1 phie1 旧
内江	phi2	phi2	phi2	phi3	phei4	phi4	phi4	phi4
威远	phi2	phi2	phi2	phi2	phei4	phi4	phi4	phi4
荣县	phi2	phi2	phi2	phi3	phei4	phi4	phi4	phi4
自贡	phi2	phi2	phi2	phi2	phei4	phi4	phi4	phi4
富顺	phi2	phi2	phi2	phi2	phei4	phi4	phi4	phi4
隆昌	phi2	phi2	phi2	phi2	phei4	phi4	phi4	phi4
泸县	phi2	phi2	phi2	phi2	phei4	phi4	phi4	phi4
泸州	phi2	phi2	phi2	phi3	phei4	phi4	phi4 phi5	phi4 phi5
南溪	phi2	phi2	phi2	phi5	phei4	phi4	phi5	phi5
合江	phi2	phi2	phi2	phi2	phei4	phi4	phie5 phi5 新	phie5 phi2 新

① 又*匹辟切，梗开三滂昔入。

字目	迷	谜[①]	弥	米	秘	密	蜜	觅
反切	莫兮	莫计	武移	莫礼	兵媚	美笔	弥毕	莫狄
声韵调	蟹开四 明齐平	蟹开四 明齐去	止开三 A 明支平	蟹开四 明齐上	止开三 B 帮脂去	臻开三 B 明质入	臻开三 A 明质入	梗开四 明锡入
中古音	mei	mei-	miᴇ	mei:	pɣiɪ-	mɣiɪt	miɪt	mek
成都	mi2	mi2 mi4	mi2	mi3	mi2 文 pei4 白	mi2	mi2	mi2 me2 旧
彭州	mi2	mi2	mi2	mi3	mi2 文 pei4 白	mie5	mie5	mie5 mi5 新
郫县	mi2	mi2	mi2	mi3	mi2 文 pei4 白	mie5	mie5	me5
广汉	mi2	mi2	mi2	mi3	mi2 文 pei4 白	mie5	mie5	mie5
都江堰河东	mi2	mi2	mi2	mi3	mie5 文 pei4 白	mie5	mie5	mi1
都江堰河西	mi2	mi4	mi2	mi3	mie5 文 pei4 白	mie5	mie5	mie5
崇州	mi2	mi2	mi2	mi3	mie5 文 pei4 白	mie5	mie5	mie5
大邑	mi2	mi2	mi2	mi3	mie5 文 pei4 白	mie5	mie5	mie5
邛崃	mi2	mi2	mi2	mi3	mie5 文 pei4 白	mie5	mie5	mie5
新津	mi2	mi2	mi2	mi3	mie5 文 pei4 白	mie5	mie5	mie5
蒲江	mi2	mi2	mi2	mi3	mie5 文[②] pei4 白	mie5	mie5	mie5
彭山	mi2	mi2	mi2	mi3	mie5	mie5	mie5	mi5 mie5 旧
眉山	mi2	mi2	mi2	mi3	mi5 mie5 旧	mi5 mie5 旧	mi5 mie5 旧	mi5 mie5 旧
丹棱	mi2	mi2	mi2	mi3	mi5	mi5	mi5	mi5
洪雅	mi2	mi2	mi2	mi3	mi5	mi5	mi5	mi5
青神	mi2	mi2	mi2	mi3	mie5	mie5	mie5	mie5
夹江	mi2	mi2	mi2	mi3	mie5 文 pei4 白	mi5	mi5	mi5
峨眉山	mi2	mi2	mi2	mi3	mie5 文 pei4 白	mi5	mi5	mi4 mie5 旧
乐山	mi2	mi2	mi2	mi3	mie5 文 pei4 白	mie5	mie5	mi4 mie5 旧
犍为	mi2	mi2	mi2	mi3	mie5 文 pei4 白	mie5	mie5	mi4 mie5 旧

① 又*绵批切，蟹开四明齐平。 ② 又音 mi5 新。

字目	迷	谜①	弥	米	秘	密	蜜	觅
反切	莫兮	莫计	武移	莫礼	兵媚	美笔	弥毕	莫狄
声韵调	蟹开四 明齐平	蟹开四 明齐去	止开三 A 明支平	蟹开四 明齐上	止开三 B 帮脂去	臻开三 B 明质入	臻开三 A 明质入	梗开四 明锡入
中古音	mei	mei-	miᴇ	mei:	pɣiɪ-	mɣiɪt	miɪt	mek
沐川	mi2	mi2	mi2	mi3	mi4 文 pei4 白	mi5	mi5	mi4 mi2 新
峨边	mi2	mi2	mi2	mi3	mi2	mi5	mi5	mi2 miɛ5 旧
雅安	mi2	mi2	mi2	mi3	mi1	mi1	mi1	mi1
名山	mi2	mi2	mi2	mi3	mi1	mi1	mi1	mi1 文
天全	mi2	mi2	mi2	mi3	mi1 pei4 白	mi1	mi1	mi1 文
芦山	mi2	mi2	mi2	mi3	mi1	mi1	mi1	mi1
宝兴	mi2	mi2	mi2	mi3	mi1	mi1	mi1	mi1 mi2
荥经	mi2	mi4	mi2	mi3	mie5 文 pei4 白	mie5	mie5	mi4 mi2 新
汉源	mi2	mi2	mi2	mi3	mi1	mi1	mi1	mi1 文
石棉	mi2	mi2	mi2	mi3	mi1	mi1	mi1	mi1 文
内江	mi2	mi2	mi2	mi3	mi4	mi4	mi4	mi4
威远	mi2	mi2	mi2	mi3	mi4	mi4	mi4	mi4
荣县	mi2	mi2	mi2	mi3	mi4	mi4	mi4	mi4
自贡	mi2	mi2	mi2	mi3	mi4	mi4	mi4	mi4
富顺	mi2	mi2	mi2	mi3	mi4	mi4	mi4	mi4
隆昌	mi2	mi2	mi2	mi3	mi4	mi4	mi4	mi4
泸县	mi2	mi2	mi2	mi3	mi4 文 pei4 白	mi4	mi4	mi4
泸州	mi2	mi2	mi2	mi3	mi5 文 pei4 白	mi5	mi5	mi5 mie5 旧
南溪	mi2	mi2	mi2	mi3	mi5 文 pei4 白	mi5	mi5	mi5 mie5 旧
合江	mi2	mi2	mi2	mi3	mi5	mi5	mi5	mie5 mi5 新

① 又*绵批切，蟹开四明齐平。

字目	低	堤[①]	滴	笛	敌	狄	底底下	抵
反切	都奚	都奚	都历	徒历	徒历	徒历	都礼	都礼
声韵调	蟹开四 端齐平	蟹开四 端齐平	梗开四 端锡入	梗开四 定锡入	梗开四 定锡入	梗开四 定锡入	蟹开四 端齐上	蟹开四 端齐上
中古音	tei	tei	tek	dek	dek	dek	tei:	tei:
成都	ti1	thi2	ti2 tie2 旧	ti2	ti2	ti2	ti3	ti3
彭州	ti1	thi2 ti1 新	tie5 ti5 新	tie5	tie5	tie5	ti3	ti3
郫县	ti1	thi2	tie5	tie5	tie5	tie5	ti3	ti3
广汉	ti1	thi2	tie5	tie5	tie5	tie5	ti3	ti3
都江堰河东	ti1	thi2	tie5	tie5	tie5	tie5	ti3	ti3
都江堰河西	ti1	thi2	tie5	tie5	tie5	tie5	ti3	ti3
崇州	ti1	thi2	tie5	tie5	tie5	tie5	ti3	ti3
大邑	ti1	thi2	tie5	tie5	tie5	tie5	ti3	ti3
邛崃	ti1	thi2	tie5	tie5	tie5	tie5	ti3	ti3
新津	ti1	thi2	tie5	tie5	tie5	tie5	ti3	ti3
蒲江	ti1	thi2	tie5	tie5	tie5	tie5	ti3	ti3
彭山	ti1	thi2 ti1 新	tie5	tie5	tie5	tie5	ti3	ti3
眉山	ti1	thi2	ti5	tie5 ti5 新	ti5 tie5 旧	ti5 tie5 旧	ti3	ti3
丹棱	ti1	thi2	ti5	ti5	ti5	ti5	ti3	ti3
洪雅	ti1	thi2	ti5	ti5	ti5	ti5	ti3	ti3
青神	ti1	thi2	tie5	tie5	tie5	tie5	ti3	ti3
夹江	ti1	thi2	ti5	ti5	ti5	ti5	ti3	ti3
峨眉山	ti1	thi2	ti5	ti1	ti1	ti1	ti3	ti3
乐山	ti1	thi2	tie5	tie5	tie5	tie5	ti3	ti3
犍为	ti1	thi2	tie5	tie5	tie5	tie5	ti3	ti3

① 又杜奚切，蟹开四定齐平。

字目	低	堤[①]	滴	笛	敌	狄	底底下	抵
反切	都奚	都奚	都历	徒历	徒历	徒历	都礼	都礼
声韵调	蟹开四 端齐平	蟹开四 端齐平	梗开四 端锡入	梗开四 定锡入	梗开四 定锡入	梗开四 定锡入	蟹开四 端齐上	蟹开四 端齐上
中古音	tei	tei	tek	dek	dek	dek	tei:	tei:
沐川	ti1	thi2	tie5 ti5 新	ti4	ti4	ti4	ti3	ti3
峨边	ti1	thi2	ti5	ti5	ti5	ti5	ti3	ti3
雅安	ti1	thi2	ti1	ti1	ti1	ti1	ti3	ti3
名山	ti1	thi2	ti1	ti1	ti1	ti1	ti3	ti3
天全	tɕi1	tɕhi2	tɕi1	tɕi1	tɕi1	tɕi1	tɕi3	tɕi3
芦山	tɕi1	tɕhi2	tɕi1	tɕi1	tɕi1	tɕi1	tɕi3	tɕi3
宝兴	tɕi1	tɕhi2	tɕi1	tɕi1	tɕi1	tɕi1	tɕi3	tɕi3
荥经	ti1	thi2	tie5 ti5 新	tie5	tie5	tie5	ti3	ti3
汉源	ti1	thi2	ti1	ti1	ti1	ti1	ti3	ti3
石棉	ti1	thi2	ti1	ti1	tie1	tie1	ti3	ti3
内江	ti1	thi2	ti4	ti4	ti4	ti4	ti3	ti3
威远	ti1	thi2	ti4	ti4	ti4	ti4	ti3	ti3
荣县	ti1	thi2	ti4	ti4	ti4	ti4	ti3	ti3
自贡	ti1	thi2	ti4	ti4	ti4	ti4	ti3	ti3
富顺	ti1	thi2	ti4	ti4	ti4	ti4	ti3	ti3
隆昌	ti1	thi2	ti4	ti4	ti4	ti4	ti3	ti3
泸县	ti1	thi2	ti4	ti4	ti4	ti4	ti3	ti3
泸州	ti1	thi2	ti5 tie5 旧	ti5 tie5 旧	ti5 tie5 旧	ti5 tie5 旧	ti3	ti3
南溪	ti1	thi2	ti5 tie5 旧	ti5 tie5 旧	ti5 tie5 旧	ti5 tie5 旧	ti3	ti3
合江	ti1	thi2	tie5 ti5 新	ti5	ti5	ti5	ti3	ti3

① 又杜奚切，蟹开四定齐平。

字目	帝	弟	第	递	地[1]	的的确	梯	踢
反切	都计	徒礼	特计	特计	徒四	都历	土鸡	他历
声韵调	蟹开四 端齐去	蟹开四 定齐上	蟹开四 定齐去	蟹开四 定齐去	止开三 定脂去	梗开四 端锡入	蟹开四 透齐平	梗开四 透锡入
中古音	tei-	dei:	dei-	dei-	diɪ-	tek	thei	thek
成都	ti4	ti4	ti4	ti4	ti4	ti2	thi1	thi2 thie2 旧
彭州	ti4	ti4	ti4	ti4	ti4	tie5	thi1	thie5 thi5 新
郫县	ti4	ti4	ti4	ti4	ti4	tie5	thi1	thie5
广汉	ti4	ti4	ti4	ti4	ti4	ti5	thi1	thie5
都江堰河东	ti4	ti4	ti4	ti4	ti4	tie5	thi1	thi5
都江堰河西	ti4	ti4	ti4	ti4	ti4	tie5	thi1	thie5
崇州	ti4	ti4	ti4	ti4	ti4	tie5	thi1	thie5
大邑	ti4	ti4	ti4	ti4	ti4	tie5	thi1	thie5
邛崃	ti4	ti4	ti4	ti4	ti4	tie5	thi1	thie5
新津	ti4	ti4	ti4	ti4	ti4	tie5	thi1	thie5
蒲江	ti4	ti4	ti4	ti4	ti4	tie5	thi1	thie5
彭山	ti4	ti4	ti4	ti4	ti4	tie5	thi1	thie5
眉山	ti4	ti4	ti4	ti4	ti4	ti5 tie5 旧	thi1	thi5 thie5 旧
丹棱	ti4	ti4	ti4	ti4	ti4	ti5	thi1	thi5
洪雅	ti4	ti4	ti4	ti4	ti4	ti5	thi1	thi5
青神	ti4	ti4	ti4	ti4	ti4	tie5	thi1	thie5
夹江	ti4	ti4	ti4	ti4	ti4	ti5	thi1	thi5
峨眉山	ti5	ti5	ti5	ti5	ti5	ti5	thi1	thi5
乐山	ti4	ti4	ti4	ti4	ti4	tie5	thi1	thie5
犍为	ti4	ti4	ti4	ti4	ti4	tie5	thi1	thie5

① 又*大计切，蟹开四定齐去。

字目	帝	弟	第	递	地①	的的确	梯	踢
反切	都计	徒礼	特计	特计	徒四	都历	土鸡	他历
声韵调	蟹开四 端齐去	蟹开四 定齐上	蟹开四 定齐去	蟹开四 定齐去	止开三 定脂去	梗开四 端锡入	蟹开四 透齐平	梗开四 透锡入
中古音	tei-	dei:	dei-	dei-	diɪ-	tek	thei	thek
沐川	ti4	ti4	ti4	ti4	ti4	ti5	thi1	thi2 thie5 旧
峨边	ti4	ti4	ti4	ti4	ti4	ti5	thi1	thi5 thiɛ5 旧
雅安	ti4	ti4	ti4	ti4	ti4	ti1	thi1	thi1
名山	ti4	ti4	ti4	ti4	ti4	ti1	thi1	thi1
天全	tɕi4	tɕi4	tɕi4	tɕi4	tɕi4	tɕi1	tɕhi1	tɕhi1
芦山	tɕi4	tɕi4	tɕi4	tɕi4	tɕi4	tɕi1	tɕhi1	tɕhi1
宝兴	tɕi4	tɕi4	tɕi4	tɕi4	tɕi4	tɕi1	tɕhi1	tɕhi1
荥经	ti4	ti4	ti4	ti4	ti4	tie5	thi1	thi2 thie5 旧
汉源	ti4	ti4	ti4	ti4	ti4	ti1	thi1	thi1
石棉	ti4	ti4	ti4	ti4	ti4	ti1	thi1	thi1 thie1 旧
内江	ti4	ti4	ti4	ti4	ti4	ti4	thi1	thi4
威远	ti4	ti4	ti4	ti4	ti4	ti4	thi1	thi4
荣县	ti4	ti4	ti4	ti4	ti4	ti4	thi1	thi4
自贡	ti4	ti4	ti4	ti4	ti4	ti4	thi1	thi4
富顺	ti4	ti4	ti4	ti4	ti4	ti4	thi1	thi4
隆昌	ti4	ti4	ti4	ti4	ti4	ti4	thi1	thi4
泸县	ti4	ti4	ti4	ti4	ti4	ti4	thi1	thi4
泸州	ti4	ti4	ti4	ti4	ti4	ti5	thi1	thi5② thie5 旧
南溪	ti4	ti4	ti4	ti4	ti4	ti5	thi1	thi5 thie5 旧
合江	ti4	ti4	ti4	ti4	ti4	ti5	thi1	thi5 thie5 旧

① 又*大计切，蟹开四定齐去。 ② 又音 tsuæ5 俗。

字目	剔	题	提	啼	蹄	体	替	涕
反切	他历	杜奚	杜奚	杜奚	杜奚	他礼	他计	他计
声韵调	梗开四 透锡入	蟹开四 定齐平	蟹开四 定齐平	蟹开四 定齐平	蟹开四 定齐平	蟹开四 透齐上	蟹开四 透齐去	蟹开四 透齐去
中古音	thek	dei	dei	dei	dei	thei:	thei-	thei-
成都	thi1	thi2	thi2 tia1 口	thi2	thi2	thi3	thi4	thi2
彭州	thi1	thi2	thi2 tia1 口	thi2	thi2	thi3	thi4	thi4
郫县	thi1	thi2	thi2	thi2	thi2	thi3	thi4	thi2
广汉	thi4	thi2	thi2	thi2	thi2	thi3	thi4	thi1
都江堰河东	thi5	thi2	thi2	thi2	thi2	thi3	thi4	thi2
都江堰河西	thi1	thi2	thi2	thi2	thi2	thi3	thi4	thi4
崇州	thi1	thi2	thi2	thi2	thi2	thi3	thi4	thi4
大邑	thi4 thi1	thi2	thi2 tia1 口	thi2	thi2	thi3	thi4	thi4
邛崃	thi5 thi4	thi2	thi2 tia1 口	thi2	thi2	thi3	thi4	thi2
新津	thi4 thi1	thi2	thi2 tia1 口	thi2	thi2	thi3	thi4	thi4
蒲江	thi4 thi1	thi2	thi2 tia1 口	thi2	thi2	thi3	thi4	thi4
彭山	thi1 thie5 旧	thi2	thi2	thi2	thi2	thi3	thi4	thi4
眉山	thi5 thie5 旧	thi2	thi2	thi2	thi2	thi3	thi4	thi4
丹棱	thi5	thi2	thi2	thi2	thi2	thi3	thi4	thi4
洪雅	thi4 thi5 旧	thi2	thi2 tia1 口	thi2	thi2	thi3	thi4	thi4
青神	thi1	thi2	thi2	thi2	thi2	thi3	thi4	thi2 thi4
夹江	thi5	thi2	thi2 tia1 口	thi2	thi2	thi3	thi4	thi4
峨眉山	thi5	thi2	thi2 tia1 口	thi2	thi2	thi3	thi1	thi1
乐山	thi4	thi2	thi2 tia1 口	thi2	thi2	thi3	thi4	thi4
犍为	thi4	thi2	thi2 tia1 口	thi2	thi2	thi3	thi4	thi4

字目	剔	题	提	啼	蹄	体	替	涕
反切	他历	杜奚	杜奚	杜奚	杜奚	他礼	他计	他计
声韵调	梗开四 透锡入	蟹开四 定齐平	蟹开四 定齐平	蟹开四 定齐平	蟹开四 定齐平	蟹开四 透齐上	蟹开四 透齐去	蟹开四 透齐去
中古音	thek	dei	dei	dei	dei	thei:	thei-	thei-
沐川	thi5	thi2	thi2 tia1 口	thi2	thi2	thi3	thie4	thi2
峨边	thi5	thi2	thi2	thi2	thi2	thi3	thi4	thi4
雅安	thi1	thi2	thi2	thi2	thi2	thi3	thi4	thi4
名山	thi1	thi2	thi2 tia1 口	thi2	thi2	thi3	thi2	thi2
天全	tɕhi1	tɕhi2	tɕhi2 tɕia1 口	tɕhi2	tɕhi2	tɕhi3	tɕhi4	tɕhi1
芦山	tɕhi1	tɕhi2	tɕhi2	tɕhi2	tɕhi2	tɕhi3	tɕhi2	tɕhi4
宝兴	tɕhi4	tɕhi2	tɕhi2	tɕhi2	tɕhi2	tɕhi3	tɕhi4	tɕhi4
荥经	thi1	thi2	thi2 tia1 口	thi2	thi2	thi3	thi2	thi2
汉源	thi1	thi2	thi2 tia1 口	thi2	thi2	thi3	thi4	thi4
石棉	thi1	thi2	thi2 tia1 口	thi2	thi2	thi3	thi4	thi1
内江	thi4	thi2	thi2	thi2	thi2	thi3	thi4	thi4
威远	thie4	thi2	thi2	thi2	thi2	thi3	thi4	thi4
荣县	thi4	thi2	thi2	thi2	thi2	thi3	thi4	thi4
自贡	thi4	thi2	thi2	thi2	thi2	thi3	thi4	thi4
富顺	thi4	thi2	thi2	thi2	thi2	thi3	thi4	thi4
隆昌	thi4	thi2	thi2	thi2	thi2	thi3	thi4	thi4
泸县	thi4 thi1	thi2	thi2	thi2	thi2	thi3	thi4	thi4
泸州	thi4 thi1	thi2	thi2	thi2	thi2	thi3	thi4	thi4
南溪	thi4 thi1	thi2	thi2	thi2	thi2	thi3	thi4	thi4
合江	thi1	thi2	thi2 tia1 口	thi2	thi2	thi3	thi4	thi4

字目	剃	惕	泥泥土	尼	呢呢绒	你	腻	逆
反切	他计	他历	奴低	女夷	女夷	乃里	女利	宜戟
声韵调	蟹开四 透齐去	梗开四 透锡入	蟹开四 泥齐平	止开三 泥脂平	止开三 泥脂平	止开三 泥之上	止开三 泥脂去	梗开三 疑陌入
中古音	thei-	thek	nei	niɪ	niɪ	nɨ:	niɪ-	ŋɣiæk
成都	thi4	thi4 tie2 旧	ȵi2	ȵi2	ȵi2	ȵi3	ȵi4	ȵi2 ȵie2 旧
彭州	thi4	thi4 thie2 旧	ȵi2	ȵi2	ȵi2	ȵi3	ȵi4	ȵie5 ȵi2 新
郫县	thi4	thi4 tie5 旧	ȵi2	ȵi2	ȵi2	ȵi3	ȵi4	ȵi5
广汉	thi4	thi4	ȵi2	ȵi2	ȵi2	ȵi3	ȵi4	ȵie5
都江堰河东	thi4	thi4	ȵi2	ȵi2	ȵi2	ȵi3	ȵi4	ȵie5
都江堰河西	thi4	thi4	ȵi2	ȵi2	ȵi2	ȵi3	ȵi4	ȵie5
崇州	thi4	thi4	ȵi2	ȵi2	ȵi2	ȵi3	ȵi4	ȵie5
大邑	thi2 thi4	thi4	ȵi2	ȵi2	ȵi2	ȵi3	ȵi4	ȵie5
邛崃	thi4	thi4	ȵi2	ȵi2	ȵi2	ȵi3	ȵi4	ȵie5
新津	thi4	thi4	ȵi2	ȵi2	ȵi2	ȵi3	ȵi4	ȵie5
蒲江	thi4	thi4	ȵi2	ȵi2	ȵi2	ȵi3	ȵi4	ȵie5
彭山	thi4	thi4 thie5 旧	ȵi2	ȵi2	ȵi2	ȵi3	ȵi4	ȵie5
眉山	thi4	thi4 thi5 旧	ȵi2	ȵi2	ȵi2	ȵi3	ȵi4	ȵi5 ȵie5 旧
丹棱	thi4	thi4 thi5 旧	ȵi2	ȵi2	ȵi2	ȵi3	ȵi5	ȵi5
洪雅	thi4	thi4 thi5 旧	ȵi2	ȵi2	ȵi2	ȵi3	ȵi4	ȵi5
青神	thi4	thi4 thie5 旧	li2	li2	li2	li3	li4	lie5
夹江	thi4	thi1	ni2	ni2	ni2	ni3	ni4	ni5
峨眉山	thi1	thi5	ni2	ni2	ni2	ni3	ni5	ni5
乐山	thi4	thi4	li2	li2	li2	li3	li4	lie5
犍为	thi4	thi4	li2	li2	li2	li3	li4	lie5

字目	剃	惕	泥泥土	尼	呢呢绒	你	腻	逆
反切	他计	他历	奴低	女夷	女夷	乃里	女利	宜戟
声韵调	蟹开四 透齐去	梗开四 透锡入	蟹开四 泥齐平	止开三 泥脂平	止开三 泥脂平	止开三 泥之上	止开三 泥脂去	梗开三 疑陌入
中古音	thei-	thek	nei	niɪ	niɪ	nɨ:	niɪ-	ŋɣiæk
沐川	thi1	thi1 thie2 旧	ȵi2	ȵi2	ȵi2	ȵi3	ȵi4	ȵi4 ȵie5 旧
峨边	thi4	thi4	li2	li2	li2	li3	li4	li5 liɛ5 旧
雅安	thi4	thi4	ȵi2	ȵi2	ȵi2	ȵi3	ȵi4	ȵi1 ȵie1 旧
名山	thi2	thi4	li2	li2	li2	li3	li4	li1 lie1 旧
天全	tɕhi4	tɕhi4	ȵi2	ȵi2	ȵi2	ȵi3	ȵi4	ȵi1
芦山	tɕhi4	tɕhi2	ȵi2	ȵi2	ȵi2	ȵi3	ȵi4	ȵie1 ȵi1 新
宝兴	tɕhi4	tɕhi4	ȵi2	ȵi2	ȵi2	ȵi3	ȵi4	ȵie1 ȵi1 新
荥经	thi4	thi1 thie5 旧	ȵi2	ȵi2	ȵi2	ȵi3	ȵi4	ȵi4 ȵie5 旧
汉源	thi4	thi4	ni2	ni2	ni2	ni3	ni4	ni1
石棉	thi4	thi4	ȵi2	ȵi2	ȵi2	ȵi3	ȵi4	ȵi1 ȵie1 旧
内江	thi4	thi4	ȵi2	ȵi2	ȵi2	ȵi3	ȵi4	ȵi4
威远	thi4	thi4	ȵi2	ȵi2	ȵi2	ȵi3	ȵi4	ȵi4
荣县	thi4	thi4	ȵi2	ȵi2	ȵi2	ȵi3	ȵi4	ȵi4
自贡	thi4	thi4	ȵi2	ȵi2	ȵi2	ȵi3	ȵi4	ȵi4
富顺	thi4	thi4	ȵi2	ȵi2	ȵi2	ȵi3	ȵi4	ȵi4
隆昌	thi4	thi4	ȵi2	ȵi2	ȵi2	ȵi3	ȵi4	ȵi4
泸县	thi4	thi4	ȵi2	ȵi2	ȵi2	ȵi3	ȵi4	ȵi4
泸州	thi4	thi4	ȵi2 li2	ȵi2 li2	ȵi2 li2	ȵi3	ȵi4 li4	ȵi4 ȵie5 旧
南溪	thi4	thi4	ȵi2	ȵi2	ȵi2	ȵi3	ȵi4	ȵi5 ȵie 旧
合江	thi4	thi4 thie2 旧	ȵi2	ȵi2	ȵi2	ȵi3	ȵi4	ȵie5 ȵi2 新

字目	溺	犁	黎	离离别	离离开	篱	梨	厘
反切	奴历	郎奚	郎奚	吕支	力智	吕支	力脂	里之
声韵调	梗开四 泥锡入	蟹开四 来齐平	蟹开四 来齐平	止开三 来支平	止开三 来支去	止开三 来支平	止开三 来脂平	止开三 来之平
中古音	nek	lei	lei	liᴇ	liᴇ-	liᴇ	liɪ	liɨ
成都	ȵie2	ni2	ni2	ni2	ni2 ni4	ni2	ni2	ni2
彭州	ȵie5	ni2	ni2	ni2	ni2 ni4	ni2	ni2	ni2
郫县	ȵie5	li2	li2	li2	li2	li2	li2	li2
广汉	ȵie5	li2	li2	li2	li2	li2	li2	li2
都江堰河东	ȵie5	ni2	ni2	ni2	ni2	ni2	ni2	ni2
都江堰河西	ȵie5	ni2	ni2	ni2	ni2	ni2	ni2	ni2
崇州	ȵie5	ni2	ni2	ni2	ni2 ni4	ni2	ni2	ni2
大邑	ȵie5	ni2	ni2	ni2	ni2	ni2	ni2	ni2
邛崃	ȵie5	ni2	nin2	ni2	ni2	ni2	ni2	ni2
新津	ȵie5	ni2	ni2	ni2	ni2	ni2	ni2	ni2
蒲江	ȵie5	li2	li2	li2	li2	li2	li2	li2
彭山	ȵie5	ni2	ni2	ni2	ni2	ni2	ni2	ni2
眉山	ȵi5 ȵie5 旧	ni2	ni2	ni2	ni2	ni2	ni2	ni2
丹棱	ȵi5	ni2	ni2	ni2	ni2	ni2	ni2	ni2
洪雅	ȵi5	ni2	ni2	ni2	ni2	ni2	ni2	ni2
青神	lie5	li2	li2	li2	li2	li2	li2	li2
夹江	nie5	ni2	ni2	ni2	ni2	ni2	ni2	ni2
峨眉山	ni5	ni2	ni2	ni2	ni2	ni2	ni2	ni2
乐山	lie5	li2	li2	li2	li2	li2	li2	li2
犍为	lie5	li2	li2	li2	li2	li2	li2	li2

字目	溺	犁	黎	离离别	离离开	篱	梨	厘
反切	奴历	郎奚	郎奚	吕支	力智	吕支	力脂	里之
声韵调	梗开四 泥锡入	蟹开四 来齐平	蟹开四 来齐平	止开三 来支平	止开三 来支去	止开三 来支平	止开三 来脂平	止开三 来之平
中古音	nek	lei	lei	liᴇ	liᴇ-	liᴇ	liɪ	lɨ
沐川	ȵi4	li2	li2	li2	li2 li4	li2	li2	li2
峨边	li5	li2	li2	li2	li2	li2	li2	li2
雅安	ȵi1	ni2	ni2	ni2	ni2	ni2	ni2	ni2
名山	li1	li2	li2	li2	li2	li2	li2	li2
天全	ȵi1	ȵi2	ȵi2	ȵi2	ȵi2	ȵi2	ȵi2	ȵi2
芦山	ȵie1	ȵi2	ȵi2	ni2	ni2	ȵi2	ȵi2	ȵi2
宝兴	ȵie1	ȵi2	ȵi2	ni2	ni2	ȵi2	ȵi2	ȵi2
荥经	ȵie5	li2	li2	li2	li2	li2	li2	li2
汉源	niɛ1	ni2	ni2	ni2	ni2	ni2	ni2	ni2
石棉	ȵie1	li2	li2	li2	li2	li2	li2	li2
内江	ȵi4	ni2	ni2	ni2	ni2	ni2	ni2	ni3
威远	ȵi4	ni2	ni2	ni2	ni2	ni2	ni2	ni3
荣县	ȵi4	ni2	ni2	ni2	ni2	ni2	ni2	ni2
自贡	ȵi4	li2	li2	li2	li2	li2	li2	li2
富顺	ȵi4	li2	li2	li2	li2	li2	li2	li2
隆昌	ȵi4	li2	li2	li2	li2	li2	li2	li2
泸县	ȵi4	li2	li2	li2	li2	li2	li2	li2
泸州	ȵi4	li2	li2	li2	li2	li2	li2	li2
南溪	ȵi4	li2	li2	li2	li2	li2	li2	li2
合江	ȵi4	li2	li2	li2	li2 li4	li2	li2	li2

字目	狸	礼	李	里里程	里里外	理	鲤	例
反切	里之	卢启	良士	良士	良士	良士	良士	力制
声韵调	止开三 来之平	蟹开四 来齐上	止开三 来之上	止开三 来之上	止开三 来之上	止开三 来之上	止开三 来之上	蟹开三 来祭去
中古音	lɨ	lei:	lɨ:	lɨ:	lɨ:	lɨ:	lɨ:	liɛi-
成都	ni3 ni2	ni3	ni3	ni3	ni3	ni3	ni3	ni4 nie4
彭州	ni3	ni3	ni3	ni3	ni3	ni3	ni3	ni4
郫县	li3	li3	li3	li3	li3	li3	li3	lie4
广汉	li2	li3	li3	li3	li3	li3	li3	li4
都江堰河东	ni3	ni3	ni3	ni3	ni3	ni3	ni3	ni4
都江堰河西	ni3	ni3	ni3	ni3	ni3	ni3	ni3	ni4
崇州	ni3	ni3	ni3	ni3	ni3	ni3	ni3	ni4
大邑	ni2	ni3	ni3	ni3	ni3	ni3	ni3	nie4 ni4
邛崃	ni2	ni3	ni3	ni3	ni3	ni3	ni3	nie4 ni4
新津	ni2	ni3	ni3	ni3	ni3	ni3	ni3	nie4 ni4 新
蒲江	li2	li3	li3	li3	li3	li3	li3	li4
彭山	ni3	ni3	ni3	ni3	ni3	ni3	ni3	ni4
眉山	ni2	ni3	ni3	ni3	ni3	ni3	ni3	ni4
丹棱	ni2	ni3	ni3	ni3	ni3	ni3	ni3	ni4
洪雅	ni2	ni3	ni3	ni3	ni3	ni3	ni3	ni4
青神	li3	li3	li3	li3	li3	li3	li3	li4
夹江	ni2	ni3	ni3	ni3	ni3	ni3	ni3	ni4
峨眉山	ni2	ni3	ni3	ni3	ni3	ni3	ni3	nie4
乐山	li2	li3	li3	li3	li3	li3	li3	li4
犍为	li2	li3	li3	li3	li3	li3	li3	li4

字目	狸	礼	李	里里程	里里外	理	鲤	例
反切	里之	卢启	良士	良士	良士	良士	良士	力制
声韵调	止开三 来之平	蟹开四 来齐上	止开三 来之上	止开三 来之上	止开三 来之上	止开三 来之上	止开三 来之上	蟹开三 来祭去
中古音	lɨ	lei:	lɨ:	lɨ:	lɨ:	lɨ:	lɨ:	liᴇi-
沐川	li2	li3	li3	li3	li3	li3	li3	li4
峨边	li2	li3	li3	li3	li3	li3	li3	liɛn4
雅安	ni2	ni3	ni3	ni3	ni3	ni3	ni3	ni4
名山	li2	li3	li3	li3	li3	li3	li3	li4
天全	ȵi3	ȵi3	ȵi3	ȵi3	ȵi3	ȵi3	ȵi3	ȵi4
芦山	ȵi3	ȵi3	ȵi3	ȵi3	ȵi3	ȵi3	ȵi3	ȵi4
宝兴	ȵi2	ȵi3	ȵi3	ȵi3	ȵi3	ȵi3	ȵi3	ȵi4
荥经	li2	li3	li3	li3	li3	li3	li3	li4
汉源	ni2	ni3	ni3	ni3	ni3	ni3	ni3	ni4
石棉	li2	li3	li3	li3	li3	li3	li3	li4
内江	ni3	ni3	ni3	ni3	ni3	ni3	ni3	nie4
威远	ni3	ni3	ni3	ni3	ni3	ni3	ni3	nie4
荣县	ni3	ni3	ni3	ni3	ni3	ni3	ni3	nie4
自贡	li2	li3	li3	li3	li3	li3	li3	li4
富顺	li2	li3	li3	li3	li3	li3	li3	li4
隆昌	li2	li3	li3	li3	li3	li3	li3	li4
泸县	li2	li3	li3	li3	li3	li3	li3	li4
泸州	li2	li3	li3	li3	li3	li3	li3	lie4 li4
南溪	li2	li3	li3	li3	li3	li3	li3	li4
合江	li3	li3	li3	li3	li3	li3	li3	li4

字目	厉	励	丽	隶	荔	利	痢	吏
反切	力制	力制	郎计	郎计	力智	力至	力至	力置
声韵调	蟹开三 来祭去	蟹开三 来祭去	蟹开四 来齐去	蟹开四 来齐去	止开三 来支去	止开三 来脂去	止开三 来脂去	止开三 来之去
中古音	liɛi-	liɛi-	lei-	lei-	liɛ-	liɪ-	liɪ-	lɨ-
成都	ni4	ni4	ni4	ti4	ni4	ni4	ni4	ni4
彭州	ni4	ni4	ni4	ti4	ni4	ni4	ni4	ni4
郫县	li4	li4	li4	ti4	li4	li4	li4	li4
广汉	li4	li4	li4	ti4	li4	li4	li4	li4
都江堰河东	ni4	ni4	ni4	ti4	ni4	ni4	ni4	ni4
都江堰河西	ni4	ni4	ni4	ti4	ni4	ni4	ni4	ni4
崇州	ni4	ni4	ni4	ti4	ni2	ni4	ni4	ni4
大邑	ni4	ni4	ni4	ti4 ni4 新	ni4	ni4	ni4	ni4
邛崃	nie5 ni4	nie5 ni4	ni4	ti4 ni4 新	ni2 ni4	ni4	ni4	ni4
新津	ni4	ni4	ni4	ti4 ni4 新	ni4	ni4	ni4	ni4
蒲江	li4	li4	li4	ti4 li4 新	li4	li4	li4	li4
彭山	ni4	ni4	ni4	ti4	ni4	ni4	ni4	ni4
眉山	ni4	ni4	ni4	ti4	ni4	ni4	ni4	ni4
丹棱	ni4	ni4	ni4	ti4	ni4	ni4	ni4	ni4
洪雅	ni4	ni4	ni4	ti4	ni4	ni4	ni4	ni4
青神	li4	li4	li4	ti4	li4	li4	li4	li4
夹江	ni4	ni4	ni4	ti4 ni4 新	ni4	ni4	ni4	ni4
峨眉山	ni5	ni5	ni5	ti5 ni5 新	ni5	ni5	ni5	ni5
乐山	li4	li4	li4	ti4 li4 新	li4	li4	li4	li4
犍为	li4	li4	li4	ti4 li4 新	li4	li4	li4	li4

字目	厉	励	丽	隶	荔	利	痢	吏
反切	力制	力制	郎计	郎计	力智	力至	力至	力置
声韵调	蟹开三 来祭去	蟹开三 来祭去	蟹开四 来齐去	蟹开四 来齐去	止开三 来支去	止开三 来脂去	止开三 来脂去	止开三 来之去
中古音	liɛi-	liɛi-	lei-	lei-	liɛ-	liɪ-	liɪ-	liɨ-
沐川	li4	li4	li4	ti4	li4	li4	li4	li4
峨边	li4	li4	li4	ti4	li4	li4	li4	li4
雅安	ni4	ni4	ni4	ti4	ni4	ni4	ni4	ni4
名山	li4	li4	li4	ti4	li2	li4	li4	li4
天全	ȵi4	ȵi4	ȵi2	tɕi4	ȵi2	ȵi4	ȵi4	ȵi4
芦山	ȵi2	ȵi2	ȵi2	tɕi4	ȵi2	ȵi2	ȵi2	ȵi4
宝兴	ȵi4	ȵi4	ȵi4	tɕi4	ȵi4	ȵi4	ȵi4	ȵi4
荥经	li4	li4	li4	ti4	li4	li4	li4	li4
汉源	ni4	ni4	ni4	ti4	ni4	ni4	ni4	ni4
石棉	li4	li4	li4	ti4	li2	li4	li4	li4
内江	ni4	ni4	ni4	ti4	ni4	ni4	ni4	ni4
威远	ni4	ni4	ni4	ti4	ni4	ni4	ni4	ni4
荣县	ni4	ni4	ni4	ti4	ni4	ni4	ni4	ni4
自贡	li4	li4	li4	li4	li4	li4	li4	li4
富顺	li4	li4	li4	li4	li4	li4	li4	li4
隆昌	li4	li4	li4	li4	li4	li4	li4	li4
泸县	li4	li4	li4	ti4 li4	li4	li4	li4	li4
泸州	li4	li4	li4	ti4 li4	li4	li4	li4	li4
南溪	li4	li4	li4	ti4 li4	li4	li4	li4	li4
合江	li4	li4	li4	ti4	li4	li4	li4	li4

字目	立	粒	笠	栗	力	历日历	历历史	鸡
反切	力入	力入	力入	力质	林直	郎击	郎击	古奚
声韵调	深开三 来缉入	深开三 来缉入	深开三 来缉入	臻开三 来质入	曾开三 来职入	梗开四 来锡入	梗开四 来锡入	蟹开四 见齐平
中古音	liɪp	liɪp	liɪp	liɪt	lɨk	lek	lek	kei
成都	ni2	ni2	ni2	ni2	ni2	ni2	ni2	tɕi1
彭州	nie5	nie5	nie5	nie5	nie5	nie5	nie5	tɕi1
郫县	lie5	lie5	lie5	lie5	lie5	lie5	lie5	tɕi1
广汉	lie5	lie5	lie5	lie5	li5	li5	li5	tɕi1
都江堰河东	nie5	nie5	nie5	nie5	nie5	nie5	nie5	tɕi1
都江堰河西	nie5	nie5	nie5	nie5	nie5	nie5	nie5	tɕi1
崇州	nie5	nie5	nie5	nie5	nie5	nie5	nie5	tɕi1
大邑	nie5	nie5	nie5	nie5	nie5	nie5	nie5	tɕi1
邛崃	nie5	nie5	nie5	nie5	nie5	nie5	nie5	tɕi1
新津	nie5	nie5	nie5	nie5	nie5	nie5	nie5	tɕi1
蒲江	lie5	lie5	lie5	lie5	lie5	lie5	lie5	tɕi1
彭山	nie5	nie5	nie5	nie5	nie5	nie5	nie5	tɕi1
眉山	ni5 nie5 旧	ni5 nie5 旧	ni5 nie5 旧	ni5 nie5 旧	ni5 nie5 旧	ni5 nie5 旧	ni5 nie5 旧	tɕi1
丹棱	ni5	ni5	ni5	ni5	ni5	ni5	ni5	tɕi1
洪雅	ni5	ni5	ni5	ni5	ni5	ni5	ni5	tɕi1
青神	lie5	lie5	lie5	lie5	lie5	lie5	lie5	tɕi1
夹江	ni5	ni5	ni5	ni5	ni5	ni5	ni5	tɕi1
峨眉山	ni5	ni5	nin2	ni5	ni5	ni5	ni5	tɕi1
乐山	lie5	lie5	lin2	lie5	lie5	lie5	lie5	tɕi1
犍为	lie5	lie5	lin2	lie5	lie5	lie5	lie5	tɕi1

字目	立	粒	笠	栗	力	历日历	历历史	鸡
反切	力入	力入	力入	力质	林直	郎击	郎击	古奚
声韵调	深开三 来缉入	深开三 来缉入	深开三 来缉入	臻开三 来质入	曾开三 来职入	梗开四 来锡入	梗开四 来锡入	蟹开四 见齐平
中古音	liɪp	liɪp	liɪp	liɪt	lɨk	lek	lek	kei
沐川	lie5	lie5	lie5	lie5	lie5	lie5	lie5	tɕi1
峨边	li5	li5	li5	li5	li5	li5	li5	tɕi1
雅安	ni1	ni1	ni1	ni1	ni1	ni1	ni1	tɕi1
名山	li1	li1	li1	lie1	li1	li1	li1	tɕi1
天全	ȵi1	ȵi1	ȵi1	ȵi1	ȵi1	ȵi1	ȵi1	tɕi1
芦山	ȵi1	ȵi1	ȵi1	ȵi1	ȵi1	ȵi1	ȵi1	tɕi1
宝兴	ȵi1	ȵi1	ȵi1	ȵi1	ȵi1	ȵi1	ȵi1	tɕi1
荥经	lie5	lie5	lie5	lie5	lie5	lie5	lie5	tɕi1
汉源	ni1	ni1	ni1	ni1	ni1	ni1	ni1	tɕi1
石棉	li1	lie1	li1	li1	li1	lie1	lie1	tɕi1
内江	ni4	ni4	ni4	ni4	ni4	ni4	ni4	tɕi1
威远	ni4	ni4	ni4	ni2 ni4 旧	ni4	ni4	ni4	tɕi1
荣县	ni4	ni4	ni4	ni4	ni4	ni4	ni4	tɕi1
自贡	li4	li4	li2 li4 旧	li4	li4	li4	li4	tɕi1
富顺	li4	li4	li4	li4	li4	li4	li4	tɕi1
隆昌	li4	li4	li4	li2 li4 旧	li4	li4	li4	tɕi1
泸县	li4	li4	li4	li4	li4	li4	li4	tɕi1
泸州	li5 lie5 旧	li5 lie5 旧	li5 lie5 旧	li5 lie5 旧	li5 lie5 旧	li5 lie5 旧	li5 lie5 旧	tɕi1
南溪	li5 lie5 旧	li5 lie5 旧	li5 lie5 旧	li5 lie5 旧	li5 lie5 旧	li5 lie5 旧	li5 lie5 旧	tɕi1
合江	li5	li5	li2	li5	li5	li5	li5	tɕi1

字目	稽稽查	饥饥饿	肌	几茶几	基	几几乎	机	讥
反切	古奚	居夷	居夷	居履	居之	居依	居依	居依
声韵调	蟹开四 见齐平	止开三 B 见脂平	止开三 B 见脂平	止开三 B 见脂上	止开三 见之平	止开三 见微平	止开三 见微平	止开三 见微平
中古音	kei	kɣiɪ	kɣiɪ	kɣiɪ:	kɨ	kɨi	kɨi	kɨi
成都	tɕi1	tɕi1	tɕi1	tɕi1	tɕi1	tɕi1 文	tɕi1	tɕi1
彭州	tɕi1	tɕi1	tɕi1	tɕi1	tɕi1	tɕi1 文	tɕi1	tɕi1
郫县	tɕi1	tɕi1	tɕi1	tɕi1	tɕi1	tɕi1 文	tɕi1	tɕi1
广汉	tɕi1	tɕi1	tɕi1	tɕi1	tɕi1	tɕi1 文	tɕi1	tɕi1
都江堰河东	tɕi1	tɕi1	tɕi1	tɕi1	tɕi1	tɕi1 文	tɕi1	tɕi1
都江堰河西	tɕi1	tɕi1	tɕi1	tɕi1	tɕi1	tɕi1 文	tɕi1	tɕi1
崇州	tɕi1	tɕi1	tɕi1	tɕi1	tɕi1	tɕi1 文	tɕi1	tɕi1
大邑	tɕi1	tɕi1	tɕi1	tɕi1	tɕi1	tɕi1 文	tɕi1	tɕi1
邛崃	tɕi1	tɕi1	tɕi1	tɕi1	tɕi1	tɕi1 文	tɕi1	tɕi1
新津	tɕi1	tɕi1	tɕi1	tɕi1	tɕi1	tɕi1 文	tɕi1	tɕi1
蒲江	tɕi1	tɕi1	tɕi1	tɕi1	tɕi1	tɕi1 文	tɕi1	tɕi1
彭山	tɕi1	tɕi1	tɕi1	tɕi1	tɕi1	tɕi1 文	tɕi1	tɕi1
眉山	tɕi1	tɕi1	tɕi1	tɕi1	tɕi1	tɕi1 文	tɕi1	tɕi1
丹棱	tɕi1	tɕi1	tɕi1	tɕi1	tɕi1	tɕi1 文	tɕi1	tɕi1
洪雅	tɕi1	tɕi1	tɕi1	tɕi1	tɕi1	tɕi1 文	tɕi1	tɕi1
青神	tɕi1	tɕi1	tɕi1	tɕi1	tɕi1	tɕi1 文	tɕi1	tɕi1
夹江	tɕhi1	tɕi1	tɕi1	tɕi1	tɕi1	tɕi1 文	tɕi1	tɕi1
峨眉山	tɕhi1	tɕi1	tɕi1	tɕi1	tɕi1	tɕi1 文	tɕi1	tɕi1
乐山	tɕhi1	tɕi1	tɕi1	tɕi1	tɕi1	tɕi1 文	tɕi1	tɕi1
犍为	tɕhi1	tɕi1	tɕi1	tɕi1	tɕi1	tɕi1 文	tɕi1	tɕi1

字目	稽稽查	饥饥饿	肌	几茶几	基	几几乎	机	讥
反切	古奚	居夷	居夷	居履	居之	居依	居依	居依
声韵调	蟹开四 见齐平	止开三 B 见脂平	止开三 B 见脂平	止开三 B 见脂上	止开三 见之平	止开三 见微平	止开三 见微平	止开三 见微平
中古音	kei	kɣiɪ	kɣiɪ	kɣiɪ:	kɨ	kɨi	kɨi	kɨi
沐川	tɕi1	tɕi1	tɕi1	tɕi1	tɕi1	tɕi1 文	tɕi1	tɕi1
峨边	tɕi1	tɕi1	tɕi1	tɕi1	tɕi1	tɕi1 文	tɕi1	tɕi1
雅安	tɕi1	tɕi1	tɕi1	tɕi1	tɕi1	tɕi1 文	tɕi1	tɕi1
名山	tɕi1	tɕi1	tɕi1	tɕi1	tɕi1	tɕi1 文	tɕi1	tɕi1
天全	tɕi1	tɕi1	tɕi1	tɕi1	tɕi1	tɕi1 文	tɕi1	tɕi1
芦山	tɕi1	tɕi1	tɕi1	tɕi1	tɕi1	tɕi1 文	tɕi1	tɕi1
宝兴	tɕi1	tɕi1	tɕi1	tɕi1	tɕi1	tɕi1 文	tɕi1	tɕi1
荥经	tɕi1	tɕi1	tɕi1	tɕi1	tɕi1	tɕi1 文	tɕi1	tɕi1
汉源	tɕi1	tɕi1	tɕi1	tɕi1	tɕi1	tɕi1 文	tɕi1	tɕi1
石棉	tɕi1	tɕi1	tɕi1	tɕi1	tɕi1	tɕi1 文	tɕi1	tɕi1
内江	tɕi1	tɕi1	tɕi1	tɕi1	tɕi1	tɕi1 文	tɕi1	tɕi1
威远	tɕi1	tɕi1	tɕi1	tɕi1	tɕi1	tɕi1 文	tɕi1	tɕi1
荣县	tɕi1	tɕi1	tɕi1	tɕi1	tɕi1	tɕi1 文	tɕi1	tɕi1
自贡	tɕi1	tɕi1	tɕi1	tɕi1	tɕi1	tɕi1 文	tɕi1	tɕi1
富顺	tɕi1	tɕi1	tɕi1	tɕi1	tɕi1	tɕi1 文	tɕi1	tɕi1
隆昌	tɕi1	tɕi1	tɕi1	tɕi1	tɕi1	tɕi1 文	tɕi1	tɕi1
泸县	tɕi1	tɕi1	tɕi1	tɕi1	tɕi1	tɕi1 文	tɕi1	tɕi1
泸州	tɕi1	tɕi1	tɕi1	tɕi1	tɕi1	tɕi1 文	tɕi1	tɕi1
南溪	tɕi1	tɕi1	tɕi1	tɕi1	tɕi1	tɕi1 文	tɕi1	tɕi1
合江	tɕi1	tɕi1	tɕi1	tɕi1	tɕi1	tɕi1 文	tɕi1	tɕi1

字目	饥饥荒	积	激	击	集	急	级	及
反切	居依	资昔	古历	古历	秦入	居立	居立	其立
声韵调	止开三 见微平	梗开三 精昔入	梗开四 见锡入	梗开四 见锡入	深开三 从缉入	深开三 B 见缉入	深开三 B 见缉入	深开三 B 群缉入
中古音	kɨi	tsiɛk	kek	kek	dziɪp	kɣiɪp	kɣiɪp	gɣiɪp
成都	tɕi1	tɕi2 tɕie2 旧	tɕi2 tɕie2 旧	tɕi2 tɕie2 旧	tɕi2 tɕie2 旧	tɕi2 tɕie2 旧	tɕi2 tɕie2 旧	tɕi2 tɕie2 旧
彭州	tɕi1	tɕie5 tɕi5 新	tɕie5 tɕi5 新	tɕie5 tɕi5 新	tɕie5 tɕi5 新	tɕie5 tɕi5 新	tɕie5 tɕi5 新	tɕie5 tɕi5 新
郫县	tɕi1	tɕie5	tɕie5	tɕie5	tɕie5	tɕie5	tɕie5	tɕie5
广汉	tɕi1	tɕie5	tɕie5	tɕi5 tɕie5 旧	tɕie5	tɕi5 tɕie5 旧	tɕie5	tɕi2 tɕie5 旧
都江堰河东	tɕi1	tɕie5	tɕie5	tɕie5	tɕie5	tɕie5	tɕie5	tɕie5
都江堰河西	tɕi1	tɕie5	tɕie5	tɕie5	tɕie5	tɕie5	tɕie5	tɕie5
崇州	tɕi1	tɕie5	tɕie5	tɕie5	tɕie5	tɕie5	tɕie5	tɕie5
大邑	tɕi1	tɕie5	tɕie5	tɕie5	tɕie5	tɕie5	tɕie5	tɕie5
邛崃	tɕi1	tɕie5	tɕie5	tɕie5	tɕie5	tɕie5	tɕie5	tɕie5
新津	tɕi1	tɕie5	tɕie5	tɕie5	tɕie5	tɕie5	tɕie5	tɕie5
蒲江	tɕi1	tɕie5	tɕie5	tɕie5	tɕie5	tɕie5	tɕie5	tɕie5
彭山	tɕi1	tɕie5	tɕie5	tɕie5	tɕie5	tɕie5	tɕie5	tɕie5
眉山	tɕi1	tɕi5 tɕie5 旧	tɕi5 tɕie5 旧	tɕi5 tɕie5 旧	tɕi5 tɕie5 旧	tɕi5 tɕie5 旧	tɕi5 tɕie5 旧	tɕi5 tɕie5 旧
丹棱	tɕi1	tɕi5	tɕi5	tɕi5	tɕi5	tɕi5	tɕi5	tɕi5
洪雅	tɕi1	tɕi5	tɕi5	tɕi5	tɕi5	tɕi5	tɕi5	tɕi5
青神	tɕi1	tɕie5	tɕie5	tɕie5	tɕie5	tɕie5	tɕie5	tɕie5
夹江	tɕi1	tɕi5	tɕi5	tɕi5	tɕi5	tɕi5	tɕi5	tɕi5
峨眉山	tɕi1	tɕi5	tɕi5	tɕi5	tɕi5	tɕi5	tɕi5	tɕi5
乐山	tɕi1	tɕie5	tɕie5	tɕie5	tɕie5	tɕie5	tɕie5	tɕie5
犍为	tɕi1	tɕie5	tɕie5	tɕie5	tɕie5	tɕie5	tɕie5	tɕie5

字目	饥饥荒	积	激	击	集	急	级	及
反切	居依	资昔	古历	古历	秦入	居立	居立	其立
声韵调	止开三 见微平	梗开三 精昔入	梗开四 见锡入	梗开四 见锡入	深开三 从缉入	深开三 B 见缉入	深开三 B 见缉入	深开三 B 群缉入
中古音	kɨi	tsiᴇk	kek	kek	dziɪp	kɣiɪp	kɣiɪp	ɡɣiɪp
沐川	tɕi1	tɕie5 tɕi5 新	tɕie5 tɕi5 新	tɕie5 tɕi5 新	tɕie5 tɕi5 新	tɕie5 tɕi5 新	tɕie5 tɕi5 新	tɕie5 tɕi5 新
峨边	tɕi1	tɕi5 tɕiɛ5 旧	tɕi5 tɕiɛ5 旧	tɕi5 tɕiɛ5 旧	tɕi4 tɕiɛ5 旧	tɕi5 tɕiɛ5 旧	tɕi5 tɕiɛ5 旧	tɕi5 tɕiɛ5 旧
雅安	tɕi1	tɕi1	tɕi1	tɕi1	tɕi1	tɕi1	tɕi1	tɕi1
名山	tɕi1	tɕi1	tɕi1	tɕi1	tɕi1	tɕi1	tɕi1	tɕi1
天全	tɕi1	tɕi1	tɕi1	tɕi1	tɕi1	tɕi1	tɕi1	tɕi1
芦山	tɕi1	tɕi1	tɕi1	tɕi1	tɕi1	tɕi1	tɕi1	tɕi1
宝兴	tɕi1	tɕi1	tɕi1	tɕi1	tɕi1	tɕi1	tɕi1	tɕi1
荥经	tɕi1	tɕie5 tɕi5 新	tɕie5 tɕi5 新	tɕie5 tɕi5 新	tɕie5 tɕi5 新	tɕie5 tɕi5 新	tɕie5 tɕi5 新	tɕie5 tɕi5 新
汉源	tɕi1	tɕi1	tɕi1	tɕi1	tɕi1	tɕi1	tɕi1 tɕie1 旧	tɕi1
石棉	tɕi1	tɕi1 tɕie1 旧	tɕi1 tɕie1 旧	tɕi1 tɕie1 旧	tɕi1 tɕie1 旧	tɕi1 tɕie1 旧	tɕi1 tɕie1 旧	tɕi1 tɕie1 旧
内江	tɕi1	tɕie4	tɕi4	tɕi4	tɕi4	tɕi4	tɕi4	tɕi4
威远	tɕi1	tɕie4	tɕi4	tɕi4	tɕi4	tɕi4	tɕi4	tɕi4
荣县	tɕi1	tɕie4	tɕi4	tɕi4	tɕi4	tɕi4	tɕi4	tɕi4
自贡	tɕi1	tɕi4	tɕi4	tɕi4	tɕi4	tɕi4	tɕi4	tɕi4
富顺	tɕi1	tɕi4	tɕi4	tɕi4	tɕi4	tɕi4	tɕi4	tɕi4
隆昌	tɕi1	tɕi4	tɕi4	tɕi4	tɕi4	tɕi4	tɕi4	tɕi4
泸县	tɕi1	tɕi4	tɕi4	tɕi4	tɕi4	tɕi4	tɕi4	tɕi4
泸州	tɕi1	tɕi5 tɕie5 旧	tɕi5 tɕie5 旧	tɕi5 tɕie5 旧	tɕi5 tɕie5 旧	tɕi5 tɕie5 旧	tɕi5 tɕie5 旧	tɕi5 tɕie5 旧
南溪	tɕi1	tɕi5 tɕie5 旧	tɕi5 tɕie5 旧	tɕi5 tɕie5 旧	tɕi5 tɕie5 旧	tɕi5 tɕie5 旧	tɕi5 tɕie5 旧	tɕi5 tɕie5 旧
合江	tɕi1	tɕie5 tɕi5 新	tɕie5 tɕi5 新	tɕie5 tɕi5 新	tʃi5 tʃie5 旧	tɕie5 tɕi5 新	tɕie5 tɕi5 新	tɕie5 tɕi5 新

字目	疾	吉	即	极	籍籍贯	挤①	己	几几个
反切	秦悉	居质	子力	渠力	秦昔	子礼	居理	居狶
声韵调	臻开三 从质入	臻开三 A 见质入	曾开三 精职入	曾开三 群职入	梗开三 从昔入	蟹开四 精齐上	止开三 见之上	止开三 见微上
中古音	dziɪt	kiɪt	tsɨk	gɨk	dziᴇk	tsei:	kɨ:	kɨi:
成都	tɕi2 tɕie2 旧	tɕie2 tɕi2 新	tɕi2 tɕie2 旧	tɕi2 tɕie2 旧	tɕi2 tɕie2 旧	tɕi3 tɕi1 口	tɕi3	tɕi3
彭州	tɕie5 tɕi5 新	tɕie5 tɕi5 新	tɕie5 tɕi5 新	tɕie5 tɕi5 新	tɕie5 tɕi5 新	tɕi3 tɕi1 口	tɕi3	tɕi3
郫县	tɕie5	tɕie5	tɕie5	tɕie5	tɕie5	tɕi3 tɕi1 口	tɕi3	tɕi3
广汉	tɕie5	tɕie5	tɕie5	tɕie5	tɕie5	tɕi3	tɕi3	tɕi3
都江堰河东	tɕie5	tɕie5	tɕie5	tɕie5	tɕie5	tɕi3 tɕi1 口	tɕi3	tɕi3
都江堰河西	tɕie5	tɕie5	tɕie5	tɕie5	tɕie5	tɕi3 tɕi1 口	tɕi3	tɕi3
崇州	tɕie5	tɕie5	tɕie5	tɕie5	tɕie5	tɕi3 tɕi1 口	tɕi3	tɕi3
大邑	tɕie5	tɕie5	tɕie5	tɕie5	tɕie5	tɕi3 tɕi1 口	tɕi3	tɕi3
邛崃	tɕie5	tɕie5	tɕie5	tɕie5	tɕie5	tɕi3 tɕi1 口	tɕi3	tɕi3
新津	tɕie5	tɕie5	tɕie5	tɕie5	tɕie5	tɕi3 tɕi1 口	tɕi3	tɕi3
蒲江	tɕie5	tɕie5	tɕie5	tɕie5	tɕie5	tɕi3 tɕi1 口	tɕi3	tɕi3
彭山	tɕie5	tɕie5	tɕie5	tɕie5	tɕie5	tɕi3 tɕi1 口	tɕi3	tɕi3
眉山	tɕi5 tɕie5 旧	tɕi5 tɕie5 旧	tɕi5 tɕie5 旧	tɕi5 tɕie5 旧	tɕie5	tɕi3 tɕi1 口	tɕi3	tɕi3
丹棱	tɕi5	tɕi5	tɕi5	tɕi5	tɕi5	tɕi3 tɕi1 口	tɕi3	tɕi3
洪雅	tɕi5	tɕi5	tɕi5	tɕi5	tɕi5	tɕi3 tɕi1 口	tɕi3	tɕi3
青神	tɕie5	tɕie5	tɕie5	tɕie5	tɕie5	tɕi3 tɕi1 口	tɕi3	tɕi3
夹江	tɕi5	tɕi5	tɕi5	tɕi5	tɕi5	tɕi3 tɕi1 口	tɕi3	tɕi3
峨眉山	tɕi5	tɕi5	tɕi5	tɕi5	tɕie5	tɕi3 tɕi1 口	tɕi3	tɕi3
乐山	tɕie5	tɕie5	tɕie5	tɕie5	tɕie5	tɕi3 tɕi1 口	tɕi3	tɕi3
犍为	tɕie5	tɕie5	tɕie5	tɕie5	tɕie5	tɕi3 tɕi1 口	tɕi3	tɕi3

① 又祖稽切，蟹开四精齐平。

字目	疾	吉	即	极	籍籍贯	挤[①]	己	几几个
反切	秦悉	居质	子力	渠力	秦昔	子礼	居理	居狶
声韵调	臻开三 从质入	臻开三 A 见质入	曾开三 精职入	曾开三 群职入	梗开三 从昔入	蟹开四 精齐上	止开三 见之上	止开三 见微上
中古音	dziɪt	kiɪt	tsɨk	gɨk	dziɛk	tsei:	kɨ:	kɨi:
沐川	tɕie5 tɕi5 新	tɕie5 tɕi5 新	tɕie5 tɕi5 新	tɕie5 tɕi5 新	tɕie5 tɕi5 新	tɕi3 tɕi1 口	tɕi3	tɕi3
峨边	tɕi5 tɕiɛ5 旧	tɕi5 tɕiɛ5 旧	tɕi5 tɕiɛ5 旧	tɕi5 tɕiɛ5 旧	tɕiɛ5	tɕi3	tɕi3	tɕi3
雅安	tɕi1	tɕi1	tɕi1	tɕi1	tɕi1	tɕi3 tɕi1 口	tɕi3	tɕi3
名山	tɕi1	tɕi1	tɕi1	tɕi1	tɕi1	tɕi3 tɕi1 口	tɕi3	tɕi3
天全	tɕi1	tɕi1	tɕi1	tɕi1	tɕi1	tɕi3 tɕi1 口	tɕi3	tɕi3
芦山	tɕi1	tɕi1	tɕi1	tɕi1	tɕi1	tɕi3 tɕi1 口	tɕi3	tɕi3
宝兴	tɕi1	tɕie1	tɕi1	tɕi1	tɕi1	tɕi3 tɕi1 口	tɕi3	tɕi3
荥经	tɕie5 tɕi5 新	tɕie5 tɕi5 新	tɕie5 tɕi5 新	tɕie5 tɕi5 新	tɕie5 tɕi5 新	tɕi3 tɕi1 口	tɕi3	tɕi3
汉源	tɕi1	tɕi1	tɕi1	tɕi1	tɕi1	tɕi3 tɕi1 口	tɕi3	tɕi3
石棉	tɕi1 tɕie1 旧	tɕi1 tɕie1 旧	tɕi1 tɕie1 旧	tɕi1 tɕie1 旧	tɕi1 tɕie1 旧	tɕi3 tɕi1 口	tɕi3	tɕi3
内江	tɕi4	tɕi4	tɕi4	tɕi4	tɕie4	tɕi3 tɕi1 口	tɕi3	tɕi3
威远	tɕi4	tɕi4	tɕi4	tɕi4	tɕie4	tɕi3 tɕi1 口	tɕi3	tɕi3
荣县	tɕi4	tɕi4	tɕi4	tɕi4	tɕie4	tɕi3 tɕi1 口	tɕi3	tɕi3
自贡	tɕi4	tɕi4	tɕi4	tɕi4	tɕie4	tɕi3 tɕi1 口	tɕi3	tɕi3
富顺	tɕi4	tɕi4	tɕi4	tɕi4	tɕie4	tɕi3 tɕi1 口	tɕi3	tɕi3
隆昌	tɕi4	tɕi4	tɕi4	tɕi4	tɕie4	tɕi3 tɕi1 口	tɕi3	tɕi3
泸县	tɕi4	tɕi4	tɕi4	tɕi4	tɕi4	tɕi3 tɕi1 口	tɕi3	tɕi3
泸州	tɕi5 tɕie5 旧	tɕi5 tɕie5 旧	tɕi5 tɕie5 旧	tɕi5 tɕie5 旧	tɕi5 tɕie5 旧	tɕi3 tɕi1 口	tɕi3	tɕi3
南溪	tɕi5 tɕie5 旧	tɕi5 tɕie5 旧	tɕi5 tɕie5 旧	tɕi5 tɕie5 旧	tɕi5 tɕie5 旧	tɕi3 tɕi1 口	tɕi3	tɕi3
合江	tʃi5 tʃie5 旧	tɕie5 tɕi5 新	tɕie5 tɕi5 新	tɕie5 tɕi5 新	tʃi5 tʃie5 旧	tɕi3 tɕi1 口	tɕi3	tɕi3

① 又祖稽切，蟹开四精齐平。

字目	脊	祭	际	济救济	剂	计	继	系系鞋带
反切	资昔	子例	子例	子计	在诣	古诣	古诣	古诣
声韵调	梗开三 精昔入	蟹开三 精祭去	蟹开三 精祭去	蟹开四 精齐去	蟹开四 从齐去	蟹开四 见齐去	蟹开四 见齐去	蟹开四 见齐去
中古音	tsiɛk	tsiɛi-	tsiɛi-	tsei-	dzei-	kei-	kei-	kei-
成都	tɕi2 tɕie2 旧	tɕi4	tɕi4	tɕi4	tɕi4 文	tɕi4	tɕi4	ɕi4 tɕi4
彭州	tɕie5 tɕi5 新	tɕi4	tɕi4	tɕi4	tɕi4 文	tɕi4	tɕi4	ɕi4 tɕi4
郫县	tɕie5	tɕi4	tɕi4	tɕi4	tɕi4 文	tɕi4	tɕi4	ɕi4
广汉	tɕie5	tɕi4	tɕi4	tɕi4	tɕi4 文	tɕi4	tɕi4	ɕi4
都江堰河东	tɕie5	tɕi4	tɕi4	tɕi4	tɕi4 文	tɕi4	tɕi4	ɕi4
都江堰河西	tɕie5	tɕi4	tɕi4	tɕi4	tɕi4 文	tɕi4	tɕi4	ɕi4
崇州	tɕie5	tɕi4	tɕi4	tɕi4	tɕi4 文	tɕi4	tɕi4	ɕi4 tɕi4
大邑	tɕie5	tɕi4	tɕi4	tɕi4	tɕi4 文	tɕi4	tɕi4	ɕi4 tɕi4
邛崃	tɕie5	tɕi4	tɕi4	tɕi4	tɕi4 文	tɕi4	tɕi4	ɕi4 tɕi4
新津	tɕie5	tɕi4	tɕi4	tɕi4	tɕi4 文	tɕi4	tɕi4	ɕi4 tɕi4
蒲江	tɕie5	tɕi4	tɕi4	tɕi4	tɕi4 文	tɕi4	tɕi4	ɕi4 tɕi4
彭山	tɕie5	tɕi4	tɕi4	tɕi4	tɕi4 文	tɕi4	tɕi4	ɕi4 tɕi4
眉山	tɕi5 tɕie5 旧	tɕi4	tɕi4	tɕi4	tɕi4 文	tɕi4	tɕi4	ɕi4 tɕi4
丹棱	tɕi5	tɕi4	tɕi4	tɕi4	tɕi4 文	tɕi4	tɕi4	ɕi4 tɕi4
洪雅	tɕi5	tɕi4	tɕi4	tɕi4	tɕi4 文	tɕi4	tɕi4	ɕi4 tɕi4
青神	tɕie5	tɕi4	tɕi4	tɕi4	tɕi4 文	tɕi4	tɕi4	ɕi4 tɕi4
夹江	tɕi5	tɕi4	tɕi4	tɕi4	tɕi4 文	tɕi4	tɕi4	ɕi4 tɕi4
峨眉山	tɕi5	tɕi1	tɕi1	tɕi5	tɕi5 文	tɕi5	tɕi5	ɕi1 tɕi1
乐山	tɕie5	tɕi4	tɕi4	tɕi4	tɕi4 文	tɕi4	tɕi4	ɕi4 tɕi4
犍为	tɕie5	tɕi4	tɕi4	tɕi4	tɕi4 文	tɕi4	tɕi4	ɕi4 tɕi4

字目	脊	祭	际	济救济	剂	计	继	系系鞋带
反切	资昔	子例	子例	子计	在诣	古诣	古诣	古诣
声韵调	梗开三 精昔入	蟹开三 精祭去	蟹开三 精祭去	蟹开四 精齐去	蟹开四 从齐去	蟹开四 见齐去	蟹开四 见齐去	蟹开四 见齐去
中古音	tsiᴇk	tsiᴇi-	tsiᴇi-	tsei-	dzei-	kei-	kei-	kei-
沐川	tɕi4 tɕie5 旧	tɕi4	tɕi4	tɕi4	tɕi4 文	tɕi4	tɕi4	ɕi4 tɕi4
峨边	tɕi5 tɕiɛ5 旧	tɕi4	tɕi4	tɕi4	tɕi4 文	tɕi4	tɕi4	ɕi4
雅安	tɕi1	tɕi4	tɕi4	tɕi4	tɕi4 文	tɕi4	tɕi4	tɕi4 tɕi1
名山	tɕi1	tɕi4	tɕi4	tɕi4	tɕi4 文	tɕi4	tɕi4	ɕi1 tɕi1
天全	tɕi1	tɕi4	tɕi4	tɕi4	tɕi4 文	tɕi4	tɕi4	ɕi1 tɕi1
芦山	tɕi1	tɕi4	tɕi4	tɕi4	tɕi4 文	tɕi4	tɕi4	tɕi4 tɕi1
宝兴	tɕi1	tɕi4	tɕi4	tɕi4	tɕi4 文	tɕi4	tɕi4	tɕi4
荥经	tɕi4 tɕie5 旧	tɕi4	tɕi4	tɕi4	tɕi4 文	tɕi4	tɕi4	ɕi4 tɕi4
汉源	tɕi1	tɕi4	tɕi4	tɕi4	tɕi4 文	tɕi4	tɕi4	ɕi1 tɕi1
石棉	tɕi1 tɕie1 旧	tɕi4	tɕi4	tɕi4	tɕi4 文	tɕi4	tɕi4	ɕi1 tɕi1
内江	tɕi4	tɕi4	tɕi4	tɕi4	tɕi4 文	tɕi4	tɕi4	ɕi4 tɕi4
威远	tɕi4	tɕi4	tɕi4	tɕi4	tɕi4 文	tɕi4	tɕi4	ɕi4 tɕi4
荣县	tɕi4	tɕi4	tɕi4	tɕi4	tɕi4 文	tɕi4	tɕi4	ɕi4 tɕi4
自贡	tɕi4	tɕi4	tɕi4	tɕi4	tɕi4 文	tɕi4	tɕi4	tɕi4
富顺	tɕi4	tɕi4	tɕi4	tɕi4	tɕi4 文	tɕi4	tɕi4	tɕi4
隆昌	tɕi4	tɕi4	tɕi4	tɕi4	tɕi4 文	tɕi4	tɕi4	tɕi4
泸县	tɕi4	tɕi4	tɕi4	tɕi4	tɕi4 文	tɕi4	tɕi4	ɕi4 tɕi4
泸州	tɕi5 tɕie5 旧	tɕi4	tɕi4	tɕi4	tɕi4 文	tɕi4	tɕi4	ɕi4 tɕi4
南溪	tɕi5 tɕie5 旧	tɕi4	tɕi4	tɕi4	tɕi4 文	tɕi4	tɕi4	ɕi4 tɕi4
合江	tɕie5 tɕi5 新	tɕi4	tɕi4	tɕi4	tɕi4 文	tɕi4	tɕi4	ɕi4 tɕi4

字目	寄	技	妓	纪	记	忌	既	季
反切	居义	渠绮	渠绮	居理	居吏	渠记	居豙	居悸
声韵调	止开三 B 见支去	止开三 B 群支上	止开三 B 群支上	止开三 见之上	止开三 见之去	止开三 群之去	止开三 见微去	止合三 A 见脂去
中古音	kɣiᴇ-	gɣiᴇ:	gɣiᴇ:	kɨ:	kɨ-	gɨ-	kɨi-	kiuɪ-
成都	tɕi4	tɕi4	tɕi4	tɕi3 tɕi4	tɕi4	tɕi4	tɕi4	tɕi4
彭州	tɕi4	tɕi4	tɕi4	tɕi3 tɕi4	tɕi4	tɕi4	tɕi4	tɕi4
郫县	tɕi4	tɕi4	tɕi4	tɕi3 tɕi4	tɕi4	tɕi4	tɕi4	tɕi4
广汉	tɕi4	tɕi4	tɕi4	tɕi4 tɕi3	tɕi4	tɕi4	tɕi4	tɕi4
都江堰河东	tɕi4	tɕi4	tɕi4	tɕi3	tɕi4	tɕi4	tɕi4	tɕi4
都江堰河西	tɕi4	tɕi4	tɕi4	tɕi3	tɕi4	tɕi4	tɕi4	tɕi4
崇州	tɕi4	tɕi4	tɕi4	tɕi3	tɕi4	tɕi4	tɕi4	tɕi4
大邑	tɕi4	tɕi4	tɕi4	tɕi3 tɕi4	tɕi4	tɕi4	tɕi4	tɕi4
邛崃	tɕi4	tɕi4	tɕi4	tɕi3 tɕi4	tɕi4	tɕi4	tɕi4	tɕi4
新津	tɕi4	tɕi4	tɕi4	tɕi3 tɕi4	tɕi4	tɕi4	tɕi4	tɕi4
蒲江	tɕi4	tɕi4	tɕi4	tɕi3 tɕi4	tɕi4	tɕi4	tɕi4	tɕi4
彭山	tɕi4	tɕi4	tɕi4	tɕi3 tɕi4	tɕi4	tɕi4	tɕi4	tɕi4
眉山	tɕi4	tɕi4	tɕi4	tɕi4 tɕi3	tɕi4	tɕi4	tɕi4	tɕi4
丹棱	tɕi4	tɕi4	tɕi4	tɕi3 tɕi4	tɕi4	tɕi4	tɕi4	tɕi4
洪雅	tɕi4	tɕi4	tɕi4	tɕi4 tɕi3	tɕi4	tɕi4	tɕi4	tɕi4
青神	tɕi4	tɕi4	tɕi4	tɕi3 tɕi4	tɕi4	tɕi4	tɕi4	tɕi4
夹江	tɕi4	tɕi4	tɕi4	tɕi3 tɕi4	tɕi4	tɕi4	tɕi4	tɕi4
峨眉山	tɕi5	tɕi5	tɕi5	tɕi1	tɕi1	tɕi1	tɕi1	tɕi1
乐山	tɕi4	tɕi4	tɕi4	tɕi3 tɕi4	tɕi4	tɕi4	tɕi4	tɕi4
犍为	tɕi4	tɕi4	tɕi4	tɕi3 tɕi4	tɕi4	tɕi4	tɕi4	tɕi4

字目	寄	技	妓	纪	记	忌	既	季
反切	居义	渠绮	渠绮	居理	居吏	渠记	居豙	居悸
声韵调	止开三 B 见支去	止开三 B 群支上	止开三 B 群支上	止开三 见之上	止开三 见之去	止开三 群之去	止开三 见微去	止合三 A 见脂去
中古音	kɣiᴇ-	gɣiᴇ:	gɣiᴇ:	kɨ:	kɨ-	gɨ-	kɨi-	kiuɪ-
沐川	tɕi4	tɕi4	tɕi4	tɕi3 tɕi4	tɕi4	tɕi4	tɕi4	tɕi4
峨边	tɕi4	tɕi4	tɕi4	tɕi4	tɕi4	tɕi4	tɕi4	tɕi4
雅安	tɕi4	tɕi4	tɕi4	tɕi3 tɕi4	tɕi4	tɕi4	tɕi4	tɕi4
名山	tɕi4	tɕi4	tɕi4	tɕi3 tɕi4	tɕi4	tɕi4	tɕi4	tɕi4
天全	tɕi4	tɕi4	tɕi4	tɕi3 tɕi4	tɕi4	tɕi4	tɕi4	tɕi4
芦山	tɕi4	tɕi4	tɕi4	tɕi3 tɕi4	tɕi4	tɕi4	tɕi4	tɕi4
宝兴	tɕi4	tɕi4	tɕi4	tɕi3 tɕi4	tɕi4	tɕi4	tɕi4	tɕi4
荥经	tɕi4	tɕi4	tɕi4	tɕi3 tɕi4	tɕi4	tɕi4	tɕi4	tɕi4
汉源	tɕi4	tɕi4	tɕi4	tɕi3 tɕi4	tɕi4	tɕi4	tɕi4	tɕi4
石棉	tɕi4	tɕi4	tɕi4	tɕi3 tɕi4	tɕi4	tɕi4	tɕi4	tɕi4
内江	tɕi4	tɕi4	tɕi4	tɕi3 tɕi4	tɕi4	tɕi4	tɕi4	tɕi4
威远	tɕi4	tɕi4	tɕi4	tɕi3 tɕi4	tɕi4	tɕi4	tɕi4	tɕi4
荣县	tɕi4	tɕi4	tɕi4	tɕi3 tɕi4	tɕi4	tɕi4	tɕi4	tɕi4
自贡	tɕi4	tɕi4	tɕi4	tɕi3 tɕi4	tɕi4	tɕi4	tɕi4	tɕi4
富顺	tɕi4	tɕi4	tɕi4	tɕi3 tɕi4	tɕi4	tɕi4	tɕi4	tɕi4
隆昌	tɕi4	tɕi4	tɕi4	tɕi3 tɕi4	tɕi4	tɕi4	tɕi4	tɕi4
泸县	tɕi4	tɕi4	tɕi4	tɕi3 tɕi4	tɕi4	tɕi4	tɕi4	tɕi4
泸州	tɕi4	tɕi4	tɕi4	tɕi3 tɕi4	tɕi4	tɕi4	tɕi4	tɕi4
南溪	tɕi4	tɕi4	tɕi4	tɕi3 tɕi4	tɕi4	tɕi4	tɕi4	tɕi4
合江	tɕi4	tɕi4	tɕi4	tɕi3 tɕi4	tɕi4	tɕi4	tɕi4	tɕi4

字目	迹	绩	寂	妻	凄	欺	期时期	七
反切	资昔	则历	前历	七稽	七稽	去其	渠之	亲吉
声韵调	梗开三 精昔入	梗开四 精锡入	梗开四 从锡入	蟹开四 清齐平	蟹开四 清齐平	止开三 溪之平	止开三 群之平	臻开三 清质入
中古音	tsiɛk	tsek	dzek	tshei	tshei	khɨ	gɨ	tshiɪt
成都	tɕi2 tɕie2 旧	tɕi2 tɕie2 旧	tɕi2 tɕie2 旧	tɕhi1	tɕhi1	tɕhi1	tɕhi1	tɕhi2
彭州	tɕie5 tɕi5 新	tɕie5 tɕi5 新	tɕie5 tɕi5 新	tɕhi1	tɕhi1	tɕhi1	tɕhi1	tɕhie5
郫县	tɕie5	tɕie5	tɕie5 tɕi4 新	tɕhi1	tɕhi1	tɕhi1	tɕhi1	tɕhie5
广汉	tɕie5	tɕie5	tɕie5	tɕhi1	tɕhi1	tɕhi1	tɕhi1	tɕhi5 tɕhie5 旧
都江堰河东	tɕie5	tɕie5	tɕie5	tɕhi1	tɕhi1	tɕhi1	tɕhi1	tɕhie5
都江堰河西	tɕie5	tɕie5	tɕie5	tɕhi1	tɕhi1	tɕhi1	tɕhi1	tɕhie5
崇州	tɕie5	tɕie5	tɕie5	tɕhi1	tɕhi1	tɕhi1	tɕhi1	tɕhie5
大邑	tɕie5	tɕie5	tɕie5	tɕhi1	tɕhi1	tɕhi1	tɕhi1	tɕhie5
邛崃	tɕie5	tɕie5	tɕie5	tɕhi1	tɕhi1	tɕhi1	tɕhi1	tɕhie5
新津	tɕie5	tɕie5	tɕie5	tɕhi1	tɕhi1	tɕhi1	tɕhi1	tɕhie5
蒲江	tɕie5	tɕie5	tɕie5	tɕhi1	tɕhi1	tɕhi1	tɕhi1	tɕhie5
彭山	tɕie5	tɕie5	tɕie5	tɕhi1	tɕhi1	tɕhi1	tɕhi1	tɕhie5
眉山	tɕi5 tɕie5 旧	tɕi5 tɕie5 旧	tɕi5 tɕie5 旧	tɕhi1	tɕhi1	tɕhi1	tɕhi1	tɕhi5 tɕhie5 旧
丹棱	tɕi5	tɕi5	tɕi5	tɕhi1	tɕhi1	tɕhi1	tɕhi1	tɕhi5
洪雅	tɕi5	tɕi5	tɕi5	tɕhi1	tɕhi1	tɕhi1	tɕhi1	tɕhi5
青神	tɕie5	tɕie5	tɕie5	tɕhi1	tɕhi1	tɕhi1	tɕhi1	tɕhie5
夹江	tɕi5	tɕi5	tɕi5 tɕi4 新	tɕhi1	tɕhi1	tɕhi1	tɕhi1	tɕhi5
峨眉山	tɕi5	tɕi5	tɕi5 tɕi4 新	tɕhi1	tɕhi1	tɕhi1	tɕhi1	tɕhi5
乐山	tɕie5	tɕie5	tɕie5 tɕi4 新	tɕhi1	tɕhi1	tɕhi1	tɕhi1	tɕhie5
犍为	tɕie5	tɕie5	tɕie5 tɕi4 新	tɕhi1	tɕhi1	tɕhi1	tɕhi1	tɕhie5

字目	迹	绩	寂	妻	凄	欺	期时期	七
反切	资昔	则历	前历	七稽	七稽	去其	渠之	亲吉
声韵调	梗开三 精昔入	梗开四 精锡入	梗开四 从锡入	蟹开四 清齐平	蟹开四 清齐平	止开三 溪之平	止开三 群之平	臻开三 清质入
中古音	tsiɛk	tsek	dzek	tshei	tshei	khɨ	gɨ	tshiɪt
沐川	tɕie5 tɕi5 新	tɕie5 tɕi5 新	tɕie5 tɕi5 新	tɕhi1	tɕhi1	tɕhi1	tɕhi1	tɕhie5
峨边	tɕi5 tɕiɛ5 旧	tɕi5 tɕiɛ5 旧	tɕi5 tɕiɛ5 旧	tɕhi1	tɕhi1	tɕhi1	tɕhi1	tɕhi5
雅安	tɕi1	tɕi1	tɕi1	tɕhi1	tɕhi1	tɕhi1	tɕhi1	tɕhi1
名山	tɕi1	tɕi1	tɕi1	tɕhi1	tɕhi1	tɕhi1	tɕhi1	tɕhi1
天全	tɕi1	tɕi1	tɕi1	tɕhi1	tɕhi1	tɕhi1	tɕhi1	tɕhi1
芦山	tɕi1	tɕi1	tɕi1	tɕhi1	tɕhi1	tɕhi1	tɕhi1	tɕhi1
宝兴	tɕi1	tɕi1	tɕi1	tɕhi1	tɕhi1	tɕhi1	tɕhi1	tɕhi1
荥经	tɕie5 tɕi5 新	tɕie5 tɕi5 新	tɕie5 tɕi5 新	tɕhi1	tɕhi1	tɕhi1	tɕhi1	tɕhie5
汉源	tɕi1	tɕi1	tɕi1	tɕhi1	tɕhi1	tɕhi1	tɕhi1	tɕhi1
石棉	tɕi1 tɕie1 旧	tɕi1 tɕie1 旧	tɕi1 tɕie1 旧	tɕhi1	tɕhi1	tɕhi1	tɕhi1	tɕhi1
内江	tɕi4	tɕi4	tɕi4	tɕhi1	tɕhi1	tɕhi1	tɕhi1	tɕhi4
威远	tɕi4	tɕi4	tɕi4	tɕhi1	tɕhi1	tɕhi1	tɕhi1	tɕhi4
荣县	tɕi4	tɕi4	tɕi4	tɕhi1	tɕhi1	tɕhi1	tɕhi1	tɕhi4
自贡	tɕi4	tɕi4	tɕi4	tɕhi1	tɕhi1	tɕhi1	tɕhi1	tɕhi4
富顺	tɕi4	tɕi4	tɕi4	tɕhi1	tɕhi1	tɕhi1	tɕhi1	tɕhi4
隆昌	tɕi4	tɕi4	tɕy4	tɕhi1	tɕhi1	tɕhi1	tɕhi1	tɕhi4
泸县	tɕi4	tɕi4	tɕi4	tɕhi1	tɕhi1	tɕhi1	tɕhi1	tɕhi4
泸州	tɕi5 tɕie5 旧	tɕi5 tɕie5 旧	tɕi5① tɕie5 旧	tɕhi1	tɕhi1	tɕhi1	tɕhi1	tɕhi5 tɕhie5 旧
南溪	tɕi5 tɕie5 旧	tɕi5 tɕie5 旧	tɕi5① tɕie5 旧	tɕhi1	tɕhi1	tɕhi1	tɕhi1	tɕhi5 tɕie5 旧
合江	tɕie5 tɕi5 新	tɕie5 tɕi5 新	tʃi5 tʃie5 旧	tʃhi1	tɕhi1	tɕhi1	tɕhi1	tʃhi5

① 又音 tɕi4。

字目	漆	戚	齐	脐	奇奇怪	骑骑马	祁	鳍
反切	亲吉	仓历	徂奚	徂奚	渠羁	渠羁	渠脂	渠脂
声韵调	臻开三 清质入	梗开四 清锡入	蟹开四 从齐平	蟹开四 从齐平	止开三 B 群支平	止开三 B 群支平	止开三 B 群脂平	止开三 B 群脂平
中古音	tshiɪt	tshek	dzei	dzei	gɣiᴇ	gɣiᴇ	gɣiɪ	gɣiɪ
成都	tɕhi2	tɕhi4① tɕhi2	tɕhi2	tɕhi2 tɕi1 口	tɕhi2	tɕhi2	tɕhi2	tɕhi2
彭州	tɕhie5	tɕhie5 tɕhi5 新	tɕhi2	tɕhi2 tɕi1 口	tɕhi2	tɕhi2	tɕhi2	tɕhi2
郫县	tɕhie5	tɕhie5	tɕhi2	tɕhi2 tɕi1 口	tɕhi2	tɕhi2	tɕhi2	tɕhi2
广汉	tɕhi5	tɕhie5	tɕhi2	tɕhi2	tɕhi2	tɕhi2	tɕhi2	tɕhi2
都江堰河东	tɕhie5	tɕhie5 tɕhi2	tɕhi2	tɕi1	tɕhi2	tɕhi2	tɕhi2	tɕhi2
都江堰河西	tɕhie5	tɕhie5 tɕhi2	tɕhi2	tɕhi2 tɕi1 口	tɕhi2	tɕhi2	tɕhi2	tɕhi2
崇州	tɕhie5	tɕhie5 tɕhi2	tɕhi2	tɕi1	tɕhi2	tɕhi2	tɕhi2	tɕhi2
大邑	tɕhie5	tɕhie5	tɕhi2	tɕi4 tɕhi2	tɕhi2	tɕhi2	tɕhi2	tɕhi2
邛崃	tɕhie5	tɕhie5	tɕhi2	tɕi4 tɕhi2	tɕhi2	tɕhi2	tɕhi2	tɕhi2
新津	tɕhie5	tɕhie5	tɕhi2	tɕi4 tɕhi2	tɕhi2	tɕhi2	tɕhi2	tɕhi2
蒲江	tɕhie5	tɕhie5	tɕhi2	tɕi4 tɕhi2	tɕhi2	tɕhi2	tɕhi2	tɕhi2
彭山	tɕhie5	tɕhie5	tɕhi2	tɕhi2 tɕi1 口	tɕhi2	tɕhi2	tɕhi2	tɕhi2
眉山	tɕhi5 tɕhie5 旧	tɕhie5	tɕhi2	tɕhi2 tɕi2 口	tɕhi2	tɕhi2	tɕhi2	tɕhi2
丹棱	tɕhi5	tɕhi5	tɕhi2	tɕhi2 tɕi1 口	tɕhi2	tɕhi2	tɕhi2	tɕhi2
洪雅	tɕhi5	tɕhi5	tɕhi2	tɕhi2 tɕi1 口	tɕhi2	tɕhi2	tɕhi2	tɕhi2
青神	tɕhie5	tɕhie5	tɕhi2	tɕhi2 tɕi2 口	tɕhi2	tɕhi2	tɕhi2	tɕhi2
夹江	tɕhi5	tɕhi5	tɕhi2	tɕhi2 tɕi1 口	tɕhi2	tɕhi2	tɕhi2	tɕhi2
峨眉山	tɕhi5	tɕhi5	tɕhi2	tɕhi2 tɕi1 口	tɕhi2	tɕhi2	tɕhi2	tɕhi2
乐山	tɕhie5	tɕhie5	tɕhi2	tɕhi2 tɕi1 口	tɕhi2	tɕhi2	tɕhi2	tɕhi2
犍为	tɕhie5	tɕhie5	tɕhi2	tɕhi2 tɕi1 口	tɕhi2	tɕhi2	tɕhi2	tɕhi2

① 又音 tɕhie2 旧。

字目	漆	戚	齐	脐	奇奇怪	骑骑马	祁	鳍
反切	亲吉	仓历	徂奚	徂奚	渠羁	渠羁	渠脂	渠脂
声韵调	臻开三 清质入	梗开四 清锡入	蟹开四 从齐平	蟹开四 从齐平	止开三 B 群支平	止开三 B 群支平	止开三 B 群脂平	止开三 B 群脂平
中古音	tshiɪt	tshek	dzei	dzei	gɣiᴇ	gɣiᴇ	gɣiɪ	gɣiɪ
沐川	tɕhie5	tɕhie5 tɕhi5 新	tɕhi2	tɕhi2 tɕi1 口	tɕhi2	tɕhi2	tɕhi2	tɕhi2
峨边	tɕhi5	tɕhi5	tɕhi2	tɕhi2	tɕhi2	tɕhi2	tɕhi2	tɕhi2
雅安	tɕhi1	tɕhi1	tɕhi2	tɕi1	tɕhi2	tɕhi2	tɕhi2	tɕhi2
名山	tɕhi1	tɕhi1	tɕhi2	tɕhi2 tɕi1 口	tɕhi2	tɕhi2	tɕhi2	tɕhi2
天全	tɕhi1	tɕhi1	tɕhi2	tɕhi2 tɕi1 口	tɕhi2	tɕhi2	tɕhi2	tɕhi2
芦山	tɕhi1	tɕhi1	tɕhi2	tɕi4	tɕhi2	tɕhi2	tɕhi2	tɕhi2
宝兴	tɕhi1	tɕhi1	tɕhi2	tɕhi2	tɕhi2	tɕhi2	tɕhi2	tɕhi2
荥经	tɕhie5	tɕhie5 tɕhi5 新	tɕhi2	tɕhi2 tɕi1 口	tɕhi2	tɕhi2	tɕhi2	tɕhi2
汉源	tɕhi1	tɕhi1	tɕhi2	tɕhi2 tɕi1 口	tɕhi2	tɕhi2	tɕhi2	tɕhi2
石棉	tɕhi1	tɕhi1	tɕhi2	tɕhi2 tɕi1 口	tɕhi2	tɕhi2	tɕhi2	tɕhi2
内江	tɕhi4	tɕhi4	tɕhi2	tɕhi2 tɕi1 口	tɕhi2	tɕhi2	tɕhi2	tɕhi2
威远	tɕhi4	tɕhi4	tɕhi2	tɕhi2 tɕi1 口	tɕhi2	tɕhi2	tɕhi2	tɕhi2
荣县	tɕhi4	tɕhi4	tɕhi2	tɕhi2 tɕi1 口	tɕhi2	tɕhi2	tɕhi2	tɕhi2
自贡	tɕhi4	tɕhi4	tɕhi2	tɕhi2	tɕhi2	tɕhi2	tɕhi2	tɕhi2
富顺	tɕhi4	tɕhi4	tɕhi2	tɕhi2	tɕhi2	tɕhi2	tɕhi2	tɕhi2
隆昌	tɕhy4	tɕhi4	tɕhi2	tɕhi2	tɕhi2	tɕhi2	tɕhi2	tɕhi2
泸县	tɕhi4	tɕhi4	tɕhi2	tɕhi2 tɕi1 口	tɕhi2	tɕhi2	tɕhi2	tɕhi2
泸州	tɕhi5 tɕie5 旧	tɕhi5 tɕhie5 旧	tɕhi2	tɕhi2 tɕi1 口	tɕhi2	tɕhi2	tɕhi2	tɕhi2
南溪	tɕhi5 tɕie5 旧	tɕhi5 tɕie5 旧	tɕhi2	tɕhi2 tɕi1 口	tɕhi2	tɕhi2	tɕhi2	tɕhi2
合江	tʃhi5	tʃhi5	tɕhi2	tɕhi2 tɕi1 口	tɕhi2	tɕhi2	tɕhi2	tɕhi2

字目	其	棋	旗	麒	祈	启	企	起
反切	渠之	渠之	渠之	渠之	渠希	康礼	丘弭	墟里
声韵调	止开三 群之平	止开三 群之平	止开三 群之平	止开三 群之平	止开三 群微平	蟹开四 溪齐上	止开三A 溪支上	止开三 溪之上
中古音	gɨ	gɨ	gɨ	gɨ	gɨi	khei:	khiᴇ:	khɨ:
成都	tɕhi2	tɕhi2	tɕhi2	tɕhi2	tɕhi2	tɕhi3	tɕhi3 tɕhi4	tɕhi3
彭州	tɕhi2	tɕhi2	tɕhi2	tɕhi2	tɕhi2	tɕhi3	tɕhi3 tɕhi4	tɕhi3
郫县	tɕhi2	tɕhi2	tɕhi2	tɕhi2	tɕhi2	tɕhi3	tɕhi4 tɕhi3	tɕhi3
广汉	tɕhi2	tɕhi2	tɕhi2	tɕhi2	tɕhi1	tɕhi3	tɕhi4 tɕhi3	tɕhi3
都江堰河东	tɕhi2	tɕhi2	tɕhi2	tɕhi2	tɕhi2	tɕhi3	tɕhi3 tɕhi4	tɕhi3
都江堰河西	tɕhi2	tɕhi2	tɕhi2	tɕhi2	tɕhi2	tɕhi3	tɕhi3 tɕhi4	tɕhi3
崇州	tɕhi2	tɕhi2	tɕhi2	tɕhi2	tɕhi2	tɕhi3	tɕhi3 tɕhi4	tɕhi3
大邑	tɕhi2	tɕhi2	tɕhi2	tɕhi2	tɕhi3	tɕhi3	tɕhi3 tɕhi4	tɕhi3
邛崃	tɕhi2	tɕhi2	tɕhi2	tɕhi2	tɕhi3	tɕhi3	tɕhi3 tɕhi4	tɕhi3
新津	tɕhi2	tɕhi2	tɕhi2	tɕhi2	tɕhi3	tɕhi3	tɕhi3 tɕhi4	tɕhi3
蒲江	tɕhi2	tɕhi2	tɕhi2	tɕhi2	tɕhi3	tɕhi3	tɕhi3 tɕhi4	tɕhi3
彭山	tɕhi2	tɕhi2	tɕhi2	tɕhi2	tɕhi3	tɕhi3	tɕhi3 tɕhi4	tɕhi3
眉山	tɕhi2	tɕhi2	tɕhi2	tɕhi2	tɕhi2	tɕhi3	tɕhi3 tɕhi4	tɕhi3
丹棱	tɕhi2	tɕhi2	tɕhi2	tɕhi2	tɕhi3	tɕhi3	tɕhi4 tɕhi3	tɕhi3
洪雅	tɕhi2	tɕhi2	tɕhi2	tɕhi2	tɕhi2	tɕhi3	tɕhi4 tɕhi3	tɕhi3
青神	tɕhi2	tɕhi2	tɕhi2	tɕhi2	tɕhi2	tɕhi3	tɕhi4 tɕhi3	tɕhi3
夹江	tɕhi2	tɕhi2	tɕhi2	tɕhi2	tɕhi3	tɕhi3	tɕhi3 tɕhi4	tɕhi3
峨眉山	tɕhi2	tɕhi2	tɕhi2	tɕhi2	tɕhi3	tɕhi3	tɕhi3 tɕhi4	tɕhi3
乐山	tɕhi2	tɕhi2	tɕhi2	tɕhi2	tɕhi3	tɕhi3	tɕhi3 tɕhi4	tɕhi3
犍为	tɕhi2	tɕhi2	tɕhi2	tɕhi2	tɕhi3	tɕhi3	tɕhi3 tɕhi4	tɕhi3

字目	其	棋	旗	麒	祈	启	企	起
反切	渠之	渠之	渠之	渠之	渠希	康礼	丘弭	墟里
声韵调	止开三 群之平	止开三 群之平	止开三 群之平	止开三 群之平	止开三 群微平	蟹开四 溪齐上	止开三 A 溪支上	止开三 溪之上
中古音	gɨ	gɨ	gɨ	gɨ	gɨi	khei:	khiᴇ:	khɨ:
沐川	tɕhi2	tɕhi2	tɕhi2	tɕhi2	tɕhi2	tɕhi3	tɕhi3 tɕhi4	tɕhi3
峨边	tɕhi2	tɕhi2	tɕhi2	tɕhi2	tɕhi2	tɕhi3	tɕhi4	tɕhi3
雅安	tɕhi2	tɕhi2	tɕhi2	tɕhi2	tɕhi3	tɕhi3	tɕhi3 tɕhi4	tɕhi3
名山	tɕhi2	tɕhi2	tɕhi2	tɕhi2	tɕhi2	tɕhi3	tɕhi3 tɕhi4	tɕhi2
天全	tɕhi2	tɕhi2	tɕhi2	tɕhi2	tɕhi2	tɕhi3	tɕhi3 tɕhi4	tɕhi3
芦山	tɕhi2	tɕhi2	tɕhi2	tɕhi2	tɕhi2	tɕhi3	tɕhi3 tɕhi4	tɕhi3
宝兴	tɕhi2	tɕhi2	tɕhi2	tɕhi2	tɕhi2	tɕhi3	tɕhi3 tɕhi4	tɕhi3
荥经	tɕhi2	tɕhi2	tɕhi2	tɕhi2	tɕhi2	tɕhi3	tɕhi3 tɕhi4	tɕhi3
汉源	tɕhi2	tɕhi2	tɕhi2	tɕhi2	tɕhi3	tɕhi3	tɕhi3 tɕhi4	tɕhi3
石棉	tɕhi2	tɕhi2	tɕhi2	tɕhi2	tɕhi2	tɕhi3	tɕhi3 tɕhi4	tɕhi3
内江	tɕhi2	tɕhi2	tɕhi2	tɕhi2	tɕhi4 tɕhi2	tɕhi3	tɕhi3 tɕhi4	tɕhi3
威远	tɕhi2	tɕhi2	tɕhi2	tɕhi2	tɕhi3 tɕhi2	tɕhi3	tɕhi3 tɕhi4	tɕhi3
荣县	tɕhi2	tɕhi2	tɕhi2	tɕhi2	tɕhi2	tɕhi3	tɕhi3 tɕhi4	tɕhi3
自贡	tɕhi2	tɕhi2	tɕhi2	tɕhi2	tɕhi4	tɕhi3	tɕhi3 tɕhi4	tɕhi3
富顺	tɕhi2	tɕhi2	tɕhi2	tɕhi2	tɕhi3	tɕhi3	tɕhi3 tɕhi4	tɕhi3
隆昌	tɕhi2	tɕhi2	tɕhi2	tɕhi2	tɕhi3	tɕhi3	tɕhi3 tɕhi4	tɕhi3
泸县	tɕhi2	tɕhi2	tɕhi2	tɕhi2	tɕhi3	tɕhi3	tɕhi4 tɕhi3	tɕhi3
泸州	tɕhi2	tɕhi2	tɕhi2	tɕhi2	tɕhi3	tɕhi3	tɕhi4 tɕhi3	tɕhi3
南溪	tɕhi2	tɕhi2	tɕhi2	tɕhi2	tɕhi3	tɕhi3	tɕhi4 tɕhi3	tɕhi3
合江	tɕhi2	tɕhi2	tɕhi2	tɕhi2	tɕhi3	tɕhi3	tɕhi3 tɕhi4	tɕhi3

字目	岂	乞	契契约	器	弃	气	*汽	泣
反切	祛狶	去讫	苦计	去冀	诘利	去既	*丘既	去急
声韵调	止开三 溪微上	臻开三 溪迄入	蟹开四 溪齐去	止开三 B 溪脂去	止开三 A 溪脂去	止开三 溪微去	止开三 溪微去	深开三 B 溪缉入
中古音	khɨi:	khɨt	khei-	khɣiɪ-	khiɪ-	khɨi-	khɨi-	khɣiɪp
成都	tɕhi3	tɕhi2 文 tɕhie2 白	tɕhi4	tɕhi4	tɕhi4	tɕhi4	tɕhi4	ɕi2 ɕie2 旧
彭州	tɕhi3	tɕhie5	tɕhi4	tɕhi4	tɕhi4	tɕhi4	tɕhi4	tɕhie5 ɕi5 新
郫县	tɕhi3	tɕhie5	tɕhi4	tɕhi4	tɕhi4	tɕhi4	tɕhi4	tɕhi5 ɕie5 旧
广汉	tɕhi3	tɕhie5	tɕhi4	tɕhi4	tɕhi4	tɕhi4	tɕhi4	ɕi2 ɕie5 旧
都江堰河东	tɕhi3	tɕhie5	tɕhi4	tɕhi4	tɕhi4	tɕhi4	tɕhi4	ɕie2
都江堰河西	tɕhi3	tɕhie5	tɕhi4	tɕhi4	tɕhi4	tɕhi4	tɕhi4	ɕie5
崇州	tɕhi3	tɕhie5	tɕhi4	tɕhi4	tɕhi4	tɕhi4	tɕhi4	ɕie5
大邑	tɕhi3	tɕhie5	tɕhi4	tɕhi4	tɕhi4	tɕhi4	tɕhi4	tɕhie5 ɕie5 旧
邛崃	tɕhi3	tɕhi2 tɕhie5	tɕhi4	tɕhi4	tɕhi4	tɕhi4	tɕhi4	tɕhie5 ɕie5 旧
新津	tɕhi3	tɕhie5	tɕhi4	tɕhi4	tɕhi4	tɕhi4	tɕhi4	tɕhie5 ɕie5 旧
蒲江	tɕhi3	tɕhie5	tɕhi4	tɕhi4	tɕhi4	tɕhi4	tɕhi4	tɕhie5① ɕie5 旧
彭山	tɕhi3	tɕhie5	tɕhie4	tɕhi4	tɕhi4	tɕhi4	tɕhi4	tɕhi4
眉山	tɕhi3	tɕhi5	tɕhie5	tɕhi4	tɕhi4	tɕhi4	tɕhi4	tɕhi5 tɕhie5 旧
丹棱	tɕhi3	tɕhi5	tɕhie4	tɕhi4	tɕhi4	tɕhi4	tɕhi4	tɕhi5
洪雅	tɕhi3	tɕhi5	tɕhi4	tɕhi4	tɕhi4	tɕhi4	tɕhi4	tɕhi5
青神	tɕhi3	tɕhie5	tɕhi4	tɕhi4	tɕhi4	tɕhi4	tɕhi4	tɕhi4 tɕhie5 旧
夹江	tɕhi3	tɕhi5	tɕhi4	tɕhi4	tɕhi4	tɕhi4	tɕhi4	ɕi5
峨眉山	tɕhi3	tɕhi1	tɕhi5	tɕhi5	tɕhi5	tɕhi5	tɕhi5	ɕi1
乐山	tɕhi3	tɕhie5	tɕhi4	tɕhi4	tɕhi4	tɕhi4	tɕhi4	tɕhi4 tɕhie5 旧
犍为	tɕhi3	tɕhie5	tɕhi4	tɕhi4	tɕhi4	tɕhi4	tɕhi4	tɕhi4 tɕhie5 旧

① 又音 tɕhi4。

字目	岂	乞	契契约	器	弃	气	*汽	泣
反切	祛豨	去讫	苦计	去冀	诘利	去既	*丘既	去急
声韵调	止开三 溪微上	臻开三 溪迄入	蟹开四 溪齐去	止开三 B 溪脂去	止开三 A 溪脂去	止开三 溪微去	止开三 溪微去	深开三 B 溪缉入
中古音	khɨi:	khɨt	khei-	khɣiɪ-	khiɪ-	khɨi-	khɨi-	khɣiɪp
沐川	tɕhi3	tɕhi4	tɕhi4	tɕhi4	tɕhi4	tɕhi4	tɕhi4	tɕhi5 tɕhie5 旧
峨边	tɕhi3	tɕhi5	tɕhi4	tɕhi4	tɕhi4	tɕhi4	tɕhi4	ɕi5
雅安	tɕhi3	tɕhi1	tɕhi4	tɕhi4	tɕhi4	tɕhi4	tɕhi4	tɕhi1
名山	tɕhi3	tɕhi1	tɕhi4	tɕhi4	tɕhi4	tɕhi4	tɕhi4	tɕhi1
天全	tɕhi3	tɕhi1	tɕhi4	tɕhi4	tɕhi4	tɕhi4	tɕhi4	tɕhi1
芦山	tɕhi3	tɕhi1	tɕhi4	tɕhi4	tɕhi4	tɕhi4	tɕhi4	ɕi1
宝兴	tɕhi3	tɕhi1	tɕhi4	tɕhi4	tɕhi4	tɕhi4	tɕhi4	tɕhi1
荥经	tɕhi3	tɕhie5	tɕhi4	tɕhi4	tɕhi4	tɕhi4	tɕhi4	tɕhi5 tɕhie5 旧
汉源	tɕhi3	tɕhi1	tɕhi4	tɕhi4	tɕhi4	tɕhi4	tɕhi4	tɕhi1
石棉	tɕhie3	tɕhi1	tɕhi4	tɕhi4	tɕhi4	tɕhi4	tɕhi4	tɕhi1
内江	tɕhi3	tɕhi4	tɕhi4	tɕhi4	tɕhi4	tɕhi4	tɕhi4	tɕhi4
威远	tɕhi3	tɕhi4	tɕhi4	tɕhy4 tɕhi4	tɕhi4	tɕhi4	tɕhi4	tɕhi4
荣县	tɕhi3	tɕhi4	tɕhi4	tɕhi4	tɕhi4	tɕhi4	tɕhi4	tɕhi4
自贡	tɕhi3	tɕhi4	tɕhi4	tɕhi4	tɕhi4	tɕhi4	tɕhi4	tɕhi4
富顺	tɕhi3	tɕhi4	tɕhi4	tɕhi4	tɕhi4	tɕhi4	tɕhi4	ɕi4
隆昌	tɕhi3	tɕhi4	tɕhi4	tɕhi4	tɕhi4	tɕhi4	tɕhi4	tɕhie4
泸县	tɕhi3	tɕhi4	tɕhi4	tɕhi4	tɕhi4	tɕhi4	tɕhi4	tɕhi4 ɕi4 旧
泸州	tɕhi3	tɕhi5	tɕhi4	tɕhi4	tɕhi4	tɕhi4	tɕhi4	tɕhi5 ɕi5 旧
南溪	tɕhi3	tɕhi5	tɕhi4	tɕhi4	tɕhi4	tɕhi4	tɕhi4	tɕhi5 ɕi5 旧
合江	tɕhi3	tɕhi5	tɕhi4	tɕhi4	tɕhi4	tɕhi4	tɕhi4	tɕhi5 tɕhie5 旧

字目	西	犀	溪	牺	希	稀	吸	息
反切	先稽	先稽	苦奚	许羁	香衣	香衣	许及	相即
声韵调	蟹开四 心齐平	蟹开四 心齐平	蟹开四 溪齐平	止开三B 晓支平	止开三 晓微平	止开三 晓微平	深开三B 晓缉入	曾开三 心职入
中古音	sei	sei	khei	hɣiᴇ	hɨi	hɨi	hɣiɪp	sɨk
成都	ɕi1	ɕi1	tɕhi1	ɕi1	ɕi1	ɕi1	ɕi2 tɕie2 旧	ɕi2 ɕie2 旧
彭州	ɕi1	ɕi1	tɕhi1	ɕi1	ɕi1	ɕi1	ɕie5 ɕi5 新	ɕie5 ɕi5 新
郫县	ɕi1	ɕi1	tɕhi1	ɕi1	ɕi1	ɕi1	ɕie5	ɕie5
广汉	ɕi1	ɕi1	tɕhi1	ɕie1	ɕi1	ɕi1	ɕie5	ɕie5 ɕi5 新
都江堰河东	ɕi1	ɕi1	tɕhi1	ɕi1	ɕi1	ɕi1	tɕie5	ɕie5
都江堰河西	ɕi1	ɕi1	tɕhi1	ɕi1	ɕi1	ɕi1	ɕie5	ɕie5
崇州	ɕi1	ɕi1	tɕhi1	ɕi1	ɕi1	ɕi1	tɕie5	ɕie5
大邑	ɕi1	ɕi1	tɕhi1 ɕi1 新	ɕi1	ɕi1	ɕi1	tɕie5 ɕie5	ɕie5
邛崃	ɕi1	ɕi1	tɕhi1 ɕi1 新	ɕi1	ɕi1	ɕi1	tɕie5 ɕie5	ɕie5
新津	ɕi1	ɕi1	tɕhi1 ɕi1 新	ɕi1	ɕi1	ɕi1	tɕie5 ɕie5	ɕie5
蒲江	ɕi1	ɕi1	tɕhi1 ɕi1 新	ɕi1	ɕi1	ɕi1	tɕie5① ɕie5	ɕie5
彭山	ɕi1	ɕi1	tɕhi1 ɕi1 新	ɕi1	ɕi1	ɕi1	ɕie5	ɕie5
眉山	ɕi1	ɕi1	tɕhi1 ɕi1 新	ɕi1	ɕi1	ɕi1	ɕi5 ɕie5	ɕi5 ɕie5 旧
丹棱	ɕi1	ɕi1	tɕhi1 ɕi1 新	ɕi1	ɕi1	ɕi1	tɕi5 ɕi5	ɕi5
洪雅	ɕi1	ɕi1	tɕhi1 ɕi1 新	ɕi1	ɕi1	ɕi1	ɕi5	ɕi5
青神	ɕi1	ɕi1	tɕhi1 ɕi1 新	ɕi1	ɕi1	ɕi1	tɕie5 ɕie5	ɕie5
夹江	ɕi1	ɕi1	tɕhi1	ɕi1	ɕi1	ɕi1	ɕi5 tɕi5	ɕi5
峨眉山	ɕi1	ɕi1	tɕhi1	ɕi1	ɕi1	ɕi1	ɕi5 tɕi5	ɕi5
乐山	ɕi1	ɕi1	tɕhi1	ɕi1	ɕi1	ɕi1	ɕie5 tɕie5	ɕie5
犍为	ɕi1	ɕi1	tɕhi1	ɕi1	ɕi1	ɕi1	ɕie5 tɕie5	ɕie5

① 又音 ɕi5。

字目	西	犀	溪	牺	希	稀	吸	息
反切	先稽	先稽	苦奚	许羁	香衣	香衣	许及	相即
声韵调	蟹开四 心齐平	蟹开四 心齐平	蟹开四 溪齐平	止开三 B 晓支平	止开三 晓微平	止开三 晓微平	深开三 B 晓缉入	曾开三 心职入
中古音	sei	sei	khei	hɣiᴇ	hɨi	hɨi	hɣiɪp	sɨk
沐川	ɕi1	ɕi1	tɕhi1	ɕi1	ɕi1	ɕi1	ɕie5 ɕi5 新	ɕie5 ɕi5 新
峨边	ɕi1	ɕi1	tɕhi1	ɕi1	ɕi1	ɕi1	tɕi5 tɕiɛ5 旧	ɕi5 ɕiɛ5 旧
雅安	ɕi1	ɕi1	tɕhi1	ɕi1	ɕi1	ɕi1	tɕi1	ɕi1
名山	ɕi1	ɕi1	ɕi1	ɕi1	ɕi1	ɕi1	ɕi1	ɕi1
天全	ɕi1	ɕi1	ɕi1	ɕi1	ɕi1	ɕi1	ɕi1	ɕi1
芦山	ɕi1	ɕi1	tɕhi1	ɕi1	ɕi1	ɕi1	tɕi1	ɕi1
宝兴	ɕi1	ɕi1	tɕhi1	ɕi1	ɕi1	ɕi1	ɕi1	ɕi1
荥经	ɕi1	ɕi1	tɕhi1	ɕi1	ɕi1	ɕi1	tɕie5 ɕi5 新	ɕie5 ɕi5 新
汉源	ɕi1	ɕi1	tɕhi1	ɕi1	ɕi1	ɕi1	tɕi1	ɕi1 ɕie1 旧
石棉	ɕi1	ɕi1	tɕhi1	ɕi1	ɕi1	ɕi1	ɕi1 ɕie1 旧	ɕi1 ɕie1 旧
内江	ɕi1	ɕi1	tɕhi1 ɕi1 新	ɕi1	ɕi1	ɕi1	ɕi4	ɕi4
威远	ɕi1	ɕi1	tɕhi1 ɕi1 新	ɕi1	ɕy1	ɕy1	tɕi4 ɕi4 新	ɕi4
荣县	ɕi1	ɕi1	tɕhi1 ɕi1 新	ɕi1	ɕi1	ɕi1	tɕi4 ɕi4 新	ɕi4
自贡	ɕi1	ɕi1	tɕhi1	ɕi1	ɕi1	ɕi1	tɕi4	ɕi4
富顺	ɕi1	ɕi1	tɕhi1	ɕi1	ɕi1	ɕi1	tɕi4	ɕi4
隆昌	ɕi1	ɕi1	tɕhi1	ɕi1	ɕi1	ɕi1	tɕi4	ɕi4
泸县	ɕi1	ɕi1	tɕhi1 ɕi1 新	ɕi1	ɕi1	ɕi1	tɕi4 ɕi4 新	ɕi4
泸州	ɕi1	ɕi1	tɕhi1 ɕi1	ɕi1	ɕi1	ɕi1	tɕi5① ɕi5 新	ɕi5 ɕie5 旧
南溪	ɕi1	ɕi1	tɕhi1 ɕi1	ɕi1	ɕi1	ɕi1	tɕi5① ɕi5 新	ɕi5 ɕie5 旧
合江	ʃi1	ʃi1	tɕhi1	ɕi1	ɕi1	ɕi1	tɕi5 tɕie5 旧	ɕi5 ɕie5 旧

① 又音 ɕi1。

字目	熄	悉	膝	惜	夕	析	锡	习
反切	相即	息七	息七	思积	祥易	先击	先击	似入
声韵调	曾开三 心职入	臻开三 心质入	臻开三 心质入	梗开三 心昔入	梗开三 邪昔入	梗开四 心锡入	梗开四 心锡入	深开三 邪缉入
中古音	sɨk	siɪt	siɪt	siᴇk	ziᴇk	sek	sek	ziɪp
成都	ɕi2 ɕie2 旧	ɕi2	ɕi2 ɕie2 旧	ɕi2 ɕie2 旧	ɕi2 ɕie2 旧	ɕi2 ɕie2 旧	ɕi2	ɕi2 ɕie2 旧
彭州	ɕie5 ɕi5 新	ɕie5	ɕie5 ɕi5 新	ɕie5 ɕi5 新	ɕie5 ɕi5 新	ɕie5 ɕi5 新	ɕie5 ɕi5 新	ɕie5 ɕi5 新
郫县	ɕie5	ɕie5	tɕhie5	ɕie5	ɕie5	ɕie5	ɕie5	ɕie5
广汉	ɕie5	ɕi5 ɕie5 旧	tɕhi5 ɕie5 旧	ɕie5	ɕie5	ɕie5	ɕie5	ɕie5
都江堰河东	ɕie5	ɕie5	ɕie5 tɕhie5 新	ɕie5	ɕie5	ɕie5	ɕie5	ɕie5
都江堰河西	ɕie5	ɕie5	ɕie5 tɕhie5 新	ɕie5	ɕie5	ɕie5	ɕie5	ɕie5
崇州	ɕie5	ɕie5	ɕie5 tɕhie5 新	ɕie5	ɕie5	ɕie5	ɕie5	ɕie5
大邑	ɕie5	ɕie5	ɕie5 tɕhie5	ɕie5	ɕie5	ɕie5	ɕie5	ɕie5
邛崃	ɕie5	ɕie5	ɕie5	ɕie5	ɕie5	ɕie5	ɕie5	ɕie5
新津	ɕie5	ɕie5	tɕhie5 ɕie5	ɕie5	ɕie5	ɕie5	ɕie5	ɕie5
蒲江	ɕie5	ɕie5	ɕie5	ɕie5	ɕie5	ɕie5	ɕie5	ɕie5
彭山	ɕie5	ɕie5	ɕie5	ɕie5	ɕie5	ɕie5	ɕie5	ɕie5
眉山	ɕi5 ɕie5 旧	ɕi5 ɕie5 旧	ɕi5 ɕie5 旧	ɕie5	ɕi5 ɕie5 旧	ɕi5 ɕie5 旧	ɕi5 ɕie5 旧	ɕi5 ɕie5 旧
丹棱	ɕi5	ɕi5	ɕi5	ɕi5	ɕi5	ɕi5	ɕi5	ɕi5
洪雅	ɕi5	ɕi5	ɕi5	ɕi5	ɕi5	ɕi5	ɕi5	ɕi5
青神	ɕie5	ɕie5	ɕie5	ɕie5	ɕie5	ɕie5	ɕie5	ɕie5
夹江	ɕi5	ɕi5	tɕhi1	ɕi5	ɕi5	ɕi1	ɕi5	ɕi5
峨眉山	ɕi5	ɕi5	tɕhi5	ɕi5	ɕi5	ɕi5	ɕi5	ɕi5
乐山	ɕie5	ɕie5	ɕie5	ɕie5	ɕie5	ɕie5	ɕie5	ɕie5
犍为	ɕie5	ɕie5	ɕie5	ɕie5	ɕie5	ɕie5	ɕie5	ɕie5

字目	熄	悉	膝	惜	夕	析	锡	习
反切	相即	息七	息七	思积	祥易	先击	先击	似入
声韵调	曾开三 心职入	臻开三 心质入	臻开三 心质入	梗开三 心昔入	梗开三 邪昔入	梗开四 心锡入	梗开四 心锡入	深开三 邪缉入
中古音	sɨk	siɪt	siɪt	siᴇk	ziᴇk	sek	sek	ziɪp
沐川	ɕie5 ɕi5 新	ɕie5 ɕi5 新	tɕhie5 ɕi5 新	ɕie5 ɕi5 新	ɕie5 ɕi5 新	ɕie5 ɕi5 新	ɕie5 ɕi5 新	ɕie5 ɕi5 新
峨边	ɕi5 ɕiɛ5 旧	ɕi5	ɕi5 ɕiɛ5 旧	ɕiɛ5	ɕi5 ɕiɛ5 旧	ɕi5 ɕiɛ5 旧	ɕi5 ɕiɛ5 旧	ɕi5 ɕiɛ5 旧
雅安	ɕi1	ɕi1	ɕi1	ɕi1	ɕi1	ɕi1	ɕi1	ɕi1
名山	ɕi1	ɕi1	ɕi1	ɕi1	ɕi1	ɕi1	ɕi1	ɕi1
天全	ɕi1	ɕi1	ɕi1	ɕi1	ɕi1	ɕi1	ɕi1	ɕi1
芦山	ɕi1	ɕi1	ɕi1	ɕi1	ɕi1	ɕi1	ɕi1	ɕi1
宝兴	ɕi1	ɕi1	ɕi1	ɕi1	ɕi1	ɕi1	ɕi1	ɕi1
荥经	ɕie5 ɕi5 新	ɕie5 ɕi5 新	tɕhie5 ɕi5 新	ɕie5 ɕi5 新	ɕie5 ɕi5 新	ɕie5 ɕi5 新	ɕie5 ɕi5 新	ɕie5 ɕi5 新
汉源	ɕi1	ɕi1	tɕhi1	ɕi1	ɕi1	ɕi1	ɕi1	ɕi1
石棉	ɕi1 ɕie1 旧	ɕi1	ɕi1 ɕie1 旧	ɕi1 ɕie1 旧	ɕi1 ɕie1 旧	ɕi1 ɕie1 旧	ɕi1 ɕie1 旧	ɕi1 ɕie1 旧
内江	ɕi4	ɕy4 ɕi4	ɕi4	ɕi4	ɕi4	ɕi4	ɕi4	ɕi4
威远	ɕi4	ɕy4 ɕi4	ɕi4	ɕi4	ɕi4	ɕi4	ɕi4	ɕi4
荣县	ɕi4	ɕi4	ɕi4	ɕi4	ɕi4	ɕi4	ɕi4	ɕi4
自贡	ɕi4	ɕi4	ɕi4	ɕi4	ɕi4	ɕi4	ɕi4	ɕi4
富顺	ɕi4	ɕi4	ɕi4	ɕi4	ɕi2 ɕi4 旧	ɕi4	ɕi4	ɕi4
隆昌	ɕi4	ɕy4	tɕhi4	ɕi1	ɕi4	ɕi4	ɕi4	ɕi4
泸县	ɕi4	ɕi4	ɕi4	ɕi4	ɕi4	ɕi4	ɕi4	ɕi4
泸州	ɕi5 ɕie5 旧	ɕi5 ɕie5 旧	tɕhi5① tɕhie5 旧	ɕi5 ɕie5 旧	ɕi5 ɕie5 旧	ɕi5 ɕie5 旧	ɕi5 ɕie5 旧	ɕi5 ɕie5 旧
南溪	ɕi5 ɕie5 旧	ɕi5 ɕie5 旧	ɕi5 ɕie5 旧	ɕi5 ɕie5 旧	ɕi5 ɕie5 旧	ɕi5 ɕie5 旧	ɕi5 ɕie5 旧	ɕi5 ɕie5 旧
合江	ɕi5 ɕie5 旧	ɕi5	ɕi5 ɕie5 旧	ɕi5 ɕie5 旧	ɕi5 ɕie5 旧	ɕi5 ɕie5 旧	ɕi5 ɕie5 旧	ɕi5 ɕie5 旧

① 又音 ɕi5。

字目	袭	昔	席	洗洗刷	喜	细	系连系	系关系
反切	似入	思积	祥易	先礼	虚里	苏计	胡计	胡计
声韵调	深开三 邪缉入	梗开三 心昔入	梗开三 邪昔入	蟹开四 心齐上	止开三 晓之上	蟹开四 心齐去	蟹开四 匣齐去	蟹开四 匣齐去
中古音	ziɪp	siᴇk	ziᴇk	sei:	hɨ:	sei-	ɦei-	ɦei-
成都	ɕi2 ɕie2 旧	ɕi2	ɕi2	ɕi3	ɕi3	ɕi4	ɕi4	ɕi4
彭州	ɕie5 ɕi5 新	ɕie5	ɕie5	ɕi3	ɕi3	ɕi4	ɕi4	ɕi4
郫县	ɕie5	ɕie5	ɕie5	ɕi3	ɕi3	ɕi4	ɕi4 tɕi4 旧	ɕi4
广汉	ɕie5	ɕie5	ɕie5	ɕi3	ɕi3	ɕi4	ɕi4	ɕi4
都江堰河东	ɕie5	ɕie5	ɕie5	ɕi3	ɕi3	ɕi4	ɕi4	ɕi4
都江堰河西	ɕie5	ɕie5	ɕie5	ɕi3	ɕi3	ɕi4	ɕi4	ɕi4
崇州	ɕie5	ɕie5	ɕie5	ɕi3	ɕi3	ɕi4	ɕi4	ɕi4
大邑	ɕie5	ɕie5	ɕie5	ɕi3	ɕi3	ɕi4	ɕi4	ɕi4
邛崃	ɕie5	ɕie5	ɕie5	ɕi3	ɕi3	ɕi4	ɕi4	ɕi4
新津	ɕie5	ɕie5	ɕie5	ɕi3	ɕi3	ɕi4	ɕi4	ɕi4
蒲江	ɕie5	ɕie5	ɕie5	ɕi3	ɕi3	ɕi4	ɕi4	ɕi4
彭山	ɕie5	ɕie5	ɕie5	ɕi3	ɕi3	ɕi4	ɕi4	ɕi4
眉山	ɕie5	ɕie5	ɕi5 ɕie5 旧	ɕi3	ɕi3	ɕi4	ɕi4	ɕi4
丹棱	ɕi5	ɕi5	ɕi5	ɕi3	ɕi3	ɕi4	ɕi4	ɕi4
洪雅	ɕi5	ɕi5	ɕi5	ɕi3	ɕi3	ɕi4	ɕi4	ɕi4
青神	ɕie5	ɕie5	ɕie5	ɕi3	ɕi3	ɕi4	ɕi4	ɕi4
夹江	ɕi5	ɕi5	ɕi5	ɕi3	ɕi3	ɕi4	ɕi4	ɕi4
峨眉山	ɕi5	ɕi5	ɕi5	ɕi3	ɕi3	ɕi1	ɕi1	ɕi1
乐山	ɕie5	ɕie5 ɕi1	ɕie5	ɕi3	ɕi3	ɕi4	ɕi4	ɕi4
犍为	ɕie5	ɕie5 ɕi1	ɕie5	ɕi3	ɕi3	ɕi4	ɕi4	ɕi4

字目	袭	昔	席	洗洗刷	喜	细	系连系	系关系
反切	似入	思积	祥易	先礼	虚里	苏计	胡计	胡计
声韵调	深开三 邪缉入	梗开三 心昔入	梗开三 邪昔入	蟹开四 心齐上	止开三 晓之上	蟹开四 心齐去	蟹开四 匣齐去	蟹开四 匣齐去
中古音	ziɪp	siᴇk	ziᴇk	sei:	hɨ:	sei-	ɦei-	ɦei-
沐川	ɕie5 ɕi5 新	ɕi5	ɕi5	ɕi3	ɕi3	ɕi4	ɕi4	ɕi4
峨边	ɕi5 ɕiɛ5 旧	ɕi5	ɕi5	ɕi3	ɕi3	ɕi4	ɕi4	ɕi4
雅安	ɕi1	ɕi1	ɕi1	ɕi3	ɕi3	ɕi4	ɕi4	ɕi4
名山	ɕi1	ɕi1	ɕi1	ɕi3	ɕi3	ɕi4	tɕi1	ɕi1
天全	ɕi1	ɕi1	ɕi1	ɕi3	ɕi3	ɕi4	tɕi1	ɕi1
芦山	ɕi1	ɕi1	ɕi1	ɕi3	ɕi3	ɕi4	ɕi4	ɕi4
宝兴	ɕi1	ɕi1	ɕi1	ɕi3	ɕi3	ɕi4	ɕi4	ɕi4
荥经	ɕie5 ɕi5 新	ɕie5	ɕie5	ɕi3	ɕi3	ɕi4	tɕi4	ɕi4
汉源	ɕi1	ɕi1	ɕi1	ɕi3	ɕi3	ɕi4	ɕi4	ɕi4
石棉	ɕi1 ɕie1 旧	ɕi1	ɕi1	ɕi3	ɕi3	ɕi4	tɕi1	ɕi4
内江	ɕi4	ɕi4	ɕi4	ɕi3	ɕi3	ɕi4	ɕi4	ɕi4
威远	ɕi4	ɕi4	ɕi4	ɕi3	ɕi3	ɕi4	ɕi4	ɕi4
荣县	ɕi4	ɕi4	ɕi4	ɕi3	ɕi3	ɕi4	ɕi4	ɕi4
自贡	ɕi4	ɕi4	ɕi4	ɕi3	ɕi3	ɕi4	ɕi4	ɕi4
富顺	ɕi4	ɕi4	ɕi4	ɕi3	ɕi3	ɕi4	ɕi4	ɕi4
隆昌	ɕi4	ɕi1 ɕi4 旧	ɕi4	ɕi3	ɕi3	ɕi4	ɕi4	ɕi4
泸县	ɕi4	ɕi4	ɕi4	ɕi3	ɕi3	ɕi4	ɕi4	ɕi4
泸州	ɕi5 ɕie5 旧	ɕi5 ɕie5 旧	ɕi5 ɕie5 旧	ɕi3	ɕi3	ɕi4	ɕi4	ɕi4
南溪	ɕi5 ɕie5 旧	ɕi5	ɕi5	ɕi3	ɕi3	ɕi4	ɕi4	ɕi4
合江	ɕi5 ɕie5 旧	ɕi5	ɕi5	ɕi3	ɕi3	ɕi4	tɕi4	ɕi4

字目	系系统	戏	医	衣	依	一	宜	仪
反切	胡计	香义	于其	于希	于希	于悉	鱼羁	鱼羁
声韵调	蟹开四 匣齐去	止开三B 晓支去	止开三 影之平	止开三 影微平	止开三 影微平	臻开三A 影质入	止开三B 疑支平	止开三B 疑支平
中古音	ɦei-	hɣiᴇ-	ʔɨ	ʔɨi	ʔɨi	ʔiɪt	ŋɣiᴇ	ŋɣiᴇ
成都	ɕi4	ɕi4	i1	i1	i1	i2	ȵi2 i2 新	ȵi2 i2 新
彭州	ɕi4	ɕi4	i1	i1	i1	ie5	ȵi2 i2 新	ȵi2 i2 新
郫县	ɕi4	ɕi4	i1	i1	i1	ie5	ȵi2 i2 新	ȵi2 i2 新
广汉	ɕi4	ɕi4	i1	i1	i1	ie5	ȵi2 i2 新	ȵi2 i2 新
都江堰河东	ɕi4	ɕi4	i1	i1	i1	ie5	ȵi2 i2 新	ȵi2 i2 新
都江堰河西	ɕi4	ɕi4	i1	i1	i1	ie5	ȵi2 i2 新	ȵi2 i2 新
崇州	ɕi4	ɕi4	i1	i1	i1	ie5	ȵi2	ȵi2
大邑	ɕi4	ɕi4	i1	i1	i1	ie5	ȵi2 i2 新	ȵi2 i2 新
邛崃	ɕi4	ɕi4	i1	i1	i1	ie5	ȵi2 i2	ȵi2 i2
新津	ɕi4	ɕi4	i1	i1	i1	ie5	ȵi2 i2 新	ȵi2 i2 新
蒲江	ɕi4	ɕi4	i1	i1	i1	ie5	ȵi2 i2 新	ȵi2 i2 新
彭山	ɕi4	ɕi4	i1	i1	i1	ie5	ȵi2 i2 新	ȵi2 i2 新
眉山	ɕi4	ɕi4	i1	i1	i1	i5 ie5 旧	ȵi2 i2 新	ȵi2 i2 新
丹棱	ɕi4	ɕi4	i1	i1	i1	i5	ȵi2 i2 新	ȵi2 i2 新
洪雅	ɕi4	ɕi4	i1	i1	i1	i5	ȵi2 i2 新	ȵi2 i2 新
青神	ɕi4	ɕi4	i1	i1	i1	ie5	li2 i2 新	li2 i2 新
夹江	ɕi4	ɕi4	i1	i1	i1	i5	ni2 i2 新	ni2 i2 新
峨眉山	ɕi1	ɕi5	i1	i1	i1	i5	ni2 i2 新	ni2 i2 新
乐山	ɕi4	ɕi4	i1	i1	i1	ie5	li2 i2 新	li2 i2 新
犍为	ɕi4	ɕi4	i1	i1	i1	ie5	li2 i2 新	li2 i2 新

字目	系系统	戏	医	衣	依	一	宜	仪
反切	胡计	香义	于其	于希	于希	于悉	鱼羁	鱼羁
声韵调	蟹开四 匣齐去	止开三 B 晓支去	止开三 影之平	止开三 影微平	止开三 影微平	臻开三 A 影质入	止开三 B 疑支平	止开三 B 疑支平
中古音	ɦei-	hɣiᴇ-	ʔɨ	ʔɨi	ʔɨi	ʔiɪt	ŋɣiᴇ	ŋɣiᴇ
沐川	ɕi4	ɕi4	i1	i1	i1	i4	ȵi2 i2 新	ȵi2 i2 新
峨边	ɕi4	ɕi4	i1	i1	i1	i5	li2	li2
雅安	ɕi4	ɕi4	i1	i1	i1	i1	ȵi2	ȵi2
名山	ɕi4	ɕi4	i1	i1	i1	i1	li4 i2 新	li2 i2 新
天全	ɕi4	ɕi4	i1	i1	i1	i1	ȵi2 i2 新	ȵi2 i2 新
芦山	ɕi4	ɕi4	i1	i1	i1	i1	ȵi4	ȵi4
宝兴	ɕi4	ɕi4	i1	i1	i1	i1	ȵi2	ȵi2
荥经	tɕi4	ɕi4	i1	i1	i1	ie5	ȵi2 i2 新	ȵi2 i2 新
汉源	ɕi4	ɕi4	i1	i1	i1	i1	ni4 i4 新	ni4 i4 新
石棉	ɕi4	ɕi4	i1	i1	i1	i1	ȵi2 i2 新	ȵi2 i2 新
内江	ɕi4	ɕi4	i1	i1	i1	i4	ȵi2 i2 新	ȵi2 i2 新
威远	ɕi4	ɕi4	i1	i1	i1	i4	ȵi2 i2 新	ȵi2 i2 新
荣县	ɕi4	ɕi4	i1	i1	i1	i4	ȵi2 i2 新	ȵi2 i2 新
自贡	ɕi4	ɕi4	i1	i1	i1	i4	ȵi2	ȵi2
富顺	ɕi4	ɕi4	i1	i1	i1	i4	ȵi2	ȵi2
隆昌	ɕi4	ɕi4	i1	i1	i1	i4	ȵi2	ȵi2
泸县	ɕi4	ɕi4	i1	i1	i1	ie4	ȵi2 i2 新	ȵi2 i2 新
泸州	ɕi4	ɕi4	i1	i1	i1	i5 ie5 旧	ȵi2 i2 新	ȵi2 i2 新
南溪	ɕi4	ɕi4	i1	i1	i1	i5 ie5 旧	i2 ȵi2 旧	ȵi2 i2 新
合江	ɕi4	ɕi4	i1	i1	i1	i5	ȵi2 i2 新	ȵi2 i2 新

字目	移	夷	姨	疑	遗遗失	蚁	椅	倚
反切	弋支	以脂	以脂	语其	以追	鱼倚	于绮	于绮
声韵调	止开三 以支平	止开三 以脂平	止开三 以脂平	止开三 疑之平	止合三 以脂平	止开三 B 疑支上	止开三 B 影支上	止开三 B 影支上
中古音	jiᴇ	jiɪ	jiɪ	ŋɨ	jiuɪ	ŋɣiᴇ:	ʔɣiᴇ:	ʔɣiᴇ:
成都	i2	i2	i2	ȵi2 i2 新	i2	ȵi2 i2	i3	i3
彭州	i2	i2	i2	ȵi2 ȵi4 口	i2	ȵi4 i2	i3	i3
郫县	i2	i2	i2	ȵi2 i2 新	i2	i4	i3	i3
广汉	i2	i2	i2	ȵi2	i2	ȵi3	i3	i3
都江堰河东	i2	i2	i2	ȵi2	i2	ȵi2	i3	i3
都江堰河西	i2	i2	i2	ȵi2 i2 新	i2	i3	i3	i3
崇州	i2	i2	i2	ȵi2	i2	i3	i3	i3
大邑	i2	i2	i2	ȵi2 i2 新	i2	ȵi3 i2	i3	i3 i1 俗[③]
邛崃	i2	i2	i2	ȵi2 i2	i2	ȵi2 i2	i3	i3 i1 俗[③]
新津	i2	i2	i2	ȵi2 i2 新	i2	ȵi3 i3	i3	i3 i1 俗[③]
蒲江	i2	i2	i2	ȵi2 i2 新	i2	ȵi2 i2	i3	i3 i1 俗[③]
彭山	i2	i2	i2	ȵi2 i2 新	i2	ȵi2 i2 新	i3	i3 i1 俗[③]
眉山	i2	i2	i2	ȵi2 i2 新	i2	ȵi2 i2 新	i3	i3
丹棱	i2	i2	i2	ȵi2 i2 新	i2	ȵi2 i2 新	i3	i3 i1 俗[③]
洪雅	i2	i2	i2	ȵi2 i2 新	i2	ȵi2 i2 新	i3	i3
青神	i2	i2	i2	li2 i2 新	i2	li2 i2 新	i3	i3
夹江	i2	i2	i2	ni2 i2 新	i2	ni2[①] i3	i3	i3 i1 俗[③]
峨眉山	i2	i2	i2	ni2 i2 新	i2	ni2[①] i3	i3	i3 i1 俗[③]
乐山	i2	i2	i2	li2 i2 新	i2	li2[②] i3	i3	i3 i1 俗[③]
犍为	i2	i2	i2	li2 i2 新	i2	li2[②] i3	i3	i3 i1 俗[③]

① 又音 ni4。 ② 又音 li4。 ③ “依”的训读。於希切，止开三影微平。

字目	移	夷	姨	疑	遗遗失	蚁	椅	倚
反切	弋支	以脂	以脂	语其	以追	鱼倚	于绮	于绮
声韵调	止开三 以支平	止开三 以脂平	止开三 以脂平	止开三 疑之平	止合三 以脂平	止开三 B 疑支上	止开三 B 影支上	止开三 B 影支上
中古音	jiᴇ	jiɪ	jiɪ	ŋɨ	jiuɪ	ŋɣiᴇ:	ʔɣiᴇ:	ʔɣiᴇ:
沐川	i2	i2	i2	ȵi2 ȵi4 口	i2	ȵi3 i2	i3	i3
峨边	i2	i2	i2	li2	i2	i3	i3	i3
雅安	i2	i2	i2	ȵi2	i2	i2	i3	i1④
名山	i2	i2	i2	li2① i2 新	i2	li4 i4	i3	i3
天全	i2	i2	i2	ȵi2② i2 新	i2	ȵi4 i4	i3	i1
芦山	i2	i2	i2	ȵi4	i2	ȵi2	i3	i1④
宝兴	i2	i2	i2	ȵi2	i2	ȵi4	i3	i1④
荥经	i2	i2	i2	ȵi2 ȵi4 口	i2	ȵi4 i2	i3	i3
汉源	i2	i2	i2	ni2 i2 新	i2	ni4 i4	i3	i3
石棉	i2	i2	i2	ȵi2② i2 新	i2	ȵi2 i2	i3	i1
内江	i2	i2	i2	ȵi2 i2 新	i2	ȵi2 i2 新	i3	i3 i1 俗④
威远	i2	i2	i2	ȵi2 i2 新	i2	ȵi4 i4 新	i3	i3
荣县	i2	i2	i2	ȵi2 i2 新	i2	ȵi4 i4 新	i3	i3 i1 俗④
自贡	i2	i2	i2	ȵi2	i2	i4	i3	i3
富顺	i2	i2	i2	ȵi2	i2	ȵi4	i3	i3
隆昌	i2	i2	i2	ȵi2	i2	ȵi4	i3	i3
泸县	i2	i2	i2	ȵi2 i2 新	i2	ȵi4 i4	i3	i3 i1 俗④
泸州	i2	i2	i2	ȵi2 i2 新	i2	ȵi4③ i4	i3	i3 i1 俗④
南溪	i2	i2	i2	ȵi2 i2 新	i2	ȵi4 i4	i3	i3 i1 俗④
合江	i2	i2	i2	ȵi2 ȵi4 口	i2	ȵi4 i2	i3	i3

① 又音 li4 口。 ② 又音 ȵi4 口。 ③ 又音 i1 口。 ④ “依”的训读。於希切，止开三影微平。

字目	已	以	乙	艺	谊	义	议	易难易
反切	羊己	羊己	于笔	鱼祭	宜寄	宜寄	宜寄	以豉
声韵调	止开三 以之上	止开三 以之上	臻开三 B 影质入	蟹开三 A 疑祭去	止开三 B 疑支去	止开三 B 疑支去	止开三 B 疑支去	止开三 以支去
中古音	jɨ:	jɨ:	ʔɣiɪt	ŋiɛi-	ŋɣiᴇ-	ŋɣiᴇ-	ŋɣiᴇ-	jiᴇ-
成都	i3	i3	i2	ȵi4 i4 新	ȵi4 i4 新	ȵi4 i4 新	ȵi4 i4 新	i4
彭州	i3	i3	ie5	ȵi4 i4 新	ȵi2 i2 新	ȵi4 i4 新	ȵi4 i4 新	i4
郫县	i3	i3	ie5	ȵi4 i4 新	ȵi4 i4 新	ȵi4 i4 新	ȵi4 i4 新	i4
广汉	i3	ie3	ie5	ȵi4 i4 新	ȵi4 i4 新	ȵi4 i4 新	ȵi4 i4 新	i4
都江堰河东	i3	i3	ie5	ȵi4 i4 新	ȵi4 i4 新	ȵi4 i4 新	ȵi4 i4 新	i4
都江堰河西	i3	i3 iɛi3 旧	ie5	ȵi4	ȵi4	ȵi4	ȵi4	i4
崇州	i3	i3	ie5	ȵi4	ȵi4	ȵi4	ȵi4	i4
大邑	i3	i3	ie5	ȵi4 i4 新	ȵi4 i4 新	ȵi4 i4 新	ȵi4 i4 新	i4
邛崃	i3	i3	ie5	ȵi4 i4	ȵi4 i4	ȵi4 i4	ȵi4 i4	i4
新津	i3	i3	ie5	ȵi4 i4 新	ȵi4 i4 新	ȵi4 i4 新	ȵi4 i4 新	i4
蒲江	i3	i3	ie5	i4 ȵi4 旧	i4 ȵi4 旧	i4 ȵi4 旧	i4 ȵi4 旧	i4
彭山	i3	i3	i5	ȵi4 i4 新	ȵi4 i4 新	ȵi4 i4 新	ȵi4 i4 新	i4
眉山	i3	i3	i5	i4 ȵi4 旧	ȵi2 i2 新	ȵi4 i4 新	ȵi4 i4 新	i4
丹棱	i3	i3	i5	ȵi4 i4 新	ȵi2 i2 新	ȵi4 i4 新	ȵi4 i4 新	i4
洪雅	i3	i3	i5	ȵi4 i4 新	ȵi2 i2 新	ȵi4 i4 新	ȵi4 i4 新	i4
青神	i3	i3	i5	li4 i4 新	li2 i2 新	li4 i4 新	li4 i4 新	i4
夹江	i3	i3	i5	ni4 i4 新	ni4 i4 新	ni4 i4 新	ni4 i4 新	i4
峨眉山	i3	i3	i4	ni5	ni4 i4 新	i5	i5	i5
乐山	i3	i3	ie5	li4 i4 新	li4 i4 新	li4 i4 新	li4 i4 新	i4
犍为	i3	i3	ie5	li4 i4 新	li4 i4 新	li4 i4 新	li4 i4 新	i4

字目	已	以	乙	艺	谊	义	议	易难易
反切	羊己	羊己	于笔	鱼祭	宜寄	宜寄	宜寄	以豉
声韵调	止开三 以之上	止开三 以之上	臻开三B 影质入	蟹开三A 疑祭去	止开三B 疑支去	止开三B 疑支去	止开三B 疑支去	止开三 以支去
中古音	jɨ:	jɨ:	ʔɣiɪt	ŋiɛi-	ŋɣiɛ-	ŋɣiɛ-	ŋɣiɛ-	jiɛ-
沐川	i3	i3	i4	ȵi4 i4 新	ȵi2 i2 新	ȵi4 i4 新	ȵi4 i4 新	i4
峨边	i3	i3	i5	li4	i2	i4 li4 旧	i4 li4 旧	i4
雅安	i3	i3	i1	ȵi4 i4 新	ȵi4 i4 新	ȵi4 i4 新	ȵi4 i4 新	i4
名山	i3	i3	i1	li4 i4 新	li4 i4 新	li4 i4 新	li4 i4 新	i4
天全	i3	i3	i1	ȵi4 i4 新	ȵi4 i4 新	ȵi4 i4 新	ȵi4 i4 新	i4
芦山	i3	i3	i1	ȵi4 i4 新	ȵi4 i4 新	ȵi4 i4 新	ȵi4 i4 新	i2
宝兴	i3	i3	i1	ȵi4 i4 新	ȵi4 i4 新	ȵi4 i4 新	ȵi4 i4 新	i4
荥经	i3	i3	ie5	ȵi4 i4 新	ȵi2 i2 新	ȵi4 i4 新	ȵi4 i4 新	i4
汉源	i3	i3	i1	ni4 i4 新	ni4 i4 新	ni4 i4 新	ni4 i4 新	i4
石棉	i3	i3	i1	ȵi4 i4 新	ȵi4 i4 新	ȵi4 i4 新	ȵi4 i4 新	i4
内江	i3	i3	i4	ȵi4 i4 新	ȵi2 i2 新	ȵi4 i4 新	ȵi4 i4 新	i4
威远	i3	i3	i4	ȵi4 i4 新	ȵi2 i2 新	ȵi4 i4 新	ȵi4 i4 新	i4
荣县	i3	i3	i4	ȵi4 i4 新	ȵi2 i2 新	ȵi4 i4 新	ȵi4 i4 新	i4
自贡	i3	i3	i4	ȵi4 i4 新	ȵi4 i4 新	ȵi4 i4 新	ȵi4 i4 新	i4
富顺	i3	i3	i4	ȵi4 i4 新	ȵi2 i4 新	ȵi4 i4 新	ȵi4 i4 新	i4
隆昌	i3	i3	i4	ȵi4 i4 新	ȵi4 i4 新	ȵi4 i4 新	ȵi4 i4 新	i4
泸县	i3	i3	i4	ȵi4 i4 新	ȵi4① ȵi2	ȵi4 i4 新	ȵi4 i4 新	i4
泸州	i3	i3	i5	ȵi4 i4 新	ȵi4① ȵi2	ȵi4 i4 新	ȵi4 i4 新	i4
南溪	i3	i3	i5 ie5 旧	ȵi4 i4 新	ȵi4① ȵi2	ȵi4 i4 新	ȵi4 i4 新	i4
合江	i3	i3	i5	ȵi4 i4 新	ȵi2 i2 新	ȵi4 i4 新	ȵi4 i4 新	i4

① 又音 i4 新。

字目	意	异	逸	忆	亿	抑	翼	益
反切	于记	羊吏	夷质	于力	于力	于力	与职	伊昔
声韵调	止开三 影之去	止开三 以之去	臻开三 以质入	曾开三 影职入	曾开三 影职入	曾开三 影职入	曾开三 以职入	梗开三 影昔入
中古音	ʔi-	ji-	jiɪt	ʔik	ʔik	ʔik	jik	ʔiᴇk
成都	i4	i4	i2	i4	i4	i2	i4	i2
彭州	i4	i4	ie5	i4	i4	ie5	i4	ie5
郫县	i4	i4	ie5	i4	i4	ie5	i4	ie5
广汉	i4	i4	i2	i4	i4	i2	i4	i2
都江堰河东	i4	i4	i2	i4	i4	ie5	i4	ie5
都江堰河西	i4	i4	ie5 i2 新	i4	i4	ie5	i4	ie5
崇州	i4	i4	ie5 i2 新	i4	i4	ie5	i4	ie5
大邑	i4	i4	i4	i4	i4	ie5	i4	ie5
邛崃	i4	i4	i4	i4	i4	i4 ie5 旧	i4	ie5
新津	i4	i4	i4	i4	i4	ie5	i4	ie5
蒲江	i4	i4	i4	i4	i4	ie5	i4	ie5
彭山	i4	i4	i4① i5 旧	i4① i5 旧	i4① i5 旧	i4① i5 旧	i4① i5 旧	ie5
眉山	i4	i4	i5 ie5 旧	i5 ie5 旧	i5 ie5 旧	i5 ie5 旧	i5 ie5 旧	i5 ie5 旧
丹棱	i4	i4	i5	i5	i4 i5 旧	i4 i5 旧	i4 i5 旧	i4 i5 旧
洪雅	i4	i4	i5	i4 i5 旧	i4 i5 旧	i5	i4 i5 旧	i5
青神	i4	i4	i4	i4 i5 旧	i4 i5 旧	i4① i5 旧	i4① i5 旧	ie5
夹江	i4	i4	i5 i4 新	i4	i4	i5 i4 新	i4	i5 i4 新
峨眉山	i5	i5	i5 i4 新	i4	i4	i5 i4 新	i4	i5 i4 新
乐山	i4	i4	ie5 i4 新	i4	i4	ie5 i4 新	i4	ie5 i4 新
犍为	i4	i4	ie5 i4 新	i4	i4	ie5 i4 新	i4	ie5 i4 新

① 又音 ie5。

字目	意	异	逸	忆	亿	抑	翼	益
反切	于记	羊吏	夷质	于力	于力	于力	与职	伊昔
声韵调	止开三 影之去	止开三 以之去	臻开三 以质入	曾开三 影职入	曾开三 影职入	曾开三 影职入	曾开三 以职入	梗开三 影昔入
中古音	ʔɨ-	jɨ-	jiɪt	ʔɨk	ʔɨk	ʔɨk	jɨk	ʔiᴇk
沐川	i4	i4	i4	i4	i4	i4	i4	i4
峨边	i4	i4	i5	i4	i4	i2	i4	i4
雅安	i4	i4	i4	i4	i4	i4	i4	i1
名山	i4	i4	i4	i4	i4	i1	i4	i1
天全	i4	i4	i1	i4	i4	i1	i4	i1
芦山	i4	i4	i4	i4	i4	i4	i4	i1
宝兴	i4	i4	i1	i4	i4	i1	i4	i1
荥经	i4	i4	i4	i4	i4	i4	i4	ie5
汉源	i4	i4	i1	i4	i4	i1	i4	i1
石棉	i4	i4	i1	i4	i4	i1	i4	i1
内江	i4	i4	i4	i4	i4	i4	i4	i4
威远	i4	i4	i2 i4 旧	i4	i4	i4	i4	i4
荣县	i4	i4	i4	i4	i4	i4	i4	i4
自贡	i4	i4	i4	i4	i4	i4	i4	i4
富顺	i4	i4	i4	i4	i4	i4	i4	i4
隆昌	i4	i4	i4	i4	i4	i4	i4	i4
泸县	i4	i4	i4	i4	i4	i4	i4	i4
泸州	i4	i4	i4	i4	i4	i5 i4 新	i4	i5 i4 新
南溪	i4	i4	i5 i4 新	i5 i4 新	i5 i4 新	i5 i4 新	i5 i4 新	i5 i4 新
合江	i4	i4	i5	i4	i4	i5	ȵi4	i5

字目	亦	译	易交易	疫	役	补	捕	布布匹
反切	羊益	羊益	羊益	营只	营只	博古	薄故	博故
声韵调	梗开三 以昔入	梗开三 以昔入	梗开三 以昔入	梗合三 以昔入	梗合三 以昔入	遇合一 帮模上	遇合一 並模去	遇合一 帮模去
中古音	jiɛk	jiɛk	jiɛk	jwiɛk	jwiɛk	puo:	buo-	puo-
成都	i4 i2 旧	i2	i4	io2	io2	pu3	pu3	pu4
彭州	ie5	ie5	i4	io5	io5	pu3	pu4	pu4
郫县	ie5	ie5	i4	io5	io5	pu3	pu3	pu4
广汉	i2	i2	i4	io2	io2	pu3	pu3	pu4
都江堰河东	ie5	ie5	i4	io5	io5	pʊ3	pʊ4	pʊ4
都江堰河西	ie5	ie5	i4	io5	io5	pʊ3	pʊ4	pʊ4
崇州	ie5	ie5	i4	io5	io5	pu3	pu4	pu4
大邑	ie5 i4 新	ie5	i4	io5	io5	pu3	phu3	pu4
邛崃	ie5 i4 新	ie5	i4	yo5	yo5	pu3	phu3	pu4
新津	ie5 i4 新	ie5	i4	io5	io5	pu3	phu3	pu4
蒲江	ie5 i4 新	ie5	i4	io5	io5	pʊ3	pho3	po4
彭山	ie5	ie5	ie5	io5	io5	pu3	pu4	pu4
眉山	i5 ie5 旧	i5 ie5 旧	i5 ie5 旧	y4② y5 旧	i5	pu3	pu3	pu4
丹棱	i4 i5 旧	i4 i5 旧	i4 i5 旧	y4② y5 旧	y5 io5 旧	pu3	pu3	pu4
洪雅	i5	i5	i4 i5 旧	io5	i5 io5 旧	pu3	pu3	pu4
青神	ie5	ie5	i4① i5 旧	ie5	ie5	pu3	pu4	pu4
夹江	i5 i4 新	i5	i4	i5 i4 新	i5 i4 新	pu3	pu3	pu4
峨眉山	i5 i4 新	i5	i5	y5 i4 新	i5 i4 新	pu3	pu3	pu5
乐山	ie5 i4 新	ie5	i4	yʊ5③ ie5	ie5 i4 新	po3	po4	po4
犍为	ie5 i4 新	ie5	i4	ie5 i4 新	ie5 i4 新	pu3	pu4	pu4

① 又音 ie5。 ② 又音 io5。 ③ 又音 i4 新。

字目	亦	译	易交易	疫	役	补	捕	布布匹
反切	羊益	羊益	羊益	营只	营只	博古	薄故	博故
声韵调	梗开三 以昔入	梗开三 以昔入	梗开三 以昔入	梗合三 以昔入	梗合三 以昔入	遇合一 帮模上	遇合一 並模去	遇合一 帮模去
中古音	jiɛk	jiɛk	jiɛk	jwiɛk	jwiɛk	puo:	buo-	puo-
沐川	i4	ie5	i4	i4	i4	pu3	phu3	pu4
峨边	i5	i5	i4	y5	y5	pu3	pu3	pu4
雅安	i1	i4	i4	y1	y1	pu3	phu3	pu4
名山	i1	i1	i4	y1	y1	pu3	pu3	pu4
天全	i1	i4	i4	i1	i1	pu3	pu3	pu4
芦山	i4	i4	i4	y1	y1	pu3	pu3	pu4
宝兴	i1	i4	i4	io1	io1	pu3	pu3	pu4
荥经	ie5	ie5	i4	ie5	ie5	pu3	phu3	pu4
汉源	i1	i1	i4	i1	i1	pu3	pu3	pu4
石棉	i1	i1	i4	i1	io1	pu3	pu3	pu4
内江	i4	i2 i4 旧	i4	y4	y4	pu3	phu4	pu4
威远	i4	i4	i4	y4	y4	pu3	phu3	pu4
荣县	i4	i4	i4	y4	y4	pu3	phu1	pu4
自贡	i4	i4	i4	y4	y4	pu3	phu1	pu4
富顺	i4	i4	i4	y4	y4	pu3	phu1	pu4
隆昌	i4	i4	i4	y4	y4	pu3	phu4	pu4
泸县	i4	i4	i4	i4	i4	pu3	pu3 phu1	pu4
泸州	i5 i4 新	i5 i4 新	i4	io5	y5	pu3	phu1 phu3	pu4
南溪	i5 i4 新	i5 i4 新	i5 i4 新	yʉ5	yʉ5	pu3	phu1 phu3	pu4
合江	ȵi5	ȵi5	i4	iʉ5	iʉ5	pu3	pu4	pu4

字目	布散布	怖	部部队	簿	步	埠商埠	不①	铺铺设
反切	博故	普故	裴古	裴古	薄故	薄故		普胡
声韵调	遇合一 帮模去	遇合一 滂模去	遇合一 並模上	遇合一 並模上	遇合一 並模去	遇合一 並模去	臻合一 帮没入	遇合一 滂模平
中古音	puo-	phuo-	buo:	buo:	buo-	buo-	puət	phuo
成都	pu4	pu4	pu4	pu4	pu4	fu4 pu4 新	pu2	phu1 pʌ4 口②
彭州	pu4	pu4	pu4	pu4	pu4	fu4 pu4 新	po5	phu1
郫县	pu4	pu4	pu4	pu4	pu4	pu4 fu4 旧	po5	phu1
广汉	pu4	pu4	pu4	pu4	pu4	pu4	po5	phu1
都江堰河东	pʊ4	pʊ4	pʊ4	pʊ4	pʊ4	fʊ4 pʊ4 新	po5	phʊ1
都江堰河西	pʊ4	pʊ4	pʊ4	pʊ4	pʊ4	fʊ4 pʊ4 新	po5	phʊ1
崇州	pu4	pu4	pu4	pu4	pu4	fu4 pu4 新	po5	phu1③ pho1 旧
大邑	pu4	pu4	pu4	pu4	pu4	fu4 pu4 新	po5	phu1
邛崃	pu4	pu4	pu4	pu4	pu4	fu4 pu4 新	po5	phu1
新津	pu4	pu4	pu4	pu4	pu4	fu4 pu4 新	pu5	phu1
蒲江	po4	po4	po4	po4	po4	fʊ4 pʊ4 新	po5 pu5	pho1
彭山	pu4	pu4	pu4	pu4	pu4	pu4	po5	phu1
眉山	pu4	pu4	pu4	pu4	pu4	pu4	pu5	phu1
丹棱	pu4	pu4	pu4	pu4	pu4	pu4	pu5	phu1
洪雅	pu4	pu4	pu4	pu4	pu4	pu4	pu5	phu1
青神	pu4	pu4	pu4	pu4	pu4	pu4	po5	phu1
夹江	pu4	pu4	pu4	pu4	pu4	fu4 pu4 新	pu5	phu1
峨眉山	pu5	pu5	pu5	pu5	pu1	fu4 pu4 新	pu5	phu1
乐山	po4	po4	po4	pʊ5	po4	fu4 pu4 新	pʊ5	pho1
犍为	pu4	pu4	pu4	pu4	pu4	fu4 pu4 新	pʊ5	phu1

① 分物切，臻合三非物入。《切韵指掌图》在臻合一帮没入。 ② 动词，如"~床""~窝"。
③ 又音 pʌ4 口。动词，如"~床" "~窝"。

字目	布散布	怖	部部队	簿	步	埠商埠	不[①]	铺铺设
反切	博故	普故	裴古	裴古	薄故	薄故		普胡
声韵调	遇合一 帮模去	遇合一 滂模去	遇合一 並模上	遇合一 並模上	遇合一 並模去	遇合一 並模去	臻合一 帮没入	遇合一 滂模平
中古音	puo-	phuo-	buo:	buo:	buo-	buo-	puət	phuo
沐川	pu4	pu4	pu4	pu4	pu4	fu4 pu4 新	pu4	phu1
峨边	pu4	pu4	pu4	pu5	pu4	pu4	pu5	phu1
雅安	pu4	pu4	pu4	pu4	pu4	pu4	pu1	phu1
名山	pu4	pu4	pu4	pu4	pu4	fu4 pu4 新	pu1	phu1
天全	pu4	pu4	pu4	pu4	pu4	fu4 pu4 新	pu1	phu1
芦山	pu4	pu4	pu4	pu4	pu4	pu4	pu1	phu1
宝兴	pu4	pu4	pu4	pu4	pu4	pu4	pu1	phu1
荥经	pu4	pu4	pu4	pu4	pu4	fu4 pu4 新	pʊ5	phu1
汉源	pu4	pu4	pu4	pu4	pu4	fu4 pu4 新	pu1	phu1
石棉	pu4	pu4	pu4	pu4	pu4	fu4 pu4 新	pu1	phu1
内江	pu4	pu4	pu4	pu4	pu4	pu4	pu4	phu1
威远	pu4	pu4	pu4	pu4	pu4	pu4	pu4	phu1
荣县	pu4	pu4	pu4	pu4	pu4	pu4	pu4	phu1
自贡	pu4	pu4	pu4	pu4	pu4	pu4	pu4	phu1
富顺	pu4	pu4	pu4	pu4	pu4	pu4	pu4	phu1
隆昌	pu4	pu4	pu4	pu4	pu4	pu4	pu4	phu1
泸县	pu4	pu4	pu4	pu4	pu4	pu4 fu4 旧	pu4	phu1
泸州	pu4	pu4	pu4	pu4	pu4	pu4 fu4 旧	pu5	phu1
南溪	pu4	pu4	pu4	pu4	pu4	pu4 fu4 旧	po5 pu5	phu1
合江	pu4	pu4	pu4	pu4	pu4	fu4 pu4 新	pʉ5	phu1

① 分物切，臻合三非物入。《切韵指掌图》在臻合一帮没入。

字目	扑	仆倒下	蒲	脯胸脯	仆仆人	谱	普	浦
反切	普木	普木	薄胡	薄胡	蒲木	博古	滂古	滂古
声韵调	通合一 滂屋入	通合一 滂屋入	遇合一 並模平	遇合一 並模平	通合一 並屋入	遇合一 帮模上	遇合一 滂模上	遇合一 滂模上
中古音	phuk	phuk	buo	buo	buk	puo:	phuo:	phuo:
成都	phu2	phu2	phu2	phu3 phu2	phu2	phu3	phu3	phu3
彭州	pho5	pho5	phu2	phu3	pho5	phu3	phu3	phu3
郫县	pho5	pho5	phu2	phu2	pho5	phu3	phu3	phu3
广汉	pho5	pho5	phu3	phu3	pho5	phu3	phu3	phu3
都江堰河东	pho5	pho5	phʊ2	phʊ2	pho5	phʊ3	phʊ3	phʊ3
都江堰河西	pho5	pho5	phʊ2	phʊ2	pho5	phʊ3	phʊ3	phʊ3
崇州	pho5	pho5	pho3	phu2 pho2 旧	pho5	phu3	phu3 pho3 旧	phu3
大邑	pho5	pho5	phu2	phu2	pho5	phu3	phu3	phu3
邛崃	pho5	pho5	phu2	phu2	pho5 phu4 新	phu3	phu3	phu3
新津	pho5	pho5	phu2	phu2	pho5	phu3	phu3	phu3
蒲江	pho5	pho5	pho2 phʊ2 新	pho2 phʊ2 新	pho5	pho3 phʊ3 新	pho3 phʊ3 新	pho3 phʊ3 新
彭山	pho5	pho5	phu2	phu3	pho5	phu3	phu3	phu3
眉山	phu5	phu5	phu2	phu3	pho5	phu3	phu3	phu3
丹棱	phu5	phu5	phu2	phu3	phu5	phu3	phu3	phu3
洪雅	phu5	phu5	phu2	phu3	phu5	phu3	phu3	phu3
青神	pho5	pho5	phu2	phu2	pho5	phu3	phu3	phu3
夹江	phu5	phu5	phu2	phu3	phu5	phu3	phu3	phu3
峨眉山	phu5	phu5	phu2	phu2	phu5	phu3	phu3	phu3
乐山	phʊ5	phʊ5	pho2	pho2	phʊ5	pho3	pho3	pho3
犍为	phʊ5	phʊ5	phu2	phu2	phʊ5	phu3	phu3	phu3

字目	扑	仆倒下	蒲	脯胸脯	仆仆人	谱	普	浦
反切	普木	普木	薄胡	薄胡	蒲木	博古	滂古	滂古
声韵调	通合一 滂屋入	通合一 滂屋入	遇合一 並模平	遇合一 並模平	通合一 並屋入	遇合一 帮模上	遇合一 滂模上	遇合一 滂模上
中古音	phuk	phuk	buo	buo	buk	puo:	phuo:	phuo:
沐川	pho4	pho4	phu2	phu4	phʉ5	phu3	phu3	phu3
峨边	phu5	phu5	phu2	phu3	phu5	phu3	phu3	phu3
雅安	phu1	phu1	phu2	phu2	phu1	phu3	phu3	phu3
名山	phu1	phu1	phu2	fu3	phu1	phu3	phu3	phu3
天全	phu1	phu1	phu2	phu3	phu1	phu3	phu3	phu3
芦山	phu1	phu1	phu4	phu2	phu1	phu3	phu3	phu3
宝兴	phu1	phu1	phu2	phu2	phu1	phu3	phu3	phu3
荥经	phʊ5	phʊ5	phu2	phu3	phʊ5	phu3	phu3	phu3
汉源	phu1	phu1	phu2	fu3	phu1	phu3	phu3	phu3
石棉	phu1	phu1	phu2	phu3	phu1	phu3	phu3	phu3
内江	phu4	phu4	phu2	phu4	phu4	phu3	phu3	phu3
威远	phu4	phu4	phu2	phu4	phu4	phu3	phu3	phu3
荣县	phu4	phu4	phu2	phu3	phu4	phu3	phu3	phu3
自贡	phu1 phu4 旧	phu4	phu4	phu4	phu4	phu3	phu3	phu3
富顺	phu4	phu4	phu2	phu4	phu4	phu3	phu3	phu3
隆昌	phu1 phu4 旧	phu4	phu2	phu4	phu4	phu3	phu3	phu3
泸县	pho4 phu4	phu4	phu2	phu3	phu4	phu3	phu3	phu3
泸州	phu5	phu5	phu2	phu3	phu5	phu3	phu3	phu3
南溪	pho5	pho5	phu2	phu3	pho5 phu5 新	phu3	phu3	phu3
合江	phʉ5	phʉ5	phu2	phu2	phʉ5	phu3	phu3	phu3

字目	朴	铺店铺	铺床铺	母	亩	牡[①]	暮	慕
反切	匹角	普故	普故	莫厚	莫厚	莫厚	莫故	莫故
声韵调	江开二 滂觉入	遇合一 滂模去	遇合一 滂模去	流开一 明侯上	流开一 明侯上	流开一 明侯上	遇合一 明模去	遇合一 明模去
中古音	phɣʌk	phuo-	phuo-	məu:	məu:	məu:	muo-	muo-
成都	phu2	phu4	phu1	mu3	moŋ3	mu3	mo4	mo4
彭州	pho5	phu4	phu4	mu3	moŋ3	mu3	mo4	mo4
郫县	pho5	phu4	phu1	mu3	moŋ3	mu3	mo4	mo4
广汉	pho5	phu4	phu1	mu3	moŋ3	mu3	mo4	mo4
都江堰河东	pho5	phʊ4	phʊ4 phʊ1	mʊ3	moŋ3	mʊ3	mo4	mo4
都江堰河西	pho5	phʊ4	phʊ4 phʊ1	mʊ3	moŋ3	mʊ3	mʊ4	mʊ4
崇州	pho5	phu4	phu4 phu1	mu3	moŋ3	mu3	mu4	mu4
大邑	pho5	phu4	phu1	mu3	moŋ3	mu3	mu4	mu4
邛崃	pho5	phu4	phu1	mu3	moŋ3	mu3	mu4	mu4
新津	pho5	phu4	phu1	mu3	moŋ3	mu3	mu4	mu4
蒲江	pho5	pho4 phʊ4 新	pho1 phʊ1 新	mʊ3	məu3	mʊ3	mo4	mo4
彭山	pho5	phu4	phu1	mu3	məŋ3	mu3	mu4	mu4
眉山	phu5	phu4	phu1	mu3	moŋ3	mu3	mu4	mu4
丹棱	phu5	phu4	phu1	mu3	məŋ3	mu3	mu4	mu4
洪雅	phu5	phu4	phu1	mu3	moŋ3	mau3	mu4	mu4
青神	pho5	phu4	phu1	mu3	moŋ3	mu3	mu4	mu4
夹江	phu5	phu4	phu1	mu3	moŋ3	mu3	mu4	mu4
峨眉山	phu5	phu4	phu1	mu3	moŋ3	mu3	mu5	mu5
乐山	phʊ5	pho4	pho1	mo3	moŋ3	mo3	mo4	mo4
犍为	phʊ5	phu4	phu1	mu3	moŋ3	mu3	mu4	mu4

① 又*满补切，遇合一明模上。

字目	朴	铺店铺	铺床铺	母	亩	牡①	暮	慕
反切	匹角	普故	普故	莫厚	莫厚	莫厚	莫故	莫故
声韵调	江开二 滂觉入	遇合一 滂模去	遇合一 滂模去	流开一 明侯上	流开一 明侯上	流开一 明侯上	遇合一 明模去	遇合一 明模去
中古音	phɣʌk	phuo-	phuo-	məu:	məu:	məu:	muo-	muo-
沐川	pho4	phu1	phu1	mu3	moŋ3	mu3	mo4	mo4
峨边	phu5	phu4	phu4	mu3	moŋ3	mu3	mu4	mu4
雅安	phu1	phu4	phu1	mu3	moŋ3	mu3	mu4	mu4
名山	phu1	phu4	phu1	mu3	moŋ3	mu3	mu4	mu4
天全	phu1	phu4	phu1	mu3	moŋ3	mu3	mu4	mu4
芦山	phu1	phu4	phu1	mu3	moŋ3	mu3	mu4	mu4
宝兴	phu1	phu4	phu1	mu3	moŋ3	mu3	mu4	mu4
荥经	phʊ5	phu4	phu1	mu3	moŋ3	mu3	mu4	mu4
汉源	phu1	phu4	phu1	mu3	moŋ3	mu3	mu4	mu4
石棉	phu1	phu4	phu1	mu3	moŋ3	mu3	mu4	mu4
内江	phu4	phu4	phu1	mu3	moŋ3	moŋ3	mu4	mu4
威远	phu4	phu4	phu1	mu3	moŋ3	mau3	mu4	mo4
荣县	phu4	phu4	phu1	mu3	moŋ3	mu3	mu4	mu4
自贡	phu4	phu4	phu1	mu3	moŋ3	moŋ3	mu4	mu4
富顺	phu4	phu4	phu1	mu3	moŋ3	moŋ3	mu4	mu4
隆昌	phu4	phu4	phu1	mu3	moŋ3	moŋ3	mu4	mu4
泸县	phu4	phu4	phu1	mu3	moŋ3	mu3	mu4	mu4
泸州	phu5	phu4	phu1	mu3	moŋ3	moŋ3	mu4	mu4
南溪	pho5	phu4	phu1	mu3	moŋ3	moŋ3	mu4	mu4
合江	phʉ5	phu4	phu4	mu3	moŋ3	mau3	mu4	mu4

① 又*满补切，遇合一明模上。

字目	墓	募	幕	木	目	牧	肤	夫夫妻
反切	莫故	莫故	慕各	莫卜	莫六	莫六	甫无	甫无
声韵调	遇合一 明模去	遇合一 明模去	宕开一 明铎入	通合一 明屋入	通合三 明屋入	通合三 明屋入	遇合三 非虞平	遇合三 非虞平
中古音	muo-	muo-	mɑk	muk	mɨuk	mɨuk	pɨo	pɨo
成都	mo4	mo4	mo4	mu2 mu4 口[①]	mu2	mu2	fu1	fu1
彭州	mo4	mo4	mo4	mʉ5 mu4 口[①]	mo5	mo5	fu1	fu1
郫县	mo4	mo4	mo4	mo5	mo5	mo5	fu1	fu1
广汉	mo4	mo4	mo4	mo5	mo5	mo5	fu1	fu1
都江堰河东	mo4	mo4	mʊ4	mo5	mo5	mo5	fʊ1	fʊ1
都江堰河西	mʊ4	mʊ4	mʊ4	mo5	mo5	mo5	fʊ1	fʊ1
崇州	mu4	mu4	mu4	mo5	mo5	mo5	fu1	fu1
大邑	mu4	mu4	mu4	mo5	mo5	mo5	fu1	fu1
邛崃	mu4	mu4	mu4	mo5	mo5	mo5	fu1	fu1
新津	mu4	mu4	mu4	mo5 mu5	mo5 mu5	mo5 mu5	fu1	fu1
蒲江	mo4	mo4	mo4	mo5	mo5	mo5	fʊ1	fʊ1
彭山	mu4	mu4	mu4	mo5	mo5	mo5	fu1	fu1
眉山	mu4	mu4	mu4	mu5	mu5	mu5	fu1	fu1
丹棱	mu4	mu4	mu4	mu5	mu5	mu5	fu1	fu1
洪雅	mu4	mu4	mu4	mu5	mu5	mu5	fu1	fu1
青神	mu4	mu4	mu4	mo5	mo5	mo5	fu1	fu1
夹江	mu4	mu4	mu4	mu5	mu5	mu5 mu4 新	fu1	fu1
峨眉山	mu5	mu5	mu5	mu5	mu5	mu5 mu4 新	fu1	fu1
乐山	mo4	mo4	mʊ5	mʊ5	mʊ5	mʊ5 mu4 新	fu1	fu1
犍为	mu4	mu4	mu4	mʊ5	mʊ5	mʊ5 mu4 新	fu1	fu1

① 指思维迟顿，如“~头~脑”。

字目	墓	募	幕	木	目	牧	肤	夫夫妻
反切	莫故	莫故	慕各	莫卜	莫六	莫六	甫无	甫无
声韵调	遇合一 明模去	遇合一 明模去	宕开一 明铎入	通合一 明屋入	通合三 明屋入	通合三 明屋入	遇合三 非虞平	遇合三 非虞平
中古音	muo-	muo-	mɑk	muk	mɨuk	mɨuk	pɨo	pɨo
沐川	mo4	mo4	mo4	mʉ5 mu4 口①	mʉ5	mʉ5	fu1	fu1
峨边	mu4	mu4	mu4	mu5	mu5	mu5	fu1	fu1
雅安	mu4	mu4	mo1 mu4	mu1	mu1	mu1	fu1	fu1
名山	mu4	mu4	mu4	mu1 mu4 口①	mu1	mu1	fu1	fu1
天全	mu4	mu4	mu4	mu1 mu4 口①	mu1	mu1	fu1	fu1
芦山	mu4	mu4	mo1 mo4	mu1	mu1	mu1	fu1	fu1
宝兴	mu4	mu4	mo1 mu4	mu1	mu1	mu1	fu1	fu1
荥经	mu4	mu4	mu4	mʊ5 mu4 口①	mʊ5	mʊ5	fu1	fu1
汉源	mu4	mu4	mu4	mu1 mu4 口①	mu1	mu1	fu1	fu1
石棉	mu4	mu4	mu4	mu1 mu4 口①	mu1	mu1	fu1	fu1
内江	mu4	mu4	mu4	mu4	mu4	mu4	fu1	fu1
威远	mu4	mo4	mo4	mu4	mu4	mu4	fu1	fu1
荣县	mu4	mu4	mu4	mu4	mu4	mu4	fu1	fu1
自贡	mu4	mu4	mu4	mu4	mu4	mu4	fu1	fu1
富顺	mu4	mu4	mu4	mu4	mu4	mu4	fu1	fu1
隆昌	mu4	mu4	mu4	mu4	mu4	mu4	fu1	fu1
泸县	mu4	mu4	mu4	mu4	mu4	mu4	fu1	fu1
泸州	mu4	mu4	mu4	mu5	mu5	mu5	fu1	fu1
南溪	mu4	mu4	mu4	mu5	mu5	mu5	fu1	fu1
合江	mu4	mu4	mu4	mʉ5 mu4 口①	mʉ5	mʉ5	fu1	fu1

① 指思维迟顿，如“~头~脑”。

字目	敷	麸	符	扶	浮	佛仿佛	福	服
反切	芳无	芳无	防无	防无	缚谋	敷勿	方六	房六
声韵调	遇合三 敷虞平	遇合三 敷虞平	遇合三 奉虞平	遇合三 奉虞平	流开三 奉尤平	臻合三 敷物入	通合三 非屋入	通合三 奉屋入
中古音	phɨo	phɨo	bɨo	bɨo	bɨu	phɨut	pɨuk	bɨuk
成都	fu1	fu1	fu2	fu2	fu2	fu2	fu2	fu2
彭州	fu1	fu1	fu2	fu2	fu2	fo5	fo5	fo5
郫县	fu1	fu1	fu2	fu2	fu2	fo5	fo5	fo5
广汉	fu1	fu1	fu2	fu2	fu2	fu2	fu5	fu5
都江堰河东	fʊ1	fʊ1	fʊ1	fʊ2	fʊ2	fʊ2	fo5	fo5
都江堰河西	fʊ1	fʊ1	fʊ2	fʊ2	fo2	fʊ2	fo5	fo5
崇州	fu1	fu1	fu2	fu2	fu2	fu2	fo5	fo5
大邑	fu1	fu1	fu2	fu2	fu2	fu2	fo5	fo5
邛崃	fu1	fu1	fu2	fu2	fu2	fu2	fo5	fo5
新津	fu1	fu1	fu2	fu2	fu2	fu2	fo5	fo5
蒲江	fʊ1	fʊ1	fʊ2	fʊ2	fʊ2	fʊ2	fo5 fʊ5	fo5 fʊ5
彭山	fu1	fu1	fu2	fu2	fu2	fɤ5	fɤ5	fɤ5
眉山	fu1	fu1	fu2	fu2	fu2	fu5	fu5	fu5
丹棱	fu1	fu1	fu2	fu2	fu2	fu5	fu5	fu5
洪雅	fu1	fu1	fu2	fu2	fu2	fu5	fu5	fu5
青神	fu1	fu1	fu2	fu2	fu2	fo5	fo5	fo5
夹江	fu1	fu1	fu2	fu2	fu2	fu5	fu5	fu5
峨眉山	fu1	fu1	fu2	fu2	fu2	fu5	fu5	fu5
乐山	fu1	fu1	fu2	fu2	fu2 foŋ2	fʊ5	fʊ5	fʊ5
犍为	fu1	fu1	fu2	fu2	fu2 foŋ2	fʊ5	fʊ5	fʊ5

字目	敷	麸	符	扶	浮	佛仿佛	福	服
反切	芳无	芳无	防无	防无	缚谋	敷勿	方六	房六
声韵调	遇合三 敷虞平	遇合三 敷虞平	遇合三 奉虞平	遇合三 奉虞平	流开三 奉尤平	臻合三 敷物入	通合三 非屋入	通合三 奉屋入
中古音	phɨo	phɨo	bɨo	bɨo	bɨu	phɨut	pɨuk	bɨuk
沐川	fu1	fu1	fu2	fu2	foŋ2	fu4	fu4	fu4
峨边	fu1	fu1	fu2	fu2	fu2	fu5	fu5	fu5
雅安	fu1	fu1	fu4	fu4	fu2	fu1	fu1	fu1
名山	fu1	fu1	fu2	fu2	fu2	fu1	fu1	fu1
天全	fu1	fu1	fu2	fu2	fu2	fu1	fu1	fu1
芦山	fu1	fu1	fu4	fu2	fo2	fu1	fu1	fu1
宝兴	fu1	fu1	fu2	fu2	fu2	fu1	fu1	fu1
荥经	fu1	fu1	fu2	fu2	fu2	fʊ5	fʊ5	fʊ5
汉源	fu1	fu1	fu2	fu2	fu2	fu1	fu1	fu1
石棉	fu1	fu1	fu2	fu2	fo2	fu1	fu1	fu1
内江	fu1	fu1	fu2	fu2	fəu2 fu2	fu4	fu4	fu4
威远	fu1	fu1	fu2	fu2	foŋ2	fu4	fu4	fu4
荣县	fu1	fu1	fu2	fu2	fu1	fu4	fu4	fu4
自贡	fu1	fu1	fu2	fu2 fu4	fu2	fu4	fu4	fu4
富顺	fu1	fu1	fu2	fu2	fu2	fu4	fu4	fu4
隆昌	fɤ1	fɤ1	fɤ2	fu2	fu2	fu4	fu4	fɤ4
泸县	fu1	fu1	fu2	fu2	fu2	fu4	fu4	fu4
泸州	fu1	fu1	fu2	fu2	fu2	fu5	fu5	fu5
南溪	fu1	fu1	fu2	fu2	fu2	fo5	fo5	fo5
合江	fu1	fu1	fu2	fu2	fu2	fʉ5	fʉ5	fʉ5

字目	伏	府	腑	俯	斧	脯果脯	腐	辅
反切	房六	方矩	方矩	方矩	方矩	方矩	扶雨	扶雨
声韵调	通合三 奉屋入	遇合三 非虞上	遇合三 非虞上	遇合三 非虞上	遇合三 非虞上	遇合三 非虞上	遇合三 奉虞上	遇合三 奉虞上
中古音	bɨuk	pɨo:	pɨo:	pɨo:	pɨo:	pɨo:	bɨo:	bɨo:
成都	fu2	fu3	fu3	fu3	fu3	phu3	fu3	fu3
彭州	fo5	fu3	fu3	fu3	fu3	phu3	fu3	fu3
郫县	fo5	fu3	fu3	fu3	fu3	phu3	fu3	fu3
广汉	fu5	fu3	fu3	fu3	fu3	phu3	fu3	fu3
都江堰河东	fo5	fʊ3	fʊ3	fʊ3	fʊ3	phʊ3	fʊ3	fʊ3
都江堰河西	fo5	fʊ3	fʊ3	fʊ3	fʊ3	phʊ3 fʊ3	fʊ3	fʊ3
崇州	fo5	fu3	fu3	fu3	fu3	phu3 fu3	fu3	fu3
大邑	fo5	fu3	fu3	fu3	fu3	phu3 fu3	fu3	fu3
邛崃	fo5	fu3	fu3	fu3	fu3	phu3 fu3	fu3	fu3
新津	fo5	fu3	fu3	fu3	fu3	fu3	fu3	fu3
蒲江	fo5 fʊ5	fʊ3	fʊ3	fʊ3	fʊ3	fʊ3	fʊ3	fʊ3
彭山	fɤ5	fu3	fu3	fu3	fu3	phu3	fu3	fu3
眉山	fu5	fu3	fu3	fu3	fu3	fu3 phu3 旧	fu3	fu3
丹棱	fu5	fu3	fu3	fu3	fu3	fu3 phu3 旧	fu3	fu3
洪雅	fu5	fu3	fu3	fu3	fu3	fu3 phu3 旧	fu3	fu3
青神	fo5	fu3	fu3	fu3	fu3	phu3	fu3	fu3
夹江	fu5	fu3	fu3	fu3	fu3	phu3	fu3	phu3
峨眉山	fu5	fu3	fu3	fu3	fu3	phu3	fu3	fu3
乐山	fʊ5	fu3	fu3	fu3	fu3	phu3	fu3	fu3
犍为	fʊ5	fu3	fu3	fu3	fu3	phu3	fu3	fu3

字目	伏	府	腑	俯	斧	脯果脯	腐	辅
反切	房六	方矩	方矩	方矩	方矩	方矩	扶雨	扶雨
声韵调	通合三 奉屋入	遇合三 非虞上	遇合三 非虞上	遇合三 非虞上	遇合三 非虞上	遇合三 非虞上	遇合三 奉虞上	遇合三 奉虞上
中古音	bɨuk	pɨo:	pɨo:	pɨo:	pɨo:	pɨo:	bɨo:	bɨo:
沐川	fu4	fu3	fu3	fu3	fu3	fu4	fu3	fu3
峨边	fu5	fu3	fu3	fu3	fu3	phu3	fu3	fu3
雅安	fu1	fu3	fu3	fu3	fu3	fu3	fu3	fu3
名山	fu1	fu3	fu3	fu3	fu3	fu3	fu3	fu3
天全	fu1	fu3	fu3	fu3	fu3	phu3	fu3	fu3
芦山	fu1	fu3	fu3	fu3	fu3	fu3	fu3	fu3
宝兴	fu1	fu3	fu3	fu3	fu3	fu3	fu3	fu3
荥经	fʊ5	fu3	fu3	fu3	fu3	phu3	fu3	fu3
汉源	fu1	fu3	fu3	fu3	fu3	fu3	fu3	fu3
石棉	fu1	fu3	fu3	fu3	fu3	phu3	fu3	fu3
内江	fu4	fu3	fu3	fu3	fu3	phu3	fu3	fu3
威远	fu4	fu3	fu3	fu3	fu3	fu3 phu3 旧	fu3	fu3
荣县	fu4	fu3	fu3	fu3	fu3	fu3 phu3 旧	fu3	fu3
自贡	fu4	fu3	fu3	fu3	fu3	phu3	fu3	fu3
富顺	fu4	fu3	fu3	fu3	fu3	phu3	fu3	fu3
隆昌	fɤ4	fu3	fu3	fu3	fu3	phu3	fu3	fu3
泸县	fu4	fu3	fu3	fu3	fu3	phu3	fu3	phu3 fu3
泸州	fu5	fu3	fu3	fu3	fu3	phu3	fu3	fu3
南溪	fo5	fu3	fu3	fu3	fu3	phu3	fu3	phu3 fu3
合江	fʉ5	fu3	fu3	fu3	fu3	fu3	fu3	fu3

字目	付	傅	赴	父父母	附	富	副	妇
反切	方遇	方遇	芳遇	扶雨	符遇	方副	敷救	房九
声韵调	遇合三 非虞去	遇合三 非虞去	遇合三 敷虞去	遇合三 奉虞上	遇合三 奉虞去	流开三 非尤去	流开三 敷尤去	流开三 奉尤上
中古音	pɨo-	pɨo-	phɨo-	bɨo:	bɨo-	pɨu-	phɨu-	bɨu:
成都	fu4	fu4	fu4	fu4	fu4	fu4	fu4	fu4
彭州	fu4	fu4	fu4	fu4	fu4	fu4	fu4	fu4
郫县	fu4	fu4	fu4	fu4	fu4	fu4	fu4	fu4
广汉	fu4	fu4	fu4	fu4	fu4	fu4	fu4	fu4
都江堰河东	fʊ4	fʊ4	fʊ4	fʊ4	fʊ4	fʊ4	fʊ4	fʊ4
都江堰河西	fʊ4	fʊ4	fʊ4	fʊ4	fʊ4	fʊ4	fʊ4	fʊ4
崇州	fu4	fu4	fu4	fu4	fu4	fu4	fu4	fu4
大邑	fu4	fu4	fu4	fu4	fu4	fu4	fu4	fu4
邛崃	fu4	fu4	fu4	fu4	fu4	fu4	fu4	fu4
新津	fu4	fu4	fu4	fu4	fu4	fu4	fu4	fu4
蒲江	fʊ4	fʊ4	fʊ4	fʊ4	fʊ4	fʊ4	fʊ4	fʊ4
彭山	fu4	fu4	fu4	fu4	fu4	fu4	fu4	fu4
眉山	fu4	fu4	phu4	fu4	fu4	fu4	fu4	fu4
丹棱	fu4	fu4	phu4	fu4	fu4	fu4	fu4	fu4
洪雅	fu4	fu4	fu4	fu4	fu4	fu4	fu4	fu4
青神	fu4	fu4	fu4	fu4	fu4	fu4	fu4	fu4
夹江	fu4	fu4	fu4	fu4	fu4	fu4	fu4	fu4
峨眉山	fu5	fu1	fu5	fu4	fu5	fu5	fu5	fu5
乐山	fu4	fu4	fu4	fu4	fu4	fu4	fu4	fu4
犍为	fu4	fu4	fu4	fu4	fu4	fu4	fu4	fu4

字目	付	傅	赴	父父母	附	富	副	妇
反切	方遇	方遇	芳遇	扶雨	符遇	方副	敷救	房九
声韵调	遇合三 非虞去	遇合三 非虞去	遇合三 敷虞去	遇合三 奉虞上	遇合三 奉虞去	流开三 非尤去	流开三 敷尤去	流开三 奉尤上
中古音	pɨo-	pɨo-	phɨo-	bɨo:	bɨo-	pɨu-	phɨu-	bɨu:
沐川	fu4	fu4	fu4	fu4	fu4	fu4	fu4	fu4
峨边	fu4	fu4	phu1	fu4	fu4	fu4	fu4	fu4
雅安	fu4	fu4	fu4	fu4	fu4	fu4	fu4	fu4
名山	fu4	fu4	fu4	fu4	fu4	fu4	fu4	fu4
天全	fu4	fu4	fu4	fu4	fu4	fu4	fu4	fu4
芦山	fu4	fu4	fu4	fu4	fu4	fu4	fu4	fu4
宝兴	fu4	fu4	fu4	fu4	fu4	fu4	fu4	fu4
荥经	fu4	fu4	fu4	fu4	fu4	fu4	fu4	fu4
汉源	fu4	fu4	fu4	fu4	fu4	fu4	fu4	fu4
石棉	fu4	fu4	fu4	fu4	fu4	fu4	fu4	fu4
内江	fu4	fu4	phu4	fu4	fu4	fu4	fu4	fu4
威远	fu4	fu4	phu4	fu4	fu4	fu4	fu4	fu4
荣县	fu4	fu4	phu4	fu4	fu4	fu4	fu4	fu4
自贡	fu4	fu4	phu4	fu4	fu4	fu4	fu4	fu4
富顺	fu4	fu4	phu4	fu4	fu4	fu4	fu4	fu4
隆昌	fu4	fu4	phu4	fu4	fu4	fu4	fu4	fu4
泸县	fu4	fu4	phu4	fu4	fu4	fu4	fu4	fu4
泸州	fu4	fu4	phu5	fu4	fu4	fu4	fu4	fu4
南溪	fu4	fu4	phu5	fu4	fu4	fu4	fu4	fu4
合江	fu4	fu4	fu4	fu4	fu4	fu4	fu4	fu4

字目	负	复[①]复原	缚	腹	复复杂	覆	复重复	都都城
反切	房九	房六	符镢	方六	方六	芳福	方六	当孤
声韵调	流开三 奉尤上	通合三 奉屋入	宕合三 奉药入	通合三 非屋入	通合三 非屋入	通合三 敷屋入	通合三 非屋入	遇合一 端模平
中古音	biu:	biuk	buɐk	piuk	piuk	phiuk	piuk	tuo
成都	fu4	fu2	fu4 po2 俗	fu2	fu2	fu2	fu2	tu1
彭州	fu4	fo5	fu4 po5	fo5	fo5	fo5	fo5	tu1
郫县	fu4	fo5	po5 fu4 新	fo5	fo5	fo5	fo5	tu1
广汉	fu4	fu5	po5	fu5	fu5	fu5	fu5	tu1
都江堰河东	fʊ4	fo5	po5 fʊ4	fo5	fo5	fo5	fo5	tʊ1
都江堰河西	fʊ4	fo5	po5 fʊ4	fo5	fo5	fo5	fo5	tʊ1
崇州	fu4	fo5	po5 fu4	fo5	fo5	fo5	fo5	tu1
大邑	fu4	fo5	fu4 po5 俗	fo5	fo5	fo5	fo5	tu1
邛崃	fu4	fo5	fu4 po5 俗	fo5	fo5	fo5	fo5	tu1
新津	fu4	fo5	fu4 po5 俗	fo5	fo5	fo5	fo5	tu1
蒲江	fʊ4	fo5	fʊ3 po5 俗	fo5 fʊ5	fo5 fʊ5	fo5 fʊ5	fo5 fʊ5	to1 tʊ1
彭山	fu4	fɤ4	fɤ5	fɤ5	fɤ5	fɤ5	fɤ5	tu1
眉山	fu4	fu5	po5	fu5	fu5	fu5	fu5	tu1
丹棱	fu4	fu5	fu5 po5 俗	fu5	fu5	fu5	fu5	tu1
洪雅	fu4	fu5	fu5 po5 俗	fu5	fu5	fu5	fu5	tu1
青神	fu4	fo5	po5	fo5	fo5	fo5	fo5	tu1
夹江	fu4	fu1	fu4	fu1	fu1	fu1	fu1	tu1
峨眉山	fu5	fu5	fu5	fu5	fu5	fu5	fu5	tu1
乐山	fu4	fʊ5	fʊ5	fʊ5	fʊ5	fʊ5	fʊ5	tu1
犍为	fu4	fʊ5	fʊ5	fʊ5	fʊ5	fʊ5	fʊ5	tu1

① 又扶富切，流开三奉尤去。

字目	负	复[①]复原	缚	腹	复复杂	覆	复重复	都都城
反切	房九	房六	符镢	方六	方六	芳福	方六	当孤
声韵调	流开三 奉尤上	通合三 奉屋入	宕合三 奉药入	通合三 非屋入	通合三 非屋入	通合三 敷屋入	通合三 非屋入	遇合一 端模平
中古音	bɨu:	bɨuk	bʉɐk	pɨuk	pɨuk	phɨuk	pɨuk	tuo
沐川	fu4	fu4	fu4 pʉ5 俗	fu4	fu4	fu4	fu4	tu1
峨边	fu4	fu5	fu5	fu5	fu5	fu5	fu5	tu1
雅安	fu4	fu1	fu4	fu1	fu1	fu1	fu1	tu1
名山	fu4	fu1	fu1 文	fu1	fu1	fu1	fu1	tu1
天全	fu4	fu1	fu1 文	fu1	fu1	fu1	fu1	tu1
芦山	fu4	fu1	po1 俗	fu1	fu1	fu1	fu1	tu1
宝兴	fu4	fu1	fu4	fu1	fu1	fu1	fu1	tu1
荥经	fu4	fʊ5	fu4 pʊ5 俗	fʊ5	fʊ5	fʊ5	fʊ5	tu1
汉源	fu4	fu1	fu1 文	fu1	fu1	fu1	fu1	tu1
石棉	fu4	fu1	fu1 文	fu1	fu1	fu1	fu1	tu1
内江	fu4	fu4	fu4	fu4	fu4	fu4	fu4	tu1
威远	fu4	fu4	fu4	fu4	fu4	fu4	fu4	tu1
荣县	fu4	fu4	fu4 po4	fu4	fu4	fu4	fu4	tu1
自贡	fu4	fu4	fu4	fu4	fu4	fu4	fu4	tu1
富顺	fu4	fu4	fu4	fu4	fu4	fu4	fu4	tu1
隆昌	fu4	fɤ4	fɤ4	fɤ4	fu4	fu4	fu4	tu1
泸县	fu4	fu4	fu4 po4 俗	fu4	fu4	fu4	fu4	tu1
泸州	fu4	fu5	fu4 po5 俗	fu5	fu5	fu5	fu5	tu1
南溪	fu4	fu5	fu4 po5 俗	fu5	fu5	fu5	fu5	tu1
合江	fu4	fʉ5	fʉ5 po5 俗	fʉ5	fʉ5	fʉ5	fʉ5	tu1

① 又扶富切，流开三奉尤去。

字目	督	独	读	牍	毒	堵	赌	肚动物胃
反切	冬毒	徒谷	徒谷	徒谷	徒沃	当古	当古	当古
声韵调	通合一 端沃入	通合一 定屋入	通合一 定屋入	通合一 定屋入	通合一 定沃入	遇合一 端模上	遇合一 端模上	遇合一 端模上
中古音	tuok	duk	duk	duk	duok	tuo:	tuo:	tuo:
成都	tu2	tu2	tu2	tu2	tu2	tu3	tu3	tu3
彭州	to5	to5	to5	to5	to5	tu3	tu3	tu3
郫县	to5	to5	to5	to5	to5	tu3	tu3	tu3
广汉	to5	to5	tu2	tu2	to5	tu3	tu3	tu3
都江堰河东	to5	to5	to5	to5	to5	tʊ3	tʊ3	tʊ3
都江堰河西	to5	to5	to5	to5	to5	tʊ3	tʊ3	tʊ3
崇州	to5	to5	to5	to5	to5	tu3	tu3	tu3
大邑	to5 tu1 新	to5	to5	to5	to5	tu3	tu3	tu3
邛崃	to5 tu1 新	to5	to5	to5	to5	tu3	tu3	tu3
新津	to5	to5	to5	to5	to5	tu3	tu3	tu3
蒲江	to5 tʊ5	to5 tʊ5	to5 tʊ5	to5 tʊ5	to5 tʊ5	to3 tʊ3	to3 tʊ3	to3 tʊ3
彭山	to5	to5	to5	to5	to5	tu3	tu3	tu3
眉山	tu5	tu5	tu5	tu5	tu5	tu3	tu3	tu3
丹棱	tu5	tu5	tu5	tu5	tu5	tu3	tu3	tu3
洪雅	tu5	tu5	tu5	tu5	tu5	tu3	tu3	tu3
青神	to5	to5	to5	to5	to5	tu3	tu3	tu3
夹江	tu1	tu5	tu5	tu5	tu5	tu3	tu3	tu3
峨眉山	tu5	tu5	tu5	tu5	tu1	tu3	tu3	tu3
乐山	tʊ5	tʊ5	tʊ5	tʊ5	tʊ5	tu3	tu3	tu3
犍为	tʊ5	tʊ5	tʊ5	tʊ5	tʊ5	tu3	tu3	tu3

字目	督	独	读	渎	毒	堵	赌	肚动物胃
反切	冬毒	徒谷	徒谷	徒谷	徒沃	当古	当古	当古
声韵调	通合一 端沃入	通合一 定屋入	通合一 定屋入	通合一 定屋入	通合一 定沃入	遇合一 端模上	遇合一 端模上	遇合一 端模上
中古音	tuok	duk	duk	duk	duok	tuo:	tuo:	tuo:
沐川	tu4	tʉ5	tʉ5	tʉ5	tʉ5	tu3	tu3	tu3
峨边	tu5	tu5	tu5	tu5	tu5	tu3	tu3	tu3
雅安	tu1	tu1	tu1	tu1	tu1	tu3	tu3	tu3
名山	tu1	tu1	tu1	tu1	tu1	tu3	tu3	tu3
天全	tu1	tu1	tu1	tu1	tu1	tu3	tu3	tu3
芦山	tu1	tu1	tu1	tu1	tu1	tu3	tu3	tu3
宝兴	tu1	tu1	tu1	tu1	tu1	tu3	tu3	tu3
荥经	tʊ5	tʊ5	tʊ5	tʊ5	tʊ5	tu3	tu3	tu3
汉源	tu1	tu1	tu1	tu1	tu1	tu3	tu3	tu3
石棉	tu1	tu1	tu1	tu1	tu1	tu3	tu3	tu3
内江	tu4	tu4	tu4	tu4	tu4	tu3	tu3	tu3
威远	tu4	tu4	tu4	tu4	tu4	tu3	tu3	tu3
荣县	tu4	tu4	tu4	tu4	tu4	tu3	tu3	tu3
自贡	tu4	tu4	tu4	tu4	tu4	tu3	tu3	tu3
富顺	tu4	tu4	tu4	tu4	tu4	tu3	tu3	tu3
隆昌	tu4	tu4	tu4	tu4	tu4	tu3	tu3	tu3
泸县	tu4	tu4	tu4	tu4	tu4	tu3	tu3	tu3
泸州	tu5 tu1 新	tu5	tu5	tu5	tu5	tu3	tu3	tu3
南溪	tu5 tu1 新	tu5	tu5	tu5	tu5	tu3	tu3	tu3
合江	tʉ5	tʉ5	tʉ5	tʉ5	tʉ5	tu3	tu3	tu3

字目	妒	杜	肚肚腹	度	渡	镀	突[1]	秃
反切	当故	徒古	徒古	徒故	徒故	徒故	他骨	他谷
声韵调	遇合一 端模去	遇合一 定模上	遇合一 定模上	遇合一 定模去	遇合一 定模去	遇合一 定模去	臻合一 透没入	通合一 透屋入
中古音	tuo-	duo:	duo:	duo-	duo-	duo-	thuət	thuk
成都	tu4	tu4	tu4	tu4	tu4	tu4	thu2	thu2
彭州	tu4	tu4	tu4	tu4	tu4	tu4	tho5	tho5
郫县	tu4	tu4	tu4	tu4	tu4	tu4	tho5	tho5
广汉	tu4	tu4	tu4	tu4	tu4	tu4	thu5	thu5
都江堰河东	tʊ4	tʊ4	tʊ4	tʊ4	tʊ4	tʊ4	tho5	tho5
都江堰河西	tʊ4	tʊ4	tʊ4	tʊ4	tʊ4	tʊ4	tho5	tho5
崇州	tu4	tu4 to4 旧	tu4 to4 旧	tu4	tu4	tu4	tho5	tho5
大邑	tu4	tu4	to4 tu4	tu4	tu4	tu4	tho5	tho5
邛崃	tu4	tu4	to4	tu4	tu4	tu4	tho5	tho5
新津	tu4	tu4	tu4	tu4	tu4	tu4	tho5	tho5
蒲江	to4 tʊ4	to4 tʊ4	to4 tʊ4	to4 tʊ4	to4 tʊ4	to4 tʊ4	tho5 thʊ5	tho5 thʊ5
彭山	tu4	tu4	tu4	tu4	tu4	tu4	tho5	tho5
眉山	tu4	tu4	tu4	tu4	tu4	tu4	tho5	tho5
丹棱	tu4	tu4	tu4	tu4	tu4	tu4	thu5	thu5
洪雅	tu4	tu4	tu4	tu4	tu4	tu4	thu5	thu5
青神	tu4	tu4	tu4	tu4	tu4	tu4	tho5	tho5
夹江	tu4	tu4	tu4	tu4	tu4	tu4	thu5	thu5
峨眉山	tu5	tu5	tu4	tu5	tu5	tu5	thu5	thu5
乐山	tu4	tu4	tu4	tu4	tu4	tu4	thʊ5	thʊ5
犍为	tu4	tu4	tu4	tu4	tu4	tu4	thʊ5	thʊ5

① 又陀骨切，臻合一定没入。

字目	妒	杜	肚肚腹	度	渡	镀	突[①]	秃
反切	当故	徒古	徒古	徒故	徒故	徒故	他骨	他谷
声韵调	遇合一 端模去	遇合一 定模上	遇合一 定模上	遇合一 定模去	遇合一 定模去	遇合一 定模去	臻合一 透没入	通合一 透屋入
中古音	tuo-	duo:	duo:	duo-	duo-	duo-	thuət	thuk
沐川	tu4	tu4	tu4	tu4	tu4	tu4	thʉ5	thʉ5
峨边	tu4	tu4	tu4	tu4	tu4	tu4	thu5	thu5
雅安	tu4	tu4	tu4	tu4	tu4	tu4	thu1	thu1
名山	tu4	tu4	tu4	tu4	tu4	tu4	thu1	thu1
天全	tu4	tu4	tu4	tu4	tu4	tu4	thu1	thu1
芦山	tu4	tu4	tu4	tu4	tu4	tu4	thu1	thu1
宝兴	tu4	tu4	tu4	tu4	tu4	tu4	thu1	thu1
荥经	tu4	tu4	tu4	tu4	tu4	tu4	thʊ5	thʊ5
汉源	tu4	tu4	tu4	tu4	tu4	tu4	thu1	thu1
石棉	tu4	tu4	tu4	tu4	tu4	tu4	thu1	thu1
内江	tu4	tu4	tu4	tu4	tu4	tu4	thu4	thu4
威远	tu4	tu4	tu4	tu4	tu4	tu4	thu4	thu4
荣县	tu4	tu4	tu4	tu4	tu4	tu4	thu4	thu4
自贡	tu4	tu4	tu4	tu4	tu4	tu4	thu4	thu4
富顺	tu4	tu4	tu4	tu4	tu4	tu4	thu4	thu4
隆昌	tu4	tu4	tu4	tu4	tu4	tu4	thu4	thu4
泸县	tu4	tu4	tu4 to4 旧	tu4	tu4	tu4	thu4	thu4
泸州	tu4	tu4	tu4 to4 旧	tu4	tu4	tu4	thu5	thu5
南溪	tu4	tu4	tu4 to4 旧	tu4	tu4	tu4	thu5	thu5
合江	tu4	tu4	tu4	tu4	tu4	tu4	thʉ5	thʉ5

① 又陀骨切，臻合一定没入。

字目	徒	屠	途	涂泥涂	图	土	吐吐痰	吐呕吐
反切	同都	同都	同都	同都	同都	他鲁	他鲁	汤故
声韵调	遇合一 定模平	遇合一 定模平	遇合一 定模平	遇合一 定模平	遇合一 定模平	遇合一 透模上	遇合一 透模上	遇合一 透模去
中古音	duo	duo	duo	duo	duo	thuo:	thuo:	thuo-
成都	thu2	thu2	thu2	thu2	thu2	thu3	thu3	thu3
彭州	thu2	thu2	thu2	thu2	thu2	thu3	thu3	thu3
郫县	thu2	thu2	thu2	thu2	thu2	thu3	thu3	thu3
广汉	thu2	thu2	thu2	thu2	thu2	thu3	thu3	thu3
都江堰河东	thʊ2	thʊ2	thʊ2	thʊ2	thʊ2	thʊ3	thʊ3	thʊ3
都江堰河西	thʊ2	thʊ2	thʊ2	thʊ2	thʊ2	thʊ3	thʊ3	thʊ3
崇州	thu2 tho2 旧	thu2 tho2 旧	thu2 tho2 旧	thu2 tho2 旧	thu2 tho2 旧	thu3	thu3	thu3
大邑	thu2	thu2	thu2	thu2	thu2	thu3	thu3	thu3
邛崃	thu2	thu2	thu2	thu2	thu2	thu3	thu3	thu3
新津	thu2	thu2	thu2	thu2	thu2	thu3	thu3	thu3
蒲江	tho2 thʊ2	tho2 thʊ2	tho2 thʊ2	tho2 thʊ2	tho2 thʊ2	tho3 thʊ3	tho3 thʊ3	tho3 thʊ3
彭山	thu2	thu2	thu2	thu2	thu2	thu3	thu3	thu3
眉山	thu2	thu2	thu2	thu2	thu2	thu3	thu3	thu3
丹棱	thu2	thu2	thu2	thu2	thu2	thu3	thu3	thu3
洪雅	thu2	thu2	thu2	thu2	thu2	thu3	thu3	thu3
青神	thu2	thu2	thu2	thu2	thu2	thu3	thu3	thu3
夹江	thu2	thu2	thu2	thu2	thu2	thu3	thu3	thu3
峨眉山	thu2	thu2	thu2	thu2	thu2	thu3	thu3	thu3
乐山	tho2	tho2	tho2	tho2	tho2	tho3	tho3	tho3
犍为	thu2	thu2	thu2	thu2	thu2	thu3	thu3	thu3

字目	徒	屠	途	涂泥涂	图	土	吐吐痰	吐呕吐
反切	同都	同都	同都	同都	同都	他鲁	他鲁	汤故
声韵调	遇合一定模平	遇合一定模平	遇合一定模平	遇合一定模平	遇合一定模平	遇合一透模上	遇合一透模上	遇合一透模去
中古音	duo	duo	duo	duo	duo	thuo:	thuo:	thuo-
沐川	thu2	thu2	thu2	thu2	thu2	thu3	thu3	thu3
峨边	thu2	thu2	thu2	thu2	thu2	thu3	thu3	thu3
雅安	thu2	thu2	thu2	thu2	thu2	thu3	thu3	thu3
名山	thu2	thu2	thu2	thu2	thu2	thu3	thu3	thu3
天全	thu2	thu2	thu2	thu2	thu2	thu3	thu3	thu3
芦山	thu2	thu2	thu2	thu2	thu2	thu3	thu3	thu3
宝兴	thu2	thu2	thu2	thu2	thu2	thu3	thu3	thu3
荥经	thu2	thu2	thu2	thu2	thu2	thu3	thu3	thu3
汉源	thu2	thu2	thu2	thu2	thu2	thu3	thu3	thu3
石棉	thu2	thu2	thu2	thu2	thu2	thu3	thu3	thu3
内江	thu2	thu2	thu2	thu2	thu2	thu3	thu3	thu3
威远	thu2	thu2	thu2	thu2	thu2	thu3	thu3	thu3
荣县	thu2	thu2	thu2	thu2	thu2	thu3	thu3	thu3
自贡	thu2	thu2	thu2	thu2	thu2	thu3	thu3	thu3
富顺	thu2	thu2	thu2	thu2	thu2	thu3	thu3	thu3
隆昌	thu2	thu2	thu2	thu2	thu2	thu3	thu3	thu3
泸县	thu2	thu2	thu2	thu2	thu2	thu3	thu3	thu3
泸州	thu2	thu2	thu2	thu2	thu2	thu3	thu3	thu3
南溪	thu2	thu2	thu2	thu2	thu2	thu3	thu3	thu3
合江	thu2	thu2	thu2	thu2	thu2	thu3	thu3	thu3

字目	兔	奴	努	怒	卢	炉	芦	鲁
反切	汤故	乃都	奴古	乃故	落胡	落胡	落胡	郎古
声韵调	遇合一 透模去	遇合一 泥模平	遇合一 泥模上	遇合一 泥模去	遇合一 来模平	遇合一 来模平	遇合一 来模平	遇合一 来模上
中古音	thuo-	nuo	nuo:	nuo-	luo	luo	luo	luo:
成都	thu4	nu2	nu3	nu4	nu2	nu2	nu2	nu3
彭州	thu4	nu2	nu3	nu4	nu2	nu2	nu2	nu3
郫县	thu4	lu2	lu3	lu4	lu2	lu2	lu2	lu3
广汉	thu4	lu2	lu3	lu4	lu2	lu2	lu2	lu3
都江堰河东	thʊ4	nʊ2	nʊ3	nʊ4	nʊ2	nʊ2	nʊ2	nʊ3
都江堰河西	thʊ4	nʊ2	nʊ3	nʊ4	nʊ2	nʊ2	nʊ2	nʊ3
崇州	thu4 tho4 旧	nu2 no2 旧	nu3	nu4	nu2 no2 旧	nu2 no2 旧	nu2 no2 旧	nu3 no3 旧
大邑	thu4	nu2	nu3	nu4	nu2	nu2	nu2	nu3
邛崃	thu4	nu2	nu3	nu4	nu4	nu2	nu2	nu3
新津	thu4	nu2	nu3	nu4	nu2	nu2	nu2	nu3
蒲江	tho4 thʊ4	lo2 lʊ2	lo3 lʊ3	lo4 lʊ4	lo2 lʊ2	lo3 lʊ3	lo3 lʊ3	lo3 lʊ3
彭山	thu4	nu2	nu3	nu4	nu2	nu2	nu2	nu3
眉山	thu4	nu2	nu3	nu4	nu2	nu2	nu2	nu3
丹棱	thu4	nu2	nu3	nu4	nu2	nu2	nu2	nu3
洪雅	thu4	nu2	nu3	nu4	nu2	nu2	nu2	nu3
青神	thu4	lu2	lu3	lu4	lu2	lu2	lu2	lu3
夹江	thu4	nu2	nu3	nu4	nu2	nu2	nu2	nu3
峨眉山	thu1	nu2	nu3	nu1	nu2	nu2	nu2	nu3
乐山	thu4	lu2	lu3	lu4	lu2	lu2	lu2	lu3
犍为	thu4	lu2	lu3	lu4	lu2	lu2	lu2	lu3

字目	兔	奴	努	怒	卢	炉	芦	鲁
反切	汤故	乃都	奴古	乃故	落胡	落胡	落胡	郎古
声韵调	遇合一 透模去	遇合一 泥模平	遇合一 泥模上	遇合一 泥模去	遇合一 来模平	遇合一 来模平	遇合一 来模平	遇合一 来模上
中古音	thuo-	nuo	nuo:	nuo-	luo	luo	luo	luo:
沐川	thu4	lu2	lu3	lu4	lu2	lu2	lu2	lu3
峨边	thu4	lu2	lu3	lu4	lu2	lu2	lu2	lu3
雅安	thu4	nu2	nu3	nu4	nu2	nu2	nu2	nu3
名山	thu4	lu2	lu3	lu4	lu2	lu2	lu2	lu3
天全	thu4	lu2	lu3	lu4	lu2	lu2	lu2	lu3
芦山	thu4	nu2	nu3	nu4	nu2	nu2	nu2	nu3
宝兴	thu4	nu2	nu3	nu4	nu2	nu2	nu2	nu3
荥经	thu4	lu2	lu3	lu4	lu2	lu2	lu2	lu3
汉源	thu4	nu2	nu3	nu4	nu2	nu2	nu2	nu3
石棉	thu4	lu2	lu3	lu4	lu2	lu2	lu2	lu3
内江	thu4	nu2	nu3	nu4	nu2	nu2	nu2	nu3
威远	thu4	nu2	nu3	nu4	nu2	nu2	nu2	nu3
荣县	thu4	nu2	nu3	nu4	nu2	nu2	nu2	nu3
自贡	thu4	lu2	lu3	lu4	lu2	lu2	lu2	lu3
富顺	thu4	lu2	lu3	lu4	lu2	lu2	lu2	lu3
隆昌	thu4	lu2	lu3	lu4	lu2	lu2	lu2	lu3
泸县	thu4	lu2	lu3	lu4	lu2	lu2	lu2	lu3
泸州	thu4	lu2	lu3	lu4	lu2	lu2	lu2	lu3
南溪	thu4	lu2	lu3	lu4	lu2	lu2	lu2	lu3
合江	thu4	lu2	lu3	lu4	lu2	lu2	lu2	lu3

字目	橹	卤盐卤	虏	路	露露水	禄	鹿	陆大陆
反切	郎古	郎古	郎古	洛故	洛故	卢谷	卢谷	力竹
声韵调	遇合一 来模上	遇合一 来模上	遇合一 来模上	遇合一 来模去	遇合一 来模去	通合一 来屋入	通合一 来屋入	通合三 来屋入
中古音	luo:	luo:	luo:	luo-	luo-	luk	luk	lɨuk
成都	nu3	nu3	nu3	nu4	nu4	nu2	nu2	nu2
彭州	nu3	nu3	nu3	nu4	nu4	no5	no5	no5
郫县	lu3	lu3	lu3	lu4	lu4	lo5	lo5	lo5
广汉	lu3	lu3	lu3	lu4	lu4	lu5	lu5	lu5
都江堰河东	nʊ3	nʊ3	nʊ3	nʊ4	nʊ4	no5	no5	no5
都江堰河西	nʊ3	nʊ3	nʊ3	nʊ4	nʊ4	no5	no5	no5
崇州	nu3	nu3	nu3	nu4	nu4	no5	no5	no5
大邑	nu3	nu3	nu3	nu4	nu4	no5	no5	no5
邛崃	nu3	nu3	nu3	nu4	nu4	no5	no5	no5
新津	nu3	nu3	nu3	nu4	nu4	no5	no5	no5
蒲江	lo3 lʊ3	lo3 lʊ3	lo3 lʊ3	lo4 lʊ4	lo4 lʊ4	lo5	lo5	lo5
彭山	nu3	nu3	nu3	nu4	nu4	no5	no5	no5
眉山	nu3	nu3	nu3	nu4	nu4	nu5	nu5	nu5
丹棱	nu3	nu3	nu3	nu4	nu4	nu5	nu5	nu5
洪雅	nu3	nu3	nu3	nu4	nu4	nu5	nu5	nu5
青神	lu3	lu3	lu3	lu4	lu4	lo5	lo5	lo5
夹江	nu3	nu3	nu3	nu4	nu4	nu5	nu5	nu5
峨眉山	nu3	nu3	nu3	nu1	nu1	nu1	nu5	nu5
乐山	lu3	lu3	lu3	lu4	lu4	lʊ5	lʊ5	lʊ5
犍为	lu3	lu3	lu3	lu4	lu4	lʊ5	lʊ5	lʊ5

字目	橹	卤盐卤	虏	路	露露水	禄	鹿	陆大陆
反切	郎古	郎古	郎古	洛故	洛故	卢谷	卢谷	力竹
声韵调	遇合一 来模上	遇合一 来模上	遇合一 来模上	遇合一 来模去	遇合一 来模去	通合一 来屋入	通合一 来屋入	通合三 来屋入
中古音	luo:	luo:	luo:	luo-	luo-	luk	luk	lɨuk
沐川	lu3	lu3	lu3	lu4	lu4	lʉ5	lʉ5	lʉ5
峨边	lu3	lu3	lu3	lu4	lu4	lu5	lu5	lu5
雅安	nu3	nu3	nu3	nu4	nu4	nu1	nu1	nu1
名山	lu3	lu3	lu3	lu4	lu4	lu1	lu1	lu1
天全	lu3	lu3	lu3	lu4	lu4	lu1	lu1	lu1
芦山	nu3	nu3	nu3	nu4	nu4	nu1	nu1	nu1
宝兴	nu3	nu3	nu3	nu4	nu4	nu1	nu1	nu1
荥经	lu3	lu3	lu3	lu4	lu4	lʊ5	lʊ5	lʊ5
汉源	nu3	nu3	nu3	nu4	nu4	nu1	nu1	nu1
石棉	lu3	lu3	lu3	lu4	lu4	lu1	lu1	lu1
内江	nu3	nu3	nu3	nu4	nu4	nu4	nu4	nu4
威远	nu3	nu3	nu3	nu4	nu4	nu4	nu4	nu4
荣县	nu3	nu3	nu3	nu4	nu4	nu4	nu4	nu4
自贡	lu3	lu3	lu3	lu4	lu4	lu4	lu4	lu4
富顺	lu3	lu3	lu3	lu4	lu4	lu4	lu4	lu4
隆昌	lu3	lu3	lu3	lu4	lu4	lu4	lu4	lu4
泸县	lu3	lu3	lu3	lu4	lu4	lu4	lu4	lu4
泸州	lu3	lu3	lu3	lu4	lu4	lu5	lu5	lu5
南溪	lu3	lu3	lu3	lu4	lu4	lu5	lu5	lu5
合江	lu3	lu3	lu3	lu4	lu4	lʉ5	lʉ5	lʉ5

字目	录	租	卒士卒	族	足	祖	组	阻
反切	力玉	则吾	臧没	昨木	即玉	则古	则古	侧吕
声韵调	通合三 来烛入	遇合一 精模平	臻合一 精没入	通合一 从屋入	通合三 精烛入	遇合一 精模上	遇合一 精模上	遇合三 庄鱼上
中古音	lɨok	tsuo	tsuət	dzuk	tsɨok	tsuo:	tsuo:	tʃɨʌ:
成都	nu2	tsu1	tsu2 tɕio2 旧	tɕhio2 tsu2 新	tɕio2 tsu2 新	tsu3	tsu3	tsu3
彭州	no5	tsu1	tsu5 tɕio5 旧	tɕhio5 tsu2 新	tɕio5 tsu5 新	tsu3	tsu3	tsu3
郫县	lo5	tsu1	tso5	tɕhio5 tsu2 新	tɕio5 tsu2 新	tsu3	tsu3	tsu3
广汉	lu5	tsu1	tsu5	tɕhio5	tɕio5	tsu3	tsu3	tsu3
都江堰河东	no5	tsʊ1	tɕio5	tɕhio5	tsho5	tsʊ3	tsʊ3	tsʊ3
都江堰河西	no5	tsʊ1	tɕio5	tɕhio5	tɕio5	tsʊ3	tsʊ3	tsʊ3
崇州	no5	tsu1	tɕio5	tɕio5 tsho5	tɕio5	tsu3	tsu3	tsu3
大邑	no5	tsu1	tso5	tsho5	tɕio5	tsu3	tsu3	tsu3
邛崃	no5	tsu1	tɕyo5 tso5	tsho5	tɕyo5	tsu3	tsu3	tsu3
新津	no5	tsu1	tso5	tsho5	tɕio5	tsu3	tsu3	tsu3
蒲江	lo5	tsʊ1	tso5	tsho5 tso5	tɕio5	tso3	tso3	tso3
彭山	no5	tsu1	tso5	tsho5 tso5 新	tso5	tsu3	tsu3	tsu3
眉山	nu5	tsu1	tsu5	tshu5 tsu5 新	tsu5	tsu3	tsu3	tsu3
丹棱	nu5	tsu1	tsu5	tshu5 tsu5 新	tsu5	tsu3	tsu3	tsu3
洪雅	nu5	tsu1	tɕyu5 tsu5 新	tɕhyu5 tsu5 新	tɕyu5 tsu5 新	tsu3	tsu3	tsu3
青神	lo5	tsu1	tsho5	tsho5 tso5 新	tso5	tsu3	tsu3	tsu3
夹江	nu5	tsu1	tsu5	tɕhy5	tsu5	tsu3	tsu3	tsu3
峨眉山	nu5	tsu1	tsu5	tshu5	tsu5	tsu3	tsu3	tsu3
乐山	lʊ5	tsu1	tsʊ5	tshʊ5 tsʊ5	tsʊ5	tsu3	tsu3	tsu3
犍为	lʊ5	tsu1	tsʊ5	tshʊ5	tsʊ5	tsu3	tsu3	tsu3

字目	录	租	卒士卒	族	足	祖	组	阻
反切	力玉	则吾	臧没	昨木	即玉	则古	则古	侧吕
声韵调	通合三 来烛入	遇合一 精模平	臻合一 精没入	通合一 从屋入	通合三 精烛入	遇合一 精模上	遇合一 精模上	遇合三 庄鱼上
中古音	lɨok	tsuo	tsuət	dzuk	tsɨok	tsuo:	tsuo:	tʃɨʌ:
沐川	lʉ5	tsu1	tsʉ5 tɕio5 旧	tɕhio5 tshʉ5 新	tsʉ5 tsu4 新	tsu3	tsu3	tsu3
峨边	lu5	tsu1	tsu4	tshu5	tsu5	tsu3	tsu3	tsu3
雅安	nu1	tsu1	tsu1	tshu1	tsu1	tsu3	tsu3	tsu3
名山	lu1	tsu1	tsu1	tshu1 tsu1 新	tsu1	tsu3	tsu3	tsu3
天全	lu1	tsu1	tsu1	tshu1 tsu1 新	tsu1	tsu3	tsu3	tsu3
芦山	nu1	tsu1	tsu1	tshu1	tsu1	tsu3	tsu3	tsu3
宝兴	nu1	tsu1	tsu1	tshu1	tsu1	tsu3	tsu3	tsu3
荥经	lʊ5	tsu1	tsʊ5 tɕiɵ5 旧	tɕhiɵ5 tshʊ5 新	tɕiɵ5 tsʊ5 新	tsu3	tsu3	tsu3
汉源	nu1	tsu1	tsu1	tshu1 tsu1 新	tsu1	tsu3	tsu3	tsu3
石棉	lu1	tsu1	tsu1	tshu1 tsu1 新	tsu1	tsu3	tsu3	tsu3
内江	nu4	tsu1	tɕyu4 tsu4 新	tʂhu4 tʂu4 新	tɕy4 tsu4 新	tʂu3	tʂu3	tʂu3
威远	nu4	tsu1	tsu4	tshu4 tsu4 新	tsu4	tsu3	tsu3	tsu3
荣县	nu4	tsu1	tsu4	tshu4 tsu4 新	tsu4	tsu3	tsu3	tsu3
自贡	lu4	tsu1	tshu4	tshu4	tsu4	tsu3	tsu3	tsu3
富顺	lu4	tsu1	tɕy4	tshu4	tɕy4	tsu3	tsu3	tsu3
隆昌	lu4	tsu1	tsu4	tshu4	tsu4	tsu3	tsu3	tsu3
泸县	lu4	tsu1	tsu4	tshu4 tsu4 新	tɕio4 tsu4 新	tsu3	tsu3	tsu3
泸州	lu5	tsu1	tsu5	tɕhiu5 tsu5 新	tɕiu5 tsu5 新	tsu3	tsu3	tsu3
南溪	lu5	tsu1	tsu5	tɕhyʉ5 tsu5 新	tɕyʉ5 tsu5 新	tsu3	tsu3	tsu3
合江	lʉ5	tsu1	tsʉ1 tɕio5 旧	tshʉ5 tɕhio5 旧	tɕy5[①] tɕio5	tsu3	tsu3	tsu3

① 又音 tsu5 新。

字目	粗	醋	促	苏	酥	俗	素	诉
反切	仓胡	仓故	七玉	素姑	素姑	似足	桑故	桑故
声韵调	遇合一 清模平	遇合一 清模去	通合三 清烛入	遇合一 心模平	遇合一 心模平	通合三 邪烛入	遇合一 心模去	遇合一 心模去
中古音	tshuo	tshuo-	tshɨok	suo	suo	zɨok	suo-	suo-
成都	tshu1	tshu4	tshu2 tsho2 旧	su1	su1	ɕio2	su4	su4
彭州	tshu1	tshu4	tsho5 tshu5 新	su1	su1	ɕio5	su4	su4
郫县	tshu1	tshu4	tsho5	su1	su1	ɕio5	su4	su4
广汉	tshu1	tshu4	tshu5	su1	su1	ɕio5	su4	su4
都江堰河东	tshʊ1	tshʊ4	tsho5	sʊ1	sʊ1	ɕio5	sʊ4	sʊ4
都江堰河西	tshʊ1	tshʊ4	tsho5	sʊ1	sʊ1	ɕio5	sʊ4	sʊ4
崇州	tshu1	tshu4 tsho4 旧	tsho5	su1	su1	ɕio5	su4	su4
大邑	tshu1	tshu4	tsho5	su1	su1	ɕio5	su4	su4
邛崃	tshu1	tshu4	tsho5 tshu2 新	su1	su1	ɕyo5	su4	su4
新津	tshu1	tshu4	tsho5	su1	su1	ɕio5	su4	su4
蒲江	tsho1	tsho4	tsho5	so1	so1	ɕio5	so4	so4
彭山	tshu1	tshu4	tsho5	su1	su1	so5	su4	su4
眉山	tshu1	tsho4	tshu5	su1	su1	su5	su4	su4
丹棱	tshu1	tshu4	tshu5	su1	su1	su5	su4	su4
洪雅	tshu1	tshu4	tshu5	su1	su1	su5	su4	su4
青神	tshu1	tshu4	tsho5	su1	su1	so5	su4	su4
夹江	tshu1	tshu4	tshu5	su1	su1	ɕiu5	su4	su4
峨眉山	tshu1	tshu1	tshu5	su1	su1	su5	su5	su5
乐山	tshu1	tshu4	tshʊ5	su1	su1	sʊ5	su4	su4
犍为	tshu1	tshu4	tshʊ5	su1	su1	sʊ5	su4	su4

字目	粗	醋	促	苏	酥	俗	素	诉
反切	仓胡	仓故	七玉	素姑	素姑	似足	桑故	桑故
声韵调	遇合一 清模平	遇合一 清模去	通合三 清烛入	遇合一 心模平	遇合一 心模平	通合三 邪烛入	遇合一 心模去	遇合一 心模去
中古音	tshuo	tshuo-	tshɨok	suo	suo	zɨok	suo-	suo-
沐川	tshu1	tshu4	tshʉ5 tshu4 新	su1	su1	sʉ5	su4	su4
峨边	tshu1	tshu4	tshu5	su1	su1	su5	su4	su4
雅安	tshu1	tshu4	tsho1	su1	su1	su1	su4	su4
名山	tshu1	tshu4	tshu1	su1	su1	su1	su4	su4
天全	tshu1	tshu4	tshu1	su1	su1	su1	su4	su4
芦山	tshu1	tshu4	tshu1	su1	su1	su1	su4	su4
宝兴	tshu1	tshu4	tshu1	su1	su1	su1	su4	su4
荥经	tshu1	tshu4	tshʊ5	su1	su1	ɕiɵ5	su4	su4
汉源	tshu1	tshu4	tshu1	su1	su1	su1	su4	su4
石棉	tshu1	tshu4	tshu1 tsho1 旧	su1	su1	su1	su4	su4
内江	tshu1	tshu4	tshu4	s̪u1	s̪u1	ɕy4	s̪u4	s̪u4
威远	tshu1	tshu4	tshu4	su1	su1	su4	su4	su4
荣县	tshu1	tshu4	tshu4	su1	su1	su4	su4	su4
自贡	tshu1	tshu4	tshu4	su1	su1	su4	su4	su4
富顺	tshu1	tshu4	tshu4	su1	su1	su4	su4	su4
隆昌	tshu1	tshu4	tshu4	su1	su1	su4	su4	su4
泸县	tshu1	tshu4	tshu4	su1	su1	ɕy4	su4	su4
泸州	tshu1	tshu4	tshu5	su1	su1	ɕiu5	su4	su4
南溪	tshu1	tshu4	tɕhyʉ5	su1	su1	ɕyʉ5	su4	su4
合江	tshu1	tshu4	tsho5 tshʉ5	su1	su1	ɕiʉ5	su4	su4

字目	塑	速	肃	宿宿舍	粟	猪	诸	蛛
反切	桑故	桑谷	息逐	息逐	相玉	陟鱼	章鱼	陟输
声韵调	遇合一 心模去	通合一 心屋入	通合三 心屋入	通合三 心屋入	通合三 心烛入	遇合三 知鱼平	遇合三 章鱼平	遇合三 知虞平
中古音	suo-	suk	sɨuk	sɨuk	sɨok	ʈɨʌ	tɕɨʌ	ʈɨo
成都	su4	ɕio2 su2 新	ɕio2[②] ɕy2 新	ɕio2[②] ɕy2 新	ɕio2	tsu1	tsu1	tsu1
彭州	su4	ɕio5[①] ɕy5	ɕio5[①] ɕy5	ɕio5[①] ɕy5	ɕio5	tsu1	tsu1	tsu1
郫县	su4	ɕio5	ɕio5	ɕio5	ɕio5	tsu1	tsu1	tsu1
广汉	su4	ɕio5 su5 新	ɕio5 su5 新	ɕio5 su5 新	so5	tsu1	tsu1	tsu1
都江堰河东	sʊ4	ɕio5	ɕio5	ɕio5	ɕio5	tsʊ1	tsʊ1	tsʊ1
都江堰河西	sʊ4	ɕio5	ɕio5	ɕio5	ɕo5	tsʊ1	tsʊ1	tsʊ1
崇州	su4	ɕio5	ɕio5	ɕio5	ɕio5	tsu1	tsu1	tsu1
大邑	su4	ɕio5 sy5 新	ɕio5 sy5 新	ɕio5	ɕio5	tsu1	tsu1	tsu1
邛崃	su4	ɕyo5	ɕyo5	ɕyo5	ɕyo5	tsu1	tsu1	tsu1
新津	su4	ɕio5 ɕy5 新	ɕio5 sy5 新	ɕio5	ɕio5	tsu1	tsu1	tsu1
蒲江	so4	ɕio5	ɕio5	ɕio5	ɕio5	tsʊ1	tsʊ1	tsʊ1
彭山	su4	so5	so5	so5	so5	tsu1	tsu1	tsu1
眉山	su4	su5	su5	su5	ɕy5	tsu1	tsu1	tsu1
丹棱	su4	su5	su5	su5	su5	tsu1	tsu1	tsu1
洪雅	su4	su5	su5	su5	su5	tsu1	tsu1	tsu1
青神	su4	so5	so5	so5	so5	tsu1	tsu1	tsu1
夹江	su4	ɕiu5 su5 新	ɕiu5 su5 新	su1	su5	tsu1	tsu1	tsu1
峨眉山	su5	su5	su5	su5	su5	tsu1	tsu1	tsu1
乐山	su4	sʊ5	sʊ5	sʊ5	sʊ5	tsu1	tsu1	tsu1
犍为	su4	sʊ5	sʊ5	sʊ5	sʊ5	tsu1	tsu1	tsu1

① 又音 su5 新。 ② 又音 su2 新。

字目	塑	速	肃	宿宿舍	粟	猪	诸	蛛
反切	桑故	桑谷	息逐	息逐	相玉	陟鱼	章鱼	陟输
声韵调	遇合一 心模去	通合一 心屋入	通合三 心屋入	通合三 心屋入	通合三 心烛入	遇合三 知鱼平	遇合三 章鱼平	遇合三 知虞平
中古音	suo-	suk	sɨuk	sɨuk	sɨok	ʈɨʌ	tɕɨʌ	ʈɨo
沐川	su4	ɕio5 sʉ5 新	ɕio5 sʉ5 新	ɕio5 sʉ5 新	sʉ5	tsu1	tsu1	tsu1
峨边	su4	su5	su5	ɕio5 su5 新	su5	tsu1	tsu1	tsu1
雅安	su4	su1	su1	su1	su1	tsu1	tsu1	tsu1
名山	su4	su1	su1	su1	su1	tsu1	tsu1	tsu1
天全	su4	su1	su1	su1	su1	tsu1	tsu1	tsu1
芦山	su4	su1	su1	su1	su1	tsu1	tsu1	tsu1
宝兴	su4	su1	su1	su1	su1	tsu1	tsu1	tsu1
荥经	su4	ɕiɵ5 sʊ5 新	ɕiɵ5 sʊ5 新	ɕiɵ5 sʊ5 新	ɕiɵ5	tsu1	tsu1	tsu1
汉源	su4	su1	su1	su1	su1	tsu1	tsu1	tsu1
石棉	su4	su1	su1	su1	su1	tsu1	tsu1	su1
内江	ʂu4	ʂu4	ʂu4	ʂu4	ʂu4	tʂu1	tʂu1	tʂu1
威远	su4	su4	su4	su4	su4	tʂu1	tʂu1	tʂu1
荣县	su4	su4	su4	su4	su4	tsu1	tsu1	tsu1
自贡	su4	su4	su4	ɕy4	su4	tʂu1	tʂu1	tʂu1
富顺	su4	ɕy4	ɕy4	ɕy4	su4	tʂu1	tʂu1	tʂu1
隆昌	su4	su4	su4	ɕy4 su4	su4	tʂu1	tʂu1	tʂu1
泸县	su4	ɕy4 su4 新	ɕy4 su4 新	ɕy4 su4 新	ɕy4	tsu1	tsu1	tsu1
泸州	su4	ɕiu5 su5 新	ɕiu5 su5 新	ɕiu5 su5 新	ɕiu5	tsu1	tsu1	tsu1
南溪	su4	ɕyʉ5 su5 新	ɕyʉ5 su5 新	ɕyʉ5 su5 新	ɕyʉ5	tsu1	tsu1	tsu1
合江	su4	ɕiʉ5① ɕy5	ɕiʉ5① ɕy5	ɕiʉ5① ɕy5	ɕiʉ5	tsu1	tsu1	tsu1

① 又音 su5 新。

字目	株	朱	朱	珠	竹	逐	烛	煮
反切	陟输	章俱	章俱	章俱	张六	直六	之欲	章与
声韵调	遇合三 知虞平	遇合三 章虞平	遇合三 章虞平	遇合三 章虞平	通合三 知屋入	通合三 澄屋入	通合三 章烛入	遇合三 章鱼上
中古音	ʈio	tɕio	tɕio	tɕio	ʈiuk	ɖiuk	tɕiok	tɕiʌ:
成都	tsu1	tsu1	tsu1	tsu1	tsu2	tsu2 tso2 旧	tsu2	tsu3
彭州	tsu1	tsu1	tsu1	tsu1	tso5	tso5	tso5	tsu3
郫县	tsu1	tsu1	tsu1	tsu1	tso5	tsu5	tso5	tsu3
广汉	tsu1	tsu1	tsu1	tsu1	tsu5 tso5	tso2 tso5	tsu5 tso5	tsu3
都江堰河东	tsʊ1	tsʊ1	tsʊ1	tsʊ1	tso5	tso5	tso5	tsʊ3
都江堰河西	tsʊ1	tsʊ1	tsʊ1	tsʊ1	tso5	tso5	tso5	tsʊ3
崇州	tsu1	tsu1	tsu1	tsu1	tso5	tso5	tso5	tsu3
大邑	tsu1	tsu1	tsu1	tsu1	tso5	tso5	tso5	tsu3
邛崃	tsu1	tsu1	tsu1	tsu1	tso5	tso5	tso5	tsu3
新津	tsu1	tsu1	tsu1	tsu1	tso5	tso5	tso5	tsu3
蒲江	tsʊ1	tsʊ1	tsʊ1	tsʊ1	tso5	tso5	tso5	tsʊ3
彭山	tsu1	tsu1	tsu1	tsu1	tso5	tso5	tso5	tsu3
眉山	tsu1	tsu1	tsu1	tsu1	tsu5	tso5	tsu5	tsu3
丹棱	tsu1	tsu1	tsu1	tsu1	tsu5	tsu5	tsu5	tsu3
洪雅	tsu1	tsu1	tsu1	tsu1	tsu5	tsu5	tsu5	tsu3
青神	tsu1	tsu1	tsu1	tsu1	tso5	tso5	tso5	tsu3
夹江	tsu1	tsu1	tsu1	tsu1	tsu5	tsu5	tsu5	tsu3
峨眉山	tsu1	tsu1	tsu1	tsu1	tsu5	tsu5	tsu5	tsu3
乐山	tsu1	tsu1	tsu1	tsu1	tsʊ5	tsʊ5	tsʊ5	tsu3
犍为	tsu1	tsu1	tsu1	tsu1	tsʊ5	tsʊ5	tsʊ5	tsu3

字目	株	朱	朱	珠	竹	逐	烛	煮
反切	陟输	章俱	章俱	章俱	张六	直六	之欲	章与
声韵调	遇合三 知虞平	遇合三 章虞平	遇合三 章虞平	遇合三 章虞平	通合三 知屋入	通合三 澄屋入	通合三 章烛入	遇合三 章鱼上
中古音	ţɨo	tɕɨo	tɕɨo	tɕɨo	ţɨuk	ḍɨuk	tɕɨok	tɕɨʌ:
沐川	tsu1	tsu1	tsu1	tsu1	tsʉ5	tsʉ5	tsʉ5	tsu3
峨边	tsu1	tsu1	tsu1	tsu1	tsu5	tsu5	tsu5	tsu3
雅安	tsu1	tsu1	tsu1	tsu1	tsu1	tsu1	tsu1	tsu3
名山	tsu1	tsu1	tsu1	tsu1	tsu1	tsu1	tsu1	tsu3
天全	tsu1	tsu1	tsu1	tsu1	tsu1	tsu1	tsu1	tsu3
芦山	tsu1	tsu1	tsu1	tsu1	tsu1	tsu1	tsu1	tsu3
宝兴	tsu1	tsu1	tsu1	tsu1	tsu1	tsu1	tsu1	tsu3
荥经	tsu1	tsu1	tsu1	tsu1	tsʊ5	tsʊ5	tsʊ5	tsu3
汉源	tsu1	tsu1	tsu1	tsu1	tsu1	tsu1	tsu1	tsu3
石棉	tsu1	tsu1	tsu1	tsu1	tsu1	tso1	tsu1	tsu3
内江	tʂu1	tʂu1	tʂu1	tʂu1	tʂu4	tʂu4	tʂu4	tʂu3
威远	tʂu1	tʂu1	tʂu1	tʂu1	tʂu4	tʂu4	tʂu4	tʂu3
荣县	tsu1	tsu1	tsu1	tsu1	tsu4	tsu4	tsu4	tsu3
自贡	tʂu1	tʂu1	tʂu1	tʂu1	tʂu4	tʂu4	tʂu4	tʂu3
富顺	tʂu1	tʂu1	tʂu1	tʂu1	tʂu4	tʂu4	tʂu4	tʂu3
隆昌	tʂu1	tʂu1	tʂu1	tʂu1	tʂu4	tʂo4	tʂu4	tʂu3
泸县	tsu1	tsu1	tsu1	tsu1	tsu4	tsu4	tsu4	tsu3
泸州	tsu1	tsu1	tsu1	tsu1	tsu5	tsu5	tshu5	tsu3
南溪	tsu1	tsu1	tsu1	tsu1	tɕyʉ5	tɕyʉ5	tɕyʉ5	tsu3
合江	tsu1	tsu1	tsu1	tsu1	tsʉ5	tsʉ5	tsʉ5	tsu3

字目	拄	主	嘱	著显著	助	驻	注注解	柱
反切	知庾	之庾	之欲	陟虑	床据	中句	中句	直主
声韵调	遇合三 知虞上	遇合三 章虞上	通合三 章烛入	遇合三 知鱼去	遇合三 崇鱼去	遇合三 知虞去	遇合三 知虞去	遇合三 澄虞上
中古音	ȶio:	tɕio:	tɕiok	ȶiʌ-	dʒiʌ-	ȶio-	ȶio-	ȡio:
成都	tshu3①	tsu3	su2 tsu2 新	tsu4	tsu4	tsu4	tsu4	tsu4
彭州	tshu3①	tsu3	tso5	tsu4	tsu4	tsu4	tsu4	tsu4
郫县	tsu3	tsu3	tso5	tsu4	tsu4	tsu4	tsu4	tsu4
广汉	tshu3①	tsu3	tsu5 tso5	tsu4 tso5	tsu4	tsu4	tsu4	tsu4
都江堰河东	tshʊ3①	tsʊ3	so5 tso5 新	tsʊ4	tsʊ4	tsʊ4	tsʊ4	tsʊ4
都江堰河西	tshʊ3①	tsʊ3	so5 tso5 新	tsʊ4	tsʊ4	tsʊ4	tsʊ4	tsʊ4
崇州	tshu3①	tsu3	so5 tso5 新	tsu4	tsu4	tsu4	tsu4	tsu4
大邑	tshu3①	tsu3	tso5 so5 旧	tsu4	tsu4	tsu4	tsu4	tsu4
邛崃	tshu3①	tsu3	tso5 so5 旧	tsu4	tsu4	tsu4	tsu4	tsu4
新津	tshu3①	tsu3	tso5 so5 旧	tsu4	tsu4	tsu4	tsu4	tsu4
蒲江	tshʊ3①	tsʊ3	tso5 so5 旧	tsʊ4	tsʊ4	tsʊ4	tsʊ4	tsʊ4
彭山	tshu3①	tsu3	so5 tso5 新	tsu4	tsu4	tsu4	tsu4	tsu4
眉山	tshu3①	tsu3	su5 tsu5 新	tsu4	tsu4	tsu4	tsu4	tsu4
丹棱	tsu4 tshu3①	tsu3	su5 tsu5 新	tsu4	tsu4	tsu4	tsu4	tsu4
洪雅	tshu3①	tsu3	su5 tsu5 新	tsu4	tsu4	tsu4	tsu4	tsu4
青神	tshu3①	tsu3	so5 tso5 新	tsu4	tsu4	tsu4	tsu4	tsu4
夹江	tshu3①	tsu3	su5	tsu4	tsu4	tsu4	tsu4	tsu4
峨眉山	tshu3①	tsu3	tsu5	tsu4	tsu5	tsu5	tsu5	tsu1
乐山	tshu3①	tsu3	tsʊ5	tsu4	tsu4	tsu4	tsu4	tsu4
犍为	tshu3①	tsu3	tsʊ5	tsu4	tsu4	tsu4	tsu4	tsu4

① “杵”的训读。昌与切，遇合三昌鱼上。

字目	拄	主	嘱	著显著	助	驻	注注解	柱
反切	知庾	之庾	之欲	陟虑	床据	中句	中句	直主
声韵调	遇合三 知虞上	遇合三 章虞上	通合三 章烛入	遇合三 知鱼去	遇合三 崇鱼去	遇合三 知虞去	遇合三 知虞去	遇合三 澄虞上
中古音	ʈɨo:	tɕɨo:	tɕɨok	ʈɨʌ-	dʒɨʌ-	ʈɨo-	ʈɨo-	ɖɨo:
沐川	tsu3	tsu3	sʉ5 tsʉ5 新	tsu4	tsu4	tsu4	tsu4	tsu4
峨边	tshu3①	tsu3	tsu5	tsu4	tsu4	tsu4	tsu4	tsu4
雅安	tshu3①	tsu3	tsu1	tsu4	tsu4	tsu4	tsu4	tsu4
名山	tshu3①	tsu3	su1 tsu1 新	tsu4	tsu4	tsu4	tsu4	tsu4
天全	tshu3①	tsu3	su1 tsu1 新	tsu4	tsu4	tsu4	tsu4	tsu4
芦山	tshu3①	tsu3	su1	tsu4	tsu4	tsu4	tsu4	tsu4
宝兴	tshu3①	tsu3	su1	tsu4	tsu4	tsu4	tsu4	tsu4
荥经	tshu3①	tsu3	sʊ5 tsʊ5 新	tsu4	tsu4	tsu4	tsu4	tsu4
汉源	tshu3①	tsu3	su1 tsu1 新	tsu4	tsu4	tsu4	tsu4	tsu4
石棉	tshu3①	tsu3	su1 tsu1 新	tsu4	tsu4	tsu4	tsu4	tsu4
内江	tʂhu3①	tʂu3	ʂu4 tsu4 新	tʂu4	tʂu4	tʂu4	tʂu4	tʂu4
威远	tʂu4 tʂhu3①	tʂu3	ʂu4 tsu4 新	tʂu4	tsu4	tʂu4	tʂu4	tʂu4
荣县	tsu4	tsu3	su4 tsu4 新	tsu4	tsu4	tsu4	tsu4	tsu4
自贡	tʂhu3①	tʂu3	tʂu4 ʂu4 旧	tʂu4	tsu4	tʂu4	tʂu4	tʂu4
富顺	tʂhu3①	tʂu3	ʂu4	tʂu4	tsu4	tʂu4	tʂu4	tʂu4
隆昌	tʂhu3①	tʂu3	ʂu4	tʂu4	tsu4	tʂu4	tʂu4	tsu4
泸县	tshu3①	tsu3	tsu4 su4 旧	tsu4	tsu4	tsu4	tsu4	tsu4
泸州	tshu3①	tsu3	tsu5 su5 旧	tsu4	tsu4	tsu4	tsu4	tsu4
南溪	tshu3①	tsu3	tɕyʉ5	tsu4	tsu4	tsu4	tsu4	tsu4
合江	tshu3①	tsu3	sʉ5 tsu2 新	tsu4	tsu4	tsu4	tsu4	tsu4

① “杵”的训读。昌与切，遇合三昌鱼上。

字目	住	注注意	蛀	铸	筑建筑	祝	初	出
反切	持遇	之戍	之戍	之戍	张六	之六	楚居	赤律
声韵调	遇合三 澄虞去	遇合三 章虞去	遇合三 章虞去	遇合三 章虞去	通合三 知屋入	通合三 章屋入	遇合三 初鱼平	臻合三 昌术入
中古音	ȡio-	tɕio-	tɕio-	tɕio-	ȶiuk	tɕiuk	tʃhiʌ	tɕhiuɪt
成都	tsu4 tso4 口	tsu4	tsu4	tsu4 tau4 俗①	tsu2	tsu2	tshu1	tshu2 tsho2 旧
彭州	tsu4	tsu4	tsu4	tsu4 tau4 俗①	tso5	tso5	tshu1	tsho5 tshu5 新
郫县	tsu4	tsu4	tsu4	tsu4	tso5	tso5	tshu1	tshu5 tsho5 旧
广汉	tsu4	tsu4	tsu4	tsu4	tsu5 tso5	tso5	tshu1	tshu5 tsho5
都江堰河东	tsʊ4	tsʊ4	tsʊ4	tsʊ4	tso5	tso5	tshʊ1	tsho5
都江堰河西	tsʊ4	tsʊ4	tsʊ4	tsʊ4	tso5	tso5	tshʊ1	tsho5
崇州	tsu4	tsu4	tsu4	tsu4	tso5	tsu5	tshu1	tsho5
大邑	tsu4 tso4 口	tsu4	tsu4	tsu4 tau4 俗①	tso5	tso5	tshu1	tsho5
邛崃	tsu4 tso4 口	tsu4	tsu4	tsu4 tau4 俗①	tso5	tso5	tshu1	tsho5
新津	tsu4 tso4 口	tsu4	tsu4	tsu4 tau4 俗①	tso5	tso5	tshu1	tsho5
蒲江	tsʊ4 tso4 口	tsʊ4	tsʊ4	tsʊ4 tau4 俗①	tso5	tso5	tshʊ1	tsho5
彭山	tsu4	tsu4	tsu4	tsu4	tso5	tso5	tshu1	tsho5
眉山	tsu4	tsu4	tsu4	tsu4	tsu4 tsu5 旧	tsu5	tshu1	tshu5
丹棱	tsu4	tsu4	tsu4	tsu4 tau4 俗①	tsu5	tsu5	tshu1	tshu5
洪雅	tsu4	tsu4	tsu4	tsu4	tsu5	tsu5	tshu1	tshu5
青神	tsu4	tsu4	tsu4	tsu4	tso5	tso5	tshu1	tsho5
夹江	tsu4	tsu4	tsu4	tsu4 tau4 俗①	tsu5	tsu5	tshu1	tshu5
峨眉山	tsu1	tsu5	tsu5	tsu4 tau4 俗①	tsu5	tsu5	tshu1	tshu5
乐山	tsu4	tsu4	tsu4	tsu4 tau4 俗①	tsʊ5	tsʊ5	tshu1	tshʊ5
犍为	tsu4	tsu4	tsu4	tsu4 tau4 俗①	tsʊ5	tsʊ5	tshu1	tshʊ5

① “倒”的训读。都导切，效开一端豪去。

字目	住	注注意	蛀	铸	筑建筑	祝	初	出
反切	持遇	之戍	之戍	之戍	张六	之六	楚居	赤律
声韵调	遇合三 澄虞去	遇合三 章虞去	遇合三 章虞去	遇合三 章虞去	通合三 知屋入	通合三 章屋入	遇合三 初鱼平	臻合三 昌术入
中古音	ḍɨo-	tɕɨo-	tɕɨo-	tɕɨo-	ʈɨuk	tɕɨuk	tʃhɨʌ	tɕhiuɪt
沐川	tsu4	tsu4	tsu4	tsu4 tau4 俗①	tsʉ5	tsʉ5	tshu1	tshʉ5 tshu4 新
峨边	tsu4	tsu4	tsu5	tsu4	tsu5	tsu5	tshu1	tshu5
雅安	tsu4	tsu4	tsu4	tsu4 tau4 俗①	tsu1	tsu1	tshu1	tshu1
名山	tsu4	tsu4	tsu4	tsu4 tau4 俗①	tsu1	tsu1	tshu1	tshu1
天全	tsu4	tsu4	tsu4	tsu4 tau4 俗①	tsu1	tsu1	tshu1	tshu1
芦山	tsu4	tsu4	tsu4	tsu4 tau4 俗①	tsu1	tsu1	tshu1	tshu1
宝兴	tsu4	tsu4	tsu4	tsu4 tau4 俗①	tsu1	tsu1	tshu1	tshu1
荥经	tsu4	tsu4	tsu4	tsu4 tau4 俗①	tsʊ5	tsʊ5	tshu1	tshʊ5
汉源	tsu4	tsu4	tsu4	tsu4 tau4 俗①	tsu1	tsu1	tshu1	tshu1
石棉	tsu4	tsu4	tsu4	tsu4 tau4 俗①	tsu1	tsu1	tshu1	tshu1
内江	tʂu4	tʂu4	tʂu4	tʂu4	tʂu4	tʂu4	tʂhu1	tʂhu4
威远	tʂu4	tʂu4	tʂu4	tʂu4	tʂu4	tʂu4	tshu1	tʂhu4
荣县	tsu4	tsu4	tsu4	tsu4	tsu4	tsu4	tshu1	tshu4
自贡	tʂu4	tʂu4	tʂu4	tʂu4 tau4 俗①	tʂu4	tʂu4	tshu1	tʂhu4
富顺	tʂu4	tʂu4	tʂu4	tʂu4 tau4 俗①	tʂu4	tʂu4	tshu1	tʂhu4
隆昌	tʂu4	tʂu4	tʂu4	tʂu4 tau4 俗①	tsu4	tʂu4	tshu1	tʂhu4
泸县	tsu4 tso4 口	tsu4	tsu4	tsu4 tau4 俗①	tsu4	tsu4	tshu1	tshu4
泸州	tsu4 tso4 口	tsu4	tsu4	tsu4 tau4 俗①	tsu5	tsu5	tshu1	tshu5
南溪	tsu4 tso4 口	tsu4	tsu4	tsu4 tau4 俗①	tɕyʉ5	tɕyʉ5	tshu1	tɕhyʉ5
合江	tsu4	tsu4	tsu4	tsu4 tau4 俗①	tsʉ5	tsʉ5	tshu1	tshʉ5

① “倒”的训读。都导切，效开一端豪去。

字目	除	储	锄	厨	楚	础	处处理	处处所
反切	直鱼	直鱼	士鱼	直诛	创举	创举	昌与	昌据
声韵调	遇合三 澄鱼平	遇合三 澄鱼平	遇合三 崇鱼平	遇合三 澄虞平	遇合三 初鱼上	遇合三 初鱼上	遇合三 昌鱼上	遇合三 昌鱼去
中古音	ȡiʌ	ȡiʌ	dʒiʌ	ȡio	tʃhiʌ:	tʃhiʌ:	tɕhiʌ:	tɕhiʌ-
成都	tshu2	tshu2	tshu2	tshu2	tshu3	tshu3	tshu3	tshu3 tshu4
彭州	tshu2	tshu2	tshu2	tshu2	tshu3	tshu3	tshu3	tshu3 tshu4
郫县	tshu2	tshu2	tshu2	tshu2	tshu3	tshu3	tshu3	tshu4
广汉	tshu2	tshu2	tshu2	tshu2	tshu3	tshu3	tshu3	tshu3 tshu4
都江堰河东	tshʊ2	tshʊ2	tshʊ2	tshʊ2	tshʊ3	tshʊ3	tshʊ3	tshʊ4
都江堰河西	tshʊ2	tshʊ2	tshʊ2	tshʊ2	tshʊ3	tshʊ3	tshʊ4	tshʊ4
崇州	tshu2	tshu2	tshu2	tshu2	tshu3	tshu3	tshu3	tshu4
大邑	tshu2	tshu2	tshu2	tshu2	tshu3	tshu3	tshu3	tshu3 tshu4
邛崃	tshu2	tshu2	tshu2	tshu2	tshu3	tshu3	tshu3	tshu3 tshu4
新津	tshu2	tshu2	tshu2	tshu2	tshu3	tshu3	tshu3	tshu3 tshu4
蒲江	tshʊ2	tshʊ2	tshʊ2	tshʊ2	tshʊ3	tshʊ3	tshʊ3	tshʊ3 tshʊ4
彭山	tshu2	tshu2	tshu2	tshu2	tshu3	tshu3	tshu3	tshu3 tshu4
眉山	tshu2	tshu2	tshu2	tshu2	tshu3	tshu3	tshu3	tshu3 tshu4
丹棱	tshu2	tshu2	tshu2	tshu2	tshu3	tshu5	tshu3	tshu3 tshu4
洪雅	tshu2	tshu2	tshu2	tshu2	tshu3	tshu3	tshu3	tshu3 tshu4
青神	tshu2	tshu2	tshu2	tshu2	tshu3	tshu3	tshu3	tshu3 tshu4
夹江	tshu2	tshu2	tshu2	tshu2	tshu3	tshu3	tshu3	tshu4
峨眉山	tshu2	tshu2	tshu2	tshu2	tshu3	tshu3	tshu3	tshu4
乐山	tshu2	tshu2	tshu2	tshu2	tshu3	tshu3	tshu3	tshu4
犍为	tshu2	tshu2	tshu2	tshu2	tshu3	tshu3	tshu3	tshu4

字目	除	储	锄	厨	楚	础	处处理	处处所
反切	直鱼	直鱼	士鱼	直诛	创举	创举	昌与	昌据
声韵调	遇合三 澄鱼平	遇合三 澄鱼平	遇合三 崇鱼平	遇合三 澄虞平	遇合三 初鱼上	遇合三 初鱼上	遇合三 昌鱼上	遇合三 昌鱼去
中古音	ḍiʌ	ḍiʌ	dʒiʌ	ḍio	tʃhiʌ:	tʃhiʌ:	tɕhiʌ:	tɕhiʌ-
沐川	tshu2	tshu2	tshu2	tshu2	tshu3	tshu3	tshu3	tshu3 tshu4
峨边	tshu2	tshu2	tshu2	tshu2	tshu3	tshu3	tshu3	tshu3
雅安	tshu2	tshu2	tshu2	tshu2	tshu3	tshu3	tshu3	tshu4
名山	tshu2	tshu2	tshu2	tshu2	tshu3	tshu3	tshu3	tshu3 tshu4
天全	tshu2	tshu2	tshu2	tshu2	tshu3	tshu3	tshu3	tshu3 tshu4
芦山	tshu2	tshu2	tshu2	tshu2	tshu3	tshu3	tshu3	tshu4
宝兴	tshu2	tshu2	tshu2	tshu2	tshu3	tshu3	tshu3	tshu4 tshu3
荥经	tshu2	tshu2	tshu2	tshu2	tshu3	tshu3	tshu3	tshu3 tshu4
汉源	tshu2	tshu2	tshu2	tshu2	tshu3	tshu3	tshu3	tshu3 tshu4
石棉	tshu2	tshu2	tshu2	tshu2	tshu3	tshu3	tshu3	tshu3 tshu4
内江	tʂhu2	tʂhu2	tʂhu2	tʂhu2	tʂhu3	tʂhu3	tʂhu3	tʂhu3 tʂhu4
威远	tʂhu2	tʂhu2	tʂhu2	tʂhu2	tshu3	tshu3	tʂhu3	tʂhu3 tʂhu4
荣县	tshu2	tshu2	tshu2	tshu2	tshu3	tshu3	tshu3	tshu3 tshu4
自贡	tʂhu2	ʂu2	tshu2	tʂhu2	tshu3	tshu3	tʂhu3	tʂhu4
富顺	tʂhu2	ʂu2	tshu2	tʂhu2	tshu3	tshu3	tʂhu3	tʂhu4
隆昌	tʂhu2	ʂu2	tshu2	tshu2	tshu3	tshu3	tʂhu3	tʂhu3 tʂhu4
泸县	tshu2	tshu2	tshu2	tshu2	tshu3	tshu3	tshu3	tshu3 tshu4
泸州	tshu2	tshu2	tshu2	tshu2	tshu3	tshu3	tshu3	tshu3 tshu4
南溪	tshu2	tshu2	tshu2	tshu2	tshu3	tshu3	tshu3	tshu3 tshu4
合江	tshu2	tshu2	tshu2	tshu2	tshu3	tshu3	tshu3	tshu3 tshu4

字目	畜畜生	触	梳	疏稀疏	书	舒	输运输	输输赢
反切	丑六	尺玉	所菹	所菹	伤鱼	伤鱼	式朱	式朱
声韵调	通合三 彻屋入	通合三 昌烛入	遇合三 生鱼平	遇合三 生鱼平	遇合三 书鱼平	遇合三 书鱼平	遇合三 书虞去	遇合三 书虞平
中古音	ʈhɨuk	tɕhɨok	ʃɨʌ	ʃɨʌ	ɕɨʌ	ɕɨʌ	ɕɨo-	ɕɨo
成都	tshu2	tsu2	su1	su1	su1	su1	su1	su1
彭州	tshu5	tso5	su1	su1	su1	su1	su1	su1
郫县	ɕio5	tso5	su1	su1	su1	su1	su1	su1
广汉	tshu2 tsho5	tso5	su1	su1	su1	su1	su1	su1
都江堰河东	tsho5	tso5	sʊ1	sʊ1	sʊ1	sʊ1	sʊ1	sʊ1
都江堰河西	ɕio5	tso5	sʊ1	sʊ1	sʊ1	sʊ1	sʊ1	sʊ1
崇州	tsho5	tso5	su1	su1	su1	su1	su1	su1
大邑	ɕio5 tsho5	tso5	su1	su1	su1	su1	su1	su1
邛崃	tsho5 ɕyo5	tso5	su1	su1	su1	su1	su1	su1
新津	tsho5	tso5	su1	su1	su1	su1	su1	su1
蒲江	tsho5	tso5	sʊ1	sʊ1	sʊ1	sʊ1	sʊ1	sʊ1
彭山	tsho5	tso5	su1	su1	su1	su1	su1	su1
眉山	tshu4	tsu5	su1	su1	su1	su1	su1	su1
丹棱	tshu5	tsu5	su1	su1	su1	su1	su1	su1
洪雅	tshu5	tsu5	su1	su1	su1	su1	su1	su1
青神	tsho5	tso5	su1	su1	su1	su1	su1	su1
夹江	tshu5	tshu5 tsu5	su1	su1	su1	su1	su1	su1
峨眉山	tshu1	tshu1 tsu1	su1	su1	su1	su1	su1	su1
乐山	tshʊ5	tshʊ5 tsʊ5	su1	su1	su1	su1	su1	su1
犍为	tshʊ5	tshʊ5 tsʊ5	su1	su1	su1	su1	su1	su1

字目	畜畜生	触	梳	疏稀疏	书	舒	输运输	输输赢
反切	丑六	尺玉	所菹	所菹	伤鱼	伤鱼	式朱	式朱
声韵调	通合三彻屋入	通合三昌烛入	遇合三生鱼平	遇合三生鱼平	遇合三书鱼平	遇合三书鱼平	遇合三书虞去	遇合三书虞平
中古音	ţhɨuk	tɕhɨok	ʃɨʌ	ʃɨʌ	ɕɨʌ	ɕɨʌ	ɕɨo-	ɕɨo
沐川	ɕio5	tsʉ5	su1	su1	su1	su1	su1	su1
峨边	tshu5	tsu5	su1	su1	su1	su1	su1	su1
雅安	tshu2	tsu1	su1	su1	su1	su1	su1	su1
名山	tshu1	tshu1	su1	su1	su1	su1	su1	su1
天全	tshu1	tsu1	su1	su1	su1	su1	su1	su1
芦山	tshu1	tsu1	su1	su1	su1	su1	su1	su1
宝兴	tshu1	tsu1	su1	su1	su1	su1	su1	su1
荥经	ɕiɵ5	tsʊ5	su1	su1	su1	su1	su1	su1
汉源	tshu1	tsu1	su1	su1	su1	su1	su1	su1
石棉	ɕy1	tsu1	su1	su1	su1	su1	su1	su1
内江	tʂhu4	tʂu4	ʂu1	ʂu1	ʂu1	ʂu1	ʂu1	ʂu1
威远	tʂhu4	tʂhu4	su1	su1	ʂu1	ʂu1	ʂu1	ʂu1
荣县	tshu4	tshu4	su1	su1	su1	su1	su1	su1
自贡	tʂhu4	tʂu4	su1	su1	ʂu1	ʂu1	ʂu1	ʂu1
富顺	tʂhu4	tʂu4	su1	su1	ʂu1	ʂu1	ʂu1	ʂu1
隆昌	tʂhu4	tʂu4	su1	su1	ʂu1	su1	ʂu1	ʂu1
泸县	tshu4	tsu4	su1	su1	su1	su1	su1	su1
泸州	ɕiu5 tshu5	tsu5	su1	su1	su1	su1	su1	su1
南溪	ɕyʉ5 tshu5	tɕhyʉ5	su1	su1	su1	su1	su1	su1
合江	tshʉ5	tsʉ5	su1	su1	su1	su1	su1	su1

字目	殊	叔	熟	赎	暑	鼠	黍	薯
反切	市朱	式竹	殊六	神蜀	舒吕	舒吕	舒吕	常恕
声韵调	遇合三 禅虞平	通合三 书屋入	通合三 禅屋入	通合三 船烛入	遇合三 书鱼上	遇合三 书鱼上	遇合三 书鱼上	遇合三 禅鱼去
中古音	dʑɨo	ɕiuk	dʑɨuk	ʑɨok	ɕɨʌ:	ɕɨʌ:	ɕɨʌ:	dʑɨʌ-
成都	su1	su2	su2	su2 ɕio2 旧	su3	su3	su3	su3
彭州	su1	so5	so5	ɕio5 su2 新	su3	su3	su3	su3
郫县	su1	su5	su5	su5	su3	su3	su3	su3
广汉	su1	so5	so5	su5 so5	su3	su3	su3	su3
都江堰河东	sʊ1	sʊ5	so5	ɕio5	sʊ3	sʊ3	sʊ3	sʊ3
都江堰河西	sʊ1	so5	so5	ɕio5	sʊ3	sʊ3	sʊ3	sʊ3
崇州	su1	so5	so5	ɕio5	su3	su3 suei3 口	su3	su3
大邑	su1	so5	so5	so5	su3	su3 suei3 口	su3	su3
邛崃	su1	so5	so5	so5	su3	su3 suei3 口	su3	su3
新津	su1	so5	so5	so5	su3	su3 suei3 口	su3	su3
蒲江	sʊ1	so5	so5	so5	sʊ3	sʊ3 suei3 口	sʊ3	sʊ3
彭山	su1	so5	so5	so5	su3	su3	su3	su3
眉山	su1	su5	su5	su5	su3	su3	su3	su3
丹棱	su1	su5	su5	su5	su3	su3	su5	su3
洪雅	su1	su5	su5	su5	su3	su3	su3	su3
青神	su1	so5	so5	so5	su3	su3	so5	su3
夹江	su1	su5	su5	su5	su3	su3	su5	su3
峨眉山	su1	su1	su5	su5	su3	su3	su5	su3
乐山	su1	sʊ5	sʊ5	sʊ5	su3	su3	sʊ5	su3
犍为	su1	sʊ5	sʊ5	sʊ5	su3	su3	sʊ5	su3

字目	殊	叔	熟	赎	暑	鼠	黍	薯
反切	市朱	式竹	殊六	神蜀	舒吕	舒吕	舒吕	常恕
声韵调	遇合三 禅虞平	通合三 书屋入	通合三 禅屋入	通合三 船烛入	遇合三 书鱼上	遇合三 书鱼上	遇合三 书鱼上	遇合三 禅鱼去
中古音	dʑɨo	ɕɨuk	dʑɨuk	ʑɨok	ɕɨʌ:	ɕɨʌ:	ɕɨʌ:	dʑɨʌ-
沐川	su1	su4	su4	su4 ɕio4 旧	su3	su3	su3	su3
峨边	su1	su5	su5	su5	su3	su3	su3	su3
雅安	su1	su1	su1	su1	su3	su3	su3	su3
名山	su1	su1	su1	su1	su3	su3	su3	su3
天全	su1	su1	su1	su1	su3	su3	su3	su3
芦山	su1	su1	su1	su1	su3	su3	su3	su3
宝兴	su1	su1	su1	su1	su3	su3	su3	su3
荥经	su1	sʊ5	sʊ5	sʊ5 ɕiə5 旧	su3	su3	su3	su3
汉源	su1	su1	su2	su1	su3	su3	su3	su3
石棉	su1	su1	su1	su1	su3	su3	su3	su3
内江	ʂu1	ʂu4	ʂu4	ʂu2	ʂu3	ʂu3	ʂu4	ʂu3
威远	ʂu1	ʂu4	ʂu4	ʂu2	ʂu3	ʂu3	ʂu3	ʂu3
荣县	su1	su4	su4	su4	su3	su3	su3	su3
自贡	ʂu1	ʂu4	ʂu4	ʂu4	ʂu3	ʂu3	ʂu3	ʂu3
富顺	ʂu1	ʂu4	ʂu4	ʂu4	ʂu3	ʂu3	ʂu4	ʂu3
隆昌	ʂu1	ʂu4	ʂu4	ʂu4	ʂu3	ʂu3	su4	ʂu3
泸县	su1	su4	su4	su4	su3	su3	su4	su3
泸州	su1	su5	su5	su5	su3	su3	su4	su3
南溪	su1	ɕyʉ5	ɕyʉ5	ɕyʉ5	su3	su3	su3	su3
合江	su1	sʉ5	sʉ5	sʉ5 ɕio5 旧	su3	su3	su3	su3

字目	数数一数	蜀	属附属	数数目	竖	树树立	树树林	术技术
反切	所矩	市玉	市玉	色句	臣庾	臣庾	常句	食聿
声韵调	遇合三 生虞上	通合三 禅烛入	通合三 禅烛入	遇合三 生虞去	遇合三 禅虞上	遇合三 禅虞上	遇合三 禅虞去	臻合三 船术入
中古音	ʃɨo:	dʑɨok	dʑɨok	ʃɨo-	dʑɨo:	dʑɨo:	dʑɨo-	ʑiuɪt
成都	su3	su2	su2	su4	su4	su4	su4	su4
彭州	su3	so5	so5	su4	su4	su4	su4	su4
郫县	su3	su5	su5	su4	su4	su4	su4	su4
广汉	su3	so5	so5	su4	su4	su4	su4	su4
都江堰河东	sʊ3	so5	so5	sʊ4	sʊ4	sʊ4	sʊ4	sʊ4
都江堰河西	sʊ3	so5	so5	sʊ4	sʊ4	sʊ4	sʊ4	sʊ4
崇州	su3	so5	so5	su4	su4	su4	su4	su4
大邑	su3	so5	so5	su4	su4	su4	su4	su4
邛崃	su3	so5	so5	su4	su4	su4	su4	su4
新津	su3	so5	so5	su4	su4	su4	su4	su4
蒲江	sʊ3	so5	so5	sʊ4	sʊ4	sʊ4	sʊ4	sʊ4
彭山	su3	so5	so5	su4	su4	su4	su4	su4 so5 旧
眉山	su3	su5	su5	su4	su4	su4	su4	su5
丹棱	su3	su5	su5	su4	su4	su4	su4	su4 su5 旧
洪雅	su3	su5	su5	su4	su4	su4	su4	su4 su5 旧
青神	su3	so5	so5	su4	su4	su4	su4	su4 so5 旧
夹江	su3	su5	su5	su4	su4	su4	su4	su4
峨眉山	su3	su5	su5	su4	su5	su1	su1	su5
乐山	su3	sʊ5	sʊ5	su4	su4	su4	su4	su4
犍为	su3	sʊ5	sʊ5	su4	su4	su4	su4	su4

字目	数数一数	蜀	属附属	数数目	竖	树树立	树树林	术技术
反切	所矩	市玉	市玉	色句	臣庾	臣庾	常句	食聿
声韵调	遇合三 生虞上	通合三 禅烛入	通合三 禅烛入	遇合三 生虞去	遇合三 禅虞上	遇合三 禅虞上	遇合三 禅虞去	臻合三 船术入
中古音	ʃɨo:	dʑɨok	dʑɨok	ʃɨo-	dʑɨo:	dʑɨo:	dʑɨo-	ʑiuɪt
沐川	su3	su4	su4	su4	su4	su4	su4	su4
峨边	su3	su5	su5	su4	su4	su4	su4	su4
雅安	su3	su1	su1	su4	su4	su4	su4	su4
名山	su3	su1	su1	su4	su4	su4	su4	su4
天全	su3	su1	su1	su4	su4	su4	su4	su4
芦山	su3	su1	su1	su4	su4	su4	su4	su4
宝兴	su3	su1	su1	su4	su4	su4	su4	su4
荥经	su3	sʊ5	sʊ5	su4	su4	su4	su4	su4
汉源	su3	su2	su2	su4	su4	su4	su4	su4
石棉	su3	su1	su1	su4	su4	su4	su4	su4
内江	ʂu3	ʂu4	ʂu4	ʂu4	ʂu4	ʂu4	ʂu4	ʂu4
威远	su3	ʂu4	ʂu4	ʂu4	ʂu4	ʂu4	ʂu4	ʂu4
荣县	su3	su4	su4	su4	su4	su4	su4	su4
自贡	su3	ʂu4	ʂu4	su4	ʂu4	ʂu4	ʂu4	ʂu4
富顺	su3	ʂu4	ʂu4	su4	ʂu4	ʂu4	ʂu4	ʂu4
隆昌	su3	ʂu3	su4	su4	ʂu4	ʂu4	ʂu4	su4
泸县	su3	su4	su4	su4	su4	su4	su4	su4
泸州	su3	su5	su5	su4	su4	su4	su4	su5
南溪	su3	ɕyʉ5	ɕyʉ5	su4	su4	su4	su4	ɕyʉ5
合江	su3	sʉ5	sʉ5	su4	su4	su4	su4	sʉ5

字目	述	束	如	儒	乳	辱	入	褥
反切	食聿	书玉	人诸	人朱	而主	而蜀	人执	而蜀
声韵调	臻合三 船术入	通合三 书烛入	遇合三 日鱼平	遇合三 日虞平	遇合三 日虞上	通合三 日烛入	深开三 日缉入	通合三 日烛入
中古音	ʑiuɪt	ɕɨok	ȵʑɨʌ	ȵʑɨo	ȵʑɨo:	ȵʑɨok	ȵʑiɪp	ȵʑɨok
成都	su4	so2 su2 新	zu2	zu2	zu3	zo2	zu2	zu2
彭州	su4	so5 su2 新	zu2	zu2	zu3	zo5	zo5	zo5
郫县	su4	so5	zu2	zu2	zu3	zu3	zu5	zu5
广汉	su4	so5	zu2	zu2	zu3	zu2 zo5	zu5 zo5	zu2
都江堰河东	sʊ4	so5	zʊ2	zʊ2	zʊ3	zo5	zo5	zo5
都江堰河西	sʊ4	so5	zʊ2	zʊ2	zʊ3	zo5	zo5	zo5
崇州	su4	so5	zo2	zu2	zu3	zo5	zo5	zo5
大邑	su4	so5	zu2	zu2	zu3	zo5	zo5	zo5
邛崃	su4	so5	zu2	zu3	zu3	zo5	zo5	zo5
新津	su4	so5	zu2	zu3	zu3	zo5	zo5	zo5
蒲江	sʊ4	so5	zʊ2	zʊ3	zʊ3	zo5	zo5	zo5
彭山	su4① su5 旧	so5	zu2	zu2	zu3	zo5	zo5	zo5
眉山	su5	so5	zu2	zu2	zu3	zu3 zu5 旧	zu5	zu5
丹棱	su4 su5 旧	tshu5 su5 新	zu2	zu2	zu3	zu5	zu5	zu5
洪雅	su4 su5 旧	tshu5 su5 新	zu2	zu2	zu3	zu5	zu5	zu5
青神	su4① su5 旧	tsho5 so5 新	zu2	zu2	zu3	zo5	zo5	zo5
夹江	su4	ɕiu5	zu2	zu2 zu3	zu3	zu5	zu5	zu5
峨眉山	su5	su1	zu2	zu2 zu3	zu3	zu5	zu5	zu5
乐山	su4	sʊ5	zu2	zu2 zu3	zu3	zu3	zʊ5	zʊ5
犍为	su4	sʊ5	zu2	zu2 zu3	zu3	zʊ5	zʊ5	zʊ5

① 又音 so5。

字目	述	束	如	儒	乳	辱	入	褥
反切	食聿	书玉	人诸	人朱	而主	而蜀	人执	而蜀
声韵调	臻合三 船术入	通合三 书烛入	遇合三 日鱼平	遇合三 日虞平	遇合三 日虞上	通合三 日烛入	深开三 日缉入	通合三 日烛入
中古音	ʑiuɪt	ɕiok	ȵʑiʌ	ȵʑio	ȵʑio:	ȵʑiok	ȵʑiɪp	ȵʑiok
沐川	su4	sʉ5 su2 新	zu2	zu2	zu3	zʉ5	zʉ5	zʉ5
峨边	su4	su5	zu2	zu2	zu3	zu5	zu5	zu5
雅安	su4	su1	zu2	zu3	zu3	zu3	zu1	zu1
名山	su4	su1	zu2	zu3	zu3	zu3	zu1	zu1
天全	su4	su4	zu2	zu3	zu3	zu1	zu1	zu1
芦山	su4	su1	zu2	zu2	zu3	zu3	zu1	zu1
宝兴	su4	su1	zu2	zu3	zu3	zu1	zu1	zu1
荥经	su4	sʊ5 su2 新	zu2	zu3	zu3	zʊ5	zʊ5	zʊ5
汉源	su4	su1	zu2	zu3	zu3	zu3	zu1	zu5
石棉	su4	su1	zu2	zu3	zu3	zu3	zu1	zu5
内江	ʂu4	tʂhu4 su4 新	ʐu2	ʐu2	ʐu3	ʐu3	ʐu2 ʐu4 旧	ʐu2
威远	ʂu4	tʂhu4 su4 新	ʐu2	ʐu3	ʐu3	ʐu3	ʐu4	ʐu4
荣县	su4	su4	zu2	zu2	zu3	zu3	zu4	zu4
自贡	ʂu4	tshu4	ʐu2	ʐu2	ʐu3	ʐu3	ʐu4	ʐu4
富顺	ʂu4	ʂu4	ʐu2	ʐu2	ʐu3	ʐu3	ʐu4	ʐu4
隆昌	ʂu4	tshu4	ʐu2	ʐu2	ʐu3	ʐu3	ʐu4	ʐu4
泸县	su4	su4 so4 旧	zu2	zu2	zu3	zu3	zu4	zu4
泸州	su5	su5 so5 旧	zu2	zu2	zu3	zu3	zu5	zu5
南溪	ɕyʉ5	ɕyʉ5	zu2	zu2	zu3	zu3	zu5	zu5
合江	sʉ5	sʉ5 su2 新	zu2	zu2	zu3	zʉ5	zʉ5	zʉ5

字目	姑	箍	孤	估[①]	古	股	鼓	骨骨头
反切	古胡	古胡	古胡	公户	公户	公户	公户	古忽
声韵调	遇合一 见模平	遇合一 见模平	遇合一 见模平	遇合一 见模上	遇合一 见模上	遇合一 见模上	遇合一 见模上	臻合一 见没入
中古音	kuo	kuo	kuo	kuo:	kuo:	kuo:	kuo:	kuət
成都	ku1	khu1	ku1	ku3	ku3	ku3	ku3	ku2
彭州	ku1	khu1	ku1	ku3	ku3	ku3	ku3	ko5
郫县	ku1	khu1	ku1	ku3	ku3	ku3	ku3	ko5
广汉	ku1	khu1	ku1	ku3	ku3	ku3	ku3	ko5
都江堰河东	kʊ1	khʊ1	kʊ1	kʊ3	kʊ3	kʊ3	kʊ3	ko5
都江堰河西	kʊ1	khʊ1	kʊ1	kʊ3	kʊ3	kʊ3	kʊ3	ko5
崇州	ku1 ko1	khu1 kho1	ku1 ko1	ku3	ku3	ku3 ko3	ku3	ko5
大邑	ku1	khu1	ku1	ku3	ku3	ku3	ku3	ko5
邛崃	ku1	khu1	ku1	ku3	ku3	ku3	ku3	ko5
新津	ku1	khu1	ku1	ku3	ku3	ku3	ku3	ko5
蒲江	ko1	kho1	ko1	ko3	ko3	ko3	ko3	ko5
彭山	ku1	khu1	ku1	ku3	ku3	ku3	ku3	ko5
眉山	ku1	khu1	ku1	ku1	ku3	ku3	ku3	ku5
丹棱	ku1	khu1	ku1	ku3	ku3	ku3	ku3	ku5
洪雅	ku1	khu1	ku1	ku3	ku3	ku3	ku3	ku5
青神	ku1	khu1	ku1	ku3	ku3	ku3	ku3	ko5
夹江	ku1	khu1	ku1	ku3	ku3	ku3	ku3	ku5
峨眉山	ku1	khu1	ku1	ku3	ku3	ku3	ku3	ku5
乐山	ku1	khu1	ku1	ku3	ku3	ku3	ku3	kʊ5
犍为	ku1	khu1	ku1	ku3	ku3	ku3	ku3	kʊ5

① 又*攻乎切，遇合一见模平。

字目	姑	箍	孤	估①	古	股	鼓	骨骨头
反切	古胡	古胡	古胡	公户	公户	公户	公户	古忽
声韵调	遇合一 见模平	遇合一 见模平	遇合一 见模平	遇合一 见模上	遇合一 见模上	遇合一 见模上	遇合一 见模上	臻合一 见没入
中古音	kuo	kuo	kuo	kuo:	kuo:	kuo:	kuo:	kuət
沐川	ku1	khu1	ku1	ku3	ku3	ku3	ku3	kʉ5
峨边	ku1	khu1	ku1	ku3	ku3	ku3	ku3	ku5
雅安	ku1	khu1	ku1	ku3	ku3	ku3	ku3	ku1
名山	ku1	khu1	ku1	ku3	ku3	ku3	ku3	ku1
天全	ku1	khu1	ku1	ku3	ku3	ku3	ku3	ku1
芦山	ku1	khu1	ku1	ku3	ku3	ku3	ku3	ku1
宝兴	ku1	khu1	ku1	ku3	ku3	ku3	ku3	ku1
荥经	ku1	khu1	ku1	ku3	ku3	ku3	ku3	kʊ5
汉源	ku1	khu1	ku1	ku3	ku3	ku3	ku3	ku1
石棉	ku1	khu1	ku1	ku3	ku3	ku3	ku3	ku1
内江	ku1	khu1	ku1	ku3	ku3	ku3	ku3	ku4
威远	ku1	khu1	ku1	ku3	ku3	ku3	ku3	ku4
荣县	ku1	khu1	ku1	ku3	ku3	ku3	ku3	ku4
自贡	ku1	khu1	ku1	ku3	ku3	ku3	ku3	ku4
富顺	ku1	khu1	ku1	ku3	ku3	ku3	ku3	ku4
隆昌	ku1	khu1	ku1	ku3	ku3	ku3	ku3	ku4
泸县	ku1	khu1	ku1	ku3	ku3	ku3	ku3	ku4
泸州	ku1	khu1	ku1	ku3	ku3	ku3	ku3	ku5
南溪	ku1	khu1	ku1	ku3	ku3	ku3	ku3	ku5
合江	ku1	khu1	ku1	ku3	ku3	ku3	ku3	kʉ5

① 又*攻乎切，遇合一见模平。

字目	谷五谷	谷山谷	故	固	雇	顾	枯	窟
反切	古禄	古禄	古暮	古暮	古暮	古暮	苦胡	苦骨
声韵调	通合一 见屋入	通合一 见屋入	遇合一 见模去	遇合一 见模去	遇合一 见模去	遇合一 见模去	遇合一 溪模平	臻合一 溪没入
中古音	kuk	kuk	kuo-	kuo-	kuo-	kuo-	khuo	khuət
成都	ku2	ku2	ku4	ku4	ku4	ku4	khu1	khu2
彭州	ko2	ko2	ku4	ku4	ku4	ku4	khu1	kho5
郫县	ko5	ko5	ku4	ku4	ku4	ku4	khu1	kho5
广汉	ko5	ko5	ku4	ku4	ku4	ku4	khu1	khu2 kho5
都江堰河东	ko5	ko5	kʊ4	kʊ4	kʊ4	kʊ4	khʊ1	kho5
都江堰河西	ko5	ko5	kʊ4	kʊ4	kʊ4	kʊ4	khʊ1	kho5
崇州	ko5	ko5	ku4 ko4	ku4 ko4	ku4 ko4	ku4 ko4	khu1	kho5
大邑	ko5	ko5	ku4	ku4	ku4	ku4	khu1	kho5
邛崃	ko5	ko5	ku4	ku4	ku4	ku4	khu1	kho5
新津	ko5	ko5	ku4	ku4	ku4	ku4	khu1	kho5
蒲江	ko5	ko5	ko4	ko4	ko4	ko4	kho1	kho5
彭山	ko5	ko5	ku4	ku4	ku4	ku4	khu1	kho5
眉山	ku5	ku5	ku4	ku4	ku4	ku4	khu1	khu5
丹棱	ku5	ku5	ku4	ku4	ku4	ku4	khu1	khu5
洪雅	ku5	ku5	ku4	ku4	ku4	ku4	khu1	khu5
青神	ko5	ko5	ku4	ku4	ku4	ku4	khu1	kho5
夹江	ku5	ku5	ku4	ku4	ku4	ku4	khu1	khu5
峨眉山	ku5	ku5	ku5	ku5	ku5	ku5	khu1	khu5
乐山	kʊ5	kʊ5	ku4	ku4	ku4	ku4	khu1	khʊ5
犍为	kʊ5	kʊ5	ku4	ku4	ku4	ku4	khu1	khʊ5

字目	谷五谷	谷山谷	故	固	雇	顾	枯	窟
反切	古禄	古禄	古暮	古暮	古暮	古暮	苦胡	苦骨
声韵调	通合一 见屋入	通合一 见屋入	遇合一 见模去	遇合一 见模去	遇合一 见模去	遇合一 见模去	遇合一 溪模平	臻合一 溪没入
中古音	kuk	kuk	kuo-	kuo-	kuo-	kuo-	khuo	khuət
沐川	kʉ5	kʉ5	ku4	ku4	ku4	ku4	khu1	khʉ5
峨边	ku5	ku5	ku4	ku4	ku4	ku4	khu1	khu5
雅安	ku1	ku1	ku4	ku4	ku4	ku4	khu1	khu1
名山	ku1	ku1	ku4	ku4	ku4	ku4	khu1	khu1
天全	ku1	ku1	ku4	ku4	ku4	ku4	khu1	khu1
芦山	ku1	ku1	ku4	ku4	ku4	ku4	ku1	khu1
宝兴	ku1	ku1	ku4	ku4	ku4	ku4	khu1	khu1
荥经	kʊ5	kʊ5	ku4	ku4	ku4	ku4	khu1	khʊ5
汉源	ku1	ku1	ku4	ku4	ku4	ku4	khu1	khu1
石棉	ku1	ku1	ku4	ku4	ku4	ku4	khu1	khu1
内江	ku4	ku4	ku4	ku4	ku4	ku4	khu1	khu4
威远	ku4	ku4	ku4	ku4	ku4	ku4	khu1	khu1
荣县	ku4	ku4	ku4	ku4	ku4	ku4	khu1	khu1
自贡	ku4	ku4	ku4	ku4	ku4	ku4	khu1	khu4
富顺	ku4	ku4	ku4	ku4	ku4	ku4	khu1	khu4
隆昌	ku4	ku4	ku4	ku4	ku4	ku4	khu1	khu4
泸县	ku4	ku4	ku4	ku4	ku4	ku4	khu1	khu4
泸州	ku5	ku5	ku4	ku4	ku4	ku4	khu1	kho5
南溪	kɯ5	kɯ5	ku4	ku4	ku4	ku4	khu1	khu5
合江	kʉ5	kʉ5	ku4	ku4	ku4	ku4	khu1	khʉ5

字目	哭	苦	库	裤	酷	呼	忽	胡二胡
反切	空谷	康杜	苦故	苦故	苦沃	荒乌	呼骨	户吴
声韵调	通合一 溪屋入	遇合一 溪模上	遇合一 溪模去	遇合一 溪模去	通合一 溪沃入	遇合一 晓模平	臻合一 晓没入	遇合一 匣模平
中古音	khuk	khuo:	khuo-	khuo-	khuok	huo	huət	ɦuo
成都	khu2	khu3	khu4	khu4	khu2	fu1	fu2	fu2
彭州	kho5	khu3	khu4	khu4	kho5	fu1	xo5	fu2
郫县	kho5	khu3	khu4	khu4	kho5	fu1	xo5	fu2
广汉	khu5 kho5	khu3	khu4	khu4	kho5	fu1	xo2 xo5	fu2
都江堰河东	khʊ5	khʊ3	khʊ4	khʊ4	kho5	fʊ1	xo5	fʊ2
都江堰河西	kho5	khʊ3	khʊ4	khʊ4	kho5	fʊ1	xo5	fʊ2
崇州	kho5	khu3 kho3	khu4 kho4	khu4 kho4	khu4 文 kho5 白	fu1	xo5	fu2
大邑	kho5	khu3	khu4	khu4	khɤ5	fu1	xo5	fu2
邛崃	kho5	khu3	khu4	khu4	kho5 khu4	fu1	xo5	fu2
新津	kho5	khu3	khu4	khu4	kho5	fu1	xo5	fu2
蒲江	kho5	kho3	kho4	kho4	kho4	fʊ1	xo5	fʊ2
彭山	kho5	khu3	khu4	khu4	kho5	fu1	xo5	fu2
眉山	khu5	khu3	khu4	khu4	khu5	fu1	xu5	fu2
丹棱	khu5	khu3	khu4	khu4	khu4 khu5 旧	fu1	xu5	fu2
洪雅	khu5	khu3	khu4	khu4	khu5	fu1	xu5	fu2
青神	kho5	khu3	khu4	khu4	kho5	fu1	xo5	fu2
夹江	khu5	khu3	khu4	khu4	khu5	xu1	xu5	xu2
峨眉山	khu5	khu3	khu5	khu5	khu5	xu1	xu5	xu2
乐山	khʊ5	khu3	khu4	khu4	khʊ5	fu1	xʊ5	fu2
犍为	khʊ5	khu3	khu4	khu4	khʊ5	fu1	xʊ5	fu2

字目	哭	苦	库	裤	酷	呼	忽	胡二胡
反切	空谷	康杜	苦故	苦故	苦沃	荒乌	呼骨	户吴
声韵调	通合一 溪屋入	遇合一 溪模上	遇合一 溪模去	遇合一 溪模去	通合一 溪沃入	遇合一 晓模平	臻合一 晓没入	遇合一 匣模平
中古音	khuk	khuo:	khuo-	khuo-	khuok	huo	huət	ɦuo
沐川	khʉ5	khu3	khu4	khu4	khʉ5	fu1	xʉ5	fu2
峨边	khu5	khu3	khu4	khu4	khu5	fu1	fu5	fu2
雅安	khu1	khu3	khu4	khu4	khu1	fu1	fu1	fu2
名山	khu1	khu3	khu4	khu4	khu1	fu1	fu1	fu2
天全	khu1	khu3	khu4	khu4	khu1	xu1	xu1	xu2
芦山	khu1	khu3	khu4	khu4	khu1	xu1	xu1	xu2
宝兴	khu1	khu3	khu4	khu4	khu1	fu1	fu1	fu2
荥经	khʊ5	khu3	khu4	khu4	khʊ5	fu1	xʊ5	fu2
汉源	khu1	khu3	khu4	khu4	khu1	fu1	fu1	fu2
石棉	khu1	khu3	khu4	khu4	khu1	fu1	fu1	fu2
内江	khu4	khu3	khu4	khu4	khu4	fu1	fu4	fu2
威远	khu4	khu3	khu4	khu4	khu4	fu1	fu4	fu2
荣县	khu4	khu3	khu4	khu4	khu4	fu1	fu4	fu2
自贡	khu4	khu3	khu4	khu4	khu4	fu1	fu4	fu2
富顺	khu4	khu3	khu4	khu4	khu4	fu1	fu4	fu2
隆昌	khu4	khu3	khu4	khu4	khu4	fu1	fu1	fu2
泸县	khu4	khu3	khu4	khu4	khu4	fu1	fu4	fu2
泸州	kho5 khɤ5 旧	khu3	khu4	khu4	kho5① khɤ5 旧	fu1	fu5	fu2
南溪	khɯ5	khu3	khu4	khu4	khɯ5	fu1	xu5	fu2
合江	khʉ5	khu3	khu4	khu4	khʉ5	fu1	xʉ5	fu2

① 又音 khu5。

字目	胡胡须	湖	糊	狐	壶	核果核	虎	户
反切	户吴	户吴	户吴	户吴	户吴	户骨	呼古	侯古
声韵调	遇合一 匣模平	遇合一 匣模平	遇合一 匣模平	遇合一 匣模平	遇合一 匣模平	臻合一 匣没入	遇合一 晓模上	遇合一 匣模上
中古音	ɦuo	ɦuo	ɦuo	ɦuo	ɦuo	ɦuət	huo:	ɦuo:
成都	fu2	fu2	fu2	fu2	fu2	fu2	fu3	fu4
彭州	fu2	fu2	fu2	fu2	fu2	fu1	fu3	fu4
郫县	fu2	fu2	fu2	fu2	fu2	xu5	fu3	fu4
广汉	fu2	fu2	fu2	fu2	fu2	xu2 xo5	fu3	fu4
都江堰河东	fʊ2	fʊ2	fʊ2	fʊ2	fʊ2	fʊ1	fʊ3	fʊ4
都江堰河西	fʊ2	fʊ2	fʊ2	fʊ2	fʊ2	xʊ5	fʊ3	fʊ4
崇州	fu2	fu2	fu2	fu2	fu2	xu5	fu3	fu4
大邑	fu2	fu2	fu2	fu2	fu2	xo5	fu3	fu4
邛崃	fu2	fu2	fu2	fu2	fu2	xu5	fu3	fu4
新津	fu2	fu2	fu2	fu2	fu2	xu5	fu3	fu4
蒲江	fʊ2	fʊ2	fʊ2	fʊ2	fʊ2	xo5	fʊ3	fʊ4
彭山	fu2	fu2	fu2	fu2	fu2	xo5	fu3	fu4
眉山	fu2	fu2	fu2	fu2	fu2	xu5	fu3	fu4
丹棱	fu2	fu2	fu2	fu2	fu2	xu5	fu3	fu4
洪雅	fu2	fu2	fu2	fu2	fu2	xu5	fu3	fu4
青神	fu2	fu2	fu2	fu2	fu2	xo5	fu3	fu4
夹江	xu2	fu2	fu2	fu2	xu2	xu5	xu3	xu4
峨眉山	xu2	xu2	fu2	xu2	xu2	xu5	xu3	xu5
乐山	fu2	fu2	fu2	fu2	fu2	xʊ5	fu3	fu4
犍为	fu2	fu2	fu2	fu2	fu2	xʊ5	fu3	fu4

字目	胡胡须	湖	糊	狐	壶	核果核	虎	户
反切	户吴	户吴	户吴	户吴	户吴	户骨	呼古	侯古
声韵调	遇合一 匣模平	遇合一 匣模平	遇合一 匣模平	遇合一 匣模平	遇合一 匣模平	臻合一 匣没入	遇合一 晓模上	遇合一 匣模上
中古音	ɦuo	ɦuo	ɦuo	ɦuo	ɦuo	ɦuət	huo:	ɦuo:
沐川	fu2	fu2	fu2	fu2	fu2	xʉ5	fu3	fu4
峨边	fu2	fu2	fu2	fu2	fu2	fu5	fu3	fu4
雅安	fu2	fu2	fu2	fu2	fu2	fu2	fu3	fu4
名山	fu2	fu2	fu2	fu2	fu2	fu1	fu3	fu4
天全	xu2	xu2	xu2	xu2	xu2	xu1	xu3	xu4
芦山	xu2	xu2	xu2	xu2	xu2	xu1	xu3	xu4
宝兴	fu2	fu2	fu2	fu2	fu2	fu1	fu3	fu4
荥经	fu2	fu2	fu2	fu2	fu2	fu1	fu3	fu4
汉源	fu2	fu2	fu2	fu2	fu2	fu2	fu3	fu4
石棉	fu2	fu2	fu2	fu2	fu2	fu2	fu3	fu4
内江	fu2	fu2	fu2	fu2	fu2	xu4	fu3	fu4
威远	fu2	fu2	fu2	fu2	fu2	xu4	fu3	fu4
荣县	fu2	fu2	fu2	fu2	fu2	xu4	fu3	fu4
自贡	fu2	fu2	fu2	fu2	fu2	fu4	fu3	fu4
富顺	fu2	fu2	fu2	fu2	fu2	fu4	fu3	fu4
隆昌	fu2	fu2	fu2	fu2	fu2	fu4	fu3	fu4
泸县	fu2	fu2	fu2	fu2	fu2	xu4	fu3	fu4
泸州	fu2	fu2	fu2	fu2	fu2	fu2	fu3	fu4
南溪	fu2	fu2	fu2	fu2	fu2	fu5	fu3	fu4
合江	fu2	fu2	fu2	fu2	fu2	xʉ5	fu3	fu4

字目	互	护	乌	屋	吴	梧	无有无	五
反切	胡误	胡误	哀都	乌谷	五乎	五乎	武夫	疑古
声韵调	遇合一 匣模去	遇合一 匣模去	遇合一 影模平	通合一 影屋入	遇合一 疑模平	遇合一 疑模平	遇合三 微虞平	遇合一 疑模上
中古音	ɦuo-	ɦuo-	ʔuo	ʔuk	ŋuo	ŋuo	mɨo	ŋuo:
成都	fu4	fu4	vu1	vu2	vu2	vu2	vu2	vu3
彭州	fu4	fu4	ʋu1	o5	u2	ʋu2	ʋu2	ʋu3
郫县	fu4	fu4	vu1	o5	vu2	vu2	vu2	vu3
广汉	fu4	fu4	vu1	vu5 o5	vu2	vu2	vu2	vu3
都江堰河东	fʊ4	fʊ4	vʊ1	o5	vʊ2	vʊ2	vʊ2	vʊ3
都江堰河西	fʊ4	fʊ4	vʊ1	o5	vʊ2	vʊ2	vʊ2	vʊ3
崇州	fu4	fu4	vu1	o5	vu2	vu2	vu2	vu3
大邑	fu4	fu4	vu1	o5	vu2	vu2	vu2	vu3
邛崃	fu4	fu4	vu1	o5	vu2	vu2	vu2	vu3
新津	fu4	fu4	u1	o5	u2	u2	u2	u3
蒲江	fʊ4	fʊ4	vʊ1	o5	vʊ2	vʊ2	vʊ2	vʊ3
彭山	fu4	fu4	u1	o5	u2	u2	u2	u3
眉山	fu4	fu4	u1	u5	u2	u2	u2	u3
丹棱	fu4	fu4	u1	u5	u2	u2	u2	u3
洪雅	fu4	fu4	vu1	vu5	vu2	vu2	vu2	vu3
青神	fu4	fu4	vu1	vu5	vu2	vu2	vu2	vu3
夹江	xu4	xu4	vu1	vu5	vu2	vu2	vu2	vu3
峨眉山	xu5	xu5	vu1	vu5	vu2	vu2	vu2	vu3
乐山	fu4	fu4	vu1	ʊ5 vu4	vu2	vu2	vu2	vu3
犍为	fu4	fu4	vu1	ʊ5	vu2	vu2	vu2	vu3

字目	互	护	乌	屋	吴	梧	无有无	五
反切	胡误	胡误	哀都	乌谷	五乎	五乎	武夫	疑古
声韵调	遇合一 匣模去	遇合一 匣模去	遇合一 影模平	通合一 影屋入	遇合一 疑模平	遇合一 疑模平	遇合三 微虞平	遇合一 疑模上
中古音	ɦuo-	ɦuo-	ʔuo	ʔuk	ŋuo	ŋuo	mɨo	ŋuo:
沐川	fu4	fu4	vu1	vu4	vu2	vu2	vu2	vu3
峨边	fu4	fu4	vu1	vu5	vu2	vu2	vu2	vu3
雅安	fu4	fu4	vu1	vu1	vu2	vu2	vu2	vu3
名山	fu4	fu4	vu1	vu1	vu2	vu2	vu2	vu3
天全	xu2	xu4	u1	u1	u2	u2	u2	u3
芦山	fu2	xu4	vu1	vu1	vu2	vu2	vu2	vu3
宝兴	fu4	fu4	vu1	vu1	vu2	vu2	vu2	vu3
荥经	fu4	fu4	vu1	ʊ5	vu2	vu2	vu2	vu3
汉源	fu4	fu4	vu1	vu1	vu2	vu2	vu2	vu3
石棉	fu4	fu4	vu1	vu1	vu2	vu2	vu2	vu3
内江	fu4	fu4	u1	u4	u2	u2	u2	u3
威远	fu4	fu4	vu1	vu4	vu2	vu2	vu2	vu3
荣县	fu4	fu4	vu1	vu4	vu2	vu2	vu2	vu3
自贡	fu4	fu4	vu1	vu4	vu2	vu2	vu2	vu3
富顺	fu4	fu4	vu1	vu4	vu2	vu2	vu2	vu3
隆昌	fu4	fu4	vu1	vu4	vu2	vu2	vu2	vu3
泸县	fu4	fu4	vu1	u4 vu4	u2 vu2	u2 vu2	vu2	u3 vu3
泸州	fu4	fu4	vu1	u5	vu2	vu2	vu2	vu3
南溪	fu4	fu4	vu1	u5	vu2	vu2	vu2	vu3
合江	fu4	fu4	vu1	ʉ5	vu2	vu2	vʉ2	vu3

字目	伍队伍	午	武	舞	误	悟	恶厌恶	务
反切	疑古	疑古	文甫	文甫	五故	五故	乌路	亡遇
声韵调	遇合一 疑模上	遇合一 疑模上	遇合三 微虞上	遇合三 微虞上	遇合一 疑模去	遇合一 疑模去	遇合一 影模去	遇合三 微虞去
中古音	ŋuo:	ŋuo:	mɨo:	mɨo:	ŋuo-	ŋuo-	ʔuo-	mɨo-
成都	vu3	vu3	vu3	vu3	vu4	vu4	vu4	vu4
彭州	ʋu3	ʋu3	ʋu3	ʋu3	ʋu4	ʋu4	ʋu4	ʋu4
郫县	vu3	vu3	vu3	vu3	vu4	vu4	vu4	vu4
广汉	vu3	vu3	vu3	vu3	vu4	vu2	vu4	vu4
都江堰河东	vʊ3	vʊ3	vʊ3	vʊ3	vʊ4	vʊ4	vʊ4	vʊ4
都江堰河西	vʊ3	vʊ3	vʊ3	vʊ3	vʊ4	vʊ4	vʊ4	vʊ4
崇州	vu3	vu3	vu3	vu3	vu4	vu4	vu4	vu4
大邑	vu3	vu3	vu3	vu3	vu4	vu2 vu4	vu4	vu4
邛崃	vu3	vu3	vu3	vu3	vu4	vu4	vu4	vu4
新津	u3	u3	u3	u3	u4	u4	u4	u4
蒲江	vʊ3	vʊ3	vʊ3	vʊ3	vʊ4	vʊ4	vʊ4	vʊ4
彭山	u3	u3	u3	u3	u4	u4	u4	u4
眉山	u3	u3	u3	u3	u4	u4	u4	u4
丹棱	u3	u3	u3	u3	u4	u4	u4	u4
洪雅	vu3	vu3	vu3	vu3	vu4	vu4	vu4	vu4
青神	vu3	vu3	vu3	vu3	vu4	u4	vu4	vu4
夹江	vu3	vu3	vu3	vu3	vu4	vu4	vu4	vu4
峨眉山	vu3	vu3	vu3	vu3	vu1	vu1	vu5	vu1
乐山	vu3	vu3	vu3	vu3	vu4	vu4	vu4	vu4
犍为	vu3	vu3	vu3	vu3	vu4	vu4	vu4	vu4

字目	伍队伍	午	武	舞	误	悟	恶厌恶	务
反切	疑古	疑古	文甫	文甫	五故	五故	乌路	亡遇
声韵调	遇合一 疑模上	遇合一 疑模上	遇合三 微虞上	遇合三 微虞上	遇合一 疑模去	遇合一 疑模去	遇合一 影模去	遇合三 微虞去
中古音	ŋuo:	ŋuo:	mɨo:	mɨo:	ŋuo-	ŋuo-	ʔuo-	mɨo-
沐川	vu3	vu3	vu3	vu3	vu4	vu4	vu4	vu4
峨边	vu3	vu3	vu3	vu3	vu4	vu4	vu4	vu4
雅安	vu3	vu3	vu3	vu3	vu4	vu4	vu4	vu4
名山	vu3	vu3	vu3	vu3	vu4	vu4	vu4	vu4
天全	u3	u3	u3	u3	u4	u4	u4	u4
芦山	vu3	vu3	vu3	vu3	vu4	vu4	vu4	vu4
宝兴	vu3	vu3	vu3	vu3	vu4	vu4	vu4	vu4
荥经	vu3	vu3	vu3	vu3	vu4	vu4	vu4	vu4
汉源	vu3	vu3	vu3	vu3	vu4	vu4	vu4	vu4
石棉	vu3	vu3	vu3	vu3	vu4	vu4	vu4	vu4
内江	u3	u3	u3	u3	u4	u4	u4	u4
威远	vu3	vu3	vu3	vu3	vu4	vu4	vu4	vu4
荣县	vu3	vu3	vu3	vu3	vu4	vu4	vu4	vu4
自贡	vu3	vu3	vu3	vu3	vu4	vu4	vu4	vu4
富顺	vu3	vu3	vu3	vu3	vu4	vu4	vu4	vu4
隆昌	vu3	vu3	vu3	vu3	vu4	vu4	vu4	vu4
泸县	u3 vu3	u3 vu3	vu3	vu3	vu4	u4 vu4	vu4	vu4
泸州	vu3	vu3	vu3	vu3	vu4	vu4	vu4	vu4
南溪	vu3	vu3	vu3	vu3	vu4	vu4	vu4	vu4
合江	vu3	vu3	vʉ3	vʉ3	vu4	vu4	vu4	vʉ4

字目	雾	物	勿	女	驴	吕	旅	缕
反切	亡遇	文弗	文弗	尼吕	力居	力举	力举	力主
声韵调	遇合三 微虞去	臻合三 微物入	臻合三 微物入	遇合三 泥鱼上	遇合三 来鱼平	遇合三 来鱼上	遇合三 来鱼上	遇合三 来虞上
中古音	mɨo-	mɨut	mɨut	nɨʌ:	lɨʌ	lɨʌ:	lɨʌ:	lɨo:
成都	vu4	vu2 o2 旧	vu2 o2 旧	ȵy3	nu2 ny2 新	ny3	ny3	nəu3 俗 ny3 新
彭州	ʋu4	o5 u5 新	o5 u5 新	ȵy3	nu2 ny2 新	ny3	ny3	nəu3 俗 ny3 新
郫县	vu4	o5	o5	ȵy3	lu2	ly3	ly3	ly3 ləu3 俗
广汉	vu4	o5	o5	ȵy3	lu2	ly3	ly3	ləu3
都江堰河东	vʊ4	o5	o5	ȵy3	nʊ2	ny3	ny3	nəu3 俗 ny3 新
都江堰河西	vʊ4	o5	o5	ȵy3	ny2	ny3	ny3	nəu3 俗 ny3 新
崇州	vu4	o5	o5	ȵy3	nu2 ny2 新	ny3	ny3	nəu3 俗 ny3 新
大邑	vu4	o5	o5	ȵy3	nu2 ny2 新	ȵy3	ȵy3	ny3 nəu3 俗
邛崃	vu4	o5	o5	ȵy3	ny2	ȵy3	ȵy3	ni3 nəu3 俗
新津	u4	o5	o5	ȵy3	ny2 nu 旧	ny3	ny3	ny3 nəu3 俗
蒲江	vʊ4	o5	o5	ȵy3	ly2 lo2 旧	ly3	ly3	ly3 ləu3 俗
彭山	u4	o5	o5	ȵy3	nu2 ny2 新	ȵy3	ȵy3	nəu3 俗 ny3 新
眉山	u4	u5	o5	ȵy3	nu2 ny2 新	ȵy3	ȵy3	nəu3 俗 ny3 新
丹棱	u4	u5	u5	ȵy3	nu2 ny2 新	ny3	ny3	nəu3 俗 ny3 新
洪雅	vu4	vu5	vu5	ȵy3	nu2 ny2 新	ȵy3	ȵy3	nəu3 俗 ȵy3 新
青神	vu4	o5	o5	ly3	lu2 ly2 新	ly3	ly3	ly3 ləu3 俗
夹江	vu4	u5	u5	ny3	nu2 ny2 新	ny3	ny3	nəu3 俗 ny3 新
峨眉山	vu5	vu5	vu5	ny3	nu2 ny2 新	ny3	ny3	nəu3 俗 ny3 新
乐山	vu4	vʊ5	vʊ5	ly3	lu2 ly2 新	ly3	ly3	ləu3 俗 ly3 新
犍为	vu4	ʊ5	ʊ5	ly3	lu2 ly2 新	ly3	ly3	ləu3 俗 ly3 新

字目	雾	物	勿	女	驴	吕	旅	缕
反切	亡遇	文弗	文弗	尼吕	力居	力举	力举	力主
声韵调	遇合三 微虞去	臻合三 微物入	臻合三 微物入	遇合三 泥鱼上	遇合三 来鱼平	遇合三 来鱼上	遇合三 来鱼上	遇合三 来虞上
中古音	mɨo-	mɨut	mɨut	nɨʌ:	lɨʌ	lɨʌ:	lɨʌ:	lɨo:
沐川	vu4	u4	u4	ly3	lu2 ly2 新	ly3	ly3	ləu3 俗 ly3 新
峨边	vu4	vu5	vu5	ly3	lu2	ly3	ly3	ly3 ləu3 俗
雅安	vu4	vu1	vu1	ȵy3	nu2	ny3	ny3	nəu3 俗 ny3 新
名山	vu4	vu1	vu1	ly3	lu2 ly2 新	ly3	ly3	ləu3 俗 ly3 新
天全	u4	u1	u1	ȵy3	lu2 ly2 新	ȵy3	ȵy3	ləu3 俗 ly3 新
芦山	vu4	vu1	vu1	ȵy3	nu2	ȵy3	ȵy3	nəu3 俗 ny3 新
宝兴	vu4	vu1	vu1	ȵy3	nu2 ny2 新	ȵy3	ȵy3	nəu3 俗 ny3 新
荥经	vu4	ʊ5	ʊ5	ȵy3	ly2 lu2 旧	ly3	ly3	ləu3 俗 ly3 新
汉源	vu4	vu1	vu1	ny3	nu2 ny2 新	ny3	ny3	nəu3 俗 ny3 新
石棉	vu4	vu1	vu1	ȵy3	nu2 ny2 新	ȵy3	ȵy3	ləu3 俗 ly3 新
内江	u4	u4	u4	ny3	nu2 ny2 新	ny3	ny3	nəu3 俗 ny3 新
威远	vu4	vu4	vu4	ȵy3	nu2 ny2 新	ny3	ny3	nəu3 俗 ny3 新
荣县	vu4	vu4	vu4	ȵy3	nu2 ny2 新	ny3	ny3	nəu3 俗 ny3 新
自贡	vu4	vu4	vu4	ȵy3	lu2	ly3	ly3	ly3 ləu3 俗
富顺	vu4	vu4	vu4	ȵy3	lu2	ly3	ly3	ly3 ləu3 俗
隆昌	vu4	vu4	vu4	ȵy3	lu2	ly3	ly3	ləu3 俗 ly3 新
泸县	vu4	vu4 u4	vu4 u4	ȵy3 ly3	lu2 ly2 新	ly3	ly3	ly3 ləu3 俗
泸州	vu4	u5 vu5 旧	u5 vu5 旧	ȵy3 ly3	lu2 ly2 新	ly3	ly3	ly3 ləu3 俗
南溪	vu4	vu5 u5 新	vu5 u5 新	ly3	lu2 ly2 新	ly3	ly3	ləu3 俗 ly3 新
合江	vʉ4	ʉ5	ʉ5	ȵy3	lu2 ly2 新	ly3	ly3	ləu3 俗 ly3 新

字目	屡	虑	*滤	律	率[②]效率	绿	居	车车马炮
反切	良遇	良倨	*良据	吕恤	*劣戌	力玉	九鱼	九鱼
声韵调	遇合三 来麌去	遇合三 来鱼去	遇合三 来鱼去	臻合三 来术入	臻合三 来术入	通合三 来烛入	遇合三 见鱼平	遇合三 见鱼平
中古音	lio-	liʌ-	liʌ-	liuɪt	liuɪt	liok	kiʌ	kiʌ
成都	nuei3 ny3 新	ny4	ny4	nu2 ny2 新	nu2 ny2 新	nu2 ny2 新	tɕy1	tɕy1
彭州	nəu3 俗[①] ny3 新	ny4	ny4	no5 nu5 新	so5 nu5 新	no5 nu5 新	tɕy1	tɕy1
郫县	ləu3 俗 ly 新	ly4	ly4	lo5	so5	lu2 ly2 新	tɕy1	tɕy1
广汉	ləu3 俗	ly4	ly4	lo5	lo5	lo5	tɕy1	tɕy1
都江堰河东	nuei3	ny4	ny4	no5	no5	no5	tɕy1	tɕy1
都江堰河西	nuei3	ny4	ny4	no5	so5	no5	tɕy1	tɕy1
崇州	nuei3 ny3 新	ny4	ny4	no5	no5	no5	tɕy1	tɕy1
大邑	nuei3 ny3 新	ny4	ny4	no5 ny5 新	no5 ny5 新	no5 ny5 新	tɕy1	tɕy1
邛崃	nuei3 ny3 新	ni4 ny4	ni4 ny4	no5	no5	no5	tɕy1	tɕy1
新津	nuei3 ny3 新	ny4	ny4	no5 ny5 新	no5 ny5 新	no5 ny5 新	tɕy1	tɕy1
蒲江	luei3 ly3 新	li4 ly4 新	li4 ly4 新	lo5 ly5 新	lo5 ly5 新	lo5 ly5 新	tɕy1	tɕy1
彭山	nəu3 俗 ny3 新	ni4	ni4	no5 ny5 新	no5 ny5 新	no5 ny5 新	tɕy1	tɕy1
眉山	nəu3 俗 ny3 新	ny4	ny4	nu5 ny5 新	no5 ny5 新	nu5 ny5 新	tɕy1	tɕy1
丹棱	nəu3 俗 ny3 新	ny4	ny4	nu5 ny5 新	no5 ny5 新	no5 ny5 新	tɕy1	tɕy1
洪雅	nəu3 俗 ȵy3 新	ȵy4	ȵy4	nu5 ny5 新	no5 ny5 新	nu5 ny5 新	tɕy1	tɕy1
青神	ly3 ləu3 俗	ly4	ly4	lo5 ly5 新	lo5 ly5 新	lo5 ly5 新	tɕy1	tɕy1
夹江	nuei3 ny3 新	ny4	ny4	nu5	so5	nu5	tɕy1	tɕy1
峨眉山	nuei3 ny3 新	ny5	ny5	nu5	nu5 so5	nu5	tɕy1	tɕy1
乐山	luei3 ly3 新	ly4	ly4	lʊ5	lʊ5 sʊ5	lʊ5	tɕy1	tɕy1
犍为	luei3 ly3 新	ly4	ly4	lʊ5	sʊ5	lʊ5	tɕy1	tɕy1

① 又音 nuei3。 ② 又所律切，臻合三生术入。

字目	屡	虑	*滤	律	率[②]效率	绿	居	车车马炮
反切	良遇	良倨	*良据	吕恤	*劣戍	力玉	九鱼	九鱼
声韵调	遇合三 来虞去	遇合三 来鱼去	遇合三 来鱼去	臻合三 来术入	臻合三 来术入	通合三 来烛入	遇合三 见鱼平	遇合三 见鱼平
中古音	lio-	liʌ-	liʌ-	liuɪt	liuɪt	liok	kiʌ	kiʌ
沐川	ləu3 俗[①] ly3 新	ly4	ly4	lʉ5 lu4 新	sʉ5[③] lʉ5	lʉ5 lu4 新	tɕy1	tɕy1
峨边	ly4 luei3 旧	ly4	ly4	lu5	lu5	lu5	tɕy1	tɕy1
雅安	nuei3 ny3 新	ny4	ny4	nu1	nu1	nu1	tɕy1	tɕy1
名山	luei3 ly3 新	ly4	ly4	lu1 ly1 新	lu1[④] so1 旧	lu1	tɕy1	tɕy1
天全	ləu3 俗 ly3 新	ȵy4	ȵy4	lu1 ly1 新	lu1[④] so1 旧	lu1	tɕy1	tɕy1
芦山	nuei3 ny3 新	ȵy4	ȵy4	nu1	nu1	nu1	tɕy1	tɕy1
宝兴	nuei3 ny3 新	ȵy4	ȵy4	nu1	nu1	nu1	tɕy1	tɕy1
荥经	ləu3 俗[①] ly3 新	ly4	ly4	lʊ5	lʊ5	lʊ5	tɕy1	tɕy1
汉源	nuei3 ny3 新	ny4	ny4	nu1 ny1 新	nu1 ny1 新	nu1	tɕy1	tɕy1
石棉	ləu3 俗 ly3 新	ly4	ly4	lu1 ly1 新	lu1[④] so1 旧	lu1	tɕy1	tɕy1
内江	nuei3 ny3 新	ni4 ny4	ni4 ny4	nu4 ny4 新	nu4 ny4 新	nu4 ny4 新	tɕy1	tɕy1
威远	nəu3 俗 ny3 新	ni4 ny4	ni4 ny4	nu4 ny4 新	nu4 ny4 新	nu4 ny4 新	tɕy1	tɕy1
荣县	nuei3 ny3 新	ny4	ny4	nu4 ny4 新	nu4 ny4 新	nu4 ny4 新	tɕy1	tɕy1
自贡	ly3 luei3 旧	ly4	ly4	lu4	lu4	lu4	tɕy1	tɕy1
富顺	luei3 ly3 新	ly4	ly4	lu4	lu4	lu4	tɕy1	tɕy1
隆昌	luei3 ly3 新	ly4	ly4	ly4 lu4 旧	lu4	lu4	tɕy1	tɕy1
泸县	luei3 ly3 新	ly4 luei4 旧	ly4 luei4 旧	lu4 ly4 新	lu4 ly4 新	lu4 ly4 新	tɕy1	tɕy1
泸州	ly3 luei3 旧	ly4 luei4 旧	ly4 luei4 旧	lu5 ly5 新	lu5 ly5 新	lu5 ly5 新	tɕy1	tɕy1
南溪	ly3 luei3 旧	ly4 luei4 旧	ly4 luei4 旧	lu5 ly5 新	lu5 ly5 新	lu5 ly5 新	tɕy1	tɕy1
合江	ləu3 俗[①] ly3 新	luei4	luei4	lo5 lʉ5 新	sʊ5	lʉ5	tɕy1	tɕy1

① 又音 luei3。 ② 又所律切，臻合三生術入。 ③ 又音 lu4 新。 ④ 又音 ly2 新。

字目	拘	驹	橘	菊	局	举	据	锯
反切	举朱	举朱	居聿	居六	渠玉	居许	居御	居御
声韵调	遇合三 见虞平	遇合三 见虞平	臻合三 A 见术入	通合三 见屋入	通合三 群烛入	遇合三 见鱼上	遇合三 见鱼去	遇合三 见鱼去
中古音	kɨo	kɨo	kiuɪt	kɨuk	gɨok	kɨʌ:	kɨʌ-	kɨʌ-
成都	tɕy1	tɕy1	tɕy2	tɕy2	tɕy2	tɕy3	tɕy4	tɕy4
彭州	tɕy1	tɕy1	tɕye5	tɕhio5	tɕio5	tɕy3	tɕy4	tɕy4
郫县	tɕy1	tɕy1	tɕio5	tɕio5	tɕio5	tɕy3	tɕy4	tɕy4
广汉	tɕy1	tɕy1	tɕy5 tɕio5	tɕhio5	tɕy2	tɕy3	tɕy4	tɕy4
都江堰河东	tɕy1	tɕy1	tɕye5	tɕhio5	tɕio5	tɕy3	tɕy4	tɕy4
都江堰河西	tɕy1	tɕy1	tɕio5	tɕhio5	tɕio5	tɕy3	tɕy4	tɕy4
崇州	tɕy1	tɕy1	tɕio5	tɕhio5	tɕio5	ɕy3	tɕy4	tɕy4
大邑	tɕy1	tɕy1	tɕye5 tɕio5 旧	tɕio5	tɕio5	tɕy3	tɕy4	tɕy4
邛崃	tɕy1	tɕy1	tɕyo5	tɕyo5	tɕyo5	tɕy3	tɕy4	tɕy4
新津	tɕy1	tɕy1	tɕio5	tɕio5	tɕio5	tɕy3	tɕy4	tɕy4
蒲江	tɕy1	tɕy1	tɕio5 tɕy5	tɕio5 tɕy5	tɕio5 tɕy5 新	tɕy3	tɕy4	tɕy4
彭山	tɕy1	tɕy1	tɕye5 tɕy5	tɕhye5 tɕy5	tɕy5	tɕy3	tɕy4	tɕy4
眉山	tɕy1	tɕy1	tɕy5	tɕhy5	tɕy5	tɕy3	tɕy4	tɕy4
丹棱	tɕy1	tɕy1	tɕy5	tɕhy5	tɕy5	tɕy3	tɕy4	tɕy4
洪雅	tɕy1	tɕy1	tɕyu5	tɕhyu5	tɕyu5	tɕy3	tɕy4	tɕy4
青神	tɕy1	tɕy1	tɕio5	tɕhio5	tɕy5 tɕio5	tɕy3	tɕy4	tɕy4
夹江	tɕy1	tɕy1	tɕy5	tɕy5	tɕy5	tɕy3	tɕy4	tɕy4
峨眉山	tɕy1	tɕy1	tɕy5	tɕy5	tɕy5	tɕy3	tɕy5	tɕy5
乐山	tɕy1	tɕy1	tɕyʊ5	tɕyʊ5	tɕyʊ5	tɕy3	tɕy4	tɕy4
犍为	tɕy1	tɕy1	tɕyʊ5	tɕyʊ5	tɕyʊ5	tɕy3	tɕy4	tɕy4

字目	拘	驹	橘	菊	局	举	据	锯
反切	举朱	举朱	居聿	居六	渠玉	居许	居御	居御
声韵调	遇合三 见虞平	遇合三 见虞平	臻合三A 见术入	通合三 见屋入	通合三 群烛入	遇合三 见鱼上	遇合三 见鱼去	遇合三 见鱼去
中古音	kɨo	kɨo	kiuɪt	kɨuk	gɨok	kɨʌ:	kɨʌ-	kɨʌ-
沐川	tɕy1	tɕy1	tɕye5	tɕio5	tɕio5	tɕy3	tɕy4	tɕy4
峨边	tɕy1	tɕy1	tɕy5	tɕy5	tɕy5	tɕy3	tɕy4	tɕy4
雅安	tɕy1	tɕy1	tɕy1	tɕy1	tɕy1	tɕy3	tɕy4	tɕy4
名山	tɕy1	tɕy1	tɕy1	tɕy1	tɕy1	tɕy3	tɕy4	tɕy4
天全	tɕy1	tɕy1	tɕy1	tɕy1	tɕy1	tɕy3	tɕy4	tɕy4
芦山	tɕy1	tɕy1	tɕy1	tɕhy1	tɕy1	tɕy3	tɕy4	tɕy4
宝兴	tɕy1	tɕy1	tɕy1	tɕhy1	tɕy1	tɕy3	tɕy4	tɕy4
荥经	tɕy1	tɕy1	tɕyɛ5	tɕhiɵ5	tɕiɵ5	tɕy3	tɕy4	tɕy4
汉源	tɕy1	tɕy1	tɕy1	tɕy1	tɕy1	tɕy3	tɕy4	tɕy4
石棉	tɕy1	tɕy1	tɕy1	tɕy1	tɕy1	tɕy3	tɕy4	tɕy4
内江	tɕy1	tɕy1	tɕy4	tɕhy4	tɕy4	tɕy3	tɕy4	tɕy4
威远	tɕy1	tɕy1	tɕy4	tɕhy4	tɕy4	tɕy3	tɕy4	tɕy4
荣县	tɕy1	tɕy1	tɕy4	tɕy4	tɕy4	tɕy3	tɕy4	tɕy4
自贡	tɕy1	tɕy1	tɕy4	tɕhy4	tɕy4	tɕy3	tɕy4	tɕy4
富顺	tɕy1	tɕy1	tɕy4	tɕhy4	tɕy4	tɕy3	tɕy4	tɕy4
隆昌	tɕy1	tɕy1	tɕy4	tɕhy4	tɕy4	tɕy3	tɕy4	tɕy4
泸县	tɕy1	tɕy1	tɕy4	tɕhy4 tɕy4	tɕy4	tɕy3	tɕy4	tɕy4
泸州	tɕy1	tɕy1	tɕiu5	tɕhiu5 tɕiu5	tɕiu5	tɕy3	tɕy4	tɕy4
南溪	tɕy1	tɕy1	tɕyʉ5	tɕhyʉ5 tɕyʉ5	tɕyʉ5	tɕy3	tɕy4	tɕy4
合江	tɕhy1	tɕhy1	tɕy5	tɕhy5	tɕy5	tɕy3	tɕy4	tɕy4

字目	巨	拒	距	聚	句	具	惧	剧戏剧
反切	其吕	其吕	其吕	慈庾	九遇	其遇	其遇	奇逆
声韵调	遇合三 群鱼上	遇合三 群鱼上	遇合三 群鱼上	遇合三 从虞上	遇合三 见虞去	遇合三 群虞去	遇合三 群虞去	梗开三 群陌入
中古音	gɨʌ:	gɨʌ:	gɨʌ:	dzɨo:	kɨo-	gɨo-	gɨo-	gɣiæk
成都	tɕy4	tɕy4	tɕy4	tɕy4	tɕy4	tɕy4	tɕy4	tɕy4
彭州	tɕy4	tɕy4	tɕy4	tɕy4	tɕy4	tɕy4	tɕy4	tɕy4
郫县	tɕy4	tɕy4	tɕy4	tɕy4	tɕy4	tɕy4	tɕy4	tɕy4
广汉	tɕy4	tɕy4	tɕy4	tɕy4	tɕy4	tɕy4	tɕy4	tɕy4
都江堰河东	tɕy4	tɕy4	tɕy4	tɕy4	tɕy4	tɕy4	tɕy4	tɕy4
都江堰河西	tɕy4	tɕy4	tɕy4	tɕy4	tɕy4	tɕy4	tɕy4	tɕy4
崇州	tɕy4	tɕy4	tɕy4	tɕy4	tɕy4	tɕy4	tɕy4	tɕy4
大邑	tɕy4	tɕy4	tɕy4	tɕy4	tɕy4	tɕy4	tɕy4	tɕy4
邛崃	tɕy4	tɕy4	tɕy4	tɕy4	tɕy4	tɕy4	tɕy4	tɕy4
新津	tɕy4	tɕy4	tɕy4	tɕy4	tɕy4	tɕy4	tɕy4	tɕy4
蒲江	tɕy4	tɕy4	tɕy4	tɕy4	tɕy4	tɕy4	tɕy4	tɕy4
彭山	tɕy4	tɕy4	tɕy4	tɕy4	tɕy4	tɕy4	tɕy4	tɕy4
眉山	tɕy4	tɕy4	tɕy4	tɕy4	tɕy4	tɕy4	tɕy4	tɕy5
丹棱	tɕy4	tɕy4	tɕy4	tɕy4	tɕy4	tɕy4	tɕy4	tɕy4
洪雅	tɕy4	tɕy4	tɕy4	tɕy4	tɕy4	tɕy4	tɕy4	tɕy4
青神	tɕy4	tɕy4	tɕy4	tɕy4	tɕy4	tɕy4	tɕy4	tɕy4
夹江	tɕy4	tɕy4	tɕy4	tɕy4	tɕy4	tɕy4	tɕy4	tɕy4
峨眉山	tɕy5	tɕy5	tɕy5	tɕy5	tɕy5	tɕy5	tɕy5	tɕy5
乐山	tɕy4	tɕy4	tɕy4	tɕy4	tɕy4	tɕy4	tɕy4	tɕy4
犍为	tɕy4	tɕy4	tɕy4	tɕy4	tɕy4	tɕy4	tɕy4	tɕy4

字目	巨	拒	距	聚	句	具	惧	剧戏剧
反切	其吕	其吕	其吕	慈庾	九遇	其遇	其遇	奇逆
声韵调	遇合三 群鱼上	遇合三 群鱼上	遇合三 群鱼上	遇合三 从虞上	遇合三 见虞去	遇合三 群虞去	遇合三 群虞去	梗开三 群陌入
中古音	gɨʌ:	gɨʌ:	gɨʌ:	dzɨo:	kɨo-	gɨo-	gɨo-	gɣiæk
沐川	tɕy4	tɕy4	tɕy4	tɕy4	tɕy4	tɕy4	tɕy4	tɕy4
峨边	tɕy4	tɕy4	tɕy4	tɕy4	tɕy4	tɕy4	tɕy4	tɕy4
雅安	tɕy4	tɕy4	tɕy4	tɕy4	tɕy4	tɕy4	tɕy4	tɕy4
名山	tɕy4	tɕy4	tɕy4	tɕy4	tɕy4	tɕy4	tɕy4	tɕy4
天全	tɕy4	tɕy4	tɕy4	tɕy4	tɕy4	tɕy4	tɕy4	tɕy4
芦山	tɕy4	tɕy4	tɕy4	tɕy4	tɕy4	tɕy4	tɕy4	tɕy4
宝兴	tɕy4	tɕy4	tɕy4	tɕy4	tɕy4	tɕy4	tɕy4	tɕy4
荥经	tɕy4	tɕy4	tɕy4	tɕy4	tɕy4	tɕy4	tɕy4	tɕy4
汉源	tɕy4	tɕy4	tɕy4	tɕy4	tɕy4	tɕy4	tɕy4	tɕy4
石棉	tɕy4	tɕy4	tɕy4	tɕy4	tɕy4	tɕy4	tɕy4	tɕy4
内江	tɕy4	tɕy4	tɕy4	tɕy4	tɕy4	tɕy4	tɕy4	tɕy4
威远	tɕy4	tɕy4	tɕy4	tɕy4	tɕy4	tɕy4	tɕy4	tɕy4
荣县	tɕy4	tɕy4	tɕy4	tɕy4	tɕy4	tɕy4	tɕy4	tɕy4
自贡	tɕy4	tɕy4	tɕy4	tɕy4	tɕy4	tɕy4	tɕy4	tɕy4
富顺	tɕy4	tɕy4	tɕy4	tɕy4	tɕy4	tɕy4	tɕy4	tɕy4
隆昌	tɕy4	tɕy4	tɕy4	tɕy4	tɕy4	tɕy4	tɕy4	tɕy4
泸县	tɕy4	tɕy4	tɕy4	tɕy4	tɕy4	tɕy4	tɕy4	tɕy4
泸州	tɕy4	tɕy4	tɕy4	tɕy4	tɕy4	tɕy4	tɕy4	tɕy4
南溪	tɕy4	tɕy4	tɕy4	tɕy4	tɕy4	tɕy4	tɕy4	tɕy4
合江	tɕy4	tɕy4	tɕy4	tɕy4	tɕy4	tɕy4	tɕy4	tɕy5

字目	剧剧列	蛆	趋	区区域	驱	躯	屈	曲酒曲
反切	奇逆	七余	七逾	岂俱	岂俱	岂俱	区勿	驱匊
声韵调	梗开三 群陌入	遇合三 清鱼平	遇合三 清虞平	遇合三 溪虞平	遇合三 溪虞平	遇合三 溪虞平	臻合三 溪物入	通合三 溪屋入
中古音	gɣiæk	tshiʌ	tshio	khio	khio	khio	khiut	khiuk
成都	tɕy4	tɕhy1	tɕhy1	tɕhy1	tɕhy1	tɕhy1	tɕhio2 tɕhy2 新	tɕhio2 tɕhy2 新
彭州	tɕy4	tɕhy1	tɕhy1	tɕhy1	tɕhy1	tɕhy1	tɕhio5 tɕhy2 新	tɕhio5 tɕhy2 新
郫县	tɕy4	tɕhy1	tɕhy1	tɕhy1	tɕhy1	tɕhy1	tɕhio5	tɕhio5
广汉	tɕy4	tɕhy1	tɕhy1	tɕhy1	tɕhy1	tɕhy1	tɕhy5 tɕhio5	tɕhy1 tɕhio5
都江堰河东	tɕy4	tɕhy1	tɕhy1	tɕhy1	tɕhy1	tɕhy1	tɕhio5	tɕhio5
都江堰河西	tɕy4	tɕhy1	tɕhy1	tɕhy1	tɕhy1	tɕhy1	tɕhio5	tɕhio5
崇州	tɕy4	tɕhy1	tɕhy1	tɕhy1	tɕhy1	tɕhy1	tɕhio5	tɕhio5
大邑	tɕy4	tɕhy1	tɕhy1	tɕhy1	tɕhy1	tɕhy1	tɕhio5① tɕhy5 新	tɕhio5 tɕhy5 新
邛崃	tɕy4	tɕhy1	tɕhy1	tɕhy1	tɕhy1	tɕhy1	tɕhyo5 tɕhy1 新	tɕhyo5
新津	tɕy4	tɕhy1	tɕhy1	tɕhy1	tɕhy1	tɕhy1	tɕhio5① tɕhy5 新	tɕhio5 tɕhy5 新
蒲江	tɕy4	tɕhy1	tɕhy1	tɕhy1	tɕhy1	tɕhy1	tɕhio5① tɕhy5 新	tɕhio5 tɕhy5 新
彭山	tɕy4	tɕhy1	tɕhy1	tɕhy1	tɕhy1	tɕhy1	tɕhio5 tɕhy5 新	tɕhio5 tɕhy5 新
眉山	tɕy5	tɕhy1	tɕhy1	tɕhy1	tɕhy1	tɕhy1	tɕhio5 tɕhy5 新	tɕhio5 tɕhy5 新
丹棱	tɕy4	tɕhy1	tɕhy1	tɕhy1	tɕhy1	tɕhy1	tɕhio5 tɕhy5 新	tɕhio5 tɕhy5 新
洪雅	tɕy4	tɕhy1	tɕhy1	tɕhy1	tɕhy1	tɕhy1	tɕhyu5 tɕhy5 新	tɕhyu5 tɕhy5 新
青神	tɕy4	tɕhy1	tɕhy1	tɕhy1	tɕhy1	tɕhy1	tɕhio5 tɕhy5 新	tɕhio5 tɕhy5 新
夹江	tɕy4	tɕhy1	tɕhy1	tɕhy1	tɕhy1	tɕhy1	tɕhiu5	tɕhy5
峨眉山	tɕy5	tɕhy1	tɕhy1	tɕhy1	tɕhy1	tɕhy1	tɕhy5	tɕhy1
乐山	tɕy4	tɕhy1	tɕhy1	tɕhy1	tɕhy1	tɕhy1	tɕhyʊ5	tɕhyʊ5
犍为	tɕy4	tɕhy1	tɕhy1	tɕhy1	tɕhy1	tɕhy1	tɕhyʊ5	tɕhyʊ5

① 又音 tɕhy1 新。

字目	剧剧列	蛆	趋	区区域	驱	躯	屈	曲酒曲
反切	奇逆	七余	七逾	岂俱	岂俱	岂俱	区勿	驱匊
声韵调	梗开三 群陌入	遇合三 清鱼平	遇合三 清虞平	遇合三 溪虞平	遇合三 溪虞平	遇合三 溪虞平	臻合三 溪物入	通合三 溪屋入
中古音	gɣiæk	tshiʌ	tshio	khio	khio	khio	khiut	khiuk
沐川	tɕy4	tɕhy1	tɕhy1	tɕhy1	tɕhy1	tɕhy1	tɕhio5 tɕhy5 新	tɕhio5 tɕhy5 新
峨边	tɕy4	tɕhy1	tɕhy1	tɕhy1	tɕhy1	tɕhy1	tɕhio5	tɕhy5 tɕhio5 旧
雅安	tɕy4	tɕhy1	tɕhy1	tɕhy1	tɕhy1	tɕhy1	tɕhy1	tɕhy1
名山	tɕy4	tɕhy1	tɕhy1	tɕhy1	tɕhy1	tɕhy1	tɕhy1	tɕhy1 tɕhio2 口
天全	tɕy4	tɕhy1	tɕhy1	tɕhy1	tɕhy1	tɕhy1	tɕhy1	tɕhy1 tɕhio2 口
芦山	tɕy4	tɕhy1	tɕhy1	tɕhy1	tɕhy1	tɕhy1	tɕhy1	tɕhy1
宝兴	tɕy4	tshy1	tshy1	tɕhy1	tɕhy1	tɕhy1	tɕhy1	tɕhy1
荥经	tɕy4	tɕhy1	tɕhy1	ɕy1	ɕy1	tɕhy1	tɕhiɵ5 tɕhy5 新	tɕhiɵ5 tɕhy5 新
汉源	tɕy4	tɕhy1	tɕhy1	tɕhy1	tɕhy1	tɕhy1	tɕhio1 tɕhy1 新	tɕhy1 tɕhio2 口
石棉	tɕy4	tɕhy1	tɕhy1	tɕhy1	tɕhy1	tɕhy1	tɕhio1 tɕhy1 新	tɕhy1 tɕhio2 口
内江	tɕy4	tɕhy1	tshuei1 tɕhy1	tɕhy1	tɕhy1	tɕhy1	tɕhy4	tɕhy4
威远	tɕy4	tɕhy1	tshuei1 tɕhy1	tɕhy1	tɕhy1	tɕhy1	tɕhy4	tɕhy4
荣县	tɕy4	tɕhy1	tɕhy1	tɕhy1	tɕhy1	tɕhy1	tɕhy4	tɕhy4
自贡	tɕy4	tɕhy1	tɕhy1	tɕhy1	tɕhy1	tɕhy1	tɕhy4	tɕhy4
富顺	tɕy4	tɕhy1	tshuei1	tɕhy1	tɕhy1	tɕhy1	tɕhy4	tɕhy4
隆昌	tɕy4	tɕhy1	tɕhy1	tɕhy1	tɕhy1	tɕhy1	tɕhy4	tɕhy4
泸县	tɕy4	tɕhy1	tɕhy1	tɕhy1	tɕhy1	tɕhy1	tɕhy4 tɕhy1 新	tɕhy4
泸州	tɕy4	tɕhy1	tɕhy1	tɕhy1	tɕhy1	tɕhy1	tɕhiu5① tɕhy5	tɕhiu5
南溪	tɕy4	tɕhy1	tɕhy1	tɕhy1	tɕhy1	tɕhy1	tɕhyʉ5② tɕhy5	tɕhyʉ5
合江	tɕy5	tʃhy1	tɕhy1	tɕhy1	tɕhy1	tɕhy1	tɕhio5 tɕhy2 新	tɕhio5 tɕhy2 新

① 又音 tɕy1 新。 ② 又音 tɕhy1 新。

字目	曲歌曲	渠水渠	瞿	取	娶[②]	去除去	去离去	趣
反切	丘玉	强鱼	其俱	七庾	七句	羌举	丘倨	七句
声韵调	通合三 溪烛入	遇合三 群鱼平	遇合三 群虞平	遇合三 清虞上	遇合三 清虞去	遇合三 溪鱼上	遇合三 溪鱼去	遇合三 清虞去
中古音	khiok	giʌ	gio	tshio:	tshio-	khiʌ:	khiʌ-	tshio-
成都	tɕhio2 tɕhy2 新	tɕhy2	tɕhy2	tɕhy3	tɕhy3 tɕy4 旧	tɕhy4	tɕhy4 文 tɕhie4 白	tɕhy4
彭州	tɕhio5 tɕhy2 新	tɕhy2	tɕhy2	tɕhy3	tɕhy3 tɕy4 旧	tɕhy4	tɕhy4 文 tɕhie4 白	tɕhy4
郫县	tɕhio5	tɕhy2	tɕhy2	tɕhy3	tɕhy3 tɕy4 旧	tɕhy4	tɕhy4 文 tɕhie4 白	tɕhy4
广汉	tɕhy3 tɕhio5	tɕhy2	tɕhy2	tɕhy3	tɕhy3 tɕy4 旧	tɕhy4	tɕhy4	tɕhy4
都江堰河东	tɕhio5	tɕhy2	tɕhy2	tɕhy3	tɕhy3 tɕy4 旧	tɕhy4	tɕhy4 tɕie5 白	tɕhy4
都江堰河西	tɕhio5	tɕhy2	tɕhy2	tɕhy3	tɕy4 tɕhy3	tɕhy4	tɕhy4 tɕie5 白	tɕhy4
崇州	tɕhio5	tɕhy2	tɕhy2	tɕhy3	tɕhy3 tɕy4 旧	tɕhy4	tɕhy4 tɕie5 白	tɕhy4
大邑	tɕhio5[①] tɕhy5 新	tɕhy2	tɕhy2	tɕhy3	tɕhy3 tɕy4 旧	tɕhy4	tɕhy4 文 tɕhie4 白	tɕhy4
邛崃	tɕhyo5 tɕhy3 新	tɕhy2	tɕhy2	tɕhy3	tɕhy3 tɕy4 旧	tɕhy4	tɕhy4 文 tɕhie5 白	tɕhy4
新津	tɕhio5[①] tɕhy5 新	tɕhy2	tɕhy2	tɕhy3	tɕhy3 tɕy4 旧	tɕhy4	tɕhy4 文 tɕhie4 白	tɕhy4
蒲江	tɕhio5[①] tɕhy5 新	tɕhy2	tɕhy2	tɕhy3	tɕhy3 tɕy4 旧	tɕhy4	tɕhy4 文 tɕhie4 白	tɕhy4
彭山	tɕhio5 tɕhy5 新	tɕhy2	tɕhy2	tɕhy3	tɕhy3 tɕy4 旧	tɕhy4	tɕi5 tɕhy4 新	tɕhy4
眉山	tɕhio5 tɕhy5 新	tɕhy2	tɕhy2	tɕhy3	tɕhy3 tɕy4 旧	tɕhy4	tɕi5 tɕhy4 新	tɕhy4
丹棱	tɕhio5 tɕhy5 新	tɕhy2	tɕhy2	tɕhy3	tɕhy3 tɕy4 旧	tɕhy5	tɕi5 tɕhy4 新	tɕhy4
洪雅	tɕhyu5 tɕhy5 新	tɕhy2	tɕhy2	tɕhy3	tɕy4 tɕhy3 新	tɕhy4	tɕi5 tɕhy4 新	tɕhy4
青神	tɕhio5 tɕhy5 新	tɕhy2	tɕhy2	tɕhy3	tɕhy3 tɕy4 旧	tɕhy4	tɕi5 tɕhy4 新	tɕhy4
夹江	tɕhy5	tɕhy2	tɕhy2	tɕhy3	tɕhy3	tɕhy4	tɕhy4	tɕhy4
峨眉山	tɕhy1	tɕhy2	tɕhy2	tɕhy3	tɕhy3	tɕhy5	tɕhy5	tɕhy1
乐山	tɕhyʊ5	tɕhy2	tɕhy2	tɕhy3	tɕhy3	tɕhy4	tɕhy4	tɕhy4
犍为	tɕhyʊ5	tɕhy2	tɕhy2	tɕhy3	tɕhy3	tɕhy4	tɕhy4	tɕhy4

① 又音 tɕhy3 新。 ② 又*此主切，遇合三清虞上。

字目	曲歌曲	渠水渠	瞿	取	娶①	去除去	去离去	趣
反切	丘玉	强鱼	其俱	七庾	七句	羌举	丘倨	七句
声韵调	遇合三 溪烛入	遇合三 群鱼平	遇合三 群虞平	遇合三 清虞上	遇合三 清虞去	遇合三 溪鱼上	遇合三 溪鱼去	遇合三 清虞去
中古音	khɨok	gɨʌ	gɨo	tshɨo:	tshɨo-	khɨʌ:	khɨʌ-	tshɨo-
沐川	tɕhio5 tɕhy5 新	tɕhy2	tɕhy2	tɕhy3	tɕhy3 tɕy4 旧	tɕhy4	tɕhy4 文 tɕhie4 白	tɕhy4
峨边	tɕhy5 tɕhio5 旧	tɕhy2	tɕhy2	tɕhy3	tɕy4	tɕhy4	tɕhy4	tɕhy4
雅安	tɕhy1	tɕhy2	tɕhy2	tɕhy3	tɕy4 tɕhy3 新	tɕhy4	tɕhy4	tɕhy4
名山	tɕhy1 tɕhio2 口	tɕhy2	tɕhy4	tɕhy3	tɕhy3	tɕhy4	tɕhy4 文② tɕhi4 白	tɕhy4
天全	tɕhy1 tɕhio2 口	tɕhy2	tɕhy4	tɕhy3	tɕhy3 tɕy4 旧	tɕhy4	tɕhy4 文② tɕhi4 白	tɕhy4
芦山	tɕhy1	tɕhy2	tɕhy2	tɕhy3	tɕy4 tɕhy3 新	tɕhy4	tɕhy4	tɕhy4
宝兴	tɕhy1	tɕhy2	tɕhy2	tɕhy3	tɕhy3 tɕy4 旧	tɕhy4	tɕhy4	tɕhy4
荥经	tɕhiɵ5 tɕhy5 新	tɕhy2	tɕhy4	tɕhy3	tɕhy3 tɕy4 旧	tɕhy4	tɕhy4 文 tɕhie4 白	tɕhy4
汉源	tɕhy1 tɕhio2 口	tɕhy2	tɕhy2	tɕhy3	tɕhy3	tɕhy4	tɕhy4 文② tɕhi4 白	tɕhy4
石棉	tɕhy1 tɕhio2 口	tɕhy2	tɕhy4	tɕhy3	tɕhy3	tɕhy4	tɕhy4 文② tɕhi4 白	tɕhy4
内江	tɕhy4	tɕhy2	tɕhy2	tɕhy3	tɕy4 tɕhy3 新	tɕhy4	tɕi4 tɕhy4 新	tɕhy4
威远	tɕhy4	tɕhy2	tɕhy2	tɕhy3	tɕhy3 tɕy4 旧	tɕhy4	tɕi4 tɕhy4 新	tɕhy4
荣县	tɕhy4	tɕhy2	tɕhy2	tɕhy3	tɕhy3 tɕy4 旧	tɕhy4	tɕi4 tɕhy4 新	tɕhy4
自贡	tɕhy4	tɕhy2	tɕhy2	tɕhy3	tɕhy3 tɕy4 旧	tɕhy4	tɕhy4	tɕhy4
富顺	tɕhy4	tɕhy2	tɕhy2	tɕhy3	tɕy4 tɕhy3 新	tɕhy4	tɕhy4	tɕhy4
隆昌	tɕhy4	tɕhy2	tɕhy2 tɕhy4	tɕhy3	tɕhy3 tɕy4 旧	tɕhy4	tɕhi4	tɕhy4
泸县	tɕhy4	tɕhy2	tɕhy2	tɕhy3	tɕhy3 tɕy4 旧	tɕhy4	tɕhy4 文 tɕhie4 白	tɕhy4
泸州	tɕhiu5 tɕhy3 新	tɕhy2	tɕhy2	tɕhy3	tɕhy3 tɕy4 旧	tɕhy4	tɕhy4 文③ tɕhie4 白	tɕhy4
南溪	tɕhyʉ5 tɕhy3 新	tɕhy2	tɕhy2	tɕhy3	tɕhy3 tɕy4 旧	tɕhy4	tɕhy4 文④ tɕhie4 白	tɕhy4
合江	tɕhio5 tɕhy2 新	tɕhy2	tɕhy2	tɕhy3	tɕhy3 tɕy4 旧	tɕhy4	tɕhy4 文 tɕhie4 白	tɕhy4

① 又*此主切，遇合三清虞上。 ② 又音 tɕi4 口。 ③ 又音 tɕi5 口。 ④ 又音 khe5 口。

字目	墟	虚	嘘	须必须	须胡须	需	徐	许
反切	去鱼	朽居	朽居	相俞	相俞	相俞	似鱼	虚吕
声韵调	遇合三 溪鱼平	遇合三 晓鱼平	遇合三 晓鱼平	遇合三 心虞平	遇合三 心虞平	遇合三 心虞平	遇合三 邪鱼平	遇合三 晓鱼上
中古音	khiʌ	hiʌ	hiʌ	sio	sio	sio	ziʌ	hiʌ:
成都	ɕy1	ɕy1	ɕy1	ɕy1	ɕy1	ɕy1	ɕy2	ɕy3
彭州	ɕy1	ɕy1	ɕy1	ɕy1	ɕy1	ɕy1	ɕy2	ɕy3
郫县	ɕy1	ɕy1	ɕy1	ɕy1	ɕy1	ɕy1	ɕy2	ɕy3
广汉	ɕy1	ɕy1	ɕy1	ɕy1	ɕy1	ɕy1	ɕy2	ɕy3
都江堰河东	ɕy1	ɕy1	无	ɕy1	ɕy1	ɕy1	ɕy2	ɕy3
都江堰河西	ɕy1	ɕy1	无	ɕy1	ɕy1	ɕy1	ɕy2	ɕy3
崇州	ɕy1	ɕy1	ɕy1	ɕy1	ɕy1	ɕy1	ɕy2	ɕy3
大邑	ɕy1	ɕy1	ɕy1	ɕy1	ɕy1	ɕy1	ɕy2	ɕy3
邛崃	ɕy1	ɕy1	ɕy1	ɕy1	ɕy1	ɕy1	ɕy2	ɕy3
新津	ɕy1	ɕy1	ɕy1	ɕy1	ɕy1	ɕy1	ɕy2	ɕy3
蒲江	ɕy1	ɕy1	ɕy1	ɕy1	ɕy1	ɕy1	ɕy2	ɕy3
彭山	ɕy1	ɕy1	ɕy1	ɕy1	ɕy1	ɕy1	ɕy2	ɕy3
眉山	ɕy1	ɕy1	ɕy1	ɕy1	ɕy1	ɕy1	ɕy2	ɕy3
丹棱	ɕy1	ɕy1	ɕy1	ɕy1	ɕy1	ɕy1	ɕy2	ɕy3
洪雅	ɕy1	ɕy1	ɕy1	ɕy1	ɕy1	ɕy1	ɕy2	ɕy3
青神	ɕy1	ɕy1	ɕy1	ɕy1	ɕy1	ɕy1	ɕy2	ɕy3
夹江	ɕy1	ɕy1	ɕy1	ɕy1	ɕy1	ɕy1	ɕy2	ɕy3
峨眉山	ɕy1	ɕy1	ɕy1	ɕy1	ɕy1	ɕy1	ɕy2	ɕy3
乐山	ɕy1	ɕy1	ɕy1	ɕy1	ɕy1	ɕy1	ɕy2	ɕy3
犍为	ɕy1	ɕy1	ɕy1	ɕy1	ɕy1	ɕy1	ɕy2	ɕy3

字目	墟	虚	嘘	须必须	须胡须	需	徐	许
反切	去鱼	朽居	朽居	相俞	相俞	相俞	似鱼	虚吕
声韵调	遇合三 溪鱼平	遇合三 晓鱼平	遇合三 晓鱼平	遇合三 心虞平	遇合三 心虞平	遇合三 心虞平	遇合三 邪鱼平	遇合三 晓鱼上
中古音	khiʌ	hiʌ	hiʌ	sio	sio	sio	ziʌ	hiʌ:
沐川	ɕy1	ɕy1	ɕy1	ɕy1	ɕy1	ɕy1	ɕy2	ɕy3
峨边	ɕy1	ɕy1	ɕy1	ɕy1	ɕy1	ɕy1	ɕy2	ɕy3
雅安	ɕy1	ɕy1	无	ɕy1	ɕy1	ɕy1	ɕy2	ɕy3
名山	ɕy1	ɕy1	ɕy1	ɕy1	ɕy1	ɕy1	ɕy2	ɕy3
天全	ɕy1	ɕy1	ɕy1	ɕy1	ɕy1	ɕy1	ɕy2	ɕy3
芦山	ɕy1	ɕy1	无	ɕy1	ɕy1	ɕy1	ɕy2	ɕy3
宝兴	ɕy1	ɕy1	无	ɕy1	ɕy1	ɕy1	ɕy2	ɕy3
荥经	ɕy1	ɕy1	ɕy1	ɕy1	ɕy1	ɕy1	ɕy2	ɕy3
汉源	ɕy1	ɕy1	ɕy1	ɕy1	ɕy1	ɕy1	ɕy2	ɕy3
石棉	ɕy1	ɕy1	ɕy1	ɕy1	ɕy1	ɕy1	ɕy2	ɕy3
内江	ɕy1	ɕy1	ɕy1	ɕy1	ɕy1	ɕy1	ɕy2	ɕy3
威远	ɕy1	ɕy1	ɕy1	ɕy1	ɕy1	ɕy1	ɕy2	ɕy3
荣县	ɕy1	ɕy1	ɕy1	ɕy1	ɕy1	ɕy1	ɕy2	ɕy3
自贡	ɕy1	ɕy1	ɕy1	ɕy1	ɕy1	ɕy1	ɕy2	ɕy3
富顺	ɕy1	ɕy1	ɕy1	ɕy1	ɕy1	ɕy1	ɕy2	ɕy3
隆昌	ɕy1	ɕy1	ɕy1	ɕy1	ɕy1	ɕy1	ɕy2	ɕy3
泸县	ɕy1	ɕy1	ɕy1	ɕy1	ɕy1	ɕy1	ɕy2	ɕy3
泸州	ɕy1	ɕy1	ɕy1	ɕy1	ɕy1	ɕy1	ɕy2	ɕy3
南溪	ɕy1	ɕy1	ɕy1	ɕy1	ɕy1	ɕy1	ɕy2	ɕy3
合江	ɕy1	ɕy1	ɕy1	ʃy1	ʃy1	ʃy1	ɕy2	ɕy3

字目	絮	序	叙	绪	续①	婿	恤	畜畜牧
反切	息据	徐吕	徐吕	徐吕	似足	苏计	辛聿	许竹
声韵调	遇合三 心鱼去	遇合三 邪鱼上	遇合三 邪鱼上	遇合三 邪鱼上	通合三 邪烛入	蟹开四 心齐去	臻合三 心术入	通合三 晓屋入
中古音	siʌ-	ziʌ:	ziʌ:	ziʌ:	ziok	sei-	siuɪt	hiuk
成都	suei4 ɕy4 新	ɕy4	ɕy4	ɕy4	ɕio2 ɕy2 新	ɕi2 ɕi4	ɕye2	ɕio2 ɕy2 新
彭州	suei4 ɕy4 新	ɕy4	ɕy4	ɕy4	ɕio5 ɕy2 新	ɕi4	ɕie5	ɕio5 ɕy2 新
郫县	suei4 ɕy4 新	ɕy4	ɕy4	ɕy4	ɕio5	ɕi4	ɕy5	ɕio5
广汉	ɕy4	ɕy4	ɕy4	ɕy4	ɕio5	ɕi4	ɕy2 ɕio5	ɕio5
都江堰河东	suei4 ɕy4 新	ɕy4	ɕy4	ɕy4	ɕio5	ɕi4	ɕye5 ɕie5	ɕio5
都江堰河西	suei4 ɕy4 新	ɕy4	ɕy4	ɕy4	ɕio5	ɕi4	ɕio5 ɕie5	ɕio5
崇州	suei4 ɕy4 新	ɕy4	ɕy4	ɕy4	ɕio5	ɕi4	ɕio5② ɕie5	ɕio5
大邑	ɕy4 suei4 旧	ɕy4	ɕy4	ɕy4	ɕio5 ɕy5 新	ɕi4	ɕye5	ɕio5
邛崃	ɕy4 suei4 旧	ɕy4	ɕy4	ɕy4	ɕyo5	ɕi4	ɕyo5	ɕyo5
新津	ɕy4 suei4 旧	ɕy4	ɕy4	ɕy4	ɕio5 ɕy5 新	ɕi4	ɕio5	ɕio5
蒲江	ɕy4 suei4 旧	ɕy4	ɕy4	ɕy4	ɕio5 ɕy5 新	ɕi4	ɕio5	ɕio5
彭山	suei4 ɕy4 新	ɕy4	ɕy4	ɕy4	so5	ɕi4	ɕie5	ɕy5
眉山	suei4 ɕy4 新	ɕy4	ɕy4	ɕy4	su5	ɕi4	ɕye5	ɕy5
丹棱	suei4 ɕy4 新	ɕy4	ɕy4	ɕy4	su5 ɕy5 新	ɕi4	ɕye5	ɕy5
洪雅	suei4 ɕy4 新	ɕy4	ɕy4	ɕy4	su5	ɕi4	ɕie5	ɕy5
青神	suei4 ɕy4 新	ɕy4	ɕy4	ɕy4	so5	ɕi4	ɕie5	ɕy5
夹江	ɕy4	ɕy4	ɕy4	ɕy4	ɕiu5	ɕi4	ɕye1	ɕiu5
峨眉山	ɕy5	ɕy5	ɕy5	ɕy5	ɕy5	ɕi5	ɕy5	ɕy5
乐山	ɕy4	ɕy4	ɕy4	ɕy4	sʊ5	ɕi4	ɕie5	ɕyʊ5
犍为	ɕy4	ɕy4	ɕy4	ɕy4	sʊ5	ɕy4	ɕie5	ɕyʊ5

① 又*辞屡切，遇合三邪虞去。 ② 又音 ɕye5 新。

字目	絮	序	叙	绪	续[2]	婿	恤	畜畜牧
反切	息据	徐吕	徐吕	徐吕	似足	苏计	辛聿	许竹
声韵调	遇合三 心鱼去	遇合三 邪鱼上	遇合三 邪鱼上	遇合三 邪鱼上	通合三 邪烛入	蟹开四 心齐去	臻合三 心术入	通合三 晓屋入
中古音	sɨʌ-	zɨʌː	zɨʌː	zɨʌː	zɨok	sei-	siuɪt	hɨuk
沐川	suei4 ɕy4 新	ɕy4	ɕy4	ɕy4	sʉ5[3] ɕio5	ɕy4 ɕi4	ɕye5	ɕio5 ɕy2 新
峨边	ɕy4 suei4 旧	ɕy4	ɕy4	ɕy4	su5	ɕi5	ɕyɛ5	ɕy5 ɕio5 旧
雅安	suei4 ɕy4 新	ɕy4	ɕy4	ɕy4	su1	ɕy4	ɕy4	ɕy1
名山	suei4 ɕy4 新	ɕy4	ɕy4	ɕy4	su1 ɕy2 新	ɕy4	ɕie1	ɕy1
天全	suei4 ɕy4 新	ɕy4	ɕy4	ɕy4	su1 ɕy2 新	ɕi4	ɕye1	ɕy1
芦山	suei4 ɕy4 新	ɕy2	ɕy4	ɕy4	su1	ɕy4	ɕye1	ɕy1
宝兴	suei4 ɕy4 新	ɕy4	ɕy4	ɕy4	su1 ɕy1 新	ɕy4	ɕie1	ɕy1
荥经	suei4 ɕy4 新	ɕy4	ɕy4	ɕy4	ɕiɵ5 ɕy2 新	ɕi4	ɕie5	ɕiɵ5 ɕy2 新
汉源	suei4 ɕy4 新	ɕy4	ɕy4	ɕy4	su1 ɕy2 新	ɕy4	ɕiɛ1	ɕy1
石棉	suei4 ɕy4 新	ɕy4	ɕy4	ɕy4	su1 ɕy2 新	ɕy4	ɕye1	ɕy1
内江	suei4 ɕy4 新	ɕy4	ɕy4	ɕy4	ɕy4	ɕi4	ɕye4	ɕy4
威远	suei4 ɕy4 新	ɕy4	ɕy4	ɕy4	ɕy4	ɕi4	ɕye4	ɕy4
荣县	suei4 ɕy4 新	ɕy4	ɕy4	ɕy4	ɕy4	ɕi4	ɕi4	ɕy4
自贡	suei4 ɕy4 新	ɕy4	ɕy4	ɕy4	ɕy4	ɕi4	ɕye4	ɕy4
富顺	suei4 ɕy4 新	ɕy4	ɕy4	ɕy4	ɕy4	ɕi4	ɕye4	ɕy4
隆昌	suei4[1] ɕy4 新	ɕy4	ɕy4	ɕi4	ɕy4 ɕi4	ɕy4	ɕye4	ɕy4
泸县	suei4 ɕy4 新	ɕy4	ɕy4	ɕy4	ɕio4 ɕy4 新	ɕi4	ɕye4	ɕy4
泸州	suei4 ɕy4 新	ɕy4	ɕy4	ɕy4	ɕiu5 ɕy5 新	ɕi4 ɕy4 新	ɕye5	ɕiu5
南溪	ɕy4 suei4 旧	ɕy4	ɕy4	ɕy4	ɕyʉ5 ɕy5 新	ɕi4 ɕy4 新	ɕie5	ɕyʉ5
合江	suei4 ɕy4 新	ɕy4	ɕy4	ɕy4	ɕiʉ5 ɕy2 新	ɕi4 ɕi2	ɕie5	ɕʉ5 ɕio5 新

① 又音 su4。 ② 又*辞屡切，遇合三邪虞去。 ③ 又音 ɕy2 新。

字目	蓄	旭	淤	鱼	于	余多余	余姓	愚
反切	许竹	许玉	央居	语居	央居	以诸	以诸	遇俱
声韵调	通合三 晓屋入	通合三 晓烛入	遇合三 影鱼平	遇合三 疑鱼平	遇合三 影鱼平	遇合三 以鱼平	遇合三 以鱼平	遇合三 疑虞平
中古音	hɨuk	hɨok	ʔɨʌ	ŋɨʌ	ʔɨʌ	jɨʌ	jɨʌ	ŋɨo
成都	ɕio2 ɕy2 新	ɕio2	y1	y2	y2	y2	y2	y2
彭州	ɕio5 ɕy2 新	ɕio5	y1	y2	y2	y2	y2	y2
郫县	ɕio5	ɕio5	y1	y2	y2	y2	y2	y2
广汉	ɕio2 ɕio5	ɕio2 ɕio5	y1	y2	y2	y2	y2	y2
都江堰河东	ɕio5	ɕio5	y1	y2	y2	y2	y2	y2
都江堰河西	ɕio5	ɕio5	y1	y2	y2	y2	y2	y2
崇州	ɕio5	ɕio5	y1	y2	y2	y2	y2	y2
大邑	ɕio5	ɕio5	y1	y2	y2	y2	y2	y2
邛崃	ɕyo5	ɕyo5	y1	y2	y2	y2	y2	y2
新津	ɕio5	ɕio5	y1	y2	y2	y2	y2	y2
蒲江	ɕio5	ɕio5	y1	y2	y2	y2	y2	y2
彭山	ɕy5	ɕio5	y1	y2	y2	y2	y2	y2
眉山	ɕy5	ɕye5	y1	y2	y2	y2	y2	y2
丹棱	ɕy5	ɕy4	y1	y2	y2	y2	y2	y2
洪雅	ɕy5	ɕyu5	y1	y2	y2	y2	y2	y2
青神	ɕy5	ɕio5	y1	y2	y2	y2	y2	y2
夹江	ɕiu5	ɕy5 ɕy4 新	y1	y2	y2	y2	y2	y2
峨眉山	ɕy5	ɕy5 ɕy4 新	y1	y2	y2	y2	y2	y2
乐山	ɕyʊ5	ɕyʊ5 ɕy4 新	y1	y2	y2	y2	y2	y2
犍为	ɕyʊ5	ɕyʊ5 ɕy4 新	y1	y2	y2	y2	y2	y2

字目	蓄	旭	淤	鱼	于	余多余	余姓	愚
反切	许竹	许玉	央居	语居	央居	以诸	以诸	遇俱
声韵调	通合三 晓屋入	通合三 晓烛入	遇合三 影鱼平	遇合三 疑鱼平	遇合三 影鱼平	遇合三 以鱼平	遇合三 以鱼平	遇合三 疑虞平
中古音	hɨuk	hɨok	ʔɨʌ	ŋɨʌ	ʔɨʌ	jɨʌ	jɨʌ	ŋɨo
沐川	ɕio5 ɕy2 新	ɕio5	y1	y2	y2	y2	y2	y2
峨边	ɕy5 ɕio5 旧	ɕy5	y1	y2	y2	y2	y2	y2
雅安	ɕy1	ɕy1	y1	y2	y2	y2	y2	y2
名山	ɕy1	ɕy1	y1	y2	y2	y2	y2	y4
天全	ɕy1	ɕy1	y1	y2	y2	y2	y2	y2
芦山	ɕy1	ɕy1	y1	y2	y2	y2	y2	y4
宝兴	ɕy1	ɕy1	y1	y2	y2	y2	y2	y2
荥经	ɕiɵ5 ɕy2 新	ɕiɵ5	y1	y2	y2	y2	y2	y2
汉源	ɕy1	ɕy1	y1	y2	y2	y2	y2	y2
石棉	ɕy1	ɕy1	y1	y2	y2	y2	y2	y4
内江	ɕy2	ɕy4	y1	y2	y2	y2	y2	y2
威远	ɕy4	ɕi4 ɕy4	y1	y2	y2	y2	y2	y2
荣县	ɕy4	ɕy4	y1	y2	y2	y2	y2	y2
自贡	ɕy4	ɕy4	y1	y2	y2	y2	y2	y2
富顺	ɕy4	ɕy4	y1	y2	y2	y2	y2	y2
隆昌	ɕy4	ɕi4	y1	y2	y2	y2	y2	i2
泸县	ɕy4	ɕy4	y1	y2	y2	y2	y2	y2
泸州	ɕiu5	ɕiu5	y1	y2	y2	y2	y2	y2
南溪	ɕyʉ5	ɕyʉ5	y1	y2	y2	y2	y2	y2
合江	ɕʉ5 ɕio5 新	ɕiʉ5	y1	y2	y2	y2	y2	y2

字目	虞	娱	于姓	盂	榆	愉	语	与
反切	遇俱	遇俱	羽俱	羽俱	羊朱	羊朱	鱼巨	余吕
声韵调	遇合三 疑虞平	遇合三 疑虞平	遇合三 云虞平	遇合三 云虞平	遇合三 以虞平	遇合三 以虞平	遇合三 疑鱼上	遇合三 以鱼上
中古音	ŋɨo	ŋɨo	ɦɨo	ɦɨo	jɨo	jɨo	ŋɨʌ:	jɨʌ:
成都	y2	y2	y2	y2	y2	y2	y3	y3
彭州	y2	y2	y2	y2	y2	y2	y3	y3
郫县	y2	y2	y2	y2	y2	y2	y3	y3
广汉	y2	y2	y2	y2	y4	y4	y3	y3
都江堰河东	y2	y2	y2	y2	y2	y4	y3	y3
都江堰河西	y2	y2	y2	y2	y4	y4	y3	y3
崇州	y2	y2	y2	y2	y2	y2	y3	y3
大邑	y2	y2	y2	y2	y2	y2	y3	y3
邛崃	y2	y2	y2	y2	y2	y2	y3	i3
新津	y2	y2	y2	y2	y4	y4	y3	y3
蒲江	y2	y2	y2	y2	y4	y4	y3	y3
彭山	y2	y2	y2	y2	y4	y4	y3	y3
眉山	y2	y2	y2	y2	y2	y2	y3	y3
丹棱	y2	y2	y2	y2	y4	y4	y3	y3
洪雅	y2	y2	y2	y2	y2	y2	y3	y3
青神	y2	y2	y2	y2	y4	y4	y3	y3
夹江	y2	y2	y2	y2	y2	y2	y3	y3
峨眉山	y2	y2	y2	y2	y2	y2	y3	y3
乐山	y2	y2	y2	y2	y2	y2	y3	y3
犍为	y2	y2	y2	y2	y2	y2	y3	y3

字目	虞	娱	于姓	盂	榆	愉	语	与
反切	遇俱	遇俱	羽俱	羽俱	羊朱	羊朱	鱼巨	余吕
声韵调	遇合三 疑虞平	遇合三 疑虞平	遇合三 云虞平	遇合三 云虞平	遇合三 以虞平	遇合三 以虞平	遇合三 疑鱼上	遇合三 以鱼上
中古音	ŋɨo	ŋɨo	ɦɨo	ɦɨo	jɨo	jɨo	ŋɨʌ:	jɨʌ:
沐川	y2	y2	y2	y2	y2	y2	y3	y3
峨边	y2	y2	y2	y2	y2	y2	y3	y3
雅安	y2	y2	y2	y4	y2	y2	y3	y3
名山	y4	y4	y2	y2	y4	y4	y3	y3
天全	y4	y4	y2	y2	y4	y4	y3	y3
芦山	y4	y2	y2	y2	y2	y2	y3	y3
宝兴	y2	y2	y2	y2	y2	y2	y3	y3
荥经	y2	y2	y2	y2	y4	y4	y3	y3
汉源	y2	y2	y2	y2	y4	y4	y3	y3
石棉	y4	y4	y2	y4	y2	y4	y3	y3
内江	y2	y2	y2	y2	y2	y2	y3	y3
威远	y2	y2	y2	y2	y2	y4	y3	i3 y3
荣县	y2	y2	y2	y2	y2	y2	y3	y3
自贡	y2	y2	y2	y2	y2	y2	y3	y3
富顺	y2	y2	y2	y2	y2	y2	y3	y3
隆昌	i2	y2	y2	y2	y2	y2	y3	i3
泸县	y2	y2	y2	y4	y2	y2	y3	y3
泸州	y2	y2	y2	y4	y2	y2	y3	y3
南溪	y2	y2	y2	y4	y2	y2	y3	y3
合江	y2	y2	y2	y2	y2	y2	y3	y3

字目	雨	羽	御御用	御[①]防御	誉	预	遇	寓
反切	王矩	王矩	牛倨	鱼巨	羊洳	羊洳	牛具	牛具
声韵调	遇合三 云虞上	遇合三 云虞上	遇合三 疑鱼去	遇合三 疑鱼上	遇合三 以鱼去	遇合三 以鱼去	遇合三 疑虞去	遇合三 疑虞去
中古音	ɦio:	ɦio:	ŋiʌ-	ŋiʌ:	jiʌ-	jiʌ-	ŋio-	ŋio-
成都	y3	y3	y4	y4	y4	y4	y4	y4
彭州	y3	y3	y4	y4	y4	y4	y4	y2
郫县	y3	y3	y4	y4	y4	y4	y4	y4
广汉	y3	y3	y4	y4	y4	y4	y4	y4
都江堰河东	y3	y3	y4	y4	y4	y4	y4	y4
都江堰河西	y3	y3	y4	y4	y4	y4	y4	y4
崇州	y3	y3	y4	y4	y4	y4	y4	y4
大邑	y3	y3	y4	y4	y4	y4	y4	y4
邛崃	y3	y3	y4	y4	y4	y4	y4	y4
新津	y3	y3	y4	y4	y4	y4	y4	y4
蒲江	y3	y3	y4	y4	y4	y4	y4	y4
彭山	y3	y3	y4	y4	y4	y4	y4	y4
眉山	y3	y3	y4	y4	y4	y4	y4	y4
丹棱	y3	y3	y4	y4	y4	y4	y4	y4
洪雅	y3	y3	y4	y4	y4	y4	y4	y4
青神	y3	y3	y4	y4	y4	y4	y4	y4
夹江	y3	y3	y4	y4	y4	y4	y4	y4
峨眉山	y3	y3	y5	y5	y5	y5	y5	y5
乐山	y3	y3	y4	y4	y4	y4	y4	y4
犍为	y3	y3	y4	y4	y4	y4	y4	y4

① 又*牛据切，遇合三疑鱼去。

字目	雨	羽	御御用	御[①]防御	誉	预	遇	寓
反切	王矩	王矩	牛倨	鱼巨	羊洳	羊洳	牛具	牛具
声韵调	遇合三 云虞上	遇合三 云虞上	遇合三 疑鱼去	遇合三 疑鱼上	遇合三 以鱼去	遇合三 以鱼去	遇合三 疑虞去	遇合三 疑虞去
中古音	ɦio:	ɦio:	ŋiʌ-	ŋiʌ:	jiʌ-	jiʌ-	ŋio-	ŋio-
沐川	y3	y3	y4	y4	y4	y4	y4	y4
峨边	y3	y3	y4	y4	y4	y4	y4	y4
雅安	y3	y3	y4	y4	y4	y4	y4	y4
名山	y3	y3	y4	y4	y4	y4	y4	y4
天全	y3	y3	y4	y4	y4	y4	y4	y4
芦山	y3	y3	y4	y4	y4	y2	y4	y4
宝兴	y3	y3	y4	y4	y4	y4	y4	y4
荥经	y3	y3	y4	y4	y4	y4	y4	y4
汉源	y3	y3	y4	y4	y4	y4	y4	y4
石棉	y3	y3	y4	y4	y4	y2	y4	y4
内江	y3	y3	y4	y4	y4	y4	y4	y4
威远	y3	y3	y4	y4	y4	y4	y4	y4
荣县	y3	y3	y4	y4	y4	y4	y4	y4
自贡	y3	y3	y4	y4	y4	y4	y4	y4
富顺	y3	y3	y4	y4	y4	y4	y4	y4
隆昌	y3	y3	y4	y4	y4	y4	y4	y4
泸县	y3	y3	y4	y4	y4	y4	y4	y4
泸州	y3	y3	y4	y4	y4	y4	y4	y4
南溪	y3	y3	y4	y4	y4	y4	y4	y4
合江	y3	y3	y4	y4	y4	y4	y4	y4

① 又*牛据切，遇合三疑鱼去。

字目	裕	喻	郁忧郁	域	郁浓郁	育	玉	狱
反切	羊戍	羊戍	纡物	雨逼	于六	余六	鱼欲	鱼欲
声韵调	遇合三 以虞去	遇合三 以虞去	臻合三 影物入	曾合三 云职入	通合三 影屋入	通合三 以屋入	通合三 疑烛入	通合三 疑烛入
中古音	jɨo-	jɨo-	ʔɨut	ɦwɨk	ʔɨuk	jɨuk	ŋɨok	ŋɨok
成都	y4	y4	io2 y2 新	io2 y2 新	io2 y2 新	io2 y2 新	y4	io2 y2 新
彭州	y4	y4	io5 y2 新	io5 y2 新	io5 y2 新	io5 y2 新	io5 y4 新	io5 y2 新
郫县	y4	y4	io5	io5	io5	io5	y4	io5
广汉	y4	y4	y2 io5 旧	y5 io5 旧	y2 io5 旧	io5	y4	io5
都江堰河东	y4	y4	io5	io5	io5	io5	y4	io5
都江堰河西	y4	y4	io5	io5	io5	io5	y4	io5
崇州	y4	y4	io5	io5	io5	io5	y4	io5
大邑	y4	y4	io5 y4 新	io5 y4 新	io5 y4 新	io5 y4 新	io5 y4 新	io5 y4 新
邛崃	y4	y4	ye2 yo5 旧	yo5 y4 新	yo5 y4 新	yo5 y4 新	y4	yo5 y4 新
新津	y4	y4	io5 y5 新	y5 io5 旧	io5	io5	y4	io5
蒲江	y4	y4	io5 y4 新	io5 y4 新	io5	io5 y4 新	y4	io5 y4 新
彭山	y4	y4	io5	io5	io5	io5	y4 y5 旧	io5
眉山	y4	y4	y5	ye5[①] y5	y5 io5 旧	io5	y5	io5
丹棱	y5	y4	y4 y5 旧	y5	y4	y5	y4 y5 旧	y5
洪雅	y4	y4	yu5	yu5	yu5	yu5	y4 y5 旧	yu5
青神	io5	y4	y5 io5 旧	y5 io5 旧	y5 io5 旧	y5 io5 旧	y4 y5 旧	io5
夹江	y4	y4	iu5 y4	iu5	iu5 y4	iu5	y4	iu5
峨眉山	y5	y5	y5 y4	y5	y5 y4	y5	y5	io5
乐山	y4	y4	yʊ5 y4	yʊ5	yʊ5 y4	yʊ5	y4	yʊ5
犍为	yʊ5	y4	yʊ5 y4	yʊ5	yʊ5 y4	yʊ5	y4	yʊ5

① 又音 io5 旧。

字目	裕	喻	郁忧郁	域	郁浓郁	育	玉	狱
反切	羊戍	羊戍	纡物	雨逼	于六	余六	鱼欲	鱼欲
声韵调	遇合三 以虞去	遇合三 以虞去	臻合三 影物入	曾合三 云职入	通合三 影屋入	通合三 以屋入	通合三 疑烛入	通合三 疑烛入
中古音	jɨo-	jɨo-	ʔɨut	ɦwɨk	ʔɨuk	jɨuk	ŋɨok	ŋɨok
沐川	y4	y4	io5 y2 新	io5 y2 新	io5 y2 新	io5 y2 新	io5 y2 新	io5 y2 新
峨边	y4	y4	io5	io5	y4 io5	io5	y4	io5
雅安	y1	y4	y1	y1	y4	y1 io1 旧	y4	y1 io1 旧
名山	y1	y4	io1 y1 新	io1 y1 新	io1 y1 新	io1 y1 新	y4	io1 y1 新
天全	y1	y4	io1 y1 新	io1 y1 新	io1 y1 新	io1 y1 新	y4	io1 y1 新
芦山	y1	y4	y1	y1	y1	y1 io1 旧	y2	io1 y1 新
宝兴	io1	y4	y1	y1	y1	io1 y1 新	y4	io1 y1 新
荥经	y4	y4	iɵ5 y2 新	iɵ5 y2 新	iɵ5 y2 新	iɵ5 y2 新	iɵ5 y4 新	iɵ5
汉源	y4	y4	io1 y1 新	io1 y1 新	io1 y1 新	io1 y1 新	y4	io1 y1 新
石棉	y4	y4	io1 y1 新	io1 y1 新	io1 y1 新	io1 y1 新	y4	io1 y1 新
内江	y4	y4	y4	y4	y4	y4	y4	io4 y4 新
威远	y4	y4	y4	y4	y4	y4	y4	y4
荣县	y4	y4	y4	y4	y4	y4	y4	y4
自贡	y4	y4	y4	y4	y4	y4	y4	io4 y4 新
富顺	y4	y4	y4	y4	y4	y4	y4	y4 io4 旧
隆昌	y4	y4	y4	y4	y4	y4	i4	io4 y4 新
泸县	y4	y4	y4	y4	y4	y4	y4	y4
泸州	y4	y4	io5 y5 新	io5 y5 新	io5 y5 新	io5 y5 新	y4	io5 y5 新
南溪	y4	y4	yʉ5 y5 新	yʉ5 y5 新	yʉ5 y5 新	yʉ5 y5 新	y4	y5 yʉ5
合江	y4	y4	io5 y5 新	iʉ5① io5	iʉ5① io5	iʉ5① io5	y4	iʉ5① io5

① 又音 y2 新。

字目	欲	浴	白	摆	百	柏	拜	稗
反切	余蜀	余蜀	傍陌	北买	博陌	博陌	博怪	傍卦
声韵调	通合三 以烛入	通合三 以烛入	梗开二 並陌入	蟹开二 帮佳上	梗开二 帮陌入	梗开二 帮陌入	蟹开二 帮皆去	蟹开二 並佳去
中古音	jɨok	jɨok	bɣæk	pɣɛ:	pɣæk	pɣæk	pɣɛi-	bɣɛ-
成都	io2 y2 新	io2 y2 新	pe2	pai3	pe2	pe2	pai4	pai4
彭州	io5 y5 新	io5 y5 新	pe5	pai3	pe5	pe5	pai4	pai4
郫县	io5	io5	pe5	pai3	pe5	pe5	pai4	pai4
广汉	io2 io5	io2 io5	pe5	pai3	pe5	pe5	pai4	pai4
都江堰河东	io5	io5	pæ5	pai3	pæ5	pæ5	pai4	pai4
都江堰河西	io5	io5	pæ5	pai3	pæ5	pæ5	pai4	pai4
崇州	io5	io5	pæ5	pai3	pæ5	pæ5	pai4	pai4
大邑	io5 y4 新	io5 y4 新	pæ5	pai3	pæ5	pæ5	pai4	pai4
邛崃	yo5 y4 新	yo5 y4 新	pæ5	pai3	pæ5	pæ5	pai4	pai4
新津	io5	io5	pæ5	pai3	pæ5	pæ5	pai4	pai4
蒲江	io5 y4 新	io5 y4 新	pæ5	pai3	pæ5	pæ5	pai4	pai4
彭山	io5	io5	pai5	pai3	pai5	pai5	pai4	pai4
眉山	y5 io5 旧	y5 io5 旧	pai5	pai3	pai5	pai5	pai4	pai4
丹棱	y5	y5	pai5	pai3	pai5	pai5	pai4	pai4
洪雅	yu5	yu5	pai5	pai3	pai5	pai5	pai4	pai4
青神	io5	io5	pæ5	pai3	pæ5	pæ5	pai4	pai4
夹江	y5	y5	pai1	pai3	pai1	pai1	pai4	pai4
峨眉山	y5	y5	pæ5	pai3	pæ5	pæ5	pai4	pai4
乐山	yʊ5	yʊ5	pɛ5	pai3	pɛ5	pɛ5	pai4	pai4
犍为	yʊ5	yʊ5	pæ5	pai3	pæ5	pæ5	pai4	pai4

字目	欲	浴	白	摆	百	柏	拜	稗
反切	余蜀	余蜀	傍陌	北买	博陌	博陌	博怪	傍卦
声韵调	通合三 以烛入	通合三 以烛入	梗开二 並陌入	蟹开二 帮佳上	梗开二 帮陌入	梗开二 帮陌入	蟹开二 帮皆去	蟹开二 並佳去
中古音	jɨok	jɨok	bɣæk	pɣɛ:	pɣæk	pɣæk	pɣɛi-	bɣɛ-
沐川	io5 y2 新	io5 y2 新	pæ5	pai3	pæ4	pæ4	pai4	pai4
峨边	y5 io5 旧	y5 io5 旧	pæ5	pai3	pæ5	pæ5	pai4	pai4
雅安	y1 io1 旧	y1 io1 旧	pe1	pai3	pe1	pe1	pai4	pai4
名山	y1	y1	pe1	pai3	pe1	pe1	pai4	pai4
天全	y1	y1	pe1	pai3	pe1	pe1	pai4	pai4
芦山	y1 io1 旧	y1 io1 旧	pe1	pai3	pe1	pe1	pai4	pai4
宝兴	io1 y1 新	io1 y1 新	pe1	pai3	pe1	pe1	pai4	pai4
荥经	iɵ5 y2 新	iɵ5 y2 新	pɜ5	pai3	pɜ5	pɜ5	pai4	pai4
汉源	io1 y1 新	io1 y1 新	pai1	pai3	pai1	pai1	pai4	pai4
石棉	io1 y1 新	y4 y1	pai1	pai3	pai1	pai1	pai4	pai4
内江	y4	y4	pe4	pai3	pe4	pe4	pai4	pai4
威远	y4	y4	pe4	pai3	pe4	pe4	pai4	pai4
荣县	y4	y4	pe4	pai3	pe4	pe4	pai4	pai4
自贡	y4 io4 旧	y4 io4 旧	pe4	pai3	pe4	pe4	pai4	pai4
富顺	y4 io4 旧	y4 io4 旧	pe4	pai3	pe4	pe4	pai4	pai4
隆昌	y4 io4 旧	y4 io4 旧	pe4	pai3	pe4	pe4	pai4	pai4
泸县	y4	y4	pe4	pai3	pe4	pe4	pai4	pai4
泸州	io5 y5 新	io5 y5 新	pe5	pai3	pe5	pe5	pai4	pai4
南溪	yʉ5 y5 新	yʉ5 y5 新	pe5	pai3	pe5	pe5	pai4	pai4
合江	iʉ5① io5	iʉ5① io5	pe5	pai3	pe5	pe5	pai4	pai4

① 又音 y2 新。

字目	败	拍	排	牌	派	埋	买	卖
反切	薄迈	普伯	步皆	薄佳	匹卦	莫皆	莫蟹	莫懈
声韵调	蟹开二 並夬去	梗开二 滂陌入	蟹开二 並皆平	蟹开二 並佳平	蟹开二 滂佳去	蟹开二 明皆平	蟹开二 明佳上	蟹开二 明佳去
中古音	bɣai-	phɣæk	bɣɛi	bɣɛ	phɣɛ-	mɣɛi	mɣɛ:	mɣɛ-
成都	pai4	phe2	phai2	phai2	phai4	mai2	mai3	mai4
彭州	pai4	phe5	phai2	phai2	phai4	mai2	mai3	mai4
郫县	pai4	phe5	phai2	phai2	phai4	mai2	mai3	mai4
广汉	pai4	phe5	phai2	phai2	phai4	mai2	mai3	mai4
都江堰河东	pai4	phæ5	phai2	phai2	phai4	mai2	mai3	mai4
都江堰河西	pai4	phæ5	phai2	phai2	phai4	mai2	mai3	mai4
崇州	pai4	phæ5	pai2	pai2	phai4	mai2	mai3	mai4
大邑	pai4	phæ5	phai2	phai2	phai4	mai2	mai3	mai4
邛崃	pai4	phæ5	phai2	phai2	phai4	man2	mai3	mai4
新津	pai4	phæ5	phai2	phai2	phai4	mai2	mai3	mai4
蒲江	pai4	phæ5	phai2	phai2	phai4	mai2	mai3	mai4
彭山	pai4	phai5	phai2	phai2	phai4	mai2	mai3	mai4
眉山	pai4	phai5	phai2	phai2	phai4	mai2	mai3	mai4
丹棱	pai4	phai5	phai2	phai2	phai4	mai2	mai3	mai4
洪雅	pai4	phai5	phai2	phai2	phai4	mai2	mai3	mai4
青神	pai4	phæ5	phai2	phai2	phai4	mai2	mai3	mai4
夹江	pai4	phai5	phai2	phai2	phai4	mai2	mai3	mai4
峨眉山	pai4	phæ5	phai2	phai2	phai4	mai2	mai3	mai4
乐山	pai4	phɛ5	phai2	phai2	phai4	mai2	mai3	mai4
犍为	pai4	phæ5	phai2	phai2	phai4	mai2	mai3	mai4

字目	败	拍	排	牌	派	埋	买	卖
反切	薄迈	普伯	步皆	薄佳	匹卦	莫皆	莫蟹	莫懈
声韵调	蟹开二 並夬去	梗开二 滂陌入	蟹开二 並皆平	蟹开二 並佳平	蟹开二 滂佳去	蟹开二 明皆平	蟹开二 明佳上	蟹开二 明佳去
中古音	bɣai-	phɣæk	bɣɛi	bɣɛ	phɣɛ-	mɣɛi	mɣɛ:	mɣɛ-
沐川	pai4	phæ4	phai2	phai2	phai4	mai2	mai3	mai4
峨边	pai4	phæ5	phai2	phai2	phai4	mai2	mai3	mai4
雅安	pai4	phe1	phai2	phai2	phai4	mai2	mai3	mai4
名山	pai4	phe1	phai2	phai2	phai4	mai2	mai3	mai4
天全	pai4	phe1	phai2	phai2	phai4	mai2	mai3	mai4
芦山	pai4	phe1	phai2	phai2	phai4	mai2	mai3	mai4
宝兴	pai4	phe1	phai2	phai2	phai4	mai2	mai3	mai4
荥经	pai4	phɜ5	phai2	phai2	phai4	mai2	mai3	mai4
汉源	pai4	phai1	phai2	phai2	phai4	mai2	mai3	mai4
石棉	pai4	phai1	phai2	phai2	phai4	mai2	mai3	mai4
内江	pai4	phe4	phai2	phai2	phai4	mai2	mai3	mai4
威远	pai4	phe4	phai2	phai2	phai4	mai2	mai3	mai4
荣县	pai4	phe4	phai2	phai2	phai4	mai2	mai3	mai4
自贡	pai4	phe4	phai2	phai2	phai4	mai2	mai3	mai4
富顺	pai4	phe4	phai2	phai2	phai4	mai2	mai3	mai4
隆昌	pai4	phe4	phai2	phai2	phai4	mai2	mai3	mai4
泸县	pai4	phe4	phai2	phai2	phai4	mai2	mai3	mai4
泸州	pai4	phe5	phai2	phai2	phai4	mai2	mai3	mai4
南溪	pai4	phe5	phai2	phai2	phai4	mai2	mai3	mai4
合江	pai4	phe5	phai2	phai2	phai4	mai2	mai3	mai4

字目	迈	麦	脉	戴	贷	待	怠	代
反切	莫话	莫获	莫获	都代	他代	徒亥	徒亥	徒耐
声韵调	蟹开二 明夬去	梗开二 明麦入	梗开二 明麦入	蟹开一 端咍去	蟹开一 透咍去	蟹开一 定咍上	蟹开一 定咍上	蟹开一 定咍去
中古音	mɣai-	mɣɛk	mɣɛk	tʌi-	thʌi-	dʌi:	dʌi:	dʌi-
成都	mai4	me2	me2	tai4	tai4	tai4	tai4	tai4
彭州	mai4	me5	me5	tai4	tai4	tai4	tai4	tai4
郫县	mai4	me5	me5	tai4	tai4	tai4	tai4	tai4
广汉	mai4	me5	me5	tai4	tai4	tai4	tai4	tai4
都江堰河东	mai4	mæ5	mæ5	tai4	tai4	tai4	tai4	tai4
都江堰河西	mai4	mæ5	mæ5	tai4	tai4	tai4	tai4	tai4
崇州	mai4	mæ5	mæ5	tai4	tai4	tai4	tai4	tai4
大邑	mai4	mæ5	mæ5	tai4	tai4	tai4	tai4	tai4
邛崃	mai4	mæ5	mæ5	tai4	tai4	tai4	tai4	tai4
新津	mai4	mæ5	mæ5	tai4	tai4	tai4	tai4	tai4
蒲江	mai4	mæ5	mæ5	tai4	tai4	tai4	tai4	tai4
彭山	mai4	mai5	mai5	tai4	tai4	tai4	tai4	tai4
眉山	mai4	mai5	mai5	tai4	tai4	tai4	tai4	tai4
丹棱	mai4	mai5	mai5	tai4	tai4	tai4	tai4	tai4
洪雅	mai4	mai5	mai5	tai4	tai4	tai4	tai4	tai4
青神	mai4	mæ5	mæ5	tai4	tai4	tai4	tai4	tai4
夹江	mai4	mai5	mai5	tai4	tai4	tai4	tai4	tai4
峨眉山	mai4	mæ5	mæ5	tai4	tai4	tai4	tai4	tai4
乐山	mai4	mɛ5	mɛ5	tai4	tai4	tai4	tai4	tai4
犍为	mai4	mæ5	mæ5	tai4	tai4	tai4	tai4	tai4

字目	迈	麦	脉	戴	贷	待	怠	代
反切	莫话	莫获	莫获	都代	他代	徒亥	徒亥	徒耐
声韵调	蟹开二 明夬去	梗开二 明麦入	梗开二 明麦入	蟹开一 端咍去	蟹开一 透咍去	蟹开一 定咍上	蟹开一 定咍上	蟹开一 定咍去
中古音	mɣai-	mɣɛk	mɣɛk	tʌi-	thʌi-	dʌi:	dʌi:	dʌi-
沐川	mai4	mæ5	mæ5	tai4	tai4	tai4	tai4	tai4
峨边	mai4	mæ5	mæ5	tai4	tai4	tai4	tai4	tai4
雅安	mai4	me1	me1	tai4	tai4	tai4	tai4	tai4
名山	mai4	me1	me1	tai4	tai4	tai4	tai4	tai4
天全	mai4	me1	me1	tai4	tai4	tai4	tai4	tai4
芦山	mai4	me1	me1	tai4	tai4	tai4	tai4	tai4
宝兴	mai4	me1	me1	tai4	tai4	tai4	tai4	tai4
荥经	mai4	mɜ5	mɜ5	tai4	tai4	tai4	tai4	tai4
汉源	mai4	mai1	mai1	tai4	tai4	tai4	tai4	tai4
石棉	mai4	mai1	mai1	tai4	tai4	tai4	tai4	tai4
内江	mai4	me4	me4	tai4	tai4	tai4	tai4	tai4
威远	mai4	me4	me4	tai4	tai4	tai4	tai4	tai4
荣县	mai4	me4	me4	tai4	tai4	tai4	tai4	tai4
自贡	mai4	me4	me4	tai4	tai4	tai4	tai4	tai4
富顺	mai4	me4	me4	tai4	tai4	tai4	tai4	tai4
隆昌	mai4	me4	me4	tai4	tai4	tai4	tai4	tai4
泸县	mai4	me4	me4	tai4	tai4	tai4	tai4	tai4
泸州	mai4	me5	me5	tai4	tai4	tai4	tai4	tai4
南溪	mai4	me5	me5	tai4	tai4	tai4	tai4	tai4
合江	mai4	me5	me5	tai4	tai4	tai4	tai4	tai4

字目	袋	带	大大夫	胎	苔[2]	台平台	抬	态
反切	徒耐	当盖	徒盖	土来	徒哀	徒哀	徒哀	他代
声韵调	蟹开一 定咍去	蟹开一 端泰去	蟹开一 定泰去	蟹开一 透咍平	蟹开一 定咍平	蟹开一 定咍平	蟹开一 定咍平	蟹开一 透咍去
中古音	dʌi-	tɑi-	dɑi-	thʌi	dʌi	dʌi	dʌi	thʌi-
成都	tai4	tai4	无	thai1	thai2 thai1 口	thai2	thai2	thai4
彭州	tai4	tai4	无	thai1	thai2 thai1 口	thai2	thai2	thai4
郫县	tai4	tai4	无	thai1	thai2 thai1 口	thai2	thai2	thai4
广汉	tai4	tai4	无	thai1	thai2 thai1 口	thai2	thai2	thai4
都江堰河东	tai4	tai4	无	thai1	thai2 thai1 口	thai2	thai2	thai4
都江堰河西	tai4	tai4	无	thai1	thai2 thai1 口	thai2	thai2	thai4
崇州	tai4	tai4	thai4[1]	thai1	thai2 thai1 口	thai2	thai2	thai4
大邑	tai4	tai4	无	thai1	thai2 thai1 口	thai2	thai2	thai4
邛崃	tai4	tai4	无	thai1	thai2 thai1 口	thai2	thai2	thai4
新津	tai4	tai4	无	thai1	thai2 thai1 口	thai2	thai2	thai4
蒲江	tai4	tai4	无	thai1	thai2 thai1 口	thai2	thai2	thai4
彭山	tai4	tai4	tai4 文	thai1	thai2 thai1 口	thai2	thai2	thai4
眉山	tai4	tai4	tai4 文	thai1	thai2 thai1 口	thai2	thai2	thai4
丹棱	tai4	tai4	tai4 文	thai1	thai2 thai1 口	thai2	thai2	thai4
洪雅	tai4	tai4	tai4 文	thai1	thai2 thai1 口	thai2	thai2	thai4
青神	tai4	tai4	tai4 文	thai1	thai2 thai1 口	thai2	thai2	thai4
夹江	tai4	tai4	tai4	thai1	thai2	thai2	thai2	thai4
峨眉山	tai4	tai4	tai4	thai1	thai2	thai2	thai2	thai4
乐山	tai4	tai4	tai4	thai1	thai2	thai2	thai2	thai4
犍为	tai4	tai4	tai4	thai1	thai2	thai2	thai2	thai4

① 此为尊称医生为“太医”的“太”的训读。他蓋切，蟹开一透泰去。

② 张仲景《伤寒论》卷五作“舌上有胎”。胎，土来切，蟹开一透咍平。

字目	袋	带	大大夫	胎	苔[1]	台平台	抬	态
反切	徒耐	当盖	徒盖	土来	徒哀	徒哀	徒哀	他代
声韵调	蟹开一 定咍去	蟹开一 端泰去	蟹开一 定泰去	蟹开一 透咍平	蟹开一 定咍平	蟹开一 定咍平	蟹开一 定咍平	蟹开一 透咍去
中古音	dʌi-	tɑi-	dɑi-	thʌi	dʌi	dʌi	dʌi	thʌi-
沐川	tai4	tai4	无	thai1	thai2 thai1 口	thai2	thai2	thai4
峨边	tai4	tai4	无	thai1	thai2 thai1 口	thai2	thai2	thai4
雅安	tai4	tai4	无	thai1	thai2	thai2	thai2	thai4
名山	tai4	tai4	tai4	thai1	thai2	thai2	thai2	thai4
天全	tai4	tai4	tai4	thai1	thai2	thai2	thai2	thai4
芦山	tai4	tai4	无	thai1	thai2	thai2	thai2	thai4
宝兴	tai4	tai4	无	thai1	thai2	thai2	thai2	thai4
荥经	tai4	tai4	无	thai1	thai2 thai1 口	thai2	thai2	thai4
汉源	tai4	tai4	tai4	thai1	thai2	thai2	thai2	thai4
石棉	tai4	tai4	tai4	thai1	thai2	thai2	thai2	thai4
内江	tai4	tai4	tai4 文	thai1	thai2 thai1 口	thai2	thai2	thai4
威远	tai4	tai4	tai4 文	thai1	thai2 thai1 口	thai2	thai2	thai4
荣县	tai4	tai4	tai4 文	thai1	thai2 thai1 口	thai2	thai2	thai4
自贡	tai4	tai4	无	thai1	thai2	thai2	thai2	thai4
富顺	tai4	tai4	无	thai1	thai2	thai2	thai2	thai4
隆昌	tai4	tai4	无	thai1	thai2	thai2	thai2	thai4
泸县	tai4	tai4	无	thai1	thai2 thai1 口	thai2	thai2	thai4
泸州	tai4	tai4	无	thai1	thai2 thai1 口	thai2	thai2	thai4
南溪	tai4	tai4	无	thai1	thai2 thai1 口	thai2	thai2	thai4
合江	tai4	tai4	无	thai1	thai2 thai1 口	thai2	thai2	thai4

① 张仲景《伤寒论》卷五作“舌上有胎”。胎，土来切，蟹开一透咍平。

字目	太	泰	乃	奶奶奶	奶喂奶	耐	奈	来
反切	他盖	他盖	奴亥	奴蟹	奴蟹	奴代	奴带	落哀
声韵调	蟹开一 透泰去	蟹开一 透泰去	蟹开一 泥咍上	蟹开二 泥佳上	蟹开二 泥佳上	蟹开一 泥咍去	蟹开一 泥泰去	蟹开一 来咍平
中古音	tʰɑi-	tʰɑi-	nʌi:	nɣɛ:	nɣɛ:	nʌi-	nɑi-	lʌi
成都	thai4	thai4	nai3	nai3	nai3 nai1 口	nai4	nai4	nai2
彭州	thai4	thai4	nai3	nai3	nai3 nai1 口	nai4	nai4	nai2
郫县	thai4	thai4	lai3	lai3	lai3 lai1 口	lai4	lai4	lai2
广汉	thai4	thai4	lai3	lai3	lai3 lai1 口	lai4	lai4	lai2
都江堰河东	thai4	thai4	nai3	nai3	nai3 nai1 口	nai4	nai4	nai2
都江堰河西	thai4	thai4	nai3	nai3	nai3 nai1 口	nai4	nai4	nai2
崇州	thai4	thai4	nai3	nai3	nai3 nai1 口	nai4	nai4	nai2
大邑	thai4	thai4	nai3	nai3	nai3 nai1 口	nai4	nai4	nai2
邛崃	thai4	thai4	nai3	nai3	nai3 nai1 口	nai4	nai4	nai2
新津	thai4	thai4	nai3	nai3	nai3 nai1 口	nai4	nai4	nai2
蒲江	thai4	thai4	lai3	lai3	lai3 lai1 口	lai4	lai4	lai2
彭山	thai4	thai4	nai3	nai3	nai3 nai1 口	nai4	nai4	nai2
眉山	thai4	thai4	nai3	nai3	nai3 nai1 口	nai4	nai4	nai2
丹棱	thai4	thai4	nai3	nai3	nai3 nai1 口	nai4	nai4	nai2
洪雅	thai4	thai4	nai3	nai3	nai3 nai1 口	nai4	nai4	nai2
青神	thai4	thai4	lai3	lai3	lai3 lai1 口	lai4	lai4	lai2
夹江	thai4	thai4	nai3	nai3	nai3 nai1 口	nai4	nai4	nai2
峨眉山	thai4	thai4	nai3	nai3	nai3 nai1 口	nai4	nai4	nai2
乐山	thai4	thai4	lai3	lai3	lai3 lai1 口	lai4	lai4	lai2
犍为	thai4	thai4	lai3	lai3	lai3 lai1 口	lai4	lai4	lai2

字目	太	泰	乃	奶奶奶	奶喂奶	耐	奈	来
反切	他盖	他盖	奴亥	奴蟹	奴蟹	奴代	奴带	落哀
声韵调	蟹开一 透泰去	蟹开一 透泰去	蟹开一 泥咍上	蟹开二 泥佳上	蟹开二 泥佳上	蟹开一 泥咍去	蟹开一 泥泰去	蟹开一 来咍平
中古音	thɑi-	thɑi-	nʌi:	nɣɛ:	nɣɛ:	nʌi-	nɑi-	lʌi
沐川	thai4	thai4	lai3	lai3	lai3 lai1 口	lai4	lai4	lai2
峨边	thai4	thai4	lai3	lai3	lai3 lai1 口	lai4	lai4	lai2
雅安	thai4	thai4	nai3	nai3	nai3 nai1 口	nai4	nai4	ne2
名山	thai4	thai4	lai3	lai3	lai3 lai1 口	lai4	lai4	lai2
天全	thai4	thai4	lai3	lai3	lai3 lai1 口	lai4	lai4	lai2
芦山	thai4	thai4	nai3	nai3	nai3	nai4	nai4	nai2
宝兴	thai4	thai4	nai3	nai3	nai3 nai1 口	nai4	nai4	nai2
荥经	thai4	thai4	lai3	lai3	lai3 lai1 口	lai4	lai4	lai2
汉源	thai4	thai4	nai3	nai3	nai3 nai1 口	nai4	nai4	nai2
石棉	thai4	thai4	lai3	lai3	lai3 lai1 口	lai4	lai4	lai2
内江	thai4	thai4	nai3	nai3	nai3 nai1 口	nai4	nai4	nai2
威远	thai4	thai4	nai3	nai3	nai3 nai1 口	nai4	nai4	nai2
荣县	thai4	thai4	nai3	nai3	nai3 nai1 口	nai4	nai4	nai2
自贡	thai4	thai4	lai3	lai3	lai3 lai1 口	lai4	lai4	lai2
富顺	thai4	thai4	lai3	lai3	lai3 lai1 口	lai4	lai4	lai2
隆昌	thai4	thai4	lai3	lai3	lai3 lai1 口	lai4	lai4	lai2
泸县	thai4	thai4	lai3	lai3	lai1 lai3 新	lai4	lai4	lai2
泸州	thai4	thai4	lai3	lai3	lai1 lai3 新	lai4	lai4	lai2
南溪	thai4	thai4	lai3	lai3	lai1 lai3 新	lai4	lai4	lai2
合江	thai4	thai4	lai3	lai3	lai3 lai1 口	lai4	lai4	lai2

字目	赖	灾	栽	宰	载年载	再	载载重	载满载
反切	落盖	祖才	祖才	作亥	作亥	作代	作代	昨代
声韵调	蟹开一 来泰去	蟹开一 精咍平	蟹开一 精咍平	蟹开一 精咍上	蟹开一 精咍上	蟹开一 精咍去	蟹开一 精咍去	蟹开一 从咍去
中古音	lɑi-	tsʌi	tsʌi	tsʌi:	tsʌi:	tsʌi-	tsʌi-	dzʌi-
成都	nai4	tsai1	tsai1	tsai3	tsai3 文	tsai4	tsai4	tsai4
彭州	nai4	tsai1	tsai1	tsai3	tsai3 文	tsai4	tsai4	tsai4
郫县	lai4	tsai1	tsai1	tsai3	tsai3 文	tsai4	tsai4	tsai4
广汉	lai4	tsai1	tsai1	tsai3	tsai3 文	tsai4	tsai4	tsai4
都江堰河东	nai4	tsai1	tsai1	tsai3	tsai3 文	tsai4	tsai4	tsai4
都江堰河西	nai4	tsai1	tsai1	tsai3	tsai3 文	tsai4	tsai4	tsai4
崇州	nai4	tsai1	tsai1	tsai3	tsai3 文	tsai4	tsai4	tsai4
大邑	nai4	tsai1	tsai1	tsai3	tsai3 文	tsai4	tsai4	tsai4
邛崃	nai4	tsai1	tsai1	tsai3	tsai3 文	tsai4	tsai4	tsai4
新津	nai4	tsai1	tsai1	tsai3	tsai3 文	tsai4	tsai4	tsai4
蒲江	lai4	tsai1	tsai1	tsai3	tsai3 文	tsai4	tsai4	tsai4
彭山	nai4	tsai1	tsai1	tsai3	tsai3 文	tsai4	tsai4	tsai4
眉山	nai4	tsai1	tsai1	tsai3	tsai3 文	tsai4	tsai4	tsai4
丹棱	nai4	tsai1	tsai1	tsai3	tsai3 文	tsai4	tsai4	tsai4
洪雅	nai4	tsai1	tsai1	tsai3	tsai3 文	tsai4	tsai4	tsai4
青神	lai4	tsai1	tsai1	tsai3	tsai3 文	tsai4	tsai4	tsai4
夹江	nai4	tsai1	tsai1	tsai3	tsai3 文	tsai4	tsai4	tsai4
峨眉山	nai4	tsai1	tsai1	tsai3	tsai3 文	tsai4	tsai4	tsai4
乐山	lai4	tsai1	tsai1	tsai3	tsai3 文	tsai4	tsai4	tsai4
犍为	lai4	tsai1	tsai1	tsai3	tsai3 文	tsai4	tsai4	tsai4

字目	赖	灾	栽	宰	载年载	再	载载重	载满载
反切	落盖	祖才	祖才	作亥	作亥	作代	作代	昨代
声韵调	蟹开一 来泰去	蟹开一 精咍平	蟹开一 精咍平	蟹开一 精咍上	蟹开一 精咍上	蟹开一 精咍去	蟹开一 精咍去	蟹开一 从咍去
中古音	lɑi-	tsʌi	tsʌi	tsʌi:	tsʌi:	tsʌi-	tsʌi-	dzʌi-
沐川	lai4	tsai1	tsai1	tsai3	tsai3 文	tsai4	tsai4	tsai4
峨边	lai4	tsai1	tsai1	tsai3	tsai3 文	tsai4	tsai4	tsai4
雅安	nai4	tsai1	tsai1	tsai3	tsai3 文	tsai4	tsai4	tsai4
名山	lai4	tsai1	tsai1	tsai3	tsai3 文	tsai4	tsai4	tsai4
天全	lai4	tsai1	tsai1	tsai3	tsai3 文	tsai4	tsai4	tsai4
芦山	nai4	tsai1	tsai1	tsai3	tsai3 文	tsai4	tsai4	tsai4
宝兴	nai4	tsai1	tsai1	tsai3	tsai3 文	tsai4	tsai4	tsai4
荥经	lai4	tsai1	tsai1	tsai3	tsai3 文	tsai4	tsai4	tsai4
汉源	nai4	tsai1	tsai1	tsai3	tsai3 文	tsai4	tsai4	tsai4
石棉	lai4	tsai1	tsai1	tsai3	tsai3 文	tsai4	tsai4	tsai4
内江	nai4	tsai1	tsai1	tsai3	tsai3 文	tsai4	tsai4	tsai4
威远	nai4	tsai1	tsai1	tsai3	tsai3 文	tsai4	tsai4	tsai4
荣县	nai4	tsai1	tsai1	tsai3	tsai3 文	tsai4	tsai4	tsai4
自贡	lai4	tsai1	tsai1	tsai3	tsai3 文	tsai4	tsai4	tsai4
富顺	lai4	tsai1	tsai1	tsai3	tsai3 文	tsai4	tsai4	tsai4
隆昌	lai4	tsai1	tsai1	tsai3	tsai3 文	tsai4	tsai4	tsai4
泸县	lai4	tsai1	tsai1	tsai3	tsai3 文	tsai4	tsai4	tsai4
泸州	lai4	tsai1	tsai1	tsai3	tsai3 文	tsai4	tsai4	tsai4
南溪	lai4	tsai1	tsai1	tsai3	tsai3 文	tsai4	tsai4	tsai4
合江	lai4	tsai1	tsai1	tsai3	tsai3 文	tsai4	tsai4	tsai4

字目	在①	猜	才才华	财	材	裁	采采摘	彩
反切	昨宰	仓才	昨哉	昨哉	昨哉	昨哉	仓宰	仓宰
声韵调	蟹开一从咍上	蟹开一清咍平	蟹开一从咍平	蟹开一从咍平	蟹开一从咍平	蟹开一从咍平	蟹开一清咍上	蟹开一清咍上
中古音	dzʌi:	tshʌi	dzʌi	dzʌi	dzʌi	dzʌi	tshʌi:	tshʌi:
成都	tsai4 tai4 口	tshai1	tshai2	tshai2	tshai2	tshai2	tshai3	tshai3
彭州	tsai4 tai4 口	tshai1	tshai2	tshai2	tshai2	tshai2	tshai3	tshai3
郫县	tsai4	tshai1	tshai2	tshai2	tshai2	tshai2	tshai3	tshai3
广汉	tsai4	tshai1	tshai2	tshai2	tshai2	tshai2	tshai3	tshai3
都江堰河东	tsai4	tshai1	tshai2	tshai2	tshai2	tshai2	tshai3	tshai3
都江堰河西	tsai4	tshai1	tshai2	tshai2	tshai2	tshai2	tshai3	tshai3
崇州	tsai4	tshai1	tshai2	tshai2	tshai2	tshai2	tshai3	tshai3
大邑	tsai4 tai4 口	tshai1	tshai2	tshai2	tshai2	tshai2	tshai3	tshai3
邛崃	tsai4 tai4 口	tshai1	tshai2	tshai2	tshai2	tshai2	tshai3	tshai3
新津	tsai4 tai4 口	tshai1	tshai2	tshai2	tshai2	tshai2	tshai3	tshai3
蒲江	tsai4 tai4 口	tshai1	tshai2	tshai2	tshai2	tshai2	tshai3	tshai3
彭山	tsai4 tai4 口	tshai1	tshai2	tshai2	tshai2	tshai2	tshai3	tshai3
眉山	tsai4 tai4 口	tshai1	tshai2	tshai2	tshai2	tshai2	tshai3	tshai3
丹棱	tsai4 tai4 口	tshai1	tshai2	tshai2	tshai2	tshai2	tshai3	tshai3
洪雅	tsai4 tai4 口	tshai1	tshai2	tshai2	tshai2	tshai2	tshai3	tshai3
青神	tsai4 tai4 口	tshai1	tshai2	tshai2	tshai2	tshai2	tshai3	tshai3
夹江	tsai4 tai4 口	tshai1	tshai2	tshai2	tshai2	tshai2	tshai3	tshai3
峨眉山	tsai4 tai4 口	tshai1	tshai2	tshai2	tshai2	tshai2	tshai3	tshai3
乐山	tsai4 tai4 口	tshai1	tshai2	tshai2	tshai2	tshai2	tshai3	tshai3
犍为	tsai4 tai4 口	tshai1	tshai2	tshai2	tshai2	tshai2	tshai3	tshai3

① 又昨代切，蟹开一从咍去。

字目	在①	猜	才才华	财	材	裁	采采摘	彩
反切	昨宰	仓才	昨哉	昨哉	昨哉	昨哉	仓宰	仓宰
声韵调	蟹开一 从咍上	蟹开一 清咍平	蟹开一 从咍平	蟹开一 从咍平	蟹开一 从咍平	蟹开一 从咍平	蟹开一 清咍上	蟹开一 清咍上
中古音	dzʌi:	tshʌi	dzʌi	dzʌi	dzʌi	dzʌi	tshʌi:	tshʌi:
沐川	tsai4 tai4 口	tshai1	tshai2	tshai2	tshai2	tshai2	tshai3	tshai3
峨边	tsai4	tshai1	tshai2	tshai2	tshai2	tshai2	tshai3	tshai3
雅安	tsai4	tshai1	tshai2	tshai2	tshai2	tshai2	tshai3	tshai3
名山	tsai4 tai4 口	tshai1	tshai2	tshai2	tshai2	tshai2	tshai3	tshai3
天全	tsai4 tai4 口	tshai1	tshai2	tshai2	tshai2	tshai2	tshai3	tshai3
芦山	tsai4	tshai1	tshai2	tshai2	tshai2	tshai2	tshai3	tshai3
宝兴	tsai4	tshai1	tshai2	tshai2	tshai2	tshai2	tshai3	tshai3
荥经	tsai4 tai4 口	tshai1	tshai2	tshai2	tshai2	tshai2	tshai3	tshai3
汉源	tsai4 tai4 口	tshai1	tshai2	tshai2	tshai2	tshai2	tshai3	tshai3
石棉	tsai4 tai4 口	tshai1	tshai2	tshai2	tshai2	tshai2	tshai3	tshai3
内江	tsai4 tai4 口	tshai1	tshai2	tshai2	tshai2	tshai2	tshai3	tshai3
威远	tsai4 tai4 口	tshai1	tshai2	tshai2	tshai2	tshai2	tshai3	tshai3
荣县	tsai4 tai4 口	tshai1	tshai2	tshai2	tshai2	tshai2	tshai3	tshai3
自贡	tsai4	tshai1	tshai2	tshai2	tshai2	tshai2	tshai3	tshai3
富顺	tsai4	tshai1	tshai2	tshai2	tshai2	tshai2	tshai3	tshai3
隆昌	tsai4	tshai1	tshai2	tshai2	tshai2	tshai2	tshai3	tshai3
泸县	tsai4 te4 口	tshai1	tshai2	tshai2	tshai2	tshai2	tshai3	tshai3
泸州	tsai4 te4 口	tshai1	tshai2	tshai2	tshai2	tshai2	tshai3	tshai3
南溪	tsai4 tai4 口	tshai1	tshai2	tshai2	tshai2	tshai2	tshai3	tshai3
合江	tsai4 tai4 口	tshai1	tshai2	tshai2	tshai2	tshai2	tshai3	tshai3

① 又昨代切，蟹开一从咍去。

字目	睬	菜	蔡	腮	鳃	塞边塞	赛	斋
反切		仓代	仓大	苏来	苏来	先代	先代	侧皆
声韵调	蟹开一 清咍上	蟹开一 清咍去	蟹开一 清泰去	蟹开一 心咍平	蟹开一 心咍平	蟹开一 心咍去	蟹开一 心咍去	蟹开二 庄皆平
中古音	tshʌi:	tshʌi-	tshɑi-	sʌi	sʌi	sʌi-	sʌi-	tʃɣɛi
成都	tshai3	tshai4	tshai4	sai1	sai1	sai4	sai4	tsai1
彭州	tshai3	tshai4	tshai4	sai1	sai1	sai4	sai4	tsai1
郫县	tshai3	tshai4	tshai4	sai1	sai1	sai4	sai4	tsai1
广汉	tshai3	tshai4	tshai4	sai1	sai1	sai4	sai4	tsai1
都江堰河东	tshai3	tshai4	tshai4	sai1	sai1	sai4	sai4	tsai1
都江堰河西	tshai3	tshai4	tshai4	sai1	sai1	sai4	sai4	tsai1
崇州	tshai3	tshai4	tshai4	sai1	sai1	sai4	sai4	tsai1
大邑	tshai3	tshai4	tshai4	sai1	sai1	sai4	sai4	tsai1
邛崃	tshai3	tshai4	tshai4	sai1	sai1	sai4	sai4	tsai1
新津	tshai3	tshai4	tshai4	sai1	sai1	sai4	sai4	tsai1
蒲江	tshai3	tshai4	tshai4	sai1	sai1	sai4	sai4	tsai1
彭山	tshai3	tshai4	tshai4	sai1	sai1	sai4	sai4	tsai1
眉山	tshai3	tshai4	tshai4	sai1	sai1	sai4	sai4	tsai1
丹棱	tshai3	tshai4	tshai4	sai1	sai1	sai4	sai4	tsai1
洪雅	tshai3	tshai4	tshai4	sai1	sai1	sai4	sai4	tsai1
青神	tshai3	tshai4	tshai4	sai1	sai1	sai4	sai4	tsai1
夹江	tshai3	tshai4	tshai4	sai1	sai1	sai4	sai4	tsai1
峨眉山	tshai3	tshai4	tshai4	sai1	sai1	sai4	sai4	tsai1
乐山	tshai3	tshai4	tshai4	sai1	sai1	sai4	sai4	tsai1
犍为	tshai3	tshai4	tshai4	sai1	sai1	sai4	sai4	tsai1

字目	睬	菜	蔡	腮	鳃	塞边塞	赛	斋
反切		仓代	仓大	苏来	苏来	先代	先代	侧皆
声韵调	蟹开一 清咍上	蟹开一 清咍去	蟹开一 清泰去	蟹开一 心咍平	蟹开一 心咍平	蟹开一 心咍去	蟹开一 心咍去	蟹开二 庄皆平
中古音	tshʌi:	tshʌi-	tshɑi-	sʌi	sʌi	sʌi-	sʌi-	tʃɣɛi
沐川	tshai3	tshai4	tshai4	sai1	sai1	sai4	sai4	tsai1
峨边	tshai3	tshai4	tshai4	sai1	sai1	sai4	sai4	tsai1
雅安	tshai3	tshai4	tshai4	sai1	sai1	sai4	sai4	tsai1
名山	tshai3	tshai4	tshai4	sai1	sai1	sai4	sai4	tsai1
天全	tshai3	tshai4	tshai4	sai1	sai1	sai4	sai4	tsai1
芦山	tshai3	tshai4	tshai2	sai1	sai1	sai4	sai4	tsai1
宝兴	tshai3	tshai4	tshai4	sai1	sai1	sai4	sai4	tsai1
荥经	tshai3	tshai4	tshai4	sai1	sai1	sai4	sai4	tsai1
汉源	tshai3	tshai4	tshai4	sai1	sai1	sai4	sai4	tsai1
石棉	tshai3	tshai4	tshai4	sai1	sai1	sai4	sai4	tsai1
内江	tshai3	tshai4	tshai4	sai1	sai1	sai4	sai4	tsai1
威远	tshai3	tshai4	tshai4	sai1	sai1	sai4	ʂai4	tʂai1
荣县	tshai3	tshai4	tshai4	sai1	sai1	sai4	sai4	tsai1
自贡	tshai3	tshai4	tshai4	sai1	sai1	sai4	ʂai4	tʂai1
富顺	tshai3	tshai4	tshai4	sai1	sai1	sai4	ʂai4	tʂai1
隆昌	tshai3	tshai4	tshai4	sai1	sai1	sai4	sai4	tsai1
泸县	tshai3	tshai4	tshai4	sai1	sai1	sai4	sai4	tsai1
泸州	tshai3	tshai4	tshai4	sai1	sai1	sai4	sai4	tsai1
南溪	tshai3	tshai4	tshai4	sai1	sai1	sai4	sai4	tsai1
合江	tshai3	tshai4	tshai4	sai1	sai1	sai4	sai4	tsai1

字目	摘	宅	窄	债	差出差	钗	拆	豺
反切	陟革	场伯	侧伯	侧卖	楚佳	楚佳	丑格	士皆
声韵调	梗开二知麦入	梗开二澄陌入	梗开二庄陌入	蟹开二庄佳去	蟹开二初佳平	蟹开二初佳平	梗开二彻陌入	蟹开二崇皆平
中古音	ţɣɛk	ɖɣæk	tʃɣæk	tʃɣɛ-	tʃhɣɛ	tʃhɣɛ	ţhɣæk	dʒɣɛi
成都	tse2	tshe2	tse2	tsai4	tshai1	tshai1	tshe2	tshai2
彭州	tse5	tshe5	tse5	tsai4	tshai1	tshai1	tshe5	tshai2
郫县	tse5	tsai2	tse5	tsai4	tshai1	tshai1	tshe5	tshai2
广汉	tse5	tshe5	tse5	tsai4	tshai1	tshai1	tshe5	tshai2
都江堰河东	tsæ5	tsai2	tsæ5	tsai4	tshai1	tshai1	tshæ5	tshai2
都江堰河西	tsæ5	tshæ5	tsæ5	tsai4	tshai1	tshai1	tshæ5	tshai2
崇州	tsæ5	tshæ5	tsæ5	tsai4	tshai1	tshai1	tshæ5	tshai2
大邑	tsæ5	tsæ5	tsæ5	tsai4	tshai1	tshai1	tshæ5	tshai2
邛崃	tsæ5	tsæ5	tsæ5	tsai4	tshai1	tshai1 tshᴀ1①	tshæ5	tshai2
新津	tsæ5	tshæ5	tsæ5	tsai4	tshai1	tshai1	tshæ5	tshai2
蒲江	tsæ5	tsæ5	tsæ5	tsai4	tshai1	tshai1	tshæ5	tshai2
彭山	tsai5	tshai5	tsai5	tsai4	tshai1	tshai1	tshai5	tshai2
眉山	tsai5	tshai5	tsai5	tsai4	tshai1	tshai1	tshai5	tshai2
丹棱	tsai5	tshai5	tsai5	tsai4	tshai1	tshai1	tshai5	tshai2
洪雅	tsai5	tshai5	tsai5	tsai4	tshai1	tshai1	tshai5	tshai2
青神	tsæ5	tshæ5	tsæ5	tsai4	tshai1	tshai1	tshæ5	tshai2
夹江	tsai1	tshai5	tsai5	tsai4	tshai1	tshai1	tshai5	tshai2
峨眉山	tsæ5	tshæ1	tsæ5	tsai4	tshai1	tshai1	tshæ5	tshai2
乐山	tsɛ5	tsɛ5	tsɛ5	tsai4	tshai1	tshai1	tshɛ5	tshai2
犍为	tsæ5	tsæ5	tsæ5	tsai4	tshai1	tshai1	tshæ5	tshai2

① “叉”的训读。初牙切，假开二初麻平。

字目	摘	宅	窄	债	差出差	钗	拆	豺
反切	陟革	场伯	侧伯	侧卖	楚佳	楚佳	丑格	士皆
声韵调	梗开二 知麦入	梗开二 澄陌入	梗开二 庄陌入	蟹开二 庄佳去	蟹开二 初佳平	蟹开二 初佳平	梗开二 彻陌入	蟹开二 崇皆平
中古音	ʈɣɛk	ɖɣæk	tʃɣæk	tʃɣɛ-	tʃhɣɛ	tʃhɣɛ	ʈhɣæk	dʒɣɛi
沐川	tse5	tshe5	tsæ5	tsai4	tshai1	tshai1	tshe5	tshai2
峨边	tsæ5	tsæ5	tsæ5	tsai4	tshai1	tshai1	tshæ5	tshai2
雅安	tse1	tshe1	tse1	tsai4	tshai1	tshai1	tshe1	tshai2
名山	tse1	tshe1	tse1	tsai4	tshai1	tshai1	tshe1	tshai2
天全	tse1	tshe1	tse1	tsai4	tshai1	tshai1	tshe1	tshai2
芦山	tse1	tshe1	tse1	tsai4	tshai1	tshai1	tshe1	tshai2
宝兴	tse1	tshe1	tse1	tsai4	tshai1	tshai1	tshe1	tshai2
荥经	tse5	tshe5	tse5	tsai4	tshai1	tshai1	tshe5	tshai2
汉源	tsai1	tsai1	tsai1	tsai4	tshai1	tshai1	tshai1	tshai2
石棉	tsai1	tsai1	tsai1	tsai4	tshai1	tshai1	tshai1	tshai2
内江	tse4	tshe4	tse4	tsai4	tshai1	tshai1	tshe4	tshai2
威远	tse4	t̢she4	tse4	t̢sai4	t̢shai1	t̢shai1	tshe4	tshai2
荣县	tse4	tshe4	tse4	tsai4	tshai1	tshai1	tshe4	tshai2
自贡	tse4	t̢sai4	tse4	t̢sai4	t̢shai1	t̢shai1	tshe4	tshai2
富顺	tse4	tshe4	tse4	t̢sai4	t̢shai1	t̢shai1	tshe4	t̢shai2
隆昌	tse4	tse4	tse4	tsai4	tshai1	tshai1	tshe4	tshai2
泸县	tse4	tsai4	tse4	tsai4	tshai1	tshai1	tshe4	tshai2
泸州	tse5	tshe5 tse5	tse5	tsai4	tshai1	tshai1	tshe5	tshai2
南溪	tse5	tse5	tse5	tsai4	tshai1	tshai1	tshe5	tshai2
合江	tse5	tshe5	tse5	tsai4	tshai1	tshai1	tshe5	tshai2

字目	柴	筛[1]	晒	该	改	概	盖盖子	开
反切	士佳	山佳	所卖	古哀	古亥	古代	古太	苦哀
声韵调	蟹开二 崇佳平	蟹开二 生佳平	蟹开二 生佳去	蟹开一 见咍平	蟹开一 见咍上	蟹开一 见咍去	蟹开一 见泰去	蟹开一 溪咍平
中古音	dʒɣɛ	ʃɣɛ	ʃɣɛ-	kʌi	kʌi:	kʌi-	kɑi-	khʌi
成都	tshai2	sai1	sai4	kai1	kai3	khai4 kai4 新	kai4	khai1
彭州	tshai2	sai1	sai4	kai1	kai3	khai4 kai4 新	kai4	khai1
郫县	tshai2	sai1	sai4	kai1	kai3	khai4 kai4 新	kai4	khai1
广汉	tshai2	sai1	sai4	kai1	kai3	khai4 kai4 新	kai4	khai1
都江堰河东	tshai2	sai1	sai4	kai1	kai3	khai4	kai4	khai1
都江堰河西	tshai2	sai1	sai4	kai1	kai3	kai4	kai4	khai1
崇州	tshai2	sai1	sai4	kai1	kai3	khai4	kai4	khai1
大邑	tshai2	sai1	sai4	kai1	kai3	khai4 kai4 新	kai4	khai1
邛崃	tshai2	sai1	sai4	kai1	kai3	khai4 kai4 新	kai4	khai1
新津	tshai2	sai1	sai4	kai1	kai3	khai4 kai4 新	kai4	khai1
蒲江	tshai2	sai1	sai4	kai1	kai3	khai4 kai4 新	kai4	khai1
彭山	tshai2	sai1	sai4	kai1	kai3	khai4 kai4 新	kai4	khai1
眉山	tshai2	sai1	sai4	kai1	kai3	khai4 kai4 新	kai4	khai1
丹棱	tshai2	sai1	sai4	kai1	kai3	khai4 kai4 新	kai4	khai1
洪雅	tshai2	sai1	sai4	kai1	kai3	khai4 kai4 新	kai4	khai1
青神	tshai2	sai1	sai4	kai1	kai3	khai4 kai4 新	kai4	khai1
夹江	tshai2	sai1	sai4	kai1	kai3	khai4 kai4 新	kai4	khai1
峨眉山	tshai2	sai1	sai4	kai1	kai3	khai4 kai4 新	kai4	khai1
乐山	tshai2	sai1	sai4	kai1	kai3	khai4 kai4 新	kai4	khai1
犍为	tshai2	sai1	sai4	kai1	kai3	khai4 kai4 新	kai4	khai1

① 又疏夷切，止开三生脂平；所宜切，止开三生支平。

字目	柴	筛[①]	晒	该	改	概	盖盖子	开
反切	士佳	山佳	所卖	古哀	古亥	古代	古太	苦哀
声韵调	蟹开二 崇佳平	蟹开二 生佳平	蟹开二 生佳去	蟹开一 见咍平	蟹开一 见咍上	蟹开一 见咍去	蟹开一 见泰去	蟹开一 溪咍平
中古音	dʒɣɛ	ʃɣɛ	ʃɣɛ-	kʌi	kʌi:	kʌi-	kɑi-	khʌi
沐川	tshai2	sai1	sai4	kai1	kai3	khai4 kai4 新	kai4	khai1
峨边	tshai2	sai1	sai4	kai1	kai3	khai4	kai4	khai1
雅安	tshai2	sai1	sai4	kai1	kai3	khai4	kai4	khai1
名山	tshai2	sai1	sai4	kai1	kai3	khai4 kai4 新	kai4	khai1
天全	tshai2	sai1	sai4	kai1	kai3	khai4 kai4 新	kai4	khai1
芦山	tshai4	sai1	sai4	kai1	kai3	khai4	kai4	khai1
宝兴	tshai2	sai1	sai4	kai1	kai3	khai4 kai4 新	kai4	khai1
荥经	tshai2	sai1	sai4	kai1	kai3	khai4 kai4 新	kai4	khai1
汉源	tshai2	sai1	sai4	kɛ1	kɛ3	khɛ4 kɛ4 新	kɛ4	khɛ1
石棉	tshai2	sai1	sai4	ke1	ke3	khe4 ke4 新	ke4	khe1
内江	tshai2	sai1	sai4	kai1	kai3	khai4 kai4 新	kai4	khai1
威远	tʂhai2	ʂai1	ʂai4	kai1	kai3	khai4 kai4 新	kai4	khai1
荣县	tshai2	sai1	sai4	kai1	kai3	khai4 kai4 新	kai4	khai1
自贡	tʂhai2	ʂai1	ʂai4	kai1	kai3	khai4	kai4	khai1
富顺	tʂhai2	ʂai1	ʂai4	kai1	kai3	khai4	kai4	khai1
隆昌	tshai2	sai1	sai4	kai1	kai3	khai4 kai4 新	kai4	khai1
泸县	tshai2	sai1	sai4	kai1	kai3	khai4 kai4 新	kai4	khai1
泸州	tshai2	sai1	sai4	kai1	kai3	khai4 kai4 新	kai4	khai1
南溪	tshai2	sai1	sai4	kai1	kai3	khai4 kai4 新	kai4	khai1
合江	tshai2	sai1	sai4	kai1	kai3	khai4 kai4 新	kai4	khai1

① 又疏夷切，止开三生脂平；所宜切，止开三生支平。

字目	慨感慨	楷	孩	还还有	海	害	哀	挨挨近
反切	苦爱	苦骇	户来	户关	呼改	胡盖	乌开	乙谐
声韵调	蟹开一 溪咍去	蟹开二 溪皆上	蟹开一 匣咍平	山合二 匣删平	蟹开一 晓咍上	蟹开一 匣泰去	蟹开一 影咍平	蟹开二 影皆平
中古音	khʌi-	khɣɛi:	ɦʌi	ɦɣuan	hʌi:	ɦɑi-	ʔʌi	ʔɣɛi
成都	khai4	khai3	xai2	xai2	xai3	xai4	ŋai1	ŋai1
彭州	khai4	khai3	xai2	xai2	xai3	xai4	ŋai1	ŋai1
郫县	khai4	khai3	xai2	xai2	xai3	xai4	ŋai1	ŋai1
广汉	khai4	khai3	xai2	xuan2	xai3	xai4	ŋai1	ŋai1
都江堰河东	khai4	khai3	xai2	xuan2 文 xai2 白	xai3	xai4	ŋai1	ŋai1
都江堰河西	kai4	khai3	xai2	xuan2 文 xai2 白	xai3	xai4	ŋai1	ŋai1
崇州	khai4	khai3	xai2	xuan2 文 xai2 白	xai3	xai4	ŋai1	ŋai1
大邑	khai4	khai3	xai2	xuan2 文 xai2 白	xai3	xai4	ŋai1	ŋai1
邛崃	khai4	khai3	xai2	xuan2 文 xai2 白	xai3	xai4	ŋai1	ŋai1
新津	khai4	khai3	xai2	xai2	xai3	xai4	ŋai1	ŋai1
蒲江	khai4	khai3	xai2	xuan2 文 xai2 白	xai3	xai4	ŋai1	ŋai1
彭山	khai4 kai4 新	khai3	xai2	xuan2 文 xai2 白	xai3	xai4	ŋai1	ŋai1
眉山	khai4 kai4 新	khai3	xai2	xuan2 文 xai2 白	xai3	xai4	ŋai1	ŋai1
丹棱	khai4 kai4 新	khai3	xai2	xai2	xai3	xai4	ŋai1 ai1 新	ŋai1
洪雅	khai4 kai4 新	khai3	xai2	xai2	xai3	xai4	ŋai1	ŋai1
青神	khai4 kai4 新	khai3	xai2	xuan2 文 xai2 白	xai3	xai4	ŋai1	ŋai1
夹江	khai3	khai3	xai2	xai2	xai3	xai4	ŋai1	ŋai1
峨眉山	khai3	khai3	xai2	xai2	xai3	xai4	ŋai1	ŋai1
乐山	khai3	khai3	xai2	xai2	xai3	xai4	ŋai1	ŋai1
犍为	khai3	khai3	xai2	xai2	xai3	xai4	ŋai1	ŋai1

字目	慨感慨	楷	孩	还还有	海	害	哀	挨挨近
反切	苦爱	苦骇	户来	户关	呼改	胡盖	乌开	乙谐
声韵调	蟹开一 溪咍去	蟹开二 溪皆上	蟹开一 匣咍平	山合二 匣删平	蟹开一 晓咍上	蟹开一 匣泰去	蟹开一 影咍平	蟹开二 影皆平
中古音	khʌi-	khɣɛi:	ɦʌi	ɦɣuan	hʌi:	ɦɑi-	ʔʌi	ʔɣɛi
沐川	khai4 kai4 新	khai3	xai2	xuan2	xai3	xai4	ŋai1	ŋai1
峨边	khai4	khai3	xai2	xai2	xai3	xai4	ŋai1	ŋai1
雅安	khai4	khai3	xai2	xuan2 文 xai2 白	xai3	xai4	ŋai1 ai1 新	ŋai1
名山	khai4	khai3	xai2	xai2	xai3	xai4	ŋai1	ŋai1
天全	khai3	khai3	xai2	xai2	xai3	xai2	ŋai1	ŋai1
芦山	khai4	khai3	xai2	xuan2 文 xai2 白	xai3	xai4	ŋai1	ŋai1
宝兴	khai4	khai3	xai2	xuan2 文 xai2 白	xai3	xai4	ŋai1	ŋai1
荥经	khai4 kai4 新	khai3	xai2	xuan2	xai3	xai4	ŋai1	ŋai1
汉源	khɛ4	khɛ3	xai2	xai2	xai3	xai4	ŋɛ1	ŋai1
石棉	khe4	khe3	xai2	xai2	xai3	xai4	ŋe1	ŋe1
内江	khai4 kai4 新	khai3	xai2	xai2	xai3	xai4	ŋai1	ŋai1
威远	khai4 kai4 新	khai3	xai2	xai2	xai3	xai4	ŋai1 ai1 新	ŋai1
荣县	khai4 kai4 新	khai3	xai2	xuan2 文 xai2 白	xai3	xai4	ŋai1	ŋai1
自贡	khai4	khai3	xai2	xai2	xai3	xai4	ŋai1	ŋai1
富顺	khai4	khai3	xai2	xai2	xai3	xai4	ŋai1	ŋai1
隆昌	khai4	khai3	xai2	xai2	xai3	xai4	ŋai1	ŋai1
泸县	khai4	khai3	xai2	xai2	xai3	xai4	ŋai1	ŋai1
泸州	khai4	khai3	xai2	xai2	xai3	xai4	ŋai1	ŋai1
南溪	khai4	khai3	xai2	xai2	xai3	xai4	ŋai1	ŋai1
合江	khai4 kai4 新	khai3	xai2	xai2	xai3	xai4	ŋai1	ŋai1

字目	*挨挨打	癌[①]	矮	碍	艾陈艾	爱	衰	帅
反切	*宜佳	五咸	乌蟹	五溉	五盖	乌代	所追	所类
声韵调	蟹开二 疑佳平	咸开二 疑咸平	蟹开二 影佳上	蟹开一 疑咍去	蟹开一 疑泰去	蟹开一 影咍去	止合三 生脂平	止合三 生脂去
中古音	ŋɣɛ	ŋɣɛm	ʔɣɛ:	ŋʌi-	ŋɑi-	ʔʌi-	ʃiuɪ	ʃiuɪ-
成都	ŋai2	ŋai2	ŋai3	ŋai4	ŋai4	ŋai4	suai1	suai4
彭州	ŋai2	ŋai2	ŋai3	ŋai4	ŋai4	ŋai4	suai1	suai4
郫县	ŋai2	ŋai2	ŋai3	ŋai4	ŋai4	ŋai4	suai1	suai4
广汉	ŋai2	ŋai2	ŋai3	ŋai4	ŋai4	ŋai4	suai1	suai4
都江堰河东	ŋai2	ŋai2	ŋai3	ŋai4	ŋai4	ŋai4	suai1	suai4
都江堰河西	ŋai2	ŋai2	ŋai3	ŋai4	ŋai4	ŋai4	suai1	suai4
崇州	ŋai2	ŋai2	ŋai3	ŋai4	ŋai4	ŋai4	suai1	suai4
大邑	ŋai2	ŋai2	ŋai3	ŋai4	ŋai4	ŋai4	suai1	suai4
邛崃	ŋai2	ŋai2	ŋai3	ŋai4	ŋai4	ŋai4	suai1	suai4
新津	ŋai2	ŋai2	ŋai3	ŋai4	ŋai4	ŋai4	suai1	suai4
蒲江	ŋai2	ŋai2	ŋai3	ŋai4	ŋai4	ŋai4	suai1	suai4
彭山	ŋai2	ŋai2	ŋai3	ŋai4	ŋai4	ŋai4	suai1	suai4
眉山	ŋai2	ŋai2	ŋai3	ŋai4	ŋai4	ŋai4	suai1	suai4
丹棱	ŋai2	ŋai2	ŋai3	ŋai4	ŋai4	ŋai4	suai1	suai4
洪雅	ŋai2	ŋai2	ŋai3	ŋai4	ŋai4	ŋai4	suai1	suai4
青神	ŋai2	ŋai2	ŋai3	ŋai4	ŋai4	ŋai4	suai1	suai4
夹江	ŋai2	ŋai2	ŋai3	ŋai4	ŋai4	ŋai4	suai1	suai4
峨眉山	ŋai2	ŋai2	ŋai3	ŋai4	ŋai4	ŋai4	suai1	suai4
乐山	ŋai2	ŋai2	ŋai3	ŋai4	ŋai4	ŋai4	suai1	suai4
犍为	ŋai2	ŋai2	ŋai3	ŋai4	ŋai4	ŋai4	suai1	suai4

① “嵒”（岩）的分化字。

字目	*挨挨打	癌①	矮	碍	艾陈艾	爱	衰	帅
反切	*宜佳	五咸	乌蟹	五溉	五盖	乌代	所追	所类
声韵调	蟹开二 疑佳平	咸开二 疑咸平	蟹开二 影佳上	蟹开一 疑咍去	蟹开一 疑泰去	蟹开一 影咍去	止合三 生脂平	止合三 生脂去
中古音	ŋɣɛ	ŋɣɛm	ʔɣɛ:	ŋʌi-	ŋɑi-	ʔʌi-	ʃiuɪ	ʃiuɪ-
沐川	ŋai1	ŋai1	ŋai3	ŋai4	ŋai4	ŋai4	suai1	suai4
峨边	ŋai2	ŋai2	ŋai3	ŋai4	ŋai4	ŋai4	suai1	suai4
雅安	ŋai2	ŋai2	ŋai3 ai3 新	ŋai4	ŋai4	ŋai4 ai4 新	suai1	suai4
名山	ŋai2	ŋai2	ŋai3	ŋai4	ŋai4	ŋai4	suai1	suai4
天全	ŋai2	ŋai2	ŋai3	ŋai4	ŋai4	ŋai4	suai1	suai4
芦山	ŋai2	ŋai2	ŋai3	ŋai4	ŋai4	ŋai4	suai1	suai4
宝兴	ŋai2	ŋai2	ŋai3	ŋai4	ŋai4	ŋai4	suai1	suai4
荥经	ŋai2	ŋai2	ŋai3	ŋai4	ŋai2	ŋai4	suai1	suai4
汉源	ŋai2	ŋai2	ŋai3	ŋɛ4	ŋɛ4	ŋɛ4	suai1	suai4
石棉	ŋe2	ŋe2	ŋe3	ŋe4	ŋe4	ŋe4	suai1	suai4
内江	ŋai1 ŋai2	ŋai2	ŋai3	ŋai4	ŋai4	ŋai4	ʂuai1	ʂuai4
威远	ŋai1 ŋai2	ŋai2	ŋai3	ŋai4	ŋai4	ŋai4	ʂuai1	ʂuai4
荣县	ŋai1 ŋai2	ŋai2	ŋai3	ŋai4	ŋai4	ŋai4	suai1	suai4
自贡	ŋai1	ŋai1	ŋai3	ŋe4	ŋai4	ŋai4	ʂuai1	ʂuai4
富顺	ŋai1	ŋai1	ŋai3	ŋe4	ŋai4	ŋai4	ʂuai1	ʂuai4
隆昌	ŋai1	ŋai1	ŋai3	ŋe4	ŋai4	ŋai4	ʂuai1	ʂuai4
泸县	ŋai2	ŋai2	ŋai3	ŋai4	ŋai4	ŋai4 ai4 新	suai1	suai4
泸州	ŋai2	ŋai2	ŋai3	ŋai4	ŋai4 ai4 新	ŋai4	suai1	suai4
南溪	ŋai2	ŋai2	ŋai3	ŋai4	ŋai4	ŋai4	suai1	suai4
合江	ŋai2	ŋai2	ŋai3	ŋai4	ŋai4	ŋai4	suai1	suai4

① “喦”（岩）的分化字。

字目	率[1]率领	乖	拐拐杖	怪	会会计	块	快	筷
反切	所类	古怀	乖买	古坏	古外	苦怪	苦夬	
声韵调	止合三 生脂去	蟹合二 见皆平	蟹合二 见佳上	蟹合二 见皆去	蟹合一 见泰去	蟹合二 溪皆去	蟹合二 溪夬去	蟹合二 溪夬去
中古音	ʃiuɪ-	kɣuɛi	kɣuɛ:	kɣuɛi-	kuɑi-	khɣuɛi-	khɣuai-	khɣuai-
成都	suai4 so2 旧	kuai1	kuai3	kuai4	khuai4	khuai3	khuai4	khuai4
彭州	suai4 so5 旧	kuai1	kuai3	kuai4	khuai4	khuai3	khuai4	khuai4
郫县	suai4	kuai1	kuai3	kuai4	khuai4	khuai3	khuai4	khuai4
广汉	suai4	kuai1	kuai3	kuai4	khuai4	khuai3	khuai4	khuai4
都江堰河东	suai4 so5 旧	kuai1	kuai3	kuai4	khuai4	khuai3	khuai4	khuai4
都江堰河西	suai4 so5 旧	kuai1	kuai3	kuai4	khuai4	khuai3	khuai4	khuai4
崇州	suai4 so5 旧	kuai1	kuai3	kuai4	khuai4	khuai3	khuai4	khuai4
大邑	so5 suai4 新	kuai1	kuai3	kuai4	khuai4	khuai3	khuai4	khuai4
邛崃	so5 suai4 新	kuai1	kuai3	kuai4	khuai4	khuai3	khuai4	khuai4
新津	so5 suai4 新	kuai1	kuai3	kuai4	khuai4	khuai3	khuai4	khuai4
蒲江	so5 suai4 新	kuai1	kuai3	kuai4	khuai4	khuai3	khuai4	khuai4
彭山	suai4 so5 旧	kuai1	kuai3	kuai4	khuai4	khuai3	khuai4	khuai4
眉山	suai4 so5 旧	kuai1	kuai3	kuai4	khuai4	khuai3	khuai4	khuai4
丹棱	suai4 so5 旧	kuai1	kuai3	kuai4	khuai4	khuai3	khuai4	khuai4
洪雅	suai4 so5 旧	kuai1	kuai3	kuai4	khuai4	khuai3	khuai4	khuai4
青神	suai4 so5 旧	kuai1	kuai3	kuai4	khuai4	khuai3	khuai4	khuai4
夹江	suai4	kuai1	kuai3	kuai4	khuai4	khuai3	khuai4	khuai4
峨眉山	suai4	kuai1	kuai3	kuai4	khuai4	khuai3	khuai4	khuai4
乐山	suai4	kuai1	kuai3	kuai4	khuai4	khuai3	khuai4	khuai4
犍为	suai4	kuai1	kuai3	kuai4	khuai4	khuai3	khuai4	khuai4

① 又所律切，臻合三生术入。

字目	率[①]率领	乖	拐拐杖	怪	会会计	块	快	筷
反切	所类	古怀	乖买	古坏	古外	苦怪	苦夬	
声韵调	止合三 生脂去	蟹合二 见皆平	蟹合二 见佳上	蟹合二 见皆去	蟹合一 见泰去	蟹合二 溪皆去	蟹合二 溪夬去	蟹合二 溪夬去
中古音	ʃiuɪ-	kɣuɛi	kɣuɛː	kɣuɛi-	kuɑi-	khɣuɛi-	khɣuai-	khɣuai-
沐川	suai4 sʉ5 旧	kuai1	kuai3	kuai4	khuai4	khuai3	khuai4	khuai4
峨边	so5 suai4	kuai1	kuai3	kuai4	khuai4	khuai3	khuai4	khuai4
雅安	so1	kuai1	kuai3	kuai4	khuai4	khuai3	khuai4	khuai4
名山	suai4	kuai1	kuai3	kuai4	khuai4	khuai3	khuai4	khuai4
天全	suai4	kuai1	kuai3	kuai4	khuai4	khuai3	khuai4	khuai4
芦山	suai4 so1 旧	kuai1	kuai3	kuai4	khuai4	khuai3	khuai4	khuai4
宝兴	so1	kuai1	kuai3	kuai4	khuai4	khuai3	khuai4	khuai4
荥经	suai4 so5 旧	kuai1	kuai3	kuai4	khuai4	khuai3	khuai4	khuai4
汉源	suai4	kuai1	kuai3	kuai4	khuai4	khuai3	khuai4	khuai4
石棉	suai4	kuai1	kuai3	kuai4	khuai4	khuai3	khuai4	khuai4
内江	ʂuai4 ʂo4 旧	kuai1	kuai3	kuai4	khuai4	khuai3	khuai4	khuai4
威远	ʂuai4 ʂo4 旧	kuai1	kuai3	kuai4	khuai4	khuai3	khuai4	khuai4
荣县	suai4 so4 旧	kuai1	kuai3	kuai4	khuai4	khuai3	khuai4	khuai4
自贡	ʂuai4	kuai1	kuai3	kuai4	khuai4	khuai3	khuai4	khuai4
富顺	ʂuai4	kuai1	kuai3	kuai4	khuai4	khuai3	khuai4	khuai4
隆昌	suai4	kuai1	kuai3	kuai4	khuai4	khuai3	khuai4	khuai4
泸县	suai4 so5 旧	kuai1	kuai3	kuai4	khuai4	khuai3	khuai4	khuai4
泸州	suai4 so5 旧	kuai1	kuai3	kuai4	khuai4	khuai3	khuai4	khuai4
南溪	suai4 so5 旧	kuai1	kuai3	kuai4	khuai4	khuai3	khuai4	khuai4
合江	suai4 sʊ5 旧	kuai1	kuai3	kuai4	khuai4	khuai3	khuai4	khuai4

① 又所律切，臻合三生术入。

字目	淮	怀	槐	坏	歪	外	杯	背背负
反切	户乖	户乖	户乖	胡怪	火娲	五会	布回	补妹
声韵调	蟹合二 匣皆平	蟹合二 匣皆平	蟹合二 匣皆平	蟹合二 匣皆去	蟹合二 晓佳平	蟹合一 疑泰去	蟹合一 帮灰平	蟹合一 帮灰去
中古音	ɦɣuɛi	ɦɣuɛi	ɦɣuɛi	ɦɣuɛi-	hɣuɛ	ŋuɑi-	puʌi	puʌi-
成都	xuai2	xuai2	xuai2	xuai4	uai1 uai3 口	uai4 uei4 口	pei1	pei1
彭州	xuai2	xuai2	xuai2	xuai4	uai1 uai3 口	uai4	pei1	pei1
郫县	xuai2	xuai2	xuai2	xuai4	uai1 uai3 口	uai4	pei1	pei1
广汉	xuai2	xuai2	xuai2	xuai4	uai1	uai4	pei1	pei1
都江堰河东	xuai2	xuai2	xuai2	xuai4	uai1 uai3 口	uai4	pei1	pei1
都江堰河西	xuai2	xuai2	xuai2	xuai4	uai1 uai3 口	uai4	pei1	pei1
崇州	xuai2	xuai2	xuai2	xuai4	uai1 uai3 口	uai4	pei1	pei1
大邑	xuai2	xuai2	xuai2	xuai4	uai1 uai3 口	uai4	pei1	pei1
邛崃	xuai2	xuai2	xuai2	xuai4	uai1 uai3 口	uai4	pei1	pei1
新津	xuai2	xuai2	xuai2	xuai4	uai1 uai3 口	uai4	pei1	pei1
蒲江	xuai2	xuai2	xuai2	xuai4	uai1 uai3 口	uai4	pei1	pei1
彭山	xuai2	xuai2	xuai2	xuai4	uai1 uai3 口	uai4	pei1	pei1
眉山	xuai2	xuai2	xuai2	xuai4	uai1 uai3 口	uai4	pei1	pei1
丹棱	xuai2	xuai2	xuai2	xuai4	uai1 uai3 口	uai4	pei1	pei1
洪雅	xuai2	xuai2	xuai2	xuai4	uai1 uai3 口	uai4	pei1	pei1
青神	xuai2	xuai2	xuai2	xuai4	uai1 uai3 口	uai4	pei1	pei1
夹江	xuai2	xuai2	xuai2	xuai4	uai1	uai4	pei1	pei1
峨眉山	xuai2	xuai2	xuai2	xuai4	uai1	uai4	pei1	pei1
乐山	xuai2	xuai2	xuai2	xuai4	uai1	uai4	pei1	pei1
犍为	xuai2	xuai2	xuai2	xuai4	uai1	uai4	pei1	pei1

字目	淮	怀	槐	坏	歪	外	杯	背背负
反切	户乖	户乖	户乖	胡怪	火娲	五会	布回	补妹
声韵调	蟹合二 匣皆平	蟹合二 匣皆平	蟹合二 匣皆平	蟹合二 匣皆去	蟹合二 晓佳平	蟹合一 疑泰去	蟹合一 帮灰平	蟹合一 帮灰去
中古音	ɦɣuɐi	ɦɣuɐi	ɦɣuɐi	ɦɣuɐi-	hɣuɛ	ŋuɑi-	puʌi	puʌi-
沐川	xuai2	xuai2	xuai2	xuai4	uai1 uai3 □	uai4 uei4 □	pei1	pei1
峨边	xuai2	xuai2	xuai2	xuai4	uai1 uai3 □	uai4	pei1	pei1
雅安	xuai2	xuai2	xuai2	xuai4	uai1 uai3 □	uai4	pei1	pei1
名山	xuai2	xuai2	xuai2	xuai4	uai1 uai3 □	uai4	pei1	pei1
天全	xuai2	xuai2	xuai2	xuai4	uai1 uai3 □	uai4	pei1	pei1
芦山	xuai2	xuai2	xuai2	xuai4	uai1 uai3 □	uai4	pei1	pei1
宝兴	xuai2	xuai2	xuai2	xuai4	uai1 uai3 □	uai4	pei1	pei1
荥经	xuai2	xuai2	xuai2	xuai4	uai1 uai3 □	uai4 uei4 □	pei1	pei1
汉源	xuai2	xuai2	xuai2	xuai4	uai1 uai3 □	uai4	pei1	pei1
石棉	xuai2	xuai2	xuai2	xuai4	uai1 uai3 □	uai4	pei1	pei1
内江	xuai2	xuai2	xuai2	xuai4	uai1 uai3 □	uai4	pei1	pei1
威远	xuai2	xuai2	xuai2	xuai4	uai1 uai3 □	uai4	pei1	pei1
荣县	xuai2	xuai2	xuai2	xuai4	uai1 uai3 □	uai4	pei1	pei1
自贡	xuai2	xuai2	xuai2	xuai4	uai1 uai3 □	uai4	pei1	pei1
富顺	xuai2	xuai2	xuai2	xuai4	uai1 uai3 □	uai4	pei1	pei1
隆昌	xuai2	xuai2	xuai2	xuai4	uai1 uai3 □	uai4	pei1	pei1
泸县	xuai2	xuai2	xuai2	xuai4	uai1 uai3 □	uai4 uei4 □	pei1	pei1
泸州	xuai2	xuai2	xuai2	xuai4	uai1 uai3 □	uai4 uei4 □	pei1	pei1
南溪	xuai2	xuai2	xuai2	xuai4	uai1 uai3 □	uai4 uei4 □	pei1	pei1
合江	xuai2	xuai2	xuai2	xuai4	uai1 uai3 □	uai4 uei4 □	pei1	pei1

字目	碑	卑	悲	北	贝	辈	背后背	倍
反切	彼为	府移	府眉	博黑	博盖	补妹	补妹	部浼
声韵调	止开三 B 帮支平	止开三 A 帮支平	止开三 B 帮脂平	曾开一 帮德入	蟹开一 帮泰去	蟹合一 帮灰去	蟹合一 帮灰去	蟹合一 並灰上
中古音	pɣiᴇ	piᴇ	pɣiɪ	pək	pɑi-	puʌi-	puʌi-	buʌi:
成都	pei1	pei1	pei1	pe2	pei4	pei4	pei4	pei4
彭州	pei1	pei1	pei1	pe5	pei4	pei4	pei4	pei4
郫县	pei1	pei1	pei1	pe5	pei4	pei4	pei4	pei4
广汉	pei1	pei1	pei1	pe5	pei4	pei4	pei4	pei4
都江堰河东	pei1	pei1	pei1	pæ5	pei4	pei4	pei4	pei4
都江堰河西	pei1	pei1	pei1	pæ5	pei4	pei4	pei4	pei4
崇州	pei1	pei1	pei1	pæ5	pei4	pei4	pei4	pei4
大邑	pei1	pei1	pei1	pæ5	pei4	pei4	pei4	pei4
邛崃	pei1	pei1	pei1	pæ5	pei4	pei4	pei4	pei4
新津	pei1	pei1	pei1	pæ5	pei4	pei4	pei4	pei4
蒲江	pei1	pei1	pei1	pæ5	pei4	pei4	pei4	pei4
彭山	pei1	pei1	pei1	pai5	pei4	pei4	pei4	pei4
眉山	pei1	pei1	pei1	pai5	pei4	pei4	pei4	pei4
丹棱	pei1	pei1	pei1	pei5	pei4	pei4	pei4	pei4
洪雅	pei1	pei1	pei1	pai5	pei4	pei4	pei4	pei4
青神	pei1	pei1	pei1	pæ5	pei4	pei4	pei4	pei4
夹江	pei1	pei1	pei1	pai5	pei4	pei4	pei4	pei4
峨眉山	pei1	pei1	pei1	pæ5	pei4	pei4	pei4	pei4
乐山	pei1	pei1	pei1	pɛ5	pei4	pei4	pei4	pei4
犍为	pei1	pei1	pei1	pæ5	pei4	pei4	pei4	pei4

字目	碑	卑	悲	北	贝	辈	背后背	倍
反切	彼为	府移	府眉	博黑	博盖	补妹	补妹	部浼
声韵调	止开三 B 帮支平	止开三 A 帮支平	止开三 B 帮脂平	曾开一 帮德入	蟹开一 帮泰去	蟹合一 帮灰去	蟹合一 帮灰去	蟹合一 並灰上
中古音	pɣiᴇ	piᴇ	pɣiɪ	pək	pɑi-	puʌi-	puʌi-	buʌi:
沐川	pei1	pei1	pei1	pæ4	pei4	pei4	pei4	pei4
峨边	pei1	pei1	pei1	pæ5	pei4	pei4	pei4	pei4
雅安	pei1	pei1	pei1	pe1	pei4	pei4	pei4	pei4
名山	pei1	pei1	pei1	pe1	pei4	pei4	pei4	pei4
天全	pei1	pei1	pei1	pe1	pei4	pei4	pei4	pei4
芦山	pei1	pei1	pei1	pe1	pei4	pei4	pei4	pei4
宝兴	pei1	pei1	pei1	pe1	pei4	pei4	pei4	pei4
荥经	pei1	pei1	pei1	pɜ5	pei4	pei4	pei4	pei4
汉源	pei1	pei1	pei1	pai1	pei4	pei4	pei4	pei4
石棉	pei1	pei1	pei1	pai1	pei4	pei4	pei4	pei4
内江	pei1	pei1	pei1	pe4	pei4	pei4	pei4	pei4
威远	pei1	pei1	pei1	pe4	pei4	pei4	pei4	pei4
荣县	pei1	pei1	pei1	pe4	pei4	pei4	pei4	pei4
自贡	pei1	pei1	pei1	pe4	pei4	pei4	pei4	pei4
富顺	pei1	pei1	pei1	pe4	pei4	pei4	pei4	pei4
隆昌	pei1	pei1	pei1	pe4	pei4	pei4	pei4	pei4
泸县	pei1	pei1	pei1	pe4	pei4	pei4	pei4	pei4
泸州	pei1	pei1	pei1	pe5	pei4	pei4	pei4	pei4
南溪	pei1	pei1	pei1	pe5	pei4	pei4	pei4	pei4
合江	pei1	pei4	pei1	pe5	pei4	pei4	pei4	pei4

字目	背背诵	被被子	被被打	备	胚	培	陪	赔
反切	蒲昧	皮彼	平义	平秘	芳杯	薄回	薄回	薄回
声韵调	蟹合一 並灰去	止开三B 並支上	止开三B 並支去	止开三B 並脂去	蟹合一 滂灰平	蟹合一 並灰平	蟹合一 並灰平	蟹合一 並灰平
中古音	buʌi-	bɣiᴇ:	bɣiᴇ-	bɣiɪ-	phuʌi	buʌi	buʌi	buʌi
成都	pei4	pi4 pei4 新	pi4 pei4 新	pi4 pei4 新	phei1	phei2	phei2	phei2
彭州	pei4	pi4 pei4 新	pi4 pei4 新	pi4 pei4 新	phei1	phei2	phei2	phei2
郫县	pei4	pi4 pei4 新	pi4 pei4 新	pi4 pei4 新	phei1	phei2	phei2	phei2
广汉	pei4	pi4 pei 新	pi4 pei 新	pi4 pei 新	phei1	phei2	phei2	phei2
都江堰河东	pei4	pi4 pei4 新	pi4 pei4 新	pi4 pei4 新	phei1	phei2	phei2	phei2
都江堰河西	pei4	pi4 pei4 新	pi4 pei4 新	pi4 pei4 新	phei1	phei2	phei2	phei2
崇州	pei4	pi4 pei4 新	pi4 pei4 新	pi4 pei4 新	phei1	phei2	phei2	phei2
大邑	pei4	pi4 pei4 新	pi4 pei4 新	pi4 pei4 新	phei1	phei2	phei2	phei2
邛崃	pei4	pi4 pei4 新	pi4 pei4 新	pi4 pei4 新	phei1	phei2	phei2	phei2
新津	pei4	pi4 pei4 新	pi4 pei4 新	pi4 pei4 新	phei1	phei2	phei2	phei2
蒲江	pei4	pi4 pei4 新	pi4 pei4 新	pi4 pei4 新	phei1	phei2	phei2	phei2
彭山	pei4	pi4 pei4 新	pi4 pei4 新	pi4 pei4 新	phei1	phei2	phei2	phei2
眉山	pei4	pi4 pei4 新	pi4 pei4 新	pi4 pei4 新	phei1	phei2	phei2	phei2
丹棱	pei4	pi4 pei4 新	pi4 pei4 新	pi4 pei4 新	phei1	phei2	phei2	phei2
洪雅	pei4	pi4 pei4 新	pi4 pei4 新	pi4 pei4 新	phei1	phei2	phei2	phei2
青神	pei4	pi4 pei4 新	pi4 pei4 新	pi4 pei4 新	phei1	phei2	phei2	phei2
夹江	pei4	pi4 pei4 新	pei4	pei4	phei1	phei2	phei2	phei2
峨眉山	pei4	pi4 pei4 新	pi5	pi4	phei1	phei2	phei2	phei2
乐山	pei4	pi4 pei4 新	pi4	pi4	phei1	phei2	phei2	phei2
犍为	pei4	pi4 pei4 新	pi4	pi4	phei1	phei2	phei2	phei2

字目	背背诵	被被子	被被打	备	胚	培	陪	赔
反切	蒲昧	皮彼	平义	平秘	芳杯	薄回	薄回	薄回
声韵调	蟹合一 並灰去	止开三 B 並支上	止开三 B 並支去	止开三 B 並脂去	蟹合一 滂灰平	蟹合一 並灰平	蟹合一 並灰平	蟹合一 並灰平
中古音	buʌi-	bɣiE:	bɣiE-	bɣiɪ-	phuʌi	buʌi	buʌi	buʌi
沐川	pei4	pi4 pei4 新	pi4 pei4 新	pi4 pei4 新	phei3	phei2	phei2	phei2
峨边	pei4	pi4	pi4	pi4	phei1	phei2	phei2	phei2
雅安	pei4	pi4	pi4	pi4	phei1	phei2	phei2	phei2
名山	pei4	pi4 pei4 新	pi4 pei4 新	pi4 pei4 新	phei1	phei2	phei2	phei2
天全	pei4	pi4 pei4 新	pi4 pei4 新	pi4 pei4 新	phei1	phei2	phei2	phei2
芦山	pei4	pi4	pi4	pi4	phei1	phei2	phei2	phei2
宝兴	pei4	pi4	pi4	pi4	phei1	phei2	phei2	phei2
荥经	pei4	pi4 pei4 新	pi4 pei4 新	pi4 pei4 新	phei3	phei2	phei2	phei2
汉源	pei4	pi4 pei4 新	pi4 pei4 新	pi4 pei4 新	phei1	phei2	phei2	phei2
石棉	pei4	pi4 pei4 新	pi4 pei4 新	pi4 pei4 新	phei1	phei2	phei2	phei2
内江	pei4	pi4 pei4 新	pi4 pei4 新	pi4 pei4 新	phei1	phei2	phei2	phei2
威远	pei4	pi4 pei4 新	pi4 pei4 新	pi4 pei4 新	phei1	phei2	phei2	phei2
荣县	pei4	pi4 pei4 新	pi4 pei4 新	pi4 pei4 新	phei1	phei2	phei2	phei2
自贡	pei4	pei4	pei4	pi4	phei1	phei2	phei2	phei2
富顺	pei4	pi4 pei4 新	pi4 pei4 新	pi4 pei4 新	phei1	phei2	phei2	phei2
隆昌	pei4	pei4	pei4	pi4 pei4 新	phei1	phei2	phei2	phei2
泸县	pei4	pi4 pei4 新	pi4 pei4 新	pi4 pei4 新	phei1	phei2	phei2	phei2
泸州	pei4	pei4 pi4 旧	pi4 pei4 新	pi4 pei4 新	phei1	phei2	phei2	phei2
南溪	pei4	pei4 pi4 旧	pei4 pi4 旧	pi4 pei4 新	phei1	phei2	phei2	phei2
合江	pei4	pi4 pei4 新	pi4 pei4 新	pi4 pei4 新	phei1	phei2	phei2	phei2

字目	沛	配	佩	梅	枚	媒	煤	眉
反切	普盖	滂佩	蒲昧	莫杯	莫杯	莫杯	莫杯	武悲
声韵调	蟹开一 滂泰去	蟹合一 滂灰去	蟹合一 並灰去	蟹合一 明灰平	蟹合一 明灰平	蟹合一 明灰平	蟹合一 明灰平	止开三 B 明脂平
中古音	phɑi-	phuʌi-	buʌi-	muʌi	muʌi	muʌi	muʌi	mɣiɪ
成都	phei4	phei4	phei4	mei2	mei2	mei2	mei2	mi2 mei2 新
彭州	phei4	phei4	pei4	mei2	mei2	mei2	mei2	mi2 mei2 新
郫县	phei4	phei4	phei4	mei2	mei2	mei2	mei2	mi2 mei2 新
广汉	phei4	phei4	phei4	mei2	mei2	mei2	mei2	mi2
都江堰河东	phei4	phei4	phei4	mei2	mei2	mei2	mei2	mi2 mei2 新
都江堰河西	phei4	phei4	phei4	mei2	mei2	mei2	mei2	mi2 mei2 新
崇州	phei4	phei4	pei4	mei2	mei2	mei2	mei2	mi2 mei2 新
大邑	phei4	phei4	phei4	mei2	mei2	mei2	mei2	mi2 mei2 新
邛崃	phei4	phei4	phei4	mei2	mei2	mei2	mei2	mi2 mei2 新
新津	phei4	phei4	phei4	mei2	mei2	mei2	mei2	mi2 mei2 新
蒲江	phei4	phei4	phei4	mei2	mei2	mei2	mei2	mi2 mei2 新
彭山	phei4	phei4	phei4	mei2	mei2	mei2	mei2	mi2 mei2 新
眉山	phei4	phei4	pei4 phei4 新	mei2	mei2	mei2	mei2	mi2 mei2 新
丹棱	phei4	phei4	pei4 phei4 新	mei2	mei2	mei2	mei2	mi2 mei2 新
洪雅	phei4	phei4	phei4	mei2	mei2	mei2	mei2	mi2 mei2 新
青神	phei4	phei4	pei4 phei4 新	mei2	mei2	mei2	mei2	mi2 mei2 新
夹江	phei4	phei4	phei4	mei2	mei2	mei2	mei2	mi2 mei2 新
峨眉山	phei4	phei4	pei4	mei2	mei2	mei2	mei2	mi2 mei2 新
乐山	phei4	phei4	phei4	mei2	mei2	mei2	mei2	mi2 mei2 新
犍为	phei4	phei4	phei4	mei2	mei2	mei2	mei2	mi2 mei2 新

字目	沛	配	佩	梅	枚	媒	煤	眉
反切	普盖	滂佩	蒲昧	莫杯	莫杯	莫杯	莫杯	武悲
声韵调	蟹开一 滂泰去	蟹合一 滂灰去	蟹合一 並灰去	蟹合一 明灰平	蟹合一 明灰平	蟹合一 明灰平	蟹合一 明灰平	止开三 B 明脂平
中古音	phɑi-	phuʌi-	buʌi-	muʌi	muʌi	muʌi	muʌi	mɣiɪ
沐川	phei4	phei4	phei4	mei2	mei2	mei2	mei2	mi2 mei2 新
峨边	phei4	phei4	phei4	mei2	mei2	mei2	mei2	mi2
雅安	phei4	phei4	phei4	mei2	mei2	mei2	mei2	mi2 mei2 新
名山	phei4	phei4	phei4	mei2	mei2	mei2	mei2	mi2 mei2 新
天全	phei4	phei4	phei4	mei2	mei2	mei2	mei2	mi2 mei2 新
芦山	phei4	phei4	pei4	mei2	mei2	mei2	mei2	mi2 mei2 新
宝兴	phei4	phei4	pei4	mei2	mei2	mei2	mei2	mi2 mei2 新
荥经	phei4	phei4	pei4	mei2	mei2	moŋ2	mei2	mi2 mei2 新
汉源	phei4	phei4	phei4	mei2	mei2	mei2	mei2	mi2 mei2 新
石棉	phei4	phei4	phei4	mei2	mei2	mei2	mei2	mi2 mei2 新
内江	phei4	phei4	phei4	mei2	mei2	mei2	mei2	mi2 mei2 新
威远	phei4	phei4	phei4	mei2	mei2	mei2	mei2	mi2 mei2 新
荣县	phei4	phei4	phei4	mei2	mei2	mei2	mei2	mi2 mei2 新
自贡	phei4	phei4	phei4	mei2	mei2	mei2	mei2	mi2 mei2 新
富顺	phei4	phei4	phei4	mei2	mei2	mei2	mei2	mi2 mei2 新
隆昌	phei4	phei4	phei4	mei2	mei2	mei2	mei2	mi2 mei2 新
泸县	phei4	phei4	phei4	mei2	mei2	mei2	mei2	mi2 mei2 新
泸州	phei4	phei4	phei4	mei2	mei2	mei2	mei2	mi2 mei2 新
南溪	phei4	phei4	phei4	mei2	mei2	mei2	mei2	mi2 mei2 新
合江	phei4	phei4	pei4	mei2	mei2	mei2	mei2	mi2 mei2 新

字目	霉	每	美	妹	飞	非	妃贵妃	肥
反切	武悲	武罪	无鄙	莫佩	甫微	甫微	芳非	符非
声韵调	止开三 B 明脂平	蟹合一 明灰上	止开三 B 明脂上	蟹合一 明灰去	止合三 非微平	止合三 非微平	止合三 敷微平	止合三 奉微平
中古音	mɣiɪ	muʌi:	mɣiɪ:	muʌi-	pʉi	pʉi	phʉi	bʉi
成都	mei2	mei3	mei3	mei4	fei1	fei1	fei1	fei2
彭州	mei2	mei3	mei3	mei4	fei1	fei1	fei1	fei2
郫县	mei2	mei3	mei3	mei4	fei1	fei1	fei1	fei2
广汉	mei2	mei3	mei3	mei4	fei1	fei1	fei1	fei2
都江堰河东	mei2	mei3	mei3	mei4	fei1	fei1	fei1	fei2
都江堰河西	mei2	mei3	mei3	mei4	fei1	fei1	fei1	fei2
崇州	mei2	mei3	mei3	mei4	fei1	fei1	fei1	fei2
大邑	mei2	mei3	mei3	mei4	fei1	fei1	fei1	fei2
邛崃	mei2	mei3	mei3	mei4	fei1	fei1	fei1	fei2
新津	mei2	mei3	mei3	mei4	fei1	fei1	fei1	fei2
蒲江	mei2	mei3	mei3	mei4	fei1	fei1	fei1	fei2
彭山	mei2	mei3	mei3	mei4	fei1	fei1	fei1	fei2
眉山	mei2	mei3	mei3	mei4	fei1	fei1	fei1	fei2
丹棱	mei2	mei3	mei3	mei4	fei1	fei1	fei1	fei2
洪雅	mei2	mei3	mei3	mei4	fei1	fei1	fei1	fei2
青神	mei2	mei3	mei3	mei4	fei1	fei1	fei1	fei2
夹江	mei2	mei3	mei3	mei4	fei1	fei1	fei1	fei2
峨眉山	mei2	mei3	mei3	mei4	fei1	fei1	fei1	fei2
乐山	mei2	mei3	mei3	mei4	fei1	fei1	fei1	fei2
犍为	mei2	mei3	mei3	mei4	fei1	fei1	fei1	fei2

字目	霉	每	美	妹	飞	非	妃贵妃	肥
反切	武悲	武罪	无鄙	莫佩	甫微	甫微	芳非	符非
声韵调	止开三B 明脂平	蟹合一 明灰上	止开三B 明脂上	蟹合一 明灰去	止合三 非微平	止合三 非微平	止合三 敷微平	止合三 奉微平
中古音	mɣiɪ	muʌiː	mɣiɪː	muʌi-	pʉi	pʉi	phʉi	bʉi
沐川	mei2	mei3	mei3	mei4	fei1	fei1	fei1	fei2
峨边	mei2	mei3	mei3	mei4	fei1	fei1	fei1	fei2
雅安	mei2	mei3	mei3	mei4	fei1	fei1	fei1	fei2
名山	mei2	mei3	mei3	mei4	fei1	fei1	fei1	fei2
天全	mei2	mei3	mei3	mei4	fei1	fei1	fei1	fei2
芦山	mei2	mei3	mei3	mei2	fei1	fei1	fei1	fei2
宝兴	mei2	mei3	mei3	mei4	fei1	fei1	fei1	fei2
荥经	mei2	mei3	mei3	mei4	fei1	fei1	fei1	fei2
汉源	mei2	mei3	mei3	mei4	fei1	fei1	fei1	fei2
石棉	mei2	mei3	mei3	mei4	fei1	fei1	fei1	fei2
内江	mei2	mei3	mei3	mei4	fei1	fei1	fei1	fei2
威远	mei2	mei3	mei3	mei4	fei1	fei1	fei1	fei2
荣县	mei2	mei3	mei3	mei4	fei1	fei1	fei1	fei2
自贡	mei2	mei3	mei3	mei4	fei1	fei1	fei1	fei2
富顺	mei2	mei3	mei3	mei4	fei1	fei1	fei1	fei2
隆昌	mei2	mei3	mei3	mei4	fei1	fei1	fei1	fei2
泸县	mei2	mei3	mei3	mei4	fei1	fei1	fei1	fei2
泸州	mei2	mei3	mei3	mei4	fei1	fei1	fei1	fei2
南溪	mei2	mei3	mei3	mei4	fei1	fei1	fei1	fei2
合江	mei2	mei3	mei3	mei4	fei1	fei1	pei1	pei2

字目	匪土匪	废	肺	费费用	内	雷	累积累	垒
反切	府尾	方肺	芳废	芳未	奴对	鲁回	力委	力轨
声韵调	止合三 非微上	蟹合三 非废去	蟹合三 敷废去	止合三 敷微去	蟹合一 泥灰去	蟹合一 来灰平	止合三 来支上	止合三 来脂上
中古音	pʉi:	pʉɐi-	phʉɐi-	phʉi-	nuʌi-	luʌi	liuᴇ:	liuɪ:
成都	fei3	fei4	fei4	fei4	nuei4	nuei2	nuei3	nuei3
彭州	fei3	fei4	fei4	fei4	nuei4	nuei2	nuei3	nuei3
郫县	fei3	fei4	fei4	fei4	luei4	luei2	luei3	luei3
广汉	fei3	fei4	fei4	fei4	luei4	luei2	luei3	luei3
都江堰河东	fei3	fei4	fei4	fei4	nuei4	nuei2	nuei3	nuei3
都江堰河西	fei3	fei4	fei4	fei4	nuei4	nuei2	nuei3	nuei3
崇州	fei3	fei4	fei4	fei4	nuei4	nuei2	nuei3	nuei3
大邑	fei3	fei4	fei4	fei4	nuei4	nuei2	nuei3	nuei3
邛崃	fei3	fei4	fei4	fei4	nuei4	nuei2	nuei3	nuei3
新津	fei3	fei4	fei4	fei4	nuei4	nuei2	nuei3	nuei3
蒲江	fei3	fei4	fei4	fei4	luei4	lei2	lei3	lei3
彭山	fei3	fei4	fei4	fei4	nei4	nei2	nei3	nei3
眉山	fei3	fei4	fei4	fei4	nuei4	nuei2	nuei3	nuei3
丹棱	fei3	fei4	fei4	fei4	nuei4	nuei2	nuei3	nuei3
洪雅	fei3	fei4	fei4	fei4	nuei4	nuei2	nuei3	nuei3
青神	fei3	fei4	fei4	fei4	luei4	luei2	luei3	luei3
夹江	fei3	fei4	fei4	fei4	nuei4	nuei2 nei2 新	nuei3 nei3 新	nuei3 nei3 新
峨眉山	fei3	fei4	fei4	fei4	nuei4	nuei2 nei2 新	nuei3 nei3 新	nuei3 nei3 新
乐山	fei3	fei4	fei4	fei4	luei4	luei2 lei2 新	luei3 lei3 新	luei3 lei3 新
犍为	fei3	fei4	fei4	fei4	luei4	luei2 lei2 新	luei3 lei3 新	luei3 lei3 新

字目	匪土匪	废	肺	费费用	内	雷	累积累	垒
反切	府尾	方肺	芳废	芳未	奴对	鲁回	力委	力轨
声韵调	止合三 非微上	蟹合三 非废去	蟹合三 敷废去	止合三 敷微去	蟹合一 泥灰去	蟹合一 来灰平	止合三 来支上	止合三 来脂上
中古音	pʉi:	pʉɐi-	phʉɐi-	phʉi-	nuʌi-	luʌi	liuᴇ:	liuɪ:
沐川	fei3	fei4	fei4	fei4	luei4	luei2	luei3	luei3
峨边	fei3	fei4	fei4	fei4	luei4	luei2	luei3	luei3
雅安	fei3	fei4	fei4	fei4	nuei4	nuei2	nuei3	nuei3
名山	fei3	fei4	fei4	fei4	luei4	luei2	luei3	luei3
天全	fei3	fei4	fei4	fei4	luei4	luei2	luei3	luei3
芦山	fei3	fei4	fei4	fei4	nuei4	nuei2	nuei3	nuei3
宝兴	fei3	fei4	fei4	fei4	nuei4	nuei2	nuei3	nuei3
荥经	fei3	fei4	fei4	fei4	luei4	luei2	luei3	luei3
汉源	fei3	fei4	fei4	fei4	nuei4	nuei2	nuei3	nuei3
石棉	fei3	fei4	fei4	fei4	luei4	luei2	luei3	luei3
内江	fei3	fei4	fei4	fei4	nuei4	nuei2	nuei3	nuei3
威远	fei3	fei4	fei4	fei4	nuei4	nuei2	nuei3	nuei3
荣县	fei3	fei4	fei4	fei4	nuei4	nuei2	nuei3	nuei3
自贡	fei3	fei4	fei4	fei4	luei4	luei2	luei3	luei3
富顺	fei3	fei4	fei4	fei4	luei4	luei2	luei3	luei3
隆昌	fei3	fei4	fei4	fei4	luei4	luei2	luei3	luei3
泸县	fei3	fei4	fei4	fei4	luei4	luei2	luei3	luei3
泸州	fei3	fei4	fei4	fei4	luei4	luei2	luei3	luei3
南溪	fei3	fei4	fei4	fei4	luei4	luei2	luei3	luei3
合江	pei3	pei4	pei4	pei4	luei4	luei2	luei3	luei3

字目	累劳累	累连累	类	泪	肋	贼	给	黑
反切	卢对	良伪	力遂	力遂	卢则	昨则	居立	呼北
声韵调	蟹合一 来灰去	止合三 来支去	止合三 来脂去	止合三 来脂去	曾开一 来德入	曾开一 从德入	深开三B 见缉入	曾开一 晓德入
中古音	luʌi-	liuE-	liuɪ-	liuɪ-	lək	dzək	kɣiɪp	hək
成都	nuei4	nuei4	nuei4	nuei4	nie2 ne2 口	tse2 文 tsuei2 白	tɕie2 文 ke1 白	xe2
彭州	nuei4	nuei4	nuei4	nuei4	nie5 ne5 口	tse5 文 tsuei2 白	tɕie2 文 ke1 白	xe5
郫县	luei4	luei4	luei4	luei4	le5	tse5	ke1	xe5
广汉	luei4	luei4	luei4	luei4	le5	tse5	tɕie5	xe5
都江堰河东	nuei4	nuei4	nuei4	nuei4	næ5	tsæ5 文 tsuei2 白	tɕie5 文 ki1 白	xæ5
都江堰河西	nuei4	nuei4	nuei4	nuei4	næ5	tsæ5 文 tsuei2 白	tɕie5 文 ki1 白	xæ5
崇州	nuei4	nuei4	nuei4	nuei4	næ5	tsæ5 文 tsuei2 白	tɕic5 文 ki1 白	xæ5
大邑	nuei4	nuei4	nuei4	nuei4	næ5	tsæ5 文 tsuei2 白	tɕie5 文 kei1 白	xæ5
邛崃	nuei4	nuei4	nuei4	nuei4	næ5	tsæ5 文 tsuei2 白	tɕie5 文 kei1 白	xæ5
新津	nuei4	nuei4	nuei4	nuei4	næ5	tsæ5 文 tsuei2 白	tɕie5 文 kei1 白	xæ5
蒲江	lei4	lei4	lei4	lei4	læ5	tsæ5 文 tsuei2 白	tɕie5 文 kei1 白	xæ5
彭山	nei4	nei4	nei4	nei4	nai5	tsai5 文 tsuei2 白	tɕie5 文 kei1 白	xai5
眉山	nuei4	nuei4	nuei4	nuei4	nai5	tsai5 文 tsuei2 白	tɕi5 文 kei1 白	xai5
丹棱	nuei4	nuei4	nuei4	nuei4	nei5	tsai5 文 tsuei2 白	tɕi5 文 kei1 白	xai5
洪雅	nuei4	nuei4	nuei4	nuei4	nai5	tsai5 文 tsuei2 白	tɕi5 文 kei1 白	xai5
青神	luei4	luei4	luei4	luei4	læ5	tsæ5 文 tsuei2 白	tɕie5 文 kei1 白	xæ5
夹江	nuei4 nei4 新	nuei4 nei4 新	nuei4 nei4 新	nuei4 nei4 新	nai5	tsai1	ke5	xai1
峨眉山	nuei4 nei4 新	nuei4 nei4 新	nuei4 nei4 新	nuei4 nei4 新	nʌ5	tsæ5	kei5	xæ5
乐山	luei4 lei4 新	luei4 lei4 新	luei4 lei4 新	luei4 lei4 新	lɛ5	tsɛ5 文 tsuei2 白	ke5	xɛ5
犍为	luei4 lei4 新	luei4 lei4 新	luei4 lei4 新	luei4 lei4 新	læ5	tsæ5	kɘ5	xæ5

字目	累劳累	累连累	类	泪	肋	贼	给	黑
反切	卢对	良伪	力遂	力遂	卢则	昨则	居立	呼北
声韵调	蟹合一 来灰去	止合三 来支去	止合三 来脂去	止合三 来脂去	曾开一 来德入	曾开一 从德入	深开三 B 见缉入	曾开一 晓德入
中古音	luʌi-	liuᴇ-	liuɪ-	liuɪ-	lək	dzək	kɣiɪp	hək
沐川	luei4	luei4	luei4	luei4	lie5 le5 口	tse5 文 tsuei2 白	ke1	xe5
峨边	luei4	luei4	luei4	luei4	læ5	tsæ5	kei1 tɕiɛ5	xæ5
雅安	nuei4	nuei4	nuei4	nuei4	ne1	tse2	tɕi1 文 ke1 白	xe1
名山	luei4	luei4	luei4	luei4	le1	tse1	ke1	xe1
天全	luei4	luei4	luei4	luei4	le1	tse1	ke1	xe1
芦山	nuei4	nuei4	nuei4	nuei4	nie1	tse1	tɕi1 文 ke1 白	xe1
宝兴	nuei4	nuei4	nuei4	nuei4	ne1	tse2	tɕi1 文 ke1 白	xe1
荥经	luei4	luei4	luei4	luei4	lie5 lɜ5 口	tse5 文 tsuei2 白	kɜ1	xɜ5
汉源	nuei4	nuei4	nuei4	nuei4	nai1	tsai1	kɛ1	xai1
石棉	luei4	luei4	luei4	luei4	le1	tsai1	ke1	xai1
内江	nuei4	nuei4	nuei4	nuei4	ne4	tse2 文 tsuei2 白	tɕi4 文 kei4 白	xe4
威远	nuei4	nuei4	nuei4	nuei4	ne4	tse4 文 tsuei4 白	tɕi4 文 ke1 白	xe4
荣县	nuei4	nuei4	nuei4	nuei4	ne4	tse4 文 tsuei4 白	tɕi4 文 ke1 白	xe4
自贡	luei4	luei4	luei4	luei4	le4	tsai4	tɕi4 文① ke4 白	xe4
富顺	luei4	luei4	luei4	luei4	le4	tse4	tɕi4 文 ke4 白	xe4
隆昌	luei4	luei4	luei4	luei4	le4	tse4	tɕi4 文 ke4 白	xe4
泸县	luei4	luei4	luei4	luei4	le4	tse4 文 tsuei2 白	tɕie4 文 ke1 白	xe4
泸州	luei4	luei4	luei4	luei4	le5	tse5 文 tsuei2 白	tɕie5 文 ke1 白	xe5
南溪	luei4	luei4	luei4	luei4	le5	tse5 文 tsuei2 白	tɕie5 文 ke1 白	xe5
合江	luei4	luei3	luei4	luei4	lie5 le5 口	tse5 文 tsuei2 白	tɕie5 文 ke1 白	xe5

① 又音 kən1 俗。

字目	堆	对	队	兑	推	颓	腿	退
反切	都回	都队	徒对	杜外	他回	杜回	吐猥	他内
声韵调	蟹合一 端灰平	蟹合一 端灰去	蟹合一 定灰去	蟹合一 定泰去	蟹合一 透灰平	蟹合一 定灰平	蟹合一 透灰上	蟹合一 透灰去
中古音	tuʌi	tuʌi-	duʌi-	duɑi-	thuʌi	duʌi	thuʌi:	thuʌi-
成都	tuei1	tuei4	tuei4	tuei4	thuei1	thuei2	thuei3	thuei4
彭州	tuei1	tuei4	tuei4	tuei4	thuei1	thuei2	thuei3	thuei4
郫县	tuei1	tuei4	tuei4	tuei4	thuei1	thuei2	thuei3	thuei4
广汉	tuei1	tuei4	tuei4	tuei4	thuei1	thuei2	thuei3	thuei4
都江堰河东	tuei1	tuei4	tuei4	tuei4	thuei1	thuei2	thuei3	thuei4
都江堰河西	tuei1	tuei4	tuei4	tuei4	thuei1	thuei2	thuei3	thuei4
崇州	tei1	tei4	tei4	tei4	thei1	thuei2	thei3	thei4
大邑	tuei1 tei1 旧	tuei4 tei4 旧	tuei4 tei4 旧	tuei4 tei4 旧	thuei1 thei1 旧	thuei2 thei2 旧	thuei3 thei3 旧	thuei4 thei4 旧
邛崃	tuei1	tuei4	tuei4	tuei4	thuei1	thuei2	thuei3	thuei4
新津	tuei1	tuei4	tei4 tuei4	tei4 tuei4	thei1 thuei1	thuei2	thuei3	thuei4
蒲江	tuei1	tuei4	tuei4	tuei4	thuei1	thuei2	thuei3	thuei4
彭山	tei1	tei4	tei4	tei4	thei1	thuei2	thei3	thei4
眉山	tei1 tuei1 新	tei4 tuei4 新	tei4 tuei4 新	tuei4	thei1 thuei1 新	thuei2	thei3 thuei3 新	thei4 thuei4 新
丹棱	tei1 tuei1 新	tei4 tuei4 新	tei4 tuei4 新	tuei4	thei1 thuei1 新	thuei2	thei3 thuei3 新	thei4 thuei4 新
洪雅	tuei1	tei4 tuei4 新	tuei4	tuei4	thuei1	thuei2	thuei3	thuei4
青神	tuei1	tuei4	tuei4	tuei4	thuei1	thuei2	thuei3	thuei4
夹江	tei1 tuei1 新	tei4 tuei4 新	tei4 tuei4 新	tei4 tuei4 新	thei1 thuei1 新	thuei2	thei3 thuei3 新	thei4 thuei4 新
峨眉山	tei1 tuei1 新	tei4 tuei4 新	tei4 tuei4 新	tei4 tuei4 新	thei1 thuei1 新	thuei2	thei3 thuei3 新	thei4 thuei4 新
乐山	tei1 tuei1 新	tei4 tuei4 新	tei4 tuei4 新	tei4 tuei4 新	thei1 thuei1 新	thuei2	thei3 thuei3 新	thei4 thuei4 新
犍为	tei1 tuei1 新	tei4 tuei4 新	tei4 tuei4 新	tei4 tuei4 新	thei1 thuei1 新	thuei2	thei3 thuei3 新	thei4 thuei4 新

字目	堆	对	队	兑	推	颓	腿	退
反切	都回	都队	徒对	杜外	他回	杜回	吐猥	他内
声韵调	蟹合一 端灰平	蟹合一 端灰去	蟹合一 定灰去	蟹合一 定泰去	蟹合一 透灰平	蟹合一 定灰平	蟹合一 透灰上	蟹合一 透灰去
中古音	tuʌi	tuʌi-	duʌi-	duɑi-	thuʌi	duʌi	thuʌi:	thuʌi-
沐川	tuei1	tuei4	tuei4	tuei4	thuei1	thuei2	thuei3	thuei4
峨边	tuei1	tuei4	tuei4	tuei4	thuei1	thuei2	thuei3	thuei4
雅安	tuei1	tuei4	tuei4	tuei4	thuei1	thuei2	thuei3	thuei4
名山	tuei1	tuei4	tuei4	tei4	thuei1	thuei2	thuei3	thuei4
天全	tuei1	tuei4	tuei4	tuei4	thuei1	thuei2	thuei3	thuei4
芦山	tuei1	tuei4	tuei4	tuei4	thuei1	thuei2	thuei3	thuei4
宝兴	tuei1	tuei4	tuei4	tuei4	thuei1	thuei2	thuei3	thuei4
荥经	tuei1	tuei4	tuei4	tuei4	thuei1	thuei2	thuei3	thuei4
汉源	tei1	tei4	tei4	tei4	thei1	thei2	thei3	thei4
石棉	tuei1	tuei4	tuei4	tuei4	thuei1	thuei2	thuei3	thuei4
内江	tuei1	tuei4	tuei4	tuei4	thuei1	thuei2	thuei3	thuei4
威远	tuei1	tuei4	tuei4	tuei4	thuei1	thuei2	thuei3	thuei4
荣县	tuei1	tuei4	tuei4	tuei4	thuei1	thuei2	thuei3	thuei4
自贡	tuei1	tuei4	tuei4	tuei4	thuei1	thuei2	thuei3	thuei4
富顺	tuei1	tuei4	tuei4	tuei4	thuei1	thuei2	thuei3	thuei4
隆昌	tuei1	tuei4	tuei4	tuei4	thuei1	thuei2	thuei3	thuei4
泸县	tuei1	tuei4	tuei4	tuei4	thuei1	thuei2	thuei3	thuei4
泸州	tuei1	tuei4	tuei4	tuei4	thuei1	thuei2	thuei3	thuei4
南溪	tuei1	tuei4	tuei4	tuei4	thuei1	thuei2	thuei3	thuei4
合江	tuei1	tuei4	tuei4	tuei4	thuei1	thuei2	thuei3	thuei4

字目	蜕	嘴	罪	最	醉	催	崔	脆
反切	他外	即委	徂贿	祖外	将遂	仓回	仓回	此芮
声韵调	蟹合一 透泰去	止合三 精支上	蟹合一 从灰上	蟹合一 精泰去	止合三 精脂去	蟹合一 清灰平	蟹合一 清灰平	蟹合三 清祭去
中古音	thuɑi-	tsiuᴇ:	dzuʌi:	tsuɑi-	tsiuɪ-	tshuʌi	tshuʌi	tshiuᴇi-
成都	thuei4	tsuei3	tsuei4	tsuei4	tsuei4	tshuei1	tshuei1	tshuei4
彭州	thuei4	tsuei3	tsuei4	tsuei4	tsuei4	tshuei1	tshuei1	tshuei4
郫县	thuei4	tsuei3	tsuei4	tsuei4	tsuei4	tshuei1	tshuei1	tshuei4
广汉	thuei4	tsuei3	tsuei4	tsuei4	tsuei4	tshuei1	tshuei1	tshuei4
都江堰河东	thuei4	tsuei3	tsuei4	tsuei4	tsuei4	tshuei1	tshuei1	tshuei4
都江堰河西	thuei4	tsuei3	tsuei4	tsuei4	tsuei4	tshuei1	tshuei1	tshuei4
崇州	thei4	tsuei3	tsuei4	tsuei4	tsuei4	tshuei1	tshuei1	tshuei4
大邑	thuei4	tsuei3	tsuei4	tsuei4	tsuei4	tshuei1	tshuei1	tshuei4
邛崃	thuei4	tsuei3	tsuei4	tsuei4	tsuei4	tshuei1	tshuei1	tshuei4
新津	thei4 thuei4	tsuei3	tsuei4	tsuei4	tsuei4	tshuei1	tshuei1	tshuei4
蒲江	thuei4	tsuei3	tsuei4	tsuei4	tsuei4	tshuei1	tshuei1	tshuei4
彭山	thuei4	tsuei3	tsuei4	tsuei4	tsuei4	tshuei1	tshuei1	tshuei4
眉山	thuei4	tsuei3	tsuei4	tsuei4	tsuei4	tshuei1	tshuei1	tshuei4
丹棱	thuei4	tsuei3	tsuei4	tsuei4	tsuei4	tshuei1	tshuei1	tshuei4
洪雅	thuei4	tsuei3	tsuei4	tsuei4	tsuei4	tshuei1	tshuei1	tshuei4
青神	thuei4	tsuei3	tsuei4	tsuei4	tsuei4	tshuei1	tshuei1	tshuei4
夹江	thei4 thuei4 新	tsuei3	tsuei4	tsuei4	tsuei4	tshuei1	tshuei1	tshuei4
峨眉山	thei4 thuei4 新	tsuei3	tsuei4	tsuei4	tsuei4	tshuei1	tshuei1	tshuei4
乐山	thei4 thuei4 新	tsuei3	tsuei4	tsuei4	tsuei4	tshuei1	tshuei1	tshuei4
犍为	thei4 thuei4 新	tsuei3	tsuei4	tsuei4	tsuei4	tshuei1	tshuei1	tshuei4

字目	蜕	嘴	罪	最	醉	催	崔	脆
反切	他外	即委	徂贿	祖外	将遂	仓回	仓回	此芮
声韵调	蟹合一 透泰去	止合三 精支上	蟹合一 从灰上	蟹合一 精泰去	止合三 精脂去	蟹合一 清灰平	蟹合一 清灰平	蟹合三 清祭去
中古音	thuɑi-	tsiuᴇ:	dzuʌi:	tsuɑi-	tsiuɪ-	tshuʌi	tshuʌi	tshiuᴇi-
沐川	thuei4	tsuei3	tsuei4	tsuei4	tsuei4	tshei1	tshei1	tshei4
峨边	thei4	tsuei3	tsuei4	tsuei4	tsuei4	tshuei1	tshuei1	tshuei4
雅安	thuei4	tsuei3	tsuei4	tsuei4	tsuei4	tshuei1	tshuei1	tshuei4
名山	thuei4	tsuei3	tsuei4	tsuei4	tsuei4	tshuei1	tshuei1	tshuei4
天全	thuei4	tsuei3	tsuei4	tsuei4	tsuei4	tshuei1	tshuei1	tshuei4
芦山	thuei4	tsuei3	tsuei4	tsuei4	tsuei4	tshuei1	tshuei1	tshuei4
宝兴	thuei4	tsuei3	tsuei4	tsuei4	tsuei4	tshuei1	tshuei1	tshuei4
荥经	thuei4	tsuei3	tsuei4	tsuei4	tsuei4	tshuei1	tshuei1	tshuei4
汉源	thei4	tsuei3	tsuei4	tsuei4	tsuei4	tshuei1	tshuei1	tshuei4
石棉	thuei4	tsuei3	tsuei4	tsuei4	tsuei4	tshuei1	tshuei1	tshuei4
内江	thuei4	tsuei3	tsuei4	tsuei4	tsuei4	tshuei1	tshuei1	tshuei4
威远	thuei4	tsuei3	tsuei4	tsuei4	tsuei4	tshuei1	tshuei1	tshuei4
荣县	thuei4	tsuei3	tsuei4	tsuei4	tsuei4	tshuei1	tshuei1	tshuei4
自贡	thuei4	tsuei3	tsuei4	tsuei4	tsuei4	tshuei1	tshuei1	tshuei4
富顺	thuei4	tsuei3	tsuei4	tsuei4	tsuei4	tshuei1	tshuei1	tshuei4
隆昌	thuei4	tsuei3	tsuei4	tsuei4	tsuei4	tshuei1	tshuei1	tshuei4
泸县	thuei4	tsuei3	tsuei4	tsuei4	tsuei4	tshuei1	tshuei1	tshuei4
泸州	thuei4	tsuei3	tsuei4	tsuei4	tsuei4	tshuei1	tshuei1	tshuei4
南溪	thuei4	tsuei3	tsuei4	tsuei4	tsuei4	tshuei1	tshuei1	tshuei4
合江	thuei4	tsuei3	tsuei4	tsuei4	tsuei4	tshuei1	tshuei1	tshuei4

字目	翠	虽	随	隋	髓	碎	岁	遂
反切	七醉	息遗	旬为	旬为	息委	苏内	相锐	徐醉
声韵调	止合三 清脂去	止合三 心脂平	止合三 邪支平	止合三 邪支平	止合三 心支上	蟹合一 心灰去	蟹合三 心祭去	止合三 邪脂去
中古音	tshiuɪ-	siuɪ	ziuᴇ	ziuᴇ	siuᴇ:	suʌi-	siuᴇi-	ziuɪ-
成都	tshuei4	ɕy1 suei1 新	suei2	suei2	suei3	tshuei4 suei4 新	suei4	ɕy4 suei4 新
彭州	tshuei4	ɕy1 suei1 新	suei2	suei2	suei3	tshuei4 suei4 新	suei4	ɕy4 suei4 新
郫县	tshuei4	ɕy1 suei1 新	suei2	suei2	suei3	tshuei4 suei4 新	suei4	ɕy4 suei4 新
广汉	tshuei4	ɕy1 suei1 新	suei2	suei2	suei3	tshuei4	suei4	ɕy4 suei4 新
都江堰河东	tshuei4	ɕy1	suei2	suei2	suei2	tshuei4	suei4	ɕy4
都江堰河西	tshuei4	ɕy1 suei1 新	suei2	suei2	suei2	tshuei4 suei4 新	suei4	ɕy4 suei4 新
崇州	tshuei4	ɕy1	suei2	suei2	suei3	tshuei4	suei4	ɕy4
大邑	tshuei4	ɕy1 suei1 新	suei2	suei2	suei2	tshuei4 suei4 新	suei4	ɕy4 suei4 新
邛崃	tshuei4	ɕy1 suei1 新	suei2	suei2	suei2	tshuei4 suei4 新	suei4	ɕy4 suei4 新
新津	tshuei4	ɕy1 suei1 新	suei2	suei2	suei2	tshuei4 suei4 新	suei4	ɕy4 suei4 新
蒲江	tshuei4	ɕy1 suei1 新	suei2	suei2	suei3	tshuei4 suei4 新	suei4	ɕy4 suei4 新
彭山	tshuei4	ɕy1 suei1 新	suei2	suei2	ɕy3 suei3 新	tshuei4 suei4 新	suei4	ɕy4 suei4 新
眉山	tshuei4	ɕy1 suei1 新	suei2	suei2	ɕy3 suei3 新	tshuei4 suei4 新	suei4	ɕy4 suei4 新
丹棱	tshuei4	ɕy1 suei1 新	suei2	suei2	ɕy2 suei2 新	tshuei4 suei4 新	suei4	ɕy4 suei4 新
洪雅	tshuei4	ɕy1 suei1 新	suei2	suei2	ɕy3 suei3 新	tshuei4 suei4 新	suei4	ɕy4 suei4 新
青神	tshuei4	ɕy1 suei1 新	suei2	suei2	ɕy3 suei3 新	tshuei4 suei4 新	suei4	ɕy4 suei4 新
夹江	tshuei4	ɕy1 suei1 新	suei2	suei2	suei3 ɕy3 口	tshuei4 suei4 新	suei4	ɕy4 suei4 新
峨眉山	tshuei4	ɕy1 suei1 新	suei2	suei2	suei3 ɕy3 口	tshuei4 suei4 新	suei4	ɕy4 suei4 新
乐山	tshuei4	ɕy1 suei1 新	suei2	suei2	suei3 ɕy3 口	tshuei4 suei4 新	suei4	ɕy4 suei4 新
犍为	tshuei4	ɕy1 suei1 新	suei2	suei2	suei3 ɕy3 口	tshuei4 suei4 新	suei4	ɕy4 suei4 新

字目	翠	虽	随	隋	髓	碎	岁	遂
反切	七醉	息遗	旬为	旬为	息委	苏内	相锐	徐醉
声韵调	止合三 清脂去	止合三 心脂平	止合三 邪支平	止合三 邪支平	止合三 心支上	蟹合一 心灰去	蟹合三 心祭去	止合三 邪脂去
中古音	tshiuɪ-	siuɪ	ziuᴇ	ziuᴇ	siuᴇ:	suʌi-	siuᴇi-	ziuɪ-
沐川	tshei4	ɕy1 suei1 新	suei2	suei2	suei3	tshuei4 suei4 新	sei4	ɕy4 suei4 新
峨边	tshuei4	ɕy1	suei2	suei2	suei3	tshuei4	suei4	ɕy4 suei4 新
雅安	tshuei4	ɕy1 suei1 新	suei2	suei2	suei3	tshuei4	suei4	ɕy4 suei4 新
名山	tshuei4	ɕy1 suei1 新	suei2	suei2	suei3	tshuei4 suei4 新	suei4	ɕy4 suei4 新
天全	tshuei4	ɕy1 suei1 新	suei2	suei2	suei4	tshuei4 suei4 新	suei4	ɕy4 suei4 新
芦山	tshuei4	ɕy1 suei1 新	suei4	suei2	suei3	tshuei4 suei4 新	suei4	ɕy4 suei4 新
宝兴	tshuei4	ɕy1 suei1 新	suei2	suei2	suei3	tshuei4	suei4	ɕy4 suei4 新
荥经	tshuei4	ɕy1 suei1 新	suei2	suei2	suei3	tshuei4 suei4 新	suei4	ɕy4 suei4 新
汉源	tshuei4	ɕy1 suei1 新	suei2	suei2	suei4	tshuei4 suei4 新	suei4	ɕy4 suei4 新
石棉	tshuei4	ɕy1 suei1 新	suei2	suei2	suei3	tshuei4 suei4 新	suei4	ɕy4 suei4 新
内江	tshuei4	ɕy1 suei1 新	ʂuei2	ʂuei2	ɕy2 ʂuei2 新	tshuei4 suei4 新	suei4	ɕy4 suei4 新
威远	tshuei4	ɕy1 suei1 新	suei2	suei2	ɕy3 suei3 新	tshuei4 suei4 新	suei4	ɕy4 suei4 新
荣县	tshuei4	ɕy1 suei1 新	suei2	suei2	ɕy2 suei2 新	tshuei4 suei4 新	suei4	ɕy4 suei4 新
自贡	tshuei4	ɕy1 suei1 新	suei2	suei2	suei3	tshuei4	suei4	ɕy4 suei4 新
富顺	tshuei4	suei1 ɕy1 旧	suei2	suei2	suei3	tshuei4	suei4	ɕy4 suei4 新
隆昌	tshuei4	suei1 ɕy1 旧	suei2	suei2	suei2	tshuei4	suei4	ɕy4 suei4 新
泸县	tshuei4	ɕy1 suei1 新	suei2	suei2	suei3	tshuei4 suei4 新	suei4	ɕy4 suei4 新
泸州	tshuei4	ɕy1 suei1 新	suei2	suei2	suei3	tshuei4 suei4 新	suei4	ɕy4 suei4 新
南溪	tshuei4	ɕy1 suei1 新	suei2	suei2	suei3	tshuei4 suei4 新	suei4	ɕy4 suei4 新
合江	tshuei4	ɕy1 suei1 新	suei2	suei2	suei3	tshuei4 suei4 新	suei4	ɕy4 suei4 新

字目	穗	追	锥	赘	坠	吹	炊	垂
反切	徐醉	陟隹	职追	之芮	直类	昌垂	昌垂	是为
声韵调	止合三 邪脂去	止合三 知脂平	止合三 章脂平	蟹合三 章祭去	止合三 澄脂去	止合三 昌支平	止合三 昌支平	止合三 禅支平
中古音	ziuɪ-	ʈiuɪ	tɕiuɪ	tɕiuEi-	ɖiuɪ-	tɕhiuE	tɕhiuE	dʑiuE
成都	ɕy4 suei4 新	tsuei1	tsuei1	tsuei4	tsuei4	tshuei1	tshuei1	tshuei2
彭州	ɕy4 suei4 新	tsuei1	tsuei1	tsuei4	tsuei4	tshuei1	tshuei1	tshuei2
郫县	ɕy4 suei4 新	tsuei1	tsuei1	tsuei4	tshei4	tshuei1	tshuei1	tshuei2
广汉	suei4	tsuei1	tsuei1	tsuei4	tsuei4	tshuei1	tshuei1	tshuei2
都江堰河东	ɕy4	tsuei1	tsuei1	tsuei4	tsuei4	tshuei1	tshuei1	tshuei2
都江堰河西	ɕy4 suei4 新	tsuei1	tsuei1	tsuei4	tsuei4	tshuei1	tshuei1	tshuei2
崇州	ɕy4 ɕy1 口	tsuei1	tsuei1	tsuei4	tsuei4	tshuei1	tshuei1	tshuei2
大邑	ɕy4 suei4 新	tsuei1	tsuei1	tsuei4	tsuei4	tshuei1	tshuei1	tshuei2
邛崃	ɕy4 suei4 新	tsuei1	tsuei1	tsuei4	tsuei4	tshuei1	tshuei1	tshuei2
新津	ɕy4 suei4 新	tsuei1	tsuei1	tsuei4	tsuei4	tshuei1	tshuei1	tshuei2
蒲江	ɕy4 suei4 新	tsuei1	tsuei1	tsuei4	tsuei4	tshuei1	tshuei1	tshuei2
彭山	ɕy4 suei4 新	tsuei1	tsuei1	tsuei4	tsuei4	tshuei1	tshuei1	tshuei2
眉山	ɕy4 suei4 新	tsuei1	tsuei1	tsuei4	tsuei4	tshuei1	tshuei1	tshuei2
丹棱	ɕy4 suei4 新	tsuei1	tsuei1	tsuei4	tsuei4	tshuei1	tshuei1	tshuei2
洪雅	ɕy4 suei4 新	tsuei1	tsuei1	tsuei4	tsuei4	tshuei1	tshuei1	tshuei2
青神	ɕy4 suei4 新	tsuei1	tsuei1	tsuei4	tsuei4	tshuei1	tshuei1	tshuei2
夹江	ɕy4 suei4 新	tsuei1	tsuei1	tsuei4	tsuei4	tshuei1	tshuei1	tshuei2
峨眉山	ɕy4 suei4 新	tsuei1	tsuei1	tsuei4	tsuei4	tshuei1	tsuei1	tshuei2
乐山	ɕy4 suei4 新	tsuei1	tsuei1	tsuei4	tsuei4	tshuei1	tshuei1	tshuei2
犍为	ɕy4 suei4 新	tsuei1	tsuei1	tsuei4	tsuei4	tshuei1	tshuei1	tshuei2

字目	穗	追	锥	赘	坠	吹	炊	垂
反切	徐醉	陟隹	职追	之芮	直类	昌垂	昌垂	是为
声韵调	止合三 邪脂去	止合三 知脂平	止合三 章脂平	蟹合三 章祭去	止合三 澄脂去	止合三 昌支平	止合三 昌支平	止合三 禅支平
中古音	ziuɪ-	ʈiuɪ	tɕiuɪ	tɕiuᴇi-	ɖiuɪ-	tɕhiuᴇ	tɕhiuᴇ	dʑiuᴇ
沐川	ɕy4	tsei1	tsei1	tsuei4	tsuei4	tshuei1	tshuei1	tshuei2
峨边	suei4	tsuei1	tsuei1	tsuei4	tsuei4	tshuei1	tshuei1	tshuei2
雅安	ɕy4 suei4 新	tsuei1	tsuei1	tsuei4	tsuei4	tshuei1	tshuei1	tshuei2
名山	ɕy4 suei4 新	tsuei1	tsuei1	tsuei4	tsuei4	tshuei1	tshuei1	tshuei2
天全	ɕy4 suei4 新	tsuei1	tsuei1	tsuei4	tsuei4	tshuei1	tshuei1	tshuei2
芦山	ɕy4 suei4 新	tsuei1	tsuei1	tsuei4	tsuei4	tshuei1	tshuei1	tshuei2
宝兴	ɕy4 suei4 新	tsuei1	tsuei1	tsuei4	tsuei4	tshuei1	tshuei1	tshuei2
荥经	ɕy4 suei4 新	tsuei1	tsuei1	tsuei4	tsuei4	tshuei1	tshuei1	tshuei2
汉源	ɕy4 suei4 新	tsuei1	tsuei1	tsuei4	tsuei4	tshuei1	tshuei1	tshuei2
石棉	ɕy4 suei4 新	tsuei1	tsuei1	tsuei4	tsuei4	tshuei1	tshuei1	tshuei2
内江	ɕy4 suei4 新	tʂuei1	tʂuei1	tsuei4	tʂuei4	tshuei1	tshuei1	tshuei2
威远	ɕy4 suei4 新	tʂuei1	tʂuei1	tʂuei4	tʂuei4	tʂhuei1	tshuei1	tʂhuei2
荣县	ɕy4 suei4 新	tsuei1	tsuei1	tsuei4	tsuei4	tshuei1	tshuei1	tshuei2
自贡	suei4	tʂuei1	tʂuei1	tʂuei4	tʂuei4	tʂhuei1	tshuei1	tʂhuei2
富顺	suei4	tʂuei1	tʂuei1	tʂuei4	tʂuei4	tʂhuei1	tshuei1	tʂhuei2
隆昌	suei4	tsuei1	tsuei1	tsuei4	tsuei4	tshuei1	tshuei1	tshuei2
泸县	suei4	tsuei1	tsuei1	tsuei4	tshei4	tshuei1	tshuei1	tshuei2
泸州	suei4	tsuei1	tsuei1	tsuei4	tsuei4	tshuei1	tshuei1	tshuei2
南溪	suei4	tsuei1	tsuei1	tsuei4	tsuei4	tshuei1	tshuei1	tshuei2
合江	ɕy4	tsuei1	tsuei1	tsuei4	tsuei4	tshuei1	tshuei1	tshuei2

字目	锤	谁	水	税	睡	蕊花蕊	锐	瑞
反切	直追	视隹	式轨	舒锐	是伪	如累	以芮	是伪
声韵调	止合三 澄脂平	止合三 禅脂平	止合三 书脂上	蟹合三 书祭去	止合三 禅支去	止合三 日支上	蟹合三 以祭去	止合三 禅支去
中古音	ȡiuɪ	dʑiuɪ	ɕiuɪ:	ɕiuEi-	dʑiuE-	ȵʑiuE:	jiuEi-	dʑiuE-
成都	tshuei2	suei2	suei3	suei4	suei4	zoŋ3 zuei3 新	zuei4	zuei4 suei4 旧
彭州	tshuei2	suei2	suei3	suei4	suei4	zoŋ3 zuei3 新	zuei4	suei4 zuei4 新
郫县	tshuei2	suei2	suei3	suei4	suei4	zoŋ3 zuei3 新	zuei4	suei4 zuei4 新
广汉	tshuei2	suei2	suei3	suei4	suei4	zuei3	zuei4	suei4
都江堰河东	tshuei2	suei2	suei3	suei4	suei4	zoŋ3 zuei3 新	zuei4	zuei4 suei4 旧
都江堰河西	tshuei2	suei2	suei3	suei4	suei4	zoŋ3 zuei3 新	zuei4	zuei4 suei4 旧
崇州	tshuei2	suei2	suei3	sei4	sei4	zoŋ3 zuei3 新	zuei4	zuei4 suei4 旧
大邑	tshuei2	suei2	suei3	suei4	suei4	zuei4 nuei4 旧	zuei4	zuei4 suei4 旧
邛崃	tshuei2	suei2	suei3	suei4	suei4	zuei3 nuei4 旧	zuei4	zuei4 suei4 旧
新津	tshuei2	suei2	suei3	suei4	suei4	zuei4	zuei4	zuei4 suei4 旧
蒲江	tshuei2	suei2	suei3	suei4	suei4	zuei4 luei4 旧	zuei4	zuei4 suei4 旧
彭山	tshuei2	suei2	suei3	suei4	suei4	zuei4	zuei4	zuei4 suei4 旧
眉山	tshuei2	suei2	suei3	suei4	suei4	zuei4	zuei4	zuei4 suei4 旧
丹棱	tshuei2	suei2	suei3	suei4	suei4	zuei4	zuei4	zuei4 suei4 旧
洪雅	tshuei2	suei2	suei3	suei4	suei4	zoŋ3 zuei3 新	zuei4	zuei4 suei4 旧
青神	tshuei2	suei2	suei3	suei4	suei4	zoŋ3 zuei3 新	zuei4	zuei4 suei4 旧
夹江	tshuei2	suei2	suei3	suei4	suei4	zuei3	zuei4	zuei4 suei4 旧
峨眉山	tshuei2	suei2	suei3	suei4	suei4	zuei3	zuei4	zuei4 suei4 旧
乐山	tshuei2	suei2	suei3	suei4	suei4	zuei3	zuei4	zuei4 suei4 旧
犍为	tshuei2	suei2	suei3	suei4	suei4	zuei3	zuei4	zuei4 suei4 旧

字目	锤	谁	水	税	睡	蕊花蕊	锐	瑞
反切	直追	视隹	式轨	舒锐	是伪	如累	以芮	是伪
声韵调	止合三 澄脂平	止合三 禅脂平	止合三 书脂上	蟹合三 书祭去	止合三 禅支去	止合三 日支上	蟹合三 以祭去	止合三 禅支去
中古音	ɖiuɪ	dʑiuɪ	ɕiuɪ:	ɕiuᴇi-	dʑiuᴇ-	ȵʑiuᴇ:	jiuᴇi-	dʑiuᴇ-
沐川	tshuei2	suei2	suei3	suei4	suei4	zoŋ3 zuei3 新	zuei4	suei4 zuei4 新
峨边	tshuei2	suei2	suei3	suei4	suei4	zuei3	zuei4	zuei4 suei4 旧
雅安	tshuei2	suei2	suei3	suei4	suei4	zoŋ3 zuei3 新	zuei4	suei4
名山	tshuei2	suei2	suei3	suei4	suei4	zuei4	zuei4	suei4 zuei4 新
天全	tshuei2	suei4	suei3	suei4	suei4	zoŋ3 zuei4 新	zuei4	suei4 zuei4 新
芦山	tshuei2	suei2	suei3	suei4	suei4	zoŋ3 zuei3 新	zuei4	suei4
宝兴	tshuei2	suei2	suei3	suei4	suei4	zoŋ3 zuei3 新	zuei4	suei4
荥经	tshuei2	suei2	suei3	suei4	suei4	zoŋ3 zuei3 新	zuei4	suei4 zuei4 新
汉源	tshuei2	suei2	suei3	suei4	suei4	zoŋ3 zuei4 新	zuei4	suei4 zuei4 新
石棉	tshuei2	suei2	suei3	suei4	suei4	zuei4	zuei4	suei2 zuei4 新
内江	tshuei2	ʂuei2	ʂuei3	ʂuei4	ʂuei4	ʐoŋ3 ʐuei3 新	ʐuei4	ʐuei4 ʂuei4 旧
威远	tʂhuei2	suei2	ʂuei3	ʂuei4	ʂuei4	ioŋ3 ʐuei3 新	ʐuei4	ʐuei4 ʂuei4 旧
荣县	tshuei2	suei2	suei3	suei4	suei4	zoŋ3 zuei3 新	zuei4	zuei4 suei4 旧
自贡	tʂhuei2	ʂuei2	ʂuei3	ʂuei4	ʂuei4	ʐuei4 ʐoŋ3 旧	ʐuei4	ʐuei4
富顺	tʂhuei2	suei2	ʂuei3	ʂuei4	ʂuei4	ʐuei4 ʐoŋ3 旧	ʐuei4	ʂuei4 ʐuei4 新
隆昌	tshuei2	ʂuei2	ʂuei3	ʂuei4	ʂuei4	ʐoŋ3 ʐuei4 新	ʐuei4	ʐuei4
泸县	tshuei2	suei2	suei3	suei4	suei4	zuei3	zuei4	suei4 zuei4 新
泸州	tshuei2	suei2	suei3	suei4	suei4	zuei3	zuei4	suei4 zuei4 新
南溪	tshuei2	suei2	suei3	suei4	suei4	zuei3	zuei4	suei4 zuei4 新
合江	tshuei2	suei2	suei3	suei4	suei4	zoŋ3 zuei3 新	zuei4	suei4 zuei4 新

字目	规	龟	归	诡	轨	鬼	桂	跪①
反切	居隋	居追	举韦	过委	居洧	居伟	古惠	渠委
声韵调	止合三A 见支平	止合三B 见脂平	止合三 见微平	止合三B 见支上	止合三B 见脂上	止合三 见微上	蟹合四 见齐去	止合三B 群支上
中古音	kiuᴇ	kɣiuɪ	kʉi	kɣiuᴇ:	kɣiuɪ:	kʉi:	kwei-	gɣiuᴇ:
成都	kuei1	kuei1	kuei1	kuei3	kuei3	kuei3	kuei4	kuei4
彭州	kuei1	kuei1	kuei1	kuei3	kuei3	kuei3	kuei4	kuei4
郫县	kuei1	khuei1	kuei1	kuei3	kuei3	kuei3	kuei4	kuei4
广汉	kuei1	kuei1	kuei1	kuei3	kuei3	kuei3	kuei4	kuei4
都江堰河东	kuei1	khuei1	kuei1	kuei3	kuei3	kuei3	kuei4	kuei4
都江堰河西	kuei1	kuei1	kuei1	kuei3	kuei3	kuei3	kuei4	kuei4
崇州	kuei1	kuei1 khuei1	kuei1	kuei3	kuei3	kuei3	kuei4	kuei4
大邑	kuei1	kuei1	kuei1	kuei3	kuei3	kuei3	kuei4	kuei4
邛崃	kuei1	kuei1	kuei1	kuei3	kuei3	kuei3	kuei4	kuei4
新津	kuei1	kuei1	kuei1	kuei3	kuei3	kuei3	kuei4	kuei4
蒲江	kuei1	kuei1	kuei1	kuei3	kuei3	kuei3	kuei4	kuei4
彭山	kuei1	kuei1	kuei1	kuei3	kuei3	kuei3	kuei4	kuei4
眉山	kuei1	kuei1	kuei1	kuei3	kuei3	kuei3	kuei4	kuei4
丹棱	kuei1	kuei1	kuei1	kuei3	kuei3	kuei3	kuei4	kuei4
洪雅	kuei1	kuei1	kuei1	kuei3	kuei3	kuei3	kuei4	kuei4
青神	kuei1	kuei1	kuei1	kuei3	kuei3	kuei3	kuei4	kuei4
夹江	kuei1	kuei1	kuei1	kuei3	kuei3	kuei3	kuei4	kuei4
峨眉山	kuei1	kuei1	kuei1	kuei3	kuei3	kuei3	kuei4	kuei4
乐山	kuei1	kuei1	kuei1	kuei3	kuei3	kuei3	kuei4	kuei4
犍为	kuei1	kuei1	kuei1	kuei3	kuei3	kuei3	kuei4	kuei4

① 又去委切，止合三B溪支上。

字目	规	龟	归	诡	轨	鬼	桂	跪[1]
反切	居隋	居追	举韦	过委	居洧	居伟	古惠	渠委
声韵调	止合三A 见支平	止合三B 见脂平	止合三 见微平	止合三B 见支上	止合三B 见脂上	止合三 见微上	蟹合四 见齐去	止合三B 群支上
中古音	kiuᴇ	kɣiuɪ	kʉi	kɣiuᴇ:	kɣiuɪ:	kʉi:	kwei-	gɣiuᴇ:
沐川	kuei1	kuei1	kuei1	kuei3	kuei3	kuei3	kuei4	kuei4
峨边	kuei1	kuei1	kuei1	kuei3	kuei3	kuei3	kuei4	kuei4
雅安	kuei1	kuei1	kuei1	kuei3	kuei3	kuei3	kuei4	kuei4
名山	kuei1	kuei1	kuei1	kuei3	kuei3	kuei3	kuei4	kuei4
天全	kuei1	kuei1	kuei1	kuei3	kuei3	kuei3	kuei4	kuei4
芦山	kuei1	kuei1	kuei1	kuei3	kuei3	kuei3	kuei4	kuei4
宝兴	kuei1	kuei1	kuei1	kuei3	kuei3	kuei3	kuei4	kuei4
荥经	kuei1	kuei1	kuei1	kuei3	kuei3	kuei3	kuei4	kuei4
汉源	kuei1	kuei1	kuei1	kuei3	kuei3	kuei3	kuei4	kuei4
石棉	kuei1	kuei1	kuei1	kuei3	kuei3	kuei3	kuei4	kuei4
内江	kuei1	kuei1	kuei1	kuei3	kuei3	kuei3	kuei4	kuei4
威远	kuei1	kuei1	kuei1	kuei3	kuei3	kuei3	kuei4	kuei4
荣县	kuei1	kuei1	kuei1	kuei3	kuei3	kuei3	kuei4	kuei4
自贡	kuei1	kuei1	kuei1	kuei3	kuei3	kuei3	kuei4	kuei4
富顺	kuei1	kuei1	kuei1	kuei3	kuei3	kuei3	kuei4	kuei4
隆昌	kuei1	kuei1	kuei1	kuei3	kuei3	kuei3	kuei4	kuei4
泸县	kuei1	khuei1	kuei1	kuei3	kuei3	kuei3	kuei4	kuei4
泸州	kuei1	kuei1	kuei1	kuei3	kuei3	kuei3	kuei4	kuei4
南溪	kuei1	kuei1	kuei1	kuei3	kuei3	kuei3	kuei4	kuei4
合江	kuei1	kuei1	kuei1	kuei3	kuei3	kuei3	kuei4	kuei4

① 又去委切，止合三B溪支上。

字目	柜	贵	亏	魁	奎	葵	溃崩溃	愧[①]
反切	求位	居胃	去为	苦回	苦圭	渠隹	胡对	
声韵调	止合三B 群脂去	止合三 见微去	止合三B 溪支平	蟹合一 溪灰平	蟹合四 溪齐平	止合三A 群脂平	蟹合一 匣灰去	
中古音	gɣiuɪ-	kʉi-	khɣiuᴇ	khuʌi	khwei	giuɪ	ɦuʌi-	
成都	kuei4	kuei4	khuei1	khuei1	khuei2	khuei2	khuei4	khuei4
彭州	kuei4	kuei4	khuei1	khuei1	khuei2	khuei2	khuei4	khuei4
郫县	kuei4	kuei4	khuei1	khuei1	khuei2	khuei2	khuei4	khuei4
广汉	kuei4	kuei4	khuei1	khuei1	khuei2	khuei2	khuei4	khuei4
都江堰河东	kuei4	kuei4	khuei1	khuei1	khuei2	khuei2	khuei4	khuei4
都江堰河西	kuei4	kuei4	khuei1	khuei1	khuei2	khuei2	khuei4	khuei4
崇州	kuei4	kuei4	khuei1	khuei1	khuei2	khuei2	khuei4	khuei4
大邑	kuei4	kuei4	khuei1	khuei1	khuei2	khuei2	khuei4	khuei4
邛崃	kuei4	kuei4	khuei1	khuei1	khuei2	khuei2	khuei4	khuei4
新津	kuei4	kuei4	khuei1	khuei1	khuei2	khuei2	khuei4	khuei4
蒲江	kuei4	kuei4	khuei1	khuei1	khuei2	khuei2	khuei4	khuei4
彭山	kuei4	kuei4	khuei1	khuei1	khuei2	khuei2	khuei4	khuei4
眉山	kuei4	kuei4	khuei1	khuei1	khuei2	khuei2	khuei4	khuei4
丹棱	kuei4	kuei4	khuei1	khuei1	khuei2	khuei2	khuei4	khuei4
洪雅	kuei4	kuei4	khuei1	khuei1	khuei2	khuei2	khuei4	khuei4
青神	kuei4	kuei4	khuei1	khuei2	khuei2	khuei2	khuei4	khuei4
夹江	kuei4	kuei4	khuei1	khuei1	khuei2	khuei2	khuei4	khuei4
峨眉山	kuei4	kuei4	khuei1	khuei1	khuei2	khuei2	khuei4	khuei4
乐山	kuei4	kuei4	khuei1	khuei1	khuei2	khuei2	khuei4	khuei4
犍为	kuei4	kuei4	khuei1	khuei1	khuei2	khuei2	khuei4	khuei4

① 俱位切，止合三B见脂去，kɣiuɪ-。

字目	柜	贵	亏	魁	奎	葵	溃崩溃	愧①
反切	求位	居胃	去为	苦回	苦圭	渠隹	胡对	
声韵调	止合三B 群脂去	止合三 见微去	止合三B 溪支平	蟹合一 溪灰平	蟹合四 溪齐平	止合三A 群脂平	蟹合一 匣灰去	
中古音	gɣiuɪ-	kʉi-	khɣiuᴇ	khuʌi	khwei	giuɪ	ɦuʌi-	
沐川	kuei4	kuei4	khuei1	khuei2	khuei2	khuei2	khuei4	khuei4
峨边	kuei4	kuei4	khuei1	khuei1	khuei2	khuei2	khuei4	khuei4
雅安	kuei4	kuei4	khuei1	khuei1	khuei2	khuei2	khuei4	khuei4
名山	kuei4	kuei4	khuei1	khuei1	khuei2	khuei2	khuei4	khuei4
天全	kuei4	kuei4	khuei1	khuei1	khuei2	khuei2	khuei4	khuei4
芦山	kuei4	kuei4	khuei1	khuei1	khuei2	khuei2	khuei4	khuei4
宝兴	kuei4	kuei4	khuei1	khuei1	khuei2	khuei2	khuei4	khuei4
荥经	kuei4	kuei4	khuei1	khuei1	khuei2	khuei2	khuei4	khuei4
汉源	kuei4	kuei4	khuei1	khuei4	khuei2	khuei2	khuei4	khuei4
石棉	kuei4	kuei4	khuei1	khuei1	khuei2	khuei2	xuei4	khuei4
内江	kuei4	kuei4	khuei1	khuei1	khuei2	khuei2	khuei4	khuei4
威远	kuei4	kuei4	khuei1	khuei2	khuei2	khuei2	khuei4	khuei4
荣县	kuei4	kuei4	khuei1	khuei1	khuei2	khuei2	khuei4	khuei4
自贡	kuei4	kuei4	khuei1	khuei1	khuei2	khuei2	khuei2	khuei4
富顺	kuei4	kuei4	khuei1	khuei1	khuei2	khuei2	khuei4	khuei4
隆昌	kuei4	kuei4	khuei1	khuei1	khuei2	khuei2	khuei4	khuei4
泸县	kuei4	kuei4	khuei1	khuei1	khuei2	khuei2	khuei4	khuei4
泸州	kuei4	kuei4	khuei1	khuei1	khuei2	khuei2	khuei4	khuei4
南溪	kuei4	kuei4	khuei1	khuei1	khuei2	khuei2	khuei4	khuei4
合江	kuei4	kuei4	khuei1	khuei1	khuei2	khuei2	khuei4	khuei4

① 俱位切，止合三B见脂去，kɣiuɪ-。

字目	灰	恢	挥	辉	徽	回	悔	毁
反切	呼恢	苦回	许归	许归	许归	户恢	呼罪	许委
声韵调	蟹合一 晓灰平	蟹合一 溪灰平	止合三 晓微平	止合三 晓微平	止合三 晓微平	蟹合一 匣灰平	蟹合一 晓灰上	止合三 B 晓支上
中古音	huʌi	khuʌi	hʉi	hʉi	hʉi	ɦuʌi	huʌi:	hɣiuᴇ:
成都	xuei1	xuei1	xuei1	xuei1	xuei1	xuei2	xuei3	xuei3
彭州	xuei1	xuei1	xuei1	xuei1	xuei1	xuei2	xuei3	xuei3
郫县	xuei1	xuei1	xuei1	xuei1	xuei1	xuei2	xuei3	xuei3
广汉	xuei1	xuei1	xuei1	xuei1	xuei1	xuei2	xuei3	xuei3
都江堰河东	xuei1	xuei1	xuei1	xuei1	xuei1	xuei2	xuei3	xuei3
都江堰河西	xuei1	xuei1	xuei1	xuei1	xuei1	xuei2	xuei3	xuei3
崇州	xuei1	xuei1	xuei1	xuei1	xuei1	xuei2	xuei3	xuei3
大邑	xuei1	xuei1	xuei1	xuei1	xuei1	xuei2	xuei3	xuei3
邛崃	xuei1	xuei1	xuei1	xuei1	xuei1	xuei2	xuei3	xuei3
新津	xuei1	xuei1	xuei1	xuei1	xuei1	xuei2	xuei3	xuei3
蒲江	xuei1	xuei1	xuei1	xuei1	xuei1	xuei2	xuei3	xuei3
彭山	xuei1	xuei1	xuei1	xuei1	xuei1	xuei2	xuei3	xuei3
眉山	xuei1	xuei1	xuei1	xuei1	xuei1	xuei2	xuei3	xuei3
丹棱	xuei1	xuei1	xuei1	xuei1	xuei1	xuei2	xuei3	xuei3
洪雅	xuei1	xuei1	xuei1	xuei1	xuei1	xuei2	xuei3	xuei3
青神	xuei1	xuei1	xuei1	xuei1	xuei1	xuei2	xuei3	xuei3
夹江	xuei1	xuei1	xuei1	xuei1	xuei1	xuei2	xuei3	xuei3
峨眉山	xuei1	xuei1	xuei1	xuei1	xuei1	xuei2	xuei3	xuei3
乐山	xuei1	xuei1	xuei1	xuei1	xuei1	xuei2	xuei3	xuei3
犍为	xuei1	xuei1	xuei1	xuei1	xuei1	xuei2	xuei3	xuei3

字目	灰	恢	挥	辉	徽	回	悔	毁
反切	呼恢	苦回	许归	许归	许归	户恢	呼罪	许委
声韵调	蟹合一 晓灰平	蟹合一 溪灰平	止合三 晓微平	止合三 晓微平	止合三 晓微平	蟹合一 匣灰平	蟹合一 晓灰上	止合三 B 晓支上
中古音	huʌi	khuʌi	hʉi	hʉi	hʉi	ɦuʌi	huʌi:	hɣiuᴇ:
沐川	xuei1	xuei1	xuei1	xuei1	xuei1	xuei2	xuei3	xuei3
峨边	xuei1	xuei1	xuei1	xuei1	xuei1	xuei2	xuei3	xuei3
雅安	xuei1	xuei1	xuei1	xuei1	xuei1	xuei2	xuei3	xuei3
名山	xuei1	xuei1	xuei1	xuei1	xuei1	xuei2	xuei3	xuei3
天全	xuei1	xuei1	xuei1	xuei1	xuei1	xuei2	xuei3	xuei3
芦山	xuei1	xuei1	xuei1	xuei1	xuei1	xuei2	xuei3	xuei3
宝兴	xuei1	xuei1	xuei1	xuei1	xuei1	xuei2	xuei3	xuei3
荥经	xuei1	xuei1	xuei1	xuei1	xuei1	xuei2	xuei3	xuei3
汉源	xuei1	xuei1	xuei1	xuei1	xuei1	xuei2	xuei3	xuei3
石棉	xuei1	xuei1	xuei1	xuei1	xuei1	xuei2	xuei3	xuei3
内江	xuei1	xuei1	xuei1	xuei1	xuei1	xuei2	xuei3	xuei3
威远	xuei1	xuei1	xuei1	xuei1	xuei1	xuei2	xuei3	xuei3
荣县	xuei1	xuei1	xuei1	xuei1	xuei1	xuei2	xuei3	xuei3
自贡	xuei1	xuei1	xuei1	xuei1	xuei1	xuei2	xuei3	xuei3
富顺	xuei1	xuei1	xuei1	xuei1	xuei1	xuei2	xuei3	xuei3
隆昌	xuei1	xuei1	xuei1	xuei1	xuei1	xuei2	xuei3	xuei3
泸县	xuei1	xuei1	xuei1	xuei1	xuei1	xuei2	xuei3	xuei3
泸州	xuei1	xuei1	xuei1	xuei1	xuei1	xuei2	xuei3	xuei3
南溪	xuei1	xuei1	xuei1	xuei1	xuei1	xuei2	xuei3	xuei3
合江	xuei1	xuei1	xuei1	xuei1	xuei1	xuei2	xuei3	xuei3

字目	贿[1]	晦	汇汇合	溃溃脓	会会不会	会开会	绘	彗彗星
反切	呼罪	荒内	胡罪	胡对	黄外	黄外	黄外	于岁
声韵调	蟹合一 晓灰上	蟹合一 晓灰去	蟹合一 匣灰上	蟹合一 匣灰去	蟹合一 匣泰去	蟹合一 匣泰去	蟹合一 匣泰去	蟹合三 云祭去
中古音	huʌi:	huʌi-	ɦuʌi:	ɦuʌi-	ɦuɑi-	ɦuɑi-	ɦuɑi-	ɦiuɛi-
成都	xuei4	xuei4	xuei4	khuei4	xuei4	xuei4	xuei4	xuei4
彭州	xuei4	xuei4	xuei4	khuei4	xuei4	xuei4	xuei4	xuei4
郫县	xuei4	xuei4	xuei4	khuei4	xuei4	xuei4	xuei4	xuei4
广汉	xuei4	xuei4	xuei4	khuei4	xuei4	xuei4	xuei4	xuei4
都江堰河东	xuei4	xuei4	xuei4	khuei4	xuei4	xuei4	xuei4	xuei4
都江堰河西	xuei4	xuei4	xuei4	khuei4	xuei4	xuei4	xuei4	xuei4
崇州	xuei4	xuei4	xuei4	khuei4	xuei4	xuei4	xuei4	xuei4
大邑	xuei4	xuei4	xuei4	khuei4	xuei4	xuei4	xuei4	xuei4
邛崃	xuei4	xuei4	xuei4	khuei4	xuei4	xuei4	xuei4	xuei4
新津	xuei4	xuei4	xuei4	khuei4	xuei4	xuei4	xuei4	xuei4
蒲江	xuei4	xuei4	xuei4	khuei4	xuei4	xuei4	xuei4	xuei4
彭山	xuei4	xuei4	xuei4	khuei4	xuei4	xuei4	xuei4	xuei4
眉山	xuei4	xuei4	xuei4	khuei4	xuei4	xuei4	xuei4	xuei4
丹棱	xuei4	xuei4	xuei4	khuei4	xuei4	xuei4	xuei4	xuei4
洪雅	xuei4	xuei3 xuei4	xuei4	khuei4	xuei4	xuei4	xuei4	xuei4
青神	xuei4	xuei4	xuei4	khuei4	xuei4	xuei4	xuei4	xuei4
夹江	xuei4	xuei4	xuei4	khuei4	xuei4	xuei4	xuei4	xuei4
峨眉山	xuei4	xuei4	xuei4	khuei4	xuei4	xuei4	xuei4	xuei4
乐山	xuei4	xuei4	xuei4	khuei4	xuei4	xuei4	xuei4	xuei4
犍为	xuei4	xuei4	xuei4	khuei4	xuei4	xuei4	xuei4	xuei4

① 又*呼内切，蟹合一晓灰去。

字目	贿①	晦	汇汇合	溃溃脓	会会不会	会开会	绘	彗彗星
反切	呼罪	荒内	胡罪	胡对	黄外	黄外	黄外	于岁
声韵调	蟹合一晓灰上	蟹合一晓灰去	蟹合一匣灰上	蟹合一匣灰去	蟹合一匣泰去	蟹合一匣泰去	蟹合一匣泰去	蟹合三云祭去
中古音	huʌi:	huʌi-	ɦuʌi:	ɦuʌi-	ɦuɑi-	ɦuɑi-	ɦuɑi-	ɦiuɛi-
沐川	xuei4	xuei4	xuei4	khuei4	xuei4	xuei4	xuei4	xuei4
峨边	xuei4	xuei4	xuei4	khuei4	xuei4	xuei4	xuei4	xuei4
雅安	xuei4	xuei4	xuei4	khuei4	xuei4	xuei4	xuei4	xuei4
名山	xuei4	xuei4	xuei2	khuei4	xuei4	xuei4	xuei4	xuei4
天全	xuei4	xuei4	xuei4	khuei4	xuei2	xuei2	xuei4	xuei4
芦山	xuei4	xuei4	xuei4	khuei4	xuei4	xuei4	xuei4	xuei4
宝兴	xuei4	xuei4	xuei4	khuei4	xuei4	xuei4	xuei4	xuei4
荥经	xuei4	xuei4	xuei4	khuei4	xuei4	xuei4	xuei4	xuei4
汉源	xuei4	xuei4	xuei4	khuei4	xuei4	xuei4	xuei4	xuei4
石棉	xuei4	xuei4	xuei2	khuei4	xuei2	xuei2	xuei4	xuei4
内江	xuei4	xuei4	xuei4	khuei4	xuei4	xuei4	xuei4	xuei4
威远	xuei4	xuei3 xuei4	xuei4	khuei4	xuei4	xuei4	xuei4	xuei4
荣县	xuei4	xuei3 xuei4	xuei4	khuei4	xuei4	xuei4	xuei4	xuei4
自贡	xuei4	xuei4	xuei4	khuei4	xuei4	xuei4	xuei4	xuei4
富顺	xuei4	xuei4	xuei4	khuei4	xuei4	xuei4	xuei4	xuei4
隆昌	xuei4	xuei4	xuei4	khuei4	xuei4	xuei4	xuei4	xuei4
泸县	xuei4	xuei4	xuei4	khuei4	xuei4	xuei4	xuei4	xuei4
泸州	xuei4	xuei4	xuei4	khuei4	xuei4	xuei4	xuei4	xuei4
南溪	xuei4	xuei4	xuei4	khuei4	xuei4	xuei4	xuei4	xuei4
合江	xuei4	xuei4	xuei4	khuei4	xuei4	xuei4	xuei4	xuei4

① 又*呼内切，蟹合一晓灰去。

字目	惠	慧	讳	汇词汇	危	微	威	桅
反切	胡桂	胡桂	许贵	于贵	鱼为	无非	于非	五灰
声韵调	蟹合四 匣齐去	蟹合四 匣齐去	止合三 晓微去	止合三 云微去	止合三 B 疑支平	止合三 微微平	止合三 影微平	蟹合一 疑灰平
中古音	ɦwei-	ɦwei-	hʉi-	ɦʉi-	ŋɣiuᴇ	mʉi	ʔʉi	ŋuʌi
成都	xuei4	xuei4	xuei4	xuei4	uei2	uei2 uei1 新	uei1	uei2
彭州	xuei4	xuei4	xuei4	xuei4	uei2	uei2	uei1	uei2
郫县	xuei4	xuei4	xuei4	xuei4	uei2	uei2	uei1	uei2
广汉	xuei4	xuei4	xuei4	xuei4	uei1	uei2	uei1	uei2
都江堰河东	xuei4	xuei4	xuei4	xuei4	uei2	uei2	uei1	uei2
都江堰河西	xuei4	xuei4	xuei4	xuei4	uei2	uei2	uei1	uei2
崇州	xuei4	xuei4	xuei4	xuei4	uei2	uei2	uei1	uei2
大邑	xuei4	xuei4	xuei4	xuei4	uei2	uei2	uei1	uei2
邛崃	xuei4	xuei4	xuei4	xuei4	uei2	uei2 uei1 新	uei1	uei2
新津	xuei4	xuei4	xuei4	xuei4	uei2	uei2	uei1	uei2
蒲江	xuei4	xuei4	xuei4	xuei4	uei1 uei2	uei2	uei1	uei2
彭山	xuei4	xuei4	xuei4	xuei4	uei2	uei2	uei1	uei2
眉山	xuei4	xuei4	xuei4	xuei4	uei2	uei2	uei1	uei2
丹棱	xuei4	xuei4	xuei4	xuei4	uei2	uei2	uei1	uei2
洪雅	xuei4	xuei4	xuei4	xuei4	uei2	uei2	uei1	uei2
青神	xuei4	xuei4	xuei4	xuei4	uei2	uei2	uei1	uei2
夹江	xuei4	xuei4	xuei4	xuei4	uei2	uei2	uei1	uei2
峨眉山	xuei4	xuei4	xuei4	xuei4	uei2	uei2	uei1	uei2
乐山	xuei4	xuei4	xuei4	xuei4	uei2	uei2	uei1	uei2
犍为	xuei4	xuei4	xuei4	xuei4	uei2	uei2	uei1	uei2

字目	惠	慧	讳	汇词汇	危	微	威	桅
反切	胡桂	胡桂	许贵	于贵	鱼为	无非	于非	五灰
声韵调	蟹合四 匣齐去	蟹合四 匣齐去	止合三 晓微去	止合三 云微去	止合三 B 疑支平	止合三 微微平	止合三 影微平	蟹合一 疑灰平
中古音	ɦwei-	ɦwei-	hʉi-	ɦʉi-	ŋɣiuᴇ	mʉi	ʔʉi	ŋuʌi
沐川	xuei4	xuei4	xuei4	xuei4	uei2	uei2	uei1	uei2
峨边	xuei4	xuei4	xuei4	xuei4	uei2	uei2	uei1	uei2
雅安	xuei4	xuei4	xuei4	xuei4	uei2	uei2	uei1	uei2
名山	xuei4	xuei4	xuei4	xuei4	uei2	uei2	uei1	uei2
天全	xuei4	xuei4	xuei4	xuei4	uei2	uei2	uei1	uei2
芦山	xuei4	xuei4	xuei4	xuei4	uei2	uei4	uei1	uei2
宝兴	xuei4	xuei4	xuei4	xuei4	uei2	uei2	uei1	uei2
荥经	xuei4	xuei4	xuei4	xuei4	uei2	uei2	uei1	uei2
汉源	xuei4	xuei4	xuei4	xuei4	uei2	uei2	uei1	uei2
石棉	xuei4	xuei4	xuei4	xuei4	uei2	uei2	uei1	uei2
内江	xuei4	xuei4	xuei4	xuei4	uei2	uei2	uei1	uei2
威远	xuei4	xuei4	xuei4	xuei4	uei2	uei2	uei1	uei2
荣县	xuei4	xuei4	xuei4	xuei4	uei2	uei2	uei1	uei2
自贡	xuei4	xuei4	xuei4	xuei4	uei2	uei2	uei1	uei2
富顺	xuei4	xuei4	xuei4	xuei4	uei2	uei2	uei1	uei2
隆昌	xuei4	xuei4	xuei4	xuei4	uei2	uei1	uei1	uei2
泸县	xuei4	xuei4	xuei4	xuei4	uei2	uei2	uei1	uei2
泸州	xuei4	xuei4	xuei4	xuei4	uei2	uei2	uei1	uei2
南溪	xuei4	xuei4	xuei4	xuei4	uei2	uei2	uei1	uei2
合江	xuei4	xuei4	xuei4	xuei4	uei2	uei2	uei1	uei2

字目	为作为	维	违	围	委	伪	唯	尾
反切	薳支	以追	雨非	雨非	于诡	危睡	以追	无匪
声韵调	止合三 云支平	止合三 以脂平	止合三 云微平	止合三 云微平	止合三 B 影支上	止合三 B 疑支去	止合三 以脂平	止合三 微微上
中古音	ɦiuᴇ	jiuɪ	ɦʉi	ɦʉi	ʔɣiuᴇ:	ŋɣiuᴇ-	jiuɪ	mʉi:
成都	uei2	uei2	uei2	uei2	uei3	uei3 uei4 新	uei2	uei3
彭州	uei2	uei2	uei2	uei2	uei3	uei3 uei4 新	uei2	uei3
郫县	uei2	uei2	uei2	uei2	uei3	uei4	uei2	uei3
广汉	uei2	uei2	uei2	uei2	uei3	uei4	uei2	uei3
都江堰河东	uei2	uei2	uei2	uei2	uei3	uei3 uei4 新	uei2	uei3 文 i3 白
都江堰河西	uei2	uei2	uei2	uei2	uei3	uei3 uei4 新	uei2	uei3 文 i3 白
崇州	uei2	uei2	uei2	uei2	uei3	uei3 uei4 新	uei2	uei3 文 i3 白
大邑	uei2	uei2	uei2	uei2	uei3	uei3 uei4 新	uei2	uei3 文 i3 白
邛崃	uei2	uei2	uei2	uei2	uei3	uei3 uei4 新	uei2	uei3 文 i3 白
新津	uei2	uei2	uei2	uei2	uei3	uei3 uei4 新	uei2	uei3 文 i3 白
蒲江	uei2	uei2	uei2	uei2	uei3	uei3 uei4 新	uei2	uei3 文 i3 白
彭山	uei2	uei2	uei2	uei2	uei3	uei3 uei4 新	uei2	uei3
眉山	uei2	uei2	uei2	uei2	uei3	uei3 uei4 新	uei2	uei3
丹棱	uei2	uei2	uei2	uei2	uei3	uei3 uei4 新	uei2	uei3
洪雅	uei2	uei2	uei2	uei2	uei3	uei3 uei4 新	uei2	uei3
青神	uei2	uei2	uei2	uei2	uei3	uei3 uei4 新	uei2	uei3
夹江	uei2	uei2	uei2	uei2	uei3	uei3	uei2	uei3 文 i3 白
峨眉山	uei2	uei2	uei2	uei2	uei3	uei3	uei2	uei3 文 i3 白
乐山	uei2	uei2	uei2	uei2	uei3	uei3	uei2	uei3 文 i3 白
犍为	uei2	uei2	uei2	uei2	uei3	uei3	uei2	uei3 文 i3 白

字目	为作为	维	违	围	委	伪	唯	尾
反切	薳支	以追	雨非	雨非	于诡	危睡	以追	无匪
声韵调	止合三 云支平	止合三 以脂平	止合三 云微平	止合三 云微平	止合三 B 影支上	止合三 B 疑支去	止合三 以脂平	止合三 微微上
中古音	ɦiuᴇ	jiuɪ	ɦʉi	ɦʉi	ʔɣiuᴇ:	ŋɣiuᴇ-	jiuɪ	mʉi:
沐川	uei2	uei2	uei2	uei2	uei3	uei3 uei4 新	uei2	uei3
峨边	uei2	uei2	uei2	uei2	uei3	uei4	uei2	uei3
雅安	uei2	uei2	uei2	uei2	uei3	uei3 uei4 新	uei2	uei3
名山	uei2	uei2	uei4	uei2	uei3	uei3 uei4 新	uei2	uei3
天全	uei2	uei4	uei4	uei4	uei3	uei3 uei4 新	uei4	uei3
芦山	uei2	uei4	uei2	uei2	uei3	uei3 uei4 新	uei4	uei3
宝兴	uei2	uei2	uei2	uei2	uei3	uei3 uei4 新	uei2	uei3
荥经	uei2	uei2	uei2	uei2	uei3	uei3 uei4 新	uei2	uei3
汉源	uei2	uei2	uei2	uei2	uei3	uei3 uei4 新	uei4	uei3
石棉	uei2	uei2	uei2	uei2	uei3	uei3 uei4 新	uei2	uei3
内江	uei2	uei2	uei2	uei2	uei3	uei3 uei4 新	uei2	uei3
威远	uei2	uei2	uei2	uei2	uei3	uei3 uei4 新	uei2	uei3
荣县	uei2	uei2	uei2	uei2	uei3	uei3 uei4 新	uei2	uei3
自贡	uei2	uei2	uei2	uei2	uei3	uei4	uei2	uei3
富顺	uei2	uei2	uei2	uei2	uei3	uei4	uei2	uei3
隆昌	uei2	uei2	uei2	uei2	uei3	uei4	uei2	uei3
泸县	uei2	uei2	uei2	uei2	uei3	uei4 uei3 旧	uei2	uei3
泸州	uei2	uei2	uei2	uei2	uei3	uei4 uei3 旧	uei2	uei3
南溪	uei2	uei2	uei2	uei2	uei3	uei4 uei3 旧	uei2	uei3
合江	uei2	uei2	uei2	uei2	uei3	uei3 uei4 新	uei2	uei3

字目	伟	苇	纬	卫	喂喂养	为因为	位	未
反切	于鬼	于鬼	于贵	于岁	于伪	于伪	于愧	无沸
声韵调	止合三 云微上	止合三 云微上	止合三 云微去	蟹合三 云祭去	止合三 影支去	止合三 云支去	止合三 云脂去	止合三 微微去
中古音	ɦʉi:	ɦʉi:	ɦʉi-	ɦiuɛi-	ʔiuᴇ-	ɦiuᴇ-	ɦiuɪ-	mʉi-
成都	uei3	uei3	uei3	uei4	uei4	uei4	uei4	uei4
彭州	uei3	uei2	uei3	uei4	uei4	uei4	uei4	uei4
郫县	uei3	uei3	uei3	uei4	uei4	uei4	uei4	uei4
广汉	uei3	uei3	uei3	uei4	uei4	uei4	uei4	uei4
都江堰河东	uei3	uei3	uei3	uei4	uei4	uei4	uei4	uei4
都江堰河西	uei3	uei3	uei3	uei4	uei4	uei4	uei4	uei4
崇州	uei3	uei3	uei3	uei4	uei4	uei4	uei4	uei4
大邑	uei3	uei3	uei3	uei4	uei4	uei4	uei4	uei4
邛崃	uei3	uei3	uei3	uei4	uei4	uei4	uei4	uei4
新津	uei3	uei3	uei3	uei4	uei4	uei4	uei4	uei4
蒲江	uei3	uei3	uei3	uei4	uei4	uei4	uei4	uei4
彭山	uei3	uei3	uei3	uei4	uei4	uei4	uei4	uei4
眉山	uei3	uei3	uei3	uei4	uei4	uei4	uei4	uei4
丹棱	uei3	uei3	uei3	uei4	uei4	uei4	uei4	uei4
洪雅	uei3	uei3	uei3	uei4	uei4	uei4	uei4	uei4
青神	uei3	uei3	uei3	uei4	uei4	uei4	uei4	uei4
夹江	uei3	uei3	uei3	uei4	uei4	uei4	uei4	uei4
峨眉山	uei3	uei3	uei3	uei4	uei4	uei4	uei4	uei4
乐山	uei3	uei3	uei3	uei4	uei4	uei4	uei4	uei4
犍为	uei3	uei3	uei3	uei4	uei4	uei4	uei4	uei4

字目	伟	苇	纬	卫	喂喂养	为因为	位	未
反切	于鬼	于鬼	于贵	于岁	于伪	于伪	于愧	无沸
声韵调	止合三 云微上	止合三 云微上	止合三 云微去	蟹合三 云祭去	止合三 影支去	止合三 云支去	止合三 云脂去	止合三 微微去
中古音	ɦʉi:	ɦʉi:	ɦʉi-	ɦiuᴇi-	ʔiuᴇ-	ɦiuᴇ-	ɦiuɪ-	mʉi-
沐川	uei3	uei3	uei3	uei4	uei4	uei4	uei4	uei4
峨边	uei3	uei3	uei3	uei4	uei4	uei4	uei4	uei4
雅安	uei3	uei3	uei3	uei4	uei4	uei4	uei4	uei4
名山	uei3	uei3	uei3	uei4	uei4	uei4	uei4	uei4
天全	uei3	uei3	uei3	uei4	uei4	uei4	uei4	uei4
芦山	uei3	uei3	uei3	uei4	uei4	uei4	uei4	uei4
宝兴	uei3	uei3	uei3	uei4	uei4	uei4	uei4	uei4
荥经	uei3	uei3	uei3	uei4	uei4	uei4	uei4	uei4
汉源	uei3	uei3	uei3	uei4	uei4	uei4	uei4	uei4
石棉	uei3	uei3	uei3	uei4	uei4	uei4	uei4	uei4
内江	uei3	uei3	uei3	uei4	uei4	uei4	uei4	uei4
威远	uei3	uei3	uei3	uei4	uei4	uei4	uei4	uei4
荣县	uei3	uei3	uei3	uei4	uei4	uei4	uei4	uei4
自贡	uei3	uei3	uei3	uei4	uei4	uei4	uei4	uei4
富顺	uei3	uei3	uei3	uei4	uei4	uei4	uei4	uei4
隆昌	uei3	uei3	uei3	uei4	uei4	uei4	uei4	uei4
泸县	uei3	uei3	uei3	uei4	uei4	uei4	uei4	uei4
泸州	uei3	uei3	uei3	uei4	uei4	uei4	uei4	uei4
南溪	uei3	uei3	uei3	uei4	uei4	uei4	uei4	uei4
合江	uei3	uei3	uei3	uei4	uei4	uei4	uei4	uei4

字目	味	魏	畏	慰	胃	谓	猬	褒
反切	无沸	鱼贵	于胃	于胃	于贵	于贵	于贵	博毛
声韵调	止合三微微去	止合三疑微去	止合三影微去	止合三影微去	止合三云微去	止合三云微去	止合三云微去	效开一帮豪平
中古音	mʉi-	ŋʉi-	ʔʉi-	ʔʉi-	ɦʉi-	ɦʉi-	ɦʉi-	pɑu
成都	uei4	uei4	uei4	y4 uei4 新	uei4	uei4	uei4	pau1
彭州	uei4	uei4	uei4	uei4 y4 旧	uei4	uei4	uei4	pau1
郫县	uei4	uei4	uei4	y4 uei4 新	uei4	uei4	uei4	pau1
广汉	uei4	uei4	uei4	uei4 y4 旧	uei4	uei4	uei4	pau1
都江堰河东	uei4	uei4	uei4	uei4	uei4	uei4	uei4	pau1
都江堰河西	uei4	uei4	uei4	uei4	uei4	uei4	uei4	pau1
崇州	uei4	uei4	uei4	uei4	uei4	uei4	uei4	pau1
大邑	uei4	uei4	uei4	uei4 y4 旧	uei4	uei4	uei4	pau1
邛崃	uei4	uei4	uei4	uei4 y4 旧	uei4	uei4	uei4	pau1
新津	uei4	uei4	uei4	uei4 y4 旧	uei4	uei4	uei4	pau1
蒲江	uei4	uei4	uei4	uei4 y4 旧	uei4	uei4	uei4	pau1
彭山	uei4	uei4	uei4	uei4	uei4	uei4	uei4	pau1
眉山	uei4	uei4	uei4	uei4	uei4	uei4	uei4	pau1
丹棱	uei4	uei4	uei4	uei4	uei4	uei4	uei4	pau1
洪雅	uei4	uei4	uei4	uei4 y4 旧	uei4	uei4	uei4	pau1
青神	uei4	uei4	uei4	uei4	uei4	uei4	uei4	pau1
夹江	uei4	uei4	uei4	uei4	uei4	uei4	uei4	pau1
峨眉山	uei4	uei4	uei4	uei4	uei4	uei4	uei4	pau1
乐山	uei4	uei4	uei4	uei4	uei4	uei4	uei4	pau1
犍为	uei4	uei4	uei4	uei4	uei4	uei4	uei4	pau1

字目	味	魏	畏	慰	胃	谓	猬	褒
反切	无沸	鱼贵	于胃	于胃	于贵	于贵	于贵	博毛
声韵调	止合三 微微去	止合三 疑微去	止合三 影微去	止合三 影微去	止合三 云微去	止合三 云微去	止合三 云微去	效开一 帮豪平
中古音	mʉi-	ŋʉi-	ʔʉi-	ʔʉi-	ɦʉi-	ɦʉi-	ɦʉi-	pɑu
沐川	uei4	uei4	uei4	uei4 y4 旧	uei4	uei4	uei4	pau1
峨边	uei4	uei4	uei4	uei4 y4 旧	uei4	uei4	uei4	pau1
雅安	uei4	uei4	uei4	uei4	uei4	uei4	uei4	pau1
名山	uei4	uei4	uei4	uei4 y4 旧	uei4	uei4	uei4	pau1
天全	uei4	uei4	uei4	uei4 y4 旧	uei4	uei4	uei4	pau1
芦山	uei4	uei4	uei4	uei4	uei4	uei4	uei4	pau1
宝兴	uei4	uei4	uei4	uei4	uei4	uei4	uei4	pau1
荥经	uei4	uei4	uei4	uei4 y4 旧	uei4	uei4	uei4 pau1 俗	pau1
汉源	uei4	uei4	uei4	uei4 y4 旧	uei4	uei4	uei4	pau1
石棉	uei4	uei4	uei4	uei4 y4 旧	uei4	uei4	uei4	pau1
内江	uei4	uei4	uei4	uei4	uei4	uei4	uei4	pəu1 pau1
威远	uei4	uei4	uei4	uei4	uei4	uei4	uei4	pau1
荣县	uei4	uei4	uei4	uei4	uei4	uei4	uei4	pau1
自贡	uei4	uei4	uei4	y4 uei4 新	uei4	uei4	uei4	pau1
富顺	uei4	uei4	uei4	uei4 y4 旧	uei4	uei4	uei4	pau1
隆昌	uei4	uei4	uei4	uei4 y4 旧	uei4	uei4	uei4	pau1
泸县	uei4	uei4	uei4	uei4 y4 旧	uei4	uei4	uei4	pau1
泸州	uei4	uei4	uei4	uei4 y4 旧	uei4	uei4	uei4	pau1
南溪	uei4	uei4	uei4	uei4 y4 旧	uei4	uei4	uei4	pau1
合江	uei4	uei4	uei4	uei4 y4 旧	uei4	uei4	uei4	pau1

字目	包	薄	雹	宝	保	堡	饱	报
反切	布交	傍各	蒲角	博抱	博抱	博抱	博巧	博耗
声韵调	效开二 帮肴平	宕开一 並铎入	江开二 並觉入	效开一 帮豪上	效开一 帮豪上	效开一 帮豪上	效开二 帮肴上	效开一 帮豪去
中古音	pɣau	bɑk	bɣʌk	pɑu:	pɑu:	pɑu:	pɣau:	pɑu-
成都	pau1	po2	pau4	pau3	pau3	pau3 phu4 口	pau3	pau4
彭州	pau1	po5	pau1	pau3	pau3	pau3 phu4 口	pau3	pau4
郫县	pau1	po5	pau4	pau3	pau3	pau3	pau3	pau4
广汉	pau1	po5	pau1	pau3	pau3	pau3	pau3	pau4
都江堰河东	pau1	po5	pau1	pau3	pau3	pau3	pau3	pau4
都江堰河西	pau1	po5	pau1	pau3	pau3	pau3	pau3	pau4
崇州	pau1	po5	pau1	pau3	pau3	pau3	pau3	pau4
大邑	pau1	po5	pau1	pau3	pau3	pau3 phu4 口	pau3	pau4
邛崃	pau1	po5	pau1	pau3	pau3	pau3	pau3	pau4
新津	pau1	po5	pau4	pau3	pau3	pau3 phu4 口	pau3	pau4
蒲江	pau1	po5	pau4	pau3	pau3	pau3 phu4 口	pau3	pau4
彭山	pau1	po5	pau1	pau3	pau3	pau3 phu4 口	pau3	pau4
眉山	pau1	po5	pau1	pau3	pau3	pau3 phu4 口	pau3	pau4
丹棱	pau1	po5	pau1	pau3	pau3	pau3 phu4 口	pau3	pau4
洪雅	pau1	po5	pau1	pau3	pau3	pau3 phu4 口	pau3	pau4
青神	pau1	po5	pau1	pau3	pau3	pau3 phu4 口	pau3	pau4
夹江	pau1	po1	pau1 pau4	pau3	pau3	pau3	pau3	pau4
峨眉山	pau1	po5	pau1 pau4	pau3	pau3	pau3	pau3	pau4
乐山	pau1	pʊ5	pau1 pau4	pau3	pau3	pau3	pau3	pau4
犍为	pau1	pʊ5	pau1 pau4	pau3	pau3	pau3	pau3	pau4

字目	包	薄	雹	宝	保	堡	饱	报
反切	布交	傍各	蒲角	博抱	博抱	博抱	博巧	博耗
声韵调	效开二 帮肴平	宕开一 並铎入	江开二 並觉入	效开一 帮豪上	效开一 帮豪上	效开一 帮豪上	效开二 帮肴上	效开一 帮豪去
中古音	pɣau	bɑk	bɣʌk	pɑu:	pɑu:	pɑu:	pɣau:	pɑu-
沐川	pau1	pʉ5	pau4	pau3	pau3	pau3 phu4 口	pau3	pau4
峨边	pau1	po5	pau1	pau3	pau3	phu3 pau3	pau3	pau4
雅安	pau1	po1	pau1	pau3	pau3	pau3	pau3	pau4
名山	pau1	po1	pau1	pau3	pau3	pau3 phu3 口	pau3	pau4
天全	pau1	po1	pau1	pau3	pau3	pau3 phu3 口	pau3	pau4
芦山	pau1	po1	pau1	pau3	pau3	pau3	pau3	pau4
宝兴	pau1	po1	pau1	pau3	pau3	pau3	pau3	pau4
荥经	pau1	pʊ5	pau1	pau3	pau3	pau3 phu3 口	pau3	pau4
汉源	pau1	po1	pau1	pau3	pau3	pau3 phu3 口	pau3	pau4
石棉	pau1	po1	pau1	pau3	pau3	pau3 phu3 口	pau3	pau4
内江	pau1	po4	pau1	pau3	pau3	pau3 phu4 口	pau3	pau4
威远	pau1	po4	pau1	pau3	pau3	pau3 phu4 口	pau3	pau4
荣县	pau1	po4	pau1	pau3	pau3	pau3 phu4 口	pau3	pau4
自贡	pau1	po4	pau4	pau3	pau3	pau3	pau3	pau4
富顺	pau1	po4	pau4	pau3	pau3	pau3	pau3	pau4
隆昌	pau1	po4	pau1	pau3	pau3	pau3	pau3	pau4
泸县	pau1	po4	pau1 pau4	pau3	pau3	pau3 phu4 口	pau3	pau4
泸州	pau1	po5	pau1 pau4	pau3	pau3	pau3 phu4 口	pau3	pau4
南溪	pau1	po5	pau1 pau4	pau3	pau3	pau3 phu4 口	pau3	pau4
合江	pau1	puə5	pau1	pau3	pau3	pau3 phu4 口	pau3	pau4

字目	抱	暴残暴	豹	爆	鲍姓	刨刨子	抛	泡水泡
反切	薄浩	薄报	北教	北教	薄巧	防教	匹交	匹交
声韵调	效开一 並豪上	效开一 並豪去	效开二 帮肴去	效开二 帮肴去	效开二 並肴上	效开二 並肴去	效开二 滂肴平	效开二 滂肴平
中古音	bɑu:	bɑu-	pɣau-	pɣau-	bɣau:	bɣau-	phɣau	phɣau
成都	pau4 pau1 口	pau4	pau4	pau4	pau4	pau4	phau1	phau4 phau1 口
彭州	pau4	pau4	pau4	pau4	pau4	pau4	phau1	phau4 phau1 口
郫县	pau4 pau1 口	pau4	pau4	pau4	pau4	pau4	phau1	phau1 phau4
广汉	pau4 pau1 口	pau4	pau4	pau4	pau4	pau4	phau1	phau4 phau1 口
都江堰河东	pau4	pau4	pau4	pau4	pau4	pau4	phau1	phau4 phau1 口
都江堰河西	pau4	pau4	pau4	pau4	pau4	pau4	phau1	phau4 phau1 口
崇州	pau4 pau1 口	pau4	pau4	pau4	pau4	pau4	phau1	phau4 phau1 口
大邑	pau4 pau1 口	pau4	pau4	pau4	pau1 pau4	pau4 phau2 新	phau1	phau4 phau1 口
邛崃	pau4	pau4	pau4	pau4	pau4	pau4 phau2 新	phau1	phau4 phau1 口
新津	pau1 pau4	pau4	pau4	pau4	pau4	pau4	phau1	phau4 phau1 口
蒲江	pau4 pau1 口	pau4	pau4	pau4	pau4	pau4 phau2 新	phau1	phau4 phau1 口
彭山	pau4 pau1 口	pau4	pau4	pau4	pau4	pau4	phau1	phau4 phau1 口
眉山	pau4 pau1 口	pau4	pau4	pau4	pau4	pau4	phau1	phau4 phau1 口
丹棱	pau4 pau1 口	pau4	pau4	pau4	pau4	pau4	phau1	phau4 phau1 口
洪雅	pau4 pau1 口	pau4	pau4	pau4	pau4	pau4	phau1	phau4 phau1 口
青神	pau4 pau1 口	pau4	pau4	pau4	pau4	pau4	phau1	phau4 phau1 口
夹江	pau4 pau1 口	pau4	pau4	pau4	pau4	pau4	phau1	phau4 phau1 口
峨眉山	pau4 pau1 口	pau4	pau4	pau4	pau4	pau4	phau1	phau4 phau1 口
乐山	pau4 pau1 口	pau4	pau4	pau4	pau4	pau4	phau1	phau4 phau1 口
犍为	pau4 pau1 口	pau4	pau4	pau4	pau4	pau4	phau1	phau4 phau1 口

字目	抱	暴残暴	豹	爆	鲍姓	刨刨子	抛	泡水泡
反切	薄浩	薄报	北教	北教	薄巧	防教	匹交	匹交
声韵调	效开一 並豪上	效开一 並豪去	效开二 帮肴去	效开二 帮肴去	效开二 並肴上	效开二 並肴去	效开二 滂肴平	效开二 滂肴平
中古音	bɑu:	bɑu-	pɣau-	pɣau-	bɣau:	bɣau-	phɣau	phɣau
沐川	pau4	pau4	pau4	pau4	pau4	phau2	phau1	phau4 phau1 口
峨边	pau4	pau4	pau4	pau4	pau4	pau4	phau1	phau4
雅安	pau4	pau4	pau4	pau4	pau4	phau2	phau1	phau4
名山	pau4	pau4	pau4	pau4	pau1	phau2	phau1	phau4 phau1 口
天全	pau4	pau4	pau4	pau4	pau1	phau2	phau1	phau4 phau1 口
芦山	pau1	pau4	pau4	pau4	pau4	phau2	phau1	phau4
宝兴	pau4	pau4	pau4	pau4	pau4	pau4	phau1	phau4
荥经	pau4	pau4	pau4	pau4	pau4	pau4	phau1	phau4 phau1 口
汉源	pau4	pau4	pau4	pau4	phau4	phau2	phau1	phau4 phau1 口
石棉	pau4	pau4	pau4	pau4	pau1	pau4	phau1	phau4 phau1 口
内江	pau4 pau1 口	pau4	pau4	pau4	pau4	pau4	phau1	phau4 phau1 口
威远	pau4 pau1 口	pau4	pau4	pau4	pau4	pau4	phau1	phau4 phau1 口
荣县	pau4 pau1 口	pau4	pau4	pau4	pau4	pau4	phau1	phau4 phau1 口
自贡	pau4 pau1 口	pau4	pau4	pau4	pau4	pau4	phau1	phau4
富顺	pau4 pau1 口	pau4	pau4	pau4	pau4	pau4	phau1	phau4
隆昌	pau4 pau1 口	pau4	pau4	pau4	pau4	pau4	phau1	phau4
泸县	pau4 pau1 口	pau4	pau4	pau4	pau4	pau4 phau2	phau1	phau4 phau1 口
泸州	pau4 pau1 口	pau4	pau4	pau4	pau4	phau2 pau4	phau1	phau4 phau1 口
南溪	pau4 pau1 口	pau4	pau4	pau4	pau4	pau4	phau1	phau4 phau1 口
合江	pau4	pau4	pau4	pau4	pau4	pau4	phau1	phau4 phau1 口

字目	袍	跑奔跑	刨刨地	*泡浸泡	炮	猫[1]	毛	茅
反切	薄褒	薄交	蒲交	*披教	匹皃	莫交	莫袍	莫交
声韵调	效开一 並豪平	效开二 並肴平	效开二 並肴平	效开二 滂肴去	效开二 滂肴去	效开二 明肴平	效开一 明豪平	效开二 明肴平
中古音	bɑu	bɣau	bɣau	phɣau-	phɣau-	mɣau	mɑu	mɣau
成都	phau2	phau3	phau2	phau4	phau4	miau2 文 mau1 白	mau2	mau2
彭州	phau2	phau3	phau2	phau4	phau4	miau2 文 mau1 白	mau2	mau2
郫县	phau2	phau3	phau2	phau4	phau4	mau1	mau2	mau2
广汉	phau2	phau3	phau2	phau4	phau4	mau1	mau2	mau2
都江堰河东	phau2	phau3	phau2	phau4	phau4	miau2 文 mau1 白	mau2	mau2
都江堰河西	phau2	phau3	phau2	phau4	phau4	miau2 文 mau1 白	mau2	mau2
崇州	phau2	phau3	phau2	phau4	phau4	miau2 文 mau1 白	mau2	mau2
大邑	phau2	phau3	phau2	phau4	phau4	mau1	mau2	mau2
邛崃	phau2	phau3	phau2	phau4	phau4	miau2 文 mau1 白	mau2	mau2
新津	phau2	phau3	phau2	phau4	phau4	mau1	mau2	mau2
蒲江	phau2	phau3	phau2	phau4	phau4	mau1	mau2	mau2
彭山	phau2	phau3	phau2	phau4	phau4	mau1	mau2	mau2
眉山	phau2	phau3	phau2	phau4	phau4	mau1	mau2	mau2
丹棱	phau2	phau3	phau2	phau4	phau4	mau1	mau2	mau2
洪雅	phau2	phau3	phau2	phau4	phau4	mau1	mau2	mau2
青神	phau2	phau3	phau2	phau4	phau4	mau1	mau2	mau2
夹江	phau2	phau3	phau2	phau4	phau4	mau1	mau2	mau2
峨眉山	phau2	phau3	phau2	phau4	phau4	mau1	mau2	mau2
乐山	phau2	phau3	phau2	phau4	phau4	mau1	mau2	mau2
犍为	phau2	phau3	phau2	phau4	phau4	mau1	mau2	mau2

① 又武瀌切，效开三明宵平。

字目	袍	跑奔跑	刨刨地	*泡浸泡	炮	猫[1]	毛	茅
反切	薄褒	薄交	蒲交	*披教	匹皃	莫交	莫袍	莫交
声韵调	效开一 並豪平	效开二 並肴平	效开二 並肴平	效开二 滂肴去	效开二 滂肴去	效开二 明肴平	效开一 明豪平	效开二 明肴平
中古音	bɑu	bɣau	bɣau	phɣau-	phɣau-	mɣau	mɑu	mɣau
沐川	phau2	phau3	phau2	phau4	phau4	miau2 文 mau1 白	mau2	mau2
峨边	phau2	phau3	phau2	phau4	phau4	mau1	mau2	mau2
雅安	phau2	phau3	phau2	phau4	phau4	mau1	mau2	mau2
名山	phau2	phau3	phau2	phau4	phau4	mau1	mau2	mau2
天全	phau2	phau3	phau2	phau4	phau4	mau1	mau2	mau2
芦山	phau2	phau3	phau2	phau4	phau4	mau1	mau2	mau2
宝兴	phau2	phau3	phau2	phau4	phau4	mau1	mau2	mau2
荥经	phau2	phau3	phau2	phau4	phau4	miau2 文 mau1 白	mau2	mau2
汉源	phau2	phau3	phau2	phau4	phau4	mau1	mau2	mau2
石棉	phau2	phau3	phau2	phau4	phau4	mau1	mau2	mau2
内江	phau2	phau3	phau2	phau4	phau4	mau1	mau2	mau2
威远	phau2	phau3	phau2	phau4	phau4	miau2 文 mau1 白	mau2	mau2
荣县	phau2	phau3	phau2	phau4	phau4	mau1	mau2	mau2
自贡	phau2	phau3	phau2	phau4	phau4	mau1	mau2	mau2
富顺	phau2	phau3	phau2	phau4	phau4	mau1	mau2	mau2
隆昌	phau2	phau3	phau2	phau4	phau4	mau1	mau2	mau2
泸县	phau2	phau3	phau2	phau4	phau4	mau1	mau2	mau2
泸州	phau2	phau3	phau2	phau4	phau4	mau1	mau2	mau2
南溪	phau2	phau3	phau2	phau4	phau4	mau1	mau2	mau2
合江	phau2	phau3	phau2	phau4	phau4	miau2 文 mau1 白	mau2	mau2

① 又武瀌切，效开三明宵平。

字目	锚	矛[①]	卯	冒	帽	貌	茂	贸
反切		莫浮	莫饱	莫报	莫报	莫教	莫候	莫候
声韵调	效开二 明肴平	流开三 明尤平	效开二 明肴上	效开一 明豪去	效开一 明豪去	效开二 明肴去	流开一 明侯去	流开一 明侯去
中古音	mɣau	mɨu	mɣau:	mɑu-	mɑu-	mɣau-	məu-	məu-
成都	mau2	mau2 miau2 口	mau3	mau4	mau4	mau4	moŋ4 mau4 新	moŋ4 mau4 新
彭州	mau2	mau2 miau2 口	mau3	mau4	mau4	mau4	moŋ4 mau4 新	moŋ4 mau4 新
郫县	mau2	mau2	mau3	mau4	mau4	mau4	moŋ4 mau4 新	moŋ4 mau4 新
广汉	mau2	mau2	mau3	mau4	mau4	mau4	moŋ4 mau4 新	mau4 moŋ4 旧
都江堰河东	mau2	mau2 miau2 口	mau3	mau4	mau4	mau4	moŋ4	moŋ4
都江堰河西	mau2	mau2 miau2 口	mau3	mau4	mau4	mau4	moŋ4	moŋ4
崇州	mau2	mau2 miau2 口	mau3	mau4	mau4	mau4	moŋ4	moŋ4
大邑	mau2	mau2	mau3	mau4	mau4	mau4	moŋ4 mau4 新	moŋ4 mau4 新
邛崃	mau2	mau2	moŋ3	mau4	mau4	mau4	moŋ4 mau4 新	moŋ4 mau4 新
新津	mau2	mau2	mau3	mau4	mau4	mau4	moŋ4 mau4 新	moŋ4 mau4 新
蒲江	mau2	mau2	mau3	mau4	mau4	mau4	moŋ4 mau4 新	moŋ4 mau4 新
彭山	mau2	mau2	mau3	mau4	mau4	mau4	moŋ4 mau4 新	moŋ4 mau4 新
眉山	mau2	mau2	mau3	mau4	mau4	mau4	moŋ4 mau4 新	moŋ4 mau4 新
丹棱	mau2	mau2	mau3	mau4	mau4	mau4	moŋ4 mau4 新	moŋ4 mau4 新
洪雅	mau2	mau2	mau3	mau4	mau4	mau4	moŋ4 mau4 新	moŋ4 mau4 新
青神	mau2	mau2	mau3	mau4	mau4	mau4	moŋ4 mau4 新	moŋ4 mau4 新
夹江	mau2	mau2	mau3	mau4	mau4	mau4	moŋ4 mau4 新	moŋ4 mau4 新
峨眉山	mau2	mau2	mau3	mau4	mau4	mau4	moŋ4 mau4 新	moŋ4 mau4 新
乐山	mau2	mau2	mau3	mau4	mau4	mau4	moŋ4 mau4 新	moŋ4 mau4 新
犍为	mau2	mau2	mau3	mau4	mau4	mau4	moŋ4 mau4 新	moŋ4 mau4 新

① 又*迷浮切，流开一明侯平。

字目	锚	矛[①]	卯	冒	帽	貌	茂	贸
反切		莫浮	莫饱	莫报	莫报	莫教	莫候	莫候
声韵调	效开二 明肴平	流开三 明尤平	效开二 明肴上	效开一 明豪去	效开一 明豪去	效开二 明肴去	流开一 明侯去	流开一 明侯去
中古音	mɣau	mɨu	mɣau:	mɑu-	mɑu-	mɣau-	məu-	məu-
沐川	mau2	mau2 miau2 口	mau3	mau4	mau4	mau4	moŋ4 mau4 新	moŋ4 mau4 新
峨边	mau2	mau2	mau3	mau4	mau4	mau4	moŋ4	moŋ4
雅安	mau2	mau2	mau3	mau4	mau4	mau4	moŋ4 mau4 新	moŋ4 mau4 新
名山	mau2	mau2	mau3	mau4	mau4	mau4	moŋ4 mau4 新	moŋ4 mau4 新
天全	mau2	mau4	mau3	mau4	mau4	mau4	moŋ4 mau4 新	moŋ4 mau4 新
芦山	mau2	mau4	mau3	mau4	mau4	mau4	moŋ4 mau4 新	moŋ4 mau4 新
宝兴	mau2	mau2	mau3	mau4	mau4	mau4	moŋ4 mau4 新	moŋ4 mau4 新
荥经	mau2	mau2 miau2 口	mau3	mau4	mau4	mau4	moŋ4 mau4 新	moŋ4 mau4 新
汉源	mau2	mau2	mau3	mau4	mau4	mau4	moŋ4 mau4 新	moŋ4 mau4 新
石棉	mau2	mau2	mau3	mau4	mau4	mau4	moŋ4 mau4 新	moŋ4 mau4 新
内江	mau2	mau2	mau3	mau4	mau4	mau4	moŋ4 mau4 新	moŋ4 mau4 新
威远	mau2	mau2	mau3	mau4	mau4	mau4	moŋ4 mau4 新	moŋ4 mau4 新
荣县	mau2	mau2	mau3	mau4	mau4	mau4	moŋ4 mau4 新	moŋ4 mau4 新
自贡	mau2	mau2	mau3	mau4	mau4	mau4	moŋ4 mau4 新	moŋ4 mau4 新
富顺	mau2	mau2	mau3	mau4	mau4	mau4	moŋ4 mau4 新	moŋ4 mau4 新
隆昌	mau2	mau2	mau3	mau4	mau4	mau4	moŋ4 mau4 新	moŋ4 mau4 新
泸县	mau2	mau2	mau3	mau4	mau4	mau4	moŋ4 mau4 新	moŋ4 mau4 新
泸州	mau2	mau2	mau3	mau4	mau4	mau4	moŋ4 mau4 新	mau4 moŋ4 旧
南溪	mau2	mau2	mau3	mau4	mau4	mau4	moŋ4 mau4 新	moŋ4 mau4 新
合江	mau2	mau2 miau2 口	mau3	mau4	mau4	mau4	moŋ4 mau4 新	moŋ4 mau4 新

① 又*迷浮切，流开一明侯平。

字目	刀	祷	岛	捣	倒倒塌	导	倒倒水	到
反切	都牢	都皓	都皓	都皓	都皓	徒到	都导	都导
声韵调	效开一 端豪平	效开一 端豪上	效开一 端豪上	效开一 端豪上	效开一 端豪上	效开一 定豪去	效开一 端豪去	效开一 端豪去
中古音	tɑu	tɑu:	tɑu:	tɑu:	tɑu:	dɑu-	tɑu-	tɑu-
成都	tau1	tau3	tau3	tau3	tau3	thau4 tau4 新	tau4	tau4
彭州	tau1	tau3	tau3	tau3	tau3	thau4 tau4 新	tau4	tau4
郫县	tau1	tau3	tau3	tau3	tau3	thau4 tau4 新	tau4	tau4
广汉	tau1	tau3	tau3	tau3	tau3	tau4 thau4	tau3	tau4
都江堰河东	tau1	tau3	tau3	tau3	tau3	thau4 tau4 新	tau4	tau4
都江堰河西	tau1	tau3	tau3	tau3	tau3	thau4 tau4 新	tau4	tau4
崇州	tau1	tau3	tau3	tau3	tau3	thau4 tau4 新	tau4	tau4
大邑	tau1	tau3	tau3	tau3	tau3	thau4① tau4 新	tau4	tau4
邛崃	tau1	tau3	tau3	tau3	tau3	thau4 tau4 新	tau4	tau4
新津	tau1	tau3	tau3	tau3	tau3	thau4① tau4 新	tau4	tau4
蒲江	tau1	tau3	tau3	tau3	tau3	thau4① tau4 新	tau4	tau4
彭山	tau1	tau3	tau3	tau3	tau3	thau4 tau4 新	tau4	tau4
眉山	tau1	tau3	tau3	tau3	tau3	thau4 tau4 新	tau4	tau4
丹棱	tau1	tau3	tau3	tau3	tau3	thau4 tau4 新	tau4	tau4
洪雅	tau1	tau3	tau3	tau3	tau3	thau4 tau4 新	tau4	tau4
青神	tau1	tau3	tau3	tau3	tau3	thau4 tau4 新	tau4	tau4
夹江	tau1	tau3	tau3	tau3	tau3	thau4 tau4 新	tau4	tau4
峨眉山	tau1	tau3	tau3	tau3	tau3	thau4 tau4 新	tau4	tau4
乐山	tau1	tau3	tau3	tau3	tau3	thau4 tau4 新	tau4	tau4
犍为	tau1	tau3	tau3	tau3	tau3	thau4 tau4 新	tau4	tau4

① 又音 tau3 新。

字目	刀	祷	岛	捣	倒倒塌	导	倒倒水	到
反切	都牢	都皓	都皓	都皓	都皓	徒到	都导	都导
声韵调	效开一 端豪平	效开一 端豪上	效开一 端豪上	效开一 端豪上	效开一 端豪上	效开一 定豪去	效开一 端豪去	效开一 端豪去
中古音	tɑu	tɑu:	tɑu:	tɑu:	tɑu:	dɑu-	tɑu-	tɑu-
沐川	tau1	tau3	tau3	tau3	tau3	thau4 tau4 新	tau4	tau4
峨边	tau1	tau3	tau3	tau3	tau3	thau4	tau4	tau4
雅安	tau1	tau3	tau3	tau3	tau3	thau3	tau4	tau4
名山	tau1	tau3	tau3	tau3	tau3	thau3 tau4 新	tau4	tau4
天全	tau1	tau3	tau3	tau3	tau3	thau3 tau4 新	tau4	tau4
芦山	tau1	tau3	tau3	tau3	tau3	thau3	tau4	tau4
宝兴	tau1	tau3	tau3	tau3	tau3	thau3	tau4	tau4
荥经	tau1	tau3	tau3	tau3	tau3	thau4 tau4 新	tau4	tau4
汉源	tau1	tau3	tau3	tau3	tau3	thau3 tau4 新	tau4	tau4
石棉	tau1	tau3	tau3	tau3	tau3	thau3 tau4 新	tau4	tau4
内江	tau1	tau3	tau3	tau3	tau3	thau4 tau4 新	tau4	tau4
威远	tau1	tau3	tau3	tau3	tau3	thau4 tau4 新	tau4	tau4
荣县	tau1	tau3	tau3	tau3	tau3	thau4 tau4 新	tau4	tau4
自贡	tau1	tau3	tau3	tau3	tau3	thau3	tau4	tau4
富顺	tau1	tau3	tau3	tau3	tau3	tau4	tau4	tau4
隆昌	tau1	tau3	tau3	tau3	tau3	tau4	tau4	tau4
泸县	tau1	tau3	tau3	tau3	tau3	thau4① tau3 新	tau4	tau4
泸州	tau1	tau3	tau3	tau3	tau3	thau4① tau3 新	tau4	tau4
南溪	tau1	tau3	tau3	tau3	tau3	thau4① tau3 新	tau4	tau4
合江	tau1	tau3	tau3	tau3	tau3	thau4 tau4 新	tau4	tau4

① 又音 tau4 新。

字目	道	稻	盗	滔	涛	桃	逃	陶
反切	徒皓	徒皓	徒到	土刀	徒刀	徒刀	徒刀	徒刀
声韵调	效开一 定豪上	效开一 定豪上	效开一 定豪去	效开一 透豪平	效开一 定豪平	效开一 定豪平	效开一 定豪平	效开一 定豪平
中古音	dɑu:	dɑu:	dɑu-	thɑu	dɑu	dɑu	dɑu	dɑu
成都	tau4	tau4	tau4	thau1	thau2	thau2	thau2	thau2
彭州	tau4	tau4	tau4	thau1	thau2	thau2	thau2	thau2
郫县	tau4	tau4	tau4	thau1	thau2 thau1	thau2	thau2	thau2
广汉	tau4	tau4	tau4	thau1	thau1	thau2	thau2	thau2
都江堰河东	tau4	tau4	tau4	thau1	thau1	thau2	thau2	thau2
都江堰河西	tau4	tau4	tau4	thau1	thau1	thau2	thau2	thau2
崇州	tau4	tau4	tau4	thau1	thau2	thau2	thau2	thau2
大邑	tau4	tau4	tau4	thau1	thau2 thau1	thau2	thau2	thau2
邛崃	tau4	tau4	tau4	thau1	thau2 thau1	thau2	thau2	thau2
新津	tau4	tau4	tau4	thau1	thau2	thau2	thau2	thau2
蒲江	tau4	tau4	tau4	thau1	thau1	thau2	thau2	thau2
彭山	tau4	tau4	tau4	thau1	thau2	thau2	thau2	thau2
眉山	tau4	tau4	tau4	thau1	thau2	thau2	thau2	thau2
丹棱	tau4	tau4	tau4	thau1	thau2	thau2	thau2	thau2
洪雅	tau4	tau4	tau4	thau1	thau2	thau2	thau2	thau2
青神	tau4	tau4	tau4	thau1	thau2	thau2	thau2	thau2
夹江	tau4	tau4	tau4	thau1	thau2 thau1	thau2	thau2	thau2
峨眉山	tau4	tau4	tau4	thau1	thau2 thau1	thau2	thau2	thau2
乐山	tau4	tau4	tau4	thau1	thau2 thau1	thau2	thau2	thau2
犍为	tau4	tau4	tau4	thau1	thau2 thau1	thau2	thau2	thau2

字目	道	稻	盗	滔	涛	桃	逃	陶
反切	徒皓	徒皓	徒到	土刀	徒刀	徒刀	徒刀	徒刀
声韵调	效开一定豪上	效开一定豪上	效开一定豪去	效开一透豪平	效开一定豪平	效开一定豪平	效开一定豪平	效开一定豪平
中古音	dɑu:	dɑu:	dɑu-	thɑu	dɑu	dɑu	dɑu	dɑu
沐川	tau4	tau4	tau4	thau1	thau1	thau2	thau2	thau2
峨边	tau4	tau4	tau4	thau1	thau2	thau2	thau2	thau2
雅安	tau4	tau4	tau4	thau1	thau1	thau2	thau2	thau2
名山	tau4	tau4	tau4	thau1	thau2	thau2	thau2	thau2
天全	tau4	tau4	tau4	thau1	thau2	thau2	thau2	thau2
芦山	tau4	tau4	tau4	thau1	thau1	thau2	thau2	thau2
宝兴	tau4	tau4	tau4	thau1	thau1	thau2	thau2	thau2
荥经	tau4	tau4	tau4	thau1	thau1	thau2	thau2	thau2
汉源	tau4	tau4	tau4	thau1	thau2	thau2	thau2	thau2
石棉	tau4	tau4	tau4	thau1	thau1	thau2	thau2	thau2
内江	tau4	tau4	tau4	thau1	thau2	thau2	thau2	thau2
威远	tau4	tau4	tau4	thau1	thau2	thau2	thau2	thau2
荣县	tau4	tau4	tau4	thau1	thau2	thau2	thau2	thau2
自贡	tau4	tau4	tau4	thau1	thau2	thau2	thau2	thau2
富顺	tau4	tau4	tau4	thau1	thau2	thau2	thau2	thau2
隆昌	tau4	tau4	tau4	thau1	thau1	thau2	thau2	thau2
泸县	tau4	tau4	tau4	thau1	thau2	thau2	thau2	thau2
泸州	tau4	tau4	tau4	thau1	thau2	thau2	thau2	thau2
南溪	tau4	tau4	tau4	thau1	thau2	thau2	thau2	thau2
合江	tau4	tau4	tau4	thau1	thau2	thau2	thau2	thau2

字目	淘	讨	套	挠[1]	脑	恼	闹	捞
反切	徒刀	他浩	叨号	奴巧	奴皓	奴皓	奴教	鲁刀
声韵调	效开一 定豪平	效开一 透豪上	效开一 透豪去	效开二 泥肴上	效开一 泥豪上	效开一 泥豪上	效开二 泥肴去	效开一 来豪平
中古音	dɑu	thɑu:	thɑu-	nɣau:	nɑu:	nɑu:	nɣau-	lɑu
成都	thau2	thau3	thau4	zau2	nau3	nau3	nau4	nau1
彭州	thau2	thau3	thau4	zau2 lau2 新	nau3	nau3	nau4	nau1
郫县	thau2	thau3	thau4	zau2	lau3	lau3	lau4	lau1
广汉	thau2	thau3	thau4	zau2	lau3	lau3	lau4	lau1
都江堰河东	thau2	thau3	thau4	zau2	nau3	nau3	nau4	nau1
都江堰河西	thau2	thau3	thau4	zau2	nau3	nau3	nau4	nau1
崇州	thau2	thau3	thau4	zau2	nau3	nau3	nau4	nau1
大邑	thau2	thau3	thau4	zau2	nau3	nau3	nau4	nau1
邛崃	thau2	thau3	thau4	zau2	nau3	nau3	nau4	nau1
新津	thau2	thau3	thau4	zau2	nau3	nau3	nau4	nau1
蒲江	thau2	thau3	thau4	zau2	lau3	lau3	lau4	lau1
彭山	thau2	thau3	thau4	nau2	nau3	nau3	nau4	nau1
眉山	thau2	thau3	thau4	nau2	nau3	nau3	nau4	nau1
丹棱	thau2	thau3	thau4	zau2	nau3	nau3	nau4	nau1
洪雅	thau2	thau3	thau4	zau2	nau3	nau3	nau4	nau1
青神	thau2	thau3	thau4	zau2	lau3	lau3	lau4	lau1
夹江	thau2	thau3	thau4	nau2	nau3	nau3	nau4	nau1
峨眉山	thau2	thau3	thau4	nau2	nau3	nau3	nau4	nau1
乐山	thau2	thau3	thau4	lau2	lau3	lau3	lau4	lau1
犍为	thau2	thau3	thau4	lau2	lau3	lau3	lau4	lau1

① 又*尼交切，效开二泥肴平。

字目	淘	讨	套	挠[①]	脑	恼	闹	捞
反切	徒刀	他浩	叨号	奴巧	奴皓	奴皓	奴教	鲁刀
声韵调	效开一 定豪平	效开一 透豪上	效开一 透豪去	效开二 泥肴上	效开一 泥豪上	效开一 泥豪上	效开二 泥肴去	效开一 来豪平
中古音	dɑu	thɑu:	thɑu-	nɣau:	nɑu:	nɑu:	nɣau-	lɑu
沐川	thau2	thau3	thau4	zau2 lau2 新	lau3	lau3	lau4	lau2
峨边	thau2	thau3	thau4	zau2	lau3	lau3	lau4	lau1
雅安	thau2	thau3	thau4	zau2	nau3	nau3	nau4	nau1
名山	thau2	thau3	thau4	lau2	lau3	lau3	lau4	lau1
天全	thau2	thau3	thau4	lau2	lau3	lau3	lau4	lau1
芦山	thau2	thau3	thau4	zau2	nau3	nau3	nau4	nau1
宝兴	thau2	thau3	thau4	zau2	nau3	nau3	nau4	nau1
荥经	thau2	thau3	thau4	zau2 lau2 新	lau3	lau3	lau4	lau1
汉源	thau2	thau3	thau4	nau2	nau3	nau3	nau4	nau1
石棉	thau2	thau3	thau4	lau2	lau3	lau3	lau4	lau1
内江	thau2	thau3	thau4	nau2	nau3	nau3	nau4	nau1
威远	thau2	thau3	thau4	nau2	nau3	nau3	nau4	nau1
荣县	thau2	thau3	thau4	nau2	nau3	nau3	nau4	nau1
自贡	thau2	thau3	thau4	z̩au2 lau2 新	lau3	lau3	lau4	lau1
富顺	thau2	thau3	thau4	z̩au2 lau2 新	lau3	lau3	lau4	lau1
隆昌	thau2	thau3	thau4	z̩au2 lau2 新	lau3	lau3	lau4	lau1
泸县	thau2	thau3	thau4	zau2	lau3	lau3	lau4	lau1
泸州	thau2	thau3	thau4	zau2	lau3	lau3	lau4	lau1
南溪	thau2	thau3	thau4	zau2	lau3	lau3	lau4	lau1
合江	thau2	thau3	thau4	无	lau3	lau3	lau4	lau1

① 又*尼交切，效开二泥肴平。

字目	劳	牢	老	涝	烙	酪	遭	糟
反切	鲁刀	鲁刀	卢皓	郎到	卢各	卢各	作曹	作曹
声韵调	效开一 来豪平	效开一 来豪平	效开一 来豪上	效开一 来豪去	宕开一 来铎入	宕开一 来铎入	效开一 精豪平	效开一 精豪平
中古音	lɑu	lɑu	lɑu:	lɑu-	lɑk	lɑk	tsɑu	tsɑu
成都	nau2	nau2	nau3	nau2	no2	no2	tsau1 tsau2 俗①	tsau1
彭州	nau2	nau2	nau3	nau2	no5	no5	tsau1 tsau2 俗①	tsau1
郫县	lau2	lau2	lau3	lau2	lo5	lo5	tsau1 tsau2 俗①	tsau1
广汉	lau2	lau2	lau3	lau2	lo5	lo5	tsau1 tsau2 俗①	tsau1
都江堰河东	nau2	nau2	nau3	nau2	no5	无	tsau1 tsau2 俗①	tsau1
都江堰河西	nau2	nau2	nau3	nau2	no5	无	tsau1 tsau2 俗①	tsau1
崇州	nau2	nau2	nau3	nau2	no5	无	tsau1 tsau2 俗①	tsau1
大邑	nau2	nau2	nau3	nau2	no5	no2 文	tsau1 tsau2 俗①	tsau1
邛崃	nau2	nau2	nau3	nau2	no5	no2 文	tsau1 tsau2 俗①	tsau1
新津	nau2	nau2	nau3	nau2	no5	no2 文	tsau1 tsau2 俗①	tsau1
蒲江	lau2	lau2	lau3	lau2	lo5	lo5 文	tsau1 tsau2 俗①	tsau1
彭山	nau2	nau2	nau3	nau2	no5	no5	tsau1 tsau2 俗①	tsau1
眉山	nau2	nau2	nau3	nau2	no5	no5	tsau1 tsau2 俗①	tsau1
丹棱	nau2	nau2	nau3	nau2	no5	no5	tsau1 tsau2 俗①	tsau1
洪雅	nau2	nau2	nau3	nau2	no5	no5	tsau1 tsau2 俗①	tsau1
青神	lau2	lau2	lau3	lau2	lo5	lo5	tsau1 tsau2 俗①	tsau1
夹江	nau2	nau2	nau3	nau2 nau4	no5	no5	tsau1 tsau2 俗①	tsau1
峨眉山	nau2	nau2	nau3	nau2 nau4	no5	no5	tsau1 tsau2 俗①	tsau1
乐山	lau2	lau2	lau3	lau2 lau4	lʊ5	lʊ5	tsau1 tsau2 俗①	tsau1
犍为	lau2	lau2	lau3	lau2 lau4	lʊ5	lʊ5	tsau1 tsau2 俗①	tsau1

① “着”的训读。张略切或直略切，宕开三知/澄药入。

字目	劳	牢	老	涝	烙	酪	遭	糟
反切	鲁刀	鲁刀	卢皓	郎到	卢各	卢各	作曹	作曹
声韵调	效开一 来豪平	效开一 来豪平	效开一 来豪上	效开一 来豪去	宕开一 来铎入	宕开一 来铎入	效开一 精豪平	效开一 精豪平
中古音	lɑu	lɑu	lɑu:	lɑu-	lɑk	lɑk	tsɑu	tsɑu
沐川	lau2	lau2	lau3	lau2	lʉ5	lʉ5	tsau1 tsau2 俗①	tsau1
峨边	lau2	lau2	lau3	lau2	lo5	lo5	tsau1 tsau2 俗①	tsau1
雅安	nau2	nau2	nau3	nau2	no1	no1	tsau1 tsau2 俗①	tsau1
名山	lau2	lau2	lau3	lau2	lo1	lo1	tsau1 tsau2 俗①	tsau1
天全	lau2	lau2	lau3	lau2	lo1	lo1	tsau1 tsau2 俗①	tsau1
芦山	nau2	nau2	nau3	nau2	no1	no1	tsau1 tsau2 俗①	tsau1
宝兴	nau2	nau2	nau3	nau2	no1	no1	tsau1 tsau2 俗①	tsau1
荥经	lau2	lau2	lau3	lau2	lʊ5	lʊ5	tsau1 tsau2 俗①	tsau1
汉源	nau2	nau2	nau3	nau4	no1	no1	tsau1 tsau2 俗①	tsau1
石棉	lau2	lau2	lau3	lau2	lo1	lo1	tsau1 tsau2 俗①	tsau1
内江	nau2	nau2	nau3	nau2	no4	no4	tsau1 tsau2 俗①	tsau1
威远	nau2	nau2	nau3	nau2	no4	no4	tsau1 tsau2 俗①	tsau1
荣县	nau2	nau2	nau3	nau2	no4	no4	tsau1 tsau2 俗①	tsau1
自贡	lau2	lau2	lau3	lau4	lo4	lo4	tsau1 tsau2 俗①	tsau1
富顺	lau2	lau2	lau3	lau2	lo4	lo4	tsau1 tsau2 俗①	tsau1
隆昌	lau2	lau2	lau3	lau2	lo4	lo4	tsau1 tsau2 俗①	tsau1
泸县	lau2	lau2	lau3	lau2	lo4	lo4	tsau1 tsau2 俗①	tsau1
泸州	lau2	lau2	lau3	lau2	lo5	lo5	tsau1 tsau2 俗①	tsau1
南溪	lau2	lau2	lau3	lau2	lo5	lo5	tsau1 tsau2 俗①	tsau1
合江	lau2	lau2	lau3	lau2	lʊ5	lʊ5	tsau1 tsau2 俗①	tsau1

① “着”的训读。张略切或直略切，宕开三知/澄药入。

字目	凿	早	枣	躁	灶	皂	造建造	燥
反切	在各	子皓	子皓	则到	则到	昨早	昨早	*先到
声韵调	宕开一 从铎入	效开一 精豪上	效开一 精豪上	效开一 精豪去	效开一 精豪去	效开一 从豪上	效开一 从豪上	效开一 心豪去
中古音	dzɑk	tsɑu:	tsɑu:	tsɑu-	tsɑu-	dzɑu:	dzɑu:	sɑu-
成都	tsho2	tsau3	tsau3	tshau4 tsau4 新	tsau4	tsau4	tsau4 tshau4 口	tshau4 文 sau4 白
彭州	tsho5	tsau3	tsau3	tshau4	tsau4	tsau4	tsau4 tshau4 口	tshau4 文 sau4 白
郫县	tsho2	tsau3	tsau3	tshau4	tsau4	tsau4	tshau4 tsau4 新	tshau4 文 sau4 白
广汉	tsho5	tsau3	tsau3	tsau4	tsau4	tsau4	tshau4 tsau4 新	tshau4 文 sau4 白
都江堰河东	tsho5	tsau3	tsau3	tshau4	tsau4	tsau4	tshau4	tshau4 文 sau4 白
都江堰河西	tsho5	tsau3	tsau3	tshau4	tsau4	tsau4	tsau4 tshau4 口	tshau4 文 sau4 白
崇州	tsho5	tsau3	tsau3	tshau4	tsau4	tsau4	tshau4	tshau4 文 sau4 白
大邑	tsho5	tsau3	tsau3	tsau4	tsau4	tsau4	tshau4 tsau4 新	tshau4 文 sau4 白
邛崃	tsho5	tsau3	tsau3	tshau4 tsau4 新	tsau4	tsau4	tshau4 tsau4 新	tshau4 文① sau4 白
新津	tsho5	tsau3	tsau3	tshau4 tsau4 新	tsau4	tsau4	tshau4 tsau4 新	tshau4 文 sau4 白
蒲江	tsho5	tsau3	tsau3	tshau4 tsau4 新	tsau4	tsau4	tshau4 tsau4 新	tshau4 文 sau4 白
彭山	tsho5	tsau3	tsau3	tshau4 tsau4 新	tsau4	tsau4	tsau4 tshau4 口	tshau4
眉山	tsho5	tsau3	tsau3	tshau4 tsau4 新	tsau4	tsau4	tsau4 tshau4 口	tshau4
丹棱	tsho5	tsau3	tsau3	tshau4 tsau4 新	tsau4	tsau4	tsau4 tshau4 口	tshau4
洪雅	tsho5	tsau3	tsau3	tshau4 tsau4 新	tsau4	tsau4	tsau4 tshau4 口	tshau4
青神	tsho5	tsau3	tsau3	tshau4 tsau4 新	tsau4	tsau4	tsau4 tshau4 口	tshau4
夹江	tsho4	tsau3	tsau3	tshau4	tshau4	tsau4	tsau4 tshau4 口	tshau4
峨眉山	tsho5	tsau3	tsau3	tshau4	tshau4	tsau4	tsau4 tshau4 口	tshau4
乐山	tsʊ5 tsuɛ5	tsau3	tsau3	tshau4	tsau4	tsau4	tsau4 tshau4 口	tshau4
犍为	tshʊ5	tsau3	tsau3	tsau4	tsau4	tsau4	tsau4 tshau4 口	tshau4

① 又音 tsau4 新。

字目	凿	早	枣	躁	灶	皂	造建造	燥
反切	在各	子皓	子皓	则到	则到	昨早	昨早	*先到
声韵调	宕开一 从铎入	效开一 精豪上	效开一 精豪上	效开一 精豪去	效开一 精豪去	效开一 从豪上	效开一 从豪上	效开一 心豪去
中古音	dzɑk	tsɑu:	tsɑu:	tsɑu-	tsɑu-	dzɑu:	dzɑu:	sɑu-
沐川	tshʉ5	tsau3	tsau3	tsau4	tsau4	tsau4	tsau4 tshau4 口	tshau4 文 sau4 白
峨边	tsho5	tsau3	tsau3	tshau4	tsau4	tsau4	tshau4	tshau4 文 sau4 白
雅安	tsho1	tsau3	tsau3	tshau4	tsau4	tsau4	tsau4 tshau4 口	tshau4 文 sau4 白
名山	tsho1	tsau3	tsau3	tshau4	tsau4	tsau4	tsau4 tshau4 口	tshau4 文 sau4 白
天全	tsho1	tsau3	tsau3	tshau4	tsau4	tsau4	tsau4 tshau4 口	tshau4 文 sau4 白
芦山	tsho1	tsau3	tsau3	tshau2	tsau4	tsau4	tshau2	tshau4 文 sau4 白
宝兴	tsho1	tsau3	tsau3	tsau4	tsau4	tsau4	tshau4	tshau4 文 sau4 白
荥经	tshʊ5	tsau3	tsau3	tshau4	tsau4	tsau4	tsau4 tshau4 口	tshau4 文 sau4 白
汉源	tsho2	tsau3	tsau3	tshau4	tsau4	tsau4	tsau4 tshau4 口	tshau4 文 sau4 白
石棉	tsho1	tsau3	tsau3	tshau4	tsau4	tsau4	tsau4 tshau4 口	tshau4 文 sau4 白
内江	tsho4	tsau3	tsau3	tshau4 tsau4	tsau4	tsau4	tsau4 tshau4 口	tshau4
威远	tsho4	tsau3	tsau3	tshau4 tsau4 新	tsau4	tsau4	tsau4 tshau4 口	tshau4
荣县	tsho4	tsau3	tsau3	tshau4 tsau4 新	tsau4	tsau4	tsau4 tshau4 口	tshau4
自贡	tsho4	tsau3	tsau3	tshau4	tsau4	tsau4	tshau4	tshau4
富顺	tsho4	tsau3	tsau3	tshau4	tsau4	tsau4	tshau4	tshau4
隆昌	tsho4	tsau3	tsau3	tshau4	tsau4	tsau4	tshau4	tshau4
泸县	tsho4	tsau3	tsau3	tshau4	tsau4	tsau4	tsau4 tshau4 口	tshau4 tsau4
泸州	tsho5	tsau3	tsau3	tshau4	tsau4	tsau4	tshau4 tsau4 新	tshau4 tsau4
南溪	tsho5	tsau3	tsau3	tshau4	tsau4	tsau4	tshau4 tsau4 新	tshau4 tsau4
合江	tshʊ5	tsau3	tsau3	tshau4	tsau4	tsau4	tsau4 tshau4 口	tshau4 文 sau4 白

字目	操节操	糙	曹	槽	草	骚	臊	扫扫地
反切	七刀	七到	昨劳	昨劳	采老	苏遭	苏遭	苏老
声韵调	效开一 清豪平	效开一 清豪去	效开一 从豪平	效开一 从豪平	效开一 清豪上	效开一 心豪平	效开一 心豪平	效开一 心豪上
中古音	tshɑu	tshɑu-	dzɑu	dzɑu	tshɑu:	sɑu	sɑu	sɑu:
成都	tshau1	tshau4	tshau2	tshau2	tshau3	sau1	sau1 sau4 口	sau3
彭州	tshau1	tshau4	tshau2	tshau2	tshau3	sau1	sau1 sau4 口	sau3
郫县	tshau1	tshau4	tshau2	tshau2	tshau3	sau1	sau1 sau4 口	sau3
广汉	tshau1	tshau4	tshau2	tshau2	tshau3	sau1	sau1	sau3
都江堰河东	tshau1	tshau4	tshau2	tshau2	tshau3	sau1	sau1	sau3
都江堰河西	tshau1	tshau4	tshau2	tshau2	tshau3	sau1	sau1 sau4 口	sau3
崇州	tshau1	tshau4	tshau2	tshau2	tshau3	sau1	sau1	sau3
大邑	tshau1	tshau4	tshau2	tshau2	tshau3	sau1	sau1 sau4 口	sau3
邛崃	tshau1	tshau4	tshau2	tshau2	tshau3	sau1	sau1 sau4 口	sau3
新津	tshau1	tshau4	tshau2	tshau2	tshau3	sau1	sau1 sau4 口	sau3
蒲江	tshau1	tshau4	tshau2	tshau2	tshau3	sau1	sau1 sau4 口	sau3
彭山	tshau1	tshau4	tshau2	tshau2	tshau3	sau1	sau1	sau3
眉山	tshau1	tshau4	tshau2	tshau2	tshau3	sau1	sau1	sau3
丹棱	tshau1	tshau4	tshau2	tshau2	tshau3	sau1	sau1	sau3
洪雅	tshau1	tshau4	tshau2	tshau2	tshau3	sau1	sau1	sau3
青神	tshau1	tshau4	tshau2	tshau2	tshau3	sau1	sau1	sau3
夹江	tshau1	tshau4	tshau2	tshau2	tshau3	sau1	sau1	sau3
峨眉山	tshau1	tshau4	tshau2	tshau2	tshau3	sau1	sau1	sau3
乐山	tshau1	tshau4	tshau2	tshau2	tshau3	sau1	sau1	sau3
犍为	tshau1	tshau4	tshau2	tshau2	tshau3	sau1	sau1	sau3

字目	操节操	糙	曹	槽	草	骚	臊	扫扫地
反切	七刀	七到	昨劳	昨劳	采老	苏遭	苏遭	苏老
声韵调	效开一 清豪平	效开一 清豪去	效开一 从豪平	效开一 从豪平	效开一 清豪上	效开一 心豪平	效开一 心豪平	效开一 心豪上
中古音	tshɑu	tshɑu-	dzɑu	dzɑu	tshɑu:	sɑu	sɑu	sɑu:
沐川	tshau1	tshau4	tshau2	tshau2	tshau3	sau1	sau1 sau4 口	sau3
峨边	tshau1	tshau4	tshau2	tshau2	tshau3	sau1	sau1	sau3
雅安	tshau1	tshau4	tshau2	tshau2	tshau3	sau1	sau4	sau3
名山	tshau1	tshau4	tshau2	tshau2	tshau3	sau1	sau1 sau4 口	sau3
天全	tshau1	tshau4	tshau2	tshau2	tshau3	sau1	sau1 sau4 口	sau3
芦山	tshau1	tshau4	tshau2	tshau2	tshau3	sau1	tshau4 sau4 口	sau3
宝兴	tshau1	tshau4	tshau2	tshau2	tshau3	sau1	sau1 sau4 口	sau3
荥经	tshau1	tshau4	tshau2	tshau2	tshau3	sau1	sau1 sau4 口	sau3
汉源	tshau1	tshau4	tshau2	tshau2	tshau3	sau1	sau1 sau4 口	sau3
石棉	tshau1	tshau4	tshau2	tshau2	tshau3	sau1	sau1 sau4 口	sau3
内江	tshau1	tshau4	tshau2	tshau2	tshau3	sau1	sau1	sau3
威远	tshau1	tshau4	tshau2	tshau2	tshau3	sau1	sau1	sau3
荣县	tshau1	tshau4	tshau2	tshau2	tshau3	sau1	sau1	sau3
自贡	tshau1	tshau4	tshau2	tshau2	tshau3	sau1	sau1 sau4 口	sau3
富顺	tshau1	tshau4	tshau2	tshau2	tshau3	sau1	sau1 sau4 口	sau3
隆昌	tshau1	tshau4	tshau2	tshau2	tshau3	sau1	sau1 sau4 口	sau3
泸县	tshau1	tshau4	tshau2	tshau2	tshau3	sau1	sau1 sau4 口	sau3
泸州	tshau1	tshau4	tshau2	tshau2	tshau3	sau1	sau1 sau4 口	sau3
南溪	tshau1	tshau4	tshau2	tshau2	tshau3	sau1	sau1 sau4 口	sau3
合江	tshau1	tshau4	tshau2	tshau2	tshau3	sau1	sau1 sau4 口	sau3

字目	嫂	扫扫帚	朝朝夕	昭	招	着[①]着凉	着睡着	爪
反切	苏老	苏到	陟遥	止遥	止遥	张略	直鱼	侧绞
声韵调	效开一 心豪上	效开一 心豪去	效开三 知宵平	效开三 章宵平	效开三 章宵平	宕开三 知药入	遇合三 澄鱼平	效开二 庄肴上
中古音	sɑu:	sɑu-	ȶiɛu	tɕiɛu	tɕiɛu	ȶiɐk	ȡiʌ	tʃɣau:
成都	sau3	sau4	tsau1	tsau1	tsau1	tso2 文 tsau2 白	tso2 文 tsho2 白	tsau3 tsua3
彭州	sau3	sau4	tsau1	tsau1	tsau1	tso2 文 tsau2 白	tso5 文 tsho5 白	tsau3 tsua3
郫县	sau3	sau4	tsau1	tsau1	tsau1	tso5 文 tsau2 白	tso5	tsau3 tsua3
广汉	sau3	sau4	tsau1	tsau1	tsau1	tso5	tso5 文 tsho5 白	tsau3
都江堰河东	sau3	sau4	tsau1	tsau1	tsau1	tso5 文 tsau2 白	tso5 文 tsho5 白	tsau3 tsua3
都江堰河西	sau3	sau4	tsau1	tsau1	tsau1	tso5 文 tsau2 白	tso5 文 tsho5 白	tsau3 tsua3
崇州	sau3	sau4	tsau1	tsau1	tsau1	tso5 文 tsau2 白	tso5 文 tsho5 白	tsau3 tsua3
大邑	sau3	sau4	tsau1	tsau1	tsau1	tso5 文 tsau2 白	tso5 文 tsho5 白	tsau3 tsua3
邛崃	sau3	sau4	tsau1	tsau1	tsau1	tso5 文 tsau2 白	tso5 文 tsho5 白	tsau3 tsua3
新津	sau3	sau4	tsau1	tsau1	tsau1	tso5 文 tsau2 白	tso5 文 tsho5 白	tsau3 tsua3
蒲江	sau3	sau4	tsau1	tsau1	tsau1	tso5 文 tsau2 白	tso5 文 tsho5 白	tsau3 tsua3
彭山	sau3	sau4	tsau1	tsau1	tsau1	tso5 文 tsau2 白	tso5 文 tsho5 白	tsau3 tsua3
眉山	sau3	sau4	tsau1	tsau1	tsau1	tso5 文 tsau2 白	tso5 文 tsho5 白	tsau3 tsua3
丹棱	sau3	sau4	tsau1	tsau1	tsau1	tso5 文 tsau2 白	tso5 文 tsho5 白	tsau3 tsua3
洪雅	sau3	sau4	tsau1	tsau1	tsau1	tso5 文 tsau2 白	tso5 文 tsho5 白	tsau3 tsua3
青神	sau3	sau4	tsau1	tsau1	tsau1	tso5 文 tsau2 白	tso5 文 tsho5 白	tsau3 tsua3
夹江	sau3	sau4	tsau1	tsau1	tsau1	tso5	tso5	tsau3 tsua3
峨眉山	sau3	sau4	tsau1	tsau1	tsau1	tso5	tso5	tsau3 tsua3
乐山	sau3	sau4	tsau1	tsau1	tsau1	tsʊ5	tshʊ5	tsau3 tsua3
犍为	sau3	sau4	tsau1	tsau1	tsau1	tsʊ5	tshʊ5	tsau3 tsua3

① 又直略切，宕开三澄药入。

字目	嫂	扫扫帚	朝朝夕	昭	招	着[①]着凉	着睡着	爪
反切	苏老	苏到	陟遥	止遥	止遥	张略	直鱼	侧绞
声韵调	效开一 心豪上	效开一 心豪去	效开三 知宵平	效开三 章宵平	效开三 章宵平	宕开三 知药入	遇合三 澄鱼平	效开二 庄肴上
中古音	sɑu:	sɑu-	ȶiᴇu	tɕiᴇu	tɕiᴇu	ȶiɐk	ȡiʌ	tʃɣau:
沐川	sau3	sau4	tsau1	tsau1	tsau1	tsʉ5 文 tsau2 白	tsʉ5 文 tshʉ5 白	tsau3 tsua3
峨边	sau3	sau4	tsau1	tsau1	tsau1	tsau2	tsho5	tsau3
雅安	sau3	sau4	tsau1	tsau1	tsau1	tso1	tso1	tsau3 tsua3
名山	sau3	sau4	tsau1	tsau1	tsau1	tso1 文 tsau1 白	tso1 文 tsho1 白	tsau3 tsua3
天全	sau3	sau4	tsau1	tsau1	tsau1	tso1 文 tsau1 白	tso1 文 tsho1 白	tsau3 tsua3
芦山	sau3	sau4	tsau1	tsau1	tsau1	tso1	tso1	tsau3 tsua3
宝兴	sau3	sau4	tsau1	tsau1	tsau1	tso1 文 tsau1 白	tso1	tsau3 tsua3
荥经	sau3	sau4	tsau1	tsau1	tsau1	tsʊ5 文 tsau2 白	tsʊ5 文 tshʊ5 白	tsau3 tsua3
汉源	sau3	sau4	tsau1	tsau1	tsau1	tso1 文 tsau1 白	tso1 文 tsho1 白	tsau3 tsua3
石棉	sau3	sau4	tsau1	tsau1	tsau1	tso1 文 tsau1 白	tso1 文 tsho1 白	tsau3 tsua3
内江	sau3	sau4	tʂau1	tʂau1	tʂau1	tʂo4 文 tʂau2 白	tʂo4 文 tʂho4 白	tʂau3 tʂua3
威远	sau3	sau4	tʂau1	tʂau1	tʂau1	tʂo4 文 tʂau2 白	tʂo4 文 tʂho4 白	tʂau3 tʂua3
荣县	sau3	sau4	tsau1	tsau1	tsau1	tso4 文 tsau2 白	tso4 文 tsho4 白	tsau3 tsua3
自贡	sau3	sau4	tʂau1	tʂau1	tʂau1	tʂo4	tʂho1	tʂau3 tʂua3
富顺	sau3	sau4	tʂau1	tʂau1	tʂau1	tʂo4	tʂo4	tʂau3 tʂua3
隆昌	sau3	sau4	tsau1	tsau1	tsau1	tso4	tsho4	tsau3 tʂua3
泸县	sau3	sau4	tsau1	tsau1	tsau1	tso4 文 tsau2 白	tso4 文 tsho4 白	tsau3 tsua3
泸州	sau3	sau4	tsau1	tsau1	tsau1	tso5 文 tsau2 白	tsho5 白 tso5 文	tsau3 tsua3
南溪	sau3	sau4	tsau1	tsau1	tsau1	tso5 文 tsau2 白	tso5 文 tɕhyʉ5 白	tsau3 tsua3
合江	sau3	sau4	tsau1	tsau1	tsau1	tsʊ5 文 tsau2 白	tso5 文 tshʊ5 白	tsau3 tsua3

① 又直略切，宕开三澄药入。

字目	找	罩	赵	兆	照	抄抄写	超	巢
反切		*陟教	治小	治小	之少	楚交	敕宵	鉏交
声韵调	效开二 庄肴上	效开二 知肴去	效开三 澄宵上	效开三 澄宵上	效开三 章宵去	效开二 初肴平	效开三 彻宵平	效开二 崇肴平
中古音	tʃɣau:	ʈɣau-	ɖiɛu:	ɖiɛu:	tɕiɛu-	tʃhɣau	ʈhiɛu	dʒɣau
成都	tsau3	tsau4	tsau4	tsau4	tsau4	tshau1	tshau1	tshau2
彭州	tsau3	tsau4	tsau4	tsau4	tsau4	tshau1	tshau1	tshau2
郫县	tsau3	tsau4	tsau4	tsau4	tsau4	tshau1	tshau1	tshau2
广汉	tsau3	tsau4	tsau4	tsau4	tsau4	tshau1	tshau1	tshau2
都江堰河东	tsau3	tsau4	tsau4	tsau4	tsau4	tshau1	tshau1	tshau2
都江堰河西	tsau3	tsau4	tsau4	tsau4	tsau4	tshau1	tshau1	tshau2
崇州	tsau3	tsau4	tsau4	tshau4	tsau4	tshau1	tshau1	tshau2
大邑	tsau3	tsau4	tsau4	tsau4	tsau4	tshau1	tshau1	tshau2
邛崃	tsau3	tsau4	tsau4	tsau4	tsau4	tshau1	tshau1	tshau2
新津	tsau3	tsau4	tsau4	tsau4	tsau4	tshau1	tshau1	tshau2
蒲江	tsau3	tsau4	tsau4	tsau4	tsau4	tshau1	tshau1	tshau2
彭山	tsau3	tsau4	tsau4	tsau4	tsau4	tshau1	tshau1	tshau2
眉山	tsau3	tsau4	tsau4	tsau4	tsau4	tshau1	tshau1	tshau2
丹棱	tsau3	tsau4	tsau4	tsau4	tsau4	tshau1	tshau1	tshau2
洪雅	tsau3	tsau4	tsau4	tsau4	tsau4	tshau1	tshau1	tshau2
青神	tsau3	tsau4	tsau4	tsau4	tsau4	tshau1	tshau1	tshau2
夹江	tsau3	tsau4	tsau4	tsau4	tsau4	tshau1	tshau1	tshau2
峨眉山	tsau3	tsau4	tsau4	tsau4	tsau4	tshau1	tshau1	tshau2
乐山	tsau3	tsau4	tsau4	tsau4	tsau4	tshau1	tshau1	tshau2
犍为	tsau3	tsau4	tsau4	tsau4	tsau4	tshau1	tshau1	tshau2

字目	找	罩	赵	兆	照	抄抄写	超	巢
反切		*陟教	治小	治小	之少	楚交	敕宵	鉏交
声韵调	效开二 庄肴上	效开二 知肴去	效开三 澄宵上	效开三 澄宵上	效开三 章宵去	效开二 初肴平	效开三 彻宵平	效开二 崇肴平
中古音	tʃɣau:	ʈɣau-	ɖiᴇu:	ɖiᴇu:	tɕiᴇu-	tʃhɣau	ʈhiᴇu	dʒɣau
沐川	tsau3	tsau4	tsau4	tsau4	tsau4	tshau1	tshau1	tshau2
峨边	tsau3	tsau4	tsau4	tsau4	tsau4	tshau1	tshau1	tshau2
雅安	tsau3	tsau4	tsau4	tsau4	tsau4	tshau1	tshau1	tshau2
名山	tsau3	tsau4	tsau4	tsau4	tsau4	tshau1	tshau1	tshau2
天全	tsau3	tsau4	tsau4	tsau4	tsau4	tshau1	tshau1	tshau2
芦山	tsau3	tsau4	tsau4	tsau4	tsau4	tshau1	tshau1	tshau2
宝兴	tsau3	tsau4	tsau4	tsau4	tsau4	tshau1	tshau1	tshau2
荥经	tsau3	tsau4	tsau4	tsau4	tsau4	tshau1	tshau1	tshau2
汉源	tsau3	tsau4	tsau4	tsau4	tsau4	tshau1	tshau1	tshau2
石棉	tsau3	tsau4	tsau4	tsau4	tsau4	tshau1	tshau1	tshau2
内江	ts̢au3	ts̢au4	tsau4	tsau4	tsau4	tshau1	tshau1	tshau2
威远	ts̢au3	ts̢au4	ts̢au4	ts̢au4	ts̢au4	ts̢hau1	ts̢hau1	tshau2
荣县	tsau3	tsau4	tsau4	tsau4	tsau4	tshau1	tshau1	tshau2
自贡	ts̢au3	ts̢au4	ts̢au4	ts̢au4	ts̢au4	ts̢hau1	ts̢hau1	tshau2
富顺	ts̢au3	ts̢au4	ts̢au4	ts̢au4	ts̢au4	ts̢hau1	ts̢hau1	tshau2
隆昌	tsau3	tsau4	tsau4	tsau4	tsau4	tshau1	tshau1	tshau2
泸县	tsau3	tsau4	tsau4	tsau4	tsau4	tshau1	tshau1	tshau2
泸州	tsau3	tsau4	tsau4	tsau4	tsau4	tshau1	tshau1	tshau2
南溪	tsau3	tsau4	tsau4	tsau4	tsau4	tshau1	tshau1	tshau2
合江	tsau3	tsau4	tsau4	tsau4	tsau4	tshau1	tshau1	tshau2

字目	朝朝代	潮	炒	吵	梢	稍	烧	勺
反切	直遥	直遥	初爪	初爪	所交	所教	式昭	市若
声韵调	效开三 澄宵平	效开三 澄宵平	效开二 初肴上	效开二 初肴上	效开二 生肴平	效开二 生肴去	效开三 书宵平	宕开三 禅药入
中古音	ȡiɛu	ȡiɛu	tʃhɣau:	tʃhɣau:	ʃɣau	ʃɣau-	ɕiɛu	dʑɨɐk
成都	tshau2	tshau2	tshau3	tshau3	sau1	sau1	sau1	so2 文
彭州	tshau2	tshau2	tshau3	tshau3	sau1	sau1	sau1	sau2 文
郫县	tshau2	tshau2	tshau3	tshau3	sau1	sau1	sau1	so5
广汉	tshau2	tshau2	tshau3	tshau3	sau1	sau1	sau1	so2 文
都江堰河东	tshau2	tshau2	tshau3	tshau3	sau1	sau1	sau1	so2 文
都江堰河西	tshau2	tshau2	tshau3	tshau3	sau1	sau1	sau1	so2 文
崇州	tshau2	tshau2	tshau3	tshau3	sau1	sau1	sau1	so2 文
大邑	tshau2	tshau2	tshau3	tshau3	sau1	sau1	sau1	so5 文
邛崃	tshau2	tshau2	tshau3	tshau3	sau1	sau1	sau1	so2 文
新津	tshau2	tshau2	tshau3	tshau3	sau1	sau1	sau1	so5 sau2 文
蒲江	tshau2	tshau2	tshau3	tshau3	sau1	sau1	sau1	so5 文
彭山	tshau2	tshau2	tshau3	tshau3	sau1	sau1	sau1	so5 文
眉山	tshau2	tshau2	tshau3	tshau3	sau1	sau1	sau1	so5 文
丹棱	tshau2	tshau2	tshau3	tshau3	sau1	sau1	sau1	so5 文
洪雅	tshau2	tshau2	tshau3	tshau3	sau1	sau1	sau1	so5 文
青神	tshau2	tshau2	tshau3	tshau3	sau1	sau1	sau1	so5 文
夹江	tshau2	tshau2	tshau3	tshau3	sau1	sau1	sau1	无
峨眉山	tshau2	tshau2	tshau3	tshau3	sau1	sau1	sau1	无
乐山	tshau2	tshau2	tshau3	tshau3	sau1	sau1	sau1	无
犍为	tshau2	tshau2	tshau3	tshau3	sau1	sau1	sau1	无

字目	朝朝代	潮	炒	吵	梢	稍	烧	勺
反切	直遥	直遥	初爪	初爪	所交	所教	式昭	市若
声韵调	效开三 澄宵平	效开三 澄宵平	效开二 初肴上	效开二 初肴上	效开二 生肴平	效开二 生肴去	效开三 书宵平	宕开三 禅药入
中古音	ɖiᴇu	ɖiᴇu	tʃhɣau:	tʃhɣau:	ʃɣau	ʃɣau-	ɕiᴇu	dʑɨɐk
沐川	tshau2	tshau2	tshau3	tshau3	sau1	sau1	sau1	sʉ5
峨边	tshau2	tshau2	tshau3	tshau3	sau1	sau1	sau1	so2 文
雅安	tshau2	tshau2	tshau3	tshau3	sau1	sau1	sau1	so1
名山	tshau2	tshau2	tshau3	tshau3	sau1	sau1	sau1	sau2
天全	tshau2	tshau2	tshau3	tshau3	sau1	sau1	sau1	sau2
芦山	tshau2	tshau2	tshau3	tshau3	sau1	sau1	sau1	so1
宝兴	tshau2	tshau2	tshau3	tshau3	sau1	sau1	sau1	so1
荥经	tshau2	tshau2	tshau3	tshau3	sau1	sau1	sau1	sʊ5
汉源	tshau2	tshau2	tshau3	tshau3	sau1	sau1	sau1	sau2 文
石棉	tshau2	tshau2	tshau3	tshau3	sau1	sau1	sau1	sau2 文
内江	tshau2	tshau2	tshau3	tshau3	sau1	sau1	sau1	so4 文
威远	tʂhau2	tʂhau2	tʂhau3	tʂhau3	ʂau1	ʂau1	ʂau1	ʂo4 文
荣县	tshau2	tshau2	tshau3	tshau3	sau1	sau1	sau1	so4 文
自贡	tʂhau2	tʂhau2	tʂhau3	tʂhau3	ʂau1	ʂau1	ʂau1	ʂau4 文
富顺	tʂhau2	tʂhau2	tʂhau3	tʂhau3	ʂau1	ʂau1	ʂau1	ʂo4
隆昌	tshau2	tshau2	tshau3	tshau3	sau1	sau1	sau1	so4
泸县	tshau2	tshau2	tshau3	tshau3	sau1	sau1	sau1	sau2 文
泸州	tshau2	tshau2	tshau3	tshau3	sau1	sau1	sau1	sau2 文
南溪	tshau2	tshau2	tshau3	tshau3	sau1	sau1	sau1	sau2 文
合江	tshau2	tshau2	tshau3	tshau3	sau1	sau1	sau1	sau2 文

字目	少多少	少少年	绍	饶	扰	绕围绕	绕绕线	高
反切	书沼	失照	市沼	如招	而沼	而沼	人要	古劳
声韵调	效开三 书宵上	效开三 书宵去	效开三 禅宵上	效开三 日宵平	效开三 日宵上	效开三 日宵上	效开三 日宵去	效开一 见豪平
中古音	ɕiɛu:	ɕiɛu-	dʑiɛu:	ȵʑiɛu	ȵʑiɛu:	ȵʑiɛu:	ȵʑiɛu-	kɑu
成都	sau3	sau4	sau4	zau2	zau3	zau3	zau3 zau4 新	kau1
彭州	sau3	sau4	sau4	zau2	zau3	zau3	zau3 zau4 新	kau1
郫县	sau3	sau4	sau4	zau2	zau3	zau3	zau3	kau1
广汉	sau3	sau4	sau4	zau2	zau3	zau3	zau3	kau1
都江堰河东	sau3	sau4	sau4	zau2	zau3	zau3	zau3	kau1
都江堰河西	sau3	sau4	sau4	zau2	zau3	zau3	zau3 zau4 新	kau1
崇州	sau3	sau4	sau4	zau2	zau3	zau3	zau3	kau1
大邑	sau3	sau4	sau4	zau2	zau3	zau3	zau3 zau4 新	kau1
邛崃	sau3	sau4	sau4	zau2	zau3	zau3	zau3 zau4 新	kau1
新津	sau3	sau4	sau4	zau2	zau3	zau3	zau3 zau4 新	kau1
蒲江	sau3	sau4	sau4	zau2	zau3	zau3	zau3 zau4 新	kau1
彭山	sau3	sau4	sau4	zau2	zau3	zau3	zau3 zau4 新	kau1
眉山	sau3	sau4	sau4	zau2	zau3	zau3	zau3 zau4 新	kau1
丹棱	sau3	sau4	sau4	zau2	zau3	zau3	zau3 zau4 新	kau1
洪雅	sau3	sau4	sau4	zau2	zau3	zau3	zau3 zau4 新	kau1
青神	sau3	sau4	sau4	zau2	zau3	zau3	zau3 zau4 新	kau1
夹江	sau3	sau4	sau4	zau2	zau3	zau3	zau3 zau4 新	kau1
峨眉山	sau3	sau4	sau4	zau2	zau3	zau3	zau3 zau4 新	kau1
乐山	sau3	sau4	sau4	zau2	zau3	zau3	zau3 zau4 新	kau1
犍为	sau3	sau4	sau4	zau2	zau3	zau3	zau3 zau4 新	kau1

字目	少多少	少少年	绍	饶	扰	绕围绕	绕绕线	高
反切	书沼	失照	市沼	如招	而沼	而沼	人要	古劳
声韵调	效开三 书宵上	效开三 书宵去	效开三 禅宵上	效开三 日宵平	效开三 日宵上	效开三 日宵上	效开三 日宵去	效开一 见豪平
中古音	ɕiɛu:	ɕiɛu-	dʑiɛu:	ȵʑiɛu	ȵʑiɛu:	ȵʑiɛu:	ȵʑiɛu-	kɑu
沐川	sau3	sau4	sau4	zau2	zau3	zau3	zau3 zau4 新	kau1
峨边	sau3	sau4	sau4	zau2	zau3	zau3	zau3	kau1
雅安	sau3	sau4	sau4	zau2	zau3	zau3	zau3	kau1
名山	sau3	sau4	sau4	zau2	zau3	zau3	zau3 zau4 新	kau1
天全	sau3	sau4	sau4	zau2	zau3	zau3	zau3 zau4 新	kau1
芦山	sau3	sau4	sau4	zau2	zau3	zau3	zau3	kau1
宝兴	sau3	sau4	sau4	zau2	zau3	zau3	zau3	kau1
荥经	sau3	sau4	sau4	zau2	zau3	zau3	zau3 zau4 新	kau1
汉源	sau3	sau4	sau4	zau2	zau3	zau3	zau3 zau4 新	kau1
石棉	sau3	sau4	sau4	zau2	zau3	zau3	zau3 zau4 新	kau1
内江	sau3	sau4	sau4	ʐau2	ʐau3	ʐau3	ʐau3 ʐau4 新	kau1
威远	ʂau3	ʂau4	ʂau4	ʐau2	ʐau3	ʐau3	ʐau3 ʐau4 新	kau1
荣县	sau3	sau4	sau4	zau2	zau3	zau3	zau3 zau4 新	kau1
自贡	ʂau3	ʂau4	ʂau4	ʐau2	ʐau3	ʐau3	ʐau3	kau1
富顺	ʂau3	ʂau4	ʂau4	ʐau2	ʐau3	ʐau3	ʐau3	kau1
隆昌	sau3	sau4	sau4	ʐau2	ʐau3	ʐau3	ʐau3	kau1
泸县	sau3	sau4	sau4	zau2	zau3	zau3	zau3 zau4 新	kau1
泸州	sau3	sau4	sau4	zau2	zau3	zau3	zau3 zau4 新	kau1
南溪	sau3	sau4	sau4	zau2	zau3	zau3	zau3 zau4 新	kau1
合江	sau3	sau4	sau4	zau2	zau3	zau3	zau3 zau4 新	kau1

字目	膏牙膏	羔	糕	稿	搞[①]	告	膏膏车	考
反切	古劳	古劳	古劳	古老	古巧	古到	古到	苦浩
声韵调	效开一 见豪平	效开一 见豪平	效开一 见豪平	效开一 见豪上	效开二 见肴上	效开一 见豪去	效开一 见豪去	效开一 溪豪上
中古音	kɑu	kɑu	kɑu	kɑu:	kɣau:	kɑu-	kɑu-	khɑu:
成都	kau1	kau1	kau1	kau3	kau3	kau4	无	khau3
彭州	kau1	kau1	kau1	kau3	kau3	kau4	无	khau3
郫县	kau1	kau1	kau1	kau3	kau3	kau4	无	khau3
广汉	kau1	kau1	kau1	kau3	kau3	kau4	无	khau3
都江堰河东	kau1	kau1	kau1	kau3	kau3	kau4	无	khau3
都江堰河西	kau1	kau1	kau1	kau3	kau3	kau4	无	khau3
崇州	kau1	kau1	kau1	kau3	kau3	kau4	无	khau3
大邑	kau1	kau1	kau1	kau3	kau3	kau4	无	khau3
邛崃	kau1	kau1	kau1	kau3	tɕiau3 kau3	kau4	无	khau3
新津	kau1	kau1	kau1	kau3	kau3	kau4	无	khau3
蒲江	kau1	kau1	kau1	kau3	kau3	kau4	无	khau3
彭山	kau1	kau1	kau1	kau3	kau3	kau4	无	khau3
眉山	kau1	kau1	kau1	kau3	kau3	kau4	无	khɤ3 khau3 新
丹棱	kau1	kau1	kau1	kau3	kau3	kau4	无	khɤ3 khau3 新
洪雅	kau1	kau1	kau1	kau3	kau3	kau4	无	khau3
青神	kau1	kau1	kau1	kau3	kau3	kau4	无	khau3
夹江	kau1	kau1	kau1	kau3	kau3	kau4	无	khau3
峨眉山	kau1	kau1	kau1	kau3	kau3	kau4	无	khau3
乐山	kau1	kau1	kau1	kau3	kau3	kau4	无	khau3
犍为	kau1	kau1	kau1	kau3	kau3	kau4	无	khau3

① “搅”的后起字。

字目	膏牙膏	羔	糕	稿	搞①	告	膏膏车	考
反切	古劳	古劳	古劳	古老	古巧	古到	古到	苦浩
声韵调	效开一 见豪平	效开一 见豪平	效开一 见豪平	效开一 见豪上	效开二 见肴上	效开一 见豪去	效开一 见豪去	效开一 溪豪上
中古音	kɑu	kɑu	kɑu	kɑu:	kɣau:	kɑu-	kɑu-	khɑu:
沐川	kau1	kau1	kau1	kau3	khau3	kau4	无	khau3
峨边	kau1	kau1	kau1	kau3	kau3	kau4	无	khau3
雅安	kau1	kau1	kau1	kau3	kau3	kau4	无	khau3
名山	kau1	kau1	kau1	kau3	tɕiau3	kau4	无	khau3
天全	kau1	kau1	kau1	kau3	kau3	kau4	无	khau3
芦山	kau1	kau1	kau1	kau3	kau3	kau4	无	khau3
宝兴	kau1	kau1	kau1	kau3	kau3	kau4	无	khau3
荥经	kau1	kau1	kau1	kau3	kau3	kau4	无	khau3
汉源	kau1	kau1	kau1	kau3	tɕiau3	kau4	无	khau3
石棉	kau1	kau1	kau1	kau3	tɕiau3	kau4	无	khau3
内江	kau1	kau1	kau1	kau3	kau3	kau4	无	khau3
威远	kau1	kau1	kau1	kau3	kau3	kau4	无	khau3
荣县	kau1	kau1	kau1	kau3	kau3	kau4	无	khau3
自贡	kau1	kau1	kau1	kau3	kau3	kau4	无	khau3
富顺	kau1	kau1	kau1	kau3	kau3	kau4	无	khau3
隆昌	kau1	kau1	kau1	kau3	kau3	kau4	无	khau3
泸县	kau1	kau1	kau1	kau3	kau3	kau4	无	khau3
泸州	kau1	kau1	kau1	kau3	kau3	kau4	无	khau3
南溪	kau1	kau1	kau1	kau3	kau3	kau4	无	khau3
合江	kau1	kau1	kau1	kau3	kau3	kau4	无	khau3

① “搅”的后起字。

字目	烤	靠	豪	毫	号呼号	好好坏	好喜好	耗
反切	苦浩	苦到	胡刀	胡刀	胡刀	呼皓	呼到	呼到
声韵调	效开一 溪豪上	效开一 溪豪去	效开一 匣豪平	效开一 匣豪平	效开一 匣豪平	效开一 晓豪上	效开一 晓豪去	效开一 晓豪去
中古音	khɑu:	khɑu-	ɦɑu	ɦɑu	ɦɑu	hɑu:	hɑu-	hɑu-
成都	khau3	khau4	xau2	xau2	xau2	xau3	xau4	xau4
彭州	khau3	khau4	xau2	xau2	xau2	xau3	xau4	xau4
郫县	khau3	khau4	xau2	xau2	xau2	xau3	xau4	xau4
广汉	khau3	khau4	xau2	xau2	xau2	xau3	xau4	xau4
都江堰河东	khau3	khau4	xau2	xau2	xau2	xau3	xau4	xau4
都江堰河西	khau3	khau4	xau2	xau2	xau2	xau3	xau4	xau4
崇州	khau3	khau4	xau2	xau2	xau2	xau3	xau4	xau4
大邑	khau3	khau4	xau2	xau2	xau2	xau3	xau4	xau4
邛崃	khau3	khau4	xau2	xau2	xau2	xau3	xau4	xau4
新津	khau3	khau4	xau2	xau2	xau2	xau3	xau4	xau4
蒲江	khau3	khau4	xau2	xau2	xau2	xau3	xau4	xau4
彭山	khau3	khau4	xau2	xau2	xau2	xau3	xau4	xau4
眉山	khau3	khau4	xau2	xau2	xau2	xau3	xau4	xau4
丹棱	khɤ3 khau3 新	khau4	xau2	xau2	xau2	xau3	xau4	xau4
洪雅	khau3	khau4	xau2	xau2	xau2	xau3	xau4	xau4
青神	khau3	khau4	xau2	xau2	xau2	xau3	xau4	xau4
夹江	khau3	khau4	xau2	xau2	xau2	xau3	xau4	xau4
峨眉山	khau3	khau4	xau2	xau2	xau2	xau3	xau4	xau4
乐山	khau3	khau4	xau2	xau2	xau2	xau3	xau4	xau4
犍为	khau3	khau4	xau2	xau2	xau2	xau3	xau4	xau4

字目	烤	靠	豪	毫	号呼号	好好坏	好喜好	耗
反切	苦浩	苦到	胡刀	胡刀	胡刀	呼皓	呼到	呼到
声韵调	效开一 溪豪上	效开一 溪豪去	效开一 匣豪平	效开一 匣豪平	效开一 匣豪平	效开一 晓豪上	效开一 晓豪去	效开一 晓豪去
中古音	khɑu:	khɑu-	ɦɑu	ɦɑu	ɦɑu	hɑu:	hɑu-	hɑu-
沐川	khau3	khau4	xau2	xau2	xau2	xau3	xau4	xau4
峨边	khau3	khau4	xau2	xau2	xau2	xau3	xau4	xau4
雅安	khau3	khau4	xau2	xau2	xau2	xau3	xau4	xau4
名山	khau3	khau4	xau2	xau2	xau2	xau3	xau4	xau4
天全	khau3	khau4	xau2	xau2	xau2	xau3	xau4	xau4
芦山	khau3	khau4	xau2	xau2	xau2	xau3	xau4	xau4
宝兴	khau3	khau4	xau2	xau2	xau2	xau3	xau4	xau4
荥经	khau3	khau4	xau2	xau2	xau2	xau3	xau4	xau4
汉源	khau3	khau4	xau2	xau2	xau2	xau3	xau4	xau4
石棉	khau3	khau4	xau2	xau2	xau2	xau3	xau4	xau4
内江	khau3	khau4	xau2	xau2	xau2	xau3	xau4	xau4
威远	khau3	khau4	xau2	xau2	xau2	xau3	xau4	xau4
荣县	khau3	khau4	xau2	xau2	xau2	xau3	xau4	xau4
自贡	khau3	khau4	xau2	xau2	xau2	xau3	xau4	xau4
富顺	khau3	khau4	xau2	xau2	xau2	xau3	xau4	xau4
隆昌	khau3	khau4	xau2	xau2	xau2	xau3	xau4	xau4
泸县	khau3	khau4	xau2	xau2	xau2	xau3	xau4	xau4
泸州	khau3	khau4	xau2	xau2	xau2	xau3	xau4	xau4
南溪	khau3	khau4	xau2	xau2	xau2	xau3	xau4	xau4
合江	khau3	khau4	xau2	xau2	xau2	xau3	xau4	xau4

字目	号号码	熬煎熬	袄	傲	奥	懊	标	彪
反切	胡到	五劳	乌皓	五到	乌到	乌到	甫遥	甫烋
声韵调	效开一 匣豪去	效开一 疑豪平	效开一 影豪上	效开一 疑豪去	效开一 影豪去	效开一 影豪去	效开三 A 帮宵平	流开三 帮幽平
中古音	ɦɑu-	ŋɑu	ʔɑu:	ŋɑu-	ʔɑu-	ʔɑu-	piɛu	piɪu
成都	xau4	ŋau2	ŋau3	ŋau4	ŋau4	ŋau4 文	piau1	piau1
彭州	xau4	ŋau2	ŋau3	ŋau4	ŋau4	ŋau4	piau1	piau1
郫县	xau4	ŋau2	ŋau3	ŋau4	ŋau4	ŋau4	piau1	piau1
广汉	xau4	ŋau2 ŋau1	ŋau3	ŋau4	ŋau4	ŋau4	piau1	piau1
都江堰河东	xau4	ŋau2	ŋau3	ŋau4	ŋau4	ŋau4 文	piau1	piau1
都江堰河西	xau4	ŋau2	ŋau3	ŋau4	ŋau4	ŋau4 文	piau1	piau1
崇州	xau4	ŋau2 ŋau1	ŋau3	ŋau4	ŋau4	ŋau4 文	piau1	piau1
大邑	xau4	ŋau2	ŋau3	ŋau4	ŋau4	ŋau4	piau1	piau1
邛崃	xau4	ŋau2	ŋau3	ŋau2	ŋau4	ŋau4	piau1	piau1
新津	xau4	ŋau2	ŋau3	ŋau4	ŋau4	ŋau4	piau1	piau1
蒲江	xau4	ŋau2	ŋau3	ŋau4	ŋau4	ŋau4	piau1	piau1
彭山	xau4	ŋau2	ŋau3	ŋau4	ŋau4	ŋau4 文	piau1	piau1
眉山	xau4	ŋau2	ŋau3	ŋau4	ŋau4	ŋau4 文	piau1	piau1
丹棱	xau4	ŋau2	ŋau3	ŋau4	ŋau4	ŋau4 文	piau1	piau1
洪雅	xau4	ŋau2	ŋau3	ŋau4	ŋau4	ŋau4 文	piau1	piau1
青神	xau4	ŋau2	ŋau3	ŋau4	ŋau4	ŋau4 文	piau1	piau1
夹江	xau4	ŋau2	ŋau3	ŋau4	ŋau4	ŋau4	piau1	piau1
峨眉山	xau4	ŋau2	ŋau3	ŋau4	ŋau4	ŋau4	piau1	piau1
乐山	xau4	ŋau2	ŋau3	ŋau4	ŋau4	ŋau4	piau1	piau1
犍为	xau4	ŋau2	ŋau3	ŋau4	ŋau4	ŋau4	piau1	piau1

字目	号号码	熬煎熬	袄	傲	奥	懊	标	彪
反切	胡到	五劳	乌皓	五到	乌到	乌到	甫遥	甫烋
声韵调	效开一 匣豪去	效开一 疑豪平	效开一 影豪上	效开一 疑豪去	效开一 影豪去	效开一 影豪去	效开三 A 帮宵平	流开三 帮幽平
中古音	ɦɑu-	ŋɑu	ʔɑu:	ŋɑu-	ʔɑu-	ʔɑu-	piɛu	piɪu
沐川	xau4	ŋau2	ŋau3	ŋau4	ŋau4	ŋau4	piau1	piau1
峨边	xau4	ŋau2	ŋau3	ŋau4	ŋau4	ŋau4	piau1	piau1
雅安	xau4	ŋau2	ŋau3	ŋau4	ŋau4	ŋau4	piau1	piau1
名山	xau4	ŋau1	ŋau3	ŋau4	ŋau4	ŋau4	piau1	piau1
天全	xau4	ŋau2	ŋau3	ŋau4	ŋau4	ŋau4	piau1	piau1
芦山	xau4	ŋau4	ŋau3	ŋau4	ŋau4	ŋau4	piau1	piau1
宝兴	xau4	ŋau2	ŋau3	ŋau4	ŋau4	ŋau4	piau1	piau1
荥经	xau4	ŋau2	ŋau3	ŋau4	ŋau4	ŋau4	piau1	piau1
汉源	xau4	ŋau1	ŋau3	ŋau4	ŋau4	ŋau4	piau1	piau1
石棉	xau4	ŋau1	ŋau3	ŋau4	ŋau4	ŋau4	piau1	piau1
内江	xau4	ŋau2	ŋau3	ŋau4	ŋau4	ŋau4 文	piau1	piau1
威远	xau4	ŋau2	ŋau3	ŋau4	ŋau4	ŋau4 文	piau1	piau1
荣县	xau4	ŋau2	ŋau3	ŋau4	ŋau4	ŋau4 文	piau1	piau1
自贡	xau4	ŋau2 ŋau1	ŋau3	ŋau4	ŋau4	ŋau4	piau1	piau1
富顺	xau4	ŋau2 ŋau1	ŋau3	ŋau4	ŋau4	ŋau4	piau1	piau1
隆昌	xau4	ŋau2 ŋau1	ŋau3	ŋau4	ŋau4	ŋau4	piau1	piau1
泸县	xau4	ŋau2	ŋau3	ŋau4	ŋau4	ŋau4	piau1	piau1
泸州	xau4	ŋau2	ŋau3	ŋau4	ŋau4	ŋau4	piau1	piau1
南溪	xau4	ŋau2	ŋau3	ŋau4	ŋau4	ŋau4	piau1	piau1
合江	xau4	ŋau2	ŋau3	ŋau4	ŋau4	ŋau4	piau1	piau1

字目	表外表	表手表	飘	漂漂浮	瓢	嫖嫖娼	漂漂白	漂漂亮
反切	陂矫	陂矫	抚招	抚招	符霄		*匹沼	匹妙
声韵调	效开三B 帮宵上	效开三B 帮宵上	效开三A 滂宵平	效开三A 滂宵平	效开三A 並宵平	效开三A 並宵平	效开三A 滂宵上	效开三A 滂宵去
中古音	pɣiɛu:	pɣiɛu:	phiɛu	phiɛu	biɛu	biɛu	phiɛu:	phiɛu-
成都	piau3	piau3	phiau1	phiau1	phiau2	phiau2	phiau3	phiau4
彭州	piau3	piau3	phiau1	phiau1	phiau2	phiau2	phiau3	phiau4
郫县	piau3	piau3	phiau1	phiau1	phiau2	phiau2	phiau3	phiau4
广汉	piau3	piau3	phiau1	phiau1	phiau2	phiau2	phiau3	phiau4
都江堰河东	piau3	piau3	phiau1	phiau1	phiau2	phiau2	phiau3	phiau4
都江堰河西	piau3	piau3	phiau1	phiau1	phiau2	phiau2	phiau3	phiau4
崇州	piau3	piau3	phiau1	phiau1	phiau2	phiau2	phiau3	phiau4
大邑	piau3	piau3	phiau1	phiau1	phiau2	phiau2	phiau3	phiau4
邛崃	piau3	piau3	phiau1	phiau1	phiau2	phiau2	phiau2	phiau4
新津	piau3	piau3	phiau1	phiau1	phiau2	phiau2	phiau4	phiau4
蒲江	piau3	piau3	phiau1	phiau1	phiau2	phiau2	phiau4	phiau4
彭山	piau3	piau3	phiau1	phiau1	phiau2	phiau2	phiau3	phiau4
眉山	piau3	piau3	phiau1	phiau1	phiau2	phiau2	phiau3	phiau4
丹棱	piau3	piau3	phiau1	phiau1	phiau2	phiau2	phiau3	phiau4
洪雅	piau3	piau3	phiau1	phiau1	phiau2	phiau2	phiau3	phiau4
青神	piau3	piau3	phiau1	phiau1	phiau2	phiau2	phiau3	phiau4
夹江	piau3	piau3	phiau1	phiau1	phiau2	phiau2	phiau4	phiau4
峨眉山	piau3	piau3	phiau1	phiau1	phiau2	phiau2	phiau4	phiau4
乐山	piau3	piau3	phiau1	phiau1	phiau2	phiau2	phiau4	phiau4
犍为	piau3	piau3	phiau1	phiau1	phiau2	phiau2	phiau4	phiau4

字目	表外表	表手表	飘	漂漂浮	瓢	嫖嫖娼	漂漂白	漂漂亮
反切	陂矫	陂矫	抚招	抚招	符霄		*匹沼	匹妙
声韵调	效开三 B 帮宵上	效开三 B 帮宵上	效开三 A 滂宵平	效开三 A 滂宵平	效开三 A 並宵平	效开三 A 並宵平	效开三 A 滂宵上	效开三 A 滂宵去
中古音	pɣiɛu:	pɣiɛu:	phiɛu	phiɛu	biɛu	biɛu	phiɛu:	phiɛu-
沐川	piau3	piau3	phiau1	phiau1	phiau2	phiau2	phiau3	phiau4
峨边	piau3	piau3	phiau1	phiau1	phiau2	phiau2	phiau3	phiau4
雅安	piau3	piau3	phiau1	phiau1	phiau2	phiau2	phiau3	phiau4
名山	piau3	piau3	phiau1	phiau1	phiau2	phiau2	phiau3	phiau4
天全	piau3	piau3	phiau1	phiau1	phiau2	phiau4	phiau3	phiau4
芦山	piau3	piau3	phiau1	phiau1	phiau2	phiau2	phiau3	phiau4
宝兴	piau3	piau3	phiau1	phiau1	phiau2	phiau2	phiau3	phiau4
荥经	piau3	piau3	phiau1	phiau1	phiau2	phiau2	phiau3	phiau4
汉源	piau3	piau3	phiau1	phiau1	phiau2	phiau2	phiau3	phiau4
石棉	piau3	piau3	phiau1	phiau1	phiau2	phiau2	phiau4	phiau4
内江	piau3	piau3	phiau1	phiau1	phiau2	phiau2	phiau3	phiau4
威远	piau3	piau3	phiau1	phiau1	phiau2	phiau2	phiau3	phiau4
荣县	piau3	piau3	phiau1	phiau1	phiau2	phiau2	phiau3	phiau4
自贡	piau3	piau3	phiau1	phiau1	phiau2	phiau2	phiau4	phiau4
富顺	piau3	piau3	phiau1	phiau1	phiau2	phiau2	phiau4	phiau4
隆昌	piau3	piau3	phiau1	phiau1	phiau2	phiau2	phiau4	phiau4
泸县	piau3	piau3	phiau1	phiau1	phiau2	phiau2	phiau4	phiau4
泸州	piau3	piau3	phiau1	phiau1	phiau2	phiau2	phiau4	phiau4
南溪	piau3	piau3	phiau1	phiau1	phiau2	phiau2	phiau4	phiau4
合江	piau3	piau3	phiau1	phiau1	phiau2	phiau2	phiau4	phiau4

字目	票票据	苗	描	秒	庙	妙	刁	貂
反切		武瀌	武瀌	亡沼	眉召	弥笑	都聊	都聊
声韵调	效开三 A 滂宵去	效开三 B 明宵平	效开三 B 明宵平	效开三 A 明宵上	效开三 B 明宵去	效开三 A 明宵去	效开四 端萧平	效开四 端萧平
中古音	phiɛu-	mɣiɛu	mɣiɛu	miɛu:	mɣiɛu-	miɛu-	teu	teu
成都	phiau4	miau2	miau2	miau3	miau4	miau4	tiau1	tiau1
彭州	phiau4	miau2	miau2	miau3	miau4	miau4	tiau1	tiau1
郫县	phiau4	miau2	miau2	miau3	miau4	miau4	tiau1	tiau1
广汉	phiau4	miau2	miau2	miau3	miau4	miau4	tiau1	tiau1
都江堰河东	phiau4	miau2	miau2	miau3	miau4	miau4	tiau1	tiau1
都江堰河西	phiau4	miau2	miau2	miau3	miau4	miau4	tiau1	tiau1
崇州	phiau4	miau2	miau2	miau3	miau4	miau4	tiau1	tiau1
大邑	phiau4	miau2	miau2	miau3	miau4	miau4	tiau1	tiau1
邛崃	phiau4	miau2	miau2	miau3	miau4	miau4	tiau1	tiau1
新津	phiau4	miau2	miau2	miau3	miau4	miau4	tiau1	tiau1
蒲江	phiau4	miau2	miau2	miau3	miau4	miau4	tiau1	tiau1
彭山	phiau4	miau2	miau2	miau3	miau4	miau4	tiau1	tiau1
眉山	phiau4	miau2	miau2	miau3	miau4	miau4	tiau1	tiau1
丹棱	phiau4	miau2	miau2	miau3	miau4	miau4	tiau1	tiau1
洪雅	phiau4	miau2	miau2	miau3	miau4	miau4	tiau1	tiau1
青神	phiau4	miau2	miau2	miau3	miau4	miau4	tiau1	tiau1
夹江	phiau4	miau2	miau2	miau3	miau4	miau4	tiau1	tiau1
峨眉山	phiau4	miau2	miau2	miau3	miau4	miau4	tiau1	tiau1
乐山	phiau4	miau2	miau2	miau3	miau4	miau4	tiau1	tiau1
犍为	phiau4	miau2	miau2	miau3	miau4	miau4	tiau1	tiau1

字目	票票据	苗	描	秒	庙	妙	刁	貂
反切		武瀌	武瀌	亡沼	眉召	弥笑	都聊	都聊
声韵调	效开三 A 滂宵去	效开三 B 明宵平	效开三 B 明宵平	效开三 A 明宵上	效开三 B 明宵去	效开三 A 明宵去	效开四 端萧平	效开四 端萧平
中古音	phiᴇu-	mɣiᴇu	mɣiᴇu	miᴇu:	mɣiᴇu-	miᴇu-	teu	teu
沐川	phiau4	miau2	miau2	miau3	miau4	miau4	tiau1	tiau1
峨边	phiau4	miau2	miau2	miau3	miau4	miau4	tiau1	tiau1
雅安	phiau4	miau2	miau2	miau3	miau4	miau4	tiau1	tiau1
名山	phiau2	miau2	miau2	miau3	miau4	miau4	tiau1	tiau1
天全	phiau4	miau4	miau4	miau3	miau4	miau4	tɕiau1	tɕiau1
芦山	phiau4	miau2	miau2	miau3	miau4	miau4	tɕiau1	tɕiau1
宝兴	phiau4	miau2	miau2	miau3	miau4	miau4	tɕiau1	tɕiau1 tiau1
荥经	phiau4	miau2	miau2	miau3	miau4	miau4	tiau1	tiau1
汉源	phiau4	miau2	miau2	miau3	miau4	miau4	tiau1	tiau1
石棉	phiau4	miau2	miau4	miau3	miau4	miau4	tiau1	tiau1
内江	phiau4	miau2	miau2	miau3	miau4	miau4	tiau1	tiau1
威远	phiau4	miau2	miau2	miau3	miau4	miau4	tiau1	tiau1
荣县	phiau4	miau2	miau2	miau3	miau4	miau4	tiau1	tiau1
自贡	phiau4	miau2	miau2	miau3	miau4	miau4	tiau1	tiau1
富顺	phiau4	miau2	miau2	miau3	miau4	miau4	tiau1	tiau1
隆昌	phiau4	miau2	miau2	miau3	miau4	miau4	tiau1	tiau1
泸县	phiau4	miau2	miau2	miau3	miau4	miau4	tiau1	tiau1
泸州	phiau4	miau2	miau2	miau3	miau4	miau4	tiau1	tiau1
南溪	phiau4	miau2	miau2	miau3	miau4	miau4	tiau1	tiau1
合江	phiau4	miau2	miau2	miau3	miau4	miau4	tiau1	tiau1

字目	雕雕刻	钓	吊	掉	调调动	调音调	挑挑选	条
反切	都聊	多啸	多啸	徒吊	徒吊	徒吊	吐雕	徒聊
声韵调	效开四 端萧平	效开四 端萧去	效开四 端萧去	效开四 定萧去	效开四 定萧去	效开四 定萧去	效开四 透萧平	效开四 定萧平
中古音	teu	teu-	teu-	deu-	deu-	deu-	theu	deu
成都	tiau1	tiau4	tiau4	tiau4 thiau3	tiau4	tiau4	thiau1 tiau1 口	thiau2
彭州	tiau1	tiau4	tiau4	tiau4 thiau3	tiau4	tiau4	thiau1 tiau1 口	thiau2
郫县	tiau1	tiau4	tiau4	tiau4	tiau4	tiau4	thiau1	thiau2
广汉	tiau1	tiau4	tiau4	tiau4	tiau4	tiau4	thiau1	thiau2
都江堰河东	tiau1	tiau4	tiau4	tiau4 thiau3	tiau4	tiau4	thiau1 tiau1 口	thiau2
都江堰河西	tiau1	tiau4	tiau4	tiau4 thiau3	tiau4	tiau4	thiau1 tiau1 口	thiau2
崇州	tiau1	tiau4	tiau4	tiau4 thiau3	tiau4	tiau4	thiau1 tiau1 口	thiau2
大邑	tiau1	tiau4	tiau4	tiau4 thiau3	tiau4	tiau4	thiau1 tiau1 口	thiau2
邛崃	tiau1	tiau4	tiau4	tiau4 thiau3	tiau4	tiau4	thiau1 tiau1 口	thiau2
新津	tiau1	tiau4	tiau4	tiau4 thiau3	tiau4	tiau4	thiau1 tiau1 口	thiau2
蒲江	tiau1	tiau4	tiau4	tiau4 thiau3	tiau4	tiau4	thiau1 tiau1 口	thiau2
彭山	tiau1	tiau4	tiau4	tiau4 thiau3	tiau4	tiau4	thiau1 tiau1 口	thiau2
眉山	tiau1	tiau4	tiau4	tiau4 thiau3	tiau4	tiau4	thiau1 tiau1 口	thiau2
丹棱	tiau1	tiau4	tiau4	tiau4 thiau3	tiau4	tiau4	thiau1 tiau1 口	thiau2
洪雅	tiau1	tiau4	tiau4	tiau4 thiau3	tiau4	tiau4	thiau1 tiau1 口	thiau2
青神	tiau1	tiau4	tiau4	tiau4 thiau3	tiau4	tiau4	thiau1 tiau1 口	thiau2
夹江	tiau1	tiau4	tiau4	tiau4 thiau3	tiau4	tiau4	thiau1 tiau1 口	thiau2
峨眉山	tiau1	tiau4	tiau4	tiau4 thiau3	tiau4	tiau4	thiau1 tiau1 口	thiau2
乐山	tiau1	tiau4	tiau4	tiau4 thiau3	tiau4	tiau4	thiau1 tiau1 口	thiau2
犍为	tiau1	tiau4	tiau4	tiau4 thiau3	tiau4	tiau4	thiau1 tiau1 口	thiau2

字目	雕雕刻	钓	吊	掉	调调动	调音调	挑挑选	条
反切	都聊	多啸	多啸	徒吊	徒吊	徒吊	吐雕	徒聊
声韵调	效开四 端萧平	效开四 端萧去	效开四 端萧去	效开四 定萧去	效开四 定萧去	效开四 定萧去	效开四 透萧平	效开四 定萧平
中古音	teu	teu-	teu-	deu-	deu-	deu-	theu	deu
沐川	tiau1	tiau4	tiau4	tiau4 thiau3	tiau4	tiau4	thiau1 tiau1 口	thiau2
峨边	tiau1	tiau4	tiau4	tiau4 thiau3	tiau4	tiau4	thiau1	thiau2
雅安	tiau1	tiau4	tiau4	tiau4	tiau4	tiau4	thiau1	thiau2
名山	tiau1	tiau4	tiau4	tiau4 thiau3	tiau4	tiau4	thiau1 tiau1 口	thiau2
天全	tɕiau1	tɕiau4	tɕiau4	tɕiau4 tɕhiau4	tɕiau4	tɕiau4	tɕhiau1 tɕiau1 口	tɕhiau2
芦山	tɕiau1	tɕiau4	tɕiau4	tɕiau4	tɕiau4	tɕiau4	tɕhiau1	tɕhiau2
宝兴	tɕiau1	tɕiau4	tɕiau4	tɕiau4 tiau4	tɕiau4	tɕiau4	tɕiau1	tɕhiau2
荥经	tiau1	tiau4	tiau4	tiau4 thiau3	tiau4	tiau4	thiau1 tiau1 口	thiau2
汉源	tiau1	tiau4	tiau4	tiau4 thiau3	tiau4	tiau4	thiau1 tiau1 口	thiau2
石棉	tiau1	tiau4	tiau4	tiau4 thiau3	tiau4	tiau4	thiau1 tiau1 口	thiau2
内江	tiau1	tiau4	tiau4	tiau4 thiau3	tiau4	tiau4	thiau1 tiau1 口	thiau2
威远	tiau1	tiau4	tiau4	tiau4 thiau3	tiau4	tiau4	thiau1 tiau1 口	thiau2
荣县	tiau1	tiau4	tiau4	tiau4 thiau3	tiau4	tiau4	thiau1 tiau1 口	thiau2
自贡	tiau1	tiau4	tiau4	tiau4 thiau3	tiau4	tiau4	thiau1	thiau2
富顺	tiau1	tiau4	tiau4	tiau4 thiau3	tiau4	tiau4	thiau1	thiau2
隆昌	tiau1	tiau4	tiau4	tiau4 thiau3	tiau4	tiau4	thiau1	thiau2
泸县	tiau1	tiau4	tiau4	tiau4 thiau3	tiau4	thiau4	thiau1 tiau1 口	thiau2
泸州	tiau1	tiau4	tiau4	tiau4 thiau3	tiau4	thiau4	thiau1 tiau1 口	thiau2
南溪	tiau1	tiau4	tiau4	tiau4 thiau3	tiau4	thiau4	thiau1 tiau1 口	thiau2
合江	tiau1	tiau4	tiau4	tiau4 thiau3	tiau4	tiau4	thiau1 tiau1 口	thiau2

字目	调调和	挑挑战	跳	鸟	尿	燎烫	聊	辽
反切	徒聊	徒了	他吊	都了	奴吊	力昭	落萧	落萧
声韵调	效开四 定萧平	效开四 定萧上	效开四 透萧去	效开四 端萧上	效开四 泥萧去	效开三 来宵平	效开四 来萧平	效开四 来萧平
中古音	deu	deu:	theu-	teu:	neu-	liᴇu	leu	leu
成都	thiau2	thiau1	thiau4	ȵiau3	ȵiau4	niau2	niau2	niau2
彭州	thiau2	thiau1	thiau4	ȵiau3	ȵiau4	niau2	niau2	niau2
郫县	thiau2	thiau1	thiau4	ȵiau3	ȵiau4	liau2	liau2	liau2
广汉	thiau2	thiau1	thiau4	ȵiau3	ȵiau4	liau2	liau2	liau2
都江堰河东	thiau2	thiau1	thiau4	ȵiau3	ȵiau4	niau2	niau2	niau2
都江堰河西	thiau2	thiau1	thiau4	niau3	ȵiau4	niau2	niau2	niau2
崇州	thiau2	thiau1	thiau4	ȵiau3	ȵiau4	niau2	niau2	niau2
大邑	thiau2	thiau1	thiau4	ȵiau3	ȵiau4	niau2	niau2	niau2
邛崃	thiau2	thiau1	thiau4	ȵiau3	ȵiau4	niau2	niau2	niau2
新津	thiau2	thiau1	thiau4	ȵiau3	ȵiau4	niau2	niau2	niau2
蒲江	thiau2	thiau1	thiau4	liau3	ȵiau4	liau2	liau2	liau2
彭山	thiau2	thiau1 thiau3	thiau4	ȵiau3	ȵiau4	niau2	niau2	niau2
眉山	thiau2	thiau1 thiau3	thiau4	ȵiau3	ȵiau4	niau2	niau2	niau2
丹棱	thiau2	thiau1 thiau3	thiau4	ȵiau3	ȵiau4	niau2	niau2	niau2
洪雅	thiau2	thiau1 thiau3	thiau4	ȵiau3	ȵiau4	niau2	niau2	niau2
青神	thiau2	thiau1 thiau3	thiau4	liau3	liau4	liau2	liau2	liau2
夹江	thiau2	thiau1	thiau4	niau3 tiau3	niau4	niau2	niau2	niau2
峨眉山	thiau2	thiau1	thiau4	niau3	niau4	niau2	niau2	niau2
乐山	thiau2	thiau1	thiau4	liau3	liau4	liau2	liau2	liau2
犍为	thiau2	thiau1	thiau4	liau3	liau4	liau2	liau2	liau2

字目	调调和	挑挑战	跳	鸟	尿	燎烫	聊	辽
反切	徒聊	徒了	他吊	都了	奴吊	力昭	落萧	落萧
声韵调	效开四 定萧平	效开四 定萧上	效开四 透萧去	效开四 端萧上	效开四 泥萧去	效开三 来宵平	效开四 来萧平	效开四 来萧平
中古音	deu	deu:	theu-	teu:	neu-	liᴇu	leu	leu
沐川	thiau2	thiau1	thiau4	ȵiau3	ȵiau4	liau2	liau2	liau2
峨边	thiau2	thiau1	thiau4	liau3	liau4	liau2	liau2	liau2
雅安	thiau2	thiau1	thiau4	ȵiau3	ȵiau4	niau2	niau2	niau2
名山	thiau2	thiau1	thiau4	liau3	liau4	liau2	liau2	liau2
天全	tɕhiau2	tɕhiau1	tɕhiau4	ȵiau3	ȵiau4	liau2	liau2	liau2
芦山	tɕhiau2	tɕhiau1	tɕhiau4	ȵiau3	ȵiau4	niau2	niau2	niau2
宝兴	tɕhiau2	tɕhiau1	thiau4	ȵiau3	ȵiau4	niau2	niau2	niau2
荥经	thiau2	thiau1 thiau3	thiau4	ȵiau3	ȵiau4	liau2	liau2	liau2
汉源	thiau2	thiau1	thiau4	niau3	niau4	niau2	niau2	niau2
石棉	thiau2	thiau1	thiau4	ȵiau3	ȵiau4	liau2	liau2	liau2
内江	thiau2	thiau1 thiau3	thiau4	ȵiau3	ȵiau4	niau2	niau2	niau2
威远	thiau2	thiau1 thiau3	thiau4	ȵiau3	ȵiau4	niau2	niau2	niau2
荣县	thiau2	thiau1 thiau3	thiau4	ȵiau3	ȵiau4	niau2	niau2	niau2
自贡	thiau2	thiau1	thiau4	ȵiau3	ȵiau4	liau2	liau2	liau2
富顺	thiau2	thiau1	thiau4	ȵiau3	ȵiau4	liau2	liau2	liau2
隆昌	thiau2	thiau1	thiau4	ȵiau3	ȵiau4	liau2	liau2	liau2
泸县	thiau2	thiau1	thiau4	ȵiau3	ȵiau4	liau2	liau2	liau2
泸州	thiau2	thiau1	thiau4	liau3	ȵiau4	liau2	liau2	liau2
南溪	thiau2	thiau1	thiau4	ȵiau3	ȵiau4	liau2	liau2	liau2
合江	thiau2	thiau1	thiau4	ȵiau3	ȵiau4	liau2	liau2	liau2

字目	疗	燎[①]烧	了了结	料	交	郊	胶	教教书
反切	力照	力小	卢鸟	力吊	古肴	古肴	古肴	古肴
声韵调	效开三来宵去	效开三来宵上	效开四来萧上	效开四来萧去	效开二见肴平	效开二见肴平	效开二见肴平	效开二见肴平
中古音	liᴇu-	liᴇu:	leu:	leu-	kɣau	kɣau	kɣau	kɣau
成都	niau2	niau2	niau3	niau4	tɕiau1	tɕiau1	tɕiau1	tɕiau1
彭州	niau2	niau2	niau3	niau4	tɕiau1	tɕiau1	tɕiau1	tɕiau1
郫县	liau2	liau2	liau3	liau4	tɕiau1	tɕiau1	tɕiau1	tɕiau1
广汉	liau2	liau2	liau3	liau4	tɕiau1	tɕiau1	tɕiau1	tɕiau1
都江堰河东	niau2	niau2	niau3	niau4	tɕiau1	tɕiau1	tɕiau1	tɕiau1
都江堰河西	niau2	niau2	niau3	niau4	tɕiau1	tɕiau1	tɕiau1	tɕiau1
崇州	niau2	niau2	niau3	niau4	tɕiau1	tɕiau1	tɕiau1	tɕiau1
大邑	niau2	niau2	niau3	niau4	tɕiau1	tɕiau1	tɕiau1	tɕiau1
邛崃	niau2	niau2	niau3	niau4	tɕiau1	tɕiau1	tɕiau1	tɕiau1
新津	niau2	niau2	niau3	niau4	tɕiau1	tɕiau1	tɕiau1	tɕiau1
蒲江	liau2	liau2	liau3	liau4	tɕiau1	tɕiau1	tɕiau1	tɕiau1
彭山	niau2	niau2	niau3	niau4	tɕiau1	tɕiau1	tɕiau1	tɕiau1
眉山	niau2	niau2	niau3	niau4	tɕiau1	tɕiau1	tɕiau1	tɕiau1
丹棱	niau2	niau2	niau3	niau4	tɕiau1	tɕiau1	tɕiau1	tɕiau1
洪雅	niau2	niau2	niau3	niau4	tɕiau1	tɕiau1	tɕiau1	tɕiau1
青神	liau2	liau2	liau3	liau4	tɕiau1	tɕiau1	tɕiau1	tɕiau1
夹江	niau2	niau2	niau3	niau4	tɕiau1	tɕiau1	tɕiau1	tɕiau1
峨眉山	niau2	niau2	niau3	niau4	tɕiau1	tɕiau1	tɕiau1	tɕiau1
乐山	liau2	liau2	liau3	liau4	tɕiau1	tɕiau1	tɕiau1	tɕiau1
犍为	liau2	liau2	liau3	liau4	tɕiau1	tɕiau1	tɕiau1	tɕiau1

① 又力昭切，效开三来宵平。按：今燎（力昭切，烫）、燎（力小切，烧）多不分。

字目	疗	燎[①]烧	了了结	料	交	郊	胶	教教书
反切	力照	力小	卢鸟	力吊	古肴	古肴	古肴	古肴
声韵调	效开三 来宵去	效开三 来宵上	效开四 来萧上	效开四 来萧去	效开二 见肴平	效开二 见肴平	效开二 见肴平	效开二 见肴平
中古音	liɛu-	liɛu:	leu:	leu-	kɣau	kɣau	kɣau	kɣau
沐川	liau2	liau2	liau3	liau4	tɕiau1	tɕiau1	tɕiau1	tɕiau1
峨边	liau2	liau2	liau3	liau4	tɕiau1	tɕiau1	tɕiau1	tɕiau1
雅安	niau2	niau2	niau3	niau4	tɕiau1	tɕiau1	tɕiau1	tɕiau1
名山	liau2	liau2	liau3	liau4	tɕiau1	tɕiau1	tɕiau1	tɕiau1
天全	liau2	liau2	liau3	liau4	tɕiau1	tɕiau1	tɕiau1	tɕiau1
芦山	niau2	niau2	niau3	niau4	tɕiau1	tɕiau1	tɕiau1	tɕiau1
宝兴	niau2	niau2	niau3	niau4	tɕiau1	tɕiau1	tɕiau1	tɕiau1
荥经	liau2	liau2	liau3	liau4	tɕiau1	tɕiau1	tɕiau1	tɕiau1
汉源	niau2	niau2	niau3	niau4	tɕiau1	tɕiau1	tɕiau1	tɕiau1
石棉	liau2	liau2	liau3	liau4	tɕiau1	tɕiau1	tɕiau1	tɕiau1
内江	niau2	niau2	niau3	niau4	tɕiau1	tɕiau1	tɕiau1	tɕiau1
威远	niau2	niau2	niau3	niau4	tɕiau1	tɕiau1	tɕiau1	tɕiau1
荣县	niau2	niau2	niau3	niau4	tɕiau1	tɕiau1	tɕiau1	tɕiau1
自贡	liau2	liau2	liau3	liau4	tɕiau1	tɕiau1	tɕiau1	tɕiau1
富顺	liau2	liau2	liau3	liau4	tɕiau1	tɕiau1	tɕiau1	tɕiau1
隆昌	liau2	liau2	liau3	liau4	tɕiau1	tɕiau1	tɕiau1	tɕiau1
泸县	liau2	liau2	liau3	liau4	tɕiau1	tɕiau1	tɕiau1	tɕiau1
泸州	liau2	liau2	liau3	liau4	tɕiau1	tɕiau1	tɕiau1	tɕiau1
南溪	liau2	liau2	liau3	liau4	tɕiau1	tɕiau1	tɕiau1	tɕiau1
合江	liau2	liau2	liau3	liau4	tɕiau1	kau1	tɕiau1	kau1

① 又力昭切，效开三来宵平。按：今燎（力昭切，烫）、燎（力小切，烧）多不分。

字目	焦	蕉	椒	骄	娇	浇	绞	狡
反切	即消	即消	即消	举乔	举乔	古尧	古巧	古巧
声韵调	效开三 精宵平	效开三 精宵平	效开三 精宵平	效开三 B 见宵平	效开三 B 见宵平	效开四 见萧平	效开二 见肴上	效开二 见肴上
中古音	tsiᴇu	tsiᴇu	tsiᴇu	kɣiᴇu	kɣiᴇu	keu	kɣau:	kɣau:
成都	tɕiau1	tɕiau1	tɕiau1	tɕiau1	tɕiau1	tɕiau1	tɕiau3	tɕiau3
彭州	tɕiau1	tɕiau1	tɕiau1	tɕiau1	tɕiau1	tɕiau1	tɕiau3	tɕiau3
郫县	tɕiau1	tɕiau1	tɕiau1	tɕiau1	tɕiau1	tɕiau1	tɕiau3	tɕiau3
广汉	tɕiau1	tɕiau1	tɕiau1	tɕiau1	tɕiau1	tɕiau1	tɕiau3	tɕiau3
都江堰河东	tɕiau1	tɕiau1	tɕiau1	tɕiau1	tɕiau1	tɕiau1	tɕiau3	tɕiau3
都江堰河西	tɕiau1	tɕiau1	tɕiau1	tɕiau1	tɕiau1	tɕiau1	tɕiau3	tɕiau3
崇州	tɕiau1	tɕiau1	tɕiau1	tɕiau1	tɕiau1	tɕiau1	tɕiau3	tɕiau3
大邑	tɕiau1	tɕiau1	tɕiau1	tɕiau1	tɕiau1	tɕiau1	tɕiau3	tɕiau3
邛崃	tɕiau1	tɕiau1	tɕiau1	tɕiau1	tɕiau1	tɕiau1	tɕiau3	tɕiau3
新津	tɕiau1	tɕiau1	tɕiau1	tɕiau1	tɕiau1	tɕiau1	tɕiau3	tɕiau3
蒲江	tɕiau1	tɕiau1	tɕiau1	tɕiau1	tɕiau1	tɕiau1	tɕiau3	tɕiau3
彭山	tɕiau1	tɕiau1	tɕiau1	tɕiau1	tɕiau1	tɕiau1	tɕiau3	tɕiau3
眉山	tɕiau1	tɕiau1	tɕiau1	tɕiau1	tɕiau1	tɕiau1	tɕiau3	tɕiau3
丹棱	tɕiau1	tɕiau1	tɕiau1	tɕiau1	tɕiau1	tɕiau1	tɕiau3	tɕiau3
洪雅	tɕiau1	tɕiau1	tɕiau1	tɕiau1	tɕiau1	tɕiau1	tɕiau3	tɕiau3
青神	tɕiau1	tɕiau1	tɕiau1	tɕiau1	tɕiau1	tɕiau1	tɕiau3	tɕiau3
夹江	tɕiau1	tɕiau1	tɕiau1	tɕiau1	tɕiau1	tɕiau1	tɕiau3	tɕiau3
峨眉山	tɕiau1	tɕiau1	tɕiau1	tɕiau1	tɕiau1	tɕiau1	tɕiau3	tɕiau3
乐山	tɕiau1	tɕiau1	tɕiau1	tɕiau1	tɕiau1	tɕiau1	tɕiau3	tɕiau3
犍为	tɕiau1	tɕiau1	tɕiau1	tɕiau1	tɕiau1	tɕiau1	tɕiau3	tɕiau3

字目	焦	蕉	椒	骄	娇	浇	绞	狡
反切	即消	即消	即消	举乔	举乔	古尧	古巧	古巧
声韵调	效开三 精宵平	效开三 精宵平	效开三 精宵平	效开三 B 见宵平	效开三 B 见宵平	效开四 见萧平	效开二 见肴上	效开二 见肴上
中古音	tsiᴇu	tsiᴇu	tsiᴇu	kɣiᴇu	kɣiᴇu	keu	kɣau:	kɣau:
沐川	tɕiau1	tɕiau1	tɕiau1	tɕiau1	tɕiau1	tɕiau1	tɕiau3	tɕiau3
峨边	tɕiau1	tɕiau1	tɕiau1	tɕiau1	tɕiau1	tɕiau1	tɕiau3	tɕiau3
雅安	tɕiau1	tɕiau1	tɕiau1	tɕiau1	tɕiau1	tɕiau1	tɕiau3	tɕiau3
名山	tɕiau1	tɕiau1	tɕiau1	tɕiau1	tɕiau1	tɕiau1	tɕiau3	tɕiau3
天全	tɕiau1	tɕiau1	tɕiau1	tɕiau1	tɕiau1	tɕiau1	tɕiau3	tɕiau3
芦山	tɕiau1	tɕiau1	tɕiau1	tɕiau1	tɕiau1	tɕiau1	tɕiau3	tɕiau3
宝兴	tɕiau1	tɕiau1	tɕiau1	tɕiau1	tɕiau1	tɕiau1	tɕiau3	tɕiau3
荥经	tɕiau1	tɕiau1	tɕiau1	tɕiau1	tɕiau1	tɕiau1	tɕiau3	tɕiau3
汉源	tɕiau1	tɕiau1	tɕiau1	tɕiau1	tɕiau1	tɕiau1	tɕiau3	tɕiau3
石棉	tɕiau1	tɕiau1	tɕiau1	tɕiau1	tɕiau1	tɕiau1	tɕiau3	tɕiau3
内江	tɕiau1	tɕiau1	tɕiau1	tɕiau1	tɕiau1	tɕiau1	tɕiau3	tɕiau3
威远	tɕiau1	tɕiau1	tɕiau1	tɕiau1	tɕiau1	tɕiau1	tɕiau3	tɕiau3
荣县	tɕiau1	tɕiau1	tɕiau1	tɕiau1	tɕiau1	tɕiau1	tɕiau3	tɕiau3
自贡	tɕiau1	tɕiau1	tɕiau1	tɕiau1	tɕiau1	tɕiau1	tɕiau3	tɕiau3
富顺	tɕiau1	tɕiau1	tɕiau1	tɕiau1	tɕiau1	tɕiau1	tɕiau3	tɕiau3
隆昌	tɕiau1	tɕiau1	tɕiau1	tɕiau1	tɕiau1	tɕiau1	tɕiau3	tɕiau3
泸县	tɕiau1	tɕiau1	tɕiau1	tɕiau1	tɕiau1	tɕiau1	tɕiau3	tɕiau3
泸州	tɕiau1	tɕiau1	tɕiau1	tɕiau1	tɕiau1	tɕiau1	tɕiau3	tɕiau3
南溪	tɕiau1	tɕiau1	tɕiau1	tɕiau1	tɕiau1	tɕiau1	tɕiau3	tɕiau3
合江	tɕiau1	tɕiau1	tɕiau1	tɕiau1	tɕiau1	tɕiau1	tɕiau3	tɕiau3

字目	搅[1]	缴	脚	角	饺	教教育	酵	校校钟表
反切	古巧	古了	居勺	古岳	古岳	古孝	古孝	古孝
声韵调	效开二 见肴上	效开四 见萧上	宕开三 见药入	江开二 见觉入	江开二 见觉入	效开二 见肴去	效开二 见肴去	效开二 见肴去
中古音	kɣau:	keu:	kɨɐk	kɣʌk	kɣʌk	kɣau-	kɣau-	kɣau-
成都	tɕiau3[2] kau3	tɕiau3	tɕio2	tɕio2 文 ko2 白	tɕiau3	tɕiau4	ɕiau4 tɕiau4 口	tɕiau4 文 kau4 白
彭州	tɕiau3[2] kau3 口	tɕiau3	tɕio5	tɕio5 文 ko5 白	tɕiau3	tɕiau4	ɕiau4 tɕiau4 口	tɕiau4 文 kau4 白
郫县	tɕiau3[2] kau3 口	tɕiau3	tɕio5	tɕio5 文 ko5 白	tɕiau3	tɕiau4	ɕiau4 tɕiau4 口	tɕiau4 文 kau4 白
广汉	tɕiau3 khau2 俗	tɕiau3	tɕio5	tɕio5 文 kɤ5 白	tɕiau3	tɕiau4	ɕiau4	tɕiau4 文 kau4 白
都江堰河东	tɕiau3[2] kau3	tɕiau3	tɕio5	tɕio5 文 ko5 白	tɕiau3	tɕiau4	ɕiau4 tɕiau4	tɕiau4 文 kau4 白
都江堰河西	tɕiau3 kau3	tɕiau3	tɕio5	tɕio5 文 kɤ5 白	tɕiau3	tɕiau4	ɕiau4 tɕiau4 口	tɕiau4 文 kau4 白
崇州	tɕiau3[2] kau3	tɕiau3	tɕio5	tɕio5 文 kə5 白	tɕiau3	tɕiau4	ɕiau4 tɕiau4	tɕiau4 文 kau4 白
大邑	tɕiau3[2] kau3	tɕiau3	tɕio5	tɕio 5 文 kɤ 5 白	tɕiau3	tɕiau4	ɕiau4 tɕiau4 口	tɕiau4 文 kau4 白
邛崃	tɕiau3[2] kau3	tɕiau3	tɕyo5	tɕyo5 文 kɤ5 白	tɕiau3	tɕiau4	ɕiau4 tɕiau4 口	tɕiau4 文 kau4 白
新津	tɕiau3[2] kau3 口	tɕiau3	tɕio5	tɕio5 文 ko5 白	tɕiau3	tɕiau4	ɕiau4 tɕiau4 口	tɕiau4 文 kau4 白
蒲江	tɕiau3[2] kau3	tɕiau3	tɕio5	tɕio5 文 ko5 白	tɕiau3	tɕiau4	ɕiau4 tɕiau4 口	tɕiau4 文 kau4 白
彭山	tɕiau3 kau3	tɕiau3	tɕio5	tɕio5 文 kɤ5 白	tɕiau3	tɕiau4	ɕiau4	tɕiau4 文 kau4 白
眉山	tɕiau3 kau3	tɕiau3	tɕio5	tɕio5 文 kɤ5 白	tɕiau3	tɕiau4	ɕiau4	tɕiau4 文 kau4 白
丹棱	tɕiau3 kau3	tɕiau3	tɕio5	tɕio5 文 kɤ5 白	tɕiau3	tɕiau4	ɕiau4	tɕiau4 文 kau4 白
洪雅	tɕiau3 kau3	tɕiau3	tɕio5	tɕio5 文 kɤ5 白	tɕiau3	tɕiau4	ɕiau4	tɕiau4 文 kau4 白
青神	tɕiau3 kau3	tɕiau3	tɕio5	tɕio5 文 ke5 白	tɕiau3	tɕiau4	ɕiau4	tɕiau4 文 kau4 白
夹江	tɕiau3 khau2	tɕiau3	tɕio5	kɤ5	kɤ5 tɕiau3	tɕiau4	ɕiau4	tɕiau4 文 kau4 白
峨眉山	tɕiau3 khau2	tɕiau3	tɕio5	ko5	ko5 tɕiau3	tɕiau4	tɕiau4	tɕiau4 文 kau4 白
乐山	tɕiau3 khau2	tɕiau3	tɕyʊ5	kɛ5	kɛ5 tɕiau3	tɕiau4	ɕiau4	tɕiau4 文 kau4 白
犍为	tɕiau3 khau2	tɕiau3	tɕyʊ5	kæ5	kæ5 tɕiau3	tɕiau4	tɕiau4	tɕiau4 文 kau4 白

① 又*下巧切，效开二匣肴上。又分化为“搞”。 ② 又音 khau2 俗。

字目	搅[①]	缴	脚	角	饺	教教育	酵	校校钟表
反切	古巧	古了	居勺	古岳	古岳	古孝	古孝	古孝
声韵调	效开二 见肴上	效开四 见萧上	宕开三 见药入	江开二 见觉入	江开二 见觉入	效开二 见肴去	效开二 见肴去	效开二 见肴去
中古音	kɣau:	keu:	kiɐk	kɣʌk	kɣʌk	kɣau-	kɣau-	kɣau-
沐川	tɕiau3[②] kau3 口	tɕiau3	tɕio5	tɕio5 文 kʉ5 白	tɕiau3	tɕiau4	ɕiau4 tɕiau4 口	tɕiau4 文[③] kau4 白
峨边	tɕiau3 khau2 俗	tɕiau3	tɕio5	tɕio5 文 kɤ5 白	tɕiau3	tɕiau4	ɕiau4	tɕiau4 文 kau4 白
雅安	tɕiau3[②] kau3	tɕiau3	tɕio1	tɕio1 文 ko1 白	tɕiau3	tɕiau4	ɕiau4	tɕiau4 文 kau4 白
名山	tɕiau3[②] kau3	tɕiau3	tɕio1	tɕio1 文 ko2 白	tɕiau3	tɕiau4	ɕiau4 tɕiau4 口	ɕiau4
天全	tɕiau3[②] kau3	tɕiau3	tɕio1	tɕio1 文 ko2 白	tɕiau3	tɕiau4	ɕiau4 tɕiau4 口	ɕiau4
芦山	tɕiau3[②] kau3	tɕiau3	tɕio1	tɕio1 文 ko1 白	tɕiau3	tɕiau4	ɕiau4	tɕiau4 文 kau4 白
宝兴	tɕiau3[②] kau3	tɕiau3	tɕio1	tɕio1 文 ko1 白	tɕiau3	tɕiau4	ɕiau4	tɕiau4 文 kau4 白
荥经	tɕiau3[②] kau3 口	tɕiau3	tɕiɵ5	tɕiɵ5 文 kɤ5 白	tɕiau3	tɕiau4	ɕiau4 tɕiau4 口	tɕiau4 文 kau4 白
汉源	tɕiau3[②] kau3	tɕiau3	tɕio1	tɕio1 文 ko2 白	tɕiau3	tɕiau4	ɕiau4 tɕiau4 口	ɕiau4
石棉	tɕiau3[②] kau3	tɕiau3	tɕio1	tɕio1 文 ko2 白	tɕiau3	tɕiau4	ɕiau4 tɕiau4 口	ɕiau4
内江	tɕiau3 kau3	tɕiau3	tɕio4	tɕio4 文 ko4 白	tɕiau3	tɕiau4	ɕiau4	tɕiau4 文 kau4 白
威远	tɕiau3 kau3	tɕiau3	tɕio4	tɕio4 文 ko4 白	tɕiau3	tɕiau4	ɕiau4	tɕiau4 文 kau4 白
荣县	tɕiau3 kau3	tɕiau3	tɕio4	tɕio4 文 ko4 白	tɕiau3	tɕiau4	ɕiau4	tɕiau4 文 kau4 白
自贡	tɕiau3[②] kau3	tɕiau3	tɕio4	tɕio4 文 ko4 白	tɕiau3	tɕiau4	ɕiau4	tɕiau4 文 kau4 白
富顺	tɕiau3[②] kau3	tɕiau3	tɕio4	tɕio4 文 ko4 白	tɕiau3	tɕiau4	ɕiau4	tɕiau4 文 kau4 白
隆昌	tɕiau3[②] kau3	tɕiau3	tɕio4	tɕio4 文 ko4 白	tɕiau3	tɕiau4	ɕiau4	tɕiau4 文 kau4 白
泸县	tɕiau3[②] kau3	tɕiau3	tɕio4	tɕio4 文 ko4 白	tɕiau3	tɕiau4	ɕiau4 tɕiau4 口	tɕiau4 文 kau4 白
泸州	tɕiau3[②] kau3	tɕiau3	tɕio5	tɕio5 kɤ5 旧	tɕiau3	tɕiau4	ɕiau4 tɕiau4 口	tɕiau4 文 kau4 白
南溪	tɕiau3[②] kau3	tɕiau3	tɕyʉ5	tɕyʉ5 文 kɯ5 白	tɕiau3	tɕiau4	ɕiau4 tɕiau4 口	tɕiau4 文 kau4 白
合江	tɕiau3 kau3 口	tɕiau3	tɕio5	tɕio5 文 kʊ5 白	kʊ5	tɕiau4	ɕiau4 tɕiau4 口	tɕiau4 文[③] kau4 白

① 又*下巧切，效开二匣肴上。又分化为“搞”。 ② 又音 khau2 俗。 ③ 又音 ɕiau4 俗。

字目	较比试	觉睡觉	轿	叫	敲	锹	樵	乔
反切	古孝	古孝	渠庙	古吊	口交	七遥	昨焦	巨娇
声韵调	效开二 见肴去	效开二 见肴去	效开三 B 群宵去	效开四 见萧去	效开二 溪肴平	效开三 清宵平	效开三 从宵平	效开三 B 群宵平
中古音	kɣau-	kɣau-	gɣiᴇu-	keu-	khɣau	tshiᴇu	dziᴇu	gɣiᴇu
成都	tɕiau4 文 kau4 白	tɕiau4 kau4 口	tɕiau4	tɕiau4	tɕhiau1 khau1 口	tɕhiau1	tɕhiau2	tɕhiau2
彭州	tɕiau4 文 kau4 白	tɕiau4 文 kau4 白	tɕiau4	tɕiau4	tɕhiau1 文 khau1 白	tɕhiau1	tɕhiau2	tɕhiau2
郫县	tɕiau4 kau4 白	tɕiau4 文 kau4 白	tɕiau4	tɕiau4	tɕhiau1 文 khau1 白	tɕhiau1	tɕhiau2	tɕhiau2
广汉	tɕiau4 文 kau4 白	tɕiau4 文 kau4 白	tɕiau4	tɕiau4	tɕhiau1 khau1 口	tɕhiau1	tɕhiau2	tɕhiau2
都江堰河东	tɕiau4 文 kau4 白	tɕiau4 kau4 口	tɕiau4	tɕiau4	khau1	tɕhiau1	tɕhiau2	tɕhiau2
都江堰河西	tɕiau4 文 kau4 白	tɕiau4 kau4 口	tɕiau4	tɕiau4	tɕhiau1	tɕhiau1	tɕhiau2	tɕhiau2
崇州	tɕiau4 文 kau4 白	tɕiau4 kau4 口	tɕiau4	tɕiau4	khau1	tɕhiau1	tɕhiau2	tɕhiau2
大邑	tɕiau4 文 kau4 白	tɕiau4 文 kau4 白	tɕiau4	tɕiau4	khau1 tɕhiau1 新	tɕhiau1	tɕhiau2	tɕhiau2
邛崃	tɕiau4 文 kau4 白	tɕiau4 文 kau4 白	tɕiau4	tɕiau4	khau1 tɕhiau1 新	tɕhiau1	tɕhiau2	tɕhiau2
新津	tɕiau4 文 kau4 白	tɕiau4 文 kau4 白	tɕiau4	tɕiau4	khau1 tɕhiau1 新	tɕhiau1	tɕhiau2	tɕhiau2
蒲江	tɕiau4 文 kau4 白	tɕiau4 文 kau4 白	tɕiau4	tɕiau4	khau1 tɕhiau1 新	tɕhiau1	tɕhiau2	tɕhiau2
彭山	tɕiau4 文 kau4 白	tɕiau4 文 kau4 白	tɕiau4	tɕiau4	tɕhiau1 khau1 口	tɕhiau1	tɕhiau2	tɕhiau2
眉山	tɕiau4 文 kau4 白	tɕiau4 文 kau4 白	tɕiau4	tɕiau4	tɕhiau1 khau1 口	tɕhiau1	tɕhiau2	tɕhiau2
丹棱	tɕiau4 文 kau4 白	tɕiau4 文 kau4 白	tɕiau4	tɕiau4	tɕhiau1 khau1 口	tɕhiau1	tɕhiau2	tɕhiau2
洪雅	tɕiau4 文 kau4 白	tɕiau4 文 kau4 白	tɕiau4	tɕiau4	tɕhiau1 khau1 口	tɕhiau1	tɕhiau2	tɕhiau2
青神	tɕiau4 文 kau4 白	tɕiau4 文 kau4 白	tɕiau4	tɕiau4	tɕhiau1 khau1 口	tɕhiau1	tɕhiau2	tɕhiau2
夹江	tɕiau4 文 kau4 白	tɕiau4 文 kau4 白	tɕiau4	tɕiau4	khau1	tɕhiau1	tɕhiau2	tɕhiau2
峨眉山	tɕiau4 文 kau4 白	tɕiau4 文 kau4 白	tɕiau4	tɕiau4	khau1	tɕhiau1	tɕhiau2	tɕhiau2
乐山	tɕiau4 文 kau4 白	tɕiau4 文 kau4 白	tɕiau4	tɕiau4	khau1	tɕhiau1	tɕhiau2	tɕhiau2
犍为	tɕiau4 文 kau4 白	tɕiau4 文 kau4 白	tɕiau4	tɕiau4	khau1	tɕhiau1	tɕhiau2	tɕhiau2

字目	较比试	觉睡觉	轿	叫	敲	锹	樵	乔
反切	古孝	古孝	渠庙	古吊	口交	七遥	昨焦	巨娇
声韵调	效开二 见肴去	效开二 见肴去	效开三 B 群宵去	效开四 见萧去	效开二 溪肴平	效开三 清宵平	效开三 从宵平	效开三 B 群宵平
中古音	kɣau-	kɣau-	gɣiɛu-	keu-	khɣau	tshiɛu	dziɛu	gɣiɛu
沐川	tɕiau4 文 kau4 白	tɕiau4 文 kau4 白	tɕhiau4	tɕiau4	tɕhiau1 文 khau1 白	tɕhiau1	tɕhiau2	tɕhiau2
峨边	tɕiau4 文 kau4 白	tɕiau4 文 kau4 白	tɕiau4	tɕiau4	khau1	tɕhiau1	tɕhiau2	tɕhiau2
雅安	tɕiau4 文 kau4 白	tɕiau4 文 kau4 白	tɕiau4	tɕiau4	tɕhiau1 khau1 口	tɕhiau1	tɕhiau2	tɕhiau2
名山	tɕiau4 文 kau4 白	tɕiau4 文 kau4 白	tɕiau4	tɕiau4	tɕhiau1 文 khau1 白	tɕhiau1	tɕhiau2	tɕhiau2
天全	tɕiau4 文 kau4 白	tɕiau4 文 kau4 白	tɕiau4	tɕiau4	tɕhiau1 文 khau1 白	tɕhiau1	tɕhiau2	tɕhiau2
芦山	tɕiau4 文 kau4 白	tɕiau4 文 kau4 白	tɕiau4	tɕiau4	tɕhiau1 khau1 口	tɕhiau1	tɕhiau2	tɕhiau2
宝兴	tɕiau4 文 kau4 白	tɕiau4 文 kau4 白	tɕiau4	tɕiau4	tɕhiau1 khau1 口	tɕhiau1	tɕhiau2	tɕhiau2
荥经	tɕiau4 kau4 口	tɕiau4 kau4 口	tɕiau4	tɕiau4	khau1 khau1 口	tɕhiau1	tɕhiau2	tɕhiau2
汉源	tɕiau4 文 kau4 白	tɕiau4 文 kau4 白	tɕiau4	tɕiau4	tɕhiau1 文 khau1 白	tɕhiau1	tɕhiau2	tɕhiau2
石棉	tɕiau4 文 kau4 白	tɕiau4 文 kau4 白	tɕiau4	tɕiau4	tɕhiau1 文 khau1 白	tɕhiau1	tɕhiau2	tɕhiau2
内江	tɕiau4 文 kau4 白	tɕiau4 文 kau4 白	tɕiau4	tɕiau4	tɕhiau1 khau1 口	tɕhiau1	tɕhiau2	tɕhiau2
威远	tɕiau4 文 kau4 白	tɕiau4 文 kau4 白	tɕiau4	tɕiau4	tɕhiau1 khau1 口	tɕhiau1	tɕhiau2	tɕhiau2
荣县	tɕiau4 文 kau4 白	tɕiau4 文 kau4 白	tɕiau4	tɕiau4	tɕhiau1 khau1 口	tɕhiau1	tɕhiau2	tɕhiau2
自贡	tɕiau4 文 kau4 白	tɕiau4 文 kau4 白	tɕiau4	tɕiau4	tɕhiau1 khau1 口	tɕhiau1	tɕhiau2	tɕhiau2
富顺	tɕiau4 文 kau4 白	tɕiau4 文 kau4 白	tɕiau4	tɕiau4	tɕhiau1 khau1 口	tɕhiau1	tɕhiau2	tɕhiau2
隆昌	tɕiau4 文① kau4 白	tɕiau4 文 kau4 白	tɕiau4	tɕiau4	tɕhiau1 khau1 口	tɕhiau1	tɕhiau2	tɕhiau2
泸县	tɕiau4 文 kau4 白	tɕiau4 文 kau4 白	tɕiau4	tɕiau4	khau1 tɕhiau1 新	tɕhiau1	tɕhiau2	tɕhiau2
泸州	tɕiau4 文 kau4 白	tɕiau4 文 kau4 白	tɕiau4	tɕiau4	khau1 tɕhiau1 新	tɕhiau1	tɕhiau2	tɕhiau2
南溪	tɕiau4 文 kau4 白	tɕiau4 文 kau4 白	tɕiau4	tɕiau4	khau1 tɕhiau1 新	tɕhiau1	tɕhiau2	tɕhiau2
合江	tɕiau4 文 kau4 白	tɕiau4 文 kau4 白	tɕiau4	kau4	tɕhiau1 文 khau1 白	tɕhiau1	tɕhiau2	tɕhiau2

① 又音 tɕiau3。

字目	桥	侨	巧	翘翘尾巴	窍	消	宵	霄
反切	巨娇	巨娇	苦绞	巨要	苦吊	相邀	相邀	相邀
声韵调	效开三 B 群宵平	效开三 B 群宵平	效开二 溪肴上	效开三 A 群宵去	效开四 溪萧去	效开三 心宵平	效开三 心宵平	效开三 心宵平
中古音	gɣiɛu	gɣiɛu	khɣau:	giɛu-	kheu-	siɛu	siɛu	siɛu
成都	tɕhiau2	tɕhiau2	tɕhiau3	tɕhiau4	tɕhiau4	ɕiau1	ɕiau1	ɕiau1
彭州	tɕhiau2	tɕhiau2	tɕhiau3	tɕhiau4	tɕhiau4	ɕiau1	ɕiau1	ɕiau1
郫县	tɕhiau2	tɕhiau2	tɕhiau3	tɕhiau4	tɕhiau4	ɕiau1	ɕiau1	ɕiau1
广汉	tɕhiau2	tɕhiau2	tɕhiau3	tɕhiau4	tɕhiau4	ɕiau1	ɕiau1	ɕiau1
都江堰河东	tɕhiau2	tɕhiau2	tɕhiau3	tɕhiau4	tɕhiau4	ɕiau1	ɕiau1	ɕiau1
都江堰河西	tɕhiau2	tɕhiau2	tɕhiau3	tɕhiau4	tɕhiau4	ɕiau1	ɕiau1	ɕiau1
崇州	tɕhiau2	tɕhiau2	tɕhiau3	tɕhiau4	tɕhiau4	ɕiau1	ɕiau1	ɕiau1
大邑	tɕhiau2	tɕhiau2	tɕhiau3	tɕhiau4 tɕhiau1	tɕhiau2 tɕhiau4	ɕiau1	ɕiau1	ɕiau1
邛崃	tɕhiau2	tɕhiau2	tɕhiau3	tɕhiau4 tɕhiau1	tɕhiau4	ɕiau1	ɕiau1	ɕiau1
新津	tɕhiau2	tɕhiau2	tɕhiau3	tɕhiau4 tɕhiau1	tɕhiau4	ɕiau1	ɕiau1	ɕiau1
蒲江	tɕhiau2	tɕhiau2	tɕhiau3	tɕhiau4 tɕhiau1 口	tɕhiau4	ɕiau1	ɕiau1	ɕiau1
彭山	tɕhiau2	tɕhiau2	tɕhiau3	tɕhiau4	tɕhiau4	ɕiau1	ɕiau1	ɕiau1
眉山	tɕhiau2	tɕhiau2	tɕhiau3	tɕhiau4	tɕhiau4	ɕiau1	ɕiau1	ɕiau1
丹棱	tɕhiau2	tɕhiau2	tɕhiau3	tɕhiau4	tɕhiau4	ɕiau1	ɕiau1	ɕiau1
洪雅	tɕhiau2	tɕhiau2	tɕhiau3	tɕhiau4	tɕhiau4	ɕiau1	ɕiau1	ɕiau1
青神	tɕhiau2	tɕhiau2	tɕhiau3	tɕhiau4	tɕhiau4	ɕiau1	ɕiau1	ɕiau1
夹江	tɕhiau2	tɕhiau2	tɕhiau3	tɕhiau4	tɕhiau4	ɕiau1	ɕiau1	ɕiau1
峨眉山	tɕhiau2	tɕhiau2	tɕhiau3	tɕhiau4	tɕhiau4	ɕiau1	ɕiau1	ɕiau1
乐山	tɕhiau2	tɕhiau2	tɕhiau3	tɕhiau4	tɕhiau4	ɕiau1	ɕiau1	ɕiau1
犍为	tɕhiau2	tɕhiau2	tɕhiau3	tɕhiau4	tɕhiau4	ɕiau1	ɕiau1	ɕiau1

字目	桥	侨	巧	翘翘尾巴	窍	消	宵	霄
反切	巨娇	巨娇	苦绞	巨要	苦吊	相邀	相邀	相邀
声韵调	效开三 B 群宵平	效开三 B 群宵平	效开二 溪肴上	效开三 A 群宵去	效开四 溪萧去	效开三 心宵平	效开三 心宵平	效开三 心宵平
中古音	gɣiɛu	gɣiɛu	khɣau:	giɛu-	kheu-	siɛu	siɛu	siɛu
沐川	tɕhiau2	tɕhiau2	tɕhiau3	tɕhiau4	tɕhiau4	ɕiau1	ɕiau1	ɕiau1
峨边	tɕhiau2	tɕhiau2	tɕhiau3	tɕhiau4	tɕhiau4	ɕiau1	ɕiau1	ɕiau1
雅安	tɕhiau2	tɕhiau2	tɕhiau3	tɕhiau4	tɕhiau4	ɕiau1	ɕiau1	ɕiau1
名山	tɕhiau2	tɕhiau2	tɕhiau3	tɕhiau4	tɕhiau4	ɕiau1	ɕiau1	ɕiau1
天全	tɕhiau2	tɕhiau2	tɕhiau3	tɕhiau4	tɕhiau4	ɕiau1	ɕiau1	ɕiau1
芦山	tɕhiau2	tɕhiau2	tɕhiau3	tɕhiau4	tɕhiau4	ɕiau1	ɕiau1	ɕiau1
宝兴	tɕhiau2	tɕhiau2	tɕhiau3	tɕhiau4	tɕhiau4	ɕiau1	ɕiau1	ɕiau1
荥经	tɕhiau2	tɕhiau2	tɕhiau3	tɕhiau4	tɕhiau4	ɕiau1	ɕiau1	ɕiau1
汉源	tɕhiau2	tɕhiau2	tɕhiau3	tɕhiau4	tɕhiau4	ɕiau1	ɕiau1	ɕiau1
石棉	tɕhiau2	tɕhiau2	tɕhiau3	tɕhiau4	tɕhiau4	ɕiau1	ɕiau1	ɕiau1
内江	tɕhiau2	tɕhiau2	tɕhiau3	tɕhiau4	tɕhiau4	ɕiau1	ɕiau1	ɕiau1
威远	tɕhiau2	tɕhiau2	tɕhiau3	tɕhiau4	tɕhiau4	ɕiau1	ɕiau1	ɕiau1
荣县	tɕhiau2	tɕhiau2	tɕhiau3	tɕhiau4	tɕhiau4	ɕiau1	ɕiau1	ɕiau1
自贡	tɕhiau2	tɕhiau2	tɕhiau3	tɕhiau4	tɕhiau4	ɕiau1	ɕiau1	ɕiau1
富顺	tɕhiau2	tɕhiau2	tɕhiau3	tɕhiau4	tɕhiau4	ɕiau1	ɕiau1	ɕiau1
隆昌	tɕhiau2	tɕhiau3	tɕhiau3	tɕhiau4	tɕhiau4	ɕiau1	ɕiau1	ɕiau1
泸县	tɕhiau2	tɕhiau2	tɕhiau3	tɕhiau1	tɕhiau4	ɕiau1	ɕiau1	ɕiau1
泸州	tɕhiau2	tɕhiau2	tɕhiau3	tɕhiau1	tɕhiau4	ɕiau1	ɕiau1	ɕiau1
南溪	tɕhiau2	tɕhiau2	tɕhiau3	tɕhiau1	tɕhiau4	ɕiau1	ɕiau1	ɕiau1
合江	tɕhiau2	tɕhiau2	tɕhiau3	tɕhiau4	tɕhiau4	ʃiau1	ʃiau1	ʃiau1

字目	硝	萧	箫	淆	小	晓	孝	效
反切	相邀	苏雕	苏雕	胡茅	私兆	馨皛	呼教	胡教
声韵调	效开三 心宵平	效开四 心萧平	效开四 心萧平	效开二 匣肴平	效开三 心宵上	效开四 晓萧上	效开二 晓肴去	效开二 匣肴去
中古音	siɛu	seu	seu	ɦɣau	siɛu:	heu:	hɣau-	ɦɣau-
成都	ɕiau1	ɕiau1	ɕiau1	ɕiau2	ɕiau3	ɕiau3	ɕiau4	ɕiau4
彭州	ɕiau1	ɕiau1	ɕiau1	ɕiau2	ɕiau3	ɕiau3	ɕiau4	ɕiau4
郫县	ɕiau1	ɕiau1	ɕiau1	ɕiau2	ɕiau3	ɕiau3	ɕiau4	ɕiau4
广汉	ɕiau1	ɕiau1	ɕiau1	ɕiau2	ɕiau3	ɕiau3	ɕiau4	ɕiau4
都江堰河东	ɕiau1	ɕiau1	ɕiau1	ɕiau4	ɕiau3	ɕiau3	ɕiau4	ɕiau4
都江堰河西	ɕiau1	ɕiau1	ɕiau1	ɕiau2	ɕiau3	ɕiau3	ɕiau4	ɕiau4
崇州	ɕiau1	ɕiau1	ɕiau1	ɕiau2	ɕiau3	ɕiau3	ɕiau4	ɕiau4
大邑	ɕiau1	ɕiau1	ɕiau1	ɕiau4	ɕiau3	ɕiau3	ɕiau4	ɕiau4
邛崃	ɕiau1	ɕiau1	ɕiau1	ɕiau4 ɕiau2	ɕiau3	ɕiau3	ɕiau4	ɕiau4
新津	ɕiau1	ɕiau1	ɕiau1	ɕiau2 ɕiau4	ɕiau3	ɕiau3	ɕiau4	ɕiau4
蒲江	ɕiau1	ɕiau1	ɕiau1	ɕiau4 ɕiau2	ɕiau3	ɕiau3	ɕiau4	ɕiau4
彭山	ɕiau1	ɕiau1	ɕiau1	ɕiau2	ɕiau3	ɕiau3	ɕiau4	ɕiau4
眉山	ɕiau1	ɕiau1	ɕiau1	ɕiau2	ɕiau3	ɕiau3	ɕiau4	ɕiau4
丹棱	ɕiau1	ɕiau1	ɕiau1	ɕiau2	ɕiau3	ɕiau3	ɕiau4	ɕiau4
洪雅	ɕiau1	ɕiau1	ɕiau1	ɕiau2	ɕiau3	ɕiau3	ɕiau4	ɕiau4
青神	ɕiau1	ɕiau1	ɕiau1	ɕiau2	ɕiau3	ɕiau3	ɕiau4	ɕiau4
夹江	ɕiau1	ɕiau1	ɕiau1	ɕiau2	ɕiau3	ɕiau3	ɕiau4	ɕiau4
峨眉山	ɕiau1	ɕiau1	ɕiau1	ɕiau2	ɕiau3	ɕiau3	ɕiau4	ɕiau4
乐山	ɕiau1	ɕiau1	ɕiau1	ɕiau2	ɕiau3	ɕiau3	ɕiau4	ɕiau4
犍为	ɕiau1	ɕiau1	ɕiau1	ɕiau2	ɕiau3	ɕiau3	ɕiau4	ɕiau4

字目	硝	萧	箫	淆	小	晓	孝	效
反切	相邀	苏雕	苏雕	胡茅	私兆	馨皛	呼教	胡教
声韵调	效开三 心宵平	效开四 心萧平	效开四 心萧平	效开二 匣肴平	效开三 心宵上	效开四 晓萧上	效开二 晓肴去	效开二 匣肴去
中古音	siᴇu	seu	seu	ɦɣau	siᴇu:	heu:	hɣau-	ɦɣau-
沐川	ɕiau1	ɕiau1	ɕiau1	ɕiau2	ɕiau3	ɕiau3	ɕiau4	ɕiau4
峨边	ɕiau1	ɕiau1	ɕiau1	ɕiau2	ɕiau3	ɕiau3	ɕiau4	ɕiau4
雅安	ɕiau1	ɕiau1	ɕiau1	ɕiau2	ɕiau3	ɕiau3	ɕiau4	ɕiau4
名山	ɕiau1	ɕiau1	ɕiau1	ɕiau2	ɕiau3	ɕiau3	ɕiau4	ɕiau4
天全	ɕiau1	ɕiau1	ɕiau1	ɕiau4	ɕiau3	ɕiau3	ɕiau4	ɕiau4
芦山	ɕiau1	ɕiau1	ɕiau1	ɕiau4	ɕiau3	ɕiau3	ɕiau4	ɕiau4
宝兴	ɕiau1	ɕiau1	ɕiau1	ɕiau4	ɕiau3	ɕiau3	ɕiau4	ɕiau4
荥经	ɕiau1	ɕiau1	ɕiau1	ɕiau2	ɕiau3	ɕiau3	ɕiau4	ɕiau4
汉源	ɕiau1	ɕiau1	ɕiau1	ɕiau2	ɕiau3	ɕiau3	ɕiau4	ɕiau4
石棉	ɕiau1	ɕiau1	ɕiau1	ɕiau2	ɕiau3	ɕiau3	ɕiau4	ɕiau4
内江	ɕiau1	ɕiau1	ɕiau1	ɕiau2	ɕiau3	ɕiau3	ɕiau4	ɕiau4
威远	ɕiau1	ɕiau1	ɕiau1	ɕiau2	ɕiau3	ɕiau3	ɕiau4	ɕiau4
荣县	ɕiau1	ɕiau1	ɕiau1	ɕiau2	ɕiau3	ɕiau3	ɕiau4	ɕiau4
自贡	ɕiau1	ɕiau1	ɕiau1	ɕiau2	ɕiau3	ɕiau3	ɕiau4	ɕiau4
富顺	ɕiau1	ɕiau1	ɕiau1	ɕiau2	ɕiau3	ɕiau3	ɕiau4	ɕiau4
隆昌	ɕiau1	ɕiau1	ɕiau1	ɕiau2	ɕiau3	ɕiau3	ɕiau4	ɕiau4
泸县	ɕiau1	ɕiau1	ɕiau1	ɕiau2	ɕiau3	ɕiau3	ɕiau4	ɕiau4
泸州	ɕiau1	ɕiau1	ɕiau1	ɕiau2	ɕiau3	ɕiau3	ɕiau4	ɕiau4
南溪	ɕiau1	ɕiau1	ɕiau1	ɕiau2	ɕiau3	ɕiau3	ɕiau4	ɕiau4
合江	ʃiau1	ɕiau1	ɕiau1	ɕiau2	ɕiau3	ɕiau3	ɕiau4	ɕiau4

字目	校学校	校校尉	笑	妖	邀	腰	要要求	幺
反切	胡教	胡教	私妙	于乔	于霄	于霄	于霄	于尧
声韵调	效开二 匣肴去	效开二 匣肴去	效开三 心宵去	效开三B 影宵平	效开三A 影宵平	效开三A 影宵平	效开三A 影宵平	效开四 影萧平
中古音	ɦɣau-	ɦɣau-	siᴇu-	ʔɣiᴇu	ʔiᴇu	ʔiᴇu	ʔiᴇu	ʔeu
成都	ɕiau4	ɕiau4	ɕiau4	iau1	iau1	iau1	iau1	iau1
彭州	ɕiau4	ɕiau4	ɕiau4	iau1	iau1	iau1	iau1	iau1
郫县	ɕiau4	ɕiau4	ɕiau4	iau1	iau1	iau1	iau1	iau1
广汉	ɕiau4	ɕiau4	ɕiau4	iau1	iau1	iau1	iau1	iau1
都江堰河东	ɕiau4	ɕiau4	ɕiau4	iau1	iau1	iau1	iau1	iau1
都江堰河西	ɕiau4	ɕiau4	ɕiau4	iau1	iau1	iau1	iau1	iau1
崇州	ɕiau4	ɕiau4	ɕiau4	iau1	iau1	iau1	iau1	iau1
大邑	ɕiau4	ɕiau4	ɕiau4	iau1	iau1	iau1	iau1	iau1
邛崃	ɕiau4	ɕiau4	ɕiau4	iau1	iau1	iau1	iau1	iau1
新津	ɕiau4	ɕiau4	ɕiau4	iau1	iau1	iau1	iau1	iau1
蒲江	ɕiau4	ɕiau4	ɕiau4	iau1	iau1	iau1	iau1	iau1
彭山	ɕiau4	ɕiau4	ɕiau4	iau1	iau1	iau1	iau1	iau1
眉山	ɕiau4	ɕiau4	ɕiau4	iau1	iau1	iau1	iau1	iau1
丹棱	ɕiau4	ɕiau4	ɕiau4	iau1	iau1	iau1	iau1	iau1
洪雅	ɕiau4	ɕiau4	ɕiau4	iau1	iau1	iau1	iau1	iau1
青神	ɕiau4	ɕiau4	ɕiau4	iau1	iau1	iau1	iau1	iau1
夹江	ɕiau4	ɕiau4	ɕiau4	iau1	iau1	iau1	iau1	iau1
峨眉山	ɕiau4	ɕiau4	ɕiau4	iau1	iau1	iau1	iau1	iau1
乐山	ɕiau4	ɕiau4	ɕiau4	iau1	iau1	iau1	iau1	iau1
犍为	ɕiau4	ɕiau4	ɕiau4	iau1	iau1	iau1	iau1	iau1

字目	校学校	校校尉	笑	妖	邀	腰	要要求	幺
反切	胡教	胡教	私妙	于乔	于霄	于霄	于霄	于尧
声韵调	效开二 匣肴去	效开二 匣肴去	效开三 心宵去	效开三 B 影宵平	效开三 A 影宵平	效开三 A 影宵平	效开三 A 影宵平	效开四 影萧平
中古音	ɦɣau-	ɦɣau-	siᴇu-	ʔɣiᴇu	ʔiᴇu	ʔiᴇu	ʔiᴇu	ʔeu
沐川	ɕiau4	ɕiau4	ɕiau4	iau1	iau1	iau1	iau1	iau1
峨边	ɕiau4	ɕiau4	ɕiau4	iau1	iau1	iau1	iau1	iau1
雅安	ɕiau4	ɕiau4	ɕiau4	iau1	iau1	iau1	iau1	iau1
名山	ɕiau4	ɕiau4	ɕiau4	iau1	iau1	iau1	iau1	iau1
天全	ɕiau4	ɕiau4	ɕiau4	iau1	iau1	iau1	iau1	iau1
芦山	ɕiau4	ɕiau4	ɕiau4	iau1	iau1	iau1	iau1	iau1
宝兴	ɕiau4	ɕiau4	ɕiau4	iau1	iau1	iau1	iau1	iau1
荥经	ɕiau4	ɕiau4	ɕiau4	iau1	iau1	iau1	iau1	iau1
汉源	ɕiau4	ɕiau4	ɕiau4	iau1	iau1	iau1	iau1	iau1
石棉	ɕiau4	ɕiau4	ɕiau4	iau1	iau1	iau1	iau1	iau1
内江	ɕiau4	ɕiau4	ɕiau4	iau1	iau1	iau1	iau1	iau1
威远	ɕiau4	ɕiau4	ɕiau4	iau1	iau1	iau1	iau1	iau1
荣县	ɕiau4	ɕiau4	ɕiau4	iau1	iau1	iau1	iau1	iau1
自贡	ɕiau4	ɕiau4	ɕiau4	iau1	iau1	iau1	iau1	iau1
富顺	ɕiau4	ɕiau4	ɕiau4	iau1	iau1	iau1	iau1	iau1
隆昌	ɕiau4	ɕiau4	ɕiau4	iau1	iau1	iau1	iau1	iau1
泸县	ɕiau4	ɕiau4	ɕiau4	iau1	iau1	iau1	iau1	iau1
泸州	ɕiau4	ɕiau4	ɕiau4	iau1	iau1	iau1	iau1	iau1
南溪	ɕiau4	ɕiau4	ɕiau4	iau1	iau1	iau1	iau1	iau1
合江	ɕiau4	ɕiau4	ʃiau4	iau1	iau1	iau1	iau1	iau1

字目	摇	谣	窑	姚	尧	咬	舀	要重要
反切	余昭	余昭	余昭	余昭	五聊	五巧	以沼	于笑
声韵调	效开三 以宵平	效开三 以宵平	效开三 以宵平	效开三 以宵平	效开四 疑萧平	效开二 疑肴上	效开三 以宵上	效开三 A 影宵去
中古音	jiɛu	jiɛu	jiɛu	jiɛu	ŋeu	ŋɣau:	jiɛu:	ʔiɛu-
成都	iau2	iau2	iau2	iau2	iau2	ŋau3 ȵiau3	iau3	iau4
彭州	iau2	iau2	iau2	iau2	iau2	ŋau3 ȵiau3	iau3	iau4
郫县	iau2	iau2	iau2	iau2	iau2	ȵiau3 ŋau3	iau3	iau4
广汉	iau2	iau2	iau2	iau2	iau2	ŋau3 ȵiau3	iau3	iau4
都江堰河东	iau2	iau2	iau2	iau2	iau2	ŋau3 ȵiau3	iau3	iau4
都江堰河西	iau2	iau2	iau2	iau2	iau2	ŋau3 ȵiau3	iau3	iau4
崇州	iau2	iau2	iau2	iau2	iau2	ŋau3 ȵiau3	iau3	iau4
大邑	iau2	iau2	iau2	iau2	iau2	ȵiau3 ŋau3	iau3	iau4
邛崃	iau2	iau2	iau2	iau2	iau2	ȵiau3 ŋau3	iau3	iau4
新津	iau2	iau2	iau2	iau2	iau2	ȵiau3 ŋau3	iau3	iau4
蒲江	iau2	iau2	iau2	iau2	iau2	ŋau3 ȵiau3	iau3	iau4
彭山	iau2	iau2	iau2	iau2	iau2	ŋau3 ȵiau3	iau3	iau4
眉山	iau2	iau2	iau2	iau2	iau2	ŋau3 ȵiau3	iau3	iau4
丹棱	iau2	iau2	iau2	iau2	iau2	ŋau3 ȵiau3	iau3	iau4
洪雅	iau2	iau2	iau2	iau2	iau2	ŋau3 ȵiau3	iau3	iau4
青神	iau2	iau2	iau2	iau2	zau2 iau2	ŋau3 iau3	iau3	iau4
夹江	iau2	iau2	iau2	iau2	iau2	ŋau3	iau3	iau4
峨眉山	iau2	iau2	iau2	iau2	iau2	ŋau3	iau3	iau4
乐山	iau2	iau2	iau2	iau2	zau2	ŋau3	iau3	iau4
犍为	iau2	iau2	iau2	iau2	iau2	ŋau3	iau3	iau4

字目	摇	谣	窑	姚	尧	咬	舀	要重要
反切	余昭	余昭	余昭	余昭	五聊	五巧	以沼	于笑
声韵调	效开三 以宵平	效开三 以宵平	效开三 以宵平	效开三 以宵平	效开四 疑萧平	效开二 疑肴上	效开三 以宵上	效开三 A 影宵去
中古音	jiɛu	jiɛu	jiɛu	jiɛu	ŋeu	ŋɣau:	jiɛu:	ʔiɛu-
沐川	iau2	iau2	iau2	iau2	zau2	ŋau3 ȵiau3	iau3	iau4
峨边	iau2	iau2	iau2	iau2	iau2	ŋau3	iau3	iau4
雅安	iau2	iau2	iau2	iau2	iau2	ŋau3 ȵiau3	iau3	iau4
名山	iau2	iau2	iau2	iau2	iau2	liau3 ŋau3	iau3	iau4
天全	iau2	iau2	iau2	iau2	iau2	ȵiau3 ŋau3	iau3	iau4
芦山	iau2	iau2	iau2	iau2	iau2	ŋau3 ȵiau3	iau3	iau4
宝兴	iau2	iau2	iau2	iau2	iau2	ŋau3 ȵiau3	iau3	iau4
荥经	iau2	iau2	iau2	iau2	iau2	ŋau3 ȵiau3	iau3	iau4
汉源	iau2	iau2	iau2	iau2	iau2	niau3 ŋau3	iau3	iau4
石棉	iau2	iau2	iau2	iau2	iau2	ȵiau3 ŋau3	iau3	iau4
内江	iau2	iau2	iau2	iau2	ẓau2 iau2	ŋau3 ȵiau3	iau3	iau4
威远	iau2	iau2	iau2	iau2	iau2	ŋau3 ȵiau3	iau3	iau4
荣县	iau2	iau2	iau2	iau2	iau2	ŋau3① ȵiau3	iau3	iau4
自贡	iau2	iau2	iau2	iau2	iau2	ŋau3 ȵiau3	iau3	iau4
富顺	iau2	iau2	iau2	iau2	iau2	ŋau3 ȵiau3	iau3	iau4
隆昌	iau2	iau2	iau2	iau2	iau2	ŋau3 ȵiau3	iau3	iau4
泸县	iau2	iau2	iau2	iau2	iau2	ȵiau3 ŋau3	iau3	iau4
泸州	iau2	iau2	iau2	iau2	iau2	ȵiau3 ŋau3	iau3	iau4
南溪	iau2	iau2	iau2	iau2	zau2	ŋau3 ȵiau3	iau3	iau4
合江	iau2	iau2	iau2	iau2	iau2	ŋau3 ȵiau3	iau3	iau4

① 又音 iau3。

字目	耀	药	钥	剖	谋[1]	某	否	都都是
反切	弋照	以灼	以灼	普后	莫浮	莫厚	方久	当孤
声韵调	效开三 以宵去	宕开三 以药入	宕开三 以药入	流开一 滂侯上	流开三 明尤平	流开一 明侯上	流开三 非尤上	遇合一 端模平
中古音	jiᴇu-	jiɐk	jiɐk	phəu:	mɨu	məu:	pɨu:	tuo
成都	iau4	io2	io2	pho3 pho4	moŋ2	moŋ3	fəu3 fo3 旧	təu1
彭州	iau4	io5	io5	pho3 pho4	moŋ2	moŋ3	fəu3 fo3 旧	təu1
郫县	iau4	io5	io5	pho4	moŋ2	moŋ3	fo3 fəu3 新	təu1 tu1
广汉	iau4	io5	io5	pho3	moŋ2	moŋ3	fəu3	tu1 təu1
都江堰河东	iau4	io5	io5	pho3	moŋ2	moŋ3	foŋ3	təu1
都江堰河西	iau4	io5	io5	pho3	moŋ2	moŋ3	foŋ3	tʊ1
崇州	iau4	io5	io5	phu3 pho4	moŋ2	moŋ3	foŋ3	tu1
大邑	iau4	io5	io5	pho4 pho3	moŋ2	moŋ3	fo3 fəu3 新	tu1 təu1
邛崃	iau4	yo5	yo5	pho4 pho3	moŋ2	moŋ3	fu3 fəu3 新	təu1
新津	iau4	io5	io5	pho4 pho3	moŋ2	moŋ3	foŋ3[2] fəu3	tu1 təu1
蒲江	iau4	io5	io5	pho4 pho3	məu2 moŋ2 旧	məu3 moŋ3 旧	fəu3 fo3 旧	to1[3] tʊ1
彭山	iau4	io5	io5	phu3 phu4	məŋ2	məŋ3	foŋ3 fəu3 新	tu1
眉山	iau4	io5	io5	phu3 phu4	moŋ2	məŋ3	fəŋ3 fəu3 新	tu1
丹棱	iau4	io5	io5	pho3 pho4	məŋ2	məŋ3	fəŋ3 fəu3 新	təu1 tu1 旧
洪雅	iau4	io5	io5	pho3 pho4	moŋ2	moŋ3	fo3 fəu3 新	tu1
青神	iau4	io5	io5	phu3 phu4	moŋ2	moŋ3	foŋ3 fəu3 新	tu1
夹江	iau4	io5	io5	pho3 pho4	moŋ2	moŋ3	foŋ3	təu1
峨眉山	iau4	io5	io5	pho3 pho4	moŋ2	moŋ3	foŋ3	təu1
乐山	iau4	yʊ5	yʊ5	pho3 pho4	moŋ2	moŋ3	foŋ3	tu1 təu1
犍为	iau4	yʊ5	yʊ5	pho3 pho4	moŋ2	moŋ3	foŋ3	tu1 təu1

① 又*迷浮切，流开一明侯平。② 又音 fo3 旧。③ 又音 təu1。

字目	耀	药	钥	剖	谋[3]	某	否	都都是
反切	弋照	以灼	以灼	普后	莫浮	莫厚	方久	当孤
声韵调	效开三 以宵去	宕开三 以药入	宕开三 以药入	流开一 滂侯上	流开三 明尤平	流开一 明侯上	流开三 非尤上	遇合一 端模平
中古音	jiɛu-	jiɐk	jiɐk	phəu:	miu	məu:	piu:	tuo
沐川	iau4	io5	ye5	phəu4[1] pho3	moŋ2	moŋ3	foŋ3 fo3 旧	təu1
峨边	iau4	io5	io5	pho3	moŋ2	moŋ3	fəu3	tu1
雅安	iau4	io1	io1	pho4	moŋ2	moŋ3	fo3	təu1
名山	iau4	io1	io1	pho1 pho4	moŋ2	moŋ3	fəu3 fo3 旧	təu1
天全	iau4	io1	io1	pho1 pho3	moŋ2	moŋ3	fəu3 fo3 旧	təu1
芦山	iau4	io1	io1	pho4	moŋ2	moŋ3	fo3	təu1 tu1
宝兴	iau4	io1	io1	pho4	moŋ2	moŋ3	fəu3	təu1
荥经	iau4	iɵ5	iɵ5	pho3 pho4 口	moŋ2	moŋ3	foŋ3 fo3 旧	təu1
汉源	iau4	io1	io1 口	pho1 pho4	moŋ2	moŋ3	fəu3 fo3 旧	təu1
石棉	iau4	io1	io1	pho1 pho4	moŋ2	moŋ3	fəu3 fo3 旧	təu1
内江	iau4	io4	io4	pho3[2] pho4	moŋ2	moŋ3	foŋ3 fəu3 新	tu1
威远	iau4	io4	io4	pho3 pho4	moŋ2	moŋ3	foŋ3 fəu3 新	tu1
荣县	iau4	io4	io4	pho3 pho4	moŋ2	moŋ3	foŋ3 fəu3 新	təu1 tu1 旧
自贡	iau4	io4	io4	pho3	moŋ2	moŋ3	foŋ3	təu1
富顺	iau4	io4	io4	phəu3	moŋ2	moŋ3	foŋ3	təu1
隆昌	iau4	io4	io4	pho4	moŋ2	moŋ3	fəu3	təu1
泸县	iau4	io4	io4	pho4 pho3	moŋ2 məu2 新	moŋ3 məu3 新	foŋ3 fəu3 新	təu1 tu1
泸州	iau4	io5	io5	pho3 pho4	moŋ2 məu2 新	moŋ3 məu3 新	foŋ3 fəu3 新	təu1 tu1
南溪	iau4	yʉ5	yʉ5	pho3 pho4	moŋ2 məu2 新	moŋ3 məu3 新	foŋ3 fəu3 新	təu1 tu1
合江	iau4	io5	io5	pho3 pho4	moŋ2	moŋ3	fəu3 fo3 旧	tu1

① 又音 pho4。 ② 又音 phəu3。 ③ 又*迷浮切，流开一明侯平。

字目	兜	斗升斗	抖	陡	斗斗争	豆豆子	痘	偷
反切	当侯	当口	当口	当口	都豆	徒候	徒候	托侯
声韵调	流开一 端侯平	流开一 端侯上	流开一 端侯上	流开一 端侯上	流开一 端侯去	流开一 定侯去	流开一 定侯去	流开一 透侯平
中古音	təu	təu:	təu:	təu:	təu-	dəu-	dəu-	thəu
成都	təu1	təu3	thəu3	təu3	təu4	təu4	təu4	thəu1
彭州	təu1	təu3	thəu3	təu3	təu4	təu4	təu4	thəu1
郫县	təu1	təu3	thəu3	təu3	təu4	təu4	təu4	thəu1
广汉	təu1	tiəu3	thəu3	təu3	təu4	təu4	təu4	thəu1
都江堰河东	təu1	təu3	thəu3	təu3	təu4	təu4	təu4	thəu1
都江堰河西	təu1	təu3	thəu3	təu3	təu4	təu4	təu4	thəu1
崇州	təu1	təu3	thəu3	təu3	təu4	təu4	təu4	thəu1
大邑	təu1	təu3	thəu3	təu3	təu4	təu4	təu4	thəu1
邛崃	təu1	təu3	thəu3	təu3	təu4	təu4	təu4	thəu1
新津	təu1	təu3	thəu3	təu3	təu4	təu4	təu4	thəu1
蒲江	təu1	təu3	thəu3	təu3	təu4	təu4	təu4	thəu1
彭山	təu1	təu3	təu3	təu3	təu4	təu4	təu4	thəu1
眉山	təu1	təu3	thəu3	təu3	təu4	təu4	təu4	thəu1
丹棱	təu1	təu3	thəu3	təu3	təu4	təu4	təu4	thəu1
洪雅	təu1	təu3	thəu3	təu3	təu4	təu4	təu4	thəu1
青神	təu1	təu3	thəu3	təu3	təu4	təu4	təu4	thəu1
夹江	təu1	təu3	thəu3	təu3	təu4	təu4	təu4	thəu1
峨眉山	təu1	təu3	thəu3	təu3	təu4	təu4	təu4	thəu1
乐山	təu1	təu3	thəu3	təu3	təu4	təu4	təu4	thəu1
犍为	təu1	təu3	thəu3	təu3	təu4	təu4	təu4	thəu1

字目	兜	斗升斗	抖	陡	斗斗争	豆豆子	痘	偷
反切	当侯	当口	当口	当口	都豆	徒候	徒候	托侯
声韵调	流开一 端侯平	流开一 端侯上	流开一 端侯上	流开一 端侯上	流开一 端侯去	流开一 定侯去	流开一 定侯去	流开一 透侯平
中古音	təu	təu:	təu:	təu:	təu-	dəu-	dəu-	thəu
沐川	təu1	təu3	thəu3	təu3	təu4	təu4	təu4	thəu1
峨边	tiəu1	tiəu3	thəu3	təu3	təu4	təu4	təu4	thəu1
雅安	təu1	təu3	thəu3	təu3	təu4	təu4	təu4	thəu1
名山	təu1	təu3	thəu3	təu3	təu4	təu4	təu4	thəu1
天全	təu1	təu3	thəu3	təu3	təu4	təu4	təu4	thəu1
芦山	təu1	təu3	təu3	təu3	təu4	təu4	təu4	thəu1
宝兴	təu1	təu3	təu3	təu3	təu4	təu4	təu4	thəu1
荥经	təu1	təu3	thəu3	təu3	təu4	təu4	təu4	thəu1
汉源	təu1	təu3	thəu3	təu3	təu4	təu4	təu4	thəu1
石棉	təu1	təu3	thəu3	təu3	təu4	təu4	təu4	thəu1
内江	təu1	təu3	thəu3	təu3	təu4	təu4	təu4	thəu1
威远	təu1	təu3	thəu3	təu3	təu4	təu4	təu4	thəu1
荣县	təu1	təu3	thəu3	təu3	təu4	təu4	təu4	thəu1
自贡	təu1	təu3	thəu3	təu3	təu4	təu4	təu4	thəu1
富顺	təu1	təu3	thəu3	təu3	təu4	təu4	təu4	thəu1
隆昌	təu1	təu3	thəu3	təu3	təu4	təu4	təu4	thəu1
泸县	təu1	təu3	thəu3	təu3	təu4	təu4	təu4	thəu1
泸州	təu1	təu3	thəu3	təu3	təu4	təu4	təu4	thəu1
南溪	təu1	təu3	thəu3	təu3	təu4	təu4	təu4	thəu1
合江	təu1	təu3	thəu3	təu3	təu4	təu4	təu4	thəu1

字目	头	投	透	楼	搂搂抱	篓①	露露马脚	漏
反切	度侯	度侯	他候	落侯		郎斗	洛故	卢候
声韵调	流开一 定侯平	流开一 定侯平	流开一 透侯去	流开一 来侯平	流开一 来侯上	流开一 来侯上	遇合一 来模去	流开一 来侯去
中古音	dəu	dəu	thəu-	ləu	ləu:	ləu:	luo-	ləu-
成都	thəu2	thəu2	thəu4	nəu2	nəu3	nəu3② nəu1 口	nu4 文 nəu4 白	nəu4
彭州	thəu2	thəu2	thəu4	nəu2	nəu3	nəu3 nəu1 口	nu4 文 nəu4 白	nəu4
郫县	thəu2	thəu2	thəu4	ləu2	ləu3	ləu3	lu4 ləu4 口	ləu4
广汉	thəu2	thəu2	thəu4	ləu2	ləu3	ləu3	lu4 ləu4 口	ləu4
都江堰河东	thəu2	thəu2	thəu4	nəu2	nəu3	nəu1	nʊ4 nəu4	nəu4
都江堰河西	thəu2	thəu2	thəu4	nəu2	nəu3	nəu3	nʊ4 文 nəu4 白	nəu4
崇州	thəu2	thəu2	thəu4	nəu2	nəu3	nəu1	no4 nəu4	nəu4
大邑	thəu2	thəu2	thəu4	nəu2	nəu1 nəu3	nəu1 nəu3	nu4 文 nəu4 白	nəu4
邛崃	thəu2	thəu2	thəu4	nəu2	nəu3	nəu1 nəu3	nu4 文 nəu4 白	nəu4
新津	thəu2	thəu2	thəu4	nəu2	nəu3	nəu1 nəu3	nu4 文 nəu4 白	nəu4
蒲江	thəu2	thəu2	thəu4	ləu2	ləu3	ləu1 ləu3 旧	lʊ4 文 ləu4 白	ləu4
彭山	thəu2	thəu2	thəu4	nəu2	nəu3	nəu3 nəu1 口	nu4 文 nəu4 白	nəu4
眉山	thəu2	thəu2	thəu4	nəu2	nəu3	nəu3 nəu1 口	nu4 文 nəu4 白	nəu4
丹棱	thəu2	thəu2	thəu4	nəu2	nəu3	nəu3 nəu1 口	nu4 文 nəu4 白	nəu4
洪雅	thəu2	thəu2	thəu4	nəu2	nəu3	nəu3 nəu1 口	nu4 文 nəu4 白	nəu4
青神	thəu2	thəu2	thəu4	ləu2	ləu3	ləu3 ləu1 口	lu4 文 ləu4 白	ləu4
夹江	thəu2	thəu2	thəu4	nəu2	nəu3	nəu3 nəu1 口	nu4 文 nəu4 白	nəu4
峨眉山	thəu2	thəu2	thəu4	nəu2	nəu3	nəu3 nəu1 口	nu4 文 nəu4 白	nəu4
乐山	thəu2	thəu2	thəu4	ləu2	ləu3	ləu3 ləu1 口	lu4 文 ləu4 白	ləu4
犍为	thəu2	thəu2	thəu4	ləu2	ləu3	ləu3 ləu1 口	lu4 文 ləu4 白	ləu4

① 又落侯切，流开一来侯平。 ② 又音 təu1 俗。

字目	头	投	透	楼	搂搂抱	篓①	露露马脚	漏
反切	度侯	度侯	他候	落侯		郎斗	洛故	卢候
声韵调	流开一 定侯平	流开一 定侯平	流开一 透侯去	流开一 来侯平	流开一 来侯上	流开一 来侯上	遇合一 来模去	流开一 来侯去
中古音	dəu	dəu	thəu-	ləu	ləu:	ləu:	luo-	ləu-
沐川	thəu2	thəu2	thəu4	ləu2	ləu3	ləu3 ləu1 口	lu4 文 ləu4 白	ləu4
峨边	thəu2	thəu2	thəu4	ləu2	ləu3	ləu3	lu4	ləu4
雅安	thəu2	thəu2	thəu4	nəu2	nəu3	nəu3	nu4	nəu4
名山	thəu2	thəu2	thəu4	ləu2	ləu3	ləu3	lu4	ləu4
天全	thəu2	thəu2	thəu4	ləu2	ləu3	ləu1	lu4	ləu4
芦山	thəu2	thəu2	thəu4	nəu2	nəu3	nəu3	nu4	nəu4
宝兴	thəu2	thəu2	thəu4	nəu2	nəu3	nəu3	nu4	nəu4
荥经	thəu2	thəu2	thəu4	ləu2	ləu3	ləu3 ləu1 口	lu4 文 ləu4 白	ləu4
汉源	thəu2	thəu2	thəu4	nəu2	nəu3	nəu3	nu4	nəu4
石棉	thəu2	thəu2	thəu4	ləu2	ləu3	ləu3	lu4	ləu4
内江	thəu2	thəu2	thəu4	nəu2	nəu3	nəu3 nəu1 口	nu4 文 nəu4 白	nəu4
威远	thəu2	thəu2	thəu4	nəu2	nəu3	nəu3 nəu1 口	nu4 文 nəu4 白	nəu4
荣县	thəu2	thəu2	thəu4	nəu2	nəu3	nəu3 nəu1 口	nu4 文 nəu4 白	nəu4
自贡	thəu2	thəu2	thəu4	ləu2	ləu3	ləu3	lu4	ləu4
富顺	thəu2	thəu2	thəu4	ləu2	ləu3	ləu3	lu4	ləu4
隆昌	thəu2	thəu2	thəu4	ləu2	ləu3	ləu3	lu4	ləu4
泸县	thəu2	thəu2	thəu4	ləu2	ləu3	ləu3	lu4 文 ləu4 白	ləu4
泸州	thəu2	thəu2	thəu4	ləu2	ləu3	ləu3	lu4 文 ləu4 白	ləu4
南溪	thəu2	thəu2	thəu4	ləu2	ləu3	ləu3	lu4 文 ləu4 白	ləu4
合江	thəu2	thəu2	thəu4	ləu2	ləu3	ləu3 ləu1 口	lu4 文 ləu4 白	ləu4

① 又落侯切，流开一来侯平。

字目	邹	走	奏	凑	搜搜查	馊	搜搜集	周
反切	侧鸠	子苟	则候	仓奏	所鸠	所鸠	所鸠	职流
声韵调	流开三 庄尤平	流开一 精侯上	流开一 精侯去	流开一 清侯去	流开三 生尤平	流开三 生尤平	流开三 生尤平	流开三 章尤平
中古音	tʃɨu	tsəu:	tsəu-	tshəu-	ʃɨu	ʃɨu	ʃɨu	tɕɨu
成都	tsəu1	tsəu3	tshəu4 tsəu4 新	tshəu4	səu1	səu1	səu1	tsəu1
彭州	tsəu1	tsəu3	tsəu4	tshəu4	səu1	səu1	səu1	tsəu1
郫县	tsəu1	tsəu3	tsəu4	tshəu4	səu1	səu1	səu1	tsəu1
广汉	tsəu1	tsəu3	tsəu4	tshəu4	səu1	səu1	səu1	tsəu1
都江堰河东	tsəu1	tsəu3	tsəu4	tshəu4	səu1	sɿ1 səu1 新	səu1	tsəu1
都江堰河西	tsəu1	tsəu3	tsəu4	tshəu4	səu1	sɿ1 səu1 新	səu1	tsəu1
崇州	tsəu1	tsəu3	tsəu4	tshəu4	səu1	sɿ1 səu1 新	səu1	tsəu1
大邑	tsəu1	tsəu3	tsəu4	tshəu4	səu1	sɿ1 səu1	səu1	tsəu1
邛崃	tsəu1	tsəu3	tsəu4	tshəu4	səu1	sɿ1 səu1	səu1	tsəu1
新津	tsəu1	tsəu3	tsəu4	tshəu4	səu1	səu1 sɿ1 旧	səu1	tsəu1
蒲江	tsəu1	tsəu3	tsəu4	tshəu4	səu1	səu1 sɿ1	səu1	tsəu1
彭山	tsəu1	tsəu3	tsəu4	tshəu4	səu1	səu1	səu1	tsəu1
眉山	tsəu1	tsəu3	tsəu4	tshəu4	səu1	səu1	səu1	tsəu1
丹棱	tsəu1	tsəu3	tshəu4	tshəu4	səu1	səu1	səu1	tsəu1
洪雅	tsəu1	tsəu3	tsəu4	tshəu4	səu1	səu1	səu1	tsəu1
青神	tsəu1	tsəu3	tsəu4	tshəu4	səu1	səu1	səu1	tsəu1
夹江	tsəu1	tsəu3	tsəu4	tshəu4	səu1	səu1	səu1	tsəu1
峨眉山	tsəu1	tsəu3	tsəu4	tshəu4	səu1	səu1	səu1	tsəu1
乐山	tsəu1	tsəu3	tsəu4	tshəu4	səu1	səu1	səu1	tsəu1
犍为	tsəu1	tsəu3	tsəu4	tshəu4	səu1	səu1	səu1	tsəu1

字目	邹	走	奏	凑	搜搜查	馊	搜搜集	周
反切	侧鸠	子苟	则候	仓奏	所鸠	所鸠	所鸠	职流
声韵调	流开三 庄尤平	流开一 精侯上	流开一 精侯去	流开一 清侯去	流开三 生尤平	流开三 生尤平	流开三 生尤平	流开三 章尤平
中古音	tʃɨu	tsəu:	tsəu-	tshəu-	ʃɨu	ʃɨu	ʃɨu	tɕɨu
沐川	tsəu1	tsəu3	tsəu4	tshəu4	səu1	səu1	səu1	tsəu1
峨边	tsəu1	tsəu3	tsəu4	tshəu4	səu1	səu1	səu1	tsəu1
雅安	tsəu1	tsəu3	tsəu4	tshəu4	səu1	səu1	səu1	tsəu1
名山	tsəu1	tsəu3	tsəu4	tshəu4	səu1	səu1	səu1	tsəu1
天全	tsəu1	tsəu3	tsəu4	tshəu4	səu1	səu1	səu1	tsəu1
芦山	tsəu1	tsəu3	tsəu4	tshəu4 tsəu4	səu1	səu1	səu1	tsəu1
宝兴	tsəu1	tsəu3	tsəu4	tshəu4	səu1	sɿ1	səu1	tsəu1
荥经	tsəu1	tsəu3	tsəu4	tshəu4	səu1	səu1	səu1	tsəu1
汉源	tsəu1	tsəu3	tsəu4	tshəu4	səu1	səu1	səu1	tsəu1
石棉	tsəu1	tsəu3	tsəu4	tshəu4	səu1	səu1	səu1	tsəu1
内江	tsəu1	tsəu3	tsəu4	tshəu4	səu1	səu1	səu1	tsəu1
威远	tsəu1	tsəu3	tshəu4	tshəu4	səu1	səu1	səu1	tʂəu1
荣县	tsəu1	tsəu3	tsəu4	tshəu4	səu1	səu1	səu1	tsəu1
自贡	tsəu1	tsəu3	tsəu4	tshəu4	səu1	səu1	səu1	tʂəu1
富顺	tsəu1	tsəu3	tsəu4	tshəu4	səu1	səu1	səu1	tʂəu1
隆昌	tsəu1	tsəu3	tsəu4	tshəu4	səu1	səu1	səu1	tsəu1
泸县	tsəu1	tsəu3	tsəu4	tshəu4	səu1	səu1	səu1	tsəu1
泸州	tsəu1	tsəu3	tsəu4	tshəu4	səu1	səu1	səu1	tsəu1
南溪	tsəu1	tsəu3	tshəu4	tshəu4	səu1	səu1	səu1	tsəu1
合江	tsəu1	tsəu3	tsəu4	tshəu4	səu1	səu1	səu1	tsəu1

字目	舟	州	洲	粥	轴	肘	帚	昼
反切	职流	职流	职流	之六	直六	陟柳	之九	陟救
声韵调	流开三 章尤平	流开三 章尤平	流开三 章尤平	通合三 章屋入	通合三 澄屋入	流开三 知尤上	流开三 章尤上	流开三 知尤去
中古音	tɕɨu	tɕɨu	tɕɨu	tɕɨuk	ȡɨuk	ȶɨu:	tɕɨu:	ȶɨu-
成都	tsəu1	tsəu1	tsəu1	tsu2 tsəu1 新	tsu2 tsəu2 新	tsəu3	tsəu3	tsəu4
彭州	tsəu1	tsəu1	tsəu1	tso5 tsəu1 新	tso5[①] tsu5	tsəu3	tsəu3	tsəu4
郫县	tsəu1	tsəu1	tsəu1	tsu5 tsəu1 新	tsu5	tsəu3	tsəu3	tsəu4
广汉	tsəu1	tsəu1	tsəu1	tso5	tso5	tsəu3	tsəu3	tsəu4
都江堰河东	tsəu1	tsəu1	tsəu1	tso5 tsəu1 新	tso5	tsəu3	tsəu3	tsəu4
都江堰河西	tsəu1	tsəu1	tsəu1	tso5 tsəu1 新	tso5	tsəu3	tsəu3	tsəu4
崇州	tsəu1	tsəu1	tsəu1	tso5 tsəu1 新	tso5	tsəu3	tsəu3	tsəu4
大邑	tsəu1	tsəu1	tsəu1	tso5 tsəu1 新	tso5 tsəu4 新	tsəu3	tsəu3	tsəu4
邛崃	tsəu1	tsəu1	tsəu1	tso5 tsəu1 新	tso5	tsəu3	tsəu3	tsəu4
新津	tsəu1	tsəu1	tsəu1	tso5 tsəu1 新	tso5 tsəu4 新	tsəu3	tsəu3	tsəu4
蒲江	tsəu1	tsəu1	tsəu1	tso5 tsəu1 新	tso5 tsəu4 新	tsəu3	tsəu3	tsəu4
彭山	tsəu1	tsəu1	tsəu1	tso5 tsəu1 新	tso5	tsəu3	tsəu3	tsəu4
眉山	tsəu1	tsəu1	tsəu1	tso5 tsəu1 新	tsu5	tsəu3	tsəu3	tsəu4
丹棱	tsəu1	tsəu1	tsəu1	tsu5 tsəu1 新	tsu5	tsəu3	tsəu3	tsəu4
洪雅	tsəu1	tsəu1	tsəu1	tsu5 tsəu1 新	tsu5	tsəu3	tsəu3	tsəu4
青神	tsəu1	tsəu1	tsəu1	tso5 tsəu1 新	tso5	tsəu3	tsəu3	tsəu4
夹江	tsəu1	tsəu1	tsəu1	tsu5 tsəu1 新	tsu5	tsəu3	tsəu3	tsəu4
峨眉山	tsəu1	tsəu1	tsəu1	tsu5 tsəu1 新	tsu5	tsəu3	tsəu3	tsəu4
乐山	tsəu1	tsəu1	tsəu1	tsʊ5 tsəu1 新	tsʊ5	tsəu3	tsəu3	tsəu4
犍为	tsəu1	tsəu1	tsəu1	tsʊ5 tsəu1 新	tsʊ5	tsəu3	tsəu3	tsəu4

① 又音 tsəu2 新。

字目	舟	州	洲	粥	轴	肘	帚	昼
反切	职流	职流	职流	之六	直六	陟柳	之九	陟救
声韵调	流开三 章尤平	流开三 章尤平	流开三 章尤平	通合三 章屋入	通合三 澄屋入	流开三 知尤上	流开三 章尤上	流开三 知尤去
中古音	tɕɨu	tɕɨu	tɕɨu	tɕɨuk	ḍɨuk	ţɨu:	tɕɨu:	ţɨu-
沐川	tsəu1	tsəu1	tsəu1	tsʉ5 tsəu1 新	tsʉ5[①] tsu4	tsəu3	tsəu3	tsəu4
峨边	tsəu1	tsəu1	tsəu1	tsu5	tsu5	tsəu3	tsəu3	tsəu4
雅安	tsəu1	tsəu1	tsəu1	tsu1	tsu1	tsəu3	tsəu3	tsəu4
名山	tsəu1	tsəu1	tsəu1	tsəu1	tsu1 tsəu1 新	tsəu3	tsəu3	tsəu4
天全	tsəu1	tsəu1	tsəu1	tsəu1	tsu1 tsəu1 新	tsəu3	tsəu3	tsəu4
芦山	tsəu1	tsəu1	tsəu1	tsəu1	tsu1	tsəu3	tsəu3	tsəu4
宝兴	tsəu1	tsəu1	tsəu1	tsəu1	tsu1	tsəu3	tsəu3	tsəu4
荥经	tsəu1	tsəu1	tsəu1	tsʊ5 tsəu1 新	tsʊ5 tsəu2 新	tsəu3	tsəu3	tsəu4
汉源	tsəu1	tsəu1	tsəu1	tsəu1	tsu1 tsəu1 新	tsəu3	tsəu3	tsəu4
石棉	tsəu1	tsəu1	tsəu1	tsəu1	tsu1 tsəu1 新	tsəu3	tsəu3	tsəu4
内江	tsəu1	tsəu1	tsəu1	tʂu4 tʂəu1 新	tʂu4	tsəu3	tsəu3	tsəu4
威远	tʂəu1	tʂəu1	tʂəu1	tʂu4 tʂəu1 新	tʂu4	tʂəu3	tʂəu3	tʂəu4
荣县	tsəu1	tsəu1	tsəu1	tsu4 tsəu1 新	tsəu4	tsəu3	tsəu3	tsəu4
自贡	tʂəu1	tʂəu1	tʂəu1	tʂəu1 tʂu4 旧	tʂu4	tʂəu3	tʂəu3	tʂəu4
富顺	tʂəu1	tʂəu1	tʂəu1	tʂu4 tʂəu1 新	tʂu4	tʂəu3	tʂəu3	tʂəu4
隆昌	tʂəu1	tsəu1	tsəu1	tsəu1 tsu4 旧	tsəu4 tsu4 旧	tsəu3	tsəu3	tsəu4
泸县	tsəu1	tsəu1	tsəu1	tsu4 tsəu1 新	tsu4 tsəu4 新	tsəu3	tsəu3	tsəu4
泸州	tsəu1	tsəu1	tsəu1	tsu5 tsəu1 新	tsu5 tsəu4 新	tsəu3	tsəu3	tsəu4
南溪	tsəu1	tsəu1	tsəu1	tɕyʉ5 tsəu1 新	tɕyʉ5 tsəu4 新	tsəu3	tsəu3	tsəu4
合江	tsəu1	tsəu1	tsəu1	tsʉ5 tsəu1 新	tshʉ5 tsəu2 新	tsəu3	tsəu3	tsəu4

① 又音 tsəu2 新。

字目	皱	骤	咒	抽	绸	稠	筹	愁
反切	侧救	鉏佑	职救	丑鸠	直由	直由	直由	士尤
声韵调	流开三 庄尤去	流开三 崇尤去	流开三 章尤去	流开三 彻尤平	流开三 澄尤平	流开三 澄尤平	流开三 澄尤平	流开三 崇尤平
中古音	tʃɨu-	dʒɨu-	tɕɨu-	ʈhɨu	ɖɨu	ɖɨu	ɖɨu	dʒɨu
成都	tsəu4 tsoŋ4 俗①	tshəu4	tsəu4	tshəu1	tshəu2	tshəu2	tshəu2	tshəu2
彭州	tsəu4 tsoŋ4 俗①	tshəu4	tsəu4	tshəu1	tshəu2	tshəu2	tshəu2	tshəu2
郫县	tsəu4 tsoŋ4 俗①	tshəu4	tsəu4	tshəu1	tshəu2	tshəu2	tshəu2	tshəu2
广汉	tsoŋ4	tshəu4	tsəu4	tshəu1	tshəu2	tshəu2	tshəu2	tshəu2
都江堰河东	tsəu4 tsoŋ4 俗①	tsəu4	tsəu4	tshəu1	tshəu2	tshəu2	tshəu2	tshəu2
都江堰河西	tsəu4 tsoŋ4 俗①	tshəu4	tsəu4	tshəu1	tshəu2	tshəu2	tshəu2	tshəu2
崇州	tsoŋ4 俗①	tshəu4	tsəu4	tshəu1	tshəu2	tshəu2	tshəu2	tshəu2
大邑	tsəu4 tsoŋ4 俗①	tshəu4	tsəu4	tshəu1	tshəu2	tshəu2	tshəu2	tshəu2
邛崃	tsəu4 tsoŋ4 俗①	tsəu4 tshəu4	tsəu4	tshəu1	tshəu2	tshəu2	tshəu2	tshəu2
新津	tsəu4 tsoŋ4 俗①	tshəu4	tsəu4	tshəu1	tshəu2	tshəu2	tshəu2	tshəu2
蒲江	tsoŋ4① tsəu4 新	tshəu4 tsəu4 新	tsəu4	tshəu1	tshəu2	tshəu2	tshəu2	tshəu2
彭山	tsəu4 tsoŋ4 俗①	tsəu4	tsəu4	tshəu1	tshəu2	tshəu2	tshəu2	tshəu2
眉山	tsəu4 tsoŋ4 俗①	tshəu4	tsəu4	tshəu1	tshəu2	tshəu2	tshəu2	tshəu2
丹棱	tsəu4 tsoŋ4 俗①	tshəu4	tsəu4	tshəu1	tshəu2	tshəu2	tshəu2	tshəu2
洪雅	tsəu4 tsoŋ4 俗①	tshəu4	tsəu4	tshəu1	tshəu2	tshəu2	tshəu2	tshəu2
青神	tsəu4 tsoŋ4 俗①	tshəu4	tsəu4	tshəu1	tshəu2	tshəu2	tshəu2	tshəu2
夹江	tsəu4 tsoŋ4 俗①	tshəu4	tsəu4	tshəu1	tshəu2	tshəu2	tshəu2	tshəu2
峨眉山	tsəu4 tsoŋ4 俗①	tshəu4	tsəu4	tshəu1	tshəu2	tshəu2	tshəu2	tshəu2
乐山	tsəu4 tsoŋ4 俗①	tsəu4	tsəu4	tshəu1	tshəu2	tshəu2	tshəu2	tshəu2
犍为	tsəu4 tsoŋ4 俗①	tshəu4	tsəu4	tshəu1	tshəu2	tshəu2	tshəu2	tshəu2

① “纵”的训读。子用切，通合三精钟去。

字目	皱	骤	咒	抽	绸	稠	筹	愁
反切	侧救	鉏佑	职救	丑鸠	直由	直由	直由	士尤
声韵调	流开三 庄尤去	流开三 崇尤去	流开三 章尤去	流开三 彻尤平	流开三 澄尤平	流开三 澄尤平	流开三 澄尤平	流开三 崇尤平
中古音	tʃɨu-	dʒɨu-	tɕɨu-	ʈhɨu	ɖɨu	ɖɨu	ɖɨu	dʒɨu
沐川	tsəu4 tsoŋ4 俗①	tsəu4	tsəu4	tshəu1	tshəu2	tshəu2	tshəu2	tshəu2
峨边	tsoŋ4①	tshəu4	tsəu4	tshəu1	tshəu2	tshəu2	tshəu2	tshəu2
雅安	tsəu4 tsoŋ4 俗①	tshəu4	tsəu4	tshəu1	tshəu2	tshəu2	tshəu2	tshəu2
名山	tsəu4 tsoŋ4 俗①	tshəu4	tsəu4	tshəu1	tshəu2	tshəu2	tshəu2	tshəu2
天全	tsəu4 tsoŋ4 俗①	tshəu4	tsəu4	tshəu1	tshəu2	tshəu2	tshəu2	tshəu2
芦山	tsəu4 tsoŋ4 俗①	tshəu4	tsəu4	tshəu1	tshəu2	tshəu2	tshəu2	tshəu2
宝兴	tsəu4 tsoŋ4 俗①	tshəu4	tsəu4	tshəu1	tshəu2	tshəu2	tshəu2	tshəu2
荥经	tsəu4 tsoŋ4 俗①	tshəu4	tsəu4	tshəu1	tshəu2	tshəu2	tshəu2	tshəu2
汉源	tsəu4 tsoŋ4 俗①	tshəu4	tsəu4	tshəu1	tshəu2	tshəu2	tshəu2	tshəu2
石棉	tsəu4 tsoŋ4 俗①	tsəu4	tsəu4	tshəu1	tshəu2	tshəu2	tshəu2	tshəu2
内江	tsəu4 tsoŋ4 俗①	tshəu4	tsəu4	tshəu1	tʂhəu2	tʂhəu2	tʂhəu2	tshəu2
威远	tsəu4 tsoŋ4 俗①	tshəu4	tʂəu4	tʂhəu1	tʂhəu2	tʂhəu2	tʂhəu2	tshəu2
荣县	tsəu4 tsoŋ4 俗①	tshəu4	tsəu4	tshəu1	tshəu2	tshəu2	tshəu2	tshəu2
自贡	tʂəu4 tʂoŋ4 俗①	tʂəu4	tʂəu4	tʂhəu1	tʂhəu2	tʂhəu2	tʂhəu2	tshəu2
富顺	tsəu4 tsoŋ4 俗①	tshəu4	tʂəu4	tʂhəu1	tʂhəu2	tʂhəu2	tʂhəu2	tshəu2
隆昌	tsəu4 tsoŋ4 俗①	tsəu4	tsəu4	tshəu1	tshəu2	tshəu2	tshəu2	tshəu2
泸县	tsəu4 tsoŋ4 俗①	tshəu4 tsəu4 新	tsəu4	tshəu1	tshəu2	tshəu2	tshəu2	tshəu2
泸州	tsəu4 tsoŋ4 俗①	tshəu4 tsəu4 新	tsəu4	tshəu1	tshəu2	tshəu2	tshəu2	tshəu2
南溪	tsəu4 tsoŋ4 俗①	tshəu4 tsəu4 新	tsəu4	tshəu1	tshəu2	tshəu2	tshəu2	tshəu2
合江	tsəu4 tsoŋ4 俗①	tshəu4	tsəu4	tshəu1	tshəu2	tshəu2	tshəu2	tshəu2

① “纵”的训读。子用切，通合三精钟去。

字目	仇报仇	酬	丑子丑	丑丑恶	臭香臭	收	手	首
反切	市流	市流	敕九	昌九	尺救	式州	书九	书九
声韵调	流开三 禅尤平	流开三 禅尤平	流开三 彻尤上	流开三 昌尤上	流开三 昌尤去	流开三 书尤平	流开三 书尤上	流开三 书尤上
中古音	dʑiu	dʑiu	ʈhiu:	tɕhiu:	tɕhiu-	ɕiu	ɕiu:	ɕiu:
成都	tshəu2	tshəu2	tshəu3	tshəu3	tshəu4	səu1	səu3	səu3
彭州	tshəu2	tshəu2	tshəu3	tshəu3	tshəu4	səu1	səu3	səu3
郫县	tshəu2	tshəu2	tshəu3	tshəu3	tshəu4	səu1	səu3	səu3
广汉	tshəu2	tshəu2	tshəu3	tshəu3	tshəu4	səu1	səu3	səu3
都江堰河东	tshəu2	tshəu2	tshəu3	tshəu3	tshəu4	səu1	səu3	səu3
都江堰河西	tshəu2	tshəu2	tshəu3	tshəu3	tshəu4	səu1	səu3	səu3
崇州	tshəu2	tshəu2	tshəu3	tshəu3	tshəu4	səu1	səu3	səu3
大邑	tshəu2	tshəu2	tshəu3	tshəu3	tshəu4	səu1	səu3	səu3
邛崃	tshəu2	tshəu2	tshəu3	tshəu3	tshəu4	səu1	səu3	səu3
新津	tshəu2	tshəu2	tshəu3	tshəu3	tshəu4	səu1	səu3	səu3
蒲江	tshəu2	tshəu2	tshəu3	tshəu3	tshəu4	səu1	səu3	səu3
彭山	tshəu2	tshəu2	tshəu3	tshəu3	tshəu4	səu1	səu3	səu3
眉山	tshəu2	tshəu2	tshəu3	tshəu3	tshəu4	səu1	səu3	səu3
丹棱	tshəu2	tshəu2	tshəu3	tshəu3	tshəu4	səu1	səu3	səu3
洪雅	tshəu2	tshəu2	tshəu3	tshəu3	tshəu4	səu1	səu3	səu3
青神	tshəu2	tshəu2	tshəu3	tshəu3	tshəu4	səu1	səu3	səu3
夹江	tshəu2	tshəu2	tshəu3	tshəu3	tshəu4	səu1	səu3	səu3
峨眉山	tshəu2	tshəu2	tshəu3	tshəu3	tshəu4	səu1	səu3	səu3
乐山	tshəu2	tshəu2	tshəu3	tshəu3	tshəu4	səu1	səu3	səu3
犍为	tshəu2	tshəu2	tshəu3	tshəu3	tshəu4	səu1	səu3	səu3

字目	仇报仇	酬	丑子丑	丑丑恶	臭香臭	收	手	首
反切	市流	市流	敕九	昌九	尺救	式州	书九	书九
声韵调	流开三 禅尤平	流开三 禅尤平	流开三 彻尤上	流开三 昌尤上	流开三 昌尤去	流开三 书尤平	流开三 书尤上	流开三 书尤上
中古音	dʑɨu	dʑɨu	ʈhɨu:	tɕhɨu:	tɕhɨu-	ɕɨu	ɕɨu:	ɕɨu:
沐川	tshəu2	tshəu2	tshəu3	tshəu3	tshəu4	səu1	səu3	səu3
峨边	tshəu2	tshəu2	tshəu3	tshəu3	tshəu4	səu1	səu3	səu3
雅安	tshəu2	tshəu2	tshəu3	tshəu3	tshəu4	səu1	səu3	səu3
名山	tshəu2	tshəu2	tshəu3	tshəu3	tshəu4	səu1	səu3	səu3
天全	tshəu2	tshəu2	tshəu3	tshəu3	tshəu4	səu1	səu3	səu3
芦山	tshəu2	tshəu2	tshəu3	tshəu3	tshəu4	səu1	səu3	səu3
宝兴	tshəu2	tshəu2	tshəu3	tshəu3	tshəu4	səu1	səu3	səu3
荥经	tshəu2	tshəu2	tshəu3	tshəu3	tshəu4	səu1	səu3	səu3
汉源	tshəu2	tshəu2	tshəu3	tshəu3	tshəu4	səu1	səu3	səu3
石棉	tshəu2	tshəu2	tshəu3	tshəu3	tshəu4	səu1	səu3	səu3
内江	tʂhəu2	tʂhəu2	tshəu3	tshəu3	tshəu4	səu1	səu3	səu3
威远	tʂhəu2	tʂhəu2	tʂhəu3	tʂhəu3	tʂhəu4	ʂəu1	ʂəu3	ʂəu3
荣县	tshəu2	tshəu2	tshəu3	tshəu3	tshəu4	səu1	səu3	səu3
自贡	tʂhəu2	tʂhəu2	tʂhəu3	tʂhəu3	tʂhəu4	ʂəu1	ʂəu3	ʂəu3
富顺	tʂhəu2	tʂhəu2	tʂhəu3	tʂhəu3	tʂhəu4	ʂəu1	ʂəu3	ʂəu3
隆昌	tshəu2	tshəu2	tshəu3	tshəu3	tshəu4	səu1	səu3	səu3
泸县	tshəu2	tshəu2	tshəu3	tshəu3	tshəu4	səu1	səu3	səu3
泸州	tshəu2	tshəu2	tshəu3	tshəu3	tshəu4	səu1	səu3	səu3
南溪	tshəu2	tshəu2	tshəu3	tshəu3	tshəu4	səu1	səu3	səu3
合江	tshəu2	tshəu2	tshəu3	tshəu3	tshəu4	səu1	səu3	səu3

字目	守	瘦	兽	受	寿	授	售	柔
反切	书九	所佑	舒救	殖酉	承呪	承呪	承呪	耳由
声韵调	流开三 书尤上	流开三 生尤去	流开三 书尤去	流开三 禅尤上	流开三 禅尤去	流开三 禅尤去	流开三 禅尤去	流开三 日尤平
中古音	ɕiu:	ʃiu-	ɕiu-	dʑiu:	dʑiu-	dʑiu-	dʑiu-	ȵʑiu
成都	səu3	səu4	səu4	səu4	səu4	səu4	səu4	zəu2
彭州	səu3	səu4	səu4	səu4	səu4	səu4	səu4	zəu2
郫县	səu3	səu4	səu4	səu4	səu4	səu4	səu4	zəu2
广汉	səu3	səu4	səu4	səu4	səu4	səu4	səu4	zəu2
都江堰河东	səu3	səu4	səu4	səu4	səu4	səu4	səu4	zəu2
都江堰河西	səu3	səu4	səu4	səu4	səu4	səu4	səu4	zəu2
崇州	səu3	səu4	səu4	səu4	səu4	səu4	səu4	zəu2
大邑	səu3	səu4	səu4	səu4	səu4	səu4	səu4	zəu2
邛崃	səu3	səu4	səu4	səu4	səu4	səu4	səu4	zəu2
新津	səu3	səu4	səu4	səu4	səu4	səu4	səu4	zəu2
蒲江	səu3	səu4	səu4	səu4	səu4	səu4	səu4	zəu2
彭山	səu3	səu4	səu4	səu4	səu4	səu4	səu4	zəu2
眉山	səu3	səu4	səu4	səu4	səu4	səu4	səu4	zəu2
丹棱	səu3	səu4	səu4	səu4	səu4	səu4	səu4	zəu2
洪雅	səu3	səu4	səu4	səu4	səu4	səu4	səu4	zəu2
青神	səu3	səu4	səu4	səu4	səu4	səu4	səu4	zəu2
夹江	səu3	səu4	səu4	səu4	səu4	səu4	səu4	zəu2
峨眉山	səu3	səu4	səu4	səu4	səu4	səu4	səu4	zəu2
乐山	səu3	səu4	səu4	səu4	səu4	səu4	səu4	zəu2
犍为	səu3	səu4	səu4	səu4	səu4	səu4	səu4	zəu2

字目	守	瘦	兽	受	寿	授	售	柔
反切	书九	所佑	舒救	殖酉	承呪	承呪	承呪	耳由
声韵调	流开三 书尤上	流开三 生尤去	流开三 书尤去	流开三 禅尤上	流开三 禅尤去	流开三 禅尤去	流开三 禅尤去	流开三 日尤平
中古音	ɕɨu:	ʃɨu-	ɕɨu-	dʑɨu:	dʑɨu-	dʑɨu-	dʑɨu-	ɳʑɨu
沐川	səu3	səu4	səu4	səu4	səu4	səu4	səu4	zəu2
峨边	səu3	səu4	səu4	səu4	səu4	səu4	səu4	zəu2
雅安	səu3	səu4	səu4	səu4	səu4	səu4	səu4	zəu2
名山	səu3	səu4	səu4	səu4	səu4	səu4	səu4	zəu2
天全	səu3	səu4	səu4	səu4	səu4	səu4	səu4	zəu2
芦山	səu3	səu4	səu4	səu4	səu4	səu4	səu4	zəu2
宝兴	səu3	səu4	səu4	səu4	səu4	səu4	səu4	zəu2
荥经	səu3	səu4	səu4	səu4	səu4	səu4	səu4	zəu2
汉源	səu3	səu4	səu4	səu4	səu4	səu4	səu4	zəu2
石棉	səu3	səu4	səu4	səu4	səu4	səu4	səu4	zəu2
内江	səu3	səu4	səu4	səu4	səu4	səu4	səu4	ʐəu2
威远	ʂəu3	səu4	ʂəu4	ʂəu4	ʂəu4	ʂəu4	ʂəu4	ʐəu2
荣县	səu3	səu4	səu4	səu4	səu4	səu4	səu4	zəu2
自贡	ʂəu3	səu4	ʂəu4	ʂəu4	ʂəu4	ʂəu4	ʂəu4	ʐəu2
富顺	ʂəu3	səu4	ʂəu4	ʂəu4	ʂəu4	ʂəu4	ʂəu4	ʐəu2
隆昌	səu3	səu4	ʂəu4	ʂəu4	səu4	ʂəu4	səu4	ʐəu2
泸县	səu3	səu4	səu4	səu4	səu4	səu4	səu4	zəu2
泸州	səu3	səu4	səu4	səu4	səu4	səu4	səu4	zəu2
南溪	səu3	səu4	səu4	səu4	səu4	səu4	səu4	zəu2
合江	səu3	səu4	səu4	səu4	səu4	səu4	səu4	zəu2

字目	肉	勾勾消	钩	沟	狗	苟	够	构
反切	如六	古侯	古侯	古侯	古厚	古厚	古候	古候
声韵调	通合三 日屋入	流开一 见侯平	流开一 见侯平	流开一 见侯平	流开一 见侯上	流开一 见侯上	流开一 见侯去	流开一 见侯去
中古音	ȵʑiuk	kəu	kəu	kəu	kəu:	kəu:	kəu-	kəu-
成都	zəu4 zu2 旧	kəu1	kəu1	kəu1	kəu3	kəu3	kəu4	kəu4
彭州	zəu4 zu2 旧	kəu1	kəu1	kəu1	kəu3	kəu3	kəu4	kəu4
郫县	zəu4 zo5 旧	kəu1	kəu1	kəu1	kəu3	kəu3	kəu4	kəu4
广汉	zəu4 zo5 旧	kəu1	kəu1	kəu1	kəu3	kəu3	kəu4	kəu4
都江堰河东	zəu4 zo5 旧	kəu1	kəu1	kəu1	kəu3	kəu4	kəu4	kəu4
都江堰河西	zəu4 zo5 旧	kəu1	kəu1	kəu1	kəu3	kəu3	kəu4	kəu4
崇州	zəu4 zo5 旧	kəu1	kəu1	kəu1	kəu3	kəu3	kəu4	kəu4
大邑	zo5 zəu4 新	kəu1	kəu1	kəu1	kəu3	kəu3	kəu4	kəu4
邛崃	zo5 zəu4 新	kəu1	kəu1	kəu1	kəu3	kəu3	kəu4	kəu4
新津	zo5 zəu4 新	kəu1	kəu1	kəu1	kəu3	kəu3	kəu4	kəu4
蒲江	zo5 zəu4 新	kəu1	kəu1	kəu1	kəu3	kəu3	kəu4	kəu4
彭山	zəu4 zo5 旧	kəu1	kəu1	kəu1	kəu3	kəu3	kəu4	kəu4
眉山	zəu4 zu5 旧	kiəu1	kiəu1	kiəu1	kiəu3	kiəu3	kiəu4	kiəu4
丹棱	zəu4 zu5 旧	kiəu1	kiəu1	kiəu1	kiəu3	kiəu4	kəu4	kəu4
洪雅	zəu4 zu5 旧	kəu1	kəu1	kəu1	kəu3	kəu4	kəu4	kəu4
青神	zəu4 zo5 旧	kəu1	kəu1	kəu1	kəu3	kəu3	kəu4	kəu4
夹江	zəu4 zu5 旧	kəu1	kəu1	kəu1	kəu3	kəu3	kəu4	kəu4
峨眉山	zəu4 zu5 旧	kəu1	kəu1	kəu1	kəu3	kəu4	kəu4	kəu4
乐山	zəu4 zʊ5 旧	kəu1	kəu1	kəu1	kəu3	kəu3	kəu4	kəu4
犍为	zəu4 zʊ5 旧	kəu1	kəu1	kəu1	kəu3	kəu3	kəu4	kəu4

字目	肉	勾勾消	钩	沟	狗	苟	够	构
反切	如六	古侯	古侯	古侯	古厚	古厚	古候	古候
声韵调	通合三 日屋入	流开一 见侯平	流开一 见侯平	流开一 见侯平	流开一 见侯上	流开一 见侯上	流开一 见侯去	流开一 见侯去
中古音	ȵʑiuk	kəu	kəu	kəu	kəu:	kəu:	kəu-	kəu-
沐川	zəu4 zu2 旧	kəu1	kəu1	kəu1	kəu3	kəu3	kəu4	kəu4
峨边	zəu4 zu5 旧	kiəu1	kiəu1	kiəu1	kiəu3	kiəu3	kiəu4	kiəu4
雅安	zəu4 zu1 旧	kəu1	kəu1	kəu1	kəu3	kəu4	kəu4	kəu4
名山	zəu4 zu2 旧	kəu1	kəu1	kəu1	kəu3	kəu3	kəu4	kəu4
天全	zəu4 zu2 旧	kəu1	kəu1	kəu1	kəu3	kəu3	kəu4	kəu4
芦山	zəu4 zu1 旧	kəu1	kəu1	kəu1	kəu3	kəu3	kəu4	kəu4
宝兴	zəu4 zu1 旧	kəu1	kəu1	kəu1	kəu3	kəu4	kəu4	kəu4
荥经	zəu4 zʊ5 旧	kəu1	kəu1	kəu1	kəu3	kəu3	kəu4	kəu4
汉源	zəu4 zu2 旧	kəu1	kəu1	kəu1	kəu3	kəu4	kəu4	kəu4
石棉	zəu4 zu2 旧	kəu1	kəu1	kəu1	kəu3	kəu3	kəu4	kəu4
内江	z̩əu4 z̩u4 旧	kəu1	kəu1	kəu1	kəu3	kəu3	kəu4	kəu4
威远	z̩əu4 z̩u4 旧	kəu1	kəu1	kəu1	kəu3	kəu4	kəu4	kəu4
荣县	zəu4 zu4 旧	kəu1	kəu1	kəu1	kəu3	kəu4	kəu4	kəu4
自贡	z̩u4	kəu1	kəu1	kəu1	kəu3	kəu4	kəu4	kəu4
富顺	z̩u4	kəu1	kəu1	kəu1	kəu3	kəu3	kəu4	kəu4
隆昌	z̩u4	kəu1	kəu1	kəu1	kəu3	kəu4	kəu4	kəu4
泸县	zu4 zəu4 新	kəu1	kəu1	kəu1	kəu3	kəu3	kəu4	kəu4
泸州	zu5 zəu4 新	kəu1	kəu1	kəu1	kəu3	kəu3	kəu4	kəu4
南溪	zu5 zəu4 新	kəu1	kəu1	kəu1	kəu3	kəu3	kəu4	kəu4
合江	zəu4 zʉ5 旧	kəu1	kəu1	kəu1	kəu3	kəu3	kəu4	kəu4

字目	购	口	叩[①]	扣	寇	侯	喉	猴
反切	古候	苦后	苦后	苦候	苦候	户钩	户钩	户钩
声韵调	流开一 见侯去	流开一 溪侯上	流开一 溪侯上	流开一 溪侯去	流开一 溪侯去	流开一 匣侯平	流开一 匣侯平	流开一 匣侯平
中古音	kəu-	khəu:	khəu:	khəu-	khəu-	ɦəu	ɦəu	ɦəu
成都	kəu4	khəu3	khəu4	khəu4 khəu2 俗[②]	khəu4	xəu2	xəu2	xəu2
彭州	kəu4	khəu3	khəu4	khəu4 khəu2 俗[②]	khəu4	xəu2	xəu2	xəu2
郫县	kəu4	khəu3	khəu4	khəu4 khəu2 俗[②]	khəu4	xəu2	xəu2	xəu2
广汉	kəu4	khəu3	khəu4	khəu4	khəu4	xəu2	xəu2	xəu2
都江堰河东	kəu4	khəu3	khəu4	khəu4	khəu4	xəu2	xəu2	xəu2
都江堰河西	kəu4	khəu3	khəu4	khəu4 khəu2 俗[②]	khəu4	xəu2	xəu2	xəu2
崇州	kəu4	khəu3	khəu4	khəu4	khəu4	xəu2	xəu2	xəu2
大邑	kəu4	khəu3	khəu4	khəu4	khəu4	xəu2	xəu2	xəu2
邛崃	kəu4	khəu3	khəu4	khəu4	khəu4	xəu2	xəu2	xəu2
新津	kəu4	khəu3	khəu4	khəu4	khəu4	xəu2	xəu2	xəu2
蒲江	kəu4	khəu3	khəu4	khəu4	khəu4	xəu2	xəu2	xəu2
彭山	kəu4	khəu3	khəu4	khəu4	khəu4	xəu2	xəu2	xəu2
眉山	kiəu4	khiəu3	khiəu4	khiəu4	khiəu4	xəu2	xəu2	xəu2
丹棱	kəu4	khiəu3	khəu4	khəu4	khiəu4	xəu2	xəu2	xəu2
洪雅	kəu4	khəu3	khəu4	khəu4	khəu4	xəu2	xəu2	xəu2
青神	kəu4	khəu3	khəu4	khəu4	khəu4	xəu2	xəu2	xəu2
夹江	kəu4	khəu3	khəu4	khəu4	khəu4	xəu2	xəu2	xəu2
峨眉山	kəu4	khəu3	khəu4	khəu5	khəu4	xəu2	xəu2	xəu2
乐山	kəu4	khəu3	khəu4	khəu4	khəu4	xəu2	xəu2	xəu2
犍为	kəu4	khəu3	khəu4	khəu4	khəu4	xəu2	xəu2	xəu2

① 又*丘候切，流开一溪侯去。 ② 意为“盖”。本字待考。

字目	购	口	叩①	扣	寇	侯	喉	猴
反切	古候	苦后	苦后	苦候	苦候	户钩	户钩	户钩
声韵调	流开一 见侯去	流开一 溪侯上	流开一 溪侯上	流开一 溪侯去	流开一 溪侯去	流开一 匣侯平	流开一 匣侯平	流开一 匣侯平
中古音	kəu-	khəu:	khəu:	khəu-	khəu-	ɦəu	ɦəu	ɦəu
沐川	kəu4	khəu3	khəu4	khəu4 khəu2 俗②	khəu4	xəu2	xəu2	xəu2
峨边	kiəu4	khəu3	khəu4	khəu4	khəu4	xəu2	xəu2	xəu2
雅安	kəu4	khəu3	khəu4	khəu4 khəu2 俗②	khəu4	xəu2	xəu2	xəu2
名山	kəu4	khəu3	khəu4	khəu4 khəu2 俗②	khəu4	xəu2	xəu2	xəu2
天全	kəu4	khəu3	khəu4	khəu4 khəu2 俗②	khəu4	xəu2	xəu2	xəu2
芦山	kəu4	khəu3	khəu4	khəu4 khəu2 俗②	khəu4	xəu2	xəu2	xəu2
宝兴	kəu4	khəu3	khəu4	khəu4 khəu2 俗②	khəu4	xəu2	xəu2	xəu2
荥经	kəu4	khəu3	khəu4	khəu4 khəu2 俗②	khəu4	xəu2	xəu2	xəu2
汉源	kəu4	khəu3	khəu4	khəu4 khəu2 俗②	khəu4	xəu2	xəu2	xəu2
石棉	kəu4	khəu3	khəu4	khəu4 khəu2 俗②	khəu4	xəu2	xəu2	xəu2
内江	kəu4	khəu3	khəu4	khəu4	khəu4	xəu2	xəu2	xəu2
威远	kəu4	khəu3	khəu4	khəu4	khəu4	xəu2	xəu2	xəu2
荣县	kəu4	khəu3	khəu4	khəu4	khəu4	xəu2	xəu2	xəu2
自贡	kəu4	khəu3	khəu4	khəu4 khəu2 俗②	khəu4	xəu2	xəu2	xəu2
富顺	kəu4	khəu3	khəu4	khəu4 khəu2 俗②	khəu4	xəu2	xəu2	xəu2
隆昌	kəu4	khəu3	khəu4	khəu4 khəu2 俗②	khəu4	xəu2	xəu2	xəu2
泸县	kəu4	khəu3	khəu4	khəu4	khəu4	xəu2	xəu2	xəu2
泸州	kəu4	khəu3	khəu4	khəu4	khəu4	xəu2	xəu2	xəu2
南溪	kəu4	khəu3	khəu4	khəu4	khəu4	xəu2	xəu2	xəu2
合江	kəu4	khəu3	khəu4	khəu4 khəu2 俗②	khəu4	xəu2	xəu2	xəu2

① 又*丘候切，流开一溪侯去。 ② 意为“盖”。本字待考。

字目	吼	厚	后前后	后皇后	候	欧姓	藕	偶配偶
反切	呼后	胡口	胡口	胡口	胡遘	乌侯	五口	五口
声韵调	流开一 晓侯上	流开一 匣侯上	流开一 匣侯上	流开一 匣侯上	流开一 匣侯去	流开一 影侯平	流开一 疑侯上	流开一 疑侯上
中古音	həu:	ɦəu:	ɦəu:	ɦəu:	ɦəu-	ʔəu	ŋəu:	ŋəu:
成都	xəu3	xəu4	xəu4 xəu3 口①	xəu4	xəu4	ŋəu1	ŋəu3	ŋəu3
彭州	xəu3	xəu4	xəu4 xəu3 口①	xəu4	xəu4	ŋəu1	ŋəu3	ŋəu3
郫县	xəu3	xəu4	xəu4	xəu4	xəu4	ŋəu1	ŋəu3	ŋəu3
广汉	xəu3	xəu4	xəu4	xəu4	xəu4	ŋəu1	ŋəu3	ŋəu3
都江堰河东	xəu3	xəu4	xəu4	xəu4	xəu4	ŋəu1	ŋəu3	ŋəu3
都江堰河西	xəu3	xəu4	xou4	xəu4	xəu4	ŋəu1	ŋəu3	ŋəu3
崇州	xəu3	xəu4	xəu4	xəu4	xəu4	ŋəu1	ŋəu3	ŋəu3
大邑	xəu3	xəu4	xəu4	xəu4	xəu4	ŋəu1	ŋəu3	ŋəu3
邛崃	xəu3	xəu4	xəu4	xəu4	xəu4	ŋəu1	ŋəu3	ŋəu3
新津	xəu3	xəu4	xəu4	xəu4	xəu4	ŋəu1	ŋəu3	ŋəu3
蒲江	xəu3	xəu4	xəu4	xəu4	xəu4	ŋəu1	ŋəu3	ŋəu3
彭山	xəu3	xəu4	xəu4	xəu4	xəu4	ŋəu1	ŋəu3	ŋəu3
眉山	xəu3	xəu4	xəu4	xəu4	xəu4	ŋəu1	ŋəu3	ŋəu3
丹棱	xəu3	xəu4	xəu4	xəu4	xəu4	ŋəu1	ŋəu3	ŋəu3
洪雅	xəu3	xəu4	xəu4	xəu4	xəu4	ŋəu1	ŋəu3	ŋəu3
青神	xəu3	xəu4	xəu4	xəu4	xəu4	ŋəu1	ŋəu3	ŋəu3
夹江	xəu3	xəu4	xəu4	xəu4	xəu4	ŋəu1	ŋəu3	ŋəu3
峨眉山	xəu3	xəu4	xəu4	xəu4	xəu4	ŋəu1	ŋəu3	ŋəu3
乐山	xəu3	xəu4	xəu4	xəu4	xəu4	ŋəu1	ŋəu3	ŋəu3
犍为	xəu3	xəu4	xəu4	xəu4	xəu4	ŋəu1	ŋəu3	ŋəu3

① 用于“后头”一词。

字目	吼	厚	后前后	后皇后	候	欧姓	藕	偶配偶
反切	呼后	胡口	胡口	胡口	胡遘	乌侯	五口	五口
声韵调	流开一 晓侯上	流开一 匣侯上	流开一 匣侯上	流开一 匣侯上	流开一 匣侯去	流开一 影侯平	流开一 疑侯上	流开一 疑侯上
中古音	həu:	ɦəu:	ɦəu:	ɦəu:	ɦəu-	ʔəu	ŋəu:	ŋəu:
沐川	xəu3	xəu4	xəu4 xəu3 口①	xəu4	xəu4	ŋəu1	ŋəu3	ŋəu3
峨边	xəu3	xəu4	xəu4	xəu4	xəu4	ŋiəu1	ŋiəu3	ŋiəu3
雅安	xəu3	xəu4	xəu4	xəu4	xəu4	ŋəu1	ŋəu3	ŋəu3
名山	xəu3	xəu4	xəu4	xəu4	xəu4	ŋəu1	ŋəu3	ŋəu3
天全	xəu3	xəu4	xəu4	xəu4	xəu4	ŋəu1	ŋəu3	ŋəu3
芦山	xəu3	xəu4	xəu4	xəu4	xəu4	ŋəu1	ŋəu3	ŋəu3
宝兴	xəu3	xəu4	xəu4	xəu4	xəu4	ŋəu1	ŋəu3	ŋəu3
荥经	xəu3	xəu4	xəu4 xəu3 口①	xəu4	xəu4	ŋəu1	ŋəu3	ŋəu3
汉源	xəu3	xəu4	xəu4	xəu4	xəu4	ŋəu1	ŋəu3	ŋəu3
石棉	xəu3	xəu4	xəu4	xəu4	xəu4	ŋəu1	ŋəu3	ŋəu3
内江	xəu3	xəu4	xəu4	xəu4	xəu4	ŋəu1	ŋəu3	ŋəu3
威远	xəu3	xəu4	xəu4	xəu4	xəu4	ŋəu1	ŋəu3	ŋəu3
荣县	xəu3	xəu4	xəu4	xəu4	xəu4	ŋəu1	ŋəu3	ŋəu3
自贡	xəu3	xəu4	xəu4	xəu4	xəu4	ŋəu1	ŋəu3	ŋəu3
富顺	xəu3	xəu4	xəu4	xəu4	xəu4	ŋəu1	ŋəu3	ŋəu3
隆昌	xəu3	xəu4	xəu4	xəu4	xəu4	ŋəu1	ŋəu3	ŋəu3
泸县	xəu3	xəu4	xəu4	xəu4	xəu4	ŋəu1	ŋəu3	ŋəu3
泸州	xəu3	xəu4	xəu4	xəu4	xəu4	ŋəu1	ŋəu3	ŋəu3
南溪	xəu3	xəu4	xəu4	xəu4	xəu4	ŋəu1	ŋəu3	ŋəu3
合江	xəu3	xəu4	xəu4 xəu3 口①	xəu4	xəu4	ŋəu1	ŋəu3	ŋəu3

① 用于“后头”一词。

字目	偶偶然	呕呕吐	谬荒谬	丢	牛	纽	扭	流
反切		乌后	靡幼		语求	女久	女久	力求
声韵调	流开一 疑侯去	流开一 影侯上	流开三 明幽去	流开三 端幽平	流开三 疑尤平	流开三 泥尤上	流开三 泥尤上	流开三 来尤平
中古音	ŋəu-	ʔəu:	miɪu-	tiɪu	ŋɨu	nɨu:	nɨu:	lɨu
成都	ŋəu3	ŋəu3	miəu4	tiəu1	ȵiəu2	ȵiəu3	ȵiəu3 ȵiəu4 俗①	niəu2
彭州	ŋəu3	ŋəu3	miəu4	tiəu1	ȵiəu2	ȵiəu3	ȵiəu3 ȵiəu4 俗①	niəu2
郫县	ŋəu3	ŋəu3	miəu4	tiəu1	ȵiəu2	ȵiəu3	ȵiəu3 ȵiəu4 俗①	liəu2
广汉	ŋəu3	ŋəu3	miəu4	tiəu1	ȵiəu2	ȵiəu3	ȵiəu3 ȵiəu4 俗①	liəu2
都江堰河东	ŋəu3	ŋəu3	miau4	tiəu1	ŋiəu2	ȵiəu3	ȵiəu3 ȵiəu4 俗①	niəu2
都江堰河西	ŋəu3	ŋəu3	miau4	tiəu1	ȵiəu2	ȵiəu3	ȵiəu3 ȵiəu4 俗①	niəu2
崇州	ŋəu3	ŋəu3	miau4	tiəu1	ȵiəu2	ȵiəu3	ȵiəu3 ȵiəu4 俗①	niəu2
大邑	ŋəu3	ŋəu3	miau4	tiəu1	ȵiəu2	ȵiəu3	ȵiəu3 ȵiəu4 俗①	niəu2
邛崃	ŋəu3	ŋəu3	miau4	tiəu1	ȵiəu2	ȵiəu3	ȵiəu3 ȵiəu4 俗①	niəu2
新津	ŋəu3	ŋəu3	miəu4	tiəu1	ȵiəu2	ȵiəu3	ȵiəu3 ȵiəu4 俗①	niəu2
蒲江	ŋəu3	ŋəu3	miau4	tiəu1	ȵiəu2	ȵiəu3	ȵiəu3 ȵiəu4 俗①	liəu2
彭山	ŋəu3	ŋəu3	miəu4	tiəu1	ȵiəu2	ȵiəu3	ȵiəu3 ȵiəu4 俗①	niəu2
眉山	ŋəu3	ŋəu3	miau4	tiəu1	ȵiəu2	ȵiəu3	ȵiəu3 ȵiəu4 俗①	niəu2
丹棱	ŋəu3	ŋəu3	miau4	tiəu1	ȵiəu2	ȵiəu3	ȵiəu3 ȵiəu4 俗①	niəu2
洪雅	ŋəu3	ŋəu3	miəu4	tiəu1	ȵiəu2	ȵiəu3	ȵiəu3 ȵiəu4 俗①	niəu2
青神	ŋəu3	ŋəu3	miau4	tiəu1	liəu2	liəu3	liəu3 liəu4 俗①	liəu2
夹江	ŋəu3	ŋəu3	miau4	tiəu1	niəu2	niəu3	niəu3 niəu4 俗①	niəu2
峨眉山	ŋəu3	ŋəu3	miau4	tiəu1	niəu2	niəu3	niəu3 niəu4 俗①	niəu2
乐山	ŋəu3	ŋəu3	miau4	tiəu1	liəu2	liəu3	liəu3 liəu4 俗①	liəu2
犍为	ŋəu3	ŋəu3	miau4	tiəu1	liəu2	liəu3	liəu3 liəu4 俗①	liəu2

① 意为“动”。或为训读，本字待考。

字目	偶偶然	呕呕吐	谬荒谬	丢	牛	纽	扭	流
反切		乌后	靡幼		语求	女久	女久	力求
声韵调	流开一 疑侯去	流开一 影侯上	流开三 明幽去	流开三 端幽平	流开三 疑尤平	流开三 泥尤上	流开三 泥尤上	流开三 来尤平
中古音	ŋəu-	ʔəu:	miɪu-	tiɪu	ŋɨu	nɨu:	nɨu:	lɨu
沐川	ŋəu3	ŋəu3	miau4	tiəu1	ȵiəu2	ȵiəu3	ȵiəu3 ȵiəu4 俗①	liəu2
峨边	ŋiəu3	ŋiəu3	miau4	tiəu1	liəu2	liəu3	liəu3	liəu2
雅安	ŋəu3	ŋəu3	miau4	tiəu1	ȵiəu2	ȵiəu3	ȵiəu3 ȵiəu4 俗①	niəu2
名山	ŋəu3	ŋəu3	miau4	tiəu1	liəu2	liəu3	liəu3 liəu4 俗①	liəu2
天全	ŋəu3	ŋəu3	miau4	tɕiəu1	ȵiəu2	ȵiəu3	ȵiəu3 ȵiəu4 俗①	liəu2
芦山	ŋəu3	ŋəu3	miau4	tɕiəu1	ȵiəu2	ȵiəu3	ȵiəu3 ȵiəu4 俗①	niəu2
宝兴	ŋəu3	ŋəu3	miau4	tɕiəu1	ȵiəu2	ȵiəu3	ȵiəu3 ȵiəu4 俗①	niəu2
荥经	ŋəu3	ŋəu3	miəu4	tiəu1	ȵiəu2	ȵiəu3	ȵiəu3 ȵiəu4 俗①	liəu2
汉源	ŋəu3	ŋəu3	miau4	tiəu1	niəu2	niəu3	niəu3 niəu4 俗①	niəu2
石棉	ŋəu3	ŋəu3	miəu4	tiəu1	ȵiəu2	ȵiəu3	ȵiəu3 ȵiəu4 俗①	liəu2
内江	ŋəu3	ŋəu3	miau4	tiəu1	ȵiəu2	ȵiəu3	ȵiəu3 ȵiəu4 俗①	niəu2
威远	ŋəu3	ŋəu3	miau4	tiəu1	ȵiəu2	ȵiəu3	ȵiəu3 ȵiəu4 俗①	niəu2
荣县	ŋəu3	ŋəu3	miau4	tiəu1	ȵiəu2	ȵiəu3	ȵiəu3 ȵiəu4 俗①	niəu2
自贡	ŋəu3	ŋəu3	miau4	tiəu1	ȵiəu2	ȵiəu3	ȵiəu3 ȵiəu4 俗①	liəu2
富顺	ŋəu3	ŋəu3	miəu4	tiəu1	ȵiəu2	ȵiəu3	ȵiəu3 ȵiəu4 俗①	liəu2
隆昌	ŋəu3	ŋəu3	miau4	tiəu1	ȵiəu2	ȵiəu3	ȵiəu3 ȵiəu4 俗①	liəu2
泸县	ŋəu3	ŋəu3	miau4	tiəu1	ȵiəu2	ȵiəu3	ȵiəu3② ȵiəu4 俗①	liəu2
泸州	ŋəu3	ŋəu3	miəu4	tiəu1	ȵiəu2	ȵiəu3	ȵiəu3 ȵiəu4 俗①	liəu2
南溪	ŋəu3	ŋəu3	miau4	tiəu1	ȵiəu2	ȵiəu3	ȵiəu3 ȵiəu4 俗①	liəu2
合江	ŋəu3	ŋəu3	miau4	tiəu1	ȵiəu2	ȵiəu3	ȵiəu3② ȵiəu4 俗①	liəu2

① 意为“动”。或为训读，本字待考。 ② 又音 tɕiəu3 口。

字目	硫	刘	留	榴	琉	柳	溜	六
反切	力求	力求	力求	力求	力求	力久	力救	力竹
声韵调	流开三 来尤平	流开三 来尤平	流开三 来尤平	流开三 来尤平	流开三 来尤平	流开三 来尤上	流开三 来尤去	通合三 来屋入
中古音	lɨu	lɨu	lɨu	lɨu	lɨu	lɨu:	lɨu-	lɨuk
成都	niəu2	niəu2	niəu2	niəu2	niəu2	niəu3	niəu1	nu2 niəu2 新
彭州	niəu2	niəu2	niəu2	niəu2	niəu2	niəu3	niəu1	no5[①] nu2
郫县	liəu2	liəu2	liəu2	liəu2	liəu2	liəu3	liəu1	lo5 liəu4 新
广汉	liəu2	liəu2	liəu2	liəu2	liəu2	liəu3	liəu1	lu5 lo5
都江堰河东	niəu2	niəu2	niəu2	niəu2	niəu2	niəu3	niəu1	no5 niəu4 新
都江堰河西	niəu2	niəu2	niəu2	niəu2	niəu2	niəu3	niəu1	no5 niəu4
崇州	niəu2	niəu2	niəu2	niəu2	niəu2	niəu3	niəu1	no5 niəu4 新
大邑	niəu2	niəu2	niəu2	niəu2	niəu2	niəu3	niəu1	no5 niəu4 新
邛崃	niəu2	niəu2	niəu2	niəu2	niəu2	niəu3	niəu1	no5 niəu4 新
新津	niəu2	niəu2	niəu2	niəu2	niəu2	niəu3	niəu1	no5 niəu4 新
蒲江	liəu2	liəu2	liəu2	liəu2	liəu2	liəu3	liəu1	lo5 liəu4 新
彭山	niəu2	niəu2	niəu2	niəu2	niəu2	niəu3	niəu1	no5 niəu5 新
眉山	niəu2	niəu2	niəu2	niəu2	niəu2	niəu3	niəu1	nu5 niəu5 新
丹棱	niəu2	niəu2	niəu2	niəu2	niəu2	niəu3	niəu1	nu5 niəu5 新
洪雅	niəu2	niəu2	niəu2	niəu2	niəu2	niəu3	niəu1	nu5 niəu5 新
青神	liəu2	liəu2	liəu2	liəu2	liəu2	liəu3	liəu1	lo5 liəu5 新
夹江	niəu2	niəu2	niəu2	niəu2	niəu2	niəu3	niəu1	nu5
峨眉山	niəu2	niəu2	niəu2	niəu2	niəu2	niəu3	niəu1	nu5
乐山	liəu2	liəu2	liəu2	liəu2	liəu2	liəu3	liəu1	lʊ5
犍为	liəu2	liəu2	liəu2	liəu2	liəu2	liəu3	liəu1	lʊ5

① 又音 niəu2 新。

字目	硫	刘	留	榴	琉	柳	溜	六
反切	力求	力求	力求	力求	力求	力久	力救	力竹
声韵调	流开三 来尤平	流开三 来尤平	流开三 来尤平	流开三 来尤平	流开三 来尤平	流开三 来尤上	流开三 来尤去	通合三 来屋入
中古音	lɨu	lɨu	lɨu	lɨu	lɨu	lɨu:	lɨu-	lɨuk
沐川	liəu2	liəu2	liəu2	liəu2	liəu2	liəu3	liəu1	lʉ5[①] lu4 新
峨边	liəu2	liəu2	liəu2	liəu2	liəu2	liəu3	liəu1	lu5
雅安	niəu2	niəu2	niəu2	niəu2	niəu2	niəu3	niəu1	nu1
名山	liəu2	liəu2	liəu2	liəu2	liəu2	liəu3	liəu1	lu1 liəu1 新
天全	liəu2	liəu2	liəu2	liəu2	liəu2	liəu3	liəu1	lu1 liəu1 新
芦山	niəu2	niəu2	niəu2	niəu2	niəu2	niəu3	niəu1	nu1
宝兴	niəu2	niəu2	niəu2	niəu2	niəu2	niəu3	niəu1	nu1
荥经	liəu2	liəu2	liəu2	liəu2	liəu2	liəu3	liəu1	lʊ5 liəu2 新
汉源	niəu2	niəu2	niəu2	niəu2	niəu2	niəu3	niəu1	nu1 niəu2 新
石棉	liəu2	liəu2	liəu2	liəu2	liəu2	liəu3	liəu1	lu1 liəu1 新
内江	niəu2	niəu2	niəu2	niəu2	niəu2	niəu3	niəu1	nu4 niəu4 新
威远	niəu2	niəu2	niəu2	niəu2	niəu2	niəu3	niəu1	nu4 niəu4 新
荣县	niəu2	niəu2	niəu2	niəu2	niəu2	niəu3	niəu1	nu4 niəu4 新
自贡	liəu2	liəu2	liəu2	liəu2	liəu2	liəu3	liəu1	lu4
富顺	liəu2	liəu2	liəu2	liəu2	liəu2	liəu3	liəu1	lu4
隆昌	liəu2	liəu2	liəu2	liəu2	liəu2	liəu3	liəu1	lu4
泸县	liəu2	liəu2	liəu2	liəu2	liəu2	liəu3	liəu1	lu4 liəu4 新
泸州	liəu2	liəu2	liəu2	liəu2	liəu2	liəu3	liəu1	lu5 liəu4 新
南溪	liəu2	liəu2	liəu2	liəu2	liəu2	liəu3	liəu1	lu5 liəu4 新
合江	liəu2	liəu2	liəu2	liəu2	liəu2	liəu3	liəu1	lʉ5 liəu2 新

① 又音 liəu2 新。

字目	纠纠纷	纠纠察	酒	九	久	灸	就	救
反切	居求	居黝	子酉	举有	举有	举有	疾僦	居佑
声韵调	流开三 见尤平	流开三 见幽上	流开三 精尤上	流开三 见尤上	流开三 见尤上	流开三 见尤上	流开三 从尤去	流开三 见尤去
中古音	kɨu	kiɪu:	tsɨu:	kɨu:	kɨu:	kɨu:	dzɨu-	kɨu-
成都	tɕiəu1	tɕiəu1	tɕiəu3	tɕiəu3	tɕiəu3	tɕiəu1	tɕiəu4	tɕiəu4
彭州	tɕiəu1	tɕiəu1	tɕiəu3	tɕiəu3	tɕiəu3	tɕiəu1	tɕiəu4	tɕiəu4
郫县	tɕiəu1	tɕiəu1	tɕiəu3	tɕiəu3	tɕiəu3	tɕiəu1	tɕiəu4	tɕiəu4
广汉	tɕiəu1	tɕiəu1	tɕiəu3	tɕiəu3	tɕiəu3	tɕiəu1	tɕiəu4	tɕiəu4
都江堰河东	tɕiəu1	tɕiəu1	tɕiəu3	tɕiəu3	tɕiəu3	tɕiəu1	tɕiəu4	tɕiəu4
都江堰河西	tɕiəu1	tɕiəu1	tɕiəu3	tɕiəu3	tɕiəu3	tɕiəu1	tɕiəu4	tɕiəu4
崇州	tɕiəu1	tɕiəu1	tɕiəu3	tɕiəu3	tɕiəu3	tɕiəu1	tɕiəu4	tɕiəu4
大邑	tɕiəu1	tɕiəu1	tɕiəu3	tɕiəu3	tɕiəu3	tɕiəu1	tɕiəu4	tɕiəu4
邛崃	tɕiəu1	tɕiəu1	tɕiəu3	tɕiəu3	tɕiəu3	tɕiəu1	tɕiəu4	tɕiəu4
新津	tɕiəu1	tɕiəu1	tɕiəu3	tɕiəu3	tɕiəu3	tɕiəu1	tɕiəu4	tɕiəu4
蒲江	tɕiəu1	tɕiəu1	tɕiəu3	tɕiəu3	tɕiəu3	tɕiəu1	tɕiəu4	tɕiəu4
彭山	tɕiəu1	tɕiəu1	tɕiəu3	tɕiəu3	tɕiəu3	tɕiəu1	tɕiəu4	tɕiəu4
眉山	tɕiəu1	tɕiəu1	tɕiəu3	tɕiəu3	tɕiəu3	tɕiəu1	tɕiəu4	tɕiəu4
丹棱	tɕiəu1	tɕiəu1	tɕiəu3	tɕiəu3	tɕiəu3	tɕiəu1	tɕiəu4	tɕiəu4
洪雅	tɕiəu1	tɕiəu1	tɕiəu3	tɕiəu3	tɕiəu3	tɕiəu1	tɕiəu4	tɕiəu4
青神	tɕiəu1	tɕiəu1	tɕiəu3	tɕiəu3	tɕiəu3	tɕiəu1	tɕiəu4	tɕiəu4
夹江	tɕiəu1	tɕiəu1	tɕiəu3	tɕiəu3	tɕiəu3	tɕiəu1	tɕiəu4	tɕiəu4
峨眉山	tɕiəu1	tɕiəu1	tɕiəu3	tɕiəu3	tɕiəu3	tɕiəu1	tɕiəu4	tɕiəu4
乐山	tɕiəu1	tɕiəu1	tɕiəu3	tɕiəu3	tɕiəu3	tɕiəu1	tɕiəu4	tɕiəu4
犍为	tɕiəu1	tɕiəu1	tɕiəu3	tɕiəu3	tɕiəu3	tɕiəu1	tɕiəu4	tɕiəu4

字目	纠纠纷	纠纠察	酒	九	久	灸	就	救
反切	居求	居黝	子酉	举有	举有	举有	疾僦	居佑
声韵调	流开三 见尤平	流开三 见幽上	流开三 精尤上	流开三 见尤上	流开三 见尤上	流开三 见尤上	流开三 从尤去	流开三 见尤去
中古音	kɨu	kiɪu:	tsɨu:	kɨu:	kɨu:	kɨu:	dzɨu-	kɨu-
沐川	tɕiəu1	tɕiəu1	tsiəu3	tɕiəu3	tɕiəu3	tɕiəu3	tɕiəu4	tɕiəu4
峨边	tɕiəu1	tɕiəu1	tɕiəu3	tɕiəu3	tɕiəu3	tɕiəu1	tɕiəu4	tɕiəu4
雅安	tɕiəu1	tɕiəu1	tɕiəu3	tɕiəu3	tɕiəu3	tɕiəu1	tɕiəu4	tɕiəu4
名山	tɕiəu1	tɕiəu1	tɕiəu3	tɕiəu3	tɕiəu3	tɕiəu1	tɕiəu4	tɕiəu4
天全	tɕiəu1	tɕiəu1	tɕiəu3	tɕiəu3	tɕiəu3	tɕiəu1	tɕiəu4	tɕiəu4
芦山	tɕiəu1	tɕiəu1	tɕiəu3	tɕiəu3	tɕiəu3	tɕiəu1	tɕiəu4	tɕiəu4
宝兴	tɕiəu1	tɕiəu1	tɕiəu3	tɕiəu3	tɕiəu3	tɕiəu1	tɕiəu4	tɕiəu4
荥经	tɕiəu1	tɕiəu1	tɕiəu3	tɕiəu3	tɕiəu3	tɕiəu3	tɕiəu4	tɕiəu4
汉源	tɕiəu1	tɕiəu1	tɕiəu3	tɕiəu3	tɕiəu3	tɕiəu1	tɕiəu4	tɕiəu4
石棉	tɕiəu1	tɕiəu1	tɕiəu3	tɕiəu3	tɕiəu3	tɕiəu1	tɕiəu4	tɕiəu4
内江	tɕiəu1	tɕiəu1	tɕiəu3	tɕiəu3	tɕiəu3	tɕiəu1	tɕiəu4	tɕiəu4
威远	tɕiəu1	tɕiəu1	tɕiəu3	tɕiəu3	tɕiəu3	tɕiəu1	tɕiəu4	tɕiəu4
荣县	tɕiəu1	tɕiəu1	tɕiəu3	tɕiəu3	tɕiəu3	tɕiəu1	tɕiəu4	tɕiəu4
自贡	tɕiəu1	tɕiəu1	tɕiəu3	tɕiəu3	tɕiəu3	tɕiəu1	tɕiəu4	tɕiəu4
富顺	tɕiəu1	tɕiəu1	tɕiəu3	tɕiəu3	tɕiəu3	tɕiəu1	tɕiəu4	tɕiəu4
隆昌	tɕiəu1	tɕiəu1	tɕiəu3	tɕiəu3	tɕiəu3	tɕiəu1	tɕiəu4	tɕiəu4
泸县	tɕiəu1	tɕiəu1	tɕiəu3	tɕiəu3	tɕiəu3	tɕiəu1	tɕiəu4	tɕiəu4
泸州	tɕiəu1	tɕiəu1	tɕiəu3	tɕiəu3	tɕiəu3	tɕiəu1	tɕiəu4	tɕiəu4
南溪	tɕiəu1	tɕiəu1	tɕiəu3	tɕiəu3	tɕiəu3	tɕiəu1	tɕiəu4	tɕiəu4
合江	tɕiəu1	tɕiəu1	tɕiəu3	tɕiəu3	tɕiəu3	tɕiəu1	tɕiəu4	tɕiəu4

字目	究	臼	舅	旧	秋秋天	秋秋千	丘	囚
反切	居佑	其九	其九	巨救	七由	七由	去鸠	似由
声韵调	流开三 见尤去	流开三 群尤上	流开三 群尤上	流开三 群尤去	流开三 清尤平	流开三 清尤平	流开三 溪尤平	流开三 邪尤平
中古音	kɨu-	gɨu:	gɨu:	gɨu-	tshɨu	tshɨu	khɨu	zɨu
成都	tɕiəu4	tɕhiəu3 tɕiəu4 新	tɕiəu4	tɕiəu4	tɕhiəu1	tɕhiəu1	tɕhiəu1	ɕiəu2
彭州	tɕiəu4	tɕhiəu3 tɕiəu4 新	tɕiəu4	tɕiəu4	tɕhiəu1	tɕhiəu1	tɕhiəu1	tɕhiəu2 ɕiəu2 旧
郫县	tɕiəu4	tɕiəu4 tɕhiəu3 旧	tɕiəu4	tɕiəu4	tɕhiəu1	tɕhiəu1	tɕhiəu1	ɕiəu2 tɕhiəu2 新
广汉	tɕiəu4	tɕiəu4 tɕhiəu3 旧	tɕiəu4	tɕiəu4	tɕhiəu1	tɕhiəu1	tɕhiəu1	ɕiəu2
都江堰河东	tɕiəu4	tɕhiəu3 tɕiəu4 新	tɕiəu4	tɕiəu4	tɕhiəu1	tɕhiəu1	tɕhiəu1	tɕhiəu2
都江堰河西	tɕiəu4	tɕhiəu3 tɕiəu4 新	tɕiəu4	tɕiəu4	tɕhiəu1	tɕhiəu1	tɕhiəu1	tɕhiəu2
崇州	tɕiəu4	tɕhiəu3 tɕiəu4 新	tɕiəu4	tɕiəu4	tɕhiəu1	tɕhiəu1	tɕhiəu1	ɕiəu2
大邑	tɕiəu4	tɕiəu4 tɕhiəu3 旧	tɕiəu4	tɕiəu4	tɕhiəu1	tɕhiəu1	tɕhiəu1	tɕhiəu2 ɕiəu2 旧
邛崃	tɕiəu4	tɕiəu4 tɕhiəu3 旧	tɕiəu4	tɕiəu4	tɕhiəu1	tɕhiəu1	tɕhiəu1	tɕhiəu2 ɕiəu2 旧
新津	tɕiəu4	tɕiəu4 tɕhiəu3 旧	tɕiəu4	tɕiəu4	tɕhiəu1	tɕhiəu1	tɕhiəu1	tɕhiəu2 ɕiəu2 旧
蒲江	tɕiəu4	tɕiəu4 tɕhiəu3 旧	tɕiəu4	tɕiəu4	tɕhiəu1	tɕhiəu1	tɕhiəu1	tɕhiəu2 ɕiəu2 旧
彭山	tɕiəu4	tɕiəu4	tɕiəu4	tɕiəu4	tɕhiəu1	tɕhiəu1	tɕhiəu1	tɕhiəu2 ɕiəu2 旧
眉山	tɕiəu4	tɕiəu4	tɕiəu4	tɕiəu4	tɕhiəu1	tɕhiəu1	tɕhiəu1	tɕhiəu2 ɕiəu2 旧
丹棱	tɕiəu4	tɕiəu4	tɕiəu4	tɕiəu4	tɕhiəu1	tɕhiəu1	tɕhiəu1	tɕhiəu2 ɕiəu2 旧
洪雅	tɕiəu4	tɕiəu4	tɕiəu4	tɕiəu4	tɕhiəu1	tɕhiəu1	tɕhiəu1	tɕhiəu2 ɕiəu2 旧
青神	tɕiəu4	tɕiəu4	tɕiəu4	tɕiəu4	tɕhiəu1	tɕhiəu1	tɕhiəu1	tɕhiəu2 ɕiəu2 旧
夹江	tɕiəu4	tɕiəu4	tɕiəu4	tɕiəu4	tɕhiəu1	tɕhiəu1	tɕhiəu1	tɕhiəu2 ɕiəu2 旧
峨眉山	tɕiəu4	tɕiəu4	tɕiəu4	tɕiəu4	tɕhiəu1	tɕhiəu1	tɕhiəu1	tɕhiəu2 ɕiəu2 旧
乐山	tɕiəu4	tɕiəu4	tɕiəu4	tɕiəu4	tɕhiəu1	tɕhiəu1	tɕhiəu1	tɕhiəu2 ɕiəu2 旧
犍为	tɕiəu4	tɕiəu4	tɕiəu4	tɕiəu4	tɕhiəu1	tɕhiəu1	tɕhiəu1	tɕhiəu2 ɕiəu2 旧

字目	究	臼	舅	旧	秋秋天	秋秋千	丘	囚
反切	居佑	其九	其九	巨救	七由	七由	去鸠	似由
声韵调	流开三 见尤去	流开三 群尤上	流开三 群尤上	流开三 群尤去	流开三 清尤平	流开三 清尤平	流开三 溪尤平	流开三 邪尤平
中古音	kɨu-	gɨu:	gɨu:	gɨu-	tshɨu	tshɨu	khɨu	zɨu
沐川	tɕiəu4	tɕhiəu3 tɕiəu4 新	tɕiəu4	tɕiəu4	tɕhiəu1	tɕhiəu1	tɕhiəu1	tɕhiəu2 ɕiəu2 旧
峨边	tɕiəu4	tɕhiəu3	tɕiəu4	tɕiəu4	tɕhiəu1	tɕhiəu1	tɕhiəu1	ɕiəu2
雅安	tɕiəu4	tɕhiəu3 tɕiəu4 新	tɕiəu4	tɕiəu4	tɕhiəu1	tɕhiəu1	tɕhiəu1	ɕiəu2
名山	tɕiəu4	tɕiəu4	tɕiəu4	tɕiəu4	tɕhiəu1	tɕhiəu1	tɕhiəu1	tɕhiəu2
天全	tɕiəu4	tɕiəu4	tɕiəu4	tɕiəu4	tɕhiəu1	tɕhiəu1	tɕhiəu1	tɕhiəu2
芦山	tɕiəu4	tɕhiəu3	tɕiəu4	tɕiəu4	tɕhiəu1	tɕhiəu1	tɕhiəu1	tɕhiəu2
宝兴	tɕiəu4	tɕhiəu3	tɕiəu4	tɕiəu4	tɕhiəu1	tɕhiəu1	tɕhiəu1	ɕiəu2
荥经	tɕiəu4	tɕhiəu3 tɕiəu4 新	tɕiəu4	tɕiəu4	tɕhiəu1	tɕhiəu1	tɕhiəu1	tɕhiəu2 ɕiəu2 旧
汉源	tɕiəu4	tɕiəu4	tɕiəu4	tɕiəu4	tɕhiəu1	tɕhiəu1	tɕhiəu1	tɕhiəu2
石棉	tɕiəu4	tɕiəu4	tɕiəu4	tɕiəu4	tɕhiəu1	tɕhiəu1	tɕhiəu1	tɕhiəu2
内江	tɕiəu4	tɕhiəu3 tɕiəu4 新	tɕiəu4	tɕiəu4	tɕhiəu1	tɕhiəu1	tɕhiəu1	tɕhiəu2 ɕiəu2 旧
威远	tɕiəu4	tɕiəu4	tɕiəu4	tɕiəu4	tɕhiəu1	tɕhiəu1	tɕhiəu1	tɕhiəu2 ɕiəu2 旧
荣县	tɕiəu4	tɕiəu4	tɕiəu4	tɕiəu4	tɕhiəu1	tɕhiəu1	tɕhiəu1	tɕhiəu2 ɕiəu2 旧
自贡	tɕiəu4	tɕhiəu3	tɕiəu4	tɕiəu4	tɕhiəu1	tɕhiəu1	tɕhiəu1	tɕhiəu2
富顺	tɕiəu4	tɕhiəu3	tɕiəu4	tɕiəu4	tɕhiəu1	tɕhiəu1	tɕhiəu1	ɕiəu2
隆昌	tɕiəu4	tɕhiəu3 tɕiəu4 新	tɕiəu4	tɕiəu4	tɕhiəu1	tɕhiəu1	tɕhiəu1	tɕhiəu2
泸县	tɕiəu4	tɕiəu4 tɕhiəu3 旧	tɕiəu4	tɕiəu4	tɕhiəu1	tɕhiəu1	tɕhiəu1	ɕiəu2 tɕhiəu2 新
泸州	tɕiəu4	tɕhiəu3 tɕiəu4 新	tɕiəu4	tɕiəu4	tɕhiəu1	tɕhiəu1	tɕhiəu1	ɕiəu2 tɕhiəu2 新
南溪	tɕiəu4	tɕhiəu3 tɕiəu4 新	tɕiəu4	tɕiəu4	tɕhiəu1	tɕhiəu1	tɕhiəu1	ɕiəu2 tɕhiəu2 新
合江	tɕiəu4	tɕhiəu3 tɕiəu4 新	tɕiəu4	tɕiəu4	tɕhiəu1	tɕhiəu1	tɕhiəu1	tɕhiəu2 ɕiəu2 旧

字目	求	球	仇姓	修	羞	休	朽	秀
反切	巨鸠	巨鸠	巨鸠	息流	息流	许尤	许久	息救
声韵调	流开三 群尤平	流开三 群尤平	流开三 群尤平	流开三 心尤平	流开三 心尤平	流开三 晓尤平	流开三 晓尤上	流开三 心尤去
中古音	gɨu	gɨu	gɨu	sɨu	sɨu	hɨu	hɨu:	sɨu-
成都	tɕhiəu2	tɕhiəu2	tɕhiəu2	ɕiəu1	ɕiəu1	ɕiəu1	ɕiəu3	ɕiəu4
彭州	tɕhiəu2	tɕhiəu2	tɕhiəu2	ɕiəu1	ɕiəu1	ɕiəu1	ɕiəu3	ɕiəu4
郫县	tɕhiəu2	tɕhiəu2	tɕhiəu2	ɕiəu1	ɕiəu1	ɕiəu1	ɕiəu3	ɕiəu4
广汉	tɕhiəu2	tɕhiəu2	tɕhiəu2	ɕiəu1	ɕiəu1	ɕiəu1	ɕiəu3	ɕiəu4
都江堰河东	tɕhiəu2	tɕhiəu2	tɕhiəu2	ɕiəu1	ɕiəu1	ɕiəu1	ɕiəu3	ɕiəu4
都江堰河西	tɕhiəu2	tɕhiəu2	tɕhiəu2	ɕiəu1	ɕiəu1	ɕiəu1	ɕiəu3	ɕiəu4
崇州	tɕhiəu2	tɕhiəu2	tɕhiəu2	ɕiəu1	ɕiəu1	ɕiəu1	ɕiəu3	ɕiəu4
大邑	tɕhiəu2	tɕhiəu2	tɕhiəu2	ɕiəu1	ɕiəu1	ɕiəu1	ɕiəu3	ɕiəu4
邛崃	tɕhiəu2	tɕhiəu2	tɕhiəu2	ɕiəu1	ɕiəu1	ɕiəu1	ɕiəu3	ɕiəu4
新津	tɕhiəu2	tɕhiəu2	tɕhiəu2	ɕiəu1	ɕiəu1	ɕiəu1	ɕiəu3	ɕiəu4
蒲江	tɕhiəu2	tɕhiəu2	tɕhiəu2	ɕiəu1	ɕiəu1	ɕiəu1	ɕiəu3	ɕiəu4
彭山	tɕhiəu2	tɕhiəu2	tɕhiəu2	ɕiəu1	ɕiəu1	ɕiəu1	ɕiəu3	ɕiəu4
眉山	tɕhiəu2	tɕhiəu2	tɕhiəu2	ɕiəu1	ɕiəu1	ɕiəu1	ɕiəu3	ɕiəu4
丹棱	tɕhiəu2	tɕhiəu2	tɕhiəu2	ɕiəu1	ɕiəu1	ɕiəu1	ɕiəu3	ɕiəu4
洪雅	tɕhiəu2	tɕhiəu2	tɕhiəu2	ɕiəu1	ɕiəu1	ɕiəu1	ɕiəu3	ɕiəu4
青神	tɕhiəu2	tɕhiəu2	tɕhiəu2	ɕiəu1	ɕiəu1	ɕiəu1	ɕiəu3	ɕiəu4
夹江	tɕhiəu2	tɕhiəu2	tɕhiəu2	ɕiəu1	ɕiəu1	ɕiəu1	ɕiəu3	ɕiəu4
峨眉山	tɕhiəu2	tɕhiəu2	tɕhiəu2	ɕiəu1	ɕiəu1	ɕiəu1	ɕiəu3	ɕiəu4
乐山	tɕhiəu2	tɕhiəu2	tɕhiəu2	ɕiəu1	ɕiəu1	ɕiəu1	ɕiəu3	ɕiəu4
犍为	tɕhiəu2	tɕhiəu2	tɕhiəu2	ɕiəu1	ɕiəu1	ɕiəu1	ɕiəu3	ɕiəu4

字目	求	球	仇姓	修	羞	休	朽	秀
反切	巨鸠	巨鸠	巨鸠	息流	息流	许尤	许久	息救
声韵调	流开三 群尤平	流开三 群尤平	流开三 群尤平	流开三 心尤平	流开三 心尤平	流开三 晓尤平	流开三 晓尤上	流开三 心尤去
中古音	gɨu	gɨu	gɨu	sɨu	sɨu	hɨu	hɨu:	sɨu-
沐川	tɕhiəu2	tɕhiəu2	tɕhiəu2	ɕiəu1	ɕiəu1	ɕiəu1	ɕiəu3	ɕiəu4
峨边	tɕhiəu2	tɕhiəu2	tɕhiəu2	ɕiəu1	ɕiəu1	ɕiəu1	ɕiəu3	ɕiəu4
雅安	tɕhiəu2	tɕhiəu2	tɕhiəu2	ɕiəu1	ɕiəu1	ɕiəu1	ɕiəu3	ɕiəu4
名山	tɕhiəu2	tɕhiəu2	tɕhiəu2	ɕiəu1	ɕiəu1	ɕiəu1	ɕiəu3	ɕiəu4
天全	tɕhiəu2	tɕhiəu2	tɕhiəu2	ɕiəu1	ɕiəu1	ɕiəu1	ɕiəu3	ɕiəu4
芦山	tɕhiəu2	tɕhiəu2	tɕhiəu2	ɕiəu1	ɕiəu1	ɕiəu1	ɕiəu3	ɕiəu4
宝兴	tɕhiəu2	tɕhiəu2	tɕhiəu2	ɕiəu1	ɕiəu1	ɕiəu1	ɕiəu3	ɕiəu4
荥经	tɕhiəu2	tɕhiəu2	tɕhiəu2	ɕiəu1	ɕiəu1	ɕiəu1	ɕiəu3	ɕiəu4
汉源	tɕhiəu2	tɕhiəu2	tɕhiəu2	ɕiəu1	ɕiəu1	ɕiəu1	ɕiəu3	ɕiəu4
石棉	tɕhiəu2	tɕhiəu2	tɕhiəu2	ɕiəu1	ɕiəu1	ɕiəu1	ɕiəu3	ɕiəu4
内江	tɕhiəu2	tɕhiəu2	tɕhiəu2	ɕiəu1	ɕiəu1	ɕiəu1	ɕiəu3	ɕiəu4
威远	tɕhiəu2	tɕhiəu2	tɕhiəu2	ɕiəu1	ɕiəu1	ɕiəu1	ɕiəu3	ɕiəu4
荣县	tɕhiəu2	tɕhiəu2	tɕhiəu2	ɕiəu1	ɕiəu1	ɕiəu1	ɕiəu3	ɕiəu4
自贡	tɕhiəu2	tɕhiəu2	tɕhiəu2	ɕiəu1	ɕiəu1	ɕiəu1	ɕiəu3	ɕiəu4
富顺	tɕhiəu2	tɕhiəu2	tɕhiəu2	ɕiəu1	ɕiəu1	ɕiəu1	ɕiəu3	ɕiəu4
隆昌	tɕhiəu2	tɕhiəu2	tɕhiəu2	ɕiəu1	ɕiəu1	ɕiəu1	ɕiəu3	ɕiəu4
泸县	tɕhiəu2	tɕhiəu2	tɕhiəu2	ɕiəu1	ɕiəu1	ɕiəu1	ɕiəu3	ɕiəu4
泸州	tɕhiəu2	tɕhiəu2	tɕhiəu2	ɕiəu1	ɕiəu1	ɕiəu1	ɕiəu3	ɕiəu4
南溪	tɕhiəu2	tɕhiəu2	tɕhiəu2	ɕiəu1	ɕiəu1	ɕiəu1	ɕiəu3	ɕiəu4
合江	tɕhiəu2	tɕhiəu2	tɕhiəu2	ʃiəu1	ʃiəu1	ɕiəu1	ɕiəu3	ɕiəu4

字目	绣	宿星宿	*锈	袖	嗅	忧	优	悠
反切	息救	息救	*息救	似佑	许救	于求	于求	以周
声韵调	流开三 心尤去	流开三 心尤去	流开三 心尤去	流开三 邪尤去	流开三 晓尤去	流开三 影尤平	流开三 影尤平	流开三 以尤平
中古音	sɨu-	sɨu-	sɨu-	zɨu-	hɨu-	ʔɨu	ʔɨu	jɨu
成都	ɕiəu4	ɕio2 文 ɕiəu4 白	ɕiəu4	ɕiəu4	ɕiəu4	iəu1	iəu1	iəu1
彭州	ɕiəu4	ɕio5 文 ɕiəu4 白	ɕiəu4	ɕiəu4	ɕiəu4	iəu1	iəu1	iəu1
郫县	ɕiəu4	ɕiəu4	ɕiəu4	ɕiəu4	ɕiəu4	iəu1	iəu1	iəu1
广汉	ɕiəu4	ɕio5	ɕiəu4	ɕiəu4	ɕiəu4	iəu1	iəu1	iəu1
都江堰河东	ɕiəu4	ɕio5 文 ɕiəu4 白	ɕiəu4	ɕiəu4	ɕiəu4	iəu1	iəu1	iəu1
都江堰河西	ɕiəu4	ɕio5 文 ɕiəu4 白	ɕiəu4	ɕiəu4	ɕiəu4	iəu1	iəu1	iəu1
崇州	ɕiəu4	ɕiəu4	ɕiəu4	ɕiəu4	ɕiəu4	iəu1	iəu1	iəu1
大邑	ɕiəu4	ɕiəu4	ɕiəu4	ɕiəu4	ɕiəu4	iəu1	iəu1	iəu1
邛崃	ɕiəu4	ɕiəu4	ɕiəu4	ɕiəu4	ɕiəu4	iəu1	iəu1	iəu1
新津	ɕiəu4	ɕiəu4	ɕiəu4	ɕiəu4	ɕiəu4	iəu1	iəu1	iəu1
蒲江	ɕiəu4	ɕiəu4	ɕiəu4	ɕiəu4	ɕiəu4	iəu1	iəu1	iəu1
彭山	ɕiəu4	ɕiəu4	ɕiəu4	ɕiəu4	ɕiəu4	iəu1	iəu1	iəu1
眉山	ɕiəu4	ɕiəu4	ɕiəu4	ɕiəu4	ɕiəu4	iəu1	iəu1	iəu1
丹棱	ɕiəu4	ɕiəu4	ɕiəu4	ɕiəu4	ɕiəu4	iəu1	iəu1	iəu1
洪雅	ɕiəu4	ɕiəu4	ɕiəu4	ɕiəu4	ɕiəu4	iəu1	iəu1	iəu1
青神	ɕiəu4	ɕiəu4	ɕiəu4	ɕiəu4	ɕiəu4	iəu1	iəu1	iəu1
夹江	ɕiəu4	ɕiəu4	ɕiəu4	ɕiəu4	ɕiəu4	iəu1	iəu1	iəu1
峨眉山	ɕiəu4	ɕiəu4	ɕiəu4	ɕiəu4	ɕiəu4	iəu1	iəu1	iəu1
乐山	ɕiəu4	ɕiəu4	ɕiəu4	ɕiəu4	ɕiəu4	iəu1	iəu1	iəu1
犍为	ɕiəu4	ɕiəu4	ɕiəu4	ɕiəu4	ɕiəu4	iəu1	iəu1	iəu1

字目	绣	宿星宿	*锈	袖	嗅	忧	优	悠
反切	息救	息救	*息救	似佑	许救	于求	于求	以周
声韵调	流开三 心尤去	流开三 心尤去	流开三 心尤去	流开三 邪尤去	流开三 晓尤去	流开三 影尤平	流开三 影尤平	流开三 以尤平
中古音	sɨu-	sɨu-	sɨu-	zɨu-	hɨu-	ʔɨu	ʔɨu	jɨu
沐川	ɕiəu4	ɕio5 文 ɕiəu4 白	ɕiəu4	ɕiəu4	ɕiəu4	iəu1	iəu1	iəu1
峨边	ɕiəu4	ɕiəu4	ɕiəu4	ɕiəu4	ɕiəu4	iəu1	iəu1	iəu1
雅安	ɕiəu4	ɕiəu4 白	ɕiəu4	ɕiəu4	ɕiəu4	iəu1	iəu1	iəu1
名山	ɕiəu4	ɕio2 文 ɕiəu4 白	ɕiəu4	ɕiəu4	ɕiəu4	iəu1	iəu1	iəu1
天全	ɕiəu4	ɕio2 文 ɕiəu4 白	ɕiəu4	ɕiəu4	ɕiəu4	iəu1	iəu1	iəu1
芦山	ɕiəu4	ɕiəu4 白	ɕiəu4	ɕiəu4	ɕiəu4	iəu1	iəu1	iəu1
宝兴	ɕiəu4	ɕiəu4 白	ɕiəu4	ɕiəu4	ɕiəu4	iəu1	iəu1	iəu1
荥经	ɕiəu4	ɕiɵ5 文 ɕiəu4 白	ɕiəu4	ɕiəu4	ɕiəu4	iəu1	iəu1	iəu1
汉源	ɕiəu4	ɕio2 文 ɕiəu4 白	ɕiəu4	ɕiəu4	ɕiəu4	iəu1	iəu1	iəu1
石棉	ɕiəu4	ɕio2 文 ɕiəu4 白	ɕiəu4	ɕiəu4	ɕiəu4	iəu1	iəu1	iəu1
内江	ɕiəu4	ɕiəu4	ɕiəu4	ɕiəu4	ɕiəu4	iəu1	iəu1	iəu1
威远	ɕiəu4	ɕiəu4	ɕiəu4	ɕiəu4	ɕiəu4	iəu1	iəu1	iəu1
荣县	ɕiəu4	ɕiəu4	ɕiəu4	ɕiəu4	ɕiəu4	iəu1	iəu1	iəu1
自贡	ɕiəu4	ɕiəu4 白	ɕiəu4	ɕiəu4	ɕiəu4	iəu1	iəu1	iəu1
富顺	ɕiəu4	ɕiəu4 白	ɕiəu4	ɕiəu4	ɕiəu4	iəu1	iəu1	iəu1
隆昌	ɕiəu4	ɕiəu4 白	ɕiəu4	ɕiəu4	ɕiəu4	iəu1	iəu1	iəu1
泸县	ɕiəu4	ɕiəu4	ɕiəu4	ɕiəu4	ɕiəu4	iəu1	iəu1	iəu1
泸州	ɕiəu4	ɕiəu4	ɕiəu4	ɕiəu4	ɕiəu4	iəu1	iəu1	iəu1
南溪	ɕiəu4	ɕiəu4	ɕiəu4	ɕiəu4	ɕiəu4	iəu1	iəu1	iəu1
合江	ɕiəu4	ɕio5 文 ɕiəu4 白	ɕiəu4	ɕiəu4	ɕiəu4	iəu1	iəu1	iəu1

字目	幽	尤	邮	由	油	游	犹	有
反切	于虯	羽求	羽求	以周	以周	以周	以周	云久
声韵调	流开三 影幽平	流开三 云尤平	流开三 云尤平	流开三 以尤平	流开三 以尤平	流开三 以尤平	流开三 以尤平	流开三 云尤上
中古音	ʔiɪu	ɦɨu	ɦɨu	jɨu	jɨu	jɨu	jɨu	ɦɨu:
成都	iəu1	iəu2	iəu2	iəu2	iəu2	iəu2	iəu2	iəu3
彭州	iəu1	iəu2	iəu2	iəu2	iəu2	iəu2	iəu2	iəu3
郫县	iəu1	iəu2	iəu2	iəu2	iəu2	iəu2	iəu2	iəu3
广汉	iəu1	iəu2	iəu2	iəu2	iəu2	iəu2	iəu2	iəu3
都江堰河东	iəu1	iəu2	iəu2	iəu2	iəu2	iəu2	iəu2	iəu3
都江堰河西	iəu1	iəu2	iəu2	iəu2	iəu2	iəu2	iəu2	iəu3
崇州	iəu1	iəu2	iəu2	iəu2	iəu2	iəu2	iəu2	iəu3
大邑	iəu1	iəu2	iəu2	iəu2	iəu2	iəu2	iəu2	iəu3
邛崃	iəu1	iəu2	iəu2	iəu2	iəu2	iəu2	iəu2	iəu3
新津	iəu1	iəu2	iəu2	iəu2	iəu2	iəu2	iəu2	iəu3
蒲江	iəu1	iəu2	iəu2	iəu2	iəu2	iəu2	iəu2	iəu3
彭山	iəu1	iəu2	iəu2	iəu2	iəu2	iəu2	iəu2	iəu3
眉山	iəu1	iəu2	iəu2	iəu2	iəu2	iəu2	iəu2	iəu3
丹棱	iəu1	iəu2	iəu2	iəu2	iəu2	iəu2	iəu2	iəu3
洪雅	iəu1	iəu2	iəu2	iəu2	iəu2	iəu2	iəu2	iəu3
青神	iəu1	iəu2	iəu2	iəu2	iəu2	iəu2	iəu2	iəu3
夹江	iəu1	iəu2	iəu2	iəu2	iəu2	iəu2	iəu2	iəu3
峨眉山	iəu1	iəu2	iəu2	iəu2	iəu2	iəu2	iəu2	iəu3
乐山	iəu1	iəu2	iəu2	iəu2	iəu2	iəu2	iəu2	iəu3
犍为	iəu1	iəu2	iəu2	iəu2	iəu2	iəu2	iəu2	iəu3

字目	幽	尤	邮	由	油	游	犹	有
反切	于虬	羽求	羽求	以周	以周	以周	以周	云久
声韵调	流开三 影幽平	流开三 云尤平	流开三 云尤平	流开三 以尤平	流开三 以尤平	流开三 以尤平	流开三 以尤平	流开三 云尤上
中古音	ʔiɪu	ɦɨu	ɦɨu	jɨu	jɨu	jɨu	jɨu	ɦɨu:
沐川	iəu1	iəu2	iəu2	iəu2	iəu2	iəu2	iəu2	iəu3
峨边	iəu1	iəu2	iəu2	iəu2	iəu2	iəu2	iəu2	iəu3
雅安	iəu1	iəu2	iəu2	iəu2	iəu2	iəu2	iəu2	iəu3
名山	iəu1	iəu2	iəu2	iəu2	iəu2	iəu2	iəu2	iəu3
天全	iəu1	iəu2	iəu2	iəu2	iəu2	iəu2	iəu2	iəu3
芦山	iəu1	iəu2	iəu2	iəu2	iəu2	iəu2	iəu2	iəu3
宝兴	iəu1	iəu2	iəu2	iəu2	iəu2	iəu2	iəu2	iəu3
荥经	iəu1	iəu2	iəu2	iəu2	iəu2	iəu2	iəu2	iəu3
汉源	iəu1	iəu2	iəu2	iəu2	iəu2	iəu2	iəu2	iəu3
石棉	iəu1	iəu2	iəu2	iəu2	iəu2	iəu2	iəu2	iəu3
内江	iəu1	iəu2	iəu2	iəu2	iəu2	iəu2	iəu2	iəu3
威远	iəu1	iəu2	iəu2	iəu2	iəu2	iəu2	iəu2	iəu3
荣县	iəu1	iəu2	iəu2	iəu2	iəu2	iəu2	iəu2	iəu3
自贡	iəu1	iəu2	iəu2	iəu2	iəu2	iəu2	iəu2	iəu3
富顺	iəu1	iəu2	iəu2	iəu2	iəu2	iəu2	iəu2	iəu3
隆昌	iəu1	iəu2	iəu2	iəu2	iəu2	iəu2	iəu2	iəu3
泸县	iəu1	iəu2	iəu2	iəu2	iəu2	iəu2	iəu2	iəu3
泸州	iəu1	iəu2	iəu2	iəu2	iəu2	iəu2	iəu2	iəu3
南溪	iəu1	iəu2	iəu2	iəu2	iəu2	iəu2	iəu2	iəu3
合江	iəu1	iəu2	iəu2	iəu2	iəu2	iəu2	iəu2	iəu3

字目	友	又	右	佑	诱	*釉	幼	班
反切	云久	于救	于救	于救	与久	*余救	伊谬	布还
声韵调	流开三 云尤上	流开三 云尤去	流开三 云尤去	流开三 云尤去	流开三 以尤上	流开三 以尤去	流开三 影幽去	山开二 帮删平
中古音	ɦiu:	ɦiu-	ɦiu-	ɦiu-	jiu:	jiu-	ʔiɪu-	pɣan
成都	iəu3	iəu4	iəu4	iəu4	iəu4	iəu4	iəu4	pan1
彭州	iəu3	iəu4	iəu4	iəu4	iəu3	iəu4	iəu4	pan1
郫县	iəu3	iəu4	iəu4	iəu4	iəu4	iəu4	iəu4	pan1
广汉	iəu3	iəu4	iəu4	iəu4	iəu4	iəu4	iəu4	pan1
都江堰河东	iəu3	iəu4	iəu4	iəu4	iəu4	iəu4	iəu4	pan1
都江堰河西	iəu3	iəu4	iəu4	iəu4	iəu4	iəu4	iəu4	pan1
崇州	iəu3	iəu4	iəu4	iəu4	iəu4	iəu4	iəu4	pan1
大邑	iəu3	iəu4	iəu4	iəu4	iəu4	iəu4	iəu4	pan1
邛崃	iəu3	iəu4	iəu4	iəu4	iəu4	iəu4	iəu4	pan1
新津	iəu3	iəu4	iəu4	iəu4	iəu4	iəu4	iəu4	pan1
蒲江	iəu3	iəu4	iəu4	iəu4	iəu4	iəu4	iəu4	pan1
彭山	iəu3	iəu4	iəu4	iəu4	iəu4	iəu4	iəu4	pan1
眉山	iəu3	iəu4	iəu4	iəu4	iəu4	iəu4	iəu4	pan1
丹棱	iəu3	iəu4	iəu4	iəu4	iəu3	iəu4	iəu4	pan1
洪雅	iəu3	iəu4	iəu4	iəu4	iəu4	iəu4	iəu4	pan1
青神	iəu3	iəu4	iəu4	iəu4	iəu4	iəu4	iəu4	pan1
夹江	iəu3	iəu4	iəu4	iəu4	iəu3	iəu4	iəu4	pan1
峨眉山	iəu3	iəu4	iəu4	iəu4	iəu4	iəu4	iəu4	pan1
乐山	iəu3	iəu4	iəu4	iəu4	iəu4	iəu4	iəu4	pan1
犍为	iəu3	iəu4	iəu4	iəu4	iəu4	iəu4	iəu4	pan1

字目	友	又	右	佑	诱	*釉	幼	班
反切	云久	于救	于救	于救	与久	*余救	伊谬	布还
声韵调	流开三 云尤上	流开三 云尤去	流开三 云尤去	流开三 云尤去	流开三 以尤上	流开三 以尤去	流开三 影幽去	山开二 帮删平
中古音	ɦɨu:	ɦɨu-	ɦɨu-	ɦɨu-	jɨu:	jɨu-	ʔiɪu-	pɣan
沐川	iəu3	iəu4	iəu4	iəu4	iəu4	iəu4	iəu4	pan1
峨边	iəu3	iəu4	iəu4	iəu4	iəu3	iəu4	iəu4	pan1
雅安	iəu3	iəu4	iəu4	iəu4	iəu4	iəu4	iəu4	pan1
名山	iəu3	iəu4	iəu4	iəu4	iəu4	iəu4	iəu4	pan1
天全	iəu3	iəu4	iəu4	iəu4	iəu4	iəu4	iəu4	pan1
芦山	iəu3	iəu4	iəu4	iəu4	iəu4	iəu4	iəu4	pan1
宝兴	iəu3	iəu4	iəu4	iəu4	iəu4	iəu4	iəu4	pan1
荥经	iəu3	iəu4	iəu4	iəu4	iəu4	iəu4	iəu4	pan1
汉源	iəu3	iəu4	iəu4	iəu4	iəu4	iəu4	iəu4	pan1
石棉	iəu3	iəu4	iəu4	iəu4	iəu4	iəu4	iəu4	pan1
内江	iəu3	iəu4	iəu4	iəu4	iəu3	iəu4	iəu4	pan1
威远	iəu3	iəu4	iəu4	iəu4	iəu3	iəu4	iəu4	pan1
荣县	iəu3	iəu4	iəu4	iəu4	iəu4	iəu4	iəu4	pan1
自贡	iəu3	iəu4	iəu4	iəu4	iəu4	iəu4	iəu4	pan1
富顺	iəu3	iəu4	iəu4	iəu4	iəu3	iəu4	iəu4	pan1
隆昌	iəu3	iəu4	iəu4	iəu4	iəu4	iəu4	iəu4	pan1
泸县	iəu3	iəu4	iəu4	iəu4	iəu4	iəu4	iəu4	pan1
泸州	iəu3	iəu4	iəu4	iəu4	iəu4	iəu4	iəu4	pan1
南溪	iəu3	iəu4	iəu4	iəu4	iəu4	iəu4	iəu4	pan1
合江	iəu3	iəu4	iəu4	iəu4	iəu3	iəu4	iəu4	pan1

字目	斑	颁	扳扳手	般	搬	板	版	扮
反切	布还	布还	布还	北潘	北潘	布绾	布绾	晡幻
声韵调	山开二 帮删平	山开二 帮删平	山开二 帮删平	山合一 帮桓平	山合一 帮桓平	山开二 帮删上	山开二 帮删上	山开二 帮山去
中古音	pɣan	pɣan	pɣan	puɑn	puɑn	pɣan:	pɣan:	pɣɛn-
成都	pan1	pan1	pan1	pan1	pan1	pan3	pan3	pan4
彭州	pan1	pan1	pan1	pan1	pan1	pan3	pan3	pan4
郫县	pan1	pan1	pan1	pan1	pan1	pan3	pan3	pan4
广汉	pan1	pan1	pan1	pan1	pan1	pan3	pan3	pan4
都江堰河东	pan1	pan1	pan1	pan1	pan1	pan3	pan3	pan4
都江堰河西	pan1	pan1	pan1	pan1	pan1	pan3	pan3	pan4
崇州	pan1	pan1	pan1	pan1	pan1	pan3	pan3	pan4
大邑	pan1	pan1	pan1	pan1	pan1	pan3	pan3	pan4
邛崃	pan1	pan1	pan3	pan1	pan1	pan3	pan3	pan4
新津	pan1	pan1	pan1	pan1	pan1	pan3	pan3	pan4
蒲江	pan1	pan1	pan1	pan1	pan1	pan3	pan3	pan4
彭山	pan1	pan1	pan1	pan1	pan1	pan3	pan3	pan4
眉山	pan1	pan1	pan1	pan1	pan1	pan3	pan3	pan4
丹棱	pan1	pan1	pan1	pan1	pan1	pan3	pan3	pan4
洪雅	pan1	pan1	pan1	pan1	pan1	pan3	pan3	pan4
青神	pan1	pan1	pan1	pan1	pan1	pan3	pan3	pan4
夹江	pan1	pan1	pan1	pan1	pan1	pan3	pan3	pan4
峨眉山	pan1	pan1	pan1	pan1	pan1	pan3	pan3	pan4
乐山	pan1	pan1	pan1	pan1	pan1	pan3	pan3	pan4
犍为	pan1	pan1	pan1	pan1	pan1	pan3	pan3	pan4

字目	斑	颁	扳扳手	般	搬	板	版	扮
反切	布还	布还	布还	北潘	北潘	布绾	布绾	晡幻
声韵调	山开二 帮删平	山开二 帮删平	山开二 帮删平	山合一 帮桓平	山合一 帮桓平	山开二 帮删上	山开二 帮删上	山开二 帮山去
中古音	pɣan	pɣan	pɣan	puɑn	puɑn	pɣan:	pɣan:	pɣɛn-
沐川	pan1	pan1	pan1	pan1	pan1	pan3	pan3	pan4
峨边	pan1	pan1	pan1	pan1	pan1	pan3	pan3	pan4
雅安	pan1	pan1	pan1	pan1	pan1	pan3	pan3	pan4
名山	pan1	pan1	pan1	pan1	pan1	pan3	pan3	pan4
天全	pan1	pan1	pan1	pan1	pan1	pan3	pan3	pan4
芦山	pan1	pan1	pan1	pan1	pan1	pan3	pan3	pan4
宝兴	pan1	pan1	pan1	pan1	pan1	pan3	pan3	pan4
荥经	pan1	pan1	pan1	pan1	pan1	pan3	pan3	pan4
汉源	pan1	pan1	pan1	pan1	pan1	pan3	pan3	pan4
石棉	pan1	pan1	pan1	pan1	pan1	pan3	pan3	pan4
内江	pan1	pan1	pan1	pan1	pan1	pan3	pan3	pan4
威远	pan1	pan1	pan1	pan1	pan1	pan3	pan3	pan4
荣县	pan1	pan1	pan1	pan1	pan1	pan3	pan3	pan4
自贡	pan1	pan1	pan1	pan1	pan1	pan3	pan3	pan4
富顺	pan1	pan1	pan1	pan1	pan1	pan3	pan3	pan4
隆昌	pan1	pan1	pan1	pan1	pan1	pan3	pan3	pan4
泸县	pan1	pan1	pan1	pan1	pan1	pan3	pan3	pan4
泸州	pan1	pan1	pan1	pan1	pan1	pan3	pan3	pan4
南溪	pan1	pan1	pan1	pan1	pan1	pan3	pan3	pan4
合江	pan1	pan1	pan1	pan1	pan1	pan3	pan3	pan4

字目	瓣	办	半	绊	伴	*拌搅拌	攀[1]	潘姓
反切	蒲苋	蒲苋	博幔	博幔	蒲旱	*部满	普班	普官
声韵调	山开二 並山去	山开二 並山去	山合一 帮桓去	山合一 帮桓去	山合一 並桓上	山合一 並桓上	山开二 滂删平	山合一 滂桓平
中古音	bɣɛn-	bɣɛn-	puɑn-	puɑn-	buɑn:	buɑn:	phɣan	phuɑn
成都	pan4	pan4	pan4	phan4 pan4 口	pan4	pan4 pen4 口	phan1	phan1
彭州	pan4	pan4	pan4	phan4 pan4 口	pan4	pan4	phan1	phan1
郫县	pan4	pan4	pan4	phan4 pan4 口	pan4	pan4	phan1	phan1
广汉	pan4	pan4	pan4	phan4	pan4	pan4	phan1	phan1
都江堰河东	pan4	pan4	pan4	phan4	pan4	pan4 pen4 口	phan1	phan1
都江堰河西	pan4	pan4	pan4	phan4	pan4	pan4 pen4 口	phan1	phan1
崇州	pan4	pan4	pan4	phan4 pan4 口	pan4	pan4 pen4 口	phan1	phan1
大邑	pan4	pan4	pan4	phan4 pan4 口	pan4	pan4 pen4 口	phan1	phan1
邛崃	pan4	pan4	pan4	phan4 pan4 口	pan4	pan4	phan1	phan1
新津	pan4	pan4	pan4	phan4 pan4 口	pan4	pan4 pen4 口	phan1	phan1
蒲江	pan4	pan4	pan4	phan4 pan4 口	pan4	pan4 pen4 口	phan1	phan1
彭山	pan4	pan4	pan4	phan4 pan4 口	pan4	pan4	phan1	phan1
眉山	pan4	pan4	pan4	phan4 pan4 口	pan4	pan4	phan1	phan1
丹棱	pan4	pan4	pan4	phan4 pan4 口	pan4	pan4	phan1	phan1
洪雅	pan4	pan4	pan4	phan4 pan4 口	pan4	pan4	phan1	phan1
青神	pan4	pan4	pan4	phan4 pan4 口	pan4	pan4	phan1	phan1
夹江	pan4	pan4	pan4	phan4	pan4	pan4 pen4 口	phan1	phan1
峨眉山	pan4	pan4	pan4	phan4	pan4	pan4 pen4 口	phan1	phan1
乐山	pan4	pan4	pan4	phan4	pan4	pan4 pen4 口	phan1	phan1
犍为	pan4	pan4	pan4	phan4	pan4	pan4 pen4 口	phan1	phan1

① 又通“扳”，“扳”又音布还切，山开二帮删平。

字目	瓣	办	半	绊	伴	*拌搅拌	攀①	潘姓
反切	蒲苋	蒲苋	博幔	博幔	蒲旱	*部满	普班	普官
声韵调	山开二 並山去	山开二 並山去	山合一 帮桓去	山合一 帮桓去	山合一 並桓上	山合一 並桓上	山开二 滂删平	山合一 滂桓平
中古音	bɣɛn-	bɣɛn-	puɑn-	puɑn-	buɑn:	buɑn:	phɣan	phuɑn
沐川	pan4	pan4	pan4	phan4 pan4 口	pan4	pan4	phan1	phan1
峨边	pan4	pan4	pan4	phan4	pan4	pan4	phan1	phan1
雅安	pan4	pan4	pan4	phan4	pan4	pan4	phan1	phan1
名山	pan4	pan4	pan4	phan4 pan4 口	pan4	pan4	phan1	phan1
天全	pan4	pan4	pan4	phan4 pan4 口	pan4	pan4	phan1	phan1
芦山	pan4	pan4	pan4	phan4	pan4	pan4	phan1	phan1
宝兴	pan4	pan4	pan4	phan4	pan4	pan4	phan1	phan1
荥经	pan4	pan4	pan4	phan4 pan4 口	pan4	pan4	phan1	phan1
汉源	pan4	pan4	pan4	phan4 pan4 口	pan4	pan4	phan1	phan1
石棉	pan4	pan4	pan4	phan4 pan4 口	pan4	pan4	phan1	phan1
内江	pan4	pan4	pan4	phan4 pan4 口	pan4	pan4	phan1	phan1
威远	pan4	pan4	pan4	phan4 pan4 口	pan4	pan4	phan1	phan1
荣县	pan4	pan4	pan4	phan4 pan4 口	pan4	pan4	phan1	phan1
自贡	pan4	pan4	pan4	phan4	pan4	pan4	phan1	phan1
富顺	pan4	pan4	pan4	phan4	pan4	pan4	phan1	phan1
隆昌	pan4	pan4	pan4	pan4	pan4	pan4	phan1	phan1
泸县	pan4	pan4	pan4	phan4 pan4 口	pan4	pan4 pen4 口	phan1	phan1
泸州	pan4	pan4	pan4	phan4 pan4 口	pan4	pan4 pen4 口	phan1	phan1
南溪	pan4	pan4	pan4	phan4 pan4 口	pan4	pan4 pen4 口	phan1	phan1
合江	pan4	pan4	pan4	phan4 pan4 口	pan4	pan4	phan1	phan1

① 又通“扳”，“扳”又音布还切，山开二帮删平。

字目	盘	盼	判	叛	蛮	瞒	满	慢
反切	薄官	匹苋	普半	薄半	莫还	母官	莫旱	谟晏
声韵调	山合一 並桓平	山开二 滂山去	山合一 滂桓去	山合一 並桓去	山开二 明删平	山合一 明桓平	山合一 明桓上	山开二 明删去
中古音	buɑn	phɣɛn-	phuɑn-	buɑn-	mɣan	muɑn	muɑn:	mɣan-
成都	phan2	phan4	phan4	phan4	man2	man2	man3	man4
彭州	phan2	phan4	phan4	phan4	man2	man2	man3	man4
郫县	phan2	phan4	phan4	phan4	man2	man2	man3	man4
广汉	phan2	phan4	phan4	phan4	man2	man2	man3	man4
都江堰河东	phan2	phan4	phan4	phan4	man2	man2	man3	man4
都江堰河西	phan2	phan4	phan4	phan4	man2	man2	man3	man4
崇州	phan2	phan4	phan4	phan4	man2	man2	man3	man4
大邑	phan2	phan4	phan4	phan4	man2	man2	man3	man4
邛崃	phan2	phan4	phan4	phan4	man2	man2	man3	man4
新津	phan2	phan4	phan4	phan4	man2	man2	man3	man4
蒲江	phan2	phan4	phan4	phan4	man2	man2	man3	man4
彭山	phan2	phan4	phan4	phan4	man2	man2	man3	man4
眉山	phan2	phan4	phan4	phan4	man2	man2	man3	man4
丹棱	phan2	phan4	phan4	phan4	man2	man2	man3	man4
洪雅	phan2	phan4	phan4	phan4	man2	man2	man3	man4
青神	phan2	phan4	phan4	phan4	man2	man2	man3	man4
夹江	phan2	phan4	phan4	phan4	man2	man2	man3	man4
峨眉山	phan2	phan4	phan4	phan4	man2	man2	man3	man4
乐山	phan2	phan4	phan4	phan4	man2	man2	man3	man4
犍为	phan2	phan4	phan4	phan4	man2	man2	man3	man4

字目	盘	盼	判	叛	蛮	瞒	满	慢
反切	薄官	匹苋	普半	薄半	莫还	母官	莫旱	谟晏
声韵调	山合一 並桓平	山开二 滂山去	山合一 滂桓去	山合一 並桓去	山开二 明删平	山合一 明桓平	山合一 明桓上	山开二 明删去
中古音	buɑn	phɣɛn-	phuɑn-	buɑn-	mɣan	muɑn	muɑn:	mɣan-
沐川	phan2	phan4	phan4	phan4	man2	man2	man3	man4
峨边	phan2	phan4	phan4	phan4	man2	man2	man3	man4
雅安	phan2	phan4	phan4	phan4	man2	man2	man3	man4
名山	phan2	phan4	phan4	phan4	man2	man2	man3	man4
天全	phan2	phan4	phan4	phan4	man2	man2	man3	man4
芦山	phan2	phan4	phan4	phan4	man2	man2	man3	man4
宝兴	phan2	phan4	phan4	phan4	man2	man2	man3	man4
荥经	phan2	phan4	phan4	phan4	man2	man2	man3	man4
汉源	phan2	phan4	phan4	phan4	man2	man2	man3	man4
石棉	phan2	phan4	phan4	phan4	man2	man2	man3	man4
内江	phan2	phan4	phan4	phan4	man2	man2	man3	man4
威远	phan2	phan4	phan4	phan4	man2	man2	man3	man4
荣县	phan2	phan4	phan4	phan4	man2	man2	man3	man4
自贡	phan2	phan4	phan4	phan4	man2	man2	man3	man4
富顺	phan2	phan4	phan4	phan4	man2	man2	man3	man4
隆昌	phan2	phan4	phan4	phan4	man2	man2	man3	man4
泸县	phan2	phan4	phan4	phan4	man2	man2	man3	man4
泸州	phan2	phan4	phan4	phan4	man2	man2	man3	man4
南溪	phan2	phan4	phan4	phan4	man2	man2	man3	man4
合江	phan2	phan4	phan4	phan4	man2	man2	man3	man4

字目	漫	幔	曼	蔓[①]	翻	番轮番	凡	帆
反切	莫半	莫半	无贩	无贩	孚袁	孚袁	符咸	符咸
声韵调	山合一 明桓去	山合一 明桓去	山合三 微元去	山合三 微元去	山合三 敷元平	山合三 敷元平	咸合三 奉凡平	咸合三 奉凡平
中古音	muɑn-	muɑn-	mɨʉɐn-	mɨʉɐn-	phɨʉɐn	phɨʉɐn	bɨʉɐm	bɨʉɐm
成都	man4	man4	man4	man4	fan1	fan1	fan2	fan2
彭州	man4	man4	man4	man4	fan1	fan1	fan2	fan2
郫县	man4	man4	man4	man4	fan1	fan1	fan2	fan2
广汉	man4	man4	man4	man4	fan1	fan1	fan2	fan2
都江堰河东	man4	man4	man4	man4	fan1	fan1	fan2	fan2
都江堰河西	man4	man4	man4	man4	fan1	fan1	fan2	fan2
崇州	man4	man4	man4	man4	fan1	fan1	fan2	fan2
大邑	man4	man4	man4	man4	fan1	fan1	fan2	fan2
邛崃	man4	man4	man4	man4	fan1	fan1	fan2	fan2
新津	man4	man4	man4	man4	fan1	fan1	fan2	fan2
蒲江	man4	man4	man4	man4	fan1	fan1	fan2	fan2
彭山	man4	man4	man4	man4	fan1	fan1	fan2	fan2
眉山	man4	man4	man4	man4	fan1	fan1	fan2	fan2
丹棱	man4	man4	man4	man4	fan1	fan1	fan2	fan2
洪雅	man4	man4	man4	man4	fan1	fan1	fan2	fan2
青神	man4	man4	man4	man4	fan1	fan1	fan2	fan2
夹江	man4	man4	man4	man4	fan1	fan1	fan2	fan1 fan2
峨眉山	man4	man4	man4	man4	fan1	fan1	fan2	fan1 fan2
乐山	man4	man4	man4	man4	fan1	fan1	fan2	fan1 fan2
犍为	man4	man4	man4	man4	fan1	fan1	fan2	fan1 fan2

① 又*莫半切，山合一明桓去。

字目	漫	幔	曼	蔓[1]	翻	番轮番	凡	帆
反切	莫半	莫半	无贩	无贩	孚袁	孚袁	符咸	符咸
声韵调	山合一 明桓去	山合一 明桓去	山合三 微元去	山合三 微元去	山合三 敷元平	山合三 敷元平	咸合三 奉凡平	咸合三 奉凡平
中古音	muɑn-	muɑn-	mʉɐn-	mʉɐn-	phʉɐn	phʉɐn	bʉɐm	bʉɐm
沐川	man4	man4	man4	man4	fan1	fan1	fan2	fan2
峨边	man4	man4	man4	man4	fan1	fan1	fan2	fan2
雅安	man4	man4	man4	man4	fan1	fan1	fan2	fan2
名山	man4	man4	man4	man4	fan1	fan1	fan2	fan1
天全	man4	man4	man4	man4	fan1	fan1	fan2	fan1
芦山	man4	man4	man4	man4	fan1	fan1	fan2	fan2
宝兴	man4	man4	man4	man4	fan1	fan1	fan2	fan2
荥经	man4	man4	man4	man4	fan1	fan1	fan2	fan2
汉源	man4	man4	man4	man4	fan1	fan1	fan2	fan1
石棉	man4	man4	man4	man4	fan1	fan1	fan2	fan1
内江	man4	man4	man4	man4	fan1	fan1	fan2	fan2
威远	man4	man4	man4	uan4	fan1	fan1	fan2	fan2
荣县	man4	man4	man4	man4	fan1	fan1	fan2	fan2
自贡	man4	man4	man4	man4	fan1	fan1	fan2	fan2
富顺	man4	man4	man4	man4	fan1	fan1	fan2	fan2
隆昌	man4	man4	man4	man4	fan1	fan1	fan2	fan2
泸县	man4	man4	man4	man4	fan1	fan1	fan2	fan2
泸州	man4	man4	man4	man4	fan1	fan1	fan2	fan2
南溪	man4	man4	man4	man4	fan1	fan1	fan2	fan2
合江	man4	man4	man4	man4	fan1	fan1	pan2	pan2

① 又*莫半切，山合一明桓去。

字目	烦	繁	矾	反	返	泛	范姓	范模范
反切	附袁	附袁	附袁	府远	府远	孚梵	防錽	防錽
声韵调	山合三 奉元平	山合三 奉元平	山合三 奉元平	山合三 非元上	山合三 非元上	咸合三 敷凡去	咸合三 奉凡上	咸合三 奉凡上
中古音	bʉɐn	bʉɐn	bʉɐn	pʉɐn:	pʉɐn:	phʉɐm-	bʉɐm:	bʉɐm:
成都	fan2	fan2	fan2	fan3	fan3	fan4	fan4	fan4
彭州	fan2	fan2	fan2	fan3	fan3	fan4	fan4	fan4
郫县	fan2	fan2	fan2	fan3	fan3	fan4	fan4	fan4
广汉	fan2	fan2	fan2	fan3	fan3	fan4	fan4	fan4
都江堰河东	fan2	fan2	fan2	fan3	fan3	fan4	fan4	fan4
都江堰河西	fan2	fan2	fan2	fan3	fan3	fan4	fan4	fan4
崇州	fan2	fan2	fan2	fan3	fan3	fan4	fan4	fan4
大邑	fan2	fan2	fan2	fan3	fan3	fan4	fan4	fan2 fan4
邛崃	fan2	fan2	fan2	fan3	fan3	fan2	fan4	fan4
新津	fan2	fan2	fan2	fan3	fan3	fan4	fan4	fan4
蒲江	fan2	fan2	fan2	fan3	fan3	fan4	fan4	fan4
彭山	fan2	fan2	fan2	fan3	fan3	fan4	fan4	fan4
眉山	fan2	fan2	fan2	fan3	fan3	fan4	fan4	fan4
丹棱	fan2	fan2	fan2	fan3	fan3	fan4	fan4	fan4
洪雅	fan2	fan2	fan2	fan3	fan3	fan4	fan4	fan4
青神	fan2	fan2	fan2	fan3	fan3	fan4	fan4	fan4
夹江	fan2	fan2	fan2	fan3	fan3	fan4	fan4	fan4
峨眉山	fan2	fan2	fan2	fan3	fan3	fan4	fan4	fan4
乐山	fan2	fan2	fan2	fan3	fan3	fan4	fan4	fan4
犍为	fan2	fan2	fan2	fan3	fan3	fan4	fan4	fan4

字目	烦	繁	矾	反	返	泛	范姓	范模范
反切	附袁	附袁	附袁	府远	府远	孚梵	防錽	防錽
声韵调	山合三 奉元平	山合三 奉元平	山合三 奉元平	山合三 非元上	山合三 非元上	咸合三 敷凡去	咸合三 奉凡上	咸合三 奉凡上
中古音	bɥɐn	bɥɐn	bɥɐn	pɥɐn:	pɥɐn:	phɥɐm-	bɥɐm:	bɥɐm:
沐川	fan2	fan2	fan2	fan3	fan3	fan4	fan4	fan4
峨边	fan2	fan2	fan2	fan3	fan3	fan4	fan4	fan4
雅安	fan2	fan2	fan2	fan3	fan3	fan4	fan2	fan2
名山	fan2	fan2	fan2	fan3	fan3	fan4	fan4	fan2
天全	fan2	fan2	fan2	fan3	fan3	fan4	fan4	fan2
芦山	fan2	fan2	fan2	fan3	fan3	fan2	fan2	fan2
宝兴	fan2	fan2	fan2	fan3	fan3	fan4	fan4	fan4
荥经	fan2	fan2	fan2	fan3	fan3	fan4	fan4	fan4
汉源	fan2	fan2	fan2	fan3	fan3	fan2	fan4	fan2
石棉	fan2	fan2	fan2	fan3	fan3	fan2	fan4	fan4
内江	fan2	fan2	fan2	fan3	fan3	fan4	fan4	fan4
威远	fan2	fan2	fan2	fan3	fan3	fan4	fan4	fan4
荣县	fan2	fan2	fan2	fan3	fan3	fan4	fan4	fan4
自贡	fan2	fan2	fan2	fan3	fan3	fan4	fan4	fan4
富顺	fan2	fan2	fan2	fan3	fan3	fan4	fan4	fan4
隆昌	fan2	fan2	fan2	fan3	fan3	fan4	fan4	fan4
泸县	fan2	fan2	fan2	fan3	fan3	fan4	fan4	fan4
泸州	fan2	fan2	fan2	fan3	fan3	fan4	fan4	fan4
南溪	fan2	fan2	fan2	fan3	fan3	fan4	fan4	fan4
合江	pan2	pan2	pan2	pan3	pan3	fan2	pan4	pan4

字目	犯	贩	饭	耽耽搁	担担任	丹	单	胆
反切	防錽	方愿	符万	丁含	都甘	都寒	都寒	都敢
声韵调	咸合三 奉凡上	山合三 非元去	山合三 奉元去	咸开一 端覃平	咸开一 端谈平	山开一 端寒平	山开一 端寒平	咸开一 端谈上
中古音	bɐɐm:	pɐɐn-	bɐɐn-	tʌm	tɑm	tɑn	tɑn	tɑm:
成都	fan4	fan4	fan4	tan1	tan1	tan1	tan1	tan3
彭州	fan4	fan4	fan4	tan1	tan1	tan1	tan1	tan3
郫县	fan4	fan4	fan4	tan1	tan1	tan1	tan1	tan3
广汉	fan4	fan4	fan4	tan1	tan1	tan1	tan1	tan3
都江堰河东	fan4	fan4	fan4	tan1	tan1	tan1	tan1	tan3
都江堰河西	fan4	fan4	fan4	tan1	tan1	tan1	tan1	tan3
崇州	fan4	fan4	fan4	tan1	tan1	tan1	tan1	tan3
大邑	fan4	fan4	fan4	tan1	tan1	tan1	tan1	tan3
邛崃	fan4	fan4	fan4	tan1	tan1	tan1	tan1	tan3
新津	fan4	fan4	fan4	tan1	tan1	tan1	tan1	tan3
蒲江	fan4	fan4	fan4	tan1	tan1	tan1	tan1	tan3
彭山	fan4	fan4	fan4	tan1	tan1	tan1	tan1	tan3
眉山	fan4	fan4	fan4	tan1	tan1	tan1	tan1	tan3
丹棱	fan4	fan4	fan4	tan1	tan1	tan1	tan1	tan3
洪雅	fan4	fan4	fan4	tan1	tan1	tan1	tan1	tan3
青神	fan4	fan4	fan4	tan1	tan1	tan1	tan1	tan3
夹江	fan4	fan4	fan4	tan1	tan1	tan1	tan1	tan3
峨眉山	fan4	fan4	fan4	tan1	tan1	tan1	tan1	tan3
乐山	fan4	fan4	fan4	tan1	tan1	tan1	tan1	tan3
犍为	fan4	fan4	fan4	tan1	tan1	tan1	tan1	tan3

字目	犯	贩	饭	耽耽搁	担担任	丹	单	胆
反切	防錽	方愿	符万	丁含	都甘	都寒	都寒	都敢
声韵调	咸合三 奉凡上	山合三 非元去	山合三 奉元去	咸开一 端覃平	咸开一 端谈平	山开一 端寒平	山开一 端寒平	咸开一 端谈上
中古音	bɐɐm:	pɐɐn-	bɐɐn-	tʌm	tɑm	tɑn	tɑn	tɑm:
沐川	fan4	fan4	fan4	tan1	tan1	tan1	tan1	tan3
峨边	fan4	fan4	fan4	tan1	tan1	tan1	tan1	tan3
雅安	fan4	fan4	fan4	tan1	tan1	tan1	tan1	tan3
名山	fan4	fan4	fan4	tan1	tan1	tan1	tan1	tan3
天全	fan4	fan4	fan4	tan1	tan1	tan1	tan1	tan3
芦山	fan4	fan4	fan4	tan1	tan1	tan1	tan1	tan3
宝兴	fan4	fan4	fan4	tan1	tan1	tan1	tan1	tan3
荥经	fan4	fan4	fan4	tan1	tan1	tan1	tan1	tan3
汉源	fan4	fan4	fan4	tan1	tan1	tan1	tan1	tan3
石棉	fan4	fan4	fan4	tan1	tan1	tan1	tan1	tan3
内江	fan4	fan4	fan4	tan1	tan1	tan1	tan1	tan3
威远	fan4	fan4	fan4	tan1	tan1	tan1	tan1	tan3
荣县	fan4	fan4	fan4	tan1	tan1	tan1	tan1	tan3
自贡	fan4	fan4	fan4	tan1	tan1	tan1	tan1	tan3
富顺	fan4	fan4	fan4	tan1	tan1	tan1	tan1	tan3
隆昌	fan4	fan4	fan4	tan1	tan1	tan1	tan1	tan3
泸县	fan4	fan4	fan4	tan1	tan1	tan1	tan1	tan3
泸州	fan4	fan4	fan4	tan1	tan1	tan1	tan1	tan3
南溪	fan4	fan4	fan4	tan1	tan1	tan1	tan1	tan3
合江	pan4	pan4	pan4	tan1	tan1	tan1	tan1	tan3

字目	担挑担	淡	旦	但[①]	弹子弹	蛋	贪	滩
反切	都滥	徒敢	得按	徒旱	徒案	徒案	他含	他干
声韵调	咸开一 端谈去	咸开一 定谈上	山开一 端寒去	山开一 定寒上	山开一 定寒去	山开一 定寒去	咸开一 透覃平	山开一 透寒平
中古音	tɑm-	dɑm:	tɑn-	dɑn:	dɑn-	dɑn-	thʌm	thɑn
成都	tan4	tan4	tan4	tan4	tan4	tan4	than1	than1
彭州	tan4	tan4	tan4	tan4	tan4	tan4	than1	than1
郫县	tan4	tan4	tan4	tan4	tan4	tan4	than1	than1
广汉	tan4	tan4	tan4	tan4	tan4	tan4	than1	than1
都江堰河东	tan4	tan4	tan4	tan4	tan4	tan4	than1	than1
都江堰河西	tan4	tan4	tan4	tan4	tan4	tan4	than1	than1
崇州	tan4	tan4	tan4	tan4	tan4	tan4	than1	than1
大邑	tan4	tan4	tan4	tan4	tan4	tan4	than1	than1
邛崃	tan4	tan4	tan4	tan4	tan4	tan4	than1	than1
新津	tan4	tan4	tan4	tan4	tan4	tan4	than1	than1
蒲江	tan4	tan4	tan4	tan4	tan4	tan4	than1	than1
彭山	tan4	tan4	tan4	tan4	tan4	tan4	than1	than1
眉山	tan4	tan4	tan4	tan4	tan4	tan4	than1	than1
丹棱	tan4	tan4	tan4	tan4	tan4	tan4	than1	than1
洪雅	tan4	tan4	tan4	tan4	tan4	tan4	than1	than1
青神	tan4	tan4	tan4	tan4	tan4	tan4	than1	than1
夹江	tan4	tan4	tan4	tan4	tan4	tan4	than1	than1
峨眉山	tan4	tan4	tan4	tan4	tan4	tan4	than1	than1
乐山	tan4	tan4	tan4	tan4	tan4	tan4	than1	than1
犍为	tan4	tan4	tan4	tan4	tan4	tan4	than1	than1

① 又徒案切，山开一定寒去。

字目	担挑担	淡	旦	但①	弹子弹	蛋	贪	滩
反切	都滥	徒敢	得按	徒旱	徒案	徒案	他含	他干
声韵调	咸开一端谈去	咸开一定谈上	山开一端寒去	山开一定寒上	山开一定寒去	山开一定寒去	咸开一透覃平	山开一透寒平
中古音	tɑm-	dɑm:	tɑn-	dɑn:	dɑn-	dɑn-	thʌm	thɑn
沐川	tan4	tan4	tan4	tan4	tan4	tan4	than1	than1
峨边	tan4	tan4	tan4	tan4	tan4	tan4	than1	than1
雅安	tan4	tan4	tan4	tan4	tan4	tan4	than1	than1
名山	tan4	tan4	tan4	tan4	tan4	tan4	than1	than1
天全	tan4	tan4	tan4	tan4	tan4	tan4	than1	than1
芦山	tan4	tan4	tan4	tan4	tan4	tan4	than1	than1
宝兴	tan4	tan4	tan4	tan4	tan4	tan4	than1	than1
荥经	tan4	tan4	tan4	tan4	tan4	tan4	than1	than1
汉源	tan4	tan4	tan4	tan4	tan4	tan4	than1	than1
石棉	tan4	tan4	tan4	tan4	tan4	tan4	than1	than1
内江	tan4	tan4	tan4	tan4	tan4	tan4	than1	than1
威远	tan4	tan4	tan4	tan4	tan4	tan4	than1	than1
荣县	tan4	tan4	tan4	tan4	tan4	tan4	than1	than1
自贡	tan4	tan4	tan4	tan4	tan4	tan4	than1	than1
富顺	tan4	tan4	tan4	tan4	tan4	tan4	than1	than1
隆昌	tan4	tan4	tan4	tan4	tan4	tan4	than1	than1
泸县	tan4	tan4	tan4	tan4	tan4	tan4	than1	than1
泸州	tan4	tan4	tan4	tan4	tan4	tan4	than1	than1
南溪	tan4	tan4	tan4	tan4	tan4	tan4	than1	than1
合江	tan4	tan4	tan4	tan4	tan4	tan4	than1	than1

① 又徒案切，山开一定寒去。

字目	摊	潭	谭姓	坛坛子	谈	痰	坛花坛	檀
反切	他干	徒含	徒含	徒含	徒甘	徒甘	徒干	徒干
声韵调	山开一 透寒平	咸开一 定覃平	咸开一 定覃平	咸开一 定覃平	咸开一 定谈平	咸开一 定谈平	山开一 定寒平	山开一 定寒平
中古音	thɑn	dʌm	dʌm	dʌm	dɑm	dɑm	dɑn	dɑn
成都	than1	than2	than2	than2	than2	than2	than2	than2
彭州	than1	than2	than2	than2	than2	than2	than2	than2
郫县	than1	than2	than2	than2	than2	than2	than2	than2
广汉	than1	than2	than2	than2	than2	than2	than2	than2
都江堰河东	than1	than2	than2	than2	than2	than2	than2	than2
都江堰河西	than1	than2	than2	than2	than2	than2	than2	than2
崇州	than1	than2	than2	than2	than2	than2	than2	than2
大邑	than1	than2	than2	than2	than2	than2	than2	than2
邛崃	than1	than2	than2	than2	than2	than2	than2	than2
新津	than1	than2	than2	than2	than2	than2	than2	than2
蒲江	than1	than2	than2	than2	than2	than2	than2	than2
彭山	than1	than2	than2	than2	than2	than2	than2	than2
眉山	than1	than2	than2	than2	than2	than2	than2	than2
丹棱	than1	than2	than2	than2	than2	than2	than2	than2
洪雅	than1	than2	than2	than2	than2	than2	than2	than2
青神	than1	than2	than2	than2	than2	than2	than2	than2
夹江	than1	than2	than2	than2	than2	than2	than2	than2
峨眉山	than1	than2	than2	than2	than2	than2	than2	than2
乐山	than1	than2	than2	than2	than2	than2	than2	than2
犍为	than1	than2	than2	than2	than2	than2	than2	than2

字目	摊	潭	谭姓	坛坛子	谈	痰	坛花坛	檀
反切	他干	徒含	徒含	徒含	徒甘	徒甘	徒干	徒干
声韵调	山开一 透寒平	咸开一 定覃平	咸开一 定覃平	咸开一 定覃平	咸开一 定谈平	咸开一 定谈平	山开一 定寒平	山开一 定寒平
中古音	thɑn	dʌm	dʌm	dʌm	dɑm	dɑm	dɑn	dɑn
沐川	than1	than2	than2	than2	than2	than2	than2	than2
峨边	than1	than2	than2	than2	than4	than2	than2	than2
雅安	than1	than2	than2	than2	than4	than2	than2	than2
名山	than1	than2	than2	than2	than2	than2	than2	than2
天全	than1	than2	than2	than2	than2	than2	than2	than2
芦山	than1	than2	than2	than2	than2	than2	than2	than2
宝兴	than1	than2	than2	than2	than2	than2	than2	than2
荥经	than1	than2	than2	than2	than2	than2	than2	than2
汉源	than1	than2	than2	than2	than2	than2	than2	than2
石棉	than1	than2	than2	than2	than2	than2	than2	than2
内江	than1	than2	than2	than2	than2	than2	than2	than2
威远	than1	than2	than2	than2	than2	than2	than2	than2
荣县	than1	than2	than2	than2	than2	than2	than2	than2
自贡	than1	than2	than2	than2	than4	than2	than2	than2
富顺	than1	than2	than2	than2	than2	than2	than2	than2
隆昌	than1	than2	than2	than2	than4	than2	than2	than2
泸县	than1	than2	than2	than2	than2	than2	than2	than2
泸州	than1	than2	than2	than2	than2	than2	than2	than2
南溪	than1	than2	than2	than2	than2	than2	than2	than2
合江	than1	than2	than2	than2	than4	than2	than2	than2

字目	弹弹琴	毯	坦	探[①]	炭	叹	男	南南北
反切	徒干	吐敢	他但	他绀	他旦	他旦	那含	那含
声韵调	山开一 定寒平	咸开一 透谈上	山开一 透寒上	咸开一 透覃去	山开一 透寒去	山开一 透寒去	咸开一 泥覃平	咸开一 泥覃平
中古音	dɑn	thɑm:	thɑn:	thʌm-	thɑn-	thɑn-	nʌm	nʌm
成都	than2	than3	than3	than4 than1 旧	than4	than4	nan2	nan2
彭州	than2	than3	than3	than4 than1 旧	than4	than4	nan2	nan2
郫县	than2	than3	than3	than1 than4 新	than4	than4	lan2	lan2
广汉	than2	than3	than3	than1	than4	than4	lan2	lan2
都江堰河东	than2	than3	than3	than4	than4	than4	nan2	nan2
都江堰河西	than2	than3	than3	than4 than1 旧	than4	than4	nan2	nan2
崇州	than2	than3	than3	than4	than4	than4	nan2	nan2
大邑	than2	than3	than3	than1 than4 新	than4	than4	nan2	nan2
邛崃	than2	than3	than3	than1 than4 新	than4	than4	nan2	nan2
新津	than2	than3	than3	than1 than4 新	than4	than4	nan2	nan2
蒲江	than2	than3	than3	than1 than4 新	than4	than4	lan2	lan2
彭山	than2	than3	than3	than4 than1 旧	than4	than4	nan2	nan2
眉山	than2	than3	than3	than4 than1 旧	than4	than4	nan2	nan2
丹棱	than2	than3	than3	than4 than1 旧	than4	than4	nan2	nan2
洪雅	than2	than3	than3	than4 than1 旧	than4	than4	nan2	nan2
青神	than2	than3	than3	than4 than1 旧	than4	than4	lan2	lan2
夹江	than2	than3	than3	than4	than4	than4	nan2	nan2
峨眉山	than2	than3	than3	than4	than4	than4	nan2	nan2
乐山	than2	than3	than3	than4	than4	than4	lan2	lan2
犍为	than2	than3	than3	than4	than4	than4	lan2	lan2

① 又他含切，咸开一透覃平。

字目	弹弹琴	毯	坦	探①	炭	叹	男	南南北
反切	徒干	吐敢	他但	他绀	他旦	他旦	那含	那含
声韵调	山开一 定寒平	咸开一 透谈上	山开一 透寒上	咸开一 透覃去	山开一 透寒去	山开一 透寒去	咸开一 泥覃平	咸开一 泥覃平
中古音	dɑn	thɑm:	thɑn:	thʌm-	thɑn-	thɑn-	nʌm	nʌm
沐川	than2	than3	than3	than4 than1 旧	than4	than4	lan2	lan2
峨边	than2	than3	than3	than1	than4	than4	lan2	lan2
雅安	than2	than3	than3	than1	than4	than4	nan2	nan2
名山	than2	than3	than3	than4 than1 旧	than4	than4	lan2	lan2
天全	than2	than3	than3	than4 than1 旧	than4	than4	lan2	lan2
芦山	than2	than3	than3	than1	than4	than4	nan2	nan2
宝兴	than2	than3	than3	than1	than4	than4	nan2	nan2
荥经	than2	than3	than3	than4 than1 旧	than4	than4	lan2	lan2
汉源	than2	than3	than3	than4 than1 旧	than4	than4	nan2	nan2
石棉	than2	than3	than3	than4 than1 旧	than4	than4	lan2	lan2
内江	than2	than3	than3	than4 than1 旧	than4	than4	nan2	nan2
威远	than2	than3	than3	than4 than1 旧	than4	than4	nan2	nan2
荣县	than2	than3	than3	than4 than1 旧	than4	than4	nan2	nan2
自贡	than2	than3	than3	than1	than4	than4	lan2	lan2
富顺	than2	than3	than3	than1	than4	than4	lan2	lan2
隆昌	than2	than3	than3	than1	than4	than4	lan2	lan2
泸县	than2	than3	than3	than1 than4 新	than4	than4	lan2	lan2
泸州	than2	than3	than3	than1 than4 新	than4	than4	lan2	lan2
南溪	than2	than3	than3	than1 than4 新	than4	than4	lan2	lan2
合江	than2	than3	than3	than4 than1 旧	than4	than4	lan2	lan2

① 又他含切，咸开一透覃平。

字目	难难易	难灾难	蓝	篮	兰	拦	栏	览
反切	那干	奴案	鲁甘	鲁甘	落干	落干	落干	卢敢
声韵调	山开一 泥寒平	山开一 泥寒去	咸开一 来谈平	咸开一 来谈平	山开一 来寒平	山开一 来寒平	山开一 来寒平	咸开一 来谈上
中古音	nɑn	nɑn-	lɑm	lɑm	lɑn	lɑn	lɑn	lɑm:
成都	nan2	nan4	nan2	nan2	nan2	nan2	nan2	nan3
彭州	nan2	nan4	nan2	nan2	nan2	nan2	nan2	nan3
郫县	lan2	lan4	lan2	lan2	lan2	lan2	lan2	lan3
广汉	lan2	lan4	lan2	lan2	lan2	lan2	lan2	lan3
都江堰河东	nan2	nan4	nan2	nan2	nan2	nan2	nan2	nan3
都江堰河西	nan2	nan4	nan2	nan2	nan2	nan2	nan2	nan3
崇州	nan2	nan4	nan2	nan2	nan2	nan2	nan2	nan3
大邑	nan2	nan4	nan2	nan2	nan2	nan2	nan2	nan3
邛崃	nan2	nan4	nan2	nan2	nan2	nan2	nan2	nan3
新津	nan2	nan4	nan2	nan2	nan2	nan2	nan2	nan3
蒲江	lan2	lan4	lan2	lan2	lan2	lan2	lan2	lan3
彭山	nan2	nan4	nan2	nan2	nan2	nan2	nan2	nan3
眉山	nan2	nan4	nan2	nan2	nan2	nan2	nan2	nan3
丹棱	nan2	nan4	nan2	nan2	nan2	nan2	nan2	nan3
洪雅	nan2	nan4	nan2	nan2	nan2	nan2	nan2	nan3
青神	lan2	lan4	lan2	lan2	lan2	lan2	lan2	lan3
夹江	nan2	nan4	nan2	nan2	nan2	nan2	nan2	nan3
峨眉山	nan2	nan4	nan2	nan2	nan2	nan2	nan2	nan3
乐山	lan2	lan4	lan2	lan2	lan2	lan2	lan2	lan3
犍为	lan2	lan4	lan2	lan2	lan2	lan2	lan2	lan3

字目	难难易	难灾难	蓝	篮	兰	拦	栏	览
反切	那干	奴案	鲁甘	鲁甘	落干	落干	落干	卢敢
声韵调	山开一 泥寒平	山开一 泥寒去	咸开一 来谈平	咸开一 来谈平	山开一 来寒平	山开一 来寒平	山开一 来寒平	咸开一 来谈上
中古音	nɑn	nɑn-	lɑm	lɑm	lɑn	lɑn	lɑn	lɑm:
沐川	lan2	lan4	lan2	lan2	lan2	lan2	lan2	lan3
峨边	lan2	lan4	lan2	lan2	lan2	lan2	lan2	lan3
雅安	nan2	nan4	nan2	nan2	nan2	nan2	nan2	nan3
名山	lan2	lan4	lan2	lan2	lan2	lan2	lan2	lan3
天全	lan2	lan4	lan2	lan2	lan2	lan2	lan2	lan3
芦山	nan2	nan4	nan2	nan2	nan2	nan2	nan2	nan3
宝兴	nan2	nan4	nan2	nan2	nan2	nan2	nan2	nan3
荥经	lan2	lan4	lan2	lan2	lan2	lan2	lan2	lan3
汉源	nan2	nan4	nan2	nan2	nan2	nan2	nan2	nan3
石棉	lan2	lan4	lan2	lan2	lan2	lan2	lan2	lan3
内江	nan2	nan4	nan2	nan2	nan2	nan2	nan2	nan3
威远	nan2	nan4	nan2	nan2	nan2	nan2	nan2	nan3
荣县	nan2	nan4	nan2	nan2	nan2	nan2	nan2	nan3
自贡	lan2	lan4	lan2	lan2	lan2	lan2	lan2	lan3
富顺	lan2	lan4	lan2	lan2	lan2	lan2	lan2	lan3
隆昌	lan2	lan4	lan2	lan2	lan2	lan2	lan2	lan3
泸县	lan2	lan4	lan2	lan2	lan2	lan2	lan2	lan3
泸州	lan2	lan4	lan2	lan2	lan2	lan2	lan2	lan3
南溪	lan2	lan4	lan2	lan2	lan2	lan2	lan2	lan3
合江	lan2	lan4	lan2	lan2	lan2	lan2	lan2	lan3

字目	揽	懒	滥	烂腐烂	簪[①]	暂	赞	参参加
反切	卢敢	落旱	卢瞰	郎旰	作含	藏滥	则旰	仓含
声韵调	咸开一 来谈上	山开一 来寒上	咸开一 来谈去	山开一 来寒去	咸开一 精覃平	咸开一 从谈去	山开一 精寒去	咸开一 清覃平
中古音	lɑm:	lɑn:	lɑm-	lɑn-	tsʌm	dzɑm-	tsɑn-	tshʌm
成都	nan3	nan3	nan4	nan4	tsan1	tsan4	tsan4	tshan1
彭州	nan3	nan3	nan4	nan4	tsan1	tsan4	tsan4	tshan1
郫县	lan3	lan3	lan4	lan4	tsan1	tsan4	tsan4	tshan1
广汉	lan3	lan3	lan4	lan4	tsan1	tsan4	tsan4	tshan1
都江堰河东	nan3	nan3	nan4	nan4	tsan1	tsan4	tsan4	tshan1
都江堰河西	nan3	nan3	nan4	nan4	tsan1	tsan4	tsan4	tshan1
崇州	nan3	nan3	nan4	nan4	tsan1	tsan4	tsan4	tshan1
大邑	nan3	nan3	nan4	nan4	tsan1	tsan4	tsan4	tshan1
邛崃	nan3	nan3	nan4	nan4	tsan1	tsan4	tsan4	tshan1
新津	nan3	nan3	nan4	nan4	tsan1	tsan4	tsan4	tshan1
蒲江	lan3	lan3	lan4	lan4	tsan1	tsan4	tsan4	tshan1
彭山	nan3	nan3	nan4	nan4	tsan1	tsan4	tsan4	tshan1
眉山	nan3	nan3	nan4	nan4	tsan1	tsan4	tsan4	tshan1
丹棱	nan3	nan3	nan4	nan4	tsan1	tsan4	tsan4	tshan1
洪雅	nan3	nan3	nan4	nan4	tsan1	tsan4	tsan4	tshan1
青神	lan3	lan3	lan4	lan4	tsan1	tsan4	tsan4	tshan1
夹江	nan3	nan3	nan4	nan4	tsan1	tsan4	tsan4	tshan1
峨眉山	nan3	nan3	nan4	nan4	tsan1	tsan4	tsan4	tshan1
乐山	lan3	lan3	lan4	lan4	tsan1	tsan4	tsan4	tshan1
犍为	lan3	lan3	lan4	lan4	tsan1	tsan4	tsan4	tshan1

① 又侧吟切，深开三庄侵平。

字目	揽	懒	滥	烂腐烂	簪[①]	暂	赞	参参加
反切	卢敢	落旱	卢瞰	郎旰	作含	藏滥	则旰	仓含
声韵调	咸开一 来谈上	山开一 来寒上	咸开一 来谈去	山开一 来寒去	咸开一 精覃平	咸开一 从谈去	山开一 精寒去	咸开一 清覃平
中古音	lɑm:	lɑn:	lɑm-	lɑn-	tsʌm	dzɑm-	tsɑn-	tshʌm
沐川	lan3	lan3	lan4	lan4	tsan1	tsan4	tsan4	tshan1
峨边	lan3	lan3	lan4	lan4	tsan1	tsan4	tsan4	tshan1
雅安	nan3	nan3	nan4	nan4	tsan1	tsan4	tsan4	tshan1
名山	lan3	lan3	lan4	lan4	tsan1	tsan4	tsan4	tshan1
天全	lan3	lan3	lan4	lan4	tsan1	tsan4	tsan4	tshan1
芦山	nan3	nan3	nan4	nan4	tsan1	tsan4	tsan4	tshan1
宝兴	nan3	nan3	nan4	nan4	tsan1	tsan4	tsan4	tshan1
荥经	lan3	lan3	lan4	lan4	tsan1	tsan4	tsan4	tshan1
汉源	nan3	nan3	nan4	nan4	tsan1	tsan4	tsan4	tshan1
石棉	lan3	lan3	lan4	lan4	tsan1	tsan4	tsan4	tshan1
内江	nan3	nan3	nan4	nan4	tsan1	tsan4	tsan4	tshan1
威远	nan3	nan3	nan4	nan4	tsan1	tsan4	tsan4	tshan1
荣县	nan3	nan3	nan4	nan4	tsan1	tsan4	tsan4	tshan1
自贡	lan3	lan3	lan4	lan4	tsan1	tsan4	tsan4	tshan1
富顺	lan3	lan3	lan4	lan4	tsan1	tsan4	tsan4	tshan1
隆昌	lan3	lan3	lan4	lan4	tsan1	tsan4	tsan4	tshan1
泸县	lan3	lan3	lan4	lan4	tsan1	tsan4	tsan4	tshan1
泸州	lan3	lan3	lan4	lan4	tsan1	tsan4	tsan4	tshan1
南溪	lan3	lan3	lan4	lan4	tsan1	tsan4	tsan4	tshan1
合江	lan3	lan3	lan4	lan4	tsan1	tsan4	tsan4	tshan1

① 又侧吟切，深开三庄侵平。

字目	餐	蚕	惭	残	惨	灿	三	散松散
反切	七安	昨含	昨甘	昨干	七感	苍案	苏甘	苏旱
声韵调	山开一 清寒平	咸开一 从覃平	咸开一 从谈平	山开一 从寒平	咸开一 清覃上	山开一 清寒去	咸开一 心谈平	山开一 心寒上
中古音	tshɑn	dzʌm	dzɑm	dzɑn	tshʌm:	tshɑn-	sɑm	sɑn:
成都	tshan1	tshan2	tshan2	tshan2	tshan3	tshan4	san1	san3
彭州	tshan1	tshan2	tshan2	tshan2	tshan3	tshan4	san1	san3
郫县	tshan1	tshan2	tshan2	tshan2	tshan3	tshan4	san1	san3
广汉	tshan1	tshan2	tshan2	tshan2	tshan3	tshan4	san1	san3
都江堰河东	tshan1	tshan2	tshan2	tshan2	tshan3	tshan4	san1	san3
都江堰河西	tshan1	tshan2	tshan2	tshan2	tshan3	tshan4	san1	san3
崇州	tshan1	tshan2	tshan2	tshan2	tshan3	tshan4	san1	san3
大邑	tshan1	tshan2	tshan2	tshan2	tshan3	tshan4	san1	san3
邛崃	tshan1	tshan2	tshan2	tshan2	tshan3	tshan4	san1	san3
新津	tshan1	tshan2	tshan2	tshan2	tshan3	tshan4	san1	san3
蒲江	tshan1	tshan2	tshan2	tshan2	tshan3	tshan4	san1	san3
彭山	tshan1	tshan2	tshan2	tshan2	tshan3	tshan4	san1	san3
眉山	tshan1	tshan2	tshan2	tshan2	tshan3	tshan4	san1	san3
丹棱	tshan1	tshan2	tshan2	tshan2	tshan3	tshan4	san1	san3
洪雅	tshan1	tshan2	tshan2	tshan2	tshan3	tshan4	san1	san3
青神	tshan1	tshan2	tshan2	tshan2	tshan3	tshan4	san1	san3
夹江	tshan1	tshan2	tshan2	tshan2	tshan3	tshan4	san1	san3
峨眉山	tshan1	tshan2	tshan2	tshan2	tshan3	tshan4	san1	san3
乐山	tshan1	tshan2	tshan2	tshan2	tshan3	tshan4	san1	san3
犍为	tshan1	tshan2	tshan2	tshan2	tshan3	tshan4	san1	san3

字目	餐	蚕	惭	残	惨	灿	三	散松散
反切	七安	昨含	昨甘	昨干	七感	苍案	苏甘	苏旱
声韵调	山开一 清寒平	咸开一 从覃平	咸开一 从谈平	山开一 从寒平	咸开一 清覃上	山开一 清寒去	咸开一 心谈平	山开一 心寒上
中古音	tshɑn	dzʌm	dzɑm	dzɑn	tshʌm:	tshɑn-	sɑm	sɑn:
沐川	tshan1	tshan2	tshan2	tshan2	tshan3	tshan4	san1	san3
峨边	tshan1	tshan2	tshan2	tshan2	tshan3	tshan4	san1	san3
雅安	tshan1	tshan2	tshan2	tshan2	tshan3	tshan4	san1	san3
名山	tshan1	tshan2	tshan2	tshan2	tshan3	tshan4	san1	san3
天全	tshan1	tshan2	tshan2	tshan2	tshan3	tshan4	san1	san3
芦山	tshan1	tshan2	tshan2	tshan2	tshan3	tshan4	san1	san3
宝兴	tshan1	tshan2	tshan2	tshan2	tshan3	tshan4	san1	san3
荥经	tshan1	tshan2	tshan2	tshan2	tshan3	tshan4	san1	san3
汉源	tshan1	tshan2	tshan2	tshan2	tshan3	tshan4	san1	san3
石棉	tshan1	tshan2	tshan2	tshan2	tshan3	tshan4	san1	san3
内江	tshan1	tshan2	tshan2	tshan2	tshan3	tshan4	san1	san3
威远	tshan1	tshan2	tshan2	tshan2	tshan3	tshan4	san1	san3
荣县	tshan1	tshan2	tshan2	tshan2	tshan3	tshan4	san1	san3
自贡	tshan1	tshan2	tshan2	tshan2	tshan3	tshan4	san1	san3
富顺	tshan1	tshan2	tshan2	tshan2	tshan3	tshan4	san1	san3
隆昌	tshan1	tshan2	tshan2	tshan2	tshan3	tshan4	san1	san3
泸县	tshan1	tshan2	tshan2	tshan2	tshan3	tshan4	san1	san3
泸州	tshan1	tshan2	tshan2	tshan2	tshan3	tshan4	san1	san3
南溪	tshan1	tshan2	tshan2	tshan2	tshan3	tshan4	san1	san3
合江	tshan1	tshan2	tshan2	tshan2	tshan3	tshan4	san1	san3

字目	伞	散分散	沾	粘粘贴	占占卜	毡	斩	盏
反切	苏旱	苏旰	张廉		职廉	诸延	侧减	阻限
声韵调	山开一 心寒上	山开一 心寒去	咸开三 知盐平	咸开三 知盐平	咸开三 章盐平	山开三 章仙平	咸开二 庄咸上	山开二 庄山上
中古音	sɑn:	sɑn-	ȶiᴇm	ȶiᴇm	tɕiᴇm	tɕiᴇn	tʃɣɛm:	tʃɣɛn:
成都	san3	san4	tsan1	tsan1	tsan4	tsan1	tsan3	tsan3
彭州	san3	san4	tsan1	tsan1	tsan4	tsan1	tsan3	tsan3
郫县	san3	san4	tsan1	tsan1	tsan4	tsan1	tsan3	tsan3
广汉	san3	san4	tsan1	tsan1	tsan4	tsan1	tsan3	tsan3
都江堰河东	san3	san4	tsan1	tsan1	tsan4	tsan1	tsan3	tsan3
都江堰河西	san3	san4	tsan1	tsan1	tsan4	tsan1	tsan3	tsan3
崇州	san3	san4	tsan1	tsan1	tsan4	tsan1	tsan3	tsan3
大邑	san3	san4	tsan1	tsan1	tsan4	tsan1	tsan3	tsan3
邛崃	san3	san4	tsan1	tsan1	tsan4	tsan1	tsan3	tsan3
新津	san3	san4	tsan1	tsan1	tsan4	tsan1	tsan3	tsan3
蒲江	san3	san4	tsan1	tsan1	tsan4	tsan1	tsan3	tsan3
彭山	san3	san4	tsan1	tsan1	tsan4	tsan1	tsan3	tsan3
眉山	san3	san4	tsan1	tsan1	tsan4	tsan1	tsan3	tsan3
丹棱	san3	san4	tsan1	tsan1	tsan4	tsan1	tsan3	tsan3
洪雅	san3	san4	tsan1	tsan1	tsan4	tsan1	tsan3	tsan3
青神	san3	san4	tsan1	tsan1	tsan4	tsan1	tsan3	tsan3
夹江	san3	san4	tsan1	tsan1	tsan4	tsan1	tsan3	tsan3
峨眉山	san3	san4	tsan1	tsan1	tsan4	tsan1	tsan3	tsan3
乐山	san3	san4	tsan1	tsan1	tsan4	tsan1	tsan3	tsan3
犍为	san3	san4	tsan1	tsan1	tsan4	tsan1	tsan3	tsan3

字目	伞	散分散	沾	粘粘贴	占占卜	毡	斩	盏
反切	苏旱	苏旰	张廉		职廉	诸延	侧减	阻限
声韵调	山开一 心寒上	山开一 心寒去	咸开三 知盐平	咸开三 知盐平	咸开三 章盐平	山开三 章仙平	咸开二 庄咸上	山开二 庄山上
中古音	sɑn:	sɑn-	ţiɛm	ţiɛm	tɕiɛm	tɕiɛn	tʃɣɛm:	tʃɣɛn:
沐川	san3	san4	tsan1	tsan1	tsan1	tsan1	tsan3	tsan3
峨边	san3	san4	tsan1	tsan1	tsan4	tsan1	tsan3	tsan3
雅安	san3	san4	tsan1	tsan1	tsan4	tsan1	tsan3	tsan3
名山	san3	san4	tsan1	tsan1	tsan1	tsan1	tsan3	tsan3
天全	san3	san4	tsan1	tsan1	tsan1	tsan1	tsan3	tsan3
芦山	san3	san4	tsan1	tsan1	tsan4	tsan1	tsan3	tsan3
宝兴	san3	san4	tsan1	tsan1	tsan4	tsan1	tsan3	tsan3
荥经	san3	san4	tsan1	tsan1	tsan4	tsan1	tsan3	tsan3
汉源	san3	san4	tsan1	tsan1	tsan1	tsan1	tsan3	tsan3
石棉	san3	san4	tsan1	tsan1	tsan1	tsan1	tsan3	tsan3
内江	san3	san4	tsan1	tsan1	tsan1	tsan1	tsan3	tsan3
威远	san3	san4	tʂan1	tʂan1	tʂan1	tʂan1	tʂan3	tsan3
荣县	san3	san4	tsan1	tsan1	tsan1	tsan1	tsan3	tsan3
自贡	san3	san4	tʂan1	tʂan1	tʂan4	tʂan1	tʂan3	tʂan3
富顺	san3	san4	tʂan1	tʂan1	tʂan4	tʂan1	tʂan3	tʂan3
隆昌	san3	san4	tsan1	tsan1	tsan4	tsan1	tsan3	tsan3
泸县	san3	san4	tsan1	tsan1	tsan1	tsan1	tsan3	tsan3
泸州	san3	san4	tsan1	tsan1	tsan1	tsan1	tsan3	tsan3
南溪	san3	san4	tsan1	tsan1	tsan1	tsan1	tsan3	tsan3
合江	san3	san4	tsan1	tsan1	tsan4	tsan1	tsan3	tsan3

字目	展	站站立	站车站	蘸	占占领	栈	战	搀搀扶
反切	知演	陟陷		庄陷	章艳	士谏	之膳	楚衔
声韵调	山开三 知仙上	咸开二 知咸去	咸开二 澄咸去	咸开二 庄咸去	咸开三 章盐去	山开二 崇删去	山开三 章仙去	咸开二 初衔平
中古音	ȶiᴇn:	ȶɣɛm-	ȡɣɛm-	tʃɣɛm-	tɕiᴇm-	dʒɣan-	tɕiᴇn-	tʃhɣam
成都	tsan3	tsan4	tsan4	tsan4	tsan4	tsan4	tsan4	tshan1
彭州	tsan3	tsan4	tsan4	tsan4	tsan4	tsan4	tsan4	tshan1
郫县	tsan3	tsan4	tsan4	tsan4	tsan4	tsan4	tsan4	tshan1
广汉	tsan3	tsan4	tsan4	tsan4	tsan4	tsan4	tsan4	tshan1
都江堰河东	tsan3	tsan4	tsan4	tsan4	tsan4	tsan4	tsan4	tshan1
都江堰河西	tsan3	tsan4	tsan4	tsan4	tsan4	tsan4	tsan4	tshan1
崇州	tsan3	tsan4	tsan4	tsan4	tsan4	tsan4	tsan4	tshan1
大邑	tsan3	tsan4	tsan4	tsan4	tsan4	tsan4	tsan4	tshan1
邛崃	tsan3	tsan4	tsan4	tsan4	tsan4	tsan4	tsan4	tshan1
新津	tsan3	tsan4	tsan4	tsan4	tsan4	tsan4	tsan4	tshan1
蒲江	tsan3	tsan4	tsan4	tsan4	tsan4	tsan4	tsan4	tshan1
彭山	tsan3	tsan4	tsan4	tsan4	tsan4	tsan4	tsan4	tshan1
眉山	tsan3	tsan4	tsan4	tsan4	tsan4	tsan4	tsan4	tshan1
丹棱	tsan3	tsan4	tsan4	tsan4	tsan4	tsan4	tsan4	tshan1
洪雅	tsan3	tsan4	tsan4	tsan4	tsan4	tsan4	tsan4	tshan1
青神	tsan3	tsan4	tsan4	tsan4	tsan4	tsan4	tsan4	tshan1
夹江	tsan3	tsan4	tsan4	tsan4	tsan4	tsan4	tsan4	tshan1
峨眉山	tsan3	tsan4	tsan4	tsan4	tsan4	tsan4	tsan4	tshan1
乐山	tsan3	tsan4	tsan4	tsan4	tsan4	tsan4	tsan4	tshan1
犍为	tsan3	tsan4	tsan4	tsan4	tsan4	tsan4	tsan4	tshan1

字目	展	站站立	站车站	蘸	占占领	栈	战	搀搀扶
反切	知演	陟陷		庄陷	章艳	士谏	之膳	楚衔
声韵调	山开三 知仙上	咸开二 知咸去	咸开二 澄咸去	咸开二 庄咸去	咸开三 章盐去	山开二 崇删去	山开三 章仙去	咸开二 初衔平
中古音	ʈiᴇn:	ʈɣɛm-	ɖɣɛm-	tʃɣɛm-	tɕiᴇm-	dʒɣan-	tɕiᴇn-	tʃhɣam
沐川	tsan3	tsan4	tsan4	tsan4	tsan4	tsan4	tsan4	tshan1
峨边	tsan3	tsan4	tsan4	tsan4	tsan4	tsan4	tsan4	tshan1
雅安	tsan3	tsan4	tsan4	tsan4	tsan4	tsan4	tsan4	tshan1
名山	tsan3	tsan4	tsan4	tsan4	tsan4	tsan4	tsan4	tshan1
天全	tsan3	tsan4	tsan4	tsan4	tsan4	tsan4	tsan4	tshan1
芦山	tsan3	tsan4	tsan4	tsan4	tsan4	tsan4	tsan4	tshan1
宝兴	tsan3	tsan4	tsan4	tsan4	tsan4	tsan4	tsan4	tshan1
荥经	tsan3	tsan4	tsan4	tsan4	tsan4	tsan4	tsan4	tshan1
汉源	tsan3	tsan4	tsan4	tsan4	tsan4	tsan4	tsan4	tshan1
石棉	tsan3	tsan4	tsan4	tsan4	tsan4	tsan4	tsan4	tshan1
内江	tsan3	tsan4	tsan4	tsan4	tsan4	tsan4	tsan4	tshan1
威远	tʂan3	tʂan4	tʂan4	tsan4	tʂan4	tʂan4	tʂan4	tshan1
荣县	tsan3	tsan4	tsan4	tsan4	tsan4	tsan4	tsan4	tshan1
自贡	tʂan3	tʂan4	tʂan4	tsan4	tʂan4	tʂan4	tʂan4	tshan1
富顺	tʂan3	tʂan4	tʂan4	tsan4	tʂan4	tʂan4	tʂan4	tshan1
隆昌	tsan3	tsan4	tsan4	tsan4	tsan4	tsan4	tsan4	tshan1
泸县	tsan3	tsan4	tsan4	tsan4	tsan4	tsan4	tsan4	tshan1
泸州	tsan3	tsan4	tsan4	tsan4	tsan4	tsan4	tsan4	tshan1
南溪	tsan3	tsan4	tsan4	tsan4	tsan4	tsan4	tsan4	tshan1
合江	tsan3	tsan4	tsan4	tsan4	tsan4	tsan4	tsan4	tshan1

字目	馋	缠	蝉	铲	产	忏	颤	杉
反切	士咸	直连	市连	初限	所简	楚鉴	之膳	所咸
声韵调	咸开二 崇咸平	山开三 澄仙平	山开三 禅仙平	山开二 初山上	山开二 生山上	咸开二 初衔去	山开三 章仙去	咸开二 生咸平
中古音	dʒɣɛm	ȡiᴇn	dʑiᴇn	tʃhɣɛn:	ʃɣɛn:	tʃhɣam-	tɕiᴇn-	ʃɣɛm
成都	tshan2	tshan2	san2	tshuan3	tshan3	tshan4 tshen4 旧	tshan4 tsan4 口	san1 文 sʌ1 白
彭州	tshan2	tshan2	san2	tshuan3	tshan3	tshan4	tshan4 tsan4 口	san1 文 sɑ1 白
郫县	tshan2	tshan2	san2	tshuan3	tshan3	tshan4	tsan4 tshan4 新	sʌ1
广汉	tshan2	tshan4	san2	tshuan3	tshan3	tshan4	tsan4 tshan4	san1 文 sʌ1 白
都江堰河东	tshan2	tshan2	san2	tshuan3	tshan3	tshan4	tsan4	san1 文 sɐ1 白
都江堰河西	tshan2	tshan2	san2	tshuan3	tshan3	tshan4	tsan4	san1 文 sɑ1 白
崇州	tshan2	tshan2	san2	tshuan3	tshan3	tsan4	tsan4	san1 文 sa1 白
大邑	tshan2	tshan2	san2	tshuan3	tshan3	tsan4	tsan4 tshan4	san1 文 sʌ1 白
邛崃	tshan2	tshan2	tshan2 san2 口	tshuan3	tshan3	tsan4	tsan4	san1 文 sʌ1 白
新津	tshan2	tshan2	san2	tshuan3	tshan3	tsan4	tsan4 tshan4	san1 文 sʌ1 白
蒲江	tshan2	tshan2	tshan2 san2	tshuan3	tshan3	tsan4	tsan4 tshan4	san1 文 sʌ1 白
彭山	tshan2	tshan2	tshan2	tshuan3	tshan3	tshan4	tsan4	san1 文 sʌ1 白
眉山	tshan2	tshan2	tshan2	tshuan3	tshan3	tshan4	tsan4	san1 文 sʌ1 白
丹棱	tshan2	tshan2	san2	tshuan3	tshan3	tshan4	tsan4	san1 文 sʌ1 白
洪雅	tshan2	tshan2	san2	tshuan3	tshan3	tshan4	tsan4	san1 文 sʌ1 白
青神	tshan2	tshan2	san2	tshuan3	tshan3	tshan4	tsan4	san1 文 sɑ1 白
夹江	tshan2	tshan2	san2	tshuan3	tshan3	tshan4	tshan4 tsan4 口	san1 文 sɑ1 白
峨眉山	tshan2	tshan2	san2	tshuan3	tshan3	tshan4	tshan4 tsan4 口	san1 文 sʌ1 白
乐山	tshan2	tshan2	san2	tshuan3	tshan3	tshan4	tshan4 tsan4 口	san1 文 sɑ1 白
犍为	tshan2	tshan2	san2	tshuan3	tshan3	tshan4	tshan4 tsan4 口	san1 文 sʌ1 白

字目	馋	缠	蝉	铲	产	忏	颤	杉
反切	士咸	直连	市连	初限	所简	楚鉴	之膳	所咸
声韵调	咸开二 崇咸平	山开三 澄仙平	山开三 禅仙平	山开二 初山上	山开二 生山上	咸开二 初衔去	山开三 章仙去	咸开二 生咸平
中古音	dʒɣɛm	ȡiᴇn	dʑiᴇn	tʃhɣɛn:	ʃɣɛn:	tʃhɣam-	tɕiᴇn-	ʃɣɛm
沐川	tshan2	tshan2	tshan2	tshuan3	tshan3	tshan4 tshen4 口	tshan4 tsan4 口	san1 文 sɑ1 白
峨边	tshan2	tshan2	san2	tshuan3	tshan3	tshan4	tshan4 tsan4 口	san1 文 sɐ1 白
雅安	tshan2	tshan2	san2	tshuan3	tshan3	tsan4	tsan4	sᴀ1
名山	tshan2	tshan2	tshan2	tshuan3	tshan3	tshan4	tshan4 tsan4 口	san1 文 sa1 白
天全	tshan2	tshan2	san2	tshuan3	tshan3	tshan4	tshan4 tsan4 口	san1 文 sa1 白
芦山	tshan2	tshan2	san2	tshuan3	tshan3	tsan4	tsan4	sᴀ1
宝兴	tshan2	tshan2	san2 tshan2 新	tshuan3	tshan3	tsan4	tsan4	sᴀ1
荥经	tshan2	tshan2	tshan2	tshuan3	tshan3	tshan4	tshan4 tsan4 口	san1 文 sᴀ1 白
汉源	tshan2	tshan2	san2	tshuan3	tshan3	tshan4	tshan4 tsan4 口	san1 文 sa1 白
石棉	tshan2	tshan2	tshan2	tshuan3	tshan3	tshan4	tshan4 tsan4 口	san1 文 sa1 白
内江	tshan2	tshan2	san2	tṣhuan3	tshan3	tshan4	tsan4	san1 文 sᴀ1 白
威远	tshan2	tṣhan2	ṣan2	tṣhuan3	tṣhan3	tṣhan4	tṣan4	ṣan1 文 ṣᴀ1 白
荣县	tshan2	tshan2	san2	tshuan3	tshan3	tshan4	tsan4	san1 文 sᴀ1 白
自贡	tshan2	tṣhan2	tṣhan2	tṣhuan3	tshan3	tshan4	tṣan4	ṣan1
富顺	tshan2	tṣhan2	ṣan2	tṣhuan3	tshan3	tshan4	tṣan4	ṣan1
隆昌	tshan2	tshan2	tshan2	tshuan3	tshan3	tshan4	tsan4	san1 文 sᴀ1 白
泸县	tshan2	tshan2	san2	tshuan3	tshan3	tshan4	tsan4 tshan4	san1 文 sᴀ1 白
泸州	tshan2	tshan2	san2	tshuan3	tshan3	tshan4	tsan4 tshan4	san1 文 sɑ1 白
南溪	tshan2	tshan2	san2	tshuan3	tshan3	tshan4	tsan4 tshan4	san1 文 sɑ1 白
合江	tshan2	tshan2	san2	tshuan3	tshan3	tshan4 tshen4 口	tshan4 tsan4 口	san1 文 sɑ1 白

字目	衫	山	删	扇扇动	陕	闪	扇扇子	善
反切	所衔	所间	所奸	式连	失冉	失冉	式战	常演
声韵调	咸开二 生衔平	山开二 生山平	山开二 生删平	山开三 书仙平	咸开三 书盐上	咸开三 书盐上	山开三 书仙去	山开三 禅仙上
中古音	ʃɣam	ʃɣɛn	ʃɣan	ɕiɛn	ɕiɛm:	ɕiɛm:	ɕiɛn-	dʑiɛn:
成都	san1	san1	suan1	san1	san3	san3	san4	san4
彭州	san1	san1	suan1	san1	san3	san3	san4	san4
郫县	san1	san1	suan1	san1	san3	san3	san4	san4
广汉	san1	san1	suan1	san1	san3	san3	san4	san4
都江堰河东	san1	san1	suan1	san1	san3	san3	san4	san4
都江堰河西	san1	san1	suan1	san1	san3	san3	san4	san4
崇州	san1	san1	suan1	san1	san3	san3	san4	san4
大邑	san1	san1	suan1	san1	san3	san3	san4	san4
邛崃	san1	san1	suan1	san1	san3	san3	san4	san4
新津	san1	san1	suan1	san1	san3	san3	san4	san4
蒲江	san1	san1	suan1	san1	san3	san3	san4	san4
彭山	san1	san1	suan1	san1	san3	san3	san4	san4
眉山	san1	san1	suan1	san1	san3	san3	san4	san4
丹棱	san1	san1	suan1	san1	san3	san3	san4	san4
洪雅	san1	san1	suan1	san1	san3	san3	san4	san4
青神	san1	san1	suan1	san1	san3	san3	san4	san4
夹江	san1	san1	suan1	san4	san3	san3	san4	san4
峨眉山	san1	san1	suan1	san4	san3	san3	san4	san4
乐山	san1	san1	suan1	san4	san3	san3	san4	san4
犍为	san1	san1	suan1	san4	san3	san3	san4	san4

字目	衫	山	删	扇扇动	陕	闪	扇扇子	善
反切	所衔	所间	所姧	式连	失冉	失冉	式战	常演
声韵调	咸开二 生衔平	山开二 生山平	山开二 生删平	山开三 书仙平	咸开三 书盐上	咸开三 书盐上	山开三 书仙去	山开三 禅仙上
中古音	ʃɣam	ʃɣɛn	ʃɣan	ɕiᴇn	ɕiᴇm:	ɕiᴇm:	ɕiᴇn-	dʑiᴇn:
沐川	san1	san1	suan1	san4	san3	san3	san4	san4
峨边	san1	san1	suan1	san1	san3	san3	san4	san4
雅安	san1	san1	suan1	san1	san3	san3	san4	san4
名山	san1	san1	suan1	san4	san3	san3	san4	san4
天全	san1	san1	suan1	san4	san3	san3	san4	san4
芦山	san1	san1	suan1	san1	san3	san3	san4	san4
宝兴	san1	san1	suan1	san1	san3	san3	san4	san4
荥经	san1	san1	suan1	san4	san3	san3	san4	san4
汉源	san1	san1	suan1	san4	san3	san3	san4	san4
石棉	san1	san1	suan1	san1	san3	san3	san4	san4
内江	san1	san1	ʂuan1	san1	san3	san3	san4	san4
威远	ʂan1	ʂan1	ʂuan1	ʂan1	ʂan3	ʂan3	ʂan4	ʂan4
荣县	san1	san1	suan1	san1	san3	san3	san4	san4
自贡	ʂan1	ʂan1	ʂuan1	ʂan1	ʂan3	ʂan3	ʂan4	ʂan4
富顺	ʂan1	ʂan1	ʂuan1	ʂan1	ʂan3	ʂan3	ʂan4	ʂan4
隆昌	san1	san1	ʂuan1	ʂan1	san3	san3	san4	san4
泸县	san1	san1	suan1	san1	san3	san3	san4	san4
泸州	san1	san1	suan1	san1	san3	san3	san4	san4
南溪	san1	san1	suan1	san1	san3	san3	san4	san4
合江	san1	san1	suan1	san1	san3	san3	san4	san4

字目	单姓	然	燃	染	甘	柑	干干涉	干干燥
反切	时战	如延	如延	而琰	古三	古三	古寒	古寒
声韵调	山开三 禅仙去	山开三 日仙平	山开三 日仙平	咸开三 日盐上	咸开一 见谈平	咸开一 见谈平	山开一 见寒平	山开一 见寒平
中古音	dʑiɛn-	ȵʑiɛn	ȵʑiɛn	ȵʑiɛm:	kɑm	kɑm	kɑn	kɑn
成都	san4	zan2	zan2	zan3	kan1	kan1	kan1	kan1
彭州	san4	zan2	zan2	zan3	kan1	kan1	kan1	kan1
郫县	san4	zan2	zan2	zan3	kan1	kan1	kan1	kan1
广汉	san4	zan2	zan2	zan3	kan1	kan1	kan1	kan1
都江堰河东	san4	zan2	zan2	zan3	kan1	kan1	kan1	kan1
都江堰河西	san4	zan2	zan2	zan3	kan1	kan1	kan1	kan1
崇州	san4	zan2	zan2	zan3	kan1	kan1	kan1	kan1
大邑	san4	zan2	zan2	zan3	kan1	kan1	kan1	kan1
邛崃	san4	zan2	zan2	zan3	kan1	kan1	kan1	kan1
新津	san4	zan2	zan2	zan3	kan1	kan1	kan1	kan1
蒲江	san4	zan2	zan2	zan3	kan1	kan1	kan1	kan1
彭山	san4	zan2	zan2	zan3	kan1	kan1	kan1	kan1
眉山	san4	zan2	zan2	zan3	kan1	kan1	kan1	kan1
丹棱	san4	zan2	zan2	zan3	kan1	kan1	kan1	kan1
洪雅	san4	zan2	zan2	zan3	kan1	kan1	kan1	kan1
青神	san4	zan2	zan2	zan3	kan1	kan1	kan1	kan1
夹江	san4	zan2	zan2	zan3	kan1	kan1	kan1	kan1
峨眉山	san4	zan2	zan2	zan3	kan1	kan1	kan1	kan1
乐山	san4	zan2	zan2	zan3	kan1	kan1	kan1	kan1
犍为	san4	zan2	zan2	zan3	kan1	kan1	kan1	kan1

字目	单姓	然	燃	染	甘	柑	干干涉	干干燥
反切	时战	如延	如延	而琰	古三	古三	古寒	古寒
声韵调	山开三 禅仙去	山开三 日仙平	山开三 日仙平	咸开三 日盐上	咸开一 见谈平	咸开一 见谈平	山开一 见寒平	山开一 见寒平
中古音	dʑiɛn-	ȵʑiɛn	ȵʑiɛn	ȵʑiɛm:	kɑm	kɑm	kɑn	kɑn
沐川	san4	zan2	zan2	zan3	kan1	kan1	kan1	kan1
峨边	san4	zan2	zan2	zan3	kan1	kan1	kan1	kan1
雅安	san4	zan2	zan2	zan3	kan1	kan1	kan1	kan1
名山	san4	zan2	zan2	zan3	kan1	kan1	kan1	kan1
天全	san4	zan2	zan2	zan3	kan1	kan1	kan1	kan1
芦山	san4	zan2	zan2	zan3	kan1	kan1	kan1	kan1
宝兴	san4	zan2	zan2	zan3	kan1	kan1	kan1	kan1
荥经	san4	zan2	zan2	zan3	kan1	kan1	kan1	kan1
汉源	san4	zan2	zan2	zan3	kan1	kan1	kan1	kan1
石棉	san4	zan2	zan2	zan3	kan1	kan1	kan1	kan1
内江	san4	ʐan2	ʐan2	ʐan3	kan1	kan1	kan1	kan1
威远	ʂan4	ʐan2	ʐan2	ʐan3	kan1	kan1	kan1	kan1
荣县	san4	zan2	zan2	zan3	kan1	kan1	kan1	kan1
自贡	ʂan4	ʐan2	ʐan2	ʐan3	kan1	kan1	kan1	kan1
富顺	ʂan4	ʐan2	ʐan2	ʐan3	kan1	kan1	kan1	kan1
隆昌	san4	ʐan2	ʐan2	ʐan3	kan1	kan1	kan1	kan1
泸县	san4	zan2	zan2	zan3	kan1	kan1	kan1	kan1
泸州	san4	zan2	zan2	zan3	kan1	kan1	kan1	kan1
南溪	san4	zan2	zan2	zan3	kan1	kan1	kan1	kan1
合江	san4	zan2	zan2	zan3	kan1	kan1	kan1	kan1

字目	肝	竿	*杆晾衣杆	感	敢	杆笔杆	秆麦秆	赶
反切	古寒	古寒	*居寒	古禫	古览	古旱	古旱	
声韵调	山开一见寒平	山开一见寒平	山开一见寒平	咸开一见覃上	咸开一见谈上	山开一见寒上	山开一见寒上	山开一见寒上
中古音	kɑn	kɑn	kɑn	kʌm:	kɑm:	kɑn:	kɑn:	kɑn:
成都	kan1	kan1	kan1	kan3	kan3	kan3	kan3	kan3
彭州	kan1	kan1	kan1	kan3	kan3	kan3	kan3	kan3
郫县	kan1	kan1	kan1	kan3	kan3	kan3	kan3	kan3
广汉	kan1	kan1	kan1	kan3	kan3	kan3	kan3	kan3
都江堰河东	kan1	kan1	kan1	kan3	kan3	kan3	kan3	kan3
都江堰河西	kan1	kan1	kan1	kan3	kan3	kan3	kan3	kan3
崇州	kan1	kan1	kan1	kan3	kan3	kan3	kan3	kan3
大邑	kan1	kan1	kan1	kan3	kan3	kan3	kan3	kan3
邛崃	kan1	kan1	kan1	kan3	kan3	kan3	kan3	kan3
新津	kan1	kan1	kan1	kan3	kan3	kan3	kan3	kan3
蒲江	kan1	kan1	kan1	kan3	kan3	kan3	kan3	kan3
彭山	kan1	kan1	kan1	kan3	kan3	kan3	kan3	kan3
眉山	kan1	kan1	kan1	kan3	kan3	kan3	kan3	kan3
丹棱	kan1	kan1	kan1	kan3	kan3	kan3	kan3	kan3
洪雅	kan1	kan1	kan1	kan3	kan3	kan3	kan3	kan3
青神	kan1	kan1	kan1	kan3	kan3	kan3	kan3	kan3
夹江	kan1	kan1	kan1	kan3	kan3	kan3	kan3	kan3
峨眉山	kan1	kan1	kan1	kan3	kan3	kan3	kan3	kan3
乐山	kan1	kan1	kan1	kan3	kan3	kan3	kan3	kan3
犍为	kan1	kan1	kan1	kan3	kan3	kan3	kan3	kan3

字目	肝	竿	*杆晾衣杆	感	敢	杆笔杆	秆麦秆	赶
反切	古寒	古寒	*居寒	古禫	古览	古旱	古旱	
声韵调	山开一见寒平	山开一见寒平	山开一见寒平	咸开一见覃上	咸开一见谈上	山开一见寒上	山开一见寒上	山开一见寒上
中古音	kɑn	kɑn	kɑn	kʌm:	kɑm:	kɑn:	kɑn:	kɑn:
沐川	kan1	kan1	kan1	kan3	kan3	kan3	kan3	kan3
峨边	kan1	kan1	kan1	kan3	kan3	kan3	kan3	kan3
雅安	kan1	kan1	kan1	kan3	kan3	kan3	kan3	kan3
名山	kan1	kan1	kan1	kan3	kan3	kan3	kan3	kan3
天全	kan1	kan1	kan1	kan3	kan3	kan3	kan3	kan3
芦山	kan1	kan1	kan1	kan3	kan3	kan3	kan3	kan3
宝兴	kan1	kan1	kan1	kan3	kan3	kan3	kan3	kan3
荥经	kan1	kan1	kan1	kan3	kan3	kan3	kan3	kan3
汉源	kan1	kan1	kan1	kan3	kan3	kan3	kan3	kan3
石棉	kan1	kan1	kan1	kan3	kan3	kan3	kan3	kan3
内江	kan1	kan1	kan1	kan3	kan3	kan3	kan3	kan3
威远	kan1	kan1	kan1	kan3	kan3	kan3	kan3	kan3
荣县	kan1	kan1	kan1	kan3	kan3	kan3	kan3	kan3
自贡	kan1	kan1	kan1	kan3	kan3	kan3	kan3	kan3
富顺	kan1	kan1	kan1	kan3	kan3	kan3	kan3	kan3
隆昌	kan1	kan1	kan1	kan3	kan3	kan3	kan3	kan3
泸县	kan1	kan1	kan1	kan3	kan3	kan3	kan3	kan3
泸州	kan1	kan1	kan1	kan3	kan3	kan3	kan3	kan3
南溪	kan1	kan1	kan1	kan3	kan3	kan3	kan3	kan3
合江	kan1	kan1	kan1	kan3	kan3	kan3	kan3	kan3

字目	干干练	干树干	堪	看看守	刊	坎	勘	砍
反切	古案	古案	口含	苦寒	苦寒	苦感	苦绀	
声韵调	山开一 见寒去	山开一 见寒去	咸开一 溪覃平	山开一 溪寒平	山开一 溪寒平	咸开一 溪覃上	咸开一 溪覃去	咸开一 溪覃上
中古音	kɑn-	kɑn-	khʌm	khɑn	khɑn	khʌm:	khʌm-	khʌm:
成都	kan4	kan4	khan1	khan4 khan1 旧	khan1	khan3	khan1	khan3
彭州	kan4	kan4	khan1	khan4 khan1 旧	khan1	khan3	khan1	khan3
郫县	kan4	kan4	khan1	khan4 khan1 旧	khan1	khan3	khan1	khan3
广汉	kan4	kan4	khan1	khan4 khan1 旧	khan1	khan3	khan1	khan3
都江堰河东	kan4	kan4	khan1	khan4	khan1	khan3	khan1	khan3
都江堰河西	kan4	kan4	khan1	khan4	khan1	khan3	khan1	khan3
崇州	kan4	kan4	khan1	khan4	khan1	khan3	khan1	khan3
大邑	kan4	kan4	khan1	khan4 khan1 旧	khan1	khan3	khan1	khan3
邛崃	kan4	kan4	khan1	khan4 khan1 旧	khan1	khan3	khan1	khan3
新津	kan4	kan4	khan1	khan4 khan1 旧	khan1	khan3	khan1	khan3
蒲江	kan4	kan4	khan1	khan4 khan1 旧	khan1	khan3	khan1	khan3
彭山	kan4	kan4	khan1	khan4 khan1 旧	khan1	khan3	khan1	khan3
眉山	kan4	kan4	khan1	khan4 khan1 旧	khan1	khan3	khan1	khan3
丹棱	kan4	kan4	khan1	khan4 khan1 旧	khan1	khan3	khan1	khan3
洪雅	kan4	kan4	khan1	khan4 khan1 旧	khan1	khan3	khan1	khan3
青神	kan4	kan4	khan1	khan4 khan1 旧	khan1	khan3	khan1	khan3
夹江	kan4	kan4	khan1	khan1	khan1	khan3	khan1	khan3
峨眉山	kan4	kan4	khan1	khan1	khan1	khan3	khan1	khan3
乐山	kan4	kan4	khan1	khan1	khan1	khan3	khan1	khan3
犍为	kan4	kan4	khan1	khan1	khan1	khan3	khan1	khan3

字目	干干练	干树干	堪	看看守	刊	坎	勘	砍
反切	古案	古案	口含	苦寒	苦寒	苦感	苦绀	
声韵调	山开一 见寒去	山开一 见寒去	咸开一 溪覃平	山开一 溪寒平	山开一 溪寒平	咸开一 溪覃上	咸开一 溪覃去	咸开一 溪覃上
中古音	kɑn-	kɑn-	khʌm	khɑn	khɑn	khʌm:	khʌm-	khʌm:
沐川	kan4	kan4	khan1	khan4 khan1 旧	khan1	khan3	khan1	khan3
峨边	kan4	kan4	khan1	khan4	khan1	khan3	khan1	khan3
雅安	kan4	kan4	khan1	khan4	khan1	khan3	khan1	khan3
名山	kan4	kan4	khan1	khan4 khan1	khan1	khan3	khan1	khan3
天全	kan4	kan4	khan1	khan4 khan1	khan1	khan3	khan1	khan3
芦山	kan4	kan4	khan1	khan1	khan1	khan3	khan1	khan3
宝兴	kan4	kan4	khan1	khan1	khan1	khan3	khan1	khan3
荥经	kan4	kan4	khan1	khan4 khan1 旧	khan1	khan3	khan1	khan3
汉源	kan4	kan4	khan1	khan4 khan1	khan1	khan3	khan1	khan3
石棉	kan4	kan4	khan1	khan4 khan1	khan1	khan3	khan1	khan3
内江	kan4	kan4	khan1	khan4 khan1 旧	khan1	khan3	khan1	khan3
威远	kan4	kan4	khan1	khan4 khan1 旧	khan1	khan3	khan1	khan3
荣县	kan4	kan4	khan1	khan4 khan1 旧	khan1	khan3	khan1	khan3
自贡	kan4	kan4	khan1	khan4	khan1	khan3	khan1	khan3
富顺	kan4	kan4	khan1	khan4	khan1	khan3	khan1	khan3
隆昌	kan4	kan4	khan1	khan4	khan1	khan3	khan1	khan3
泸县	kan4	kan4	khan1	khan4 khan1 旧	khan1	khan3	khan1	khan3
泸州	kan4	kan4	khan1	khan4 khan1 旧	khan1	khan3	khan1	khan3
南溪	kan4	kan4	khan1	khan4 khan1 旧	khan1	khan3	khan1	khan3
合江	kan4	kan4	khan1	khan4 khan1 旧	khan1	khan3	khan1	khan3

字目	看看见	含	函	寒	韩	喊	罕	汉
反切	苦旰	胡南	胡南	胡安	胡安	呼览	呼旱	呼旰
声韵调	山开一 溪寒去	咸开一 匣覃平	咸开一 匣覃平	山开一 匣寒平	山开一 匣寒平	咸开一 晓谈上	山开一 晓寒上	山开一 晓寒去
中古音	khɑn-	ɦʌm	ɦʌm	ɦɑn	ɦɑn	hɑm:	hɑn:	hɑn-
成都	khan4	xan2	xan2	xan2	xan2	xan3	xan3	xan4
彭州	khan4	xan2	xan2	xan2	xan2	xan3	xan3	xan4
郫县	khan4	xan2	xan2	xan2	xan2	xan3	xan3	xan4
广汉	khan4	xan2	xan2	xan2	xan2	xan3	xan3	xan4
都江堰河东	khan4	xan2	xan2	xan2	xan2	xan3	xan3	xan4
都江堰河西	khan4	xan2	xan2	xan2	xan2	xan3	xan3	xan4
崇州	khan4	xan2	xan2	xan2	xan2	xan3	xan3	xan4
大邑	khan4	xan2	xan2	xan2	xan2	xan3	xan3	xan4
邛崃	khan4	xan2	xan2	xan2	xan2	xan3	xan3	xan4
新津	khan4	xan2	xan2	xan2	xan2	xan3	xan3	xan4
蒲江	khan4	xan2	xan2	xan2	xan2	xan3	xan3	xan4
彭山	khan4	xan2	xan2	xan2	xan2	xan3	xan3	xan4
眉山	khan4	xan2	xan2	xan2	xan2	xan3	xan3	xan4
丹棱	khan4	xan2	xan2	xan2	xan2	xan3	xan3	xan4
洪雅	khan4	xan2	xan2	xan2	xan2	xan3	xan3	xan4
青神	khan4	xan2	xan2	xan2	xan2	xan3	xan3	xan4
夹江	khan4	xan2	xan2	xan2	xan2	xan3	xan3	xan4
峨眉山	khan4	xan2	xan2	xan2	xan2	xan3	xan3	xan4
乐山	khan4	xan2	xan2	xan2	xan2	xan3	xan3	xan4
犍为	khan4	xan2	xan2	xan2	xan2	xan3	xan3	xan4

字目	看看见	含	函	寒	韩	喊	罕	汉
反切	苦旰	胡南	胡南	胡安	胡安	呼览	呼旱	呼旰
声韵调	山开一 溪寒去	咸开一 匣覃平	咸开一 匣覃平	山开一 匣寒平	山开一 匣寒平	咸开一 晓谈上	山开一 晓寒上	山开一 晓寒去
中古音	khɑn-	ɦʌm	ɦʌm	ɦɑn	ɦɑn	hɑm:	hɑn:	hɑn-
沐川	khan4	xan2	xan2	xan2	xan2	xan3	xan3	xan4
峨边	khan4	xan2	xan2	xan2	xan2	xan3	xan3	xan4
雅安	khan4	xan2	xan2	xan2	xan2	xan3	xan3	xan4
名山	khan4	xan2	xan2	xan2	xan2	xan3	xan3	xan4
天全	khan4	xan2	xan2	xan2	xan2	xan3	xan3	xan4
芦山	khan4	xan2	xan2	xan2	xan2	xan3	xan3	xan4
宝兴	khan4	xan2	xan2	xan2	xan2	xan3	xan3	xan4
荥经	khan4	xan2	xan2	xan2	xan2	xan3	xan3	xan4
汉源	khan4	xan2	xan2	xan2	xan2	xan3	xan3	xan4
石棉	khan4	xan2	xan2	xan2	xan2	xan3	xan3	xan4
内江	khan4	xan2	xan2	xan2	xan2	xan3	xan3	xan4
威远	khan4	xan2	xan2	xan2	xan2	xan3	xan3	xan4
荣县	khan4	xan2	xan2	xan2	xan2	xan3	xan3	xan4
自贡	khan4	xan2	xan2	xan2	xan2	xan3	xan3	xan4
富顺	khan4	xan2	xan2	xan2	xan2	xan3	xan3	xan4
隆昌	khan4	xan2	xan2	xan2	xan2	xan3	xan3	xan4
泸县	khan4	xan2	xan2	xan2	xan2	xan3	xan3	xan4
泸州	khan4	xan2	xan2	xan2	xan2	xan3	xan3	xan4
南溪	khan4	xan2	xan2	xan2	xan2	xan3	xan3	xan4
合江	khan4	xan2	xan2	xan2	xan2	xan3	xan3	xan4

字目	旱	汗	焊	庵	安	鞍	暗	岸
反切	胡笴	侯旰	侯旰	乌含	乌寒	乌寒	乌绀	五旰
声韵调	山开一 匣寒上	山开一 匣寒去	山开一 匣寒去	咸开一 影覃平	山开一 影寒平	山开一 影寒平	咸开一 影覃去	山开一 疑寒去
中古音	ɦɑn:	ɦɑn-	ɦɑn-	ʔʌm	ʔɑn	ʔɑn	ʔʌm-	ŋɑn-
成都	xan4	xan4	xan4	ŋan1	ŋan1	ŋan1	ŋan4 ŋan3 口	ŋan4
彭州	xan4	xan4	xan4	ŋan1	ŋan1	ŋan1	ŋan4 ŋan3 口	ŋan4
郫县	xan4	xan4	xan4	ŋan1	ŋan1	ŋan1	ŋan4 ŋan3 口	ŋan4
广汉	xan4	xan4	xan4	ŋan1	ŋan1	ŋan1	ŋan4	ŋan4
都江堰河东	xan4	xan4	xan4	ŋan1	ŋan1	ŋan1	ŋan4	ŋan4
都江堰河西	xan4	xan4	xan4	ŋan1	ŋan1	ŋan1	ŋan4	ŋan4
崇州	xan4	xan4	xan4	ŋan1	ŋan1	ŋan1	ŋan4 ŋan3 口	ŋan4
大邑	xan4	xan4	xan4	ŋan1	ŋan1	ŋan1	ŋan4	ŋan4
邛崃	xan4	xan4	xan4	ŋan1	ŋan1	ŋan1	ŋan4	ŋan4
新津	xan4	xan4	xan4	ŋan1	ŋan1	ŋan1	ŋan4	ŋan4
蒲江	xan4	xan4	xan4	ŋan1	ŋan1	ŋan1 an1 新	ŋan4	ŋan4
彭山	xan4	xan4	xan4	ŋan1	ŋan1	ŋan1	ŋan4	ŋan4
眉山	xan4	xan4	xan4	ŋan1	ŋan1	ŋan1	ŋan4	ŋan4
丹棱	xan4	xan4	xan4	ŋan1	ŋan1	ŋan1	ŋan4	ŋan4
洪雅	xan4	xan4	xan4	ŋan1	ŋan1	ŋan1	ŋan4	ŋan4
青神	xan4	xan4	xan4	ŋan1	ŋan1	ŋan1	ŋan4	ŋan4
夹江	xan4	xan4	xan4	ŋan1	ŋan1	ŋan1	ŋan4	ŋan4
峨眉山	xan4	xan4	xan4	ŋan1	ŋan1	ŋan1	ŋan4	ŋan4
乐山	xan4	xan4	xan4	ŋan1	ŋan1	ŋan1	ŋan4	ŋan4
犍为	xan4	xan4	xan4	ŋan1	ŋan1	ŋan1	ŋan4	ŋan4

字目	旱	汗	焊	庵	安	鞍	暗	岸
反切	胡笴	侯旰	侯旰	乌含	乌寒	乌寒	乌绀	五旰
声韵调	山开一 匣寒上	山开一 匣寒去	山开一 匣寒去	咸开一 影覃平	山开一 影寒平	山开一 影寒平	咸开一 影覃去	山开一 疑寒去
中古音	ɦɑn:	ɦɑn-	ɦɑn-	ʔʌm	ʔɑn	ʔɑn	ʔʌm-	ŋɑn-
沐川	xan4	xan4	xan4	ŋan1	ŋan1	ŋan1	ŋan4 ŋan3 口	ŋan4
峨边	xan4	xan4	xan4	ŋan1	ŋan1	ŋan1	ŋan4	ŋan4
雅安	xan4	xan4	xan4	ŋan1	ŋan1	ŋan1	ŋan4	ŋan4
名山	xan4	xan4	xan4	ŋan1	ŋan1	ŋan1	ŋan4 ŋan3 口	ŋan4
天全	xan4	xan4	xan4	ŋan1	ŋan1	ŋan1	ŋan4 ŋan3 口	ŋan4
芦山	xan4	xan4	xan4	ŋan1	ŋan1	ŋan1	ŋan4	ŋan4
宝兴	xan4	xan4	xan4	ŋan1	ŋan1	ŋan1	ŋan4	ŋan4
荥经	xan4	xan4	xan4	ŋan1	an1	ŋan1	ŋan4 ŋan3 口	ŋan4
汉源	xan4	xan4	xan4	ŋan1	ŋan1	ŋan1	ŋan4 ŋan3 口	ŋan4
石棉	xan4	xan4	xan4	ŋan1	ŋan1	ŋan1	ŋan4 ŋan3 口	ŋan4
内江	xan4	xan4	xan4	ŋan1	ŋan1	ŋan1	ŋan4	ŋan4
威远	xan4	xan4	xan4	ŋan1	ŋan1	ŋan1	ŋan4	ŋan4
荣县	xan4	xan4	xan4	ŋan1	ŋan1	ŋan1	ŋan4	ŋan4
自贡	xan4	xan4	xan4	ŋan1	ŋan1	ŋan1	ŋan4	ŋan4
富顺	xan4	xan4	xan4	ŋan1	ŋan1	ŋan1	ŋan4	ŋan4
隆昌	xan4	xan4	xan4	ŋan1	ŋan1	ŋan1	ŋan4	ŋan4
泸县	xan4	xan4	xan4	ŋan1	ŋan1	ŋan1	ŋan4	ŋan4
泸州	xan4	xan4	xan4	ŋan1	ŋan1	ŋan1	ŋan4	ŋan4
南溪	xan4	xan4	xan4	ŋan1	ŋan1	ŋan1	ŋan4	ŋan4
合江	xan4	xan4	xan4	ŋan1	ŋan1	ŋan1	ŋan4 ŋan3 口	ŋan4

字目	按	案	鞭	编①	边	贬	扁	匾
反切	乌旰	乌旰	卑连	卑连	布玄	方敛	方典	方典
声韵调	山开一 影寒去	山开一 影寒去	山开三A 帮仙平	山开三A 帮仙平	山开四 帮先平	咸开三B 帮盐上	山开四 帮先上	山开四 帮先上
中古音	ʔɑn-	ʔɑn-	piɛn	piɛn	pen	pɣiɛm:	pen:	pen:
成都	ŋan4	ŋan4	piɛn1	piɛn1	piɛn1	piɛn3	piɛn3 pia3 口	piɛn3
彭州	ŋan4	ŋan4	piɛn1	piɛn1	piɛn1	piɛn3	piɛn3 pia3 口	piɛn3
郫县	ŋan4	ŋan4	piɛn1	piɛn1	piɛn1	piɛn3	piɛn3	piɛn3
广汉	ŋan4	ŋan4	piɛn1	piɛn1	piɛn1	piɛn3	piɛn3 pia3 口	piɛn3
都江堰河东	ŋan4	ŋan4	piɛn1	piɛn1	piɛn1	piɛn3	piɛn3 pia3 口	piɛn3
都江堰河西	ŋan4	ŋan4	piɛn1	piɛn1	piɛn1	piɛn3	piɛn3 pia3 口	piɛn3
崇州	ŋan4	ŋan4	piɛn1	piɛn1	piɛn1	piɛn3	piɛn3 pia3 口	piɛn3
大邑	ŋan4	ŋan4	pian1	pian1	pian1	pian3	pian3 pia3 口	pian3
邛崃	ŋan4	ŋan4	piɛn1	piɛn1	piɛn1	piɛn3	piɛn3 pia3 口	piɛn3
新津	ŋan4	ŋan4	piɛn1	piɛn1	piɛn1	piɛn3	piɛn3 pia3 口	piɛn3
蒲江	ŋan4	ŋan4 an4 新	piɛn1	piɛn1	piɛn1	piɛn3	piɛn3 pia3 口	piɛn3
彭山	ŋan4	ŋan4	piɛn1	piɛn1	piɛn1	piɛn3	piɛn3 pia3 口	piɛn3
眉山	ŋan4	ŋan4	piɛn1	piɛn1	piɛn1	piɛn3	piɛn3 pia3 口	phiɛn3
丹棱	ŋan4	ŋan4	piɛn1	piɛn1	piɛn1	piɛn3	piɛn3 pia3 口	phiɛn3
洪雅	ŋan4	ŋan4	piɛn1	piɛn1	piɛn1	piɛn3	piɛn3 pia3 口	phiɛn3
青神	ŋan4	ŋan4	piɛn1	piɛn1	piɛn1	piɛn3	piɛn3 pia3 口	phiɛn3
夹江	ŋan4	ŋan4	piɛn1	piɛn1	piɛn1	piɛn3	piɛn3 pia3 口	phiɛn3 piɛn3
峨眉山	ŋan4	ŋan4	piɛn1	piɛn1	piɛn1	piɛn3	piɛn3 pia3 口	phiɛn3 piɛn3
乐山	ŋan4	ŋan4	piᴇ1	piᴇ1	piᴇ1	piᴇ3	piᴇ3 pia3 口	piᴇ3
犍为	ŋan4	ŋan4	piɛn1	piɛn1	piɛn1	piɛn3	piɛn3 pia3 口	piɛn3

① 又布玄切，山开四帮先平。

字目	按	案	鞭	编①	边	贬	扁	匾
反切	乌旰	乌旰	卑连	卑连	布玄	方敛	方典	方典
声韵调	山开一 影寒去	山开一 影寒去	山开三 A 帮仙平	山开三 A 帮仙平	山开四 帮先平	咸开三 B 帮盐上	山开四 帮先上	山开四 帮先上
中古音	ʔɑn-	ʔɑn-	piᴇn	piᴇn	pen	pɣiᴇm:	pen:	pen:
沐川	ŋan4	ŋan4	piɛn1	piɛn1	piɛn1	piɛn3	piɛn3 pia3 口	piɛn3
峨边	ŋan4	ŋan4	piɛn1	piɛn1	piɛn1	piɛn3	piɛn3 pia3 口	phiɛn3
雅安	ŋan4	ŋan4	piɛn1	piɛn1	piɛn1	piɛn3	piɛn3	piɛn3
名山	ŋan4	ŋan4	piɛn1	piɛn1	piɛn1	piɛn3	piɛn3 pia3 口	piɛn3
天全	ŋan4	ŋan4	piɛn1	piɛn1	piɛn1	piɛn3	piɛn3 pia3 口	piɛn3
芦山	ŋan4	ŋan4	piɛn1	piɛn1	piɛn1	piɛn3	piɛn3	piɛn3
宝兴	ŋan4	ŋan4	piɛn1	piɛn1	piɛn1	piɛn3	piɛn3	piɛn3
荥经	ŋan4	ŋan4	piɛn1	piɛn1	piɛn1	piɛn3	piɛn3 pia3 口	piɛn3
汉源	ŋan4	ŋan4	piɛn1	piɛn1	piɛn1	piɛn3	piɛn3 pia3 口	piɛn3
石棉	ŋan4	ŋan4	piɛn1	piɛn1	piɛn1	piɛn3	piɛn3 pia3 口	piɛn3
内江	ŋan4	ŋan4	pian1	pian1	pian1	pian3	pian3 pia3 口	phian3
威远	ŋan4	ŋan4	pian1	pian1	pian1	pian3	pian3 pia3 口	phian3
荣县	ŋan4	ŋan4	pin1	pin1	pin1	piɛn3 pin3	pin3 pia3 口	pin3
自贡	ŋan4	ŋan4	piɛn1	piɛn1	piɛn1	piɛn3	piɛn3	piɛn3
富顺	ŋan4	ŋan4	piɛn1	piɛn1	piɛn1	piɛn3	piɛn3	phiɛn3
隆昌	ŋan4	ŋan4	piɛn1	piɛn1	piɛn1	piɛn3	piɛn3	phiɛn3
泸县	ŋan4	ŋan4	piɛn1	piɛn1	piɛn1	piɛn3	piɛn3 pia3 口	piɛn3
泸州	ŋan4	ŋan4	piɛn1	piɛn1	piɛn1	piɛn3	piɛn3 pia3 口	piɛn3 phiɛn3 旧
南溪	ŋan4	ŋan4	piɛn1	piɛn1	piɛn1	piɛn3	piɛn3 pia3 口	piɛn3
合江	ŋan4	ŋan4	piɛn1	piɛn1	piɛn1	piɛn3	piɛn3 pia3 口	phiɛn3

① 又布玄切，山开四帮先平。

字目	变	辨	辩	便方便	辫	遍[①]一遍	遍[①]遍地	篇
反切	彼眷	符蹇	符蹇	婢面	薄泫	方见	方见	芳连
声韵调	山开三 B 帮仙去	山开三 B 並仙上	山开三 B 並仙上	山开三 A 並仙去	山开四 並先上	山开四 帮先去	山开四 帮先去	山开三 A 滂仙平
中古音	pɣiɛn-	bɣiɛn:	bɣiɛn:	biɛn-	ben:	pen-	pen-	phiɛn
成都	piɛn4	piɛn4	piɛn4	piɛn4	piɛn4	piɛn4 phiɛn4 旧	piɛn4 phiɛn4 旧	phiɛn1
彭州	piɛn4	piɛn4	piɛn4	piɛn4	piɛn4	piɛn4 phiɛn4 旧	piɛn4 phiɛn4 旧	phiɛn1
郫县	piɛn4	piɛn4	piɛn4	piɛn4	piɛn4	phiɛn4 piɛn4 新	phiɛn4 piɛn4 新	phiɛn1
广汉	piɛn4	piɛn4	piɛn4	piɛn4	piɛn4	phiɛn4	phiɛn4	phiɛn1
都江堰河东	piɛn4	piɛn4	piɛn4	piɛn4	piɛn4	phiɛn4	phiɛn4	phiɛn1
都江堰河西	piɛn4	piɛn4	piɛn4	piɛn4	piɛn4	phiɛn4 piɛn4 新	phiɛn4 piɛn4 新	phiɛn1
崇州	piɛn4	piɛn4	piɛn4	piɛn4	piɛn4	phiɛn4	phiɛn4	phiɛn1
大邑	pian4	pian4	pian4	pian4	pian4	phian4 pian4 新	phian4 pian4 新	phian1
邛崃	piɛn4	piɛn4	piɛn4	piɛn4	piɛn4	phiɛn4 piɛn4 新	phiɛn4 piɛn4 新	phiɛn1
新津	piɛn4	piɛn4	piɛn4	piɛn4	piɛn4	phiɛn4 piɛn4 新	phiɛn4 piɛn4 新	phiɛn1
蒲江	piɛn4	piɛn4	piɛn4	piɛn4	piɛn4	phiɛn4 piɛn4 新	phiɛn4 piɛn4 新	phiɛn1
彭山	piɛn4	piɛn4	piɛn4	piɛn4	piɛn4	piɛn4 phiɛn4 旧	piɛn4 phiɛn4 旧	phiɛn1
眉山	piɛn4	piɛn4	piɛn4	piɛn4	piɛn4	piɛn4 phiɛn4 旧	piɛn4 phiɛn4 旧	phiɛn1
丹棱	piɛn4	piɛn4	piɛn4	piɛn4	piɛn4	piɛn4 phiɛn4 旧	piɛn4 phiɛn4 旧	phiɛn1
洪雅	piɛn4	piɛn4	piɛn4	piɛn4	piɛn4	piɛn4 phiɛn4 旧	piɛn4 phiɛn4 旧	phiɛn1
青神	piɛn4	piɛn4	piɛn4	piɛn4	piɛn4	piɛn4 phiɛn4 旧	piɛn4 phiɛn4 旧	phiɛn1
夹江	piɛn4	piɛn4	piɛn4	piɛn4	piɛn4	piɛn4 phiɛn4 旧	piɛn4 phiɛn4 旧	phiɛn1
峨眉山	piɛn4	piɛn4	piɛn4	piɛn4	piɛn4	piɛn4 phiɛn4 旧	piɛn4 phiɛn4 旧	phiɛn1
乐山	piᴇ4	piᴇ4	piᴇ4	piᴇ4	piᴇ4	piᴇ4 phiᴇ4 旧	piᴇ4 phiᴇ4 旧	phiᴇ1
犍为	piɛn4	piɛn4	piɛn4	piɛn4	piɛn4	piɛn4 phiɛn4 旧	piɛn4 phiɛn4 旧	phiɛn1

① 《广韵》列线韵，方见切；《王韵》《集韵》均列霰韵。

字目	变	辨	辩	便方便	辫	遍[①]一遍	遍[①]遍地	篇
反切	彼眷	符蹇	符蹇	婢面	薄泫	方见	方见	芳连
声韵调	山开三B 帮仙去	山开三B 並仙上	山开三B 並仙上	山开三A 並仙去	山开四 並先上	山开四 帮先去	山开四 帮先去	山开三A 滂仙平
中古音	pɣiɛn-	bɣiɛn:	bɣiɛn:	biɛn-	ben:	pen-	pen-	phiɛn
沐川	piɛn4	piɛn4	piɛn4	piɛn4	piɛn4	piɛn4 phiɛn4 旧	piɛn4 phiɛn4 旧	phiɛn1
峨边	piɛn4	piɛn4	piɛn4	piɛn4	piɛn4	phiɛn4	phiɛn4	phiɛn1
雅安	piɛn4	piɛn4	piɛn4	piɛn4	piɛn4	piɛn4	piɛn4	phiɛn1
名山	piɛn4	piɛn4	piɛn4	piɛn4	piɛn4	piɛn4 phiɛn4 旧	piɛn4 phiɛn4 旧	phiɛn1
天全	piɛn4	piɛn4	piɛn4	piɛn4	piɛn4	piɛn4 phiɛn4 旧	piɛn4 phiɛn4 旧	phiɛn1
芦山	piɛn4	piɛn4	piɛn4	piɛn4	piɛn4	phiɛn4	phiɛn4	phiɛn1
宝兴	piɛn4	piɛn4	piɛn4	piɛn4	piɛn4	phiɛn4	phiɛn4	phiɛn1
荥经	piɛn4	piɛn4	piɛn4	piɛn4	piɛn4	piɛn4 phiɛn4 旧	piɛn4 phiɛn4 旧	phiɛn1
汉源	piɛn4	piɛn4	piɛn4	piɛn4	piɛn4	piɛn4 phiɛn4 旧	piɛn4 phiɛn4 旧	phiɛn1
石棉	piɛn4	piɛn4	piɛn4	piɛn4	piɛn4	piɛn4 phiɛn4 旧	piɛn4 phiɛn4 旧	phiɛn1
内江	pian4	pian4	pian4	pian4	pian4	pian4 phian4 旧	pian4 phian4 旧	phian1
威远	pian4	pian4	pian4	pian4	pian4	pian4 phian4 旧	pian4 phian4 旧	phian1
荣县	pin4	pin4	pin4	pin4	pin4	pin4 phin4 旧	pin4 phin4 旧	phin1
自贡	piɛn4	piɛn4	piɛn4	piɛn4	piɛn4	phiɛn4	phiɛn4	phiɛn1
富顺	piɛn4	piɛn4	piɛn4	piɛn4	piɛn4	phiɛn4	phiɛn4	phiɛn1
隆昌	piɛn4	piɛn4	piɛn4	piɛn4	piɛn4	phiɛn4	phiɛn4	phiɛn1
泸县	piɛn4	piɛn4	piɛn4	piɛn4	piɛn4	phiɛn4 piɛn4 新	phiɛn4 piɛn4 新	phiɛn1
泸州	piɛn4	piɛn4	piɛn4	piɛn4	piɛn4	phiɛn4 piɛn4 新	phiɛn4 piɛn4 新	phiɛn1
南溪	piɛn4	piɛn4	piɛn4	piɛn4	piɛn4	phiɛn4 piɛn4 新	phiɛn4 piɛn4 新	phiɛn1
合江	piɛn4	piɛn4	piɛn4	piɛn4	piɛn4	piɛn4 phiɛn4 旧	piɛn4 phiɛn4 旧	phiɛn1

① 《广韵》列线韵，方见切；《王韵》《集韵》均列霰韵。

字目	偏	便便宜	骗骗人	片	绵	棉	眠	免
反切	芳连	房连		普麵	武延	武延	莫贤	亡辨
声韵调	山开三A 滂仙平	山开三A 並仙平	山开三B 滂仙去	山开四 滂先去	山开三A 明仙平	山开三A 明仙平	山开四 明先平	山开三B 明仙上
中古音	phiᴇn	biᴇn	phɣiᴇn-	phen-	miᴇn	miᴇn	men	mɣiᴇn:
成都	phiɛn1	phiɛn2 文	phiɛn4	phiɛn4 phiɛn3 口	miɛn2	miɛn2	miɛn2	miɛn3
彭州	phiɛn1	phiɛn2	phiɛn4	phiɛn4 phiɛn3 口	miɛn2	miɛn2	miɛn2	miɛn3
郫县	phiɛn1	phiɛn2	phiɛn4	phiɛn4	miɛn2	miɛn2	miɛn2	miɛn3
广汉	phiɛn1	phiɛn2	phiɛn4	phiɛn4 phiɛn3 口	miɛn2	miɛn2	miɛn2	miɛn3
都江堰河东	phiɛn1	无	phiɛn4	phiɛn4	miɛn2	miɛn2	miɛn2	miɛn3
都江堰河西	phiɛn1	phiɛn2 文	phiɛn4	phiɛn4	miɛn2	miɛn2	miɛn2	miɛn3
崇州	phiɛn1	无	phiɛn4	phiɛn4 phiɛn3 口	miɛn2	miɛn2	miɛn2	miɛn3
大邑	phian1	pian4 phian2 新	phian4	phian4 phian3 口	mian2	mian2	mian2	mian3
邛崃	phiɛn1	phiɛn2	phiɛn4	phiɛn4 phiɛn3 口	miɛn2	miɛn2	miɛn2	miɛn3
新津	phiɛn1	phiɛn2 piɛn4 俗	phiɛn4	phiɛn4 phiɛn3 口	miɛn2	miɛn2	miɛn2	miɛn3
蒲江	phiɛn1	phiɛn2 piɛn4 俗	phiɛn4	phiɛn4 phiɛn3 口	miɛn2	miɛn2	miɛn2	miɛn3
彭山	phiɛn1	phiɛn2 文	phiɛn4	phiɛn4	miɛn2	miɛn2	miɛn2	miɛn3
眉山	phiɛn1	phiɛn2 文	phiɛn4	phiɛn4	miɛn2	miɛn2	miɛn2	miɛn3
丹棱	phiɛn1	phiɛn2 文	phiɛn4	phiɛn4	miɛn2	miɛn2	miɛn2	miɛn3
洪雅	phiɛn1	phiɛn2 文	phiɛn4	phiɛn4	miɛn2	miɛn2	miɛn2	miɛn3
青神	phiɛn1	phiɛn2 文	phiɛn4	phiɛn4	miɛn2	miɛn2	miɛn2	miɛn3
夹江	phiɛn1	phiɛn2 piɛn4 俗	phiɛn4	phiɛn4 phiɛn3 口	miɛn2	miɛn2	miɛn2	miɛn3
峨眉山	phiɛn1	phiɛn2 piɛn4 俗	phiɛn4	phiɛn4 phiɛn3 口	miɛn2	miɛn2	miɛn2	miɛn3
乐山	phiᴇ1	phiᴇ2 piᴇ4 俗	phiᴇ4	phiᴇ4 phiᴇ3 口	miᴇ2	miᴇ2	miᴇ2	miᴇ3
犍为	phiɛn1	phiɛn2 piɛn4 俗	phiɛn4	phiɛn4 phiɛn3 口	miɛn2	miɛn2	miɛn2	miɛn3

字目	偏	便便宜	骗骗人	片	绵	棉	眠	免
反切	芳连	房连		普麵	武延	武延	莫贤	亡辨
声韵调	山开三 A 滂仙平	山开三 A 並仙平	山开三 B 滂仙去	山开四 滂先去	山开三 A 明仙平	山开三 A 明仙平	山开四 明先平	山开三 B 明仙上
中古音	phiɛn	biɛn	phɣiɛn-	phen-	miɛn	miɛn	men	mɣiɛn:
沐川	phiɛn1	phiɛn2	phiɛn4	phiɛn4 phiɛn3 口	miɛn2	miɛn2	miɛn2	miɛn3
峨边	phiɛn1	phiɛn2	phiɛn4	phiɛn4 phiɛn3 口	miɛn2	miɛn2	miɛn2	miɛn3
雅安	phiɛn1	无	phiɛn4	phiɛn4	miɛn2	miɛn2	miɛn2	miɛn3
名山	phiɛn1	piɛn4 俗	phiɛn4	phiɛn4 phiɛn3 口	miɛn2	miɛn2	miɛn2	miɛn3
天全	phiɛn1	piɛn4 俗	phiɛn4	phiɛn4 phiɛn3 口	miɛn2	miɛn2	miɛn2	miɛn3
芦山	phiɛn1	无	phiɛn4	phiɛn4	miɛn2	miɛn2	miɛn2	miɛn3
宝兴	phiɛn1	无	phiɛn4	phiɛn4	miɛn2	miɛn2	miɛn2	miɛn3
荥经	phiɛn1	phiɛn2	phiɛn4	phiɛn4 phiɛn3 口	miɛn2	miɛn2	miɛn2	miɛn3
汉源	phiɛn1	piɛn4 俗	phiɛn4	phiɛn4 phiɛn3 口	miɛn2	miɛn2	miɛn2	miɛn3
石棉	phiɛn1	piɛn4 俗	phiɛn4	phiɛn4 phiɛn3 口	miɛn2	miɛn2	miɛn2	miɛn3
内江	phian1	phian2 文	phian4	phian4	mian2	mian2	mian2	mian3
威远	phian1	phian2 文	phian4	phian4	mian2	mian2	mian2	mian3
荣县	phin1	phin2 文	phin4	phin4	min2	min2	min2	min3
自贡	phiɛn1	phiɛn2	phiɛn4	phiɛn4 phiɛn3 口	miɛn2	miɛn2	miɛn2	miɛn3
富顺	phiɛn1	phiɛn2	phiɛn4	phiɛn4	miɛn2	miɛn2	miɛn2	miɛn3
隆昌	phiɛn1	phiɛn2	phiɛn4	phiɛn4	miɛn2	miɛn2	miɛn2	miɛn3
泸县	phiɛn1	phiɛn2 piɛn4 俗	phiɛn4	phiɛn4 phiɛn3 口	miɛn2	miɛn2	miɛn2	miɛn3
泸州	phiɛn1	phiɛn2 piɛn4 俗	phiɛn4	phiɛn4 phiɛn3 口	miɛn2	miɛn2	miɛn2	miɛn3
南溪	phiɛn1	phiɛn2 piɛn4 俗	phiɛn4	phiɛn4 phiɛn3 口	miɛn2	miɛn2	miɛn2	miɛn3
合江	phiɛn1	phiɛn2	phiɛn4	phiɛn4 phiɛn3 口	miɛn2	miɛn2	miɛn2	miɛn3

字目	勉	面脸面	面面粉	颠	点	典	店	垫垫底
反切	亡辨	弥箭	莫甸	都年	多忝	多殄	都念	堂练
声韵调	山开三B 明仙上	山开三A 明仙去	山开四 明先去	山开四 端先平	咸开四 端添上	山开四 端先上	咸开四 端添去	山开四 定先去
中古音	mɣiɛn:	miɛn-	men-	ten	tem:	ten:	tem-	den-
成都	miɛn3	miɛn4	miɛn4	tiɛn1	tiɛn3	tiɛn3	tiɛn4	tiɛn4
彭州	miɛn3	miɛn4	miɛn4	tiɛn1	tiɛn3	tiɛn3	tiɛn4	tiɛn4
郫县	miɛn3	miɛn4	miɛn4	tiɛn1	tiɛn3	tiɛn3	tiɛn4	tiɛn4
广汉	miɛn3	miɛn4	miɛn4	tiɛn1	tiɛn3	tiɛn3	tiɛn4	tiɛn4
都江堰河东	miɛn3	miɛn4	miɛn4	tiɛn1	tiɛn3	tiɛn3	tiɛn4	tiɛn4
都江堰河西	miɛn3	miɛn4	miɛn4	tiɛn1	tiɛn3	tiɛn3	tiɛn4	tiɛn4
崇州	miɛn3	miɛn4	miɛn4	tiɛn1	tiɛn3	tiɛn3	tiɛn4	tiɛn4
大邑	mian3	mian4	mian4	tian1	tian3	tian3	tian4	tian4
邛崃	miɛn3	miɛn4	miɛn4	tiɛn1	tiɛn3	tiɛn3	tiɛn4	tiɛn4
新津	miɛn3	miɛn4	miɛn4	tiɛn1	tiɛn3	tiɛn3	tiɛn4	tiɛn4
蒲江	miɛn3	miɛn4	miɛn4	tiɛn1	tiɛn3	tiɛn3	tiɛn4	tiɛn4
彭山	miɛn3	miɛn4	miɛn4	tiɛn1	tiɛn3	tiɛn3	tiɛn4	tiɛn4
眉山	miɛn3	miɛn4	miɛn4	tiɛn1	tiɛn3	tiɛn3	tiɛn4	tiɛn4
丹棱	miɛn3	miɛn4	miɛn4	tiɛn1	tiɛn3	tiɛn3	tiɛn4	tiɛn4
洪雅	miɛn3	miɛn4	miɛn4	tiɛn1	tiɛn3	tiɛn3	tiɛn4	tiɛn4
青神	miɛn3	miɛn4	miɛn4	tiɛn1	tiɛn3	tiɛn3	tiɛn4	tiɛn4
夹江	miɛn3	miɛn4	miɛn4	tiɛn1	tiɛn3	tiɛn3	tiɛn4	tiɛn4
峨眉山	miɛn3	miɛn4	miɛn4	tiɛn1	tiɛn3	tiɛn3	tiɛn4	tiɛn4
乐山	miᴇ3	miᴇ4	miᴇ4	tiᴇ1	tiᴇ3	tiᴇ3	tiᴇ4	tiᴇ4
犍为	miɛn3	miɛn4	miɛn4	tiɛn1	tiɛn3	tiɛn3	tiɛn4	tiɛn4

字目	勉	面脸面	面面粉	颠	点	典	店	垫垫底
反切	亡辨	弥箭	莫甸	都年	多忝	多殄	都念	堂练
声韵调	山开三 B 明仙上	山开三 A 明仙去	山开四 明先去	山开四 端先平	咸开四 端添上	山开四 端先上	咸开四 端添去	山开四 定先去
中古音	mɣiɛn:	miɛn-	men-	ten	tem:	ten:	tem-	den-
沐川	miɛn3	miɛn4	miɛn4	tiɛn1	tiɛn3	tiɛn3	tiɛn4	thiɛn4
峨边	miɛn3	miɛn4	miɛn4	tiɛn1	tiɛn3	tiɛn3	tiɛn4	tiɛn4
雅安	miɛn3	miɛn4	miɛn4	tiɛn1	tiɛn3	tiɛn3	tiɛn4	tiɛn4
名山	miɛn3	miɛn4	miɛn4	tiɛn1	tiɛn3	tiɛn3	tiɛn4	tiɛn4
天全	miɛn3	miɛn4	miɛn4	tɕiɛn1	tɕiɛn3	tɕiɛn3	tɕiɛn4	tɕiɛn4
芦山	miɛn3	miɛn4	miɛn4	tɕiɛn1	tɕiɛn3	tɕiɛn3	tɕiɛn4	tɕiɛn4
宝兴	miɛn3	miɛn4	miɛn4	tɕiɛn1	tɕiɛn3	tɕiɛn3	tiɛn4	tiɛn4
荥经	miɛn3	miɛn4	miɛn4	tiɛn1	tiɛn3	tiɛn3	tiɛn4	tiɛn4
汉源	miɛn3	miɛn4	miɛn4	tiɛn1	tiɛn3	tiɛn3	tiɛn4	tiɛn4
石棉	miɛn3	miɛn4	miɛn4	tiɛn1	tiɛn3	tiɛn3	tiɛn4	tiɛn4
内江	mian3	mian4	mian4	tian1	tian3	tian3	tian4	tian4
威远	mian3	mian4	mian4	tian1	tian3	tian3	tian4	tian4
荣县	min3	min4	min4	tin1	tin3	tin3	tin4	tin4
自贡	miɛn3	miɛn4	miɛn4	tiɛn1	tiɛn3	tiɛn3	tiɛn4	tiɛn4
富顺	miɛn3	miɛn4	miɛn4	tiɛn1	tiɛn3	tiɛn3	tiɛn4	tiɛn4
隆昌	miɛn3	miɛn4	miɛn4	tiɛn1	tiɛn3	tiɛn3	tiɛn4	tiɛn4
泸县	miɛn3	miɛn4	miɛn4	tiɛn1	tiɛn3	tiɛn3	tiɛn4	tiɛn4
泸州	miɛn3	miɛn4	miɛn4	tiɛn1	tiɛn3	tiɛn3	tiɛn4	tiɛn4
南溪	miɛn3	miɛn4	miɛn4	tiɛn1	tiɛn3	tiɛn3	tiɛn4	tiɛn4
合江	miɛn3	miɛn4	miɛn4	tiɛn1	tiɛn3	tiɛn3	tiɛn4	tiɛn4

字目	电	殿宫殿	添	天	甜	田	填	舔
反切	堂练	堂练	他兼	他前	徒兼	徒年	徒年	他玷
声韵调	山开四 定先去	山开四 定先去	咸开四 透添平	山开四 透先平	咸开四 定添平	山开四 定先平	山开四 定先平	咸开四 透添上
中古音	den-	den-	them	then	dem	den	den	them:
成都	tiɛn4	tiɛn4	thiɛn1	thiɛn1	thiɛn2	thiɛn2	thiɛn2	thiɛn3
彭州	tiɛn4	tiɛn4	thiɛn1	thiɛn1	thiɛn2	thiɛn2	thiɛn2	thiɛn3
郫县	tiɛn4	tiɛn4	thiɛn1	thiɛn1	thiɛn2	thiɛn2	thiɛn2	thiɛn3
广汉	tiɛn4	tiɛn4	thiɛn1	thiɛn1	thiɛn2	thiɛn2	thiɛn2	thiɛn3
都江堰河东	tiɛn4	tiɛn4	thiɛn1	thiɛn1	thiɛn2	thiɛn2	thiɛn2	thiɛn3
都江堰河西	tiɛn4	tiɛn4	thiɛn1	thiɛn1	thiɛn2	thiɛn2	thiɛn2	thiɛn3
崇州	tiɛn4	tiɛn4	thiɛn1	thiɛn1	thiɛn2	thiɛn2	thiɛn2	thiɛn3
大邑	tian4	tian4	thian1	thian1	thian2	thian2	thian2	thian3
邛崃	tiɛn4	tiɛn4	thiɛn1	thiɛn1	thiɛn2	thiɛn2	thiɛn2	thiɛn3
新津	tiɛn4	tiɛn4	thiɛn1	thiɛn1	thiɛn2	thiɛn2	thiɛn2	thiɛn3
蒲江	tiɛn4	tiɛn4	thiɛn1	thiɛn1	thiɛn2	thiɛn2	thiɛn2	thiɛn3
彭山	tiɛn4	tiɛn4	thiɛn1	thiɛn1	thiɛn2	thiɛn2	thiɛn2	thiɛn3
眉山	tiɛn4	tiɛn4	thiɛn1	thiɛn1	thiɛn2	thiɛn2	thiɛn2	thiɛn3
丹棱	tiɛn4	tiɛn4	thiɛn1	thiɛn1	thiɛn2	thiɛn2	thiɛn2	thiɛn3
洪雅	tiɛn4	tiɛn4	thiɛn1	thiɛn1	thiɛn2	thiɛn2	thiɛn2	thiɛn3
青神	tiɛn4	tiɛn4	thiɛn1	thiɛn1	thiɛn2	thiɛn2	thiɛn2	thiɛn3
夹江	tiɛn4	tiɛn4	thiɛn1	thiɛn1	thiɛn2	thiɛn2	thiɛn2	thiɛn3
峨眉山	tiɛn4	tiɛn4	thiɛn1	thiɛn1	thiɛn2	thiɛn2	thiɛn2	thiɛn3
乐山	tiᴇ4	tiᴇ4	thiᴇ1	thiᴇ1	thiᴇ2	thiᴇ2	thiᴇ2	thiᴇ3
犍为	tiɛn4	tiɛn4	thiɛn1	thiɛn1	thiɛn2	thiɛn2	thiɛn2	thiɛn3

字目	电	殿宫殿	添	天	甜	田	填	舔
反切	堂练	堂练	他兼	他前	徒兼	徒年	徒年	他玷
声韵调	山开四 定先去	山开四 定先去	咸开四 透添平	山开四 透先平	咸开四 定添平	山开四 定先平	山开四 定先平	咸开四 透添上
中古音	den-	den-	them	then	dem	den	den	them:
沐川	tiɛn4	tiɛn4	thiɛn1	thiɛn1	thiɛn2	thiɛn2	thiɛn2	thiɛn3
峨边	tiɛn4	tiɛn4	thiɛn1	thiɛn1	thiɛn2	thiɛn2	thiɛn2	thiɛn3
雅安	tiɛn4	tiɛn4	thiɛn1	thiɛn1	thiɛn2	thiɛn2	thiɛn2	thiɛn3
名山	tiɛn4	tiɛn4	thiɛn1	thiɛn1	thiɛn2	thiɛn2	thiɛn2	thiɛn3
天全	tɕiɛn4	tɕiɛn4	tɕhiɛn1	tɕhiɛn1	tɕhiɛn2	tɕhiɛn2	tɕhiɛn2	tɕhiɛn3
芦山	tɕiɛn4	tɕiɛn4	tɕhiɛn1	tɕhiɛn1	tɕhiɛn2	tɕhiɛn2	tɕhiɛn2	tɕhiɛn3
宝兴	tɕiɛn4	tɕiɛn4	tɕhiɛn1	tɕhiɛn1	tɕhiɛn2	tɕhiɛn2	tɕhiɛn2	tɕhiɛn3
荥经	tiɛn4	tiɛn4	thiɛn1	thiɛn1	thiɛn2	thiɛn2	thiɛn2	thiɛn3
汉源	tiɛn4	tiɛn4	thiɛn1	thiɛn1	thiɛn2	thiɛn2	thiɛn2	thiɛn3
石棉	tiɛn4	tiɛn4	thiɛn1	thiɛn1	thiɛn2	thiɛn2	thiɛn2	thiɛn3
内江	tian4	tian4	thian1	thian1	thian2	thian2	thian2	thian3
威远	tian4	tian4	thian1	thian1	thian2	thian2	thian2	thian3
荣县	tin4	tin4	thin1	thiɛn1 thin1	thin2	thiɛn2 thin2	thin2	thin3
自贡	tiɛn4	tiɛn4	thiɛn1	thiɛn1	thiɛn2	thiɛn2	thiɛn2	thiɛn3
富顺	tiɛn4	tiɛn4	thiɛn1	thiɛn1	thiɛn2	thiɛn2	thiɛn2	thiɛn3
隆昌	tiɛn4	tiɛn4	thiɛn1	thiɛn1	thiɛn2	thiɛn2	thiɛn2	thiɛn3
泸县	tiɛn4	tiɛn4	thiɛn1	thiɛn1	thiɛn2	thiɛn2	thiɛn2	thiɛn3
泸州	tiɛn4	tiɛn4	thiɛn1	thiɛn1	thiɛn2	thiɛn2	thiɛn2	thiɛn3
南溪	tiɛn4	tiɛn4	thiɛn1	thiɛn1	thiɛn2	thiɛn2	thiɛn2	thiɛn3
合江	tiɛn4	tiɛn4	thiɛn1	thiɛn1	thiɛn2	thiɛn2	thiɛn2	thiɛn3

字目	黏黏土	拈	年	碾	念	廉	镰	帘
反切	女廉	奴兼	奴颠	尼展	奴店	力盐	力盐	力盐
声韵调	咸开三 泥盐平	咸开四 泥添平	山开四 泥先平	山开三 泥仙上	咸开四 泥添去	咸开三 来盐平	咸开三 来盐平	咸开三 来盐平
中古音	niᴇm	nem	nen	niᴇn:	nem-	liᴇm	liᴇm	liᴇm
成都	tsan1 俗①	ȵiɛn1	ȵiɛn2	ȵiɛn3	ȵiɛn4	niɛn2	niɛn2	niɛn2
彭州	tsan1 俗①	ȵiɛn1	ȵiɛn2	ȵiɛn3	ȵiɛn4	niɛn2	niɛn2	niɛn2
郫县	tsan1 俗①	ȵiɛn1	ȵiɛn2	ȵiɛn3	ȵiɛn4	liɛn2	liɛn2	liɛn2
广汉	ȵiɛn2	ȵiɛn1	ȵiɛn2	ȵiɛn3	ȵiɛn4	liɛn2	liɛn2	liɛn2
都江堰河东	tsan1 俗①	ȵiɛn1	ȵiɛn2	ȵiɛn3	ȵiɛn4	niɛn2	niɛn2	niɛn2
都江堰河西	tsan1 俗①	ȵiɛn1	ȵiɛn2	ȵiɛn3	ȵiɛn4	niɛn2	niɛn2	niɛn2
崇州	tsan1 俗①	ȵiɛn1	ȵiɛn2	ȵiɛn3	ȵiɛn4	niɛn2	niɛn2	niɛn2
大邑	tsan1 俗①	ȵian1	ȵian2	nian3	ȵian4	nian2	nian2	nian2
邛崃	tsan1 俗①	ȵiɛn1	ȵiɛn2	ȵiɛn3	ȵiɛn4	niɛn2	niɛn2	niɛn2
新津	tsan1 俗①	ȵiɛn1	ȵiɛn2	ȵiɛn3	ȵiɛn4	niɛn2	niɛn2	niɛn2
蒲江	tsan1 俗①	ȵiɛn1	ȵiɛn2	ȵiɛn3	ȵiɛn4	liɛn2	liɛn2	liɛn2
彭山	ȵiɛn2	ȵiɛn1	ȵiɛn2	ȵiɛn3	ȵiɛn4	niɛn2	niɛn2	niɛn2
眉山	ȵiɛn2	ȵiɛn1	ȵiɛn2	ȵiɛn3	ȵiɛn4	niɛn2	niɛn2	niɛn2
丹棱	ȵiɛn1	ȵiɛn1	ȵiɛn2	ȵiɛn3	ȵiɛn4	niɛn2	niɛn2	niɛn2
洪雅	tsan1 俗①	ȵiɛn1	ȵiɛn2	ȵiɛn3	ȵiɛn4	niɛn2	niɛn2	niɛn2
青神	liɛn2	liɛn1	liɛn2	liɛn3	liɛn4	liɛn2	liɛn2	liɛn2
夹江	niɛn2② tsan1 俗①	niɛn1	niɛn2	niɛn3	niɛn4	niɛn2	niɛn2	niɛn2
峨眉山	niɛn2② tsan1 俗①	niɛn1	niɛn2	niɛn3	niɛn4	niɛn2	niɛn2	niɛn2
乐山	liᴇ2③ tsan1 俗①	liᴇ1	liᴇ2	liᴇ3	liᴇ4	liᴇ2	liᴇ2	liᴇ2
犍为	liɛn2④ tsan1 俗①	liɛn1	liɛn2	liɛn3	liɛn4	liɛn2	liɛn2	liɛn2

① “粘”训读。咸开三知盐平。 ② 又音 niɛn4。 ③ 又音 liᴇ4。 ④ 又音 liɛn4。

字目	黏黏土	拈	年	碾	念	廉	镰	帘
反切	女廉	奴兼	奴颠	尼展	奴店	力盐	力盐	力盐
声韵调	咸开三 泥盐平	咸开四 泥添平	山开四 泥先平	山开三 泥仙上	咸开四 泥添去	咸开三 来盐平	咸开三 来盐平	咸开三 来盐平
中古音	niᴇm	nem	nen	niᴇn:	nem-	liᴇm	liᴇm	liᴇm
沐川	tsan1 俗①	ȵiɛn1	ȵiɛn2	ȵiɛn3	ȵiɛn4	liɛn2	liɛn2	liɛn2
峨边	tsan1①	liɛn1	liɛn2	liɛn3	liɛn4	liɛn2	liɛn2	liɛn2
雅安	ȵiɛn2	ȵiɛn1	ȵiɛn2	ȵiɛn3	ȵiɛn4	niɛn2	niɛn2	niɛn2
名山	tsan1 俗①	liɛn1	liɛn2	liɛn3	liɛn4	liɛn2	liɛn2	liɛn2
天全	tsan1 俗①	ȵiɛn1	ȵiɛn2	ȵiɛn3	ȵiɛn4	liɛn2	liɛn2	liɛn2
芦山	ȵiɛn2	ȵiɛn1	ȵiɛn2	ȵiɛn3	ȵiɛn4	niɛn2	niɛn2	niɛn2
宝兴	ȵiɛn2	ȵiɛn1	ȵiɛn2	ȵiɛn3	ȵiɛn4	niɛn2	niɛn2	niɛn2
荥经	tsan1 俗①	ȵiɛn1	ȵiɛn2	ȵiɛn3	ȵiɛn4	liɛn2	liɛn2	liɛn2
汉源	tsan1 俗①	niɛn1	niɛn2	niɛn3	niɛn4	niɛn2	niɛn2	niɛn2
石棉	tsan1 俗①	ȵiɛn1	ȵiɛn4	ȵiɛn3	ȵiɛn4	liɛn2	liɛn2	liɛn2
内江	tsan1 俗①	ȵian1	ȵian2	ȵian3	ȵian4	nian2	nian2	nian2
威远	tʂan1 俗①	ȵian1	ȵian2	ȵian3	ȵian4	nian2	nian2	nian2
荣县	tsan1 俗①	ȵiɛn1 ȵin1	ȵiɛn2 ȵin2	ȵin3	ȵiɛn4 ȵin4	nin2	nin2	nin2
自贡	tʂan1 俗①	ȵiɛn1	ȵiɛn2	ȵiɛn3	ȵiɛn4	liɛn2	liɛn2	liɛn2
富顺	tʂan1 俗①	ȵiɛn1	ȵiɛn2	ȵiɛn3	ȵiɛn4	liɛn2	liɛn2	liɛn2
隆昌	tsan1 俗①	ȵiɛn1	ȵiɛn2	ȵiɛn3	ȵiɛn4	liɛn2	liɛn2	liɛn2
泸县	liɛn2 tsan1 俗①	ȵiɛn1	ȵiɛn2	ȵiɛn3	ȵiɛn4	liɛn2	liɛn2	liɛn2
泸州	liɛn2 tsan1 俗①	ȵiɛn1	ȵiɛn2	ȵiɛn3	ȵiɛn4	liɛn2	liɛn2	liɛn2
南溪	liɛn2 tsan1 俗①	ȵiɛn1	ȵiɛn2	ȵiɛn3	ȵiɛn4	liɛn2	liɛn2	liɛn2
合江	tsan1 俗①	ȵiɛn1	ȵiɛn2	ȵiɛn3	ȵiɛn4	liɛn2	liɛn2	liɛn2

① “粘”训读。咸开三知盐平。

字目	连	联	怜	莲	敛①	*脸	练	炼
反切	力延	力延	落贤	落贤	良冉	*居奄	郎甸	郎甸
声韵调	山开三 来仙平	山开三 来仙平	山开四 来先平	山开四 来先平	咸开三 来盐上	咸开三 B 见盐上	山开四 来先去	山开四 来先去
中古音	liɛn	liɛn	len	len	liɛm:	kɣiɛm:	len-	len-
成都	niɛn2	niɛn2	niɛn2	niɛn2	ȵiɛn4 niɛn4	niɛn3	niɛn4	niɛn4
彭州	niɛn2	niɛn2	niɛn2	niɛn2	ȵiɛn4 niɛn4	niɛn3	niɛn4	niɛn4
郫县	liɛn2	liɛn2	lin2 liɛn2	liɛn2	liɛn4	liɛn3	liɛn4	liɛn4
广汉	liɛn2	liɛn2	lin2 liɛn2	liɛn2	liɛn4	liɛn3	liɛn4	liɛn4
都江堰河东	niɛn2	niɛn2	niɛn2	niɛn2	ȵiɛn4 niɛn4	niɛn3	niɛn4	niɛn4
都江堰河西	niɛn2	niɛn2	niɛn2	niɛn2	ȵiɛn4 niɛn4	niɛn3	niɛn4	niɛn4
崇州	niɛn2	niɛn2	niɛn2	niɛn2	ȵiɛn4 niɛn4	niɛn3	niɛn4	niɛn4
大邑	nian2	nian2	nian2	nian2	nian3	nian3	nian4	nian4
邛崃	niɛn2	niɛn2	niɛn2	niɛn2	niɛn3 niɛn4	niɛn3	niɛn4	niɛn4
新津	niɛn2	niɛn2	niɛn2	niɛn2	niɛn3	niɛn3	niɛn4	niɛn4
蒲江	liɛn2	liɛn2	liɛn2	liɛn2	liɛn3	liɛn3	liɛn4	liɛn4
彭山	niɛn2	niɛn2	niɛn2	niɛn2	niɛn4	niɛn3	niɛn4	niɛn4
眉山	niɛn2	niɛn2	niɛn2 nin2	niɛn2	niɛn3	niɛn3	niɛn4	niɛn4
丹棱	niɛn2	niɛn2	niɛn2 nin2	niɛn2	niɛn4	niɛn3	niɛn4	niɛn4
洪雅	niɛn2	niɛn2	niɛn2 nin2	niɛn2	niɛn4	niɛn3	niɛn4	niɛn4
青神	liɛn2	liɛn2	lin2	liɛn2	liɛn4	liɛn3	liɛn4	liɛn4
夹江	niɛn2	niɛn2	nin2 niɛn2	niɛn2	niɛn3	niɛn3	niɛn4	niɛn4
峨眉山	niɛn2	niɛn2	nin2 niɛn2	niɛn2	niɛn3	niɛn3	niɛn4	niɛn4
乐山	liᴇ2	liᴇ2	lin2 liᴇ2	liᴇ2	liᴇ3	liᴇ3	liᴇ4	liᴇ4
犍为	liɛn2	liɛn2	lin2 liɛn2	liɛn2	liɛn3 liɛn4	liɛn3	liɛn4	liɛn4

① 又力验切，咸开三来盐去。

字目	连	联	怜	莲	敛①	*脸	练	炼
反切	力延	力延	落贤	落贤	良冉	*居奄	郎甸	郎甸
声韵调	山开三 来仙平	山开三 来仙平	山开四 来先平	山开四 来先平	咸开三 来盐上	咸开三 B 见盐上	山开四 来先去	山开四 来先去
中古音	liɛn	liɛn	len	len	liɛm:	kɣiɛm:	len-	len-
沐川	liɛn2	liɛn2	lin2	liɛn2	ȵiɛn4 liɛn4	liɛn3	liɛn4	liɛn4
峨边	liɛn2	liɛn2	lin2 liɛn2	liɛn2	liɛn4	liɛn3	liɛn4	liɛn4
雅安	niɛn2	niɛn2	niɛn2	niɛn2	niɛn4	niɛn3	niɛn4	niɛn4
名山	liɛn2	liɛn2	liɛn2	liɛn2	liɛn4	liɛn3	liɛn4	liɛn4
天全	liɛn2	liɛn2	liɛn2	liɛn2	liɛn4	liɛn3	liɛn4	liɛn4
芦山	niɛn2	niɛn2	niɛn2	niɛn2	niɛn4	niɛn3	niɛn4	niɛn4
宝兴	niɛn2	niɛn2	niɛn2	niɛn2	niɛn4	niɛn3	niɛn4	niɛn4
荥经	liɛn2	liɛn2	liɛn2	liɛn2	ȵiɛn4 liɛn4	liɛn3	liɛn4	liɛn4
汉源	niɛn2	niɛn2	niɛn2	niɛn2	niɛn3	niɛn3	niɛn4	niɛn4
石棉	liɛn2	liɛn2	liɛn2	liɛn2	liɛn4	liɛn3	liɛn4	liɛn4
内江	nian2	nian2	nian2 nin2	nian2	nian4	nian3	nian4	nian4
威远	nian2	nian2	nian2 nin2	nian2	nian4	nian3	nian4	nian4
荣县	nin2	nin2	nin2	nin2	nin4	nin3	nin4	nin4
自贡	liɛn2	liɛn2	liɛn2	liɛn2	liɛn4	liɛn3	liɛn4	liɛn4
富顺	liɛn2	liɛn2	liɛn2	liɛn2	liɛn4	liɛn3	liɛn4	liɛn4
隆昌	liɛn2	liɛn2	liɛn2	liɛn2	liɛn4	liɛn3	liɛn4	liɛn4
泸县	liɛn2	liɛn2	lin2 liɛn2	liɛn2	liɛn3	liɛn3	liɛn4	liɛn4
泸州	liɛn2	liɛn2	lin2 liɛn2	liɛn2	liɛn3	liɛn3	liɛn4	liɛn4
南溪	liɛn2	liɛn2	lin2 liɛn2	liɛn2	liɛn3	liɛn3	liɛn4	liɛn4
合江	liɛn2	liɛn2	lin2	liɛn2	ȵiɛn4 liɛn4	liɛn3	liɛn4	liɛn4

① 又力验切，咸开三来盐去。

字目	恋	监监视	尖	歼	兼	艰	间房间	奸奸诈
反切	力卷	古衔	子廉	子廉	古甜	古闲	古闲	古颜
声韵调	山合三 来仙去	咸开二 见衔平	咸开三 精盐平	咸开三 精盐平	咸开四 见添平	山开二 见山平	山开二 见山平	山开二 见删平
中古音	liuᴇn-	kɣam	tsiᴇm	tsiᴇm	kem	kɣɛn	kɣɛn	kɣan
成都	niɛn4	tɕiɛn1	tɕiɛn1	tɕhiɛn1	tɕiɛn1	tɕiɛn1	tɕiɛn1 文 kan1 白	tɕiɛn1
彭州	niɛn4	tɕiɛn1	tɕiɛn1	tɕhiɛn1	tɕiɛn1	tɕiɛn1	tɕiɛn1 文 kan1 白	tɕiɛn1
郫县	liɛn4	tɕiɛn1	tɕiɛn1	tɕhiɛn1	tɕiɛn1	tɕiɛn1	tɕiɛn1 文 kan1 白	tɕiɛn1
广汉	liɛn4	tɕiɛn1	tɕiɛn1	tɕhiɛn1	tɕiɛn1	tɕiɛn1	tɕiɛn1 文 kan1 白	tɕiɛn1
都江堰河东	niɛn4	tɕiɛn1	tɕiɛn1	tɕhiɛn1	tɕiɛn1	tɕiɛn1	tɕiɛn1 文 kan1 白	tɕiɛn1
都江堰河西	niɛn4	tɕiɛn1	tɕiɛn1	tɕhiɛn1	tɕiɛn1	tɕiɛn1	tɕiɛn1 文 kan1 白	tɕiɛn1
崇州	niɛn4	tɕiɛn1	tɕiɛn1	tɕhiɛn1	tɕiɛn1	tɕiɛn1	tɕiɛn1 文 kan1 白	tɕiɛn1
大邑	nian4	tɕian1	tɕian1	tɕhian1	tɕian1	tɕian1	tɕian1 文 kan1 白	tɕian1
邛崃	niɛn4	tɕiɛn1	tɕiɛn1	tɕhiɛn1	tɕiɛn1	tɕiɛn1	tɕiɛn1 文 kan1 白	tɕiɛn1
新津	niɛn4	tɕiɛn1	tɕiɛn1	tɕhiɛn1	tɕiɛn1	tɕiɛn1	tɕiɛn1 文 kan1 白	tɕiɛn1
蒲江	liɛn4	tɕiɛn1	tɕiɛn1	tɕhiɛn1	tɕiɛn1	tɕiɛn1	tɕiɛn1 文 kan1 白	tɕiɛn1
彭山	niɛn4	tɕiɛn1	tɕiɛn1	tɕiɛn1	tɕiɛn1	tɕiɛn1	tɕiɛn1 文 kan1 白	tɕiɛn1
眉山	niɛn4	tɕiɛn1	tɕiɛn1	tɕhiɛn1	tɕiɛn1	tɕiɛn1	tɕiɛn1 文 kan1 白	tɕiɛn1
丹棱	niɛn4	tɕiɛn1	tɕiɛn1	tɕhiɛn1	tɕiɛn1	tɕiɛn1	tɕiɛn1 文 kan1 白	tɕiɛn1
洪雅	niɛn4	tɕiɛn1	tɕiɛn1	tɕhiɛn1	tɕiɛn1	tɕiɛn1	tɕiɛn1 文 kan1 白	tɕiɛn1
青神	liɛn4	tɕiɛn1	tɕiɛn1	tɕhiɛn1	tɕiɛn1	tɕiɛn1	tɕiɛn1 文 kan1 白	tɕiɛn1
夹江	niɛn4	tɕiɛn1	tɕiɛn1	tɕhiɛn1 tɕiɛn1	tɕiɛn1	tɕiɛn1	tɕiɛn1 文 kan1 白	tɕiɛn1
峨眉山	niɛn4	tɕiɛn1	tɕiɛn1	tɕhiɛn1 tɕiɛn1	tɕiɛn1	tɕiɛn1	tɕiɛn1 文 kan1 白	tɕiɛn1
乐山	liᴇ4	tɕiᴇ1	tɕiᴇ1	tɕhiᴇ1 tɕiᴇ1	tɕiᴇ1	tɕiᴇ1	tɕiᴇ1 文 kan1 白	tɕiᴇ1
犍为	liɛn4	tɕiɛn1	tɕiɛn1	tɕhiɛn1 tɕiɛn1	tɕiɛn1	tɕiɛn1	tɕiɛn1 文 kan1 白	tɕiɛn1

字目	恋	监监视	尖	歼	兼	艰	间房间	奸奸诈
反切	力卷	古衔	子廉	子廉	古甜	古闲	古闲	古颜
声韵调	山合三 来仙去	咸开二 见衔平	咸开三 精盐平	咸开三 精盐平	咸开四 见添平	山开二 见山平	山开二 见山平	山开二 见删平
中古音	liuɛn-	kyam	tsiɛm	tsiɛm	kem	kyɛn	kyɛn	kyan
沐川	liɛn4	tɕiɛn1	tɕiɛn1	tɕhiɛn1	tɕiɛn1	tɕiɛn1	tɕiɛn1 文 kan1 白	tɕiɛn1
峨边	liɛn4	tɕiɛn1	tɕiɛn1	tɕhiɛn1	tɕiɛn1	tɕiɛn1	tɕiɛn1	tɕiɛn1
雅安	niɛn4	tɕiɛn1	tɕiɛn1	tɕhiɛn1	tɕiɛn1	tɕiɛn1	tɕiɛn1 文 kan1 白	tɕiɛn1
名山	liɛn4	tɕiɛn1	tɕiɛn1	tɕhiɛn1	tɕiɛn1	tɕiɛn1	tɕiɛn1 文 kan1 白	tɕiɛn1
天全	liɛn4	tɕiɛn1	tɕiɛn1	tɕhiɛn1	tɕiɛn1	tɕiɛn1	tɕiɛn1 文 kan1 白	tɕiɛn1
芦山	niɛn4	tɕiɛn1	tɕiɛn1	tɕhiɛn1	tɕiɛn1	tɕiɛn1	tɕiɛn1 文 kan1 白	tɕiɛn1
宝兴	niɛn4	tɕiɛn1	tɕiɛn1	tɕhiɛn1	tɕiɛn1	tɕiɛn1	tɕiɛn1 文 kan1 白	tɕiɛn1
荥经	liɛn4	tɕiɛn1	tɕiɛn1	tɕhiɛn1	tɕiɛn1	tɕiɛn1	tɕiɛn1 文 kan1 白	tɕiɛn1
汉源	niɛn4	tɕiɛn1	tɕiɛn1	tɕiɛn1	tɕiɛn1	tɕiɛn1	tɕiɛn1 文 kan1 白	tɕiɛn1
石棉	liɛn4	tɕiɛn1	tɕiɛn1	tɕhiɛn1	tɕiɛn1	tɕiɛn1	tɕiɛn1 文 kan1 白	tɕiɛn1
内江	nian4	tɕian1	tɕian1	tɕhian1	tɕian1	tɕian1	tɕian1 文 kan1 白	tɕian1
威远	nian4	tɕian1	tɕian1	tɕhian1	tɕian1	tɕian1	tɕian1 文 kan1 白	tɕian1
荣县	nin4	tɕin1	tɕiɛn1 tɕin1	tɕiɛn1 tɕin1	tɕin1	tɕin1	tɕin1 文 kan1 白	tɕin1
自贡	liɛn4	tɕiɛn1	tɕiɛn1	tɕhiɛn1	tɕiɛn1	tɕiɛn1	tɕiɛn1	tɕiɛn1
富顺	liɛn4	tɕiɛn1	tɕiɛn1	tɕhiɛn1	tɕiɛn1	tɕiɛn1	tɕiɛn1	tɕiɛn1
隆昌	liɛn4	tɕiɛn1	tɕiɛn1	tɕhiɛn1	tɕiɛn1	tɕiɛn1	tɕiɛn1	tɕiɛn1
泸县	liɛn4	tɕiɛn1	tɕiɛn1	tɕhiɛn1	tɕiɛn1	tɕiɛn1	tɕiɛn1 文 kan1 白	tɕiɛn1
泸州	liɛn4	tɕiɛn1	tɕiɛn1	tɕhiɛn1	tɕiɛn1	tɕiɛn1	tɕiɛn1 文 kan1 白	tɕiɛn1
南溪	liɛn4	tɕiɛn1	tɕiɛn1	tɕhiɛn1	tɕiɛn1	tɕiɛn1	tɕiɛn1 文 kan1 白	tɕiɛn1
合江	liɛn4	kiɛn1	kiɛn1	tʃhiɛn1	tɕiɛn1	kiɛn1	tɕiɛn1 文 kan1 白	kiɛn1

字目	奸奸淫	煎	笺	肩	坚	减	碱	检
反切	*居颜	子仙	则前	古贤	古贤	古斩	古斩	居奄
声韵调	山开二 见删平	山开三 精仙平	山开四 精先平	山开四 见先平	山开四 见先平	咸开二 见咸上	咸开二 见咸上	咸开三 B 见盐上
中古音	kɣan	tsiᴇn	tsen	ken	ken	kɣɛm:	kɣɛm:	kɣiᴇm:
成都	tɕiɛn1	tɕiɛn1	tɕhiɛn1	tɕiɛn1	tɕiɛn1	tɕiɛn3	tɕiɛn3	tɕiɛn3
彭州	tɕiɛn1	tɕiɛn1	tɕhiɛn1	tɕiɛn1	tɕiɛn1	tɕiɛn3	tɕiɛn3	tɕiɛn3
郫县	tɕiɛn1	tɕiɛn1	tɕhiɛn1	tɕiɛn1	tɕiɛn1	tɕiɛn3	tɕiɛn3	tɕiɛn3
广汉	tɕiɛn1	tɕiɛn1	tɕhiɛn1	tɕiɛn1	tɕiɛn1	tɕiɛn3	tɕiɛn3	tɕiɛn3
都江堰河东	tɕiɛn1	tɕiɛn1	tɕhiɛn1	tɕiɛn1	tɕiɛn1	tɕiɛn3	tɕiɛn3	tɕiɛn3
都江堰河西	tɕiɛn1	tɕiɛn1	tɕhiɛn1	tɕiɛn1	tɕiɛn1	tɕiɛn3	tɕiɛn3	tɕiɛn3
崇州	tɕiɛn1	tɕiɛn1	tɕhiɛn1	tɕiɛn1	tɕiɛn1	tɕiɛn3	tɕiɛn3	tɕiɛn3
大邑	tɕian1	tɕian1	tɕhian1	tɕian1	tɕian1	tɕian3	tɕian3	tɕian3
邛崃	tɕiɛn1	tɕiɛn1	tɕhiɛn1	tɕiɛn1	tɕiɛn1	tɕiɛn3	tɕiɛn3	tɕiɛn3
新津	tɕiɛn1	tɕiɛn1	tɕhiɛn1	tɕiɛn1	tɕiɛn1	tɕiɛn3	tɕiɛn3	tɕiɛn3
蒲江	tɕiɛn1	tɕiɛn1	tɕhiɛn1	tɕiɛn1	tɕiɛn1	tɕiɛn3	tɕiɛn3	tɕiɛn3
彭山	tɕiɛn1	tɕiɛn1	tɕhiɛn1	tɕiɛn1	tɕiɛn1	tɕiɛn3	tɕiɛn3	tɕiɛn3
眉山	tɕiɛn1	tɕiɛn1	tɕhiɛn1	tɕiɛn1	tɕiɛn1	tɕiɛn3	tɕiɛn3	tɕiɛn3
丹棱	tɕiɛn1	tɕiɛn1	tɕhiɛn1	tɕiɛn1	tɕiɛn1	tɕiɛn3	tɕiɛn3	tɕiɛn3
洪雅	tɕiɛn1	tɕiɛn1	tɕhiɛn1	tɕiɛn1	tɕiɛn1	tɕiɛn3	tɕiɛn3	tɕiɛn3
青神	tɕiɛn1	tɕiɛn1	tɕhiɛn1	tɕiɛn1	tɕiɛn1	tɕiɛn3	tɕiɛn3	tɕiɛn3
夹江	tɕiɛn1	tɕiɛn1	tɕhiɛn1	tɕiɛn1	tɕiɛn1	tɕiɛn3	tɕiɛn3	tɕiɛn3
峨眉山	tɕiɛn1	tɕiɛn1	tɕhiɛn1	tɕiɛn1	tɕiɛn1	tɕiɛn3	tɕiɛn3	tɕiɛn3
乐山	tɕiᴇ1	tɕiᴇ1	tɕhiᴇ1	tɕiᴇ1	tɕiᴇ1	tɕiᴇ3	tɕiᴇ3	tɕiᴇ3
犍为	tɕiɛn1	tɕiɛn1	tɕhiɛn1	tɕiɛn1	tɕiɛn1	tɕiɛn3	tɕiɛn3	tɕiɛn3

字目	奸奸淫	煎	笺	肩	坚	减	碱	检
反切	*居颜	子仙	则前	古贤	古贤	古斩	古斩	居奄
声韵调	山开二 见删平	山开三 精仙平	山开四 精先平	山开四 见先平	山开四 见先平	咸开二 见咸上	咸开二 见咸上	咸开三 B 见盐上
中古音	kɣan	tsiᴇn	tsen	ken	ken	kɣɛm:	kɣɛm:	kɣiᴇm:
沐川	tɕiɛn1	tɕiɛn1	tɕiɛn1	tɕiɛn1	tɕiɛn1	tɕiɛn3	tɕiɛn3	tɕiɛn3
峨边	tɕiɛn1	tɕiɛn1	tɕhiɛn1	tɕiɛn1	tɕiɛn1	tɕiɛn3	tɕiɛn3	tɕiɛn3
雅安	tɕiɛn1	tɕiɛn1	tɕhiɛn1	tɕiɛn1	tɕiɛn1	tɕiɛn3	tɕiɛn3	tɕiɛn3
名山	tɕiɛn1	tɕiɛn1	tɕhiɛn1	tɕiɛn1	tɕiɛn1	tɕiɛn3	tɕiɛn3	tɕiɛn3
天全	tɕiɛn1	tɕiɛn1	tɕhiɛn1	tɕiɛn1	tɕiɛn1	tɕiɛn3	tɕiɛn3	tɕiɛn3
芦山	tɕiɛn1	tɕiɛn1	tɕhiɛn1	tɕiɛn1	tɕiɛn1	tɕiɛn3	tɕiɛn3	tɕiɛn3
宝兴	tɕiɛn1	tɕiɛn1	tɕhiɛn1	tɕiɛn1	tɕiɛn1	tɕiɛn3	tɕiɛn3	tɕiɛn3
荥经	tɕiɛn1	tɕiɛn4	tɕhiɛn1	tɕiɛn1	tɕiɛn1	tɕiɛn3	tɕiɛn3	tɕiɛn3
汉源	tɕiɛn1	tɕiɛn1	tɕhiɛn1	tɕiɛn1	tɕiɛn1	tɕiɛn3	tɕiɛn3	tɕiɛn3
石棉	tɕiɛn1	tɕiɛn1	tɕhiɛn1	tɕiɛn1	tɕiɛn1	tɕiɛn3	tɕiɛn3	tɕiɛn3
内江	tɕian1	tɕian1	tɕhian1	tɕian1	tɕian1	tɕian3	tɕian3	tɕian3
威远	tɕian1	tɕian1	tɕhian1	tɕian1	tɕian1	tɕian3	tɕian3	tɕian3
荣县	tɕin1	tɕin1	tɕhin1	tɕin1	tɕin1	tɕiɛn3 tɕin3	tɕiɛn3 tɕin3	tɕin3
自贡	tɕiɛn1	tɕiɛn4	tɕhiɛn1	tɕiɛn1	tɕiɛn1	tɕiɛn3	tɕiɛn3	tɕiɛn3
富顺	tɕiɛn1	tɕiɛn1	tɕhiɛn1	tɕiɛn1	tɕiɛn1	tɕiɛn3	tɕiɛn3	tɕiɛn3
隆昌	tɕiɛn1	tɕiɛn1	tɕhiɛn1	tɕiɛn1	tɕiɛn1	tɕiɛn3	tɕiɛn3	tɕiɛn3
泸县	tɕiɛn1	tɕiɛn1	tɕhiɛn1	tɕiɛn1	tɕiɛn1	tɕiɛn3	tɕiɛn3	tɕiɛn3
泸州	tɕiɛn1	tɕiɛn1	tɕhiɛn1	tɕiɛn1	tɕiɛn1	tɕiɛn3	tɕiɛn3	tɕiɛn3
南溪	tɕiɛn1	tɕiɛn1	tɕhiɛn1	tɕiɛn1	tɕiɛn1	tɕiɛn3	tɕiɛn3	tɕiɛn3
合江	kiɛn1	kiɛn1	tɕhiɛn1	kan1	tɕiɛn1	kiɛn3	kiɛn3	kiɛn3

字目	俭	简	柬	拣	剪	茧	鉴	监太监
反切	巨险	古限	古限	古限	即浅	古典	格忏	格忏
声韵调	咸开三B 群盐上	山开二 见山上	山开二 见山上	山开二 见山上	山开三 精仙上	山开四 见先上	咸开二 见衔去	咸开二 见衔去
中古音	gɣiᴇm:	kɣɛn:	kɣɛn:	kɣɛn:	tsiᴇn:	ken:	kɣam-	kɣam-
成都	tɕiɛn3	tɕiɛn3	tɕiɛn3	tɕiɛn3	tɕiɛn3	tɕiɛn3	tɕiɛn4	tɕiɛn1
彭州	tɕiɛn3	tɕiɛn3	tɕiɛn3	tɕiɛn3	tɕiɛn3	tɕiɛn3	tɕiɛn4	tɕiɛn1
郫县	tɕiɛn3	tɕiɛn3	tɕiɛn3	tɕiɛn3	tɕiɛn3	tɕiɛn3	tɕiɛn4	tɕiɛn4 tɕiɛn1 俗
广汉	tɕiɛn3	tɕiɛn3	tɕiɛn3	tɕiɛn3	tɕiɛn3	tɕiɛn3	tɕiɛn4	tɕiɛn1 tɕiɛn4 新
都江堰河东	tɕiɛn3	tɕiɛn3	tɕiɛn3	tɕiɛn3	tɕiɛn3	tɕiɛn3	tɕiɛn4	tɕiɛn1
都江堰河西	tɕiɛn3	tɕiɛn3	tɕiɛn3	tɕiɛn3	tɕiɛn3	tɕiɛn3	tɕiɛn4	tɕiɛn1
崇州	tɕiɛn3	tɕiɛn3	tɕiɛn3	tɕiɛn3	tɕiɛn3	tɕiɛn3	tɕiɛn4	tɕiɛn1
大邑	tɕian3	tɕian3	tɕian3	tɕian3	tɕian3	tɕian3	tɕian4	tɕian1 tɕian4 新
邛崃	tɕiɛn3	tɕiɛn3	tɕiɛn3	tɕiɛn3	tɕiɛn3	tɕiɛn3	tɕiɛn4	tɕiɛn1
新津	tɕiɛn3	tɕiɛn3	tɕiɛn3	tɕiɛn3	tɕiɛn3	tɕiɛn3	tɕiɛn4	tɕiɛn1 tɕiɛn4 新
蒲江	tɕiɛn3	tɕiɛn3	tɕiɛn3	tɕiɛn3	tɕiɛn3	tɕiɛn3	tɕiɛn4	tɕiɛn1 tɕiɛn4 新
彭山	tɕiɛn3	tɕiɛn3	tɕiɛn3	tɕiɛn3	tɕiɛn3	tɕiɛn3	tɕiɛn4	tɕiɛn4
眉山	tɕiɛn3	tɕiɛn3	tɕiɛn3	tɕiɛn3	tɕiɛn3	tɕiɛn3	tɕiɛn4	tɕiɛn4
丹棱	tɕiɛn3	tɕiɛn3	tɕiɛn3	tɕiɛn3	tɕiɛn3	tɕiɛn3	tɕiɛn4	tɕiɛn4
洪雅	tɕiɛn3	tɕiɛn3	tɕiɛn3	tɕiɛn3	tɕiɛn3	tɕiɛn3	tɕiɛn4	tɕiɛn4
青神	tɕiɛn3	tɕiɛn3	tɕiɛn3	tɕiɛn3	tɕiɛn3	tɕiɛn3	tɕiɛn4	tɕiɛn4
夹江	tɕiɛn3	tɕiɛn3	tɕiɛn3	tɕiɛn3	tɕiɛn3	tɕiɛn3	tɕiɛn4	tɕiɛn1 俗
峨眉山	tɕiɛn3	tɕiɛn3	tɕiɛn3	tɕiɛn3	tɕiɛn3	tɕiɛn3	tɕiɛn4	tɕiɛn1 俗
乐山	tɕiᴇ3	tɕiᴇ3	tɕiᴇ3	tɕiᴇ3	tɕiᴇ3	tɕiᴇ3	tɕiᴇ4	tɕiᴇ1 俗
犍为	tɕiɛn3	tɕiɛn3	tɕiɛn3	tɕiɛn3	tɕiɛn3	tɕiɛn3	tɕiɛn4	tɕiɛn1 俗

字目	俭	简	柬	拣	剪	茧	鉴	监太监
反切	巨险	古限	古限	古限	即浅	古典	格忏	格忏
声韵调	咸开三 B 群盐上	山开二 见山上	山开二 见山上	山开二 见山上	山开三 精仙上	山开四 见先上	咸开二 见衔去	咸开二 见衔去
中古音	gɣiᴇm:	kɣɛn:	kɣɛn:	kɣɛn:	tsiᴇn:	ken:	kɣam-	kɣam-
沐川	tɕiɛn3	tɕiɛn3	tɕiɛn3	tɕiɛn3	tɕiɛn3	tɕiɛn3	tɕiɛn4	tɕiɛn1
峨边	tɕiɛn3	tɕiɛn3	tɕiɛn3	tɕiɛn3	tɕiɛn3	tɕiɛn3	tɕiɛn4	tɕiɛn1 tɕiɛn4
雅安	tɕiɛn3	tɕiɛn3	tɕiɛn3	tɕiɛn3	tɕiɛn3	tɕiɛn3	tɕiɛn4	tɕiɛn1 俗
名山	tɕiɛn3	tɕiɛn3	tɕiɛn3	tɕiɛn3	tɕiɛn3	tɕiɛn3	tɕiɛn4	tɕiɛn1 俗
天全	tɕiɛn3	tɕiɛn3	tɕiɛn3	tɕiɛn3	tɕiɛn3	tɕiɛn3	tɕiɛn4	tɕiɛn1 俗
芦山	tɕiɛn3	tɕiɛn3	tɕiɛn3	tɕiɛn3	tɕiɛn3	tɕiɛn3	tɕiɛn4	tɕiɛn1 俗
宝兴	tɕiɛn3	tɕiɛn3	tɕiɛn3	tɕiɛn3	tɕiɛn3	tɕiɛn3	tɕiɛn4	tɕiɛn1 俗
荥经	tɕiɛn3	tɕiɛn3	tɕiɛn3	tɕiɛn3	tɕiɛn3	tɕiɛn3	tɕiɛn4	tɕiɛn1
汉源	tɕiɛn3	tɕiɛn3	tɕiɛn3	tɕiɛn3	tɕiɛn3	tɕiɛn3	tɕiɛn4	tɕiɛn1 俗
石棉	tɕiɛn3	tɕiɛn3	tɕiɛn3	tɕiɛn3	tɕiɛn3	tɕiɛn3	tɕiɛn4	tɕiɛn1 俗
内江	tɕian3	tɕian3	tɕian3	tɕian3	tɕian3	tɕian3	tɕian4	tɕian4
威远	tɕian3	tɕian3	tɕian3	tɕian3	tɕian3	tɕian3	tɕian4	tɕian4
荣县	tɕin3	tɕin3	tɕin3	tɕin3	tɕin3	tɕin3	tɕin4	tɕin4
自贡	tɕiɛn3	tɕiɛn3	tɕiɛn3	tɕiɛn3	tɕiɛn3	tɕiɛn3	tɕiɛn4	tɕiɛn1 俗
富顺	tɕiɛn3	tɕiɛn3	tɕiɛn3	tɕiɛn3	tɕiɛn3	tɕiɛn3	tɕiɛn4	tɕiɛn1 俗
隆昌	tɕiɛn3	tɕiɛn3	tɕiɛn3	tɕiɛn3	tɕiɛn3	tɕiɛn3	tɕiɛn4	tɕiɛn1 俗
泸县	tɕiɛn3	tɕiɛn3	tɕiɛn3	tɕiɛn3	tɕiɛn3	tɕiɛn3	tɕiɛn4	tɕiɛn1 tɕiɛn4 俗
泸州	tɕiɛn3	tɕiɛn3	tɕiɛn3	tɕiɛn3	tɕiɛn3	tɕiɛn3	tɕiɛn4	tɕiɛn1 tɕiɛn4 新
南溪	tɕiɛn3	tɕiɛn3	tɕiɛn3	tɕiɛn3	tɕiɛn3	tɕiɛn3	tɕiɛn4	tɕiɛn1 tɕiɛn4 新
合江	kiɛn3	kiɛn3	kiɛn3	kiɛn3	kiɛn3	kiɛn3	kiɛn4	kiɛn1

字目	舰	渐	剑	间间断	箭	践	贱	件
反切	胡黤	慈染	居欠	古苋	子贱	慈演	才线	其辇
声韵调	咸开二 匣衔上	咸开三 从盐上	咸开三 见严去	山开二 见山去	山开三 精仙去	山开三 从仙上	山开三 从仙去	山开三 B 群仙上
中古音	ɦɣam:	dziᴇm:	kɨɐm-	kɣɛn-	tsiᴇn-	dziᴇn:	dziᴇn-	gɣiᴇn:
成都	tɕiɛn3 xan3 旧	tɕiɛn4	tɕiɛn4	tɕiɛn4	tɕiɛn4	tɕiɛn3 tɕiɛn4	tɕiɛn4	tɕiɛn4
彭州	tɕiɛn4 xan3 旧	tɕiɛn4	tɕiɛn4	tɕiɛn4	tɕiɛn4	tɕiɛn3 tɕiɛn4	tɕiɛn4	tɕiɛn4
郫县	tɕiɛn3	tɕiɛn4	tɕiɛn4	tɕiɛn4	tɕiɛn4	tɕiɛn3 tɕiɛn4	tɕiɛn4	tɕiɛn4
广汉	tɕiɛn4 tɕiɛn3	tɕiɛn4	tɕiɛn4	tɕiɛn4	tɕiɛn4	tɕiɛn4 tɕiɛn3	tɕiɛn4	tɕiɛn4
都江堰河东	tɕiɛn3	tɕiɛn4	tɕiɛn4	tɕiɛn4	tsiɛn4	tɕiɛn3 tɕiɛn4	tɕiɛn4	tɕiɛn4
都江堰河西	tɕiɛn4	tɕiɛn4	tɕiɛn4	tɕiɛn4	tɕiɛn4	tɕiɛn3 tɕiɛn4	tɕiɛn4	tɕiɛn4
崇州	tɕiɛn3	tɕiɛn4	tɕiɛn4	tɕiɛn4	tɕiɛn4	tɕiɛn3 tɕiɛn4	tɕiɛn4	tɕiɛn4
大邑	tɕian3 xan3 旧	tɕian4	tɕian4	tɕian4	tɕian4	tɕian3 tɕian4	tɕian4	tɕian4
邛崃	tɕiɛn3 xan3 旧	tɕiɛn4	tɕiɛn4	tɕiɛn4	tɕiɛn4	tɕiɛn3 tɕiɛn4	tɕiɛn4	tɕiɛn4
新津	tɕiɛn4 xan3 旧	tɕiɛn4	tɕiɛn4	tɕiɛn4	tɕiɛn4	tɕiɛn3 tɕiɛn4	tɕiɛn4	tɕiɛn4
蒲江	tɕiɛn4 xan3 旧	tɕiɛn4	tɕiɛn4	tɕiɛn4	tɕiɛn4	tɕiɛn3 tɕiɛn4	tɕiɛn4	tɕiɛn4
彭山	xan3 tɕiɛn4 新	tɕiɛn4	tɕiɛn4	tɕiɛn4	tɕiɛn4	tɕiɛn4 tɕiɛn3	tɕiɛn4	tɕiɛn4
眉山	xan3 tɕiɛn4 新	tɕiɛn4	tɕiɛn4	tɕiɛn4	tɕiɛn4	tɕiɛn4 tɕiɛn3	tɕiɛn4	tɕiɛn4
丹棱	xan3 tɕiɛn4 新	tɕiɛn4	tɕiɛn4	tɕiɛn4	tɕiɛn4	tɕiɛn4 tɕiɛn3	tɕiɛn4	tɕiɛn4
洪雅	xan3 tɕiɛn3 新	tɕiɛn4	tɕiɛn4	tɕiɛn4	tɕiɛn4	tɕiɛn4 tɕiɛn3	tɕiɛn4	tɕiɛn4
青神	tɕiɛn4	tɕiɛn4	tɕiɛn4	tɕiɛn4	tɕiɛn4	tɕiɛn4 tɕiɛn3	tɕiɛn4	tɕiɛn4
夹江	tɕiɛn3	tɕiɛn4	tɕiɛn4	tɕiɛn4	tɕiɛn4	tɕiɛn4	tɕiɛn4	tɕiɛn4
峨眉山	tɕie3	tɕiɛn4	tɕiɛn4	tɕiɛn4	tɕiɛn4	tɕiɛn4	tɕiɛn4	tɕiɛn4
乐山	tɕiᴇ4	tɕiᴇ4	tɕiᴇ4	tɕiᴇ4	tɕiᴇ4	tɕiᴇ4	tɕiᴇ4	tɕiᴇ4
犍为	tɕiɛn4 xan4 口	tɕiɛn4	tɕiɛn4	tɕiɛn4	tɕiɛn4	tɕiɛn4	tɕiɛn4	tɕiɛn4

字目	舰	渐	剑	间间断	箭	践	贱	件
反切	胡黤	慈染	居欠	古苋	子贱	慈演	才线	其辇
声韵调	咸开二 匣衔上	咸开三 从盐上	咸开三 见严去	山开二 见山去	山开三 精仙去	山开三 从仙上	山开三 从仙去	山开三 B 群仙上
中古音	ɦɣam:	dziᴇm:	kɨɐm-	kɣɛn-	tsiᴇn-	dziᴇn:	dziᴇn-	gɣiᴇn:
沐川	tɕiɛn4 xan3 旧	tɕiɛn4	tɕiɛn4	tɕiɛn4	tɕiɛn4	tɕiɛn3 tɕiɛn4	tɕiɛn4	tɕiɛn4
峨边	tɕiɛn4 tɕiɛn3	tɕiɛn4	tɕiɛn4	tɕiɛn4	tɕiɛn4	tɕiɛn4 tɕiɛn3	tɕiɛn4	tɕiɛn4
雅安	tɕiɛn3	tɕiɛn4	tɕiɛn4	tɕiɛn4	tɕiɛn4	tɕiɛn4	tɕiɛn4	tɕiɛn4
名山	tɕiɛn3	tɕiɛn4	tɕiɛn4	tɕiɛn4	tɕiɛn4	tɕiɛn3 tɕiɛn4	tɕiɛn4	tɕiɛn4
天全	tɕiɛn3	tɕiɛn4	tɕiɛn4	tɕiɛn4	tɕiɛn4	tɕiɛn3 tɕiɛn4	tɕiɛn4	tɕiɛn4
芦山	tɕiɛn3	tɕiɛn4	tɕiɛn4	tɕiɛn4	tɕiɛn4	tɕiɛn4	tɕiɛn4	tɕiɛn4
宝兴	tɕiɛn3	tɕiɛn4	tɕiɛn4	tɕiɛn4	tɕiɛn4	tɕiɛn4	tɕiɛn4	tɕiɛn4
荥经	tɕiɛn3 xan3 旧	tɕiɛn4	tɕiɛn4	tɕiɛn4	tɕiɛn4	tɕiɛn3 tɕiɛn4	tɕiɛn4	tɕiɛn4
汉源	tɕiɛn4	tɕiɛn4	tɕiɛn4	tɕiɛn4	tɕiɛn4	tɕiɛn3 tɕiɛn4	tɕiɛn4	tɕiɛn4
石棉	tɕiɛn3	tɕiɛn4	tɕiɛn4	tɕiɛn4	tɕiɛn4	tɕiɛn3 tɕiɛn4	tɕiɛn4	tɕiɛn4
内江	xan3 tɕiɛn4 新	tɕian4	tɕian4	tɕian4	tɕian4	tɕian3 tɕian4	tɕian4	tɕian4
威远	xan3 tɕiɛn4 新	tɕian4	tɕian4	tɕian4	tɕian4	tɕian3 tɕian4	tɕian4	tɕian4
荣县	tɕin3 xan3 旧	tɕin4	tɕin4	tɕin4	tɕin4	tɕin3 tɕin4	tɕin4	tɕin4
自贡	tɕiɛn3	tɕiɛn4	tɕiɛn4	tɕiɛn4	tɕiɛn4	tɕiɛn4	tɕiɛn4	tɕiɛn4
富顺	tɕiɛn3	tɕiɛn4	tɕiɛn4	tɕiɛn4	tɕiɛn4	tɕiɛn4	tɕiɛn4	tɕiɛn4
隆昌	tɕiɛn3	tɕiɛn4	tɕiɛn4	tɕiɛn4	tɕiɛn4	tɕiɛn4	tɕiɛn4	tɕiɛn4
泸县	tɕiɛn4	tɕiɛn4	tɕiɛn4	tɕiɛn4	tɕiɛn4	tɕiɛn3 tɕiɛn4	tɕiɛn4	tɕiɛn4
泸州	tɕiɛn4	tɕiɛn4	tɕiɛn4	tɕiɛn4	tɕiɛn4	tɕiɛn4 tɕiɛn3	tɕiɛn4	tɕiɛn4
南溪	tɕiɛn4	tɕiɛn4	tɕiɛn4	tɕiɛn4	tɕiɛn4	tɕiɛn4 tɕiɛn3	tɕiɛn4	tɕiɛn4
合江	tɕiɛn4 xan3 旧	kiɛn4	kiɛn4	tɕiɛn4	tɕiɛn4	tɕiɛn3 tɕiɛn4	tɕiɛn4	kiɛn4

字目	建	健	荐推荐	见	签竹签	签签字	谦	迁
反切	居万	渠建	作甸	古电	七廉	七廉	苦兼	七然
声韵调	山开三 见元去	山开三 群元去	山开四 精先去	山开四 见先去	咸开三 清盐平	咸开三 清盐平	咸开四 溪添平	山开三 清仙平
中古音	kɨɐn-	gɨɐn-	tsen-	ken-	tshiᴇm	tshiᴇm	khem	tshiᴇn
成都	tɕiɛn4	tɕiɛn4	tɕiɛn4	tɕiɛn4	tɕhiɛn1	tɕhiɛn1	tɕhiɛn1	tɕhiɛn1
彭州	tɕiɛn4	tɕiɛn4	tɕiɛn4	tɕiɛn4	tɕhiɛn1	tɕhiɛn1	tɕhiɛn1	tɕhiɛn1
郫县	tɕiɛn4	tɕiɛn4	tɕiɛn4	tɕiɛn4	tɕhiɛn1	tɕhiɛn1	tɕhiɛn1	tɕhiɛn1
广汉	tɕiɛn4	tɕiɛn4	tɕiɛn4	tɕiɛn4	tɕhiɛn1	tɕhiɛn1	tɕhiɛn1	tɕhiɛn1
都江堰河东	tɕiɛn4	tɕiɛn4	tɕiɛn4	tɕiɛn4	tɕhiɛn1	tɕhiɛn1	tɕhiɛn1	tɕhiɛn1
都江堰河西	tɕiɛn4	tɕiɛn4	tɕiɛn4	tɕiɛn4	tɕhiɛn1	tɕhiɛn1	tɕhiɛn1	tɕhiɛn1
崇州	tɕiɛn4	tɕiɛn4	tɕiɛn4	tɕiɛn4	tɕhiɛn1	tɕhiɛn1	tɕhiɛn1	tɕhiɛn1
大邑	tɕian4	tɕian4	tɕian4	tɕian4	tɕhian1	tɕhian1	tɕhian1	tɕhian1
邛崃	tɕiɛn4	tɕiɛn4	tɕiɛn4	tɕiɛn4	tɕhiɛn1	tɕhiɛn1	tɕhiɛn1	tɕhiɛn1
新津	tɕiɛn4	tɕiɛn4	tɕiɛn4	tɕiɛn4	tɕhiɛn1	tɕhiɛn1	tɕhiɛn1	tɕhiɛn1
蒲江	tɕiɛn4	tɕiɛn4	tɕiɛn4	tɕiɛn4	tɕhiɛn1	tɕhiɛn1	tɕhiɛn1	tɕhiɛn1
彭山	tɕiɛn4	tɕiɛn4	tɕiɛn4	tɕiɛn4	tɕhiɛn1	tɕhiɛn1	tɕhiɛn1	tɕhiɛn1
眉山	tɕiɛn4	tɕiɛn4	tɕiɛn4	tɕiɛn4	tɕhiɛn1	tɕhiɛn1	tɕhiɛn1	tɕhiɛn1
丹棱	tɕiɛn4	tɕiɛn4	tɕiɛn4	tɕiɛn4	tɕhiɛn1	tɕhiɛn1	tɕhiɛn1	tɕhiɛn1
洪雅	tɕiɛn4	tɕiɛn4	tɕiɛn4	tɕiɛn4	tɕhiɛn1	tɕhiɛn1	tɕhiɛn1	tɕhiɛn1
青神	tɕiɛn4	tɕiɛn4	tɕiɛn4	tɕiɛn4	tɕhiɛn1	tɕhiɛn1	tɕhiɛn1	tɕhiɛn1
夹江	tɕiɛn4	tɕiɛn4	tɕiɛn4	tɕiɛn4	tɕhiɛn1	tɕhiɛn1	tɕhiɛn1	tɕhiɛn1
峨眉山	tɕiɛn4	tɕiɛn4	tɕiɛn4	tɕiɛn4	tɕhiɛn1	tɕhiɛn1	tɕhiɛn1	tɕhiɛn1
乐山	tɕiᴇ4	tɕiᴇ4	tɕiᴇ4	tɕiᴇ4	tɕhiᴇ1	tɕhiᴇ1	tɕhiᴇ1	tɕhiᴇ1
犍为	tɕiɛn4	tɕiɛn4	tɕiɛn4	tɕiɛn4	tɕhiɛn1	tɕhiɛn1	tɕhiɛn1	tɕhiɛn1

字目	建	健	荐推荐	见	签竹签	签签字	谦	迁
反切	居万	渠建	作甸	古电	七廉	七廉	苦兼	七然
声韵调	山开三 见元去	山开三 群元去	山开四 精先去	山开四 见先去	咸开三 清盐平	咸开三 清盐平	咸开四 溪添平	山开三 清仙平
中古音	kɨɐn-	gɨɐn-	tsen-	ken-	tshiᴇm	tshiᴇm	khem	tshiᴇn
沐川	tɕiɛn4	tɕiɛn4	tɕiɛn4	tɕiɛn4	tɕhiɛn1	tɕhiɛn1	tɕhiɛn1	tɕhiɛn1
峨边	tɕiɛn4	tɕiɛn4	tɕiɛn4	tɕiɛn4	tɕhiɛn1	tɕhiɛn1	tɕhiɛn1	tɕhiɛn1
雅安	tɕiɛn4	tɕiɛn4	tɕiɛn4	tɕiɛn4	tɕhiɛn1	tɕhiɛn1	tɕhiɛn1	tɕhiɛn1
名山	tɕiɛn4	tɕiɛn4	tɕiɛn4	tɕiɛn4	tɕhiɛn1	tɕhiɛn1	tɕhiɛn1	tɕhiɛn1
天全	tɕiɛn4	tɕiɛn4	tɕiɛn4	tɕiɛn4	tɕhiɛn1	tɕhiɛn1	tɕhiɛn1	tɕhiɛn1
芦山	tɕiɛn4	tɕiɛn4	tɕiɛn4	tɕiɛn4	tɕhiɛn1	tɕhiɛn1	tɕhiɛn1	tɕhiɛn1
宝兴	tɕiɛn4	tɕiɛn4	tɕiɛn4	tɕiɛn4	tɕhiɛn1	tɕhiɛn1	tɕhiɛn1	tɕhiɛn1
荥经	tɕiɛn4	tɕiɛn4	tɕiɛn4	tɕiɛn4	tshiɛn1	tshiɛn1	tɕhiɛn1	tɕhiɛn1
汉源	tɕiɛn4	tɕiɛn4	tɕiɛn4	tɕiɛn4	tɕhiɛn1	tɕhiɛn1	tɕhiɛn1	tɕhiɛn1
石棉	tɕiɛn4	tɕiɛn4	tɕiɛn4	tɕiɛn4	tɕhiɛn1	tɕhiɛn1	tɕhiɛn1	tɕhiɛn1
内江	tɕian4	tɕian4	tɕian4	tɕian4	tɕhian1	tɕhian1	tɕhian1	tɕhian1
威远	tɕian4	tɕian4	tɕian4	tɕian4	tɕhian1	tɕhian1	tɕhian1	tɕhian1
荣县	tɕin4	tɕin4	tɕin4	tɕin4	tɕhin1	tɕhin1	tɕhin1	tɕhin1
自贡	tɕiɛn4	tɕiɛn4	tɕiɛn4	tɕiɛn4	tɕhiɛn1	tɕhiɛn1	tɕhiɛn1	tɕhiɛn1
富顺	tɕiɛn4	tɕiɛn4	tɕiɛn4	tɕiɛn4	tɕhiɛn1	tɕhiɛn1	tɕhiɛn1	tɕhiɛn1
隆昌	tɕiɛn4	tɕiɛn4	tɕiɛn4	tɕiɛn4	tɕhiɛn1	tɕhiɛn1	tɕhiɛn1	tɕhiɛn1
泸县	tɕiɛn4	tɕiɛn4	tɕiɛn4	tɕiɛn4	tɕhiɛn1	tɕhiɛn1	tɕhiɛn1	tɕhiɛn1
泸州	tɕiɛn4	tɕiɛn4	tɕiɛn4	tɕiɛn4	tɕhiɛn1	tɕhiɛn1	tɕhiɛn1	tɕhiɛn1
南溪	tɕiɛn4	tɕiɛn4	tɕiɛn4	tɕiɛn4	tɕhiɛn1	tɕhiɛn1	tɕhiɛn1	tɕhiɛn1
合江	tɕiɛn4	tɕiɛn4	tɕiɛn4	tɕiɛn4	tɕhiɛn1	tɕhiɛn1	tɕhiɛn1	tɕhiɛn1

字目	千	牵[①]	铅	潜	钳	钱	前	乾乾坤
反切	苍先	苦坚	与专	昨盐	巨淹	昨仙	昨先	渠焉
声韵调	山开四 清先平	山开四 溪先平	山合三 以仙平	咸开三 从盐平	咸开三 B 群盐平	山开三 从仙平	山开四 从先平	山开三 B 群仙平
中古音	tshen	khen	jiuᴇn	dziᴇm	gɣiᴇm	dziᴇn	dzen	gɣiᴇn
成都	tɕhiɛn1	tɕhiɛn1	tɕhiɛn1 yɛn2 旧	tɕhiɛn2	tɕhiɛn2	tɕhiɛn2	tɕhiɛn2	tɕhiɛn2
彭州	tɕhiɛn1	tɕhiɛn1	tɕhiɛn1 yɛn2 旧	tɕhiɛn2	tɕhiɛn2	tɕhiɛn2	tɕhiɛn2	tɕhiɛn2
郫县	tɕhiɛn1	tɕhiɛn1	yɛn2 tɕhiɛn1 新	tɕhiɛn2	tɕhiɛn2	tɕhiɛn2	tɕhiɛn2	tɕhiɛn2
广汉	tɕhiɛn1	tɕhiɛn1	yɛn2	tɕhiɛn2	tɕhiɛn2	tɕhiɛn2	tɕhiɛn2	tɕhiɛn2
都江堰河东	tɕhiɛn1	tɕhiɛn1	tɕhiɛn1	tɕhiɛn2	tɕhiɛn2	tɕhiɛn2	tɕhiɛn2	tɕhiɛn2
都江堰河西	tɕhiɛn1	tɕhiɛn1	tɕhiɛn1	tɕhiɛn2	tɕhiɛn2	tɕhiɛn2	tɕhiɛn2	tɕhiɛn2
崇州	tɕhiɛn1	tɕhiɛn1 tɕhiɛn4	tɕhiɛn1 yɛn2 旧	tɕhiɛn2	tɕhiɛn2	tɕhiɛn2	tɕhiɛn2	tɕhiɛn2
大邑	tɕhian1	tɕhian1	yan2 tɕhian1 新	tɕhian2	tɕhian2	tɕhian2	tɕhian2	tɕhian2
邛崃	tɕhiɛn1	tɕhiɛn1	yɛn2 tɕhiɛn1 新	tɕhiɛn2	tɕhiɛn2	tɕhiɛn2	tɕhiɛn2	tɕhiɛn2
新津	tɕhiɛn1	tɕhiɛn1	tɕhiɛn1 yɛn2 旧	tɕhiɛn2	tɕhiɛn2	tɕhiɛn2	tɕhiɛn2	tɕhiɛn2
蒲江	tɕhiɛn1	tɕhiɛn1	tɕhiɛn1 yɛn2 旧	tɕhiɛn2	tɕhiɛn2	tɕhiɛn2	tɕhiɛn2	tɕhiɛn2
彭山	tɕhiɛn1	tɕhiɛn1	tɕhiɛn1 yɛn2 旧	tɕhiɛn2	tɕhiɛn2	tɕhiɛn2	tɕhiɛn2	tɕhiɛn2
眉山	tɕhiɛn1	tɕhiɛn1	tɕhiɛn1 yɛn2 旧	tɕhiɛn2	tɕhiɛn2	tɕhiɛn2	tɕhiɛn2	tɕhiɛn2
丹棱	tɕhiɛn1	tɕhiɛn1	tɕhiɛn1 yɛn2 旧	tɕhiɛn2	tɕhiɛn2	tɕhiɛn2	tɕhiɛn2	tɕhiɛn2
洪雅	tɕhiɛn1	tɕhiɛn1	tɕhiɛn1 yɛn2 旧	tɕhiɛn2	tɕhiɛn2	tɕhiɛn2	tɕhiɛn2	tɕhiɛn2
青神	tɕhiɛn1	tɕhiɛn1	tɕhiɛn1 yɛn2 旧	tɕhiɛn2	tɕhiɛn2	tɕhiɛn2	tɕhiɛn2	tɕhiɛn2
夹江	tɕhiɛn1	tɕhiɛn1	tɕhiɛn1 yɛn2	tɕhiɛn2	tɕhiɛn2	tɕhiɛn2	tɕhiɛn2	tɕhiɛn2
峨眉山	tɕhiɛn1	tɕhiɛn1	tɕhiɛn1 yɛn2	tɕhiɛn2	tɕhiɛn2	tɕhiɛn2	tɕhiɛn2	tɕhiɛn2
乐山	tɕhiᴇ1	tɕhiᴇ1	tɕhiᴇ1 yᴇ2	tɕhiᴇ2	tɕhiᴇ2	tɕhiᴇ2	tɕhiᴇ2	tɕhiᴇ2
犍为	tɕhiɛn1	tɕhiɛn1	tɕhiɛn1 yɛn2	tɕhiɛn3	tɕhiɛn2	tɕhiɛn2	tɕhiɛn2	tɕhiɛn2

① 又苦甸切，山开四溪先去。崇州“牵”去声，牵挂、想念。

字目	千	牵[①]	铅	潜	钳	钱	前	乾乾坤
反切	苍先	苦坚	与专	昨盐	巨淹	昨仙	昨先	渠焉
声韵调	山开四 清先平	山开四 溪先平	山合三 以仙平	咸开三 从盐平	咸开三 B 群盐平	山开三 从仙平	山开四 从先平	山开三 B 群仙平
中古音	tshen	khen	jiuᴇn	dziᴇm	gɣiᴇm	dziᴇn	dzen	gɣiᴇn
沐川	tɕhiɛn1	tɕhiɛn1	tɕhiɛn1 yɛn2 旧	tɕhiɛn3	tɕhiɛn2	tɕhiɛn2	tɕhiɛn2	tɕhiɛn2
峨边	tɕhiɛn1	tɕhiɛn1	yɛn2	tɕhiɛn2	tɕhiɛn2	tɕhiɛn2	tɕhiɛn2	tɕhiɛn2
雅安	tɕhiɛn1	tɕhiɛn1	yɛn2	tɕhiɛn2	tɕhiɛn2	tɕhiɛn2	tɕhiɛn2	tɕhiɛn2
名山	tɕhiɛn1	tɕhiɛn1	tɕhiɛn1	tɕhiɛn2	tɕhiɛn2	tɕhiɛn2	tɕhiɛn2	tɕhiɛn2
天全	tɕhiɛn1	tɕhiɛn1	tɕhiɛn1	tɕhiɛn2	tɕhiɛn2	tɕhiɛn2	tɕhiɛn2	tɕhiɛn2
芦山	tɕhiɛn1	tɕhiɛn1	yɛn2	tɕhiɛn2	tɕhiɛn2	tɕhiɛn2	tɕhiɛn2	tɕhiɛn2
宝兴	tɕhiɛn1	tɕhiɛn1	yɛn2	tɕhiɛn2	tɕhiɛn2	tɕhiɛn2	tɕhiɛn2	tɕhiɛn2
荥经	tɕhiɛn1	tɕhiɛn1	tɕhiɛn1 yɛn2 旧	tɕhiɛn2	tɕhiɛn2	tɕhiɛn2	tɕhiɛn2	tɕhiɛn2
汉源	tɕhiɛn1	tɕhiɛn1	tɕhiɛn1	tɕhiɛn3	tɕhiɛn2	tɕhiɛn2	tɕhiɛn2	tɕhiɛn2
石棉	tɕhiɛn1	tɕhiɛn1	tɕhiɛn1	tɕhiɛn2	tɕhiɛn2	tɕhiɛn2	tɕhiɛn2	tɕhiɛn2
内江	tɕhian1	tɕhian1	tɕhian1 yan2 旧	tɕhian2	tɕhian2	tɕhian2	tɕhian2	tɕhian2
威远	tɕhian1	tɕhian1	tɕhian1 yan2 旧	tɕhian2	tɕhian2	tɕhian2	tɕhian2	tɕhian2
荣县	tɕhin1	tɕhin1	tɕhin1 yn2 旧	tɕhin2	tɕhin2	tɕhin2	tɕhin2	tɕhin2
自贡	tɕhiɛn1	tɕhiɛn1	tɕhiɛn1	tɕhiɛn2	tɕhiɛn2	tɕhiɛn2	tɕhiɛn2	tɕhiɛn2
富顺	tɕhiɛn1	tɕhiɛn1	yɛn2 tɕhiɛn1 新	tɕhiɛn2	tɕhiɛn2	tɕhiɛn2	tɕhiɛn2	tɕhiɛn2
隆昌	tɕhiɛn1	tɕhiɛn1	tɕhiɛn1	tɕhiɛn2	tɕhiɛn2	tɕhiɛn2	tɕhiɛn2	tɕhiɛn2
泸县	tɕhiɛn1	tɕhiɛn1	yɛn2 tɕhiɛn1 新	tɕhiɛn3	tɕhiɛn2	tɕhiɛn2	tɕhiɛn2	tɕhiɛn2
泸州	tɕhiɛn1	tɕhiɛn1	tɕhiɛn1 yɛn2 旧	tɕhiɛn3	tɕhiɛn2	tɕhiɛn2	tɕhiɛn2	tɕhiɛn2
南溪	tɕhiɛn1	tɕhiɛn1	yɛn2 tɕhiɛn1 新	tɕhiɛn3	tɕhiɛn2	tɕhiɛn2	tɕhiɛn2	tɕhiɛn2
合江	tɕhiɛn1	tɕhiɛn1	tɕhiɛn1 yɛn2 旧	tɕhiɛn2	tɕhiɛn2	tʃhiɛn2	tʃhiɛn2	tɕhiɛn2

① 又苦甸切，山开四溪先去。

字目	虔	浅	嵌	欠	歉	仙	鲜新鲜	掀
反切	渠焉	七演	口銜	去剑	*诘念	相然	相然	虚言
声韵调	山开三 B 群仙平	山开三 清仙上	咸开二 溪銜平	咸开三 溪严去	咸开四 溪添去	山开三 心仙平	山开三 心仙平	山开三 晓元平
中古音	gɣiᴇn	tshiᴇn:	khɣam	khɨɐm-	khem-	siᴇn	siᴇn	hɨɐn
成都	tɕhiɛn2	tɕhiɛn3	khan1 tɕhiɛn4 口	tɕhiɛn4	tɕhiɛn4	ɕiɛn1	ɕyɛn1 ɕiɛn1 口	ɕyɛn1
彭州	tɕhiɛn2	tɕhiɛn3	khan1 tɕhiɛn4 口	tɕhiɛn4	tɕhiɛn4	ɕiɛn1	ɕyɛn1 ɕiɛn1 口	ɕyɛn1
郫县	tɕhiɛn2	tɕhiɛn3	khan1 tɕhiɛn4 口	tɕhiɛn4	tɕhiɛn4	ɕiɛn1	ɕyɛn1 ɕiɛn1	ɕyɛn1
广汉	tɕhiɛn2	tɕhiɛn3	khan1	tɕhiɛn4	tɕhiɛn4	ɕiɛn1	ɕyɛn1 ɕiɛn1	ɕyɛn1
都江堰河东	tɕhiɛn2	tɕhiɛn3	khan1	tɕhiɛn4	tɕhiɛn4	ɕiɛn1	ɕyɛn1 ɕiɛn1 口	ɕyɛn1
都江堰河西	tɕhiɛn2	tɕhiɛn3	khan1	tɕhiɛn4	tɕhiɛn4	ɕiɛn1	ɕyɛn1 ɕiɛn1 口	ɕyɛn1
崇州	tɕhiɛn2	tɕhiɛn3	khan1	tɕhiɛn4	tɕhiɛn4	ɕiɛn1	ɕyɛn1 ɕiɛn1 口	ɕyɛn1
大邑	tɕhian2	tɕhian3	khan1 tɕhian4 口	tɕhian4	tɕhian4	ɕian1	ɕyan1 ɕian1	ɕyan1
邛崃	tɕhiɛn2	tɕhiɛn3	tɕhiɛn4 khan1 旧	tɕhiɛn4	tɕhiɛn4	ɕiɛn1	ɕyɛn1 ɕiɛn1 新	ɕyɛn1
新津	tɕhiɛn2	tɕhiɛn3	khan1 tɕhiɛn4 口	tɕhiɛn4	tɕhiɛn4	ɕiɛn1	ɕiɛn1 ɕyɛn1	ɕyɛn1
蒲江	tɕhiɛn2	tɕhiɛn3	tɕhiɛn4 khan1 旧	tɕhiɛn4	tɕhiɛn4	ɕiɛn1	ɕyɛn1 ɕiɛn1	ɕyɛn1
彭山	tɕhiɛn2	tɕhiɛn3	tɕhiɛn4	tɕhiɛn4	tɕhiɛn4	ɕiɛn1	ɕyɛn1	ɕyɛn1
眉山	tɕhiɛn2	tɕhiɛn3	tɕhiɛn4	tɕhiɛn4	tɕhiɛn4	ɕiɛn1	ɕyɛn1	ɕyɛn1
丹棱	tɕhiɛn2	tɕhiɛn3	tɕhiɛn4	tɕhiɛn4	tɕhiɛn4	ɕiɛn1	ɕyɛn1	ɕyɛn1
洪雅	tɕhiɛn2	tɕhiɛn3	tɕhiɛn4	tɕhiɛn4	tɕhiɛn4	ɕiɛn1	ɕyɛn1	ɕyɛn1
青神	tɕhiɛn2	tɕhiɛn3	tɕhiɛn4	tɕhiɛn4	tɕhiɛn4	ɕiɛn1	ɕyɛn1	ɕyɛn1
夹江	tɕhiɛn2	tɕhiɛn3	khan1	tɕhiɛn4	tɕhiɛn4	ɕiɛn1	ɕyɛn1 ɕiɛn1	ɕyɛn1
峨眉山	tɕhiɛn2	tɕhiɛn3	khan1	tɕhiɛn4	tɕhiɛn4	ɕiɛn1	ɕyɛn1 ɕiɛn1	ɕyɛn1
乐山	tɕhiᴇ2	tɕhiᴇ3	khan1	tɕhiᴇ4	tɕhiᴇ4	ɕiᴇ1	ɕyᴇ1 ɕiᴇ1	ɕyᴇ1
犍为	tɕhiɛn2	tɕhiɛn3	khan1	tɕhiɛn4	tɕhiɛn4	ɕiɛn1	ɕyɛn1 ɕiɛn1	ɕyɛn1

字目	虔	浅	嵌	欠	歉	仙	鲜新鲜	掀
反切	渠焉	七演	口衔	去剑	*诘念	相然	相然	虚言
声韵调	山开三 B 群仙平	山开三 清仙上	咸开二 溪衔平	咸开三 溪严去	咸开四 溪添去	山开三 心仙平	山开三 心仙平	山开三 晓元平
中古音	gɣiɛn	tshiɛn:	khɣam	khiɐm-	khem-	siɛn	siɛn	hiɐn
沐川	tɕhiɛn2	tɕhiɛn3	khan1 tɕhiɛn4 口	tɕhiɛn4	tɕhiɛn4	ɕiɛn1	ɕyɛn1 ɕiɛn1 口	ɕyɛn1
峨边	tɕhiɛn2	tɕhiɛn3	khan1	tɕhiɛn4	tɕhiɛn4	ɕiɛn1	ɕyɛn1 ɕiɛn1	ɕyɛn1
雅安	tɕhiɛn2	tɕhiɛn3	khan1	tɕhiɛn4	tɕhiɛn4	ɕiɛn1	ɕyɛn1	ɕyɛn1
名山	tɕhiɛn2	tɕhiɛn3	khan1 tɕhiɛn4 口	tɕhiɛn4	tɕhiɛn4	ɕiɛn1	ɕiɛn1 ɕyɛn1	ɕyɛn1
天全	tɕhiɛn2	tɕhiɛn3	khan1 tɕhiɛn4 口	tɕhiɛn4	tɕhiɛn4	ɕiɛn1	ɕiɛn1 ɕyɛn1	ɕyɛn1
芦山	tɕhiɛn2	tɕhiɛn3	khan1	tɕhiɛn4	tɕhiɛn4	ɕiɛn1	ɕyɛn1	ɕyɛn1
宝兴	tɕhiɛn2	tɕhiɛn3	tɕhiɛn4	tɕhiɛn4	tɕhiɛn4	ɕiɛn1	ɕyɛn1	ɕyɛn1
荥经	tɕhiɛn2	tɕhiɛn3	khan1 tɕhiɛn4 口	tɕhiɛn4	tɕhiɛn4	ɕiɛn1	ɕyɛn1 ɕiɛn1 口	ɕyɛn1
汉源	tɕhiɛn2	tɕhiɛn3	khan1 tɕhiɛn4 口	tɕhiɛn4	tɕhiɛn4	ɕiɛn1	ɕiɛn1 ɕyɛn1	ɕyɛn1
石棉	tɕhiɛn2	tɕhiɛn3	khan1 tɕhiɛn4 口	tɕhiɛn4	tɕhiɛn4	ɕiɛn1	ɕiɛn1 ɕyɛn1	ɕyɛn1
内江	tɕhian2	tɕhian3	tɕhian4	tɕhian4	tɕhian4	ɕian1	ɕyan1	ɕyan1
威远	tɕhian2	tɕhian3	tɕhian4	tɕhian4	tɕhian4	ɕian1	ɕyan1	ɕyan1
荣县	tɕhin2	tɕhin3	tɕhin4	tɕhin4	tɕhin4	ɕin1	ɕyn1	ɕyn1
自贡	tɕhiɛn2	tɕhiɛn3	khan1	tɕhiɛn4	tɕhiɛn4	ɕiɛn1	ɕyɛn1	ɕyɛn1
富顺	tɕhiɛn2	tɕhiɛn3	tɕhiɛn4	tɕhiɛn4	tɕhiɛn4	ɕiɛn1	ɕiɛn1	ɕyɛn1
隆昌	tɕhiɛn2	tɕhiɛn3	tɕhiɛn4	tɕhiɛn4	tɕhiɛn4	ɕiɛn1	ɕyɛn1	ɕiɛn1
泸县	tɕhiɛn2	tɕhiɛn3	khan1 tɕhiɛn4 口	tɕhiɛn4	tɕhiɛn4	ɕiɛn1	ɕyɛn1 ɕiɛn1	ɕyɛn1 ɕiɛn1 新
泸州	tɕhiɛn2	tɕhiɛn3	khan1 tɕhiɛn4 口	tɕhiɛn4	tɕhiɛn4	ɕiɛn1	ɕyɛn1 ɕiɛn1	ɕyɛn1 ɕiɛn1 新
南溪	tɕhiɛn2	tɕhiɛn3	tɕhiɛn4 khan1 旧	tɕhiɛn4	tɕhiɛn4	ɕiɛn1	ɕyɛn1 ɕiɛn1	ɕyɛn1 ɕiɛn1 新
合江	tɕhiɛn2	tɕhiɛn3	khan1 tɕhiɛn4 口	tɕhiɛn4	tɕhiɛn4	ɕiɛn1	ɕyɛn1 ɕiɛn1 口	ɕyɛn1

字目	先	咸咸丰	咸咸淡	衔	嫌	闲	贤	弦
反切	苏前	胡谗	胡谗	户监	户兼	户间	胡田	胡田
声韵调	山开四 心先平	咸开二 匣咸平	咸开二 匣咸平	咸开二 匣衔平	咸开四 匣添平	山开二 匣山平	山开四 匣先平	山开四 匣先平
中古音	sen	ɦɣɛm	ɦɣɛm	ɦɣam	ɦem	ɦɣɛn	ɦen	ɦen
成都	ɕiɛn1	xan2	xan2	xan2 ɕiɛn2 新	ɕiɛn2	ɕiɛn2 xan2 旧	ɕiɛn2	ɕyɛn2
彭州	ɕiɛn1	xan2	xan2	xan2 ɕiɛn2 新	ɕiɛn2	ɕiɛn2 xan2 口	ɕiɛn2	ɕyɛn2
郫县	ɕiɛn1	xan2	xan2	xan2 ɕiɛn2 新	ɕiɛn2	ɕiɛn2 xan2	ɕiɛn2	ɕyɛn2
广汉	ɕiɛn1	xan2	xan2	ɕiɛn2 xan2 旧	ɕiɛn2	ɕiɛn2 xan2	ɕiɛn2	ɕyɛn2
都江堰河东	ɕiɛn1	xan2	xan2	xan2	ɕiɛn2	ɕian2 xan2	ɕiɛn2	ɕyɛn2
都江堰河西	ɕiɛn1	xan2	xan2	ɕiɛn2	ɕiɛn2	ɕiɛn2	ɕiɛn2	ɕyɛn2
崇州	ɕiɛn1	xan2	xan2	xan2	ɕiɛn2	ɕian2 xan2	ɕiɛn2	ɕyɛn2
大邑	ɕian1	xan2	xan2	xan2 ɕian2 新	ɕian2	ɕian2 xan2	ɕian2	ɕyan2
邛崃	ɕiɛn1	xan2	xan2	xan2 ɕiɛn2 新	ɕiɛn2	xan2 ɕiɛn2	ɕiɛn2	ɕyɛn2
新津	ɕiɛn1	xan2	xan2	xan2 ɕiɛn2 新	ɕiɛn2	ɕiɛn2 xan2	ɕiɛn2	ɕyɛn2
蒲江	ɕiɛn1	xan2 ɕiɛn2 新	xan2 ɕiɛn2 新	xan2 ɕiɛn2 新	ɕiɛn2	ɕiɛn2 xan2	ɕiɛn2	ɕyɛn2
彭山	ɕiɛn1	xan2	xan2	ɕiɛn2 xan2 旧	ɕiɛn2	ɕiɛn2 xan2 旧	ɕiɛn2	ɕyɛn2
眉山	ɕiɛn1	xan2	xan2	ɕiɛn2 xan2 旧	ɕiɛn2	ɕiɛn2 xan2 旧	ɕiɛn2	ɕyɛn2
丹棱	ɕiɛn1	xan2	xan2	ɕiɛn2 xan2 旧	ɕiɛn2	ɕiɛn2 xan2 旧	ɕiɛn2	ɕyɛn2
洪雅	ɕiɛn1	xan2	xan2	ɕiɛn2 xan2 旧	ɕiɛn2	ɕiɛn2 xan2 旧	ɕiɛn2	ɕyɛn2
青神	ɕiɛn1	xan2	xan2	ɕiɛn2 xan2 旧	ɕiɛn2	ɕiɛn2 xan2 旧	ɕiɛn2	ɕyɛn2
夹江	ɕiɛn1	ɕiɛn2 xan2	ɕiɛn2 xan2 口	xan2 ɕiɛn2 新	ɕiɛn2	ɕiɛn2 xan2	ɕiɛn2	ɕyɛn2
峨眉山	ɕiɛn1	ɕiɛn2	ɕiɛn2 xan2 口	xan2 ɕiɛn2 新	ɕiɛn2	ɕiɛn2 xan2	ɕiɛn2	ɕyɛn2
乐山	ɕiᴇ1	xan2 ɕiᴇ2	ɕiᴇ2 xan2 口	xan2 ɕiᴇ2 新	ɕiᴇ2	ɕiᴇ2 xan2	ɕiᴇ2	ɕyᴇ2
犍为	ɕiɛn1	xan2	ɕiɛn2 xan2 口	xan2 ɕiɛn2 新	ɕiɛn2	ɕiɛn2 xan2	ɕiɛn2	ɕyɛn2

字目	先	咸咸丰	咸咸淡	衔	嫌	闲	贤	弦
反切	苏前	胡谗	胡谗	户监	户兼	户间	胡田	胡田
声韵调	山开四 心先平	咸开二 匣咸平	咸开二 匣咸平	咸开二 匣衔平	咸开四 匣添平	山开二 匣山平	山开四 匣先平	山开四 匣先平
中古音	sen	ɦɣɛm	ɦɣɛm	ɦɣam	ɦem	ɦɣɛn	ɦen	ɦen
沐川	ɕiɛn1	xan2	xan2	xan2 ɕiɛn2 新	ɕiɛn2	ɕiɛn2 xan2 口	ɕiɛn2	ɕyɛn2
峨边	ɕiɛn1	xan2	xan2	xan2	ɕiɛn2	ɕiɛn2 xan2	ɕiɛn2	ɕyɛn2
雅安	ɕiɛn1	xan2	xan2	ɕiɛn2 xan2 旧	ɕiɛn2	ɕiɛn2	ɕiɛn2	ɕyɛn2
名山	ɕiɛn1	ɕiɛn2	xan2	xan2 ɕiɛn2 新	ɕiɛn2	ɕiɛn2	ɕiɛn2	ɕyɛn2
天全	ɕiɛn1	ɕiɛn2	xan2	xan2 ɕiɛn2 新	ɕiɛn2	ɕiɛn2	ɕiɛn2	ɕyɛn2
芦山	ɕiɛn1	xan2	xan2	xan2	ɕiɛn2	xan2 ɕiɛn2	ɕiɛn2	ɕyɛn2
宝兴	ɕiɛn1	xan2	xan2	xan2 ɕiɛn2 新	ɕiɛn2	xan2 ɕiɛn2	ɕiɛn2	ɕyɛn2
荥经	ɕiɛn1	xan2	xan2	xan2 ɕiɛn2 新	ɕiɛn2	ɕiɛn2 xan2 口	ɕiɛn2	ɕyɛn2
汉源	ɕiɛn1	ɕiɛn2	xan2	xan2 ɕiɛn2 新	ɕiɛn2	ɕiɛn2	ɕiɛn2	ɕyɛn2
石棉	ɕiɛn1	ɕiɛn2	xan2	xan2 ɕiɛn2 新	ɕiɛn2	ɕiɛn2	ɕiɛn2	ɕyɛn2
内江	ɕian1	xan2	xan2	ɕian2 xan2 旧	ɕian2	ɕian2 xan2 旧	ɕian2	ɕyan2
威远	ɕian1	xan2	xan2	ɕian2 xan2 旧	ɕian2	ɕian2 xan2 旧	ɕian2	ɕyan2
荣县	ɕin1	xan2	xan2	ɕin2 xan2 旧	ɕin2	ɕin2 xan2 旧	ɕin2	ɕyn2
自贡	ɕiɛn1	xan2	xan2	xan2 ɕiɛn2 新	ɕiɛn2	ɕiɛn2	ɕiɛn2	ɕyɛn2
富顺	ɕiɛn1	xan2	xan2	xan2 ɕiɛn2 新	ɕiɛn2	xan2	ɕiɛn2	ɕyɛn2
隆昌	ɕiɛn1	xan2	xan2	ɕiɛn2 xan2 旧	ɕiɛn2	xan2	ɕiɛn2	ɕyɛn2
泸县	ɕiɛn1	xan2	xan2	xan2 ɕiɛn2 新	ɕiɛn2	ɕiɛn2 xan2	ɕiɛn2	ɕyɛn2
泸州	ɕiɛn1	xan2	xan2	ɕiɛn2 xan2 旧	ɕiɛn2	ɕiɛn2 xan2	ɕiɛn2	ɕyɛn2
南溪	ɕiɛn1	xan2	xan2	ɕiɛn2 xan2 旧	ɕiɛn2	ɕiɛn2 xan2	ɕiɛn2	ɕyɛn2
合江	ɕiɛn1	xan2	xan2	xan2 ɕiɛn2 新	ɕiɛn2	ɕiɛn2 xan2 口	ɕiɛn2	ɕyɛn2

字目	险	鲜姓	显	陷	*馅	限	线	羡
反切	虚检	息浅	呼典	户韽	*乎韽	胡简	私箭	似面
声韵调	咸开三B 晓盐上	山开三 心仙上	山开四 晓先上	咸开二 匣咸去	咸开二 匣咸去	山开二 匣山上	山开三 心仙去	山开三 邪仙去
中古音	hɣiɛm:	siɛn:	hen:	ɦɣɛm-	ɦɣɛm-	ɦɣɛn:	siɛn-	ziɛn-
成都	ɕiɛn3	ɕyɛn3	ɕiɛn3	xan4	ɕiɛn4 文	ɕiɛn4	ɕiɛn4	ɕiɛn4
彭州	ɕiɛn3	ɕyɛn3	ɕiɛn3	xan4	ɕiɛn4 文	ɕiɛn4	ɕiɛn4	ɕiɛn4
郫县	ɕiɛn3	ɕyɛn3	ɕiɛn3	ɕiɛn4 xan4	ɕiɛn4 文	ɕiɛn4	ɕiɛn4	ɕiɛn4
广汉	ɕiɛn3	ɕyɛn3	ɕiɛn3	ɕiɛn4	ɕiɛn4 文	ɕiɛn4	ɕiɛn4	ɕiɛn4
都江堰河东	ɕiɛn3	ɕyɛn3	ɕiɛn3	xan4	ɕiɛn4 文	ɕiɛn4	ɕiɛn4	ɕiɛn4
都江堰河西	ɕiɛn3	ɕyɛn3	ɕiɛn3	xan4	ɕiɛn4 文	ɕiɛn4	ɕiɛn4	ɕiɛn4
崇州	ɕiɛn3	ɕyɛn3	ɕiɛn3	xan4	ɕiɛn4 文	ɕiɛn4	ɕiɛn4	ɕiɛn4
大邑	ɕian3	ɕyan3	ɕian3	xan4	ɕian4 文	ɕian4	ɕian4	ɕian4
邛崃	ɕiɛn3	ɕyɛn3	ɕiɛn3	ɕiɛn4 xan4	ɕiɛn4 文	ɕiɛn4	ɕiɛn4	ɕiɛn4
新津	ɕiɛn3	ɕyɛn3	ɕiɛn3	ɕiɛn4 xan4	ɕiɛn4 文	ɕiɛn4	ɕiɛn4	ɕiɛn4
蒲江	ɕiɛn3	ɕyɛn3	ɕiɛn3	ɕiɛn4 xan4	ɕiɛn4 文	ɕiɛn4	ɕiɛn4	ɕiɛn4
彭山	ɕiɛn3	ɕyɛn3	ɕiɛn3	ɕiɛn4 xan4 旧	ɕiɛn4 文	ɕiɛn4	ɕiɛn4	ɕiɛn4
眉山	ɕiɛn3	ɕyɛn3	ɕiɛn3	ɕiɛn4 xan4 旧	ɕiɛn4 文	ɕiɛn4	ɕiɛn4	ɕiɛn4
丹棱	ɕiɛn3	ɕyɛn3	ɕiɛn3	ɕiɛn4 xan4 旧	ɕiɛn4 文	ɕiɛn4	ɕiɛn4	ɕiɛn4
洪雅	ɕiɛn3	ɕyɛn3	ɕiɛn3	ɕiɛn4 xan4 旧	ɕiɛn4 文	ɕiɛn4	ɕiɛn4	ɕiɛn4
青神	ɕiɛn3	ɕyɛn3	ɕiɛn3	ɕiɛn4 xan4 旧	ɕiɛn4 文	ɕiɛn4	ɕiɛn4	ɕiɛn4
夹江	ɕiɛn3	ɕiɛn3	ɕiɛn3	xan4	ɕiɛn4 文	ɕiɛn4	ɕiɛn4	ɕiɛn4
峨眉山	ɕiɛn3	ɕyɛn3	ɕiɛn3	ɕiɛn4	ɕiɛn4 文	ɕiɛn4	ɕiɛn4	ɕiɛn4
乐山	ɕiᴇ3	ɕiᴇ3	ɕiᴇ3	xan4	ɕiᴇ4 文	ɕiᴇ4	ɕiᴇ4	ɕiᴇ4
犍为	ɕiɛn3	ɕiɛn3	ɕiɛn3	xan4	ɕiɛn4 文	ɕiɛn4	ɕiɛn4	ɕiɛn4

字目	险	鲜姓	显	陷	*馅	限	线	羡
反切	虚检	息浅	呼典	户韽	*乎韽	胡简	私箭	似面
声韵调	咸开三 B 晓盐上	山开三 心仙上	山开四 晓先上	咸开二 匣咸去	咸开二 匣咸去	山开二 匣山上	山开三 心仙去	山开三 邪仙去
中古音	hɣiɛm:	siɛn:	hen:	ɦɣɛm-	ɦɣɛm-	ɦɣɛn:	siɛn-	ziɛn-
沐川	ɕiɛn3	ɕyɛn3	ɕiɛn3	ɕiɛn4	ɕiɛn4 文	ɕiɛn4	ɕiɛn4	ɕiɛn4
峨边	ɕiɛn3	ɕyɛn3	ɕiɛn3	xan4	ɕiɛn4 文	ɕiɛn4	ɕiɛn4	ɕiɛn4
雅安	ɕiɛn3	ɕyɛn3	ɕiɛn3	xan4	ɕiɛn4 文	ɕiɛn4	ɕiɛn4	ɕiɛn4
名山	ɕiɛn3	ɕyɛn3	ɕiɛn3	ɕiɛn4	ɕiɛn4 文	xan4	ɕiɛn4	ɕiɛn4
天全	ɕiɛn3	ɕyɛn3	ɕiɛn3	xan4	ɕiɛn4 文	ɕiɛn4	ɕiɛn4	ɕiɛn4
芦山	ɕiɛn3	ɕyɛn3	ɕiɛn3	xan4	ɕiɛn4 文	ɕiɛn4	ɕiɛn4	ɕiɛn4
宝兴	ɕiɛn3	ɕyɛn3	ɕiɛn3	xan4	ɕiɛn4 文	ɕiɛn4	ɕiɛn4	ɕiɛn4
荥经	ɕiɛn3	ɕiɛn3	ɕiɛn3	xan4	无	ɕiɛn4	ɕiɛn4	ɕiɛn4
汉源	ɕiɛn3	ɕyɛn3	ɕiɛn3	xan4	ɕiɛn4 文	ɕiɛn4	ɕiɛn4	ɕiɛn4
石棉	ɕiɛn3	ɕyɛn3	ɕiɛn3	ɕiɛn4	ɕiɛn4 文	ɕiɛn4	ɕiɛn4	ɕiɛn4
内江	ɕian3	ɕyan3	ɕian3	ɕian4 xan4 旧	ɕian4 文	ɕian4	ɕian4	ɕian4
威远	ɕian3	ɕyan3	ɕian3	ɕian4 xan4 旧	ɕian4 文	ɕian4	ɕian4	ɕian4
荣县	ɕin3	ɕyn3	ɕin3	ɕin4 xan4 旧	ɕin4 文	ɕin4	ɕin4	ɕin4
自贡	ɕiɛn3	ɕyɛn3	ɕiɛn3	xan4 ɕiɛn4 新	ɕiɛn4 文	ɕiɛn4	ɕiɛn4	ɕiɛn4
富顺	ɕiɛn3	ɕyɛn3	ɕiɛn3	xan4 ɕiɛn4 新	ɕiɛn4 文	ɕiɛn4	ɕiɛn4	ɕiɛn4
隆昌	ɕiɛn3	ɕyɛn3	ɕiɛn3	ɕiɛn4	ɕiɛn4 文	ɕiɛn4	ɕiɛn4	ɕiɛn4
泸县	ɕiɛn3	ɕyɛn3	ɕiɛn3	ɕiɛn4 xan4	ɕiɛn4 文	ɕiɛn4	ɕiɛn4	ɕiɛn4
泸州	ɕiɛn3	ɕyɛn3	ɕiɛn3	ɕiɛn4 xan4	ɕiɛn4 文	ɕiɛn4	ɕiɛn4	ɕiɛn4
南溪	ɕiɛn3	ɕyɛn3	ɕiɛn3	ɕiɛn4 xan4	ɕiɛn4 文	ɕiɛn4	ɕiɛn4	ɕiɛn4
合江	ɕiɛn3	ɕyɛn3	ɕiɛn3	xan4	ɕiɛn4 文	ɕiɛn4	ɕiɛn4	ɕiɛn4

字目	宪	献	现	县	淹	腌腌肉	阉	烟
反切	许建	许建	胡甸	黄练	央炎	央炎	央炎	乌前
声韵调	山开三 晓元去	山开三 晓元去	山开四 匣先去	山合四 匣先去	咸开三 B 影盐平	咸开三 B 影盐平	咸开三 B 影盐平	山开四 影先平
中古音	hɨɐn-	hɨɐn-	ɦen-	ɦwen-	ʔɣiɛm	ʔɣiɛm	ʔɣiɛm	ʔen
成都	ɕiɛn4	ɕiɛn4	ɕiɛn4	ɕiɛn4	ŋan1 iɛn1 新	iɛn1	iɛn1 文	iɛn1
彭州	ɕiɛn4	ɕiɛn4	ɕiɛn4	ɕiɛn4	ŋan1 iɛn1 新	iɛn1	iɛn1	iɛn1
郫县	ɕiɛn4	ɕiɛn4	ɕiɛn4	ɕiɛn4	ŋan1 iɛn1 新	iɛn1	iɛn1	iɛn1
广汉	ɕiɛn4	ɕiɛn4	ɕiɛn4	ɕiɛn4	ŋan1 iɛn1 新	iɛn1	iɛn1	iɛn1
都江堰河东	ɕiɛn4	ɕiɛn4	ɕiɛn4	ɕiɛn4	ŋan1 iɛn1 新	iɛn1	iɛn1	iɛn1
都江堰河西	ɕiɛn4	ɕiɛn4	ɕiɛn4	ɕiɛn4	ŋan1 iɛn1 新	iɛn1	iɛn1 文	iɛn1
崇州	ɕiɛn4	ɕiɛn4	ɕiɛn4	ɕiɛn4	ŋan1	iɛn1	iɛn1	iɛn1
大邑	ɕian4	ɕian4	ɕian4	ɕian4	ŋan1 ian1 新	ian1	ian1 文	ian1
邛崃	ɕiɛn4	ɕiɛn4	ɕiɛn4	ɕiɛn4	ŋan1 iɛn1 新	iɛn1	iɛn1 文	iɛn1
新津	ɕiɛn4	ɕiɛn4	ɕiɛn4	ɕiɛn4	ŋan1 iɛn1 新	iɛn1	iɛn1	iɛn1
蒲江	ɕiɛn4	ɕiɛn4	ɕiɛn4	ɕiɛn4	ŋan1 iɛn1 新	iɛn1	iɛn1 文	iɛn1
彭山	ɕiɛn4	ɕiɛn4	ɕiɛn4	ɕiɛn4	ŋan1 iɛn1 新	iɛn1	iɛn1 文	iɛn1
眉山	ɕiɛn4	ɕiɛn4	ɕiɛn4	ɕiɛn4	ŋan1 iɛn1 新	iɛn1	iɛn1 文	iɛn1
丹棱	ɕiɛn4	ɕiɛn4	ɕiɛn4	ɕiɛn4	ŋan1 iɛn1 新	iɛn1	iɛn1 文	iɛn1
洪雅	ɕiɛn4	ɕiɛn4	ɕiɛn4	ɕiɛn4	ŋan1 iɛn1 新	iɛn1	iɛn1 文	iɛn1
青神	ɕiɛn4	ɕiɛn4	ɕiɛn4	ɕiɛn4	ŋan1 iɛn1 新	iɛn1	iɛn1 文	iɛn1
夹江	ɕiɛn4	ɕiɛn4	ɕiɛn4	ɕiɛn4	ŋan1 iɛn1 新	iɛn1	iɛn1	iɛn1
峨眉山	ɕiɛn4	ɕiɛn4	ɕiɛn4	ɕiɛn4	ŋan1 iɛn1 新	iɛn1	iɛn1	iɛn1
乐山	ɕiᴇ4	ɕiᴇ4	ɕiᴇ4	ɕiᴇ4	ŋan1 iᴇ1 新	iᴇ1	iᴇ1	iᴇ1
犍为	ɕiɛn4	ɕiɛn4	ɕiɛn4	ɕiɛn4	ŋan1 iɛn1 新	ŋan1	ŋan1	iɛn1

字目	宪	献	现	县	淹	腌腌肉	阉	烟
反切	许建	许建	胡甸	黄练	央炎	央炎	央炎	乌前
声韵调	山开三 晓元去	山开三 晓元去	山开四 匣先去	山合四 匣先去	咸开三 B 影盐平	咸开三 B 影盐平	咸开三 B 影盐平	山开四 影先平
中古音	hiɐn-	hiɐn-	ɦen-	ɦwen-	ʔɣiɛm	ʔɣiɛm	ʔɣiɛm	ʔen
沐川	ɕiɛn4	ɕiɛn4	ɕiɛn4	ɕiɛn4	ŋan1 iɛn1 新	iɛn1	iɛn1	iɛn1
峨边	ɕiɛn4	ɕiɛn4	ɕiɛn4	ɕiɛn4	ŋan1	iɛn1	iɛn1	iɛn1
雅安	ɕiɛn4	ɕiɛn4	ɕiɛn4	ɕiɛn4	ŋan1	iɛn1	iɛn1	iɛn1
名山	ɕiɛn4	ɕiɛn4	ɕiɛn4	ɕiɛn4	ŋan1 iɛn1 新	iɛn1	iɛn1	iɛn1
天全	ɕiɛn4	ɕiɛn4	ɕiɛn4	ɕiɛn4	ŋan1 iɛn1 新	iɛn1	iɛn1	iɛn1
芦山	ɕiɛn4	ɕiɛn4	ɕiɛn4	ɕiɛn4	ŋan1	iɛn1	iɛn1	iɛn1
宝兴	ɕiɛn4	ɕiɛn4	ɕiɛn4	ɕiɛn4	ŋan1	iɛn1	iɛn1	iɛn1
荥经	ɕiɛn4	ɕiɛn4	ɕiɛn4	ɕiɛn4	ŋan1 iɛn1 新	iɛn1	iɛn1	iɛn1
汉源	ɕiɛn4	ɕiɛn4	ɕiɛn4	ɕiɛn4	ŋan1 iɛn1 新	iɛn1	iɛn1	iɛn1
石棉	ɕiɛn4	ɕiɛn4	ɕiɛn4	ɕiɛn4	ŋan1 iɛn1 新	iɛn1	iɛn1	iɛn1
内江	ɕian4	ɕian4	ɕian4	ɕian4	ŋan1 ian1 新	ian1	ian1 文	ian1
威远	ɕian4	ɕian4	ɕian4	ɕian4	ŋan1 ian1 新	ian1	ian1 文	ian1
荣县	ɕin4	ɕin4	ɕin4	ɕin4	ŋan1 in1 新	in1	in1 文	iɛn1 in1
自贡	ɕiɛn4	ɕiɛn4	ɕiɛn4	ɕiɛn4	ŋan1	iɛn1	iɛn1	iɛn1
富顺	ɕiɛn4	ɕiɛn4	ɕiɛn4	ɕiɛn4	ŋan1	iɛn1	ɕiɛn4①	iɛn1
隆昌	ɕiɛn4	ɕiɛn4	ɕiɛn4	ɕiɛn4	ŋan1 iɛn1 新	iɛn1	iɛn1	iɛn1
泸县	ɕiɛn4	ɕiɛn4	ɕiɛn4	ɕiɛn4	ŋan1 iɛn1 新	iɛn1	iɛn1	iɛn1
泸州	ɕiɛn4	ɕiɛn4	ɕiɛn4	ɕiɛn4	iɛn1 ŋan1 旧	iɛn1	iɛn1	iɛn1
南溪	ɕiɛn4	ɕiɛn4	ɕiɛn4	ɕiɛn4	iɛn1 ŋan1 旧	iɛn1	iɛn1	iɛn1
合江	ɕiɛn4	ɕiɛn4	ɕiɛn4	ɕiɛn4	ŋan1 iɛn1 新	iɛn1	iɛn1	iɛn1

① “钀”（阉割）的训读。

字目	燕燕山	胭	岩岩石	炎	盐	檐	阎	严
反切	乌前	乌前	五衔	于廉	余廉	余廉	余廉	语𩐝
声韵调	山开四 影先平	山开四 影先平	咸开二 疑衔平	咸开三 云盐平	咸开三 以盐平	咸开三 以盐平	咸开三 以盐平	咸开三 疑严平
中古音	ʔen	ʔen	ŋɣam	ɦiɛm	jiɛm	jiɛm	jiɛm	ŋɨɐm
成都	iɛn1	iɛn1	ŋai2 iɛn2 新	iɛn1	iɛn2 iɛn4 口①	iɛn2 iɛi2 旧	ȵiɛn2	ȵiɛn2 iɛn2 新
彭州	iɛn1	iɛn1	ŋai2 iɛn2 新	iɛn1	iɛn2 iɛn4 口①	iɛn2 iɛi2 旧	ȵiɛn2 iɛn2 新	ȵiɛn2 iɛn2 新
郫县	iɛn1	iɛn1	ŋai2 iɛi2 新	iɛn1	iɛn2	iɛn2 iɛi2 旧	ȵiɛn2 iɛn2 新	ȵiɛn2 iɛn2 新
广汉	iɛn1	iɛn1	ŋai2	iɛn2	iɛn2	iɛn2	ȵiɛn2	ȵiɛn2
都江堰河东	iɛn1	iɛn1	ŋai2 iɛn2 新	iɛn1	iɛn2	iɛn2	ȵiɛn2	ȵiɛn2 iɛn2 新
都江堰河西	iɛn1	iɛn1	ŋai2 iɛn2 新	iɛn1	iɛn2	iɛn2	ȵiɛn2	ȵiɛn2 iɛn2 新
崇州	iɛn1	iɛn1	ŋai2 iɛn2 新	iɛn1	iɛn2	iɛn2	ȵiɛn2	ȵiɛn2
大邑	ian1	ian1	ŋai2 ian2 新	ian1	ian2 ian4 口①	ian2 iai2 旧	ȵian2	ȵian2 ian2 新
邛崃	iɛn1	iɛn1	ŋai2 iɛn2 新	iɛn1	iɛn2 iɛn4 口①	iɛn2 iai2 旧	ȵiɛn2	ȵiɛn2 iɛn2 新
新津	iɛn1	iɛn1	ŋai2 iɛn2 新	iɛn1	iɛn2 iɛn4 口①	iɛn2 iɛi2 旧	ȵiɛn2	ȵiɛn2 iɛn2 新
蒲江	iɛn1	iɛn1	ŋai2 iɛn2 新	iɛn1	iɛn2 iɛn4 口①	iɛn2 iɛi2 旧	iɛn2	ȵiɛn2 iɛn2 新
彭山	iɛn1	iɛn1	ŋai2 iɛn2 新	iɛn1	iɛn2 iɛn4 口①	iɛn2	ȵiɛn2	ȵiɛn2 iɛn2 新
眉山	iɛn1	iɛn1	ŋai2 iɛn2 新	iɛn1	iɛn2 iɛn4 口①	iɛn2	iɛn2	ȵiɛn2 iɛn2 新
丹棱	iɛn1	iɛn1	ŋai2 iɛn2 新	iɛn1	iɛn2 iɛn4 口①	iɛn2	ȵiɛn2	ȵiɛn2 iɛn2 新
洪雅	iɛn1	iɛn1	ŋai2 iɛn2 新	iɛn1	iɛn2 iɛn4 口①	iɛn2	iɛn2	ȵiɛn2 iɛn2 新
青神	iɛn1	iɛn1	ŋai2 iɛn2 新	iɛn1	iɛn2 iɛn4 口①	iɛn2	liɛn2	liɛn2 iɛn2 新
夹江	iɛn1	iɛn1	ŋai2 iɛn2 新	iɛn1 iɛn2	iɛn2 iɛn4 口①	iɛn2	niɛn2 iɛn2 新	niɛn2 iɛn2 新
峨眉山	iɛn1	iɛn1	ŋai2 iɛn2 新	iɛn2	iɛn2 iɛn4 口①	iɛn2	niɛn2 iɛn2 新	niɛn2 iɛn2 新
乐山	iᴇ1	iᴇ1	ŋai2 iᴇ2 新	iᴇ1 iᴇ2	iᴇ2 iᴇ4 口①	iᴇ2	liᴇ2 iᴇ2 新	liᴇ2 iᴇ2 新
犍为	iɛn1	iɛn1	ŋai2 iɛn2 新	iɛn1 iɛn2	iɛn2 iɛn4 口①	iɛn2	liɛn2 iɛn2 新	liɛn2 iɛn2 新

① 动词，撒上盐一样的粉末。

字目	燕燕山	胭	岩岩石	炎	盐	檐	阎	严
反切	乌前	乌前	五衔	于廉	余廉	余廉	余廉	语龲
声韵调	山开四 影先平	山开四 影先平	咸开二 疑衔平	咸开三 云盐平	咸开三 以盐平	咸开三 以盐平	咸开三 以盐平	咸开三 疑严平
中古音	ʔen	ʔen	ŋɣam	ɦiɛm	jiɛm	jiɛm	jiɛm	ŋɨɐm
沐川	iɛn1	iɛn1	ŋai2 iɛn2 新	iɛn1	iɛn2 iɛn4 口[①]	iɛn2 iɛi2 旧	ȵiɛn2 iɛn2 新	ȵiɛn2 iɛn2 新
峨边	iɛn1	iɛn1	ŋai2	iɛn1	iɛn2	iɛn2	liɛn2	liɛn2
雅安	iɛn1	iɛn1	ŋai2	iɛn1	iɛn2 iɛn4 口[①]	iɛn2	ȵiɛn2	ȵiɛn2 iɛn2 新
名山	iɛn1	iɛn1	ŋai2 iɛn2 新	iɛn1	iɛn2 iɛn4 口[①]	iɛn2	iɛn2	liɛn2 iɛn2 新
天全	iɛn1	iɛn1	ŋai2 iɛn2 新	iɛn1	iɛn2 iɛn4 口[①]	iɛn2	ȵiɛn2	ȵiɛn2 iɛn2 新
芦山	iɛn1	iɛn1	ŋai2	iɛn1	iɛn2 iɛn4 口[①]	iɛn2	ȵiɛn2	ȵiɛn2 iɛn2 新
宝兴	iɛn1	iɛn1	ŋai2	iɛn1	iɛn2 iɛn4 口[①]	iɛn2	iɛn2	ȵiɛn2 iɛn2 新
荥经	iɛn1	iɛn1	ŋai2 iɛn2 新	iɛn1	iɛn2 iɛn4 口[①]	iɛn2 iɛi2 旧	ȵiɛn2 iɛn2 新	ȵiɛn2 iɛn2 新
汉源	iɛn1	iɛn1	ŋɛ2 iɛn2 新	iɛn1	iɛn2 iɛn4 口[①]	iɛn2	iɛn2	niɛn2 iɛn2 新
石棉	iɛn1	iɛn1	ŋe2 iɛn2 新	iɛn1	iɛn2 iɛn4 口[①]	iɛn2	ȵiɛn2	ȵiɛn2 iɛn2 新
内江	ian1	ian1	ŋai2 iɛi2 新	ian1	ian2 ian4 口[①]	ian2	ian2	ȵian2 ian2 新
威远	ian1	ian1	ŋai2 ian2 新	ian1	ian2 ian4 口[①]	ian2	ȵian2	ȵian2 ian2 新
荣县	in1	in1	ŋai2 in2 新	in1	in2	in2	in2	ȵin2 in2 新
自贡	iɛn1	iɛn1	ŋai2 iɛn2 新	iɛn1	iɛn2 iɛn4 口[①]	iɛn2	ȵiɛn2	ȵiɛn2
富顺	iɛn1	iɛn1	ŋai2 iɛn2 新	iɛn1	iɛn2 iɛn4 口[①]	iɛn2	ȵiɛn2	ȵiɛn2
隆昌	iɛn1	iɛn1	ŋai2 iɛn2 新	iɛn1	iɛn2 iɛn4 口[①]	iɛn2	ȵiɛn2	ȵiɛn2
泸县	iɛn1	iɛn1	ŋai2 iɛn2 新	iɛn1	iɛn2 iɛn4 口[①]	iɛn2	ȵiɛn2	liɛn2 iɛn2 新
泸州	iɛn1	iɛn1	ŋai2 iɛn2 新	iɛn1	iɛn2 iɛn4 口[①]	iɛn2	ȵiɛn2	liɛn2 iɛn2 新
南溪	iɛn1	iɛn1	ŋai2 iɛn2 新	iɛn1	iɛn2 iɛn4 口[①]	iɛn2	ȵiɛn2	ȵiɛn2 iɛn2 新
合江	iɛn1	iɛn1	ŋai2 iɛn2 新	iɛn1	iɛn2 iɛn4 口[①]	iɛn2 iɛi2 旧	ȵiɛn2 iɛn2 新	ȵiɛn2 iɛn2 新

① 动词，撒上盐一样的粉末。

字目	颜	延	言	研	沿	掩	眼	演
反切	五奸	以然	语轩	五坚	与专	衣俭	五限	以浅
声韵调	山开二 疑删平	山开三 以仙平	山开三 疑元平	山开四 疑先平	山合三 以仙平	咸开三 B 影盐上	山开二 疑山上	山开三 以仙上
中古音	ŋɣan	jiᴇn	ŋɨɐn	ŋen	jiuᴇn	ʔɣiᴇm:	ŋɣɛn:	jiᴇn:
成都	iɛn2	iɛn2 iɛi2 口	iɛn2	ȵiɛn1 iɛn1 新	yɛn2 iɛn2 口	iɛn3	iɛn3	iɛn3
彭州	iɛn2	iɛn2 iɛi2 口	iɛn2	ȵiɛn2	yɛn2 iɛn2 口	iɛn3	iɛn3	iɛn3
郫县	iɛn2	iɛn2 文 iai2 白	iɛn2	ȵiɛn1	yɛn2 iɛn2 口	iɛn3	iɛn3	iɛn3
广汉	iɛn2	iɛn2	iɛn2	iɛn1 ȵiɛn1	yɛn2	iɛn3	iɛn3	iɛn3
都江堰河东	ie2	iɛn2 iɛi2 口	iɛn2	ȵiɛn1	iɛn2	iɛn3	iɛn3	iɛn3
都江堰河西	iɛi2	iɛn2 iɛi2 口	iɛn2	iɛn1	yɛn2 iɛn2 口	iɛn3	iɛn3	iɛn3
崇州	iɛn2	iɛn2 iai2 口	iɛn2	ȵiɛn1	yɛn2 iɛn2 口	iɛn3	iɛn3	iɛn3
大邑	ian2	ian2 iai2 口	ian2	ȵian2 ȵian1	ian2 yan2	ian3	ian3	ian3
邛崃	iɛn2	iai2 iɛn2 新	iɛn2	ȵiɛn1 ȵiɛn2	yɛn2 口 iɛn2	iɛn3	iɛn3	iɛn3
新津	iɛn2	iɛi2 iɛn2	iɛn2	ȵiɛn1 ȵiɛn2	yɛn2 iɛn2 口	iɛn3	iɛn3	iɛn3
蒲江	iɛn2	iɛi2 iɛn2	iɛn2	iɛn2 ȵiɛn1 旧	yɛn2 iɛn2 口	iɛn3	iɛn3	iɛn3
彭山	iɛn2	iɛn2 iɛi2 口	iɛn2	ȵiɛn1	yɛn2 iɛn2 口	iɛn3	iɛn3	iɛn3
眉山	iɛn2	iɛn2	iɛn2	ȵiɛn1 iɛn1 新	yɛn2 iɛn2 口	iɛn3	iɛn3	iɛn3
丹棱	iɛn2	iɛn2	iɛn2	ȵiɛn1	yɛn2 iɛn2 口	iɛn3	iɛn3	iɛn3
洪雅	iɛn2	iɛn2	iɛn2	ȵiɛn1 iɛn1 新	yɛn2 iɛn2 口	iɛn3	iɛn3	iɛn3
青神	iɛn2	iɛn2	iɛn2	ȵiɛn1 iɛn1 新	yɛn2 iɛn2 口	iɛn3	iɛn3	iɛn3
夹江	iɛn2	iɛn2	iɛn2	niɛn1 iɛn2 新	iɛn2	iɛn3	iɛn3	iɛn3
峨眉山	iɛn2	iɛn2	iɛn2	niɛn1 iɛn2 新	yɛn2	iɛn3	iɛn3	iɛn3
乐山	iᴇ2	iᴇ2	iᴇ2	liᴇ1 iᴇ2 新	yᴇ2	iᴇ3	iᴇ3	iᴇ3
犍为	iɛn2	iɛn2	iɛn2	liɛn1 iɛn2 新	yɛn2	iɛn3	iɛn3	iɛn3

字目	颜	延	言	研	沿	掩	眼	演
反切	五奸	以然	语轩	五坚	与专	衣俭	五限	以浅
声韵调	山开二 疑删平	山开三 以仙平	山开三 疑元平	山开四 疑先平	山合三 以仙平	咸开三 B 影盐上	山开二 疑山上	山开三 以仙上
中古音	ŋɣan	jiᴇn	ŋɨɐn	ŋen	jiuᴇn	ʔɣiᴇm:	ŋɣen:	jiᴇn:
沐川	iɛn2	iɛn2 iɛi2 口	iɛn2	iɛn1	yɛn2 iɛn2 口	iɛn3	iɛn3	iɛn3
峨边	iɛn2	iɛn2	iɛn2	liɛn1	yɛn2	iɛn3	iɛn3	iɛn3
雅安	iɛn2	iɛn2	iɛn2	ȵiɛn1	yɛn2	iɛn3	iɛn3	iɛn3
名山	iɛn2	iɛn2	iɛn2	liɛn1	yɛn2 iɛn2 新	iɛn3	iɛn3	iɛn3
天全	iɛn2	iɛn2	iɛn2	ȵiɛn1	yɛn2 iɛn2 新	iɛn3	iɛn3	iɛn3
芦山	iɛn2	iɛn2	iɛn2	ȵiɛn1	yɛn2	iɛn3	iɛn3	iɛn3
宝兴	iɛn2	iɛn2	iɛn2	ȵiɛn1	yɛn2	iɛn3	iɛn3	iɛn3
荥经	iɛn2	iɛn2 iɛi2 口	iɛn2	ȵiɛn1	yɛn2 iɛn2 口	iɛn3	iɛn3	iɛn3
汉源	iɛn2	iɛn2	iɛn2	niɛn1	yɛn2 iɛn2 新	iɛn3	iɛn3	iɛn3
石棉	iɛn2	iɛn2	iɛn2	ȵiɛn1	yɛn2 iɛn2 新	iɛn3	iɛn3	iɛn3
内江	ian2	ian2	ian2	ian1	yan2 ian2 口	ian3	ian3	ian3
威远	ian2	ian2 iɛi2 口	ian2	ian1	yan2 ian2 口	ian3	ian3	ian3
荣县	in2	in2	in2	iɛn1 in1	yn2 in2 口	in3	in3	in3
自贡	iɛn2	iɛn2	iɛn2	iɛn1	yɛn2	iɛn3	iɛn3	iɛn3
富顺	iɛn2	iɛn2	iɛn2	ȵiɛn1	yɛn2	iɛn3	iɛn3	iɛn3
隆昌	iɛn2	iɛn2	iɛn2	ȵiɛn1	iɛn2	iɛn3	iɛn3	iɛn3
泸县	iɛn2	iɛi2 iɛn2	iɛn2	ȵiɛn1 iɛn2 新	yɛn2 iɛn2 新	iɛn3	iɛn3	iɛn3
泸州	iɛn2	iɛn2 iɛi2 口	iɛn2	ȵiɛn1 iɛn2 新	yɛn2 iɛn2 新	iɛn3	iɛn3	iɛn3
南溪	iɛn2	iɛn2	iɛn2	iɛn2 ȵiɛn1 旧	yɛn2 iɛn2	iɛn3	iɛn3	iɛn3
合江	iɛn2	iɛn2 iɛi2 口	iɛn2	ȵiɛn1	yɛn2 iɛn2 口	iɛn3	iɛn3	iɛn3

字目	验	厌	艳	雁	晏	谚	砚	燕燕子
反切	鱼窆	于艳	以赡	五晏	乌涧	鱼变	吾甸	于甸
声韵调	咸开三B 疑盐去	咸开三A 影盐去	咸开三 以盐去	山开二 疑删去	山开二 影删去	山开三B 疑仙去	山开四 疑先去	山开四 影先去
中古音	ŋɣiɛm-	ʔiɛm-	jiɛm-	ŋɣan-	ʔɣan-	ŋɣiɛn-	ŋen-	ʔen-
成都	ȵiɛn4	iɛn4	iɛn4	ŋan4	iɛn4 文 ŋan4 白	iɛn4	ȵiɛn4	iɛn4
彭州	ȵiɛn4	iɛn4	iɛn4	ŋan4	iɛn4 文 ŋan4 白	ȵiɛn4	ȵiɛn4	iɛn4
郫县	ȵiɛn4 iɛn4	iɛn4	iɛn4	ŋan4	iɛn4 文 ŋan4 白	iɛn4	liɛn4	iɛn4
广汉	ȵiɛn4 iɛn4	iɛn4	iɛn4	ŋan4 iɛn4	ŋan4	iɛn4	iɛn4 ȵiɛn4	iɛn4
都江堰河东	ȵiɛn4	iɛn4	iɛn4	ŋan4	iɛn4 文 ŋan4 白	iɛn4	ȵiɛn4	iɛn4
都江堰河西	iɛn4	iɛn4	iɛn4	iɛn4	iɛn4 文 ŋan4 白	ȵiɛn4	iɛn4	iɛn4
崇州	ȵiɛn4	iɛn4	iɛn4	ŋan4	iɛn4 文 ŋan4 白	iɛn4	iɛn4	iɛn4
大邑	ȵian4	ian4	ian4	ian4 ŋan4	ian4 文 ŋan4 白	ian4 ȵian4	ȵian4	ian4
邛崃	ȵiɛn4	iɛn4	iɛn4	iɛn4 ŋan4	iɛn4 文 ŋan4 白	iɛn4 ȵiɛn4	ȵiɛn2	iɛn4
新津	ȵiɛn4	iɛn4	iɛn4	ŋan4 iɛn4	iɛn4 文 ŋan4 白	iɛn4 ȵiɛn4	ȵiɛn4	iɛn4
蒲江	iɛn4	iɛn4	iɛn4	iɛn4 ŋan4	iɛn4 文 ŋan4 白	iɛn4 ȵiɛn4	iɛn4 ȵiɛn4	iɛn4
彭山	ȵiɛn4	iɛn4	iɛn4	ŋan4 iɛn4 新	ŋan4 iɛn4 新	iɛn4	iɛn4	iɛn4
眉山	ȵiɛn4	iɛn4	iɛn4	ŋan4 iɛn4 新	ŋan4 iɛn4 新	iɛn4	iɛn4	iɛn4
丹棱	ȵiɛn4	iɛn4	iɛn4	ŋan4 iɛn4 新	ŋan4 iɛn4 新	iɛn4	iɛn4	iɛn4
洪雅	ȵiɛn4	iɛn4	iɛn4	ŋan4 iɛn4 新	ŋan4 iɛn4 新	iɛn4	iɛn4	iɛn4
青神	liɛn4	iɛn4	iɛn4	ŋan4 iɛn4 新	ŋan4 iɛn4 新	iɛn4	iɛn4	iɛn4
夹江	niɛn4	iɛn4	iɛn4	ŋan4	iɛn4 文 ŋan4 白	iɛn2	niɛn4	iɛn4
峨眉山	niɛn4	iɛn4	iɛn4	ŋan4	iɛn4 文 ŋan4 白	iɛn4	niɛn4	iɛn4
乐山	liᴇ4	iᴇ4	iᴇ4	ŋan4 iᴇ4	iᴇ4 文 ŋan4 白	iᴇ4	liᴇ4	iᴇ4
犍为	liɛn4	iɛn4	iɛn4	ŋan4	iɛn4 文 ŋan4 白	liɛn4	liɛn4	iɛn4

字目	验	厌	艳	雁	晏	谚	砚	燕燕子
反切	鱼窆	于艳	以赡	五晏	乌涧	鱼变	吾甸	于甸
声韵调	咸开三 B 疑盐去	咸开三 A 影盐去	咸开三 以盐去	山开二 疑删去	山开二 影删去	山开三 B 疑仙去	山开四 疑先去	山开四 影先去
中古音	ŋɣiɛm-	ʔiɛm-	jiɛm-	ŋɣan-	ʔɣan-	ŋɣiɛn-	ŋen-	ʔen-
沐川	ȵiɛn4	iɛn4	iɛn4	ŋan4 iɛn4 新	iɛn4 文 ŋan4 白	iɛn4	iɛn4	iɛn4
峨边	liɛn4	iɛn4	iɛn4	ŋan4 iɛn4	ŋan4	iɛn4	liɛn4	iɛn4
雅安	ȵiɛn4	iɛn4	iɛn4	ŋan4	iɛn4	iɛn4	iɛn4	iɛn4
名山	liɛn4	iɛn4	iɛn4	iɛn4	iɛn4 文 ŋan4 白	iɛn2	liɛn4	iɛn4
天全	ȵiɛn4	iɛn4	iɛn4	ŋan4	iɛn4 文 ŋan4 白	iɛn2	ȵiɛn4	iɛn4
芦山	ȵiɛn4	iɛn4	iɛn4	ŋan4	ŋan4	ȵiɛn4	iɛn4	iɛn4
宝兴	ȵiɛn4	iɛn4	iɛn4	iɛn4	ŋan4	iɛn4	iɛn4	iɛn4
荥经	ȵiɛn4	iɛn4	iɛn4	ŋan4 iɛn4 新	iɛn4 文 ŋan4 白	iɛn2	ȵiɛn4	iɛn4
汉源	iɛn4	iɛn4	iɛn4	iɛn4	iɛn4 文 ŋan4 白	iɛn4	niɛn4	iɛn4
石棉	ȵiɛn4	iɛn4	iɛn4	ŋan4	iɛn4 文 ŋan4 白	iɛn4	ȵiɛn4	iɛn4
内江	ȵian4	ian4	ian4	ŋan4 ian4 新	ŋan4 ian4 新	ian4	ian4	ian4
威远	ȵian4	ian4	ian4	ŋan4 ian4 新	ŋan4 ian4 新	ian4	ian4	ian4
荣县	iɛn4 in4	in4	in4	ŋan4	ŋan4 in4 新	in4	iɛn4 in4	in4
自贡	ȵiɛn4	iɛn4	iɛn4	ŋan4 iɛn4 新	iɛn4 文 ŋan4 白	iɛn2	iɛn4	iɛn4
富顺	ȵiɛn4	iɛn4	iɛn4	ŋan4 iɛn4 新	iɛn4 文 ŋan4 白	ȵiɛn4	ȵiɛn4	iɛn4
隆昌	ȵiɛn4	iɛn4	iɛn4	ŋan4 iɛn4 新	iɛn4 文 ŋan4 白	iɛn2	iɛn4	iɛn4
泸县	ȵiɛn4	iɛn4	iɛn4	ŋan4	iɛn4 文 ŋan4 白	ȵiɛn4 iɛn4 新	ȵiɛn4	iɛn4
泸州	ȵiɛn4	iɛn4	iɛn4	ŋan4	iɛn4 文 ŋan4 白	ȵiɛn4 iɛn4 新	ȵiɛn4	iɛn4
南溪	ȵiɛn4	iɛn4	iɛn4	ŋan4	iɛn4 文 ŋan4 白	ȵiɛn4 iɛn4 新	ȵiɛn4	iɛn4
合江	ȵiɛn4	iɛn4	iɛn4	ŋan4	iɛn4 文 ŋan4 白	ȵiɛn4	ȵiɛn4	iɛn4

字目	咽吞咽	宴宴会	端	短	断决断	锻	断断绝	段
反切	于甸	于甸	多官	都管	丁贯	丁贯	徒管	徒玩
声韵调	山开四 影先去	山开四 影先去	山合一 端桓平	山合一 端桓上	山合一 端桓去	山合一 端桓去	山合一 定桓上	山合一 定桓去
中古音	ʔen-	ʔen-	tuɑn	tuɑn:	tuɑn-	tuɑn-	duɑn:	duɑn-
成都	iɛn4	iɛn4	tuan1	tuan3	tuan4	tuan4	tuan4 tuan3 口	tuan4
彭州	iɛn4	iɛn4	tuan1	tuan3	tuan4	tuan4	tuan4 tuan3 口	tuan4
郫县	iɛn4	iɛn4	tuan1	tuan3	tuan4	tuan4	tuan4	tuan4
广汉	iɛn4	iɛn4	tuan1	tuan3	tuan4	tuan4	tuan4	tuan4
都江堰河东	iɛn4	iɛn4	tuan1	tuan3	tuan4	tuan4	tuan4	tuan4
都江堰河西	iɛn4	iɛn4	tuan1	tuan3	tuan4	tuan4	tuan4	tuan4
崇州	iɛn4	iɛn4	tan1	tan3	tan4	tan4	tan4	tan4
大邑	ian4	ian4	tan1 tuan1 新	tan3 tuan3 新	tan4 tuan4 新	tan4 tuan4 新	tuan4 tan4 旧	tan4 tuan4 新
邛崃	iɛn4	ȵiɛn4	tan1 tuan1 新	tan3 tuan3 新	tan4 tuan4 新	tan4 tuan4 新	tan4 tuan4 新	tan4 tuan4 新
新津	iɛn4	iɛn4	tan1 tuan1 新	tan3 tuan3 新	tan4 tuan4 新	tan4 tuan4 新	tan4 tuan4 新	tan4 tuan4 新
蒲江	iɛn4	iɛn4	tan1 tuan1 新	tan3 tuan3 新	tan4 tuan4 新	tan4 tuan4 新	tan4 tuan4 新	tan4 tuan4 新
彭山	iɛn4	iɛn4	tan1	tan3	tan4	tan4	tan4	tan4
眉山	iɛn4	iɛn4	tan1 tuan1 新	tan3 tuan3 新	tan4 tuan4 新	tan4 tuan4 新	tan4 tuan4 新	tan4 tuan4 新
丹棱	iɛn4	iɛn4	tan1 tuan1 新	tan3 tuan3 新	tan4 tuan4 新	tan4 tuan4 新	tan4 tuan4 新	tan4 tuan4 新
洪雅	iɛn4	iɛn4	tuan1	tuan3	tuan4	tuan4	tuan4	tuan4
青神	iɛn4	iɛn4	tuan1	tuan3	tuan4	tuan4	tuan4	tuan4
夹江	iɛn4	iɛn4	tan1 tuan1 新	tan3 tuan3 新	tan4 tuan4 新	tan4 tuan4 新	tan4 tuan4 新	tan4 tuan4 新
峨眉山	iɛn4	iɛn4	tan1 tuan1 新	tan3 tuan3 新	tan4 tuan4 新	tan4 tuan4 新	tan4 tuan4 新	tan4 tuan4 新
乐山	iᴇ4	iᴇ4	tan1 tuan1 新	tan3 tuan3 新	tan4 tuan4 新	tan4 tuan4 新	tan4 tuan4 新	tan4 tuan4 新
犍为	iɛn4	iɛn4	tan1 tuan1 新	tan3 tuan3 新	tan4 tuan4 新	tan4 tuan4 新	tan4 tuan4 新	tan4 tuan4 新

字目	咽吞咽	宴宴会	端	短	断决断	锻	断断绝	段
反切	于甸	于甸	多官	都管	丁贯	丁贯	徒管	徒玩
声韵调	山开四 影先去	山开四 影先去	山合一 端桓平	山合一 端桓上	山合一 端桓去	山合一 端桓去	山合一 定桓上	山合一 定桓去
中古音	ʔen-	ʔen-	tuɑn	tuɑn:	tuɑn-	tuɑn-	duɑn:	duɑn-
沐川	iɛn4	iɛn4	tuan1	tuan3	tuan4	tuan4	tuan4 tuan3 口	tuan4
峨边	iɛn4	iɛn4	tuan1	tuan3	tuan4	tuan4	tuan4	tuan4
雅安	iɛn4	iɛn4	tuan1	tuan3	tuan4	tuan4	tuan4	tuan4
名山	iɛn1	iɛn4	tuan1	tuan3	tuan4	tuan4	tuan4 tuan3 口	tuan4
天全	iɛn1	iɛn4	tuan1	tuan3	tuan4	tuan4	tuan4 tuan3 口	tuan4
芦山	iɛn4	iɛn4	tuan1	tuan3	tuan4	tuan4	tuan4	tuan4
宝兴	iɛn4 iɛn1	iɛn4	tuan1	tuan3	tuan4	tuan4	tuan4	tuan4
荥经	iɛn1	iɛn4	tuan1	tuan3	tuan4	tuan4	tuan4 tuan3 口	tuan4
汉源	iɛn1	iɛn4	tuan1	tuan3	tuan4	tuan4	tuan4 tuan3 口	tuan4
石棉	iɛn1	iɛn4	tuan1	tuan3	tuan4	tuan4	tuan4 tuan3 口	tuan4
内江	ian4	ian4	tuan1	tuan3	tuan4	tuan4	tuan4	tuan4
威远	ian4	ian4	tuan1	tuan3	tuan4	tuan4	tuan4	tuan4
荣县	in4	in4	tuan1	tuan3	tuan4	tuan4	tuan4	tuan4
自贡	iɛn1	iɛn4	tuan1	tuan3	tuan4	tuan4	tuan4	tuan4
富顺	iɛn1	iɛn4	tuan1	tuan3	tuan4	tuan4	tuan4	tuan4
隆昌	iɛn1	iɛn4	tuan1	tuan3	tuan4	tuan4	tuan4	tuan4
泸县	iɛn1	iɛn4	tuan1	tuan3	tuan4	tuan4	tuan4	tuan4
泸州	iɛn1	iɛn4	tuan1	tuan3	tuan4	tuan4	tuan4	tuan4
南溪	iɛn1	iɛn4	tuan1	tuan3	tuan4	tuan4	tuan4	tuan4
合江	iɛn4	iɛn4	tuan1	tuan3	tuan4	tuan4	tuan4 tuan3 口	tuan4

字目	缎	团团结	团饭团	暖	鸾	卵	乱	钻钻洞
反切	徒玩	度官	徒官	乃管	落官	卢管	郎段	借官
声韵调	山合一 定桓去	山合一 定桓平	山合一 定桓平	山合一 泥桓上	山合一 来桓平	山合一 来桓上	山合一 来桓去	山合一 精桓平
中古音	duɑn-	duɑn	duɑn	nuɑn:	luɑn	luɑn:	luɑn-	tsuɑn
成都	tuan4	thuan2 thuan3 口	thuan2	nuan3	nuan2	nuan3	nuan4	tsuan1
彭州	tuan4	thuan2 thuan3 口	thuan2	nuan3	nuan2	nuan3	nuan4	tsuan1
郫县	tuan4	thuan2 thuan3 口	thuan2	luan3	luan2	luan3	luan4	tsuan1
广汉	tuan4	thuan2	thuan2	luan3	luan2	luan3	luan4	tsuan4
都江堰河东	tuan4	thuan2 thuan3 口	thuan2	nuan3	nuan2	nuan3	nuan4	tsuan1
都江堰河西	tuan4	thuan2	thuan2	nuan3	nuan2	nuan3	nuan4	tsuan1
崇州	tan4	than2	than2	nan3	nan2	nan3	nan4	tsuan1
大邑	tan4 tuan4 新	thuan2[①] than2 旧	thuan2	nuan3 nan3 旧	nan2 nuan2 新	nuan3 nan3 旧	nan4 nuan4 新	tsuan1
邛崃	tan4 tuan4 新	than2 thuan2 新	thuan2	nan3 nuan3 新	nan2 nuan2 新	nuan3 nan3 旧	nan4 nuan4 新	tsuan1
新津	tan4 tuan4 新	than2[①] thuan2 新	thuan2	nan3 nuan3 新	nan2 nuan2 新	nuan3 nan3 旧	nan4 nuan4 新	tsuan1
蒲江	tan4 tuan4 新	than2[①] thuan2 新	thuan2	lan3 luan3 新	lan2 luan2 新	lan3 luan3 新	lan4 luan4 新	tsuan1
彭山	tan4	than2 thuan2 新	than2 thuan2 新	nan3	nan2	nan3	nan4	tsuan1
眉山	tan4 tuan4 新	than2 thuan2 新	than2 thuan2 新	nuan3	nuan2	nuan3 nan3 旧	nan4 nuan4 新	tsuan1
丹棱	tan4 tuan4 新	than2 thuan2 新	than2 thuan2 新	nuan3	nuan2	nuan3 nan3 旧	nan4 nuan4 新	tsuan1
洪雅	tuan4	thuan2 thuan3 口	thuan2	nuan3	nuan2	nuan3	nuan4	tsuan1
青神	tuan4	thuan2 thuan3 口	thuan2	luan3	luan2	luan3	luan4	tsuan1
夹江	tan4 tuan4 新	thuan2 thuan3 口	than2 thuan2 新	nan3 nuan3 新	nan2 nuan2 新	nuan3 nan3 旧	nan4 nuan4 新	tsuan1
峨眉山	tan4 tuan4 新	than2 than3 口	than2 thuan2 新	nan3 nuan3 新	nan2 nuan2 新	nuan3 nan3 旧	nan4 nuan4 新	tsuan1
乐山	tan4 tuan4 新	thuan2 thuan3 口	than2 thuan2 新	lan3 luan3 新	lan2 luan2 新	lan3 luan3 新	lan4 luan4 新	tsuan1
犍为	tan4 tuan4 新	thuan2 thuan3 口	than2 thuan2 新	lan3 luan3 新	lan2 luan2 新	lan3 luan3 新	lan4 luan4 新	tsuan1

① 又音 thuan3 口。

字目	缎	团团结	团饭团	暖	鸾	卵	乱	钻钻洞
反切	徒玩	度官	徒官	乃管	落官	卢管	郎段	借官
声韵调	山合一 定桓去	山合一 定桓平	山合一 定桓平	山合一 泥桓上	山合一 来桓平	山合一 来桓上	山合一 来桓去	山合一 精桓平
中古音	duan-	duan	duan	nuan:	luan	luan:	luan-	tsuan
沐川	tuan4	thuan2 thuan3 口	thuan2	luan3	luan2	luan3	luan4	tsuan1
峨边	tuan4	thuan2	thuan2	luan3	luan2	luan3	luan4	tsuan1
雅安	tuan4	thuan2	thuan2	nuan3	nuan2	nuan3	nuan4	tsuan1
名山	tuan4	thuan2 thuan3 口	thuan2	luan3	luan2	luan3	luan4	tsuan1
天全	tuan4	thuan2 thuan3 口	thuan2	luan3	lan2	luan3	luan4	tsuan1
芦山	tuan4	thuan2	thuan2	nuan3	nuan2	nuan3	nuan4	tsuan1
宝兴	tuan4	thuan2	thuan2	nuan3	nuan2	nuan3	nuan4	tsuan1
荥经	tuan4	thuan2 thuan3 口	thuan2	luan3	luan2	luan3	luan4	tsuan1
汉源	tuan4	thuan2 thuan3 口	thuan2	nuan3	nuan2	nuan3	nuan4	tsuan1
石棉	tuan4	thuan2 thuan3 口	thuan2	luan3	luan2	luan3	luan4	tsuan1
内江	tuan4	thuan2 thuan3 口	thuan2	nuan3	nuan2	nuan3	nuan4	tʂuan1
威远	tuan4	thuan2 thuan3 口	thuan2	nuan3	nuan2	nuan3	nuan4	tsuan1
荣县	tuan4	thuan2 thuan3 口	thuan2	nuan3	nuan2	nuan3	nuan4	tsuan1
自贡	tuan4	thuan2	thuan2	luan3	luan2	luan3	luan4	tsuan1
富顺	tuan4	thuan2	thuan2	luan3	luan2	luan3	luan4	tsuan1
隆昌	tuan4	thuan2	thuan2	luan3	luan2	luan3	luan4	tsuan1
泸县	tuan4	thuan2 thuan3 口	thuan2	luan3	luan2	luan3	luan4	tsuan4
泸州	tuan4	thuan2 thuan3 口	thuan2	luan3	luan2	luan3	luan4	tsuan4
南溪	tuan4	thuan2 thuan3 口	thuan2	luan3	luan2	luan3	luan4	tsuan4
合江	tuan4	thuan2 thuan3 口	thuan2	luan3	luan2	luan3	luan4	tsuan1

字目	钻钻子	篡	酸	算	蒜	专	砖	转转变
反切	子筭	初患	素官	苏贯	苏贯	职缘	职缘	陟兖
声韵调	山合一 精桓去	山合二 初删去	山合一 心桓平	山合一 心桓去	山合一 心桓去	山合三 章仙平	山合三 章仙平	山合三 知仙上
中古音	tsuɑn-	tʃhɣuan-	suɑn	suɑn-	suɑn-	tɕiuɛn	tɕiuɛn	ȶiuɛn:
成都	tsuan4	tshuan4	suan1	suan4	suan4	tsuan1	tsuan1	tsuan3
彭州	tsuan4	tshuan4	suan1	suan4	suan4	tsuan1	tsuan1	tsuan3
郫县	tsuan4	tshuan4	suan1	suan4	suan4	tsuan1	tsuan1	tsuan3
广汉	tsuan4	tshuan4	suan1	suan4	suan4	tsuan1	tsuan1	tsuan3
都江堰河东	tsuan4	tshuan4	suan1	suan4	suan4	tsuan1	tsuan1	tsuan3
都江堰河西	tsuan4	tshuan4	suan1	suan4	suan4	tsuan1	tsuan1	tsuan3
崇州	tsuan4	tshuan4	suan1	suan4	suan4	tsuan1	tsuan1	tsuan3
大邑	tsan4 tsuan4	tshuan4	suan1	suan4	suan4	tsuan1	tsuan1	tsuan3
邛崃	tsuan4 tsan4	tshuan4	suan1	suan4	suan4	tsuan1	tsuan1	tsuan3
新津	tsuan4 tsan4	tshuan4	suan1	suan4	suan4	tsuan1	tsuan1	tsuan3
蒲江	tsuan4 tsan4 旧	tshuan4	suan1	suan4	suan4	tsuan1	tsuan1	tsuan3
彭山	tsuan4	tshuan4	suan1	suan4	suan4	tsuan1	tsuan1	tsuan3
眉山	tsuan4	tshuan4	suan1	suan4	suan4	tsuan1	tsuan1	thuan3
丹棱	tsuan4	tshuan4	suan1	suan4	suan4	tsuan1	tsuan1	tsuan3
洪雅	tsuan4	tshuan4	suan1	suan4	suan4	tsuan1	tsuan1	tsuan3
青神	tsuan4	tshuan4	suan1	suan4	suan4	tsuan1	tsuan1	tsuan3
夹江	tsan4 tsuan4 新	tshuan4	suan1	suan4	suan4	tsuan1	tsuan1	tsuan3
峨眉山	tsan4 tsuan4 新	tshuan4	suan1	suan4	suan4	tsuan1	tsuan1	tsuan3
乐山	tsan4 tsuan4 新	tshuan4	suan1	suan4	suan4	tsuan1	tsuan1	tsuan3
犍为	tsan4 tsuan4 新	tshuan4	suan1	suan4	suan4	tsuan1	tsuan1	tsuan3

字目	钻钻子	篡	酸	算	蒜	专	砖	转转变
反切	子筭	初患	素官	苏贯	苏贯	职缘	职缘	陟兖
声韵调	山合一 精桓去	山合二 初删去	山合一 心桓平	山合一 心桓去	山合一 心桓去	山合三 章仙平	山合三 章仙平	山合三 知仙上
中古音	tsuɑn-	tʃhɣuan-	suɑn	suɑn-	suɑn-	tɕiuᴇn	tɕiuᴇn	ʈiuᴇn:
沐川	tsuan4	tshuan4	suan1	suan4	suan4	tsuan1	tsuan1	tsuan3
峨边	tsuan4	tshuan4	suan1	suan4	suan4	tsuan1	tsuan1	tsuan3
雅安	tsuan4	tshuan4	suan1	suan4	suan4	tsuan1	tsuan1	tsuan3
名山	tsuan4	tshuan4	suan1	suan4	suan4	tsuan1	tsuan1	tsuan3
天全	tsuan4	tshuan4	suan1	suan4	suan4	tsuan1	tsuan1	tsuan3
芦山	tsuan4	tshuan4	suan1	suan4	suan4	tsuan1	tsuan1	tsuan3
宝兴	tsuan4	tshuan4	suan1	suan4	suan4	tsuan1	tsuan1	tsuan3
荥经	tsuan4	tshuan4	suan1	suan4	suan4	tsuan1	tsuan1	tsuan4
汉源	tsuan4	tshuan4	suan1	suan4	suan4	tsuan1	tsuan1	tsuan3
石棉	tsuan4	tshuan4	suan1	suan4	suan4	tsuan1	tsuan1	tsuan3
内江	tʂhuan4	tshuan4	ʂuan1	ʂuan4	ʂuan4	tʂuan1	tʂuan1	tʂuan3
威远	tsuan4	tshuan4	suan1	suan4	suan4	tʂuan1	tʂuan1	tʂuan3
荣县	tsuan4	tshuan4	suan1	suan4	suan4	tsuan1	tsuan1	tsuan3
自贡	tsuan4	tshuan4	suan1	suan4	suan4	tʂuan1	tʂuan1	tʂuan3
富顺	tsuan4	tshuan4	suan1	suan4	suan4	tʂuan1	tʂuan1	tʂuan3
隆昌	tʂuan4	tshuan4	suan1	suan4	suan4	tʂuan1	tʂuan1	tsuan3
泸县	tsuan4 tsan4	tshuan4	suan1	suan4	suan4	tsuan1	tsuan1	tsuan3
泸州	tsuan4 tsan4	tshuan4	suan1	suan4	suan4	tsuan1	tsuan1	tsuan3
南溪	tsuan4 tsan4	tshuan4	suan1	suan4	suan4	tsuan1	tsuan1	tsuan3
合江	tsuan4	tshuan4	suan1	suan4	suan4	tsuan1	tsuan1	tsuan3

字目	赚赚钱	转转动	篆	传传记	川	穿	传传达	椽
反切	伫陷	知恋	持兖	直恋	昌缘	昌缘	直挛	直挛
声韵调	咸开二 澄咸去	山合三 知仙去	山合三 澄仙上	山合三 澄仙去	山合三 昌仙平	山合三 昌仙平	山合三 澄仙平	山合三 澄仙平
中古音	ɖɣɛm-	ʈiuɛn-	ɖiuɛn:	ɖiuɛn-	tɕhiuɛn	tɕhiuɛn	ɖiuɛn	ɖiuɛn
成都	tsuan4	tsuan4	tsuan4	tsuan4	tshuan1	tshuan1	tshuan2	tshuan2
彭州	tsuan4	tsuan4	tsuan4	tsuan4	tshuan1	tshuan1	tshuan2	tshuan2
郫县	tsuan4	tsuan4	tsuan4	tsuan4	tshuan1	tshuan1	tshuan2	tshuan2
广汉	tsuan4	tsuan4	tsuan4	tsuan4	tshuan1	tshuan1	tshuan2	tshuan2
都江堰河东	tsuan4	tsuan4	tsuan4	tsuan4	tshuan1	tshuan1	tshuan2	tshuan2
都江堰河西	tsuan4	tsuan4	tsuan4	tsuan4	tshuan1	tshuan1	tshuan2	tshuan2
崇州	tsuan4	tsuan4	tsuan4	tsuan4	tshuan1	tshuan1	tshuan2	tshuan2
大邑	tsuan4	tsuan4	tsuan4	tsuan4	tshuan1	tshuan1	tshuan2	tshuan2
邛崃	tsuan4	tsuan4	tsuan4	tsuan4	tshuan1	tshuan1	tshuan2	tshuan2
新津	tsuan4	tsuan4	tsuan4	tsuan4	tshuan1	tshuan1	tshuan2	tshuan2
蒲江	tsuan4	tsuan4	tsuan4	tsuan4	tshuan1	tshuan1	tshuan2	tshuan2
彭山	tsuan4	tsuan4	tsuan4	tsuan4	tshuan1	tshuan1	tshuan2	tshuan2
眉山	tsuan4	tsuan4	tsuan4	tsuan4	tshuan1	tshuan1	tshuan2	tshuan2
丹棱	tsuan4	tsuan4	tsuan4	tsuan4	tshuan1	tshuan1	tshuan2	tshuan2
洪雅	tsuan4	tsuan4	tsuan4	tsuan4	tshuan1	tshuan1	tshuan2	tshuan2
青神	tsuan4	tsuan4	tsuan4	tsuan4	tshuan1	tshuan1	tshuan2	tshuan2
夹江	tsuan4	tsuan4	tsuan4	tsuan4	tshuan1	tshuan1	tshuan2	tshuan2
峨眉山	tsuan4	tsuan4	tsuan4	tsuan4	tshuan1	tshuan1	tshuan2	tshuan2
乐山	tsuan4	tsuan4	tsuan4	tsuan4	tshuan1	tshuan1	tshuan2	tshuan2
犍为	tsuan4	tsuan4	tsuan4	tsuan4	tshuan1	tshuan1	tshuan2	tshuan2

字目	赚赚钱	转转动	篆	传传记	川	穿	传传达	椽
反切	伫陷	知恋	持兖	直恋	昌缘	昌缘	直挛	直挛
声韵调	咸开二 澄咸去	山合三 知仙去	山合三 澄仙上	山合三 澄仙去	山合三 昌仙平	山合三 昌仙平	山合三 澄仙平	山合三 澄仙平
中古音	ȡɣɛm-	ʈiuɛn-	ȡiuɛn:	ȡiuɛn-	tɕhiuɛn	tɕhiuɛn	ȡiuɛn	ȡiuɛn
沐川	tsuan4	tsuan3	tsuan4	tsuan4	tshuan1	tshuan1	tshuan2	tshuan2
峨边	tsuan4	tsuan4	tsuan4	tsuan4	tshuan1	tshuan1	tshuan2	tshuan2
雅安	tsuan4	tsuan4	tsuan4	tsuan4	tshuan1	tshuan1	tshuan2	tshuan2
名山	tsuan4	tsuan3	tsuan4	tsuan4	tshuan1	tshuan1	tshuan2	tshuan2
天全	tsuan4	tsuan4	tsuan4	tsuan4	tshuan1	tshuan1	tshuan2	tshuan2
芦山	tsuan4	tsuan4	tsuan4	tsuan4	tshuan1	tshuan1	tshuan2	tshuan2
宝兴	tsuan4	tsuan4	tsuan4	tsuan4	tshuan1	tshuan1	tshuan2	tshuan2
荥经	tsuan4	tsuan3	tsuan4	tsuan4	tshuan1	tshuan1	tshuan2	tshuan2
汉源	tsuan4	tsuan4	tsuan4	tsuan4	tshuan1	tshuan1	tshuan2	tshuan2
石棉	tsuan4	tsuan4	tsuan4	tsuan4	tshuan1	tshuan1	tshuan2	tshuan2
内江	tʂuan4	tʂuan4	tʂuan4	tʂuan4	tʂhuan1	tʂhuan1	tʂhuan2	tʂhuan2
威远	tʂuan4	tʂuan4	tʂuan4	tʂuan4	tʂhuan1	tʂhuan1	tʂhuan2	tʂhuan2
荣县	tsuan4	tsuan4	tsuan4	tsuan4	tshuan1	tshuan1	tshuan2	tshuan2
自贡	tʂuan4	tʂuan4	tʂuan4	tʂuan4	tʂhuan1	tʂhuan1	tʂhuan2	tʂhuan2
富顺	tʂuan4	tʂuan4	tʂuan4	tʂuan4	tʂhuan1	tʂhuan1	tʂhuan2	tʂhuan2
隆昌	tsuan4	tsuan4	tsuan4	tsuan4	tʂhuan1	tshuan1	tshuan2	tshuan2
泸县	tsuan4	tsuan3	tsuan4	tsuan4	tshuan1	tshuan1	tshuan2	tshuan2
泸州	tsuan4	tsuan4	tsuan4	tsuan4	tshuan1	tshuan1	tshuan2	tshuan2
南溪	tsuan4	tsuan3	tsuan4	tsuan4	tshuan1	tshuan1	tshuan2	tshuan2
合江	tsuan4	tsuan3	tsuan4	tsuan4	tshuan1	tshuan1	tshuan2	tshuan2

字目	船	喘	串	闩门闩	软	官	观参观	冠衣冠
反切	食川	昌兖	尺绢	数还	而兖	古丸	古丸	古丸
声韵调	山合三 船仙平	山合三 昌仙上	山合三 昌仙去	山合二 生删平	山合三 日仙上	山合一 见桓平	山合一 见桓平	山合一 见桓平
中古音	ʑiuᴇn	tɕhiuᴇn:	tɕhiuᴇn-	ʃɣuan	ȵʑiuᴇn:	kuɑn	kuɑn	kuɑn
成都	tshuan2	tshuan3 tshuai3 口	tshuan4	suan4 phie2 俗①	zuan3	kuan1	kuan1	kuan1
彭州	tshuan2	tshuan3 tshuai3 口	tshuan4	suan4 phie2 俗①	zuan3	kuan1	kuan1	kuan1
郫县	tshuan2	tshuai3 tshuan3 新	tshuan4	suan4	zuan3	kuan1	kuan1	kuan1
广汉	tshuan2	tshuai3	tshuan4	suan1 phie5 俗①	zuan3	kuan1	kuan1	kuan1
都江堰河东	tshuan2	tshuai3	tshuan4	suæn4 phie5 俗①	zuan3	kuan1	kuan1	kuan1
都江堰河西	tshuan2	tshuan3 tshuai3 口	tshuan4	suan4 phie5 俗①	zuan3	kuan1	kuan1	kuan1
崇州	tshuan2	tshuan3 tshuai3 口	tshuan4	suan4 phie2 俗①	zuan3	kuan1	kuan1	kuan1
大邑	tshuan2	tshuai3 tshuan3 新	tshuan4	suan4 phie5 俗①	zuan3	kuan1	kuan1	kuan1
邛崃	tshuan2	tshuai3 口 tshuan3	tshuan4	suan4 phie5 俗①	zuan3	kuan1	kuan1	kuan1
新津	tshuan2	tshuan3 tshuai3 口	tshuan4	suan4 phie5 俗①	zuan3	kuan1	kuan1	kuan1
蒲江	tshuan2	tshuai3 tshuan3 新	tshuan4	suan4 phie5 俗①	zuan3	kuan1	kuan1	kuan1
彭山	tshuan2	tshuan3 tshuai3 口	tshuan4	suan4	zuan3	kuan1	kuan1	kuan1
眉山	tshuan2	tshuan3 tshuai3 口	tshuan4	suan4	zuan3	kuan1	kuan1	kuan1
丹棱	tshuan2	tshuan3 tshuai3 口	tshuan4	suan4	zuan3	kuan1	kuan1	kuan1
洪雅	tshuan2	tshuan3 tshuai3 口	tshuan4	suan4	zuan3	kuan1	kuan1	kuan1
青神	tshuan2	tshuan3 tshuai3 口	tshuan4	suan4	zuan3	kuan1	kuan1	kuan1
夹江	tshuan2	tshuai3	tshuan4	suan4 phie5 俗①	zuan3	kuan1	kuan1	kuan1
峨眉山	tshuan2	tshuan3	tshuan4	suan4 phie1 俗①	zuan3	kuan1	kuan1	kuan1
乐山	tshuan2	tshuai3	tshuan4	suan1 phie5 俗①	zuan3	kuan1	kuan1	kuan1
犍为	tshuan2	tshuan3	tshuan4	suan1 phie5 俗①	zuan3	kuan1	kuan1	kuan1

① “别”的训读。皮列切，山开三並薛入。

字目	船	喘	串	闩门闩	软	官	观参观	冠衣冠
反切	食川	昌兖	尺绢	数还	而兖	古丸	古丸	古丸
声韵调	山合三 船仙平	山合三 昌仙上	山合三 昌仙去	山合二 生删平	山合三 日仙上	山合一 见桓平	山合一 见桓平	山合一 见桓平
中古音	ʑiuᴇn	tɕhiuᴇn:	tɕhiuᴇn-	ʃɣuan	ȵʑiuᴇn:	kuɑn	kuɑn	kuɑn
沐川	tshuan2	tshuan3 tshuai3 口	tshuan4	suan4 phie2 俗①	zuan3	kuan1	kuan1	kuan1
峨边	tshuan2	tshuai3	tshuan4	suan4	zuan3	kuan1	kuan1	kuan1
雅安	tshuan2	tshuai3	tshuan4	suan4	zuan3	kuan1	kuan1	kuan1
名山	tshuan2	tshuan3 tshuai3 口	tshuan4	suan1 phie2 俗①	zuan3	kuan1	kuan1	kuan1
天全	tshuan2	tshuan3 tshuai3 口	tshuan4	suan1 phie2 俗①	zuan3	kuan1	kuan1	kuan1
芦山	tshuan2	tshuai3	tshuan4	suan4	zuan3	kuan1	kuan1	kuan1
宝兴	tshuan2	tshuai3	tshuan4	suan1	zuan3	kuan1	kuan1	kuan1
荥经	tshuan2	tshuan3 tshuai3 口	tshuan4	suan4 phie2 俗①	zuan3	kuan1	kuan1	kuan1
汉源	tshuan2	tshuan3 tshuai3 口	tshuan4	suan1 phiɛ2 俗①	zuan3	kuan1	kuan1	kuan1
石棉	tshuan2	tshuan3 tshuai3 口	tshuan4	suan1 phie2 俗①	zuan3	kuan1	kuan1	kuan1
内江	tʂhuan2	tʂhuan3 tʂhuai3 口	tʂhuan4	ʂuan4	ʐuan3	kuan1	kuan1	kuan1
威远	tʂhuan2	tʂhuan3 tʂhuai3 口	tʂhuan4	ʂuan4	ʐuan3	kuan1	kuan1	kuan1
荣县	tshuan2	tshuan3 tshuai3 口	tshuan4	suan4	zuan3	kuan1	kuan1	kuan1
自贡	tʂhuan2	tʂhuai3	tʂhuan4	ʂuan4	ʐuan3	kuan1	kuan1	kuan1
富顺	tʂhuan2	tʂhuai3	tʂhuan4	ʂuan4 phie4 俗①	ʐuan3	kuan1	kuan1	kuan1
隆昌	tshuan2	tshuai3	tshuan4	ʂuan4	ʐuan3	kuan1	kuan1	kuan1
泸县	tshuan2	tshuai3 tshuan3 新	tshuan4	suan1 phie4 俗①	zuan3	kuan1	kuan1	kuan1
泸州	tshuan2	tshuai3 tshuan3 新	tshuan4	suan1 phie5 俗①	zuan3	kuan1	kuan1	kuan1
南溪	tshuan2	tshuai3 tshuan3 新	tshuan4	suan1 phie5 俗①	zuan3	kuan1	kuan1	kuan1
合江	tshuan2	tshuan3 tshuai3 口	tshuan4	suan4 phie2 俗①	zuan3	kuan1	kuan1	kuan1

① “别”的训读。皮列切，山开三並薛入。

字目	关	管	馆	贯	灌	罐	观寺观	冠冠军
反切	古还	古满	*古缓	古玩	古玩	古玩	古玩	古玩
声韵调	山合二 见删平	山合一 见桓上	山合一 见桓上	山合一 见桓去	山合一 见桓去	山合一 见桓去	山合一 见桓去	山合一 见桓去
中古音	kɣuan	kuɑn:	kuɑn:	kuɑn-	kuɑn-	kuɑn-	kuɑn-	kuɑn-
成都	kuan1	kuan3	kuan3	kuan4	kuan4	kuan4	kuan4	kuan4
彭州	kuan1	kuan3	kuan3	kuan4	kuan4	kuan4	kuan4	kuan4
郫县	kuan1	kuan3	kuan3	kuan4	kuan4	kuan4	kuan4	kuan4
广汉	kuan1	kuan3	kuan3	kuan4	kuan4	kuan4	kuan4	kuan4
都江堰河东	kuan1	kuan3	kuan3	kuan4	kuan4	kuan4	kuan4	kuan4
都江堰河西	kuan1	kuan3	kuan3	kuan4	kuan4	kuan4	kuan4	kuan4
崇州	kuan1	kuan3	kuan3	kuan4	kuan4	kuan4	kuan4	kuan4
大邑	kuan1	kuan3	kuan3	kuan4	kuan4	kuan4	kuan4	kuan4
邛崃	kuan1	kuan3	kuan3	kuan4	kuan4	kuan4	kuan4	kuan4
新津	kuan1	kuan3	kuan3	kuan4	kuan4	kuan4	kuan4	kuan4
蒲江	kuan1	kuan3	kuan3	kuan4	kuan4	kuan4	kuan4	kuan4
彭山	kuan1	kuan3	kuan3	kuan4	kuan4	kuan4	kuan4	kuan4
眉山	kuan1	kuan3	kuan3	kuan4	kuan4	kuan4	kuan4	kuan4
丹棱	kuan1	kuan3	kuan3	kuan4	kuan4	kuan4	kuan4	kuan4
洪雅	kuan1	kuan3	kuan3	kuan4	kuan4	kuan4	kuan4	kuan4
青神	kuan1	kuan3	kuan3	kuan4	kuan4	kuan4	kuan4	kuan4
夹江	kuan1	kuan3	kuan3	kuan4	kuan4	kuan4	kuan4	kuan4
峨眉山	kuan1	kuan3	kuan3	kuan4	kuan4	kuan4	kuan4	kuan4
乐山	kuan1	kuan3	kuan3	kuan4	kuan4	kuan4	kuan4	kuan4
犍为	kuan1	kuan3	kuan3	kuan4	kuan4	kuan4	kuan4	kuan4

字目	关	管	馆	贯	灌	罐	观寺观	冠冠军
反切	古还	古满	*古缓	古玩	古玩	古玩	古玩	古玩
声韵调	山合二 见删平	山合一 见桓上	山合一 见桓上	山合一 见桓去	山合一 见桓去	山合一 见桓去	山合一 见桓去	山合一 见桓去
中古音	kɣuan	kuɑn:	kuɑn:	kuɑn-	kuɑn-	kuɑn-	kuɑn-	kuɑn-
沐川	kuan1	kuan3	kuan3	kuan4	kuan4	kuan4	kuan4	kuan4
峨边	kuan1	kuan3	kuan3	kuan4	kuan4	kuan4	kuan4	kuan4
雅安	kuan1	kuan3	kuan3	kuan4	kuan4	kuan4	kuan4	kuan4
名山	kuan1	kuan3	kuan3	kuan4	kuan4	kuan4	kuan4	kuan4
天全	kuan1	kuan3	kuan3	kuan4	kuan4	kuan4	kuan4	kuan4
芦山	kuan1	kuan3	kuan3	kuan4	kuan4	kuan4	kuan4	kuan4
宝兴	kuan1	kuan3	kuan3	kuan4	kuan4	kuan4	kuan4	kuan4
荥经	kuan1	kuan3	kuan3	kuan4	kuan4	kuan4	kuan4	kuan4
汉源	kuan1	kuan3	kuan3	kuan4	kuan4	kuan4	kuan4	kuan4
石棉	kuan1	kuan3	kuan3	kuan4	kuan4	kuan4	kuan4	kuan4
内江	kuan1	kuan3	kuan3	kuan4	kuan4	kuan4	kuan4	kuan4
威远	kuan1	kuan3	kuan3	kuan4	kuan4	kuan4	kuan4	kuan4
荣县	kuan1	kuan3	kuan3	kuan4	kuan4	kuan4	kuan4	kuan4
自贡	kuan1	kuan3	kuan3	kuan4	kuan4	kuan4	kuan4	kuan4
富顺	kuan1	kuan3	kuan3	kuan4	kuan4	kuan4	kuan4	kuan4
隆昌	kuan1	kuan3	kuan3	kuan4	kuan4	kuan4	kuan4	kuan4
泸县	kuan1	kuan3	kuan3	kuan4	kuan4	kuan4	kuan4	kuan4
泸州	kuan1	kuan3	kuan3	kuan4	kuan4	kuan4	kuan4	kuan4
南溪	kuan1	kuan3	kuan3	kuan4	kuan4	kuan4	kuan4	kuan4
合江	kuan1	kuan3	kuan3	kuan4	kuan4	kuan4	kuan4	kuan4

字目	惯	宽	款	欢	还还原	环	缓	唤
反切	古患	苦官	苦管	呼官	户关	户关	胡管	火贯
声韵调	山合二 见删去	山合一 溪桓平	山合一 溪桓上	山合一 晓桓平	山合二 匣删平	山合二 匣删平	山合一 匣桓上	山合一 晓桓去
中古音	kɣuan-	khuɑn	khuɑn:	huɑn	ɦɣuan	ɦɣuan	ɦuɑn:	huɑn-
成都	kuan4	khuan1	khuan3	xuan1	xuan2	xuan2	xuan3	xuan4
彭州	kuan4	khuan1	khuan3	xuan1	xuan2	xuan2	xuan3	xuan4
郫县	kuan4	khuan1	khuan3	xuan1	xuan2	xuan2	xuan3	xuan4
广汉	kuan4	khuan1	khuan3	xuan1	xuan2	xuan2	xuan3	xuan4
都江堰河东	kuan4	khuan1	khuan3	xuan1	xuan2	xuan2	xuan3	xuan4
都江堰河西	kuan4	khuan1	khuan3	xuan1	xuan2	xuan2	xuan3	xuan4
崇州	kuan4	khuan1	khuan3	xuan1	xuan2	xuan2	xuan3	xuan4
大邑	kuan4	khuan1	khuan3	xuan1	xuan2	xuan2	xuan3	xuan4
邛崃	kuan4	khuan1	khuan3	xuan1	xuan2	xuan2	xuan3	xuan4
新津	kuan4	khuan1	khuan3	xuan1	xuan2	xuan2	xuan3	xuan4
蒲江	kuan4	khuan1	khuan3	xuan1	xuan2	xuan2	xuan3	xuan4
彭山	kuan4	khuan1	khuan3	xuan1	xuan2	xuan2	xuan3	xuan4
眉山	kuan4	khuan1	khuan3	xuan1	xuan2	xuan2	xuan3	xuan4
丹棱	kuan4	khuan1	khuan3	xuan1	xuan2	xuan2	xuan3	xuan4
洪雅	kuan4	khuan1	khuan3	xuan1	xuan2	xuan2	xuan3	xuan4
青神	kuan4	khuan1	khuan3	xuan1	xuan2	xuan2	xuan3	xuan4
夹江	kuan4	khuan1	khuan3	xuan1	xuan2	xuan2	xuan3	xuan4
峨眉山	kuan4	khuan1	khuan3	xuan1	xuan2	xuan2	xuan3	xuan4
乐山	kuan4	khuan1	khuan3	xuan1	xuan2	xuan2	xuan3	xuan4
犍为	kuan4	khuan1	khuan3	xuan1	xuan2	xuan2	xuan3	xuan4

字目	惯	宽	款	欢	还还原	环	缓	唤
反切	古患	苦官	苦管	呼官	户关	户关	胡管	火贯
声韵调	山合二 见删去	山合一 溪桓平	山合一 溪桓上	山合一 晓桓平	山合二 匣删平	山合二 匣删平	山合一 匣桓上	山合一 晓桓去
中古音	kɣuan-	khuɑn	khuɑn:	huɑn	ɦɣuan	ɦɣuan	ɦuɑn:	huɑn-
沐川	kuan4	khuan1	khuan3	xuan1	xuan2	xuan2	xuan3	xuan4
峨边	kuan4	khuan1	khuan3	xuan1	xuan2	xuan2	xuan3	xuan4
雅安	kuan4	khuan1	khuan3	xuan1	xuan2	xuan2	xuan3	xuan4
名山	kuan4	khuan1	khuan3	xuan1	xuan2	xuan2	xuan3	xuan4
天全	kuan4	khuan1	khuan3	xuan1	xuan2	xuan2	xuan3	xuan4
芦山	kuan4	khuan1	khuan3	xuan1	xuan2	xuan2	xuan3	xuan4
宝兴	kuan4	khuan1	khuan3	xuan1	xuan2	xuan2	xuan3	xuan4
荥经	kuan4	khuan1	khuan3	xuan1	xuan2	xuan2	xuan3	xuan4
汉源	kuan4	khuan1	khuan3	xuan1	xuan2	xuan2	xuan3	xuan4
石棉	kuan4	khuan1	khuan3	xuan1	xuan2	xuan2	xuan3	xuan4
内江	kuan4	khuan1	khuan3	xuan1	xuan2	xuan2	xuan3	xuan4
威远	kuan4	khuan1	khuan3	xuan1	xuan2	xuan2	xuan3	xuan4
荣县	kuan4	khuan1	khuan3	xuan1	xuan2	xuan2	xuan3	xuan4
自贡	kuan4	khuan1	khuan3	xuan1	xuan2	xuan2	xuan3	xuan4
富顺	kuan4	khuan1	khuan3	xuan1	xuan2	xuan2	xuan3	xuan4
隆昌	kuan4	khuan1	khuan3	xuan1	xuan2	xuan2	xuan3	xuan4
泸县	kuan4	khuan1	khuan3	xuan1	xuan2	xuan2	xuan3	xuan4
泸州	kuan4	khuan1	khuan3	xuan1	xuan2	xuan2	xuan3	xuan4
南溪	kuan4	khuan1	khuan3	xuan1	xuan2	xuan2	xuan3	xuan4
合江	kuan4	khuan1	khuan3	xuan1	xuan2	xuan2	xuan3	xuan4

字目	焕	换	幻	患	豌	弯	湾	完
反切	火贯	胡玩	胡辨	胡惯	一丸	乌关	乌关	胡官
声韵调	山合一 晓桓去	山合一 匣桓去	山合二 匣山去	山合二 匣删去	山合一 影桓平	山合二 影删平	山合二 影删平	山合一 匣桓平
中古音	huɑn-	ɦuɑn-	ɦɣuɛn-	ɦɣuan-	ʔuɑn	ʔɣuan	ʔɣuan	ɦuɑn
成都	xuan4	xuan4	xuan4	xuan4	uan1	uan1	uan1	uan2
彭州	xuan4	xuan4	xuan4	xuan4	uan1	uan1	uan1	uan2
郫县	xuan4	xuan4	xuan4	xuan4	uan1	uan1	uan1	uan2
广汉	xuan4	xuan4	xuan4	xuan4	uan1	uan1	uan1	uan2
都江堰河东	xuan4	xuan4	xuan4	xuan4	uan1	uan1	uan1	uan2
都江堰河西	xuan4	xuan4	xuan4	xuan4	uan1	uan1	uan1	uan2
崇州	xuan4	xuan4	xuan4	xuan4	uan1	uan1	uan1	uan2
大邑	xuan4	xuan4	xuan4	xuan4	uan1	uan1	uan1	uan2
邛崃	xuan4	xuan4	xuan4	xuan4	uan1	uan1	uan1	uan2
新津	xuan4	xuan4	xuan4	xuan4	uan1	uan1	uan1	uan2
蒲江	xuan4	xuan4	xuan4	xuan4	uan1	uan1	uan1	uan2
彭山	xuan4	xuan4	xuan4	xuan4	uan1	uan1	uan1	uan2
眉山	xuan4	xuan4	xuan4	xuan4	uan1	uan1	uan1	uan2
丹棱	xuan4	xuan4	xuan4	xuan4	uan1	uan1	uan1	uan2
洪雅	xuan4	xuan4	xuan4	xuan4	uan1	uan1	uan1	uan2
青神	xuan4	xuan4	xuan4	xuan4	uan1	uan1	uan1	uan2
夹江	xuan4	xuan4	xuan4	xuan4	uan1	uan1	uan1	uan2
峨眉山	xuan4	xuan4	xuan4	xuan4	uan1	uan1	uan1	uan2
乐山	xuan4	xuan4	xuan4	xuan4	uan1	uan1	uan1	uan2
犍为	xuan4	xuan4	xuan4	xuan4	uan1	uan1	uan1	uan2

字目	焕	换	幻	患	豌	弯	湾	完
反切	火贯	胡玩	胡辨	胡惯	一丸	乌关	乌关	胡官
声韵调	山合一 晓桓去	山合一 匣桓去	山合二 匣山去	山合二 匣删去	山合一 影桓平	山合二 影删平	山合二 影删平	山合一 匣桓平
中古音	huɑn-	ɦuɑn-	ɦɣuɛn-	ɦɣuan-	ʔuɑn	ʔɣuan	ʔɣuan	ɦuɑn
沐川	xuan4	xuan4	xuan4	xuan4	uan1	uan1	uan1	uaŋ2
峨边	xuan4	xuan4	xuan4	xuan4	uan1	uan1	uan1	uan2
雅安	xuan4	xuan4	xuan4	xuan4	uan1	uan1	uan1	uan2
名山	xuan4	xuan4	xuan4	xuan4	uan1	uan1	uan1	uan2
天全	xuan4	xuan4	xuan4	xuan4	uan1	uan1	uan1	uan2
芦山	xuan4	xuan4	xuan4	xuan4	uan1	uan1	uan1	uan2
宝兴	xuan4	xuan4	xuan4	xuan4	uan1	uan1	uan1	uan2
荥经	xuan4	xuan4	xuan4	xuan4	uan1	uan1	uan1	uan2
汉源	xuan4	xuan4	xuan4	xuan4	uan1	uan1	uan1	uan2
石棉	xuan4	xuan4	xuan4	xuan4	uan1	uan1	uan1	uan2
内江	xuan4	xuan4	xuan4	xuan4	uan1	uan1	uan1	uan2
威远	xuan4	xuan4	xuan4	xuan4	uan1	uan1	uan1	uan2
荣县	xuan4	xuan4	xuan4	xuan4	uan1	uan1	uan1	uan2
自贡	xuan4	xuan4	xuan4	xuan4	uan1	uan1	uan1	uan2
富顺	xuan4	xuan4	xuan4	xuan4	uan1	uan1	uan1	uan2
隆昌	xuan4	xuan4	xuan4	xuan4	uan1	uan1	uan1	uan2
泸县	xuan4	xuan4	xuan4	xuan4	uan1	uan1	uan1	uan2
泸州	xuan4	xuan4	xuan4	xuan4	uan1	uan1	uan1	uan2
南溪	xuan4	xuan4	xuan4	xuan4	uan1	uan1	uan1	uan2
合江	xuan4	xuan4	xuan4	xuan4	uan1	uan1	uan1	uan2

字目	丸	碗	顽	晚	挽	玩	婉	惋
反切	胡官	乌管	吴鳏	无远	无远	五换	于阮	乌贯
声韵调	山合一 匣桓平	山合一 影桓上	山合二 疑山平	山合三 微元上	山合三 微元上	山合一 疑桓去	山合三 影元上	山合一 影桓去
中古音	ɦuɑn	ʔuɑn:	ŋɣuɛn	mʉɐn:	mʉɐn:	ŋuɑn-	ʔʉɐn:	ʔuɑn-
成都	uan2	uan3	uan2	uan3	uan3	uan2	uan3	uan3
彭州	uan2	uan3	uan2	uan3	uan3	uan2	uan3	uan3
郫县	uan2	uan3	uan2	uan3	uan3	uan2	uan3	uan3
广汉	uan2	uan3	uan2	uan3	uan3	uan2	uan3	uan3
都江堰河东	uan2	uan3	uan2	uan3	uan3	uan2	uan3	uan3
都江堰河西	uan2	uan3	uan2	uan3	uan3	uan2	uan3	uan3
崇州	uan2	uan3	uan2	uan3	uan3	uan2	uan3	uan3
大邑	uan2 yɛn2 俗①	uan3	uan2	uan3	uan3	uan2	uan3	uan3
邛崃	uan2 yɛn2 俗①	uan3	uan2	uan3	uan3	uan2	uan3	uan3
新津	uan2 yɛn2 俗①	uan3	uan2	uan3	uan3	uan2	uan3	uan3
蒲江	uan2 yɛn2 俗①	uan3	uan2	uan3	uan3	uan2	uan3	uan3
彭山	uan2	uan3	uan2	uan3	uan3	uan2	uan3	uan3
眉山	uan2	uan3	uan2	uan3	uan3	uan2	uan3	uan3
丹棱	uan2 yɛn2 俗①	uan3	uan2	uan3	uan3	uan2	uan3	uan3
洪雅	uan2	uan3	uan2	uan3	uan3	uan2	uan3	uan3
青神	uan2	uan3	uan2	uan3	uan3	uan2	uan3	uan3
夹江	uan2 yɛn2 俗①	uan3	uan2	uan3	uan3	uan2	uan3	uan3
峨眉山	uan2 yɛn2 俗①	uan3	uan2	uan3	uan3	uan2	uan3	uan3
乐山	uan2 yᴇ2 俗①	uan3	uan2	uan3	uan3	uan2	uan3	uan3
犍为	uan2 yɛn2 俗①	uan3	uan2	uan3	uan3	uan2	uan3	uan3

① “圆”的训读。王权切，山开三云仙平。

字目	丸	碗	顽	晚	挽	玩	婉	惋
反切	胡官	乌管	吴鳏	无远	无远	五换	于阮	乌贯
声韵调	山合一 匣桓平	山合一 影桓上	山合二 疑山平	山合三 微元上	山合三 微元上	山合一 疑桓去	山合三 影元上	山合一 影桓去
中古音	ɦuɑn	ʔuɑn:	ŋɣuɛn	mʉɐn:	mʉɐn:	ŋuɑn-	ʔʉɐn:	ʔuɑn-
沐川	uaŋ2	uan3	uan2	uan3	uan3	uan2	uan3	uan3
峨边	yɛn2	uan3	uan2	uan3	uan3	uan2	uan3	uan3
雅安	uan2	uan3	uan2	uan3	uan3	uan2	uan3	uan3
名山	uan2	uan3	uan2	uan3	uan3	uan2	uan3	uan3
天全	uan2	uan3	uan2	uan3	uan3	uan2	uan3	uan3
芦山	uan2	uan3	uan2	uan3	uan3	uan2	uan3	uan3
宝兴	uan2	uan3	uan2	uan3	uan3	uan2	uan3	uan3
荥经	uan2	uan3	uan2	uan3	uan3	uan2	uan3	uan3
汉源	uan2	uan3	uan2	uan3	uan3	uan2	uan3	uan3
石棉	uan2	uan3	uan2	uan3	uan3	uan2	uan3	uan3
内江	uan2 yan2 俗①	uan3	uan2	uan3	uan3	uan2	uan3	uan3
威远	uan2 yan2 俗①	uan3	uan2	uan3	uan3	uan2	uan3	uan3
荣县	uan2	uan3	uan2	uan3	uan3	uan2	uan3	uan3
自贡	uan2	uan3	uan2	uan3	uan3	uan2	uan3	uan3
富顺	yɛn2	uan3	uan2	uan3	uan3	uan2	uan3	uan3
隆昌	uan2	uan3	uan2	uan3	uan3	uan2	uan3	uan3
泸县	uan2 yɛn2 俗①	uan3	uan2	uan3	uan3	uan2	uan3	uan3
泸州	uan2 yɛn2 俗①	uan3	uan2	uan3	uan3	uan2	uan3	uan3
南溪	uan2 yɛn2 俗①	uan3	uan2	uan3	uan3	uan2	uan3	uan3
合江	uan2	uan3	uan2	uan3	uan3	uan2	uan3	uan3

① “圆”的训读。王权切，山开三云仙平。

字目	腕	万	捐[①]	卷卷起	眷	卷书卷	绢	倦
反切	乌贯	无贩		居转	居倦	居倦	吉掾	渠卷
声韵调	山合一 影桓去	山合三 微元去		山合三B 见仙上	山合三B 见仙去	山合三B 见仙去	山合三A 见仙去	山合三B 群仙去
中古音	ʔuɑn-	mʉɐn-		kɣiuᴇn:	kɣiuᴇn-	kɣiuᴇn-	kiuᴇn-	gɣiuᴇn-
成都	uan3	uan4	tɕyɛn1	tɕyɛn3	tɕyɛn4	tɕyɛn4	tɕyɛn1	tɕyɛn4
彭州	uan3	uan4	tɕyɛn1	tɕyɛn3	tɕyɛn4	tɕyɛn4	tɕyɛn1	tɕyɛn4
郫县	uan3	uan4	tɕyɛn1	tɕyɛn3	tɕyɛn4	tɕyɛn4	tɕyɛn1	tɕyɛn4
广汉	uan3	uan4	tɕyɛn1	tɕyɛn3	tɕyɛn4	tɕyɛn4	tɕyɛn1	tɕyɛn4
都江堰河东	uan3	uan4	tɕyɛn1	tɕyɛn3	tɕyɛn4	tɕyan4	tɕyɛn1	tɕyɛn4
都江堰河西	uan3	uan4	tɕyɛn1	tɕyɛn3	tɕyɛn4	tɕyɛn4	tɕyɛn1	tɕyɛn4
崇州	uan3	uan4	tɕyɛn1	tɕyɛn3	tɕyɛn4	tɕyɛn4	tɕyɛn1	tɕyɛn4
大邑	uan3	uan4	tɕyan1	tɕyan3	tɕyan4	tɕyan4	tɕyan1	tɕyan4
邛崃	uan3	uan4	tɕyɛn1	tɕyɛn3	tɕyɛn4	tɕyɛn4	tɕyɛn1	tɕyɛn4
新津	uan3	uan4	tɕyɛn1	tɕyɛn3	tɕyɛn4	tɕyɛn4	tɕyɛn1	tɕyɛn4
蒲江	uan3	uan4	tɕyɛn1	tɕyɛn3	tɕyɛn4	tɕyɛn4	tɕyɛn1	tɕyɛn4
彭山	uan3	uan4	tɕyɛn1	tɕyɛn3	tɕyɛn4	tɕyɛn4	tɕyɛn1	tɕyɛn4
眉山	uan3	uan4	tɕyɛn1	tɕyɛn3	tɕyɛn4	tɕyɛn4	tɕyɛn1	tɕyɛn4
丹棱	uan3	uan4	tɕyɛn1	tɕyɛn3	tɕyɛn4	tɕyɛn4	tɕyɛn1	tɕyɛn4
洪雅	uan3	uan4	tɕyɛn1	tɕyɛn3	tɕyɛn4	tɕyɛn4	tɕyɛn1	tɕyɛn4
青神	uan3	uan4	tɕyɛn1	tɕyɛn3	tɕyɛn4	tɕyɛn4	tɕyɛn1	tɕyɛn4
夹江	uan3	uan4	tɕyɛn1	tɕyɛn3	tɕyɛn4	tɕyɛn4	tɕyɛn1	tɕyɛn4
峨眉山	uan3	uan4	tɕyɛn1	tɕyɛn3	tɕyɛn4	tɕyɛn4	tɕyɛn1	tɕyɛn4
乐山	uan3	uan4	tɕyᴇ1	tɕyᴇ3	tɕyᴇ4	tɕyᴇ4	tɕyᴇ1	tɕyᴇ4
犍为	uan3	uan4	tɕyɛn1	tɕyɛn3	tɕyɛn4	tɕyɛn4	tɕyɛn1	tɕyɛn4

① 《广韵》与专切，山合三以仙平。《分韵撮要》：古母，鸳韵，阴平，捐小韵。弃也，委也。

字目	腕	万	捐[1]	卷卷起	眷	卷书卷	绢	倦
反切	乌贯	无贩		居转	居倦	居倦	吉掾	渠卷
声韵调	山合一 影桓去	山合三 微元去		山合三 B 见仙上	山合三 B 见仙去	山合三 B 见仙去	山合三 A 见仙去	山合三 B 群仙去
中古音	ʔuɑn-	mʉɐn-		kɣɨuɛn:	kɣɨuɛn-	kɣɨuɛn-	kiuɛn-	gɣɨuɛn-
沐川	uan3	uan4	tɕyɛn1	tɕyɛn3	tɕyɛn4	tɕyɛn4	tɕyɛn1	tɕyɛn4
峨边	uan3	uan4	tɕyɛn1	tɕyɛn3	tɕyɛn4	tɕyɛn4	tɕyɛn1	tɕyɛn4
雅安	uan3	uan4	tɕyɛn1	tɕyɛn3	tɕyɛn4	tɕyɛn4	tɕyɛn1	tɕyɛn4
名山	uan3	uan4	tɕyɛn1	tɕyɛn3	tɕyɛn4	tɕyɛn4	tɕyɛn1	tɕyɛn4
天全	uan3	uan4	tɕyɛn1	tɕyɛn3	tɕyɛn4	tɕyɛn4	tɕyɛn1	tɕyɛn4
芦山	uan3	uan4	tɕyɛn1	tɕyɛn3	tɕyɛn4	tɕyɛn4	tɕyɛn1	tɕyɛn4
宝兴	uan3	uan4	tɕyɛn1	tɕyɛn3	tɕyɛn4	tɕyɛn4	tɕyɛn1	tɕyɛn4
荥经	uan3	uan4	tɕyɛn1	tɕyɛn3	tɕyɛn4	tɕyɛn4	tɕyɛn1	tɕyɛn4
汉源	uan3	uan4	tɕyɛn1	tɕyɛn3	tɕyɛn4	tɕyɛn4	tɕyɛn1	tɕyɛn4
石棉	uan3	uan4	tɕyɛn1	tɕyɛn3	tɕyɛn4	tɕyɛn4	tɕyɛn1	tɕyɛn4
内江	uan3	uan4	tɕyan1	tɕyan3	tɕyan4	tɕyan4	tɕyan1	tɕyan4
威远	uan3	uan4	tɕyan1	tɕyan3	tɕyan4	tɕyan4	tɕyan1	tɕyan4
荣县	uan3	uan4	tɕyn1	tɕyn3	tɕyn4	tɕyn4	tɕyn1	tɕyn4
自贡	uan3	uan4	tɕyɛn1	tɕyɛn3	tɕyɛn4	tɕyɛn4	tɕyɛn1	tɕyɛn4
富顺	uan3	uan4	tɕyɛn1	tɕyɛn3	tɕyɛn4	tɕyɛn4	tɕyɛn1	tɕyɛn4
隆昌	uan3	uan4	tɕyɛn1	tɕyɛn3	tɕyɛn4	tɕyɛn4	tɕyɛn1	tɕyɛn4
泸县	uan3	uan4	tɕyɛn1	tɕyɛn3	tɕyɛn4	tɕyɛn4	tɕyɛn1	tɕyɛn4
泸州	uan3	uan4	tɕyɛn1	tɕyɛn3	tɕyɛn4	tɕyɛn4	tɕyɛn1	tɕyɛn4
南溪	uan3	uan4	tɕyɛn1	tɕyɛn3	tɕyɛn4	tɕyɛn4	tɕyɛn1	tɕyɛn4
合江	uan3	uan4	tɕyɛn1	tɕyɛn3	tɕyɛn4	tɕyɛn4	tɕyɛn1	tɕyɛn4

① 《广韵》与专切，山合三以仙平。《分韵撮要》：古母，鸳韵，阴平，捐小韵。弃也，委也。

字目	圈圆圈	泉	全	权	拳	犬	劝	券
反切	丘圆	疾缘	疾缘	巨员	巨员	苦泫	去愿	去愿
声韵调	山合三B 溪仙平	山合三 从仙平	山合三 从仙平	山合三B 群仙平	山合三B 群仙平	山合四 溪先上	山合三 溪元去	山合三 溪元去
中古音	khɣɨuᴇn	dziuᴇn	dziuᴇn	gɣɨuᴇn	gɣɨuᴇn	khwen:	khʉɐn-	khʉɐn-
成都	tɕhyɛn1	tɕhyɛn2	tɕhyɛn2	tɕhyɛn2	tɕhyɛn2	tɕhyɛn3	tɕhyɛn4	tɕyɛn4
彭州	tɕhyɛn1	tɕhyɛn2	tɕhyɛn2	tɕhyɛn2	tɕhyɛn2	tɕhyɛn3	tɕhyɛn4	tɕyɛn4
郫县	tɕhyɛn1	tɕhyɛn2	tɕhyɛn2	tɕhyɛn2	tɕhyɛn2	tɕhyɛn3	tɕhyɛn4	tɕhyɛn4
广汉	tɕhyɛn1	tɕhyɛn2	tɕhyɛn2	tɕhyɛn2	tɕhyɛn2	tɕhyɛn3	tɕhyɛn4	tɕyɛn4
都江堰河东	tɕhyɛn1	tɕhyɛn2	tɕhyɛn2	tɕhyɛn2	tɕhyɛn2	tɕhyɛn3	tɕhyɛn4	tɕyɛn4
都江堰河西	tɕhyɛn1	tɕhyɛn2	tɕhyɛn2	tɕhyɛn2	tɕhyɛn2	tɕhyɛn3	tɕhyɛn4	tɕyɛn4
崇州	tɕhyɛn1	tɕhyɛn2	tɕhyɛn2	tɕhyɛn2	tɕhyɛn2	tɕhyɛn3	tɕhyɛn4	tɕyɛn4
大邑	tɕhyan1	tɕhyan2	tɕhyan2	tɕhyan2	tɕhyan2	tɕhyan3	tɕhyan4	tɕyan4
邛崃	tɕhyɛn1	tɕhyɛn2	tɕhyɛn2	tɕhyɛn2	tɕhyɛn2	tɕhyɛn3	tɕhyɛn4	tɕyɛn4
新津	tɕhyɛn1	tɕhyɛn2	tɕhyɛn2	tɕhyɛn2	tɕhyɛn2	tɕhyɛn3	tɕhyɛn4	tɕyɛn4
蒲江	tɕhyɛn1	tɕhyɛn2	tɕhyɛn2	tɕhyɛn2	tɕhyɛn2	tɕhyɛn3	tɕhyɛn4	tɕyɛn4
彭山	tɕhyɛn1	tɕhyɛn2	tɕhyɛn2	tɕhyɛn2	tɕhyɛn2	tɕhyɛn3	tɕhyɛn4	tɕyɛn4
眉山	tɕhyɛn1	tɕhyɛn2	tɕhyɛn2	tɕhyɛn2	tɕhyɛn2	tɕhyɛn3	tɕhyɛn4	tɕyɛn4
丹棱	tɕhyɛn1	tɕhyɛn2	tɕhyɛn2	tɕhyɛn2	tɕhyɛn2	tɕhyɛn3	tɕhyɛn4	tɕyɛn4
洪雅	tɕhyɛn1	tɕhyɛn2	tɕhyɛn2	tɕhyɛn2	tɕhyɛn2	tɕhyɛn3	tɕhyɛn4	tɕyɛn4
青神	tɕhyɛn1	tɕhyɛn2	tɕhyɛn2	tɕhyɛn2	tɕhyɛn2	tɕhyɛn3	tɕhyɛn4	tɕyɛn4
夹江	tɕhyɛn1	tɕhyɛn2	tɕhyɛn2	tɕhyɛn2	tɕhyɛn2	tɕhyɛn3	tɕhyɛn4	tɕyɛn4
峨眉山	tɕhyɛn1	tɕhyɛn2	tɕhyɛn2	tɕhyɛn2	tɕhyɛn2	tɕhyɛn3	tɕhyɛn4	tɕyɛn4
乐山	tɕhyᴇ1	tɕhyᴇ2	tɕhyᴇ2	tɕhyᴇ2	tɕhyᴇ2	tɕhyᴇ3	tɕhyᴇ4	tɕyᴇ4
犍为	tɕhyɛn1	tɕhyɛn2	tɕhyɛn2	tɕhyɛn2	tɕhyɛn2	tɕhyɛn3	tɕhyɛn4	tɕyɛn4

字目	圈圆圈	泉	全	权	拳	犬	劝	券
反切	丘圆	疾缘	疾缘	巨员	巨员	苦泫	去愿	去愿
声韵调	山合三B 溪仙平	山合三 从仙平	山合三 从仙平	山合三B 群仙平	山合三B 群仙平	山合四 溪先上	山合三 溪元去	山合三 溪元去
中古音	khɣɨuᴇn	dziuᴇn	dziuᴇn	gɣɨuᴇn	gɣɨuᴇn	khwen:	khʉɐn-	khʉɐn-
沐川	tɕhyɛn1	tɕhyɛn2	tɕhyɛn2	tɕhyɛn2	tɕhyɛn2	tɕhyɛn3	tɕhyɛn4	tɕhyɛn4
峨边	tɕhyɛn1	tɕhyɛn2	tɕhyɛn2	tɕhyɛn2	tɕhyɛn2	tɕhyɛn3	tɕhyɛn4	tɕyɛn4
雅安	tɕhyɛn1	tɕhyɛn2	tɕhyɛn2	tɕhyɛn2	tɕhyɛn2	tɕhyɛn3	tɕhyɛn4	tɕyɛn4
名山	tɕhyɛn1	tɕhyɛn2	tɕhyɛn2	tɕhyɛn2	tɕhyɛn2	tɕhyɛn3	tɕhyɛn4	tɕhyɛn4
天全	tɕhyɛn1	tɕhyɛn2	tɕhyɛn2	tɕhyɛn2	tɕhyɛn2	tɕhyɛn3	tɕhyɛn4	tɕhyɛn4
芦山	tɕhyɛn1	tɕhyɛn2	tɕhyɛn2	tɕhyɛn2	tɕhyɛn2	tɕhyɛn3	tɕhyɛn4	tɕyɛn4
宝兴	tɕhyɛn1	tɕhyɛn2	tɕhyɛn2	tɕhyɛn2	tɕhyɛn2	tɕhyɛn3	tɕhyɛn4	tɕyɛn4
荥经	tɕhyɛn1	tɕhyɛn2	tɕhyɛn2	tɕhyɛn2	tɕhyɛn2	tɕhyɛn3	tɕhyɛn4	tɕyɛn4
汉源	tɕhyɛn1	tɕhyɛn2	tɕhyɛn2	tɕhyɛn2	tɕhyɛn2	tɕhyɛn3	tɕhyɛn4	tɕhyɛn4
石棉	tɕhyɛn1	tɕhyɛn2	tɕhyɛn2	tɕhyɛn2	tɕhyɛn2	tɕhyɛn3	tɕhyɛn4	tɕhyɛn4
内江	tɕhyan1	tɕhyan2	tɕhyan2	tɕhyan2	tɕhyan2	tɕhyan3	tɕhyan4	tɕyan4
威远	tɕhyan1	tɕhyan2	tɕhyan2	tɕhyan2	tɕhyan2	tɕhyan3	tɕhyan4	tɕyan4
荣县	tɕhyn1	tɕhyn2	tɕhyn2	tɕhyn2	tɕhyn2	tɕhyn3	tɕhyn4	tɕyn4
自贡	tɕhyɛn1	tɕhyɛn2	tɕhyɛn2	tɕhyɛn2	tɕhyɛn2	tɕhyɛn3	tɕhyɛn4	tɕyɛn4
富顺	tɕhyɛn1	tɕhyɛn2	tɕhyɛn2	tɕhyɛn2	tɕhyɛn2	tɕhyɛn3	tɕhyɛn4	tɕyɛn4
隆昌	tɕhyɛn1	tɕhyɛn2	tɕhyɛn2	tɕhyɛn2	tɕhyɛn2	tɕhyɛn3	tɕhyɛn4	tɕyɛn4
泸县	tɕhyɛn1	tɕhyɛn2	tɕhyɛn2	tɕhyɛn2	tɕhyɛn2	tɕhyɛn3	tɕhyɛn4	tɕyɛn4
泸州	tɕhyɛn1	tɕhyɛn2	tɕhyɛn2	tɕhyɛn2	tɕhyɛn2	tɕhyɛn3	tɕhyɛn4	tɕyɛn4
南溪	tɕhyɛn1	tɕhyɛn2	tɕhyɛn2	tɕhyɛn2	tɕhyɛn2	tɕhyɛn3	tɕhyɛn4	tɕyɛn4
合江	tɕhyɛn1	tɕhyɛn2	tɕhyɛn2	tɕhyɛn2	tɕhyɛn2	tɕhyɛn3	tɕhyɛn4	tɕyɛn4

字目	轩	宣	旋旋转	玄	悬	癣	选	旋旋风
反切	虚言	须缘	似宣	胡涓	胡涓	息浅	思兖	辝恋
声韵调	山开三 晓元平	山合三 心仙平	山合三 邪仙平	山合四 匣先平	山合四 匣先平	山开三 心仙上	山合三 心仙上	山合三 邪仙去
中古音	hɪɐn	siuɛn	ziuɛn	ɦwen	ɦwen	siɛn:	siuɛn:	ziuɛn-
成都	ɕyɛn1	ɕyɛn1	ɕyɛn2	ɕyɛn2	ɕyɛn2	ɕyɛn3	ɕyɛn3	ɕyɛn4
彭州	ɕyɛn1	ɕyɛn1	ɕyɛn2	ɕyɛn2	ɕyɛn2	ɕyɛn3	ɕyɛn3	ɕyɛn4
郫县	ɕyɛn1	ɕyɛn1	ɕyɛn2	ɕyɛn2	ɕyɛn2	ɕyɛn3	ɕyɛn3	ɕyɛn4
广汉	ɕyɛn1	ɕyɛn1	ɕyɛn2	ɕyɛn2	ɕyɛn2	ɕyɛn3	ɕyɛn3	ɕyɛn4
都江堰河东	ɕyɛn1	ɕyɛn1	ɕyɛn2	ɕyɛn2	ɕyɛn2	ɕyɛn3	ɕyɛn3	ɕyɛn4
都江堰河西	ɕyɛn1	ɕyɛn1	ɕyɛn2	ɕyɛn2	ɕyɛn2	ɕyɛn3	ɕyɛn3	ɕyɛn4
崇州	ɕyɛn1	ɕyɛn1	ɕyɛn2	ɕyɛn2	ɕyɛn2	ɕyɛn3	ɕyɛn3	ɕyɛn4
大邑	ɕyan1	ɕyan1	ɕyan2	ɕyan2	ɕyan2	ɕyan3	ɕyan3	ɕyan4
邛崃	ɕyɛn1	ɕyɛn1	ɕyɛn2	ɕyɛn2	ɕyɛn2	ɕyɛn3	ɕyɛn3	ɕyɛn4
新津	ɕyɛn1	ɕyɛn1	ɕyɛn2	ɕyɛn2	ɕyɛn2	ɕyɛn3	ɕyɛn3	ɕyɛn4
蒲江	ɕyɛn1	ɕyɛn1	ɕyɛn2	ɕyɛn2	ɕyɛn2	ɕyɛn3	ɕyɛn3	ɕyɛn4
彭山	ɕyɛn1	ɕyɛn1	ɕyɛn2	ɕyɛn2	ɕyɛn2	ɕyɛn3	ɕyɛn3	ɕyɛn4
眉山	ɕyɛn1	ɕyɛn1	ɕyɛn2	ɕyɛn2	ɕyɛn2	ɕyɛn3	ɕyɛn3	ɕyɛn4
丹棱	ɕyɛn1	ɕyɛn1	ɕyɛn2	ɕyɛn2	ɕyɛn2	ɕyɛn3	ɕyɛn3	ɕyɛn4
洪雅	ɕyɛn1	ɕyɛn1	ɕyɛn2	ɕyɛn2	ɕyɛn2	ɕyɛn3	ɕyɛn3	ɕyɛn4
青神	ɕyɛn1	ɕyɛn1	ɕyɛn2	ɕyɛn2	ɕyɛn2	ɕyɛn3	ɕyɛn3	ɕyɛn4
夹江	ɕyɛn1	ɕyɛn1	ɕyɛn2	ɕyɛn2	ɕyɛn2	ɕyɛn3	ɕyɛn3	ɕyɛn4
峨眉山	ɕyɛn1	ɕyɛn1	ɕyɛn2	ɕyɛn2	ɕyɛn2	ɕyɛn3	ɕyɛn3	ɕyɛn4
乐山	ɕyᴇ1	ɕyᴇ1	ɕyᴇ2	ɕyᴇ2	ɕyᴇ2	ɕyᴇ3	ɕyᴇ3	ɕyᴇ4
犍为	ɕyɛn1	ɕyɛn1	ɕyɛn2	ɕyɛn2	ɕyɛn2	ɕyɛn3	ɕyɛn3	ɕyɛn4

字目	轩	宣	旋旋转	玄	悬	癣	选	旋旋风
反切	虚言	须缘	似宣	胡涓	胡涓	息浅	思兖	辝恋
声韵调	山开三 晓元平	山合三 心仙平	山合三 邪仙平	山合四 匣先平	山合四 匣先平	山开三 心仙上	山合三 心仙上	山合三 邪仙去
中古音	hɨɐn	siuᴇn	ziuᴇn	ɦiwen	ɦiwen	siᴇn:	siuᴇn:	ziuᴇn-
沐川	ɕyɛn1	ɕyɛn1	ɕyɛn2	ɕyɛn2	ɕyɛn2	ɕyɛn3	ɕyɛn3	ɕyɛn4
峨边	ɕyɛn1	ɕyɛn1	ɕyɛn2	ɕyɛn2	ɕyɛn2	ɕyɛn3	ɕyɛn3	ɕyɛn4
雅安	ɕyɛn1	ɕyɛn1	ɕyɛn2	ɕyɛn2	ɕyɛn2	ɕyɛn3	ɕyɛn3	ɕyɛn4
名山	ɕyɛn1	ɕyɛn1	ɕyɛn2	ɕyɛn2	ɕyɛn2	ɕyɛn3	ɕyɛn3	ɕyɛn4
天全	ɕyɛn1	ɕyɛn1	ɕyɛn2	ɕyɛn2	ɕyɛn2	ɕyɛn3	ɕyɛn3	ɕyɛn4
芦山	ɕyɛn1	ɕyɛn1	ɕyɛn2	ɕyɛn2	ɕyɛn2	ɕyɛn3	ɕyɛn3	ɕyɛn4
宝兴	ɕyɛn1	ɕyɛn1	ɕyɛn2	ɕyɛn2	ɕyɛn2	ɕyɛn3	ɕyɛn3	ɕyɛn4
荥经	ɕyɛn1	ɕyɛn1	ɕyɛn2	ɕyɛn2	ɕyɛn2	ɕyɛn3	ɕyɛn3	ɕyɛn4
汉源	ɕyɛn1	ɕyɛn1	ɕyɛn2	ɕyɛn2	ɕyɛn2	ɕyɛn3	ɕyɛn3	ɕyɛn4
石棉	ɕyɛn1	ɕyɛn1	ɕyɛn2	ɕyɛn2	ɕyɛn2	ɕyɛn3	ɕyɛn3	ɕyɛn4
内江	ɕyan1	ɕyan1	ɕyan2	ɕyan2	ɕyan2	ɕyan3	ɕyan3	ɕyan4
威远	ɕyan1	ɕyan1	ɕyan2	ɕyan2	ɕyan2	ɕyan3	ɕyan3	ɕyan4
荣县	ɕyn1	ɕyɛn1 ɕyn1	ɕyn2	ɕyn2	ɕyn2	ɕyn3	ɕyn3	ɕyn4
自贡	ɕyɛn1	ɕyɛn1	ɕyɛn2	ɕyɛn2	ɕyɛn2	ɕyɛn3	ɕyɛn3	ɕyɛn4
富顺	ɕyɛn1	ɕyɛn1	ɕyɛn2	ɕyɛn2	ɕyɛn2	ɕyɛn3	ɕyɛn3	ɕyɛn4
隆昌	ɕyɛn1	ɕyɛn1	ɕyɛn2	ɕyɛn2	ɕyɛn2	ɕyɛn3	ɕyɛn3	ɕyɛn4
泸县	ɕyɛn1	ɕyɛn1	ɕyɛn2	ɕyɛn2	ɕyɛn2	ɕyɛn3	ɕyɛn3	ɕyɛn4
泸州	ɕyɛn1	ɕyɛn1	ɕyɛn2	ɕyɛn2	ɕyɛn2	ɕyɛn3	ɕyɛn3	ɕyɛn4
南溪	ɕyɛn1	ɕyɛn1	ɕyɛn2	ɕyɛn2	ɕyɛn2	ɕyɛn3	ɕyɛn3	ɕyɛn4
合江	ɕyɛn1	ɕyɛn1	ɕyɛn2	ɕyɛn2	ɕyɛn2	ɕyɛn3	ɕyɛn3	ɕyɛn4

字目	楦	冤	渊	员	圆	缘	原	源
反切	虚愿	于袁	乌玄	王权	王权	与专	愚袁	愚袁
声韵调	山合三 晓元去	山合三 影元平	山合四 影先平	山合三 云仙平	山合三 云仙平	山合三 以仙平	山合三 疑元平	山合三 疑元平
中古音	hʉɐn-	ʔʉɐn	ʔwen	ɦiuᴇn	ɦiuᴇn	jiuᴇn	ŋʉɐn	ŋʉɐn
成都	ɕyɛn4	yɛn1	yɛn1	yɛn2	yɛn2	yɛn2	yɛn2	yɛn2
彭州	ɕyɛn4	yɛn1	yɛn1	yɛn2	yɛn2	yɛn2	yɛn2	yɛn2
郫县	ɕyɛn4	yɛn1	yɛn1	yɛn2	yɛn2	yɛn2	yɛn2	yɛn2
广汉	ɕyɛn4	yɛn1	yɛn1	yɛn2	yɛn2	yɛn2	yɛn2	yɛn2
都江堰河东	ɕyɛn4	yɛn1	yɛn1	yɛn2	yɛn2	yɛn2	yɛn2	yɛn2
都江堰河西	ɕyɛn4	yɛn1	yɛn1	yɛn2	yɛn2	yɛn2	yɛn2	yɛn2
崇州	ɕyɛn4	yɛn1	yɛn1	yɛn2	yɛn2	yɛn2	yɛn2	yɛn2
大邑	ɕyan4	yan1	yan1	yan2	yan2	yan2	yan2	yan2
邛崃	ɕyɛn4	yɛn1	yɛn1	yɛn2	yɛn2	yɛn2	yɛn2	yɛn2
新津	ɕyɛn4	yɛn1	yɛn1	yɛn2	yɛn2	yɛn2	yɛn2	yɛn2
蒲江	ɕyɛn4	yɛn1	yɛn1	yɛn2	yɛn2	yɛn2	yɛn2	yɛn2
彭山	ɕyɛn4	yɛn1	yɛn1	yɛn2	yɛn2	yɛn2	yɛn2	yɛn2
眉山	ɕyɛn4	yɛn1	yɛn1	yɛn2	yɛn2	yɛn2	yɛn2	yɛn2
丹棱	ɕyɛn4	yɛn1	yɛn1	yɛn2	yɛn2	yɛn2	yɛn2	yɛn2
洪雅	ɕyɛn4	yɛn1	yɛn1	yɛn2	yɛn2	yɛn2	yɛn2	yɛn2
青神	ɕyɛn4	yɛn1	yɛn1	yɛn2	yɛn2	yɛn2	yɛn2	yɛn2
夹江	ɕyɛn4	yɛn1	yɛn1	yɛn2	yɛn2	yɛn2	yɛn2	yɛn2
峨眉山	ɕyɛn4	yɛn1	yɛn1	yɛn2	yɛn2	yɛn2	yɛn2	yɛn2
乐山	ɕyᴇ4	yᴇ1	yᴇ1	yᴇ2	yᴇ2	yᴇ2	yᴇ2	yᴇ2
犍为	ɕyɛn4	yɛn1	yɛn1	yɛn2	yɛn2	yɛn2	yɛn2	yɛn2

字目	楦	冤	渊	员	圆	缘	原	源
反切	虚愿	于袁	乌玄	王权	王权	与专	愚袁	愚袁
声韵调	山合三 晓元去	山合三 影元平	山合四 影先平	山合三 云仙平	山合三 云仙平	山合三 以仙平	山合三 疑元平	山合三 疑元平
中古音	hʉɐn-	ʔʉɐn	ʔwen	ɦiuɛn	ɦiuɛn	jiuɛn	ŋʉɐn	ŋʉɐn
沐川	ɕyɛn4	yɛn1	yɛn1	yɛn2	yɛn2	yɛn2	yɛn2	yɛn2
峨边	ɕyɛn4	yɛn1	yɛn1	yɛn2	yɛn2	yɛn2	yɛn2	yɛn2
雅安	ɕyɛn4	yɛn1	yɛn1	yɛn2	yɛn2	yɛn2	yɛn2	yɛn2
名山	ɕyɛn4	yɛn1	yɛn1	yɛn2	yɛn2	yɛn2	yɛn2	yɛn2
天全	ɕyɛn4	yɛn1	yɛn1	yɛn2	yɛn2	yɛn2	yɛn2	yɛn2
芦山	ɕyɛn4	yɛn1	yɛn1	yɛn2	yɛn2	yɛn2	yɛn2	yɛn2
宝兴	ɕyɛn4	yɛn1	yɛn1	yɛn2	yɛn2	yɛn2	yɛn2	yɛn2
荥经	ɕyɛn4	yɛn1	yɛn1	yɛn2	yɛn2	yɛn2	yɛn2	yɛn2
汉源	ɕyɛn4	yɛn1	yɛn1	yɛn2	yɛn2	yɛn2	yɛn2	yɛn2
石棉	ɕyɛn4	yɛn1	yɛn1	yɛn2	yɛn2	yɛn2	yɛn2	yɛn2
内江	ɕyan4	yan1	yan1	yan2	yan2	yan2	yan2	yan2
威远	ɕyan4	yan1	ian1	yan2	yan2	yan2	yan2	yan2
荣县	ɕyn4	yn1	yn1	yn2	yn2	yn2	yn2	yn2
自贡	ɕyɛn4	yɛn1	yɛn1	yɛn2	yɛn2	yɛn2	yɛn2	yɛn2
富顺	ɕyɛn4	yɛn1	yɛn1	yɛn2	yɛn2	yɛn2	yɛn2	yɛn2
隆昌	ɕyɛn4	yɛn1	iɛn1	iɛn2	yɛn2	iɛn2	iɛn2	iɛn2
泸县	ɕyɛn4	yɛn1	yɛn1	yɛn2	yɛn2	yɛn2	yɛn2	yɛn2
泸州	ɕyɛn4	yɛn1	yɛn1	yɛn2	yɛn2	yɛn2	yɛn2	yɛn2
南溪	ɕyɛn4	yɛn1	yɛn1	yɛn2	yɛn2	yɛn2	yɛn2	yɛn2
合江	ɕyɛn4	yɛn1	yɛn1	yɛn2	yɛn2	yɛn2	yɛn2	yɛn2

字目	元	袁	园	辕	援	远远近	院[①]	愿
反切	愚袁	雨元	雨元	雨元	雨元	云阮	王眷	鱼怨
声韵调	山合三疑元平	山合三云元平	山合三云元平	山合三云元平	山合三云元平	山合三云元上	山合三云仙去	山合三疑元去
中古音	ŋɐen	ɦɐen	ɦɐen	ɦɐen	ɦɐen	ɦɐen:	ɦiuᴇn-	ŋɐen-
成都	yɛn2	yɛn2	yɛn2	yɛn2	yɛn2	yɛn3	yɛn4 uan4 旧	yɛn4
彭州	yɛn2	yɛn2	yɛn2	yɛn2	yɛn2	yɛn3	yɛn4 uan4 旧	yɛn4
郫县	yɛn2	yɛn2	yɛn2	yɛn2	yɛn2	yɛn3	uan4 yɛn4 新	yɛn4
广汉	yɛn2	yɛn2	yɛn2	yɛn2	yɛn2	yɛn3	yɛn4 uan4	yɛn4
都江堰河东	yɛn2	yɛn2	yɛn2	yɛn2	yɛn2	yɛn3	yɛn4 uan4 旧	yɛn4
都江堰河西	yɛn2	yɛn2	yɛn2	yɛn2	yɛn2	yɛn3	yɛn4 uan4 旧	yɛn4
崇州	yɛn2	yɛn2	yɛn2	yɛn2	yɛn2	yɛn3	yɛn4 uan4 旧	yɛn4
大邑	yan2	yan2	yan2	yan2	yan2	yan3	yan4 uan4 旧	yan4
邛崃	yɛn2	yɛn2	yɛn2	yɛn2	yɛn2	yɛn3	yɛn4 uan4 旧	yɛn4
新津	yɛn2	yɛn2	yɛn2	yɛn2	yɛn2	yɛn3	yɛn4 uan4 旧	yɛn4
蒲江	yɛn2	yɛn2	yɛn2	yɛn2	yɛn2	yɛn3	yɛn4 uan 旧	yɛn4
彭山	yɛn2	yɛn2	yɛn2	yɛn2	yɛn2	yɛn3	yɛn4 uan4 旧	yɛn4
眉山	yɛn2	yɛn2	yɛn2	yɛn2	yɛn2	yɛn3	yɛn4 uan4 旧	yɛn4
丹棱	yɛn2	yɛn2	yɛn2	yɛn2	yɛn2	yɛn3	yɛn4 uan4 旧	yɛn4
洪雅	yɛn2	yɛn2	yɛn2	yɛn2	yɛn2	yɛn3	yɛn4 uan4 旧	yɛn4
青神	yɛn2	yɛn2	yɛn2	yɛn2	yɛn2	yɛn3	yɛn4 uan4 旧	yɛn4
夹江	yɛn2	yɛn2	yɛn2	yɛn2	yɛn2	yɛn3	yɛn4 uan4 旧	yɛn4
峨眉山	yɛn2	yɛn2	yɛn2	yɛn2	yɛn2	yɛn3	yɛn4 uan4 旧	yɛn4
乐山	yᴇ2	yᴇ2	yᴇ2	yᴇ2	yᴇ2	yᴇ3	yᴇ4 uan4 旧	yᴇ4
犍为	yɛn2	yɛn2	yɛn2	yɛn2	yɛn2	yɛn3	yɛn4 uan4 旧	yɛn4

① 又胡官切，山一合桓匣去。

字目	元	袁	园	辕	援	远远近	院[①]	愿
反切	愚袁	雨元	雨元	雨元	雨元	云阮	王眷	鱼怨
声韵调	山合三 疑元平	山合三 云元平	山合三 云元平	山合三 云元平	山合三 云元平	山合三 云元上	山合三 云仙去	山合三 疑元去
中古音	ŋɐen	ɦɐen	ɦɐen	ɦɐen	ɦɐen	ɦɐen:	ɦiuɛn-	ŋɐen-
沐川	yɛn2	yɛn2	yɛn2	yɛn2	yɛn2	yɛn3	yɛn4 uan4 旧	yɛn4
峨边	yɛn2	yɛn2	yɛn2	yɛn2	yɛn2	yɛn3	yɛn4 uan4 旧	yɛn4
雅安	yɛn2	yɛn2	yɛn2	yɛn2	yɛn2	yɛn3	yɛn4 uan4 旧	yɛn4
名山	yɛn2	yɛn2	yɛn2	yɛn2	yɛn2	yɛn3	yɛn4 uan4 旧	yɛn4
天全	yɛn2	yɛn2	yɛn2	yɛn2	yɛn2	yɛn3	yɛn4 uan4 旧	yɛn4
芦山	yɛn2	yɛn2	yɛn2	yɛn2	yɛn2	yɛn3	yɛn4 uan4 旧	yɛn4
宝兴	yɛn2	yɛn2	yɛn2	yɛn2	yɛn2	yɛn3	yɛn4 uan4 旧	yɛn4
荥经	yɛn2	yɛn2	yɛn2	yɛn2	yɛn2	yɛn3	yɛn4 uan4 旧	yɛn4
汉源	yɛn2	yɛn2	yɛn2	yɛn2	yɛn2	yɛn3	yɛn4 uan4 旧	yɛn4
石棉	yɛn2	yɛn2	yɛn2	yɛn2	yɛn2	yɛn3	yɛn4 uan4 旧	yɛn4
内江	yan2	yan2	yan2	yan2	yan2	yan3	yan4 uan4 旧	yan4
威远	yan2	yan2	yan2	yan2	yan2	yan3	yan4 uan4 旧	yan4
荣县	yn2	yn2	yn2	yn2	yn2	yn3	yɛn4 uan4 旧	yn4
自贡	yɛn2	yɛn2	yɛn2	yɛn2	yɛn2	yɛn3	uan4	yɛn4
富顺	yɛn2	yɛn2	yɛn2	yɛn2	yɛn2	yɛn3	uan4	yɛn4
隆昌	iɛn2	iɛn2	iɛn2	iɛn2	iɛn2	iɛn3	uan4	iɛn4
泸县	yɛn2	yɛn2	yɛn2	yɛn2	yɛn2	yɛn3	uan4 yɛn4 新	yɛn4
泸州	yɛn2	yɛn2	yɛn2	yɛn2	yɛn2	yɛn3	uan4 yɛn4 新	yɛn4
南溪	yɛn2	yɛn2	yɛn2	yɛn2	yɛn2	yɛn3	yɛn4 uan4 旧	yɛn4
合江	yɛn2	yɛn2	yɛn2	yɛn2	yɛn2	yɛn3	yɛn4 uan4 旧	yɛn4

① 又胡官切，山一合桓匣去。

字目	怨	奔奔跑	本	笨	喷①喷水	盆	门	闷
反切	于愿	博昆	布忖	蒲本	普魂	蒲奔	莫奔	莫困
声韵调	山合三 影元去	臻合一 帮魂平	臻合一 帮魂上	臻合一 並魂上	臻合一 滂魂平	臻合一 並魂平	臻合一 明魂平	臻合一 明魂去
中古音	ʔɥɐn-	puən	puən:	buən:	phuən	buən	muən	muən-
成都	yɛn4	pen1	pen3	pen4	fen4 phoŋ1②	phen2	men2	men4 men1 口
彭州	yɛn4	pen1	pen3	pen4	fen4	phen2	men2	men4 men1 口
郫县	yɛn4	pən1	pən3	pən4	phən1 fen4	phən2	mən2	mən4 men1 口
广汉	yɛn4	pen1	pen3	pen4	fen4	phen2	men2	men4 men1 口
都江堰河东	yɛn4	pen1	pen3	pen4	fen4	phen2	men2	men4
都江堰河西	yɛn4	pen1	pen3	pen4	fen4	phen2	men2	men4
崇州	yɛn4	pen1	pen3	pen4	fen4	phen2	men2	men4
大邑	yan4	pen1	pen3	pen4	fen4	phen2	men2	men4 men1 口
邛崃	yɛn4	pen1	pen3	pen4	phoŋ1② fen4	phen2	men2	men4 men1 口
新津	yɛn4	pen1	pen3	pen4	fen4	phen2	men2	men4 men1 口
蒲江	yɛn4	pen1	pen3	pen4	phen1 fen4	phen2	men2	men4 men1 口
彭山	yɛn4	pən1	pən3	pən4	fən4	phən2	mən2	mən4 mən1 口
眉山	yɛn4	pen1	pen3	pen4	phen1 phəŋ1	phen2	men2	men4 men1 口
丹棱	yɛn4	pən1	pən3	pən4	fən4 phəŋ1	phən2	mən2	mən4 mən1 口
洪雅	yɛn4	pən1	pən3	pən4	fən4	phən2	mən2	mən4 mən1 口
青神	yɛn4	pen1	pen3	pen4	fen4	phen2	men2	men4 men1 口
夹江	yɛn4	pen1	pen3	pen4	phen1	phen2	men2	men4
峨眉山	yɛn4	pen1	pen3	pen4	phen1	phen2	men2	men4
乐山	yᴇ4	pen1	pen3	pen4	phoŋ1② phen1	phen2	men2	men4
犍为	yɛn4	pen1	pen3	pen4	fen4	phen2	men2	men4

① *芳问切，臻合三敷文去。 ② phoŋ1 或 phoŋ4 俗字为“馫”，浓香，出《蜀语》。

字目	怨	奔奔跑	本	笨	喷[①]喷水	盆	门	闷
反切	于愿	博昆	布忖	蒲本	普魂	蒲奔	莫奔	莫困
声韵调	山合三 影元去	臻合一 帮魂平	臻合一 帮魂上	臻合一 並魂上	臻合一 滂魂平	臻合一 並魂平	臻合一 明魂平	臻合一 明魂去
中古音	ʔɥɐn-	puən	puən:	buən:	phuən	buən	muən	muən-
沐川	yɛn4	pen1	pen3	pen4	fen4	phen2	men2	men4 men1 口
峨边	yɛn4	pen1	pen3	pen4	fen4	phen2	men2	men4 men1 口
雅安	yɛn4	pen1	pen3	pen4	fen4	phen2	men2	men4
名山	yɛn4	pen1	pen3	pen4	fen4	phen2	men2	men4 men1 口
天全	yɛn4	pen1	pen3	pen4	fen4	phen2	men2	men4 men1 口
芦山	yɛn4	pen1	pen3	pen4	fen4	phen2	men2	men4
宝兴	yɛn4	pen1	pen3	pen4	fen4 phen1	phen2	men2	men4
荥经	yɛn4	pen1	pen3	pen4	fen4	phen2	men2	men4 men1 口
汉源	yɛn4	pen1	pen3	pen4	fen4	phen2	men2	men4 men1 口
石棉	yɛn4	pen1	pen3	pen4	fen4	phen2	men2	men4 men1 口
内江	yan4	pən1	pən3	pən4	fən4	phən2	mən2	mən4 mən1 口
威远	yan4	pən1	pən3	pən4	fən4	phən2	mən2	mən4 mən1 口
荣县	yn4	pən1	pən3	pən4	fən4	phən2	mən2	mən4 mən1 口
自贡	yɛn4	pən1	pən3	pən4	fən4 phən1	phən2	mən2	mən4
富顺	yɛn4	pən1	pən3	pən4	fən4 phən1	phən2	mən2	mən4
隆昌	iɛn4	pən1	pən3	pən4	fən4 phoŋ4[②]	phən2	mən2	mən4
泸县	yɛn4	pen1	pen3	pen4	fen4 phen1 新	phen2	men2	men4 men1 口
泸州	yɛn4	pen1	pen3	pen4	fen4 phen1 新	phen2	men2	men4 men1 口
南溪	yɛn4	pen1	pen3	pen4	fen4 phen1 新	phen2	men2	men4 men1 口
合江	yɛn4	pəŋ1	pəŋ3	pəŋ4	phəŋ4	phəŋ2	moŋ2	məŋ4 məŋ1 口

① *芳问切，臻合三敷文去。② phoŋ1 或 phoŋ4 俗字为“馩”，浓香，出《蜀语》。

字目	分分开	芬	纷	坟	粉	粪	奋	愤
反切	府文	抚文	抚文	符分	方吻	方问	方问	房吻
声韵调	臻合三 非文平	臻合三 敷文平	臻合三 敷文平	臻合三 奉文平	臻合三 非文上	臻合三 非文去	臻合三 非文去	臻合三 奉文上
中古音	pɨun	phɨun	phɨun	bɨun	pɨun:	pɨun-	pɨun-	bɨun:
成都	fen1	fen1	fen1	fen2	fen3	fen4	fen4	fen4
彭州	fen1	fen1	fen1	fen2	fen3	fen4	fen4	fen4
郫县	fən1	fən1	fən1	fən2	fən3	fən4	fən4	fən4
广汉	fen1	fen1	fen1	fen2	fen3	fen4	fen4	fen4
都江堰河东	fen1	fen1	fen1	fen2	fen3	fen4	fen4	fen4
都江堰河西	fen1	fen1	fen1	fen2	fen3	fen4	fen4	fen4
崇州	fen1	fen1	fen1	fen2	fen3	fen4	fen4	fen4
大邑	fen1	fen1	fen1	fen2	fen3	fen4	fen4	fen4
邛崃	fen1	fen1	fen1	fen2	fen3	fen4	fen4	fen4
新津	fen1	fen1	fen1	fen2	fen3	fen4	fen4	fen4
蒲江	fen1	fen1	fen1	fen2	fen3	fen4	fen4	fen4
彭山	fən1	fən1	fən1	fən2	fən3	fən4	fən4	fən4
眉山	fen1	fen1	fen1	fen2	fen3	fen4	fen4	fen4
丹棱	fən1	fən1	fən1	fən2	fən3	fən4	fən4	fən4
洪雅	fən1	fən1	fən1	fən2	fən3	fən4	fən4	fən4
青神	fen1	fen1	fen1	fen2	fen3	fen4	fen4	fen4
夹江	fen1	fen1	fen1	fen2	fen3	fen4	fen4	fen4
峨眉山	fen1	fen1	fen1	fen2	fen3	fen4	fen4	fen4
乐山	fen1	fen1	fen1	fen2	fen3	fen4	fen4	fen4
犍为	fen1	fen1	fen1	fen2	fen3	fen4	fen4	fen4

字目	分分开	芬	纷	坟	粉	粪	奋	愤
反切	府文	抚文	抚文	符分	方吻	方问	方问	房吻
声韵调	臻合三 非文平	臻合三 敷文平	臻合三 敷文平	臻合三 奉文平	臻合三 非文上	臻合三 非文去	臻合三 非文去	臻合三 奉文上
中古音	pɨun	phɨun	phɨun	bɨun	pɨun:	pɨun-	pɨun-	bɨun:
沐川	fen1	fen1	fen1	fen2	fen3	fen4	fen4	fen4
峨边	fen1	fen1	fen1	fen2	fen3	fen4	fen4	fen4
雅安	fen1	fen1	fen1	fen2	fen3	fen4	fen4	fen4
名山	fen1	fen1	fen1	fen2	fen3	fen4	fen4	fen4
天全	fen1	fen1	fen1	fen2	fen3	fen4	fen4	fen4
芦山	fen1	fen1	fen1	fen2	fen3	fen4	fen4	fen4
宝兴	fen1	fen1	fen1	fen2	fen3	fen4	fen4	fen4
荥经	fen1	fen1	fen1	fen2	fen3	fen4	fen4	fen4
汉源	fen1	fen1	fen1	fen2	fen3	fen4	fen4	fen4
石棉	fen1	fen1	fen1	fen2	fen3	fen4	fen4	fen4
内江	fən1	fən1	fən1	fən2	fən3	fən4	fən4	fən4
威远	fən1	fən1	fən1	fən2	fən3	fən4	fən4	fən4
荣县	fən1	fən1	fən1	fən2	fən3	fən4	fən4	fən4
自贡	fən1	fən1	fən1	fən2	fən3	fən4	fən4	fən4
富顺	fən1	fən1	fən1	fən2	fən3	fən4	fən4	fən4
隆昌	fən1	fən1	fən1	fən2	fən3	fən4	fən4	fən4
泸县	fen1	fen1	fen1	fen2	fen3	fen4	fen4	fen4
泸州	fen1	fen1	fen1	fen2	fen3	fen4	fen4	fen4
南溪	fen1	fen1	fen1	fen2	fen3	fen4	fen4	fen4
合江	fəŋ1	fəŋ1	fəŋ1	fəŋ2	fəŋ3	fəŋ4	fəŋ4	fəŋ4

字目	忿[①]	份	嫩	参参差	森	针	斟	珍
反切	匹问	扶问	奴困	楚簪	所今	职深	职深	陟邻
声韵调	臻合三敷文去	臻合三奉文去	臻合一泥魂去	深开三初侵平	深开三生侵平	深开三章侵平	深开三章侵平	臻开三知真平
中古音	phɨun-	bɨun-	nuən-	tʃhiɪm	ʃiɪm	tɕiɪm	tɕiɪm	ʈiɪn
成都	fen4	fen4	nen4	tshen1	sen1	tsen1	tsen1	tsen1
彭州	fen4	fen4	nen4	tshen1	sen1	tsen1	tsen1	tsen1
郫县	fən4	fən4	lən4	tshən1	sən1	tsən1	tsən1	tsən1
广汉	fen4	fen4	len4	tshen1	sen1	tsen1	tsen1	tsen1
都江堰河东	fen4	fen4	nen4	tshen1	sen1	tsen1	tsen1	tsen1
都江堰河西	fen4	fen4	nen4	tshen1	sen1	tsen1	tsen1	tsen1
崇州	fen4	fen4	nen4	tshen1	sen1	tsen1	tsen1	tsen1
大邑	fen4	fen4	nen4	tshen1	sen1	tsen1	tsen1	tsen1
邛崃	fen4	fen4	nen4	tshen1	sen1	tsen1	tsen1	tsen1
新津	fen4	fen4	nen4	tshen1	sen1	tsen1	tsen1	tsen1
蒲江	fen4	fen4	len4	tshen1	sen1	tsen1	tsen1	tsen1
彭山	fən4	fən4	nən4	tshən1	sən1	tsən1	tsən1	tsən1
眉山	fen4	fen4	nen4	tshen1	sen1	tsen1	tsen1	tsen1
丹棱	fən4	fən4	nən4	tshən1	sən1	tsən1	tsən1	tsən1
洪雅	fən4	fən4	nən4	tshən1	sən1	tsən1	tsən1	tsən1
青神	fen4	fen4	len4	tshen1	sen1	tsen1	tsen1	tsen1
夹江	fen4	fen4	nen4	tshen1	sen1	tsen1	tsen1	tsen1
峨眉山	fen4	fen4	nen4	tshen1	sen1	tsen1	tsen1	tsen1
乐山	fen4	fen4	len4	tshen1	sen1	tsen1	tsen1	tsen1
犍为	fen4	fen4	len4	tshen1	sen1	tsen1	tsen1	tsen1

① 又*父吻切，臻合三奉文上。

字目	忿[1]	份	嫩	参参差	森	针	斟	珍
反切	匹问	扶问	奴困	楚簪	所今	职深	职深	陟邻
声韵调	臻合三敷文去	臻合三奉文去	臻合一泥魂去	深开三初侵平	深开三生侵平	深开三章侵平	深开三章侵平	臻开三知真平
中古音	phɨun-	bɨun-	nuən-	tʃhiɪm	ʃiɪm	tɕiɪm	tɕiɪm	ʈiɪn
沐川	fen4	fen4	len4	tshen1	sen1	tsen1	tsen1	tsen1
峨边	fen4	fen4	len4	tshen1	sen1	tsen1	tsen1	tsen1
雅安	fen4	fen4	nen4	tshen1	sen1	tsen1	tsen1	tsen1
名山	fen4	fen4	len4	tshen1	sen1	tsen1	tsen1	tsen1
天全	fen4	fen4	len4	tshen1	sen1	tsen1	tsen1	tsen1
芦山	fen4	fen4	nen4	tshen1	sen1	tsen1	tsen1	tsen1
宝兴	fen4	fen4	nen4	tshen1	sen1	tsen1	tsen1	tsen1
荥经	fen4	fen4	len4	tshen1	sen1	tsen1	sen1	tsen1
汉源	fen4	fen4	nen4	tshen1	sen1	tsen1	tsen1	tsen1
石棉	fen4	fen4	len4	tshen1	sen1	tsen1	tsen1	tsen1
内江	fən4	fən4	nən4	tshən1	sən1	tsən1	tsən1	tsən1
威远	fən4	fən4	nən4	tshən1	sən1	tʂən1	tʂən1	tʂən1
荣县	fən4	fən4	nən4	tshən1	sən1	tsən1	tsən1	tsən1
自贡	fən4	fən4	lən4	tshən1	sən1	tʂən1	tʂən1	tʂən1
富顺	fən4	fən4	lən4	tshən1	sən1	tʂən1	tʂən1	tʂən1
隆昌	fən4	fən4	lən4	tshən1	sən1	tsən1	tsən1	tsən1
泸县	fen4	fen4	len4	tshen1	sen1	tsen1	tsen1	tsen1
泸州	fen4	fen4	len4	tshen1	sen1	tsen1	tsen1	tsen1
南溪	fen4	fen4	len4	tshen1	sen1	tsen1	tsen1	tsen1
合江	fəŋ4	fəŋ4	len4	tshen1	sen1	tsen1	tsen1	tsen1

① 又*父吻切，臻合三奉文上。

字目	真	贞	侦	枕枕头	枕枕木	诊	疹	镇
反切	职邻	陟盈	丑贞	章荏	之任	章忍	章忍	陟刃
声韵调	臻开三 章真平	梗开三 知清平	梗开三 彻清平	深开三 章侵上	深开三 章侵去	臻开三 章真上	臻开三 章真上	臻开三 知真去
中古音	tɕiɪn	ʈiɛŋ	ʈhiɛŋ	tɕiɪm:	tɕiɪm-	tɕiɪn:	tɕiɪn:	ʈiɪn-
成都	tsen1	tsen1	tsen1	tsen3	tsen3 tsen4 旧①	tsen1	tsen1	tsen4
彭州	tsen1	tsen1	tsen1	tsen3	tsen3 tsen4 旧①	tsen1	tsen1	tsen4
郫县	tsən1	tsən1	tsən1	tsən3	tsən3 tsən4 旧①	tsən1	tsən1	tsən4
广汉	tsen1	tsen1	tsen1	tsen3	tsen3 tsen4 旧①	tsen1	tsen1	tsen4
都江堰河东	tsen1	tsen1	tsen1	tsen3	tsen3 tsən4 旧①	tsen1	tsen1	tsen4
都江堰河西	tsen1	tsen1	tsen1	tsen3	tsen3 tsən4 旧①	tsen1	tsen1	tsen4
崇州	tsen1	tsen1	tsen1	tsen3	tsen3 tsən4 旧①	tsen1	tsen1	tsen4
大邑	tsen1	tsen1	tsen1	tsen3	tsen3 tsen4 旧①	tsen1	tsen1	tsen4
邛崃	tsen1	tsen1	tsen1	tsen3	tsen3 tsen4 旧①	tsen1	tsen1	tsen4
新津	tsen1	tsen1	tsen1	tsen3	tsen3 tsen4 旧①	tsen1	tsen1	tsen4
蒲江	tsen1	tsen1	tsen1	tsen3	tsen3 tsen4 旧①	tsen1	tsen1	tsen4
彭山	tsən1	tsən1	tsən1	tsən3	tsən3 tsən4 旧①	tsən1	tsən1	tsən4
眉山	tsen1	tsen1	tsen1	tsen3	tsen3 tsen4 旧①	tsen1	tsen3	tsen4
丹棱	tsən1	tsən1	tsən1	tsən3	tsən3 tsən4 旧①	tsən1	tsən1	tsən4
洪雅	tsən1	tsən1	tsən1	tsən3	tsən3 tsən4 旧①	tsən1	tsən1	tsən4
青神	tsen1	tsen1	tsen1	tsen3	tsen3 tsen4 旧①	tsen1	tsen1	tsen4
夹江	tsen1	tsen1	tsen1	tsen3	tsen3	tsen1 tsen3	tsen1 tsen3	tsen4
峨眉山	tsen1	tsen1	tsen1	tsen3	tsen3	tsen1 tsen3	tsen1 tsen3	tsen4
乐山	tsen1	tsen1	tsen1	tsen3	tsen3	tsen1 tsen3	tsen1 tsen3	tsen4
犍为	tsen1	tsen1	tsen1	tsen3	tsen3	tsen1 tsen3	tsen1 tsen3	tsen4

① 用于“地枕”，即地板。

字目	真	贞	侦	枕枕头	枕枕木	诊	疹	镇
反切	职邻	陟盈	丑贞	章荏	之任	章忍	章忍	陟刃
声韵调	臻开三 章真平	梗开三 知清平	梗开三 彻清平	深开三 章侵上	深开三 章侵去	臻开三 章真上	臻开三 章真上	臻开三 知真去
中古音	tɕiɪn	ʈiɛŋ	ʈhiɛŋ	tɕiɪm:	tɕiɪm-	tɕiɪn:	tɕiɪn:	ʈiɪn-
沐川	tsen1	tsen1	tsen1	tsen3	tsen3 tsen4 旧①	tsen1	tsen1	tsen4
峨边	tsen1	tsen1	tsen1	tsen3	tsen3 tsen4 旧①	tsen1	tsen1	tsen4
雅安	tsen1	tsen1	tsen1	tsen3	tsen3 tsen4 旧①	tsen1	tsen1	tsen4
名山	tsen1	tsen1	tsen1	tsen3	tsen3 tsen4 旧①	tsen1	tsen1	tsen4
天全	tsen1	tsen1	tsen1	tsen3	tsen3 tsen4 旧①	tsen1	tsen3	tsen4
芦山	tsen1	tsen1	tsen1	tsen3	tsen3 tsen4 旧①	tsen1	tsen1	tsen4
宝兴	tsen1	tsen1	tsen1	tsen3	tsen3 tsen4 旧①	tsen1	tsen1	tsen4
荥经	tsen1	tsen1	tsen1	tsen3	tsen3 tsen4 旧①	tsen1	tsen1	tsen4
汉源	tsen1	tsen1	tsen1	tsen3	tsen3 tsen4 旧①	tsen3	tsen3	tsen4
石棉	tsen1	tsen1	tsen1	tsen3	tsen3 tsen4 旧①	tsen1	tsen1	tsen4
内江	tsən1	tsən1	tsən1	tsən3	tsən3 tsən4 旧①	tsən1	tsən1	tsən4
威远	tʂən1	tʂən1	tʂən1	tʂən3	tʂən3 tʂən4 旧①	tʂən1	tʂən1	tʂən4
荣县	tsən1	tsən1	tsən1	tsən3	tsən3 tsən4 旧①	tsən1	tsən1	tsən4
自贡	tʂən1	tʂən1	tʂən1	tʂən3	tʂən3 tʂən4 旧①	tʂən1	tʂən1	tʂən4
富顺	tʂən1	tʂən1	tʂən1	tʂən3	tʂən3 tʂən4 旧①	tʂən1	tʂən1	tʂən4
隆昌	tsən1	tsən1	tsən1	tsən3	tsən3 tsən4 旧①	tsən1	tsən1	tsən4
泸县	tsen1	tsen1	tsen1	tsen3	tsen3 tsen4 旧①	tsen1	tsen1	tsen4
泸州	tsen1	tsen1	tsen1	tsen3	tsen3 tsen4 旧①	tsen1	tsen1	tsen4
南溪	tsen1	tsen1	tsen1	tsen3	tsen3 tsen4 旧①	tsen1	tsen1	tsen4
合江	tsen1	tsen1	tsen1	tsen3	tsen3 tsen4 旧①	tsen3	tsen3	tsen4

① 用于“地枕”，即地板。

字目	阵	振	震	沉	陈	尘	晨[①]	辰
反切	直刃	章刃	章刃	直深	直珍	直珍	植邻	植邻
声韵调	臻开三 澄真去	臻开三 章真去	臻开三 章真去	深开三 澄侵平	臻开三 澄真平	臻开三 澄真平	臻开三 禅真平	臻开三 禅真平
中古音	ḍiɪn-	tɕiɪn-	tɕiɪn-	ḍiɪm	ḍiɪn	ḍiɪn	dʑiɪn	dʑiɪn
成都	tsen4	tsen3 tsen4 旧	tsen3 tsen4 旧	tshen2	tshen2 iɛn1 俗	tshen2	sen2	sen2
彭州	tsen4	tsen3 tsen4 旧	tsen3 tsen4 旧	tshen2	tshen2	tshen2	sen2	sen2
郫县	tsən4	tsən3 tsən4 旧	tsən3 tsən4 旧	tshən2	tshən2	tshən2	sən2	sən2
广汉	tsen4	tsen3	tsen3	tshen2	tshen2	tshen2	sen2	tshen2 sen2 旧
都江堰河东	tsen4	tsen3 tsen4 旧	tsen3 tsen4 旧	tshen2	tshen2	tshen2	sen2	tshen2
都江堰河西	tsen4	tsen3 tsen4 旧	tsen3 tsen4 旧	tshen2	tshen2	tshen2	sen2	sen2
崇州	tsen4	tsen3 tsen4 旧	tsen3 tsen4 旧	tshen2	tshen2 iɛn1 俗	tshen2	sen2	sen2
大邑	tsen4	tsen3 tsen4 旧	tsen3 tsen4 旧	tshen2	tshen2	tshen2	sen2	sen2
邛崃	tsen4	tsen3 tsen4 旧	tsen3 tsen4 旧	tshen2	tshen2	tshen2	sen2	tshen2
新津	tsen4	tsen3 tsen4 旧	tsen3 tsen4 旧	tshen2	tshen2	tshen2	sen2	sen2
蒲江	tsen4	tsen3 tsen4 旧	tsen3 tsen4 旧	tshen2	tshen2	tshen2	tshen2	tshen2
彭山	tsən4	tsən3 tsən4 旧	tsən3 tsən4 旧	tshən2	tshən2	tshən2	tshən2 sən2 旧	tshən2 sən2 旧
眉山	tsen4	tsen3 tsen4 旧	tsen3 tsen4 旧	tshen2	tshen2	tshen2	sen2	sen2
丹棱	tsən4	tsən3 tsən4 旧	tsən3 tsən4 旧	tshən2	tshən2	tshən2	sən2	sən2
洪雅	tsən4	tsən3 tsən4 旧	tsən3 tsən4 旧	tshən2	tshən2	tshən2	sən2	sən2
青神	tsen4	tsen3 tsen4 旧	tsen3 tsen4 旧	tshen2	tshen2	tshen2	sen2	sen2
夹江	tsen4	tsen3 tsen4 旧	tsen3 tsen4 旧	tshen2	tshen2	tshen2	sen2	sen2
峨眉山	tsen4	tsen3 tsen4 旧	tsen3 tsen4 旧	tshen2	tshen2	tshen2	sen2	sen2
乐山	tsen4	tsen3 tsen4 旧	tsen3 tsen4 旧	tshen2	tshen2	tshen2	sen2	sen2
犍为	tsen4	tsen3 tsen4 旧	tsen3 tsen4 旧	tshen2	tshen2	tshen2	sen2	sen2

① 又食邻切，臻开三船真平。

字目	阵	振	震	沉	陈	尘	晨[①]	辰
反切	直刃	章刃	章刃	直深	直珍	直珍	植邻	植邻
声韵调	臻开三 澄真去	臻开三 章真去	臻开三 章真去	深开三 澄侵平	臻开三 澄真平	臻开三 澄真平	臻开三 禅真平	臻开三 禅真平
中古音	ȡiɪn-	tɕiɪn-	tɕiɪn-	ȡiɪm	ȡiɪn	ȡiɪn	dʑiɪn	dʑiɪn
沐川	tsen4	tsen3 tsen4 旧	tsen3 tsen4 旧	tshen2	tshen2	tshen2	tshen2	tshen2
峨边	tsen4	tsen3	tsen3	tshen2	tshen2	tshen2	sen2	sen2
雅安	tsen4	tsen3	tsen3	tshen2	tshen2	tshen2	sen2	sen2
名山	tsen4	tsen3 tsen4 旧	tsen3 tsen4 旧	tshen2	tshen2	tshen2	sen2	sen2
天全	tsen4	tsen3 tsen4 旧	tsen3 tsen4 旧	tshen2	tshen2	tshen2	sen2	sen2
芦山	tsen4	tsen3	tsen3	tshen2	tshen2	tshen2	sen2	sen2
宝兴	tsen4	tsen3	tsen3	tshen2	tshen2	tshen2	sen2	sen2
荥经	tsen4	tsen3 tsen4 旧	tsen3 tsen4 旧	tshen2	tshen2	tshen2	sen2	sen2
汉源	tsen4	tsen3 tsen4 旧	tsen3 tsen4 旧	tshen2	tshen2	tshen2	sen2	sen2
石棉	tsen4	tsen3 tsen4 旧	tsen3 tsen4 旧	tshen2	tshen2	tshen2	sen2	sen2
内江	tsən4	tsən3 tsən4 旧	tsən3 tsən4 旧	tshən2	tshən2	tshən2	sən2	sən2
威远	tʂən4	tʂən3 tsən4 旧	tsən3 tʂən4 旧	tʂhən2	tʂhən2	tʂhən2	ʂən2	ʂən2
荣县	tsən4	tsən3 tsən4 旧	tsən3 tsən4 旧	tshən2	tshən2	tshən2	sən2	sən2
自贡	tʂən4	tʂən4	tʂən3	tʂhən2	tʂhən2	tʂhən2	ʂən2	ʂən2
富顺	tʂən4	tʂən3	tʂən4	tʂhən2	tʂhən2	tʂhən2	ʂən2	ʂən2
隆昌	tsən4	tsən3	tsən3	tshən2	tshən2	tshən2	sən2	sən2
泸县	tsen4	tsen3 tsen4 旧	tsen3 tsen4 旧	tshen2	tshen2	tshen2	sen2	sen2
泸州	tsen4	tsen3 tsen4 旧	tsen3 tsen4 旧	tshen2	tshen2	tshen2	sen2	sen2
南溪	tsen4	tsen3 tsen4 旧	tsen3 tsen4 旧	tshen2	tshen2	tshen2	sen2	sen2
合江	tsen4	tsen3 tsen4 旧	tsen3 tsen4 旧	tshen2	tshen2	tshen2	sen2	sen2

① 又食邻切，臻开三船真平。

字目	臣	趁	衬	称相称	参人参	深	身	申
反切	植邻	丑刃	初覲	昌孕	所今	式针	失人	失人
声韵调	臻开三 禅真平	臻开三 彻真去	臻开三 初真去	曾开三 昌蒸去	深开三 生侵平	深开三 书侵平	臻开三 书真平	臻开三 书真平
中古音	dʑiɪn	ʈhiɪn-	tʃhiɪn-	tɕhɨŋ-	ʃiɪm	ɕiɪm	ɕiɪn	ɕiɪn
成都	tshen2	tshen4	tshen4	tshen4	sen1	sen1	sen1	sen1
彭州	tshen2	tshen4	tshen4	tshen4	sen1	sen1	sen1	sen1
郫县	tshən2	tshən4	tshən4	tshən4	sən1	sən1	sən1	sən1
广汉	tshen2	tshen4	tshen4	tshen4	sen1	sen1	sen1	sen1
都江堰河东	tshen2	tshen4	tshen4	tshen4	sen1	sen1	sen1	sen1
都江堰河西	tshen2	tshen4	tshen4	tshen4	sen1	sen1	sen1	sen1
崇州	tshen2	tshen4	tshen4	tshen4	sen1	sen1	sen1	sen1
大邑	tshen2	tshen4	tshen4	tshen4	sen1	sen1	sen1	sen1
邛崃	tshen2	tshen4	tshen4	tshen4	sen1	sen1	sen1	sen1
新津	tshen2	tshen4	tshen4	tshen4	sen1	sen1	sen1	sen1
蒲江	tshen2	tshen4	tshen4	tshen4	sen1	sen1	sen1	sen1
彭山	tshən2	tshən4	tshən4	tshən4	sən1	sən1	sən1	sən1
眉山	tshen2	tshen4	tshen4	tshen4	sen1	sen1	sen1	sen1
丹棱	tshən2	tshən4	tshən4	tshən4	sən1	sən1	sən1	sən1
洪雅	tshən2	tshən4	tshən4	tshən4	sən1	sən1	sən1	sən1
青神	tshen2	tshen4	tshen4	tshen4	sen1	sen1	sen1	sen1
夹江	tshen2	tshen4	tshen4	tshen4	sen1	sen1	sen1	sen1
峨眉山	tshen2	tshen4	tshen4	tshen4	sen1	sen1	sen1	sen1
乐山	tshen2	tshen4	tshen4	tshen4	sen1	sen1	sen1	sen1
犍为	tshen2	tshen4	tshen4	tshen4	sen1	sen1	sen1	sen1

字目	臣	趁	衬	称相称	参人参	深	身	申
反切	植邻	丑刃	初觐	昌孕	所今	式针	失人	失人
声韵调	臻开三 禅真平	臻开三 彻真去	臻开三 初真去	曾开三 昌蒸去	深开三 生侵平	深开三 书侵平	臻开三 书真平	臻开三 书真平
中古音	dʑiɪn	ʈhiɪn-	tʃhiɪn-	tɕhiŋ-	ʃiɪm	ɕiɪm	ɕiɪn	ɕiɪn
沐川	tshen2	tshen4	tshen4	tshen4	sen1	sen1	sen1	sen1
峨边	tshen2	tshen4	tshen4	tshen4	sen1	sen1	sen1	sen1
雅安	tshen2	tshen4	tshen4	tshen4	sen1	sen1	sen1	sen1
名山	tshen2	tshen4	tshen4	tshen4	sen1	sen1	sen1	sen1
天全	tshen2	tshen4	tshen4	tshen4	sen1	sen1	sen1	sen1
芦山	tshen2	tshen4	tshen4	tshen4	sen1	sen1	sen1	sen1
宝兴	tshen2	tshen4	tshen4	tshen4	sen1	sen1	sen1	sen1
荥经	tshen2	tshen4	tshen4	tshen4	sen1	sen1	sen1	sen1
汉源	tshen2	tshen4	tshen4	tshen4	sen1	sen1	sen1	sen1
石棉	tshen2	tshen4	tshen4	tshen4	sen1	sen1	sen1	sen1
内江	tshən2	tshən4	tʂhən4	tshən4	sən1	sən1	sən1	sən1
威远	tʂhən2	tʂhən4	tshuən4	tʂhən4	sən1	ʂən1	ʂən1	ʂən1
荣县	tshən2	tshən4	tshən4	tshən4	sən1	sən1	sən1	sən1
自贡	tʂhən2	tʂhən4	tshuən4	tʂhən4	sən1	ʂən1	ʂən1	ʂən1
富顺	tʂhən2	tʂhən4	tshən4	tʂhən4	sən1	ʂən1	ʂən1	ʂən1
隆昌	tshən2	tshən4	tʂhuən4	tshən4	sən1	sən1	ʂən1	sən1
泸县	tshen2	tshen4	tshen4	tshen4	sen1	sen1	sen1	sen1
泸州	tshen2	tshen4	tshen4	tshen4	sen1	sen1	sen1	sen1
南溪	tshen2	tshen4	tshen4	tshen4	sen1	sen1	sen1	sen1
合江	tshen2	tshen4	tshen4	tshen4	sen1	sen1	sen1	sen1

字目	伸	神	审	*婶	沈姓	渗	甚甚至	肾
反切	失人	食邻	式荏	*式荏	式荏	所禁	常枕	时忍
声韵调	臻开三 书真平	臻开三 船真平	深开三 书侵上	深开三 书侵上	深开三 书侵上	深开三 生侵去	深开三 禅侵上	臻开三 禅真上
中古音	ɕiɪn	ʑiɪn	ɕiɪm:	ɕiɪm:	ɕiɪm:	ʃiɪm-	dʑiɪm:	dʑiɪn:
成都	sen1 文 tshen1 白	sen2	sen3	sen3	sen3	sen4 tshan1 俗	sen4	sen4
彭州	sen1 文 tshen1 白	sen2	sen3	sen3	sen3	sen4 tshan1 俗	sen4	sen4
郫县	sən1 文 tshən1 白	sən2	sən3	sən3	sən3	sən4	sən4	sən4
广汉	sen1 文 tshen1 白	sen2	sen3	sen3	sen3	sen4	sen4	sen4
都江堰河东	sen1 文 tshen1 白	sen2	sen3	sen3	sen3	sen4 tshan1 俗	sen4	sen4
都江堰河西	sen1 文 tshen1 白	sen2	sen3	sen3	sen3	sen4 tshan1 俗	sen4	sen4
崇州	sen1 文 tshen1 白	sen2	sen3	sen3	sen3	sen4 tshan1 俗	sen4	sen4
大邑	sen1 文 tshen1 白	sen2	sen3	sen3	sen3	sen4 tshan1 俗	sen4	sen4
邛崃	sen1 文 tshen1 白	sen2	sen3	sen3	sen3	sen4 tshan1 俗	sen4	sen4
新津	sen1 文 tshen1 白	sen2	sen3	sen3	sen3	sen4 tshan1 俗	sen4	sen4
蒲江	sen1 文 tshen1 白	sen2	sen3	sen3	sen3	sen4 tshan1 俗	sen4	sen4
彭山	sən1 文 tshən1 白	sən2	sən3	sən3	sən3	sən4	sən4	sən4
眉山	sen1 文 tshen1 白	sen2	sen3	sen3	sen3	sen4	sen4	sen4
丹棱	sən1 文 tshən1 白	sən2	sən3	sən3	sən3	sən4	sən4	sən4
洪雅	sən1 文 tshən1 白	sən2	sən3	sən3	sən3	sən4 tshan1 俗	sən4	sən4
青神	sen1 文 tshen1 白	sen2	sen3	sen3	sen3	sen4	sen4	sen4
夹江	sen1 文 tshen1 白	sen2	sen3	sen3	sen3	sen4	sen4	sen4
峨眉山	sen1 文 tshen1 白	sen2	sen3	sen3	sen3	sen4	sen4	sen4
乐山	sen1 文 tshen1 白	sen2	sen3	sen3	sen3	sen4	sen4	sen4
犍为	sen1 文 tshen1 白	sen2	sen3	sen3	sen3	sen4	sen4	sen4

字目	伸	神	审	*婶	沈姓	渗	甚甚至	肾
反切	失人	食邻	式荏	*式荏	式荏	所禁	常枕	时忍
声韵调	臻开三 书真平	臻开三 船真平	深开三 书侵上	深开三 书侵上	深开三 书侵上	深开三 生侵去	深开三 禅侵上	臻开三 禅真上
中古音	ɕiɪn	ʑiɪn	ɕiɪm:	ɕiɪm:	ɕiɪm:	ʃiɪm-	dʑiɪm:	dʑiɪn:
沐川	sen1 文 tshen1 白	sen2	sen3	sen3	sen3	sen4 tshan1 俗	sen4	sen4
峨边	sen1	sen2	sen3	sen3	sen3	sen4	sen4	sen4
雅安	sen1 文 tshen1 白	sen2	sen3	sen3	sen3	sen1	sen4	sen4
名山	sen1 文 tshen1 白	sen2	sen3	sen3	sen3	sen4 tshan1 俗	sen4	sen4
天全	sen1 文 tshen1 白	sen2	sen3	sen3	sen3	sen4 tshan1 俗	sen4	sen4
芦山	sen1 文 tshen1 白	sen2	sen3	sen3	sen3	sen1	sen4	sen4
宝兴	sen1 文 tshen1 白	sen2	sen3	sen3	sen3	sen1	sen4	sen4
荥经	sen1 文 tshen1 白	sen2	sen3	sen3	sen3	sen4 tshan1 俗	sen4	sen4
汉源	sen1 文 tshen1 白	sen2	sen3	sen3	sen3	sen4 tshan1 俗	sen4	sen4
石棉	sen1 文 tshen1 白	sen2	sen3	sen3	sen3	sen4 tshan1 俗	sen4	sen4
内江	sən1 文 tshən1 白	sən2	sən3	sən3	sən3	sən4	sən4	sən4
威远	ʂən1 文 tʂhən1 白	ʂən2	ʂən3	ʂən3	ʂən3	ʂən4	ʂən4	ʂən4
荣县	sən1 文 tshən1 白	sən2	sən3	sən3	sən3	sən4	sən4	sən4
自贡	tʂhən1	ʂən2	ʂən3	ʂən3	ʂən3	ʂən4	ʂən4	ʂən4
富顺	ʂən1 文 tʂhən1 白	ʂən2	ʂən3	ʂən3	ʂən3	sən4	ʂən4	ʂən4
隆昌	sən1 文 tshən1 白	sən2	sən3	sən3	ʂən3	sən4	sən4	sən4
泸县	sen1 文 tshen1 白	sen2	sen3	sen3	sen3	sen4 tshan1 俗	sen4	sen4
泸州	sen1 文 tshen1 白	sen2	sen3	sen3	sen3	tshan1 sen4 新	sen4	sen4
南溪	sen1 文 tshen1 白	sen2	sen3	sen3	sen3	sen4 tshan1 俗	sen4	sen4
合江	sen1 文 tshen1 白	sen2	sen3	sen3	sen3	sen4 tshan1 俗	sen4	sen4

字目	慎	任姓	人	仁	忍	任责任	刃	认
反切	时刃	如林	如邻	如邻	而轸	汝鸩	而振	而振
声韵调	臻开三 禅真去	深开三 日侵平	臻开三 日真平	臻开三 日真平	臻开三 日真上	深开三 日侵去	臻开三 日真去	臻开三 日真去
中古音	dʑiɪn-	ȵʑiɪm	ȵʑiɪn	ȵʑiɪn	ȵʑiɪn:	ȵʑiɪm-	ȵʑiɪn-	ȵʑiɪn-
成都	sen4 tshen4 旧	zen2	zen2	zen2	zen3	zen4	zen3 zen4 新	zen4
彭州	sen4 tshen4 旧	zen2	zen2	zen2	zen3	zen4	zen3 zen4 新	zen4
郫县	tshən4 sən4 新	zən2	zən2	zən2	zən3	zən4	zən3	zən4
广汉	sen4 tshen4 旧	zen2	zen2	zen2	zen3	zen4	zen3	zen4
都江堰河东	sen4 tshen4	zen2	zen2	zen2	zen3	zen4	zen3	zen4
都江堰河西	sen4 tshen4 旧	zen2	zen2	zen2	zen3	zen4	zen3	zen4
崇州	sen4 tshen4 旧	zen2	zen2	zen2	zen3	zen4	zen3	zen4
大邑	sen4 tshen4 旧	zen2	zen2	zen2	zen3	zen4	zen3 zen4 新	zen4
邛崃	tshen4 sen4 新	zen2	zen2	zen2	zen3	zen4	zen3 zen4 新	zen4
新津	tshen4 sen4 新	zen2	zen2	zen2	zen3	zen4	zen3 zen4 新	zen4
蒲江	tshen4 sen4 新	zen2	zen2	zen2	zen3	zen4	zen3 zen4 新	zen4
彭山	sən4 tshən4 旧	zən2	zən2	zən2	zən3	zən4	zən3 zən4 新	zən4
眉山	sen4 tshen4 旧	zen2	zen2	zen2	zen3	zen4	zen3 zen4 新	zen4
丹棱	sən4 tshən4 旧	zən2	zən2	zən2	zən3	zən4	zən3 zən4 新	zən4
洪雅	sən4 tshən4 旧	zən2	zən2	zən2	zən3	zən4	zən3 zən4 新	zən4
青神	sen4 tshen4 旧	zen2	zen2	zen2	zen3	zen4	zen3 zen4 新	zen4
夹江	sen4 tshen4 旧	zen2	zen2	zen2	zen3	zen4	zen3	zen4
峨眉山	sen4 tshen4 旧	zen2	zen2	zen2	zen3	zen4	zen3	zen4
乐山	sen4 tshen4 旧	zen2	zen2	zen2	zen3	zen4	zen3	zen4
犍为	sen4 tshen4 旧	zen2	zen2	zen2	zen3	zen4	zen3	zen4

字目	慎	任姓	人	仁	忍	任责任	刃	认
反切	时刃	如林	如邻	如邻	而轸	汝鸩	而振	而振
声韵调	臻开三 禅真去	深开三 日侵平	臻开三 日真平	臻开三 日真平	臻开三 日真上	深开三 日侵去	臻开三 日真去	臻开三 日真去
中古音	dʑiɪn-	ȵʑiɪm	ȵʑiɪn	ȵʑiɪn	ȵʑiɪn:	ȵʑiɪm-	ȵʑiɪn-	ȵʑiɪn-
沐川	sen4 tshen4 旧	zen2	zen2	zen2	zen3	zen4	zen3 zen4 新	zen4
峨边	tshen4	zen2	zen2	zen2	zen3	zen4	zen3	zen4
雅安	tshen4	zen2	zen2	zen2	zen3	zen4	zen3	zen4
名山	sen4 tshen4 旧	zen2	zen2	zen2	zen3	zen4	zen3 zen4 新	zen4
天全	sen4 tshen4 旧	zen2	zen2	zen2	zen3	zen4	zen3 zen4 新	zen4
芦山	sen4	zen2	zen2	zen2	zen3	zen4	zen3	zen4
宝兴	tshen4	zen2	zen2	zen2	zen3	zen4	zen3	zen4
荥经	sen4 tshen4 旧	zen2	zen2	zen2	zen3	zen4	zen3 zen4 新	zen4
汉源	sen4 tshen4 旧	zen2	zen2	zen2	zen3	zen4	zen3 zen4 新	zen4
石棉	sen4 tshen4 旧	zen2	zen2	zen2	zen3	zen4	zen3 zen4 新	zen4
内江	sən4 tshən4 旧	ʐən2	ʐən2	ʐən2	ʐən3	ʐən4	ʐən3 ʐən4 新	ʐən4
威远	ʂən4 tʂhən4 旧	ʐən2	ʐən2	ʐən2	ʐən3	ʐən4	ʐən3 ʐən4 新	ʐən4
荣县	sən4 tshən4 旧	zən2	zən2	zən2	zən3	zən4	zən3 zən4 新	zən4
自贡	ʂən4	ʐən2	ʐən2	ʐən2	ʐən3	ʐən4	ʐən3	ʐən4
富顺	ʂən4	ʐən2	ʐən2	ʐən2	ʐən3	ʐən4	ʐən3	ʐən4
隆昌	tshən4	ʐən2	ʐən2	ʐən2	ʐən3	ʐən4	ʐən3	ʐən4
泸县	tshen4 sen4 新	zen2	zen2	zen2	zen3	zen4	zen3 zen4 新	zen4
泸州	tshen4 sen4 新	zen2	zen2	zen2	zen3	zen4	zen3 zen4 新	zen4
南溪	tshen4 sen4 新	zen2	zen2	zen2	zen3	zen4	zen3 zen4 新	zen4
合江	sen4 tshen4 旧	zen2	zen2	zen2	zen3	zen4	zen3 zen4 新	zen4

字目	韧	跟	根	恳	垦	啃	肯	痕
反切	而振	古痕	古痕	康很	康很	康很	苦等	户恩
声韵调	臻开三 日真去	臻开一 见痕平	臻开一 见痕平	臻开一 溪痕上	臻开一 溪痕上	臻开一 溪痕上	曾开一 溪登上	臻开一 匣痕平
中古音	ȵʑiın-	kən	kən	khən:	khən:	khən:	khəŋ:	ɦən
成都	zen3	ken1	ken1	khen3	khen3	khen3	khen3	xen2
彭州	zen3	ken1	ken1	khen3	khen3	khen3	khen3	xen2
郫县	zən3	kən1	kən1	khən3	khən3	khən3	khən3	xən2
广汉	zen3	ken1	ken1	khen3	khen3	khen3	khen3	xen2
都江堰河东	zen3	ken1	ken1	khen3	khen3	khen3	khen3	xen2
都江堰河西	zen3	ken1	ken1	khen3	khen3	khen3	khen3	xen2
崇州	zen3	ken1	ken1	khen3	khen3	khen3	khen3	xen2
大邑	zen3	ken1	ken1	khen3	khen3	khen3	khen3	xen2
邛崃	zen3	ken1	ken1	khen3	khen3	khen3	khen3	xen2
新津	zen3	ken1	ken1	khen3	khen3	khen3	khen3	xen2
蒲江	zen4	ken1	ken1	khen3	khen3	khen3	khen3	xen2
彭山	zən3	kən1	kən1	khən3	khən3	khən3	khən3	xən2
眉山	zen3	ken1	ken1	khen3	khen3	khen3	khen3	xen2
丹棱	zən3	kən1	kən1	khən3	khən3	khən3	khən3	xən2
洪雅	zən3	kən1	kən1	khən3	khən3	khən3	khən3	xən2
青神	zen3	ken1	ken1	khen3	khen3	khen3	khen3	xen2
夹江	zen3	ken1	ken1	khen3	khen3	khen3	khen3	xen2
峨眉山	zen3	ken1	ken1	khen3	khen3	khen3	khen3	xen2
乐山	zen3	ken1	ken1	khen3	khen3	khen3	khen3	xen2
犍为	zen3	ken1	ken1	khen3	khen3	khen3	khen3	xen2

字目	韧	跟	根	恳	垦	啃	肯	痕
反切	而振	古痕	古痕	康很	康很	康很	苦等	户恩
声韵调	臻开三 日真去	臻开一 见痕平	臻开一 见痕平	臻开一 溪痕上	臻开一 溪痕上	臻开一 溪痕上	曾开一 溪登上	臻开一 匣痕平
中古音	ȵʑiɪn-	kən	kən	khən:	khən:	khən:	khəŋ:	ɦən
沐川	zen4	ken1	ken1	khen3	khen3	khen3	khen3	xen2
峨边	zen3	ken1	ken1	khen3	khen3	khen3	khen3	xen2
雅安	zen3	ken1	ken1	khen3	khen3	khen3	khen3	xen2
名山	zen3	ken1	ken1	khen3	khen3	khen3	khen3	xen2
天全	zen3	ken1	ken1	khen3	khen3	khen3	khen3	xen2
芦山	zen3	ken1	ken1	khen3	khen3	khen3	khen3	xen2
宝兴	zen3	ken1	ken1	khen3	khen3	khen3	khen3	xen2
荥经	zen3	ken1	ken1	khen3	khen3	khen3	khen3	xen2
汉源	zen4	ken1	ken1	khen3	khen3	khen3	khen3	xen2
石棉	zen3	ken1	ken1	khen3	khen3	khen3	khen3	xen2
内江	z̩ən3	kən1	kən1	khən3	khən3	khən3	khən3	xən2
威远	z̩ən3	kən1	kən1	khən3	khən3	khən3	khən3	xən2
荣县	zən3	kən1	kən1	khən3	khən3	khən3	khən3	xən2
自贡	z̩ən3	kən1	kən1	khən3	khən3	khən3	khən3	xən2
富顺	z̩ən3	kən1	kən1	khən3	khən3	khən3	khən3	xən2
隆昌	z̩ən3	kən1	kən1	khən3	khən3	khən3	khən3	xən2
泸县	zen3	ken1	ken1	khen3	khen3	khen3	khen3	xen2
泸州	zen3	ken1	ken1	khen3	khen3	khen3	khen3	xen2
南溪	zen3	ken1	ken1	khen3	khen3	khen3	khen3	xen2
合江	zen3	ken1	ken1	khen3	khen3	khen3	khen3	xen2

字目	很	恨	恩	宾	拼拼凑	贫	频	品
反切	胡垦	胡艮	乌痕	必邻		符巾	符真	丕饮
声韵调	臻开一 匣痕上	臻开一 匣痕去	臻开一 影痕平	臻开三A 帮真平	梗开四 滂青平	臻开三B 並真平	臻开三A 並真平	深开三B 滂侵上
中古音	ɦən:	ɦən-	ʔən	piɪn	pheŋ	bɣiɪn	biɪn	phɣiɪm:
成都	xen3	xen4	ŋen1	pin1	phin1	phin2	phin2	phin3
彭州	xen3	xen4	ŋen1	pin1	phin1	phin2	phin2	phin3
郫县	xən3	xən4	ŋən1	pin1	phin1	phin2	phin2	phin3
广汉	xen3	xen4	ŋen1	pin1	phin1	phin2	phin2	phin3
都江堰河东	xen3	xen4	ŋen1	pin1	phin1	phin2	phin2	phin3
都江堰河西	xen3	xen4	ŋen1	pin1	phin1	phin2	phin2	phin3
崇州	xen3	xen4	ŋen1	pin1	phin1	phin2	phin2	phin3
大邑	xen3	xen4	ŋen1	pin1	phin1	phin2	phin2	phin3
邛崃	xen3	xen4	ŋen1	pin1	phin1	phin2	phin2	phin3
新津	xen3	xen4	ŋen1	pin1	phin1	phin2	phin2	phin3
蒲江	xen3	xen4	ŋen1	pin1	phin1	phin2	phin2	phin3
彭山	xən3	xən4	ŋən1	pin1	phin1	phin2	phin2	phin3
眉山	xen3	xen4	ŋen1	pin1	phin1	phin2	phin2	phin3
丹棱	xən3	xən4	ŋən1	pin1	phin1	phin2	phin2	phin3
洪雅	xən3	xən4	ŋən1	pin1	phin1	phin2	phin2	phin3
青神	xen3	xen4	ŋen1	pin1	phin1	phin2	phin2	phin3
夹江	xen3	xen4	ŋen1	pin1	phin1	phin2	phin2	phin3
峨眉山	xen3	xen4	ŋen1	pin1	phin1	phin2	phin2	phin3
乐山	xen3	xen4	ŋen1	pin1	phin1	phin2	phin2	phin3
犍为	xen3	xen4	ŋen1	pin1	phin1	phin2	phin2	phin3

字目	很	恨	恩	宾	拼拼凑	贫	频	品
反切	胡垦	胡艮	乌痕	必邻		符巾	符真	丕饮
声韵调	臻开一 匣痕上	臻开一 匣痕去	臻开一 影痕平	臻开三A 帮真平	梗开四 滂青平	臻开三B 並真平	臻开三A 並真平	深开三B 滂侵上
中古音	ɦən:	ɦən-	ʔən	piɪn	pheŋ	bɣiɪn	biɪn	phɣiɪm:
沐川	xen3	xen4	ŋen1	pin1	phin1	phin2	phin2	phin3
峨边	xen3	xen4	ŋen1	pin1	phin1	phin2	phin2	phin3
雅安	xen3	xen4	ŋen1	pin1	phin1	phin2	phin2	phin3
名山	xen3	xen4	ŋen1	pin1	phin1	phin2	phin2	phin3
天全	xen3	xen4	ŋen1	pin1	phin1	phin2	phin2	phin3
芦山	xen3	xen4	ŋen1	pin1	phin1	phin2	phin2	phin3
宝兴	xen3	xen4	ŋen1	pin1	phin1	phin2	phin2	phin3
荥经	xen3	xen4	ŋen1	pin1	phin1	phin2	phin2	phin3
汉源	xen3	xen4	en1	pin1	phin1	phin2	phin2	phin3
石棉	xen3	xen4	ŋen1	pin1	phin1	phin2	phin2	phin3
内江	xən3	xən4	ŋən1	pin1	phin1	phin2	phin2	phin3
威远	xən3	xən4	ŋən1	pin1	phin1	phin2	phin2	phin3
荣县	xən3	xən4	ŋən1	pin1	phin1	phin2	phin2	phin3
自贡	xən3	xən4	ŋən1	pin1	phin1	phin2	phin2	phin3
富顺	xən3	xən4	ŋən1	pin1	phin1	phin2	phin2	phin3
隆昌	xən3	xən4	ŋən1	pin1	phin1	phin2	phin2	phin3
泸县	xen3	xen4	ŋen1	pin1	phin1	phin2	phin2	phin3
泸州	xen3	xen4	ŋen1	pin1	phin1	phin2	phin2	phin3
南溪	xen3	xen4	ŋen1	pin1	phin1	phin2	phin2	phin3
合江	xen3	xen4	ŋen1	pin1	phin1	phin2	phin2	phin3

字目	聘	闽	民	悯	敏	林	淋	临
反切	匹正	武巾	弥邻	眉殒	眉殒	力寻	力寻	力寻
声韵调	梗开三 滂清去	臻开三 B 明真平	臻开三 A 明真平	臻开三 B 明真上	臻开三 B 明真上	深开三 来侵平	深开三 来侵平	深开三 来侵平
中古音	phiɛŋ-	mɣiɪn	miɪn	mɣiɪn:	mɣiɪn:	liɪm	liɪm	liɪm
成都	phin4	min3	min2	min2	min3	nin2	nin2	nin2
彭州	phin4	min3	min2	min3	min3	nin2	nin2	nin2
郫县	phin4	min3	min2	min3	min3	lin2	lin2	lin2
广汉	phin4	min3	min2	min3	min3	lin2	lin2	lin2
都江堰河东	phin4	min3	min2	min3	min3	nin2	nin2	nin2
都江堰河西	phin4	min3	min2	min3	min3	nin2	nin2	nin2
崇州	phin4	min3	min2	min3	min3	nin2	nin2	nin2
大邑	phin4	min3	min2	min3	min3	nin2	nin2	nin2
邛崃	phin4	min3	min2	min2	min3	nin2	nin2	nin2
新津	phin4	min3	min2	min3	min3	nin2	nin2	nin2
蒲江	phin4	min3	min2	min3	min3	lin2	lin2	lin2
彭山	phin4	min3	min2	min2	min3	nin2	nin2	nin2
眉山	phin4	min3	min2	min3	min3	nin2	nin2	nin2
丹棱	phin4	min3	min2	min2	min3	nin2	nin2	nin2
洪雅	phin4	min3	min2	min3	min3	nin2	nin2	nin2
青神	phin4	min3	min2	min3	min3	lin2	lin2	lin2
夹江	phin4	min3	min2	min3	min3	nin2	nin2	nin2
峨眉山	phin4	min3	min2	min3	min3	nin2	nin2	nin2
乐山	phin4	min3	min2	min3	min3	lin2	lin2	lin2
犍为	phin4	min3	min2	min3	min3	lin2	lin2	lin2

字目	聘	闽	民	悯	敏	林	淋	临
反切	匹正	武巾	弥邻	眉殒	眉殒	力寻	力寻	力寻
声韵调	梗开三 滂清去	臻开三 B 明真平	臻开三 A 明真平	臻开三 B 明真上	臻开三 B 明真上	深开三 来侵平	深开三 来侵平	深开三 来侵平
中古音	phiᴇŋ-	mɣiɪn	miɪn	mɣiɪn:	mɣiɪn:	liɪm	liɪm	liɪm
沐川	phin4	min3	min2	min3	min3	lin2	lin2	lin2
峨边	phin4	min3	min2	min3	min3	lin2	lin2	lin2
雅安	phin4	min2	min2	min3	min3	nin2	nin2	nin2
名山	phin4	min3	min2	min3	min3	lin2	lin2	lin2
天全	phin4	min3	min2	min3	min3	lin2	lin2	lin2
芦山	phin4	min2	min2	min2	min3	nin2	nin2	nin2
宝兴	phin4	min3	min2	min3	min3	nin2	nin2	nin2
荥经	phin4	min2	min2	min2	min3	lin2	lin2	lin2
汉源	phin4	min2	min2	min3	min3	nin2	nin2	nin2
石棉	phin4	min3	min2	min3	min3	lin2	lin2	lin2
内江	phin4	min2	min2	min3	min3	nin2	nin2	nin2
威远	phin4	min3	min2	min3	min3	nin2	nin2	nin2
荣县	phin4	min3	min2	min3	min3	nin2	nin2	nin2
自贡	phin4	min3	min2	min3	min3	lin2	lin2	lin2
富顺	phin4	min3	min2	min3	min3	lin2	lin2	lin2
隆昌	phin4	min3	min2	min3	min3	lin2	lin2	lin2
泸县	phin4	min3	min2	min3	min3	lin2	lin2	lin2
泸州	phin4	min3	min2	min3	min3	lin2	lin2	lin2
南溪	phin4	min2	min2	min3	min3	lin2	lin2	lin2
合江	phin4	min3	min2	min3	min3	lin2	lin2	lin2

字目	邻	磷磷火	鳞	津	今	金	襟	禁[①]禁不住
反切	力珍	力珍	力珍	将邻	居吟	居吟	居吟	居吟
声韵调	臻开三 来真平	臻开三 来真平	臻开三 来真平	臻开三 精真平	深开三B 见侵平	深开三B 见侵平	深开三B 见侵平	深开三B 见侵平
中古音	liɪn	liɪn	liɪn	tsiɪn	kɣiɪm	kɣiɪm	kɣiɪm	kɣiɪm
成都	nin2	nin2	nin2	tɕin1	tɕin1	tɕin1	tɕin1	tɕin1
彭州	nin2	nin2	nin2	tɕin1	tɕin1	tɕin1	tɕin1	tɕin1
郫县	lin2	lin2	lin2	tɕin1	tɕin1	tɕin1	tɕin1	tɕin1
广汉	lin2	lin2	lin2	tɕin1	tɕin1	tɕin1	tɕin1	tɕin1
都江堰河东	nin2	nin2	nin2	tɕin1	tɕin1	tɕin1	tɕin1	tɕin1
都江堰河西	nin2	nin2	nin2	tɕin1	tɕin1	tɕin1	tɕin1	tɕin1
崇州	nin2	nin2	nin2	tɕin1	tɕin1	tɕin1	tɕin1	tɕin1
大邑	nin2	nin2	nin2	tɕin1	tɕin1	tɕin1	tɕin1	tɕin1
邛崃	nin2	nin2	nin2	tɕin1	tɕin1	tɕin1	tɕin1	tɕin1
新津	nin2	nin2	nin2	tɕin1	tɕin1	tɕin1	tɕin1	tɕin1
蒲江	lin2	lin2	lin2	tɕin1	tɕin1	tɕin1	tɕin1	tɕin1
彭山	nin2	nin2	nin2	tɕin1	tɕin1	tɕin1	tɕin1	tɕin1
眉山	nin2	nin2	nin2	tɕin1	tɕin1	tɕin1	tɕin1	tɕin1
丹棱	nin2	nin2	nin2	tɕin1	tɕin1	tɕin1	tɕin1	tɕin1
洪雅	nin2	nin2	nin2	tɕin1	tɕin1	tɕin1	tɕin1	tɕin1
青神	lin2	lin2	lin2	tɕin1	tɕin1	tɕin1	tɕin1	tɕin1
夹江	nin2	nin2	nin2	tɕin1	tɕin1	tɕin1	tɕin1	tɕin1
峨眉山	nin2	nin2	nin2	tɕin1	tɕin1	tɕin1	tɕin1	tɕin1
乐山	lin2	lin2	lin2	tɕin1	tɕin1	tɕin1	tɕin1	tɕin1
犍为	lin2	lin2	lin2	tɕin1	tɕin1	tɕin1	tɕin1	tɕin1

① 又居荫切，臻开三见侵去。

字目	邻	磷磷火	鳞	津	今	金	襟	禁[1]禁不住
反切	力珍	力珍	力珍	将邻	居吟	居吟	居吟	居吟
声韵调	臻开三 来真平	臻开三 来真平	臻开三 来真平	臻开三 精真平	深开三 B 见侵平	深开三 B 见侵平	深开三 B 见侵平	深开三 B 见侵平
中古音	liɪn	liɪn	liɪn	tsiɪn	kɣiɪm	kɣiɪm	kɣiɪm	kɣiɪm
沐川	lin2	lin2	lin2	tɕin1	tɕin1	tɕin1	tɕin1	tɕin1
峨边	lin2	lin2	lin2	tɕin1	tɕin1	tɕin1	tɕin1	tɕin1
雅安	nin2	nin2	nin2	tɕin1	tɕin1	tɕin1	tɕin1	tɕin1
名山	lin2	lin2	lin2	tɕin1	tɕin1	tɕin1	tɕin1	tɕin1
天全	lin2	lin2	lin2	tɕin1	tɕin1	tɕin1	tɕin1	tɕin1
芦山	nin2	nin2	nin2	tɕin1	tɕin1	tɕin1	tɕin1	tɕin1
宝兴	nin2	nin2	nin2	tɕin1	tɕin1	tɕin1	tɕin1	tɕin1
荥经	lin2	lin2	lin2	tɕin1	tɕin1	tɕin1	tɕin1	tɕin1
汉源	nin2	nin2	nin2	tɕin1	tɕin1	tɕin1	tɕin1	tɕin1
石棉	lin2	lin2	lin2	tɕin1	tɕin1	tɕin1	tɕin1	tɕin1
内江	nin2	nin2	nin2	tɕin1	tɕin1	tɕin1	tɕin1	tɕin1
威远	nin2	nin2	nin2	tɕin1	tɕin1	tɕin1	tɕin1	tɕin1
荣县	nin2	nin2	nin2	tɕin1	tɕin1	tɕin1	tɕin1	tɕin1
自贡	lin2	lin2	lin2	tɕin1	tɕin1	tɕin1	tɕin1	tɕin1
富顺	lin2	lin2	lin2	tɕin1	tɕin1	tɕin1	tɕin1	tɕin1
隆昌	lin2	lin2	lin2	tɕin1	tɕin1	tɕin1	tɕin1	tɕin1
泸县	lin2	lin2	lin2	tɕin1	tɕin1	tɕin1	tɕin1	tɕin1
泸州	lin2	lin2	lin2	tɕin1	tɕin1	tɕin1	tɕin1	tɕin1
南溪	lin2	lin2	lin2	tɕin1	tɕin1	tɕin1	tɕin1	tɕin1
合江	lin2	lin2	lin2	tɕin1	tɕin1	tɕin1	tɕin1	tɕin1

① 又居荫切，臻开三见侵去。

字目	巾	斤	筋	锦	尽尽前头	紧	仅	谨
反切	居银	举欣	举欣	居饮	即忍	居忍	渠遴	居隐
声韵调	臻开三 B 见真平	臻开三 见殷平	臻开三 见殷平	深开三 B 见侵上	臻开三 精真上	臻开三 A 见真上	臻开三 B 群真去	臻开三 见殷上
中古音	kɣiɪn	kɨn	kɨn	kɣiɪm:	tsiɪn:	kiɪn:	gɣiɪn-	kɨn:
成都	tɕin1	tɕin1 ken1 口①	tɕin1 ken1 口②	tɕin3	tɕin3	tɕin3	tɕin3	tɕin3
彭州	tɕin1	tɕin1 ken1 口①	tɕin1 ken1 口②	tɕin3	tɕin3	tɕin3	tɕin3	tɕin3
郫县	tɕin1	tɕin1 kən1 口①	tɕin1	tɕin3	tɕin3	tɕin3	tɕin3	tɕin3
广汉	tɕin1	tɕin1 ken1 口①	tɕin1 ken1 口②	tɕin3	tɕin3	tɕin3	tɕin3	tɕin3
都江堰河东	tɕin1	tɕin1 ken1 口①	tɕin1 ken1 口②	tɕin3	tɕin3	tɕin3	tɕin3	tɕin3
都江堰河西	tɕin1	tɕin1 ken1 口①	tɕin1 ken1 口②	tɕin3	tɕin3	tɕin3	tɕin3	tɕin3
崇州	tɕin1	tɕin1 ken1 口①	tɕin1 ken1 口②	tɕin3	tɕin3	tɕin3	tɕin3	tɕin3
大邑	tɕin1	tɕin1 ken1 口①	tɕin1 ken1 口②	tɕin3	tɕin3	tɕin3	tɕin3	tɕin3
邛崃	tɕin1	tɕin1 ken1 口①	tɕin1 ken1 口②	tɕin3	tɕin3	tɕin3	tɕin3	tɕin3
新津	tɕin1	tɕin1 ken1 口①	tɕin1 ken1 口②	tɕin3	tɕin3	tɕin3	tɕin3	tɕin3
蒲江	tɕin1	tɕin1 ken1 口①	tɕin1 ken1 口②	tɕin3	tɕin3	tɕin3	tɕin3	tɕin3
彭山	tɕin1	tɕin1 kən1 口①	tɕin1 kən1 口②	tɕin3	tɕin3	tɕin3	tɕin3	tɕin3
眉山	tɕin1	tɕin1 ken1 口①	tɕin1 ken1 口②	tɕin3	tɕin3	tɕin3	tɕin3	tɕin3
丹棱	tɕin1	tɕin1 kən1 口①	tɕin1 kən1 口②	tɕin3	tɕin3	tɕin3	tɕin3	tɕin3
洪雅	tɕin1	tɕin1 kən1 口①	tɕin1 kən1 口②	tɕin3	tɕin3	tɕin3	tɕin3	tɕin3
青神	tɕin1	tɕin1 ken1 口①	tɕin1 ken1 口②	tɕin3	tɕin3	tɕin3	tɕin3	tɕin3
夹江	tɕin1	tɕin1 ken1 口①	tɕin1 ken1 口②	tɕin3	tɕin3	tɕin3	tɕin3	tɕin3
峨眉山	tɕin1	tɕin1 ken1 口①	tɕin1 ken1 口②	tɕin3	tɕin3	tɕin3	tɕin3	tɕin3
乐山	tɕin1	tɕin1 ken1 口①	tɕin1 ken1 口②	tɕin3	tɕin3	tɕin3	tɕin3	tɕin3
犍为	tɕin1	tɕin1 ken1 口①	tɕin1 ken1 口②	tɕin3	tɕin3	tɕin3	tɕin3	tɕin3

① “翻斤斗”的“斤”的音。 ② “翻筋斗”的“筋”的音。

字目	巾	斤	筋	锦	尽尽前头	紧	仅	谨
反切	居银	举欣	举欣	居饮	即忍	居忍	渠遴	居隐
声韵调	臻开三 B 见真平	臻开三 见殷平	臻开三 见殷平	深开三 B 见侵上	臻开三 精真上	臻开三 A 见真上	臻开三 B 群真去	臻开三 见殷上
中古音	kɣiɪn	kɨn	kɨn	kɣiɪm:	tsiɪn:	kiɪn:	gɣiɪn-	kɨn:
沐川	tɕin1	tɕin1 ken1 口①	tɕin1 ken1 口②	tɕin3	tɕin3	tɕin3	tɕin3	tɕin3
峨边	tɕin1	tɕin1 ken1 口①	tɕin1 ken1 口②	tɕin3	tɕin3	tɕin3	tɕin3	tɕin3
雅安	tɕin1	tɕin1 ken1 口①	tɕin1 ken1 口②	tɕyn3	tɕin3	tɕin3	tɕin3	tɕin3
名山	tɕin1	tɕin1 ken1 口①	tɕin1 ken1 口②	tɕyn3 tɕin3 新	tɕin3	tɕin3	tɕin3	tɕin3
天全	tɕin1	tɕin1 ken1 口①	tɕin1 ken1 口②	tɕyn3 tɕin3 新	tɕin3	tɕin3	tɕin3	tɕin3
芦山	tɕin1	tɕin1 ken1 口①	tɕin1 ken1 口②	tɕyn3	tɕin3	tɕin3	tɕin3	tɕin3
宝兴	tɕin1	tɕin1 ken1 口①	tɕin1 ken1 口②	tɕyn3	tɕin3	tɕin3	tɕin3	tɕin3
荥经	tɕin1	tɕin1 ken1 口①	tɕin1 ken1 口②	tɕin3	tɕin3	tɕin3	tɕin3	tɕin3
汉源	tɕin1	tɕin1 ken1 口①	tɕin1 ken1 口②	tɕin3	tɕin3	tɕin3	tɕin3	tɕin3
石棉	tɕin1	tɕin1 ken1 口①	tɕin1 ken1 口②	tɕyn3 tɕin3 新	tɕin3	tɕin3	tɕin3	tɕin3
内江	tɕin1	tɕin1 kən1 口①	tɕin1 kən1 口②	tɕin3	tɕin3	tɕin3	tɕin3	tɕin3
威远	tɕin1	tɕin1 kən1 口①	tɕin1 kən1 口②	tɕin3	tɕin3	tɕin3	tɕin3	tɕin3
荣县	tɕin1	tɕin1 kən1 口①	tɕin1 kən1 口②	tɕin3	tɕin3	tɕin3	tɕin3	tɕin3
自贡	tɕin1	tɕin1 kən1 口①	tɕin1 kən1 口②	tɕin3	tɕin3	tɕin3	tɕin3	tɕin3
富顺	tɕin1	tɕin1 kən1 口①	tɕin1 kən1 口②	tɕin3	tɕin3	tɕin3	tɕin3	tɕin3
隆昌	tɕin1	tɕin1 kən1 口①	tɕin1 kən1 口②	tɕin3	tɕin3	tɕin3	tɕin3	tɕin3
泸县	tɕin1	tɕin1 ken1 口①	tɕin1 ken1 口②	tɕin3	tɕin3	tɕin3	tɕin3	tɕin3
泸州	tɕin1	tɕin1 ken1 口①	tɕin1 ken1 口②	tɕin3	tɕin3	tɕin3	tɕin3	tɕin3
南溪	tɕin1	tɕin1 ken1 口①	tɕin1 ken1 口②	tɕin3	tɕin3	tɕin3	tɕin3	tɕin3
合江	tɕin1	tɕin1 ken1 口①	tɕin1 ken1 口②	tɕin3	tɕin3	tɕin3	tɕin3	tɕin3

① “翻斤斗”的“斤”的音。 ② “翻筋斗”的“筋”的音。

字目	浸	禁禁止	进	晋	尽尽力	近	劲干劲	侵
反切	子鸩	居荫	即刃	即刃	慈忍	其谨	居焮	七林
声韵调	深开三 精侵去	深开三 B 见侵去	臻开三 精真去	臻开三 精真去	臻开三 从真上	臻开三 群殷上	臻开三 见殷去	深开三 清侵平
中古音	tsiɪm-	kɣiɪm-	tsiɪn-	tsiɪn-	dziɪn:	gɨn:	kɨn-	tshiɪm
成都	tɕhin4	tɕin4	tɕin4	tɕin4	tɕin4	tɕin4	tɕin4	tɕhin4
彭州	tɕhin4	tɕin4	tɕin4	tɕin4	tɕin4	tɕin4	tɕin4	tɕhin4
郫县	tɕhin4	tɕin4	tɕin4	tɕin4	tɕin4	tɕin4	tɕin4	tɕhin4
广汉	tɕhin4	tɕin4	tɕin4	tɕin4	tɕin4	tɕin4	tɕin4	tɕhin4
都江堰河东	tɕhin4	tɕin4	tɕin4	tɕin4	tɕin4	tɕin4	tɕin4	tɕhin4
都江堰河西	tɕhin4	tɕin4	tɕin4	tɕin4	tɕin4	tɕin4	tɕin4	tɕhin4
崇州	tɕhin4	tɕin4	tɕin4	tɕin4	tɕin4	tɕin4	tɕin4	tɕhin4
大邑	tɕhin4	tɕin4	tɕin4	tɕin4	tɕin4	tɕin4	tɕin4	tɕhin4
邛崃	tɕhin4	tɕin4	tɕin4	tɕin4	tɕin4	tɕin4	tɕin4	tɕhin1
新津	tɕhin4	tɕin4	tɕin4	tɕin4	tɕin4	tɕin4	tɕin4	tɕhin4
蒲江	tɕhin4	tɕin4	tɕin4	tɕin4	tɕin4	tɕin4	tɕin4	tɕhin4
彭山	tɕhin4	tɕin4	tɕin4	tɕin4	tɕin4	tɕin4	tɕin4	tɕhin4
眉山	tɕhin4	tɕin4	tɕin4	tɕin4	tɕin4	tɕin4	tɕin4	tɕhin4
丹棱	tɕhin4	tɕin4	tɕin4	tɕin4	tɕin4	tɕin4	tɕin4	tɕhin4
洪雅	tɕhin4	tɕin4	tɕin4	tɕin4	tɕin4	tɕin4	tɕin4	tɕhin4
青神	tɕhin4	tɕin4	tɕin4	tɕin4	tɕin4	tɕin4	tɕin4	tɕhin4
夹江	tɕhin4	tɕin4	tɕin4	tɕin4	tɕin4	tɕin4	tɕin4	tɕhin4
峨眉山	tɕhin4	tɕin4	tɕin4	tɕin4	tɕin4	tɕin4	tɕin4	tɕhin4
乐山	tɕhin4	tɕin4	tɕin4	tɕin4	tɕin4	tɕin4	tɕin4	tɕhin4
犍为	tɕhin4	tɕin4	tɕin4	tɕin4	tɕin4	tɕin4	tɕin4	tɕhin4

字目	浸	禁禁止	进	晋	尽尽力	近	劲干劲	侵
反切	子鸩	居荫	即刃	即刃	慈忍	其谨	居焮	七林
声韵调	深开三 精侵去	深开三 B 见侵去	臻开三 精真去	臻开三 精真去	臻开三 从真上	臻开三 群殷上	臻开三 见殷去	深开三 清侵平
中古音	tsiɪm-	kɣiɪm-	tsiɪn-	tsiɪn-	dziɪn:	gɨn:	kɨn-	tshiɪm
沐川	tɕhin4	tɕin4	tɕin4	tɕin4	tɕin4	tɕin4	tɕin4	tɕhin4
峨边	tɕhin4	tɕin4	tɕin4	tɕin4	tɕin4	tɕin4	tɕin4	tɕhin4
雅安	tɕhin4	tɕin4	tɕin4	tɕin4	tɕin4	tɕin4	tɕin4	tɕhin4
名山	tɕhin4	tɕin4	tɕin4	tɕin4	tɕin4	tɕin4	tɕin4	tɕhin4
天全	tɕhin4	tɕin4	tɕin4	tɕin4	tɕin4	tɕin4	tɕin4	tɕhin4
芦山	tɕhin4	tɕin4	tɕin4	tɕin4	tɕin4	tɕin4	tɕin4	tɕhin4
宝兴	tɕin4	tɕin4	tɕin4	tɕin4	tɕin4	tɕin4	tɕin4	tɕhin4
荥经	tɕhin4	tɕin4	tɕin4	tɕin4	tɕin4	tɕin4	tɕin4	tɕhin1
汉源	tɕin4	tɕin4	tɕin4	tɕin4	tɕin4	tɕin4	tɕin4	tɕhin4
石棉	tɕhin4	tɕin4	tɕin4	tɕin4	tɕin4	tɕin4	tɕin4	tɕhin4
内江	tɕhin4	tɕin4	tɕin4	tɕin4	tɕin4	tɕin4	tɕin4	tɕhin4
威远	tɕhin4	tɕin4	tɕin4	tɕin4	tɕin4	tɕin4	tɕin4	tɕhin4
荣县	tɕhin4	tɕin4	tɕin4	tɕin4	tɕin4	tɕin4	tɕin4	tɕhin1
自贡	tɕhin4	tɕin4	tɕin4	tɕin4	tɕin4	tɕin4	tɕin4	tɕhin1
富顺	tɕhin4	tɕin4	tɕin4	tɕin4	tɕin4	tɕin4	tɕin4	tɕhin1
隆昌	tɕhin4	tɕin4	tɕin4	tɕin4	tɕin4	tɕin4	tɕin4	tɕhin4
泸县	tɕhin4	tɕin4	tɕin4	tɕin4	tɕin4	tɕin4	tɕin4	tɕhin1
泸州	tɕhin4	tɕin4	tɕin4	tɕin4	tɕin4	tɕin4	tɕin4	tɕhin1
南溪	tɕhin4	tɕin4	tɕin4	tɕin4	tɕin4	tɕin4	tɕin4	tɕhin1
合江	tɕhin4	tɕin4	tɕin4	tɕin4	tɕin4	tɕin4	tɕin4	tɕhin1

字目	钦	亲	琴	禽	擒	秦	勤	芹
反切	去金	七人	巨金	巨金	巨金	匠邻	巨斤	巨斤
声韵调	深开三B 溪侵平	臻开三 清真平	深开三B 群侵平	深开三B 群侵平	深开三B 群侵平	臻开三 从真平	臻开三 群殷平	臻开三 群殷平
中古音	khɣiɪm	tshiɪn	gɣiɪm	gɣiɪm	gɣiɪm	dziɪn	gɨn	gɨn
成都	tɕhin1	tɕhin1	tɕhin2	tɕhin2	tɕhin2	tɕhin2	tɕhin2	tɕhin2
彭州	tɕhin1	tɕhin1	tɕhin2	tɕhin2	tɕhin2	tɕhin2	tɕhin2	tɕhin2
郫县	tɕhin1	tɕhin1	tɕhin2	tɕhin2	tɕhin2	tɕhin2	tɕhin2	tɕhin2
广汉	tɕhin1	tɕhin1	tɕhin2	tɕhin2	tɕhin2	tɕhin2	tɕhin2	tɕhin2
都江堰河东	tɕhin1	tɕhin1	tɕhin2	tɕhin2	tɕhin2	tɕhin2	tɕhin2	tɕhin2
都江堰河西	tɕhin1	tɕhin1	tɕhin2	tɕhin2	tɕhin2	tɕhin2	tɕhin2	tɕhin2
崇州	tɕhin1	tɕhin1	tɕhin2	tɕhin2	tɕhin2	tɕhin2	tɕhin2	tɕhin2
大邑	tɕhin1	tɕhin1	tɕhin2	tɕhin2	tɕhin2	tɕhin2	tɕhin2	tɕhin2
邛崃	tɕhin1	tɕhin1	tɕhin2	tɕhin2	tɕhin2	tɕhin2	tɕhin2	tɕhin2
新津	tɕhin1	tɕhin1	tɕhin2	tɕhin2	tɕhin2	tɕhin2	tɕhin2	tɕhin2
蒲江	tɕhin1	tɕhin1	tɕhin2	tɕhin2	tɕhin2	tɕhin2	tɕhin2	tɕhin2
彭山	tɕhin1	tɕhin1	tɕhin2	tɕhin2	tɕhin2	tɕhin2	tɕhin2	tɕhin2
眉山	tɕhin1	tɕhin1	tɕhin2	tɕhin2	tɕhin2	tɕhin2	tɕhin2	tɕhin2
丹棱	tɕhin1	tɕhin1	tɕhin2	tɕhin2	tɕhin2	tɕhin2	tɕhin2	tɕhin2
洪雅	tɕhin1	tɕhin1	tɕhin2	tɕhin2	tɕhin2	tɕhin2	tɕhin2	tɕhin2
青神	tɕhin1	tɕhin1	tɕhin2	tɕhin2	tɕhin2	tɕhin2	tɕhin2	tɕhin2
夹江	tɕhin1	tɕhin1	tɕhin2	tɕhin2	tɕhin2	tɕhin2	tɕhin2	tɕhin2
峨眉山	tɕhin1	tɕhin1	tɕhin2	tɕhin2	tɕhin2	tɕhin2	tɕhin2	tɕhin2
乐山	tɕhin1	tɕhin1	tɕhin2	tɕhin2	tɕhin2	tɕhin2	tɕhin2	tɕhin2
犍为	tɕhin1	tɕhin1	tɕhin2	tɕhin2	tɕhin2	tɕhin2	tɕhin2	tɕhin2

字目	钦	亲	琴	禽	擒	秦	勤	芹
反切	去金	七人	巨金	巨金	巨金	匠邻	巨斤	巨斤
声韵调	深开三 B 溪侵平	臻开三 清真平	深开三 B 群侵平	深开三 B 群侵平	深开三 B 群侵平	臻开三 从真平	臻开三 群殷平	臻开三 群殷平
中古音	khɣiɪm	tshiɪn	gɣiɪm	gɣiɪm	gɣiɪm	dziɪn	gɨn	gɨn
沐川	tɕhin1	tɕhin1	tɕhin2	tɕhin2	tɕhin2	tɕhin2	tɕhin2	tɕhin2
峨边	tɕhin1	tɕhin1	tɕhin2	tɕhin2	tɕhin2	tɕhin2	tɕhin2	tɕhin2
雅安	tɕhin1	tɕhin1	tɕhin2	tɕhin2	tɕhin2	tɕhin2	tɕhin2	tɕhin2
名山	tɕhin1	tɕhin1	tɕhin2	tɕhin2	tɕhin2	tɕhin2	tɕhin2	tɕhin2
天全	tɕhin1	tɕhin1	tɕhin2	tɕhin2	tɕhin2	tɕhin2	tɕhin2	tɕhin2
芦山	tɕhin1	tɕhin1	tɕhin2	tɕhin2	tɕhin2	tɕhin2	tɕhin2	tɕhin2
宝兴	tɕhin1	tɕhin1	tɕhin2	tɕhin2	tɕhin2	tɕhin2	tɕhin2	tɕhin2
荥经	tɕhin1	tɕhin1	tɕhin2	tɕhin2	tɕhin2	tɕhin2	tɕhin2	tɕhin2
汉源	tɕhin1	tɕhin1	tɕhin2	tɕhin2	tɕhin2	tɕhin2	tɕhin2	tɕhin2
石棉	tɕhin1	tɕhin1	tɕhin2	tɕhin2	tɕhin2	tɕhin2	tɕhin2	tɕhin2
内江	tɕhin1	tɕhin1	tɕhin2	tɕhin2	tɕhin2	tɕhin2	tɕhin2	tɕhin2
威远	tɕhin1	tɕhin1	tɕhin2	tɕhin2	tɕhin2	tɕhin2	tɕhin2	tɕhin2
荣县	tɕhin1	tɕhin1	tɕhin2	tɕhin2	tɕhin2	tɕhin2	tɕhin2	tɕhin2
自贡	tɕhin1	tɕhin1	tɕhin2	tɕhin2	tɕhin2	tɕhin2	tɕhin2	tɕhin2
富顺	tɕhin1	tɕhin1	tɕhin2	tɕhin2	tɕhin2	tɕhin2	tɕhin2	tɕhin2
隆昌	tɕhin1	tɕhin1	tɕhin2	tɕhin2	tɕhin2	tɕhin2	tɕhin2	tɕhin2
泸县	tɕhin1	tɕhin1	tɕhin2	tɕhin2	tɕhin2	tɕhin2	tɕhin2	tɕhin2
泸州	tɕhin1	tɕhin1	tɕhin2	tɕhin2	tɕhin2	tɕhin2	tɕhin2	tɕhin2
南溪	tɕhin1	tɕhin1	tɕhin2	tɕhin2	tɕhin2	tɕhin2	tɕhin2	tɕhin2
合江	tɕhin1	tɕhin1	tɕhin2	tɕhin2	tɕhin2	tʃhin2	tɕhin2	tɕhin2

字目	寝	心	辛	新	薪	欣	信	衅挑衅
反切	七稔	息林	息邻	息邻	息邻	许斤	息晋	许觐
声韵调	深开三 清侵上	深开三 心侵平	臻开三 心真平	臻开三 心真平	臻开三 心真平	臻开三 晓殷平	臻开三 心真去	臻开三 B 晓真去
中古音	tshiɪm:	siɪm	siɪn	siɪn	siɪn	hɨn	siɪn-	hɣiɪn-
成都	tɕhin3	ɕin1	ɕin1	ɕin1	ɕin1	ɕyn1	ɕin4	ɕin4
彭州	tɕhin3	ɕin1	ɕin1	ɕin1	ɕin1	ɕyn1	ɕin4	ɕin4
郫县	tɕhin3	ɕin1	ɕin1	ɕin1	ɕin1	ɕyn1	ɕin4	ɕin4
广汉	tɕhin3	ɕin1	ɕin1	ɕin1	ɕin1	ɕin1	ɕin4	ɕin4
都江堰河东	tɕhin3	ɕin1	ɕin1	ɕin1	ɕin1	ɕin1	ɕin4	ɕin4
都江堰河西	tɕhin3	ɕin1	ɕin1	ɕin1	ɕin1	ɕin1	ɕin4	ɕin4
崇州	tɕhin3	ɕin1	ɕin1	ɕin1	ɕin1	ɕin1	ɕin4	ɕin4
大邑	tɕhin3	ɕin1	ɕin1	ɕin1	ɕin1	ɕin1	ɕin4	ɕin4
邛崃	tɕhin3	ɕin1	ɕin1	ɕin1	ɕin1	ɕin1	ɕin4	ɕin4
新津	tɕhin3	ɕin1	ɕin1	ɕin1	ɕin1	ɕin1	ɕin4	ɕin4
蒲江	tɕhin3	ɕin1	ɕin1	ɕin1	ɕin1	ɕin1	ɕin4	ɕin4
彭山	tɕhin3	ɕin1	ɕin1	ɕin1	ɕin1	ɕin1	ɕin4	ɕin4
眉山	tɕhin3	ɕin1	ɕin1	ɕin1	ɕin1	ɕin1	ɕin4	ɕin4
丹棱	tɕhin3	ɕin1	ɕin1	ɕin1	ɕin1	ɕin1	ɕin4	ɕin4
洪雅	tɕhin3	ɕin1	ɕin1	ɕin1	ɕin1	ɕin1	ɕin4	ɕin4
青神	tɕhin3	ɕin1	ɕin1	ɕin1	ɕin1	ɕin1	ɕin4	ɕin4
夹江	tɕhin3	ɕin1	ɕin1	ɕin1	ɕin1	ɕin1	ɕin4	ɕin4 ɕyn4
峨眉山	tɕhin3	ɕin1	ɕin1	ɕin1	ɕin1	ɕin1	ɕin4	ɕin4
乐山	tɕhin3	ɕin1	ɕin1	ɕin1	ɕin1	ɕin1	ɕin4	ɕin4
犍为	tɕhin3	ɕin1	ɕin1	ɕin1	ɕin1	ɕin1	ɕin4	ɕin4

字目	寝	心	辛	新	薪	欣	信	衅挑衅
反切	七稔	息林	息邻	息邻	息邻	许斤	息晋	许觐
声韵调	深开三 清侵上	深开三 心侵平	臻开三 心真平	臻开三 心真平	臻开三 心真平	臻开三 晓殷平	臻开三 心真去	臻开三 B 晓真去
中古音	tshiɪm:	siɪm	siɪn	siɪn	siɪn	hɨn	siɪn-	hɣiɪn-
沐川	tɕhin3	ɕin1	ɕin1	ɕin1	ɕin1	ɕin1	ɕin4	ɕin4
峨边	tɕhin4	ɕin1	ɕin1	ɕin1	ɕin1	ɕin1	ɕin4	ɕin4
雅安	tɕhin3	ɕin1	ɕin1	ɕin1	ɕin1	ɕin1	ɕin4	ɕin4
名山	tɕhin3	ɕin1	ɕin1	ɕin1	ɕin1	ɕin1	ɕin4	ɕin4
天全	tɕhin3	ɕin1	ɕin1	ɕin1	ɕin1	ɕin1	ɕin4	ɕin4
芦山	tɕhin3	ɕin1	ɕin1	ɕin1	ɕin1	ɕin1	ɕin4	ɕin4
宝兴	tɕhin3	ɕin1	ɕin1	ɕin1	ɕin1	ɕin1	ɕin4	ɕin4
荥经	tɕhin3	ɕin1	ɕin1	ɕin1	ɕin1	ɕin1	ɕin4	ɕin4
汉源	tɕhin3	ɕin1	ɕin1	ɕin1	ɕin1	ɕin1	ɕin4	ɕin4
石棉	tɕhin3	ɕin1	ɕin1	ɕin1	ɕin1	ɕin1	ɕin4	ɕin4
内江	tɕhin3	ɕin1	ɕin1	ɕin1	ɕin1	ɕyn1	ɕin4	ɕin4
威远	tɕhin3	ɕin1	ɕin1	ɕin1	ɕin1	ɕyn1	ɕin4	ɕin4
荣县	tɕhin3	ɕin1	ɕin1	ɕin1	ɕin1	ɕin1	ɕin4	ɕin4
自贡	tɕhin3	ɕin1	ɕin1	ɕin1	ɕin1	ɕin1	ɕin4	ɕin4
富顺	tɕhin3	ɕin1	ɕin1	ɕin1	ɕin1	ɕin1	ɕin4	ɕin4
隆昌	tɕhin3	ɕin1	ɕin1	ɕin1	ɕin1	ɕin1	ɕin4	ɕin4
泸县	tɕhin3	ɕin1	ɕin1	ɕin1	ɕin1	ɕin1	ɕin4	ɕin4 ɕie4
泸州	tɕhin3	ɕin1	ɕin1	ɕin1	ɕin1	ɕin1	ɕin4	ɕin4
南溪	tɕhin3	ɕin1	ɕin1	ɕin1	ɕin1	ɕin1	ɕin4	ɕin4
合江	tɕhin3	ɕin1	ɕin1	ɕin1	ɕin1	ɕin1	ɕin4	ɕin4

字目	音	阴	因	姻	殷	吟	淫	银
反切	于金	于金	于真	于真	于斤	鱼金	余针	语巾
声韵调	深开三B 影侵平	深开三B 影侵平	臻开三A 影真平	臻开三A 影真平	臻开三 影殷平	深开三B 疑侵平	深开三 以侵平	臻开三B 疑真平
中古音	ʔɣiɪm	ʔɣiɪm	ʔiɪn	ʔiɪn	ʔɨn	ŋɣiɪm	jiɪm	ŋɣiɪn
成都	in1	in1	in1	in1	in1	in2	in2	in2
彭州	in1	in1	in1	in1	in1	in2	in2	in2
郫县	in1	in1	in1	in1	in1	in2	in2	in2
广汉	in1	in1	in1	in1	in1	lin2	in2	in2
都江堰河东	in1	in1	in1	in1	in1	in2	in2	in2
都江堰河西	in1	in1	in1	in1	in1	in2	in2	in2
崇州	in1	in1	in1	in1	in1	in2	in2	in2
大邑	in1	in1	in1	in1	in1	in2	in2	in2
邛崃	in1	in1	in1	in1	in1	nin2	in2	in2
新津	in1	in1	in1	in1	in1	in2	in2	in2
蒲江	in1	in1	in1	in1	in1	in2	in2	in2
彭山	in1	in1	in1	in1	in1	in2	in2	in2
眉山	in1	in1	in1	in1	in1	in2	in2	in2
丹棱	in1	in1	in1	in1	in1	in2	in2	in2
洪雅	in1	in1	in1	in1	in1	ȵin2	in2	in2
青神	in1	in1	in1	in1	in1	lin2	in2	in2
夹江	in1	in1	in1	in1	in1	nin2	in2	in2
峨眉山	in1	in1	in1	in1	in1	nin2	in2	in2
乐山	in1	in1	in1	in1	in1	in2	in2	in2
犍为	in1	in1	in1	in1	in1	in2	in2	in2

字目	音	阴	因	姻	殷	吟	淫	银
反切	于金	于金	于真	于真	于斤	鱼金	余针	语巾
声韵调	深开三 B 影侵平	深开三 B 影侵平	臻开三 A 影真平	臻开三 A 影真平	臻开三 影殷平	深开三 B 疑侵平	深开三 以侵平	臻开三 B 疑真平
中古音	ʔɣiɪm	ʔɣiɪm	ʔiɪn	ʔiɪn	ʔɨn	ŋɣiɪm	jiɪm	ŋɣiɪn
沐川	in1	in1	in1	in1	in1	in2	in2	in2
峨边	in1	in1	in1	in1	in1	lin2	in2	in2
雅安	in1	in1	in1	in1	in1	in2	in2	in2
名山	in1	in1	in1	in1	in1	in4	in2	in2
天全	in1	in1	in1	in1	in1	in4	in2	in2
芦山	in1	in1	in1	in1	in1	ȵin4	in2	in2
宝兴	in1	in1	in1	in1	in1	in2	in2	in2
荥经	in1	in1	in1	in1	in1	in2	in2	in2
汉源	in1	in1	in1	in1	in1	in2	in2	in2
石棉	in1	in1	in1	in1	in1	lin4	in2	in2
内江	in1	in1	in1	in1	in1	in2	in2	in2
威远	in1	in1	in1	in1	in1	in2	in2	in2
荣县	in1	in1	in1	in1	in1	in2	in2	in2
自贡	in1	in1	in1	in1	in1	in2	in2	in2
富顺	in1	in1	in1	in1	in1	ȵin2	in2	in2
隆昌	in1	in1	in1	in1	in1	ȵin2	in2	in2
泸县	in1	in1	in1	in1	in1	in2	in2	in2
泸州	in1	in1	in1	in1	in1	in2	in2	in2
南溪	in1	in1	in1	in1	in1	in2	in2	in2
合江	in1	in1	in1	in1	in1	in2	in2	in2

字目	寅	饮冷饮	饮饮酒	引	隐	尹姓	饮[①]饮花	印
反切	翼真	于锦	于锦	余忍	于谨	余准	于禁	于刃
声韵调	臻开三 以真平	深开三 B 影侵上	深开三 B 影侵上	臻开三 以真上	臻开三 影殷上	臻合三 以谆上	深开三 B 影侵去	臻开三 A 影真去
中古音	jiɪn	ʔɣiɪm:	ʔɣiɪm:	jiɪn:	ʔɨn:	jiuɪn:	ʔɣiɪm-	ʔiɪn-
成都	yn2 in2 新	in3	in3	in3	in3	yn3	in4 口	in4
彭州	in2	in3	in3	in3	in3	yn3	in4 口	in4
郫县	in2	in3	in3	in3	in3	yn3	in4 口	in4
广汉	in2	in3	in3	in3	in3	yn3	in4 口	in4
都江堰河东	in2	in3	in3	in3	in3	yn3	in4 口	in4
都江堰河西	in2	in3	in3	in3	in3	yn3	in4 口	in4
崇州	in2	in3	in3	in3	in3	yn3	in4 口	in4
大邑	in2	in3	in3	in3	in3	yn3	in4 口	in4
邛崃	in2	in3	in3	in3	in3	in3	in4 口	in4
新津	in2	in3	in3	in3	in3	yn3	in4 口	in4
蒲江	in2	in3	in3	in3	in3	in3	in4 口	in4
彭山	in2	in3	in3	in3	in3	yn3	in4 口	in4
眉山	in2	in3	in3	in3	in3	yn3	in4 口	in4
丹棱	in2	in3	in3	in3	in3	yn3	in4 口	in4
洪雅	in2	in3	in3	in3	in3	yn3	in4 口	in4
青神	in2	in3	in3	in3	in3	yn3	in4 口	in4
夹江	in2	in3	in3	in3	in3	in3 yn3	in4 口	in4
峨眉山	in2	in3	in3	in3	in3	in3 yn3	in4 口	in4
乐山	in2	in3	in3	in3	in3	in3 yn3	in4 口	in4
犍为	in2	in3	in3	in3	in3	in3 yn3	in4 口	in4

① 意为“浇”，用于“饮花”“饮菜”“饮秧子”等。

字目	寅	饮冷饮	饮饮酒	引	隐	尹姓	饮[①]饮花	印
反切	翼真	于锦	于锦	余忍	于谨	余准	于禁	于刃
声韵调	臻开三 以真平	深开三 B 影侵上	深开三 B 影侵上	臻开三 以真上	臻开三 影殷上	臻合三 以谆上	深开三 B 影侵去	臻开三 A 影真去
中古音	jiɪn	ʔɣiɪm:	ʔɣiɪm:	jiɪn:	ʔɨn:	jiuɪn:	ʔɣiɪm-	ʔiɪn-
沐川	yn2	in3	in3	in3	in3	yn3	in4 口	in4
峨边	in2	in3	in3	in3	in3	yn3	in4 口	in4
雅安	in2	in3	in3	in3	in3	yn3	in4 口	in4
名山	in2	in3	in3	in3	in3	yn3	in4 口	in4
天全	in2	in3	in3	in3	in3	yn3	in4 口	in4
芦山	in4	in3	in3	in3	in3	yn3	in4 口	in4
宝兴	in2	in3	in3	in3	in3	yn3	in4 口	in4
荥经	in2	in3	in3	in3	in3	in3	in4 口	in4
汉源	yn2	in3	in3	in3	in3	yn3	in4 口	in4
石棉	in2	in3	in3	in3	in3	yn3	in4 口	in4
内江	in2	in3	in3	in3	in3	yn3	in4 口	in4
威远	in2	in3	in3	in3	in3	yn3	in4 口	in4
荣县	in2	in3	in3	in3	in3	yn3	in4 口	in4
自贡	in2	in3	in3	in3	in3	yn3	in4 口	in4
富顺	in2	in3	in3	in3	in3	yn3	in4 口	in4
隆昌	in2	in3	in3	in3	in3	yn3	in4 口	in4
泸县	in2	in3	in3	in3	in3	in3	in4 口	in4
泸州	in2	in3	in3	in3	in3	in3	in4 口	in4
南溪	in2	in3	in3	in3	in3	in3	in4 口	in4
合江	in2	in3	in3	in3	in3	in3	in4 口	in4

① 意为“浇”，用于“饮花”“饮菜”“饮秧子”等。

字目	敦敦厚	墩	顿	盾人名	遁	钝	盾矛盾	吞
反切	都昆	都昆	都困	徒损	徒困	徒困	食尹	吐根
声韵调	臻合一 端魂平	臻合一 端魂平	臻合一 端魂去	臻合一 定魂上	臻合一 定魂去	臻合一 定魂去	臻合三 船谆上	臻开一 透痕平
中古音	tuən	tuən	tuən-	duən:	duən-	duən-	ʑiuın:	thən
成都	ten1	ten1 ten3	ten4	ten4	ten4	ten4	ten4 suən3 旧	then1
彭州	ten1	ten1	ten4	ten4	ten4	ten4	ten4	then1
郫县	tən1	tən1	tən4	tən4	tən4	tən4	tən4	thən1
广汉	ten1	ten1	ten4	ten4	ten4	ten4	ten4	then1
都江堰河东	ten1	ten1	ten4	ten4	ten4	ten4	ten4	then1
都江堰河西	ten1	ten1	ten4	ten4	ten4	ten4	ten4	then1
崇州	ten1	ten1	ten4	ten4	ten4	ten4	ten4	then1
大邑	ten1	ten1 tuən1 新	ten4 tuən4 新	ten4 tuən4 新	ten4 tuən4 新	ten4 tuən4 新	ten4 tuən4 新	then1 thuən1 新
邛崃	ten1	ten1	ten4	ten4	ten4	ten4	ten4	then1
新津	ten1	ten1 tuən1 新	ten4 tuən4 新	ten4 tuən4 新	ten4 tuən4 新	ten4 tuən4 新	ten4 tuən4 新	then1 thuən1 新
蒲江	ten1	ten1 tuən1 新	ten4 tuən4 新	ten4 tuən4 新	ten4 tuən4 新	ten4 tuən4 新	ten4 tuən4 新	then1 thuən1 新
彭山	tən1	tən1	tən4	tən4	tən4	tən4	tən4	thən1
眉山	tuən1 ten1 旧	ten1	ten4	tuən4 ten4 旧	tuən4 ten4 旧	tuən4 ten4 旧	tuən4 ten4 旧	thuən1 then1 旧
丹棱	tuən1 tən1 旧	tən1	tuən4 tən4 旧	tən4	tən4	tən4	tən4	thən1
洪雅	tən1	tən1	tən4	tən4	tən4	tən4	tən4	thən1
青神	ten1	ten1	ten4	ten4	ten4	ten4	ten4	then1
夹江	ten1	ten1	ten4	ten4	ten4	ten4	ten4	then1
峨眉山	ten1	ten1	ten4	ten4	ten4	ten4	ten4	then1
乐山	ten1	ten1	ten4	ten4	ten4	ten4	ten4	then1
犍为	ten1	ten1	ten4	ten4	ten4	ten4	ten4	then1

字目	敦敦厚	墩	顿	盾人名	遁	钝	盾矛盾	吞
反切	都昆	都昆	都困	徒损	徒困	徒困	食尹	吐根
声韵调	臻合一 端魂平	臻合一 端魂平	臻合一 端魂去	臻合一 定魂上	臻合一 定魂去	臻合一 定魂去	臻合三 船谆上	臻开一 透痕平
中古音	tuən	tuən	tuən-	duən:	duən-	duən-	ʑiuɪn:	thən
沐川	ten1	ten1	ten4	ten4	ten4	ten4	ten4	then1
峨边	ten1	ten1	ten4	ten4	ten4	ten4	ten4	then1
雅安	ten1	ten1	ten4	ten4	ten4	ten4	ten4	then1
名山	ten1	ten1	ten4	ten4	ten4	ten4	ten4	then1
天全	tuen1	tuen1	ten4	ten4	ten4	ten4	ten4	then1
芦山	ten1 tuən1	ten1	ten4	ten4	ten4	ten4	ten4	then1
宝兴	ten1	ten1	ten4	ten4	ten4 tuən4	ten4	ten4	then1
荥经	tuən1	tuən1	ten4	ten4	ten4	ten4	ten4	then1
汉源	ten1	ten1	ten4	ten4	ten4	ten4	ten4	then1
石棉	tuen1	ten1	ten4	ten4	ten4	ten4	ten4	then1
内江	tən1	tən1	tən4	tən4	tən4	tən4	tən4	thən1
威远	tuən1 tən1 旧	tuən1 tən1 旧	tuən4 tən4 旧	tuən4 tən4 旧	tuən4 tən4 旧	tuən4 tən4 旧	tuən4 tən4 旧	thən1
荣县	tuən1 tən1 旧	tuən1 tən1 旧	tuən4 tən4 旧	tuən4 tən4 旧	tuən4 tən4 旧	tuən4 tən4 旧	tuən4 tən4 旧	thən1
自贡	tuən1	tuən1	tuən4	tuən4	tuən4	tən4	tuən4	thən1
富顺	tən1	tən1	tən4	tən4	tən4	tən4	tən4	thən1
隆昌	tuən1	tuən1	tuən4	tuən4	tuən4	tuən4	tuən4	thən1
泸县	ten1	tuən1 ten3 旧	ten4 tuən4 新	ten4 tuən4 新	ten4 tuən4 新	ten4 tuən4 新	ten4 tuən4 新	then1 thuən1 新
泸州	tuən1	ten3 tuən1 新	tuən4 ten4 旧	ten4 tuən4 新	ten4 tuən4 新	ten4 tuən4 新	ten4 tuən4 新	then1 thuən1 新
南溪	tuən1	ten1 tuən1 新	ten4 tuən4 新	ten4 tuən4 新	ten4 tuən4 新	ten4 tuən4 新	ten4 tuən4 新	then1 thuən1 新
合江	ten1	ten1	ten4	ten4	ten4	ten4	ten4	then1

字目	屯屯田	论论语	仑昆仑山	轮	伦	论议论	尊	遵
反切	徒浑	卢昆	卢昆	力迍	力迍	卢困	祖昆	将伦
声韵调	臻合一 定魂平	臻合一 来魂平	臻合一 来魂平	臻合三 来谆平	臻合三 来谆平	臻合一 来魂去	臻合一 精魂平	臻合三 精谆平
中古音	duən	luən	luən	liuɪn	liuɪn	luən-	tsuən	tsiuɪn
成都	then2	nen4 nen2	nen2	nen2	nen2	nen4	tsen1	tsen1
彭州	ten4	nuən2 nen2	nen2	nen2	nen2	nen4	tsen1	tsen1
郫县	tən2	lən2	lən2	lən2	lən2	lən4	tsən1	tsən1
广汉	ten4	len2	len2	len2	len2	len4	tsen1	tsen1
都江堰河东	ten4	nen4	nen2	nen2	nen2	nen4	tsen1	tsen1
都江堰河西	ten4	nen4	nen2	nen2	nen2	nen4	tsen1	tsen1
崇州	ten4	nen4	nen2	nen2	nen2	nen4	tsen1	tsen1
大邑	ten4	nen4 nen2	nen2 nuən2 新	nen2 nuən2 新	nen2 nuən2 新	nen4 nuən4 新	tsen1 tsuən1 新	tsen1 tsuən1 新
邛崃	ten4	nen4 nen2	nen2	nen2	nen2	nen4	tsen1	tsen1
新津	ten4	nen2	nen2 nuən2 新	nen2 nuən2 新	nen2 nuən2 新	nen4 nuən4 新	tsen1 tsuən1 新	tsen1 tsuən1 新
蒲江	ten4	len2	len2 luən2 新	len2 luən2 新	len2 luən2 新	len4 luən4 新	tsen1 tsuən1 新	tsen1 tsuən1 新
彭山	tən4	nən4	nən2	nən2	nən2	nən4	tsən1	tsən1
眉山	tuən4 ten4	nuən4 nen4	nuən2 nen2 旧	nuən2 nen2 旧	nuən2 nen2 旧	nuən4 nen4 旧	tsuən1 tsen1 旧	tsuən1 tsen1 旧
丹棱	thuən2 thən2	nən4	nən2	nən2	nən2	nən4	tsən1	tsən1
洪雅	tən4	nən4	nən2	nən2	nən2	nən4	tsən1	tsən1
青神	ten4	len4	len2	len2	len2	len4	tsen1	tsen1
夹江	then2	nen2	nen2	nen2	nen2	nen4	tsen1	tsen1 tsuən1 新
峨眉山	then2	nen2	nen2	nen2	nen2	nen4	tsen1	tsen1 tsuən1 新
乐山	then2	len2	len2	len2	len2	len4	tsen1	tsen1 tsuən1 新
犍为	then2	len2	len2	len2	len2	len4	tsen1	tsen1 tsuən1 新

字目	屯屯田	论论语	仑昆仑山	轮	伦	论议论	尊	遵
反切	徒浑	卢昆	卢昆	力迍	力迍	卢困	祖昆	将伦
声韵调	臻合一 定魂平	臻合一 来魂平	臻合一 来魂平	臻合三 来谆平	臻合三 来谆平	臻合一 来魂去	臻合一 精魂平	臻合三 精谆平
中古音	duən	luən	luən	liuɪn	liuɪn	luən-	tsuən	tsiuɪn
沐川	ten4	luən2 len2 旧	len2	len2	len2	len4	tsen1	tsen1
峨边	tuən4 ten4	len2	len2	len2	len2	len4	tsen1	tsen1
雅安	then2	nen2	nen2	nen2	nen2	nen4	tsen1	tsen1
名山	ten4	luen4 len2 旧	luen2 len2 旧	luen2 len2 旧	luen2 len2 旧	luen4 len4 旧	tsen1	tsen1
天全	tuen4	luen4 len2 旧	luen2 len2 旧	luen2 len2 旧	luen2 len2 旧	luen4 len4 旧	tsuen1	tsuen1
芦山	then2	nuən2	nuən2	nuən2	nuən2	nuən4	tsuən1	tsuən1
宝兴	then2	nen2	nen2	nen2	nen2	nen4	tsen1	tsen1
荥经	ten2	luən2 len2 旧	len2	len2	len2	len4	tsen1	tsen1
汉源	ten2	nuen2 nen2 旧	nuen2 nen2 旧	nuen2 nen2 旧	nuen2 nen2 旧	nuen4 nen4 旧	tsen1	tsen1
石棉	tuen4	luen4 len2 旧	luen2 len2 旧	luen2 len2 旧	luen2 len2 旧	luen4 len4 旧	tsen1	tsen1
内江	tən4	nuən4 nən4 旧	nuən2 nən2 旧	nən2	nuən2 nən2 旧	nuən4 nən4 旧	tsuən1 tsən1 旧	tsuən1 tsən1 旧
威远	tuən4 tən4 旧	nuən2 nən2 旧	nuən2 nən2 旧	nuən2 nən2 旧	nuən2 nən2 旧	nuən4 nən4 旧	tsuən1 tsən1 旧	tsuən1 tsən1 旧
荣县	thuən2 thən2 旧	nuən2 nən2 旧	nuən2 nən2 旧	nuən2 nən2 旧	nuən2 nən2 旧	nuən4 nən4 旧	tsuən1 tsən1 旧	tsuən1 tsən1 旧
自贡	tuən4	luən2	luən4	luən2	luən2	luən4	tsuən1	tsən1
富顺	tuən4 tən4 旧	lən2	lən4	lən2	lən2	lən4	tsən1	tsən1
隆昌	tuən4	luən2	luən2	luən2	luən2	luən4	tsuən1	tsuən1
泸县	tuən4	len2	len2 luən2 新	len2 luən2 新	len2 luən2 新	len4 luən4 新	tsen1 tsuən1 新	tsen1 tsuən1 新
泸州	tuən4	len2	len2 luən2 新	len2 luən2 新	len2 luən2 新	len4 luən4 新	tsen1 tsuən1 新	tsen1 tsuən1 新
南溪	thuən2	len2 luən2 新	len2 luən2 新	len2 luən2 新	len2 luən2 新	len4 luən4 新	tsen1 tsuən1 新	tsen1 tsuən1 新
合江	then2	luən2 len2 旧	len2	len2	len2	len4	tsen1	tsen1

字目	村	存	寸	孙	损	笋	*榫	准标准
反切	此尊	徂尊	仓困	思浑	苏本	思尹	*筜尹	之尹
声韵调	臻合一 清魂平	臻合一 从魂平	臻合一 清魂去	臻合一 心魂平	臻合一 心魂上	臻合三 心谆上	臻合三 心谆上	臻合三 章谆上
中古音	tshuən	dzuən	tshuən-	suən	suən:	siuɪn:	siuɪn:	tɕiuɪn:
成都	tshen1	tshen2	tshen4	sen1	sen3	sen3	sen3	tsuən3
彭州	tshen1	tshen2	tshuən4	suən1	sen3	sen3	sen3	tsuən3
郫县	tshən1	tshən2	tshən4	sən1	sən3	sən3	sən3	tsuən3
广汉	tshen1	tshen2	tshen4	suen1 sen1	sen3	sen3	sen3	tsuen3
都江堰河东	tshen1	tshen2	tshen4	sen1	sen3	sen3	sen3	tsuən3
都江堰河西	tshen1	tshen2	tshen4	sen1	sen3	sen3	sen3	tsuən3
崇州	tshen1	tshen2	tshen4	sen1	sen3	sen3	sen3	tsuən3
大邑	tshen1 tshuən1 新	tshen2 tshuən2 新	tshen4 tshuən4 新	sen1 suən1 新	sen3 suən3 新	sen3 suən3 新	sen3 suən3 新	tsuən3
邛崃	tshen1	tshen2	tshen4	sen1	sen3	sen3	sen3	tsuən3
新津	tshen1 tshuən1 新	tshen2 tshuən2 新	tshen4 tshuən4 新	sen1 suən1 新	sen3 suən3 新	sen3 suən3 新	sen3 suən3 新	tsuən3
蒲江	tshen1 tshuən1 新	tshen2 tshuən2 新	tshen4 tshuən4 新	sen1 suən1 新	sen3 suən3 新	sen3 suən3 新	sen3 suən3 新	tsuən3
彭山	tshən1	tshən2	tshən4	sən1	suən3 sən3 旧	sən3	sən3	tsuən3
眉山	tshuən1 tshen1 旧	tshen2	tshuən4 tshen4 旧	sen1	sen3	sen3	sen3	tsuən3
丹棱	tshən1	tshən2	tshuən4 tshən4 旧	sən1	sən3	sən3	suən3 sən3 旧	tsuən3
洪雅	tshən1	tshən2	tshən4	sən1	sən3	sən3	sən3	tsuən3
青神	tshen1	tshen2	tshen4	sen1	sen3	sen3	sen3	tsuən3
夹江	tshen1 tshuən1 新	tshen2 tshuən2 新	tshen4 tshuən4 新	sen1 suən1 新	sen3 suən3 新	sen3 suən3 新	sen3 suən3 新	tsuən3
峨眉山	tshen1 tshuən1 新	tshen2 tshuən2 新	tshen4 tshuən4 新	sen1 suən1 新	sen3 suən3 新	sen3 suən3 新	sen3 suən3 新	tsuən3
乐山	tshen1 tshuən1 新	tshen2 tshuən2 新	tshen4 tshuən4 新	sen1 suən1 新	sen3 suən3 新	sen3 suən3 新	sen3 suən3 新	tsuən3
犍为	tshen1 tshuən1 新	tshen2 tshuən2 新	tshen4 tshuən4 新	sen1 suən1 新	sen3 suən3 新	sen3 suən3 新	sen3 suən3 新	tsuən3

字目	村	存	寸	孙	损	笋	*榫	准标准
反切	此尊	徂尊	仓困	思浑	苏本	思尹	*笋尹	之尹
声韵调	臻合一 清魂平	臻合一 从魂平	臻合一 清魂去	臻合一 心魂平	臻合一 心魂上	臻合三 心谆上	臻合三 心谆上	臻合三 章谆上
中古音	tshuən	dzuən	tshuən-	suən	suən:	siuın:	siuın:	tɕiuın:
沐川	tshen1	tshen2	tshen4	sen1	sen3	sen3	sen3	tsuən3
峨边	tshen1	tshen2	tshen4	sen1	sen3	sen3	suən3	tsuən3
雅安	tshen1	tshen2	tshen4	sen1	sen3	sen3	sen3	tsuən3
名山	tshen1	tshen2	tshen4	sen1	sen3	sen3	sen3	tsuen3
天全	tshuen1	tshuen2	tshuen4	suen1	suen3	sen3	sen3	tsuen3
芦山	tshuən1	tshen2	tshuən4	suən1	suən3	suən3	suən3	tsuən3
宝兴	tshuən1	tshen2	tshen4	suən1	sen3	sen3	suən3	tsuən3
荥经	tshen1	tshen2	tshen4	sen1	sen3	sen3	sen3	tsuən3
汉源	tshen1	tshen2	tshen4	sen1	sen3	sen3	sen3	tsuen3
石棉	tshen1	tshen2	tshuen4	sen1	sen3	sen3	sen3	tsuen3
内江	tshuən1 tshən1 旧	tshuən2 tshən2 旧	tshuən4 tshən4 旧	suən1 sən1 旧	sən3	sən3	sən3	tʂuən3
威远	tshuən1 tshən1 旧	tshuən2 tshən2 旧	tshuən4 tshən4 旧	suən1 sən1 旧	suən3 sən3 旧	sən3	suən3 sən3 旧	tʂuən3
荣县	tshuən1 tshən1 旧	tshuən2 tshən2 旧	tshuən4 tshən4 旧	sən1	suən3 sən3 旧	sən3	suən3 sən3 旧	tsuən3
自贡	tshuən1	tshuən2	tshuən4	suən1	suən3	sən3	sən3	tʂuən3
富顺	tshən1	tshən2	tshən4	sən1	sən3	sən3	sən3	tʂuən3
隆昌	tshən1	tshuən2	tshuən4	suən1	suən3	suən3	suən3	tʂuən3
泸县	tshen1 tshuən1 新	tshen2 tshuən2 新	tshen4 tshuən4 新	sen1 suən1 新	sen3 suən3 新	sen3 suən3 新	sen3 suən3 新	tsuən3
泸州	tshen1 tshuən1 新	tshen2 tshuən2 新	tshen4 tshuən4 新	sen1 suən1 新	sen3 suən3 新	sen3 suən3 新	sen3 suən3 新	tsuən3
南溪	tshen1 tshuən1 新	tshen2 tshuən2 新	tshen4 tshuən4 新	sen1 suən1 新	sen3 suən3 新	sen3 suən3 新	sen3 suən3 新	tsuən3
合江	tshen1	tshen2	tshen4	sen1	sen3	sen3	sen3	tsoŋ3

字目	准批准	椿	春	唇	纯	蠢	顺	润
反切	之尹	丑伦	昌唇	食伦	常伦	尺尹	食闰	如顺
声韵调	臻合三 章谆上	臻合三 彻谆平	臻合三 昌谆平	臻合三 船谆平	臻合三 禅谆平	臻合三 昌谆上	臻合三 船谆去	臻合三 日谆去
中古音	tɕiuɪn:	ʈhiuɪn	tɕhiuɪn	ʑiuɪn	dʑiuɪn	tɕhiuɪn:	ʑiuɪn-	ȵʑiuɪn-
成都	tsuən3	tshuən1	tshuən1	suən2	suən2	tshuən3	suən4	zuən4
彭州	tsuən3	tshuən1	tshuən1	suən2	suən2	tshuən3	suən4	zuən4
郫县	tsuən3	tshuən1	tshuən1	suən2	suən2	tshuən3	suən4	zuən4
广汉	tsuen3	tshuen1	tshuen1	suen2	suen2	tshuen3	suen4	zuen4
都江堰河东	tsuən3	tshuən1	tshuən1	tshuən2	suən2	tshuən3	suən4	zuən4
都江堰河西	tsuən3	tshuən1	tshuən1	suən2	suən2	tshuən3	suən4	zuən4
崇州	tsuən3	tshuən1	tshuən1	suən2	suən2	tshuən3	suən4	zuən4
大邑	tsuən3	tshuən1	tshuən1	suən2	suən2	tshuən3	suən4	zuən4
邛崃	tsuən3	tshuən1	tshuən1	suən2	suən2	tshuən3	suən4	zuən4
新津	tsuən3	tshuən1	tshuən1	suən2	suən2	tshuən3	suən4	zuən4
蒲江	tsuən3	tshuən1	tshuən1	suən2	tshuən2 suən2 旧	tshuən3	suən4	zuei4
彭山	tsuən3	tshuən1	tshuən1	suən2 tshuən2 新	suən2	tshuən3	suən4	zuən4
眉山	tsuən3	tshuən1	tshuən1	suən2	suən2	tshuən3	suən4	zuən4
丹棱	tsuən3	tshuən1	tshuən1	suən2	suən2	tshuən3	suən4	zuən4
洪雅	tsuən3	tshuən1	tshuən1	suən2	suən2	tshuən3	suən4	zuən4
青神	tsuən3	tshuən1	tshuən1	suən2	suən2	tshuən3	suən4	zuən4
夹江	tsuən3	tshuən1	tshuən1	tshuən2	suən2	tshuən3	suən4	zuən4
峨眉山	tsuən3	tshuən1	tshuən1	suən2	suən2	tshuən3	suən4	zuən4
乐山	tsuən3	tshuən1	tshuən1	suən2	suən2	tshuən3	suən4	zuən4
犍为	tsuən3	tshuən1	tshuən1	suən2	suən2	tshuən3	suən4	zuən4

字目	准批准	椿	春	唇	纯	蠢	顺	润
反切	之尹	丑伦	昌唇	食伦	常伦	尺尹	食闰	如顺
声韵调	臻合三 章谆上	臻合三 彻谆平	臻合三 昌谆平	臻合三 船谆平	臻合三 禅谆平	臻合三 昌谆上	臻合三 船谆去	臻合三 日谆去
中古音	tɕiuɪn:	ʈhiuɪn	tɕhiuɪn	ʑiuɪn	dʑiuɪn	tɕhiuɪn:	ʑiuɪn-	ȵʑiuɪn-
沐川	tsuən3	tshen1 tshuən1	tshuən1	suən2	suən2	tshuən3	suən4	zuən4
峨边	tsuən3	tshuən1	tshuən1	suən2	suən2	tshuən3	suən4	zuei4
雅安	tsuən3	tshuən1	tshuən1	suən2	suən2	tshuən3	suən4	zuən4
名山	tsuen3	tshuen1	tshuen1	tshuen2	suen2	tshuen3	suen4	zuen4
天全	tsuen3	tshuen1	tshuen1	suen2	suen2	tshuen3	suen4	zuen4
芦山	tsuən3	tshuən1	tshuən1	suən2	suən2	tshuən3	suən4	zuən4
宝兴	tsuən3	tshuən1	tshuən1	suən2	suən2	tshuən3	suən4	zuən4
荥经	tsuən3	tshen1 tshuən1	tshuən1	suən2	suən2	tshuən3	suən4	zuən4
汉源	tsuen3	tshuen1	tshuen1	tshuen2	suen2	tshuen3	suen4	zuen4
石棉	tsuen3	tshuen1	tshuen1	suen2	suen2	tshuen3	suen4	zuen4
内江	tʂuən3	tʂhuən1	tʂhuən1	ʂuən2	ʂuən2	tʂhuən3	ʂuən4	ʐuən4
威远	tʂuən3	tʂhuən1	tʂhuən1	ʂuən2	ʂuən2	tʂhuən3	ʂuən4	ʐuən4
荣县	tsuən3	tshuən1	tshuən1	suən2	tshuən2	tshuən3	suən4	zuən4
自贡	tʂuən3	tʂhuən1	tʂhuən1	ʂuən2	ʂuən2	tʂhuən3	ʂuən4	ʐuən4
富顺	tʂuən3	tʂhuən1	tʂhuən1	ʂuən2	ʂuən2	tʂhuən3	ʂuən4	ʐuən4
隆昌	tʂuən3	tshuən1	tshuən1	ʂuən2	ʂuən2	tshuən3	ʂuən4	ʐuən4
泸县	tsuən3	tshuən1	tshuən1	tshuən2 suən2 旧	suən2	tshuən3	suən4	zuən4
泸州	tsuən3	tshuən1	tshuən1	suən2	suən2	tshuən3	suən4	zuən4
南溪	tsuən3	tshuən1	tshuən1	suən2	suən2	tshuən3	suən4	zuən4
合江	tsoŋ3	tshoŋ1	tshoŋ1	soŋ2	soŋ2	tshoŋ3	soŋ4	zoŋ4

字目	闰	滚	棍	昆昆明	昆昆仑山	坤	捆	困
反切	如顺	古本		古浑	古浑	苦昆	苦本	苦闷
声韵调	臻合三 日谆去	臻合一 见魂上	臻合一 见魂去	臻合一 见魂平	臻合一 见魂平	臻合一 溪魂平	臻合一 溪魂上	臻合一 溪魂去
中古音	ȵʑiuɪn-	kuən:	kuən-	kuən	kuən	khuən	khuən:	khuən-
成都	zuən4	kuən3	kuən4	khuən1	khuən1	khuən1	khuən3	khuən4
彭州	zuən4	kuən3	kuən4	khuən1	khuən1	khuən1	khuən3	khuən4
郫县	zuən4	kuən3	kuən4	khuən1	khuən1	khuən1	khuən3	khuən4
广汉	zuen4	kuen3	kuen4	khuen1	khuen1	khuen1	khuen3	khuen4
都江堰河东	zuən4	kuən3	kuən4	khuən1	khuən1	khuən1	khuən3	khuən4
都江堰河西	zuən4	kuən3	kuən4	khuən1	khuən1	khuən1	khuən3	khuən4
崇州	zuən4	kuən3	kuən4	khuən1	khuən1	khuən1	khuən3	khuən4
大邑	zuən4	kuən3	kuən4	khuən1	khuən1	khuən1	khuən3	khuən4
邛崃	zuən4	kuən3	kuən4	khuən1	khuən1	khuən1	khuən3	khuən4
新津	zuən4	kuən3	kuən4	khuən1	khuən1	khuən1	khuən3	khuən4
蒲江	zuei4	kuən3	kuən4	khuən1	khuən1	khuən1	khuən3	khuən4
彭山	zuən4	kuən3	kuən4	khuən1	khuən1	khuən1	khuən3	khuən4
眉山	zuən4	kuən3	kuən4	khuən1	khuən1	khuən1	khuən3	khuən4
丹棱	zuən4	kuən3	kuən4	khuən1	khuən1	khuən1	khuən3	khuən4
洪雅	zuən4	kuən3	kuən4	khuən1	khuən1	khuən1	khuən3	khuən4
青神	zuən4	kuən3	kuən4	khuən1	khuən1	khuən1	khuən3	khuən4
夹江	zuən4	kuən3	kuən4	khuən1	khuən1	khuən1	khuən3	khuən4
峨眉山	zuən4	kuən3	kuən4	khuən1	khuən1	khuən1	khuən3	khuən4
乐山	zuən4	kuən3	kuən4	khuən1	khuən1	khuən1	khuən3	khuən4
犍为	zuən4	kuən3	kuən4	khuən1	khuən1	khuən1	khuən3	khuən4

字目	闰	滚	棍	昆昆明	昆昆仑山	坤	捆	困
反切	如顺	古本		古浑	古浑	苦昆	苦本	苦闷
声韵调	臻合三 日谆去	臻合一 见魂上	臻合一 见魂去	臻合一 见魂平	臻合一 见魂平	臻合一 溪魂平	臻合一 溪魂上	臻合一 溪魂去
中古音	ȵʑiuın-	kuən:	kuən-	kuən	kuən	khuən	khuən:	khuən-
沐川	zuən4	kuən3	kuən4	khuən1	khuən1	khuən1	khuən3	khuən4
峨边	zuei4	kuən3	kuən4	khuən1	khuən1	khuən1	khuən3	khuən4
雅安	zuən4	kuən3	kuən4	khuən1	khuən1	khuən1	khuən3	khuən4
名山	zuen4	kuen3	kuen4	khuen1	khuen1	khuen1	khuen3	khuen4
天全	zuen4	kuen3	kuen4	khuen1	khuen1	khuen1	khuen3	khuen4
芦山	zuən4	kuən3	kuən4	khuən1	khuən1	khuən1	khuən3	khuən4
宝兴	zuən4	kuən3	kuən4	khuən1	khuən1	khuən1	khuən3	khuən4
荥经	zuən4	kuən3	kuən4	khuən1	khuən1	khuən1	khuən3	khuən4
汉源	zuen4	kuen3	kuen4	khuen1	khuen1	khuen1	khuen3	khuen4
石棉	zuen4	kuen3	kuen4	khuen1	khuen1	khuen1	khuen3	khuen4
内江	zu̥ən4	kuən3	kuən4	khuən1	khuən1	khuən1	khuən3	khuən4
威远	zu̥ən4	kuən3	kuən4	khuən1	khuən1	khuən1	khuən3	khuən4
荣县	zuən4	kuən3	kuən4	khuən1	khuən1	khuən1	khuən3	khuən4
自贡	zu̥ən4	kuən3	kuən4	khuən1	khuən1	khuən1	khuən3	khuən4
富顺	zu̥ən4	kuən3	kuən4	khuən1	khuən1	khuən1	khuən3	khuən4
隆昌	zu̥ən4	kuən3	kuən4	khuən1	khuən1	khuən1	khuən3	khuən4
泸县	zuən4	kuən3	kuən4	khuən1	khuən1	khuən1	khuən3	khuən4
泸州	zuən4	kuən3	kuən4	khuən1	khuən1	khuən1	khuən3	khuən4
南溪	zuən4	kuən3	kuən4	khuən1	khuən1	khuən1	khuən3	khuən4
合江	zoŋ4	koŋ3	koŋ4	khoŋ1	khoŋ1	khoŋ1	khoŋ3	khoŋ4

字目	昏	婚	荤	浑浑浊	浑浑身	魂	混	温
反切	呼昆	呼昆	许云	户昆	户昆	户昆	胡本	乌浑
声韵调	臻合一 晓魂平	臻合一 晓魂平	臻合三 晓文平	臻合一 匣魂平	臻合一 匣魂平	臻合一 匣魂平	臻合一 匣魂上	臻合一 影魂平
中古音	huən	huən	hɨun	ɦuən	ɦuən	ɦuən	ɦuən:	ʔuən
成都	xuən1	xuən1	xuən1	xuən1	xuən2 文 khuən2 白	xuən2	xuən4	uən1
彭州	xuən1	xuən1	xuən1	xuən1	xuən2 文 khuən2 白	xuən2	xuən4	uən1
郫县	xuən1	xuən1	xuən1	xuən1	xuən2	xuən2	xuən4	uən1
广汉	xuen1	xuen1	xuen1	xuen1	xuen2	xuen2	xuen4	uen1
都江堰河东	xuən1	xuən1	xuən1	xuən1	xuən2 文 khuən2 白	xuən2	xuən4	uən1
都江堰河西	xuən1	xuən1	xuən1	xuən1	xuən2 文 khuən2 白	xuən2	xuən4	uən1
崇州	xuən1	xuən1	xuən1	xuən1	xuən2 文 khuən2 白	xuən2	xuən4	uən1
大邑	xuən1	xuən1	xuən1	xuən1	xuən2 文 khuən2 白	xuən2	xuən4	uən1
邛崃	xuən1	xuən1	xuən1	xuən1	xuən2 文 khuən2 白	xuən2	xuən4	uən1
新津	xuən1	xuən1	xuən1	xuən1	xuən2 文 khuən2 白	xuən2	xuən4	uən1
蒲江	xuən1	xuən1	xuən1	xuən1	xuən2 文 khuən2 白	xuən2	xuən4	uən1
彭山	xuən1	xuən1	xuən1	xuən1	xuən1 文 khuən2 白	xuən2	xuən4	uən1
眉山	xuən1	xuən1	xuən1	xuən1	xuən1 文 khuən2 白	xuən2	xuən4	uən1
丹棱	xuən1	xuən1	xuən1	xuən1	xuən1 文 khuən2 白	xuən2	xuən4	uən1
洪雅	xuən1	xuən1	xuən1	xuən1	xuən1 文 khuən2 白	xuən2	xuən4	uən1
青神	xuən1	xuən1	xuən1	xuən1	xuən1 文 khuən2 白	xuən2	xuən4	uən1
夹江	xuən1	xuən1	xuən1	xuən1	xuən2 文 khuən2 白	xuən2	xuən4	uən1
峨眉山	xuən1	xuən1	xuən1	xuən1	xuən2 文 khuən2 白	xuən2	xuən4	uən1
乐山	xuən1	xuən1	xuən1	xuən1	xuən2 文 khuən2 白	xuən2	xuən4	uən1
犍为	xuən1	xuən1	xuən1	xuən1	xuən2 文 khuən2 白	xuən2	xuən4	uən1

字目	昏	婚	荤	浑浑浊	浑浑身	魂	混	温
反切	呼昆	呼昆	许云	户昆	户昆	户昆	胡本	乌浑
声韵调	臻合一 晓魂平	臻合一 晓魂平	臻合三 晓文平	臻合一 匣魂平	臻合一 匣魂平	臻合一 匣魂平	臻合一 匣魂上	臻合一 影魂平
中古音	huən	huən	hɨun	ɦuən	ɦuən	ɦuən	ɦuən:	ʔuən
沐川	xuən1	xuən1	xuən1	xuən1	xuən2 文 khuən2 白	xuən2	xuən4	uən1
峨边	xuən1	xuən1	xuən1	xuən1	xuən2	xuən2	xuən4	uən1
雅安	xuən1	xuən1	xuən1	xuən1	xuən2 文 khuən2 白	xuən2	xuən4	uən1
名山	xuen1	xuen1	xuen1	xuen2	xuen2 文 khuen2 白	xuen2	xuen4	uen1
天全	xuen1	xuen1	xuen1	xuen2	xuen2 文 khuen2 白	xuen2	xuen4	uen1
芦山	xuən1	xuən1	xuən1	xuən1	xuən2 文 khuən2 白	xuən2	xuən4	uən1
宝兴	xuən1	xuən1	xuən1	xuən1	xuən2 文 khuən2 白	xuən2	xuən4	uən1
荥经	xuən1	xuən1	xuən1	xuən1	xuən2 文 khuən2 白	xuən2	xuən4	uən1
汉源	xuen1	xuen1	xuen1	xuen2	xuen2 文 khuen2 白	xuen2	xuen4	uen1
石棉	xuen1	xuen1	xuen1	xuen1	xuen2 文 khuen2 白	xuen2	xuen4	uen1
内江	xuən1	xuən1	xuən1	xuən1	xuən1 文 khuən2 白	xuən2	xuən4	uən1
威远	xuən1	xuən1	xuən1	xuən1	xuən1 文 khuən2 白	xuən2	xuən4	uən1
荣县	xuən1	xuən1	xuən1	xuən1	xuən1 文 khuən2 白	xuən2	xuən4	uən1
自贡	xuən1	xuən1	xuən1	xuən1	xuən2	xuən2	xuən4	uən1
富顺	xuən1	xuən1	xuən1	xuən1	xuən2	xuən2	xuən4	uən1
隆昌	xuən1	xuən1	xuən1	xuən1	xuən2	xuən2	xuən4	uən1
泸县	xuən1	xuən1	xuən1	xuən1	xuən2 文 khuən2 白	xuən2	xuən4	uən1
泸州	xuən1	xuən1	xuən1	xuən1	xuən2 文 khuən2 白	xuən2	xuən4	uən1
南溪	xuən1	xuən1	xuən1	xuən1	xuən2 文 khuən2 白	xuən2	xuən4	uən1
合江	xoŋ1	xoŋ1	xoŋ1	xoŋ1	xoŋ1① xuən2 文	xoŋ2	xoŋ4	oŋ1

① 又音 khuən2 白。

字目	*瘟	文	纹	蚊	闻	稳	问	均
反切	*乌昆	无分	无分	无分	无分	乌本	亡运	居匀
声韵调	臻合一 影魂平	臻合三 微文平	臻合三 微文平	臻合三 微文平	臻合三 微文平	臻合一 影魂上	臻合三 微文去	臻合三 A 见谆平
中古音	ʔuən	mɨun	mɨun	mɨun	mɨun	ʔuən:	mɨun-	kiuɪn
成都	uən1	uən2	uən2	uən2	uən2	uən3	uən4	tɕyn1
彭州	uən1	uən2	uən2	uən2	uən2	uən3	uən4	tɕyn1
郫县	uən1	uən2	uən2	uən2	uən2	uən3	uən4	tɕyn1
广汉	uen1	uen2	uen2	uen2	uen2	uen3	uen4	tɕyn1
都江堰河东	uən1	uən2	uən2	uən2	uən2	uən3	uən4	tɕyn1
都江堰河西	uən1	uən2	uən2	uən2	uən2	uən3	uən4	tɕyn1
崇州	uən1	uən2	uən2	uən2	uən2	uən3	uən4	tɕyn1
大邑	uən1	uən2	uən2	uən2	uən2	uən3	uən4	tɕyn1
邛崃	uən1	uən2	uən2	uən2	uən2	uən3	uən4	tɕyn1
新津	uən1	uən2	uən2	uən2	uən2	uən3	uən4	tɕyn1
蒲江	uən1	uən2	uən2	uən2	uən2	uən3	uən4	tɕyn1
彭山	uən1	uən2	uən2	uən2	uən2	uən3	uən4	tɕyn1
眉山	uən1	uən2	uən2	uən2	uən2	uən3	uən4	tɕyn1
丹棱	uən1	uən2	uən2	uən2	uən2	uən3	uən4	tɕyn1
洪雅	uən1	uən2	uən2	uən2	uən2	uən3	uən4	tɕyn1
青神	uən1	uən2	uən2	uən2	uən2	uən3	uən4	tɕyn1
夹江	uən1	uən2	uən2	uən2	uən2	uən3	uən4	tɕyn1
峨眉山	uən1	uən2	uən2	uən2	uən2	uən3	uən4	tɕyn1
乐山	uən1	uən2	uən2	uən2	uən2	uən3	uən4	tɕyn1
犍为	uən1	uən2	uən2	uən2	uən2	uən3	uən4	tɕyn1

字目	*瘟	文	纹	蚊	闻	稳	问	均
反切	*乌昆	无分	无分	无分	无分	乌本	亡运	居匀
声韵调	臻合一 影魂平	臻合三 微文平	臻合三 微文平	臻合三 微文平	臻合三 微文平	臻合一 影魂上	臻合三 微文去	臻合三 A 见谆平
中古音	ʔuən	mɨun	mɨun	mɨun	mɨun	ʔuən:	mɨun-	kiuɪn
沐川	uən1	uən2	uən2	uən2	uən2	uən3	uən4	tɕyn1
峨边	uən1	uən2	uən2	uən2	uən2	uən3	uən4	tɕyn1
雅安	uən1	uən2	uən2	uən2	uən2	uən3	uən4	tɕyn1
名山	uen1	uen2	uen2	uen2	uen2	uen3	uen4	tɕyn1
天全	uen1	uen2	uen2	uen2	uen2	uen3	uen4	tɕyn1
芦山	uən1	uən2	uən2	uən2	uən4	uən3	uən4	tɕyn1
宝兴	uən1	uən2	uən2	uən2	uən2	uən3	uən4	tɕyn1
荥经	uən1	uən2	uən2	uən2	uən2	uən3	uən4	tɕyn1
汉源	uen1	uen2	uen2	uen2	uen2	uen3	uen4	tɕyn1
石棉	uen1	uen2	uen2	uen2	uen2	uen3	uen4	tɕyn1
内江	uən1	uən2	uən2	uən2	uən2	uən3	uən4	tɕyn1
威远	uən1	uən2	uən2	uən2	uən2	uən3	uən4	tɕyn1
荣县	uən1	uən2	uən2	uən2	uən2	uən3	uən4	tɕyn1
自贡	uən1	uən2	uən2	uən2	uən2	uən3	uən4	tɕyn1
富顺	uən1	uən2	uən2	uən2	uən2	uən3	uən4	tɕyn1
隆昌	uən1	uən2	uən2	uən2	uən2	uən3	uən4	tɕyn1
泸县	uən1	uən2	uən2	uən2	uən2	uən3	uən4	tɕyn1
泸州	uən1	uən2	uən2	uən2	uən2	uən3	uən4	tɕyn1
南溪	uən1	uən2	uən2	uən2	uən2	uən3	uən4	tɕyn1
合江	oŋ1	oŋ2	oŋ2	oŋ2	oŋ2	oŋ3	oŋ4	tɕyn1

字目	钧	君	军	俊	群	裙	熏	熏
反切	居匀	举云	举云	子峻	渠云	渠云	许云	许云
声韵调	臻合三A 见谆平	臻合三 见文平	臻合三 见文平	臻合三 精谆去	臻合三 群文平	臻合三 群文平	臻合三 晓文平	臻合三 晓文平
中古音	kiuɪn	kɨun	kɨun	tsiuɪn-	gɨun	gɨun	hɨun	hɨun
成都	tɕyn1	tɕyn1	tɕyn1	tɕyn4	tɕhyn2	tɕhyn2	ɕyn1	ɕyn1
彭州	tɕyn1	tɕyn1	tɕyn1	tɕyn4	tɕhyn2	tɕhyn2	ɕyn1	ɕyn1
郫县	tɕyn1	tɕyn1	tɕyn1	tɕyn4	tɕhyn2	tɕhyn2	ɕyn1	ɕyn1
广汉	tɕyn1	tɕyn1	tɕyn1	tɕyn4	tɕhyn2	tɕhyn2	ɕyn1	ɕyn1
都江堰河东	tɕyn1	tɕyn1	tɕyn1	tɕyn4	tɕhyn2	tɕhyn2	ɕyn1	ɕyn1
都江堰河西	tɕyn1	tɕyn1	tɕyn1	tɕyn4	tɕhyn2	tɕhyn2	ɕyn1	ɕyn1
崇州	tɕyn1	tɕyn1	tɕyn1	tɕyn4	tɕhyn2	tɕhyn2	ɕyn1	ɕyn1
大邑	tɕyn1	tɕyn1	tɕyn1	tɕyn4	tɕhyn2	tɕhyn2	ɕyn1	ɕyn1
邛崃	tɕyn1	tɕyn1	tɕyn1	tɕyn4	tɕhyn2	tɕhyn2	ɕyn1	ɕyn1
新津	tɕyn1	tɕyn1	tɕyn1	tɕyn4	tɕhyn2	tɕhyn2	ɕyn1	ɕyn1
蒲江	tɕyn1	tɕyn1	tɕyn1	tɕyn4	tɕhyn2	tɕhyn2	ɕyn1	ɕyn1
彭山	tɕyn1	tɕyn1	tɕyn1	tɕyn4	tɕhyn2	tɕhyn2	ɕyn1	ɕyn1
眉山	tɕyn1	tɕyn1	tɕyn1	tɕyn4	tɕhyn2	tɕhyn2	ɕyn1	ɕyn1
丹棱	tɕyn1	tɕyn1	tɕyn1	tɕyn4	tɕhyn2	tɕhyn2	ɕyn1	ɕyn1
洪雅	tɕyn1	tɕyn1	tɕyn1	tɕyn4	tɕhyn2	tɕhyn2	ɕyn1	ɕyn1
青神	tɕyn1	tɕyn1	tɕyn1	tɕyn4	tɕhyn2	tɕhyn2	ɕioŋ1 ɕyn1	ɕioŋ1 ɕyn1
夹江	tɕyn1	tɕyn1	tɕyn1	tɕyn4	tɕhyn2	tɕhyn2	ɕyn1	ɕyn1
峨眉山	tɕyn1	tɕyn1	tɕyn1	tɕyn4	tɕhyn2	tɕhyn2	ɕioŋ1	ɕioŋ1
乐山	tɕyn1	tɕyn1	tɕyn1	tɕyn4	tɕhyn2	tɕhyn2	ɕyn1	ɕyn1
犍为	tɕyn1	tɕyn1	tɕyn1	tɕyn4	tɕhyn2	tɕhyn2	ɕyn1	ɕyn1

字目	钧	君	军	俊	群	裙	熏	熏
反切	居匀	举云	举云	子峻	渠云	渠云	许云	许云
声韵调	臻合三 A 见谆平	臻合三 见文平	臻合三 见文平	臻合三 精谆去	臻合三 群文平	臻合三 群文平	臻合三 晓文平	臻合三 晓文平
中古音	kiuɪn	kɨun	kɨun	tsiuɪn-	gɨun	gɨun	hɨun	hɨun
沐川	tɕyn1	tɕyn1	tɕyn1	tɕyn4	tɕhyn2	tɕhyn2	ɕyn1	ɕyn1
峨边	tɕyn1	tɕyn1	tɕyn1	tɕyn4	tɕhyn2	tɕhyn2	ɕioŋ1	ɕioŋ1
雅安	tɕyn1	tɕyn1	tɕyn1	tɕyn4	tɕhyn2	tɕhyn2	ɕyn1	ɕyn1
名山	tɕyn1	tɕyn1	tɕyn1	tɕyn4	tɕhyn2	tɕhyn2	ɕyn1	ɕyn1
天全	tɕyn1	tɕyn1	tɕyn1	tɕyn4	tɕhyn2	tɕhyn2	ɕyn1	ɕyn1
芦山	tɕyn1	tɕyn1	tɕyn1	tɕyn4	tɕhyn2	tɕhyn2	ɕyn1	ɕyn1
宝兴	tɕyn1	tɕyn1	tɕyn1	tɕyn4	tɕhyn2	tɕhyn2	ɕyn1	ɕyn1
荥经	tɕyn1	tɕyn1	tɕyn1	tɕyn4	tɕhyn2	tɕhyn2	ɕyn1	ɕyn1
汉源	tɕyn1	tɕyn1	tɕyn1	tɕyn4	tɕhyn2	tɕhyn2	ɕyn1	ɕyn1
石棉	tɕyn1	tɕyn1	tɕyn1	tɕyn4	tɕhyn2	tɕhyn2	ɕyn1	ɕyn1
内江	tɕyn1	tɕyn1	tɕyn1	tɕyn4	tɕhyn2	tɕhyn2	ɕyn1	ɕyn1
威远	tɕyn1	tɕyn1	tɕyn1	tɕyn4	tɕhyn2	tɕhyn2	ɕyn1	ɕyn1
荣县	tɕyn1	tɕyn1	tɕyn1	tɕyn4	tɕhyn2	tɕhyn2	ɕyn1	ɕyn1
自贡	tɕyn1	tɕyn1	tɕyn1	tɕyn4	tɕhyn2	tɕhyn2	ɕyn1	ɕyn1
富顺	tɕyn1	tɕyn1	tɕyn1	tɕyn4	tɕhyn2	tɕhyn2	ɕyn1	ɕyn1
隆昌	tɕyn1	tɕyn1	tɕin1	tɕyn4	tɕhyn2	tɕhyn2	ɕyn1	ɕyn1
泸县	tɕyn1	tɕyn1	tɕyn1	tɕyn4	tɕhyn2	tɕhyn2	ɕyn1	ɕyn1
泸州	tɕyn1	tɕyn1	tɕyn1	tɕyn4	tɕhyn2	tɕhyn2	ɕyn1	ɕyn1
南溪	tɕyn1	tɕyn1	tɕyn1	tɕyn4	tɕhyn2	tɕhyn2	ɕyn1	ɕyn1
合江	tɕyn1	tɕyn1	tɕyn1	tɕyn4	tɕhyn2	tɕhyn2	ɕioŋ1	ɕioŋ1

字目	勋	寻	旬	循	巡	讯①	迅②	训
反切	许云	徐林	祥遵	祥遵	祥遵	息晋	私闰	许运
声韵调	臻合三 晓文平	深开三 邪侵平	臻合三 邪谆平	臻合三 邪谆平	臻合三 邪谆平	臻开三 心真去	臻合三 心谆去	臻合三 晓文去
中古音	hɨun	ziɪm	ziuɪn	ziuɪn	ziuɪn	siɪn-	siuɪn-	hɨun-
成都	ɕyn1	ɕyn2	ɕyn2	ɕyn2	ɕyn2	ɕyn4	ɕyn4	ɕyn4
彭州	ɕyn1	ɕyn2	ɕyn2	ɕyn2	ɕyn2	ɕyn4	ɕyn4	ɕyn4
郫县	ɕyn1	ɕyn2	ɕyn2	ɕyn2	ɕyn2	ɕyn4	ɕyn4	ɕyn4
广汉	ɕyn1	ɕyn2	ɕyn2	ɕyn2	ɕyn2	ɕyn4	ɕyn4	ɕyn4
都江堰河东	ɕyn1	ɕyn2	ɕyn2	ɕyn2	ɕyn2	ɕyn4	ɕyn4	ɕyn4
都江堰河西	ɕyn1	ɕyn2	ɕyn2	ɕyn2	ɕyn2	ɕyn4	ɕyn4	ɕyn4
崇州	ɕyn1	ɕyn2	ɕyn2	ɕyn2	ɕyn2	ɕyn4	ɕyn4	ɕyn4
大邑	ɕyn1	ɕyn2	ɕyn2	ɕyn2	ɕyn2	ɕyn4	ɕyn4	ɕyn4
邛崃	ɕyn1	ɕyn2	ɕyn2	ɕyn2	ɕyn2	ɕyn4	ɕyn4	ɕyn4
新津	ɕyn1	ɕyn2	ɕyn2	ɕyn2	ɕyn2	ɕyn4	ɕyn4	ɕyn4
蒲江	ɕyn1	ɕyn2	ɕyn2	ɕyn2	ɕyn2	ɕyn4	ɕyn4	ɕyn4
彭山	ɕyn1	ɕyn2	ɕyn2	ɕyn2	ɕyn2	ɕyn4	ɕyn4	ɕyn4
眉山	ɕyn1	ɕyn2	ɕyn2	ɕyn2	ɕyn2	ɕyn4	ɕyn4	ɕyn4
丹棱	ɕyn1	ɕyn2	ɕyn2	ɕyn2	ɕyn2	ɕyn4	ɕyn4	ɕyn4
洪雅	ɕyn1	ɕyn2	ɕyn2	ɕyn2	ɕyn2	ɕyn4	ɕyn4	ɕyn4
青神	ɕioŋ1 ɕyn1	ɕyn2	ɕyn2	ɕyn2	ɕyn2	ɕyn4	ɕyn4	ɕyn4
夹江	ɕyn1	ɕyn2	ɕyn2	ɕyn2	ɕyn2	ɕyn4	ɕyn4	ɕyn4
峨眉山	ɕioŋ1	ɕyn2	ɕyn2	ɕyn2	ɕyn2	ɕyn4	ɕyn4	ɕyn4
乐山	ɕyn1	ɕyn2	ɕyn2	ɕyn2	ɕyn2	ɕyn4	ɕyn4	ɕyn4
犍为	ɕyn1	ɕyn2	ɕyn4	ɕyn2	ɕyn2	ɕyn4	ɕyn4	ɕyn4

① 又*须闰切，臻合三心稕去。 ② 又息晋切，臻开三心真去。

字目	勋	寻	旬	循	巡	讯①	迅②	训
反切	许云	徐林	祥遵	祥遵	祥遵	息晋	私闰	许运
声韵调	臻合三 晓文平	深开三 邪侵平	臻合三 邪谆平	臻合三 邪谆平	臻合三 邪谆平	臻开三 心真去	臻合三 心谆去	臻合三 晓文去
中古音	hɨun	zim	ziuın	ziuın	ziuın	siın-	siuın-	hɨun-
沐川	ɕyn1	ɕyn2	ɕyn2	ɕyn2	ɕyn2	ɕyn4	ɕyn4	ɕyn4
峨边	ɕioŋ1	ɕyn2	ɕyn2	ɕyn2	ɕyn2	ɕyn4	ɕyn4	ɕyn4
雅安	ɕyn1	ɕyn2	ɕyn4	ɕyn2	ɕyn2	ɕyn4	ɕyn4	ɕyn4
名山	ɕyn1	ɕyn2	ɕyn2	ɕyn2	ɕyn2	ɕyn4	ɕyn4	ɕyn4
天全	ɕyn1	ɕyn2	ɕyn4	ɕyn2	ɕyn2	ɕyn4	ɕyn4	ɕyn4
芦山	ɕyn1	ɕyn2	ɕyn2	ɕyn2	ɕyn2	ɕyn4	ɕyn4	ɕyn4
宝兴	ɕyn1	ɕyn2	ɕyn2	ɕyn2	ɕyn2	ɕyn4	ɕyn4	ɕyn4
荥经	ɕyn1	ɕyn2	ɕyn2	ɕyn2	ɕyn2	ɕyn4	ɕyn4	ɕyn4
汉源	ɕyn1	ɕyn2	ɕyn2	ɕyn2	ɕyn2	ɕyn4	ɕyn4	ɕyn4
石棉	ɕyn1	ɕyn2	ɕyn2	ɕyn2	ɕyn2	ɕyn4	ɕyn4	ɕyn4
内江	ɕyn1	ɕyn2	ɕyn2	ɕyn2	ɕyn2	ɕyn4	ɕyn4	ɕyn4
威远	ɕyn1	ɕyn2	ɕyn2	ɕyn2	ɕyn2	ɕyn4	ɕyn4	ɕyn4
荣县	ɕyn1	ɕyn2	ɕyn2	ɕyn2	ɕyn2	ɕyn4	ɕyn4	ɕyn4
自贡	ɕyn1	ɕyn2	ɕyn2	ɕyn2	ɕyn2	ɕyn4	ɕyn4	ɕyn4
富顺	ɕyn1	ɕyn2	ɕyn2	ɕyn2	ɕyn2	ɕyn4	ɕyn4	ɕyn4
隆昌	ɕin1	ɕyn2	ɕyn2	ɕyn2	ɕyn2	ɕyn4	ɕyn4	ɕyn4
泸县	ɕyn1	ɕyn2	ɕyn2	ɕyn2	ɕyn2	ɕyn4	ɕyn4	ɕyn4
泸州	ɕyn1	ɕyn2	ɕyn2	ɕyn2	ɕyn2	ɕyn4	ɕyn4	ɕyn4
南溪	ɕyn1	ɕyn2	ɕyn2	ɕyn2	ɕyn2	ɕyn4	ɕyn4	ɕyn4
合江	ɕioŋ1	ɕyn2	ɕyn2	ɕyn2	ɕyn2	ɕyn4	ɕyn4	ɕyn4

① 又*须闰切，臻合三心稕去。 ② 又息晋切，臻开三心真去。

字目	匀	云诗云	云乌云	允	熨	韵	运	晕头晕
反切	羊伦	王分	王分	余准	纡问	王问	王问	王问
声韵调	臻合三 以谆平	臻合三 云文平	臻合三 云文平	臻合三 以谆上	臻合三 影文去	臻合三 云文去	臻合三 云文去	臻合三 云文去
中古音	jiuɪn	ɦɨun	ɦɨun	jiuɪn:	ʔɨun-	ɦɨun-	ɦɨun-	ɦɨun-
成都	yn2	yn2	yn2	yn3 ioŋ3 旧	yn4	yn4	yn4	yn1 yn4 新
彭州	yn2	yn2	yn2	yn3 ioŋ3 旧	yn4	yn4	yn4	yn1 yn4 新
郫县	yn2	yn2	yn2	yn3 ioŋ3 旧	yn4	yn4	yn4	yn1 yn4 新
广汉	yn2	yn2	yn2	yn3	yn4	yn4	yn4	yn1
都江堰河东	yn2	yn2	yn2	yn3	yn4	yn4	yn4	yn1 yn4
都江堰河西	yn2	yn2	yn2	yn3	yn4	yn4	yn4	yn1 yn4 新
崇州	yn2	yn2	yn2	yn3	yn4	yn4	yn4	yn1 yn4
大邑	yn2	yn2	yn2	yn3 ioŋ3 旧	yn4	yn4	yn4	yn1
邛崃	yn2	yn2	yn2	yn3 yoŋ3 旧	yn4	yn4	yn4	yn1 yn4 新
新津	yn2	yn2	yn2	yn3 ioŋ3 旧	yn4	yn4	yn4	yn1
蒲江	yn2	yn2	yn2	yn3 ioŋ3 旧	yn4	yn4	yn4	yn1
彭山	yn2	yn2	yn2	yn3 ioŋ3 旧	yn4	yn4	yn4	yn1
眉山	yn2	yn2	yn2	yn3 ioŋ3 旧	yn4	yn4	yn4	yn1
丹棱	yn2	yn2	yn2	yn3 ioŋ3 旧	yn4	yn4	yn4	yn1 yn4 新
洪雅	yn2	yn2	yn2	yn3 ioŋ3 旧	yn4	yn4	yn4	yn1 yn4 新
青神	yn2	yn2	yn2	yn3 ioŋ3 旧	yn4	yn4	yn4	yn1
夹江	yn2	yn2	yn2	yn3 yoŋ3 旧	yn4	yn4	yn4	yn1 yn4 新
峨眉山	yn2	yn2	yn2	yn3 ioŋ3 旧	yn4	yn4	yn4	yn1 yn4 新
乐山	yn2	yn2	yn2	yn3 ioŋ3 旧	yn4	yn4	yn4	yn1 yn4 新
犍为	yn2	yn2	yn2	yn3 ioŋ3 旧	yn4	yn4	yn4	yn1 yn4 新

字目	匀	云诗云	云乌云	允	熨	韵	运	晕头晕
反切	羊伦	王分	王分	余准	纡问	王问	王问	王问
声韵调	臻合三 以谆平	臻合三 云文平	臻合三 云文平	臻合三 以谆上	臻合三 影文去	臻合三 云文去	臻合三 云文去	臻合三 云文去
中古音	jiuɪn	ɦɨun	ɦɨun	jiuɪn:	ʔɨun-	ɦɨun-	ɦɨun-	ɦɨun-
沐川	yn2	yn2	yn2	yn3 ioŋ3 旧	yn4	yn4	yn4	yn1 yn4 新
峨边	yn2	yn2	yn2	yn3 ioŋ3 旧	yn4	yn4	yn4	yn1
雅安	yn2	yn2	yn2	yn3 ioŋ3 旧	yn4	yn4	yn4	yn4
名山	yn2	yn2	yn2	yn3 ioŋ3 旧	yn4	yn4	yn4	yn1 yn4 新
天全	yn2	yn2	yn2	yn3 ioŋ3 旧	yn4	yn4	yn4	yn1 yn4 新
芦山	yn2	yn2	yn2	ioŋ3 yn3 新	yn4	yn4	yn4	yn4
宝兴	yn2	yn2	yn2	yn3 ioŋ3 旧	yn4	yn4	yn4	yn4
荥经	yn2	yn2	yn2	yn3 ioŋ3 旧	yn4	yn4	yn4	yn1 yn4 新
汉源	yn2	yn2	yn2	yn3 ioŋ3 旧	yn4	yn4	yn4	yn1 yn4 新
石棉	yn2	yn2	yn2	yn3 ioŋ3 旧	yn4	yn4	yn4	yn1 yn4 新
内江	yn2	yn2	yn2	yn3	yn4	yn4	yn4	yn1
威远	yn2	yn2	yn2	yn3	yn4	yn4	yn4	yn1
荣县	yn2	yn2	yn2	yn3	yn4	yn4	yn4	yn1 yn4 新
自贡	yn2	yn2	yn2	yn3	yn4	yn4	yn4	yn1
富顺	yn2	yn2	yn2	yn3	yn4	yn4	yn4	yn1
隆昌	yn2	yn2	yn2	yn3	yn4	yn4	yn4	yn1
泸县	yn2	yn2	yn2	yn3 ioŋ3 旧	yn4	yn4	yn4	yn1
泸州	yn2	yn2	yn2	yn3 ioŋ3 旧	yn4	yn4	yn4	yn1
南溪	yn2	yn2	yn2	yn3 ioŋ3 旧	yn4	yn4	yn4	yn1
合江	yn2	yn2	yn2	yn3 ioŋ3 旧	yn4	yn4	yn4	yn1 yn4 新

字目	孕	帮	邦	榜	绑	棒	蚌[①]	旁
反切	以证	博旁	博江	北朗		步项	步项	步光
声韵调	曾开三 以蒸去	宕开一 帮唐平	江开二 帮江平	宕开一 帮唐上	江开二 帮江上	江开二 並江上	江开二 並江上	宕开一 並唐平
中古音	jiŋ-	pɑŋ	pɣʌŋ	pɑŋ:	pɣʌŋ:	bɣʌŋ:	bɣʌŋ:	bɑŋ
成都	zuən4	paŋ1	paŋ1	paŋ3	paŋ3	paŋ4	paŋ4 文 pan4 白	phaŋ2
彭州	zuən4	paŋ1	paŋ1	paŋ3	paŋ3	paŋ4	paŋ4 文 pan4 白	phaŋ2
郫县	zuən4	paŋ1	paŋ1	paŋ3	paŋ3	paŋ4	paŋ4 文 pan4 白	phaŋ2
广汉	zuen4	paŋ1	paŋ1	paŋ3	paŋ3	paŋ4	pan4	phaŋ2
都江堰河东	zuən4	paŋ1	paŋ1	paŋ3	paŋ3	paŋ4	pan4	phaŋ2
都江堰河西	zuən4	paŋ1	paŋ1	paŋ3	paŋ3	paŋ4	pan4	phaŋ2
崇州	zuən4	paŋ1	paŋ1	paŋ3	paŋ3	paŋ4	pan4	phaŋ2
大邑	zuən4	paŋ1	paŋ1	paŋ3	paŋ3	paŋ4	paŋ4 文 pan4 白	phaŋ2
邛崃	zuən4	paŋ1	paŋ1	paŋ3	paŋ3	paŋ4	paŋ4 文 pan4 白	phaŋ2
新津	zuən4	paŋ1	paŋ1	paŋ3	paŋ3	paŋ4	paŋ4 文 pan4 白	phaŋ2
蒲江	yn4 zuən4 旧	paŋ1	paŋ1	paŋ3	paŋ3	paŋ4	paŋ4 文 pan4 白	phaŋ2
彭山	zuən4 yn4 新	paŋ1	paŋ1	paŋ3	paŋ3	paŋ4	paŋ4 文 pan4 白	phaŋ2
眉山	zuən4 yn4 新	paŋ1	paŋ1	paŋ3	paŋ3	paŋ4	paŋ4 文 pan4 白	phaŋ2
丹棱	zuən4 yn4 新	paŋ1	paŋ1	paŋ3	paŋ3	paŋ4	paŋ4 文 pan4 白	phaŋ2
洪雅	zuən4 yn4 新	paŋ1	paŋ1	paŋ3	paŋ3	paŋ4	paŋ4 文 pan4 白	phaŋ2
青神	zuən4 yn4 新	paŋ1	paŋ1	paŋ3	paŋ3	paŋ4	paŋ4 文 pan4 白	phaŋ2
夹江	zuən4	paŋ1	paŋ1	paŋ3	paŋ3	paŋ4	paŋ4	phaŋ2
峨眉山	zuən4	paŋ1	paŋ1	paŋ3	paŋ3	paŋ4	paŋ4	phaŋ2
乐山	zuən4	paŋ1	paŋ1	paŋ3	paŋ3	paŋ4	paŋ4	phaŋ2
犍为	zuən4	paŋ1	paŋ1	paŋ3	paŋ3	paŋ4	paŋ4	phaŋ2

① 又蒲幸切，梗开二並庚上。

字目	孕	帮	邦	榜	绑	棒	蚌[1]	旁
反切	以证	博旁	博江	北朗		步项	步项	步光
声韵调	曾开三 以蒸去	宕开一 帮唐平	江开二 帮江平	宕开一 帮唐上	江开二 帮江上	江开二 並江上	江开二 並江上	宕开一 並唐平
中古音	jɨŋ-	pɑŋ	pɣʌŋ	pɑŋ:	pɣʌŋ:	bɣʌŋ:	bɣʌŋ:	bɑŋ
沐川	zuən4	pan1	pan1	pan3	pan3	pan4	paŋ4 文 pan4 白	phan2
峨边	zuən4	paŋ1	paŋ1	paŋ3	paŋ3	paŋ4	paŋ4 文 pan4 白	phaŋ2
雅安	zuən4	paŋ1	paŋ1	paŋ3	paŋ3	paŋ4	pan4	phaŋ2
名山	zuen4	paŋ1	paŋ1	paŋ3	paŋ3	paŋ4	pan4 白 paŋ4 文	phaŋ2
天全	zuen4	paŋ1	paŋ1	paŋ3	paŋ3	paŋ4	pan4 白 paŋ4 文	phaŋ2
芦山	zuən4	paŋ1	paŋ1	paŋ3	paŋ3	paŋ4	pan4	phaŋ2
宝兴	zuən4	paŋ1	paŋ1	paŋ3	paŋ3	paŋ4	paŋ4 文 pan4 白	phaŋ2
荥经	zuən4	paŋ1	paŋ1	paŋ3	paŋ3	paŋ4	paŋ4 文 pan4 白	phaŋ2
汉源	zuen4	paŋ1	paŋ1	paŋ3	paŋ3	paŋ4	pan4 白 paŋ4 文	phaŋ2
石棉	zuen4	paŋ1	paŋ1	paŋ3	paŋ3	paŋ4	pan4 白 paŋ4 文	phaŋ2
内江	ʐuən4 yn4 新	paŋ1	paŋ1	paŋ3	paŋ3	paŋ4	paŋ4 文 pan4 白	phaŋ2
威远	ʐuən4 yn4 新	paŋ1	paŋ1	paŋ3	paŋ3	paŋ4	paŋ4 文 pan4 白	phaŋ2
荣县	zuən4 yn4 新	pan1	pan1	pan3	pan3	pan4	paŋ4 文 pan4 白	phan2
自贡	ʐuən4	paŋ1	paŋ1	paŋ3	paŋ3	paŋ4	paŋ4	phaŋ2
富顺	ʐuən4	paŋ1	paŋ1	paŋ3	paŋ3	paŋ4	paŋ4	phaŋ2
隆昌	ʐuən4	paŋ1	paŋ1	paŋ3	paŋ3	paŋ4	paŋ4	phaŋ2
泸县	zuən4	paŋ1	paŋ1	paŋ3	paŋ3	paŋ4	paŋ4 文 pan4 白	phaŋ2
泸州	zuən4	paŋ1	paŋ1	paŋ3	paŋ3	paŋ4	paŋ4 文 pan4 白	phaŋ2
南溪	zuən4	paŋ1	paŋ1	paŋ3	paŋ3	paŋ4	paŋ4 文 pan4 白	phaŋ2
合江	zoŋ4	paŋ1	paŋ1	paŋ3	paŋ3	paŋ4	paŋ4 文 pan4 白	phaŋ2

① 又蒲幸切，梗开二並庚上。

字目	庞	胖肥胖	忙	芒	茫	盲[①]	莽	蟒
反切	薄江	匹绛	莫郎	莫郎	莫郎	武庚	模朗	模朗
声韵调	江开二 並江平	江开二 滂江去	宕开一 明唐平	宕开一 明唐平	宕开一 明唐平	梗开二 明庚平	宕开一 明唐上	宕开一 明唐上
中古音	bɣʌŋ	phɣʌŋ-	mɑŋ	mɑŋ	mɑŋ	mɣæŋ	mɑŋ:	mɑŋ:
成都	phaŋ2	phaŋ4	maŋ2	maŋ2	maŋ2	maŋ2	maŋ3	maŋ3
彭州	phaŋ2	phaŋ4	maŋ2	maŋ2	maŋ2	maŋ2	maŋ3	maŋ3
郫县	phaŋ2	phaŋ4	maŋ2	maŋ2	maŋ2	maŋ2	maŋ3	maŋ3
广汉	phaŋ2	phaŋ4	maŋ2	maŋ2	maŋ2	maŋ2	maŋ3	maŋ3
都江堰河东	phaŋ2	phaŋ4	maŋ2	maŋ2	maŋ2	maŋ2	maŋ3	maŋ3
都江堰河西	phaŋ2	phaŋ4	maŋ2	maŋ2	maŋ2	maŋ2	maŋ3	maŋ3
崇州	phaŋ2	phaŋ4	maŋ2	maŋ2	maŋ2	maŋ2	maŋ3	maŋ3
大邑	phaŋ2	phaŋ4	maŋ2	maŋ2	maŋ2	maŋ2	maŋ3	maŋ3
邛崃	phaŋ2	phaŋ4	maŋ2	maŋ2	maŋ2	maŋ2	maŋ3	maŋ3
新津	phaŋ2	phaŋ4	maŋ2	maŋ2	maŋ2	maŋ2	maŋ3	maŋ3
蒲江	phaŋ2	phaŋ4	maŋ2	maŋ2	maŋ2	maŋ2	maŋ3	maŋ3
彭山	phaŋ2	phaŋ4	maŋ2	maŋ2	maŋ2	maŋ2	maŋ3	maŋ3
眉山	phaŋ2	phaŋ4	maŋ2	maŋ2	maŋ2	maŋ2	maŋ3	maŋ3
丹棱	phaŋ2	phaŋ4	maŋ2	maŋ2	maŋ2	maŋ2	maŋ3	maŋ3
洪雅	phaŋ2	phaŋ4	maŋ2	maŋ2	maŋ2	maŋ2	maŋ3	maŋ3
青神	phaŋ2	phaŋ4	maŋ2	maŋ2	maŋ2	maŋ2	maŋ3	maŋ3
夹江	phaŋ2	phaŋ4	maŋ2	maŋ2	maŋ2	maŋ2	maŋ3	maŋ3
峨眉山	phaŋ2	phaŋ4	maŋ2	maŋ2	maŋ2	maŋ2	maŋ3	maŋ3
乐山	phaŋ2	phaŋ4	maŋ2	maŋ2	maŋ2	maŋ2	maŋ3	maŋ3
犍为	phaŋ2	phaŋ4	maŋ2	maŋ2	maŋ2	maŋ2	maŋ3	maŋ3

① 又莫郎切，宕开一明唐平。

字目	庞	胖肥胖	忙	芒	茫	盲[①]	莽	蟒
反切	薄江	匹绛	莫郎	莫郎	莫郎	武庚	模朗	模朗
声韵调	江开二 並江平	江开二 滂江去	宕开一 明唐平	宕开一 明唐平	宕开一 明唐平	梗开二 明庚平	宕开一 明唐上	宕开一 明唐上
中古音	bɣʌŋ	phɣʌŋ-	mɑŋ	mɑŋ	mɑŋ	mɣæŋ	mɑŋ:	mɑŋ:
沐川	phan2	phan4	maŋ2	maŋ2	maŋ2	maŋ2	maŋ3	maŋ3
峨边	phaŋ2	phaŋ4	maŋ2	maŋ2	maŋ2	maŋ2	maŋ3	maŋ3
雅安	phaŋ2	phaŋ4	maŋ2	maŋ2	maŋ2	maŋ2	maŋ3	maŋ3
名山	phaŋ2	phaŋ4	maŋ2	maŋ2	maŋ2	maŋ2	maŋ3	maŋ3
天全	phaŋ2	phaŋ4	maŋ2	maŋ2	maŋ2	maŋ2	maŋ3	maŋ3
芦山	phaŋ2	phaŋ4	maŋ2	maŋ2	maŋ2	maŋ2	maŋ3	maŋ3
宝兴	phaŋ2	phaŋ4	maŋ2	maŋ2	maŋ2	maŋ2	maŋ3	maŋ3
荥经	phaŋ2	phaŋ4	maŋ2	maŋ2	maŋ2	maŋ2	maŋ3	maŋ3
汉源	phaŋ2	phaŋ4	maŋ2	maŋ2	maŋ2	maŋ2	maŋ3	maŋ3
石棉	phaŋ2	phaŋ4	maŋ2	maŋ2	maŋ2	maŋ2	maŋ3	maŋ3
内江	phaŋ2	phaŋ4	maŋ2	maŋ2	maŋ2	maŋ2	maŋ3	maŋ3
威远	phaŋ2	phaŋ4	maŋ2	maŋ2	maŋ2	maŋ2	maŋ3	maŋ3
荣县	phan2	phan4	man2	man2	man2	man2	man3	man3
自贡	phaŋ2	phaŋ4	maŋ2	maŋ2	maŋ2	maŋ2	maŋ3	maŋ3
富顺	phaŋ2	phaŋ4	maŋ2	maŋ2	maŋ2	maŋ2	maŋ3	maŋ3
隆昌	phaŋ2	phaŋ4	maŋ2	maŋ2	maŋ2	maŋ2	maŋ3	maŋ3
泸县	phaŋ2	phaŋ4	maŋ2	maŋ2	maŋ2	maŋ2	maŋ3	maŋ3
泸州	phaŋ2	phaŋ4	maŋ2	maŋ2	maŋ2	maŋ2	maŋ3	maŋ3
南溪	phaŋ2	phaŋ4	maŋ2	maŋ2	maŋ2	maŋ2	maŋ3	maŋ3
合江	phaŋ2	phaŋ4	maŋ2	maŋ2	maŋ2	maŋ2	maŋ3	maŋ3

① 又莫郎切，宕开一明唐平。

字目	方	坊	芳	妨	防	房	仿仿效	纺
反切	府良	府良	敷方	敷方	符方	符方	分两	妃两
声韵调	宕合三 非阳平	宕合三 非阳平	宕合三 敷阳平	宕合三 敷阳平	宕合三 奉阳平	宕合三 奉阳平	宕合三 非阳上	宕合三 敷阳上
中古音	pɥɐŋ	pɥɐŋ	phɥɐŋ	phɥɐŋ	bɥɐŋ	bɥɐŋ	pɥɐŋ:	phɥɐŋ:
成都	faŋ1	faŋ2 faŋ1	faŋ1	faŋ2	faŋ2	faŋ2	faŋ3	faŋ3
彭州	faŋ1	faŋ2 faŋ1	faŋ1	faŋ2	faŋ2	faŋ2	faŋ3	faŋ3
郫县	faŋ1	faŋ1 faŋ2	faŋ1	faŋ2	faŋ2	faŋ2	faŋ3	faŋ3
广汉	faŋ1	faŋ1 faŋ2	faŋ1	faŋ2	faŋ2	faŋ2	faŋ3	faŋ3
都江堰河东	faŋ1	faŋ2 faŋ1	faŋ1	faŋ2	faŋ2	faŋ2	faŋ3	faŋ3
都江堰河西	faŋ1	faŋ2 faŋ1	faŋ1	faŋ2	faŋ2	faŋ2	faŋ3	faŋ3
崇州	faŋ1	faŋ2 faŋ1	faŋ1	faŋ2	faŋ2	faŋ2	faŋ3	faŋ3
大邑	faŋ1	faŋ3 faŋ2	faŋ1	faŋ2	faŋ2	faŋ2	faŋ3	faŋ3
邛崃	faŋ1	faŋ3 faŋ2	faŋ1	faŋ2	faŋ2	faŋ2	faŋ3	faŋ3
新津	faŋ1	faŋ1 faŋ2	faŋ1	faŋ2	faŋ2	faŋ2	faŋ3	faŋ3
蒲江	faŋ1	faŋ2 faŋ3	faŋ1	faŋ2	faŋ2	faŋ2	faŋ3	faŋ3
彭山	faŋ1	faŋ2 faŋ1	faŋ1	faŋ2	faŋ2	faŋ2	faŋ3	faŋ3
眉山	faŋ1	faŋ2 faŋ1	faŋ1	faŋ2	faŋ2	faŋ2	faŋ3	faŋ3
丹棱	faŋ1	faŋ2 faŋ1	faŋ1	faŋ3	faŋ2	faŋ2	faŋ3	faŋ3
洪雅	faŋ1	faŋ2 faŋ1	faŋ1	faŋ2	faŋ2	faŋ2	faŋ3	faŋ3
青神	faŋ1	faŋ2 faŋ1	faŋ1	faŋ3	faŋ2	faŋ2	faŋ3	faŋ3
夹江	faŋ1	faŋ1 faŋ3	faŋ1	faŋ2	faŋ2	faŋ2	faŋ3	faŋ3
峨眉山	faŋ1	faŋ1 faŋ3	faŋ1	faŋ2	faŋ2	faŋ2	faŋ3	faŋ3
乐山	faŋ1	faŋ1 faŋ3	faŋ1	faŋ2	faŋ2	faŋ2	faŋ3	faŋ3
犍为	faŋ1	faŋ1 faŋ3	faŋ1	faŋ2	faŋ2	faŋ2	faŋ3	faŋ3

字目	方	坊	芳	妨	防	房	仿仿效	纺
反切	府良	府良	敷方	敷方	符方	符方	分两	妃两
声韵调	宕合三 非阳平	宕合三 非阳平	宕合三 敷阳平	宕合三 敷阳平	宕合三 奉阳平	宕合三 奉阳平	宕合三 非阳上	宕合三 敷阳上
中古音	pʉɐŋ	pʉɐŋ	phʉɐŋ	phʉɐŋ	bʉɐŋ	bʉɐŋ	pʉɐŋ:	phʉɐŋ:
沐川	fan1	fan2 fan1	fan1	fan3	fan2	fan2	fan3	fan3
峨边	faŋ1	faŋ1 faŋ2	faŋ1	faŋ2	faŋ2	faŋ2	faŋ3	faŋ3
雅安	faŋ1	faŋ1	faŋ1	faŋ2	faŋ2	faŋ2	faŋ3	faŋ3
名山	faŋ1	faŋ2 faŋ1 口	faŋ1	faŋ2	faŋ2	faŋ2	faŋ3	faŋ3
天全	faŋ1	faŋ2 faŋ1 口	faŋ1	faŋ3	faŋ2	faŋ2	faŋ3	faŋ3
芦山	faŋ1	faŋ1	faŋ1	faŋ2	faŋ2	faŋ2	faŋ3	faŋ3
宝兴	faŋ1	faŋ2	faŋ1	faŋ2	faŋ2	faŋ2	faŋ3	faŋ3
荥经	faŋ1	faŋ2 faŋ1	faŋ1	faŋ2	faŋ2	faŋ2	faŋ3	faŋ3
汉源	faŋ1	faŋ2 faŋ1 口	faŋ1	faŋ2	faŋ2	faŋ2	faŋ3	faŋ3
石棉	faŋ1	faŋ2 faŋ1 口	faŋ1	faŋ2	faŋ2	faŋ2	faŋ3	faŋ3
内江	faŋ1	faŋ2 faŋ1	faŋ1	faŋ3	faŋ2	faŋ2	faŋ3	faŋ3
威远	faŋ1	faŋ3 faŋ1	faŋ1	faŋ3	faŋ2	faŋ2	faŋ3	faŋ3
荣县	fan1	fan3 fan1	fan1	fan3	fan2	fan2	fan3	fan3
自贡	faŋ1	faŋ1	faŋ1	faŋ2	faŋ2	faŋ2	faŋ3	faŋ3
富顺	faŋ1	faŋ1	faŋ1	faŋ2	faŋ2	faŋ2	faŋ3	faŋ3
隆昌	faŋ1	faŋ1	faŋ1	faŋ2	faŋ2	faŋ2	faŋ3	faŋ3
泸县	faŋ1	faŋ1 faŋ2	faŋ1	faŋ2	faŋ2	faŋ2	faŋ3	faŋ3
泸州	faŋ1	faŋ1 faŋ2	faŋ1	faŋ2	faŋ2	faŋ2	faŋ3	faŋ3
南溪	faŋ1	faŋ1 faŋ2	faŋ1	faŋ2	faŋ2	faŋ2	faŋ3	faŋ3
合江	faŋ1	faŋ2① faŋ1	faŋ1	paŋ2	paŋ2	paŋ2	faŋ3	paŋ3

① 又音 faŋ3。

字目	仿相仿	访	放	当应当	党	挡阻挡	当上当	荡浩荡
反切	妃两	敷亮	甫妄	都郎	多朗		丁浪	徒朗
声韵调	宕合三 敷阳上	宕合三 敷阳去	宕合三 非阳去	宕开一 端唐平	宕开一 端唐上	宕开一 端唐上	宕开一 端唐去	宕开一 定唐上
中古音	phɨɐŋ:	phɨɐŋ-	pɨɐŋ-	tɑŋ	tɑŋ:	tɑŋ:	tɑŋ-	dɑŋ:
成都	faŋ3	faŋ3	faŋ4	taŋ1	taŋ3	taŋ3 taŋ4 口	taŋ4	taŋ4
彭州	faŋ3	faŋ3	faŋ4	taŋ1	taŋ3	taŋ3	taŋ4	taŋ4
郫县	faŋ3	faŋ3	faŋ4	taŋ1	taŋ3	taŋ3	taŋ4	taŋ4
广汉	faŋ3	faŋ3	faŋ4	taŋ1	taŋ3	taŋ3	taŋ4	taŋ4
都江堰河东	faŋ3	faŋ3	faŋ4	taŋ1	taŋ3	taŋ3	taŋ4	taŋ4
都江堰河西	faŋ3	faŋ3	faŋ4	taŋ1	taŋ3	taŋ3	taŋ4	taŋ4
崇州	faŋ3	faŋ3	faŋ4	taŋ1	taŋ3	taŋ3	taŋ4	taŋ4
大邑	faŋ3	faŋ3	faŋ4	taŋ1	taŋ3	taŋ3	taŋ4	taŋ4
邛崃	faŋ3	faŋ3	faŋ4	taŋ1	taŋ3	taŋ3	taŋ4	taŋ4
新津	faŋ3	faŋ3	faŋ4	taŋ1	taŋ3	taŋ3	taŋ4	taŋ4
蒲江	faŋ3	faŋ3	faŋ4	taŋ1	taŋ3	taŋ3	taŋ4	taŋ4
彭山	faŋ3	faŋ3	faŋ4	taŋ1	taŋ3	taŋ3	taŋ4	taŋ4
眉山	faŋ3	faŋ3	faŋ4	tan1	tan3	tan3	tan4	tan4
丹棱	faŋ3	faŋ3	faŋ4	tan1	tan3	tan3	tan4	tan4
洪雅	faŋ3	faŋ3	faŋ4	taŋ1	taŋ3	taŋ3	taŋ4	taŋ4
青神	faŋ3	faŋ3	faŋ4	taŋ1	taŋ3	taŋ3	taŋ4	taŋ4
夹江	faŋ3	faŋ3	faŋ4	taŋ1	taŋ3	taŋ3	taŋ4	taŋ4
峨眉山	faŋ3	faŋ3	faŋ4	taŋ1	taŋ3	taŋ3	taŋ4	taŋ4
乐山	faŋ3	faŋ3	faŋ4	taŋ1	taŋ3	taŋ3	taŋ4	taŋ4
犍为	faŋ3	faŋ3	faŋ4	taŋ1	taŋ3	taŋ3	taŋ4	taŋ4

字目	仿相仿	访	放	当应当	党	挡阻挡	当上当	荡浩荡
反切	妃两	敷亮	甫妄	都郎	多朗		丁浪	徒朗
声韵调	宕合三 敷阳上	宕合三 敷阳去	宕合三 非阳去	宕开一 端唐平	宕开一 端唐上	宕开一 端唐上	宕开一 端唐去	宕开一 定唐上
中古音	phʉɐŋ:	phʉɐŋ-	pʉɐŋ-	tɑŋ	tɑŋ:	tɑŋ:	tɑŋ-	dɑŋ:
沐川	fan3	fan3	fan4	tan1	tan3	tan3	tan4	tan4
峨边	faŋ3	faŋ3	faŋ4	taŋ1	taŋ3	taŋ3	taŋ4	taŋ4
雅安	faŋ3	faŋ3	faŋ4	taŋ1	taŋ3	taŋ3	taŋ4	taŋ4
名山	faŋ3	faŋ3	faŋ4	taŋ1	taŋ3	taŋ4	taŋ4	taŋ4
天全	faŋ3	faŋ3	faŋ4	taŋ1	taŋ3	taŋ4	taŋ4	taŋ4
芦山	faŋ3	faŋ3	faŋ4	taŋ1	taŋ3	taŋ3	taŋ4	taŋ4
宝兴	faŋ3	faŋ3	faŋ4	taŋ1	taŋ3	taŋ3	taŋ4	taŋ4
荥经	faŋ3	faŋ3	faŋ4	taŋ1	taŋ3	taŋ3	taŋ4	taŋ4
汉源	faŋ3	faŋ3	faŋ4	taŋ1	taŋ3	taŋ4	taŋ4	taŋ4
石棉	faŋ3	faŋ3	faŋ4	taŋ1	taŋ3	taŋ3	taŋ4	taŋ4
内江	faŋ3	faŋ3	faŋ4	taŋ1	taŋ3	taŋ3 taŋ4	taŋ4	taŋ4
威远	faŋ3	faŋ3	faŋ4	taŋ1	taŋ3	taŋ3	taŋ4	taŋ4
荣县	fan3	fan3	fan4	tan1	tan3	tan3	tan4	tan4
自贡	faŋ3	faŋ3	faŋ4	taŋ1	taŋ3	taŋ3	taŋ4	taŋ4
富顺	faŋ3	faŋ3	faŋ4	taŋ1	taŋ3	taŋ3	taŋ4	thaŋ4
隆昌	faŋ3	faŋ3	faŋ4	taŋ1	taŋ3	taŋ3	taŋ4	taŋ4
泸县	faŋ3	faŋ3	faŋ4	taŋ1	taŋ3	taŋ3	taŋ4	taŋ4
泸州	faŋ3	faŋ3	faŋ4	taŋ1	taŋ3	taŋ3	taŋ4	taŋ4
南溪	faŋ3	faŋ3	faŋ4	taŋ1	taŋ3	taŋ3	taŋ4	taŋ4
合江	faŋ3	paŋ3	faŋ4	tan1	tan3	tan3	tan4	tan4

字目	汤	唐	糖	塘	棠	堂	*躺	烫
反切	吐郎	徒郎	徒郎	徒郎	徒郎	徒郎	*坦朗	他浪
声韵调	宕开一 透唐平	宕开一 定唐平	宕开一 定唐平	宕开一 定唐平	宕开一 定唐平	宕开一 定唐平	宕开一 透唐上	宕开一 透唐去
中古音	thaŋ	daŋ	daŋ	daŋ	daŋ	daŋ	thaŋ:	thaŋ-
成都	thaŋ1	thaŋ2	thaŋ2	thaŋ2	thaŋ2	thaŋ2	thaŋ3	thaŋ4
彭州	thaŋ1	thaŋ2	thaŋ2	thaŋ2	thaŋ2	thaŋ2	thaŋ3	thaŋ4
郫县	thaŋ1	thaŋ2	thaŋ2	thaŋ2	thaŋ2	thaŋ2	thaŋ3	thaŋ4
广汉	thaŋ1	thaŋ2	thaŋ2	thaŋ2	thaŋ2	thaŋ2	thaŋ3	thaŋ4
都江堰河东	thaŋ1	thaŋ2	thaŋ2	thaŋ2	thaŋ2	thaŋ2	thaŋ3	thaŋ4
都江堰河西	thaŋ1	thaŋ2	thaŋ2	thaŋ2	thaŋ2	thaŋ2	thaŋ3	thaŋ4
崇州	thaŋ1	thaŋ2	thaŋ2	thaŋ2	thaŋ2	thau2	thaŋ3	thaŋ4
大邑	thaŋ1	thaŋ2	thaŋ2	thaŋ2	thaŋ2	thaŋ2	thaŋ3	thaŋ4
邛崃	thaŋ1	thaŋ2	thaŋ2	thaŋ2	thaŋ2	thaŋ2	thaŋ3	thaŋ4
新津	thaŋ1	thaŋ2	thaŋ2	thaŋ2	thaŋ2	thaŋ2	thaŋ3	thaŋ4
蒲江	thaŋ1	thaŋ2	thaŋ2	thaŋ2	thaŋ2	thaŋ2	thaŋ3	thaŋ4
彭山	thaŋ1	thaŋ2	thaŋ2	thaŋ2	thaŋ2	thaŋ2	thaŋ3	thaŋ4
眉山	than1	than2	than2	than2	than2	than2	than3	than4
丹棱	than1	than2	than2	than2	than2	than2	than3	than4
洪雅	thaŋ1	thaŋ2	thaŋ2	thaŋ2	thaŋ2	thaŋ2	thaŋ3	thaŋ4
青神	thaŋ1	thaŋ2	thaŋ2	thaŋ2	thaŋ2	thaŋ2	thaŋ3	thaŋ4
夹江	thaŋ1	thaŋ2	thaŋ2	thaŋ2	thaŋ2	thaŋ2	thaŋ3	thaŋ4
峨眉山	thaŋ1	thaŋ2	thaŋ2	thaŋ2	thaŋ2	thaŋ2	thaŋ3	thaŋ4
乐山	thaŋ1	thaŋ2	thaŋ2	thaŋ2	thaŋ2	thaŋ2	thaŋ3	thaŋ4
犍为	thaŋ1	thaŋ2	thaŋ2	thaŋ2	thaŋ2	thaŋ2	thaŋ3	thaŋ4

字目	汤	唐	糖	塘	棠	堂	*躺	烫
反切	吐郎	徒郎	徒郎	徒郎	徒郎	徒郎	*坦朗	他浪
声韵调	宕开一 透唐平	宕开一 定唐平	宕开一 定唐平	宕开一 定唐平	宕开一 定唐平	宕开一 定唐平	宕开一 透唐上	宕开一 透唐去
中古音	thɑŋ	dɑŋ	dɑŋ	dɑŋ	dɑŋ	dɑŋ	thɑŋ:	thɑŋ-
沐川	than1	than2	than2	than2	than2	than2	than3	than4
峨边	thaŋ1	thaŋ2	thaŋ2	thaŋ2	thaŋ2	thaŋ2	thaŋ3	thaŋ4
雅安	thaŋ1	thaŋ2	thaŋ2	thaŋ2	thaŋ2	thaŋ2	thaŋ3	thaŋ4
名山	thaŋ1	thaŋ2	thaŋ2	thaŋ2	thaŋ2	thaŋ2	thaŋ3	thaŋ4
天全	thaŋ1	thaŋ2	thaŋ2	thaŋ2	thaŋ2	thaŋ2	thaŋ3	thaŋ4
芦山	thaŋ1	thaŋ2	thaŋ2	thaŋ2	thaŋ2	thaŋ2	thaŋ3	thaŋ4
宝兴	thaŋ1	thaŋ2	thaŋ2	thaŋ2	thaŋ2	thaŋ2	thaŋ3	thaŋ4
荥经	thaŋ1	thaŋ2	thaŋ2	thaŋ2	thaŋ2	thaŋ2	thaŋ3	thaŋ4
汉源	thaŋ1	thaŋ2	thaŋ2	thaŋ2	thaŋ2	thaŋ2	thaŋ3	thaŋ4
石棉	thaŋ1	thaŋ2	thaŋ2	thaŋ2	thaŋ2	thaŋ2	thaŋ3	thaŋ4
内江	thaŋ1	thaŋ2	thaŋ2	thaŋ2	thaŋ2	thaŋ2	thaŋ3	thaŋ4
威远	thaŋ1	thaŋ2	thaŋ2	thaŋ2	thaŋ2	thaŋ2	thaŋ3	thaŋ4
荣县	than1	than2	than2	than2	than2	than2	than3	than4
自贡	thaŋ1	thaŋ2	thaŋ2	thaŋ2	thaŋ2	thaŋ2	thaŋ3	thaŋ4
富顺	thaŋ1	thaŋ2	thaŋ2	thaŋ2	thaŋ2	thaŋ2	thaŋ3	thaŋ4
隆昌	thaŋ1	thaŋ2	thaŋ2	thaŋ2	thaŋ2	thaŋ2	thaŋ3	thaŋ4
泸县	thaŋ1	thaŋ2	thaŋ2	thaŋ2	thaŋ2	thaŋ2	thaŋ3	thaŋ4
泸州	thaŋ1	thaŋ2	thaŋ2	thaŋ2	thaŋ2	thaŋ2	thaŋ3	thaŋ4
南溪	thaŋ1	thaŋ2	thaŋ2	thaŋ2	thaŋ2	thaŋ2	thaŋ3	thaŋ4
合江	than1	than2	than2	than2	than2	than2	than3	than4

字目	趟走一趟	囊	郎	廊	狼	朗	浪	赃
反切	他浪	奴当	鲁当	鲁当	鲁当	卢党	来宕	则郎
声韵调	宕开一 透唐去	宕开一 泥唐平	宕开一 来唐平	宕开一 来唐平	宕开一 来唐平	宕开一 来唐上	宕开一 来唐去	宕开一 精唐平
中古音	thɑŋ-	nɑŋ	lɑŋ	lɑŋ	lɑŋ	lɑŋ:	lɑŋ-	tsɑŋ
成都	thaŋ4	naŋ2	naŋ2	naŋ2	naŋ2	naŋ3	naŋ4	tsaŋ1
彭州	thaŋ4	naŋ2	naŋ2	naŋ2	naŋ2	naŋ3	naŋ4	tsaŋ1
郫县	thaŋ4	laŋ2	laŋ2	laŋ2	laŋ2	laŋ3	laŋ4	tsaŋ1
广汉	thaŋ4	laŋ2	laŋ2	laŋ2	laŋ2	laŋ3	laŋ4	tsaŋ1
都江堰河东	thaŋ4	naŋ2	naŋ2	naŋ2	naŋ2	naŋ3	naŋ4	tsaŋ1
都江堰河西	thaŋ4	naŋ2	naŋ2	naŋ2	naŋ2	naŋ3	naŋ4	tsaŋ1
崇州	thaŋ4	naŋ2	naŋ2	naŋ2	naŋ2	naŋ3	naŋ4	tsaŋ1
大邑	thaŋ4	naŋ2	naŋ2	naŋ2	naŋ2	naŋ3	naŋ4	tsaŋ1
邛崃	thaŋ4	naŋ2	naŋ2	naŋ2	naŋ2	naŋ3	naŋ4	tsaŋ1
新津	thaŋ4	naŋ2	naŋ2	naŋ2	naŋ2	naŋ3	naŋ4	tsaŋ1
蒲江	thaŋ4	laŋ2	laŋ2	laŋ2	laŋ2	laŋ3	laŋ4	tsaŋ1
彭山	thaŋ4	naŋ2	naŋ2	naŋ2	naŋ2	naŋ3	naŋ4	tsaŋ1
眉山	than4	nan2	nan2	nan2	nan2	nan3	nan4	tsaŋ1
丹棱	than4	nan2	nan2	nan2	nan2	nan3	nan4	tsaŋ1
洪雅	thaŋ4	naŋ2	naŋ2	naŋ2	naŋ2	naŋ3	naŋ4	tsaŋ1
青神	thaŋ4	laŋ2	laŋ2	laŋ2	laŋ2	laŋ3	laŋ4	tsaŋ1
夹江	thaŋ4	naŋ2	naŋ2	naŋ2	naŋ2	naŋ3	naŋ4	tsaŋ1
峨眉山	thaŋ4	naŋ2	naŋ2	naŋ2	naŋ2	naŋ3	naŋ4	tsaŋ1
乐山	thaŋ4	laŋ2	laŋ2	laŋ2	laŋ2	laŋ3	laŋ4	tsaŋ1
犍为	thaŋ4	laŋ2	laŋ2	laŋ2	laŋ2	laŋ3	laŋ4	tsaŋ1

字目	趟走一趟	囊	郎	廊	狼	朗	浪	赃
反切	他浪	奴当	鲁当	鲁当	鲁当	卢党	来宕	则郎
声韵调	宕开一 透唐去	宕开一 泥唐平	宕开一 来唐平	宕开一 来唐平	宕开一 来唐平	宕开一 来唐上	宕开一 来唐去	宕开一 精唐平
中古音	thɑŋ-	nɑŋ	lɑŋ	lɑŋ	lɑŋ	lɑŋ:	lɑŋ-	tsɑŋ
沐川	thaŋ4	laŋ2	laŋ2	laŋ2	laŋ2	laŋ3	laŋ4	tsaŋ1
峨边	thaŋ4	laŋ2	laŋ2	laŋ2	laŋ2	laŋ3	laŋ4	tsaŋ1
雅安	thaŋ4	naŋ2	naŋ2	naŋ2	naŋ2	naŋ3	naŋ4	tsaŋ1
名山	thaŋ4	laŋ2	laŋ2	laŋ2	laŋ2	laŋ3	laŋ4	tsaŋ1
天全	thaŋ4	laŋ2	laŋ2	laŋ2	laŋ2	laŋ3	laŋ4	tsaŋ1
芦山	thaŋ4	naŋ2	naŋ2	naŋ2	naŋ2	naŋ3	naŋ4	tsaŋ1
宝兴	thaŋ4	naŋ2	naŋ2	naŋ2	naŋ2	naŋ3	naŋ4	tsaŋ1
荥经	thaŋ4	laŋ2	laŋ2	laŋ2	laŋ2	laŋ3	laŋ4	tsaŋ1
汉源	thaŋ4	naŋ2	naŋ2	naŋ2	naŋ2	naŋ3	naŋ4	tsaŋ1
石棉	thaŋ4	laŋ2	laŋ2	laŋ2	laŋ2	laŋ2	laŋ4	tsaŋ1
内江	thaŋ4	naŋ2	naŋ2	naŋ2	naŋ2	naŋ3	naŋ4	tsaŋ1
威远	thaŋ4	naŋ2	naŋ2	naŋ2	naŋ2	naŋ3	naŋ4	tsaŋ1
荣县	than4	nan2	nan2	nan2	nan2	nan3	nan4	tsan1
自贡	thaŋ4	laŋ2	laŋ2	laŋ2	laŋ2	laŋ3	laŋ4	tsaŋ1
富顺	thaŋ4	laŋ2	laŋ2	laŋ2	laŋ2	laŋ3	laŋ4	tsaŋ1
隆昌	thaŋ4	laŋ2	laŋ2	laŋ2	laŋ2	laŋ3	laŋ4	tsaŋ1
泸县	thaŋ4	laŋ2	laŋ2	laŋ2	laŋ2	laŋ3	laŋ4	tsaŋ1
泸州	thaŋ4	laŋ2	laŋ2	laŋ2	laŋ2	laŋ3	laŋ4	tsaŋ1
南溪	thaŋ4	laŋ2	laŋ2	laŋ2	laŋ2	laŋ3	laŋ4	tsaŋ1
合江	than4	lan2	lan2	lan2	lan2	lan3	lan4	tsan1

字目	葬	藏宝藏	脏内脏	仓	苍	藏隐藏	桑	丧丧事
反切	则浪	徂浪	徂浪	七冈	七冈	昨郎	息郎	息郎
声韵调	宕开一 精唐去	宕开一 从唐去	宕开一 从唐去	宕开一 清唐平	宕开一 清唐平	宕开一 从唐平	宕开一 心唐平	宕开一 心唐平
中古音	tsɑŋ-	dzɑŋ-	dzɑŋ-	tshɑŋ	tshɑŋ	dzɑŋ	sɑŋ	sɑŋ
成都	tsaŋ4	tsaŋ4	tsaŋ4	tshaŋ1	tshaŋ1	tshaŋ2 文 tɕhiaŋ2 白	saŋ1	saŋ1
彭州	tsaŋ4	tsaŋ4	tsaŋ4	tshaŋ1	tshaŋ1	tshaŋ2 文 tɕhiaŋ2 白	saŋ1	saŋ1
郫县	tsaŋ4	tsaŋ4	tsaŋ4	tshaŋ1	tshaŋ1	tshaŋ2 文 tɕhiaŋ2 白	saŋ1	saŋ1
广汉	tsaŋ4	tsaŋ4	tsaŋ4	tshaŋ1	tshaŋ1	tshaŋ2	saŋ1	saŋ1
都江堰河东	tsaŋ4	tsaŋ4	tsaŋ4	tshaŋ1	tshaŋ1	tshaŋ2 文 tɕhiaŋ2 白	saŋ1	saŋ1
都江堰河西	tsaŋ4	tsaŋ4	tsaŋ4	tshaŋ1	tshaŋ1	tshaŋ2 文 tɕhiaŋ2 白	saŋ1	saŋ1
崇州	tsaŋ4	tsaŋ4	tsaŋ4	tshaŋ1	tshaŋ1	tshaŋ2 文 tɕhiaŋ2 白	saŋ1	saŋ1
大邑	tsaŋ4	tsaŋ4	tsaŋ4	tshaŋ1	tshaŋ1	tshaŋ2 文 tɕhiaŋ2 白	saŋ1	saŋ1
邛崃	tsaŋ4	tsaŋ4	tsaŋ4	tshaŋ1	tshaŋ1	tshaŋ2 文 tɕhiaŋ2 白	saŋ1	saŋ1
新津	tsaŋ4	tsaŋ4	tsaŋ4	tshaŋ1	tshaŋ1	tshaŋ2 文 tɕhiaŋ2 白	saŋ1	saŋ1
蒲江	tsaŋ4	tsaŋ4	tsaŋ4	tshaŋ1	tshaŋ1	tshaŋ2 文 tɕhiaŋ2 白	saŋ1	saŋ1
彭山	tsaŋ4	tsaŋ4	tsaŋ4	tshuaŋ1	tshaŋ1	tshaŋ2	saŋ1	saŋ1
眉山	tsuaŋ4	tsuaŋ4	tsuaŋ4	tshuaŋ1	tshuaŋ1	tshuaŋ2	san1	san3
丹棱	tsuaŋ4	tsuaŋ4	tsuaŋ4	tshuaŋ1	tshuaŋ1	tshuaŋ2	suaŋ1	saŋ1
洪雅	tsaŋ4	tsaŋ4	tsaŋ4	tshaŋ1	tshaŋ1	tshaŋ2	saŋ1	saŋ1
青神	tsaŋ4	tsaŋ4	tsaŋ4	tshaŋ1	tshaŋ1	tshaŋ2	saŋ1	saŋ1
夹江	tsaŋ4	tsaŋ4	tsaŋ4	tshaŋ1	tshaŋ1	tshaŋ2	suaŋ1 saŋ1	suaŋ1 saŋ1
峨眉山	tsaŋ4	tsaŋ4	tsaŋ4	tshaŋ1	tshaŋ1	tshaŋ2	suaŋ1 saŋ1	suaŋ1 saŋ1
乐山	tsaŋ4	tsaŋ4	tsaŋ4	tshaŋ1	tshaŋ1	tshaŋ2	saŋ1	saŋ1
犍为	tsaŋ4	tsaŋ4	tsaŋ4	tshaŋ1	tshaŋ1	tshaŋ2	saŋ1	saŋ1

字目	葬	藏宝藏	脏内脏	仓	苍	藏隐藏	桑	丧丧事
反切	则浪	徂浪	徂浪	七冈	七冈	昨郎	息郎	息郎
声韵调	宕开一 精唐去	宕开一 从唐去	宕开一 从唐去	宕开一 清唐平	宕开一 清唐平	宕开一 从唐平	宕开一 心唐平	宕开一 心唐平
中古音	tsɑŋ-	dzɑŋ-	dzɑŋ-	tshɑŋ	tshɑŋ	dzɑŋ	sɑŋ	sɑŋ
沐川	tsaŋ4	tsaŋ4	tsaŋ4	tshaŋ1	tshaŋ1	tshaŋ2 文 tɕhiaŋ2 白	saŋ1	saŋ1
峨边	tsaŋ4	tsaŋ4	tsaŋ4	tshaŋ1	tshaŋ1	tshaŋ2	saŋ1	saŋ1
雅安	tsaŋ4	tsaŋ4	tsaŋ4	tshaŋ1	tshaŋ1	tshaŋ2	saŋ1	saŋ1
名山	tsaŋ4	tsaŋ4	tsaŋ4	tshaŋ1	tshaŋ1	tshaŋ2 文 tɕhiaŋ2 白	saŋ1	saŋ1
天全	tsaŋ4	tsaŋ4	tsaŋ4	tshaŋ1	tshaŋ1	tshaŋ2 文 tɕhiaŋ2 白	saŋ1	saŋ1
芦山	tsaŋ4	tsaŋ4	tsaŋ4	tshaŋ1	tshaŋ1	tshaŋ2	saŋ1	saŋ1
宝兴	tsaŋ4	tsaŋ4	tsaŋ4	tshaŋ1	tshaŋ1	tshaŋ2	saŋ1	saŋ1
荥经	tsaŋ4	tsaŋ4	tsaŋ4	tshaŋ1	tshaŋ1	tshaŋ2 文 tɕhiaŋ2 白	saŋ1	saŋ1
汉源	tsaŋ4	tsaŋ4	tsaŋ4	tshaŋ1	tshaŋ1	tshaŋ2 文 tɕhiaŋ2 白	saŋ1	saŋ1
石棉	tsaŋ4	tsaŋ4	tsaŋ4	tshaŋ1	tshaŋ1	tshaŋ2 文 tɕhiaŋ2 白	saŋ1	saŋ1
内江	tsaŋ4	tsaŋ4	tsaŋ4	tshaŋ1	tshaŋ1	tshaŋ2	saŋ1	saŋ1
威远	tsaŋ4	tsaŋ4	tsaŋ4	tshaŋ1	tshaŋ1	tshaŋ2	saŋ1	saŋ1
荣县	tsan4	tsan4	tsan4	tshan1	tshan1	tshan2	san1	san1
自贡	tsaŋ4	tsaŋ4	tsaŋ4	tshaŋ1	tshaŋ1	tshaŋ2	saŋ1	saŋ1
富顺	tsaŋ4	tsaŋ4	tsaŋ4	tshaŋ1	tshaŋ1	tshaŋ2	saŋ1	saŋ1
隆昌	tsaŋ4	tsaŋ4	tsaŋ4	tshaŋ1	tshaŋ1	tshaŋ2	saŋ1	saŋ1
泸县	tsaŋ4	tsaŋ4	tsaŋ4	tshaŋ1	tshaŋ1	tshaŋ2 文 tɕhiaŋ2 白	saŋ1	saŋ1
泸州	tsaŋ4	tsaŋ4	tsaŋ4	tshaŋ1	tshaŋ1	tshaŋ2 文 tɕhiaŋ2 白	saŋ1	saŋ1
南溪	tsaŋ4	tsaŋ4	tsaŋ4	tshaŋ1	tshaŋ1	tshaŋ2 文 tɕhiaŋ2 白	saŋ1	saŋ1
合江	tsan4	tsan4	tsan4	tshan1	tshan1	tshan2 文 tɕhiɛn2 白	san1	san1

字目	*嗓	丧[①]丧失	张	章	樟	长生长	涨[②]	掌
反切	*写朗	苏浪	陟良	诸良	诸良	知丈	*展两	诸两
声韵调	宕开一心唐上	宕开一心唐去	宕开三知阳平	宕开三章阳平	宕开三章阳平	宕开三知阳上	宕开三知阳上	宕开三章阳上
中古音	sɑŋ:	sɑŋ-	ȶiɐŋ	tɕiɐŋ	tɕiɐŋ	ȶiɐŋ:	ȶiɐŋ:	tɕiɐŋ:
成都	saŋ3	saŋ4	tsaŋ1	tsaŋ1	tsaŋ1	tsaŋ3	tsaŋ3	tsaŋ3
彭州	saŋ3	saŋ4	tsaŋ1	tsaŋ1	tsaŋ1	tsaŋ3	tsaŋ3	tsaŋ3
郫县	saŋ3	saŋ4	tsaŋ1	tsaŋ1	tsaŋ1	tsaŋ3	tsaŋ3	tsaŋ3
广汉	saŋ3	saŋ4	tsaŋ1	tsaŋ1	tsaŋ1	tsaŋ3	tsaŋ3	tsaŋ3
都江堰河东	saŋ3	saŋ4	tsaŋ1	tsaŋ1	tsaŋ1	tsaŋ3	tsaŋ3	tsaŋ3
都江堰河西	saŋ3	saŋ4	tsaŋ1	tsaŋ1	tsaŋ1	tsaŋ3	tsaŋ3	tsaŋ3
崇州	saŋ3	saŋ4	tsaŋ1	tsaŋ1	tsaŋ1	tsaŋ3	tsaŋ3	tsaŋ3
大邑	saŋ3	saŋ4	tsaŋ1	tsaŋ1	tsaŋ1	tsaŋ3	tsaŋ3	tsaŋ3
邛崃	saŋ3	saŋ4	tsaŋ1	tsaŋ1	tsaŋ1	tsaŋ3	tsaŋ3	tsaŋ3
新津	saŋ3	saŋ4	tsaŋ1	tsaŋ1	tsaŋ1	tsaŋ3	tsaŋ3	tsaŋ3
蒲江	saŋ3	saŋ4	tsaŋ1	tsaŋ1	tsaŋ1	tsaŋ3	tsaŋ3	tsaŋ3
彭山	saŋ3	saŋ3 saŋ4	tsaŋ1	tsaŋ1	tsaŋ1	tsaŋ3	tsaŋ3	tsaŋ3
眉山	san3	san3	tsan1	tsan1	tsan1	tsan3	tsan3	tsan3
丹棱	saŋ3	san4	tsan1	tsan1	tsan1	tsan3	tsan3	tsan3
洪雅	saŋ3	saŋ3	tsaŋ1	tsaŋ1	tsaŋ1	tsaŋ3	tsaŋ3	tsaŋ3
青神	saŋ3	saŋ3	tsaŋ1	tsaŋ1	tsaŋ1	tsaŋ3	tsaŋ3	tsaŋ3
夹江	saŋ3	saŋ4	tsaŋ1	tsaŋ1	tsaŋ1	tsaŋ3	tsaŋ3	tsaŋ3
峨眉山	saŋ3	suaŋ4 saŋ4	tsaŋ1	tsaŋ1	tsaŋ1	tsaŋ3	tsaŋ3	tsaŋ3
乐山	saŋ3	saŋ4	tsaŋ1	tsaŋ1	tsaŋ1	tsaŋ3	tsaŋ3	tsaŋ3
犍为	saŋ3	saŋ4	tsaŋ1	tsaŋ1	tsaŋ1	tsaŋ3	tsaŋ3	tsaŋ3

① 又息郎切，宕开一心唐平。 ② 又知亮切，宕开三知阳去。

字目	*嗓	丧[①]丧失	张	章	樟	长生长	涨[②]	掌
反切	*写朗	苏浪	陟良	诸良	诸良	知丈	*展两	诸两
声韵调	宕开一 心唐上	宕开一 心唐去	宕开三 知阳平	宕开三 章阳平	宕开三 章阳平	宕开三 知阳上	宕开三 知阳上	宕开三 章阳上
中古音	sɑŋ:	sɑŋ-	ʈɨɐŋ	tɕɨɐŋ	tɕɨɐŋ	ʈɨɐŋ:	ʈɨɐŋ:	tɕɨɐŋ:
沐川	saŋ3	saŋ4	tsaŋ1	tsaŋ1	tsaŋ1	tsaŋ3	tsaŋ3	tsaŋ3
峨边	saŋ3	saŋ3 saŋ4	tsaŋ1	tsaŋ1	tsaŋ1	tsaŋ3	tsaŋ3	tsaŋ3
雅安	saŋ3	saŋ3	tsaŋ1	tsaŋ1	tsaŋ1	tsaŋ3	tsaŋ3	tsaŋ3
名山	saŋ3	saŋ4	tsaŋ1	tsaŋ1	tsaŋ1	tsaŋ3	tsaŋ3	tsaŋ3
天全	saŋ3	saŋ4	tsaŋ1	tsaŋ1	tsaŋ1	tsaŋ3	tsaŋ3	tsaŋ3
芦山	saŋ3	saŋ3	tsaŋ1	tsaŋ1	tsaŋ1	tsaŋ3	tsaŋ3	tsaŋ3
宝兴	saŋ3	saŋ3	tsaŋ1	tsaŋ1	tsaŋ1	tsaŋ3	tsaŋ3	tsaŋ3
荥经	saŋ3	saŋ3	tsaŋ1	tsaŋ1	tsaŋ1	tsaŋ3	tsaŋ3	tsaŋ3
汉源	saŋ3	saŋ4	tsaŋ1	tsaŋ1	tsaŋ1	tsaŋ3	tsaŋ3	tsaŋ3
石棉	saŋ3	saŋ4	tsaŋ1	tsaŋ1	tsaŋ1	tsaŋ3	tsaŋ3	tsaŋ3
内江	saŋ3	saŋ4	tʂaŋ1	tʂaŋ1	tʂaŋ1	tsaŋ3	tʂaŋ3	tʂaŋ3
威远	saŋ3	saŋ4	tʂaŋ1	tʂaŋ1	tʂaŋ1	tʂaŋ3	tʂaŋ3	tʂaŋ3
荣县	san3	san4	tsan1	tsan1	tsan1	tsan3	tsan3	tsan3
自贡	saŋ3	saŋ4	tʂaŋ1	tʂaŋ1	tʂaŋ1	tʂaŋ3	tʂaŋ3	tʂaŋ3
富顺	saŋ3	saŋ4	tʂaŋ1	tʂaŋ1	tʂaŋ1	tʂaŋ3	tʂaŋ3	tʂaŋ3
隆昌	saŋ3	saŋ4	tsaŋ1	tsaŋ1	tsaŋ1	tsaŋ3	tsaŋ3	tsaŋ3
泸县	saŋ3	saŋ4	tsaŋ1	tsaŋ1	tsaŋ1	tsaŋ3	tsaŋ3	tsaŋ3
泸州	saŋ3	saŋ4	tsaŋ1	tsaŋ1	tsaŋ1	tsaŋ3	tsaŋ3	tsaŋ3
南溪	saŋ3	saŋ4	tsaŋ1	tsaŋ1	tsaŋ1	tsaŋ3	tsaŋ3	tsaŋ3
合江	san3	san4	tsan1	tsan1	tsan1	tsan3	tsan3	tsan3

① 又息郎切，宕开一心唐平。 ② 又知亮切，宕开三知阳去。

字目	帐蚊帐	账账目	胀	丈	杖	仗仪仗	仗打仗	障
反切	知亮	知亮	知亮	直两	直两	直两	直两	之亮
声韵调	宕开三 知阳去	宕开三 知阳去	宕开三 知阳去	宕开三 澄阳上	宕开三 澄阳上	宕开三 澄阳上	宕开三 澄阳上	宕开三 章阳去
中古音	ȶiɐŋ-	ȶiɐŋ-	ȶiɐŋ-	ȡiɐŋ:	ȡiɐŋ:	ȡiɐŋ:	ȡiɐŋ:	tɕiɐŋ-
成都	tsaŋ4 tsau4 俗[①]	tsaŋ4	tsaŋ4	tsaŋ4	tsaŋ4	tsaŋ4	tsaŋ4	tsaŋ4
彭州	tsaŋ4 tsau4 俗[①]	tsaŋ4	tsaŋ4	tsaŋ4	tsaŋ4	tsaŋ4	tsaŋ4	tsaŋ4
郫县	tsaŋ4 tsau4 俗[①]	tsaŋ4	tsaŋ4	tsaŋ4	tsaŋ4	tsaŋ4	tsaŋ4	tsaŋ4
广汉	tsaŋ4	tsaŋ4	tsaŋ4	tsaŋ4	tsaŋ4	tsaŋ4	tsaŋ4	tsaŋ4
都江堰河东	tsaŋ4 tsau4 俗[①]	tsaŋ4	tsaŋ4	tsaŋ4	tsaŋ4	tsaŋ4	tsaŋ4	tsaŋ4
都江堰河西	tsaŋ4 tsau4 俗[①]	tsaŋ4	tsaŋ4	tsaŋ4	tsaŋ4	tsaŋ4	tsaŋ4	tsaŋ4
崇州	tsaŋ4	tsaŋ4	tsaŋ4	tsaŋ4	tsaŋ4	tsaŋ4	tsaŋ4	tsaŋ4
大邑	tsaŋ4 tsau4 俗[①]	tsaŋ4	tsaŋ4	tsaŋ4	tsaŋ4	tsaŋ4	tsaŋ4	tsaŋ4
邛崃	tsaŋ4 tsau4 俗[①]	tsaŋ4	tsaŋ4	tsaŋ4	tsaŋ4	tsaŋ4	tsaŋ4	tsaŋ4
新津	tsaŋ4 tsau4 俗[①]	tsaŋ4	tsaŋ4	tsaŋ4	tsaŋ4	tsaŋ4	tsaŋ4	tsaŋ4
蒲江	tsaŋ4 tsau4 俗[①]	tsaŋ4	tsaŋ4	tsaŋ4	tsaŋ4	tsaŋ4	tsaŋ4	tsaŋ4
彭山	tsaŋ4 tsau4 俗[①]	tsaŋ4	tsaŋ4	tsaŋ4	tsaŋ4	tsaŋ4	tsaŋ4	tsaŋ4
眉山	tsan4 tsau4 俗[①]	tsan4	tsan4	tsan4	tsan4	tsan4	tsan4	tsan4
丹棱	tsan4 tsau4 俗[①]	tsan4	tsan4	tsan4	tsan4	tsan4	tsan4	tsan4
洪雅	tsaŋ4 tsau4 俗[①]	tsaŋ4	tsaŋ4	tsaŋ4	tsaŋ4	tsaŋ4	tsaŋ4	tsaŋ4
青神	tsaŋ4 tsau4 俗[①]	tsaŋ4	tsaŋ4	tsaŋ4	tsaŋ4	tsaŋ4	tsaŋ4	tsaŋ4
夹江	tsaŋ4 tsau4 俗[①]	tsaŋ4	tsaŋ4	tsaŋ4	tsaŋ4	tsaŋ4	tsaŋ4	tsaŋ4
峨眉山	tsaŋ4 tsau4 俗[①]	tsaŋ4	tsaŋ4	tsaŋ4	tsaŋ4	tsaŋ4	tsaŋ4	tsaŋ4
乐山	tsaŋ4 tsau4 俗[①]	tsaŋ4	tsaŋ4	tsaŋ4	tsaŋ4	tsaŋ4	tsaŋ4	tsaŋ4
犍为	tsaŋ4 tsau4 俗[①]	tsaŋ4	tsaŋ4	tsaŋ4	tsaŋ4	tsaŋ4	tsaŋ4	tsaŋ4

① “罩”的训读。*陟教切，效开二知肴去。

字目	帐蚊帐	账账目	胀	丈	杖	仗仪仗	仗打仗	障
反切	知亮	知亮	知亮	直两	直两	直两	直两	之亮
声韵调	宕开三 知阳去	宕开三 知阳去	宕开三 知阳去	宕开三 澄阳上	宕开三 澄阳上	宕开三 澄阳上	宕开三 澄阳上	宕开三 章阳去
中古音	ʈɨɐŋ-	ʈɨɐŋ-	ʈɨɐŋ-	ɖɨɐŋ:	ɖɨɐŋ:	ɖɨɐŋ:	ɖɨɐŋ:	tɕɨɐŋ-
沐川	tsaŋ4 tsau4 俗①	tsaŋ4	tsaŋ4	tsaŋ4	tsaŋ4	tsaŋ4	tsaŋ4	tsaŋ4
峨边	tsaŋ4	tsaŋ4	tsaŋ4	tsaŋ4	tsaŋ4	tsaŋ4	tsaŋ4	tsaŋ4
雅安	tsaŋ4 tsau4 俗①	tsaŋ4	tsaŋ4	tsaŋ4	tsaŋ4	tsaŋ4	tsaŋ4	tsaŋ4
名山	tsaŋ4 tsau4 俗①	tsaŋ4	tsaŋ4	tsaŋ4	tsaŋ4	tsaŋ4	tsaŋ4	tsaŋ4
天全	tsaŋ4 tsau4 俗①	tsaŋ4	tsaŋ4	tsaŋ4	tsaŋ4	tsaŋ4	tsaŋ4	tsaŋ4
芦山	tsaŋ4 tsau4 俗①	tsaŋ4	tsaŋ4	tsaŋ4	tsaŋ4	tsaŋ4	tsaŋ4	tsaŋ4
宝兴	tsaŋ4 tsau4 俗①	tsaŋ4	tsaŋ4	tsaŋ4	tsaŋ4	tsaŋ4	tsaŋ4	tsaŋ4
荥经	tsaŋ4 tsau4 俗①	tsaŋ4	tsaŋ4	tsaŋ4	tsaŋ4	tsaŋ4	tsaŋ4	tsaŋ4
汉源	tsaŋ4 tsau4 俗①	tsaŋ4	tsaŋ4	tsaŋ4	tsaŋ4	tsaŋ4	tsaŋ4	tsaŋ4
石棉	tsaŋ4 tsau4 俗①	tsaŋ4	tsaŋ4	tsaŋ4	tsaŋ4	tsaŋ4	tsaŋ4	tsaŋ4
内江	tʂaŋ4 tʂau4 俗①	tʂaŋ4	tʂaŋ4	tsaŋ4	tsaŋ4	tʂaŋ4	tʂaŋ4	tʂaŋ4
威远	tʂaŋ4 tʂau4 俗①	tʂaŋ4	tʂaŋ4	tʂaŋ4	tʂaŋ4	tʂaŋ4	tʂaŋ4	tʂaŋ4
荣县	tsan4 tsau4 俗①	tsan4	tsan4	tsan4	tsan4	tsan4	tsan4	tsan4
自贡	tʂaŋ4 tʂau4 俗①	tʂaŋ4	tʂaŋ4	tʂaŋ4	tʂaŋ4	tʂaŋ4	tʂaŋ4	tʂaŋ4
富顺	tʂaŋ4 tʂau4 俗①	tʂaŋ4	tʂaŋ4	tʂaŋ4	tʂaŋ4	tʂaŋ4	tʂaŋ4	tʂaŋ4
隆昌	tsaŋ4 tsau4 俗①	tsaŋ4	tsaŋ4	tsaŋ4	tsaŋ4	tsaŋ4	tsaŋ4	tsaŋ4
泸县	tsaŋ4 tsau4 俗①	tsaŋ4	tsaŋ4	tsaŋ4	tsaŋ4	tsaŋ4	tsaŋ4	tsaŋ4
泸州	tsaŋ4 tsau4 俗①	tsaŋ4	tsaŋ4	tsaŋ4	tsaŋ4	tsaŋ4	tsaŋ4	tsaŋ4
南溪	tsaŋ4 tsau4 俗①	tsaŋ4	tsaŋ4	tsaŋ4	tsaŋ4	tsaŋ4	tsaŋ4	tsaŋ4
合江	tsan4 tsau4 俗①	tsan4	tsan4	tsan4	tsan4	tsan4	tsan4	tsan4

① “罩”的训读。*陟教切，效开二知肴去。

字目	昌	长长短	肠	常	尝	偿	场	厂工厂
反切	尺良	直良	直良	市羊	市羊	市羊	直良	昌两
声韵调	宕开三 昌阳平	宕开三 澄阳平	宕开三 澄阳平	宕开三 禅阳平	宕开三 禅阳平	宕开三 禅阳平	宕开三 澄阳平	宕开三 昌阳上
中古音	tɕhiɐŋ	ȡiɐŋ	ȡiɐŋ	dʑiɐŋ	dʑiɐŋ	dʑiɐŋ	ȡiɐŋ	tɕhiɐŋ:
成都	tshaŋ1	tshaŋ2	tshaŋ2	saŋ2	saŋ2	saŋ3	tshaŋ2	tshaŋ3
彭州	tshaŋ1	tshaŋ2	tshaŋ2	saŋ2	saŋ2	saŋ3	tshaŋ2	tshaŋ3
郫县	tshaŋ1	tshaŋ2	tshaŋ2	saŋ2	saŋ2	saŋ3	tshaŋ2	tshaŋ3
广汉	tshaŋ1	tshaŋ2	tshaŋ2	saŋ2	saŋ2	saŋ2	tshaŋ2	tshaŋ3
都江堰河东	tshaŋ1	tshaŋ2	tshaŋ2	saŋ2	saŋ2	saŋ2	tshaŋ2	tshaŋ3
都江堰河西	tshaŋ1	tshaŋ2	tshaŋ2	saŋ2	saŋ2	saŋ2	tshaŋ2	tshaŋ3
崇州	tshaŋ1	tshaŋ2	tshaŋ2	saŋ2	saŋ2	saŋ3	tshaŋ2	tshaŋ3
大邑	tshaŋ1	tshaŋ2	tshaŋ2	tshaŋ2 saŋ2	saŋ2	saŋ3	tshaŋ2	tshaŋ3
邛崃	tshaŋ1	tshaŋ2	tshaŋ2	saŋ2 tshaŋ2	saŋ2	saŋ2	tshaŋ2	tshaŋ3
新津	tshaŋ1	tshaŋ2	tshaŋ2	saŋ2 tshaŋ2	saŋ2	saŋ3 tshaŋ2	tshaŋ2	tshaŋ3
蒲江	tshaŋ1	tshaŋ2	tshaŋ2	tshaŋ2 saŋ2	tshaŋ2	tshaŋ2	tshaŋ2	tshaŋ3
彭山	tshaŋ1	tshaŋ2	tshaŋ2	saŋ2	saŋ2	saŋ3	tshaŋ2	tshaŋ3
眉山	tshan1	tshan2	tshan2	san2	san2	san2	tshan2	tshan3
丹棱	tshan1	tshan2	tshan2	san2	san2	san2	tshan2	tshan3
洪雅	tshaŋ1	tshaŋ2	tshaŋ2	saŋ2	saŋ2	saŋ3	tshaŋ2	tshaŋ3
青神	tshaŋ1	tshaŋ2	tshaŋ2	saŋ2	saŋ2	saŋ3	tshaŋ2	tshaŋ3
夹江	tshaŋ1	tshaŋ2	tshaŋ2	tshaŋ2	saŋ2	saŋ3	tshaŋ2	tshaŋ3
峨眉山	tshaŋ1	tshaŋ2	tshaŋ2	saŋ2	saŋ2	saŋ2	tshaŋ2	tshaŋ3
乐山	tshaŋ1	tshaŋ2	tshaŋ2	saŋ2	saŋ2	saŋ2	tshaŋ2	tshaŋ3
犍为	tshaŋ1	tshaŋ2	tshaŋ2	tshaŋ2	saŋ2	saŋ3	tshaŋ2	tshaŋ3

字目	昌	长长短	肠	常	尝	偿	场	厂工厂
反切	尺良	直良	直良	市羊	市羊	市羊	直良	昌两
声韵调	宕开三 昌阳平	宕开三 澄阳平	宕开三 澄阳平	宕开三 禅阳平	宕开三 禅阳平	宕开三 禅阳平	宕开三 澄阳平	宕开三 昌阳上
中古音	tɕhiɐŋ	ɖiɐŋ	ɖiɐŋ	dʑiɐŋ	dʑiɐŋ	dʑiɐŋ	ɖiɐŋ	tɕhiɐŋ:
沐川	tshaŋ1	tshaŋ2	tshaŋ2	saŋ2	saŋ2	saŋ3	tshaŋ2	tshaŋ3
峨边	tshaŋ1	tshaŋ2	tshaŋ2	tshaŋ2	saŋ2	saŋ3 saŋ2	tshaŋ2	tshaŋ3
雅安	tshaŋ1	tshaŋ2	tshaŋ2	saŋ2	saŋ2	saŋ3	tshaŋ2	tshaŋ3
名山	tshaŋ1	tshaŋ2	tshaŋ2	tshaŋ2	saŋ2	saŋ2	tshaŋ2	tshaŋ3
天全	tshaŋ1	tshaŋ2	tshaŋ2	saŋ2	saŋ2	saŋ3	tshaŋ2	tshaŋ3
芦山	tshaŋ1	tshaŋ2	tshaŋ2	saŋ4	saŋ4	saŋ3	tshaŋ2	tshaŋ3
宝兴	tshaŋ1	tshaŋ2	tshaŋ2	saŋ2	saŋ2	saŋ3	tshaŋ2	tshaŋ3
荥经	tshaŋ1	tshaŋ2	tshaŋ2	tshaŋ2	saŋ2	saŋ2	tshaŋ2	tshaŋ3
汉源	tshaŋ1	tshaŋ2	tshaŋ2	tshaŋ2	saŋ2	saŋ2	tshaŋ2	tshaŋ3
石棉	tshaŋ1	tshaŋ2	tshaŋ2	saŋ2	saŋ2	saŋ3	tshaŋ2	tshaŋ3
内江	tshaŋ1	tshaŋ2	tshaŋ2	ʂaŋ2	ʂaŋ2	ʂaŋ2	tshaŋ2	tshaŋ3
威远	tshaŋ1	tʂhaŋ2	tʂhaŋ2	ʂaŋ2	ʂaŋ2	ʂaŋ2	tʂhaŋ2	tʂhaŋ3
荣县	tshan1	tshan2	tshan2	san2	san2	san3	tshan2	tshan3
自贡	tʂhaŋ1	tʂhaŋ2	tʂhaŋ2	ʂaŋ2	ʂaŋ2	ʂaŋ2	tʂhaŋ2	tʂhaŋ3
富顺	tʂhaŋ1	tʂhaŋ2	tʂhaŋ2	ʂaŋ2	ʂaŋ2	ʂaŋ3	tʂhaŋ2	tʂhaŋ3
隆昌	tshaŋ1	tshaŋ2	tshaŋ2	saŋ2	tshaŋ2 saŋ2 旧	tshaŋ2 saŋ2 旧	tshaŋ2	tshaŋ3
泸县	tshaŋ1	tshaŋ2	tshaŋ2	saŋ2 tshaŋ2 新	saŋ2 tshaŋ2 新	saŋ3 tshaŋ2 新	tshaŋ2	tshaŋ3
泸州	tshaŋ1	tshaŋ2	tshaŋ2	saŋ2 tshaŋ2 新	saŋ2 tshaŋ2 新	saŋ3 tshaŋ2 新	tshaŋ2	tshaŋ3
南溪	tshaŋ1	tshaŋ2	tshaŋ2	saŋ2 tshaŋ2 新	saŋ2 tshaŋ2 新	saŋ3 tshaŋ2 新	tshaŋ2	tshaŋ3
合江	tshan1	tshan2	tshan2	san2	san2	san3	tshan2	tshan3

字目	敞宽敞	畅	唱	倡提倡	商	伤	赏	上上山
反切	昌两	丑亮	尺亮	尺亮	式羊	式羊	书两	时掌
声韵调	宕开三 昌阳上	宕开三 彻阳去	宕开三 昌阳去	宕开三 昌阳去	宕开三 书阳平	宕开三 书阳平	宕开三 书阳上	宕开三 禅阳上
中古音	tɕhiɐŋ:	ʈhiɐŋ-	tɕhiɐŋ-	tɕhiɐŋ-	ɕiɐŋ	ɕiɐŋ	ɕiɐŋ:	dʑiɐŋ:
成都	tshaŋ3	tshaŋ4	tshaŋ4	tshaŋ4 tshaŋ1 口	saŋ1	saŋ1	saŋ3	saŋ4
彭州	tshaŋ3	tshaŋ4	tshaŋ4	tshaŋ4 tshaŋ1 口	saŋ1	saŋ1	saŋ3	saŋ4
郫县	tshaŋ3	tshaŋ4	tshaŋ4	tshaŋ1 tshaŋ4 新	saŋ1	saŋ1	saŋ3	saŋ4
广汉	tshaŋ3	tshaŋ4	tshaŋ4	tshaŋ4	saŋ1	saŋ1	saŋ3	saŋ4
都江堰河东	tshaŋ3	tshaŋ4	tshaŋ4	tshaŋ4 tshaŋ1 口	saŋ1	saŋ1	saŋ3	saŋ4
都江堰河西	tshaŋ3	tshaŋ4	tshaŋ4	tshaŋ4 tshaŋ1 口	saŋ1	saŋ1	saŋ3	saŋ4
崇州	tshaŋ3	tshaŋ4	tshaŋ4	tshaŋ4 tshaŋ1 口	saŋ1	saŋ1	saŋ3	saŋ4
大邑	tshaŋ3	tshaŋ4	tshaŋ4	tshaŋ1 tshaŋ4	saŋ1	saŋ1	saŋ3	saŋ4
邛崃	tshaŋ3	tshaŋ4	tshaŋ4	tshaŋ1 tshaŋ4	saŋ1	saŋ1	saŋ3	saŋ4
新津	tshaŋ3	tshaŋ4	tshaŋ4	tshaŋ1 tshaŋ4	saŋ1	saŋ1	saŋ3	saŋ4
蒲江	tshaŋ3	tshaŋ4	tshaŋ4	tshaŋ1 tshaŋ4	saŋ1	saŋ1	saŋ3	saŋ4
彭山	tshaŋ3	tshaŋ4	tshaŋ4	tshaŋ4 tshaŋ1 口	saŋ1	saŋ1	saŋ3	saŋ4
眉山	tshan3	tshan4	tshan4	tshan4 tshan1 口	san1	san1	san3	san4
丹棱	tshan3	tshan4	tshan4	tshan4 tshan1 口	san1	san1	san3	san4
洪雅	tshaŋ3	tshaŋ4	tshaŋ4	tshaŋ4 tshaŋ1 口	saŋ1	saŋ1	saŋ3	saŋ4
青神	tshaŋ3	tshaŋ4	tshaŋ4	tshaŋ4 tshaŋ1 口	saŋ1	saŋ1	saŋ3	saŋ4
夹江	tshaŋ3	tshaŋ4	tshaŋ4	tshaŋ4 tshaŋ1 口	saŋ1	saŋ1	saŋ3	saŋ4
峨眉山	tshaŋ3	tshaŋ4	tshaŋ4	tshaŋ4 tshaŋ1 口	saŋ1	saŋ1	saŋ3	saŋ4
乐山	tshaŋ3	tshaŋ4	tshaŋ4	tshaŋ4 tshaŋ1 口	saŋ1	saŋ1	saŋ3	saŋ4
犍为	tshaŋ3	tshaŋ4	tshaŋ4	tshaŋ4 tshaŋ1 口	saŋ1	saŋ1	saŋ3	saŋ4

字目	敞宽敞	畅	唱	倡提倡	商	伤	赏	上上山
反切	昌两	丑亮	尺亮	尺亮	式羊	式羊	书两	时掌
声韵调	宕开三 昌阳上	宕开三 彻阳去	宕开三 昌阳去	宕开三 昌阳去	宕开三 书阳平	宕开三 书阳平	宕开三 书阳上	宕开三 禅阳上
中古音	tɕhɨɐŋ:	ʈhɨɐŋ-	tɕhɨɐŋ-	tɕhɨɐŋ-	ɕɨɐŋ	ɕɨɐŋ	ɕɨɐŋ:	dʑɨɐŋ:
沐川	tshaŋ3	tshaŋ4	tshaŋ4	tshaŋ4 tshaŋ1 口	saŋ1	saŋ1	saŋ3	saŋ4
峨边	tshaŋ3	tshaŋ4	tshaŋ4	tshaŋ1 tshaŋ4	saŋ1	saŋ1	saŋ3	saŋ4
雅安	tshaŋ3	tshaŋ4	tshaŋ4	tshaŋ1	saŋ1	saŋ1	saŋ3	saŋ4
名山	tshaŋ3	tshaŋ4	tshaŋ4	tshaŋ4 tshaŋ1 口	saŋ1	saŋ1	saŋ3	saŋ4
天全	tshaŋ3	tshaŋ4	tshaŋ4	tshaŋ4 tshaŋ1 口	saŋ1	saŋ1	saŋ3	saŋ4
芦山	tshaŋ3	tshaŋ4	tshaŋ4	tshaŋ1	saŋ1	saŋ1	saŋ3	saŋ4
宝兴	tshaŋ3	tshaŋ4	tshaŋ4	tshaŋ1	saŋ1	saŋ1	saŋ3	saŋ4
荥经	tshaŋ3	tshaŋ4	tshaŋ4	tshaŋ4 tshaŋ1 口	saŋ1	saŋ1	saŋ3	saŋ4
汉源	tshaŋ3	tshaŋ4	tshaŋ4	tshaŋ4 tshaŋ1 口	saŋ1	saŋ1	saŋ3	saŋ4
石棉	tshaŋ3	tshaŋ4	tshaŋ4	tshaŋ4 tshaŋ1 口	saŋ1	saŋ1	saŋ3	saŋ4
内江	tshaŋ3	tshaŋ4	tshaŋ4	tshaŋ4 tshaŋ1 口	ʂaŋ1	saŋ1	ʂaŋ3	saŋ4
威远	tʂhaŋ3	tʂhaŋ4	tʂhaŋ4	tʂhaŋ4 tʂhaŋ1 口	ʂaŋ1	ʂaŋ1	ʂaŋ3	ʂaŋ4
荣县	tshan3	tshan4	tshan4	tshan4 tshan1 口	san1	san1	san3	san4
自贡	tʂhaŋ3	tʂhaŋ4	tʂhaŋ4	tʂhaŋ4 tʂhaŋ1 口	ʂaŋ1	ʂaŋ1	ʂaŋ3	ʂaŋ4
富顺	tʂhaŋ3	tʂhaŋ4	tʂhaŋ4	tʂhaŋ4	ʂaŋ1	ʂaŋ1	ʂaŋ3	ʂaŋ4
隆昌	tshaŋ3	tshaŋ4	tshaŋ4	tshaŋ4 tshaŋ1 口	ʂaŋ1	ʂaŋ1	ʂaŋ3	saŋ4
泸县	tshaŋ3	tshaŋ4	tshaŋ4	tshaŋ1 tshaŋ4	saŋ1	saŋ1	saŋ3	saŋ4
泸州	tshaŋ3	tshaŋ4	tshaŋ4	tshaŋ1 tshaŋ4	saŋ1	saŋ1	saŋ3	saŋ4
南溪	tshaŋ3	tshaŋ4	tshaŋ4	tshaŋ1 tshaŋ4	saŋ1	saŋ1	saŋ3	saŋ4
合江	tshan3	tshan4	tshan4	tshan4 tshan1 口	san1	san1	san3	san4

字目	尚	上在上	瓤	让	冈山冈	岗岗位	刚	纲
反切	时亮	时亮	汝阳	人样	古郎	古郎	古郎	古郎
声韵调	宕开三 禅阳去	宕开三 禅阳去	宕开三 日阳平	宕开三 日阳去	宕开一 见唐平	宕开一 见唐平	宕开一 见唐平	宕开一 见唐平
中古音	dʑiɐŋ-	dʑiɐŋ-	ȵʑiɐŋ	ȵʑiɐŋ-	kɑŋ	kɑŋ	kɑŋ	kɑŋ
成都	saŋ4	saŋ4	zaŋ2	zaŋ4	kaŋ1	kaŋ3	kaŋ1 tɕiaŋ1 口	kaŋ1
彭州	saŋ4	saŋ4	zaŋ2	zaŋ4	kaŋ1	kaŋ1	kaŋ1 tɕiaŋ1 口	kaŋ1
郫县	saŋ4	saŋ4	zaŋ2	zaŋ4	kaŋ1	kaŋ3	kaŋ1 tɕiaŋ1 口	kaŋ1
广汉	saŋ4	saŋ4	zaŋ3	zaŋ4	kaŋ1	kaŋ1	kaŋ1	kaŋ1
都江堰河东	saŋ4	saŋ4	zaŋ2	zaŋ4	kaŋ1	kaŋ1	kaŋ1	kaŋ1
都江堰河西	saŋ4	saŋ4	zaŋ2	zaŋ4	kaŋ1	kaŋ1	kaŋ1	kaŋ1
崇州	saŋ4	saŋ4	zaŋ2	zaŋ4	kaŋ1	kaŋ1	kaŋ1	kaŋ1
大邑	saŋ4	saŋ4	zaŋ2	zaŋ4	kaŋ1	kaŋ1 kaŋ3	kaŋ1 tɕiaŋ1 口	kaŋ1
邛崃	saŋ4	saŋ4	zaŋ2	zaŋ4	kaŋ1	kaŋ1 kaŋ3	kaŋ1 tɕiaŋ1 口	kaŋ1
新津	saŋ4	saŋ4	zaŋ2	zaŋ4	kaŋ1	kaŋ1 kaŋ3	kaŋ1 tɕiaŋ1 口	kaŋ1
蒲江	saŋ4	saŋ4	zaŋ2	zaŋ4	kaŋ1	kaŋ3 kaŋ1	kaŋ1 tɕiaŋ1 口	kaŋ1
彭山	saŋ4	saŋ4	zaŋ2	zaŋ4	kaŋ1	kaŋ1	kaŋ1 tɕiaŋ1 口	kaŋ1
眉山	san4	san4	zan3	zan4	kaŋ1	kaŋ1	kaŋ1 tɕiaŋ1 口	kaŋ1
丹棱	san4	san4	zan2	zan4	kaŋ1	kaŋ1	kaŋ1 tɕiɐn1 口	kaŋ1
洪雅	saŋ4	saŋ4	zaŋ3	zaŋ4	kaŋ1	kaŋ1	kaŋ1 tɕiaŋ1 口	kaŋ1
青神	saŋ4	saŋ4	zaŋ2	zaŋ4	kaŋ1	kaŋ1	kaŋ1 tɕiaŋ1 口	kaŋ1
夹江	saŋ4	saŋ4	zaŋ2	zaŋ4	kaŋ1	kaŋ1 kaŋ3	kaŋ1 tɕiaŋ1 口	kaŋ1
峨眉山	saŋ4	saŋ4	zaŋ2	zaŋ4	kaŋ1	kaŋ1 kaŋ3	kaŋ1 tɕiaŋ1 口	kaŋ1
乐山	saŋ4	saŋ4	zaŋ2	zaŋ4	kaŋ1	kaŋ1 kaŋ3	kaŋ1 tɕiaŋ1 口	kaŋ1
犍为	saŋ4	saŋ4	zaŋ2	zaŋ4	kaŋ1	kaŋ1 kaŋ3	kaŋ1 tɕiaŋ1 口	kaŋ1

字目	尚	上在上	瓤	让	冈山冈	岗岗位	刚	纲
反切	时亮	时亮	汝阳	人样	古郎	古郎	古郎	古郎
声韵调	宕开三 禅阳去	宕开三 禅阳去	宕开三 日阳平	宕开三 日阳去	宕开一 见唐平	宕开一 见唐平	宕开一 见唐平	宕开一 见唐平
中古音	dʑiɐŋ-	dʑiɐŋ-	ȵʑiɐŋ	ȵʑiɐŋ-	kɑŋ	kɑŋ	kɑŋ	kɑŋ
沐川	saŋ4	saŋ4	zaŋ2	zaŋ4	kaŋ1	kaŋ1	kaŋ1 tɕiaŋ1 口	kaŋ1
峨边	saŋ4	saŋ4	zaŋ2	zaŋ4	kaŋ1	kaŋ1	kaŋ1	kaŋ1
雅安	saŋ4	saŋ4	zaŋ2	zaŋ4	kaŋ1	kaŋ1	kaŋ1 tɕiaŋ1 口	kaŋ1
名山	saŋ4	saŋ4	zaŋ2	zaŋ4	kaŋ1	kaŋ1	kaŋ1 tɕiaŋ1 口	kaŋ1
天全	saŋ4	saŋ4	zaŋ2	zaŋ4	kaŋ1	kaŋ3	kaŋ1 tɕiaŋ1 口	kaŋ1
芦山	saŋ4	saŋ4	zaŋ2	zaŋ4	kaŋ1	kaŋ1	kaŋ1 tɕiaŋ1 口	kaŋ1
宝兴	saŋ4	saŋ4	zaŋ2	zaŋ4	kaŋ1	kaŋ1	kaŋ1 tɕiaŋ1 口	kaŋ1
荥经	saŋ4	saŋ4	zaŋ2	zaŋ4	kaŋ1	kaŋ3	kaŋ1 tɕiaŋ1 口	kaŋ1
汉源	saŋ4	saŋ4	zaŋ2	zaŋ4	kaŋ1	kaŋ1	kaŋ1 tɕiaŋ1 口	kaŋ1
石棉	saŋ4	saŋ4	zaŋ2	zaŋ4	kaŋ1	kaŋ3	kaŋ1 tɕiaŋ1 口	kaŋ1
内江	saŋ4	saŋ4	ʐaŋ2	ʐaŋ4	kaŋ1	kaŋ1	kaŋ1	kaŋ1
威远	ʂaŋ4	ʂaŋ4	ʐaŋ3	ʐaŋ4	kaŋ1	kaŋ1	kaŋ1	kaŋ1
荣县	san4	san4	zan2	zan4	kan1	kan1	kan1	kan1
自贡	ʂaŋ4	ʂaŋ4	ʐaŋ2	ʐaŋ4	kaŋ1	kaŋ1	kaŋ1 tɕiaŋ1 口	kaŋ1
富顺	ʂaŋ4	ʂaŋ4	ʐaŋ2	ʐaŋ4	kaŋ1	kaŋ1	kaŋ1 tɕiaŋ1 口	kaŋ1
隆昌	saŋ4	saŋ4	ʐaŋ2	ʐaŋ4	kaŋ1	kaŋ1	kaŋ1 tɕiaŋ1 口	kaŋ1
泸县	saŋ4	saŋ4	zaŋ3	zaŋ4	kaŋ1	kaŋ1	kaŋ1 tɕiaŋ1 口	kaŋ1
泸州	saŋ4	saŋ4	zaŋ3	zaŋ4	kaŋ1	kaŋ1	kaŋ1 tɕiaŋ1 口	kaŋ1
南溪	saŋ4	saŋ4	zaŋ3	zaŋ4	kaŋ1	kaŋ1	kaŋ1 tɕiaŋ1 口	kaŋ1
合江	san4	san4	zan3	zan4	kan1	kan1	kan1 tɕien1 口	kan1

字目	钢	缸	港	杠杠子	康	糠	慷①	抗
反切	古郎	古郎	古项		苦冈	苦冈	苦朗	苦浪
声韵调	宕开一 见唐平	宕开一 见唐平	江开二 见江上	宕开一 见唐去	宕开一 溪唐平	宕开一 溪唐平	宕开一 溪唐上	宕开一 溪唐去
中古音	kɑŋ	kɑŋ	kɣʌŋ:	kɑŋ-	khɑŋ	khɑŋ	khɑŋ:	khɑŋ-
成都	kaŋ1	kaŋ1	kaŋ3	kaŋ4	khaŋ1	khaŋ1	khaŋ1 khaŋ3 旧	khaŋ4
彭州	kaŋ1	kaŋ1	kaŋ3	kaŋ4	khaŋ1	khaŋ1	khaŋ1 khaŋ3 旧	khaŋ4
郫县	kaŋ1	kaŋ1	kaŋ3	kaŋ4	khaŋ1	khaŋ1	khaŋ3 khaŋ1	khaŋ4
广汉	kaŋ1	kaŋ1	kaŋ3	kaŋ4	khaŋ1	khaŋ1	khaŋ3	khaŋ4
都江堰河东	kaŋ1	kaŋ1	kaŋ3	kaŋ4	khaŋ1	khaŋ1	khaŋ1 khaŋ3 旧	khaŋ4
都江堰河西	kaŋ1	kaŋ1	kaŋ3	kaŋ4	khaŋ1	khaŋ1	khaŋ1 khaŋ3 旧	khaŋ4
崇州	kaŋ1	kaŋ1	kaŋ3	kaŋ4	khaŋ1	khaŋ1	khaŋ1 khaŋ3 旧	khaŋ4
大邑	kaŋ1	kaŋ1	kaŋ3	kaŋ4	khaŋ1	khaŋ1	khaŋ1 khaŋ3 旧	khaŋ4
邛崃	kaŋ1	kaŋ1	kaŋ3	kaŋ4	khaŋ1	khaŋ1	khaŋ1 khaŋ3 旧	khaŋ4
新津	kaŋ1	kaŋ1	kaŋ3	kaŋ4	khaŋ1	khaŋ1	khaŋ1 khaŋ3 旧	khaŋ4
蒲江	kaŋ1	kaŋ1	kaŋ3	kaŋ4	khaŋ1	khaŋ1	khaŋ1 khaŋ3 旧	khaŋ4
彭山	kaŋ1	kaŋ1	kaŋ3	kaŋ4	khaŋ1	khaŋ1	khaŋ1	khaŋ4
眉山	kaŋ1	kaŋ1	kaŋ3	kaŋ4	khaŋ1	khaŋ1	khaŋ1	khaŋ4
丹棱	kaŋ1	kaŋ1	kaŋ3	kaŋ4	khaŋ1	khaŋ1	khaŋ1	khaŋ4
洪雅	kaŋ1	kaŋ1	kaŋ3	kaŋ4	khaŋ1	khaŋ1	khaŋ1 khaŋ3 旧	khaŋ4
青神	kaŋ1	kaŋ1	kaŋ3	kaŋ4	khaŋ1	khaŋ1	khaŋ1	khaŋ4
夹江	kaŋ1	kaŋ1	kaŋ3	kaŋ4	khaŋ1	khaŋ1	khaŋ1	khaŋ4
峨眉山	kaŋ1	kaŋ1	kaŋ3	kaŋ4	khaŋ1	khaŋ1	khaŋ1	khaŋ4
乐山	kaŋ1	kaŋ1	kaŋ3	kaŋ4	khaŋ1	khaŋ1	khaŋ1	khaŋ4
犍为	kaŋ1	kaŋ1	kaŋ3	kaŋ4	khaŋ1	khaŋ1	khaŋ1	khaŋ4

① 又丘冈切，宕开一溪唐平。

字目	钢	缸	港	杠杠子	康	糠	慷①	抗
反切	古郎	古郎	古项		苦冈	苦冈	苦朗	苦浪
声韵调	宕开一见唐平	宕开一见唐平	江开二见江上	宕开一见唐去	宕开一溪唐平	宕开一溪唐平	宕开一溪唐上	宕开一溪唐去
中古音	kɑŋ	kɑŋ	kɣʌŋ:	kɑŋ-	khɑŋ	khɑŋ	khɑŋ:	khɑŋ-
沐川	kaŋ1	kaŋ1	khaŋ3	kaŋ4	khaŋ1	khaŋ1	khaŋ1 khaŋ3 旧	khaŋ4
峨边	kaŋ1	kaŋ1	kaŋ3	kaŋ4	khaŋ1	khaŋ1	khaŋ1	khaŋ4
雅安	kaŋ1	kaŋ1	kaŋ3	kaŋ4	khaŋ1	khaŋ1	khaŋ1	khaŋ4
名山	kaŋ1	kaŋ1	kaŋ3	kaŋ4	khaŋ1	khaŋ1	khaŋ1 khaŋ3 旧	khaŋ4
天全	kaŋ1	kaŋ1	kaŋ3	kaŋ4	khaŋ1	khaŋ1	khaŋ1 khaŋ3 旧	khaŋ4
芦山	kaŋ1	kaŋ1	kaŋ3	kaŋ4	khaŋ1	khaŋ1	khaŋ3	khaŋ4
宝兴	kaŋ1	kaŋ1	kaŋ3	kaŋ4	khaŋ1	khaŋ1	khaŋ1	khaŋ4
荥经	kaŋ1	kaŋ1	khaŋ3	kaŋ4	khaŋ1	khaŋ1	khaŋ1 khaŋ3 旧	khaŋ4
汉源	kaŋ1	kaŋ1	kaŋ3	kaŋ4	khaŋ1	khaŋ1	khaŋ1 khaŋ3 旧	khaŋ4
石棉	kaŋ1	kaŋ1	kaŋ3	kaŋ4	khaŋ1	khaŋ1	khaŋ1 khaŋ3 旧	khaŋ4
内江	kaŋ1	kaŋ1	kaŋ3	kaŋ4	khaŋ1	khaŋ1	khaŋ1	khaŋ4
威远	kaŋ1	kaŋ1	kaŋ3	kaŋ4	khaŋ1	khaŋ1	khaŋ1	khaŋ4
荣县	kan1	kan1	kan3	kan4	khan1	khan1	khan1	khan4
自贡	kaŋ1	kaŋ1	kaŋ3	kaŋ4	khaŋ1	khaŋ1	khaŋ1	khaŋ4
富顺	kaŋ1	kaŋ1	kaŋ3	kaŋ4	khaŋ1	khaŋ1	khaŋ1	khaŋ4
隆昌	kaŋ1	kaŋ1	kaŋ3	kaŋ4	khaŋ1	khaŋ1	khaŋ1	khaŋ4
泸县	kaŋ1	kaŋ1	kaŋ3	kaŋ4	khaŋ1	khaŋ1	khaŋ1 khaŋ3 旧	khaŋ4
泸州	kaŋ1	kaŋ1	kaŋ3	kaŋ4	khaŋ1	khaŋ1	khaŋ1 khaŋ3 旧	khaŋ4
南溪	kaŋ1	kaŋ1	kaŋ3	kaŋ4	khaŋ1	khaŋ1	khaŋ1	khaŋ4
合江	kan1	kan1	kan3	kan4	khan1	khan1	khan1	khan4

① 又丘冈切，宕开一溪唐平。

字目	行行列	航	杭	昂	娘爹娘	娘新娘	酿	良
反切	胡郎	胡郎	胡郎	五刚	女良	女良	女亮	吕张
声韵调	宕开一 匣唐平	宕开一 匣唐平	宕开一 匣唐平	宕开一 疑唐平	宕开三 泥阳平	宕开三 泥阳平	宕开三 泥阳去	宕开三 来阳平
中古音	ɦɑŋ	ɦɑŋ	ɦɑŋ	ŋɑŋ	nɨɐŋ	nɨɐŋ	nɨɐŋ-	lɨɐŋ
成都	xaŋ2	xaŋ2	xaŋ2	ŋaŋ2 ŋaŋ1 俗①	ȵiaŋ2 ȵiaŋ1 口②	ȵiaŋ2	zaŋ3	niaŋ2
彭州	xaŋ2	xaŋ2	xaŋ2	ŋaŋ2	ȵiaŋ2 ȵiaŋ1 口②	ȵiaŋ2	zaŋ3 ȵiaŋ4 新	niaŋ2
郫县	xaŋ2	xaŋ2	xaŋ2	ŋaŋ2 ŋaŋ1 俗①	ȵiaŋ2 ȵiaŋ1 口②	ȵiaŋ2	zaŋ3 liaŋ4 新	liaŋ2
广汉	xaŋ2	xaŋ2	xaŋ2	ŋaŋ2	ȵiaŋ2 ȵiaŋ1 口②	ȵiaŋ2	zaŋ3	liaŋ2
都江堰河东	xaŋ2	xaŋ2	xaŋ2	ŋaŋ2	ȵiaŋ2	ȵiaŋ2	zaŋ3	niaŋ2
都江堰河西	xaŋ2	xaŋ2	xaŋ2	ŋaŋ2 ŋaŋ1 俗①	ȵiaŋ2	ȵiaŋ2	zaŋ3	niaŋ2
崇州	xaŋ2	xaŋ2	xaŋ2	ŋaŋ2	ȵiaŋ2	ȵiaŋ2	zaŋ3	niaŋ2
大邑	xaŋ2	xaŋ2	xaŋ2	ŋaŋ2 ŋaŋ1 俗①	ȵiaŋ2 ȵiaŋ1 口②	ȵiaŋ2	zaŋ3 niaŋ4 新	niaŋ2
邛崃	xaŋ2	xaŋ2	xaŋ2	ŋaŋ2	ȵiaŋ2 ȵiaŋ1 口②	ȵiaŋ2	niaŋ4 zaŋ3	niaŋ2
新津	xaŋ2	xaŋ2	xaŋ2	ŋaŋ2	ȵiaŋ2 ȵiaŋ1 口②	ȵiaŋ2	zaŋ3 niaŋ4 新	niaŋ2
蒲江	xaŋ2	xaŋ2	xaŋ2	ŋaŋ2	ȵiaŋ2 ȵiaŋ1 口②	ȵiaŋ2	ȵiaŋ4 zaŋ3 旧	liaŋ2
彭山	xaŋ2	xaŋ2	xaŋ2	ŋaŋ2	ȵiaŋ2 ȵiaŋ1 口②	ȵiaŋ2	zaŋ3	niaŋ2
眉山	xaŋ2	xaŋ2	xaŋ2	ŋaŋ2	ȵiɐn2 ȵiɐn1 口②	ȵiɐn2	zan3	niɐn2
丹棱	xaŋ2	xaŋ2	xaŋ2	ŋaŋ2	ȵiɐn2 ȵiɐn1 口②	ȵiɐn2	zan3	niɐn2
洪雅	xaŋ2	xaŋ2	xaŋ2	ŋaŋ2	ȵiaŋ2 ȵiaŋ1 口②	ȵiaŋ2	zaŋ3	niaŋ2
青神	xaŋ2	xaŋ2	xaŋ2	ŋaŋ2	liaŋ2 liaŋ1 口②	liaŋ2	zaŋ3	liaŋ2
夹江	xaŋ2	xaŋ2	xaŋ2	ŋaŋ2	niaŋ2 niaŋ1 口②	niaŋ2	niaŋ4	niaŋ2
峨眉山	xaŋ2	xaŋ2	xaŋ2	ŋaŋ2	niaŋ2 niaŋ1 口②	niaŋ2	niaŋ4	niaŋ2
乐山	xaŋ2	xaŋ2	xaŋ2	ŋaŋ2	liaŋ2 liaŋ1 口②	liaŋ2	liaŋ4	liaŋ2
犍为	xaŋ2	xaŋ2	xaŋ2	ŋaŋ2	liaŋ2 liaŋ1 口②	liaŋ2	liaŋ4	liaŋ2

① “响”或“响亮”的意思。本字待考。 ② 称呼母亲以外的长辈妇女。

字目	行行列	航	杭	昂	娘爹娘	娘新娘	酿	良
反切	胡郎	胡郎	胡郎	五刚	女良	女良	女亮	吕张
声韵调	宕开一 匣唐平	宕开一 匣唐平	宕开一 匣唐平	宕开一 疑唐平	宕开三 泥阳平	宕开三 泥阳平	宕开三 泥阳去	宕开三 来阳平
中古音	ɦɑŋ	ɦɑŋ	ɦɑŋ	ŋɑŋ	nɨɐŋ	nɨɐŋ	nɨɐŋ-	lɨɐŋ
沐川	xaŋ2	xaŋ2	xaŋ2	ŋaŋ2	ȵiaŋ2 ȵiaŋ1 口①	ȵiaŋ2	zaŋ3 ȵiaŋ4 新	liaŋ2
峨边	xaŋ2	xaŋ2	xaŋ2	ŋaŋ1	liaŋ2 liaŋ1 口①	liaŋ2	liaŋ4 zaŋ3 旧	liaŋ2
雅安	xaŋ2	xaŋ2	xaŋ2	ŋaŋ2	ȵiaŋ2 ȵiaŋ1 口①	ȵiaŋ2	zaŋ3	niaŋ2
名山	xaŋ2	xaŋ2	xaŋ2	ŋaŋ2	liaŋ2 liaŋ1 口①	liaŋ2	zaŋ3 liaŋ4 新	liaŋ2
天全	xaŋ2	xaŋ2	xaŋ2	ŋaŋ2	ȵiaŋ2 ȵiaŋ1 口①	ȵiaŋ2	zaŋ3 liaŋ4 新	liaŋ2
芦山	xaŋ2	xaŋ2	xaŋ2	ŋaŋ2	ȵiaŋ2 ȵiaŋ1 口①	ȵiaŋ2	zaŋ3	niaŋ2
宝兴	xaŋ2	xaŋ2	xaŋ2	ŋaŋ2	ȵiaŋ2 ȵiaŋ1 口①	ȵiaŋ2	zaŋ3	niaŋ2
荥经	xaŋ2	xaŋ2	xaŋ2	ŋaŋ2	ȵiaŋ2 ȵiaŋ1 口①	ȵiaŋ2	zaŋ3 ȵiaŋ4 新	liaŋ2
汉源	xaŋ2	xaŋ2	xaŋ2	ŋaŋ2	niaŋ2 niaŋ1 口①	niaŋ2	zaŋ3 niaŋ4 新	niaŋ2
石棉	xaŋ2	xaŋ2	xaŋ2	ŋaŋ2	ȵiaŋ2 ȵiaŋ1 口①	ȵiaŋ2	zaŋ3 liaŋ4 新	liaŋ2
内江	xaŋ2	xaŋ2	xaŋ2	ŋaŋ2	ȵiaŋ2 ȵiaŋ1 口①	ȵiaŋ2	ʐaŋ3	niaŋ2
威远	xaŋ2	xaŋ2	xaŋ2	ŋaŋ2	ȵiaŋ2 ȵiaŋ1 口①	ȵiaŋ2	ʐaŋ3	niaŋ2
荣县	xan2	xan2	xan2	ŋan2	ȵiaŋ2 ȵiaŋ1 口①	ȵiaŋ2	zan3	niaŋ2
自贡	xaŋ2	xaŋ2	xaŋ2	ŋaŋ2	ȵiaŋ2 ȵiaŋ1 口①	ȵiaŋ2	ʐaŋ3	liaŋ2
富顺	xaŋ2	xaŋ2	xaŋ2	ŋaŋ2	ȵiaŋ2 ȵiaŋ1 口①	ȵiaŋ2	liaŋ4	liaŋ2
隆昌	xaŋ2	xaŋ2	xaŋ2	ŋaŋ2	ȵiaŋ2 ȵiaŋ1 口①	ȵiaŋ2	ʐaŋ3	liaŋ2
泸县	xaŋ2	xaŋ2	xaŋ2	ŋaŋ2	liaŋ2 liaŋ1 口①	liaŋ2	zaŋ3 liaŋ4 新	liaŋ2
泸州	xaŋ2	xaŋ2	xaŋ2	ŋaŋ2	liaŋ2 liaŋ1 口①	liaŋ2	zaŋ3 liaŋ4 新	liaŋ2
南溪	xaŋ2	xaŋ2	xaŋ2	ŋaŋ2	ȵiaŋ2 ȵiaŋ1 口①	ȵiaŋ2	zaŋ3 liaŋ4 新	liaŋ2
合江	xan2	xan2	xan2	ŋan2	ȵiɛn2 ȵiɛn1 口①	ȵiɛn2	zan3 ȵiɛn4 新	liɛn2

① 称呼母亲以外的长辈妇女。

字目	凉[1]	量量长短	粮	梁	粱	两两个	两几两	亮
反切	吕张	吕张	吕张	吕张	吕张	良奖	良奖	力让
声韵调	宕开三 来阳平	宕开三 来阳平	宕开三 来阳平	宕开三 来阳平	宕开三 来阳平	宕开三 来阳上	宕开三 来阳上	宕开三 来阳去
中古音	lɨɐŋ	lɨɐŋ	lɨɐŋ	lɨɐŋ	lɨɐŋ	lɨɐŋ:	lɨɐŋ:	lɨɐŋ-
成都	niaŋ2 niaŋ4 口	niaŋ4	niaŋ2	niaŋ2	niaŋ2	niaŋ3	niaŋ3	niaŋ4
彭州	niaŋ2 niaŋ4 口	niaŋ4	niaŋ2	niaŋ2	niaŋ2	niaŋ3	niaŋ3	niaŋ4
郫县	liaŋ2	liaŋ4	liaŋ2	liaŋ2	liaŋ2	liaŋ3	liaŋ3	liaŋ4
广汉	liaŋ2	liaŋ4	liaŋ2	liaŋ2	liaŋ2	liaŋ3	liaŋ3	liaŋ4
都江堰河东	niaŋ4 口	niaŋ4	niaŋ2	niaŋ2	niaŋ2	niaŋ3	niaŋ3	niaŋ4
都江堰河西	niaŋ2	niaŋ4	niaŋ2	niaŋ2	niaŋ2	niaŋ3	niaŋ3	niaŋ4
崇州	niaŋ2 niaŋ4 口	niaŋ4	niaŋ2	niaŋ2	niaŋ2	niaŋ3	niaŋ3	niaŋ4
大邑	niaŋ2	niaŋ4	niaŋ2	niaŋ2	niaŋ2	niaŋ3	niaŋ3	niaŋ4
邛崃	niaŋ2	niaŋ4	niaŋ2	niaŋ2	niaŋ2	niaŋ3	niaŋ3	niaŋ4
新津	niaŋ2	niaŋ4	niaŋ2	niaŋ2	niaŋ2	niaŋ3	niaŋ3	niaŋ4
蒲江	liaŋ2	liaŋ4	liaŋ2	liaŋ2	liaŋ2	liaŋ3	liaŋ3	liaŋ4
彭山	niaŋ2	niaŋ4	niaŋ2	niaŋ2	niaŋ2	niaŋ3	niaŋ3	niaŋ4
眉山	niɐn2	niɐn4	niɐn2	niɐn2	niɐn2	niɐn3	niɐn3	niɐn4
丹棱	niɐn2	niɐn4	niɐn2	niɐn2	niɐn2	niɐn3	niɐn3	niɐn4
洪雅	niaŋ2	niaŋ4	niaŋ2	niaŋ2	niaŋ2	niaŋ3	niaŋ3	niaŋ4
青神	liaŋ2	liaŋ4	liaŋ2	liaŋ2	liaŋ2	liaŋ3	liaŋ3	liaŋ4
夹江	niaŋ2 niaŋ4 口	niaŋ4	niaŋ2	niaŋ2	niaŋ2	niaŋ3	niaŋ3	niaŋ4
峨眉山	niaŋ2 niaŋ4 口	niaŋ4	niaŋ2	niaŋ2	niaŋ2	niaŋ3	niaŋ3	niaŋ4
乐山	liaŋ2 liaŋ4 口	liaŋ4	liaŋ2	liaŋ2	liaŋ2	liaŋ3	liaŋ3	liaŋ4
犍为	liaŋ2 liaŋ4 口	liaŋ4	liaŋ2	liaŋ2	liaŋ2	liaŋ3	liaŋ3	liaŋ4

① 又*力让切，宕开三来阳去。

字目	凉①	量量长短	粮	梁	粱	两两个	两几两	亮
反切	吕张	吕张	吕张	吕张	吕张	良奖	良奖	力让
声韵调	宕开三 来阳平	宕开三 来阳平	宕开三 来阳平	宕开三 来阳平	宕开三 来阳平	宕开三 来阳上	宕开三 来阳上	宕开三 来阳去
中古音	lɪɐŋ	lɪɐŋ	lɪɐŋ	lɪɐŋ	lɪɐŋ	lɪɐŋ:	lɪɐŋ:	lɪɐŋ-
沐川	liaŋ2 liaŋ4 口	liaŋ4	liaŋ2	liaŋ2	liaŋ2	liaŋ3	liaŋ3	liaŋ4
峨边	liaŋ2	liaŋ4	liaŋ2	liaŋ2	liaŋ2	liaŋ3	liaŋ3	liaŋ4
雅安	niaŋ2	niaŋ4	niaŋ2	niaŋ2	niaŋ2	niaŋ3	niaŋ3	niaŋ4
名山	liaŋ2 liaŋ4 口	liaŋ4	liaŋ2	liaŋ2	liaŋ2	liaŋ3	liaŋ3	liaŋ4
天全	liaŋ2 liaŋ4 口	liaŋ4	liaŋ2	liaŋ2	liaŋ2	liaŋ3	liaŋ3	liaŋ4
芦山	niaŋ2	niaŋ2	niaŋ2	niaŋ2	niaŋ2	niaŋ3	niaŋ3	niaŋ4
宝兴	niaŋ2	niaŋ2	niaŋ2	niaŋ2	niaŋ2	niaŋ3	niaŋ3	niaŋ4
荥经	liaŋ2 liaŋ4 口	liaŋ4	liaŋ2	liaŋ2	liaŋ2	liaŋ3	liaŋ3	liaŋ4
汉源	niaŋ2 niaŋ4 口	niaŋ4	niaŋ2	niaŋ2	niaŋ2	niaŋ3	niaŋ3	niaŋ4
石棉	liaŋ2 liaŋ4 口	liaŋ4	liaŋ2	liaŋ2	liaŋ2	liaŋ3	liaŋ3	liaŋ4
内江	niaŋ2	niaŋ4	niaŋ2	niaŋ2	niaŋ2	niaŋ3	niaŋ3	niaŋ4
威远	niaŋ2	niaŋ4	niaŋ2	niaŋ2	niaŋ2	niaŋ3	niaŋ3	niaŋ4
荣县	niaŋ2	niaŋ4	niaŋ2	niaŋ2	niaŋ2	niaŋ3	niaŋ3	niaŋ4
自贡	liaŋ2 liaŋ4 口	liaŋ4	liaŋ2	liaŋ2	liaŋ2	liaŋ3	liaŋ3	liaŋ4
富顺	liaŋ2 liaŋ4 口	liaŋ4	liaŋ2	liaŋ2	liaŋ2	liaŋ3	liaŋ3	liaŋ4
隆昌	liaŋ2 liaŋ4 口	liaŋ4	liaŋ2	liaŋ2	liaŋ2	liaŋ3	liaŋ3	liaŋ4
泸县	liaŋ2	liaŋ4	liaŋ2	liaŋ2	liaŋ2	liaŋ3	liaŋ3	liaŋ4
泸州	liaŋ2	liaŋ4	liaŋ2	liaŋ2	liaŋ2	liaŋ3	liaŋ3	liaŋ4
南溪	liaŋ2	liaŋ4	liaŋ2	liaŋ2	liaŋ2	liaŋ3	liaŋ3	liaŋ4
合江	liɛn2 liɛn4 口	liɛn4	liɛn2	liɛn2	liɛn2	liɛn3	liɛn3	liɛn4

① 又*力让切，宕开三来阳去。

字目	谅	量数量	将将来	浆	疆	僵	姜生姜	姜姓
反切	力让	力让	即良	即良	居良	居良	居良	居良
声韵调	宕开三 来阳去	宕开三 来阳去	宕开三 精阳平	宕开三 精阳平	宕开三 见阳平	宕开三 见阳平	宕开三 见阳平	宕开三 见阳平
中古音	liɐŋ-	liɐŋ-	tsiɐŋ	tsiɐŋ	kiɐŋ	kiɐŋ	kiɐŋ	kiɐŋ
成都	niaŋ4	niaŋ4	tɕiaŋ1	tɕiaŋ1 tɕiaŋ4 俗①	tɕiaŋ1	tɕiaŋ1	tɕiaŋ1	tɕiaŋ1
彭州	niaŋ4	niaŋ4	tɕiaŋ1	tɕiaŋ1 tɕiaŋ4 俗①	tɕiaŋ1	tɕiaŋ1	tɕiaŋ1	tɕiaŋ1
郫县	liaŋ4	liaŋ4	tɕiaŋ1	tɕiaŋ1	tɕiaŋ1	tɕiaŋ1	tɕiaŋ1	tɕiaŋ1
广汉	liaŋ4	liaŋ4	tɕiaŋ1	tɕiaŋ1 tɕiaŋ4 俗①	tɕiaŋ1	tɕiaŋ1	tɕiaŋ1	tɕiaŋ1
都江堰河东	niaŋ4	niaŋ4	tɕiaŋ1	tɕiaŋ1 tɕiaŋ4 俗①	tɕiaŋ1	tɕiaŋ1	tɕiaŋ1	tɕiaŋ1
都江堰河西	niaŋ4	niaŋ4	tɕiaŋ1	tɕiaŋ1 tɕiaŋ4 俗①	tɕiaŋ1	tɕiaŋ1	tɕiaŋ1	tɕiaŋ1
崇州	niaŋ4	niaŋ4	tɕiaŋ1	tɕiaŋ1 tɕiaŋ4 俗①	tɕiaŋ1	tɕiaŋ1	tɕiaŋ1	tɕiaŋ1
大邑	niaŋ4	niaŋ4	tɕiaŋ1	tɕiaŋ1 tɕiaŋ4 俗①	tɕiaŋ1	tɕiaŋ1	tɕiaŋ1	tɕiaŋ1
邛崃	niaŋ4	niaŋ4	tɕiaŋ1	tɕiaŋ1 tɕiaŋ4 俗①	tɕiaŋ1	tɕiaŋ1	tɕiaŋ1	tɕiaŋ1
新津	niaŋ4	niaŋ4	tɕiaŋ1	tɕiaŋ1 tɕiaŋ4 俗①	tɕiaŋ1	tɕiaŋ1	tɕiaŋ1	tɕiaŋ1
蒲江	liaŋ4	liaŋ4	tɕiaŋ1	tɕiaŋ1 tɕiaŋ4 俗①	tɕiaŋ1	tɕiaŋ1	tɕiaŋ1	tɕiaŋ1
彭山	niaŋ4	niaŋ4	tɕiaŋ1	tɕiaŋ1 tɕiaŋ4 俗①	tɕiaŋ1	tɕiaŋ1	tɕiaŋ1	tɕiaŋ1
眉山	niɐn4	niɐn4	tɕiɐn1	tɕiɐn1 tɕiɐn4 俗①	tɕiɐn1	tɕiɐn1	tɕiɐn1	tɕiɐn1
丹棱	niɐn4	niɐn4	tɕiɐn1	tɕiɐn1 tɕiɐn4 俗①	tɕiɐn1	tɕiɐn1	tɕiɐn1	tɕiɐn1
洪雅	niaŋ4	niaŋ4	tɕiaŋ1	tɕiaŋ1 tɕiaŋ4 俗①	tɕiaŋ1	tɕiaŋ1	tɕiaŋ1	tɕiaŋ1
青神	liaŋ4	liaŋ4	tɕiaŋ1	tɕiaŋ1 tɕiaŋ4 俗①	tɕiaŋ1	tɕiaŋ1	tɕiaŋ1	tɕiaŋ1
夹江	niaŋ4	niaŋ4	tɕiaŋ1	tɕiaŋ1 tɕiaŋ4 俗①	tɕiaŋ1	tɕiaŋ1	tɕiaŋ1	tɕiaŋ1
峨眉山	niaŋ4	niaŋ4	tɕiaŋ1	tɕiaŋ1 tɕiaŋ4 俗①	tɕiaŋ1	tɕiaŋ1	tɕiaŋ1	tɕiaŋ1
乐山	liaŋ4	liaŋ4	tɕiaŋ1	tɕiaŋ1 tɕiaŋ4 俗①	tɕiaŋ1	tɕiaŋ1	tɕiaŋ1	tɕiaŋ1
犍为	liaŋ4	liaŋ4	tɕiaŋ1	tɕiaŋ1 tɕiaŋ4 俗①	tɕiaŋ1	tɕiaŋ1	tɕiaŋ1	tɕiaŋ1

① “糨”的训读。糨，《中原音韵》江阳韵，去声，绛小韵。

字目	谅	量数量	将将来	浆	疆	僵	姜生姜	姜姓
反切	力让	力让	即良	即良	居良	居良	居良	居良
声韵调	宕开三 来阳去	宕开三 来阳去	宕开三 精阳平	宕开三 精阳平	宕开三 见阳平	宕开三 见阳平	宕开三 见阳平	宕开三 见阳平
中古音	liɐŋ-	liɐŋ-	tsiɐŋ	tsiɐŋ	kiɐŋ	kiɐŋ	kiɐŋ	kiɐŋ
沐川	liaŋ4	liaŋ4	tɕiaŋ1	tɕiaŋ1 tɕiaŋ4 俗①	tɕiaŋ1	tɕiaŋ1	tɕiaŋ1	tɕiaŋ1
峨边	liaŋ4	liaŋ4	tɕiaŋ1	tɕiaŋ1	tɕiaŋ1	tɕiaŋ1	tɕiaŋ1	tɕiaŋ1
雅安	niaŋ4	niaŋ4	tɕiaŋ1	tɕiaŋ1 tɕiaŋ4 俗①	tɕiaŋ1	tɕiaŋ1	tɕiaŋ1	tɕiaŋ1
名山	liaŋ4	liaŋ4	tɕiaŋ1	tɕiaŋ1 tɕiaŋ4 俗①	tɕiaŋ1	tɕiaŋ1	tɕiaŋ1	tɕiaŋ1
天全	liaŋ4	liaŋ4	tɕiaŋ1	tɕiaŋ1 tɕiaŋ4 俗①	tɕiaŋ1	tɕiaŋ1	tɕiaŋ1	tɕiaŋ1
芦山	niaŋ4	niaŋ4	tɕiaŋ1	tɕiaŋ1 tɕiaŋ4 俗①	tɕiaŋ1	tɕiaŋ1	tɕiaŋ1	tɕiaŋ1
宝兴	niaŋ2	niaŋ4	tɕiaŋ1	tɕiaŋ1 tɕiaŋ4 俗①	tɕiaŋ1	tɕiaŋ1	tɕiaŋ1	tɕiaŋ1
荥经	liaŋ4	liaŋ4	tɕiaŋ1	tɕiaŋ1 tɕiaŋ4 俗①	tɕiaŋ1	tɕiaŋ1	tɕiaŋ1	tɕiaŋ1
汉源	niaŋ4	niaŋ4	tɕiaŋ1	tɕiaŋ1 tɕiaŋ4 俗①	tɕiaŋ1	tɕiaŋ1	tɕiaŋ1	tɕiaŋ1
石棉	liaŋ4	liaŋ4	tɕiaŋ1	tɕiaŋ1 tɕiaŋ4 俗①	tɕiaŋ1	tɕiaŋ1	tɕiaŋ1	tɕiaŋ1
内江	niaŋ4	niaŋ4	tɕiaŋ1	tɕiaŋ1 tɕiaŋ4 俗①	tɕhiaŋ1	tɕhiaŋ1	tɕiaŋ1	tɕiaŋ1
威远	niaŋ4	niaŋ4	tɕiaŋ1	tɕiaŋ1 tɕiaŋ4 俗①	tɕiaŋ1	tɕiaŋ1	tɕiaŋ1	tɕiaŋ1
荣县	niaŋ4	niaŋ4	tɕiaŋ1	tɕiaŋ1 tɕiaŋ4 俗①	tɕiaŋ1	tɕiaŋ1	tɕiaŋ1	tɕiaŋ1
自贡	liaŋ4	liaŋ4	tɕiaŋ1	tɕiaŋ1 tɕiaŋ4 俗①	tɕiaŋ1	tɕiaŋ1	tɕiaŋ1	tɕiaŋ1
富顺	liaŋ4	liaŋ4	tɕiaŋ1	tɕiaŋ1 tɕiaŋ4 俗①	tɕiaŋ1	tɕiaŋ1	tɕiaŋ1	tɕiaŋ1
隆昌	liaŋ4	liaŋ4	tɕiaŋ1	tɕiaŋ1 tɕiaŋ4 俗①	tɕhiaŋ1	tɕhiaŋ1	tɕiaŋ1	tɕiaŋ1
泸县	liaŋ4	liaŋ4	tɕiaŋ1	tɕiaŋ1 tɕiaŋ4 俗①	tɕiaŋ1	tɕiaŋ1	tɕiaŋ1	tɕiaŋ1
泸州	liaŋ4	liaŋ4	tɕiaŋ1	tɕiaŋ1 tɕiaŋ4 俗①	tɕiaŋ1	tɕiaŋ1	tɕiaŋ1	tɕiaŋ1
南溪	liaŋ4	liaŋ4	tɕiaŋ1	tɕiaŋ1 tɕiaŋ4 俗①	tɕiaŋ1	tɕiaŋ1	tɕiaŋ1	tɕiaŋ1
合江	liɛn4	liɛn4	tsiɛn1	tsiɛn1 tsiɛn4 俗①	kaŋ1	kaŋ1	kaŋ1	kaŋ1

① “糨”的训读。糨，《中原音韵》江阳韵，去声，绛小韵。

字目	江	蒋	桨	奖	讲	酱	将上将	匠
反切	古双	即两	即两	即两	古项	子亮	子亮	疾亮
声韵调	江开二 见江平	宕开三 精阳上	宕开三 精阳上	宕开三 精阳上	江开二 见江上	宕开三 精阳去	宕开三 精阳去	宕开三 从阳去
中古音	kɣʌŋ	tsiɐŋ:	tsiɐŋ:	tsiɐŋ:	kɣʌŋ:	tsiɐŋ-	tsiɐŋ-	dziɐŋ-
成都	tɕiaŋ1	tɕiaŋ3	tɕiaŋ3	tɕiaŋ3	tɕiaŋ3	tɕiaŋ4	tɕiaŋ4	tɕiaŋ4
彭州	tɕiaŋ1	tɕiaŋ3	tɕiaŋ3	tɕiaŋ3	tɕiaŋ3	tɕiaŋ4	tɕiaŋ4	tɕiaŋ4
郫县	tɕiaŋ1	tɕiaŋ3	tɕiaŋ3	tɕiaŋ3	tɕiaŋ3	tɕiaŋ4	tɕiaŋ4	tɕiaŋ4
广汉	tɕiaŋ1	tɕiaŋ3	tɕiaŋ3	tɕiaŋ3	tɕiaŋ3	tɕiaŋ4	tɕiaŋ4	tɕiaŋ4
都江堰河东	tɕiaŋ1	tɕiaŋ3	tɕiaŋ3	tɕiaŋ3	tɕiaŋ3	tɕiaŋ4	tɕiaŋ4	tɕiaŋ4
都江堰河西	tɕiaŋ1	tɕiaŋ3	tɕiaŋ3	tɕiaŋ3	tɕiaŋ3	tɕiaŋ4	tɕiaŋ4	tɕiaŋ4
崇州	tɕiaŋ1	tɕiaŋ3	tɕiaŋ3	tɕiaŋ3	tɕiaŋ3	tɕiaŋ4	tɕiaŋ4	tɕiaŋ4
大邑	tɕiaŋ1	tɕiaŋ3	tɕiaŋ3	tɕiaŋ3	tɕiaŋ3	tɕiaŋ4	tɕiaŋ4	tɕiaŋ4
邛崃	tɕiaŋ1	tɕiaŋ3	tɕiaŋ3	tɕiaŋ3	tɕiaŋ3	tɕiaŋ4	tɕiaŋ4	tɕiaŋ4
新津	tɕiaŋ1	tɕiaŋ3	tɕiaŋ3	tɕiaŋ3	tɕiaŋ3	tɕiaŋ4	tɕiaŋ4	tɕiaŋ4
蒲江	tɕiaŋ1	tɕiaŋ3	tɕiaŋ3	tɕiaŋ3	tɕiaŋ3	tɕiaŋ4	tɕiaŋ4	tɕiaŋ4
彭山	tɕiaŋ1	tɕiaŋ3	tɕiaŋ3	tɕiaŋ3	tɕiaŋ3	tɕiaŋ4	tɕiaŋ4	tɕiaŋ4
眉山	tɕiɐn1 tɕiaŋ1 新	tɕiɐn3	tɕiɐn3	tɕiɐn3	tɕiɐn3 tɕiaŋ3 新	tɕiɐn4	tɕiɐn4	tɕiɐn4 tɕiaŋ4 新
丹棱	tɕiɐn1 tɕiaŋ 新	tɕiɐn3	tɕiɐn3	tɕiɐn3	tɕiɐn3	tɕiɐn4	tɕiɐn4	tɕiɐn4
洪雅	tɕiaŋ1	tɕiaŋ3	tɕiaŋ3	tɕiaŋ3	tɕiaŋ3	tɕiaŋ4	tɕiaŋ4	tɕiaŋ4
青神	tɕiaŋ1	tɕiaŋ3	tɕiaŋ3	tɕiaŋ3	tɕiaŋ3	tɕiaŋ4	tɕiaŋ4	tɕiaŋ4
夹江	tɕiaŋ1	tɕiaŋ3	tɕiaŋ3	tɕiaŋ3	tɕiaŋ3	tɕiaŋ4	tɕiaŋ4	tɕiaŋ4
峨眉山	tɕiaŋ1	tɕiaŋ3	tɕiaŋ3	tɕiaŋ3	tɕiaŋ3	tɕiaŋ4	tɕiaŋ4	tɕiaŋ4
乐山	tɕiaŋ1	tɕiaŋ3	tɕiaŋ3	tɕiaŋ3	tɕiaŋ3	tɕiaŋ4	tɕiaŋ4	tɕiaŋ4
犍为	tɕiaŋ1	tɕiaŋ3	tɕiaŋ3	tɕiaŋ3	tɕiaŋ3	tɕiaŋ4	tɕiaŋ4	tɕiaŋ4

字目	江	蒋	桨	奖	讲	酱	将上将	匠
反切	古双	即两	即两	即两	古项	子亮	子亮	疾亮
声韵调	江开二 见江平	宕开三 精阳上	宕开三 精阳上	宕开三 精阳上	江开二 见江上	宕开三 精阳去	宕开三 精阳去	宕开三 从阳去
中古音	kɣʌŋ	tsɨɐŋ:	tsɨɐŋ:	tsɨɐŋ:	kɣʌŋ:	tsɨɐŋ-	tsɨɐŋ-	dzɨɐŋ-
沐川	tɕiaŋ1	tɕiaŋ3	tɕiaŋ3	tɕiaŋ3	tɕiaŋ3	tɕiaŋ4	tɕiaŋ4	tɕiaŋ4
峨边	tɕiaŋ1	tɕiaŋ3	tɕiaŋ3	tɕiaŋ3	tɕiaŋ3	tɕiaŋ4	tɕiaŋ4	tɕiaŋ4
雅安	tɕiaŋ1	tɕiaŋ3	tɕiaŋ3	tɕiaŋ3	tɕiaŋ3	tɕiaŋ4	tɕiaŋ4	tɕiaŋ4
名山	tɕiaŋ1	tɕiaŋ3	tɕiaŋ3	tɕiaŋ3	tɕiaŋ3	tɕiaŋ4	tɕiaŋ4	tɕiaŋ4
天全	tɕiaŋ1	tɕiaŋ3	tɕiaŋ3	tɕiaŋ3	tɕiaŋ3	tɕiaŋ4	tɕiaŋ4	tɕiaŋ4
芦山	tɕiaŋ1	tɕiaŋ3	tɕiaŋ3	tɕiaŋ3	tɕiaŋ3	tɕiaŋ4	tɕiaŋ4	tɕiaŋ4
宝兴	tɕiaŋ1	tɕiaŋ3	tɕiaŋ3	tɕiaŋ3	tɕiaŋ3	tɕiaŋ4	tɕiaŋ4	tɕiaŋ4
荥经	tɕiaŋ1	tɕiaŋ3	tɕiaŋ3	tɕiaŋ3	tɕiaŋ3	tɕiaŋ4	tɕiaŋ4	tɕiaŋ4
汉源	tɕiaŋ1	tɕiaŋ3	tɕiaŋ3	tɕiaŋ3	tɕiaŋ3	tɕiaŋ4	tɕiaŋ4	tɕiaŋ4
石棉	tɕiaŋ1	tɕiaŋ3	tɕiaŋ3	tɕiaŋ3	tɕiaŋ3	tɕiaŋ4	tɕiaŋ4	tɕiaŋ4
内江	tɕiaŋ1	tɕiaŋ3	tɕiaŋ3	tɕiaŋ3	tɕiaŋ3	tɕiaŋ4	tɕiaŋ4	tɕiaŋ4
威远	tɕiaŋ1	tɕiaŋ3	tɕiaŋ3	tɕiaŋ3	tɕiaŋ3	tɕiaŋ4	tɕiaŋ4	tɕiaŋ4
荣县	tɕiaŋ1	tɕiaŋ3	tɕiaŋ3	tɕiaŋ3	tɕiaŋ3	tɕiaŋ4	tɕiaŋ4	tɕiaŋ4
自贡	tɕiaŋ1	tɕiaŋ3	tɕiaŋ3	tɕiaŋ3	tɕiaŋ3	tɕiaŋ4	tɕiaŋ4	tɕiaŋ4
富顺	tɕiaŋ1	tɕiaŋ3	tɕiaŋ3	tɕiaŋ3	tɕiaŋ3	tɕiaŋ4	tɕiaŋ4	tɕiaŋ4
隆昌	tɕiaŋ1	tɕiaŋ3	tɕiaŋ3	tɕiaŋ3	tɕiaŋ3	tɕiaŋ4	tɕiaŋ4	tɕiaŋ4
泸县	tɕiaŋ1	tɕiaŋ3	tɕiaŋ3	tɕiaŋ3	tɕiaŋ3	tɕiaŋ4	tɕiaŋ4	tɕiaŋ4
泸州	tɕiaŋ1	tɕiaŋ3	tɕiaŋ3	tɕiaŋ3	tɕiaŋ3	tɕiaŋ4	tɕiaŋ4	tɕiaŋ4
南溪	tɕiaŋ1	tɕiaŋ3	tɕiaŋ3	tɕiaŋ3	tɕiaŋ3	tɕiaŋ4	tɕiaŋ4	tɕiaŋ4
合江	tɕiɛn1	tsiɛn3	tsiɛn3	tsiɛn3	kaŋ3	tsiɛn4	tsiɛn4	tɕiɛn4

字目	强①倔强	降下降	枪	羌	腔	墙	强强大	抢抢夺
反切	其两	古巷	七羊	去羊	苦江	在良	巨良	七两
声韵调	宕开三 群阳上	江开二 见江去	宕开三 清阳平	宕开三 溪阳平	江开二 溪江平	宕开三 从阳平	宕开三 群阳平	宕开三 清阳上
中古音	gɨɐŋ:	kɣʌŋ-	tshɨɐŋ	khɨɐŋ	khɣʌŋ	dzɨɐŋ	gɨɐŋ	tshɨɐŋ:
成都	tɕiaŋ4	tɕiaŋ4	tɕhiaŋ1	tɕhiaŋ1	tɕhiaŋ1	tɕhiaŋ2	tɕhiaŋ2	tɕhiaŋ3
彭州	tɕiaŋ4	tɕiaŋ4	tɕhiaŋ1	tɕhiaŋ1	tɕhiaŋ1	tɕhiaŋ2	tɕhiaŋ2	tɕhiaŋ3
郫县	tɕiaŋ4	tɕiaŋ4	tɕhiaŋ1	tɕhiaŋ1	tɕhiaŋ1	tɕhiaŋ2	tɕhiaŋ2	tɕhiaŋ3
广汉	tɕiaŋ4	tɕiaŋ4	tɕhiaŋ1	tɕhiaŋ1	tɕhiaŋ1	tɕhiaŋ2	tɕhiaŋ2	tɕhiaŋ3
都江堰河东	tɕiaŋ4	tɕiaŋ4	tɕhiaŋ1	tɕhiaŋ1	tɕhiaŋ1	tɕhiaŋ2	tɕhiaŋ2	tɕhiaŋ3
都江堰河西	tɕiaŋ4	tɕiaŋ4	tɕhiaŋ1	tɕhiaŋ1	tɕhiaŋ1	tɕhiaŋ2	tɕhiaŋ2	tɕhiaŋ3
崇州	tɕiaŋ4	tɕiaŋ4	tɕhiaŋ1	tɕhiaŋ1	tɕhiaŋ1	tɕhiaŋ2	tɕhiaŋ2	tɕhiaŋ3
大邑	tɕiaŋ4	tɕiaŋ4	tɕhiaŋ1	tɕhiaŋ1	tɕhiaŋ1	tɕhiaŋ2	tɕhiaŋ2	tɕhiaŋ3
邛崃	tɕiaŋ4	tɕiaŋ4	tɕhiaŋ1	tɕhiaŋ1	tɕhiaŋ1	tɕhiaŋ2	tɕhiaŋ2	tɕhiaŋ3
新津	tɕiaŋ4	tɕiaŋ4	tɕhiaŋ1	tɕhiaŋ1	tɕhiaŋ1	tɕhiaŋ2	tɕhiaŋ2	tɕhiaŋ3
蒲江	tɕiaŋ4	tɕiaŋ4	tɕhiaŋ1	tɕhiaŋ1	tɕhiaŋ1	tɕhiaŋ2	tɕhiaŋ2	tɕhiaŋ3
彭山	tɕiaŋ4	tɕiaŋ4	tɕhiaŋ1	tɕhiaŋ1	tɕhiaŋ1	tɕhiaŋ2	tɕhiaŋ2	tɕhiaŋ3
眉山	tɕiɐn4	tɕiɐn4	tɕhiɐn1	tɕhiɐn1	tɕhiɐn1	tɕhiɐn2	tɕhiɐn2	tɕhiɐn3
丹棱	tɕiɐn4 tɕiaŋ4 新	tɕiɐn4	tɕhiɐn1	tɕhiɐn1 tɕhiaŋ1 新	tɕhiɐn1	tɕhiɐn2	tɕhiɐn2	tɕhiɐn3
洪雅	tɕiaŋ4	tɕiaŋ4	tɕhiaŋ1	tɕhiaŋ1	tɕhiaŋ1	tɕhiaŋ2	tɕhiaŋ2	tɕhiaŋ3
青神	tɕiaŋ4	tɕiaŋ4	tɕhiaŋ1	tɕhiaŋ1	tɕhiaŋ1	tɕhiaŋ2	tɕhiaŋ2	tɕhiaŋ3
夹江	tɕiaŋ4	tɕiaŋ4	tɕhiaŋ1	tɕhiaŋ1	tɕhiaŋ1	tɕhiaŋ2	tɕhiaŋ2	tɕhiaŋ3
峨眉山	tɕiaŋ4	tɕiaŋ4	tɕhiaŋ1	tɕhiaŋ1	tɕhiaŋ1	tɕhiaŋ2	tɕhiaŋ2	tɕhiaŋ3
乐山	tɕiaŋ4	tɕiaŋ4	tɕhiaŋ1	tɕhiaŋ1	tɕhiaŋ1	tɕhiaŋ2	tɕhiaŋ2	tɕhiaŋ3
犍为	tɕiaŋ4	tɕiaŋ4	tɕhiaŋ1	tɕhiaŋ1	tɕhiaŋ1	tɕhiaŋ2	tɕhiaŋ2	tɕhiaŋ3

① 又巨良切，宕开三群阳平。

字目	强[①]倔强	降下降	枪	羌	腔	墙	强强大	抢抢夺
反切	其两	古巷	七羊	去羊	苦江	在良	巨良	七两
声韵调	宕开三 群阳上	江开二 见江去	宕开三 清阳平	宕开三 溪阳平	江开二 溪江平	宕开三 从阳平	宕开三 群阳平	宕开三 清阳上
中古音	gɨɐŋ:	kɣʌŋ-	tshɨɐŋ	khɨɐŋ	khɣʌŋ	dzɨɐŋ	gɨɐŋ	tshɨɐŋ:
沐川	tɕiaŋ4	tɕiaŋ4	tɕhiaŋ1	tɕhiaŋ1	tɕhiaŋ1	tɕhiaŋ2	tɕhiaŋ2	tɕhiaŋ3
峨边	tɕiaŋ4	tɕiaŋ4	tɕhiaŋ1	tɕhiaŋ1	tɕhiaŋ1	tɕhiaŋ2	tɕhiaŋ2	tɕhiaŋ3
雅安	tɕiaŋ4	tɕiaŋ4	tɕhiaŋ1	tɕhiaŋ1	tɕhiaŋ1	tɕhiaŋ2	tɕhiaŋ2	tɕhiaŋ3
名山	tɕiaŋ4	tɕiaŋ4	tɕhiaŋ1	tɕhiaŋ1	tɕhiaŋ1	tɕhiaŋ2	tɕhiaŋ2	tɕhiaŋ3
天全	tɕiaŋ4	tɕiaŋ4	tɕhiaŋ1	tɕhiaŋ1	tɕhiaŋ1	tɕhiaŋ2	tɕhiaŋ2	tɕhiaŋ3
芦山	tɕiaŋ4	kaŋ4	tɕhiaŋ1	tɕhiaŋ1	tɕhiaŋ1	tɕhiaŋ2	tɕhiaŋ2	tɕhiaŋ3
宝兴	tɕiaŋ4	tɕiaŋ4	tɕhiaŋ1	tɕhiaŋ1	tɕhiaŋ1	tɕhiaŋ2	tɕhiaŋ2	tɕhiaŋ3
荥经	tɕiaŋ4	tɕiaŋ4	tɕhiaŋ1	tɕhiaŋ1	tɕhiaŋ1	tɕhiaŋ2	tɕhiaŋ2	tɕhiaŋ3
汉源	tɕiaŋ4	tɕiaŋ4	tɕhiaŋ1	tɕhiaŋ1	tɕhiaŋ1	tɕhiaŋ2	tɕhiaŋ2	tɕhiaŋ3
石棉	tɕiaŋ4	tɕiaŋ4	tɕhiaŋ1	tɕhiaŋ1	tɕhiaŋ1	tɕhiaŋ2	tɕhiaŋ2	tɕhiaŋ3
内江	tɕiaŋ4	tɕiaŋ4	tɕhiaŋ1	tɕhiaŋ1	tɕhiaŋ1	tɕhiaŋ2	tɕhiaŋ2	tɕhiaŋ3
威远	tɕiaŋ4	tɕiaŋ4	tɕhiaŋ1	tɕhiaŋ1	tɕhiaŋ1	tɕhiaŋ2	tɕhiaŋ2	tɕhiaŋ3
荣县	tɕiaŋ4	tɕiaŋ4	tɕhiaŋ1	tɕhiaŋ1	tɕhiaŋ1	tɕhiaŋ2	tɕhiaŋ2	tɕhiaŋ3
自贡	tɕiaŋ4	tɕiaŋ4	tɕhiaŋ1	tɕhiaŋ1	tɕhiaŋ1	tɕhiaŋ2	tɕhiaŋ2	tɕhiaŋ3
富顺	tɕiaŋ4	tɕiaŋ4	tɕhiaŋ1	tɕhiaŋ1	tɕhiaŋ1	tɕhiaŋ2	tɕhiaŋ2	tɕhiaŋ3
隆昌	tɕiaŋ4	tɕiaŋ4	tɕhiaŋ1	tɕhiaŋ1	tɕhiaŋ1	tɕhiaŋ2	tɕhiaŋ2	tɕhiaŋ3
泸县	tɕiaŋ4	tɕiaŋ4	tɕhiaŋ1	tɕhiaŋ1	tɕhiaŋ1	tɕhiaŋ2	tɕhiaŋ2	tshiaŋ3
泸州	tɕiaŋ4	tɕiaŋ4	tɕhiaŋ1	tɕhiaŋ1	tɕhiaŋ1	tɕhiaŋ2	tɕhiaŋ2	tɕhiaŋ3
南溪	tɕiaŋ4	tɕiaŋ4	tɕhiaŋ1	tɕhiaŋ1	tɕhiaŋ1	tɕhiaŋ2	tɕhiaŋ2	tɕhiaŋ3
合江	tɕiɛn4	kaŋ4	tɕhiɛn1	tɕhiɛn1	tɕhiɛn1	tʃhiɛn2	tɕhiɛn2	tɕhiɛn3

① 又巨良切，宕开三群阳平。

字目	强勉强	相相互	箱	厢	镶	香	乡	详
反切	其两	息良	息良	息良	息良	许良	许良	似羊
声韵调	宕开三 群阳上	宕开三 心阳平	宕开三 心阳平	宕开三 心阳平	宕开三 心阳平	宕开三 晓阳平	宕开三 晓阳平	宕开三 邪阳平
中古音	gɨɐŋ:	sɨɐŋ	sɨɐŋ	sɨɐŋ	sɨɐŋ	hɨɐŋ	hɨɐŋ	zɨɐŋ
成都	tɕhiaŋ3	ɕiaŋ1	ɕiaŋ1	ɕiaŋ1	ɕiaŋ1	ɕiaŋ1 ɕiaŋ4 俗①	ɕiaŋ1	ɕiaŋ2
彭州	tɕhiaŋ3	ɕiaŋ1	ɕiaŋ1	ɕiaŋ1	ɕiaŋ1	ɕiaŋ1 ɕiaŋ4 俗①	ɕiaŋ1	ɕiaŋ2
郫县	tɕhiaŋ3	ɕiaŋ1	ɕiaŋ1	ɕiaŋ1	ɕiaŋ1	ɕiaŋ1	ɕiaŋ1	ɕiaŋ2
广汉	tɕhiaŋ3	ɕiaŋ1	ɕiaŋ1	ɕiaŋ1	ɕiaŋ1	ɕiaŋ1 ɕiaŋ4 俗①	ɕiaŋ1	ɕiaŋ2
都江堰河东	tɕhiaŋ3	ɕiaŋ1	ɕiaŋ1	ɕiaŋ1	ɕiaŋ1	ɕiaŋ1 ɕiaŋ4 俗①	ɕiaŋ1	ɕiaŋ2
都江堰河西	tɕhiaŋ3	ɕiaŋ1	ɕiaŋ1	ɕiaŋ1	ɕiaŋ1	ɕiaŋ1 ɕiaŋ4 俗①	ɕiaŋ1	ɕiaŋ2
崇州	tɕhiaŋ3	ɕiaŋ1	ɕiaŋ1	ɕiaŋ1	ɕiaŋ1	ɕiaŋ1 ɕiaŋ4 俗①	ɕiaŋ1	ɕiaŋ2
大邑	tɕhiaŋ3	ɕiaŋ1	ɕiaŋ1	ɕiaŋ1	ɕiaŋ1	ɕiaŋ1 ɕiaŋ4 俗①	ɕiaŋ1	ɕiaŋ2
邛崃	tɕhiaŋ3	ɕiaŋ1	ɕiaŋ1	ɕiaŋ1	ɕiaŋ1	ɕiaŋ1 ɕiaŋ4 俗①	ɕiaŋ1	ɕiaŋ2
新津	tɕhiaŋ3	ɕiaŋ1	ɕiaŋ1	ɕiaŋ1	ɕiaŋ1	ɕiaŋ1 ɕiaŋ4 俗①	ɕiaŋ1	ɕiaŋ2
蒲江	tɕhiaŋ3	ɕiaŋ1	ɕiaŋ1	ɕiaŋ1	ɕiaŋ1	ɕiaŋ1 ɕiaŋ4 俗①	ɕiaŋ1	ɕiaŋ2
彭山	tɕhiaŋ3	ɕiaŋ1	ɕiaŋ1	ɕiaŋ1	ɕiaŋ1	ɕiaŋ1	ɕiaŋ1	ɕiaŋ2
眉山	tɕhiɐn3	ɕiɐn1 ɕiaŋ1 新	ɕiɐn1 ɕiaŋ1 新	ɕiɐn1 ɕiaŋ1 新	ɕiɐn1	ɕiɐn1	ɕiɐn1	tɕhiɐn2 tɕhiaŋ2 新
丹棱	tɕhiɐn3	ɕiɐn1	ɕiɐn1	ɕiɐn1	ɕiɐn1	ɕiɐn1	ɕiɐn1	tɕhiɐn2 ɕiɐn2 新
洪雅	tɕhiaŋ3	ɕiaŋ1	ɕiaŋ1	ɕiaŋ1	ɕiaŋ1	ɕiaŋ1 ɕiaŋ4 俗①	ɕiaŋ1	tɕhiaŋ2
青神	tɕhiaŋ3	ɕiaŋ1	ɕiaŋ1	ɕiaŋ1	ɕiaŋ1	ɕiaŋ1	ɕiaŋ1	tɕhiaŋ2
夹江	tɕhiaŋ3	ɕiaŋ1	ɕiaŋ1	ɕiaŋ1	ɕiaŋ1	ɕiaŋ1 ɕiaŋ4 俗①	ɕiaŋ1	ɕiaŋ2
峨眉山	tɕhiaŋ3	ɕiaŋ1	ɕiaŋ1	ɕiaŋ1	ɕiaŋ1	ɕiaŋ1 ɕiaŋ4 俗①	ɕiaŋ1	ɕiaŋ2
乐山	tɕhiaŋ3	ɕiaŋ1	ɕiaŋ1	ɕiaŋ1	ɕiaŋ1	ɕiaŋ1 ɕiaŋ4 俗①	ɕiaŋ1	ɕiaŋ2
犍为	tɕhiaŋ3	ɕiaŋ1	ɕiaŋ1	ɕiaŋ1	ɕiaŋ1	ɕiaŋ1 ɕiaŋ4 俗①	ɕiaŋ1	ɕiaŋ2

① 意为食物佐料，“薑”的训读。许亮切，宕开三晓阳去。

字目	强勉强	相相互	箱	厢	镶	香	乡	详
反切	其两	息良	息良	息良	息良	许良	许良	似羊
声韵调	宕开三 群阳上	宕开三 心阳平	宕开三 心阳平	宕开三 心阳平	宕开三 心阳平	宕开三 晓阳平	宕开三 晓阳平	宕开三 邪阳平
中古音	giɐŋ:	siɐŋ	siɐŋ	siɐŋ	siɐŋ	hiɐŋ	hiɐŋ	ziɐŋ
沐川	tɕhiaŋ3	ɕiaŋ1	ɕiaŋ1	ɕiaŋ1	ɕiaŋ1	ɕiaŋ1 ɕiaŋ4 俗①	ɕiaŋ1	ɕiaŋ2
峨边	tɕhiaŋ3	ɕiaŋ1	ɕiaŋ1	ɕiaŋ1	ɕiaŋ1	ɕiaŋ1	ɕiaŋ1	ɕiaŋ2
雅安	tɕhiaŋ3	ɕiaŋ1	ɕiaŋ1	ɕiaŋ1	ɕiaŋ1	ɕiaŋ1	ɕiaŋ1	ɕiaŋ2
名山	tɕhiaŋ3	ɕiaŋ1	ɕiaŋ1	ɕiaŋ1	ɕiaŋ1	ɕiaŋ1	ɕiaŋ1	ɕiaŋ2
天全	tɕhiaŋ3	ɕiaŋ1	ɕiaŋ1	ɕiaŋ1	ɕiaŋ1	ɕiaŋ1	ɕiaŋ1	ɕiaŋ2
芦山	tɕhiaŋ3	ɕiaŋ1	ɕiaŋ1	ɕiaŋ1	ɕiaŋ1	ɕiaŋ1	ɕiaŋ1	ɕiaŋ2
宝兴	tɕhiaŋ3	ɕiaŋ1	ɕiaŋ1	ɕiaŋ1	ɕiaŋ1	ɕiaŋ1	ɕiaŋ1	ɕiaŋ2
荥经	tɕhiaŋ3	ɕiaŋ1	ɕiaŋ1	ɕiaŋ1	ɕiaŋ1	ɕiaŋ1 ɕiaŋ4 俗①	ɕiaŋ1	tɕhiaŋ2
汉源	tɕhiaŋ3	ɕiaŋ1	ɕiaŋ1	ɕiaŋ1	ɕiaŋ1	ɕiaŋ1	ɕiaŋ1	ɕiaŋ2
石棉	tɕhiaŋ3	ɕiaŋ1	ɕiaŋ1	ɕiaŋ1	ɕiaŋ1	ɕiaŋ1	ɕiaŋ1	ɕiaŋ2
内江	tɕhiaŋ3	ɕiaŋ1	ɕiaŋ1	ɕiaŋ1	ɕiaŋ1	ɕiaŋ1	ɕiaŋ1	ɕiaŋ2
威远	tɕhiaŋ3	ɕiaŋ1	ɕiaŋ1	ɕiaŋ1	ɕiaŋ1	ɕiaŋ1	ɕiaŋ1	ɕiaŋ2
荣县	tɕhiaŋ3	ɕiaŋ1	ɕiaŋ1	ɕiaŋ1	ɕiaŋ1	ɕiaŋ1	ɕiaŋ1	ɕiaŋ2
自贡	tɕhiaŋ3	ɕiaŋ1	ɕiaŋ1	ɕiaŋ1	ɕiaŋ1	ɕiaŋ1	ɕiaŋ1	ɕiaŋ2
富顺	tɕhiaŋ3	ɕiaŋ1	ɕiaŋ1	ɕiaŋ1	ɕiaŋ1	ɕiaŋ1	ɕiaŋ1	ɕiaŋ2
隆昌	tɕhiaŋ3	ɕiaŋ1	ɕiaŋ1	ɕiaŋ1	ɕiaŋ1	ɕiaŋ1	ɕiaŋ1	ɕiaŋ2
泸县	tɕhiaŋ3	ɕiaŋ1	ɕiaŋ1	ɕiaŋ1	ɕiaŋ1	ɕiaŋ1 ɕiaŋ4 俗①	ɕiaŋ1	ɕiaŋ2
泸州	tɕhiaŋ3	ɕiaŋ1	ɕiaŋ1	ɕiaŋ1	ɕiaŋ1	ɕiaŋ1 ɕiaŋ4 俗①	ɕiaŋ1	ɕiaŋ2
南溪	tɕhiaŋ3	ɕiaŋ1	ɕiaŋ1	ɕiaŋ1	ɕiaŋ1	ɕiaŋ1 ɕiaŋ4 俗①	ɕiaŋ1	ɕiaŋ2
合江	tɕhiɛn3	ʃiɛn1	ʃiɛn1	ʃiɛn1	ʃiɛn1	ɕiɛn1 ɕiɛn4 俗①	ɕiɛn1	ɕiɛn2

① 意为食物佐料，“香”的训读。许亮切，宕开三晓阳去。

字目	祥	翔	降投降	想	享	响	相相貌	像
反切	似羊	似羊	下江	息两	许两	许两	息亮	徐两
声韵调	宕开三 邪阳平	宕开三 邪阳平	江开二 匣江平	宕开三 心阳上	宕开三 晓阳上	宕开三 晓阳上	宕开三 心阳去	宕开三 邪阳上
中古音	ziɐŋ	ziɐŋ	ɦɣʌŋ	siɐŋ:	hiɐŋ:	hiɐŋ:	siɐŋ-	ziɐŋ:
成都	ɕiaŋ2	ɕiaŋ2	ɕiaŋ2	ɕiaŋ3	ɕiaŋ3	ɕiaŋ3	ɕiaŋ4	ɕiaŋ4 文 tɕhiaŋ4 白
彭州	ɕiaŋ2	ɕiaŋ2	ɕiaŋ2	ɕiaŋ3	ɕiaŋ3	ɕiaŋ3	ɕiaŋ4	ɕiaŋ4 文 tɕhiaŋ4 白
郫县	ɕiaŋ2	ɕiaŋ2	ɕiaŋ2	ɕiaŋ3	ɕiaŋ3	ɕiaŋ3	ɕiaŋ4	ɕiaŋ4 文 tɕhiaŋ4 白
广汉	ɕiaŋ2	ɕiaŋ2	ɕiaŋ2	ɕiaŋ3	ɕiaŋ3	ɕiaŋ3	ɕiaŋ4	ɕiaŋ4 tɕhiaŋ4 口
都江堰河东	ɕiaŋ2	ɕiaŋ2	ɕiaŋ2	ɕiaŋ3	ɕiaŋ3	ɕiaŋ3	ɕiaŋ4	ɕiaŋ4 文 tɕhiaŋ4 白
都江堰河西	ɕiaŋ2	ɕiaŋ2	ɕiaŋ2	ɕiaŋ3	ɕiaŋ3	ɕiaŋ3	ɕiaŋ4	ɕiaŋ4 文 tɕhiaŋ4 白
崇州	ɕiaŋ2	ɕiaŋ2	ɕiaŋ2	ɕiaŋ3	ɕiaŋ3	ɕiaŋ3	ɕiaŋ4	ɕiaŋ4 文 tɕhiaŋ4 白
大邑	ɕiaŋ2	ɕiaŋ2	ɕiaŋ2	ɕiaŋ3	ɕiaŋ3	ɕiaŋ3	ɕiaŋ4	ɕiaŋ4 文 tɕhiaŋ4 白
邛崃	ɕiaŋ2	ɕiaŋ2	ɕiaŋ2	ɕiaŋ3	ɕiaŋ3	ɕiaŋ3	ɕiaŋ4	ɕiaŋ4 文 tɕhiaŋ4 白
新津	ɕiaŋ2	ɕiaŋ2	ɕiaŋ2	ɕiaŋ3	ɕiaŋ3	ɕiaŋ3	ɕiaŋ4	ɕiaŋ4 文 tɕhiaŋ4 白
蒲江	ɕiaŋ2	ɕiaŋ2	ɕiaŋ2	ɕiaŋ3	ɕiaŋ3	ɕiaŋ3	ɕiaŋ4	ɕiaŋ4 文 tɕhiaŋ4 白
彭山	ɕiaŋ2	ɕiaŋ2	ɕiaŋ2	ɕiaŋ3	ɕiaŋ3	ɕiaŋ3	ɕiaŋ4	ɕiaŋ4 文 tɕhiaŋ4 白
眉山	tɕhiɐn2 tɕhiaŋ2 新	tɕhiɐn2 ɕiɐn2 新	ɕiɐn2	ɕiɐn3 ɕiaŋ3 新	ɕiɐn3	ɕiɐn3	ɕiɐn4 ɕiaŋ4 新	ɕiɐn4 文 tɕhiɐn4 白
丹棱	tɕhiɐn2 ɕiɐn2 新	tɕhiɐn2 ɕiɐn2 新	ɕiɐn2	ɕiɐn3	ɕiɐn3	ɕiɐn3	ɕiɐn4	ɕiɐn4 文 tɕhiɐn4 白
洪雅	tɕhiaŋ2	ɕiaŋ2	ɕiaŋ2	ɕiaŋ3	ɕiaŋ3	ɕiaŋ3	ɕiaŋ4	ɕiaŋ4 文 tɕhiaŋ4 白
青神	tɕhiaŋ2	ɕiaŋ2	ɕiaŋ2	ɕiaŋ3	ɕiaŋ3	ɕiaŋ3	ɕiaŋ4	ɕiaŋ4 文 tɕhiaŋ4 白
夹江	ɕiaŋ2	ɕiaŋ2	ɕiaŋ2	ɕiaŋ3	ɕiaŋ3	ɕiaŋ3	ɕiaŋ4	ɕiaŋ4 文 tɕhiaŋ4 白
峨眉山	ɕiaŋ2	ɕiaŋ2	ɕiaŋ2	ɕiaŋ3	ɕiaŋ3	ɕiaŋ3	ɕiaŋ4	ɕiaŋ4 文 tɕhiaŋ4 白
乐山	ɕiaŋ2	ɕiaŋ2	ɕiaŋ2	ɕiaŋ3	ɕiaŋ3	ɕiaŋ3	ɕiaŋ4	ɕiaŋ4 文 tɕhiaŋ4 白
犍为	ɕiaŋ2	ɕiaŋ2	ɕiaŋ2	ɕiaŋ3	ɕiaŋ3	ɕiaŋ3	ɕiaŋ4	ɕiaŋ4 文 tɕhiaŋ4 白

字目	祥	翔	降投降	想	享	响	相相貌	像
反切	似羊	似羊	下江	息两	许两	许两	息亮	徐两
声韵调	宕开三 邪阳平	宕开三 邪阳平	江开二 匣江平	宕开三 心阳上	宕开三 晓阳上	宕开三 晓阳上	宕开三 心阳去	宕开三 邪阳上
中古音	ziɐŋ	ziɐŋ	ɦɣʌŋ	siɐŋ:	hiɐŋ:	hiɐŋ:	siɐŋ-	ziɐŋ:
沐川	ɕiaŋ2	ɕiaŋ2	ɕiaŋ2	ɕiaŋ3	ɕiaŋ3	ɕiaŋ3	ɕiaŋ4	ɕiaŋ4 文 tɕhiaŋ4 白
峨边	ɕiaŋ2	ɕiaŋ2	ɕiaŋ2	ɕiaŋ3	ɕiaŋ3	ɕiaŋ3	ɕiaŋ4	ɕiaŋ4 文 tɕhiaŋ4 白
雅安	ɕiaŋ2	ɕiaŋ2	ɕiaŋ2	ɕiaŋ3	ɕiaŋ3	ɕiaŋ3	ɕiaŋ4	ɕiaŋ4
名山	ɕiaŋ2	ɕiaŋ2	ɕiaŋ2	ɕiaŋ3	ɕiaŋ3	ɕiaŋ3	ɕiaŋ4	ɕiaŋ4 文 tɕhiaŋ4 白
天全	ɕiaŋ2	ɕiaŋ2	ɕiaŋ2	ɕiaŋ3	ɕiaŋ3	ɕiaŋ3	ɕiaŋ4	ɕiaŋ4 文 tɕhiaŋ4 白
芦山	ɕiaŋ2	ɕiaŋ2	ɕiaŋ2	ɕiaŋ3	ɕiaŋ3	ɕiaŋ3	ɕiaŋ4	ɕiaŋ4
宝兴	ɕiaŋ2	ɕiaŋ2	ɕiaŋ2	ɕiaŋ3	ɕiaŋ3	ɕiaŋ3	ɕiaŋ4	ɕiaŋ4
荥经	tɕhiaŋ2	tɕhiaŋ2	ɕiaŋ2	ɕiaŋ3	ɕiaŋ3	ɕiaŋ3	ɕiaŋ4	ɕiaŋ4 文 tɕhiaŋ4 白
汉源	ɕiaŋ2	ɕiaŋ2	ɕiaŋ2	ɕiaŋ3	ɕiaŋ3	ɕiaŋ3	ɕiaŋ4	ɕiaŋ4 文 tɕhiaŋ4 白
石棉	ɕiaŋ2	ɕiaŋ2	ɕiaŋ2	ɕiaŋ3	ɕiaŋ3	ɕiaŋ3	ɕiaŋ4	ɕiaŋ4 文 tɕhiaŋ4 白
内江	ɕiaŋ2	ɕiaŋ2	ɕiaŋ2	ɕiaŋ3	ɕiaŋ3	ɕiaŋ3	ɕiaŋ4	ɕiaŋ4 tɕhiaŋ4 白
威远	ɕiaŋ2	ɕiaŋ2	ɕiaŋ2	ɕiaŋ3	ɕiaŋ3	ɕiaŋ3	ɕiaŋ4	ɕiaŋ4 文 tɕhiaŋ4 白
荣县	ɕiaŋ2	ɕiaŋ2	ɕiaŋ2	ɕiaŋ3	ɕiaŋ3	ɕiaŋ3	ɕiaŋ4	ɕiaŋ4 文 tɕhiaŋ4 白
自贡	ɕiaŋ2	ɕiaŋ2	ɕiaŋ2	ɕiaŋ3	ɕiaŋ3	ɕiaŋ3	ɕiaŋ4	tɕhiaŋ4
富顺	ɕiaŋ2	ɕiaŋ2	ɕiaŋ2	ɕiaŋ3	ɕiaŋ3	ɕiaŋ3	ɕiaŋ4	ɕiaŋ4
隆昌	ɕiaŋ2	ɕiaŋ2	ɕiaŋ2	ɕiaŋ3	ɕiaŋ3	ɕiaŋ3	ɕiaŋ4	tɕhiaŋ4
泸县	ɕiaŋ2	ɕiaŋ2	ɕiaŋ2	ɕiaŋ3	ɕiaŋ3	ɕiaŋ3	ɕiaŋ4	ɕiaŋ4 文 tɕhiaŋ4 白
泸州	ɕiaŋ2	ɕiaŋ2	ɕiaŋ2	ɕiaŋ3	ɕiaŋ3	ɕiaŋ3	ɕiaŋ4	ɕiaŋ4 文 tɕhiaŋ4 白
南溪	ɕiaŋ2	ɕiaŋ2	ɕiaŋ2	ɕiaŋ3	ɕiaŋ3	ɕiaŋ3	ɕiaŋ4	ɕiaŋ4 文 tɕhiaŋ4 白
合江	ɕiɛn2	ɕiɛn2	ɕiɛn2	ɕiɛn3	ɕiɛn3	ɕiɛn3	ɕiɛn4	ɕiɛn4 文 tɕhiɛn4 白

字目	象	橡	向	项	巷	央	秧	殃
反切	徐两	徐两	许亮	胡讲	胡绛	于良	于良	于良
声韵调	宕开三 邪阳上	宕开三 邪阳上	宕开三 晓阳去	江开二 匣江上	江开二 匣江去	宕开三 影阳平	宕开三 影阳平	宕开三 影阳平
中古音	zɪɐŋ:	zɪɐŋ:	hɪɐŋ-	ɦɣʌŋ:	ɦɣʌŋ-	ʔɪɐŋ	ʔɪɐŋ	ʔɪɐŋ
成都	ɕiaŋ4	ɕiaŋ4	ɕiaŋ4	ɕiaŋ4 文 xaŋ4 白	xaŋ4	iaŋ1	iaŋ1	iaŋ1
彭州	ɕiaŋ4	ɕiaŋ4	ɕiaŋ4	ɕiaŋ4 文 xaŋ4 白	xaŋ4 ɕiaŋ4 新	iaŋ1	iaŋ1	iaŋ1
郫县	ɕiaŋ4	ɕiaŋ4	ɕiaŋ4	xaŋ4	xaŋ4	iaŋ1	iaŋ1	iaŋ1
广汉	ɕiaŋ4	ɕiaŋ4	ɕiaŋ4	xaŋ4	xaŋ4	iaŋ1	iaŋ1	iaŋ1
都江堰河东	ɕiaŋ4	ɕiaŋ4	ɕiaŋ4	ɕiaŋ4 文 xaŋ4 白	xaŋ4	iaŋ1	iaŋ1	iaŋ1
都江堰河西	ɕiaŋ4	ɕiaŋ4	ɕiaŋ4	ɕiaŋ4 文 xaŋ4 白	xaŋ4	iaŋ1	iaŋ1	iaŋ1
崇州	ɕiaŋ4	ɕiaŋ4	ɕiaŋ4	ɕiaŋ4 文 xaŋ4 白	xaŋ4	iaŋ1	iaŋ1	iaŋ1
大邑	ɕiaŋ4	ɕiaŋ4	ɕiaŋ4	ɕiaŋ4 文 xaŋ4 白	xaŋ4	iaŋ1	iaŋ1	iaŋ1
邛崃	ɕiaŋ4	ɕiaŋ4	ɕiaŋ4	ɕiaŋ4 文 xaŋ4 白	xaŋ4	iaŋ1	iaŋ1	iaŋ1
新津	ɕiaŋ4	ɕiaŋ4	ɕiaŋ4	ɕiaŋ4 文 xaŋ4 白	xaŋ4	iaŋ1	iaŋ1	iaŋ1
蒲江	ɕiaŋ4	ɕiaŋ4	ɕiaŋ4	ɕiaŋ4 文 xaŋ4 白	ɕiaŋ4 文 xaŋ4 白	iaŋ1	iaŋ1	iaŋ1
彭山	ɕiaŋ4	ɕiaŋ4	ɕiaŋ4	ɕiaŋ4 文 xaŋ4 白	xaŋ4	iaŋ1	iaŋ1	iaŋ1
眉山	ɕiɐn4	ɕiɐn4	ɕiɐn4	ɕiaŋ4 文 xaŋ4 白	xaŋ4	iɐn1	iɐn1	iɐn1
丹棱	ɕiɐn4	ɕiɐn4	ɕiɐn4	ɕiaŋ4 文 xaŋ4 白	xaŋ4 ɕiaŋ4 新	iɐn1	iɐn1	iɐn1
洪雅	ɕiaŋ4	ɕiaŋ4	ɕiaŋ4	ɕiaŋ4 文 xaŋ4 白	xaŋ4	iaŋ1	iaŋ1	iaŋ1
青神	ɕiaŋ4	ɕiaŋ4	ɕiaŋ4	ɕiaŋ4 文 xaŋ4 白	xaŋ4	iaŋ1	iaŋ1	iaŋ1
夹江	ɕiaŋ4	ɕiaŋ4	ɕiaŋ4	ɕiaŋ4 文 xaŋ4 白	xaŋ4	iaŋ1	iaŋ1	iaŋ1
峨眉山	ɕiaŋ4	ɕiaŋ4	ɕiaŋ4	ɕiaŋ4 文 xaŋ4 白	xaŋ4	iaŋ1	iaŋ1	iaŋ1
乐山	ɕiaŋ4	ɕiaŋ4	ɕiaŋ4	ɕiaŋ4 文 xaŋ4 白	xaŋ4	iaŋ1	iaŋ1	iaŋ1
犍为	ɕiaŋ4	ɕiaŋ4	ɕiaŋ4	ɕiaŋ4 文 xaŋ4 白	xaŋ4	iaŋ1	iaŋ1	iaŋ1

字目	象	橡	向	项	巷	央	秧	殃
反切	徐两	徐两	许亮	胡讲	胡绛	于良	于良	于良
声韵调	宕开三 邪阳上	宕开三 邪阳上	宕开三 晓阳去	江开二 匣江上	江开二 匣江去	宕开三 影阳平	宕开三 影阳平	宕开三 影阳平
中古音	ziɐŋ:	ziɐŋ:	hiɐŋ-	ɦɣʌŋ:	ɦɣʌŋ-	ʔiɐŋ	ʔiɐŋ	ʔiɐŋ
沐川	ɕiaŋ4	ɕiaŋ4	ɕiaŋ4	ɕiaŋ4 文 xaŋ4 白	xaŋ4 ɕiaŋ4 新	iaŋ1	iaŋ1	iaŋ1
峨边	ɕiaŋ4	ɕiaŋ4	ɕiaŋ4	xaŋ4	xaŋ4	iaŋ1	iaŋ1	iaŋ1
雅安	ɕiaŋ4	ɕiaŋ4	ɕiaŋ4	xaŋ4	xaŋ4	iaŋ1	iaŋ1	iaŋ1
名山	ɕiaŋ4	ɕiaŋ4	ɕiaŋ4	ɕiaŋ4 文 xaŋ4 白	xaŋ4 ɕiaŋ4 新	iaŋ1	iaŋ1	iaŋ1
天全	ɕiaŋ4	ɕiaŋ4	ɕiaŋ4	ɕiaŋ4 文 xaŋ4 白	xaŋ4 ɕiaŋ4 新	iaŋ1	iaŋ1	iaŋ1
芦山	ɕiaŋ4	ɕiaŋ4	ɕiaŋ4	xaŋ2	xaŋ4	iaŋ1	iaŋ1	iaŋ1
宝兴	ɕiaŋ4	ɕiaŋ4	ɕiaŋ4	xaŋ4	xaŋ4	iaŋ1	iaŋ1	iaŋ1
荥经	ɕiaŋ4	ɕiaŋ4	ɕiaŋ4	ɕiaŋ4 文 xaŋ4 白	xaŋ4 ɕiaŋ4 新	iaŋ1	iaŋ1	iaŋ1
汉源	ɕiaŋ4	ɕiaŋ4	ɕiaŋ4	ɕiaŋ4 文 xaŋ4 白	xaŋ4 ɕiaŋ4 新	iaŋ1	iaŋ1	iaŋ1
石棉	ɕiaŋ4	ɕiaŋ4	ɕiaŋ4	ɕiaŋ4 文 xaŋ4 白	xaŋ4 ɕiaŋ4 新	iaŋ1	iaŋ1	iaŋ1
内江	ɕiaŋ4	ɕiaŋ4	ɕiaŋ4	ɕiaŋ4 文 xaŋ4 白	xaŋ4	iaŋ1	iaŋ1	iaŋ1
威远	ɕiaŋ4	ɕiaŋ4	ɕiaŋ4	ɕiaŋ4 文 xaŋ4 白	xaŋ4	iaŋ1	iaŋ1	iaŋ1
荣县	ɕiaŋ4	ɕiaŋ4	ɕiaŋ4	ɕiaŋ4 文 xaŋ4 白	xan4	iaŋ1	iaŋ1	iaŋ1
自贡	ɕiaŋ4	ɕiaŋ4	ɕiaŋ4	xaŋ4	xaŋ4	iaŋ1	iaŋ1	iaŋ1
富顺	ɕiaŋ4	ɕiaŋ4	ɕiaŋ4	xaŋ4	xaŋ4	iaŋ1	iaŋ1	iaŋ1
隆昌	ɕiaŋ4	ɕiaŋ4	ɕiaŋ4	xaŋ4	xaŋ4	iaŋ1	iaŋ1	iaŋ1
泸县	ɕiaŋ4	ɕiaŋ4	ɕiaŋ4	ɕiaŋ4 文 xaŋ4 白	xaŋ4 白 ɕiaŋ4 文	iaŋ1	iaŋ1	iaŋ1
泸州	ɕiaŋ4	ɕiaŋ4	ɕiaŋ4	ɕiaŋ4 文 xaŋ4 白	xaŋ4 白 ɕiaŋ4 文	iaŋ1	iaŋ1	iaŋ1
南溪	ɕiaŋ4	ɕiaŋ4	ɕiaŋ4	ɕiaŋ4 文 xaŋ4 白	ɕiaŋ4 文 xaŋ4 白	iaŋ1	iaŋ1	iaŋ1
合江	ɕiɛn4	ɕiɛn4	ɕiɛn4	ɕiɛn4 文 xaŋ4 白	xaŋ4 ɕiɛn4 新	iɛn1	iɛn1	iɛn1

字目	羊	洋	阳	杨	扬	仰	养	痒
反切	与章	与章	与章	与章	与章	鱼两	余两	余两
声韵调	宕开三 以阳平	宕开三 以阳平	宕开三 以阳平	宕开三 以阳平	宕开三 以阳平	宕开三 疑阳上	宕开三 以阳上	宕开三 以阳上
中古音	jɨɐŋ	jɨɐŋ	jɨɐŋ	jɨɐŋ	jɨɐŋ	ŋɨɐŋ:	jɨɐŋ:	jɨɐŋ:
成都	iaŋ2	iaŋ2	iaŋ2	iaŋ2	iaŋ2	iaŋ3	iaŋ3	iaŋ3
彭州	iaŋ2	iaŋ2	iaŋ2	iaŋ2	iaŋ2	ȵiaŋ3	iaŋ3	iaŋ3
郫县	iaŋ2	iaŋ2	iaŋ2	iaŋ2	iaŋ2	iaŋ3	iaŋ3	iaŋ3
广汉	iaŋ2	iaŋ2	iaŋ2	iaŋ2	iaŋ2	iaŋ3	iaŋ3	iaŋ3
都江堰河东	iaŋ2	iaŋ2	iaŋ2	iaŋ2	iaŋ2	iaŋ3	iaŋ3	iaŋ3
都江堰河西	iaŋ2	iaŋ2	iaŋ2	iaŋ2	iaŋ2	iaŋ3	iaŋ3	iaŋ3
崇州	iaŋ2	iaŋ2	iaŋ2	iaŋ2	iaŋ2	iaŋ3 ȵiaŋ3	iaŋ3	iaŋ3
大邑	iaŋ2	iaŋ2	iaŋ2	iaŋ2	iaŋ2	iaŋ3	iaŋ3	iaŋ3
邛崃	iaŋ2	iaŋ2	iaŋ2	iaŋ2	iaŋ2	iaŋ3	iaŋ3	iaŋ3
新津	iaŋ2	iaŋ2	iaŋ2	iaŋ2	iaŋ2	iaŋ3	iaŋ3	iaŋ3
蒲江	iaŋ2	iaŋ2	iaŋ2	iaŋ2	iaŋ2	iaŋ3	iaŋ3	iaŋ3
彭山	iaŋ2	iaŋ2	iaŋ2	iaŋ2	iaŋ2	ȵiaŋ3 iaŋ3	iaŋ3	iaŋ3
眉山	iɐn2	iɐn2	iɐn2	iɐn2	iɐn2	ȵiɐn3 iɐn3	iɐn3	iɐn3
丹棱	iɐn2	iɐn2	iɐn2	iɐn2	iɐn2	ȵiɐn3 iɐn3	iɐn3	iɐn3
洪雅	iaŋ2	iaŋ2	iaŋ2	iaŋ2	iaŋ2	iaŋ3	iaŋ3	iaŋ3
青神	iaŋ2	iaŋ2	iaŋ2	iaŋ2	iaŋ2	iaŋ3	iaŋ3	iaŋ3
夹江	iaŋ2	iaŋ2	iaŋ2	iaŋ2	iaŋ2	niaŋ3	iaŋ3	iaŋ3
峨眉山	iaŋ2	iaŋ2	iaŋ2	iaŋ2	iaŋ2	niaŋ3	iaŋ3	iaŋ3
乐山	iaŋ2	iaŋ2	iaŋ2	iaŋ2	iaŋ2	iaŋ3	iaŋ3	iaŋ3
犍为	iaŋ2	iaŋ2	iaŋ2	iaŋ2	iaŋ2	iaŋ3	iaŋ3	iaŋ3

字目	羊	洋	阳	杨	扬	仰	养	痒
反切	与章	与章	与章	与章	与章	鱼两	余两	余两
声韵调	宕开三 以阳平	宕开三 以阳平	宕开三 以阳平	宕开三 以阳平	宕开三 以阳平	宕开三 疑阳上	宕开三 以阳上	宕开三 以阳上
中古音	jɨɐŋ	jɨɐŋ	jɨɐŋ	jɨɐŋ	jɨɐŋ	ŋɨɐŋ:	jɨɐŋ:	jɨɐŋ:
沐川	iaŋ2	iaŋ2	iaŋ2	iaŋ2	iaŋ2	iaŋ3	iaŋ3	iaŋ3
峨边	iaŋ2	iaŋ2	iaŋ2	iaŋ2	iaŋ2	liaŋ3	iaŋ3	iaŋ3
雅安	iaŋ2	iaŋ2	iaŋ2	iaŋ2	iaŋ2	iaŋ3	iaŋ3	iaŋ3
名山	iaŋ2	iaŋ2	iaŋ2	iaŋ2	iaŋ2	iaŋ3	iaŋ3	iaŋ3
天全	iaŋ2	iaŋ2	iaŋ2	iaŋ2	iaŋ2	iaŋ3	iaŋ3	iaŋ3
芦山	iaŋ2	iaŋ2	iaŋ2	iaŋ2	iaŋ2	iaŋ3	iaŋ3	iaŋ3
宝兴	iaŋ2	iaŋ2	iaŋ2	iaŋ2	iaŋ2	iaŋ3	iaŋ3	iaŋ3
荥经	iaŋ2	iaŋ2	iaŋ2	iaŋ2	iaŋ2	iaŋ3	iaŋ3	iaŋ3
汉源	iaŋ2	iaŋ2	iaŋ2	iaŋ2	iaŋ2	iaŋ3	iaŋ3	iaŋ3
石棉	iaŋ2	iaŋ2	iaŋ2	iaŋ2	iaŋ2	iaŋ3	iaŋ3	iaŋ3
内江	iaŋ2	iaŋ2	iaŋ2	iaŋ2	iaŋ2	iaŋ3	iaŋ3	iaŋ3
威远	iaŋ2	iaŋ2	iaŋ2	iaŋ2	iaŋ2	iaŋ3	iaŋ3	iaŋ3
荣县	iaŋ2	iaŋ2	iaŋ2	iaŋ2	iaŋ2	iaŋ3	iaŋ3	iaŋ3
自贡	iaŋ2	iaŋ2	iaŋ2	iaŋ2	iaŋ2	iaŋ3	iaŋ3	iaŋ3
富顺	iaŋ2	iaŋ2	iaŋ2	iaŋ2	iaŋ2	iaŋ3	iaŋ3	iaŋ3
隆昌	iaŋ2	iaŋ2	iaŋ2	iaŋ2	iaŋ2	iaŋ3	iaŋ3	iaŋ3
泸县	iaŋ2	iaŋ2	iaŋ2	iaŋ2	iaŋ2	iaŋ3	iaŋ3	iaŋ3
泸州	iaŋ2	iaŋ2	iaŋ2	iaŋ2	iaŋ2	iaŋ3	iaŋ3	iaŋ3
南溪	iaŋ2	iaŋ2	iaŋ2	iaŋ2	iaŋ2	iaŋ3	iaŋ3	iaŋ3
合江	iɛn2	iɛn2	iɛn2	iɛn2	iɛn2	iɛn3	iɛn3	iɛn3

字目	恙	样	庄	装	桩[①]	壮	状	撞[②]
反切	余亮	余亮	侧羊	侧羊	*株江	侧亮	锄亮	直绛
声韵调	宕开三以阳去	宕开三以阳去	宕开三庄阳平	宕开三庄阳平	江开二知江平	宕开三庄阳去	宕开三崇阳去	江开二澄江去
中古音	jɨɐŋ-	jɨɐŋ-	tʃɨɐŋ	tʃɨɐŋ	ʈɣʌŋ	tʃɨɐŋ-	dʒɨɐŋ-	ɖɣʌŋ-
成都	iaŋ4	iaŋ4	tsuaŋ1	tsuaŋ1	tsuaŋ1	tsuaŋ4	tsuaŋ4	tsuaŋ4 tshuaŋ3 口
彭州	iaŋ4	iaŋ4	tsuaŋ1	tsuaŋ1	tsuaŋ1	tsuaŋ4	tsuaŋ4	tsuaŋ4 tshuaŋ3 口
郫县	iaŋ4	iaŋ4	tsuaŋ1	tsuaŋ1	tsuaŋ1	tsuaŋ4	tsuaŋ4	tshuaŋ3 tsuaŋ4
广汉	iaŋ4	iaŋ4	tsuaŋ1	tsuaŋ1	tsuaŋ1	tsuaŋ4	tsuaŋ4	tsuaŋ4 tshuaŋ3 口
都江堰河东	iaŋ4	iaŋ4	tsuaŋ1	tsuaŋ1	tsuaŋ1	tsuaŋ4	tsuaŋ4	tsuaŋ4 tshuaŋ3 口
都江堰河西	iaŋ4	iaŋ4	tsuaŋ1	tsuaŋ1	tsuaŋ1	tsuaŋ4	tsuaŋ4	tsuaŋ4 tshuaŋ3 口
崇州	iaŋ4	iaŋ4	tsuaŋ1	tsuaŋ1	tsuaŋ1	tsuaŋ4	tsuaŋ4	tsuaŋ4 tshuaŋ3 口
大邑	iaŋ4	iaŋ4	tsuaŋ1	tsuaŋ1	tsuaŋ1	tsuaŋ4	tsuaŋ4	tshuaŋ3 tsuaŋ4 新
邛崃	iaŋ4	iaŋ4	tsuaŋ1	tsuaŋ1	tsuaŋ1	tsuaŋ4	tsuaŋ4	tsuaŋ4 tshuaŋ3 口
新津	iaŋ4	iaŋ4	tsuaŋ1	tsuaŋ1	tsuaŋ1	tsuaŋ4	tsuaŋ4	tsuaŋ4 tshuaŋ3 口
蒲江	iaŋ4	iaŋ4	tsuaŋ1	tsuaŋ1	tsuaŋ1	tsuaŋ4	tsuaŋ4	tsuaŋ4 tshuaŋ3 口
彭山	iaŋ4	iaŋ4	tsuaŋ1	tsuaŋ1	tsuaŋ1	tsuaŋ4	tsuaŋ4	tsuaŋ4 tshuaŋ3 口
眉山	iɐn4	iɐn4	tsuaŋ1	tsuaŋ1	tsuaŋ1	tsuaŋ4	tsuaŋ4	tsuaŋ4 tshuaŋ3 口
丹棱	iɐn4	iɐn4	tsuaŋ1	tsuaŋ1	tsuaŋ1	tsuaŋ4	tsuaŋ4	tsuaŋ4 tshuaŋ3 口
洪雅	iaŋ4	iaŋ4	tsuaŋ1	tsuaŋ1	tsuaŋ1	tsuaŋ4	tsuaŋ4	tsuaŋ4 tshuaŋ3 口
青神	iaŋ4	iaŋ4	tsuaŋ1	tsuaŋ1	tsuaŋ1	tsuaŋ4	tsuaŋ4	tsuaŋ4 tshuaŋ3 口
夹江	iaŋ4	iaŋ4	tsuaŋ1	tsuaŋ1	tsuaŋ1	tsuaŋ4	tsuaŋ4	tsuaŋ4 tshuaŋ3 口
峨眉山	iaŋ4	iaŋ4	tsuaŋ1	tsuaŋ1	tsuaŋ1	tsuaŋ4	tsuaŋ4	tsuaŋ4 tshuaŋ3 口
乐山	iaŋ4	iaŋ4	tsuaŋ1	tsuaŋ1	tsuaŋ1	tsuaŋ4	tsuaŋ4	tsuaŋ4 tshuaŋ3 口
犍为	iaŋ4	iaŋ4	tsuaŋ1	tsuaŋ1	tsuaŋ1	tsuaŋ4	tsuaŋ4	tsuaŋ4 tshuaŋ3 口

① 又《广韵》都江切。 ② 又宅江切，江开二澄江平。

字目	恙	样	庄	装	桩①	壮	状	撞②
反切	余亮	余亮	侧羊	侧羊	*株江	侧亮	锄亮	直绛
声韵调	宕开三 以阳去	宕开三 以阳去	宕开三 庄阳平	宕开三 庄阳平	江开二 知江平	宕开三 庄阳去	宕开三 崇阳去	江开二 澄江去
中古音	jiɐŋ-	jiɐŋ-	tʃiɐŋ	tʃiɐŋ	ʈɣʌŋ	tʃiɐŋ-	dʒiɐŋ-	ɖɣʌŋ-
沐川	iaŋ4	iaŋ4	tsuaŋ1	tsuaŋ1	tsuaŋ1	tsuaŋ4	tsuaŋ4	tsuaŋ4 tshuaŋ3 口
峨边	iaŋ4	iaŋ4	tsuaŋ1	tsuaŋ1	tsuaŋ1	tsuaŋ4	tsuaŋ4	tsuaŋ4 tshuaŋ3 口
雅安	iaŋ4	iaŋ4	tsuaŋ1	tsuaŋ1	tsuaŋ1	tsuaŋ4	tsuaŋ4	tsuaŋ4 tshuaŋ3 口
名山	iaŋ4	iaŋ4	tsuaŋ1	tsuaŋ1	tsuaŋ1	tsuaŋ4	tsuaŋ4	tsuaŋ4 tshuaŋ3 口
天全	iaŋ4	iaŋ4	tsuaŋ1	tsuaŋ1	tsuaŋ1	tsuaŋ4	tsuaŋ4	tsuaŋ4 tshuaŋ3 口
芦山	iaŋ4	iaŋ4	tsuaŋ1	tsuaŋ1	tsuaŋ1	tsuaŋ4	tsuaŋ4	tsuaŋ4 tshuaŋ3 口
宝兴	iaŋ4	iaŋ4	tsuaŋ1	tsuaŋ1	tsuaŋ1	tsuaŋ4	tsuaŋ4	tsuaŋ4 tshuaŋ3 口
荥经	iaŋ4	iaŋ4	tsuaŋ1	tsuaŋ1	tsuaŋ1	tsuaŋ4	tsuaŋ4	tsuaŋ4 tshuaŋ3 口
汉源	iaŋ4	iaŋ4	tsuaŋ1	tsuaŋ1	tsuaŋ1	tsuaŋ4	tsuaŋ4	tsuaŋ4 tshuaŋ3 口
石棉	iaŋ4	iaŋ4	tsuaŋ1	tsuaŋ1	tsuaŋ1	tsuaŋ4	tsuaŋ4	tsuaŋ4 tshuaŋ3 口
内江	iaŋ4	iaŋ4	tʂuaŋ1	tʂuaŋ1	tʂuaŋ1	tʂuaŋ4	tʂuaŋ4	tʂuaŋ4 tʂhuaŋ3 口
威远	iaŋ4	iaŋ4	tʂuaŋ1	tʂuaŋ1	tʂuaŋ1	tʂuaŋ4	tʂuaŋ4	tʂuaŋ4 tʂhuaŋ3 口
荣县	iaŋ4	iaŋ4	tsuan1	tsuan1	tsuan1	tsuan4	tsuan4	tsuan4 tshuan3 口
自贡	iaŋ4	iaŋ4	tʂuaŋ1	tʂuaŋ1	tʂuaŋ1	tʂuaŋ4	tʂuaŋ4	tʂuaŋ4 tʂhuaŋ3 口
富顺	iaŋ4	iaŋ4	tʂuaŋ1	tʂuaŋ1	tʂuaŋ1	tʂuaŋ4	tʂuaŋ4	tʂuaŋ4 tʂhuaŋ3 口
隆昌	iaŋ4	iaŋ4	tʂuaŋ1	tʂuaŋ1	tsuaŋ1	tʂuaŋ4	tʂuaŋ4	tsuaŋ4 tshuaŋ3 口
泸县	iaŋ4	iaŋ4	tsuaŋ1	tsuaŋ1	tsuaŋ1	tsuaŋ4	tsuaŋ4	tsuaŋ4 tshuaŋ3 口
泸州	iaŋ4	iaŋ4	tsuaŋ1	tsuaŋ1	tsuaŋ1	tsuaŋ4	tsuaŋ4	tsuaŋ4 tshuaŋ3 口
南溪	iaŋ4	iaŋ4	tsuaŋ1	tsuaŋ1	tsuaŋ1	tsuaŋ4	tsuaŋ4	tsuaŋ4 tshuaŋ3 口
合江	iɛn4	iɛn4	tsuaŋ1	tsuaŋ1	tsuaŋ1	tsuaŋ4	tsuaŋ4	tsuaŋ4 tshuaŋ3 口

① 又《广韵》都江切。 ② 又宅江切，江开二澄江平。

字目	疮	创[①]创伤	窗	床	闯	创创造	霜	双
反切	初良	初良	楚江	士庄	初两	初亮	色庄	所江
声韵调	宕开三 初阳平	宕开三 初阳平	江开二 初江平	宕开三 崇阳平	宕开三 初阳上	宕开三 初阳去	宕开三 生阳平	江开二 生江平
中古音	tʃhɨɐŋ	tʃhɨɐŋ	tʃhɣʌŋ	dʒɨɐŋ	tʃhɨɐŋ:	tʃhɨɐŋ-	ʃɨɐŋ	ʃɣʌŋ
成都	tshuaŋ1	tshuaŋ4 tshuaŋ1 新	tshaŋ1 tshuaŋ1 新	tshuaŋ2	tshuaŋ3	tshuaŋ4	suaŋ1	suaŋ1
彭州	tshuaŋ1	tshuaŋ4 tshuaŋ1 新	tshaŋ1 tshuaŋ1 新	tshuaŋ2	tshuaŋ3	tshuaŋ4	suaŋ1	suaŋ1
郫县	tshuaŋ1	tshuaŋ4 tshuaŋ1 新	tshaŋ1 tshuaŋ1 新	tshuaŋ2	tshuaŋ3	tshuaŋ4	suaŋ1	suaŋ1
广汉	tshuaŋ1	tshuaŋ4	tshaŋ1	tshuaŋ2	tshuaŋ3	tshuaŋ4	suaŋ1	suaŋ1
都江堰河东	tshuaŋ1	tshuaŋ4	tshaŋ1	tshuaŋ2	tshuaŋ3	tshuaŋ4	suaŋ1	suaŋ1
都江堰河西	tshuaŋ1	tshuaŋ4	tshaŋ1	tshuaŋ2	tshuaŋ3	tshuaŋ4	suaŋ1	suaŋ1
崇州	tshuaŋ1	tshuaŋ4	tshaŋ1	tshuaŋ2	tshuaŋ3	tshuaŋ4	suaŋ1	suaŋ1
大邑	tshuaŋ1	tshuaŋ4 tshuaŋ1 新	tshaŋ1 tshuaŋ1 新	tshuaŋ2	tshuaŋ3	tshuaŋ4	suaŋ1	suaŋ1
邛崃	tshuaŋ1	tshuaŋ4 tshuaŋ1 新	tshaŋ1 tshuaŋ1 新	tshuaŋ2	tshuaŋ3	tshuaŋ4	suaŋ1	suaŋ1
新津	tshuaŋ1	tshuaŋ4 tshuaŋ1 新	tshaŋ1 tshuaŋ1 新	tshuaŋ2	tshuaŋ3	tshuaŋ4	suaŋ1	suaŋ1
蒲江	tshuaŋ1	tshuaŋ4 tshuaŋ1 新	tshaŋ1 tshuaŋ1 新	tshuaŋ2	tshuaŋ3	tshuaŋ4	suaŋ1	suaŋ1
彭山	tshuaŋ1	tshuaŋ4 tshuaŋ1 新	tshaŋ1 tshuaŋ1 新	tshuaŋ2	tshuaŋ3	tshuaŋ4	suaŋ1	suaŋ1
眉山	tshuaŋ1	tshuaŋ4 tshuaŋ1 新	tshaŋ1 tshuaŋ1 新	tshuaŋ2	tshuaŋ3	tshuaŋ4	suaŋ1	suaŋ1
丹棱	tshuaŋ1	tshuaŋ4 tshuaŋ1 新	tshaŋ1 tshuaŋ1 新	tshuaŋ2	tshuaŋ3	tshuaŋ4	suaŋ1	suaŋ1
洪雅	tshuaŋ1	tshuaŋ4 tshuaŋ1 新	tshaŋ1 tshuaŋ1 新	tshuaŋ2	tshuaŋ3	tshuaŋ4	suaŋ1	suaŋ1
青神	tshuaŋ1	tshuaŋ4 tshuaŋ1 新	tshaŋ1 tshuaŋ1 新	tshuaŋ2	tshuaŋ3	tshuaŋ4	suaŋ1	suaŋ1
夹江	tshuaŋ1	tshuaŋ4	tshuaŋ1	tshuaŋ2	tshuaŋ3	tshuaŋ4	suaŋ1	suaŋ1
峨眉山	tshuaŋ1	tshuaŋ4	tshuaŋ1	tshuaŋ2	tshuaŋ3	tshuaŋ4	suaŋ1	suaŋ1
乐山	tshuaŋ1	tshuaŋ4	tshaŋ1	tshuaŋ2	tshuaŋ3	tshuaŋ4	suaŋ1	suaŋ1
犍为	tshuaŋ1	tshuaŋ4	tshaŋ1	tshuaŋ2	tshuaŋ3	tshuaŋ4	suaŋ1	suaŋ1

① 又*楚亮切，宕开三初漾去。

字目	疮	创①创伤	窗	床	闯	创创造	霜	双
反切	初良	初良	楚江	士庄	初两	初亮	色庄	所江
声韵调	宕开三 初阳平	宕开三 初阳平	江开二 初江平	宕开三 崇阳平	宕开三 初阳上	宕开三 初阳去	宕开三 生阳平	江开二 生江平
中古音	tʃhɨɐŋ	tʃhɨɐŋ	tʃhɣʌŋ	dʒɨɐŋ	tʃhɨɐŋ:	tʃhɨɐŋ-	ʃɨɐŋ	ʃɣʌŋ
沐川	tshuaŋ1	tshuaŋ4 tshuaŋ1 新	tshaŋ1 tshuaŋ1 新	tshuaŋ2	tshuaŋ3	tshuaŋ4	suaŋ1	suaŋ1
峨边	tshuaŋ1	tshuaŋ4	tshaŋ1	tshuaŋ2	tshuaŋ3	tshuaŋ4	suaŋ1	suaŋ1
雅安	tshuaŋ1	tshuaŋ4	tshaŋ1	tshuaŋ2	tshuaŋ3	tshuaŋ4	suaŋ1	suaŋ1
名山	tshuaŋ1	tshuaŋ3 tshuaŋ1 新	tshaŋ1 tshuaŋ1 新	tshuaŋ2	tshuaŋ3	tshuaŋ4	suaŋ1	suaŋ1
天全	tshuaŋ1	tshuaŋ3 tshuaŋ1 新	tshaŋ1 tshuaŋ1 新	tshuaŋ2	tshuaŋ3	tshuaŋ4	suaŋ1	suaŋ1
芦山	tshuaŋ1	tshuaŋ4	tshaŋ1	tshuaŋ2	tshuaŋ3	tshuaŋ4	suaŋ1	suaŋ1
宝兴	tshuaŋ1	tshuaŋ4	tshaŋ1	tshuaŋ2	tshuaŋ3	tshuaŋ4	suaŋ1	suaŋ1
荥经	tshaŋ1	tshuaŋ4 tshuaŋ1 新	tshaŋ1 tshuaŋ1 新	tshuaŋ2	tshuaŋ3	tshuaŋ4	suaŋ1	suaŋ1
汉源	tshuaŋ1	tshuaŋ3 tshuaŋ1 新	tshaŋ1 tshuaŋ1 新	tshuaŋ2	tshuaŋ3	tshuaŋ4	suaŋ1	suaŋ1
石棉	tshuaŋ1	tshuaŋ4 tshuaŋ1 新	tshaŋ1 tshuaŋ1 新	tshuaŋ2	tshuaŋ3	tshuaŋ4	suaŋ1	suaŋ1
内江	tʂhaŋ1 tʂhuaŋ1 新	tʂhaŋ4 tʂhuaŋ4 新	tshaŋ1 tshuaŋ1 新	tʂhuaŋ2	tʂhuaŋ3	tʂhaŋ4	ʂuaŋ1	ʂuaŋ1
威远	tshaŋ1 tshuaŋ1 新	tshaŋ4 tshuaŋ4 新	tshaŋ1 tshuaŋ1 新	tʂhuaŋ2	tʂhuaŋ3	tshaŋ4	ʂuaŋ1	ʂuaŋ1
荣县	tshuan1	tshuan4	tshaŋ1 tshan1	tshuan2	tshuan3	tshuan4	suan1	suan1
自贡	tʂhuaŋ1	tshaŋ4	tshaŋ1	tʂhuaŋ2	tʂhuaŋ3	tshaŋ4	ʂuaŋ1	ʂuaŋ1
富顺	tʂhuaŋ1	tshaŋ4	tshaŋ1	tʂhuaŋ2	tʂhuaŋ3	tshaŋ4	ʂuaŋ1	ʂuaŋ1
隆昌	tshuaŋ1	tshuaŋ4	tshuaŋ1	tshuaŋ2	tshuaŋ3	tshuaŋ4	suaŋ1	suaŋ1
泸县	tshuaŋ1	tshuaŋ4 tshuaŋ1 新	tshaŋ1 tshuaŋ1 新	tshuaŋ2	tshuaŋ3	tshuaŋ4	suaŋ1	suaŋ1
泸州	tshuaŋ1	tshuaŋ4 tshuaŋ1 新	tshaŋ1 tshuaŋ1 新	tshuaŋ2	tshuaŋ3	tshuaŋ4	suaŋ1	suaŋ1
南溪	tshuaŋ1	tshuaŋ4 tshuaŋ1 新	tshaŋ1 tshuaŋ1 新	tshuaŋ2	tshuaŋ3	tshuaŋ4	suaŋ1	suaŋ1
合江	tshuaŋ1	tshuaŋ4 tshuaŋ1 新	tshaŋ1 tshuaŋ1 新	tshuaŋ2	tshuaŋ3	tshuaŋ4	suaŋ1	suaŋ1

① 又*楚亮切，宕开三初漾去。

字目	爽	双双生	光	广	筐	框	狂	旷
反切	疎两	朔降	古黄	古晃	去王	去王	巨王	苦谤
声韵调	宕开三 生阳上	江开二 生江去	宕合一 见唐平	宕合一 见唐上	宕合三 溪阳平	宕合三 溪阳平	宕合三 群阳平	宕合一 溪唐去
中古音	ʃiɐŋ:	ʃɣʌŋ-	kwɑŋ	kwɑŋ:	khʉɐŋ	khʉɐŋ	gʉɐŋ	khwɑŋ-
成都	suaŋ3	suaŋ1	kuaŋ1 kuaŋ4 口	kuaŋ3	khuaŋ1	khuaŋ1 tɕhiaŋ1 口	khuaŋ2	khuaŋ4
彭州	suaŋ3	suaŋ1	kuaŋ1 kuaŋ4 口	kuaŋ3	khuaŋ1	khuaŋ1 tɕhiaŋ1 口	khuaŋ2	khuaŋ4
郫县	suaŋ3	suaŋ1	kuaŋ1 kuaŋ4 口	kuaŋ3	khuaŋ1	khuaŋ1 tɕhiaŋ1 口	khuaŋ2	khuaŋ4
广汉	suaŋ3	suaŋ1	kuaŋ1	kuaŋ3	khuaŋ1	khuaŋ1	khuaŋ2	khuaŋ4
都江堰河东	suaŋ3	suaŋ1	kuaŋ1	kuaŋ3	khuaŋ1	khuaŋ1	khuaŋ2	khuaŋ4
都江堰河西	suaŋ3	suaŋ1	kuaŋ1	kuaŋ3	khuaŋ1	khuaŋ1	khuaŋ2	khuaŋ4
崇州	suaŋ3	suaŋ1	kuaŋ1 kuaŋ4 口	kuaŋ3	khuaŋ1	khuaŋ1 tɕhiaŋ1 口	khuaŋ2	khuaŋ4
大邑	suaŋ3	suaŋ1	kuaŋ1 kuaŋ4 口	kuaŋ3	khuaŋ1	khuaŋ1 tɕhiaŋ1 口	khuaŋ2	khuaŋ4
邛崃	suaŋ3	suaŋ1	kuaŋ1 kuaŋ4 口	kuaŋ3	khuaŋ1	khuaŋ1 tɕhiaŋ1 口	khuaŋ2	khuaŋ4
新津	suaŋ3	suaŋ1	kuaŋ1 kuaŋ4 口	kuaŋ3	khuaŋ1	khuaŋ1 tɕhiaŋ1 口	khuaŋ2	khuaŋ4
蒲江	suaŋ3	suaŋ1	kuaŋ1 kuaŋ4 口	kuaŋ3	khuaŋ1	khuaŋ1 tɕhiaŋ1 口	khuaŋ2	khuaŋ4
彭山	suaŋ3	suaŋ1	kuaŋ1	kuaŋ3	khuaŋ1	khuaŋ1	khuaŋ2	khuaŋ4
眉山	suaŋ3	suaŋ1	kuaŋ1	kuaŋ3	khuaŋ1	khuaŋ1	khuaŋ2	khuaŋ4
丹棱	saŋ3	suaŋ1	kuaŋ1	kuaŋ3	khuaŋ1	khuaŋ1	khuaŋ2	khuaŋ4
洪雅	saŋ3	suaŋ1	kuaŋ1 kuaŋ4 口	kuaŋ3	khuaŋ1	khuaŋ1	khuaŋ2	khuaŋ4
青神	saŋ3	suaŋ1	kuaŋ1	kuaŋ3	khuaŋ1	khuaŋ1	khuaŋ2	khuaŋ4
夹江	saŋ3 suaŋ3	suaŋ1	kuaŋ1 kuaŋ4 口	kuaŋ3	khuaŋ1	khuaŋ1	khuaŋ2	khuaŋ4
峨眉山	suaŋ3	suaŋ1	kuaŋ1 kuaŋ4 口	kuaŋ3	khuaŋ1	khuaŋ1	khuaŋ2	khuaŋ4
乐山	suaŋ3	suaŋ1	kuaŋ1 kuaŋ4 口	kuaŋ3	khuaŋ1	khuaŋ1	khuaŋ2	khuaŋ4
犍为	suaŋ3	suaŋ1	kuaŋ1 kuaŋ4 口	kuaŋ3	khuaŋ1	khuaŋ1	khuaŋ2	khuaŋ4

字目	爽	双双生	光	广	筐	框	狂	旷
反切	踈两	朔降	古黄	古晃	去王	去王	巨王	苦谤
声韵调	宕开三 生阳上	江开二 生江去	宕合一 见唐平	宕合一 见唐上	宕合三 溪阳平	宕合三 溪阳平	宕合三 群阳平	宕合一 溪唐去
中古音	ʃiɐŋ:	ʃɣʌŋ-	kwɑŋ	kwɑŋ:	khʉɐŋ	khʉɐŋ	gʉɐŋ	khwɑŋ-
沐川	suaŋ3	suaŋ1	kuaŋ1 kuaŋ4 口	kuaŋ3	khuaŋ1	khuaŋ1 tɕhiaŋ1 口	khuaŋ2	khuaŋ4
峨边	suaŋ3	suaŋ1	kuaŋ1	kuaŋ3	khuaŋ1	khuaŋ1	khuaŋ2	khuaŋ4
雅安	saŋ3	suaŋ1	kuaŋ1 kuaŋ4 口	kuaŋ3	khuaŋ1	khuaŋ1	khuaŋ2	khuaŋ4
名山	suaŋ3	suaŋ1	kuaŋ1 kuaŋ4 口	kuaŋ3	khuaŋ1	khuaŋ1 tɕhiaŋ1 口	khuaŋ2	khuaŋ4
天全	suaŋ3	suaŋ1	kuaŋ1 kuaŋ4 口	kuaŋ3	khuaŋ1	khuaŋ1 tɕhiaŋ1 口	khuaŋ2	khuaŋ4
芦山	suaŋ3	suaŋ1	kuaŋ1 kuaŋ4 口	kuaŋ3	khuaŋ1	khuaŋ1	khuaŋ2	khuaŋ4
宝兴	suaŋ3	suaŋ1	kuaŋ1 kuaŋ4 口	kuaŋ3	khuaŋ1	khuaŋ1	khuaŋ2	khuaŋ4
荥经	suaŋ3	suaŋ1	kuaŋ1 kuaŋ4 口	kuaŋ3	khuaŋ1	khuaŋ1 tɕhiaŋ1 口	khuaŋ2	khuaŋ4
汉源	suaŋ3	suaŋ1	kuaŋ1 kuaŋ4 口	kuaŋ3	khuaŋ1	khuaŋ1 tɕhiaŋ1 口	khuaŋ2	khuaŋ4
石棉	suaŋ3	suaŋ1	kuaŋ1 kuaŋ4 口	kuaŋ3	khuaŋ1	khuaŋ1 tɕhiaŋ1 口	khuaŋ2	khuaŋ4
内江	ʂaŋ3	ʂuaŋ1	kuaŋ1	kuaŋ3	khuaŋ1	khuaŋ1	khuaŋ2	khuaŋ4
威远	saŋ3	ʂuaŋ1	kuaŋ1	kuaŋ3	tɕhiaŋ1	khuaŋ1 tɕhiaŋ1 口	khuaŋ2	khuaŋ4
荣县	suan3	suan1	kuan1	kuan3	khuan1	khuan1	khuan2	khuaŋ4 khuan4
自贡	saŋ3	ʂuaŋ1	kuaŋ1 kuaŋ4 口	kuaŋ3	khuaŋ1	khuaŋ1 tɕhiaŋ1 口	khuaŋ2	khuaŋ4
富顺	saŋ3	ʂuaŋ1	kuaŋ1 kuaŋ4 口	kuaŋ3	khuaŋ1	khuaŋ1 tɕhiaŋ1 口	khuaŋ2	khuaŋ4
隆昌	suaŋ3	suaŋ1	kuaŋ1 kuaŋ4 口	kuaŋ3	khuaŋ1	khuaŋ1 tɕhiaŋ1 口	khuaŋ2	khuaŋ4
泸县	suaŋ3	suaŋ1	kuaŋ1 kuaŋ4 口	kuaŋ3	khuaŋ1	khuaŋ1 tɕhiaŋ1 口	khuaŋ2	khuaŋ4
泸州	suaŋ3	suaŋ1	kuaŋ1 kuaŋ4 口	kuaŋ3	khuaŋ1	khuaŋ1 tɕhiaŋ1 口	khuaŋ2	khuaŋ4
南溪	suaŋ3	suaŋ1	kuaŋ1 kuaŋ4 口	kuaŋ3	khuaŋ1	khuaŋ1 tɕhiaŋ1 口	khuaŋ2	khuaŋ4
合江	suaŋ3	suaŋ1	kuaŋ1 kuaŋ4 口	kuaŋ3	tɕhiɛn1	khuaŋ1 tɕhiɛn1 口	khuaŋ2	khuaŋ4

字目	况	矿	荒	*慌	黄	簧	皇	蝗
反切	许访	古猛	呼光	*呼光	胡光	胡光	胡光	胡光
声韵调	宕合三 晓阳去	梗合二 见庚上	宕合一 晓唐平	宕合一 晓唐平	宕合一 匣唐平	宕合一 匣唐平	宕合一 匣唐平	宕合一 匣唐平
中古音	hɨɐŋ-	kwɣæŋ:	hwɑŋ	hwɑŋ	ɦwɑŋ	ɦwɑŋ	ɦwɑŋ	ɦwɑŋ
成都	khuaŋ4	khuaŋ4	xuaŋ1	xuaŋ1	xuaŋ2	xuaŋ2	xuaŋ2	xuaŋ2
彭州	khuaŋ4	khuaŋ4	xuaŋ1	xuaŋ1	xuaŋ2	xuaŋ2	xuaŋ2	xuaŋ2
郫县	khuaŋ4	khuaŋ4	xuaŋ1	xuaŋ1	xuaŋ2	xuaŋ2	xuaŋ2	xuaŋ2
广汉	khuaŋ4	khuaŋ4	xuaŋ1	xuaŋ1	xuaŋ2	xuaŋ2	xuaŋ2	xuaŋ2
都江堰河东	khuaŋ4	khuaŋ4	xuaŋ1	xuaŋ1	xuaŋ2	xuaŋ2	xuaŋ2	xuaŋ2
都江堰河西	khuaŋ4	khuaŋ4	xuaŋ1	xuaŋ1	xuaŋ2	xuaŋ2	xuaŋ2	xuaŋ2
崇州	khuaŋ4	khuaŋ4	xuaŋ1	xuaŋ1	xuaŋ2	xuaŋ2	xuaŋ2	xuaŋ2
大邑	khuaŋ4	khuaŋ4	xuaŋ1	xuaŋ1	xuaŋ2	xuaŋ2	xuaŋ2	xuaŋ2
邛崃	khuaŋ4	khuaŋ4	xuaŋ1	xuaŋ1	xuaŋ2	xuaŋ2	xuaŋ2	xuaŋ2
新津	khuaŋ4	khuaŋ4	xuaŋ1	xuaŋ1	xuaŋ2	xuaŋ2	xuaŋ2	xuaŋ2
蒲江	khuaŋ4	khuaŋ4	xuaŋ1	xuaŋ1	xuaŋ2	xuaŋ2	xuaŋ2	xuaŋ2
彭山	khuaŋ4	khuaŋ4	xuaŋ1	xuaŋ1	xuaŋ2	xuaŋ2	xuaŋ2	xuaŋ2
眉山	khuaŋ4	khuaŋ4	xuaŋ1	xuaŋ1	xuaŋ2	xuaŋ2	xuaŋ2	xuaŋ2
丹棱	khuaŋ4	khuaŋ4	xuaŋ1	xuaŋ1	xuaŋ2	xuaŋ2	xuaŋ2	xuaŋ2
洪雅	khuaŋ4	khuaŋ4	xuaŋ1	xuaŋ1	xuaŋ2	xuaŋ2	xuaŋ2	xuaŋ2
青神	khuaŋ4	khuaŋ4	xuaŋ1	xuaŋ1	xuaŋ2	xuaŋ2	xuaŋ2	xuaŋ2
夹江	khuaŋ4	khuaŋ4	xuaŋ1	xuaŋ1	xuaŋ2	xuaŋ2	xuaŋ2	xuaŋ2
峨眉山	khuaŋ4	khuaŋ4	xuaŋ1	xuaŋ1	xuaŋ2	xuaŋ2	xuaŋ2	xuaŋ2
乐山	khuaŋ4	khuaŋ4	xuaŋ1	xuaŋ1	xuaŋ2	xuaŋ2	xuaŋ2	xuaŋ2
犍为	khuaŋ4	khuaŋ4	xuaŋ1	xuaŋ1	xuaŋ2	xuaŋ2	xuaŋ2	xuaŋ2

字目	况	矿	荒	*慌	黄	簧	皇	蝗
反切	许访	古猛	呼光	*呼光	胡光	胡光	胡光	胡光
声韵调	宕合三 晓阳去	梗合二 见庚上	宕合一 晓唐平	宕合一 晓唐平	宕合一 匣唐平	宕合一 匣唐平	宕合一 匣唐平	宕合一 匣唐平
中古音	hɨɐŋ-	kwɣæŋ:	hwɑŋ	hwɑŋ	ɦwɑŋ	ɦwɑŋ	ɦwɑŋ	ɦwɑŋ
沐川	khuaŋ4	khuaŋ4	xuaŋ1	xuaŋ1	xuaŋ2	xuaŋ2	xuaŋ2	xuaŋ2
峨边	khuaŋ4	khuaŋ4	xuaŋ1	xuaŋ1	xuaŋ2	xuaŋ2	xuaŋ2	xuaŋ2
雅安	khuaŋ4	khuaŋ4	xuaŋ1	xuaŋ1	xuaŋ2	xuaŋ2	xuaŋ2	xuaŋ2
名山	khuaŋ4	khuaŋ4	xuaŋ1	xuaŋ1	xuaŋ2	xuaŋ2	xuaŋ2	xuaŋ2
天全	khuaŋ4	khuaŋ4	xuaŋ1	xuaŋ1	xuaŋ2	xuaŋ2	xuaŋ2	xuaŋ2
芦山	khuaŋ4	khuaŋ4	xuaŋ1	xuaŋ1	xuaŋ2	xuaŋ2	xuaŋ2	xuaŋ2
宝兴	khuaŋ4	khuaŋ4	xuaŋ1	xuaŋ1	xuaŋ2	xuaŋ2	xuaŋ2	xuaŋ2
荥经	khuaŋ4	khuaŋ4	xuaŋ1	xuaŋ1	xuaŋ2	xuaŋ2	xuaŋ2	xuaŋ2
汉源	khuaŋ4	khuaŋ4	xuaŋ1	xuaŋ1	xuaŋ2	xuaŋ2	xuaŋ2	xuaŋ2
石棉	khuaŋ4	khuaŋ4	xuaŋ1	xuaŋ1	xuaŋ2	xuaŋ2	xuaŋ2	xuaŋ2
内江	khuaŋ4	khuaŋ4	xuaŋ1	xuaŋ1	xuaŋ2	xuaŋ2	xuaŋ2	xuaŋ2
威远	khuaŋ4	khuaŋ4	xuaŋ1	xuaŋ1	xuaŋ2	xuaŋ2	xuaŋ2	xuaŋ2
荣县	khuan4	khuan4	xuan1	xuan1	xuan2	xuan2	xuan2	xuan2
自贡	khuaŋ4	khuaŋ4	xuaŋ1	xuaŋ1	xuaŋ2	xuaŋ2	xuaŋ2	xuaŋ2
富顺	khuaŋ4	khuaŋ4	xuaŋ1	xuaŋ1	xuaŋ2	xuaŋ2	xuaŋ2	xuaŋ2
隆昌	khuaŋ4	khuaŋ4	xuaŋ1	xuaŋ1	xuaŋ2	xuaŋ2	xuaŋ2	xuaŋ2
泸县	khuaŋ4	khuaŋ4	xuaŋ1	xuaŋ1	xuaŋ2	xuaŋ2	xuaŋ2	xuaŋ2
泸州	khuaŋ4	khuaŋ4	xuaŋ1	xuaŋ1	xuaŋ2	xuaŋ2	xuaŋ2	xuaŋ2
南溪	khuaŋ4	khuaŋ4	xuaŋ1	xuaŋ1	xuaŋ2	xuaŋ2	xuaŋ2	xuaŋ2
合江	khuaŋ4	khuaŋ4	xuaŋ1	xuaŋ1	xuaŋ2	xuaŋ2	xuaŋ2	xuaŋ2

字目	谎	*恍	晃晃眼	晃摇晃	汪	亡	王	网
反切	呼晃	*虎恍	胡广		乌光	武方	雨方	文两
声韵调	宕合一 晓唐上	宕合一 晓唐上	宕合一 匣唐上	宕合一 匣唐上	宕合一 影唐平	宕合三 微阳平	宕合三 云阳平	宕合三 微阳上
中古音	hwaŋ:	hwaŋ:	ɦwaŋ:	ɦwaŋ:	ʔwaŋ	mʉɐŋ	ɦʉɐŋ	mʉɐŋ:
成都	xuaŋ3	xuaŋ3	xuaŋ3	xuaŋ4	uaŋ1	uaŋ2	uaŋ2	uaŋ3
彭州	xuaŋ3	xuaŋ3	xuaŋ3	xuaŋ4	uaŋ1	uaŋ2	uaŋ2	uaŋ3
郫县	xuaŋ3	xuaŋ3	xuaŋ3	xuaŋ4	uaŋ1	uaŋ2	uaŋ2	uaŋ3
广汉	xuaŋ3	xuaŋ3	xuaŋ3	xuaŋ4	uaŋ1	uaŋ2	uaŋ2	uaŋ3
都江堰河东	xuaŋ3	xuaŋ3	xuaŋ3	xuaŋ4	uaŋ1	uaŋ2	uaŋ2	uaŋ3
都江堰河西	xuaŋ3	xuaŋ3	xuaŋ3	xuaŋ4	uaŋ1	uaŋ2	uaŋ2	uaŋ3
崇州	xuaŋ3	xuaŋ3	xuaŋ3	xuaŋ4	uaŋ1	uaŋ2	uaŋ2	uaŋ3
大邑	xuaŋ3	xuaŋ3	xuaŋ3	xuaŋ4	uaŋ1	uaŋ2	uaŋ2	uaŋ3
邛崃	xuaŋ3	xuaŋ3	xuaŋ3	xuaŋ4	uaŋ1	uaŋ2	uaŋ2	uaŋ3
新津	xuaŋ3	xuaŋ3	xuaŋ3	xuaŋ4	uaŋ1	uaŋ2	uaŋ2	uaŋ3
蒲江	xuaŋ3	xuaŋ3	xuaŋ3	xuaŋ4	uaŋ1	uaŋ2	uaŋ2	uaŋ3
彭山	xuaŋ3	xuaŋ3	xuaŋ3 xuaŋ4	xuaŋ4	uaŋ1	uaŋ2	uaŋ2	uaŋ3
眉山	xuaŋ3	xuaŋ3	xuaŋ3 xuaŋ4	xuaŋ4	uaŋ1	maŋ2	uaŋ2	uaŋ3
丹棱	xuaŋ3	xuaŋ3	xuaŋ3 xuaŋ4	xuaŋ4	uaŋ1	uaŋ2	uaŋ2	uaŋ3
洪雅	xuaŋ3	xuaŋ3	xuaŋ3 xuaŋ4	xuaŋ4	uaŋ1	uaŋ2	uaŋ2	uaŋ3
青神	xuaŋ3	xuaŋ3	xuaŋ3 xuaŋ4	xuaŋ4	uaŋ1	uaŋ2	uaŋ2	uaŋ3
夹江	xuaŋ3	xuaŋ3	xuaŋ4	xuaŋ4	uaŋ1	uaŋ2	uaŋ2	uaŋ3
峨眉山	xuaŋ3	xuaŋ3	xuaŋ4	xuaŋ4	uaŋ1	uaŋ2	uaŋ2	uaŋ3
乐山	xuaŋ3	xuaŋ3	xuaŋ4	xuaŋ4	uaŋ1	uaŋ2	uaŋ2	uaŋ3
犍为	xuaŋ3	xuaŋ3	xuaŋ4	xuaŋ4	uaŋ1	uaŋ2	uaŋ2	uaŋ3

字目	谎	*恍	晃晃眼	晃摇晃	汪	亡	王	网
反切	呼晃	*虎恍	胡广		乌光	武方	雨方	文两
声韵调	宕合一 晓唐上	宕合一 晓唐上	宕合一 匣唐上	宕合一 匣唐上	宕合一 影唐平	宕合三 微阳平	宕合三 云阳平	宕合三 微阳上
中古音	hwɑŋ:	hwɑŋ:	ɦwɑŋ:	ɦwɑŋ:	ʔwɑŋ	mʉɐŋ	ɦʉɐŋ	mʉɐŋ:
沐川	xuaŋ3	xuaŋ3	xuaŋ3	xuaŋ4	uaŋ1	uaŋ2	uaŋ2	uaŋ3
峨边	xuaŋ3	xuaŋ3	xuaŋ3	xuaŋ4	uaŋ1	uaŋ2	uaŋ2	uaŋ3
雅安	xuaŋ3	xuaŋ3	xuaŋ3	xuaŋ4	uaŋ1	uaŋ2	uaŋ2	uaŋ3
名山	xuaŋ3	xuaŋ3	xuaŋ3	xuaŋ4	uaŋ1	uaŋ2	uaŋ2	uaŋ3
天全	xuaŋ3	xuaŋ3	xuaŋ3	xuaŋ4	uaŋ1	uaŋ2	uaŋ2	uaŋ3
芦山	xuaŋ3	xuaŋ3	xuaŋ3	xuaŋ4	uaŋ1	uaŋ2	uaŋ2	uaŋ3
宝兴	xuaŋ3	xuaŋ3	xuaŋ3	xuaŋ4	uaŋ1	uaŋ2	uaŋ2	uaŋ3
荥经	xuaŋ3	xuaŋ3	xuaŋ3	xuaŋ4	uaŋ1	uaŋ2	uaŋ2	uaŋ3
汉源	xuaŋ3	xuaŋ3	xuaŋ3	xuaŋ4	uaŋ1	uaŋ2	uaŋ2	uaŋ3
石棉	xuaŋ3	xuaŋ3	xuaŋ3	xuaŋ4	uaŋ1	uaŋ2	uaŋ2	uaŋ3
内江	xuaŋ3	xuaŋ3	xuaŋ3 xuaŋ4	xuaŋ4	uaŋ1	uaŋ2	uaŋ2	uaŋ3
威远	xuaŋ3	xuaŋ3	xuaŋ3 xuaŋ4	xuaŋ4	uaŋ1	maŋ2	uaŋ2	uaŋ3
荣县	xuan3	xuan3	xuan3 xuan4	xuan4	uan1	uan2	uan2	uan3
自贡	xuaŋ3	xuaŋ3	xuaŋ4	xuaŋ4	uaŋ1	uaŋ2	uaŋ2	uaŋ3
富顺	xuaŋ3	xuaŋ3	xuaŋ4	xuaŋ4	uaŋ1	uaŋ2	uaŋ2	uaŋ3
隆昌	xuaŋ3	xuaŋ3	xuaŋ4	xuaŋ4	uaŋ1	uaŋ2	uaŋ2	uaŋ3
泸县	xuaŋ3	xuaŋ3	xuaŋ3	xuaŋ4	uaŋ1	uaŋ2	uaŋ2	uaŋ3
泸州	xuaŋ3	xuaŋ3	xuaŋ3	xuaŋ4	uaŋ1	uaŋ2	uaŋ2	uaŋ3
南溪	xuaŋ3	xuaŋ3	xuaŋ3	xuaŋ4	uaŋ1	uaŋ2	uaŋ2	uaŋ3
合江	xuaŋ3	xuaŋ3	xuaŋ4	xuaŋ4	uaŋ1	uaŋ2	uaŋ2	uaŋ3

字目	枉	往	忘[①]	望	旺	崩	绷绷紧	迸
反切	纡往	于两	巫放	巫放	于放	北滕	北萌	北诤
声韵调	宕合三 影阳上	宕合三 云阳上	宕合三 微阳去	宕合三 微阳去	宕合三 云阳去	曾开一 帮登平	梗开二 帮耕平	梗开二 帮耕去
中古音	ʔʉɐŋ:	ɦʉɐŋ:	mʉɐŋ-	mʉɐŋ-	ɦʉɐŋ-	pəŋ	pɣɛŋ	pɣɛŋ-
成都	uaŋ3	uaŋ3	uaŋ4 uaŋ2	uaŋ4	uaŋ4	poŋ1 pen1	poŋ1 pen1 口	poŋ4 pin4 俗
彭州	uaŋ3	uaŋ3	uaŋ2	uaŋ4	uaŋ4	pen1	poŋ1 pen1 口	poŋ4 pin4 俗
郫县	uaŋ3	uaŋ3	uaŋ2 uaŋ4	uaŋ4	uaŋ4	pən1	pən1 poŋ1	pin4 poŋ4
广汉	uaŋ3	uaŋ3	uaŋ2	uaŋ4	uaŋ4	pen1	pen1 poŋ1 新	pin4
都江堰河东	uaŋ3	uaŋ3	uaŋ4	uaŋ4	uaŋ4	poŋ1	poŋ1	poŋ4 pin4
都江堰河西	uaŋ3	uaŋ3	uaŋ4	uaŋ4	uaŋ4	poŋ1	poŋ1	poŋ4 pin4 俗
崇州	uaŋ3	uaŋ3	uaŋ4 uaŋ2	uaŋ4	uaŋ4	poŋ1	poŋ1	poŋ4 pin4
大邑	uaŋ3	uaŋ3	uaŋ4	uaŋ4	uaŋ4	poŋ1	poŋ1 pen1 口	poŋ4 pin4 俗
邛崃	uaŋ3	uaŋ3	uaŋ4	uaŋ4	uaŋ4	pen1	poŋ1 pen1 口	poŋ4 pin4 俗
新津	uaŋ3	uaŋ3	uaŋ4	uaŋ4	uaŋ4	poŋ1	poŋ1 pen1 口	poŋ4 pin4 俗
蒲江	uaŋ3	uaŋ3	uaŋ4	uaŋ4	uaŋ4	poŋ1	poŋ1 pen1 口	poŋ4 pin4 俗
彭山	uaŋ3	uaŋ3	uaŋ4 uaŋ2	uaŋ4	uaŋ4	pən1	poŋ1 pən1 口	pən4
眉山	uaŋ3	uaŋ3	uaŋ4 uaŋ2	uaŋ4	uaŋ4	pen1	poŋ1 pen1 口	pen4
丹棱	uaŋ3	uaŋ3	uaŋ4 uaŋ2	uaŋ4	uaŋ4	pən1	poŋ1 pən1 口	pəŋ4
洪雅	uaŋ3	uaŋ3	uaŋ4 uaŋ2	uaŋ4	uaŋ4	pən1	poŋ1 pən1 口	poŋ4
青神	uaŋ3	uaŋ3	uaŋ4 uaŋ2	uaŋ4	uaŋ4	pen1	poŋ1 pen1 口	poŋ4
夹江	uaŋ3	uaŋ3	uaŋ4	uaŋ4	uaŋ4	pen1	poŋ1 pen4	poŋ4
峨眉山	uaŋ3	uaŋ3	uaŋ4	uaŋ4	uaŋ4	pen1	poŋ1 pen4	poŋ4
乐山	uaŋ3	uaŋ3	uaŋ4	uaŋ4	uaŋ4	poŋ1	poŋ1 pen4	poŋ4
犍为	uaŋ3	uaŋ3	uaŋ4	uaŋ4	uaŋ4	pen1	poŋ1 pen4	pen4

① 又武方切，宕合三微阳平。

字目	枉	往	忘①	望	旺	崩	绷绷紧	迸
反切	纡往	于两	巫放	巫放	于放	北滕	北萌	北诤
声韵调	宕合三 影阳上	宕合三 云阳上	宕合三 微阳去	宕合三 微阳去	宕合三 云阳去	曾开一 帮登平	梗开二 帮耕平	梗开二 帮耕去
中古音	ʔʉɐŋ:	ɦʉɐŋ:	mʉɐŋ-	mʉɐŋ-	ɦʉɐŋ-	pəŋ	pɣɛŋ	pɣɛŋ-
沐川	uaŋ3	uaŋ3	uaŋ2 uaŋ4	uaŋ4	uaŋ4	pen1	poŋ1 pen1 口	poŋ4 pin4 俗
峨边	uaŋ3	uaŋ3	uaŋ2	uaŋ4	uaŋ4	pen1	pen1	pin4
雅安	uaŋ3	uaŋ3	uaŋ2	uaŋ4	uaŋ4	pen1	poŋ1	poŋ4 pin4 俗
名山	uaŋ3	uaŋ3	uaŋ4	uaŋ4	uaŋ4	pen1	poŋ1	poŋ4 pin4 俗
天全	uaŋ3	uaŋ3	uaŋ4	uaŋ4	uaŋ4	pen1	poŋ1	poŋ4 pin4 俗
芦山	uaŋ3	uaŋ3	uaŋ4	uaŋ2	uaŋ4	pen1	poŋ1	poŋ4 pin4 俗
宝兴	uaŋ3	uaŋ3	uaŋ4	uaŋ4	uaŋ4	pen1	poŋ1	poŋ4 pin4 俗
荥经	uaŋ3	uaŋ3	uaŋ4	uaŋ4	uaŋ4	pen1	poŋ1 pen1 口	无
汉源	uaŋ3	uaŋ3	uaŋ4	uaŋ4	uaŋ4	pen1	poŋ1	poŋ4 pin4 俗
石棉	uaŋ3	uaŋ3	maŋ4	maŋ4	uaŋ4	pen1	poŋ1	poŋ4 pin4 俗
内江	uaŋ3	uaŋ3	uaŋ4 uaŋ2	uaŋ4	uaŋ4	poŋ1 pən1	poŋ1 pən1 口	pən4
威远	uaŋ3	uaŋ3	uaŋ4 uaŋ2	uaŋ4	uaŋ4	pən1	poŋ1 pən1 口	pən4
荣县	uan3	uan3	uan4 uan2	uan4	uan4	pən1	poŋ1 pən1 口	pən4
自贡	uaŋ3	uaŋ3	uaŋ2	uaŋ4	uaŋ4	pən1	pən1	pin4
富顺	uaŋ3	uaŋ3	uaŋ2	uaŋ4	uaŋ4	pən1	pən1	pin4
隆昌	uaŋ3	uaŋ3	uaŋ2	uaŋ4	uaŋ4	poŋ1	poŋ1	pin4
泸县	uaŋ3	uaŋ3	uaŋ2 uaŋ4	uaŋ4	uaŋ4	pen1	pen1 poŋ1	pin4 poŋ4
泸州	uaŋ3	uaŋ3	uaŋ2 uaŋ4	uaŋ4	uaŋ4	pen1	poŋ1 pen1 口	poŋ4 pen1 俗
南溪	uaŋ3	uaŋ3	uaŋ2 uaŋ4	uaŋ4	uaŋ4	pen1	poŋ1 pen1 口	pen1 poŋ4
合江	uan3	uaŋ3	uaŋ2	uaŋ4	uaŋ4	pəŋ1	poŋ1 pəŋ1 口	poŋ4 pin4 俗

① 又武方切，宕合三微阳平。

字目	*烹[①]	朋	鹏	彭	膨	棚[②]	篷	蓬蓬勃
反切	*披庚	步崩	步崩	薄庚	薄庚	薄萌	薄红	薄红
声韵调	梗开二 滂庚平	曾开一 並登平	曾开一 並登平	梗开二 並庚平	梗开二 並庚平	梗开二 並耕平	通合一 並东平	通合一 並东平
中古音	phɣæŋ	bəŋ	bəŋ	bɣæŋ	bɣæŋ	bɣɛŋ	buŋ	buŋ
成都	phoŋ1 phen1 口	phoŋ2	phoŋ2	phen2	phen2	phoŋ2	phoŋ2	phoŋ2
彭州	phoŋ1 phen1 口	phoŋ2	phoŋ2	phen2	phen2	phoŋ2	phoŋ2	phoŋ2
郫县	phoŋ1 phen1 口	phoŋ2	phoŋ2	phən2	phən2	phoŋ2	phoŋ2	phoŋ2
广汉	phoŋ1	phoŋ2	phoŋ2	phen2	phen2	phoŋ2	phoŋ2	foŋ2
都江堰河东	phoŋ1 phen1 口	phoŋ2	phoŋ2	phen2	phen2	phoŋ2	phoŋ2	phoŋ2
都江堰河西	phoŋ1 phen1 口	phoŋ2	phoŋ2	phen2	phen2	phoŋ2	phoŋ2	phoŋ2
崇州	phoŋ1 phen1 口	phoŋ2	phoŋ2	phen2	phen2	phoŋ2	phoŋ2	phoŋ2
大邑	phoŋ1 phen1 口	phoŋ2	phoŋ2	phen2	phen2	phoŋ2	phoŋ2	phoŋ2
邛崃	phoŋ1 phen1 口	phoŋ2	phoŋ2	phen2	phen2	phoŋ2	phoŋ2	phoŋ2
新津	phoŋ1 phen1 口	phoŋ2	phoŋ2	phen2	phen2	phoŋ2	phoŋ2	phoŋ2
蒲江	phoŋ1 phen1 口	phoŋ2	phoŋ2	phen2	phen2	phoŋ2	phoŋ2	phoŋ2
彭山	phoŋ1 phən1 口	phoŋ2	phoŋ2	phən2	phən2	phoŋ2	phoŋ2	phoŋ2
眉山	phoŋ1 phen1 口	phəŋ2	phəŋ2	phen2	phen2	phəŋ2	phəŋ2	phəŋ2
丹棱	phəŋ1 phən1 口	phəŋ2	phəŋ2	phən2	phən2	phəŋ2	phəŋ2	phəŋ2
洪雅	phoŋ1 phən1 口	phoŋ2	phoŋ2	phən2	phən2	phoŋ2	phoŋ2	phoŋ2
青神	phəŋ1 phen1 口	phoŋ2	phoŋ2	phen2	phen2	phoŋ2	phoŋ2	phoŋ2
夹江	phoŋ1 phen1 口	phoŋ2	phoŋ2	phen2	phen2	phoŋ2	phoŋ2	phoŋ2
峨眉山	phoŋ1 phen1 口	phoŋ2	phoŋ2	phen2	phen2	phoŋ2	phoŋ2	phoŋ2
乐山	phoŋ1 phen1 口	phoŋ2	phoŋ2	phen2	phen2	phoŋ2	phoŋ2	phoŋ2
犍为	phoŋ1 phen1 口	phoŋ2	phoŋ2	phen2	phen2	phoŋ2	phoŋ2	phoŋ2

① 《广韵》"亨"，抚庚切，煮也，俗作烹。 ② 又薄庚切，梗开二並庚平；又步崩切，曾开一並登平。

字目	*烹①	朋	鹏	彭	膨	棚②	篷	蓬蓬勃
反切	*披庚	步崩	步崩	薄庚	薄庚	薄萌	薄红	薄红
声韵调	梗开二 滂庚平	曾开一 並登平	曾开一 並登平	梗开二 並庚平	梗开二 並庚平	梗开二 並耕平	通合一 並东平	通合一 並东平
中古音	phɣæŋ	bəŋ	bəŋ	bɣæŋ	bɣæŋ	bɣɛŋ	buŋ	buŋ
沐川	phoŋ1 phen1 口	phoŋ2	phoŋ2	phen2	phen2	phoŋ2	phoŋ2	phoŋ2
峨边	phoŋ1	phoŋ2	phoŋ2	phen2	phen2	phoŋ2	phoŋ2	phoŋ2
雅安	phoŋ1 phen1 口	phoŋ2	phoŋ2	phen2	phen2	phoŋ2	phoŋ2	phoŋ2
名山	phoŋ1 phen1 口	phoŋ2	phoŋ2	phen2	phen2	phoŋ2	phoŋ2	phoŋ2
天全	phoŋ1 phen1 口	phoŋ2	phoŋ2	phen2	phen2	phoŋ2	phoŋ2	phoŋ2
芦山	phoŋ1 phen1 口	phoŋ2	phoŋ2	phen2	phen2	phoŋ2	phoŋ2	phoŋ2
宝兴	phoŋ1 phen1 口	phoŋ2	phoŋ2	phen2	phen2	phoŋ2	phoŋ2	phoŋ2
荥经	phoŋ1 phen1 口	phoŋ2	phoŋ2	phen2	phen2	phoŋ2	phoŋ2	phoŋ2
汉源	phoŋ1 phen1 口	phoŋ2	phoŋ2	phen2	phen2	phoŋ2	phoŋ2	phoŋ2
石棉	phoŋ1 phen1 口	phoŋ2	phoŋ2	phen2	phen2	phoŋ2	phoŋ2	phoŋ2
内江	phoŋ1 phən1 口	phoŋ2	phoŋ2	phən2	phən2	phoŋ2	phoŋ2	phoŋ2
威远	phoŋ1 phən1 口	phoŋ2	phoŋ2	phən2	phən2	phoŋ2	phoŋ2	phoŋ2
荣县	phoŋ1 phən1 口	phoŋ2	phoŋ2	phən2	phən2	phoŋ2	phoŋ2	phoŋ2
自贡	phoŋ1 phən1 口	phoŋ2	phoŋ2	phən2	phən2	phoŋ2	phoŋ2	phoŋ2
富顺	phoŋ1 phən1 口	phoŋ2	phoŋ2	phən2	phən2	phoŋ2	phoŋ2	phoŋ2
隆昌	phoŋ1 phən1 口	phoŋ2	phoŋ2	phən2	phən2	phoŋ2	phoŋ2	phoŋ2
泸县	phen1 phoŋ1 新	phoŋ2	phoŋ2	phen2	phen2	phoŋ2	phoŋ2	phoŋ2
泸州	phen1 phoŋ1 新	phoŋ2	phoŋ2	phen2	phen2	phoŋ2	phoŋ2	phoŋ2
南溪	phen1 phoŋ1 新	phoŋ2	phoŋ2	phen2	phen2	phoŋ2	phoŋ2	phoŋ2
合江	phoŋ1 phəŋ1 口	phəŋ2	phəŋ2	phəŋ2	phəŋ2	phəŋ2	phəŋ2	phəŋ2

① 《广韵》"亨"，抚庚切，煮也，俗作烹。 ② 又薄庚切，梗开二並庚平；又步崩切，曾开一並登平。

字目	捧	碰	萌	盟	蒙	猛	孟	梦
反切	敷奉		莫耕	武兵	莫红	莫杏	莫更	莫凤
声韵调	通合三 敷钟上		梗开二 明耕平	梗开三 明庚平	通合一 明东平	梗开二 明庚上	梗开二 明庚去	通合三 明东去
中古音	phɨoŋ:		mɣɛŋ	mɣiæŋ	muŋ	mɣæŋ:	mɣæŋ-	mɨuŋ-
成都	phoŋ3	phoŋ4	moŋ2	moŋ2 min2 旧	moŋ2	moŋ3	moŋ4	moŋ4
彭州	phoŋ3	phoŋ4	moŋ2	moŋ2 min2 旧	moŋ2	moŋ3	moŋ4	moŋ4
郫县	phoŋ3	phoŋ4	moŋ2	moŋ2	moŋ2	moŋ3	moŋ4	moŋ4
广汉	phoŋ3	phoŋ4	moŋ2	min2 moŋ2 新	moŋ2	moŋ3	moŋ4	moŋ4
都江堰河东	phoŋ3	phoŋ4	moŋ2	moŋ2 min2 旧	moŋ2	moŋ3	moŋ4	moŋ4
都江堰河西	phoŋ3	phoŋ4	moŋ2	moŋ2 min2 旧	moŋ2	moŋ3	moŋ4	moŋ4
崇州	phoŋ3	phoŋ4	moŋ2	moŋ2 min2 旧	moŋ2	men3	men4	moŋ4
大邑	phoŋ3	phoŋ4	moŋ2	moŋ2 min2 旧	moŋ2	moŋ3	moŋ4	moŋ4
邛崃	phoŋ3	phoŋ4	moŋ2	moŋ2 min2 旧	moŋ2	moŋ3	moŋ4	moŋ4
新津	phoŋ3	phoŋ4	moŋ2	moŋ2 min2 旧	moŋ2	moŋ3	moŋ4	moŋ4
蒲江	phoŋ3	phoŋ4	moŋ2	moŋ2 min2 旧	moŋ2	moŋ3	moŋ4	moŋ4
彭山	phəŋ3	phoŋ4	məŋ2	məŋ2	məŋ2	məŋ3	məŋ4	məŋ4
眉山	phəŋ3	phoŋ4	məŋ2	məŋ2	məŋ2	məŋ3	məŋ4	məŋ4
丹棱	phəŋ3	phəŋ4	məŋ2	məŋ2	məŋ2	məŋ3	məŋ4	məŋ4
洪雅	phoŋ3	phoŋ4	moŋ2	moŋ2 min2 旧	moŋ2	moŋ3	moŋ4	moŋ4
青神	phoŋ3	phəŋ4	moŋ2	məŋ2	məŋ2	məŋ3	məŋ4	məŋ4
夹江	phoŋ3	phoŋ4	moŋ2	moŋ2	moŋ2	moŋ3	moŋ4	moŋ4
峨眉山	phoŋ3	phoŋ4	moŋ2	moŋ2	moŋ2	moŋ3	moŋ4	moŋ4
乐山	phoŋ3	phoŋ4	moŋ2	moŋ2	moŋ2	moŋ3	moŋ4	moŋ4
犍为	phoŋ3	phoŋ4	moŋ2	moŋ2	moŋ2	moŋ3	moŋ4	moŋ4

字目	捧	碰	萌	盟	蒙	猛	孟	梦
反切	敷奉		莫耕	武兵	莫红	莫杏	莫更	莫凤
声韵调	通合三 敷钟上		梗开二 明耕平	梗开三 明庚平	通合一 明东平	梗开二 明庚上	梗开二 明庚去	通合三 明东去
中古音	phɨoŋ:		mɣɛŋ	mɣiæŋ	muŋ	mɣæŋ:	mɣæŋ-	mɨuŋ-
沐川	phoŋ3	phoŋ4	moŋ2	moŋ2 min2 旧	moŋ2	moŋ3	moŋ4	moŋ4
峨边	phoŋ3	phoŋ4	moŋ2	min2 moŋ2 新	moŋ2	moŋ3	moŋ4	moŋ4
雅安	phoŋ3	phoŋ4	moŋ2	min2 moŋ2 新	moŋ2	moŋ3	moŋ4	moŋ4
名山	phoŋ3	phoŋ4	moŋ2	moŋ2	moŋ2	moŋ3	moŋ4	moŋ4
天全	phoŋ3	phoŋ4	moŋ2	moŋ2 min2 旧	moŋ2	moŋ3	moŋ4	moŋ4
芦山	phoŋ3	phoŋ4	moŋ2	moŋ2 min2 旧	moŋ2	moŋ3	moŋ4	moŋ4
宝兴	phoŋ3	phoŋ4	moŋ2	moŋ2 min2 旧	moŋ2	moŋ3	moŋ4	moŋ4
荥经	phoŋ3	phoŋ4	moŋ2	moŋ2 min2 旧	moŋ2	moŋ3	moŋ4	moŋ4
汉源	phoŋ3	phoŋ4	moŋ2	moŋ2	moŋ2	moŋ3	moŋ4	moŋ4
石棉	phoŋ3	phoŋ4	moŋ2	moŋ2	moŋ2	moŋ3	moŋ4	moŋ4
内江	phoŋ3	phoŋ4	moŋ2	moŋ2	moŋ2	moŋ3	moŋ4	moŋ4
威远	phoŋ3	phoŋ4	moŋ2	moŋ2 min2 旧	moŋ2	moŋ3	moŋ4	moŋ4
荣县	phoŋ3	phoŋ4	moŋ2	moŋ2	moŋ2	moŋ3	moŋ4	moŋ4
自贡	phoŋ3	phoŋ4	moŋ2	moŋ2 min2 旧	moŋ2	moŋ3	moŋ4	moŋ4
富顺	phoŋ3	phoŋ4	moŋ2	min2 moŋ2 新	moŋ2	moŋ3	moŋ4	moŋ4
隆昌	phoŋ3	phoŋ4	moŋ2	moŋ2 min2 旧	moŋ2	moŋ3	moŋ4	moŋ4
泸县	phoŋ3	phoŋ4	moŋ2	moŋ2	moŋ2	moŋ3	moŋ4	moŋ4
泸州	phoŋ3	phoŋ4	moŋ2	moŋ2	moŋ2	moŋ3	moŋ4	moŋ4
南溪	phoŋ3	phoŋ4	moŋ2	moŋ2	moŋ2	moŋ3	moŋ4	moŋ4
合江	phəŋ3	phəŋ4	moŋ2	moŋ2 min2 旧	moŋ2	moŋ3	moŋ4	məŋ4

字目	风	枫	*疯	丰	封	蜂	峰	锋
反切	方戎	方戎	*方冯	敷空	府容	敷容	敷容	敷容
声韵调	通合三 非东平	通合三 非东平	通合三 非东平	通合三 敷东平	通合三 非钟平	通合三 敷钟平	通合三 敷钟平	通合三 敷钟平
中古音	piuŋ	piuŋ	piuŋ	phiuŋ	pioŋ	phioŋ	phioŋ	phioŋ
成都	foŋ1	foŋ1	foŋ1	foŋ1	foŋ1	foŋ1	foŋ1	foŋ1
彭州	foŋ1	foŋ1	foŋ1	foŋ1	foŋ1	foŋ1	foŋ1	foŋ1
郫县	foŋ1	foŋ1	foŋ1	foŋ1	foŋ1	foŋ1	foŋ1	foŋ1
广汉	foŋ1	foŋ1	foŋ1	foŋ1	foŋ1	foŋ1	foŋ1	foŋ1
都江堰河东	foŋ1	foŋ1	foŋ1	foŋ1	foŋ1	foŋ1	foŋ1	foŋ1
都江堰河西	foŋ1	foŋ1	foŋ1	foŋ1	foŋ1	foŋ1	foŋ1	foŋ1
崇州	foŋ1	foŋ1	foŋ1	foŋ1	foŋ1	foŋ1	foŋ1	foŋ1
大邑	foŋ1	foŋ1	foŋ1	foŋ1	foŋ1	foŋ1	foŋ1	foŋ1
邛崃	foŋ1	foŋ1	foŋ1	foŋ1	foŋ1	foŋ1	foŋ1	foŋ1
新津	foŋ1	foŋ1	foŋ1	foŋ1	foŋ1	foŋ1	foŋ1	foŋ1
蒲江	foŋ1	foŋ1	foŋ1	foŋ1	foŋ1	foŋ1	foŋ1	foŋ1
彭山	fəŋ1	fəŋ1	fəŋ1	fəŋ1	fəŋ1	fəŋ1	fəŋ1	fəŋ1
眉山	fəŋ1	fəŋ1	fəŋ1	fəŋ1	fəŋ1	fəŋ1	fəŋ1	fəŋ1
丹棱	fəŋ1	fəŋ1	fəŋ1	fəŋ1	fəŋ1	fəŋ1	fəŋ1	fəŋ1
洪雅	foŋ1	foŋ1	foŋ1	foŋ1	foŋ1	foŋ1	foŋ1	foŋ1
青神	foŋ1	foŋ1	foŋ1	foŋ1	foŋ1	foŋ1	foŋ1	foŋ1
夹江	foŋ1	foŋ1	foŋ1	foŋ1	foŋ1	foŋ1	foŋ1	foŋ1
峨眉山	foŋ1	foŋ1	foŋ1	foŋ1	foŋ1	foŋ1	foŋ1	foŋ1
乐山	foŋ1	foŋ1	foŋ1	foŋ1	foŋ1	foŋ1	foŋ1	foŋ1
犍为	foŋ1	foŋ1	foŋ1	foŋ1	foŋ1	foŋ1	foŋ1	foŋ1

字目	风	枫	*疯	丰	封	蜂	峰	锋
反切	方戎	方戎	*方冯	敷空	府容	敷容	敷容	敷容
声韵调	通合三 非东平	通合三 非东平	通合三 非东平	通合三 敷东平	通合三 非钟平	通合三 敷钟平	通合三 敷钟平	通合三 敷钟平
中古音	pɨuŋ	pɨuŋ	pɨuŋ	phɨuŋ	pɨoŋ	phɨoŋ	phɨoŋ	phɨoŋ
沐川	foŋ1	foŋ1	foŋ1	foŋ1	foŋ1	foŋ1	foŋ1	foŋ1
峨边	foŋ1	foŋ1	foŋ1	foŋ1	foŋ1	foŋ1	foŋ1	foŋ1
雅安	foŋ1	foŋ1	foŋ1	foŋ1	foŋ1	foŋ1	foŋ1	foŋ1
名山	foŋ1	foŋ1	foŋ1	foŋ1	foŋ1	foŋ1	foŋ1	foŋ1
天全	foŋ1	foŋ1	foŋ1	foŋ1	foŋ1	foŋ1	foŋ1	foŋ1
芦山	foŋ1	foŋ1	foŋ1	foŋ1	foŋ1	foŋ1	foŋ1	foŋ1
宝兴	foŋ1	foŋ1	foŋ1	foŋ1	foŋ1	foŋ1	foŋ1	foŋ1
荥经	foŋ1	foŋ1	foŋ1	foŋ1	foŋ1	foŋ1	foŋ1	foŋ1
汉源	foŋ1	foŋ1	foŋ1	foŋ1	foŋ1	foŋ1	foŋ1	foŋ1
石棉	foŋ1	foŋ1	foŋ1	foŋ1	foŋ1	foŋ1	foŋ1	foŋ1
内江	foŋ1	foŋ1	foŋ1	foŋ1	foŋ1	foŋ1	foŋ1	foŋ1
威远	foŋ1	foŋ1	foŋ1	foŋ1	foŋ1	foŋ1	foŋ1	foŋ1
荣县	foŋ1	foŋ1	foŋ1	foŋ1	foŋ1	foŋ1	foŋ1	foŋ1
自贡	foŋ1	foŋ1	foŋ1	foŋ1	foŋ1	foŋ1	foŋ1	foŋ1
富顺	foŋ1	foŋ1	foŋ1	foŋ1	foŋ1	foŋ1	foŋ1	foŋ1
隆昌	foŋ1	foŋ1	foŋ1	foŋ1	foŋ1	foŋ1	foŋ1	foŋ1
泸县	foŋ1	foŋ1	foŋ1	foŋ1	foŋ1	foŋ1	foŋ1	foŋ1
泸州	foŋ1	foŋ1	foŋ1	foŋ1	foŋ1	foŋ1	foŋ1	foŋ1
南溪	foŋ1	foŋ1	foŋ1	foŋ1	foŋ1	foŋ1	foŋ1	foŋ1
合江	fəŋ1	fəŋ1	fəŋ1	fəŋ1	fəŋ1	fəŋ1	fəŋ1	fəŋ1

字目	冯姓	逢	缝缝补	讽	凤	奉	缝裂缝	登
反切	房戎	符容	符容	方凤	冯贡	扶陇	扶用	都滕
声韵调	通合三奉东平	通合三奉钟平	通合三奉钟平	通合三非东去	通合三奉东去	通合三奉钟上	通合三奉钟去	曾开一端登平
中古音	bɨuŋ	bɨoŋ	bɨoŋ	pɨuŋ-	bɨuŋ-	bɨoŋ:	bɨoŋ-	təŋ
成都	foŋ2	foŋ2	foŋ2	foŋ3	foŋ4	foŋ4	foŋ4	ten1
彭州	foŋ2	foŋ2	foŋ2	foŋ3	foŋ4	foŋ4	foŋ4	ten1
郫县	foŋ2	foŋ2	foŋ2	foŋ3	foŋ4	foŋ4	foŋ4	tən1
广汉	foŋ2	foŋ2	foŋ2	foŋ3	foŋ4	foŋ4	foŋ4	ten1
都江堰河东	foŋ2	foŋ2	foŋ2	foŋ3	foŋ4	foŋ4	foŋ4	ten1
都江堰河西	foŋ2	foŋ2	foŋ2	foŋ3	foŋ4	foŋ4	foŋ4	ten1
崇州	foŋ2	foŋ2	foŋ2	foŋ3	foŋ4	foŋ4	foŋ4	ten1
大邑	foŋ2	foŋ2	foŋ2	foŋ3	foŋ4	foŋ4	foŋ4	ten1
邛崃	foŋ2	foŋ2	foŋ2	foŋ3	foŋ4	foŋ4	foŋ4	ten1
新津	foŋ2	foŋ2	foŋ2	foŋ3	foŋ4	foŋ4	foŋ4	ten1
蒲江	foŋ2	foŋ2	foŋ2	foŋ3	foŋ4	foŋ4	foŋ4	ten1
彭山	fəŋ2	fəŋ2	fəŋ2	fəŋ3	fəŋ4	fəŋ4	fəŋ4	tən1
眉山	fəŋ2	fəŋ2	fəŋ2	fəŋ3	fəŋ4	fəŋ4	fəŋ4	ten1
丹棱	fəŋ2	fəŋ2	fəŋ2	fəŋ3	fəŋ4	fəŋ4	fəŋ4	tən1
洪雅	foŋ2	foŋ2	foŋ2	foŋ3	foŋ4	foŋ4	foŋ4	tən1
青神	foŋ2	fəŋ2	fəŋ2	foŋ3	foŋ4	fəŋ4	fəŋ4	ten1
夹江	foŋ2	foŋ2	foŋ2	foŋ3	foŋ4	foŋ4	foŋ4	ten1
峨眉山	foŋ2	foŋ2	foŋ2	foŋ3	foŋ4	foŋ4	foŋ4	ten1 tuən1
乐山	foŋ2	foŋ2	foŋ2	foŋ3	foŋ4	foŋ4	foŋ4	ten1
犍为	foŋ2	foŋ2	foŋ2	foŋ3	foŋ4	foŋ4	foŋ4	ten1

字目	冯姓	逢	缝缝补	讽	凤	奉	缝裂缝	登
反切	房戎	符容	符容	方凤	冯贡	扶陇	扶用	都滕
声韵调	通合三 奉东平	通合三 奉钟平	通合三 奉钟平	通合三 非东去	通合三 奉东去	通合三 奉钟上	通合三 奉钟去	曾开一 端登平
中古音	bɪuŋ	bɪoŋ	bɪoŋ	pɪuŋ-	bɪuŋ-	bɪoŋ:	bɪoŋ-	təŋ
沐川	foŋ2	foŋ2	foŋ2	foŋ3	foŋ4	foŋ4	foŋ4	ten1
峨边	foŋ2	foŋ2	foŋ2	foŋ3	foŋ4	foŋ4	foŋ4	ten1
雅安	foŋ2	foŋ2	foŋ2	foŋ3	foŋ4	foŋ4	foŋ4	ten1
名山	foŋ2	foŋ2	foŋ2	foŋ3	foŋ4	foŋ4	foŋ4	ten1
天全	foŋ2	foŋ2	foŋ2	foŋ3	foŋ4	foŋ4	foŋ4	ten1
芦山	foŋ2	foŋ2	foŋ2	foŋ3	foŋ4	foŋ4	foŋ4	ten1
宝兴	foŋ2	foŋ2	foŋ2	foŋ3	foŋ4	foŋ4	foŋ4	ten1
荥经	foŋ2	foŋ2	foŋ2	foŋ3	foŋ4	foŋ4	foŋ4	ten1
汉源	foŋ2	foŋ2	foŋ2	foŋ3	foŋ4	foŋ4	foŋ4	ten1
石棉	foŋ2	foŋ2	foŋ2	foŋ3	foŋ4	foŋ4	foŋ4	ten1
内江	foŋ2	foŋ2	foŋ2	foŋ3	foŋ4	foŋ4	foŋ4	tən1
威远	foŋ2	foŋ2	foŋ2	foŋ3	foŋ4	foŋ4	foŋ4	tən1
荣县	foŋ2	foŋ2	foŋ2	foŋ3	foŋ4	foŋ4	foŋ4	tən1
自贡	foŋ2	foŋ2	foŋ2	foŋ3	foŋ4	foŋ4	foŋ4	tən1
富顺	foŋ2	foŋ2	foŋ2	foŋ3	foŋ4	foŋ4	foŋ4	tən1
隆昌	foŋ2	foŋ2	foŋ2	foŋ3	foŋ4	foŋ4	foŋ4	tən1
泸县	foŋ2	foŋ2	foŋ2	foŋ3	foŋ4	foŋ4	foŋ4	ten1
泸州	foŋ2	foŋ2	foŋ2	foŋ3	foŋ4	foŋ4	foŋ4	ten1
南溪	foŋ2	foŋ2	foŋ2	foŋ3	foŋ4	foŋ4	foŋ4	ten1
合江	fəŋ2	fəŋ2	fəŋ2	fəŋ3	fəŋ4	fəŋ4	fəŋ4	ten1

字目	灯	等	凳	邓	澄澄一下	腾	誊	藤
反切	都滕	都肯	都邓	徒亘	唐亘	徒登	徒登	徒登
声韵调	曾开一 端登平	曾开一 端登上	曾开一 端登去	曾开一 定登去	曾开一 定登去	曾开一 定登平	曾开一 定登平	曾开一 定登平
中古音	təŋ	təŋ:	təŋ-	dəŋ-	dəŋ-	dəŋ	dəŋ	dəŋ
成都	ten1	ten3	ten4	ten4	ten4 tsen4	then2	then2	then2
彭州	ten1	ten3	ten4	ten4	ten4 tsen4	then2	then2	then2
郫县	tən1	tən3	tən4	tən4	tsən4 tən4	thən2	thən2	thən2
广汉	ten1	ten3	ten4	ten4	tsen4	then2	then2	then2
都江堰河东	ten1	ten3	ten4	ten4	ten4 tsen4	then2	then2	then2
都江堰河西	ten1	ten3	ten4	ten4	ten4 tsen4	then2	then2	then2
崇州	ten1	ten3	ten4	ten4	ten4 tsen4	then2	then2	then2
大邑	ten1	ten3	ten4	ten4	tsen4 ten4	then2	then2	then2
邛崃	ten1	ten3	ten4	ten4	tsen4 ten4	then2	then2	then2
新津	ten1	ten3	ten4	ten4	tsen4 ten4	then2	then2	then2
蒲江	ten1	ten3	ten4	ten4	tsen4 ten4	then2	then2	then2
彭山	tən1	tən3	tən4	tən4	tən4 tsən4	thən2	thən2	thən2
眉山	ten1	ten3	ten4	ten4	ten4 tsen4	then2	then2	then2
丹棱	tən1	tən3	tən4	tən4	tən4 tsən4	thən2	thən2	thən2
洪雅	tən1	tən3	tən4	tən4	tən4 tsən4	thən2	thən2	thən2
青神	ten1	ten3	ten4	ten4	ten4 tsen4	then2	then2	then2
夹江	ten1	ten3	ten4	ten4	tsen4	then2	then2	then2
峨眉山	ten1 tuən1	ten3	ten4	ten4	tsen4	then2	then2	then2
乐山	ten1	ten3	ten4	ten4	tsen4	then2	then2	then2
犍为	ten1	ten3	ten4	ten4	tsen4	then2	then2	then2

字目	灯	等	凳	邓	澄澄一下	腾	誊	藤
反切	都滕	都肯	都邓	徒亘	唐亘	徒登	徒登	徒登
声韵调	曾开一 端登平	曾开一 端登上	曾开一 端登去	曾开一 定登去	曾开一 定登去	曾开一 定登平	曾开一 定登平	曾开一 定登平
中古音	təŋ	təŋ:	təŋ-	dəŋ-	dəŋ-	dəŋ	dəŋ	dəŋ
沐川	ten1	ten3	ten4	ten4	ten4 tshen4	then2	then2	then2
峨边	ten1	ten3	ten4	ten4	tsen4	then2	then2	then2
雅安	ten1	ten3	ten4	ten4	ten4 tsen4	then2	then2	then2
名山	ten1	ten3	ten4	ten4	ten4 tsen4	then2	then2	then2
天全	ten1	ten3	ten4	ten4	ten4 tsen4	then2	then2	then2
芦山	ten1	ten3	ten4	ten4	ten4 tsen4	then2	then2	then2
宝兴	ten1	ten3	ten4	ten4	ten4 tsen4	then2	then2	then2
荥经	ten1	ten3	ten4	ten4	ten4 tshen4	then2	then2	then2
汉源	ten1	ten3	ten4	ten4	ten4 tsen4	then2	then2	then2
石棉	ten1	ten3	ten4	ten4	ten4 tsen4	then2	then2	then2
内江	tən1	tən3	tən4	tən4	tən4 tsən4	thən2	thən2	thən2
威远	tən1	tən3	tən4	tən4	tən4 tsən4	thən2	thən2	thən2
荣县	tən1	tən3	tən4	tən4	tən4 tsən4	thən2	thən2	thən2
自贡	tən1	tən3	tən4	tən4	tən4 tʂən4	thən2	thən2	thən2
富顺	tən1	tən3	tən4	tən4	tən4 tʂən4	thən2	thən2	thən2
隆昌	tən1	tən3	tən4	tən4	tən4 tsən4	thən2	thən2	thən2
泸县	ten1	ten3	ten4	ten4	tsen4 ten4	then2	then2	then2
泸州	ten1	ten3	ten4	ten4	tsen4 ten4	then2	then2	then2
南溪	ten1	ten3	ten4	ten4	tsen4 ten4	then2	then2	then2
合江	ten1	ten3	ten4	ten4	ten4 tsen4	then2	then2	then2

字目	能	棱[1]	冷[2]	增	曾姓	赠	曾曾经	层
反切	奴登	鲁登	鲁打	作滕	作滕	昨亘	昨棱	昨棱
声韵调	曾开一 泥登平	曾开一 来登平	梗开二 来庚上	曾开一 精登平	曾开一 精登平	曾开一 从登去	曾开一 从登平	曾开一 从登平
中古音	nəŋ	ləŋ	lɣæŋ:	tsəŋ	tsəŋ	dzəŋ-	dzəŋ	dzəŋ
成都	nen2	nen2 nin2 新	nen3	tsen1	tsen1	tsen4	tshen2	tshen2
彭州	nen2	nen2 nin2 新	nen3	tsen1	tsen1	tsen4	tshen2	tshen2
郫县	lən2	lən2	lən3	tsən1	tsən1	tsən4	tshən2	tshən2
广汉	len2	len2	len3	tsen1	tsen1	tsen4	tshen2	tshen2
都江堰河东	nen2	nen2 nin2 新	nen3	tsen1	tsen1	tsen4	tshen2	tshen2
都江堰河西	nen2	nen2 nin2 新	nen3	tsen1	tsen1	tsen4	tshen2	tshen2
崇州	nen2	nen2 nin2 新	nen3	tsen1	tsen1	tsen4	tshen2	tshen2
大邑	nen2	nen2 nin2 新	nen3	tsen1	tsen1	tsen4	tshen2	tshen2
邛崃	nen2	nen2 nin2 新	nen3	tsen1	tsen1	tsen4	tshen2	tshen2
新津	nen2	nen2 nin2 新	nen3	tsen1	tsen1	tsen4	tshen2	tshen2
蒲江	len2	len2 lin2 新	len3	tsen1	tsen1	tsen4	tshen2	tshen2
彭山	nən2	nən2	nən3	tsən1	tsən1	tsən4	tshən2	tshən2
眉山	nen2	nen2	nen3	tsen1	tsen1	tsen4	tshen2	tshen2
丹棱	nən2	nən2	nən3	tsən1	tsən1	tsən4	tshən2	tshən2
洪雅	nən2	nən2 nin2 新	nən3	tsən1	tsən1	tsən4	tshən2	tshən2
青神	len2	len2	len3	tsen1	tsen1	tsen4	tshen2	tshen2
夹江	nen2	nen2 nin2 新	nen3	tsen1	tsen1	tsen4	tshen2	tshen2
峨眉山	nen2	nen2 nin2 新	nen3	tsen1	tsen1	tsen4	tshen2	tshen2
乐山	len2	len2 lin2 新	len3	tsen1	tsen1	tsen4	tshen2	tshen2
犍为	len2	len2 lin2 新	len3	tsen1	tsen1	tsen4	tshen2	tshen2

① 又*闾承切，曾开三来蒸平。 ② 又力鼎切，梗开四来迥上。

字目	能	楞[①]	冷[②]	增	曾姓	赠	曾曾经	层
反切	奴登	鲁登	鲁打	作滕	作滕	昨亘	昨棱	昨棱
声韵调	曾开一 泥登平	曾开一 来登平	梗开二 来庚上	曾开一 精登平	曾开一 精登平	曾开一 从登去	曾开一 从登平	曾开一 从登平
中古音	nəŋ	ləŋ	lɣæŋ:	tsəŋ	tsəŋ	dzəŋ-	dzəŋ	dzəŋ
沐川	len2	len2 lin2 新	len3	tsen1	tsen1	tsen4	tshen2	tshen2
峨边	len2	len2	len3	tsen1	tsen1	tsen4	tshen2	tshen2
雅安	nen2	nen2	nen3	tsen1	tsen1	tsen4	tshen2	tshen2
名山	len2	len2 lin2 新	len3	tsen1	tsen1	tsen4	tshen2	tshen2
天全	len2	len2 lin2 新	len3	tsen1	tsen1	tsen4	tshen2	tshen2
芦山	nen2	nen2	nen3	tsen1	tsen1	tsen4	tshen2	tshen2
宝兴	nen2	nen2	nen3	tsen1	tsen1	tsen4	tshen2	tshen2
荥经	len2	len2 lin2 新	len3	tsen1	tsen1	tsen4	tshen2	tshen2
汉源	nen2	nen2 nin2 新	nen3	tsen1	tsen1	tsen4	tshen2	tshen2
石棉	len2	len2 lin2 新	len3	tsen1	tsen1	tsen4	tshen2	tshen2
内江	nən2	nən2	nən3	tsən1	tsən1	tsən4	tshən2	tshən2
威远	nən2	nən2	nən3	tsən1	tsən1	tsən4	tshən2	tshən2
荣县	nən2	nən2	nən3	tsən1	tsən1	tsən4	tshən2	tshən2
自贡	lən2	lən2	lən3	tsən1	tsən1	tsən4	tshən2	tshən2
富顺	lən2	lən2	lən3	tsən1	tsən1	tsən4	tshən2	tshən2
隆昌	lən2	lən2	lən3	tsən1	tsən1	tsən4	tshən2	tshən2
泸县	len2	len2 lin 新	len3	tsen1	tsen1	tsen4	tshen2	tshen2
泸州	len2	len2 lin 新	len3	tsen1	tsen1	tsen4	tshen2	tshen2
南溪	len2	len2 lin2 新	len3	tsen1	tsen1	tsen4	tshen2	tshen2
合江	len2	len2 lin2 新	len3	tsen1	tsen1	tsen4	tshen2	tshen2

① 又*闾承切，曾开三来蒸平。 ② 又力鼎切，梗开四来迥上。

字目	僧	征征求	蒸	争	筝	睁	正正月	征征伐
反切	苏增	陟陵	煮仍	侧茎	侧茎		诸盈	诸盈
声韵调	曾开一 心登平	曾开三 知蒸平	曾开三 章蒸平	梗开二 庄耕平	梗开二 庄耕平	梗开二 庄耕平	梗开三 章清平	梗开三 章清平
中古音	səŋ	ţiŋ	tɕiŋ	tʃɣɛŋ	tʃɣɛŋ	tʃɣɛŋ	tɕiᴇŋ	tɕiᴇŋ
成都	sen1	tsen1	tsen1	tsen1	tsen1	tsen1	tsen1	tsen1
彭州	sen1	tsen1	tsen1	tsen1	tsen1	tsen1	tsen1 tsen4	tsen1
郫县	sən1	tsən1	tsən1	tsən1	tsən1	tsən1	tsən1	tsən1
广汉	sen1	tsen1	tsen1	tsen1	tsen1	tsen1	tsen1	tsen1
都江堰河东	sen1	tsen1	tsen1	tsen1	tsen1	tsen1	tsen1	tsen1
都江堰河西	sen1	tsen1	tsen1	tsen1	tsen1	tsen1	tsen1	tsen1
崇州	sen1	tsen1	tsen1	tsen1	tsen1	tsen1	tsen1	tsen1
大邑	sen1	tsen1	tsen1	tsen1	tsen1	tsen1	tsen1	tsen1
邛崃	sen1	tsen1	tsen1	tsen1	tsen1	tsen1	tsen1	tsen1
新津	sen1	tsen1	tsen1	tsen1	tsen1	tsen1	tsen1	tsen1
蒲江	sen1	tsen1	tsen1	tsen1	tsen1	tsen1	tsen1	tsen1
彭山	sən1	tsən1	tsən1	tsən1	tsən1	tsən1	tsən1 tsən4	tsən1
眉山	sen1	tsen1	tsen1	tsen1	tsen1	tsen1	tsen1 tsen4	tsen1
丹棱	sən1	tsən1	tsən1	tsən1	tsən1	tsən1	tsən1 tsən4	tsən1
洪雅	sən1	tsən1	tsən1	tsən1	tsən1	tsən1	tsən1 tsən4	tsən1
青神	sen1	tsen1	tsen1	tsen1	tsen1	tsen1	tsen1 tsen4	tsen1
夹江	sen1	tsen1	tsen1	tsen1	tsen1	tsen1	tsen1 tsen4	tsen1
峨眉山	sen1	tsen1	tsen1	tsen1	tsen1	tsen1	tsen1 tsen4	tsen1
乐山	sen1	tsen1	tsen1	tsen1	tsen1	tsen1	tsen1 tsen4	tsen1
犍为	sen1	tsen1	tsen1	tsen1	tsen1	tsen1	tsen1 tsen4	tsen1

字目	僧	征征求	蒸	争	筝	睁	正正月	征征伐
反切	苏增	陟陵	煮仍	侧茎	侧茎		诸盈	诸盈
声韵调	曾开一 心登平	曾开三 知蒸平	曾开三 章蒸平	梗开二 庄耕平	梗开二 庄耕平	梗开二 庄耕平	梗开三 章清平	梗开三 章清平
中古音	səŋ	ȶɨŋ	tɕɨŋ	tʃɣɛŋ	tʃɣɛŋ	tʃɣɛŋ	tɕiɛŋ	tɕiɛŋ
沐川	sen1	tsen1	tsen1	tsen1	tsen1	tsen1	tsen1 tsen4	tsen1
峨边	sen1	tsen1	tsen1	tsen1	tsen1	tsen1	tsen1	tsen1
雅安	sen1	tsen1	tsen1	tsen1	tsen1	tsen1	tsen1	tsen1
名山	sen1	tsen1	tsen1	tsen1	tsen1	tsen1	tsen1 tsen4	tsen1
天全	sen1	tsen1	tsen1	tsen1	tsen1	tsen1	tsen1 tsen4	tsen1
芦山	sen1	tsen1	tsen1	tsen1	tsen1	tsen1	tsen1	tsen1
宝兴	sen1	tsen1	tsen1	tsen1	tsen1	tsen1	tsen1	tsen1
荥经	sen1	tsen1	tsen1	tsen1	tsen1	tsen1	tsen1 tsen4	tsen1
汉源	sen1	tsen1	tsen1	tsen1	tsen1	tsen1	tsen1 tsen4	tsen1
石棉	sen1	tsen1	tsen1	tsen1	tsen1	tsen1	tsen1 tsen4	tsen1
内江	sən1	tsən1	tsən1	tsən1	tsən1	tsən1	tsən1 tsən4	tsən1
威远	sən1	tʂən1	tʂən1	tsən1	tsən1	tsən1	tʂən1 tʂən4	tʂən1
荣县	sən1	tsən1	tsən1	tsən1	tsən1	tsən1	tsən1 tsən4	tsən1
自贡	sən1	tʂən1	tʂən1	tsən1	tsən1	tshən1	tʂən1	tʂən1
富顺	sən1	tʂən1	tʂən1	tsən1	tsən1	tsən1	tʂən1	tʂən1
隆昌	sən1	tsən1	tsən1	tsən1	tsən1	tshən1	tsən1	tsən1
泸县	sen1	tsen1	tsen1	tsen1	tsen1	tsen1	tsen1	tsen1
泸州	sen1	tsen1	tsen1	tsen1	tsen1	tshen1	tsen1	tsen1
南溪	sen1	tsen1	tsen1	tsen1	tsen1	tshen1	tsen1	tsen1
合江	sen1	tsen1	tsen1	tsen1	tsen1	tshen1	tsen1 tsen4	tsen1

字目	整	证证明	症病症	郑	正	政	称称呼	撑支撑
反切	之郢	诸应	诸应	直正	之盛	之盛	处陵	丑庚
声韵调	梗开三 章清上	曾开三 章蒸去	曾开三 章蒸去	梗开三 澄清去	梗开三 章清去	梗开三 章清去	曾开三 昌蒸平	梗开二 彻庚平
中古音	tɕiɛŋ:	tɕiŋ-	tɕiŋ-	ȡiɛŋ-	tɕiɛŋ-	tɕiɛŋ-	tɕhiŋ	ȶhɣæŋ
成都	tsen3	tsen4	tsen4	tsen4	tsen4	tsen4	tshen1	tshen1[①] tshen3
彭州	tsen3	tsen4	tsen4	tsen4	tsen4	tsen4	tshen1	tshen1 tshen3
郫县	tsən3	tsən4	tsən4	tsən4	tsən4	tsən4	tshən1	tshən1
广汉	tsen3	tsen4	tsen4	tsen4	tsen4	tsen4	tshen1	tshen1
都江堰河东	tsen3	tsen4	tsen4	tsen4	tsen4	tsen4	tshen1	tshen1 tshen3
都江堰河西	tsen3	tsen4	tsen4	tsen4	tsen4	tsen4	tshen1	tshen1 tshen3
崇州	tsen3	tsen4	tsen4	tsen4	tsen4	tsen4	tshen1	tshen1 tshen3
大邑	tsen3	tsen4	tsen4	tsen4	tsen4	tsen4	tshen1	tshen1
邛崃	tsen3	tsen4	tsen4	tsen4	tsen4	tsen4	tshen1	tshen1
新津	tsen3	tsen4	tsen4	tsen4	tsen4	tsen4	tshen1	tshen1
蒲江	tsen3	tsen4	tsen4	tsen4	tsen4	tsen4	tshen1	tshen1
彭山	tsən3	tsən4	tsən4	tsən4	tsən4	tsən4	tshən1	tshən1
眉山	tsen3	tsen4	tsen4	tsen4	tsen4	tsen4	tshen1	tshen1
丹棱	tsən3	tsən4	tsən4	tsən4	tsən4	tsən4	tshən1	tshən1
洪雅	tsən3	tsən4	tsən4	tsən4	tsən4	tsən4	tshən1	tshən1
青神	tsen3	tsen4	tsen4	tsen4	tsen4	tsen4	tshen1	tshen1
夹江	tsen3	tsen4	tsen4	tsen4	tsen4	tsen4	tshen1	tshen1
峨眉山	tsen3	tsen4	tsen4	tsen4	tsen4	tsen4	tshen1	tshen1
乐山	tsen3	tsen4	tsen4	tsen4	tsen4	tsen4	tshen1	tshen1
犍为	tsen3	tsen4	tsen4	tsen4	tsen4	tsen4	tshen1	tshen1

① 又音 tshen 4。

字目	整	证证明	症病症	郑	正	政	称称呼	撑支撑
反切	之郢	诸应	诸应	直正	之盛	之盛	处陵	丑庚
声韵调	梗开三 章清上	曾开三 章蒸去	曾开三 章蒸去	梗开三 澄清去	梗开三 章清去	梗开三 章清去	曾开三 昌蒸平	梗开二 彻庚平
中古音	tɕiɛŋ:	tɕɨŋ-	tɕɨŋ-	ȡiɛŋ-	tɕiɛŋ-	tɕiɛŋ-	tɕhɨŋ	ȶhyæŋ
沐川	tsen3	tsen4	tsen4	tsen4	tsen4	tsen4	tshen1	tshen1 tshen3
峨边	tsen3	tsen4	tsen4	tsen4	tsen4	tsen4	tshen1	tshen1
雅安	tsen3	tsen4	tsen4	tsen4	tsen4	tsen4	tshen1	tshen1
名山	tsen3	tsen4	tsen4	tsen4	tsen4	tsen4	tshen1	tshen1
天全	tsen3	tsen4	tsen4	tsen4	tsen4	tsen4	tshen1	tshen1
芦山	tsen3	tsen4	tsen4	tsen4	tsen4	tsen4	tshen1	tshen1
宝兴	tsen3	tsen4	tsen4	tsen4	tsen4	tsen4	tshen1	tshen1
荥经	tsen3	tsen4	tsen4	tsen4	tsen4	tsen4	tshen1	tshen1 tshen3
汉源	tsen3	tsen4	tsen4	tsen4	tsen4	tsen4	tshen1	tshen1
石棉	tsen3	tsen4	tsen4	tsen4	tsen4	tsen4	tshen1	tshen1
内江	tsən3	tsən4	tsən4	tsən4	tsən4	tsən4	tshən1	tshən1
威远	tʂən3	tʂən4	tʂən4	tʂən4	tʂən4	tʂən4	tʂhən1	tʂhən1
荣县	tsən3	tsən4	tsən4	tsən4	tsən4	tsən4	tshən1	tshən1
自贡	tʂən3	tʂən4	tʂən4	tʂən4	tʂən4	tʂən4	tʂhən1	tshən1 tshən3
富顺	tʂən3	tʂən4	tʂən4	tʂən4	tʂən4	tʂən4	tʂhən1	tshən1 tshən3
隆昌	tsən3	tsən4	tsən4	tsən4	tsən4	tsən4	tshən1	tshən1 tshən3
泸县	tsen3	tsen4	tsen4	tsen4	tsen4	tsen4	tshen1	tshen1 tshen4
泸州	tsen3	tsen4	tsen4	tsen4	tsen4	tsen4	tshen1	tshen1 tshen4
南溪	tsen3	tsen4	tsen4	tsen4	tsen4	tsen4	tshen1	tshen1
合江	tsen3	tsen4	tsen4	tsen4	tsen4	tsen4	tshen1	tshen1 tshen3

字目	澄[①]澄清	惩	乘	承	呈	程	成成功	城
反切	直庚	直陵	食陵	署陵	直贞	直贞	是征	是征
声韵调	梗开二 澄庚平	曾开三 澄蒸平	曾开三 船蒸平	曾开三 禅蒸平	梗开三 澄清平	梗开三 澄清平	梗开三 禅清平	梗开三 禅清平
中古音	ɖʏæŋ	ɖiŋ	ʑiŋ	dʑiŋ	ɖiᴇŋ	ɖiᴇŋ	dʑiᴇŋ	dʑiᴇŋ
成都	tshen2	tshen3	sen2	tshen2 sen2 口	tshen2	tshen2	tshen2	tshen2
彭州	tshen2	tshen3	sen2	tshen2 sen2 口	tshen2	tshen2	tshen2	tshen2
郫县	tshən2	tshən3	sən2	tshən2 sən2 口	tshən2	tshən2	tshən2	tshən2
广汉	tshen2	tshen3	sen2 tshen2 新	tshen2	tshen2	tshen2	tshen2	tshen2
都江堰河东	tshen2	tshen3	sen2	tshen2 sen2 口	tshen2	tshen2	tshen2	tshen2
都江堰河西	tshen2	tshen2	sen2	tshen2 sen2 口	tshen2	tshen2	tshen2	tshen2
崇州	tshen2	tshen3	sen2	tshen2 sen2 口	tshen2	tshen2	tshen2	tshen2
大邑	tshen2	tshen3	sen2	tshen2 sen2 口	tshen2	tshen2	tshen2	tshen2
邛崃	tshen2	tshen3	sen2	tshen2 sen2 口	tshen2	tshen2	tshen2	tshen2
新津	tshen2	tshen2	sen2	tshen2 sen2 口	tshen2	tshen2	tshen2	tshen2
蒲江	tshen2	tshen2	sen2	tshen2 sen2 口	tshen2	tshen2	tshen2	tshen2
彭山	tshən2	tshən3	sən2	tshən2 sən2 口	tshən2	tshən2	tshən2	tshən2
眉山	tshen2	tshen2	sen2	tshen2 sen2 口	tshen2	tshen2	tshen2	tshen2
丹棱	tshən2	tshən3	sən2	tshən2 sən2 口	tshən2	tshən2	tshən2	tshən2
洪雅	tshən2	tshən3	sən2	tshən2 sən2 口	tshən2	tshən2	tshən2	tshən2
青神	tshen2	tshen3	sen2	tshen2 sen2 口	tshen2	tshen2	tshen2	tshen2
夹江	tshen2	tshen3	sen2	tshen2 sen2 口	tshen2	tshen2	tshen2	tshen2
峨眉山	tshen2	tshen3	sen2	tshen2 sen2 口	tshen2	tshen2	tshen2	tshen2
乐山	tshen2	tshen3	sen2	tshen2 sen2 口	tshen2	tshen2	tshen2	tshen2
犍为	tshen2	tshen3	sen2	tshen2 sen2 口	tshen2	tshen2	tshen2	tshen2

① 又直陵切，曾开三澄蒸平。

字目	澄[①]澄清	惩	乘	承	呈	程	成成功	城
反切	直庚	直陵	食陵	署陵	直贞	直贞	是征	是征
声韵调	梗开二 澄庚平	曾开三 澄蒸平	曾开三 船蒸平	曾开三 禅蒸平	梗开三 澄清平	梗开三 澄清平	梗开三 禅清平	梗开三 禅清平
中古音	ɖɣæŋ	ɖɨŋ	ʑɨŋ	dʑɨŋ	ɖiᴇŋ	ɖiᴇŋ	dʑiᴇŋ	dʑiᴇŋ
沐川	tshen2	tshen2	sen2	tshen2 sen2 口	tshen2	tshen2	tshen2	tshen2
峨边	tshen2	tshen3	sen2	tshen2 sen2 口	tshen2	tshen2	tshen2	tshen2
雅安	tshen2	tshen3	sen2	tshen2	tshen2	tshen2	tshen2	tshen2
名山	tshen2	tshen3	sen2	tshen2 sen2 口	tshen2	tshen2	tshen2	tshen2
天全	tshen2	tshen3	sen2	tshen2 sen2 口	tshen2	tshen2	tshen2	tshen2
芦山	tshen2	tshen3	tshen2	tshen2	tshen2	tshen2	tshen2	tshen2
宝兴	tshen2	tshen3	sen2	tshen2	tshen2	tshen2	tshen2	tshen2
荥经	tshen2	tshen3	sen2	tshen2 sen2 口	tshen2	tshen2	tshen2	tshen2
汉源	tshen2	tshen3	sen2	tshen2 sen2 口	tshen2	tshen2	tshen2	tshen2
石棉	tshen2	tshen3	sen2	tshen2 sen2 口	tshen2	tshen2	tshen2	tshen2
内江	tshən2	tshən3	sən2	tshən2 sən2 口	tshən2	tshən2	tshən2	tshən2
威远	tʂhən2	tshən3	ʂən2	tshən2 sən2 口	tʂhən2	tʂhən2	tʂhən2	tʂhən2
荣县	tshən2	tshən3	sən2	tshən2 sən2 口	tshən2	tshən2	tshən2	tshən2
自贡	tʂhən2	tshən3	ʂən2	tʂhən2 ʂən2 口	tʂhən2	tʂhən2	tʂhən2	tʂhən2
富顺	tʂhən2	tshən3	ʂən2	tʂhən2 ʂən2 口	tʂhən2	tʂhən2	tʂhən2	tʂhən2
隆昌	tshən2	tshən3	tshən2 sən2 口	tshən2 sən2 口	tshən2	tshən2	tʂhən2	tshən2
泸县	tshen2	tshen3	sen2	tshen2 sen2 口	tshen2	tshen2	tshen2	tshen2
泸州	tshen2	tshen3	sen2	tshen2 sen2 口	tshen2	tshen2	tshen2	tshen2
南溪	tshen2	tshen3	sen2	tshen2 sen2 口	tshen2	tshen2	tshen2	tshen2
合江	tshen2	tshen3	sen2	tshen2 sen2 口	tshen2	tshen2	tshen2	tshen2

① 又直陵切，曾开三澄蒸平。

字目	诚	盛盛饭	秤	升	胜胜任	生	牲	甥
反切	是征	是征	昌孕	识蒸	识蒸	所庚	所庚	所庚
声韵调	梗开三 禅清平	梗开三 禅清平	曾开三 昌蒸去	曾开三 书蒸平	曾开三 书蒸平	梗开二 生庚平	梗开二 生庚平	梗开二 生庚平
中古音	dʑiɛŋ	dʑiɛŋ	tɕhiŋ-	ɕiŋ	ɕiŋ	ʃɣæŋ	ʃɣæŋ	ʃɣæŋ
成都	tshen2	无	tshen4	sen1	sen1 sen4 俗	sen1	sen1	sen1
彭州	tshen2	sen4	tshen4	sen1	sen1 sen4 俗	sen1	sen1	sen1
郫县	tshən2	无	tshən4	sən1	sən1 sən4 俗	sən1	sən1	sən1
广汉	tshen2	sen4	tshen4	sen1	sen1 sen4 俗	sen1	sen1	sen1
都江堰河东	tshen2	无	tshen4	sen1	sen1 sen4 俗	sen1	sen1	sen1
都江堰河西	tshen2	无	tshen4	sen1	sen1 sen4 俗	sen1	sen1	sen1
崇州	tshen2	无	tshen4	sen1	sen1 sen4 俗	sen1	sen1	sen1
大邑	tshen2	tshen2 sen4 俗	tshen4	sen1	sen1 sen4 俗	sen1	sen1	sen1
邛崃	tshen2	tshen2 sen4 俗	tshen4	sen1	sen1 sen4 俗	sen1	sen1	sen1
新津	tshen2	tshen2	tshen4	sen1	sen1 sen4 俗	sen1	sen1	sen1
蒲江	tshen2	tshen2	tshen4	sen1	sen1 sen4 俗	sen1	sen1	sen1
彭山	tshən2	tshən2 sən4 俗	tshən4	sən1	sən1 sən4 俗	sən1	sən1	sən1
眉山	tshen2	tshen2 sen4 俗	tshen4	sen1	sen1 sen4 俗	sen1	sen1	sen1
丹棱	tshən2	tshən2 sən4 俗	tshən4	sən1	sən1 sən4 俗	sən1	sən1	sən1
洪雅	tshən2	tshən2 sən4 俗	tshən4	sən1	sən1 sən4 俗	sən1	sən1	sən1
青神	tshen2	tshen2 sen4 俗	tshen4	sen1	sen1 sen4 俗	sen1	sen1	sen1
夹江	tshen2	tshen2	tshen4	sen1	sen4 俗	sen1	sen1	sen1
峨眉山	tshen2	tshen2	tshen4	sen1	sen4 俗	sen1	sen1	sen1
乐山	tshen2	tshen2	tshen4	sen1	sen4 俗	sen1	sen1	sen1
犍为	tshen2	tshen2	tshen4	sen1	sen4 俗	sen1	sen1	sen1

字目	诚	盛盛饭	秤	升	胜胜任	生	牲	甥
反切	是征	是征	昌孕	识蒸	识蒸	所庚	所庚	所庚
声韵调	梗开三 禅清平	梗开三 禅清平	曾开三 昌蒸去	曾开三 书蒸平	曾开三 书蒸平	梗开二 生庚平	梗开二 生庚平	梗开二 生庚平
中古音	dʑiᴇŋ	dʑiᴇŋ	tɕhiŋ-	ɕiŋ	ɕiŋ	ʃɣæŋ	ʃɣæŋ	ʃɣæŋ
沐川	tshen2	sen4	tshen4	sen1	sen1 sen4 俗	sen1	sen1	sen1
峨边	tshen2	sen4	tshen4	sen1	sen4	sen1	sen1	sen1
雅安	tshen2	tshen2 sen4 俗	tshen4	sen1	sen1 sen4 俗	sen1	sen1	sen1
名山	tshen2	sen4	tshen4	sen1	sen4	sen1	sen1	sen1
天全	tshen2	sen4	tshen4	sen1	sen4	sen1	sen1	sen1
芦山	tshen2	无	tshen4	sen1	sen1 sen4 俗	sen1	sen1	sen1
宝兴	tshen2	无	tshen4	sen1	sen1 sen4 俗	sen1	sen1	sen1
荥经	tshen2	sen4	tshen4	sen1	sen1 sen4 俗	sen1	sen1	sen1
汉源	tshen2	sen4	tshen4	sen1	sen4	sen1	sen1	sen1
石棉	tshen2	sen4	tshen4	sen1	sen4	sen1	sen1	sen1
内江	tshən2	tshən2 sən4 俗	tshən4	sən1	sən1 sən4 俗	sən1	sən1	sən1
威远	tʂhən2	tʂhən2 ʂən4 俗	tʂhən4	ʂən1	sən1 sən4 俗	sən1	sən1	sən1
荣县	tshən2	tshən2 sən4 俗	tshən4	sən1	sən1 sən4 俗	sən1	sən1	sən1
自贡	tʂhən2	ʂən4	tʂhən4	ʂən1	ʂən1 ʂən4 俗	sən1	sən1	sən1
富顺	tʂhən2	ʂən4	tʂhən4	ʂən1	ʂən1 ʂən4 俗	sən1	sən1	sən1
隆昌	tshən2	sən4	tshən4	ʂən1	sən1 sən4 俗	sən1	sən1	sən1
泸县	tshen2	无	tshen4	sen1	sen1 sen4 俗	sen1	sen1	sen1
泸州	tshen2	无	tshen4	sen1	sen1 sen4 俗	sen1	sen1	sen1
南溪	tshen2	无	tshen4	sen1	sen1 sen4 俗	sen1	sen1	sen1
合江	tshen2	sen4	tshen4	sen1	sen1 sen4 俗	sen1	sen1	sen1

字目	声	绳	省节省	省省长	剩	胜胜利	圣	盛兴盛
反切	书盈	食陵	所景	所景	实证	诗证	式正	承政
声韵调	梗开三 书清平	曾开三 船蒸平	梗开二 生庚上	梗开二 生庚上	曾开三 船蒸去	曾开三 书蒸去	梗开三 书清去	梗开三 禅清去
中古音	ɕiᴇŋ	ʑiŋ	ʃɣæŋ:	ʃɣæŋ:	ʑiŋ-	ɕiŋ-	ɕiᴇŋ-	dʑiᴇŋ-
成都	sen1	suən2	sen3	sen3	sen4	sen4	sen4	sen4
彭州	sen1	suən2	sen3	sen3	sen4	sen4	sen4	sen4
郫县	sən1	suən2	sən3	sən3	sən4	sən4	sən4	sən4
广汉	sen1	suen2	sen3	sen3	sen4	sen4	sen4	sen4
都江堰河东	sen1	suən2	sen3	sen3	sen4	sen4	sen4	sen4
都江堰河西	sen1	suən2	sen3	sen3	sen4	sen4	sen4	sen4
崇州	sen1	suən2	sen3	sen3	sen4	sen4	sen4	sen4
大邑	sen1	suən2	sen3	sen3	sen4	sen4	sen4	sen4
邛崃	sen1	suən2	sen3	sen3	sen4	sen4	sen4	sen4
新津	sen1	suən2	sen3	sen3	sen4	sen4	sen4	sen4
蒲江	sen1	suən2	sen3	sen3	sen4	sen4	sen4	sen4
彭山	sən1	suən2	sən3	sən3	sən4	sən4	sən4	sən4
眉山	sen1	suən2	sen3	sen3	sen4	sen4	sen4	sen4
丹棱	sən1	suən2	sən3	sən3	sən4	sən4	sən4	sən4
洪雅	sən1	suən2	sən3	sən3	sən4	sən4	sən4	sən4
青神	sen1	suən2	sen3	sen3	sen4	sen4	sen4	sen4
夹江	sen1	suən2	sen3	sen3	sen4	sen4	sen4	sen4
峨眉山	sen1	suən2	sen3	sen3	sen4	sen4	sen4	sen4
乐山	sen1	suən2	sen3	sen3	sen4	sen4	sen4	sen4
犍为	sen1	suən2	sen3	sen3	sen4	sen4	sen4	sen4

字目	声	绳	省节省	省省长	剩	胜胜利	圣	盛兴盛
反切	书盈	食陵	所景	所景	实证	诗证	式正	承政
声韵调	梗开三 书清平	曾开三 船蒸平	梗开二 生庚上	梗开二 生庚上	曾开三 船蒸去	曾开三 书蒸去	梗开三 书清去	梗开三 禅清去
中古音	ɕiɛŋ	ʑiŋ	ʃɣæŋ:	ʃɣæŋ:	ʑiŋ-	ɕiŋ-	ɕiɛŋ-	dʑiɛŋ-
沐川	sen1	sen2	sen3	sen3	sen4	sen4	sen4	sen4
峨边	sen1	suən2	sen3	sen3	sen4	sen4	sen4	sen4
雅安	sen1	suən2	sen3	sen3	sen4	sen4	sen4	sen4
名山	sen1	suen2	sen3	sen3	sen4	sen4	sen4	sen4
天全	sen1	suen2	suen3	suen3	sen4	sen4	sen4	sen4
芦山	sen1	suən4	suən3	suən3	sen4	sen4	sen4	sen4
宝兴	sen1	suən2	sen3	sen3	sen4	sen4	sen4	sen4
荥经	sen1	suən2	sen3	sen3	sen4	sen4	sen4	sen4
汉源	sen1	suen2	sen3	sen3	sen4	sen4	sen4	sen4
石棉	sen1	suen2	sen3	sen3	sen4	sen4	sen4	sen4
内江	sən1	ʂuən2	sən3	sən3	sən4	sən4	sən4	sən4
威远	ʂən1	ʂuən2	suən3	suən3	ʂən4	ʂən4	ʂən4	ʂən4
荣县	sən1	suən2	suən3	suən3	sən4	sən4	sən4	sən4
自贡	ʂən1	ʂuən2	suən3	suən3	ʂən4	ʂən4	ʂən4	ʂən4
富顺	ʂən1	ʂuən2	sən3	sən3	ʂən4	ʂən4	ʂən4	ʂən4
隆昌	sən1	suən2	sən3	sən3	sən4	sən4	sən4	sən4
泸县	sen1	suən2	sen3	sen3	sen4	sen4	sen4	sen4
泸州	sen1	suən2	sen3	sen3	sen4	sen4	sen4	sen4
南溪	sen1	suən2	sen3	sen3	sen4	sen4	sen4	sen4
合江	sen1	suən2	sen3	sen3	sen4	sen4	sen4	sen4

字目	仍	更更改	更打更	庚	羹	耕	梗	耿
反切	如乘	古行	古行	古行	古行	古茎	古杏	古幸
声韵调	曾开三 日蒸平	梗开二 见庚平	梗开二 见庚平	梗开二 见庚平	梗开二 见庚平	梗开二 见耕平	梗开二 见庚上	梗开二 见耕上
中古音	ȵʑiŋ	kɣæŋ	kɣæŋ	kɣæŋ	kɣæŋ	kɣɛŋ	kɣæŋ:	kɣɛŋ:
成都	zen4 zen2 旧	ken4	ken1	ken1	ken1	ken1	ken3	ken3
彭州	zen4 zen2 旧	ken1	ken1	ken1	ken1	ken1	ken3	ken3
郫县	zən4 zən2 旧	kən4	kən1	kən1	kən1	kən1	kən3	kən3
广汉	zen4	ken4	ken1	ken1	ken1	ken1	ken3	ken3
都江堰河东	zen4 zen2 旧	ken4	ken1	ken1	ken1	ken1	ken3	ken3
都江堰河西	zen4 zen2 旧	ken4	ken1	ken1	ken1	ken1	ken3	ken3
崇州	zen4 zen2 旧	ken4	ken1	ken1	ken1	ken1	ken3	ken3
大邑	zen3 zen2 旧	ken4	ken1	ken1	ken1	ken1	ken4	ken3
邛崃	zen3 zen2 旧	ken4	ken1	ken1	ken1	ken1	ken4	ken3
新津	zen3 zen2 旧	ken4	ken1	ken1	ken1	ken1	ken4	ken3
蒲江	zen4 zen2 旧	ken4	ken1	ken1	ken1	ken1	ken3	ken3
彭山	zən4 zən2 旧	kən4	kən1	kən1	kən1	kən1	kən3	kən3
眉山	zen3 zen2 旧	ken4	ken1	ken1	ken1	ken1	ken3	ken3
丹棱	zən3 zən2 旧	kən4	kən1	kən1	kən1	kən1	kən3	kən3
洪雅	zən4 zən2 旧	kən4	kən1	kən1	kən1	kən1	kən3	kən3
青神	zen4 zen2 旧	ken4	ken1	ken1	ken1	ken1	ken3	ken3
夹江	zen4	kin1	kin1 tɕin1	kin1	kin1	kin1	kin3	kin3
峨眉山	zen2	ken1	tɕin1	ken1	ken1	ken1	ken3	ken3
乐山	zen4 zen1	ken1	tɕin1	ken1	ken1	ken1	ken3	ken3
犍为	zen2	ken1	tɕin1	ken1	ken1	ken1	ken3	ken3

字目	仍	更更改	更打更	庚	羹	耕	梗	耿
反切	如乘	古行	古行	古行	古行	古茎	古杏	古幸
声韵调	曾开三 日蒸平	梗开二 见庚平	梗开二 见庚平	梗开二 见庚平	梗开二 见庚平	梗开二 见耕平	梗开二 见庚上	梗开二 见耕上
中古音	ȵʑiŋ	kγæŋ	kγæŋ	kγæŋ	kγæŋ	kγɛŋ	kγæŋ:	kγɛŋ:
沐川	zen4 zen2 旧	ken4	ken1	ken1	ken1	ken1	ken3	ken3
峨边	zen4 zen2 旧	ken4	ken1	ken1	ken1	ken1	ken3	ken3
雅安	zen4	ken4	ken1	ken1	ken1	ken1	ken3	ken3
名山	zen4 zen1 旧	ken4	ken1	ken1	ken1	ken1	ken3	ken3
天全	zen4 zen1 旧	ken4	ken1	ken1	ken1	ken1	ken4	ken3
芦山	zen4	ken1	ken1	ken1	ken1	ken1	ken3	ken3
宝兴	zen4	ken1	ken1	ken1	ken1	ken1	ken3	ken3
荥经	zen4 zen2 旧	ken4	ken1	ken1	ken1	ken1	ken3	ken3
汉源	zen4 zen1 旧	ken4	ken1	ken1	ken1	ken1	ken3	ken3
石棉	zen4 zen1 旧	ken1	ken1	ken1	ken1	ken1	ken3	ken3
内江	zฺən2	kən4	kən1	kən1	kən1	kən1	kən3	kən3
威远	zฺən2	kən4	kən1	kən1	kən1	kən1	kən3	kən3
荣县	zən2	kən4	kən1	kən1	kən1	kən1	kən3	kən3
自贡	zฺən2	kən4	kən1	kən1	kən1	kən1	kən4	kən3
富顺	zฺən2	kən4	kən1	kən1	kən1	kən1	kən4	kən3
隆昌	zฺən2	kən4	kən1	kən1	kən1	kən1	kən4	kən3
泸县	zen4 zen2 旧	ken4	ken1	ken1	ken1	ken1	ken3	ken3
泸州	zen4 zen2 旧	ken4	ken1	ken1	ken1	ken1	ken3	ken3
南溪	zen4 zen2 旧	ken4	ken1	ken1	ken1	ken1	ken3	ken3
合江	zen3 zen2 旧	ken1	ken1	ken1	ken1	ken1	ken4	ken3

字目	更更加	坑	恒	衡	横横竖	横蛮横	冰	兵
反切	古孟	客庚	胡登	户庚	户盲	户孟	笔陵	甫明
声韵调	梗开二 见庚去	梗开二 溪庚平	曾开一 匣登平	梗开二 匣庚平	梗合二 匣庚平	梗合二 匣庚去	曾开三 帮蒸平	梗开三 帮庚平
中古音	kɣæŋ-	khɣæŋ	ɦəŋ	ɦɣæŋ	ɦwɣæŋ	ɦwɣæŋ-	pɨŋ	pɣiæŋ
成都	ken4	khen1	xen2	xen2	xen2 文① xuən2 白	xen2 文① xuən2 白	pin1	pin1
彭州	ken4	khen1	xen2	xen2	xen2 文① xuən2 白	xen2 文① xuən2 白	pin1	pin1
郫县	kən4	khən1	xən2	xən2	xən2 文① xuən2 白	xən2 文① xuən2 白	pin1	pin1
广汉	ken4	khen1	xen2	xen2	xen2 文① xuen2 白	xen2 文① xuen2 白	pin1	pin1
都江堰河东	ken4	khen1	xen2	xen2	xen2 文① xuen2 白	xen2 文① xuən2 白	pin1	pin1
都江堰河西	ken4	khen1	xen2	xen2	xen2 文① xuən2 白	xen2 文① xuən2 白	pin1	pin1
崇州	ken4	khen1	xen2	xen2	xen2 文① xuən2 白	xen2 文① xuən2 白	pin1	pin1
大邑	ken4	khen1	xen2	xen2	xen2 文① xuən2 白	xen2 文① xuən2 白	pin1	pin1
邛崃	ken4	khen1	xen2	xen2	xen2 文① xuən2 白	xen2 文① xuən2 白	pin1	pin1
新津	ken4	khen1	xen2	xen2	xen2 文① xuən2 白	xen2 文① xuən2 白	pin1	pin1
蒲江	ken4	khen1	xen2	xen2	xen2 文① xuən2 白	xen2 文① xuən2 白	pin1	pin1
彭山	kən4	khən1	xən2	xən2	xən2 文① xuən2 白	xən2 文① xuən2 白	pin1	pin1
眉山	ken4	khen1	xen2	xen2	xen2 文① xuən2 白	xen2 文① xuən2 白	pin1	pin1
丹棱	kən4	khən1	xən2	xən2	xən2 文① xuən2 白	xən2 文① xuən2 白	pin1	pin1
洪雅	kən4	khən1	xən2	xən2	xən2 文① xuən2 白	xən2 文① xuən2 白	pin1	pin1
青神	ken4	khen1	xen2	xen2	xen2 文① xuən2 白	xen2 文① xuən2 白	pin1	pin1
夹江	kin4	khin1	xen2	xen2	xen2 文① xuən2 白	xuən4	pin1	pin1
峨眉山	ken4	khen1	xen2	xen2	xen2 文① xuən2 白	xuən4	pin1	pin1
乐山	ken4	khen1	xen2	xen2	xen2 文① xuən2 白	xuən4	pin1	pin1
犍为	ken4	khen1	xen2	xen2	xen2 文① xuən2 白	xuən4	pin1	pin1

① 又音 xuan2 口。

字目	更更加	坑	恒	衡	横横竖	横蛮横	冰	兵
反切	古孟	客庚	胡登	户庚	户盲	户孟	笔陵	甫明
声韵调	梗开二 见庚去	梗开二 溪庚平	曾开一 匣登平	梗开二 匣庚平	梗合二 匣庚平	梗合二 匣庚去	曾开三 帮蒸平	梗开三 帮庚平
中古音	kɣæŋ-	khɣæŋ	ɦəŋ	ɦɣæŋ	ɦwɣæŋ	ɦwɣæŋ-	pɨŋ	pɣiæŋ
沐川	ken4	khen1	xen2	xen2	xen2 文① xuən2 白	xen2 文① xuən2 白	pin1	pin1
峨边	ken4	khen1	xen2	xen2	xen2 文① xuən2 白	xen2 文① xuən2 白	pin1	pin1
雅安	ken4	khen1	xen2	xen2	xuən2	xuən2	pin1	pin1
名山	ken4	khen1	xen2	xen2	xen2 文 xuen2 白	xen2 文① xuen2 白	pin1	pin1
天全	ken4	khen1	xen2	xen2	xen2 文 xuen2 白	xen2 文① xuen2 白	pin1	pin1
芦山	ken4	khen1	xen2	xen2	xuən2 xuan2 口	xuan2	pin1	pin1
宝兴	ken4	khen1	xen2	xen2	xuən2 xuan2 口	xuan2	pin1	pin1
荥经	ken4	khen1	xen2	xen2	xen2 文① xuən2 白	xen2 文① xuan2 白	pin1	pin1
汉源	ken4	khen1	xen2	xen2	xen2 文 xuen2 白	xen2 文① xuen2 白	pin1	pin1
石棉	ken4	khen1	xen2	xen2	xen2 文 xuen2 白	xen2 文① xuen2 白	pin1	pin1
内江	kən4	khən1	xən2	xən2	xən2 文① xuən2 白	xən2 文① xuən2 白	pin1	pin1
威远	kən4	khən1	xən2	xən2	xən2 文① xuən2 白	xən2 文① xuən2 白	pin1	pin1
荣县	kən4	khən1	xən2	xən2	xən2 文① xuən2 白	xən2 文① xuən2 白	pin1	pin1
自贡	kən4	khən1	xən2	xən2	xuən2 xuan2 口	xuən2 xuan2 口	pin1	pin1
富顺	kən4	khən1	xən2	xən2	xuən2 xuan2 口	xuən2 xuan2 口	pin1	pin1
隆昌	kən4	khən1	xən2	xən2	xuən2 xuan2 口	xuən2 xuan2 口	pin1	pin1
泸县	ken4	khen1	xen2	xen2	xen2 文① xuən2 白	xen2 文① xuən2 白	pin1	pin1
泸州	ken4	khen1	xen2	xen2	xen2 文① xuən2 白	xen2 文① xuən2 白	pin1	pin1
南溪	ken4	khen1	xen2	xen2	xen2 文① xuən2 白	xen2 文① xuən2 白	pin1	pin1
合江	ken4	khen1	xen2	xen2	xen2 文① xuən2 白	xen2 文① xuən2 白	pin1	pin1

① 又音 xuan2 口。

字目	禀	秉	丙	饼	柄[①]	病	并合并	并并且
反切	笔锦	兵永	兵永	必郢	陂病	皮命	畀政	蒲迥
声韵调	深开三B 帮侵上	梗开三 帮庚上	梗开三 帮庚上	梗开三 帮清上	梗开三 帮庚去	梗开三 並庚去	梗开三 帮清去	梗开四 並青上
中古音	pɣiɪm:	pɣiæŋ:	pɣiæŋ:	piɛŋ:	pɣiæŋ-	bɣiæŋ-	piɛŋ-	beŋ:
成都	pin3	pin3	pin3	pin3	pin3	pin4	pin4	pin4
彭州	pin3	pin3	pin3	pin3	pin3	pin4	pin4	pin4
郫县	pin3	pin3	pin3	pin3	pin3	pin4	pin4	pin4
广汉	pin3	pin3	pin3	pin3	pin3	pin4	pin4	pin4
都江堰河东	pin3	pin3	pin3	pin3	pin3	pin4	pin4	pin4
都江堰河西	pin3	pin3	pin3	pin3	pin3	pin4	pin4	pin4
崇州	pin3	pin3	pin3	pin3	pin3	pin4	pin4	pin4
大邑	pin3	pin3	pin3	pin3	pin3	pin4	pin4	pin4
邛崃	pin3	pin3	pin3	pin3	pin3	pin4	pin4	pin4
新津	pin3	pin3	pin3	pin3	pin3	pin4	pin4	pin4
蒲江	pin3	pin3	pin3	pin3	pin3	pin4	pin4	pin4
彭山	pin3	pin3	pin3	pin3	pin3	pin4	pin4	pin4
眉山	pin3	pin3	pin3	pin3	pin3	pin4	pin4	pin4
丹棱	pin3	pin3	pin3	pin3	pin3	pin4	pin4	pin4
洪雅	pin3	pin3	pin3	pin3	pin3	pin4	pin4	pin4
青神	pin3	pin3	pin3	pin3	pin3	pin4	pin4	pin4
夹江	pin3	pin3	pin3	pin3	pin3	pin4	pin4	pin4
峨眉山	pin3	pin3	pin3	pin3	pin3	pin4	pin4	pin4
乐山	pin3	pin3	pin3	pin3	pin3	pin4	pin4	pin4
犍为	pin3	pin3	pin3	pin3	pin3	pin4	pin4	pin4

① 又*补永切，梗开三帮庚上。

字目	禀	秉	丙	饼	柄[①]	病	并合并	并并且
反切	笔锦	兵永	兵永	必郢	陂病	皮命	畀政	蒲迥
声韵调	深开三 B 帮侵上	梗开三 帮庚上	梗开三 帮庚上	梗开三 帮清上	梗开三 帮庚去	梗开三 並庚去	梗开三 帮清去	梗开四 並青上
中古音	pɣiɪm:	pɣiæŋ:	pɣiæŋ:	piᴇŋ:	pɣiæŋ-	bɣiæŋ-	piᴇŋ-	beŋ:
沐川	pin3	pin3	pin3	pin3	pin3	pin4	pin4	pin4
峨边	pin3	pin3	pin3	pin3	pin3	pin4	pin4	pin4
雅安	pin3	pin3	pin3	pin3	pin3	pin4	pin4	pin4
名山	pin3	pin3	pin3	pin3	pin3	pin4	pin4	pin4
天全	pin3	pin3	pin3	pin3	pin3	pin4	pin4	pin4
芦山	pin3	pin3	pin3	pin3	pin3	pin4	pin4	pin4
宝兴	pin3	pin3	pin3	pin3	pin3	pin4	pin4	pin4
荥经	pin3	pin3	pin3	pin3	pin3	pin4	pin4	pin4
汉源	pin3	pin3	pin3	pin3	pin3	pin4	pin4	pin4
石棉	pin3	pin3	pin3	pin3	pin3	pin4	pin4	pin4
内江	pin3	pin3	pin3	pin3	pin3	pin4	pin4	pin4
威远	pin3	pin3	pin3	pin3	pin3	pin4	pin4	pin4
荣县	pin3	pin3	pin3	pin3	pin3	pin4	pin4	pin4
自贡	pin3	pin3	pin3	pin3	pin3	pin4	pin4	pin4
富顺	pin3	pin3	pin3	pin3	pin3	pin4	pin4	pin4
隆昌	pin3	pin3	pin3	pin3	pin3	pin4	pin4	pin4
泸县	pin3	pin3	pin3	pin3	pin3	pin4	pin4	pin4
泸州	pin3	pin3	pin3	pin3	pin3	pin4	pin4	pin4
南溪	pin3	pin3	pin3	pin3	pin3	pin4	pin4	pin4
合江	pin3	pin3	pin3	pin3	pin3	pin4	pin4	pin4

① 又*补永切，梗开三帮庚上。

字目	凭文凭	凭凭靠	平	坪	评	瓶	屏屏风	萍
反切	扶冰	扶冰	符兵	符兵	符兵	薄经	薄经	薄经
声韵调	曾开三 並蒸平	曾开三 並蒸平	梗开三 並庚平	梗开三 並庚平	梗开三 並庚平	梗开四 並青平	梗开四 並青平	梗开四 並青平
中古音	bɨŋ	bɨŋ	bɣiæŋ	bɣiæŋ	bɣiæŋ	beŋ	beŋ	beŋ
成都	phin2	phin2 phen1 口	phin2	phin2	phin2	phin2	phin2	phin2
彭州	phin2	phin2 phen1 口	phin2	phin2	phin2	phin2	phin2	phin2
郫县	phin2	phin2 phen1 口	phin2	phin2	phin2	phin2	phin2	phin2
广汉	phin2	phin2 phen1 口	phin2	phin2	phin2	phin2	phin2	phin2
都江堰河东	phin2	phin2 phen1 口	phin2	phin2	phin2	phin2	phin2	phin2
都江堰河西	phin2	phin2 phen1 口	phin2	phin2	phin2	phin2	phin2	phin2
崇州	phin2	phin2 phen1 口	phin2	phin2	phin2	phin2	phin2	phin2
大邑	phin2	phin2 phen1 口	phin2	phin2	phin2	phin2	phin2	phin2
邛崃	phin2	phin2 phen1 口	phin2	phin2	phin2	phin2	phin2	phin2
新津	phin2	phin2 phen1 口	phin2	phin2	phin2	phin2	phin2	phin2
蒲江	phin2	phin2 phen1 口	phin2	phin2	phin2	phin2	phin2	phin2
彭山	phin2	phin2 phən1 口	phin2	phin2	phin2	phin2	phin2	phin2
眉山	phin2	phin2 phen1 口	phin2	phin2	phin2	phin2	phin2	phin2
丹棱	phin2	phin2 phən1 口	phin2	phin2	phin2	phin2	phin2	phin2
洪雅	phin2	phin2 phən1 口	phin2	phin2	phin2	phin2	phin2	phin2
青神	phin2	phin2 phen1 口	phin2	phin2	phin2	phin2	phin2	phin2
夹江	phin2	phin2 phen1 口	phin2	phin2	phin2	phin2	phin2	phin2
峨眉山	phin2	phin2 phen1 口	phin2	phin2	phin2	phin2	phin2	phin2
乐山	phin2	phin2 phen1 口	phin2	phin2	phin2	phin2	phin2	phin2
犍为	phin2	phin2 phen1 口	phin2	phin2	phin2	phin2	phin2	phin2

字目	凭文凭	凭凭靠	平	坪	评	瓶	屏屏风	萍
反切	扶冰	扶冰	符兵	符兵	符兵	薄经	薄经	薄经
声韵调	曾开三 並蒸平	曾开三 並蒸平	梗开三 並庚平	梗开三 並庚平	梗开三 並庚平	梗开四 並青平	梗开四 並青平	梗开四 並青平
中古音	bɨŋ	bɨŋ	bɣiæŋ	bɣiæŋ	bɣiæŋ	beŋ	beŋ	beŋ
沐川	phin2	phin2 phen1 口	phin2	phin2	phin2	phin2	phin2	phin2
峨边	phin2	phin2 phen1 口	phin2	phin2	phin2	phin2	phin2	phin2
雅安	phin2	phin2 phen1 口	phin2	phin2	phin2	phin2	phin2	phin2
名山	phin2	phin2 pen1 口	phin2	phin2	phin2	phin2	phin2	phin2
天全	phin2	phin2 pen1 口	phin2	phin2	phin2	phin2	phin2	phin2
芦山	phin2	phin2 phen1 口	phin2	phin2	phin2	phin2	phin2	phin2
宝兴	phin2	phin2 phen1 口	phin2	phin2	phin2	phin2	phin2	phin2
荥经	phin2	phin2 phen1 口	phin2	phin2	phin2	phin2	phin2	phin2
汉源	phin2	phin2 pen1 口	phin2	phin2	phin2	phin2	phin2	phin2
石棉	phin2	phin2 pen1 口	phin2	phin2	phin2	phin2	phin2	phin2
内江	phin2	phin2 phən1 口	phin2	phin2	phin2	phin2	phin2	phin2
威远	phin2	phin2 phən1 口	phin2	phin2	phin2	phin2	phin2	phin2
荣县	phin2	phin2 phən1 口	phin2	phin2	phin2	phin2	phin2	phin2
自贡	phin2	phin2 phən1 口	phin2	phin2	phin2	phin2	phin2	phin2
富顺	phin2	phin2 phən1 口	phin2	phin2	phin2	phin2	phin2	phin2
隆昌	phin2	phin2 phən1 口	phin2	phin2	phin2	phin2	phin2	phin2
泸县	phin2	phin2 phen1 口	phin2	phin2	phin2	phin2	phin2	phin2
泸州	phin2	phin2 phen1 口	phin2	phin2	phin2	phin2	phin2	phin2
南溪	phin2	phin2 phen1 口	phin2	phin2	phin2	phin2	phin2	phin2
合江	phin2	phin2 phen1 口	phin2	phin2	phin2	phin2	phin2	phin2

字目	明	鸣	名	铭	冥	命	丁	钉钉子
反切	武兵	武兵	武并	莫经	莫经	眉病	当经	当经
声韵调	梗开三 明庚平	梗开三 明庚平	梗开三 明清平	梗开四 明青平	梗开四 明青平	梗开三 明庚去	梗开四 端青平	梗开四 端青平
中古音	mɣiæŋ	mɣiæŋ	miɛŋ	meŋ	meŋ	mɣiæŋ-	teŋ	teŋ
成都	min2	min2	min2	min2	min2	min4	tin1	tin1
彭州	min2	min2	min2	min2	min2	min4	tin1	tin1
郫县	min2	min2	min2	min2	min2	min4	tin1	tin1
广汉	min2	min2	min2	min2	min2	min4	tin1	tin1
都江堰河东	min2	min2	min2	min2	min2	min4	tin1	tin1
都江堰河西	min2	min2	min2	min2	min2	min4	tin1	tin1
崇州	min2	min2	min2	min2	min2	min4	tin1	tin1
大邑	min2	min2	min2	min2	min2	min4	tin1	tin1
邛崃	min2	min2	min2	min2	min2	min4	tin1	tin1
新津	min2	min2	min2	min2	min2	min4	tin1	tin1
蒲江	min2	min2	min2	min2	min2	min4	tin1	tin1
彭山	min2	min2	min2	min2	min2	min4	tin1	tin1
眉山	min2	min2	min2	min2	min2	min4	tin1	tin1
丹棱	min2	min2	min2	min2	min2	min4	tin1	tin1
洪雅	min2	min2	min2	min2	min2	min4	tin1	tin1
青神	min2	min2	min2	min2	min2	min4	tin1	tin1
夹江	min2	min2	min2	min2	min2	min4	tin1	tin1
峨眉山	min2	min2	min2	min2	min2	min4	tin1	tin1
乐山	min2	min2	min2	min2	min2	min4	tin1	tin1
犍为	min2	min2	min2	min2	min2	min4	tin1	tin1

字目	明	鸣	名	铭	冥	命	丁	钉钉子
反切	武兵	武兵	武并	莫经	莫经	眉病	当经	当经
声韵调	梗开三 明庚平	梗开三 明庚平	梗开三 明清平	梗开四 明青平	梗开四 明青平	梗开三 明庚去	梗开四 端青平	梗开四 端青平
中古音	mɣiæŋ	mɣiæŋ	miɛŋ	meŋ	meŋ	mɣiæŋ-	teŋ	teŋ
沐川	min2	min2	min2	min2	min2	min4	tin1	tin1
峨边	min2	min2	min2	min2	min2	min4	tin1	tin1
雅安	min2	min2	min2	min2	min2	min4	tin1	tin1
名山	min2	min2	min2	min2	min2	min4	tin1	tin1
天全	min2	min2	min2	min2	min2	min4	tɕin1	tɕin1
芦山	min2	min2	min2	min2	min2	min4	tɕin1	tɕin1
宝兴	min2	min2	min2	min2	min2	min4	tɕin1	tɕin1
荥经	min2	min2	min2	min2	min2	min4	tin1	tin1
汉源	min2	min2	min2	min2	min2	min4	tin1	tin1
石棉	min2	min2	min2	min2	min2	min4	tin1	tin1
内江	min2	min2	min2	min2	min2	min4	tin1	tin1
威远	min2	min2	min2	min2	min2	min4	tin1	tin1
荣县	min2	min2	min2	min2	min2	min4	tin1	tin1
自贡	min2	min2	min2	min2	min2	min4	tin1	tin1
富顺	min2	min2	min2	min2	min2	min4	tin1	tin1
隆昌	min2	min2	min2	min2	min2	min4	tin1	tin1
泸县	min2	min2	min2	min2	min2	min4	tin1	tin1
泸州	min2	min2	min2	min2	min2	min4	tin1	tin1
南溪	min2	min2	min2	min2	min2	min4	tin1	tin1
合江	min2	min2	min2	min2	min2	min4	tin1	tin1

字目	顶	鼎	钉装钉	订	锭	定	听听见	厅
反切	都挺	都挺	丁定	丁定	徒鼎	徒径	他丁	他丁
声韵调	梗开四 端青上	梗开四 端青上	梗开四 端青去	梗开四 端青去	梗开四 定青上	梗开四 定青去	梗开四 透青平	梗开四 透青平
中古音	teŋ:	teŋ:	teŋ-	teŋ-	deŋ:	deŋ-	theŋ	theŋ
成都	tin3	tin3	tin4	tin4	tin4	tin4	thin1	thin1
彭州	tin3	tin3	tin4	tin4	tin4	tin4	thin1	thin1
郫县	tin3	tin3	tin4	tin4	tin4	tin4	thin1	thin1
广汉	tin3	tin3	tin4	tin4	tin4	tin4	thin1	thin1
都江堰河东	tin3	tin3	tin4	tin4	tin4	tin4	thin1	thin1
都江堰河西	tin3	tin3	tin4	tin4	tin4	tin4	thin1	thin1
崇州	tin3	tin3	tin4	tin4	tin4	tin4	thin1	thin1
大邑	tin3	tin3	tin4	tin4	tin4	tin4	thin1	thin1
邛崃	tin3	tin3	tin4	tin4	tin4	tin4	thin1	thin1
新津	tin3	tin3	tin4	tin4	tin4	tin4	thin1	thin1
蒲江	tin3	tin3	tin4	tin4	tin4	tin4	thin1	thin1
彭山	tin3	tin3	tin4	tin4	tin4	tin4	thin1	thin1
眉山	tin3	tin3	tin4	tin4	tin4	tin4	thin1	thin1
丹棱	tin3	tin3	tin4	tin4	tin4	tin4	thin1	thin1
洪雅	tin3	tin3	tin4	tin4	tin4	tin4	thin1	thin1
青神	tin3	tin3	tin4	tin4	tin4	tin4	thin1	thin1
夹江	tin3	tin3	tin4	tin4	tin4	tin4	thin1 thin4	thin1
峨眉山	tin3	tin3	tin4	tin4	tin4	tin4	thin1 thin4	thin1
乐山	tin3	tin3	tin4	tin4	tin4	tin4	thin1 thin4	thin1
犍为	tin3	tin3	tin4	tin4	tin4	tin4	thin1 thin4	thin1

字目	顶	鼎	钉装钉	订	锭	定	听听见	厅
反切	都挺	都挺	丁定	丁定	徒鼎	徒径	他丁	他丁
声韵调	梗开四 端青上	梗开四 端青上	梗开四 端青去	梗开四 端青去	梗开四 定青上	梗开四 定青去	梗开四 透青平	梗开四 透青平
中古音	teŋ:	teŋ:	teŋ-	teŋ-	deŋ:	deŋ-	theŋ	theŋ
沐川	tin3	tin3	tin4	tin4	tin4	tin4	thin1	thin1
峨边	tin3	tin3	tin4	tin4	tin4	tin4	thin1	thin1
雅安	tin3	tin3	tin4	tin4	tin4	tin4	thin1	thin1
名山	tin3	tin3	tin4	tin4	tin4	tin4	thin1	thin1
天全	tɕin3	tɕin3	tɕin4	tɕin4	tɕin4	tɕin4	tɕhin1	tɕhin1
芦山	tɕin3	tɕin3	tɕin4	tɕin4	tɕin4	tɕin4	tɕhin1	tɕhin1
宝兴	tɕin3	tɕin3	tɕin4	tɕin4	tin4	tɕin4	tɕhin1	tɕhin1
荥经	tin3	tin3	tin4	tin4	tin4	tin4	thin1	thin1
汉源	tin3	tin3	tin4	tin4	tin4	tin4	thin1	thin1
石棉	tin3	tin3	tin4	tin4	tin4	tin4	thin1	thin1
内江	tin3	tin3	tin4	tin4	tin4	tin4	thin1	thin1
威远	tin3	tin3	tin4	tin4	tin4	tin4	thin1	thin1
荣县	tin3	tin3	tin4	tin4	tin4	tin4	thin1	thin1
自贡	tin3	tin3	tin4	tin4	tin4	tin4	thin1	thin1
富顺	tin3	tin3	tin4	tin4	tin4	tin4	thin1	thin1
隆昌	tin3	tin3	tin4	tin4	tin4	tin4	thin1	thin1
泸县	tin3	tin3	tin4	tin4	tin4	tin4	thin4	thin1
泸州	tin3	tin3	tin4	tin4	tin4	tin4	thin4	thin1
南溪	tin3	tin3	tin4	tin4	tin4	tin4	thin1	thin1
合江	tin3	tin3	tin4	tin4	tin4	tin4	thin1	thin1

字目	汀	亭	停停止	廷	庭	艇	挺	听听从
反切	他丁	特丁	特丁	特丁	特丁	徒鼎	徒鼎	他定
声韵调	梗开四 透青平	梗开四 定青平	梗开四 定青平	梗开四 定青平	梗开四 定青平	梗开四 定青上	梗开四 定青上	梗开四 透青去
中古音	theŋ	deŋ	deŋ	deŋ	deŋ	deŋ:	deŋ:	theŋ-
成都	thin1	thin2	thin2	thin2	thin2	thin3	thin3	thin1 thin4
彭州	thin1	thin2	thin2	thin2	thin2	thin3	thin3	thin4 thin1
郫县	thin1	thin2	thin2	thin2	thin2	thin3	thin3	thin1 thin4
广汉	thin1	thin2	thin2	thin2	thin2	thin3	thin3	thin1 thin4
都江堰河东	thin1	thin2	thin2	thin2	thin2	thin3	thin3	thin4 thin1
都江堰河西	thin1	thin2	thin2	thin2	thin2	thin3	thin3	thin1 thin4
崇州	thin1	thin2	thin2	thin2	thin2	thin3	thin3	thin4 thin1
大邑	thin1	thin2	thin2	thin2	thin2	thin3	thin3	thin4 thin1
邛崃	thin1	thin2	thin2	thin2	thin2	thin3	thin3	thin4 thin1
新津	thin1	thin2	thin2	thin2	thin2	thin3	thin3	thin4 thin1
蒲江	thin1	thin2	thin2	thin2	thin2	thin3	thin3	thin4 thin1
彭山	thin1	thin2	thin2	thin2	thin2	thin3	thin3	thin4 thin1
眉山	thin1	thin2	thin2	thin2	thin2	thin3	thin3	thin4 thin1
丹棱	thin1	thin2	thin2	thin2	thin2	thin3	thin3	thin4 thin1
洪雅	thin1	thin2	thin2	thin2	thin2	thin3	thin3	thin4 thin1
青神	thin1	thin2	thin2	thin2	thin2	thin3	thin3	thin4 thin1
夹江	thin1	thin2	thin2	thin2	thin2	thin3	thin3	thin4
峨眉山	thin1	thin2	thin2	thin2	thin2	thin3	thin3	thin4
乐山	thin1	thin2	thin2	thin2	thin2	thin3	thin3	thin4
犍为	thin1	thin2	thin2	thin2	thin2	thin3	thin3	thin4

字目	汀	亭	停停止	廷	庭	艇	挺	听听从
反切	他丁	特丁	特丁	特丁	特丁	徒鼎	徒鼎	他定
声韵调	梗开四 透青平	梗开四 定青平	梗开四 定青平	梗开四 定青平	梗开四 定青平	梗开四 定青上	梗开四 定青上	梗开四 透青去
中古音	theŋ	deŋ	deŋ	deŋ	deŋ	deŋ:	deŋ:	theŋ-
沐川	thin1	thin2	thin2	thin2	thin2	thin3	thin3	thin4 thin1
峨边	thin1	tɕhin2	tɕhin2	tɕhin2	tɕhin2	tɕhin3	tɕhin3	thin4
雅安	thin1	thin2	thin2	thin2	thin2	thin3	thin3	thin4
名山	thin1	thin2	thin2	thin2	thin2	thin2	thin3	thin4
天全	tɕhin1	tɕhin2	tɕhin2	tɕhin2	tɕhin2	tɕhin3	tɕhin3	tɕhin4
芦山	tɕhin1	tɕhin2	tɕhin2	tɕhin2	tɕhin2	tɕhin3	tɕhin3	tɕhin4
宝兴	tɕhin1	tɕhin2	tɕhin2	thin2	tɕhin2	tɕhin3	tɕhin3	tɕhin4
荥经	thin1	thin2	thin2	thin2	thin2	thin3	thin3	thin4 thin1
汉源	thin1	thin2	thin2	thin2	thin2	thin3	thin3	thin4
石棉	thin1	thin2	thin2	thin2	thin2	thin3	thin3	thin4
内江	thin1	thin2	thin2	thin2	thin2	thin3	thin3	thin4 thin1
威远	thin1	thin2	thin2	thin2	thin2	thin3	thin3	thin4 thin1
荣县	thin1	thin2	thin2	thin2	thin2	thin3	thin3	thin4 thin1
自贡	thin1	thin2	thin2	thin2	thin2	thin3	thin3	thin4
富顺	thin1	thin2	thin2	thin2	thin2	thin3	thin3	thin4
隆昌	thin1	thin2	thin2	thin2	thin2	thin3	thin3	thin4
泸县	thin1	thin2	thin2	thin2	thin2	thin3	thin3	thin4 thin1
泸州	thin1	thin2	thin2	thin2	thin2	thin3	thin3	thin4 thin1
南溪	thin1	thin2	thin2	thin2	thin2	thin3	thin3	thin4 thin1
合江	thin1	thin2	thin2	thin2	thin2	thin3	thin3	thin4 thin1

字目	凝①	宁安宁	宁宁可	陵	凌②	菱	灵	铃
反切	鱼陵	奴丁	乃定	力膺	力膺	力膺	郎丁	郎丁
声韵调	曾开三 疑蒸平	梗开四 泥青平	梗开四 泥青去	曾开三 来蒸平	曾开三 来蒸平	曾开三 来蒸平	梗开四 来青平	梗开四 来青平
中古音	ŋɨŋ	neŋ	neŋ-	lɨŋ	lɨŋ	lɨŋ	leŋ	leŋ
成都	ȵin2 nin4 口	nin2	nin2	nin2	nin2 nin4 口	nin2	nin2	nin2
彭州	ȵin2 nin4 口	nin2	nin2	nin2	nin2 nin4 口	nin2	nin2	nin2
郫县	ȵin2 lin4 口	lin2	lin2	lin2	lin2 lin4 口	lin2	lin2	lin2
广汉	ȵin2 lin4 口	lin2	lin2	lin2	lin2	lin2	lin2	lin2
都江堰河东	ȵin2 nin4 口	nin2	nin2	nin2	nin2 nin4 口	nin2	nin2	nin2
都江堰河西	ȵin2 nin4 口	nin2	nin2	nin2	nin2 nin4 口	nin2	nin2	nin2
崇州	ȵin2 nin4 口	nin2	nin2	nin2	nin2 nin4 口	nin2	nin2	nin2
大邑	ȵin2 nin4 口	nin2	nin2	nin2	nin4 nin2 新	nin2	nin2	nin2
邛崃	ȵin2 nin4 口	nin2	nin2	nin2	nin4 口 nin2	nin2	nin2	nin2
新津	ȵin2 nin4 口	nin2	nin2	nin2	nin4 nin2	nin2	nin2	nin2
蒲江	ȵin2 lin4 口	lin2	lin2	lin2	lin4 lin2 新	lin2	lin2	lin2
彭山	nin2	nin2	nin2	nin2	nin2 nin4 口	nin2	nin2	nin2
眉山	nin2	ȵin2	ȵin2	nin2	nin2	nin2	nin2	nin2
丹棱	nin2	nin2	nin2	nin2	nin2	nin2	nin2	nin2
洪雅	ȵin2 nin4 口	nin2	nin2	nin2	nin2 nin4 口	nin2	nin2	nin2
青神	lin2	lin2	lin2	lin2	lin2	lin2	lin2	lin2
夹江	nin2 nin4 口	nin2	nin4	nin2	nin2	nin2	nin2	nin2
峨眉山	nin2 nin4 口	nin2	nin4	nin2	nin2	nin2	nin2	nin2
乐山	lin2 lin4 口	lin2	lin4	lin2	lin2	lin2	lin2	lin2
犍为	lin2 lin4 口	lin2	lin4	lin2	lin2	lin2	lin2	lin2

① 又牛餕切，曾开三疑蒸去。 ② 又*里孕切，曾开三来证去。

字目	凝[①]	宁安宁	宁宁可	陵	凌[②]	菱	灵	铃
反切	鱼陵	奴丁	乃定	力膺	力膺	力膺	郎丁	郎丁
声韵调	曾开三 疑蒸平	梗开四 泥青平	梗开四 泥青去	曾开三 来蒸平	曾开三 来蒸平	曾开三 来蒸平	梗开四 来青平	梗开四 来青平
中古音	ŋiŋ	neŋ	neŋ-	liŋ	liŋ	liŋ	leŋ	leŋ
沐川	ȵin2 lin4 口	lin2	lin2	lin2	lin2 lin4 口	lin2	lin2	lin2
峨边	lin2 lin4	lin2	lin2	lin2	lin2 lin4	lin2	lin2	lin2
雅安	ȵin2 nin4 口	nin2	nin2	nin2	nin2	nin2	nin2	nin2
名山	lin2 lin4 口	lin2	lin2	lin2	lin2	lin2	lin2	lin2
天全	ȵin2 ȵin4 口	lin2	lin2	lin2	lin2	lin2	lin2	lin2
芦山	ȵin2 nin4 口	nin2	nin2	nin2	nin2	nin2	nin2	nin2
宝兴	ȵin2 nin4 口	nin2	nin2	nin2	nin2	nin2	nin2	nin2
荥经	ȵin2 lin4 口	lin2	lin2	lin2	lin2 lin4 口	lin2	lin2	lin2
汉源	nin2 nin4 口	nin2	nin2	nin2	nin2	nin2	nin2	nin2
石棉	ȵin2 ȵin4 口	lin2	lin2	lin2	lin2	lin2	lin2	lin2
内江	ȵin2	nin2	nin2	nin2	nin2	nin2	nin2	nin2
威远	ȵin2	nin2	nin2	nin2	nin2	nin2	nin2	nin2
荣县	ȵin2	nin2	nin2	nin2	nin2	nən2 nin2	nin2	nin2
自贡	ȵin2 nin4 口	lin2	lin2	lin2	lin2	lin2	lin2	lin2
富顺	ȵin2 nin4 口	lin2	lin2	lin2	lin2	lin2	lin2	lin2
隆昌	ȵin2 nin4 口	lin2	lin2	lin2	lin2	lin2	lin2	lin2
泸县	lin2 lin4 口	lin2	lin2	lin2	lin2 lin4 口	lin2	lin2	lin2
泸州	ȵin2 ȵin4 口	lin2	lin2	lin2	lin2 lin4 口	lin2	lin2	lin2
南溪	ȵin2 ȵin4 口	lin2	lin2	lin2	lin2 lin4 口	lin2	lin2	lin2
合江	ȵin2 lin4 口	lin2	lin2	lin2	lin2 lin4 口	lin2	lin2	lin2

① 又牛餧切，曾开三疑蒸去。 ② 又*里孕切，曾开三来证去。

字目	零	领	岭	令	另	粳	茎	京
反切	郎丁	良郢	良郢	力政		古行	户耕	举卿
声韵调	梗开四 来青平	梗开三 来清上	梗开三 来清上	梗开三 来清去	梗开四 来青去	梗开二 见庚平	梗开二 匣耕平	梗开三 见庚平
中古音	leŋ	liɛŋ:	liɛŋ:	liɛŋ-	leŋ-	kɣæŋ	ɦiɣɛŋ	kɣiæŋ
成都	nin2	nin3	nin3	nin4	nin4	ken3	tɕin4 xen2 旧	tɕin1
彭州	nin2	nin3	nin3	nin4	nin4	ken3	tɕin1 xen2 旧	tɕin1
郫县	lin2	lin3	lin3	lin4	lin4	kən3	xən2 tɕin4 新	tɕin1
广汉	lin2	lin3	lin3	lin4	lin4	ken3	xen2	tɕin1
都江堰河东	nin2	nin3	nin3	nin4	nin4	ken3	tɕin4 xen2 旧	tɕin1
都江堰河西	nin2	nin3	nin3	nin4	nin4	ken3	tɕin4 xen2 旧	tɕin1
崇州	nin2	nin3	nin3	nin4	nin4	ken3	tɕin4 xen2 旧	tɕin1
大邑	nin2	nin3	nin3	nin4	nin4	ken3	xen2 tɕin4 新	tɕin1
邛崃	nin2	nin3	nin3	nin4	nin4	ken3	tɕin4 xen2 旧	tɕin1
新津	nin2	nin3	nin3	nin4	nin4	ken3	tɕin4 xen2 旧	tɕin1
蒲江	lin2	lin3	lin3	lin4	lin4	ken3	xen2 tɕin4 新	tɕin1
彭山	nin2	nin3	nin3	nin4	nin4	kən3	tɕin1 xən2 旧	tɕin1
眉山	nin2	nin3	nin3	nin4	nin4	ken3	tɕin1 xen2 旧	tɕin1
丹棱	nin2	nin3	nin3	nin4	nin4	kən3	tɕin1 xən2 旧	tɕin1
洪雅	nin2	nin3	nin3	nin4	nin4	kən3	tɕin1 xən2 旧	tɕin1
青神	lin2	lin3	lin3	lin4	lin4	ken3	tɕin1 xen2 旧	tɕin1
夹江	nin2	nin3	nin3	nin4	nin4	tɕin1	tɕin1 xen2 旧	tɕin1
峨眉山	nin2	nin3	nin3	nin4	nin4	tɕin1	tɕin1 xen2 旧	tɕin1
乐山	lin2	lin3	lin3	lin4	lin4	tɕin1	tɕin1 xen2 旧	tɕin1
犍为	lin2	lin3	lin3	lin4	lin4	tɕin1	tɕin1 xen2 旧	tɕin1

字目	零	领	岭	令	另	粳	茎	京
反切	郎丁	良郢	良郢	力政		古行	户耕	举卿
声韵调	梗开四 来青平	梗开三 来清上	梗开三 来清上	梗开三 来清去	梗开四 来青去	梗开二 见庚平	梗开二 匣耕平	梗开三 见庚平
中古音	leŋ	liᴇŋ:	liᴇŋ:	liᴇŋ-	leŋ-	kɣæŋ	ɦɣɛŋ	kɣiæŋ
沐川	lin2	lin3	lin3	lin4	lin4	ken3	tɕin1 xen2 旧	tɕin1
峨边	lin2	lin3	lin3	lin4	lin4	ken3	xen2 tɕin4 新	tɕin1
雅安	nin2	nin3	nin3	nin4	nin4	ken3	tɕin1 xen2 旧	tɕin1
名山	lin2	lin3	lin3	lin4	lin4	ken3	tɕin1	tɕin1
天全	lin2	lin3	lin3	lin4	lin4	ken3	tɕin4 xen2 旧	tɕin1
芦山	nin2	nin3	nin3	nin4	nin4	ken3	tɕin1 xen2 旧	tɕin1
宝兴	nin2	nin3	nin3	nin4	nin4	tɕin1	tɕin1 xen2 旧	tɕin1
荥经	lin2	lin3	lin3	lin4	lin4	tɕin1 ken3	tɕin1 xen2 旧	tɕin1
汉源	nin2	nin3	nin3	nin4	nin4	ken3	tɕin1	tɕin1
石棉	lin2	lin3	lin3	lin4	lin4	ken3	tɕin4 xen2 旧	tɕin1
内江	nin2	nin3	nin3	nin4	nin4	kən3	tɕin1 xən2 旧	tɕin1
威远	nin2	nin3	nin3	nin4	nin4	kən3	tɕin1 xən2 旧	tɕin1
荣县	nin2	nin3	nin3	nin4	nin4	kən3	tɕin1 xən2 旧	tɕin1
自贡	lin2	lin3	lin3	lin4	lin4	tɕin1	tɕin4 xən2 旧	tɕin1
富顺	lin2	lin3	lin3	lin4	lin4	kən3	tɕin4 xən2 旧	tɕin1
隆昌	lin2	lin3	lin3	lin4	lin4	tɕin1	tɕin1 xən2 旧	tɕin1
泸县	lin2	lin3	lin3	lin4	lin4	ken3	xen2 tɕin1 新	tɕin1
泸州	lin2	lin3	lin3	lin4	lin4	ken3	tɕin4[①] tɕin1 新	tɕin1
南溪	lin2	lin3	lin3	lin4	lin4	ken3	tɕin4[②] xen2 旧	tɕin1
合江	lin2	lin3	lin3	lin4	lin4	ken3	tɕin1 xen2 旧	tɕin1

① 又音 xen2 旧。 ② 又音 tɕin1 新。

字目	荆	惊	精	晶	睛	经	景	警
反切	举卿	举卿	子盈	子盈	子盈	古灵	居影	居影
声韵调	梗开三 见庚平	梗开三 见庚平	梗开三 精清平	梗开三 精清平	梗开三 精清平	梗开四 见青平	梗开三 见庚上	梗开三 见庚上
中古音	kɣiæŋ	kɣiæŋ	tsiɛŋ	tsiɛŋ	tsiɛŋ	keŋ	kɣiæŋ:	kɣiæŋ:
成都	tɕin1	tɕin1	tɕin1	tɕin1	tɕin1	tɕin1	tɕin3	tɕin3
彭州	tɕin1	tɕin1	tɕin1	tɕin1	tɕin1	tɕin1	tɕin3	tɕin3
郫县	tɕin1	tɕin1	tɕin1	tɕin1	tɕin1	tɕin1	tɕin3	tɕin3
广汉	tɕin1	tɕin1	tɕin1	tɕin1	tɕin1	tɕin1	tɕin3	tɕin3
都江堰河东	tɕin1	tɕin1	tɕin1	tɕin1	tɕin1	tɕin1	tɕin3	tɕin3
都江堰河西	tɕin1	tɕin1	tɕin1	tɕin1	tɕin1	tɕin1	tɕin3	tɕin3
崇州	tɕin1	tɕin1	tɕin1	tɕin1	tɕin1	tɕin1	tɕin3	tɕin3
大邑	tɕin1	tɕin1	tɕin1	tɕin1	tɕin1	tɕin1	tɕin3	tɕin3
邛崃	tɕin1	tɕin1	tɕin1	tɕin1	tɕin1	tɕin1	tɕin3	tɕin3
新津	tɕin1	tɕin1	tɕin1	tɕin1	tɕin1	tɕin1	tɕin3	tɕin3
蒲江	tɕin1	tɕin1	tɕin1	tɕin1	tɕin1	tɕin1	tɕin3	tɕin3
彭山	tɕin1	tɕin1	tɕin1	tɕin1	tɕin1	tɕin1	tɕin3	tɕin3
眉山	tɕin1	tɕin1	tɕin1	tɕin1	tɕin1	tɕin1	tɕin3	tɕin3
丹棱	tɕin1	tɕin1	tɕin1	tɕin1	tɕin1	tɕin1	tɕin3	tɕin3
洪雅	tɕin1	tɕin1	tɕin1	tɕin1	tɕin1	tɕin1	tɕin3	tɕin3
青神	tɕin1	tɕin1	tɕin1	tɕin1	tɕin1	tɕin1	tɕin3	tɕin3
夹江	tɕin1	tɕin1	tɕin1	tɕin1	tɕin1	tɕin1	tɕin3	tɕin3
峨眉山	tɕin1	tɕin1	tɕin1	tɕin1	tɕin1	tɕin1	tɕin3	tɕin3
乐山	tɕin1	tɕin1	tɕin1	tɕin1	tɕin1	tɕin1	tɕin3	tɕin3
犍为	tɕin1	tɕin1	tɕin1	tɕin1	tɕin1	tɕin1	tɕin3	tɕin3

字目	荆	惊	精	晶	睛	经	景	警
反切	举卿	举卿	子盈	子盈	子盈	古灵	居影	居影
声韵调	梗开三 见庚平	梗开三 见庚平	梗开三 精清平	梗开三 精清平	梗开三 精清平	梗开四 见青平	梗开三 见庚上	梗开三 见庚上
中古音	kɣiæŋ	kɣiæŋ	tsiɛŋ	tsiɛŋ	tsiɛŋ	keŋ	kɣiæŋ:	kɣiæŋ:
沐川	tɕin1	tɕin1	tɕin1	tɕin1	tɕin1	tɕin1	tɕin3	tɕin3
峨边	tɕin1	tɕin1	tɕin1	tɕin1	tɕin1	tɕin1	tɕin3	tɕin3
雅安	tɕin1	tɕin1	tɕin1	tɕin1	tɕin1	tɕin1	tɕin3	tɕin3
名山	tɕin1	tɕin1	tɕin1	tɕin1	tɕin1	tɕin1	tɕin3	tɕin3
天全	tɕin1	tɕin1	tɕin1	tɕin1	tɕin1	tɕin1	tɕin3	tɕin3
芦山	tɕin1	tɕin1	tɕin1	tɕin1	tɕin1	tɕin1	tɕin3	tɕin3
宝兴	tɕin1	tɕin1	tɕin1	tɕin1	tɕin1	tɕin1	tɕin3	tɕin3
荥经	tɕin1	tɕin1	tɕin1	tɕin1	tɕin1	tɕin1	tɕin3	tɕin3
汉源	tɕin1	tɕin1	tɕin1	tɕin1	tɕin1	tɕin1	tɕin3	tɕin3
石棉	tɕin1	tɕin1	tɕin1	tɕin1	tɕin1	tɕin1	tɕin3	tɕin3
内江	tɕin1	tɕin1	tɕin1	tɕin1	tɕin1	tɕin1	tɕin3	tɕin3
威远	tɕin1	tɕin1	tɕin1	tɕin1 tsən1	tɕin1	tɕin1	tɕin3	tɕin3
荣县	tɕin1	tɕin1	tɕin1	tɕin1	tɕin1	tɕin1	tɕin3	tɕin3
自贡	tɕin1	tɕin1	tɕin1	tɕin1	tɕin1	tɕin1	tɕin3	tɕin3
富顺	tɕin1	tɕin1	tɕin1	tɕin1	tɕin1	tɕin1	tɕin3	tɕin3
隆昌	tɕin1	tɕin1	tɕin1	tɕin1	tɕin1	tɕin1	tɕin3	tɕin3
泸县	tɕin1	tɕin1	tɕin1	tɕin1	tɕin1	tɕin1	tɕin3	tɕin3
泸州	tɕin1	tɕin1	tɕin1	tɕin1	tɕin1	tɕin1	tɕin3	tɕin3
南溪	tɕin1	tɕin1	tɕin1	tɕin1	tɕin1	tɕin1	tɕin3	tɕin3
合江	tɕin1	tɕin1	tɕin1	tɕin1	tɕin1	tɕin1	tɕin3	tɕin3

字目	井	颈	境	敬	竟	镜	竞	静
反切	子郢	居郢	居影	居庆	居庆	居庆	渠敬	疾郢
声韵调	梗开三 精清上	梗开三 见清上	梗开三 见庚上	梗开三 见庚去	梗开三 见庚去	梗开三 见庚去	梗开三 群庚去	梗开三 从清上
中古音	tsiɛŋ:	kiɛŋ:	kɣiæŋ:	kɣiæŋ-	kɣiæŋ-	kɣiæŋ-	gɣiæŋ-	dziɛŋ:
成都	tɕin3	tɕin3	tɕin3	tɕin4	tɕin4	tɕin4	tɕin4	tɕin4
彭州	tɕin3	tɕin3	tɕin3	tɕin4	tɕin4	tɕin4	tɕin4	tɕin4
郫县	tɕin3	tɕin3	tɕin3	tɕin4	tɕin4	tɕin4	tɕin4	tɕin4
广汉	tɕin3	tɕin3	tɕin3	tɕin4	tɕin4	tɕin4	tɕin4	tɕin4
都江堰河东	tɕin3	tɕin3	tɕin3	tɕin4	tɕin4	tɕin4	tɕin4	tɕin4
都江堰河西	tɕin3	tɕin3	tɕin4	tɕin4	tɕin4	tɕin4	tɕin4	tɕin4
崇州	tɕin3	tɕin3	tɕin3	tɕin4	tɕin4	tɕin4	tɕin4	tɕin4
大邑	tɕin3	tɕin3	tɕin3	tɕin4	tɕin4	tɕin4	tɕin4	tɕin4
邛崃	tɕin3	tɕin3	tɕin3	tɕin4	tɕin4	tɕin4	tɕin4	tɕin4
新津	tɕin3	tɕin3	tɕin3	tɕin4	tɕin4	tɕin4	tɕin4	tɕin4
蒲江	tɕin3	tɕin3	tɕin3	tɕin4	tɕin4	tɕin4	tɕin4	tɕin4
彭山	tɕin3	tɕin3	tɕin3	tɕin4	tɕin4	tɕin4	tɕin4	tɕin4
眉山	tɕin3	tɕin3	tɕin3	tɕin4	tɕin4	tɕin4	tɕin4	tɕin4
丹棱	tɕin3	tɕin3	tɕin3	tɕin4	tɕin4	tɕin4	tɕin4	tɕin4
洪雅	tɕin3	tɕin3	tɕin3	tɕin4	tɕin4	tɕin4	tɕin4	tɕin4
青神	tɕin3	tɕin3	tɕin3	tɕin4	tɕin4	tɕin4	tɕin4	tɕin4
夹江	tɕin3	tɕin3	tɕin3 tɕin4	tɕin4	tɕin4	tɕin4	tɕin4	tɕin4
峨眉山	tɕin3	tɕin3	tɕin3 tɕin4	tɕin4	tɕin4	tɕin4	tɕin4	tɕin4
乐山	tɕin3	tɕin3	tɕin3 tɕin4	tɕin4	tɕin4	tɕin4	tɕin4	tɕin4
犍为	tɕin3	tɕin3	tɕin3 tɕin4	tɕin4	tɕin4	tɕin4	tɕin4	tɕin4

字目	井	颈	境	敬	竟	镜	竞	静
反切	子郢	居郢	居影	居庆	居庆	居庆	渠敬	疾郢
声韵调	梗开三 精清上	梗开三 见清上	梗开三 见庚上	梗开三 见庚去	梗开三 见庚去	梗开三 见庚去	梗开三 群庚去	梗开三 从清上
中古音	tsiᴇŋ:	kiᴇŋ:	kɣiæŋ:	kɣiæŋ-	kɣiæŋ-	kɣiæŋ-	gɣiæŋ-	dziᴇŋ:
沐川	tɕin3	tɕin3	tɕin3	tɕin4	tɕin4	tɕin4	tɕin4	tɕin4
峨边	tɕin3	tɕin3	tɕin3	tɕin4	tɕin4	tɕin4	tɕin4	tɕin4
雅安	tɕin3	tɕin3	tɕin3	tɕin4	tɕin4	tɕin4	tɕin4	tɕin4
名山	tɕin3	tɕin3	tɕin3	tɕin4	tɕin4	tɕin4	tɕin4	tɕin4
天全	tɕin3	tɕin3	tɕin3	tɕin4	tɕin4	tɕin4	tɕin4	tɕin4
芦山	tɕin3	tɕin3	tɕin3	tɕin4	tɕin4	tɕin4	tɕin4	tɕin4
宝兴	tɕin3	tɕin3	tɕin3	tɕin4	tɕin4	tɕin4	tɕin4	tɕin4
荥经	tɕin3	tɕin3	tɕin3	tɕin4	tɕin4	tɕin4	tɕin4	tɕin4
汉源	tɕin3	tɕin3	tɕin3	tɕin4	tɕin4	tɕin4	tɕin4	tɕin4
石棉	tɕin3	tɕin3	tɕin3	tɕin4	tɕin4	tɕin4	tɕin4	tɕin4
内江	tɕin3	tɕin3	tɕin3	tɕin4	tɕin4	tɕin4	tɕin4	tɕin4
威远	tɕin3	tɕin3	tɕin3	tɕin4	tɕin4	tɕin4	tɕin4	tɕin4
荣县	tɕin3	tɕin3	tɕin3	tɕin4	tɕin4	tɕin4	tɕin4	tɕin4
自贡	tɕin3	tɕin3	tɕin3	tɕin4	tɕin4	tɕin4	tɕin4	tɕin4
富顺	tɕin3	tɕin3	tɕin3	tɕin4	tɕin4	tɕin4	tɕin4	tɕin4
隆昌	tɕin3	tɕin3	tɕin3	tɕin4	tɕin4	tɕin4	tɕin4	tɕin4
泸县	tɕin3	tɕin3	tɕin3	tɕin4	tɕin4	tɕin4	tɕin4	tɕin4
泸州	tɕin3	tɕin3	tɕin3	tɕin4	tɕin4	tɕin4	tɕin4	tɕin4
南溪	tɕin3	tɕin3	tɕin3	tɕin4	tɕin4	tɕin4	tɕin4	tɕin4
合江	tɕin3	tɕin3	tɕin3	tɕin4	tɕin4	tɕin4	tɕin4	tɕin4

字目	净	劲劲敌	卿	清	轻	青	倾	情
反切	疾政	居正	去京	七情	去盈	仓经	去营	疾盈
声韵调	梗开三 从清去	梗开三 见清去	梗开三 溪庚平	梗开三 清清平	梗开三 溪清平	梗开四 清青平	梗合三 溪清平	梗开三 从清平
中古音	dziɛŋ-	kiɛŋ-	khɣiæŋ	tshiɛŋ	khiɛŋ	tsheŋ	khwiɛŋ	dziɛŋ
成都	tɕin4	tɕin4	tɕhin1	tɕhin1	tɕhin1	tɕhin1	tɕhyn1	tɕhin2
彭州	tɕin4	tɕin4	tɕhin1	tɕhin1	tɕhin1	tɕhin1	tɕhyn1	tɕhin2
郫县	tɕin4	tɕin4	tɕhin1	tɕhin1	tɕhin1	tɕhin1	tɕhyn1	tɕhin2
广汉	tɕin4	tɕin4	tɕhin1	tɕhin1	tɕhin1	tɕhin1	tɕhyn1	tɕhin2
都江堰河东	tɕin4	tɕin4	tɕhin1	tɕhin1	tɕhin1	tɕhin1	tɕhyn1	tɕhin2
都江堰河西	tɕin4	tɕin4	tɕhin1	tɕhin1	tɕhin1	tɕhin1	tɕhyn1	tɕhin2
崇州	tɕin4	tɕin4	tɕhin1	tɕhin1	tɕhin1	tɕhin1	tɕhyn1	tɕhin2
大邑	tɕin4	tɕin4	tɕhin1	tɕhin1	tɕhin1	tɕhin1	tɕhyn1	tɕhin2
邛崃	tɕin4	tɕin4	tɕhin1	tɕhin1	tɕhin1	tɕhin1	tɕhyn1	tɕhin2
新津	tɕin4	tɕin4	tɕhin1	tɕhin1	tɕhin1	tɕhin1	tɕhyn1	tɕhin2
蒲江	tɕin4	tɕin4	tɕhin1	tɕhin1	tɕhin1	tɕhin1	tɕhyn1	tɕhin2
彭山	tɕin4	tɕin4	tɕhin1	tɕhin1	tɕhin1	tɕhin1	tɕhyn1	tɕhin2
眉山	tɕin4	tɕin4	tɕhin1	tɕhin1	tɕhin1	tɕhin1	tɕhyn1	tɕhin2
丹棱	tɕin4	tɕin4	tɕhin1	tɕhin1	tɕhin1	tɕhin1	tɕhyn1	tɕhin2
洪雅	tɕin4	tɕin4	tɕhin1	tɕhin1	tɕhin1	tɕhin1	tɕhyn1	tɕhin2
青神	tɕin4	tɕin4	tɕhin1	tɕhin1	tɕhin1	tɕhin1	tɕhyn1	tɕhin2
夹江	tɕin4	tɕin4	tɕhin1	tɕhin1	tɕhin1	tɕhin1	tɕhyn1	tɕhin2
峨眉山	tɕin4	tɕin4	tɕhin1	tɕhin1	tɕhin1	tɕhin1	tɕhyn1	tɕhin2
乐山	tɕin4	tɕin4	tɕhin1	tɕhin1	tɕhin1	tɕhin1	tɕhyn1	tɕhin2
犍为	tɕin4	tɕin4	tɕhin1	tɕhin1	tɕhin1	tɕhin1	tɕhyn1	tɕhin2

字目	净	劲劲敌	卿	清	轻	青	倾	情
反切	疾政	居正	去京	七情	去盈	仓经	去营	疾盈
声韵调	梗开三 从清去	梗开三 见清去	梗开三 溪庚平	梗开三 清清平	梗开三 溪清平	梗开四 清青平	梗合三 溪清平	梗开三 从清平
中古音	dziɛŋ-	kiɛŋ-	khɣiæŋ	tshiɛŋ	khiɛŋ	tsheŋ	khwiɛŋ	dziɛŋ
沐川	tɕin4	tɕin4	tɕhin1	tɕhin1	tɕhin1	tɕhin1	tɕhyn1	tɕhin2
峨边	tɕin4	tɕin4	tɕhin1	tɕhin1	tɕhin1	tɕhin1	tɕhyn1	tɕhin2
雅安	tɕin4	tɕin4	tɕhin1	tɕhin1	tɕhin1	tɕhin1	tɕhyn1	tɕhin2
名山	tɕin4	tɕin4	tɕhin1	tɕhin1	tɕhin1	tshin1	tɕhyn1	tɕhin2
天全	tɕin4	tɕin4	tɕhin1	tɕhin1	tɕhin1	tɕhin1	tɕhyn1	tɕhin2
芦山	tɕin4	tɕin4	tɕhin1	tɕhin1	tɕhin1	tɕhin1	tɕhyn1	tɕhin2
宝兴	tɕin4	tɕin4	tɕhin1	tɕhin1	tɕhin1	tɕhin1	tɕhyn1	tɕhin2
荥经	tɕin4	tɕin4	tɕhin1	tɕhin1	tɕhin1	tɕhin1	tɕhyn1	tɕhin2
汉源	tɕin4	tɕin4	tɕhin1	tɕhin1	tɕhin1	tshin1	tɕhyn1	tɕhin2
石棉	tɕin4	tɕin4	tɕhin1	tɕhin1	tɕhin1	tɕhin1	tɕhyn1	tɕhin2
内江	tɕin4	tɕin4	tɕhin1	tɕhin1	tɕhin1	tɕhin1	tɕhyn1	tɕhin2
威远	tɕin4	tɕin4	tɕhin1	tɕhin1	tɕhin1	tɕhin1	tɕhyn1	tɕhin2
荣县	tɕin4	tɕin4	tɕhin1	tɕhin1	tɕhin1	tɕhin1	tɕhyn1	tɕhin2
自贡	tɕin4	tɕin4	tɕhin1	tɕhin1	tɕhin1	tɕhin1	tɕhyn1	tɕhin2
富顺	tɕin4	tɕin4	tɕhin1	tɕhin1	tɕhin1	tɕhin1	tɕhyn1	tɕhin2
隆昌	tɕin4	tɕin4	tɕhin1	tɕhin1	tɕhin1	tɕhin1	tɕhyn1	tɕhin2
泸县	tɕin4	tɕin4	tɕhin1	tɕhin1	tɕhin1	tɕhin1	tɕhyn1	tɕhin2
泸州	tɕin4	tɕin4	tɕhin1	tɕhin1	tɕhin1	tɕhin1	tɕhyn1	tɕhin2
南溪	tɕin4	tɕin4	tɕhin1	tɕhin1	tɕhin1	tɕhin1	tɕhyn1	tɕhin2
合江	tɕin4	tɕin4	tɕhin1	tʃhin1	tɕhin1	tʃhin1	tɕhyn1	tɕhin2

字目	晴	请	顷	亲亲家	庆	磬	兴兴旺	星
反切	疾盈	七静	去颍	七遴	丘敬	苦定	虚陵	桑经
声韵调	梗开三 从清平	梗开三 清清上	梗合三 溪清上	臻开三 清真去	梗开三 溪庚去	梗开四 溪青去	曾开三 晓蒸平	梗开四 心青平
中古音	dziɛŋ	tshiɛŋ:	khwiɛŋ:	tshiɪn-	khɣiæŋ-	kheŋ-	hɨŋ	seŋ
成都	tɕhin2	tɕhin3	tɕhyn1 tɕhyn3	tɕhin1	tɕhin4	tɕhin4	ɕin1	ɕin1
彭州	tɕhin2	tɕhin3	tɕhyn1 tɕhyn3 新	tɕhin1	tɕhin4	tɕhin4	ɕin1	ɕin1
郫县	tɕhin2	tɕhin3	tɕhyn1 tɕhyn3 新	tɕhin1	tɕhin4	tɕhin4	ɕin1	ɕin1
广汉	tɕhin2	tɕhin3	tɕhyn3	tɕhin1	tɕhin4	tɕhin4	ɕin1	ɕin1
都江堰河东	tɕhin2	tɕhin3	tɕhyn1 tɕhyn3 新	tɕhin1	tɕhin4	tɕhin4	ɕin1	ɕin1
都江堰河西	tɕhin2	tɕhin3	tɕhyn1 tɕhyn3 新	tɕhin1	tɕhin4	tɕhin4	ɕin1	ɕin1
崇州	tɕhin2	tɕhin3	tɕhyn1 tɕhyn3 新	tɕhin1	tɕhin4	tɕhin4	ɕin1	ɕin1
大邑	tɕhin2	tɕhin3	tɕhyn1 tɕhyn3 新	tɕhin1	tɕhin4	tɕhin4	ɕin1	ɕin1
邛崃	tɕhin2	tɕhin3	tɕhyn1 tɕhyn3	tɕhin1	tɕhin4	tɕhin4	ɕin1	ɕin1
新津	tɕhin2	tɕhin3	tɕhyn1 tɕhyn3 新	tɕhin1	tɕhin4	tɕhin4	ɕin1	ɕin1
蒲江	tɕhin2	tɕhin3	tɕhyn1 tɕhyn3 新	tɕhin1	tɕhin4	tɕhin4	ɕin1	ɕin1
彭山	tɕhin2	tɕhin3	tɕhyn1 tɕhyn3 新	tɕhin1	tɕhin4	tɕhin4	ɕin1	ɕin1
眉山	tɕhin2	tɕhin3	tɕhyn1 tɕhyn3 新	tɕhin1	tɕhin4	tɕhin4	ɕin1	ɕin1
丹棱	tɕhin2	tɕhin3	tɕhyn1 tɕhyn3 新	tɕhin1	tɕhin4	tɕhin4	ɕin1	ɕin1
洪雅	tɕhin2	tɕhin3	tɕhyn1 tɕhyn3 新	tɕhin1	tɕhin4	tɕhin4	ɕin1	ɕin1
青神	tɕhin2	tɕhin3	tɕhyn1 tɕhyn3 新	tɕhin1	tɕhin4	tɕhin4	ɕin1	ɕin1
夹江	tɕhin2	tɕhin3	tɕhyn1	tɕhin1	tɕhin4	tɕhin4	ɕin1	ɕin1
峨眉山	tɕhin2	tɕhin3	tɕhyn1	tɕhin1	tɕhin4	tɕhin4	ɕin1	ɕin1
乐山	tɕhin2	tɕhin3	tɕhyn1	tɕhin1	tɕhin4	tɕhin4	ɕin1	ɕin1
犍为	tɕhin2	tɕhin3	tɕhyn1	tɕhin1	tɕhin4	tɕhin4	ɕin1	ɕin1

字目	晴	请	顷	亲亲家	庆	磬	兴兴旺	星
反切	疾盈	七静	去颍	七遴	丘敬	苦定	虚陵	桑经
声韵调	梗开三 从清平	梗开三 清清上	梗合三 溪清上	臻开三 清真去	梗开三 溪庚去	梗开四 溪青去	曾开三 晓蒸平	梗开四 心青平
中古音	dziɛŋ	tshiɛŋ:	khwiɛŋ:	tshiɪn-	khɣiæŋ-	kheŋ-	hiŋ	seŋ
沐川	tɕhin2	tɕhin3	tɕhyn1 tɕhyn3 新	tɕhin1	tɕhin4	tɕhin4	ɕin1	ɕin1
峨边	tɕhin2	tɕhin3	tɕhyn1	tɕhin1	tɕhin4	tɕhin4	ɕin1	ɕin1
雅安	tɕhin2	tɕhin3	tɕhyn3	tɕhin1	tɕhin4	tɕhin4	ɕin1	ɕin1
名山	tɕhin2	tɕhin3	tɕhyn1 tɕhyn3 新	tɕhin1	tɕhin4	tɕhin4	ɕin1	ɕin1
天全	tɕhin2	tɕhin3	tɕhyn1 tɕhyn3 新	tɕhin1	tɕhin4	tɕhin4	ɕin1	ɕin1
芦山	tɕhin2	tɕhin3	tɕhyn1	tɕhin1	tɕhin4	tɕhin4	ɕin1	ɕin1
宝兴	tɕhin2	tɕhin3	tɕhyn1	tɕhin1	tɕhin4	tɕhin4	ɕin1	ɕin1
荥经	tɕhin2	tɕhin3	tɕhyn1 tɕhyn3 新	tɕhin1	tɕhin4	tɕhin4	ɕin1	ɕin1
汉源	tɕhin2	tɕhin3	tɕhyn1 tɕhyn3 新	tɕhin1	tɕhin4	tɕhin4	ɕin1	ɕin1
石棉	tɕhin2	tɕhin3	tɕhyn1 tɕhyn3 新	tɕhin1	tɕhin4	tɕhin4	ɕin1	ɕin1
内江	tɕhin2	tɕhin3	tɕhyn1 tɕhyn3 新	tɕhin1	tɕhin4	tɕhin4	ɕin1	ɕin1
威远	tɕhin2	tɕhin3	tɕhyn1 tɕhyn3 新	tɕhin1	tɕhin4	tɕhin4	ɕin1	ɕin1
荣县	tɕhin2	tɕhin3	tɕhyn1 tɕhyn3 新	tɕhin1	tɕhin4	tɕhin4	ɕin1	ɕin1
自贡	tɕhin2	tɕhin3	tɕhyn3	tɕhin1	tɕhin4	tɕhin4	ɕin1	ɕin1
富顺	tɕhin2	tɕhin3	tɕhyn3	tɕhin1	tɕhin4	tɕhin4	ɕin1	ɕin1
隆昌	tɕhin2	tɕhin3	tɕhin3	tɕhin1	tɕhin4	tɕhin4	ɕin1	ɕin1
泸县	tɕhin2	tɕhin3	tɕhyn1 tɕhyn3 新	tɕhin1	tɕhin4	tɕhin4	ɕin1	ɕin1
泸州	tɕhin2	tɕhin3	tɕhyn3 tɕhyn1 旧	tɕhin1	tɕhin4	tɕhin4	ɕin1	ɕin1
南溪	tɕhin2	tɕhin3	tɕhyn3 tɕhyn1 旧	tɕhin1	tɕhin4	tɕhin4	ɕin1	ɕin1
合江	tɕhin2	tɕhin3	tɕhyn1 tɕhyn3 新	tɕhin1	tɕhin4	tɕhin4	ɕin1	ɕin1

字目	腥	猩	行行为	形	型	刑	省反省	醒
反切	桑经	桑经	户庚	户经	户经	户经	息井	苏挺
声韵调	梗开四 心青平	梗开四 心青平	梗开二 匣庚平	梗开四 匣青平	梗开四 匣青平	梗开四 匣青平	梗开三 心清上	梗开四 心青上
中古音	seŋ	seŋ	ɦɣæŋ	ɦeŋ	ɦeŋ	ɦeŋ	siᴇŋ:	seŋ:
成都	ɕin1	ɕin1	ɕin2	ɕin2	ɕin2	ɕin2	ɕin3 sen3 俗	ɕin3
彭州	ɕin1	ɕin1	ɕin2	ɕin2	ɕin2	ɕin2	sen3	ɕin3
郫县	ɕin1	ɕin1	ɕin2	ɕin2	ɕin2	ɕin2	ɕin3	ɕin3
广汉	ɕin1	ɕin1	ɕin2	ɕin2	ɕin2	ɕin2	ɕin3	ɕin3
都江堰河东	ɕin1	ɕin1	ɕin2	ɕin2	ɕin2	ɕin2	ɕin3 sen3 俗	ɕin3
都江堰河西	ɕin1	ɕin1	ɕin2	ɕin2	ɕin2	ɕin2	ɕin3 sen3 俗	ɕin3
崇州	ɕin1	ɕin1	ɕin2	ɕin2	ɕin2	ɕin2	ɕin3 sen3 俗	ɕin3
大邑	ɕin1	ɕin1	ɕin2	ɕin2	ɕin2	ɕin2	ɕin3	ɕin3
邛崃	ɕin1	ɕin1	ɕin2	ɕin2	ɕin2	ɕin2	ɕin3	ɕin3
新津	ɕin1	ɕin1	ɕin2	ɕin2	ɕin2	ɕin2	ɕin3	ɕin3
蒲江	ɕin1	ɕin1	ɕin2	ɕin2	ɕin2	ɕin2	ɕin3	ɕin3
彭山	ɕin1	ɕin1	ɕin2	ɕin2	ɕin2	ɕin2	ɕin3 sən3 俗	ɕin3
眉山	ɕin1	ɕin1	ɕin2	ɕin2	ɕin2	ɕin2	ɕin3 sen3 俗	ɕin3
丹棱	ɕin1	ɕin1	ɕin2	ɕin2	ɕin2	ɕin2	ɕin3 sən3 俗	ɕin3
洪雅	ɕin1	ɕin1	ɕin2	ɕin2	ɕin2	ɕin2	ɕin3 sən3 俗	ɕin3
青神	ɕin1	ɕin1	ɕin2	ɕin2	ɕin2	ɕin2	ɕin3 sen3 俗	ɕin3
夹江	ɕin1	ɕin1	ɕin2	ɕin2	ɕin2	ɕin2	ɕin3	ɕin3
峨眉山	ɕin1	ɕin1	ɕin2	ɕin2	ɕin2	ɕin2	ɕin3	ɕin3
乐山	ɕin1	ɕin1	ɕin2	ɕin2	ɕin2	ɕin2	ɕin3	ɕin3
犍为	ɕin1	ɕin1	ɕin2	ɕin2	ɕin2	ɕin2	ɕin3	ɕin3

字目	腥	猩	行行为	形	型	刑	省反省	醒
反切	桑经	桑经	户庚	户经	户经	户经	息井	苏挺
声韵调	梗开四 心青平	梗开四 心青平	梗开二 匣庚平	梗开四 匣青平	梗开四 匣青平	梗开四 匣青平	梗开三 心清上	梗开四 心青上
中古音	seŋ	seŋ	ɦγæŋ	ɦeŋ	ɦeŋ	ɦeŋ	siɛŋ:	seŋ:
沐川	ɕin1	ɕin1	ɕin2	ɕin2	ɕin2	ɕin2	sen3 俗	ɕin3
峨边	ɕin1	ɕin1	ɕin2	ɕin2	ɕin2	ɕin2	ɕin3	ɕin3
雅安	ɕin1	ɕin1	ɕin2	ɕin2	ɕin2	ɕin2	sen3 俗	ɕin3
名山	ɕin1	ɕin1	ɕin2	ɕin2	ɕin2	ɕin2	ɕin3	ɕin3
天全	ɕin1	ɕin1	ɕin2	ɕin2	ɕin2	ɕin2	ɕin3	ɕin3
芦山	ɕin1	ɕin1	ɕin2	ɕin2	ɕin2	ɕin2	suən3 俗	ɕin3
宝兴	ɕin1	ɕin1	ɕin2	ɕin2	ɕin2	ɕin2	ɕin3	ɕin3
荥经	ɕin1	ɕin1	ɕin2	ɕin2	ɕin2	ɕin2	ɕin3	ɕin3
汉源	ɕin1	ɕin1	ɕin2	ɕin2	ɕin2	ɕin2	ɕin3	ɕin3
石棉	ɕin1	ɕin1	ɕin2	ɕin2	ɕin2	ɕin2	ɕin3	ɕin3
内江	ɕin1	ɕin1	ɕin2	ɕin2	ɕin2	ɕin2	ɕin3 sən3 俗	ɕin3
威远	ɕin1	ɕin1	ɕin2	ɕin2	ɕin2	ɕin2	ɕin3 sən3 俗	ɕin3
荣县	ɕin1	ɕin1	ɕin2	ɕin2	ɕin2	ɕin2	ɕin3 sən3 俗	ɕin3
自贡	ɕin1	ɕin1	ɕin2	ɕin2	ɕin2	ɕin2	ɕin3	ɕin3
富顺	ɕin1	ɕin1	ɕin2	ɕin2	ɕin2	ɕin2	ɕin3 sən3 俗	ɕin3
隆昌	ɕin1	ɕin1	ɕin2	ɕin2	ɕin2	ɕin2	ɕin3 sən3 俗	ɕin3
泸县	ɕin1	ɕin1	ɕin2	ɕin2	ɕin2	ɕin2	ɕin3 sen3 俗	ɕin3
泸州	ɕin1	ɕin1	ɕin2	ɕin2	ɕin2	ɕin2	ɕin3	ɕin3
南溪	ɕin1	ɕin1	ɕin2	ɕin2	ɕin2	ɕin2	ɕin3	ɕin3
合江	ɕin1	ɕin1	ɕin2	ɕin2	ɕin2	ɕin2	sen3 俗	ɕin3

字目	兴高兴	行品行	杏	幸	性	姓	应应当	鹰
反切	许应	下更	何梗	胡耿	息正	息正	于陵	于陵
声韵调	曾开三 晓蒸去	梗开二 匣庚去	梗开二 匣庚上	梗开二 匣耕上	梗开三 心清去	梗开三 心清去	曾开三 影蒸平	曾开三 影蒸平
中古音	hɨŋ-	ɦɣæŋ-	ɦɣæŋ:	ɦɣɛŋ:	siᴇŋ-	siᴇŋ-	ʔɨŋ	ʔɨŋ
成都	ɕin4	ɕin2 ɕin4 旧	ɕin4 文 xen4 白	ɕin4	ɕin4	ɕin4	in4	in1
彭州	ɕin4	ɕin2 ɕin4 旧	ɕin4 文 xen4 白	ɕin4	ɕin4	ɕin4	in4	in1
郫县	ɕin4	ɕin4	ɕin4 文 xən4 白	ɕin4	ɕin4	ɕin4	in4	in1
广汉	ɕin4	ɕin4 ɕin2 新	ɕin4 文 xen4 白	ɕin4	ɕin4	ɕin4	in4	in1
都江堰河东	ɕin4	ɕin2 ɕin4 旧	ɕin4 文 xen4 白	ɕin4	ɕin4	ɕin4	in4	in1
都江堰河西	ɕin4	ɕin2 ɕin4 旧	ɕin4 文 xen4 白	ɕin4	ɕin4	ɕin4	in4	in1
崇州	ɕin4	ɕin2 ɕin4 旧	ɕin4 文 xen4 白	ɕin4	ɕin4	ɕin4	in4	in1
邛崃	ɕin4	ɕin4	ɕin4 文 xen4 白	ɕin4	ɕin4	ɕin4	in4	in1
新津	ɕin4	ɕin4 ɕin2 新	ɕin4 文 xen4 白	ɕin4	ɕin4	ɕin4	in4	in1
蒲江	ɕin4	ɕin4 ɕin2 新	ɕin4 文 xen4 白	ɕin4	ɕin4	ɕin4	in4	in1
彭山	ɕin4	ɕin2 ɕin4 旧	ɕin4 文 xən4 白	ɕin4	ɕin4	ɕin4	in4	in1
眉山	ɕin4	ɕin2 ɕin4 旧	ɕin4 文 xen4 白	ɕin4	ɕin4	ɕin4	in4	in1
丹棱	ɕin4	ɕin2 ɕin4 旧	ɕin4 文 xən4 白	ɕin4	ɕin4	ɕin4	in4	in1
洪雅	ɕin4	ɕin2 ɕin4 旧	ɕin4 文 xən4 白	ɕin4	ɕin4	ɕin4	in4	in1
青神	ɕin4	ɕin2 ɕin4 旧	ɕin4 文 xen4 白	ɕin4	ɕin4	ɕin4	in4	in1
夹江	ɕin4	ɕin2 ɕin4 旧	ɕin4 文 xen4 白	ɕin4	ɕin4	ɕin4	in4	in1
峨眉山	ɕin4	ɕin2 ɕin4 旧	ɕin4 文 xen4 白	ɕin4	ɕin4	ɕin4	in4	in1
乐山	ɕin4	ɕin2 ɕin4 旧	ɕin4 文 xen4 白	ɕin4	ɕin4	ɕin4	in4	in1
犍为	ɕin4	ɕin2 ɕin4 旧	ɕin4 文 xen4 白	ɕin4	ɕin4	ɕin4	in4	in1

字目	兴高兴	行品行	杏	幸	性	姓	应应当	鹰
反切	许应	下更	何梗	胡耿	息正	息正	于陵	于陵
声韵调	曾开三 晓蒸去	梗开二 匣庚去	梗开二 匣庚上	梗开二 匣耕上	梗开三 心清去	梗开三 心清去	曾开三 影蒸平	曾开三 影蒸平
中古音	hɨŋ-	ɦɣæŋ-	ɦɣæŋ:	ɦɣɛŋ:	siᴇŋ-	siᴇŋ-	ʔɨŋ	ʔɨŋ
沐川	ɕin4	ɕin2 ɕin4 旧	ɕin4 文 xen4 白	ɕin4	ɕin4	ɕin4	in4	in1
峨边	ɕin4	ɕin4 ɕin2	ɕin4 文 xen4 白	ɕin4	ɕin4	ɕin4	in4	in1
雅安	ɕin4	ɕin4	ɕin4 文 xen4 白	ɕin4	ɕin4	ɕin4	in4	in1
名山	ɕin4	ɕin4 ɕin2 新	ɕin4 文 xen4 白	ɕin4	ɕin4	ɕin4	in4	in1
天全	ɕin4	ɕin4 ɕin2 新	ɕin4 文 xen4 白	ɕin4	ɕin4	ɕin4	in4	in1
芦山	ɕin4	ɕin4	ɕin4 文 xen4 白	ɕin4	ɕin4	ɕin4	in4	in1
宝兴	ɕin4	ɕin4	ɕin4 文 xen4 白	ɕin4	ɕin4	ɕin4	in4	in1
荥经	ɕin4	ɕin2 ɕin4 旧	ɕin4 文 xen4 白	ɕin4	ɕin4	ɕin4	in4	in1
汉源	ɕin4	ɕin4 ɕin2 新	ɕin4 文 xen4 白	ɕin4	ɕin4	ɕin4	in4	in1
石棉	ɕin4	ɕin4 ɕin2 新	ɕin4 文 xen4 白	ɕin4	ɕin4	ɕin4	in4	in1
内江	ɕin4	ɕin2 ɕin4 旧	ɕin4 文 xən4 白	ɕin4	ɕin4	ɕin4	in4	in1
威远	ɕin4	ɕin2 ɕin4 旧	ɕin4 文 xən4 白	ɕin4	ɕin4	ɕin4	in4	in1
荣县	ɕin4	ɕin2 ɕin4 旧	ɕin4 文 xən4 白	ɕin4	ɕin4	ɕin4	in4	in1
自贡	ɕin4	ɕin2	ɕin4 文 xən4 白	ɕin4	ɕin4	ɕin4	in4	in1
富顺	ɕin4	ɕin2	ɕin4 文 xən4 白	ɕin4	ɕin4	ɕin4	in4	in1
隆昌	ɕin4	ɕin2	ɕin4 文 xən4 白	ɕin4	ɕin4	ɕin4	in4	in1
泸县	ɕin4	ɕin4 ɕin2 新	ɕin4 文 xen4 白	ɕin4	ɕin4	ɕin4	in4	in1
泸州	ɕin4	ɕin4 ɕin2 新	ɕin4 文 xen4 白	ɕin4	ɕin4	ɕin4	in4	in1
南溪	ɕin4	ɕin2 ɕin4 旧	ɕin4 文 xen4 白	ɕin4	ɕin4	ɕin4	in4	in1
合江	ɕin4	ɕin2 ɕin4 旧	ɕin4 文 xen4 白	ɕin4	ɕin4	ɕin4	in4	in1

字目	莺	樱	鹦	英	婴	缨	蝇	迎
反切	乌茎	乌茎	乌茎	于惊	于盈	于盈	余陵	语京
声韵调	梗开二 影耕平	梗开二 影耕平	梗开二 影耕平	梗开三 影庚平	梗开三 影清平	梗开三 影清平	曾开三 以蒸平	梗开三 疑庚平
中古音	ʔɣɛŋ	ʔɣɛŋ	ʔɣɛŋ	ʔɣiæŋ	ʔiɛŋ	ʔiɛŋ	jɨŋ	ŋɣiæŋ
成都	in1	in1 文 ŋen1 白	in1 文 ŋen1 白	in1	in1	in1	in1	in2
彭州	in1	in1 文 ŋen1 白	in1 文 ŋen1 白	in1	in1	in1	in1	in2
郫县	in1	in1 文 ŋen1 白	in1 文 ŋen1 白	in1	in1	in1	in1	in2
广汉	in1	in1 文 ŋen1 白	in1 文 ŋen1 白	in1	in1	in1	in1	in2
都江堰河东	in1	in1 文 ŋen1 白	in1 文 ŋen1 白	in1	in1	in1	in1	in2
都江堰河西	in1	in1 文 ŋen1 白	in1 文 ŋen1 白	in1	in1	in1	in1	in2
崇州	in1	in1 文 ŋen1 白	in1 文 ŋen1 白	in1	in1	in1	in1	in2
大邑	in1	in1 文 ŋen1 白	in1 文 ŋen1 白	in1	in1	in1	in1	in2
邛崃	in1	in1 文 ŋen1 白	in1 文 ŋen1 白	in1	in1	in1	in1	in2
新津	in1	in1 文 ŋen1 白	in1 文 ŋen1 白	in1	in1	in1	in1	in2
蒲江	in1	in1 文 ŋen1 白	in1 文 ŋen1 白	in1	in1	in1	in1	in2
彭山	in1	in1 文 ŋən1 白	in1	in1	in1	in1	in1	in2
眉山	in1	in1 文 ŋen1 白	in1	in1	in1	in1	in1	in2
丹棱	in1	in1 文 ŋən1 白	in1	in1	in1	in1	in1	in2
洪雅	in1	in1 文 ŋən1 白	in1	in1	in1	in1	in1	in2
青神	in1	in1 文 ŋen1 白	in1 文 ŋen1 白	in1	in1	in1	in1	in2
夹江	in1	in1 文 ŋen1 白	in1 文 ŋen1 白	in1	in1	in1	in1	in2
峨眉山	in1	in1 文 ŋen1 白	in1 文 ŋen1 白	in1	in1	in1	in1	in2
乐山	in1	in1 文 ŋen1 白	in1 文 ŋen1 白	in1	in1	in1	in1	in2
犍为	in1	in1 文 ŋen1 白	in1 文 ŋen1 白	in1	in1	in1	in1	in2

字目	莺	樱	鹦	英	婴	缨	蝇	迎
反切	乌茎	乌茎	乌茎	于惊	于盈	于盈	余陵	语京
声韵调	梗开二 影耕平	梗开二 影耕平	梗开二 影耕平	梗开三 影庚平	梗开三 影清平	梗开三 影清平	曾开三 以蒸平	梗开三 疑庚平
中古音	ʔɣɛŋ	ʔɣɛŋ	ʔɣɛŋ	ʔɣiæŋ	ʔiᴇŋ	ʔiᴇŋ	jɨŋ	ŋɣiæŋ
沐川	in1	in1 文 ŋen1 白	in1 文 ŋen1 白	in1	in1	in1	in1	in2
峨边	in1	in1 文 ŋen1 白	in1 文 ŋen1 白	in1	in1	in1	in1	in2
雅安	in1	ŋen1	ŋen1	in1	in1	in1	in1	in2
名山	in1	in1 文 ŋen1 白	in1 文 ŋen1 白	in1	in1	in1	in1	in2
天全	in1	in1 文 ŋen1 白	in1 文 ŋen1 白	in1	in1	in1	in1	in2
芦山	in1	ŋen1	ŋen1	in1	in1	in1	in1	in2
宝兴	in1	ŋen1	ŋen1	in1	in1	in1	in1	in2
荥经	in1	in1 文 ŋen1 白	in1 文 ŋen1 白	in1	in1	in1	in1	in2
汉源	in1	in1 文 ŋen1 白	in1 文 ŋen1 白	in1	in1	in1	in1	in2
石棉	in1	in1 文 ŋen1 白	in1 文 ŋen1 白	in1	in1	in1	in1	in2
内江	in1	in1 文 ŋən1 白	in1	in1	in1	in1	in1	in2
威远	in1	in1 文 ŋən1 白	in1	in1	in1	in1	in1	in2
荣县	in1	in1 文 ŋən1 白	in1	in1	in1	in1	in1	in2
自贡	in1	in1 文 ŋən1 白	in1	in1	in1	in1	in1	in2
富顺	in1	in1 文 ŋən1 白	in1	in1	in1	in1	in1	in2
隆昌	in1	in1 文 ŋən1 白	in1	in1	in1	in1	in1	in2
泸县	in1	in1 文 ŋen1 白	in1 文 ŋen1 白	in1	in1	in1	in1	in2
泸州	in1	in1 文 ŋen1 白	in1 文 ŋen1 白	in1	in1	in1	in1	in2
南溪	in1	in1 文 ŋen1 白	in1 文 ŋen1 白	in1	in1	in1	in1	in2
合江	in1	in1 文 ŋen1 白	in1 文 ŋen1 白	in1	in1	in1	in1	in2

字目	盈	嬴	营	萤	影	颖	应响应	硬
反切	以成	以成	余倾	户扃	于丙	余顷	于证	五孟
声韵调	梗开三 以清平	梗开三 以清平	梗合三 以清平	梗合四 匣青平	梗开三 影庚上	梗合三 以清上	曾开三 影蒸去	梗开二 疑庚去
中古音	jiɛŋ	jiɛŋ	jwiɛŋ	ɦueŋ	ʔɣiæŋ:	jwiɛŋ:	ʔiŋ-	ŋɣæŋ-
成都	in2	in2	yn2 in2 新	yn2 in2 新	in3	in3	in4	ŋen4
彭州	in2	in2	yn2 in2 新	yn2 in2 新	in3	in3	in4	ŋen4
郫县	in2	in2	yn2 in2 新	in2 yn2 旧	in3	in3	in4	ŋən4
广汉	in2	in2	yn2	yn2	in3	in3	in4	ŋen4
都江堰河东	in2	in2	yn2 in2 新	yn2 in2 新	in3	in3	in4	ŋen4
都江堰河西	in2	in2	yn2 in2 新	yn2 in2 新	in3	yn3	in4	ŋen4
崇州	in2	in2	yn2 in2 新	yn2 in2 新	in3	in3	in4	ŋen4
大邑	in2	in2	yn2 in2 新	yn2 in2 新	in3	in3	in4	ŋen4
邛崃	in2	in2	yn2 in2 新	yn2 in2 新	in3	in3	in4	ŋen4
新津	in2	in2	yn2 in2 新	yn2 in2 新	in3	in3	in4	ŋen4
蒲江	in2	in2	yn2 in2 新	yn2 in2 新	in3	in3	in4	ŋen4
彭山	in2	in2	yn2 in2 新	yn2 in2 新	in3	in3	in4	ŋən4
眉山	in2	in2	yn2 in2 新	yn2 in2 新	in3	in3	in4	ŋen4
丹棱	in2	in2	yn2 in2 新	yn2 in2 新	in3	in3	in4	ŋən4
洪雅	in2	in2	yn2 in2 新	yn2 in2 新	in3	in3	in4	ŋən4
青神	in2	in2	yn2 in2 新	yn2 in2 新	in3	in3	in4	ŋen4
夹江	in2	in2	yn2 in2 新	yn2 in2 新	in3	in3	in4	ŋen4
峨眉山	in2	in2	yn2 in2 新	yn2 in2 新	in3	in3	in4	ŋen4
乐山	in2	in2	yn2 in2 新	yn2 in2 新	in3	in3	in4	ŋen4
犍为	in2	in2	yn2 in2 新	yn2 in2 新	in3	in3	in4	ŋen4

字目	盈	赢	营	萤	影	颖	应响应	硬
反切	以成	以成	余倾	户扃	于丙	余顷	于证	五孟
声韵调	梗开三 以清平	梗开三 以清平	梗合三 以清平	梗合四 匣青平	梗开三 影庚上	梗合三 以清上	曾开三 影蒸去	梗开二 疑庚去
中古音	jiɛŋ	jiɛŋ	jwiɛŋ	ɦueŋ	ʔɣiæŋ:	jwiɛŋ:	ʔiŋ-	ŋɣæŋ-
沐川	in2	in2	yn2 in2 新	yn2 in2 新	in3	in3	in4	ŋen4
峨边	in2	in2	yn2	yn2	in3	in3	in4	ŋen4
雅安	in2	in2	yn2	yn2	in3	in3	in4	ŋen4
名山	in2	in2	yn2 in2 新	yn2 in2 新	in3	in3	in4	ŋen4
天全	in2	in2	yn2 in2 新	yn2 in2 新	in3	in3	in4	ŋen4
芦山	in2	in2	yn2	yn2	in3	yn3	in4	ŋen4
宝兴	in2	in2	yn2	yn2	in3	in3	in4	ŋen4
荥经	in2	in2	yn2 in2 新	yn2 in2 新	in3	in3	in4	ŋen4
汉源	in2	in2	yn2 in2 新	yn2 in2 新	in3	in3	in4	ŋen4
石棉	in2	in2	yn2 in2 新	yn2 in2 新	in3	in3	in4	ŋen4
内江	in2	in2	yn2 in2 新	yn2 in2 新	in3	in3	in4	ŋən4
威远	in2	in2	yn2 in2 新	yn2 in2 新	in3	in3	in4	ŋən4
荣县	in2	in2	yn2 in2 新	yn2 in2 新	in3	in3	in4	ŋən4 in4 新
自贡	in2	in2	yn2 in2 新	yn2 in2 新	in3	yn3	in4	ŋən4
富顺	in2	in2	yn2 in2 新	yn2 in2 新	in3	in3	in4	ŋən4
隆昌	in2	in2	yn2 in2 新	yn2 in2 新	in3	in3	in4	ŋən4
泸县	in2	in2	yn2 in2 新	in2 yn2 旧	in3	in3	in4	ŋen4
泸州	in2	in2	yn2 in2 新	yn2 in2 新	in3	in3	in4	ŋen4
南溪	in2	in2	yn2 in2 新	yn2 in2 新	in3	yn3	in4	ŋen4
合江	in2	in2	yn2 in2 新	yn2 in2 新	in3	in3	in4	ŋen4

字目	映	东	冬	董	懂	冻	栋	动
反切	于敬	德红	都宗	多动	多动	多贡	多贡	徒揔
声韵调	梗开三 影庚去	通合一 端东平	通合一 端冬平	通合一 端东上	通合一 端东上	通合一 端东去	通合一 端东去	通合一 定东上
中古音	ʔɣiæŋ-	tuŋ	tuoŋ	tuŋ:	tuŋ:	tuŋ-	tuŋ-	duŋ:
成都	in4	toŋ1	toŋ1	toŋ3	toŋ3	toŋ4	toŋ4	toŋ4
彭州	in4	toŋ1	toŋ1	toŋ3	toŋ3	toŋ4	toŋ4	toŋ4
郫县	in4	toŋ1	toŋ1	toŋ3	toŋ3	toŋ4	toŋ4	toŋ4
广汉	in4	toŋ1	toŋ1	toŋ3	toŋ3	toŋ4	toŋ4	toŋ4
都江堰河东	in4	toŋ1	toŋ1	toŋ3	toŋ3	toŋ4	toŋ4	toŋ4
都江堰河西	in4	toŋ1	toŋ1	toŋ3	toŋ3	toŋ4	toŋ4	toŋ4
崇州	in4	toŋ1	toŋ1	toŋ3	toŋ3	toŋ4	toŋ4	toŋ4
大邑	in4	toŋ1	toŋ1	toŋ3	toŋ3	toŋ4	toŋ4	toŋ4
邛崃	in4	toŋ1	toŋ1	toŋ3	toŋ3	toŋ4	toŋ4	toŋ4
新津	in4	toŋ1	toŋ1	toŋ3	toŋ3	toŋ4	toŋ4	toŋ4
蒲江	in4	toŋ1	toŋ1	toŋ3	toŋ3	toŋ4	toŋ4	toŋ4
彭山	in4	toŋ1	toŋ1	toŋ3	toŋ3	toŋ4	toŋ4	toŋ4
眉山	in4	toŋ1	toŋ1	toŋ3	toŋ3	toŋ4	toŋ4	toŋ4
丹棱	in4	toŋ1	toŋ1	toŋ3	toŋ3	toŋ4	toŋ4	toŋ4
洪雅	in4	toŋ1	toŋ1	toŋ3	toŋ3	toŋ4	toŋ4	toŋ4
青神	in4	toŋ1	toŋ1	toŋ3	toŋ3	toŋ4	toŋ4	toŋ4
夹江	in4	toŋ1	toŋ1	toŋ3	toŋ3	toŋ4	toŋ4	toŋ4
峨眉山	in4	toŋ1	toŋ1	toŋ3	toŋ3	toŋ4	toŋ4	toŋ4
乐山	in4	toŋ1	toŋ1	toŋ3	toŋ3	toŋ4	toŋ4	toŋ4
犍为	in4	toŋ1	toŋ1	toŋ3	toŋ3	toŋ4	toŋ4	toŋ4

字目	映	东	冬	董	懂	冻	栋	动
反切	于敬	德红	都宗	多动	多动	多贡	多贡	徒揔
声韵调	梗开三 影庚去	通合一 端东平	通合一 端冬平	通合一 端东上	通合一 端东上	通合一 端东去	通合一 端东去	通合一 定东上
中古音	ʔɣiæŋ-	tuŋ	tuoŋ	tuŋ:	tuŋ:	tuŋ-	tuŋ-	duŋ:
沐川	in4	toŋ1	toŋ1	toŋ3	toŋ3	toŋ4	toŋ4	toŋ4
峨边	in4	toŋ1	toŋ1	toŋ3	toŋ3	toŋ4	toŋ4	toŋ4
雅安	in4	toŋ1	toŋ1	toŋ3	toŋ3	toŋ4	toŋ4	toŋ4
名山	in4	toŋ1	toŋ1	toŋ3	toŋ3	toŋ4	toŋ4	toŋ4
天全	in4	toŋ1	toŋ1	toŋ3	toŋ3	toŋ4	toŋ4	toŋ4
芦山	in4	toŋ1	toŋ1	toŋ3	toŋ3	toŋ4	toŋ4	toŋ4
宝兴	in4	toŋ1	toŋ1	toŋ3	toŋ3	toŋ4	toŋ4	toŋ4
荥经	in4	toŋ1	toŋ1	toŋ3	toŋ3	toŋ4	toŋ4	toŋ4
汉源	in4	toŋ1	toŋ1	toŋ3	toŋ3	toŋ4	toŋ4	toŋ4
石棉	in4	toŋ1	toŋ1	toŋ3	toŋ3	toŋ4	toŋ4	toŋ4
内江	yn4	toŋ1	toŋ1	toŋ3	toŋ3	toŋ4	toŋ4	toŋ4
威远	in4	toŋ1	toŋ1	toŋ3	toŋ3	toŋ4	toŋ4	toŋ4
荣县	in4	toŋ1	toŋ1	toŋ3	toŋ3	toŋ4	toŋ4	toŋ4
自贡	in4	toŋ1	toŋ1	toŋ3	toŋ3	toŋ4	toŋ4	toŋ4
富顺	in4	toŋ1	toŋ1	toŋ3	toŋ3	toŋ4	toŋ4	toŋ4
隆昌	in4	toŋ1	toŋ1	toŋ3	toŋ3	toŋ4	toŋ4	toŋ4
泸县	in4	toŋ1	toŋ1	toŋ3	toŋ3	toŋ4	toŋ4	toŋ4
泸州	in4	toŋ1	toŋ1	toŋ3	toŋ3	toŋ4	toŋ4	toŋ4
南溪	in4	toŋ1	toŋ1	toŋ3	toŋ3	toŋ4	toŋ4	toŋ4
合江	in4	toŋ1	toŋ1	toŋ3	toŋ3	toŋ4	toŋ4	toŋ4

字目	洞	通	同	铜	桐	筒	童	瞳
反切	徒弄	他红	徒红	徒红	徒红	徒红	徒红	徒红
声韵调	通合一 定东去	通合一 透东平	通合一 定东平	通合一 定东平	通合一 定东平	通合一 定东平	通合一 定东平	通合一 定东平
中古音	duŋ-	thuŋ	duŋ	duŋ	duŋ	duŋ	duŋ	duŋ
成都	toŋ4	thoŋ1	thoŋ2	thoŋ2	thoŋ2	thoŋ2	thoŋ2	thoŋ2
彭州	toŋ4	thoŋ1	thoŋ2	thoŋ2	thoŋ2	thoŋ2	thoŋ2	thoŋ2
郫县	toŋ4	thoŋ1	thoŋ2	thoŋ2	thoŋ2	thoŋ2	thoŋ2	thoŋ2
广汉	toŋ4	thoŋ1	thoŋ2	thoŋ2	thoŋ2	thoŋ2	thoŋ2	thoŋ2
都江堰河东	toŋ4	thoŋ1	thoŋ2	thoŋ2	thoŋ2	thoŋ2	thoŋ2	thoŋ2
都江堰河西	toŋ4	thoŋ1	thoŋ2	thoŋ2	thoŋ2	thoŋ2	thoŋ2	thoŋ2
崇州	toŋ4	thoŋ1	thoŋ2	thoŋ2	thoŋ2	thoŋ2	thoŋ2	thoŋ2
大邑	toŋ4	thoŋ1	thoŋ2	thoŋ2	thoŋ2	thoŋ2	thoŋ2	thoŋ2
邛崃	toŋ4	thoŋ1	thoŋ2	thoŋ2	thoŋ2	thoŋ2	thoŋ2	thoŋ2
新津	toŋ4	thoŋ1	thoŋ2	thoŋ2	thoŋ2	thoŋ2	thoŋ2	thoŋ2
蒲江	toŋ4	thoŋ1	thoŋ2	thoŋ2	thoŋ2	thoŋ2	thoŋ2	thoŋ2
彭山	toŋ4	thoŋ1	thoŋ2	thoŋ2	thoŋ2	thoŋ2	thoŋ2	thoŋ2
眉山	toŋ4	thoŋ1	thoŋ2	thoŋ2	thoŋ2	thoŋ2	thoŋ2	thoŋ2
丹棱	toŋ4	thoŋ1	thoŋ2	thoŋ2	thoŋ2	thoŋ2	thoŋ2	thoŋ2
洪雅	toŋ4	thoŋ1	thoŋ2	thoŋ2	thoŋ2	thoŋ2	thoŋ2	thoŋ2
青神	toŋ4	thoŋ1	thoŋ2	thoŋ2	thoŋ2	thoŋ2	thoŋ2	thoŋ2
夹江	toŋ4	thoŋ1	thoŋ2	thoŋ2	thoŋ2	thoŋ2	thoŋ2	thoŋ2
峨眉山	toŋ4	thoŋ1	thoŋ2	thoŋ2	thoŋ2	thoŋ2	thoŋ2	thoŋ2
乐山	toŋ4	thoŋ1	thoŋ2	thoŋ2	thoŋ2	thoŋ2	thoŋ2	thoŋ2
犍为	toŋ4	thoŋ1	thoŋ2	thoŋ2	thoŋ2	thoŋ2	thoŋ2	thoŋ2

字目	洞	通	同	铜	桐	筒	童	瞳
反切	徒弄	他红	徒红	徒红	徒红	徒红	徒红	徒红
声韵调	通合一 定东去	通合一 透东平	通合一 定东平	通合一 定东平	通合一 定东平	通合一 定东平	通合一 定东平	通合一 定东平
中古音	duŋ-	thuŋ	duŋ	duŋ	duŋ	duŋ	duŋ	duŋ
沐川	toŋ4	thoŋ1	thoŋ2	thoŋ2	thoŋ2	thoŋ2	thoŋ2	thoŋ2
峨边	toŋ4	thoŋ1	thoŋ2	thoŋ2	thoŋ2	thoŋ2	thoŋ2	thoŋ2
雅安	toŋ4	thoŋ1	thoŋ2	thoŋ2	thoŋ2	thoŋ2	thoŋ2	thoŋ2
名山	toŋ4	thoŋ1	thoŋ2	thoŋ2	thoŋ2	thoŋ2	thoŋ2	thoŋ2
天全	toŋ4	thoŋ1	thoŋ2	thoŋ2	thoŋ2	thoŋ2	thoŋ2	thoŋ2
芦山	toŋ4	thoŋ1	thoŋ2	thoŋ2	thoŋ2	thoŋ2	thoŋ2	thoŋ2
宝兴	toŋ4	thoŋ1	thoŋ2	thoŋ2	thoŋ2	thoŋ2	thoŋ2	thoŋ2
荥经	toŋ4	thoŋ1	thoŋ2	thoŋ2	thoŋ2	thoŋ2	thoŋ2	thoŋ2
汉源	toŋ4	thoŋ1	thoŋ2	thoŋ2	thoŋ2	thoŋ2	thoŋ2	thoŋ2
石棉	toŋ4	thoŋ1	thoŋ2	thoŋ2	thoŋ2	thoŋ2	thoŋ2	thoŋ2
内江	toŋ4	thoŋ1	thoŋ2	thoŋ2	thoŋ2	thoŋ2	thoŋ2	thoŋ2
威远	toŋ4	thoŋ1	thoŋ2	thoŋ2	thoŋ2	thoŋ2	thoŋ2	thoŋ2
荣县	toŋ4	thoŋ1	thoŋ2	thoŋ2	thoŋ2	thoŋ2	thoŋ2	thoŋ2
自贡	toŋ4	thoŋ1	thoŋ2	thoŋ2	thoŋ2	thoŋ2	thoŋ2	thoŋ2
富顺	toŋ4	thoŋ1	thoŋ2	thoŋ2	thoŋ2	thoŋ2	thoŋ2	thoŋ2
隆昌	toŋ4	thoŋ1	thoŋ2	thoŋ2	thoŋ2	thoŋ2	thoŋ2	thoŋ2
泸县	toŋ4	thoŋ1	thoŋ2	thoŋ2	thoŋ2	thoŋ2	thoŋ2	thoŋ2
泸州	toŋ4	thoŋ1	thoŋ2	thoŋ2	thoŋ2	thoŋ2	thoŋ2	thoŋ2
南溪	toŋ4	thoŋ1	thoŋ2	thoŋ2	thoŋ2	thoŋ2	thoŋ2	thoŋ2
合江	toŋ4	thoŋ1	thoŋ2	thoŋ2	thoŋ2	thoŋ2	thoŋ2	thoŋ2

字目	桶	统	痛	农	脓	浓①	笼鸟笼	聋
反切	他孔	他综	他贡	奴冬	奴冬	女容	卢红	卢红
声韵调	通合一 透东上	通合一 透冬去	通合一 透东去	通合一 泥冬平	通合一 泥冬平	通合三 泥钟平	通合一 来东平	通合一 来东平
中古音	thuŋ:	thuoŋ-	thuŋ-	nuoŋ	nuoŋ	nɨoŋ	luŋ	luŋ
成都	thoŋ3	thoŋ3	thoŋ4	noŋ2	noŋ2	noŋ2	noŋ2	noŋ1
彭州	thoŋ3	thoŋ3	thoŋ4	noŋ2	noŋ2	noŋ2	noŋ2	noŋ1
郫县	thoŋ3	thoŋ3	thoŋ4	loŋ2	loŋ2	loŋ2	loŋ2	loŋ1
广汉	thoŋ3	thoŋ3	thoŋ4	loŋ2	loŋ2	loŋ2	loŋ2	loŋ1
都江堰河东	thoŋ3	thoŋ3	thoŋ4	noŋ2	noŋ2	noŋ2	noŋ2	noŋ1
都江堰河西	thoŋ3	thoŋ3	thoŋ4	noŋ2	noŋ2	noŋ2	noŋ2	noŋ1
崇州	thoŋ3	thoŋ3	thoŋ4	noŋ2	noŋ2	noŋ2	noŋ2	noŋ1
大邑	thoŋ3	thoŋ3	thoŋ4	noŋ2	noŋ2	noŋ2	noŋ2	noŋ1
邛崃	thoŋ3	thoŋ3	thoŋ4	noŋ2	noŋ2	noŋ2	noŋ2	noŋ1
新津	thoŋ3	thoŋ3	thoŋ4	noŋ2	noŋ2	noŋ2	noŋ2	noŋ1
蒲江	thoŋ3	thoŋ3	thoŋ4	loŋ2	loŋ2	loŋ2	loŋ2	loŋ1
彭山	thoŋ3	thoŋ3	thoŋ4	noŋ2	noŋ2	noŋ2	noŋ2	noŋ1 noŋ2
眉山	thoŋ3	thoŋ3	thoŋ4	noŋ2	noŋ2	noŋ2	noŋ2	noŋ1 noŋ2
丹棱	thoŋ3	thoŋ3	thoŋ4	noŋ2	noŋ2	noŋ2	noŋ2	noŋ2
洪雅	thoŋ3	thoŋ3	thoŋ4	noŋ2	noŋ2	noŋ2	noŋ2	noŋ1 noŋ2
青神	thoŋ3	thoŋ3	thoŋ4	loŋ2	loŋ2	loŋ2	loŋ2	loŋ1 loŋ2
夹江	thoŋ3	thoŋ3	thoŋ4	noŋ2	noŋ2	noŋ2	noŋ2	noŋ1
峨眉山	thoŋ3	thoŋ3	thoŋ4	noŋ2	noŋ2	noŋ2	noŋ2	noŋ1
乐山	thoŋ3	thoŋ3	thoŋ4	loŋ2	loŋ2	loŋ2	loŋ2	loŋ1
犍为	thoŋ3	thoŋ3	thoŋ4	loŋ2	loŋ2	loŋ2	loŋ2	loŋ1

① 又*奴冬切，通合一泥冬平。

字目	桶	统	痛	农	脓	浓[1]	笼鸟笼	聋
反切	他孔	他综	他贡	奴冬	奴冬	女容	卢红	卢红
声韵调	通合一 透东上	通合一 透冬去	通合一 透东去	通合一 泥冬平	通合一 泥冬平	通合三 泥钟平	通合一 来东平	通合一 来东平
中古音	thuŋ:	thuoŋ-	thuŋ-	nuoŋ	nuoŋ	nɨoŋ	luŋ	luŋ
沐川	thoŋ3	thoŋ3	thoŋ4	loŋ2	loŋ2	loŋ2	loŋ2	loŋ1
峨边	thoŋ3	thoŋ3	thoŋ4	loŋ2	loŋ2	loŋ2	loŋ2	loŋ1
雅安	thoŋ3	thoŋ3	thoŋ4	noŋ2	noŋ2	noŋ2	noŋ2	noŋ1
名山	thoŋ3	thoŋ3	thoŋ4	loŋ2	loŋ2	loŋ2	loŋ2	loŋ2
天全	thoŋ3	thoŋ3	thoŋ4	loŋ2	loŋ2	loŋ2	loŋ2	loŋ1
芦山	thoŋ3	thoŋ3	thoŋ4	noŋ2	noŋ2	noŋ2	noŋ2	noŋ2
宝兴	thoŋ3	thoŋ3	thoŋ4	noŋ2	noŋ2	noŋ2	noŋ2	noŋ1
荥经	thoŋ3	thoŋ3	thoŋ4	loŋ2	loŋ2	loŋ2	loŋ2	loŋ1
汉源	thoŋ3	thoŋ3	thoŋ4	noŋ2	noŋ2	noŋ2	noŋ2	noŋ2
石棉	thoŋ3	thoŋ3	thoŋ4	loŋ2	loŋ2	loŋ2	loŋ2	loŋ2
内江	thoŋ3	thoŋ3	thoŋ4	noŋ2	noŋ2	noŋ2	noŋ2	noŋ2
威远	thoŋ3	thoŋ3	thoŋ4	noŋ2	noŋ2	noŋ2	noŋ2	noŋ1 noŋ2
荣县	thoŋ3	thoŋ3	thoŋ4	noŋ2	noŋ2	noŋ2	noŋ2	noŋ2
自贡	thoŋ3	thoŋ3	thoŋ4	loŋ2	loŋ2	loŋ2	loŋ2	loŋ1
富顺	thoŋ3	thoŋ3	thoŋ4	loŋ2	loŋ2	loŋ2	loŋ2	loŋ1
隆昌	thoŋ3	thoŋ3	thoŋ4	loŋ2	loŋ2	loŋ2	loŋ2	loŋ1
泸县	thoŋ3	thoŋ3	thoŋ4	loŋ2	loŋ2	loŋ2	loŋ2	loŋ1 loŋ2
泸州	thoŋ3	thoŋ3	thoŋ4	loŋ2	loŋ2	loŋ2	loŋ2	loŋ1 loŋ2
南溪	thoŋ3	thoŋ3	thoŋ4	loŋ2	loŋ2	loŋ2	loŋ2	loŋ1 loŋ2
合江	thoŋ3	thoŋ3	thoŋ4	loŋ2	loŋ2	loŋ2	loŋ2	loŋ2

① 又*奴冬切，通合一泥冬平。

字目	隆	龙	笼笼罩	拢	陇	垄	弄弄坏	棕
反切	力中	力钟	力董	力董	力踵	力踵	卢贡	子红
声韵调	通合三 来东平	通合三 来钟平	通合一 来东上	通合一 来东上	通合三 来钟上	通合三 来钟上	通合一 来东去	通合一 精东平
中古音	lɪuŋ	lɪoŋ	luŋ:	luŋ:	lɪoŋ:	lɪoŋ:	luŋ-	tsuŋ
成都	noŋ2	noŋ2	noŋ3	noŋ3	noŋ3	noŋ3	noŋ4 noŋ1 口	tsoŋ1
彭州	noŋ2	noŋ2	noŋ3	noŋ3	noŋ3	noŋ3	noŋ4 noŋ1 口	tsoŋ1
郫县	loŋ2	loŋ2	loŋ3	loŋ3	loŋ3	loŋ3	loŋ4 loŋ1 口	tsoŋ1
广汉	loŋ2	loŋ2	loŋ3	loŋ3	loŋ3	loŋ3	loŋ4 loŋ1	tsoŋ1
都江堰河东	noŋ2	noŋ2	noŋ3	noŋ3	noŋ3	noŋ3	noŋ4 noŋ1 口	tsoŋ1
都江堰河西	noŋ2	noŋ2	noŋ3	noŋ3	noŋ3	noŋ3	noŋ4 noŋ1 口	tsoŋ1
崇州	noŋ2	noŋ2	noŋ3	noŋ3	noŋ3	noŋ3	noŋ4 noŋ1 口	tsoŋ1
大邑	noŋ2	noŋ2	noŋ3	noŋ3	noŋ2 noŋ3	noŋ2 noŋ3	noŋ1 noŋ4 新	tsoŋ1
邛崃	noŋ2	noŋ2	noŋ3	noŋ3	noŋ3	noŋ3	noŋ1 noŋ4 新	tsoŋ1
新津	noŋ2	noŋ2	noŋ3	noŋ3	noŋ3	noŋ3	noŋ4 noŋ1 口	tsoŋ1
蒲江	loŋ2	loŋ2	loŋ3	loŋ3	loŋ3	loŋ3	loŋ1 loŋ4 新	tsoŋ1
彭山	noŋ2	noŋ2	noŋ3	noŋ3	noŋ3	noŋ3	noŋ4 noŋ1 口	tsoŋ1
眉山	noŋ2	noŋ2	noŋ3	noŋ3	noŋ3	noŋ3	noŋ4 noŋ1 口	tsoŋ1
丹棱	noŋ2	noŋ2	noŋ3	noŋ3	noŋ3	noŋ3	noŋ4 noŋ1 口	tsoŋ1
洪雅	noŋ2	noŋ2	noŋ3	noŋ3	noŋ3	noŋ3	noŋ4 noŋ1 口	tsoŋ1
青神	loŋ2	loŋ2	loŋ3	loŋ3	loŋ3	loŋ3	loŋ4 loŋ1 口	tsoŋ1
夹江	noŋ2	noŋ2	noŋ3	noŋ3	noŋ3	noŋ3	noŋ4 noŋ1 口	tsoŋ1
峨眉山	noŋ2	noŋ2	noŋ3	noŋ3	noŋ3	noŋ3	noŋ4 noŋ1 口	tsoŋ1
乐山	loŋ2	loŋ2	loŋ3	loŋ3	loŋ3	loŋ3	loŋ4 loŋ1 口	tsoŋ1
犍为	loŋ2	loŋ2	loŋ3	loŋ3	loŋ3	loŋ3	loŋ4 loŋ1 口	tsoŋ1

字目	隆	龙	笼笼罩	拢	陇	垄	弄弄坏	棕
反切	力中	力钟	力董	力董	力踵	力踵	卢贡	子红
声韵调	通合三 来东平	通合三 来钟平	通合一 来东上	通合一 来东上	通合三 来钟上	通合三 来钟上	通合一 来东去	通合一 精东平
中古音	lɨuŋ	lɨoŋ	luŋ:	luŋ:	lɨoŋ:	lɨoŋ:	luŋ-	tsuŋ
沐川	loŋ2	loŋ2	loŋ3	loŋ3	loŋ3	loŋ3	loŋ4 loŋ1 口	tsoŋ1
峨边	loŋ2	loŋ2	loŋ3	loŋ3	loŋ3	loŋ3	loŋ4 loŋ1 口	tsoŋ1
雅安	noŋ2	noŋ2	noŋ3	noŋ3	noŋ3	noŋ3	noŋ4	tsoŋ1
名山	loŋ2	loŋ2	loŋ3	loŋ3	loŋ3	loŋ3	loŋ4 loŋ1 口	tsoŋ1
天全	loŋ2	loŋ2	loŋ3	loŋ3	loŋ3	loŋ3	loŋ4 loŋ1 口	tsoŋ1
芦山	noŋ2	noŋ2	noŋ3	noŋ3	noŋ3	noŋ3	noŋ4	tsoŋ1
宝兴	noŋ2	noŋ2	noŋ3	noŋ3	noŋ3	noŋ3	noŋ4	tsoŋ1
荥经	loŋ2	loŋ2	loŋ3	loŋ3	loŋ3	loŋ3	loŋ4 loŋ1 口	tsoŋ1
汉源	noŋ2	noŋ2	noŋ3	noŋ3	noŋ3	noŋ3	noŋ4 noŋ1 口	tsoŋ1
石棉	loŋ2	loŋ2	loŋ3	loŋ3	loŋ3	loŋ3	loŋ4 loŋ1 口	tsoŋ1
内江	noŋ2	noŋ2	noŋ3	noŋ3	noŋ3	noŋ3	noŋ4	tsoŋ1
威远	noŋ2	noŋ2	noŋ3	noŋ3	noŋ3	noŋ3	noŋ4	tsoŋ1
荣县	noŋ2	noŋ2	noŋ3	noŋ3	noŋ3	noŋ3	noŋ4	tsoŋ1
自贡	loŋ2	loŋ2	loŋ3	loŋ3	loŋ3	loŋ3	loŋ4	tsoŋ1
富顺	loŋ2	loŋ2	loŋ3	loŋ3	loŋ3	loŋ3	loŋ4	tsoŋ1
隆昌	loŋ2	loŋ2	loŋ3	loŋ3	loŋ3	loŋ3	loŋ4	tsoŋ1
泸县	loŋ2	loŋ2	loŋ3	loŋ3	loŋ3	loŋ3	loŋ4 loŋ1 口	tsoŋ1
泸州	loŋ2	loŋ2	loŋ3	loŋ3	loŋ3	loŋ3	loŋ4 loŋ1 口	tsoŋ1
南溪	loŋ2	loŋ2	loŋ3	loŋ3	loŋ3	loŋ3	loŋ4 loŋ1 口	tsoŋ1
合江	loŋ2	loŋ2	loŋ3	loŋ3	loŋ3	loŋ3	loŋ4 loŋ1 口	tsoŋ1

字目	鬃	宗	踪	综	总	粽粽子	纵纵横	纵放纵
反切	子红	作冬	即容	子宋	作孔	作弄	即容	子用
声韵调	通合一 精东平	通合一 精冬平	通合三 精钟平	通合一 精冬去	通合一 精东上	通合一 精东去	通合三 精钟平	通合三 精钟去
中古音	tsuŋ	tsuoŋ	tsɨoŋ	tsuoŋ-	tsuŋ:	tsuŋ-	tsɨoŋ	tsɨoŋ-
成都	tsoŋ1	tsoŋ1	tsoŋ1	tsoŋ1	tsoŋ3	tsoŋ4	tsoŋ4	tsoŋ4
彭州	tsoŋ1	tsoŋ1	tsoŋ1	tsoŋ1	tsoŋ3	tsoŋ4	tsoŋ4	tsoŋ4
郫县	tsoŋ1	tsoŋ1	tsoŋ1	tsoŋ1	tsoŋ3	tsoŋ4	tsoŋ4	tsoŋ4
广汉	tsoŋ1	tsoŋ1	tsoŋ1	tsoŋ1	tsoŋ3	tsoŋ4	tsoŋ4	tsoŋ4
都江堰河东	tsoŋ1	tsoŋ1	tsoŋ1	tsoŋ1	tsoŋ3	tsoŋ4	tsoŋ4	tsoŋ4
都江堰河西	tsoŋ1	tsoŋ1	tsoŋ1	tsoŋ1	tsoŋ3	tsoŋ4	tsoŋ4	tsoŋ4
崇州	tsoŋ1	tsoŋ1	tsoŋ1	tsoŋ1	tsoŋ3	tsoŋ4	tsoŋ4	tsoŋ4
大邑	tsoŋ1	tsoŋ1	tsoŋ1	tsoŋ1	tsoŋ3	tsoŋ4	tsoŋ4	tsoŋ4
邛崃	tsoŋ1	tsoŋ1	tsoŋ1	tsoŋ1	tsoŋ3	tsoŋ4	tsoŋ4	tsoŋ4
新津	tsoŋ1	tsoŋ1	tsoŋ1	tsoŋ1	tsoŋ3	tsoŋ4	tsoŋ4	tsoŋ4
蒲江	tsoŋ1	tsoŋ1	tsoŋ1	tsoŋ1	tsoŋ3	tsoŋ4	tsoŋ4	tsoŋ4
彭山	tsoŋ1	tsoŋ1	tsoŋ1	tsoŋ1	tsoŋ3	tsoŋ4	tsoŋ4	tsoŋ4
眉山	tsoŋ1	tsoŋ1	tsoŋ1	tsoŋ1	tsoŋ3	tsoŋ4	tsoŋ4	tsoŋ4
丹棱	tsoŋ1	tsoŋ1	tsoŋ1	tsoŋ1	tsoŋ3	tsoŋ4	tsoŋ4	tsoŋ4
洪雅	tsoŋ1	tsoŋ1	tsoŋ1	tsoŋ1	tsoŋ3	tsoŋ4	tsoŋ4	tsoŋ4
青神	tsoŋ1	tsoŋ1	tsoŋ1	tsoŋ1	tsoŋ3	tsoŋ4	tsoŋ4	tsoŋ4
夹江	tsoŋ1	tsoŋ1	tsoŋ1	tsoŋ1	tsoŋ3	tsoŋ4	tsoŋ4	tsoŋ4
峨眉山	tsoŋ1	tsoŋ1	tsoŋ1	tsoŋ1	tsoŋ3	tsoŋ4	tsoŋ4	tsoŋ4
乐山	tsoŋ1	tsoŋ1	tsoŋ1	tsoŋ1	tsoŋ3	tsoŋ4	tsoŋ4	tsoŋ4
犍为	tsoŋ1	tsoŋ1	tsoŋ1	tsoŋ1	tsoŋ3	tsoŋ4	tsoŋ4	tsoŋ4

字目	鬃	宗	踪	综	总	粽粽子	纵纵横	纵放纵
反切	子红	作冬	即容	子宋	作孔	作弄	即容	子用
声韵调	通合一 精东平	通合一 精冬平	通合三 精钟平	通合一 精冬去	通合一 精东上	通合一 精东去	通合三 精钟平	通合三 精钟去
中古音	tsuŋ	tsuoŋ	tsɨoŋ	tsuoŋ-	tsuŋ:	tsuŋ-	tsɨoŋ	tsɨoŋ-
沐川	tsoŋ1	tsoŋ1	tsoŋ1	tsoŋ1	tsoŋ3	tsoŋ4	tsoŋ4	tsoŋ4
峨边	tsoŋ1	tsoŋ1	tsoŋ1	tsoŋ1	tsoŋ3	tsoŋ4	tsoŋ4	tsoŋ4
雅安	tsoŋ1	tsoŋ1	tsoŋ1	tsoŋ1	tsoŋ3	tsoŋ4	tsoŋ4	tsoŋ4
名山	tsoŋ1	tsoŋ1	tsoŋ1	tsoŋ1	tsoŋ3	tsoŋ4	tsoŋ4	tsoŋ4
天全	tsoŋ1	tsoŋ1	tsoŋ1	tsoŋ1	tsoŋ3	tsoŋ4	tsoŋ4	tsoŋ4
芦山	tsoŋ1	tsoŋ1	tsoŋ1	tsoŋ1	tsoŋ3	tsoŋ4	tsoŋ4	tsoŋ4
宝兴	tsoŋ1	tsoŋ1	tsoŋ1	tsoŋ1	tsoŋ3	tsoŋ4	tsoŋ4	tsoŋ4
荥经	tsoŋ1	tsoŋ1	tsoŋ1	tsoŋ1	tsoŋ3	tsoŋ4	tsoŋ4	tsoŋ4
汉源	tsoŋ1	tsoŋ1	tsoŋ1	tsoŋ1	tsoŋ3	tsoŋ4	tsoŋ4	tsoŋ4
石棉	tsoŋ1	tsoŋ1	tsoŋ1	tsoŋ1	tsoŋ3	tsoŋ4	tsoŋ4	tsoŋ4
内江	ts̪oŋ1	ts̪oŋ1	ts̪oŋ1	ts̪oŋ1	ts̪oŋ3	ts̪oŋ4	ts̪oŋ4	ts̪oŋ4
威远	tsoŋ1	tsoŋ1	tsoŋ1	tsoŋ1	tsoŋ3	tsoŋ4	tsoŋ4	tsoŋ4
荣县	tsoŋ1	tsoŋ1	tsoŋ1	tsoŋ1	tsoŋ3	tsoŋ4	tsoŋ4	tsoŋ4
自贡	tsoŋ1	tsoŋ1	tsoŋ1	tsoŋ1	tsoŋ3	tsoŋ4	tsoŋ4	tsoŋ4
富顺	tsoŋ1	tsoŋ1	tsoŋ1	tsoŋ1	tsoŋ3	tsoŋ4	tsoŋ4	tsoŋ4
隆昌	tsoŋ1	tsoŋ1	tsoŋ1	tsoŋ1	tsoŋ3	tsoŋ4	tsoŋ4	tsoŋ4
泸县	tsoŋ1	tsoŋ1	tsoŋ1	tsoŋ1	tsoŋ3	tsoŋ4	tsoŋ4	tsoŋ4
泸州	tsoŋ1	tsoŋ1	tsoŋ1	tsoŋ1	tsoŋ3	tsoŋ4	tsoŋ4	tsoŋ4
南溪	tsoŋ1	tsoŋ1	tsoŋ1	tsoŋ1	tsoŋ3	tsoŋ4	tsoŋ4	tsoŋ4
合江	tsoŋ1	tsoŋ1	tsoŋ1	tsoŋ1	tsoŋ3	tsoŋ4	tsoŋ4	tsoŋ4

字目	聪	匆	葱	从从容	从	从服从	松松紧	松松树
反切	仓红	仓红	仓红	七恭	徂红	疾容	私宗	详容
声韵调	通合一 清东平	通合一 清东平	通合一 清东平	通合三 清钟平	通合一 从东平	通合三 从钟平	通合一 心冬平	通合三 邪钟平
中古音	tshuŋ	tshuŋ	tshuŋ	tshɨoŋ	dzuŋ	dzɨoŋ	suoŋ	zɨoŋ
成都	tshoŋ1	tshoŋ1	tshoŋ1	tshoŋ2	tshoŋ2	tshoŋ2	soŋ1	soŋ1
彭州	tshoŋ1	tshoŋ1	tshoŋ1	tshoŋ1	tshoŋ2	tshoŋ2	soŋ1	soŋ1
郫县	tshoŋ1	tshoŋ1	tshoŋ1	tshoŋ2	tshoŋ2	tshoŋ2	soŋ1	soŋ1
广汉	tshoŋ1	tshoŋ1	tshoŋ1	tshoŋ2	tshoŋ2	tshoŋ2	soŋ1	soŋ1
都江堰河东	tshoŋ1	tshoŋ1	tshoŋ1	tshoŋ2	tshoŋ2	tshoŋ2	soŋ1	soŋ1
都江堰河西	tshoŋ1	tshoŋ1	tshoŋ1	tshoŋ2	tshoŋ2	tshoŋ2	soŋ1	soŋ1
崇州	tshoŋ1	tshoŋ1	tshoŋ1	tshoŋ2	tshoŋ2	tshoŋ2	soŋ1	soŋ1
大邑	tshoŋ1	tshoŋ1	tshoŋ1	tshoŋ2	tshoŋ2	tshoŋ2	soŋ1	soŋ1
邛崃	tshoŋ1	tshoŋ1	tshoŋ1	tshoŋ2	tshoŋ2	tshoŋ2	soŋ1	soŋ1
新津	tshoŋ1	tshoŋ1	tshoŋ1	tshoŋ2	tshoŋ2	tshoŋ2	soŋ1	soŋ1
蒲江	tshoŋ1	tshoŋ1	tshoŋ1	tshoŋ2	tshoŋ2	tshoŋ2	soŋ1	soŋ1
彭山	tshoŋ1	tshoŋ1	tshoŋ1	tshoŋ2	tshoŋ2	tshoŋ2	soŋ1	soŋ1
眉山	tshoŋ1	tshoŋ1	tshoŋ1	tshoŋ2	tshoŋ2	tshoŋ2	soŋ1	soŋ1
丹棱	tshoŋ1	tshoŋ1	tshoŋ1	tshoŋ2	tshoŋ2	tshoŋ2	soŋ1	soŋ1
洪雅	tshoŋ1	tshoŋ1	tshoŋ1	tshoŋ2	tshoŋ2	tshoŋ2	soŋ1	soŋ1
青神	tshoŋ1	tshoŋ1	tshoŋ1	tshoŋ2	tshoŋ2	tshoŋ2	soŋ1	soŋ1
夹江	tshoŋ1	tshoŋ1	tshoŋ1	tshoŋ2	tshoŋ2	tshoŋ2	soŋ1	soŋ1
峨眉山	tshoŋ1	tshoŋ1	tshoŋ1	tshoŋ2	tshoŋ2	tshoŋ2	soŋ1	soŋ1
乐山	tshoŋ1	tshoŋ1	tshoŋ1	tshoŋ2	tshoŋ2	tshoŋ2	soŋ1	soŋ1
犍为	tshoŋ1	tshoŋ1	tshoŋ1	tshoŋ2	tshoŋ2	tshoŋ2	soŋ1	soŋ1

字目	聪	匆	葱	从从容	从	从服从	松松紧	松松树
反切	仓红	仓红	仓红	七恭	徂红	疾容	私宗	详容
声韵调	通合一 清东平	通合一 清东平	通合一 清东平	通合三 清钟平	通合一 从东平	通合三 从钟平	通合一 心冬平	通合三 邪钟平
中古音	tshuŋ	tshuŋ	tshuŋ	tshɨoŋ	dzuŋ	dzɨoŋ	suoŋ	zɨoŋ
沐川	tshoŋ1	tshoŋ1	tshoŋ1	tshoŋ2	tshoŋ2	tshoŋ2	soŋ1	soŋ1
峨边	tshoŋ1	tshoŋ1	tshoŋ1	tshoŋ2	tshoŋ2	tshoŋ2	soŋ1	soŋ1
雅安	tshoŋ1	tshoŋ1	tshoŋ1	tshoŋ2	tshoŋ2	tshoŋ2	soŋ1	soŋ1
名山	tshoŋ1	tshoŋ1	tshoŋ1	tshoŋ2	tshoŋ2	tshoŋ2	soŋ1	soŋ1
天全	tshoŋ1	tshoŋ1	tshoŋ1	tshoŋ2	tshoŋ2	tshoŋ2	soŋ1	soŋ1
芦山	tshoŋ1	tshoŋ1	tshoŋ1	tshoŋ2	tshoŋ2	tshoŋ2	soŋ1	soŋ1
宝兴	tshoŋ1	tshoŋ1	tshoŋ1	tshoŋ2	tshoŋ2	tshoŋ2	soŋ1	soŋ1
荥经	tshoŋ1	tshoŋ1	tshoŋ1	tshoŋ2	tshoŋ2	tshoŋ2	soŋ1	soŋ1
汉源	tshoŋ1	tshoŋ1	tshoŋ1	tshoŋ2	tshoŋ2	tshoŋ2	soŋ1	soŋ1
石棉	tshoŋ1	tshoŋ1	tshoŋ1	tshoŋ2	tshoŋ2	tshoŋ2	soŋ1	soŋ1
内江	tshoŋ1	tshoŋ1	tshoŋ1	tshoŋ2	tshoŋ2	tshoŋ2	soŋ1	soŋ1
威远	tshoŋ1	tshoŋ1	tshoŋ1	tshoŋ2	tshoŋ2	tshoŋ2	soŋ1	soŋ1
荣县	tshoŋ1	tshoŋ1	tshoŋ1	tshoŋ2	tshoŋ2	tshoŋ2	soŋ1	soŋ1
自贡	tshoŋ1	tshoŋ1	tshoŋ1	tshoŋ2	tshoŋ2	tshoŋ2	soŋ1	soŋ1
富顺	tshoŋ1	tshoŋ1	tshoŋ1	tshoŋ2	tshoŋ2	tshoŋ2	soŋ1	soŋ1
隆昌	tshoŋ1	tshoŋ1	tshoŋ1	tshoŋ2	tshoŋ2	tshoŋ2	soŋ1	soŋ1
泸县	tshoŋ1	tshoŋ1	tshoŋ1	tshoŋ2	tshoŋ2	tshoŋ2	soŋ1	soŋ1
泸州	tshoŋ1	tshoŋ1	tshoŋ1	tshoŋ2	tshoŋ2	tshoŋ2	soŋ1	soŋ1
南溪	tshoŋ1	tshoŋ1	tshoŋ1	tshoŋ2	tshoŋ2	tshoŋ2	soŋ1	soŋ1
合江	tshoŋ1	tshoŋ1	tshoŋ1	tshoŋ2	tshoŋ2	tshoŋ2	soŋ1	soŋ1

字目	耸	送	宋	诵	颂	讼	中中间	忠
反切	息拱	苏弄	苏统	似用	似用	似用	陟弓	陟弓
声韵调	通合三 心钟上	通合一 心东去	通合一 心冬去	通合三 邪钟去	通合三 邪钟去	通合三 邪钟去	通合三 知东平	通合三 知东平
中古音	sɨoŋ:	suŋ-	suoŋ-	zɨoŋ-	zɨoŋ-	zɨoŋ-	ʈɨuŋ	ʈɨuŋ
成都	soŋ3	soŋ4	soŋ4	soŋ4	soŋ4	soŋ4	tsoŋ1	tsoŋ1
彭州	soŋ3	soŋ4	soŋ4	soŋ4	soŋ4	soŋ4	tsoŋ1	tsoŋ1
郫县	soŋ3	soŋ4	soŋ4	soŋ4	soŋ4	soŋ4	tsoŋ1	tsoŋ1
广汉	soŋ3	soŋ4	soŋ4	soŋ4	soŋ4	soŋ4	tsoŋ1	tsoŋ1
都江堰河东	soŋ3	soŋ4	soŋ4	soŋ4	soŋ4	soŋ4	tsoŋ1	tsoŋ1
都江堰河西	soŋ3	soŋ4	soŋ4	soŋ4	soŋ4	soŋ4	tsoŋ1	tsoŋ1
崇州	soŋ3	soŋ4	soŋ4	soŋ4	soŋ4	soŋ4	tsoŋ1	tsoŋ1
大邑	soŋ3	soŋ4	soŋ4	soŋ4	soŋ4	soŋ4	tsoŋ1	tsoŋ1
邛崃	soŋ3	soŋ4	soŋ4	soŋ4	soŋ4	soŋ4	tsoŋ1	tsoŋ1
新津	soŋ3	soŋ4	soŋ4	soŋ4	soŋ4	soŋ4	tsoŋ1	tsoŋ1
蒲江	soŋ3	soŋ4	soŋ4	soŋ4	soŋ4	soŋ4	tsoŋ1	tsoŋ1
彭山	soŋ3	soŋ4	soŋ4	soŋ4	soŋ4	soŋ4	tsoŋ1	tsoŋ1
眉山	soŋ3	soŋ4	soŋ4	soŋ4	soŋ4	soŋ4	tsoŋ1	tsoŋ1
丹棱	soŋ3	soŋ4	soŋ4	soŋ4	soŋ4	soŋ4	tsoŋ1	tsoŋ1
洪雅	soŋ3	soŋ4	soŋ4	soŋ4	soŋ4	soŋ4	tsoŋ1	tsoŋ1
青神	soŋ3	soŋ4	soŋ4	soŋ4	soŋ4	soŋ4	tsoŋ1	tsoŋ1
夹江	soŋ3	soŋ4	soŋ4	soŋ4	soŋ4	soŋ4	tsoŋ1	tsoŋ1
峨眉山	soŋ3	soŋ4	soŋ4	soŋ4	soŋ4	soŋ4	tsoŋ1	tsoŋ1
乐山	soŋ3	soŋ4	soŋ4	soŋ4	soŋ4	soŋ4	tsoŋ1	tsoŋ1
犍为	soŋ3	soŋ4	soŋ4	soŋ4	soŋ4	soŋ4	tsoŋ1	tsoŋ1

字目	耸	送	宋	诵	颂	讼	中中间	忠
反切	息拱	苏弄	苏统	似用	似用	似用	陟弓	陟弓
声韵调	通合三 心钟上	通合一 心东去	通合一 心冬去	通合三 邪钟去	通合三 邪钟去	通合三 邪钟去	通合三 知东平	通合三 知东平
中古音	sioŋ:	suŋ-	suoŋ-	zioŋ-	zioŋ-	zioŋ-	ʈiuŋ	ʈiuŋ
沐川	soŋ3	soŋ4	soŋ4	soŋ4	soŋ4	soŋ4	tsoŋ1	tsoŋ1
峨边	soŋ3	soŋ4	soŋ4	soŋ4	soŋ4	soŋ4	tsoŋ1	tsoŋ1
雅安	soŋ3	soŋ4	soŋ4	soŋ4	soŋ4	soŋ4	tsoŋ1	tsoŋ1
名山	soŋ3	soŋ4	soŋ4	soŋ4	soŋ4	soŋ4	tsoŋ1	tsoŋ1
天全	soŋ3	soŋ4	soŋ4	soŋ4	soŋ4	soŋ4	tsoŋ1	tsoŋ1
芦山	soŋ3	soŋ4	soŋ4	soŋ4	soŋ4	soŋ4	tsoŋ1	tsoŋ1
宝兴	soŋ3	soŋ4	soŋ4	soŋ4	soŋ4	soŋ4	tsoŋ1	tsoŋ1
荥经	soŋ3	soŋ4	soŋ4	soŋ4	soŋ4	soŋ4	tsoŋ1	tsoŋ1
汉源	soŋ3	soŋ4	soŋ4	soŋ4	soŋ4	soŋ4	tsoŋ1	tsoŋ1
石棉	soŋ3	soŋ4	soŋ4	soŋ4	soŋ4	soŋ4	tsoŋ1	tsoŋ1
内江	soŋ3	soŋ4	ʂoŋ4	ʂoŋ4	ʂoŋ4	ʂoŋ4	tʂoŋ1	tʂoŋ1
威远	soŋ3	soŋ4	soŋ4	soŋ4	soŋ4	soŋ4	tʂoŋ1	tʂoŋ1
荣县	soŋ3	soŋ4	soŋ4	soŋ4	soŋ4	soŋ4	tsoŋ1	tsoŋ1
自贡	soŋ3	soŋ4	soŋ4	soŋ4	soŋ4	soŋ4	tʂoŋ1	tʂoŋ1
富顺	soŋ3	soŋ4	soŋ4	soŋ4	soŋ4	soŋ4	tʂoŋ1	tʂoŋ1
隆昌	soŋ3	soŋ4	soŋ4	soŋ4	soŋ4	soŋ4	tsoŋ1	tʂoŋ1
泸县	soŋ3	soŋ4	soŋ4	soŋ4	soŋ4	soŋ4	tsoŋ1	tsoŋ1
泸州	soŋ3	soŋ4	soŋ4	soŋ4	soŋ4	soŋ4	tsoŋ1	tsoŋ1
南溪	soŋ3	soŋ4	soŋ4	soŋ4	soŋ4	soŋ4	tsoŋ1	tsoŋ1
合江	soŋ3	soŋ4	soŋ4	soŋ4	soŋ4	soŋ4	tsoŋ1	tsoŋ1

字目	衷	终	钟钟表	钟钟爱	盅	种种类	肿	中中弹
反切	陟弓	职戎	职容	职容	职容	之陇	之陇	陟仲
声韵调	通合三 知东平	通合三 章东平	通合三 章钟平	通合三 章钟平	通合三 章钟平	通合三 章钟上	通合三 章钟上	通合三 知东去
中古音	ţɨuŋ	tɕɨuŋ	tɕɨoŋ	tɕɨoŋ	tɕɨoŋ	tɕɨoŋ:	tɕɨoŋ:	ţɨuŋ-
成都	tshoŋ1 tsoŋ1 新	tsoŋ1	tsoŋ1	tsoŋ1	tsoŋ1	tsoŋ3	tsoŋ3	tsoŋ4
彭州	tshoŋ1 tsoŋ1 新	tsoŋ1	tsoŋ1	tsoŋ1	tsoŋ1	tsoŋ3	tsoŋ3	tsoŋ4
郫县	tsoŋ1	tsoŋ1	tsoŋ1	tsoŋ1	tsoŋ1	tsoŋ3	tsoŋ3	tsoŋ4
广汉	tshoŋ1	tsoŋ1	tsoŋ1	tsoŋ1	tsoŋ1	tsoŋ3	tsoŋ3	tsoŋ4
都江堰河东	tshoŋ1 tsoŋ1 新	tsoŋ1	tsoŋ1	tsoŋ1	tsoŋ1	tsoŋ3	tsoŋ3	tsoŋ4
都江堰河西	tshoŋ1 tsoŋ1 新	tsoŋ1	tsoŋ1	tsoŋ1	tsoŋ1	tsoŋ3	tsoŋ3	tsoŋ4
崇州	tshoŋ1 tsoŋ1 新	tsoŋ1	tsoŋ1	tsoŋ1	tsoŋ1	tsoŋ3	tsoŋ3	tsoŋ4
大邑	tshoŋ1 tsoŋ1 新	tsoŋ1	tsoŋ1	tsoŋ1	tsoŋ1	tsoŋ3	tsoŋ3	tsoŋ4
邛崃	tshoŋ1 tsoŋ1 新	tsoŋ1	tsoŋ1	tsoŋ1	tsoŋ1	tsoŋ3	tsoŋ3	tsoŋ4
新津	tshoŋ1 tsoŋ1 新	tsoŋ1	tsoŋ1	tsoŋ1	tsoŋ1	tsoŋ3	tsoŋ3	tsoŋ4
蒲江	tshoŋ1 tsoŋ1 新	tsoŋ1	tsoŋ1	tsoŋ1	tsoŋ1	tsoŋ3	tsoŋ3	tsoŋ4
彭山	tshoŋ1 tsoŋ1 新	tsoŋ1	tsoŋ1	tsoŋ1	tsoŋ1	tsoŋ3	tsoŋ3	tsoŋ4
眉山	tshoŋ1 tsoŋ1 新	tsoŋ1	tsoŋ1	tsoŋ1	tsoŋ1	tsoŋ3	tsoŋ3	tsoŋ4
丹棱	tshoŋ1 tsoŋ1 新	tsoŋ1	tsoŋ1	tsoŋ1	tsoŋ1	tsoŋ3	tsoŋ3	tsoŋ4
洪雅	tshoŋ1 tsoŋ1 新	tsoŋ1	tsoŋ1	tsoŋ1	tsoŋ1	tsoŋ3	tsoŋ3	tsoŋ4
青神	tshoŋ1 tsoŋ1 新	tsoŋ1	tsoŋ1	tsoŋ1	tsoŋ1	tsoŋ3	tsoŋ3	tsoŋ4
夹江	tsoŋ1	tsoŋ1	tsoŋ1	tsoŋ1	tsoŋ1	tsoŋ3	tsoŋ3	tsoŋ4
峨眉山	tsoŋ1	tsoŋ1	tsoŋ1	tsoŋ1	tsoŋ1	tsoŋ3	tsoŋ3	tsoŋ4
乐山	tsoŋ1	tsoŋ1	tsoŋ1	tsoŋ1	tsoŋ1	tsoŋ3	tsoŋ3	tsoŋ4
犍为	tsoŋ1	tsoŋ1	tsoŋ1	tsoŋ1	tsoŋ1	tsoŋ3	tsoŋ3	tsoŋ4

字目	衷	终	钟钟表	钟钟爱	盅	种种类	肿	中中弹
反切	陟弓	职戎	职容	职容	职容	之陇	之陇	陟仲
声韵调	通合三 知东平	通合三 章东平	通合三 章钟平	通合三 章钟平	通合三 章钟平	通合三 章钟上	通合三 章钟上	通合三 知东去
中古音	ȶɨuŋ	tɕɨuŋ	tɕɨoŋ	tɕɨoŋ	tɕɨoŋ	tɕɨoŋ:	tɕɨoŋ:	ȶɨuŋ-
沐川	tshoŋ1 tsoŋ1 新	tsoŋ1	tsoŋ1	tsoŋ1	tsoŋ1	tsoŋ3	tsoŋ3	tsoŋ4
峨边	tshoŋ1	tsoŋ1	tsoŋ1	tsoŋ1	tsoŋ1	tsoŋ3	tsoŋ3	tsoŋ4
雅安	tsoŋ1	tsoŋ1	tsoŋ1	tsoŋ1	tsoŋ1	tsoŋ3	tsoŋ3	tsoŋ4
名山	tshoŋ1 tsoŋ1 新	tsoŋ1	tsoŋ1	tsoŋ1	tsoŋ1	tsoŋ3	tsoŋ3	tsoŋ4
天全	tshoŋ1 tsoŋ1 新	tsoŋ1	tsoŋ1	tsoŋ1	tsoŋ1	tsoŋ3	tsoŋ3	tsoŋ4
芦山	tsoŋ1	tsoŋ1	tsoŋ1	tsoŋ1	tsoŋ1	tsoŋ3	tsoŋ3	tsoŋ4
宝兴	tsoŋ1	tsoŋ1	tsoŋ1	tsoŋ1	tsoŋ1	tsoŋ3	tsoŋ3	tsoŋ4
荥经	tshoŋ1 tsoŋ1 新	tsoŋ1	tsoŋ1	tsoŋ1	tsoŋ1	tsoŋ3	tsoŋ3	tsoŋ4
汉源	tshoŋ1 tsoŋ1 新	tsoŋ1	tsoŋ1	tsoŋ1	tsoŋ1	tsoŋ3	tsoŋ3	tsoŋ4
石棉	tshoŋ1 tsoŋ1 新	tsoŋ1	tsoŋ1	tsoŋ1	tsoŋ1	tsoŋ3	tsoŋ3	tsoŋ4
内江	tʂoŋ1	tʂoŋ1	tʂoŋ1	tʂoŋ1	tsoŋ1	tsoŋ3	tʂoŋ3	tʂoŋ4
威远	tʂoŋ1	tʂoŋ1	tʂoŋ1	tʂoŋ1	tʂoŋ1	tʂoŋ3	tʂoŋ3	tʂoŋ4
荣县	tsoŋ1	tsoŋ1	tsoŋ1	tsoŋ1	tsoŋ1	tsoŋ3	tsoŋ3	tsoŋ4
自贡	tʂoŋ1	tʂoŋ1	tʂoŋ1	tʂoŋ1	tʂoŋ1	tʂoŋ3	tʂoŋ3	tʂoŋ4
富顺	tʂoŋ1	tʂoŋ1	tʂoŋ1	tʂoŋ1	tʂoŋ1	tʂoŋ3	tʂoŋ3	tʂoŋ4
隆昌	tʂoŋ1	tsoŋ1	tsoŋ1	tsoŋ1	tsoŋ1	tsoŋ3	tsoŋ3	tsoŋ4
泸县	tsoŋ1 tshoŋ1 旧	tsoŋ1	tsoŋ1	tsoŋ1	tsoŋ1	tsoŋ3	tsoŋ3	tsoŋ4
泸州	tsoŋ1 tshoŋ1 旧	tsoŋ1	tsoŋ1	tsoŋ1	tsoŋ1	tsoŋ3	tsoŋ3	tsoŋ4
南溪	tsoŋ1 tshoŋ1 旧	tsoŋ1	tsoŋ1	tsoŋ1	tsoŋ1	tsoŋ3	tsoŋ3	tsoŋ4
合江	tshoŋ1 tsoŋ1 新	tsoŋ1	tsoŋ1	tsoŋ1	tsoŋ1	tsoŋ3	tsoŋ3	tsoŋ4

字目	仲	众	重轻重	种种田	充	冲冲锋	舂	虫
反切	直众	之仲	直陇	之用	昌终	尺容	书容	直弓
声韵调	通合三 澄东去	通合三 章东去	通合三 澄钟上	通合三 章钟去	通合三 昌东平	通合三 昌钟平	通合三 书钟平	通合三 澄东平
中古音	ḍiuŋ-	tɕiuŋ-	ḍioŋ:	tɕioŋ-	tɕhiuŋ	tɕhioŋ	ɕioŋ	ḍiuŋ
成都	tsoŋ4	tsoŋ4	tsoŋ4	tsoŋ3 tsoŋ4	tshoŋ1	tshoŋ1	tsoŋ1	tshoŋ2
彭州	tsoŋ4	tsoŋ4	tsoŋ4	tsoŋ3 tsoŋ4	tshoŋ1	tshoŋ1	tsoŋ1	tshoŋ2
郫县	tsoŋ4	tsoŋ4	tsoŋ4	tsoŋ3 tsoŋ4	tshoŋ1	tshoŋ1	tsoŋ1	tshoŋ2
广汉	tsoŋ4	tsoŋ4	tsoŋ4	tsoŋ3 tsoŋ4	tshoŋ1	tshoŋ1	tsoŋ1	tshoŋ2
都江堰河东	tsoŋ4	tsoŋ4	tsoŋ4	tsoŋ3 tsoŋ4	tshoŋ1	tshoŋ1	tsoŋ1	tshoŋ2
都江堰河西	tsoŋ4	tsoŋ4	tsoŋ4	tsoŋ3 tsoŋ4	tshoŋ1	tshoŋ1	tsoŋ1	tshoŋ2
崇州	tsoŋ4	tsoŋ4	tsoŋ4	tsoŋ3 tsoŋ4	tshoŋ1	tshoŋ1	tsoŋ1	tshoŋ2
大邑	tsoŋ4	tsoŋ4	tsoŋ4	tsoŋ3 tsoŋ4	tshoŋ1	tshoŋ1	tsoŋ1	tshoŋ2
邛崃	tsoŋ4	tsoŋ4	tsoŋ4	tsoŋ3 tsoŋ4	tshoŋ1	tshoŋ1	tsoŋ1	tshoŋ2
新津	tsoŋ4	tsoŋ4	tsoŋ4	tsoŋ3 tsoŋ4	tshoŋ1	tshoŋ1	tsoŋ1	tshoŋ2
蒲江	tsoŋ4	tsoŋ4	tsoŋ4	tsoŋ3 tsoŋ4	tshoŋ1	tshoŋ1	tshoŋ1	tshoŋ2
彭山	tsoŋ4	tsoŋ4	tsoŋ4	tsoŋ3 tsoŋ4	tshoŋ1	tshoŋ1	tsoŋ1	tshoŋ2
眉山	tsoŋ4	tsoŋ4	tsoŋ4	tsoŋ3 tsoŋ4	tshoŋ1	tshoŋ1	tsoŋ1	tshoŋ2
丹棱	tsoŋ4	tsoŋ4	tsoŋ4	tsoŋ3 tsoŋ4	tshoŋ1	tshoŋ1	tsoŋ1	tshoŋ2
洪雅	tsoŋ4	tsoŋ4	tsoŋ4	tsoŋ3 tsoŋ4	tshoŋ1	tshoŋ1	tsoŋ1	tshoŋ2
青神	tsoŋ4	tsoŋ4	tsoŋ4	tsoŋ3 tsoŋ4	tshoŋ1	tshoŋ1	tsoŋ1	tshoŋ2
夹江	tsoŋ4	tsoŋ4	tsoŋ4	tsoŋ3	tshoŋ1	tshoŋ1	tsoŋ1	tshoŋ2
峨眉山	tsoŋ4	tsoŋ4	tsoŋ4	tsoŋ3	tshoŋ1	tshoŋ1	tsoŋ1	tshoŋ2
乐山	tsoŋ4	tsoŋ4	tsoŋ4	tsoŋ3	tshoŋ1	tshoŋ1	tsoŋ1	tshoŋ2
犍为	tsoŋ4	tsoŋ4	tsoŋ4	tsoŋ3	tshoŋ1	tshoŋ1	tsoŋ1	tshoŋ2

字目	仲	众	重轻重	种种田	充	冲冲锋	春	虫
反切	直众	之仲	直陇	之用	昌终	尺容	书容	直弓
声韵调	通合三 澄东去	通合三 章东去	通合三 澄钟上	通合三 章钟去	通合三 昌东平	通合三 昌钟平	通合三 书钟平	通合三 澄东平
中古音	ɖiuŋ-	tɕiuŋ-	ɖioŋ:	tɕioŋ-	tɕhiuŋ	tɕhioŋ	ɕioŋ	ɖiuŋ
沐川	tsoŋ4	tsoŋ4	tsoŋ4	tsoŋ3 tsoŋ4	tshoŋ1	tshoŋ1	tsoŋ1	tshoŋ2
峨边	tsoŋ4	tsoŋ4	tsoŋ4	tsoŋ4 tsoŋ3	tshoŋ1	tshoŋ1	tsoŋ1	tshoŋ2
雅安	tsoŋ4	tsoŋ4	tsoŋ4	tsoŋ3	tshoŋ1	tshoŋ1	tsoŋ1	tshoŋ2
名山	tsoŋ4	tsoŋ4	tsoŋ4	tsoŋ3 tsoŋ4	tshoŋ1	tshoŋ1	tsoŋ1	tshoŋ2
天全	tsoŋ4	tsoŋ4	tsoŋ4	tsoŋ3 tsoŋ4	tshoŋ1	tshoŋ1	tsoŋ1	tshoŋ2
芦山	tsoŋ4	tsoŋ4	tsoŋ4	tsoŋ3	tshoŋ1	tshoŋ1	tsoŋ1	tshoŋ2
宝兴	tsoŋ4	tsoŋ4	tsoŋ4	tsoŋ3	tshoŋ1	tshoŋ1	tsoŋ1	tshoŋ2
荥经	tsoŋ4	tsoŋ4	tsoŋ4	tsoŋ3 tsoŋ4	tshoŋ1	tshoŋ1	tsoŋ1	tshoŋ2
汉源	tsoŋ4	tsoŋ4	tsoŋ4	tsoŋ3 tsoŋ4	tshoŋ1	tshoŋ1	tsoŋ1	tshoŋ2
石棉	tsoŋ4	tsoŋ4	tsoŋ4	tsoŋ3 tsoŋ4	tshoŋ1	tshoŋ1	tsoŋ1	tshoŋ2
内江	tʂoŋ4	tʂoŋ4	tʂoŋ4	tʂoŋ3 tʂoŋ4	tshoŋ1	tʂhoŋ1	tshoŋ1	tshoŋ2
威远	tʂoŋ4	tʂoŋ4	tʂoŋ4	tʂoŋ3 tʂoŋ4	tʂhoŋ1	tʂhoŋ1	tʂoŋ1	tʂhoŋ2
荣县	tsoŋ4	tsoŋ4	tsoŋ4	tsoŋ3 tsoŋ4	tshoŋ1	tshoŋ1	tsoŋ1	tshoŋ2
自贡	tʂoŋ4	tʂoŋ4	tʂoŋ4	tʂoŋ3 tʂoŋ4	tʂhoŋ1	tʂhoŋ1	tʂoŋ1	tʂhoŋ2
富顺	tʂoŋ4	tʂoŋ4	tʂoŋ4	tʂoŋ3 tʂoŋ4	tʂhoŋ1	tʂhoŋ1	tʂoŋ1	tʂhoŋ2
隆昌	tsoŋ4	tsoŋ4	tsoŋ4	tsoŋ3	tshoŋ1	tshoŋ1	tsoŋ1	tshoŋ2
泸县	tsoŋ4	tsoŋ4	tsoŋ4	tsoŋ3 tsoŋ4	tshoŋ1	tshoŋ1	tsoŋ1	tshoŋ2
泸州	tsoŋ4	tsoŋ4	tsoŋ4	tsoŋ3 tsoŋ4	tshoŋ1	tshoŋ1	tsoŋ1	tshoŋ2
南溪	tsoŋ4	tsoŋ4	tsoŋ4	tsoŋ3 tsoŋ4	tshoŋ1	tshoŋ1	tsoŋ1	tshoŋ2
合江	tsoŋ4	tsoŋ4	tsoŋ4	tsoŋ3 tsoŋ4	tshoŋ1	tshoŋ1	tsoŋ1	tshoŋ2

字目	崇	重重复	宠	荣	戎	绒	茸	融
反切	锄弓	直容	丑陇	永兵	如融	如融	而容	以戎
声韵调	通合三 崇东平	通合三 澄钟平	通合三 彻钟上	梗合三 云庚平	通合三 日东平	通合三 日东平	通合三 日钟平	通合三 以东平
中古音	dʒiuŋ	ḍioŋ	ṭhioŋ:	ɦiwɣiæŋ	ȵʑiuŋ	ȵʑiuŋ	ȵʑioŋ	jiuŋ
成都	tshoŋ2	tshoŋ2	tshoŋ3	ioŋ2 yn2 旧	zoŋ2 ioŋ2 旧	zoŋ2	zoŋ2	ioŋ2
彭州	tshoŋ2	tshoŋ2	tshoŋ3	ioŋ2 yn2 旧	zoŋ2 ioŋ2 旧	zoŋ2	zoŋ2	ioŋ2
郫县	tshoŋ2	tshoŋ2	tshoŋ3	yn2 zoŋ2 新	zoŋ2 ioŋ2 旧	zoŋ2	zoŋ2	ioŋ2
广汉	tshoŋ2	tshoŋ2	tshoŋ3	yn2 ioŋ2	zoŋ2	zoŋ2	zoŋ2	ioŋ2
都江堰河东	tshoŋ2	tshoŋ2	tshoŋ3	ioŋ2 yn2 旧	zoŋ2 ioŋ2 旧	zoŋ2	zoŋ2	ioŋ2
都江堰河西	tshoŋ2	tshoŋ2	tshoŋ3	ioŋ2 yn2 旧	zoŋ2 ioŋ2 旧	zoŋ2	zoŋ2	ioŋ2
崇州	tshoŋ2	tshoŋ2	tshoŋ3	ioŋ2 yn2 旧	zoŋ2 ioŋ2 旧	zoŋ2	zoŋ2	ioŋ2
大邑	tshoŋ2	tshoŋ2	tshoŋ3	ioŋ2 yn2 旧	zoŋ2 ioŋ2 旧	zoŋ2	zoŋ2	ioŋ2 zoŋ2 新
邛崃	tshoŋ2	tshoŋ2	tshoŋ3	yoŋ2 yn2 旧	zoŋ2 yoŋ2 旧	zoŋ2	zoŋ2	yoŋ2 zoŋ2 新
新津	tshoŋ2	tshoŋ2	tshoŋ3	ioŋ2 yn2 旧	zoŋ2 ioŋ2 旧	zoŋ2	zoŋ2	ioŋ2 zoŋ2 新
蒲江	tshoŋ2	tshoŋ2	tshoŋ3	ioŋ2 yn2 旧	zoŋ2 ioŋ2 旧	zoŋ2	zoŋ2	ioŋ2 zoŋ2
彭山	tshoŋ2	tshoŋ2	tshoŋ3	ioŋ2 yn2 旧	zoŋ2 ioŋ2 旧	zoŋ2	zoŋ2	zoŋ2 ioŋ2 旧
眉山	tshoŋ2	tshoŋ2	tshoŋ3	ioŋ2 yn2 旧	zoŋ2 ioŋ2 旧	zoŋ2	zoŋ2	ioŋ2
丹棱	tshoŋ2	tshoŋ2	tshoŋ3	ioŋ2 yn2 旧	zoŋ2 ioŋ2 旧	zoŋ2	zoŋ2	ioŋ2
洪雅	tshoŋ2	tshoŋ2	tshoŋ3	ioŋ2 yn2 旧	zoŋ2 ioŋ2 旧	zoŋ2 ioŋ2 旧	zoŋ2	ioŋ2
青神	tshoŋ2	tshoŋ2	tshoŋ3	ioŋ2 yn2 旧	zoŋ2 ioŋ2 旧	zoŋ2	zoŋ2	ioŋ2
夹江	tshoŋ2	tshoŋ2	tshoŋ3	zoŋ2 yn2 旧	zoŋ2 yoŋ2 旧	zoŋ2	zoŋ2	yoŋ2 zoŋ2 新
峨眉山	tshoŋ2	tshoŋ2	tshoŋ3	zoŋ2 yn2 旧	zoŋ2 ioŋ2 旧	zoŋ2	zoŋ2	ioŋ2 zoŋ2 新
乐山	tshoŋ2	tshoŋ2	tshoŋ3	zoŋ2 yn2 旧	zoŋ2 ioŋ2 旧	zoŋ2	zoŋ2	ioŋ2 zoŋ2 新
犍为	tshoŋ2	tshoŋ2	tshoŋ3	zoŋ2 yn2 旧	zoŋ2 ioŋ2 旧	zoŋ2	zoŋ2	ioŋ2 zoŋ2 新

字目	崇	重重复	宠	荣	戎	绒	茸	融
反切	锄弓	直容	丑陇	永兵	如融	如融	而容	以戎
声韵调	通合三 崇东平	通合三 澄钟平	通合三 彻钟上	梗合三 云庚平	通合三 日东平	通合三 日东平	通合三 日钟平	通合三 以东平
中古音	dʒɨuŋ	ɖɨoŋ	ʈhɨoŋ:	ɦwɣiæŋ	ȵʑɨuŋ	ȵʑɨuŋ	ȵʑɨoŋ	jɨuŋ
沐川	tshoŋ2	tshoŋ2	tshoŋ3	ioŋ2 yn2 旧	zoŋ2 ioŋ2 旧	zoŋ2	zoŋ2	ioŋ2
峨边	tshoŋ2	tshoŋ2	tshoŋ3	yn2	zoŋ2	zoŋ2	zoŋ2	ioŋ2
雅安	tshoŋ2	tshoŋ2	tshoŋ3	yn2	zoŋ2 ioŋ2 旧	zoŋ2	zoŋ2	ioŋ2
名山	tshoŋ2	tshoŋ2	tshoŋ3	ioŋ2 yn2 旧	zoŋ2 ioŋ2 旧	zoŋ2	zoŋ2	ioŋ2 zoŋ2 新
天全	tshoŋ2	tshoŋ2	tshoŋ3	ioŋ2 yn2 旧	zoŋ2 ioŋ2 旧	zoŋ2	zoŋ2	ioŋ2
芦山	tshoŋ2	tshoŋ2	tshoŋ3	yn2	zoŋ2 ioŋ2 旧	zoŋ2	zoŋ2	ioŋ2
宝兴	tshoŋ2	tshoŋ2	tshoŋ3	yn2	zoŋ2[2] ioŋ2 旧	zoŋ2	zoŋ2	ioŋ2
荥经	tshoŋ2	tshoŋ2	tshoŋ3	ioŋ2 yn2 旧	zoŋ2 ioŋ2 旧	zoŋ2	zoŋ2	ioŋ2
汉源	tshoŋ2	tshoŋ2	tshoŋ3	ioŋ2 yn2 旧	zoŋ2 ioŋ2 旧	zoŋ2	zoŋ2	ioŋ2 zoŋ2 新
石棉	tshoŋ2	tshoŋ2	tshoŋ3	ioŋ2 yn2 旧	zoŋ2 ioŋ2 旧	zoŋ2	zoŋ2	ioŋ2
内江	tʂhoŋ2	tshoŋ2	tʂhoŋ3	ioŋ2 yn2 旧	ʐoŋ2 ioŋ2 旧	ʐoŋ2	ʐoŋ2	ioŋ2
威远	tshoŋ2	tʂhoŋ2	tʂhoŋ3	ioŋ2 yn2 旧	ʐoŋ2 ioŋ2 旧	ʐoŋ2 ioŋ2 旧	ʐoŋ2 ioŋ2 旧	ioŋ2
荣县	tshoŋ2	tshoŋ2	tshoŋ3	ioŋ2 yn2 旧	zoŋ2 ioŋ2 旧	zoŋ2 ioŋ2 旧	zoŋ2	ioŋ2
自贡	tshoŋ2	tʂhoŋ2	tʂhoŋ3	yn2	ʐoŋ2	ʐoŋ2	ʐoŋ2	ʐoŋ2
富顺	tshoŋ2	tʂhoŋ2	tʂhoŋ3	yn2	ʐoŋ2	ʐoŋ2	ʐoŋ2	ioŋ2
隆昌	tshoŋ2	tshoŋ2	tshoŋ3	yn2	ʐoŋ2	ʐoŋ2	ʐoŋ2	ʐoŋ2
泸县	tshoŋ2	tshoŋ2	tshoŋ3	yn2[1] ioŋ2 新	zoŋ2 ioŋ2 旧	zoŋ2	zoŋ2	ioŋ2
泸州	tshoŋ2	tshoŋ2	tshoŋ3	yn2[1] ioŋ2 新	zoŋ2 ioŋ2 旧	zoŋ2	zoŋ2	ioŋ2
南溪	tshoŋ2	tshoŋ2	tshoŋ3	yn2 ioŋ2 新	zoŋ2 ioŋ2 旧	zoŋ2	zoŋ2	ioŋ2
合江	tshoŋ2	tshoŋ2	tshoŋ3	ioŋ2 yn2 旧	zoŋ2 ioŋ2 旧	zoŋ2	zoŋ2	ioŋ2

① 又音 zoŋ2。 ② 又音 ioŋ4。

字目	容	溶	熔	公	工	功	攻	弓
反切	余封	余封	余封	古红	古红	古红	古红	居戎
声韵调	通合三 以钟平	通合三 以钟平	通合三 以钟平	通合一 见东平	通合一 见东平	通合一 见东平	通合一 见东平	通合三 见东平
中古音	jɨoŋ	jɨoŋ	jɨoŋ	kuŋ	kuŋ	kuŋ	kuŋ	kɨuŋ
成都	ioŋ2	ioŋ2	ioŋ2	koŋ1	koŋ1	koŋ1	koŋ1	koŋ1
彭州	ioŋ2	ioŋ2	ioŋ2	koŋ1	koŋ1	koŋ1	koŋ1	koŋ1
郫县	ioŋ2	ioŋ2	ioŋ2	koŋ1	koŋ1	koŋ1	koŋ1	koŋ1
广汉	ioŋ2	ioŋ2	ioŋ2	koŋ1	koŋ1	koŋ1	koŋ1	koŋ1
都江堰河东	ioŋ2	ioŋ2	ioŋ2	koŋ1	koŋ1	koŋ1	koŋ1	koŋ1
都江堰河西	ioŋ2	ioŋ2	ioŋ2	koŋ1	koŋ1	koŋ1	koŋ1	koŋ1
崇州	ioŋ2	ioŋ2	ioŋ2	koŋ1	koŋ1	koŋ1	koŋ1	koŋ1
大邑	ioŋ2 zoŋ2 新	ioŋ2	ioŋ2	koŋ1	koŋ1	koŋ1	koŋ1	koŋ1
邛崃	yoŋ2 zoŋ2 新	yoŋ2	yoŋ2	koŋ1	koŋ1	koŋ1	koŋ1	koŋ1
新津	ioŋ2 zoŋ2 新	ioŋ2	ioŋ2	koŋ1	koŋ1	koŋ1	koŋ1	koŋ1
蒲江	ioŋ2 zoŋ2 新	ioŋ2	ioŋ2	koŋ1	koŋ1	koŋ1	koŋ1	koŋ1
彭山	ioŋ2	zoŋ2 ioŋ2 旧	ioŋ2	koŋ1	koŋ1	koŋ1	koŋ1	koŋ1
眉山	ioŋ2	ioŋ2	ioŋ2	koŋ1	koŋ1	koŋ1	koŋ1	koŋ1
丹棱	ioŋ2	ioŋ2	ioŋ2	koŋ1	koŋ1	koŋ1	koŋ1	koŋ1
洪雅	ioŋ2	ioŋ2	ioŋ2	koŋ1	koŋ1	koŋ1	koŋ1	koŋ1
青神	ioŋ2	ioŋ2	ioŋ2	koŋ1	koŋ1	koŋ1	koŋ1	koŋ1
夹江	yoŋ2	yoŋ2	yoŋ2	koŋ1	koŋ1	koŋ1	koŋ1	koŋ1
峨眉山	ioŋ2	ioŋ2	ioŋ2	koŋ1	koŋ1	koŋ1	koŋ1	koŋ1
乐山	ioŋ2	ioŋ2	ioŋ2	koŋ1	koŋ1	koŋ1	koŋ1	koŋ1
犍为	ioŋ2	ioŋ2	ioŋ2	koŋ1	koŋ1	koŋ1	koŋ1	koŋ1

字目	容	溶	熔	公	工	功	攻	弓
反切	余封	余封	余封	古红	古红	古红	古红	居戎
声韵调	通合三 以钟平	通合三 以钟平	通合三 以钟平	通合一 见东平	通合一 见东平	通合一 见东平	通合一 见东平	通合三 见东平
中古音	jɨoŋ	jɨoŋ	jɨoŋ	kuŋ	kuŋ	kuŋ	kuŋ	kɨuŋ
沐川	ioŋ2	ioŋ2	ioŋ2	koŋ1	koŋ1	koŋ1	koŋ1	koŋ1
峨边	ioŋ2	ioŋ2	ioŋ2	koŋ1	koŋ1	koŋ1	koŋ1	koŋ1
雅安	ioŋ2	ioŋ2	ioŋ2	koŋ1	koŋ1	koŋ1	koŋ1	koŋ1
名山	ioŋ2	ioŋ2	ioŋ2	koŋ1	koŋ1	koŋ1	koŋ1	koŋ1
天全	ioŋ2	ioŋ2	ioŋ2	koŋ1	koŋ1	koŋ1	koŋ1	koŋ1
芦山	ioŋ2	ioŋ2	ioŋ2	koŋ1	koŋ1	koŋ1	koŋ1	koŋ1
宝兴	ioŋ2	ioŋ2	ioŋ2	koŋ1	koŋ1	koŋ1	koŋ1	koŋ1
荥经	ioŋ2	ioŋ2	ioŋ2	koŋ1	koŋ1	koŋ1	koŋ1	koŋ1
汉源	ioŋ2	ioŋ2	ioŋ2	koŋ1	koŋ1	koŋ1	koŋ1	koŋ1
石棉	ioŋ2	ioŋ2	ioŋ2	koŋ1	koŋ1	koŋ1	koŋ1	koŋ1
内江	ioŋ2	ioŋ2	ioŋ2	koŋ1	koŋ1	koŋ1	koŋ1	koŋ1
威远	ioŋ2	ioŋ2	ioŋ2	koŋ1	koŋ1	koŋ1	koŋ1	koŋ1
荣县	ioŋ2	ioŋ2	ioŋ2	koŋ1	koŋ1	koŋ1	koŋ1	koŋ1
自贡	ioŋ2	ioŋ2	ioŋ2	koŋ1	koŋ1	koŋ1	koŋ1	koŋ1
富顺	ioŋ2	ioŋ2	ioŋ2	koŋ1	koŋ1	koŋ1	koŋ1	koŋ1
隆昌	ioŋ2	ioŋ2	ioŋ2	koŋ1	koŋ1	koŋ1	koŋ1	koŋ1
泸县	ioŋ2	ioŋ2	ioŋ2	koŋ1	koŋ1	koŋ1	koŋ1	koŋ1
泸州	ioŋ2	ioŋ2	ioŋ2	koŋ1	koŋ1	koŋ1	koŋ1	koŋ1
南溪	ioŋ2	ioŋ2	ioŋ2	koŋ1	koŋ1	koŋ1	koŋ1	koŋ1
合江	ioŋ2	ioŋ2	ioŋ2	koŋ1	koŋ1	koŋ1	koŋ1	koŋ1

字目	躬	宫	恭	供供不起	汞	拱	巩	贡
反切	居戎	居戎	九容	九容	胡孔	居悚	居悚	古送
声韵调	通合三 见东平	通合三 见东平	通合三 见钟平	通合三 见钟平	通合一 匣东上	通合三 见钟上	通合三 见钟上	通合一 见东去
中古音	kɨuŋ	kɨuŋ	kɨoŋ	kɨoŋ	ɦuŋ:	kɨoŋ:	kɨoŋ:	kuŋ-
成都	koŋ1 tɕioŋ1 口	koŋ1	koŋ1	koŋ1	koŋ3	koŋ3	koŋ3	koŋ4
彭州	koŋ1 tɕioŋ1 口	koŋ1	koŋ1	koŋ1	koŋ3	koŋ3	koŋ3	koŋ4
郫县	koŋ1 tɕioŋ1 口	koŋ1	koŋ1	koŋ1	koŋ3	koŋ3	koŋ3	koŋ4
广汉	koŋ1 tɕioŋ1 口	koŋ1	koŋ1	koŋ1	koŋ3	koŋ3	koŋ3	koŋ4
都江堰河东	koŋ1 tɕioŋ1 口	koŋ1	koŋ1	koŋ1	koŋ3	koŋ3	koŋ3	koŋ4
都江堰河西	koŋ1 tɕioŋ1 口	koŋ1	koŋ1	koŋ1	koŋ3	koŋ3	koŋ3	koŋ4
崇州	koŋ1 tɕioŋ1 口	koŋ1	koŋ1	koŋ1	koŋ3	koŋ3	koŋ3	koŋ4
大邑	koŋ1 tɕioŋ1 口	koŋ1	koŋ1	koŋ1	koŋ3	koŋ3	koŋ3	koŋ4
邛崃	koŋ1 tɕyoŋ1 口	koŋ1	koŋ1	koŋ1	koŋ3	koŋ3	koŋ3	koŋ4
新津	koŋ1 tɕioŋ1 口	koŋ1	koŋ1	koŋ1	koŋ3	koŋ3	koŋ3	koŋ4
蒲江	koŋ1 tɕioŋ1 口	koŋ1	koŋ1	koŋ1	koŋ3	koŋ3	koŋ3	koŋ4
彭山	koŋ1 tɕioŋ1 口	koŋ1	koŋ1	koŋ1	koŋ3	koŋ3	koŋ3	koŋ4
眉山	koŋ1 tɕioŋ1 口	koŋ1	koŋ1	koŋ1	koŋ3	koŋ3	koŋ3	koŋ4
丹棱	koŋ1 tɕioŋ1 口	koŋ1	koŋ1	koŋ1	koŋ3	koŋ3	koŋ3	koŋ4
洪雅	koŋ1 tɕioŋ1 口	koŋ1	koŋ1	koŋ1	koŋ3	koŋ3	koŋ3	koŋ4
青神	koŋ1	koŋ1	koŋ1	koŋ1	koŋ3	koŋ3	koŋ3	koŋ4
夹江	koŋ1 tɕyoŋ1 口	koŋ1	koŋ1	koŋ1	koŋ3	koŋ3	koŋ3	koŋ4
峨眉山	koŋ1 tɕioŋ1 口	koŋ1	koŋ1	koŋ1	koŋ3	koŋ3	koŋ3	koŋ4
乐山	koŋ1 tɕioŋ1 口	koŋ1	koŋ1	koŋ1	koŋ3	koŋ3	koŋ3	koŋ4
犍为	koŋ1 tɕioŋ1 口	koŋ1	koŋ1	koŋ1	koŋ3	koŋ3	koŋ3	koŋ4

字目	躬	宫	恭	供供不起	汞	拱	巩	贡
反切	居戎	居戎	九容	九容	胡孔	居悚	居悚	古送
声韵调	通合三 见东平	通合三 见东平	通合三 见钟平	通合三 见钟平	通合一 匣东上	通合三 见钟上	通合三 见钟上	通合一 见东去
中古音	kɨuŋ	kɨuŋ	kɨoŋ	kɨoŋ	ɦuŋ:	kɨoŋ:	kɨoŋ:	kuŋ-
沐川	koŋ1 tɕioŋ1 口	koŋ1	koŋ1	koŋ1	koŋ3	koŋ3	koŋ3	koŋ4
峨边	koŋ1 tɕioŋ1 口	koŋ1	koŋ1	koŋ1	koŋ3	koŋ3	koŋ3	koŋ4
雅安	koŋ1	koŋ1	koŋ1	koŋ1	koŋ3	koŋ3	koŋ3	koŋ4
名山	koŋ1 tɕioŋ1 口	koŋ1	koŋ1	koŋ1	koŋ3	koŋ3	koŋ3	koŋ4
天全	koŋ1 tɕioŋ1 口	koŋ1	koŋ1	koŋ1	koŋ3	koŋ3	koŋ3	koŋ4
芦山	koŋ1	koŋ1	koŋ1	koŋ1	koŋ3	koŋ3	koŋ3	koŋ4
宝兴	koŋ1	koŋ1	koŋ1	koŋ1	koŋ3	koŋ3	koŋ3	koŋ4
荥经	koŋ1 tɕioŋ1 口	koŋ1	koŋ1	koŋ1	koŋ3	koŋ3	koŋ3	koŋ4
汉源	koŋ1 tɕioŋ1 口	koŋ1	koŋ1	koŋ1	koŋ3	koŋ3	koŋ3	koŋ4
石棉	koŋ1 tɕioŋ1 口	koŋ1	koŋ1	koŋ1	koŋ3	koŋ3	koŋ3	koŋ4
内江	koŋ1	koŋ1	koŋ1	koŋ1	koŋ3	koŋ3	koŋ3	koŋ4
威远	koŋ1	koŋ1	koŋ1	koŋ1	koŋ3	koŋ3	koŋ3	koŋ4
荣县	koŋ1	koŋ1	koŋ1	koŋ1	koŋ3	koŋ3	koŋ3	koŋ4
自贡	koŋ1	koŋ1	koŋ1	koŋ1	koŋ3	koŋ3	koŋ3	koŋ4
富顺	koŋ1	koŋ1	koŋ1	koŋ1	koŋ3	koŋ3	koŋ3	koŋ4
隆昌	koŋ1	koŋ1	koŋ1	koŋ1	koŋ3	koŋ3	koŋ3	koŋ4
泸县	koŋ1	koŋ1	koŋ1	koŋ1	koŋ3	koŋ3	koŋ3	koŋ4
泸州	koŋ1	koŋ1	koŋ1	koŋ1	koŋ3	koŋ3	koŋ3	koŋ4
南溪	koŋ1	koŋ1	koŋ1	koŋ1	koŋ3	koŋ3	koŋ3	koŋ4
合江	koŋ1 tɕioŋ1 口	koŋ1	koŋ1	koŋ1	koŋ3	koŋ3	koŋ3	koŋ4

字目	供供养	共	空空虚	孔	恐	控	空钻空子	轰
反切	居用	渠用	苦红	康董	丘陇	苦贡	苦贡	呼宏
声韵调	通合三 见钟去	通合三 群钟去	通合一 溪东平	通合一 溪东上	通合三 溪钟上	通合一 溪东去	通合一 溪东去	梗合二 晓耕平
中古音	kɨoŋ-	gɨoŋ-	khuŋ	khuŋ:	khɨoŋ:	khuŋ-	khuŋ-	hwɣɛŋ
成都	koŋ4 koŋ1	koŋ4	khoŋ1	khoŋ3	khoŋ3	khoŋ4	khoŋ4	xoŋ1
彭州	koŋ4	koŋ4	khoŋ1	khoŋ3	khoŋ3	khoŋ4	khoŋ4	xoŋ1
郫县	koŋ4	koŋ4	khoŋ1	khoŋ3	khoŋ3	khoŋ4	khoŋ4	xoŋ1
广汉	koŋ4	koŋ4	khoŋ1	khoŋ3	khoŋ3	khoŋ4	khoŋ4	xoŋ1
都江堰河东	koŋ4	koŋ4	khoŋ1	khoŋ3	khoŋ3	khoŋ4	khoŋ4	xoŋ1
都江堰河西	koŋ4	koŋ4	khoŋ1	khoŋ3	khoŋ3	khoŋ4	khoŋ4	xoŋ1
崇州	koŋ4 koŋ1	koŋ4	khoŋ1	khoŋ3	khoŋ3	khoŋ4	khoŋ4	xoŋ1
大邑	koŋ4	koŋ4	khoŋ1	khoŋ3	khoŋ3	khoŋ4	khoŋ4	xoŋ1
邛崃	koŋ4	koŋ4	khoŋ1	khoŋ3	khoŋ3	khoŋ4	khoŋ4	xoŋ1
新津	koŋ4	koŋ4	khoŋ1	khoŋ3	khoŋ3	khoŋ4	khoŋ4	xoŋ1
蒲江	koŋ4	koŋ4	khoŋ1	khoŋ3	khoŋ3	khoŋ4	khoŋ4	xoŋ1
彭山	koŋ4	koŋ4	khoŋ1	khoŋ3	khoŋ3	khoŋ4	khoŋ4	xoŋ1
眉山	koŋ4	koŋ4	khoŋ1	khoŋ3	khoŋ3	khoŋ4	khoŋ4	xoŋ1
丹棱	koŋ4	koŋ4	khoŋ1	khoŋ3	khoŋ3	khoŋ4	khoŋ4	xoŋ1
洪雅	koŋ4	koŋ4	khoŋ1	khoŋ3	khoŋ3	khoŋ4	khoŋ4	xoŋ1
青神	koŋ4	koŋ4	khoŋ1	khoŋ3	khoŋ3	khoŋ4	khoŋ4	xoŋ1
夹江	koŋ4	koŋ4	khoŋ1	khoŋ3	khoŋ3	khoŋ4	khoŋ4	xoŋ1
峨眉山	koŋ4	koŋ4	khoŋ1	khoŋ3	khoŋ3	khoŋ4	khoŋ4	xoŋ1
乐山	koŋ4	koŋ4	khoŋ1	khoŋ3	khoŋ3	khoŋ4	khoŋ4	xoŋ1
犍为	koŋ4	koŋ4	khoŋ1	khoŋ3	khoŋ3	khoŋ4	khoŋ4	xoŋ1

字目	供供养	共	空空虚	孔	恐	控	空钻空子	轰
反切	居用	渠用	苦红	康董	丘陇	苦贡	苦贡	呼宏
声韵调	通合三 见钟去	通合三 群钟去	通合一 溪东平	通合一 溪东上	通合三 溪钟上	通合一 溪东去	通合一 溪东去	梗合二 晓耕平
中古音	kɨoŋ-	gɨoŋ-	khuŋ	khuŋ:	khɨoŋ:	khuŋ-	khuŋ-	hwɣɛŋ
沐川	koŋ4	koŋ4	khoŋ1	khoŋ3	khoŋ3	khoŋ4	khoŋ4	xoŋ1
峨边	koŋ4	koŋ4	khoŋ1	khoŋ3	khoŋ3	khoŋ4	khoŋ4	xoŋ1
雅安	koŋ4	koŋ4	khoŋ1	khoŋ3	khoŋ3	khoŋ4	khoŋ4	xoŋ1
名山	koŋ4	koŋ4	khoŋ1	khoŋ3	khoŋ3	khoŋ4	khoŋ4	xoŋ1
天全	koŋ4	koŋ4	khoŋ1	khoŋ3	khoŋ3	khoŋ4	khoŋ4	xoŋ1
芦山	koŋ4	koŋ4	khoŋ1	khoŋ3	khoŋ3	khoŋ4	khoŋ4	xoŋ1
宝兴	koŋ4	koŋ4	khoŋ1	khoŋ3	khoŋ3	khoŋ4	khoŋ4	xoŋ1
荥经	koŋ1	koŋ4	khoŋ1	khoŋ3	khoŋ3	khoŋ4	khoŋ4	xoŋ1
汉源	koŋ4	koŋ4	khoŋ1	khoŋ3	khoŋ3	khoŋ4	khoŋ4	xoŋ1
石棉	koŋ4	koŋ4	khoŋ1	khoŋ3	khoŋ3	khoŋ4	khoŋ4	xoŋ1
内江	koŋ4	koŋ4	khoŋ1	khoŋ3	khoŋ3	khoŋ4	khoŋ4	xoŋ1
威远	koŋ4	koŋ4	khoŋ1	khoŋ3	khoŋ3	khoŋ4	khoŋ4	xoŋ1
荣县	koŋ4	koŋ4	khoŋ1	khoŋ3	khoŋ3	khoŋ4	khoŋ4	xoŋ1
自贡	koŋ4	koŋ4	khoŋ1	khoŋ3	khoŋ3	khoŋ4	khoŋ4	xoŋ1
富顺	koŋ4	koŋ4	khoŋ1	khoŋ3	khoŋ3	khoŋ4	khoŋ4	xoŋ1
隆昌	koŋ4	koŋ4	khoŋ1	khoŋ3	khoŋ3	khoŋ4	khoŋ4	xoŋ1
泸县	koŋ4	koŋ4	khoŋ1	khoŋ3	khoŋ3	khoŋ4	khoŋ4	xoŋ1
泸州	koŋ4	koŋ4	khoŋ1	khoŋ3	khoŋ3	khoŋ4	khoŋ4	xoŋ1
南溪	koŋ4	koŋ4	khoŋ1	khoŋ3	khoŋ3	khoŋ4	khoŋ4	xoŋ1
合江	koŋ4	koŋ4	khoŋ1	khoŋ3	khoŋ3	khoŋ4	khoŋ4	xoŋ1

字目	烘	弘	宏	红	洪	鸿	虹[①]	哄哄骗
反切	呼东	胡肱	户萌	户公	户公	户公	户公	
声韵调	通合一 晓东平	曾合一 匣登平	梗合二 匣耕平	通合一 匣东平	通合一 匣东平	通合一 匣东平	通合一 匣东平	
中古音	huŋ	ɦwəŋ	ɦwɣɛŋ	ɦuŋ	ɦuŋ	ɦuŋ	ɦuŋ	
成都	xoŋ1	xoŋ2	xoŋ2	xoŋ2	xoŋ2	xoŋ2	xoŋ2 kaŋ4 旧	xoŋ3 xo1 俗[②]
彭州	xoŋ1	xoŋ2	xoŋ2	xoŋ2	xoŋ2	xoŋ2	xoŋ2 kaŋ4 旧	xoŋ3 xo1 俗[②]
郫县	xoŋ1	xoŋ2	xoŋ2	xoŋ2	xoŋ2	xoŋ2	xoŋ2 kaŋ4 旧	xoŋ3 xo1 俗[②]
广汉	xoŋ1	xoŋ2	xoŋ2	xoŋ2	xoŋ2	xoŋ2	xoŋ2 kaŋ4 旧	xoŋ3 xo1 俗[②]
都江堰河东	xoŋ1	xoŋ2	xoŋ2	xoŋ2	xoŋ2	xoŋ2	xoŋ2 kaŋ4 旧	xoŋ3 xo1 俗[②]
都江堰河西	xoŋ1	xoŋ2	xoŋ2	xoŋ2	xoŋ2	xoŋ2	xoŋ2 kaŋ4 旧	xoŋ3 xo1 俗[②]
崇州	xoŋ1	xoŋ2	xoŋ2	xoŋ2	xoŋ2	xoŋ2	xoŋ2 kaŋ4 旧	xoŋ3 xu1 俗[②]
大邑	xoŋ1	xoŋ2	xoŋ2	xoŋ2	xoŋ2	xoŋ2	xoŋ2 kaŋ4 旧	xoŋ3 xo1 俗[②]
邛崃	xoŋ1	xoŋ2	xoŋ2	xoŋ2	xoŋ2	xoŋ2	xoŋ2 kaŋ4 旧	xoŋ3 xo1 俗[②]
新津	xoŋ1	xoŋ2	xoŋ2	xoŋ2	xoŋ2	xoŋ2	xoŋ2 kaŋ4 旧	xoŋ3 xo1 俗[②]
蒲江	xoŋ1	xoŋ2	xoŋ2	xoŋ2	xoŋ2	xoŋ2	xoŋ2 kaŋ4 旧	xoŋ3 xo1 俗[②]
彭山	xoŋ1	xoŋ2	xoŋ2	xoŋ2	xoŋ2	xoŋ2	xoŋ2 kaŋ4 旧	xoŋ3 xo1 俗[②]
眉山	xoŋ1	xoŋ2	xoŋ2 xuaŋ2	xoŋ2 xuaŋ2	xoŋ2	xoŋ2 xuaŋ2	xoŋ2 kaŋ4 旧	xoŋ3 xo1 俗[②]
丹棱	xoŋ1	xoŋ2	xoŋ2	xoŋ2	xoŋ2	xoŋ2	xoŋ2 kaŋ4 旧	xoŋ3 xo1 俗[②]
洪雅	xoŋ1	xoŋ2	xoŋ2	xoŋ2	xoŋ2	xoŋ2	xoŋ2 kaŋ4 旧	xoŋ3 xo1 俗[②]
青神	xoŋ1	xoŋ2	xoŋ2	xoŋ2	xoŋ2	xoŋ2	xoŋ2 kaŋ4 旧	xoŋ3 xo1 俗[②]
夹江	xoŋ1	xoŋ2	xoŋ2	xoŋ2	xoŋ2	xoŋ2	xoŋ2 kaŋ4 旧	xoŋ1 xo1 俗[②]
峨眉山	xoŋ1	xoŋ2	xoŋ2	xoŋ2	xoŋ2	xoŋ2	xoŋ2 kaŋ4 旧	xoŋ1 xo1 俗[②]
乐山	xoŋ1	xoŋ2	xoŋ2	xoŋ2	xoŋ2	xoŋ2	xoŋ2 kaŋ4 旧	xoŋ1 xo1 俗[②]
犍为	xoŋ1	xoŋ2	xoŋ2	xoŋ2	xoŋ2	xoŋ2	xoŋ2 kaŋ4 旧	xoŋ1 xo1 俗[②]

① 又古巷切，江开二见江去。 ② “哄骗”的意思。本字待考。

字目	烘	弘	宏	红	洪	鸿	虹[1]	哄哄骗
反切	呼东	胡肱	户萌	户公	户公	户公	户公	
声韵调	通合一 晓东平	曾合一 匣登平	梗合二 匣耕平	通合一 匣东平	通合一 匣东平	通合一 匣东平	通合一 匣东平	
中古音	huŋ	ɦwəŋ	ɦwɣɛŋ	ɦuŋ	ɦuŋ	ɦuŋ	ɦuŋ	
沐川	xoŋ1	xoŋ2	xoŋ2	xoŋ2	xoŋ2	xoŋ2	xoŋ2 kaŋ4 旧	xoŋ3 xo1 俗[2]
峨边	xoŋ1	xoŋ2	xoŋ2	xoŋ2	xoŋ2	xoŋ2	kaŋ4 xoŋ2 新	xoŋ3
雅安	xoŋ1	xoŋ2	xoŋ2	xoŋ2	xoŋ2	xoŋ2	xoŋ2 kaŋ4 旧	xoŋ3
名山	xoŋ1	xoŋ2	xoŋ2	xoŋ2	xoŋ2	xoŋ2	xoŋ2 kaŋ4 旧	xoŋ3 xo1 俗[2]
天全	xoŋ1	xoŋ2	xoŋ2	xoŋ2	xoŋ2	xoŋ2	xoŋ2 kaŋ4 旧	xoŋ3 xo1 俗[2]
芦山	xoŋ1	xoŋ2	xoŋ2	xoŋ2	xoŋ2	xoŋ2	xoŋ2 kaŋ4 旧	xoŋ3
宝兴	xoŋ1	xoŋ2	xoŋ2	xoŋ2	xoŋ2	xoŋ2	xoŋ2 kaŋ4 旧	xoŋ3
荥经	xoŋ1	xoŋ2	xoŋ2	xoŋ2	xoŋ2	xoŋ2	xoŋ2 kaŋ4 旧	xoŋ3 xo1 俗[2]
汉源	xoŋ1	xoŋ2	xoŋ2	xoŋ2	xoŋ2	xoŋ2	xoŋ2 kaŋ4 旧	xoŋ3 xo1 俗[2]
石棉	xoŋ1	xoŋ2	xoŋ2	xoŋ2	xoŋ2	xoŋ2	xoŋ2 kaŋ4 旧	xoŋ3 xo1 俗[2]
内江	xoŋ1	xoŋ2	xoŋ2	xoŋ2	xoŋ2	xoŋ2	xoŋ2 kaŋ4 旧	xoŋ3 xo1 俗[2]
威远	xoŋ1	xoŋ2	xoŋ2	xoŋ2	xoŋ2	xoŋ2	xoŋ2 kaŋ4 旧	xoŋ3 xo1 俗[2]
荣县	xoŋ1	xoŋ2	xoŋ2	xoŋ2	xoŋ2	xoŋ2	xoŋ2 kaŋ4 旧	xoŋ3 xo1 俗[2]
自贡	xoŋ1	xoŋ2	xoŋ2	xoŋ2	xoŋ2	xoŋ2	xoŋ2 kaŋ4 旧	xoŋ3 xo1 俗[2]
富顺	xoŋ1	xoŋ2	xoŋ2	xoŋ2	xoŋ2	xoŋ2	xoŋ2 kaŋ4 旧	xoŋ3 xo1 俗[2]
隆昌	xoŋ1	xoŋ2	xoŋ2	xoŋ2	xoŋ2	xoŋ2	xoŋ2 kaŋ4 旧	xoŋ3 xo1 俗[2]
泸县	xoŋ1	xoŋ2	xoŋ2	xoŋ2	xoŋ2	xoŋ2	kaŋ4 xoŋ2 新	xoŋ3 xo1 俗[2]
泸州	xoŋ1	xoŋ2	xoŋ2	xoŋ2	xoŋ2	xoŋ2	kaŋ4 xoŋ2 新	xoŋ3 xo1 俗[2]
南溪	xoŋ1	xoŋ2	xoŋ2	xoŋ2	xoŋ2	xoŋ2	kaŋ4 xoŋ2 新	xoŋ3 xo1 俗[2]
合江	xoŋ1	xoŋ2	xoŋ2	xoŋ2	xoŋ2	xoŋ2	xoŋ2 kaŋ4 旧	xoŋ3 xo1 俗[2]

① 又古巷切，江开二见江去。 ② “哄骗”的意思。本字待考。

字目	翁	瓮	琼	穷	兄	凶凶恶	凶吉凶	胸
反切	乌红	乌贡	渠营	渠弓	许荣	许容	许容	许容
声韵调	通合一 影东平	通合一 影东去	梗合三 群清平	通合三 群东平	梗合三 晓庚平	通合三 晓钟平	通合三 晓钟平	通合三 晓钟平
中古音	ʔuŋ	ʔuŋ-	gwiᴇŋ	gɨuŋ	hwɣiæŋ	hɨoŋ	hɨoŋ	hɨoŋ
成都	oŋ1	oŋ4	tɕhyn2	tɕhioŋ2	ɕioŋ1	ɕioŋ1	ɕioŋ1	ɕioŋ1
彭州	oŋ1	oŋ4	tɕhyn2	tɕhioŋ2	ɕioŋ1	ɕioŋ1	ɕioŋ1	ɕioŋ1
郫县	oŋ1	oŋ4	tɕhioŋ2	tɕhioŋ2	ɕioŋ1	ɕioŋ1	ɕioŋ1	ɕioŋ1
广汉	oŋ1	oŋ4	tɕhyn2	tɕhioŋ2	ɕioŋ1	ɕioŋ1	ɕioŋ1	ɕioŋ1
都江堰河东	oŋ1	oŋ4	tɕhyn2	tɕhioŋ2	ɕioŋ1	ɕioŋ1	ɕioŋ1	ɕioŋ1
都江堰河西	oŋ1	oŋ4	tɕhyn2	tɕhioŋ2	ɕioŋ1	ɕioŋ1	ɕioŋ1	ɕioŋ1
崇州	oŋ1	oŋ4	tɕhyn2	tɕhioŋ2	ɕioŋ1	ɕioŋ1	ɕioŋ1	ɕioŋ1
大邑	oŋ1	oŋ4	tɕhyn2 tɕhioŋ2 新	tɕhioŋ2	ɕioŋ1	ɕioŋ1	ɕioŋ1	ɕioŋ1
邛崃	oŋ1	oŋ4	tɕhyn2	tɕhyoŋ2	ɕyoŋ1	ɕyoŋ1	ɕyoŋ1	ɕyoŋ1
新津	oŋ1	oŋ4	tɕhyn2 tɕhioŋ2 新	tɕhioŋ2	ɕioŋ1	ɕioŋ1	ɕioŋ1	ɕioŋ1
蒲江	oŋ1	oŋ4	tɕhyn2	tɕhioŋ2	ɕioŋ1	ɕioŋ1	ɕioŋ1	ɕioŋ1
彭山	oŋ1	oŋ4	tɕhyn2	tɕhioŋ2	ɕioŋ1	ɕioŋ1	ɕioŋ1	ɕioŋ1
眉山	oŋ1	oŋ1 oŋ4	tɕhyn2	tɕhioŋ2	ɕioŋ1	ɕioŋ1	ɕioŋ1	ɕioŋ1
丹棱	oŋ1	oŋ4	tɕhyn2	tɕhioŋ2	ɕioŋ1	ɕioŋ1	ɕioŋ1	ɕioŋ1
洪雅	oŋ1	oŋ4	tɕhyn2	tɕhioŋ2	ɕioŋ1	ɕioŋ1	ɕioŋ1	ɕioŋ1
青神	oŋ1	oŋ4	tɕhin2	tɕhioŋ2	ɕioŋ1	ɕioŋ1	ɕioŋ1	ɕioŋ1
夹江	oŋ1	oŋ4	tɕhyn2	tɕhyoŋ2	ɕyoŋ1	ɕyoŋ1	ɕyoŋ1	ɕyoŋ1
峨眉山	voŋ1	voŋ4	tɕhyn2	tɕhioŋ2	ɕioŋ1	ɕioŋ1	ɕioŋ1	ɕioŋ1
乐山	oŋ1	oŋ4	tɕhyn2	tɕhioŋ2	ɕioŋ1	ɕioŋ1	ɕioŋ1	ɕioŋ1
犍为	oŋ1	oŋ4	tɕhyn2	tɕhioŋ2	ɕioŋ1	ɕioŋ1	ɕioŋ1	ɕioŋ1

字目	翁	瓮	琼	穷	兄	凶凶恶	凶吉凶	胸
反切	乌红	乌贡	渠营	渠弓	许荣	许容	许容	许容
声韵调	通合一 影东平	通合一 影东去	梗合三 群清平	通合三 群东平	梗合三 晓庚平	通合三 晓钟平	通合三 晓钟平	通合三 晓钟平
中古音	ʔuŋ	ʔuŋ-	gwiᴇŋ	gɨuŋ	hwɣiæŋ	hioŋ	hioŋ	hioŋ
沐川	oŋ1	oŋ1	tɕhioŋ2	tɕhioŋ2	ɕioŋ1	ɕioŋ1	ɕioŋ1	ɕioŋ1
峨边	oŋ1	oŋ4	tɕhyn2	tɕhioŋ2	ɕioŋ1	ɕioŋ1	ɕioŋ1	ɕioŋ1
雅安	oŋ1	oŋ4	tɕhyn2	tɕhioŋ2	ɕioŋ1	ɕioŋ1	ɕioŋ1	ɕioŋ1
名山	oŋ1	oŋ1	tɕhyn2	tɕhioŋ2	ɕioŋ1	ɕioŋ1	ɕioŋ1	ɕioŋ1
天全	oŋ1	oŋ1	tɕhyn2	tɕhioŋ2	ɕioŋ1	ɕioŋ1	ɕioŋ1	ɕioŋ1
芦山	oŋ1	oŋ4	tɕhyn2	tɕhioŋ2	ɕioŋ1	ɕioŋ1	ɕioŋ1	ɕioŋ1
宝兴	oŋ1	oŋ4	tɕhyn2	tɕhioŋ2	ɕioŋ1	ɕioŋ1	ɕioŋ1	ɕioŋ1
荥经	oŋ1	oŋ4	tɕhyn2	tɕhioŋ2	ɕioŋ1	ɕioŋ1	ɕioŋ1	ɕioŋ1
汉源	oŋ1	oŋ1	tɕhyn2	tɕhioŋ2	ɕioŋ1	ɕioŋ1	ɕioŋ1	ɕioŋ1
石棉	oŋ1	oŋ4	tɕhyn2	tɕhioŋ2	ɕioŋ1	ɕioŋ1	ɕioŋ1	ɕioŋ1
内江	oŋ1	oŋ4	tɕhyn2	tɕhioŋ2	ɕioŋ1	ɕioŋ1	ɕioŋ1	ɕioŋ1
威远	oŋ1	oŋ4	tɕhin2	tɕhioŋ2	ɕioŋ1	ɕioŋ1	ɕioŋ1	ɕioŋ1
荣县	oŋ1	oŋ4	tɕhyn2	tɕhioŋ2	ɕioŋ1	ɕioŋ1	ɕioŋ1	ɕioŋ1
自贡	oŋ1	oŋ4	tɕhioŋ2	tɕhioŋ2	ɕioŋ1	ɕioŋ1	ɕioŋ1	ɕioŋ1
富顺	oŋ1	oŋ4	tɕhyn2	tɕhioŋ2	ɕioŋ1	ɕioŋ1	ɕioŋ1	ɕioŋ1
隆昌	oŋ1	oŋ4	tɕhioŋ2	tɕhioŋ2	ɕioŋ1	ɕioŋ1	ɕioŋ1	ɕioŋ1
泸县	oŋ1	oŋ4	tɕhioŋ2 tɕhyn2 旧	tɕhioŋ2	ɕioŋ1	ɕioŋ1	ɕioŋ1	ɕioŋ1
泸州	oŋ1	oŋ4	tɕhyn2 tɕhioŋ2 新	tɕhioŋ2	ɕioŋ1	ɕioŋ1	ɕioŋ1	ɕioŋ1
南溪	oŋ1	oŋ4	tɕhyn2 tɕhioŋ2 新	tɕhioŋ2	ɕioŋ1	ɕioŋ1	ɕioŋ1	ɕioŋ1
合江	oŋ1	oŋ4	tɕhyn2	tɕhioŋ2	ɕioŋ1	ɕioŋ1	ɕioŋ1	ɕioŋ1

字目	熊	雄	拥①	永	咏	泳	勇	涌涌现
反切	羽弓	羽弓	于陇	于憬	为命	为命	余陇	余陇
声韵调	通合三 云东平	通合三 云东平	通合三 影钟上	梗合三 云庚上	梗合三 云庚去	梗合三 云庚去	通合三 以钟上	通合三 以钟上
中古音	ɦɨuŋ	ɦɨuŋ	ʔɨoŋ:	ɦwɣiæŋ:	ɦwɣiæŋ-	ɦwɣiæŋ-	jɨoŋ:	jɨoŋ:
成都	ɕioŋ2	ɕioŋ2	ioŋ3 ioŋ1 新	yn3 ioŋ3 新	yn4	yn4	ioŋ3	ioŋ3
彭州	ɕioŋ2	ɕioŋ2	ioŋ3 ioŋ1 新	yn3 ioŋ3 新	yn4	yn4	ioŋ3	ioŋ3
郫县	ɕioŋ2	ɕioŋ2	ioŋ3 ioŋ1 新	yn3 ioŋ3 新	yn4 ioŋ3 新	yn4 ioŋ3 新	ioŋ3	ioŋ3
广汉	ɕioŋ2	ɕioŋ2	ioŋ3 ioŋ1 新	yn3 ioŋ3 新	yn4	yn4 ioŋ4 新	ioŋ3	ioŋ3
都江堰河东	ɕioŋ2	ɕioŋ2	ioŋ3 ioŋ1 新	yn3 ioŋ3 新	yn4	yn4	ioŋ3	ioŋ3
都江堰河西	ɕioŋ2	ɕioŋ2	ioŋ3 ioŋ1 新	yn3 ioŋ3 新	yn4	yn4	ioŋ3	ioŋ3
崇州	ɕioŋ2	ɕioŋ2	ioŋ3 ioŋ1 新	yn3 ioŋ3 新	yn4	yn4	ioŋ3	ioŋ3
大邑	ɕioŋ2	ɕioŋ2	ioŋ3 ioŋ1 新	yn3 ioŋ3 新	yn4	yn4	ioŋ3	ioŋ3
邛崃	ɕyoŋ2	ɕyoŋ2	yoŋ3 yoŋ1 新	yn3 yoŋ3 新	yn3	yn4	yoŋ3	yoŋ3
新津	ɕioŋ2	ɕioŋ2	ioŋ3 ioŋ1 新	yn3 ioŋ3 新	yn3 yn4 旧	yn4	ioŋ3	ioŋ3
蒲江	ɕioŋ2	ɕioŋ2	ioŋ3 ioŋ1 新	yn3 ioŋ3 新	yn4	yn4	ioŋ3	ioŋ3
彭山	ɕioŋ2	ɕioŋ2	ioŋ3 ioŋ1 新	yn3 ioŋ3 新	ioŋ4 yn4 旧	ioŋ4 yn4 旧	ioŋ3	ioŋ3
眉山	ɕioŋ2	ɕioŋ2	ioŋ3	yn3 ioŋ3 新	ioŋ3	yn4	ioŋ3	ioŋ3
丹棱	ɕioŋ2	ɕioŋ2	ioŋ3 ioŋ1 新	yn3 ioŋ3 新	yn3	yn4	ioŋ3	ioŋ3
洪雅	ɕioŋ2	ɕioŋ2	ioŋ3 ioŋ1 新	yn3 ioŋ3 新	yn4	yn4	ioŋ3	ioŋ3
青神	ɕioŋ2	ɕioŋ2	ioŋ3	yn3 ioŋ3 新	yn4	yn4	ioŋ3	ioŋ3
夹江	ɕyoŋ2	ɕyoŋ2	yoŋ3 yoŋ1 新	yn3 yoŋ3 新	yn4 yoŋ3 新	yn4 yoŋ3 新	yoŋ3	yoŋ3
峨眉山	ɕioŋ2	ɕioŋ2	ioŋ3 ioŋ1 新	yn3 ioŋ3 新	yn4 ioŋ3 新	yn4 ioŋ3 新	ioŋ3	ioŋ3
乐山	ɕioŋ2	ɕioŋ2	ioŋ3 ioŋ1 新	yn3 ioŋ3 新	yn4 ioŋ3 新	yn4 ioŋ3 新	ioŋ3	ioŋ3
犍为	ɕioŋ2	ɕioŋ2	ioŋ3 ioŋ1 新	yn3 ioŋ3 新	yn4 ioŋ3 新	yn4 ioŋ3 新	ioŋ3	ioŋ3

① 又*于容切，通合三影钟平。

字目	熊	雄	拥[①]	永	咏	泳	勇	涌涌现
反切	羽弓	羽弓	于陇	于憬	为命	为命	余陇	余陇
声韵调	通合三 云东平	通合三 云东平	通合三 影钟上	梗合三 云庚上	梗合三 云庚去	梗合三 云庚去	通合三 以钟上	通合三 以钟上
中古音	ɦiuŋ	ɦiuŋ	ʔioŋ:	ɦwɣiæŋ:	ɦwɣiæŋ-	ɦwɣiæŋ-	jioŋ:	jioŋ:
沐川	ɕioŋ2	ɕioŋ2	ioŋ3 ioŋ1 新	yn3 ioŋ3 新	yn4	ioŋ4	ioŋ3	ioŋ3
峨边	ɕioŋ2	ɕioŋ2	ioŋ3	yn3	yn4	yn4	ioŋ3	ioŋ3
雅安	ɕioŋ2	ɕioŋ2	ioŋ3	yn3	yn3	yn4	ioŋ3	ioŋ3
名山	ɕioŋ2	ɕioŋ2	ioŋ3 ioŋ1 新	yn3 ioŋ3 新	yn4	yn4	ioŋ3	ioŋ3
天全	ɕioŋ2	ɕioŋ2	ioŋ3 ioŋ1 新	yn3 ioŋ3 新	yn4	yn4	ioŋ3	ioŋ3
芦山	ɕioŋ2	ɕioŋ2	ioŋ3	yn3	yn4	yn4	ioŋ3	ioŋ3
宝兴	ɕioŋ2	ɕioŋ2	ioŋ3	yn3	yn4	yn4	ioŋ3	ioŋ3
荥经	ɕioŋ2	ɕioŋ2	ioŋ3 ioŋ1 新	yn3 ioŋ3 新	yn4	yn4	ioŋ3	ioŋ3
汉源	ɕioŋ2	ɕioŋ2	ioŋ3 ioŋ1 新	yn3 ioŋ3 新	yn4	yn4	ioŋ3	ioŋ3
石棉	ɕioŋ2	ɕioŋ2	ioŋ3 ioŋ1 新	yn3 ioŋ3 新	yn3	yn4	ioŋ3	ioŋ3
内江	ɕioŋ2	ɕioŋ2	ioŋ3	yn3 ioŋ3 新	yn4	yn4	ioŋ3	ioŋ3
威远	ɕioŋ2	ɕioŋ2	ioŋ3	yn3 ioŋ3 新	yn4	yn4	ioŋ3	ioŋ3
荣县	ɕioŋ2	ɕioŋ2	ioŋ3 ioŋ1 新	yn3 ioŋ3 新	yn4	yn4	ioŋ3	ioŋ3
自贡	ɕioŋ2	ɕioŋ2	ioŋ3	yn3	yn3	yn4	ioŋ3	ioŋ3
富顺	ɕioŋ2	ɕioŋ2	ioŋ3	yn3	yn4	yn4	ioŋ3	ioŋ3
隆昌	ɕioŋ2	ɕioŋ2	ioŋ3	in3	ioŋ3	ioŋ3	ioŋ3	ioŋ3
泸县	ɕioŋ2	ɕioŋ2	ioŋ3 ioŋ1 新	yn3 ioŋ3 新	yn4 ioŋ3 新	yn4 ioŋ3 新	ioŋ3	ioŋ3
泸州	ɕioŋ2	ɕioŋ2	ioŋ3 ioŋ1 新	yn3 ioŋ3 新	yn4 ioŋ3 新	yn4 ioŋ3 新	ioŋ3	ioŋ3
南溪	ɕioŋ2	ɕioŋ2	ioŋ3 ioŋ1 新	yn3 ioŋ3 新	yn4 ioŋ3 新	yn4 ioŋ3 新	ioŋ3	ioŋ3
合江	ɕioŋ2	ɕioŋ2	ioŋ3 ioŋ1 新	yn3 ioŋ3 新	yn4	yn4	ioŋ3	zoŋ3

① 又*于容切，通合三影钟平。

字目	踊	用	字目	踊	用
反切	余陇	余颂	反切	余陇	余颂
声韵调	通合三 以钟上	通合三 以钟去	声韵调	通合三 以钟上	通合三 以钟去
中古音	jɨoŋ:	jɨoŋ-	中古音	jɨoŋ:	jɨoŋ-
成都	ioŋ3	ioŋ4	沐川	ioŋ3	ioŋ4
彭州	ioŋ3	ioŋ4	峨边	ioŋ3	ioŋ4
郫县	ioŋ3	ioŋ4	雅安	ioŋ3	ioŋ4
广汉	ioŋ3	ioŋ4	名山	ioŋ3	ioŋ4
都江堰河东	ioŋ3	ioŋ4	天全	ioŋ3	ioŋ4
都江堰河西	ioŋ3	ioŋ4	芦山	ioŋ3	ioŋ4
崇州	ioŋ3	ioŋ4	宝兴	ioŋ3	ioŋ4
大邑	ioŋ3	ioŋ4	荥经	ioŋ3	ioŋ4
邛崃	yoŋ3	yoŋ4	汉源	ioŋ3	ioŋ4
新津	ioŋ3	ioŋ4	石棉	ioŋ3	ioŋ4
蒲江	ioŋ3	ioŋ4	内江	ioŋ3	ioŋ4
彭山	ioŋ3	ioŋ4	威远	ioŋ3	ioŋ4
眉山	ioŋ3	ioŋ4	荣县	ioŋ3	ioŋ4
丹棱	ioŋ3	ioŋ4	自贡	ioŋ3	ioŋ4
洪雅	ioŋ3	ioŋ4	富顺	ioŋ3	ioŋ4
青神	ioŋ3	ioŋ4	隆昌	ioŋ3	ioŋ4
夹江	yoŋ3	yoŋ4	泸县	ioŋ3	ioŋ4
峨眉山	ioŋ3	ioŋ4	泸州	ioŋ3	ioŋ4
乐山	ioŋ3	ioŋ4	南溪	ioŋ3	ioŋ4
犍为	ioŋ3	ioŋ4	合江	zoŋ3	ioŋ4

中古音音序索引

宕开三阳养漾药

梗开四青迥径锡

通合一冬宋沃

字目简体字、繁体字、异体字对照表

*坝 堤坝	壩		2，3
坝 平川	垻		2，3
把 刀把		欛杷	4，5
罢	罷		4，5
妈	媽		6，7
抹 抹布		[illegible]	6，7
麻 麻子		痲	6，7
麻 麻布		蔴	6，7
麻 麻木		痳	6，7
马	馬		6，7
骂	罵		6，7
发 出发	發		6，7
罚	罰	罸	8，9
发 头发	髮		8，9
答		荅	8，9
达	達		8，9
塔		墖	10，11
獭	獺		10，11
拿		舒拏挐	12，13
纳	納		12，13
腊 腊月	臘	臈	12，13
蜡	蠟		12，13
辣		辢	12，13
扎 包扎		紮	14，15
杂	雜	襍	14，15
擦		攃礤	14，15
洒	灑		14，15
查 山楂		柤	14，15
渣 药滓		柤粩	14，15
扎 扎针	劄		14，15
闸	閘	牐	16，17
炸 油炸		煠	16，17
札		劄	16，17
铡	鍘	鐦	16，17
诈	詐		16，17
榨		搾	16，17
查 调查		査	18，19
察		詧	18，19
*岔		䟡	18，19
沙 沙石		砂	18，19
纱	紗		20，21
杀	殺		20，21
傻		儍	20，21
虾 虾蟆	蝦		20，21
家 傢俱	傢	家	22，23
夹 夹板	夾		22，23
夹 夹衣	夾	裌袷	22，23
贾 姓	賈		24，25
驾	駕		24，25
价	價		26，27
*虾	蝦		26，27
狭	狹	陿	26，27
辖	轄		28，29
吓 惊吓	嚇		28，29
鸦	鴉	鵶	28，29
鸭	鴨		30，31
压	壓		30，31
哑	啞		32，33

舵		柂杝	72，73	过过逾	過		84，85
堕	墮		72，73	国	國	囯	86，87
拖		拕	72，73	果		菓	86，87
脱		脫	72，73	过过失	過		86，87
托委托		託	72，73	阔	闊	濶	86，87
托托盘		拓	72，73	括		捪	86，87
驼	駝	駞	72，73	*扩	擴	彉	86，87
驮驮起	馱		74，75	伙	夥	火	88，89
糯		稬穤	74，75	货	貨		88，89
诺	諾		74，75	祸	禍	旤	88，89
罗	羅		74，75	获收获	穫		88，89
锣	鑼		74，75	获获得	獲		90，91
箩	籮		74，75	窝	窩	堝	90，91
萝藤萝	蘿		74，75	蜗	蝸		90，91
骡	騾	驘	76，77	卧		臥	90，91
萝萝卜	蘿	蘆	76，77	鳖	鱉	鼈	92，93
骆	駱		76，77	别区别		別	92，93
络	絡		76，77	别离别		別	92，93
做		作	78，79	撇		丿	92，93
锉	銼	剉錯	78，79	灭	滅		92，93
错错误	錯		80，81	碟		疊	94，95
错交错	錯		80，81	叠		疊曡	94，95
蓑		簑	80，81	蝶		蜨	94，95
缩	縮		80，81	谍	諜		94，95
锁	鎖		80，81	贴	貼		94，95
琐	瑣		80，81	铁	鐵	銕	94，95
所		𠩄	80，81	捏		揑	94，95
索		𡩡	82，83	聂	聶		96，97
桌		槕	82，83	孽		孼	96，97
着站着		著	82，83	猎	獵		96，97
浊	濁		82，83	阶	階	堦	98，99
镯	鐲	鋜	82，83	结	結		98，99
绰	綽		82，83	捷		㨗	98，99
戳		戳	84，85	劫		刧	98，99
说	説		84，85	杰		傑	98，99
锅	鍋		84，85	节	節		100，101

简体字	繁体字	异体字	页码
狮	獅		140，141
尸尸体		屍	140，141
诗	詩		140，141
湿	濕	溼	140，141
虱		蝨	140，141
时	時	旹	140，141
实	實	寔	142，143
蚀	蝕		142，143
识	識		142，143
驶	駛		144，145
势	勢		144，145
是		昰	144，145
视	視	眎	146，147
柿		柹	146，147
试	試		146，147
饰	飾		146，147
适	適		148，149
释	釋		148，149
儿	兒		148，149
逼		偪	150，151
笔	筆		150，151
币	幣		152，153
弊		獘	152，153
毙	斃	獘	152，153
闭	閉		152，153
篦		枇	152，153
毕	畢		152，153
坯		坏砙	154，155
匹		疋	156，157
辟	闢		156，157
谜	謎	詸	158，159
弥	彌		158，159
秘		祕	158，159
觅	覓	覔	158，159
堤		隄	160，161
敌	敵		160，161
递	遞		162，163
题	題		164，165
啼		嗁	164，165
蹄		蹏	164，165
体	體		164，165
剃		薙鬀鬄	166，167
你		妳	166，167
腻	膩		166，167
犁		犂	168，169
离离别	離		168，169
离离开	離		168，169
篱	籬		168，169
梨		棃	168，169
厘	釐		168，169
狸		貍	170，171
礼	禮		170，171
里里外	裏	裡	170，171
鲤	鯉		170，171
厉	厲		172，173
励	勵		172，173
丽	麗		172，173
隶	隸		172，173
荔		茘	172，173
历日历	曆	厯	174，175
历历史	歷	歴	174，175
鸡	鷄	雞	174，175
饥饥饿	飢		176，177
几几乎	幾		176，177
机	機		176，177
讥	譏		176，177
饥饥荒	饑	飢	178，179
积	積		178，179
击	擊		178，179
级	級		178，179
即		卽	180，181
极	極		180，181

复复原	復		224，225	驻	駐		244，245
缚	縛		224，225	注注解		註	244，245
复复杂	複		224，225	铸	鑄		246，247
复重复	複		224，225	筑建筑	築		246，247
独	獨		226，227	储	儲		248，249
读	讀		226，227	锄	鋤	鉏耡	248，249
牍	牘		226，227	厨		廚㕑	248，249
赌	賭		226，227	础	礎		248，249
妒		妬	228，229	处处理	處		248，249
镀	鍍		228，229	处处所	處		248，249
突		宊	228，229	触	觸		250，251
涂泥涂	塗		230，231	疏稀疏		踈	250，251
图	圖		230，231	书	書		250，251
兔		兎	232，233	输运输	輸		250，251
卢	盧		232，233	输输赢	輸		250，251
炉	爐	鑪	232，233	赎	贖		252，253
芦	蘆		232，233	薯		藷櫧	252，253
鲁	魯		232，233	数数一数	數		254，255
橹	櫓	艣艪𣟄樐	234，235	属附属	屬		254，255
卤盐卤	鹵滷		234，235	数数目	數		254，255
虏	虜		234，235	竖	豎	竪	254，255
禄		祿	234，235	树树立	樹		254，255
陆大陆	陸		234，235	树树林	樹		254，255
录	録	錄	236，237	术技术	術		254，255
组	組		236，237	箍		笟䡓	258，259
粗		麤麁觕	238，239	鼓		皷	258，259
苏	蘇		238，239	谷五谷	穀		260，261
诉	訴	愬	238，239	雇		僱	260，261
肃	肅		240，241	顾	顧		260，261
宿宿舍		㝛	240，241	库	庫		262，263
猪		豬	240，241	裤	褲	袴	262，263
诸	諸		240，241	呼		嘑謼	262，263
朱	硃		242，243	胡胡须	鬍	胡	264，265
烛	燭		242，243	壶	壺		264，265
煮		煑	242，243	核果核		榾	264，265
嘱	囑		244，245	户		戶	264，265

载满载	載		304，305
财	財		306，307
采采摘		採	306，307
彩		綵	306，307
睬		倸	308，309
腮		顋	308，309
鳃	鰓		308，309
赛	賽		308，309
斋	齋		308，309
债	債		310，311
钗	釵		310，311
拆		坼	310，311
豺		犲	310，311
筛	篩	籭簁	312，313
晒	曬		312，313
该	該		312，313
概		槩	312，313
盖盖子	蓋		312，313
开	開		312，313
慨感慨		嘅	314，315
还还有	還		314，315
挨挨近		捱	314，315
* 挨挨打		捱	316，317
癌		嵒癌	316，317
碍	礙		316，317
爱	愛		316，317
帅	帥		316，317
拐拐杖		枴	318，319
怪		恠	318，319
会会计	會		318，319
块	塊	墤凷	318，319
怀	懷		320，321
坏	壞		320，321
歪		竵	320，321
杯		盃桮	320，321
背背负		揹	320，321
贝	貝		322，323
辈	輩		322，323
备	備	俻偹	324，325
胚		肧	324，325
赔	賠	陪	324，325
梅		楳槑	326，327
霉	黴		328，329
飞	飛	蜚	328，329
废	廢	癈	330，331
费费用	費		330，331
内		內	330，331
累积累		纍	330，331
垒	壘		330，331
累劳累		儽	332，333
类	類		332，333
泪		淚	332，333
贼	賊		332，333
给	給		332，333
对	對		334，335
队	隊		334，335
兑		兌	334，335
颓	頹	穨	334，335
腿		骽	334，335
蜕		蛻	336，337
嘴		觜	336，337
罪		辠	336，337
最		冣	336，337
脆		脃膬	336，337
虽	雖		338，339
随	隨		338，339
岁	歲	嵗歳	338，339
锥	錐		340，341
赘	贅		340，341
坠	墜		340，341
锤	錘	鎚	342，343
谁	誰		342，343

繁		緐	464，465
矾	礬		464，465
泛		氾汎	464，465
范模范	範		464，465
贩	販		466，467
饭	飯		466，467
耽耽搁		躭	466，467
担担任	擔		466，467
单	單		466，467
胆	膽		466，467
担挑担	擔		468，469
弹子弹	彈		468，469
蛋		蜑	468，469
贪	貪		468，469
滩	灘		468，469
摊	攤		470，471
谭姓	譚		470，471
坛坛子	壜罎	罈墰	470，471
谈	談		470，471
坛花坛	壇		470，471
弹弹琴	彈		472，473
探		撢	472，473
叹	嘆	歎	472，473
难难易	難		474，475
难灾难	難		474，475
蓝	藍		474，475
篮	籃		474，475
兰	蘭		474，475
拦	攔		474，475
栏	欄		474，475
览	覽		474，475
揽	攬		476，477
懒	懶	嬾	476，477
滥	濫		476，477
烂腐烂	爛		476，477
暂	暫	蹔	476，477
赞	贊	讚賛	476，477
参参加	參	叅	476，477
餐		湌飡	478，479
蚕	蠶		478，479
惭	慚	慙	478，479
残	殘		478，479
惨	慘		478，479
灿	燦		478，479
散松散		㪚	478，479
伞	傘		480，481
沾		霑	480，481
毡	氈		480，481
斩	斬		480，481
盏	盞	琖醆	480，481
占占领		佔	482，483
栈	棧		482，483
战	戰		482，483
搀搀扶	攙		482，483
馋	饞		484，485
缠	纏		484，485
蝉	蟬		484，485
铲	鏟	剷	484，485
产	產		484，485
忏	懺		484，485
颤	顫		484，485
删		刪	486，487
扇扇动		搧	486，487
陕	陝		486，487
闪	閃		486，487
单姓	單		488，489
干干燥	乾		488，489
杆笔杆		桿簳笴	490，491
秆麦秆		稈	490，491
赶	趕		490，491
干干练	幹		492，493
干树干	榦	幹	492，493

潜	潛		522，523	雁		鴈	536，537
钳	鉗	箝拑	522，523	谚	諺		536，537
钱	錢		522，523	砚	硯		536，537
浅	淺		524，525	咽吞咽		嚥	538，539
仙		僊	524，525	宴宴會		醼	538，539
鲜新鲜	鮮	鱻	524，525	断决断	斷		538，539
咸咸淡	鹹		526，527	锻	鍛		538，539
衔	銜	啣銜	526，527	断断绝	斷		538，539
闲	閑	閒	526，527	缎	緞	段	540，541
贤	賢		526，527	团团结	團		540，541
弦		絃	526，527	团饭团	糰		540，541
险	險		528，529	暖		煖煗暝	540，541
鲜姓	鮮		528，529	鸾	鸞		540，541
显	顯		528，529	乱	亂		540，541
*馅	餡	鎌赚	528，529	钻钻洞	鑽	鑚	540，541
线	綫	線	528，529	钻钻子	鑽	鑚	542，543
羡		羨	528，529	算		筭祘	542，543
宪	憲		530，531	专	專	耑	542，543
献	獻		530，531	砖	磚	甎塼	542，543
现	現		530，531	转转变	轉		542，543
县	縣		530，531	赚赚钱	賺	賺	544，545
淹		渰	530，531	转转动	轉		544，545
腌腌肉		醃	530，531	传传记	傳		544，545
阉	閹		530，531	传传达	傳		544，545
烟		煙	530，531	船		舩舡	546，547
胭		臙	532，533	串		穿	546，547
岩岩石		巖巗嵒	532，533	闩门闩	閂	櫎	546，547
盐	鹽		532，533	软	軟	輭	546，547
檐		簷	532，533	观参观	觀		546，547
阎	閻		532，533	关	關	関	548，549
严	嚴		532，533	管		筦	548，549
颜	顔		534，535	馆	館	舘	548，549
掩		揜	534，535	贯	貫		548，549
验	驗	騐	536，537	罐		鑵鏆	548，549
厌	厭		536，537	观寺观	觀		548，549
艳	艷	豔豓	536，537	惯	慣		550，551

宾	賓		584，585
贫	貧		584，585
频	頻		584，585
聘		娉	586，587
闽	閩		586，587
悯	憫		586，587
临	臨		586，587
邻	鄰	隣	588，589
磷磷火	燐	粦	588，589
鳞	鱗		588，589
斤		觔	590，591
筋		觔觔	590，591
锦	錦		590，591
尽尽前头	儘	盡	590，591
紧	緊		590，591
仅	僅		590，591
谨	謹		590，591
进	進		592，593
晋		晉	592，593
尽尽力	盡		592，593
劲干劲	勁	劤	592，593
钦	欽		594，595
亲	親		594，595
琴		琹	594，595
勤		懃	594，595
寝	寢	寑	596，597
衅挑衅	釁		596，597
阴	陰	隂	598，599
姻		婣	598，599
吟		唫	598，599
淫		婬	598，599
银	銀		598，599
饮冷饮	飲	㱃	600，601
饮饮酒	飲	㱃	600，601
隐	隱		600，601
饮饮花	飲	㱃	600，601
敦敦厚		敨	602，603
墩		墪	602，603
顿	頓		602，603
遁		遯	602，603
钝	鈍		602，603
盾矛盾		楯	602，603
论论语	論		604，605
仑昆仑山	侖	崘崙	604，605
轮	輪		604，605
伦	倫		604，605
论议论	論		604，605
村		邨	606，607
孙	孫		606，607
损	損		606，607
笋		筍	606，607
准标准	準		606，607
春		旾	608，609
唇		脣	608，609
纯	純		608，609
蠢		惷	608，609
顺	順		608，609
润	潤		608，609
闰	閏		610，611
滚		滾	610，611
昆昆仑山		崑	610，611
坤		堃	610，611
捆		綑稛	610，611
昏		昬殙	612，613
荤	葷		612，613
浑浑浊	渾		612，613
浑浑身	渾		612，613
魂		䰟	612，613
混		溷	612，613
温		溫	612，613
纹	紋		614，615
蚊		蟁螡	614，615

娘爹娘		孃	648，649
酿	釀		648，649
凉		涼	650，651
粮	糧		650，651
两两个	兩		650，651
两几两	兩		650，651
谅	諒		652，653
将将来	將		652，653
浆	漿		652，653
僵		殭	652，653
姜生姜	薑		652，653
蒋	蔣		654，655
桨	槳		654，655
奖	獎	奬	654，655
讲	講		654，655
酱	醬		654，655
将上将	將		654，655
强倔强		強彊犟勥	656，657
枪	槍	鎗	656，657
羌		羗羌	656，657
墙	墻	牆	656，657
强强大		強彊	656，657
抢抢夺	搶		656，657
强勉强		彊強勥	658，659
厢		廂	658，659
镶	鑲		658，659
香		薌	658，659
乡	鄉		658，659
详	詳		658，659
响	響		660，661
向		嚮曏	662，663
项	項		662，663
阳	陽		664，665
杨	楊		664，665
扬	揚	颺敭	664，665
养	養		664，665

痒	癢		664，665
样	樣		666，667
庄	莊		666，667
装	裝		666，667
桩	樁		666，667
壮	壯		666，667
状	狀		666，667
疮	瘡		668，669
创创伤	創		668，669
窗		牕牎窓窗窻	668，669
床		牀	668，669
闯	闖	搶	668，669
创创造	創	刱剙	668，669
双	雙	隻	668，669
双双生	雙	隻	670，671
广	廣		670，671
旷	曠		670，671
况		況	672，673
矿	礦	鑛	672，673
黄		黃	672，673
谎	謊	詤	674，675
*恍		怳	674，675
晃摇晃		愰	674，675
亡		亾	674，675
网	網		674，675
往		徃	676，677
望		朢	676，677
绷绷紧	綳	繃	676，677
鹏	鵬		678，679
碰		掽踫	680，681
梦	夢		680，681
风	風		682，683
枫	楓		682，683
*疯	瘋		682，683
丰	豐		682，683
蜂		蠭逢	682，683

峰		峯	682，683	胜胜利	勝		698，699
锋	鋒		682，683	圣	聖		698，699
冯姓	馮		684，685	耕		畊	700，701
缝缝补	縫		684，685	坑		阬	702，703
讽	諷		684，685	恒		恆	702，703
凤	鳳		684，685	横横竖		橫	702，703
缝裂缝	縫		684，685	横蛮横		橫	702，703
灯	燈		686，687	冰		氷	702，703
凳		櫈	686，687	禀		稟	704，705
邓	鄧		686，687	饼	餅		704，705
腾	騰		686，687	并合并		併	704，705
誊	謄		686，687	并并且		並竝	704，705
藤		籐	686，687	凭文凭	憑		706，707
棱		稜楞	688，689	凭凭靠	憑	凴	706，707
赠	贈		688，689	评	評		706，707
层	層		688，689	瓶		缾	706，707
征征求	徵		690，691	鸣	鳴		708，709
争		爭	690，691	铭	銘		708，709
筝		箏	690，691	冥		㝠冥	708，709
睁		睜	690，691	钉钉子	釘		708，709
证证明	證		692，693	顶	頂		710，711
症病症		證	692，693	钉装钉	釘		710，711
郑	鄭		692，693	订	訂		710，711
称称呼	稱		692，693	锭	錠	鋌	710，711
撑支撑		撐	692，693	听听见	聽	聴	710，711
澄澄清		澂	694，695	厅	廳	厛	710，711
惩	懲		694，695	听听从	聽	聴聽	712，713
乘		乗椉	694，695	宁安宁	寧	甯	714，715
诚	誠		696，697	宁宁可	寧	甯	714，715
秤		稱	696，697	菱		蔆	714，715
升		昇陞	696，697	灵	靈		714，715
胜胜任	勝		696，697	铃	鈴		714，715
声	聲		698，699	领	領		716，717
绳	繩		698，699	岭	嶺		716，717
省节省		媘	698，699	粳		稉秔	716，717
剩		賸	698，699	茎	莖		716，717

简体字	繁体字	异体字	页码
荆		荊	718，719
惊	驚		718，719
经	經		718，719
颈	頸		720，721
镜	鏡		720，721
竞	競		720，721
静		靜	720，721
净		淨凈瀞	722，723
劲（劲敌）	勁		722，723
轻	輕		722，723
倾	傾		722，723
请	請		724，725
顷	頃		724，725
亲（亲家）	親		724，725
庆	慶		724，725
兴（兴旺）	興		724，725
兴（高兴）	興		728，729
应（应当）	應		728，729
鹰	鷹		728，729
莺	鶯	鸎	730，731
樱	櫻		730，731
鹦	鸚		730，731
婴	嬰		730，731
缨	纓		730，731
蝇	蠅		730，731
赢	贏		732，733
营	營		732，733
萤	螢		732，733
颖	穎		732，733
应（响应）	應	譍	732，733
映		暎	734，735
东	東		734，735
冻	凍		734，735
栋	棟		734，735
动	動		734，735
同		仝	736，737
铜	銅		736，737
筒		筩	736，737
统	統		738，739
农	農	辳	738，739
脓	膿		738，739
浓	濃		738，739
笼（鸟笼）	籠		738，739
聋	聾		738，739
龙	龍		740，741
笼（笼罩）	籠		740，741
拢	攏		740，741
陇	隴		740，741
垄	壟	壠	740，741
棕		椶	740，741
鬃		騣騌鬉	742，743
踪		蹤	742，743
综	綜		742，743
总	總	緫	742，743
纵（纵横）	縱		742，743
纵（放纵）	縱		742，743
聪	聰		744，745
匆		怱悤	744，745
葱		蔥	744，745
从（从容）	從		744，745
丛	叢	樷	744，745
从（服从）	從		744，745
松（松紧）	鬆		744，745
耸	聳		746，747
诵	誦		746，747
颂	頌		746，747
讼	訟		746，747
终	終		748，749
钟（钟表）	鐘	鍾	748，749
钟（钟爱）	鍾		748，749
盅		鍾	748，749
种（种类）	種		748，749

参考文献

一、专著和期刊论文

[1] 北京大学中国语言文学系语言学教研室. 汉语方音字汇 [M]. 第2版重排本. 北京: 语文出版社, 2003.

[2] 崔荣昌. 四川方言的类别 [J]. 文史杂志, 1987 (1): 26-28.

[3] 丁声树, 李荣. 汉语音韵讲义 [J]. 方言, 1981 (4): 241-274.

[4] 丁度. 集韵 [M]. 上海: 上海古籍出版社, 1985.

[5] 段玉裁. 说文解字注 [M]. 上海: 上海古籍出版社, 1988.

[6] 汉语大字典编辑委员会. 汉语大字典 [M]. 第2版. 武汉: 崇文书局, 2010.

[7] 黄雪贞. 西南官话的分区 (稿) [J]. 方言, 1986 (2).

[8] 纪国泰. 郫县方言中的"湖广话"成分 [J]. 成都师范高等专科学校学报, 1999 (3): 71-77.

[9] 李荣. 官话方言的分区 [J]. 方言, 1985 (1): 2-5.

[10] 四川大学中文系四川方言音系编写组. 四川方言音系 [J]. 四川大学学报 (哲学社会科学版), 1960 (3).

[11] 许慎. 说文解字 (附检字) [M]. 北京: 中华书局, 1984.

[12] 杨时逢. 四川方言调查报告 [M]. 台北: "中央"研究院历史语言研究所, 1984.

[13] 赵振铎. 集韵校本 [M]. 上海: 上海辞书出版社, 2013.

[14] 甄尚灵. 成都语音的初步研究 [J]. 四川大学学报 (社会科学版), 1958 (1): 1-31.

[15] 甄尚灵. 四川方言的鼻尾韵 [J]. 方言, 1983 (4): 241-243.

[16] 郑张尚芳. 上古音系 [M]. 修订本. 上海: 上海教育出版社, 2013.

[17] 中国社会科学院, 澳大利亚人文科学院. 中国语言地图集 [M]. 香港: 香港朗文出版公司, 1987.

[18] 中国社会科学院语言研究所. 方言调查字表 [M]. 修订本. 北京: 商务印书馆, 1981.

[19] 中国社会科学院语言研究所, 中国社会科学院民族学与人类学研究所, 香港城市大学语言资讯科学研究中心. 中国语言地图集汉语方言卷 [M]. 第2版. 北京: 商务印书馆, 2012.

[20] 周及徐. 从移民史和方言分布看四川方言的历史——兼论"南路话"与"湖广

话”的区别［J］. 语言研究，2013（1）：52－59.
［21］周及徐. 南路话和湖广话的语音特点——兼论四川两大方言的历史关系［J］. 语言研究，2012（3）：65－77.
［22］周及徐. 四川雅安地区方言的历史形成及其与地理和移民的关系［J］. 四川师范大学学报（社会科学版），2014（6）：89－95.
［23］周祖谟. 广韵校本［M］. 北京：中华书局，2011.
［24］朱晓农. 语音学［M］. 北京：商务印书馆，2010.

二、博士和硕士学位论文

［1］毕圆. 四川西南彭州等八区市县方言音系研究［D］. 成都：四川师范大学，2012.
［2］何婉. 成都地区方言的历史比较［D］. 成都：四川师范大学，2016.
［3］何婉. 四川成都话音系调查研究［D］. 成都：四川师范大学，2008.
［4］何晓蓉. 峨边方言语音研究［D］. 西安：西北大学，2012.
［5］金庆珉. 四川彭山方言语音记略［D］. 成都：四川大学，2004.
［6］李兵宜. 四川平乐话音系研究［D］. 成都：四川师范大学，2009.
［7］李东穗. 四川乐山方音系统研究［D］. 南昌：江西师范大学，2017.
［8］李敏. 四川南充地区汉语方言音系调查研究［D］. 成都：四川师范大学，2017.
［9］李书. 四川乐山等六县市方言调查研究［D］. 成都：四川师范大学，2010.
［10］刘瓅鸿. 四川峨边、洪雅等六县市方言音系研究［D］. 成都：四川师范大学，2012.
［11］刘燕. 四川自贡等八县市方言音系调查研究［D］. 成都：四川师范大学，2011.
［12］马菊. 泸州等八市县方言音系调查研究［D］. 成都：四川师范大学，2011.
［13］蒲锐志. 四川省新都话音系研究［D］. 成都：四川师范大学，2009.
［14］孙越川. 四川西南官话语音研究［D］. 杭州：浙江大学，2011.
［15］唐文静. 四川湖广话音系中的几个异质特征及其意义：以双流白家话、龙泉柏合话为例［D］. 成都：四川师范大学，2013.
［16］唐毅. 雅安等八区县方言音系调查研究［D］. 成都：四川师范大学，2011.
［17］王晓先. 四川新津话音系调查研究［D］. 成都：四川师范大学，2009.
［18］吴红英. 川西广汉等五县市方言音系比较研究［D］. 成都：四川师范大学，2010.
［19］易杰. 川西大邑等七县市方言音系调查研究［D］. 成都：四川师范大学，2010.
［20］张驰. 宜宾、泸州地区数县市方言音韵结构及其方言地理学研究［D］. 成都：四川师范大学，2012.
［21］郑敏. 四川眉山市、乐山市交界地区方言音系调查研究［D］. 成都：四川师范大学，2017.
［22］周岷. 当代成都话音系［D］. 成都：四川大学，2017.
［23］周艳波. 四川彭山方言音系调查研究［D］. 成都：四川师范大学，2009.
［24］朱垠颖. 蒲江方言词汇研究［D］. 成都：四川师范大学，2014.